U0577279

史记

六

文白对照版

原著◎西汉·司马迁
主编◎赖咏

中国书店

史记卷一百零六

吴王濞列传第四十六

吴王濞者,[1]高帝兄刘仲之子也。[2]高帝已定天下七年,立刘仲为代王。而匈奴攻代,[3]刘仲不能坚守,弃国亡,间行走雒阳,[4]自归天子。天子为骨肉故,不忍致法,废以为郃阳侯。[5]高帝十一年秋,[6]淮南王英布反,[7]东并荆地,[8]劫其国兵,西度淮,[9]击楚,[10]高帝自将往诛之。刘仲子沛侯濞年二十,有气力,以骑将从破布军蕲西会甀,[11]布走。荆王刘贾为布所杀,[12]无后。上患吴、会稽轻悍,[13]无壮王以填之,[14]诸子少,乃立濞于沛为吴王,王三郡五十三城。[15]已拜受印,[16]高帝召濞相之,[17]谓曰:"若状有反相。"心独悔,业已拜,因拊其背,告曰:"汉后五十年东南有乱者,岂若邪?然天下同姓为一家也,慎无反!"濞顿首曰:"不敢。"

【注释】[1]"吴王濞",西汉诸侯王,姓刘,名濞(音 pì),沛县(今江苏省沛县)人。刘邦的侄儿,刘仲的儿子。初封沛侯。高祖十二年(公元前一九五年)立为吴王,王故荆地,建都于广陵(今江苏省扬州市)。 [2]"高帝",即汉高祖刘邦。"刘仲",名喜,刘邦的哥哥,曾封为代王,建都代县(今河北省蔚县东北)。 [3]"匈奴",我国古代北方民族之一。先后称作鬼方、混夷、猃狁、山戎等,秦时称为匈奴。古书中多称之为胡。战国时活动于燕、赵、秦以北地区。秦汉之际,冒顿单于统一各部,统一了大漠南北广大地区,散居于大漠南北,过游牧生活,善骑射。汉初,不断南下攻扰汉朝。《左传》、《史记》、《汉书》中对匈奴族的历史均有较详细的记载。 [4]"雒阳",古都邑名。故址在今河南省洛阳市东。因在雒水之北而得名。 [5]"郃阳侯",即刘仲。郃阳,古县名。故址在今陕西省合阳县东南,黄河西岸边。 [6]"高帝十一年",即公元前一九六年。 [7]"淮南王英布",即黥布。汉六县(今安徽省六安县)人。曾犯法被黥面,所以又称为黥布。秦末率领骊山刑徒起义,归附项羽,封为九江王。楚汉战争时,随何说他归汉,被封为淮南王。事详本书本传。 [8]"荆",封国名,建都吴县(今江苏省苏州市)。高祖十二年更名为吴国。 [9]"度",同渡。"淮",指淮河。 [10]"楚",汉初封国。建都彭城(今江苏省苏州市)。当时的楚王是刘邦的弟弟刘交。 [11]"蕲",音 qí。古县名。治所在今安徽省宿县南。"会甀",古地名。在当时的蕲县以西。 [12]"荆王刘贾",《史记·荆燕世家》云姓刘,"不知其何属"。《汉书·荆燕吴传》云为"高帝从父兄",则刘贾当为刘邦的从兄弟。汉六年春(公元前二〇一年)刘邦废楚王信,分其地为二,立刘贾为荆王,立刘交为楚王。高祖十一年(公元前一九六年)被黥布军所杀。事详《史记·荆燕世家》、《汉书·荆燕吴传》。 [13]"吴、会稽",泛指春秋战国时吴、越地区。秦始皇二十五年(公元前二二二年)于原吴、越地置会稽郡。西汉时辖境相当于今江苏省长江以南,茅山以东,浙江省大部及福建省全部地区。 [14]"填",通镇。镇抚,安抚。 [15]"三郡",一般指东阳郡、章郡(《史记》、《汉书》误作豫章郡)、吴郡。 [16]"拜受印",古代授予官职爵位都要按一定的礼仪举行仪式。 [17]"相",是古代一种迷信活动,即用观察人的形貌来占测未来的凶吉。

【译文】吴王刘濞是高帝的哥哥刘仲的儿子。高帝平定天下七年之后,立刘仲为代王。后来匈奴进攻代国,刘仲不能坚守,弃国逃跑,从小路跑到雒阳,自己去归附了天子。天子因为是骨肉的缘故,不忍动用刑法,就贬他为郃阳侯。高帝十一年秋,淮南王英布反叛,向东兼并了荆国的土地,控制了它的军队,向西渡过淮河去进攻楚国,高帝亲自率领军队前往征伐它们。刘仲的儿子沛侯濞年方二十,有气力,以骑将的身份跟从高帝在蕲县西面的会甄打败了英布的军队,英布逃跑。荆王刘贾被英布杀害,没有后代。皇上担忧吴、会稽的人轻佻强悍,没有强壮的国王来镇服他们,儿子们都幼小,于是在沛县立刘濞为吴王,管辖三个郡五十三个城邑。拜爵授印以后,高帝就召来刘濞给他相面,对他说:"你的相貌有反叛的气色。"高帝心里独自后悔,但业已封爵,就拍着他的背,告诉他说:"汉兴五十年以后东南方将有叛乱的人,难道会是你吗?然而天下同姓皆为一家,要谨慎点不要造反。"刘濞叩头说:"不敢。"

会孝惠、高后时,〔1〕天下初定,郡国诸侯各务自拊循其民。〔2〕吴有豫章郡铜山,〔3〕濞则招致天下亡命者盗铸钱,煮海水为盐,以故无赋,国用富饶。

【注释】〔1〕"孝惠",即孝惠帝刘盈,刘邦子,吕后所生。高祖三年(公元前二〇五年)立为太子。汉十二年四月(公元前一九五年)高祖崩,同年五月即帝位,在位七年(公元前一九四年至前一八八年)。公元前一八八年崩于未央宫。事详《史记》、《汉书》本传。"高后",汉高祖刘邦的妻子,姓吕名雉。汉惠帝刘盈的母亲。秦末单父(今山东省单县)人。其子惠帝即位后她掌握实际政权。惠帝死后,临朝称制,主政柄八年(公元前一八七年至前一八〇年)。她排斥刘邦旧臣,立诸吕为王。她死后诸吕叛乱,为周勃、陈平等所平定。周勃等拥立文帝,恢复了刘汉政权。〔2〕"郡国诸侯",秦置天下为郡县,汉鉴于秦以郡县而亡,于是分国内为国与郡二种行政区划。郡为朝廷直辖,国以封同姓、异姓诸侯。其后中央集权,郡县遂成常制。这里的"郡国诸侯"指诸侯封国国王及郡守。〔3〕"豫章郡",此处原文有误,当作章郡、或鄣郡。"豫",字当为衍文。当时豫章郡属长沙国,不属吴国所管。下文"因削吴之豫章郡"、"削吴会稽豫章书至"并系"章郡"之误。

【译文】在惠帝、高后时,天下刚刚安定,郡国诸侯都在各自安抚自己的百姓。吴国有豫章郡的铜矿,刘濞就招募天下逃亡在外的人来偷偷地铸钱,煮海水制盐,因为不纳赋税的缘故,所以国家的财用很富饶。

孝文时,〔1〕吴太子入见,〔2〕得侍皇太子饮博。〔3〕吴太子师傅皆楚人,〔4〕轻悍,又素骄,博,争道,不恭,皇太子引博局提吴太子,〔5〕杀之。于是遣其丧归葬。至吴,吴王愠曰:"天下同宗,〔6〕死长安即葬长安,〔7〕何必来葬为!"复遣丧之长安葬。吴王由此稍失藩臣之礼,〔8〕称病不朝。京师知其以子故称病不朝,〔9〕验问实不病,诸吴使来,辄系责治之。吴王恐,为谋滋甚。及后使人为秋请,〔10〕上复责问吴使者,使者对曰:"王实不病,汉系治使者数辈,以故遂称病。且夫'察见渊中鱼,不祥'。〔11〕今王始诈病,及觉,见责急,愈益闭,恐上诛之,计乃无聊。唯上弃之而与更始。"〔12〕于是天子乃赦吴使者归之,而赐吴王几杖,〔13〕老,不朝。吴得释其罪,谋亦益解。然其居国以铜盐故,百姓无赋。卒践更,〔14〕辄与平贾。〔15〕岁时存问茂材,赏赐闾里。佗郡国吏欲来捕亡人者,〔16〕讼共禁弗予。〔17〕如此者四十余年,以故能使其众。

【注释】〔1〕"孝文",即孝文皇帝刘恒。刘邦的儿子,薄姬所生。高祖平代地后曾立为代王。吕后死后,周勃、陈平平定诸吕叛乱以后,拥立刘恒为帝,在位二十二年(公元前一七九年至前一五七年)。在位期间提倡农耕,主张清静无为,与民休息,所以全国经济渐次恢复,政治稳定。旧史与其子景帝两代并称为"文景之治"。事详《史记》、《汉书》本纪。〔2〕"吴太子",吴王刘濞的儿子。《史记索隐》引姚氏云:"《楚汉春秋》云吴太子名贤,字德明。"〔3〕"皇太子",即后来的景帝刘启。"饮博",喝酒下棋。〔4〕"师傅",指太师、太傅。皆为辅佐太子的官。〔5〕"博局",棋盘。〔6〕"同宗",同一宗族的人。宗、族分言则族亲于宗。〔7〕"长安",西汉王朝的都城。故址在今陕西省西安市西北。〔8〕"藩臣",封建王朝的属国称藩国,其王侯称为藩臣。〔9〕"京师",国都。这里指朝廷。〔10〕"秋请",秋天诸侯到京城朝见皇帝曰秋请。〔11〕"察见渊中鱼,不祥",古代谚语。语出《韩非子·说林上》、《列子·说符篇》。《列子》原文是"察见渊鱼者不祥,智料隐匿者有殃",意思是看见渊中的鱼将会有不祥的事,知道了别人隐匿的事情将会招致祸殃。〔12〕"更始",这里指赦免罪过,

使之除旧布新。〔13〕“几杖”，即几案和手杖，以供老人平时靠身和走路时扶持之用。古代以赐几杖来表示对老年人的尊敬。《礼·曲礼上》云：“大夫七十而致事，若不得谢则必赐之几杖。”〔14〕“卒践更”，汉代更赋的一种名称。更有三种：卒更、践更、过更。一月一换叫卒更；出钱雇人代为应征服役叫践更；出钱三百入官，官以钱给戍者叫过更。〔15〕“平贾”，《汉书·沟洫志》苏林注云：“平贾，以钱取人为卒，顾其时庸之平贾也。”如淳说：“律说，平贾一月，得钱二千。”《史记会注考证》云：“盖本无定数，随时而盈缩，故云平贾。”可备一说。〔16〕“佗”，同他。〔17〕“讼”，《汉书》作“颂”，如淳读“讼”为“公”，以“公共”二字连读，为共同之意。似可从。或云“讼”当读为“容”，为收容、保容之意。可备一说。

【译文】孝文帝时，吴太子到京朝见，得以陪皇太子饮酒下棋。吴太子的师傅都是楚地的人，(所以他也养成了)轻佻强悍的性格，平素又骄傲，在下棋中因争路对皇太子不恭敬，皇太子就拿棋盘击打吴太子，结果打死了吴太子。于是把他的尸体送回去安葬。到了吴国，吴王生气地说：“天下都是同宗，死在长安就应当埋葬在长安，何必要送回来安葬呢?”又把尸体送回到长安安葬。吴王从此稍稍失去藩臣应遵守的礼节，称病不去朝见。朝廷知道他是因为儿子的缘故才称病不来朝见，经过查证验问确实没病，所有吴国的使者们一来就被扣留起来诘问和惩治。吴王感到恐惧，就加紧策划谋反活动。等到后来派人去秋请时，皇帝又责问吴国使者，使者回答说：“吴王确实没病，朝廷扣留惩治了好几名使者，因此就声称害病。有句话说‘看见深水里的鱼是不吉祥的’。现在吴王刚开始假称生病，等到发觉以后，看到逼得很急，就更加隐蔽，害怕皇帝杀他。估计他的精神无所寄托。只有皇上舍弃前嫌而让他改过自新。”于是天子就释放了吴国的使者让他们回去，又赐给吴王几杖，因为年纪老了，不必来朝见。吴王得以摆脱了他的罪过，谋反活动也就日益松懈了。他所在的国家因为有铜、盐的缘故，百姓不纳赋税。出钱雇人代为应征服役，给价公平。每年经常去慰问有才能的人，赏赐乡里。其它郡国官吏要来追捕逃亡的人时就收容起来不交给他们。像这样做了四十多年，因此吴王能够驱使他的民众。

晁错为太子家令，〔1〕得幸太子，数从容言吴过可削。〔2〕数上书说孝文帝，文帝宽，不忍罚，以此吴日益横。及孝景帝即位，错为御史大夫，〔3〕说上曰：“昔高帝初定天下，昆弟少，诸子弱，大封同姓，故王孽子悼惠王王齐七十余城，〔4〕庶弟元王王楚四十余城，〔5〕兄子濞王吴五十余城，封三庶孽，分天下半。今吴王前有太子之郄，〔6〕诈称病不朝，于古法当诛，文帝弗忍，因赐几杖。德至厚，当改过自新。乃益骄溢，即山铸钱，煮海水为盐，诱天下亡人，谋作乱。今削之亦反，不削之亦反。削之，其反亟，祸小；不削，反迟，祸大。”三年冬，楚王朝，晁错因言楚王戊往年为薄太后服，〔7〕私奸服舍，〔8〕请诛之。诏赦，罚削东海郡。〔9〕因削吴之豫章郡、会稽郡。及前二年赵王有罪，〔10〕削其河间郡。〔11〕胶西王卬以卖爵有奸，〔12〕削其六县。

【注释】〔1〕“晁错”，汉颍川(今河南省禹县)人。西汉政论家。文帝时任太常掌故，后为太子家令。景帝即位，任御史大夫，是景帝的重要谋臣。他坚持“重本仰末”政策，主张纳粟受爵；又建议募民充实塞下以防匈奴攻掠；请削诸侯封地以尊京师等都被景帝采纳。景帝三年(公元前一五四年)正月，吴楚七国以诛晁错为名，发动叛乱，帝用袁盎的建议，斩错于东市。事详《史记》、《汉书》本传。“太子家令”，太子的属官名。秦设太子家令，汉沿设，掌太子家事。〔2〕“从容”，通“怂恿”。〔3〕“御史大夫”，官名。秦置。其位仅次于丞相。主管弹劾、纠察以及掌管图籍秘书。汉沿设，与丞相、太尉合称三公。〔4〕“孽子”，即庶子，非嫡妻所生的儿子。“悼惠王”，即刘肥，刘邦的儿子。外妇曹氏所生。高祖六年(公元前二〇一年)立为齐王，都临淄(今山东省淄博市东北)。事详本书《齐悼惠王世家》、《汉书·高五王传》。〔5〕“元王”，即刘交，字游。刘邦的同母(《汉书》作同父)弟弟。高祖六年(公元前二〇一年)立为楚王，都彭城(今江苏省徐州市)。事详本书《楚元王世家》、《汉书·楚元王传》。〔6〕“郄”，同隙。“吴王前有太子之郄”指上文所提到的吴王刘濞的太子与文帝的皇太子(即后来的景帝刘启)在一起饮酒下棋，因争棋路而被皇太子用博局击杀事。〔7〕“楚王戊”，即楚王刘交的孙子刘戊。刘交死后立子夷王郢为楚王，夷王郢死后立刘戊为楚王。后刘戊与吴王起兵反汉，汉绝吴楚粮道,楚王刘戊自杀。事见本书《楚元王世家》。“薄太后”,即薄姬。刘邦的嫔妃,文帝刘恒的母亲。高祖死后,从其子刘恒去代,为代王太后。死于景帝前元二年(公元前一五五年)。〔8〕“服舍”,古代居丧时住的房子称服舍。〔9〕“东海郡”,秦郡名。楚汉之际亦称郯郡,治所在郯(今山东省郯城县北)。〔10〕“赵王”,即刘遂,刘邦子刘友的儿子。高后死后立为赵王。后与吴楚起兵反汉,拒守邯郸,后邯郸被汉军攻破而自杀。事见本书《楚元王世家》。〔11〕“河间郡”,汉高祖置,文帝改称国,其后或称郡或称国。治所在今河北省献县东南。〔12〕“胶西王卬”,即刘卬,齐悼惠王刘肥的儿子。原为昌平侯,文帝十六年(公元前一六四年)立为胶西王。后与吴楚起兵反汉被汉军击杀。事见本书《齐悼惠王世家》。

【译文】晁错做了太子家令,得到太子的宠幸,曾多次怂恿太子说吴王的罪过,说应该削减他的封地。又多次上书劝说文帝,由于文帝宽厚,不忍心处罚,因此吴王日益骄横。到了孝景帝即位时,晁错任御史大夫,劝告皇帝说:“从前高帝刚平定天下时,弟兄少,儿子们又弱小,于是大封同姓。所以王的庶子悼惠王封为齐王,统辖齐国七十多座县城;庶弟元王封为楚王,统辖楚国四十多座县城;他哥哥的儿子刘濞封为吴王,统辖吴国五十多座县城。封了三个庶孽就分去天下的一半。现在吴王因为以前有太子的嫌隙,假称有病不来朝见,按照古代法律应当诛杀,文帝不忍心,因而还赏赐了几杖。对他的恩德非常深厚,他应当改过自新。但他却更加骄恣,就山铸钱,煮海水制盐,引诱天下逃亡的人们谋反作乱。现在削减他的封地他要反叛,不削减他的封地他也要反叛。削减他的封地他反得快些,但祸害要小;不削减他的封地他反得迟些,但祸害要大些。”景帝三年冬天,楚王来朝见皇帝,晁错借此机会就上言说楚王戊往年为薄太后服丧时曾在服舍与人私奸,请求诛杀他。皇帝下诏赦免了他的死罪,以削去东海郡作为惩罚他。因此也削去吴国的豫章郡、会稽郡。前两年赵王有罪,削去他的河间郡。胶西王刘卬因卖爵舞弊,削去他的六个封县。

汉廷臣方议削吴。吴王濞恐削地无已,因以此发谋,欲举事。念诸侯无足与计谋者,闻胶西王勇,好气,喜兵,诸齐皆惮畏,[1]于是乃使中大夫应高誂胶西王。[2]无文书,口报曰:“吴王不肖,有宿夕之忧,不敢自外,使喻其欢心。”王曰:“何以教之?”高曰:“今者主上兴于奸,饰于邪臣,好小善,听谗贼,擅变更律令,侵夺诸侯之地,征求滋多,诛罚良善,日以益甚。里语有之,[3]‘舐糠及米’。[4]吴与胶西,知名诸侯也,一时见察,恐不得安肆矣。吴王身有内病,不能朝请二十余年,尝患见疑,无以自白,今胁肩累足,犹惧不见释。窃闻大王以爵事有適,[5]所闻诸侯削地,罪不至此,此恐不得削地而已。”王曰:“然,有之。子将奈何?”高曰:“同恶相助,同好相留,同情相成,同欲相趋,同利相死。今吴王自以为与大王同忧,愿因时循理,弃躯以除患害于天下,亿亦可乎?”王瞿然骇曰:“寡人何敢如是?今主上虽急,固有死耳,安得不戴?”高曰:“御史大夫晁错,荧惑天子,侵夺诸侯,蔽忠塞贤,朝廷疾怨,诸侯皆有倍畔之意,[6]人事极矣。[7]彗星出,蝗虫数起,此万世一时,而愁劳圣人之所以起也。故吴王欲内以晁错为讨,外随大王后车,彷徉天下,[8]所乡者降,[9]所指者下,天下莫敢不服。大王诚幸而许之一言,则吴王率楚王略函谷关,[10]守荥阳敖仓之粟,[11]距汉兵。[12]治次舍,[13]须大王。大王有幸而临之,则天下可并,两主分割,不亦可乎?”王曰:“善。”高归报吴王,吴王犹恐其不与,乃身自为使,使于胶西,面结之。

【注释】〔1〕“诸齐”,齐悼惠王刘肥死后,文帝将齐国一分为七,分别封给刘肥的七个儿子,称为诸齐。即下文所提到的齐王(刘将闾)、菑川王(刘贤)、胶东王(刘雄渠)、济南王(刘辟光)、济北王(刘志)、胶西王(刘卬)、阳城王(刘章)。〔2〕“中大夫”,官名,属郎中令。据《汉书·百官公卿表》记载“掌论议”。武帝太初元年改称光禄大夫,秩比二千石。“应高”,人名。生平不详,《史记》仅此一见。〔3〕“里语”,乡里流传的俗语。〔4〕“舐糠及米”,像狗用舌头舔吃食物一样,吃完了糠还要吃米。比喻自外及内逐渐蚕食。〔5〕“適”,同谪,谴责,惩罚。〔6〕“倍畔”,同背叛。〔7〕“极”,同亟。紧急。〔8〕“彷徉”,徘徊,游荡。这里是驰骋的意思。〔9〕“乡”,同向。〔10〕“函谷关”,战国时秦置。因关在谷中,深险如函而得名。故址在今河南

省灵宝县东北。〔11〕“荥阳敖仓”，秦代在中原建立的重要粮仓。故址在今河南省郑州市西北邙山上。〔12〕“距”，同拒。〔13〕“次舍”，官吏值宿退息的处所及其所居官署称为次舍。

【译文】汉朝廷的大臣们正在议论削减吴国的封地时，吴王刘濞害怕削起来没完没了，因此就起了谋反之心，准备起事。但考虑到诸侯中没有足以和他筹划谋反的人，听说胶西王勇敢，容易动气，喜欢打仗，所有齐地的诸侯都畏惧他，于是就派中大夫应高去引诱胶西王。没有携带文书，口头报告胶西王说：“吴王不贤，有旧日的忧愁，不敢把自己看作外人，派我来说清他的心愿。”胶西王说：“有何见教？”应高说：“如今主上任用奸臣，被奸臣所蒙蔽，喜欢贪小便宜，听信谗邪贼臣的话，擅自变更法令，侵夺诸侯的封地，要求愈来愈多，诛杀处罚善良的人一天天多起来。乡里有句俗话说：‘吃完了糠就轮到吃米了。’吴王和胶西王都是知名的诸侯，一旦被觉察，恐怕就不得安稳了。吴王身有内病，不能朝请已有二十余年了，经常担心受到怀疑，自己又无法表白，现在缩手缩脚，还是害怕得不到谅解。听说大王因为卖爵也受到指责，据说诸侯被削减封地的罪过还没有这么大，这事恐怕不能以削减封地就算了事。”胶西王说：“是的，有这样的事，你说该怎么办呢？”应高说：“有相同憎恶的要互相帮助，有相同爱好的要互相保护，有相同情况的要互相成全，有相同愿望的要共同追求，有相同利益的要同生共死。现在吴王自己认为和大王有同样的忧患，希望顺应形势，遵循事理，牺牲生命为天下除去祸害，你考虑这样做可以吗？”胶西王惊骇地说：“我怎么敢如此呢？现在主上虽然逼得很紧，只有一死而已，怎么敢不拥戴他呢？”应高说：“御史大夫晁错迷惑天子，侵夺诸侯，蒙蔽忠良，阻塞贤能，朝廷大臣憎恨他，诸侯王也都有背叛他的心意，人事都很紧急。彗星的出现，蝗虫不断发生，这是万世当中唯一的好机会，圣人之所以产生也是靠忧愁劳苦的时机。所以吴王打算对内以讨伐晁错为名，在外则跟从在大王的车乘之后驰骋天下。所向者降，所攻者克，天下没有敢不顺从的，诚能蒙大王答应一句话，吴王就率领楚王攻取函谷关，坚守荥阳敖仓的粮食，抗拒汉军。修建营舍，恭候大王前来。大王有幸能够光临那里，那么天下就可以被吞并，两主分割，不也是可以的吗？”胶西王说：“好。”应高回去报告了吴王，吴王还是害怕胶西王不参与起事，于是又亲自作为使者出使胶西，当面和他结盟。

胶西群臣或闻王谋，谏曰：“承一帝，至乐也。今大王与吴西乡，弟令事成，〔1〕两主分争，患乃始结。诸侯之地不足为汉郡什二，而为畔逆以忧太后，〔2〕非长策也。”王弗听。遂发使约齐、菑川、胶东、济南、济北，〔3〕皆许诺，而曰“城阳景王有义，〔4〕攻诸吕，勿与，事定分之耳。”

【注释】〔1〕“弟”，同第。假使。〔2〕“太后”，指胶西王刘卬的母亲。〔3〕“齐”，指齐王刘将闾。“菑川”，指菑川王刘贤。“胶东”，指胶东王刘雄渠。“济南”，指济南王刘辟光。“济北”，指济北王刘志。〔4〕“城阳景王”，即刘章。他曾参与平定吕台、吕产、吕禄之乱，所以此处说他“有义”。《史记·集解》引徐广说，此时城阳王当为刘章之子刘喜(城阳恭王)。盖刘章此时已死，其爵位由其子来继承。

【译文】胶西的大臣们中间有人听说大王要谋反，便进谏说：“事奉一个皇帝是最愉快的事情。现在大王与吴王向西举事，假使事情能够成功，两主还要分争，祸端就开始结下了。诸侯的封地还不足汉郡的十分之二，而做出叛逆的事会使太后担忧，这不是长久之计。”胶西王不听劝谏。于是派使者去约齐王、菑川王、胶东王、济南王、济北王，他们都答应了，并且说“城阳景王有大义，曾参加平定诸吕，此事不必让他参与，事成之后与他分享就是了”。

诸侯既新削罚，振恐，〔1〕多怨晁错。及削吴会稽、豫章郡书至，则吴王先起兵，胶西正月丙午诛汉吏二千石以下，〔2〕胶东、菑川、济南、楚、赵亦然，〔3〕遂发兵西。齐王后悔，饮药自杀，〔4〕畔约。济北王城坏未完，其郎中令劫守其王，〔5〕不得发兵。胶西为渠率，〔6〕胶东、菑川、济南共攻围临菑。〔7〕赵王遂亦反，阴使匈奴与连兵。

【注释】〔1〕“振”，同震。〔2〕“二千石”，汉代内至九卿郎将，外至郡守尉的俸禄等级都是二千石。其中又分三等：中二千石，月得百八十斛；二千石，月得百二十斛；比二千石，月得百斛。〔3〕“赵”，指赵王刘遂。〔4〕“齐王后悔，饮药自杀”，齐王刘将闾曾与吴王濞等谋反，后来他又犹豫不决，不服从指挥。后来胶西王刘卬、菑川王刘贤、济南王刘辟光率领三国兵重围临菑，攻打齐王刘将闾。后刘将闾又与三国通谋，约未定，汉军至，击破三国兵，解齐国。后汉军听说刘将闾与三国有谋，于是移兵伐齐，齐王刘将闾害怕，因此服药自杀。〔5〕“郎中令”，官名，秦置，汉沿设。为侍从之职，守卫宫廷门户。“劫守”，用威力控制。〔6〕“渠率”，或作渠帅。首领。〔7〕“临菑”，古邑名。故址在今山东省淄博市北面。

【译文】诸侯们刚刚被受到惩罚，都震惊恐惧，多数人怨恨晁错。等到削减吴国会稽郡、豫章郡的诏书下发以后，吴王便首先起兵，胶西王在正月丙午日诛杀了俸禄在二千石以下的汉朝官吏，胶东王、菑川王、济南王、楚王、赵王也都如此，然后向西进攻。齐王感到后悔，便服毒自杀，背叛了盟约。济北王的城墙坏了尚未修好，他的郎中令用武力控制了济北王，未能发兵。胶西王为统率，胶东王、菑川王、济南王共同围攻临菑。赵王刘遂也起兵反叛，暗中派人出使匈奴和它联合兵力。

七国之发也，吴王悉其士卒，下令国中曰：“寡人年六十二，身自将。少子年十四，亦为士卒先。诸年上与寡人比，下与少子等者，皆发。”发二十余万人。南使闽越、〔1〕东越，〔2〕东越亦发兵从。

【注释】〔1〕“闽越”，或作闽粤。越王勾践的后裔。秦并天下以后，在其地设闽中郡。汉五年，立闽越首领无诸为闽越王，建都东冶（今福建省福州市）。辖境在今浙江南部和福建北部地区。汉惠帝时又分为东越、闽越两国。元鼎六年（公元前一一一年）并入会稽郡。〔2〕“东越”，也是越王勾践的后裔。指东海王。孝惠三年，以闽君摇功多，立摇为东海王，亦称东瓯王。建都东瓯（今浙江省温州市）。闽越、东越事详见本书《东越列传》、《汉书·西南夷两粤朝鲜传》。

【译文】七国发起叛乱之后，吴王发动他的全部士卒，在国内下令说：“我六十二岁了，将亲自统率军队。小儿子十四岁了，也身先士卒。凡是上和我年龄相同的人，下和我小儿子年龄相同的人都要出动。”这样发动了二十多万人。又派人去南方的闽越、东越，东越也派出军队跟随着。

孝景帝三年正月甲子，〔1〕初起兵于广陵。〔2〕西涉淮，〔3〕因并楚兵。发使遗诸侯书曰：“吴王刘濞敬问胶西王、胶东王、菑川王、济南王、赵王、楚王、淮南王、衡山王、庐江王、故长沙王子：〔4〕幸教寡人！以汉有贼臣，无功天下，侵夺诸侯地，使吏劾系讯治，以僇辱之为故，不以诸侯人君礼遇刘氏骨肉，绝先帝功臣，进任奸宄，诖乱天下，欲危社稷。陛下多病志失，不能省察。欲举兵诛之，谨闻教。敝国虽狭，地方三千里；人虽少，精兵可具五十万。寡人素事南越三十余年，〔5〕其王君皆不辞分其卒以随寡人，又可得三十余万。寡人虽不肖，愿以身从诸王。越直长沙者，〔6〕因王子定长沙以北，西走蜀、汉中。〔7〕告越、楚王、淮南三王，与寡人西面；齐诸王与赵王定河间、河内，〔8〕或入临晋关，〔9〕或与寡人会雒阳；燕王、赵王固与胡王有约，〔10〕燕王北定代、云中，〔11〕抟胡众入萧关，〔12〕走长安，匡正天子，以安高庙。〔13〕愿王勉之。楚元王子、淮南三王或不沐洗十余年，〔14〕怨入骨髓，欲一有所出之久矣，寡人未得诸王之意，未敢听。今诸王苟能存亡继绝，振弱伐暴，以安刘氏，社稷之所愿也。敝国虽贫，寡人节衣食之用，积金钱，修兵革，聚谷食，夜以继日，三十余年矣。凡为此，愿诸王勉用之。能斩捕大将者，赐金五千斤，封万户；列将，三千斤，封五千户；裨将，〔15〕二千斤，封二千户；二千石，千斤，封千户；千石，〔16〕五百斤，封五百户，皆为列侯。〔17〕其以军若城邑降者，卒万人，邑万户，如得大将；人户五千，如得列将；人户三千，如得裨将；人户千，如得二千石；其小吏皆以差次受爵金。佗封赐皆倍军法。〔18〕其有故爵邑者，更益勿因。愿诸王明以令士大夫，弗敢欺也。寡人金钱在天下者往往而有，非必取于吴，诸王日夜用之弗能尽。有当赐者告寡人，寡人且往遗之。敬以闻。”

【注释】〔1〕“孝景帝三年”，即公元前一五四年。“正月甲子”，景帝三年正月为甲申朔，无甲子日。据本书《孝景本纪》记载，吴王刘濞起兵于正月乙巳（正月二十二日），当以《本纪》为是。〔2〕“广

陵”，当时吴国的国都，故址在今江苏省扬州市。〔3〕“淮”，即淮河。〔4〕“淮南王、衡山王、庐江王”，淮南王刘长死后，文帝把淮南国一分为三，分别封给原淮南厉王刘长的三个儿子。其中阜陵侯刘安封为淮南王；安阳侯刘勃封为衡山王；周阳侯刘赐为庐江王。事详本书《淮南衡山王列传》、《汉书·淮南衡山济北王传》。“故长沙王子”，指原长沙王吴芮后四世的两个庶子。因是庶子，所以不能继承王位，只得封为列侯。为此他们心怀不满，所以吴王濞引诱他们一起反叛。〔5〕“南越”，亦作南粤。秦始皇三十三年（公元前二一四年）在今广东、广西一带置桂林、南海、象郡。秦朝末年，南海郡尉赵佗兼并三郡建立南越国，自号南越武王，建都番禺（今广东省广州市）。辖境在今广东、广西及越南大部分地区。〔6〕“直”，直接相连。〔7〕“蜀、汉中”，泛指今四川省和陕西省南部地区。〔8〕“河内”，古郡名。治所在怀县（今河南省武陟县西南），辖境在今河南省汤阴、汲县、新乡以西，黄河以北地区。〔9〕“临晋关”，战国时魏置，为古代秦、晋之间的重要通道。故址在今陕西省大荔县东的黄河西岸。〔10〕“燕王”，文帝元年徙琅邪王刘泽为燕王，刘泽死后，其子刘嘉继承王位。刘嘉死后其子刘定国继承王位。此时的燕王是刘泽的孙子刘定国。事详本书《荆燕世家》、《汉书·荆燕吴传》。〔11〕“代”，汉初同姓九国之一。高帝六年（公元前二〇一年），以云中、雁门、代三郡五十三县置代国，都代县（今河北省蔚县东北）。高祖十一年去云中郡，加太原郡。“云中”，古郡名。治所在今内蒙古自治区托克托县东北。〔12〕“抟”，同专，统率。“萧关”，古关名。是关中通向塞北的交通要道。故址在今宁夏回族自治区固原县东南。〔13〕“高庙”，刘邦的祠庙。〔14〕“楚元王子”，指楚元王刘交的儿子刘礼、刘富、刘岁、刘艺、刘调。“沐洗”，引申为沐恩，比喻身受其润。或说因心有所怀，志不在沐。似非。〔15〕“裨将”，副将领。〔16〕“千石”，汉时如丞相长史、大司马长史、御史中丞等都属于千石官。月俸谷八十斛。〔17〕“列侯”，本名彻侯，后因避汉武帝讳而改彻侯为通侯，亦称列侯。此处为太史公著书时所改。秦置爵分二十级，彻侯最高。汉承秦制，金印紫绶。〔18〕“佗”，其他。“倍军法”，比军法加倍赏赐。

【**译文**】景帝三年正月甲子日，吴王在广陵开始起兵。向西渡过淮河，就和楚国的军队合并了。派遣使者给诸侯们送信说：“吴王刘濞恭敬地问候胶西王、胶东王、菑川王、济南王、赵王、楚王、淮南王、衡山王、庐江王、已故长沙王的儿子：请你们指教我。因为汉朝出了贼臣，他无功于天下，侵夺诸侯的封地，让官吏弹劾、囚禁、审讯、惩治诸侯，以僇辱诸侯为能事，不用诸侯人君的仪礼来对待刘氏骨肉，抛弃先帝的功臣，进用奸乱的坏人，惑乱天下，打算危害国家。陛下多病，志气消失，不能省察。我打算举兵诛杀那些贼臣，敬听诸王指教。敝国虽然狭小，地方三千里；人口虽少，精兵可有五十万。我一向善待南越三十多年，他们的君王都会义不容辞地分出他们的士卒跟随本人，这样又可得到三十多万。我虽然不才，希望亲自跟随各诸侯王。南越和长沙相连接处由长沙王的儿子平定长沙北部地区，向西直到蜀郡、汉中。告诉东越、楚王、淮南三王和我一起西进；齐地诸王和赵王平定河间、河内，然后有的进入临晋关，有的和我在雒阳会合；燕王、赵王本来和胡王有缔约，燕王向北平定代、云中，率领胡兵进入萧关，直到长安，扶正天子，从而安定高庙。希望诸王共同努力。楚元王的儿子、淮南三王享受不到天子的恩惠已经十余年了，恨之入骨，想要有出一口气的机会已经很久了，我不了解诸王的意思，未敢听从。现在诸王如能够使灭亡的国家复存，断绝后嗣的能够继续，扶弱锄强，从而安定刘家天下，这是国家所希望的。敝国虽然贫穷，我节省衣食的费用，积累金钱，修整军备，积蓄粮食，夜以继日已有三十余年了。凡此都是为了这件事，希望诸王努力去利用这个条件。能斩杀或捕获大将的赏赐金五千斤，封给食邑一万户；斩杀或捕获列将的赏赐金三千斤，封给食邑五千户；斩杀或捕获裨将的赏赐金二千斤，封给食邑二千户；斩杀或捕获二千石的官吏的赏赐金千斤，封给食邑一千户；斩杀或捕获一千石的官吏的赏赐金五百斤，封给食邑五百户，都封给列侯爵位。那些带着一万人的军队或者一万户的城邑来投降的，如同捕获大将一样封赏；人口五千户的如同捕获列将一样封赏；人口三千户的如同捕获裨将一样封赏；人口一千户的如同捕获二千石的官吏一样封赏；那些来投降的小官吏们都按官位的差别来授爵赏金。其它封赏都比军法规定增加一倍。那些原来就有爵位和食邑的再加封赏，不会因旧不变。希望诸王明白地告诉士大夫们，不会欺骗他们。我的金钱在天下到处都有，不一定要来吴国领取，诸王日夜使用它也使用不完。有应当赏赐的人请告诉我，我将前往封赏他。我诚恳地希望大家听明白。”

七国反书闻天子，天子乃遣太尉条侯周亚夫将三十六将军，[1]往击吴楚；遣曲周侯郦寄击赵；[2]将军栾布击齐；[3]大将军窦婴屯荥阳，[4]监齐赵兵。

【注释】〔1〕"太尉"，官名。秦置，汉沿设。金印紫绶。掌军事。其尊与丞相相等。"条侯周亚夫"，沛县（今江苏省沛县）人。绛侯周勃的儿子。初封为条侯。文帝时任将军，景帝时任太尉。在平定吴楚之乱后，因功迁为丞相。后因谏废栗太子触犯了景帝，谢病免归。后又因其子私买御用物品被诬为谋反下狱，绝食五日，呕血而死。事详本书《绛侯周勃世家》、《汉书·周勃传》。〔2〕"曲周侯郦寄"，高阳（今河南省杞县西南）人。曲周侯郦商的儿子，郦商死后袭封为侯。此时任将军。曲周，县名。故址在今河北省曲周县东北。〔3〕"栾布"，梁（今河南省商丘一带）人。曾为燕王臧荼的都尉，梁王彭越的大夫。文帝时任燕国丞相。景帝时因平吴楚之乱有功被封为俞侯。事详本书《季布栾布列传》、《汉书·季布栾布田叔传》。〔4〕"窦婴"，字王孙，观津（今河北省衡水县东）人。景帝的母亲窦太后的侄儿。开始为詹事，吴楚七国反叛时被景帝任命为大将军，守荥阳，监齐、赵兵。平定七国叛乱之后被封为魏其侯。后因罪被诛。

【译文】天子听到了七国反叛的文告，于是派遣条侯周亚夫率领三十六个将军前往攻打吴、楚；派遣曲周侯郦寄去攻打赵；派将军栾布去攻打齐；派大将军窦婴屯兵荥阳，监视齐、赵的军队。

吴楚反书闻，兵未发，窦婴未行，言故吴相袁盎。[1]盎时家居，诏召入见。上方与晁错调兵笇军食，[2]上问袁盎曰："君尝为吴相，知吴臣田禄伯为人乎？[3]今吴楚反，于公何如？"对曰："不足忧也，今破矣。"上曰："吴王即山铸钱，煮海水为盐，诱天下豪桀，白头举事。若此，其计不百全，岂发乎？何以言其无能为也？"袁盎对曰："吴有铜盐利则有之，安得豪桀而诱之！诚令吴得豪桀，亦且辅王为义，不反矣。吴所诱皆无赖子弟，亡命铸钱奸人，故相率以反。"晁错曰："袁盎策之善。"上问曰："计安出？"盎对曰："愿屏左右。"上屏人，独错在。盎曰："臣所言，人臣不得知也。"乃屏错。错趋避东厢，恨甚。上卒问盎，盎对曰："吴楚相遗书，曰'高帝王子弟各有分地，今贼臣晁错擅適过诸侯，[4]削夺之地'。故以反为名，西共诛晁错，复故地而罢。方今计独斩晁错，发使赦吴楚七国，复其故削地，则兵可无血刃而俱罢。"于是上嘿然良久，曰："顾诚何如，吾不爱一人以谢天下。"盎曰："臣愚计无出此，愿上孰计之。"乃拜盎为太常，[5]吴王弟子德侯为宗正。[6]盎装治行。后十余日，上使中尉召错，[7]绐载行东市。[8]错衣朝衣斩东市。则遣袁盎奉宗庙，宗正辅亲戚，使告吴如盎策。至吴，吴楚兵已攻梁壁矣。[9]宗正以亲故，先入见，谕吴王使拜受诏。吴王闻袁盎来，亦知其欲说己，笑而应曰："我已为东帝，尚何谁拜？"不肯见盎而留之军中，欲劫使将。盎不肯，使人围守，且杀之，盎得夜出，步亡去，走梁军，遂归报。

【注释】〔1〕"袁盎"，亦作爰盎。字丝，楚国人，后迁至安陵（今陕西省咸阳市东北）。历任齐相、吴相。他本为游侠，因"多受吴王金钱，专为蔽匿，言不反"之名，被御史大夫晁错告发，降为庶人。吴楚等七国以诛晁错为名发动叛乱时，他借此向景帝建议诛杀晁错。吴楚反叛被平定以后，为楚王礼相。后被梁孝王刘武派人所杀。事详本书《袁盎晁错列传》、《汉书·爰盎晁错传》。〔2〕"笇"，通算。〔3〕"田禄伯"，吴王刘濞的大将军。事迹不详，《史记》仅二见。〔4〕"適"，通谪。"適过"，责备，谴责。〔5〕"太常"，官名。秦置奉常。汉景帝中元六年改名太常。为九卿之一。掌管礼乐郊庙社稷事宜。〔6〕"德侯"，高祖封吴王濞的弟弟刘广为德侯。此时的德侯为刘广的儿子刘通袭封。"宗正"，官名。秦置，汉沿设。掌管王室亲族的事务。〔7〕"中尉"，秦汉时武官名。掌管京城的治安。〔8〕"东市"，汉代在长安东市处决判死刑的人。后以东市为刑场的代称。〔9〕"梁"，郡国名。高祖五年改砀郡为梁国，建都睢阳（今河南省商丘县南）。这时的梁王是景帝刘启的弟弟刘武。

【译文】吴、楚反叛的文告天子已经听到，平叛的军队尚未出发，窦婴也还没有动身时，说起了过去吴国的丞相袁盎。袁盎当时住在家里，皇帝下诏请他入见。这时皇上正和晁错商量调兵和计算粮饷，皇上问袁盎说："你曾任吴国的丞相，知道吴国的臣子田禄伯的为人吗？现在吴、楚反叛，此事

在你看来有什么办法？”袁盎回答说：“不足担忧，现在就可以打败他们。”皇上说：“吴王就山铸钱，煮海水制盐，引诱天下豪杰，计划在头发白了时起兵举事。如果像这样，他们的计划不是十分周全，怎么会起兵呢？有什么理由说他们无所作为呢？”袁盎回答说：“吴国有铜盐之利是事实，哪里有豪杰被他们引诱呢？真的使吴国得到豪杰，也将会辅佐他去做有益的事情，不会起来反叛。吴国所引诱的都是些无赖子弟，逃命在外盗铸私钱的奸恶之人，所以他们互相呼应起来反叛。”晁错说：“袁盎分析得很对。”皇上问说：“哪有什么对策呢？”袁盎说：“请屏退左右的人。”皇上让左右的人退下去，唯独晁错留在身边。袁盎说：“我所说的不能让臣下知道。”于是让晁错也退下去。晁错很快回避到东厢房里，非常恼恨。皇上终于问袁盎，袁盎回答说：“吴、楚互相通信，说‘高帝分封子弟为王，都各自有封地，现在贼臣晁错擅自贬谪诸侯，削夺他们的封地’。所以用造反为名义，向西联合共同诛杀晁错，恢复被削夺的封地才罢兵。现在的办法只有杀掉晁错，派遣使者去赦免吴、楚七国的罪过，恢复他们原来被削夺的封地，这样军队不用流血就可以各自作罢。”于是皇帝沉默了好久，说：“真的是这样，我会不爱惜一个人而向天下谢罪。”袁盎说：“我的浅陋看法没有超出这些，希望皇上反复考虑考虑。”于是任命袁盎为太常，吴王弟子德侯为宗正。袁盎整装准备出发。十几天以后，皇上派中尉去召晁错，骗他上了车拉到东市。晁错穿着上朝的衣服在东市被斩杀了。然后派袁盎以奉祀宗庙的身份，派宗正以辅佐亲戚的身份，让他们按照袁盎的计策去告诉吴王。到了吴国，吴、楚的军队已经去攻打梁国的军垒。宗正因为是亲戚的缘故，就先进去谕告吴王来拜受诏书。吴王听说袁盎到来，也知道他是想来劝说自己，于是笑着回答说：“我已成为东帝，还要拜谁？”不肯接见袁盎而把他留在军中，想威迫他来担任将军。袁盎不肯答应，吴王就派人围守住他，将要杀他，袁盎趁夜跑出来，徒步逃走，直奔梁军，才返回去报告了天子。

条侯将乘六乘传，〔1〕会兵荥阳。至雒阳，见剧孟，〔2〕喜曰：“七国反，吾乘传到此，不自意全。又以为诸侯已得剧孟，剧孟今无动。吾据荥阳，以东无足忧者。”至淮阳，〔3〕问父绛侯故客邓都尉曰：〔4〕“策安出？”客曰：“吴兵锐甚，难与争锋。楚兵轻，不能久。方今为将军计，莫若引兵东北壁昌邑，〔5〕以梁委吴，吴必尽锐攻之。将军深沟高垒，使轻兵绝淮泗口，〔6〕塞吴饷道。彼吴梁相敝而粮食竭，乃以全强制其罢极，破吴必矣。”条侯曰：“善。”从其策，遂坚壁昌邑南，轻兵绝吴饷道。

【注释】〔1〕“乘传”，古代驿站用四匹下等马拉的车。〔2〕“剧孟”，雒阳人。当时有名的游侠。〔3〕“淮阳”，古县名，治所在今河南省淮阳县。梁玉绳《史记志疑》云：“据下文引兵壁昌邑，而由雒阳到昌邑不得过淮阳。疑‘淮阳’为‘荥阳’之误。”可备一说。〔4〕“都尉”，官名。即郡尉。景帝中二年更名郡守为太守，郡尉为都尉。都尉是辅佐郡守掌管全郡军事。〔5〕“昌邑”，秦县名，治所在今山东省巨野县东南。〔6〕“淮泗口”，即泗水流入淮河的交界处。在今江苏省盱台县东北（洪泽湖一带）。

【译文】条侯将要乘六乘传车去荥阳会兵。到了雒阳，见到了剧孟，高兴地说：“七国反叛，我乘传车来到这里，没想到这样安全。我还以为诸侯已经得到了剧孟，结果剧孟今天还没动。我据守荥阳，荥阳以东就没有担忧的人了。”到了淮阳，问他父亲绛侯过去的门客邓都尉说：“能想出什么计策吗？”门客说：“吴国的军队锐气很盛，难以和他争锋。楚军轻佻，不能持久，如现在为将军出计策的话，没有比率兵向东北坚守昌邑再好的，把梁国放弃给吴军，吴军就一定会用全部精锐部队去攻打它。将军深沟高垒，派轻兵去断绝淮泗口，堵塞吴军的粮道。吴、梁两军互相都疲惫而且粮食也用完的时候，就用全部强盛的军力来对付他们疲惫的军队，这样一定会打败吴军。”条侯说：“很好。”于是按照他的计策，坚守在昌邑以南，派轻兵去切断吴军的粮道。

吴王之初发也，吴臣田禄伯为大将军。田禄伯曰：“兵屯聚而西，无佗奇道，难以就功。臣愿得五万人，别循江淮而上，〔1〕收淮南、长沙，入武关，〔2〕与大王会，此亦一奇也。”吴王太子谏曰：〔3〕“王以反为名，此兵难以藉人，藉人亦且反王，奈何？且擅兵而别，多佗利害，未可知也，徒自损耳。”吴王即不许田禄伯。

【注释】〔1〕“江”，指长江。〔2〕“武关”，古

关名。故址在今陕西省丹凤县东南。〔3〕“吴王太子”,此指刘子驹。

【译文】吴王起初发兵时,吴国的大臣田禄伯任大将军。田禄伯说:“军队结集在一起向西进攻,没有其它特殊的路线是难以成就功业的。我希望率领五万人另外沿着长江、淮河而上,收服淮南、长沙,进入武关,与大王会合,这也是一条特殊路线。”吴王太子进谏说:“大王以反叛为名,这种军队难以托给别人,托给别人也将会反叛大王,怎么办呢?况且单独领兵而走别的路线,会产生许多其它利害也不会知道,只是白白地自己削弱自己罢了。”因此吴王就没有答应田禄伯的要求。

吴少将桓将军说王曰:[1]“吴多步兵,步兵利险;汉多车骑,车骑利平地。愿大王所过城邑不下,直弃去,疾西据雒阳武库,食敖仓粟,阻山河之险以令诸侯,虽毋入关,[2]天下固已定矣。即大王徐行,留下城邑,汉军车骑至,驰入梁楚之郊,事败矣。”吴王问诸老将,老将曰:“此少年推锋之计可耳,安知大虑乎!”于是王不用桓将军计。

【注释】〔1〕“少将”,年轻的将领。“桓将军”,吴王濞的部将。事迹不详,《史记》仅此一见。〔2〕“关”,指函谷关。

【译文】吴国的年轻将领桓将军劝王说:“吴国多步兵,步兵有利于在险要的地方作战;汉军多车骑兵,车骑兵有利于在平原地带作战。希望大王对所过城邑不必攻取,一直放弃前进,迅速向西占领雒阳武库,食用敖仓的粮食,依恃山河之险来发令诸侯,虽然没有入关,天下就可以平定。如果大王缓慢前进,留下兵来攻下城邑,汉军的车骑兵一到,直驰梁楚之郊,事情就会失败。”吴王问老将们的意见,老将们说:“这作为年轻人冲锋陷阵的计策是可以的,哪里会知道远虑大事呢?”于是吴王没有采用桓将军的计策。

吴王专并将其兵,未度淮,[1]诸宾客皆得为将、校尉、候、司马,[2]独周丘不得用。[3]周丘者,下邳人,[4]亡命吴,酤酒无行,[5]吴王濞薄之,弗任。周丘上谒,说王曰:“臣以无能,不得待罪行间。[6]臣非敢求有所将,愿得王一汉节,[7]必有以报王。”王乃予之。周丘得节,夜驰入下邳。下邳时闻吴反,皆城守。至传舍,[8]召令。令入户,使从者以罪斩令。遂召昆弟所善豪吏告曰:“吴反兵且至,至,屠下邳不过食顷。今先下,家室必完,能者封侯矣。”出乃相告,下邳皆下。周丘一夜得三万人,使人报吴王,遂将其兵北略城邑。比至城阳,兵十余万,破城阳中尉军。闻吴王败走,自度无与共成功,即引兵归下邳。未至,疽发背死。[9]

【注释】〔1〕“度”,同渡。〔2〕“将”,指将领、将帅。“校尉”,武职名。西汉时为掌管特种部队的首领。“候”,指军候。“司马”,指军司马。汉宫门及大将军、将军、校尉之属官都有司马,分别掌管指挥、参谋、军法、军需等工作。〔3〕“周丘”,下邳人。当时有名的壮士。《史记》仅二见。主要事迹即本篇所记。〔4〕“下邳”,秦县名,治所在今江苏省睢宁县西北。〔5〕“酤”,音 gū,买酒。“无行”,品行不好。“行”,音 xíng。〔6〕“待罪”,古代下向上陈奏时自谦之词。意谓身居其职而力不能胜任,必将获罪,故称待罪。〔7〕“节”,符节。古代派遣使臣时所拿一种凭证,多用竹、木制成。〔8〕“传舍”,古代供来往行人休止居住的处所。〔9〕“疽”,音 jū,结成块状的一种毒疮。浮浅者为痈,深厚者为疽。

【译文】吴王集中兵力亲自统率,还没有渡过淮河,所有宾客都被任命为将军、校尉、候、司马,唯独周丘没有被任用。周丘是下邳人,逃命到吴国,常买酒吃,品德又不好,吴王刘濞瞧不起他,所以没有被任用。周丘进见劝吴王说:“臣下因为没有才能,不能在军中任职。我不敢请求率领军队,希望得到一件汉朝的符节,一定会有所报答大王。”吴王于是给了他一个符节。周丘得到符节以后,连夜驰入下邳。下邳的人当时听说吴王反叛,都来守卫城池。周丘到了客舍就召县令来。县令进门后,周丘就派随从人员以有罪斩杀了县令。于是召集兄弟们所要好的富家官吏,并告诉他们说:“吴国反叛的军队即将到来,到了之后,血洗下邳不用一顿饭的时间。如现在就先投降,家室一定能够保全,有才能的人还可以封给侯爵。”他们出去就互相传告,下邳都投降了。周丘一夜之间就得到三万人,派人报告吴王,同时就率领他的军队向北攻略城邑。到了

城阳之后，军队增到十余万人，打败了城阳中尉的军队。后来听说吴王战败逃走，自己估计没有人和他共同成就事业，就领兵返回下邳。还没有到达，就因背部生了毒疮而病死。

二月中，吴王兵既破，败走，于是天子制诏将军曰：〔1〕"盖闻为善者，天报之以福；为非者，天报之以殃。高皇帝亲表功德，建立诸侯，幽王、悼惠王绝无后，〔2〕孝文皇帝哀怜加惠，王幽王子遂、悼惠王子卬等，〔3〕令奉其先王宗庙，为汉藩国，〔4〕德配天地，明并日月。吴王濞倍德反义，诱受天下亡命辠人，〔5〕乱天下币，〔6〕称病不朝二十余年，有司数请濞罪，〔7〕孝文皇帝宽之，欲其改行为善。今乃与楚王戊、赵王遂、胶西王卬、济南王辟光、菑川王贤、胶东王雄渠约从反，为逆无道，起兵以危宗庙，贼杀大臣及汉使者，迫劫万民，夭杀无罪，烧残民家，掘其丘冢，甚为暴虐。今卬等又重逆无道，烧宗庙，卤御物，〔8〕朕甚痛之。〔9〕朕素服避正殿，〔10〕将军其劝士大夫击反虏。击反虏者，深入多杀为功，斩首捕虏比三百石以上者皆杀之，〔11〕无有所置。敢有议诏及不如诏者，皆要斩。"〔12〕

【注释】〔1〕"制诏"，即诏令。古代皇帝传达命令的一种形式。秦制，命为"制"，用以颁布法令制度；令为"诏"，用以传达一般政令。汉制，皇帝文书有四种：策书、制书、诏书、戒敕。制书诏令三公，诏书则布告臣民。〔2〕"幽王"，即指刘邦之子刘友。初封淮阳王，吕后时徙为赵王。后被吕后幽禁饿死。谥曰"幽"，故称"幽王"。"悼惠王"，指齐王刘肥。刘肥死后其子刘襄袭封；刘襄死后其子刘则袭封，刘则死后无子国除。〔3〕"王幽王子遂"，即刘遂。吕后死后，大臣诛杀吕禄等，立刘遂为赵王。"悼惠王子卬等"，卬即刘肥子刘卬，文帝十六年封为胶西王。文帝时还分封刘肥子刘章为城阳王、子刘兴居为济北王、子刘将闾为齐王、子刘辟光为济南王、子刘贤为菑川王、子刘雄渠为胶西王。〔4〕"藩国"，封建王朝的属国称为藩国。〔5〕"辠"，同罪。〔6〕"乱天下币"，指吴王濞私自铸钱，扰乱天下的钱币。〔7〕"有司"，官吏。古代设官分职，事各有专司，故称有司。〔8〕"卤"，通掳。"御物"，指供宗庙使用的服器。〔9〕"朕"，第一人称"我"。古人自称为朕，无贵贱之分。自秦始皇起，专用为皇帝的自称。〔10〕"素服"，白服。古代遇凶丧之事用素服。穿着素服，离开正殿，以示躲避凶丧之事。〔11〕"三百石以上"，指俸禄在三百石以上的官吏。〔12〕"要斩"，即腰斩。古代死刑的一种。

【译文】二月间，吴王的军队已经被打败，吴王逃走。这时天子下诏将军说："听说行善的人上天报之以福，作恶的人上天报之以殃。高皇帝亲自表彰功德，建立诸侯，幽王、悼惠王没有后嗣，孝文皇帝出于怜悯，格外给予恩惠，封幽王的儿子刘遂、悼惠王的儿子刘卬等为王，让事奉他们先王的宗庙，成为汉王朝的藩国，这种恩德可以与天地相配，与日月同光。吴王刘濞背德叛义，引诱收纳天子的亡命罪人，扰乱天下的货币，称病不朝见二十余年，有司们多次呈报刘濞的罪状，孝文帝都宽恕了他，希望他能改恶从善。现在却和楚王戊、赵王遂、胶西王卬、济南王辟光、菑川王贤、胶东王雄渠串联造反，做叛逆无道的事情，举兵来危害宗庙，贼杀大臣和汉朝的使者，危逼万民，夭杀无罪，烧毁民家，挖掘坟墓，疯狂地干暴虐的事。现在刘卬等人又重新暴逆无道，烧毁宗庙，掠夺御物，我很痛恨他们，我身着素服避开正殿，将军们应鼓励士大夫们去反击叛乱的人们。反击叛乱的人以深入敌巢斩杀越多为有功，斩杀捕获的叛逆者其俸禄在三百石以上的全部杀掉，不准释放。敢有议论诏书和不执行诏书的全部腰斩。

初，吴王之度淮，与楚王遂西败棘壁，〔1〕乘胜前，锐甚。梁孝王恐，遣六将军击吴，又败梁两将，士卒皆还走梁。梁数使使报条侯求救，条侯不许。又使使恶条侯于上，上使人告条侯救梁，复守便宜不行。梁使韩安国及楚死事相弟张羽为将军，〔2〕乃得颇败吴兵。吴兵欲西，梁城守坚，不敢西，即走条侯军，会下邑。〔3〕欲战，条侯壁，不肯战。吴粮绝，卒饥，数挑战，遂夜奔条侯壁，惊东南。条侯使备西北，果从西北入。吴大败，士卒多饥死，乃畔散。于是吴王乃与其麾下壮士数千人夜亡去，〔4〕度江走丹徒，〔5〕保东越。东越兵可万余人，乃使人收聚亡卒。汉使人以利啗东越，东越即绐吴王，吴王出劳军，即使人鏦杀吴王，〔6〕盛其头，驰传以闻。[7]吴王子子华、子驹亡走闽越。吴王之弃其军亡也,军遂溃,往往稍降太尉、梁军。楚王戊军败,自杀。

【注释】〔1〕“棘壁”,古地名,故址在今河南省永城县西北。 〔2〕“韩安国”,字长孺,汉梁国成安(今河南省临汝县)人,后迁睢阳(今河南省商丘县南)。初事梁孝王为中大夫。景帝三年吴楚七国反叛,他任将军击败吴兵,由此显名。武帝时为御史大夫,后为卫尉。元光二年,匈奴大入境,他任材官将军,后兵败,不久病死。事详本书《韩长孺列传》、《汉书·韩安国传》。“张羽”,楚相张尚的弟弟。吴楚七国叛乱时他率兵击败吴兵,由此显名。 〔3〕“下邑”,古县名,治所在今安徽省砀山县西。 〔4〕“麾下”,部下。 〔5〕“度”,同渡。“丹徒”,古县名,治所在今江苏省丹徒县。 〔6〕“鏦”,音cōng,矛戟一类的武器。 〔7〕“驰传”,驾驶驿站车马急行。

【译文】当初,吴王渡过淮河与楚王西进攻破了棘壁,又乘胜前进,锐不可挡。梁孝王感到恐惧,派出六个将军去迎击吴军,又打败两个梁国将军,士兵们逃回梁地。梁王曾多次派遣使者向条侯报告请求援救,条侯都没有答应。梁王又派人到皇帝那里说条侯的坏话,皇帝派人去告条侯援救梁国,条侯仍然坚守有利位置而不出兵。梁王派韩安国和为楚国国事牺牲了的丞相张尚的弟弟张羽为将军,才得以打败吴军。吴军打算西进,梁军坚守城池,不敢西进,就跑到条侯的军营,在下邑相会。吴军想交战,条侯坚守营壁不肯迎战。吴军断绝了粮源,士兵们饥饿,曾多次向条侯挑战,乘夜间奔向条侯的军营,在东南面骚扰。条侯派兵去防备西北,吴军果然从西北攻进来。吴军大败,士兵们多数被饿死,有的背叛,有的逃散。在这个时候吴王就和他的部下壮士数千人连夜逃跑,渡过长江,跑到丹徒,被东越保护起来。东越的军队可达一万多人,吴王派人去收聚逃跑的士兵。汉朝廷派人用利来引诱东越,东越就欺骗吴王,吴王出来慰劳军队时派人刺杀吴王,然后装起他的头颅,用传车去报告天子。吴王的儿子子华、子驹逃到闽越。吴王抛弃他的军队逃跑时,他的军队就溃散了,渐渐地投降了太尉、梁军。楚王戊的军队被打败以后他就自杀了。

三王之围齐临菑也,[1]三月不能下。汉兵至,胶西、胶东、菑川王各引兵归。胶西王乃袒跣,[2]席稿,[3]饮水,谢太后。[4]王太子德曰:[5]“汉兵远,臣观之已罢,可袭,愿收大王余兵击之,击之不胜,乃逃入海,未晚也。”王曰:“吾士卒皆已坏,不可发用。”弗听。汉将弓高侯颓当遗王书曰:[6]“奉诏诛不义,降者赦其罪,复故;不降者灭之。王何处,须以从事。”王肉袒叩头汉军壁,谒曰:“臣卬奉法不谨,惊骇百姓,乃苦将军远道至于穷国,敢请菹醢之罪。”[7]弓高侯执金鼓见之,[8]曰:“王苦军事,愿闻王发兵状。”王顿首膝行对曰:[9]“今者,晁错天子用事臣,变更高皇帝法令,侵夺诸侯地。卬等以为不义,恐其败乱天下,七国发兵,且以诛错。今闻错已诛,卬等谨以罢兵归。”将军曰:“王苟以错不善,何不以闻?乃未有诏虎符,[10]擅发兵击义国。以此观之,意非欲诛错也。”乃出诏书为王读之。读之讫,曰:“王其自图。”王曰:“如卬等死有余罪。”遂自杀。太后、太子皆死。胶东、菑川、济南王皆死,国除,纳于汉。郦将军围赵十月而下之,赵王自杀。济北王以劫故,[11]得不诛,徙王菑川。

【注释】〔1〕“三王”,指胶西、胶东、菑川三王。 〔2〕“袒”,脱掉上衣。“跣”,光着脚。〔3〕“稿”,用禾秆编成的席子。“袒跣、席稿、饮水”三种活动都是表示谢罪的活动。 〔4〕“太后”,指胶西王刘卬的母亲。 〔5〕“王太子德”,即刘德。胶西王刘卬之子。《史记》仅此一见,事不详。〔6〕“弓高侯颓当”,即韩颓当,韩王信的儿子。文帝时率领部属从匈奴回来归降汉朝,封为弓高侯。“弓高”,古地名。故址在今河北省景县西北。〔7〕“菹醢”,音zū hǎi,古代的一种酷刑,即把人杀死后将其骨肉剁为肉酱。 〔8〕“金鼓”,古代作战时用以壮军威的一种乐器。 〔9〕“膝行”,跪着向前走,表示畏服。 〔10〕“虎符”,即兵符。古代一种调兵遣将的信物。铜铸,虎形,背有铭文,分为左右两半,右半留在朝廷,左半授予统兵将师。调兵时由使臣持符验合方能生效。 〔11〕“济北王以劫故”,指济北王刘志原来与吴、楚等国同谋起事,期至被臣下强行阻挡没有发兵这件事。

【译文】胶西、胶东、菑川三王围攻齐国的临菑,三个月都没有攻下。汉军一到,胶西、胶东、菑

川三王就各自领兵回去了。胶西王赤膊光脚，坐在草席上喝着冷水向太后谢罪。胶西王的太子刘德说："汉军远道而来，我看到他们已经疲惫不堪，可以袭击了，都希望收聚大王剩余的军队去攻击他们。若攻击他们不能取胜，再逃入大海也不晚。"胶西王说："我的士兵都已经涣散，不可再用了。"没有听从刘德的意见。汉军将领弓高侯颓当送给胶西王的信说："奉诏来诛杀不义的人，投降者赦免他的罪过，恢复原来的官爵；不投降的人全部消灭掉。大王如何处理，等待你决定后再干。"胶西王肉袒在汉军营叩头诉说："臣下刘卬守法不慎，惊骇百姓，使将军辛苦远道来到穷国，请求惩罚我的弥天大罪。"弓高侯手持金鼓来接见胶西王，说："大王深受军事之苦，希望听听大王发兵的情状。"胶西王叩头膝行回答说："如今晁错是天子信任的大臣，他变更高皇帝的法令，侵夺诸侯的封地。我们认为这是不义之事，担心他们败乱天下，我们七国发兵打算诛杀晁错。现在听说晁错已被诛杀，我们就谨慎地收兵回国。"将军说："大王如果认为晁错不好，为什么不报告皇帝？而且在没有下诏授给虎符时就擅自发动军队攻打正义的国家。由此观之，本意并非打算诛杀晁错。"于是拿出诏书给胶西王宣读。读完诏书以后，说："请大王自己考虑。"胶西王说："像我们这样死有余罪。"于是自杀而死。太后、太子都跟着死了。胶东、菑川、济南王也都死去，(他们的)封国都被废除，纳入汉朝。郦将军围攻赵国十个月才攻下来，赵王自杀。济北王因为被劫持的缘故，得以免死，迁封他到菑川为王。

初，吴王首反，并将楚兵，连齐赵。正月起兵，三月皆破，独赵后下。复置元王少子平陆侯礼为楚王，〔1〕续元王后。徙汝南王非王吴故地，〔2〕为江都王。

【注释】〔1〕"平陆侯礼"，即刘礼。原封平陆侯，平定吴楚七国反叛以后景帝封刘礼为楚王。事详本书《楚元王世家》。〔2〕"汝南王非"，即景帝刘启的儿子刘非。景帝时初封为汝南王，因平定吴楚七国反叛有功，徙封为江都王，治吴故国。事详本书《五宗世家》。

【译文】当初，吴王首先反叛，并统率楚军，联合齐、赵等国。正月起兵，三月全被击败，只有赵国最后被攻下。又重新立楚元王的小儿子平陆侯刘礼为楚王，来续元王之后。迁徙汝南王刘非去统治吴国故地，立为江都王。

太史公曰：吴王之王，由父省也。〔1〕能薄赋敛，使其众，以擅山海利。逆乱之萌，自其子兴。争技发难，〔2〕卒亡其本；亲越谋宗，竟以夷陨。〔3〕晁错为国远虑，祸反近身。袁盎权说，初宠后辱。故古者诸侯地不过百里，山海不以封。"毋亲夷狄，〔4〕以疏其属"，盖谓吴邪？"毋为权首，反受其咎"，岂盎、错邪？

【注释】〔1〕"省"，削减爵位。指吴王濞的父亲刘仲做代王时，匈奴入侵，他弃国逃亡，高祖降他为郃阳侯事。〔2〕"争技"，竞争技艺。指文帝时吴王濞的太子与皇太子刘启饮酒下棋，因争路被刘启用棋盘击杀事。〔3〕"夷陨"，灭亡。〔4〕"夷狄"，古代汉族对其他民族的一种贬称。夷主要指东方的民族。狄主要指北方的民族。

【译文】太史公说：吴王之所以被封为王，是由于他父亲被贬削的缘故。他能够减轻赋敛，役使他的民众，是因为他擅有山海之利。他叛乱念头的萌发是由他的儿子引起的。由争执技艺引起了难事，最后失去了根本的东西，亲近越族而谋害同宗，结果身死灭亡。晁错为国深谋远虑，反而灾祸落到自己身上。袁盎善于游说，先宠后辱。所以古代诸侯的封地纵横不超过百里，也不分封给山海。"不要亲近夷狄而疏远了亲属"，大概是说吴王吧？"不要做主谋带头人，否则会受到罪咎"，难道是指袁盎、晁错吗？

史记卷一百零七

魏其武安侯列传第四十七

魏其侯窦婴者，[1]孝文后从兄子也。[2]父世观津人。[3]喜宾客。孝文时，婴为吴相，[4]病免。孝景初即位，为詹事。[5]

【注释】〔1〕"魏其"，汉县名，故地在今山东省临沂县东南。 〔2〕"从兄"，堂兄。 〔3〕"观津"，汉县名，故地在今河北省武邑县东南。 〔4〕"吴相"，诸侯国吴的丞相。吴是汉高祖的哥哥刘喜之子刘濞的封国。 〔5〕"詹事"，掌管皇后、太子宫中事务的长官。

【译文】魏其侯窦婴是孝文皇后堂兄之子，自他父辈以上，世世代代都住在观津，喜好宾客。孝文帝时，窦婴曾在吴国任丞相，后因病免官。孝景帝刚即位不久，任用窦婴为詹事。

梁孝王者，[1]孝景弟也，其母窦太后爱之。[2]梁孝王朝，因昆弟燕饮。[3]是时上未立太子，酒酣，从容言曰：[4]"千秋之后传梁王。"[5]太后欢。窦婴引卮酒进上，[6]曰："天下者，高祖天下，父子相传，此汉之约也，上何以得擅传梁王！"太后由此憎窦婴。窦婴亦薄其官，因病免。太后除窦婴门籍，[7]不得入朝请。[8]

【注释】〔1〕"梁孝王"，名武，文帝次子。文帝二年(公元前一七八年)封为代王，三年徙为淮阳王，十年徙为梁王，在位三十五年，文帝后元二年(公元前一四四年)卒，"孝"是谥号。事详本书《梁孝王世家》。 〔2〕"窦太后"，即窦姬，初为吕后宫女，吕后赐予代王，受到宠幸，生一女两男。代王立为帝，即汉文帝，窦姬立为皇后，长子即景帝，次子即梁王。武帝建元四年(公元前一三五年)去世。事迹详本书《外戚列传》。 〔3〕"因昆弟燕饮"，以兄弟的身份而举行的不讲究正规礼仪的宴会，景帝与梁王虽是兄弟，但依君臣之礼，仍等级分明；"因兄弟燕饮"，则为叙兄弟之情而设宴，可以比较随便。"燕"，通"宴"。 〔4〕"从容"，舒缓，不慌不忙。〔5〕"千秋"，"死"的委婉说法。《梁孝王世家》记此语为："千秋万岁后传于王"。 〔6〕"卮"，饮酒的器具，形与今之带柄圆口柱状茶杯相近。音 zhī。窦婴此举是为景帝失言，有进酒示罚之意。 〔7〕"门籍"，出入宫门的名籍。为二尺之牒，上记姓名、年龄、形貌等，悬于宫门旁，进入宫门时须经门卫核对后方能放行。 〔8〕"朝请"，诸侯朝见天子，春季叫"朝"，秋季叫"请"。此处泛指一般的朝见。

【译文】梁孝王是孝景帝的弟弟，他的母亲窦太后很喜欢他。一次，梁孝王入朝，孝景帝以兄弟之礼设家宴招待他。当时，孝景帝还没有立太子，酒酣耳热之际，孝景帝随随便便地说道："我去世之后，把帝位传给梁王。"窦太后听了很高兴。这时，窦婴捧了一杯酒进献给皇上，说："天下是高祖的天下，帝位应当父子相传，这在汉家早有约定，皇上怎么能擅自传给梁王！"太后因此而憎恨窦婴。窦婴也看不上詹事这区区小官，就托病辞职了。窦太后把窦婴的名字从出入宫门的登记簿籍上除去，不准他来见皇帝。

孝景三年，[1]吴楚反，[2]上察宗室诸窦毋如窦婴贤，[3]乃召婴。婴入见，固辞谢病不足任。太后亦惭。于是上曰："天下方有急，王孙宁可以让邪？"[4]乃拜婴为大将军，[5]赐金千斤。婴乃言袁盎、栾布诸名将贤士在家者进之。[6]所赐金，陈之廊庑下，[7]军吏过，辄令财取为用，[8]金无入家者。窦婴守荥阳，监齐赵兵。[9]七国兵已尽

破，封婴为魏其侯。诸游士宾客争归魏其侯。孝景时每朝议大事，条侯、魏其侯，〔10〕诸列侯莫敢与亢礼。〔11〕

【注释】〔1〕“孝景三年”，公元前一五四年。〔2〕“吴楚反”，指吴王濞、楚王戊、胶西王卬、胶东王雄渠、菑川王贤、济南王辟光、赵王遂联合反叛。七国之中，吴为主谋，楚军与吴会合，共同西进，史称“吴楚七国之乱”。〔3〕“宗室”，皇帝同姓的亲戚。“诸窦”，泛指皇帝的姻亲外戚。“毋”，通“无”。〔4〕“王孙”，窦婴的字。“让”，推辞。〔5〕“大将军”，武官名，地位次于丞相、太尉、御史大夫，掌率军征伐四方。汉代不常设，又有“前、后、左、右”等不同的称号。〔6〕“袁盎”，楚人，字丝，曾为吴相，以直谏敢言闻名。由窦婴推荐给景帝后，拜为太常，设计斩杀晁错，出使吴国，无功而返。因反对景帝传位梁王，被梁王刺客刺杀。事详《史记》、《汉书》本传。“栾布”，梁人，曾为梁王彭越之大夫。文帝时为燕相。参加平定吴楚之乱，因军功封为俞侯。事详《史记》、《汉书》本传。〔7〕“廊庑”，堂下两廊及门屋。〔8〕“财取用之”，裁量自己的情形而取去用。“财”，通“裁”。〔9〕“窦婴守荥阳，监齐赵兵”，当时汉军三十六将军以主力击吴、楚，由太尉周亚夫统率；郦寄率军击赵，栾布率军击齐，由窦婴在荥阳统制。“荥阳”，县名，属河南郡，故地在今河南省荥阳县东北。〔10〕“条侯”，即周亚夫，绛侯周勃之子，文帝时改封于条。“条”，在今河北省景县境。《汉书·地理志》作“脩市”，属渤海郡，“脩”仍读为“条”。周亚夫，文帝时任中尉，景帝三年为太尉，平吴楚反叛，迁为丞相，因病免。后获罪死于狱中。事迹详本书《周勃世家》、《汉书·周勃传》。〔11〕“列侯”，汉制，刘氏子孙封侯叫“诸侯”，异姓功臣封侯叫“列侯”（初称“彻侯”，因避武帝名讳而改为“列侯”），是二十等爵中最高一级的爵位。

【译文】孝景三年，吴、楚等国发动叛乱，（为了平叛，）皇上把刘姓的皇族和窦家的人都考察了一下，觉得没有谁比窦婴更贤能，就下令征召窦婴。窦婴入朝拜见皇上，坚决推辞。他藉口有病，说不足以当此重任。事至如此，太后也很惭愧。于是皇上说：“天下正有危难，王孙怎能推辞呢？”就拜窦婴为大将军，赏赐黄金千斤。窦婴便推荐了赋闲在家的袁盎、栾布等名将与贤士。皇上赐给他的黄金，都放置在两廊之下，属下的军吏来了，就让他们酌量着拿了去用，自己却从没往家里拿过一块金子。窦婴坐镇荥阳，负责统制进攻齐、赵两国的汉军。吴、楚七国的反叛全部平定之后，窦婴被封为魏其侯。那些游士和宾客都争相投靠到魏其侯门下。当时，孝景帝在朝廷商议大事，诸列侯都不敢与条侯、魏其侯以平等的礼节相见。

孝景四年，立栗太子，〔1〕使魏其侯为太子傅。〔2〕孝景七年，栗太子废，〔3〕魏其数争不能得。魏其谢病，屏居蓝田南山之下数月，〔4〕诸宾客辩士说之，〔5〕莫能来。梁人高遂乃说魏其曰：“能富贵将军者，上也；能亲将军者，太后也。今将军傅太子，太子废而不能争；争不能得，又弗能死。自引谢病，拥赵女，〔6〕屏闲处而不朝。〔7〕相提而论，〔8〕是自明扬主上之过。有如两宫螫将军，〔9〕则妻子毋类矣。”〔10〕魏其侯然之，乃遂起，朝请如故。

【注释】〔1〕“栗太子”，景帝长子，名荣，栗姬所生，因后被废去，故从母姓，称“栗太子”。事迹见本书《五宗世家》、《汉书·景十三王传》。〔2〕“太子傅”，掌辅佐、教导太子事务，有太傅、少傅之别。〔3〕“栗太子废”，刘荣因其母失宠而被废为临江王。四年后因获罪而自杀。〔4〕“屏”，退隐。音 bǐng。“蓝田”，故地在今陕西省蓝田县西。〔5〕“说”，劝说。音 shuì。〔6〕“赵女”，赵地多美女，故以“赵女”为美女之代称。〔7〕“闲处”，犹闲居，避人而居。〔8〕“相提而论”，相互对比着看。“提”，举出。〔9〕“有”，连词，读如“又”。“两宫”，指太后（居东宫，即长乐宫）和景帝（居西宫，即未央宫）。“螫”，蜇。音 shì。此用毒虫怒而蜇人喻两宫动怒而加害于窦婴。〔10〕“妻子”，妻与子，指一家老小。“毋”，通“无”。“类”，种。

【译文】孝景四年，景帝立栗姬之子为太子，派魏其侯做太子的老师。孝景七年，皇太子被废黜，魏其侯几次劝谏争辩都没有效果。魏其侯便声称有病，隐居于蓝田县南山之麓，一连好几个月，许多宾客和辩士都去劝说他，没有能使他回心转意。梁人高遂去说服魏其侯，他说道：“能使将军富贵的是皇上，能使将军成为朝廷亲信的是太后；现在将军因为做太子的师傅，太子被废黜，你却不能去争辩，争辩了却没有能成功，又不能为此献身而死，你便藉口有病离去，拥着美女，赋闲隐居而不肯入朝。要是把这几件事对比着来看，这很明显是在故意张扬皇上的过失。假如皇上和太后对你发了怒，要加害于你，那就会把你一家老小全杀光，让你断子绝孙！"魏其侯觉得他的话说得对，便不再装病，又像过去一样地入朝去觐见皇上了。

桃侯免相，[1]窦太后数言魏其侯。孝景帝曰："太后岂以为臣有爱，[2]不相魏其？魏其者，沾沾自喜耳，[3]多易。[4]难以为相，持重。"遂不用，用建陵侯卫绾为丞相。[5]

【注释】〔1〕"桃侯"，刘舍，本项籍亲属，其父襄，佐助高祖有功，赐姓，封为桃侯。孝文帝十年（公元前一七〇年），刘舍袭父爵。景帝中三年至后元年（公元前一四七年至前一四三年）为丞相。以地震、日蚀免官。"桃"，故地在今河北省衡水西北。〔2〕"爱"，吝惜。〔3〕"沾沾"，轻薄的样子。〔4〕"多易"，多轻率之举。〔5〕"建陵侯卫绾"，卫绾，代人，以平定吴楚之乱有功，景帝前六年（公元前一五一年）封为建陵侯。景帝后元年（公元前一四三年），以御史大夫出任丞相。事迹见本书《万石张叔列传》、《汉书》本传。"建陵"，故地在今江苏省沭阳县西北。

【译文】（孝景后元年，）桃侯刘舍被免去丞相职务，窦太后多次向景帝提及魏其侯，孝景帝说："太后难道以为我特别吝惜，因此而不让魏其侯当丞相么？魏其侯这个人自以为了不得，沾沾自喜，办事草率轻浮，难以让他当丞相，承担重要的工作。"终于没有任用他，而任命建陵侯卫绾为丞相。

武安侯田蚡者，[1]孝景后同母弟也，[2]生长陵。[3]魏其已为大将军后，方盛，蚡为诸郎，[4]未贵，往来侍酒魏其，跪起如子姓。[5]及孝景晚节，[6]蚡益贵幸，为太中大夫。[7]蚡辩有口，学《槃盂》诸书，[8]王太后贤之。孝景崩，即日太子立，称制，[9]所镇抚多有田蚡宾客计筴。蚡弟田胜，皆以太后弟，孝景后三年[10]封蚡为武安侯，胜为周阳侯。[11]

【注释】〔1〕"武安"，故地在今河北省武安县。"蚡"，音 fēn。〔2〕"孝景后"，即王娡，下文又称王太后。父王仲，母臧儿，有一男（信）两女（娡及儿姁）。王仲死，臧儿更嫁长陵田氏，生蚡、胜。事迹详本书《外戚世家》、《汉书·外戚传》。〔3〕"长陵"，汉因高祖陵墓所在，置长陵县，故地在今陕西省咸阳县东北。〔4〕"诸郎"，指郎中令（武帝太初元年改为"光禄勋"）所属各郎官，如"议郎"、"中郎"、"侍郎"、"郎中"等，负责宫中值勤守卫与外出车骑侍从。〔5〕"子姓"，即子孙。王引之说："古谓子孙曰姓，或曰子姓。"〔6〕"晚节"，晚年。〔7〕"太中大夫"，郎中令属官，掌论议。〔8〕"槃盂"，据《汉书·艺文志》记载，相传为黄帝史官孔甲所作，二十六篇。应劭说是书于盘盂等器物上的铭文，应是今所谓的金文等古文字资料。〔9〕"孝景崩，即日太子立，称制"，景帝后三年（公元前一四一年）正月甲子，景帝去世，同日武帝即位，年方十六岁，故由其母王太后临朝称制。"称制"，天子之命曰"制"，令曰"诏"；由皇太后代行天子事，发号施令，谓之"称制"。〔10〕"孝景后三年"，景帝于正月去世，武帝于三月封田蚡、田胜，当时尚未使用武帝年号。〔11〕"周阳"，故地在今山西省闻喜县东。

【译文】武安侯田蚡，是孝景皇后同母异父的弟弟，生于长陵。魏其侯已经升为大将军之后，正处于兴盛的时期；而田蚡才刚刚是个郎官，还没有显贵，往来窦婴家中，为魏其侯侍宴奉酒，一会儿跪下，一会儿站起，好像是窦婴子孙辈的人一样。到孝景皇帝晚年的时候，田蚡逐渐得到宠幸，日益显赫，作了太中大夫。田蚡很有口才，擅长论辩，学习过《盘盂》等收集古代铭文的书，王太后认为他很贤能。孝景皇帝去世，当天，太子即位，王太后临朝称制。太后执掌大权，或有镇压，或有安抚，大多采纳田蚡及其宾客的谋划与计策。田蚡之弟叫田胜，两人都因为是太后的弟弟的关系，于孝景后三年三月受封，田蚡被封为武安侯，田胜被封为周阳侯。

武安侯新欲用事为相，卑下宾客，进名士家居者贵之，欲以倾魏其诸将相。建元元年，[1]丞相绾病免，上议置丞相、太尉。[2]籍福说武安侯曰："魏其贵久矣，天下士素归之。今将军初兴，未如魏其，即上以将军为丞相，必让魏其。魏其为丞相，将军必为太尉。太尉、丞相尊等耳，又有让贤名。"武安侯乃微言太后风上，[3]于是乃以魏其侯为丞相，武安侯为太尉。籍福贺魏其侯，因吊

曰:[4]“君侯资性喜善疾恶,[5]方今善人誉君侯,故至丞相;然君侯且疾恶,恶人众,亦且毁君侯。君侯能兼容,则幸久;不能,今以毁去矣。”[6]魏其不听。

【注释】〔1〕“建元元年”,公元前一四〇年,我国帝王用年号纪年自此始。〔2〕“议置丞相、太尉”,景帝七年(公元前一五〇年)罢太尉官职,此时议重置。丞相为最高行政长官,太尉为最高军事长官,与御史大夫合称“三辅”,秩皆万石,故下文说“太尉、丞相尊等”。〔3〕“微”,暗暗地。“风”,同“讽”,含蓄地暗示或劝说。〔4〕“吊”,有劝诫、警告之意,与“贺”相对。因其位至丞相而贺,又因隐伏危机而吊。〔5〕“君侯”,汉代对列侯拜为丞相者的尊称。〔6〕“今”,即将,马上。“去”,指去职、离职。

【译文】武安侯刚刚受封,又想当权作丞相,谦恭地对待宾客,推举在家未出仕的名士,让他们出来当官,想借此排挤、压倒魏其侯等其他将相。建元元年,丞相卫绾因病免职,皇上商议安排谁来担任丞相、太尉的职务。籍福向武安侯游说道:“魏其侯显贵已经很久了,天下有才之士一向归附他。现在将军刚刚兴盛不久,还不能同魏其侯匹敌,即使是皇上有意要将军作丞相,您也一定要把这个职位让给魏其侯。魏其侯作了丞相,将军一定就是太尉,太尉、丞相,地位一样尊贵,而您又有了让贤的好名声。”武安侯就向太后透露了这个意思,由太后给皇上作了暗示。于是武帝任命魏其侯为丞相,武安侯为太尉。籍福去向魏其侯祝贺,顺便又劝告道:“您天性喜好善良,嫉恨邪恶,如今好人赞誉您,所以您能当上丞相。可是您还嫉 恨坏人,坏人多,他们也会毁谤您。您如果能够兼容善恶,那么您作丞相就可长久;不然的话,很快将因为受到诋毁而离职。”魏其侯不听他这一套。

魏其、武安俱好儒术,推毂赵绾为御史大夫,王臧为郎中令。[1]迎鲁申公,[2]欲设明堂,[3]令列侯就国,[4]除关,[5]以礼为服制,[6]以兴太平。举適诸窦宗室毋节行者,[7]除其属籍。[8]时诸外家为列侯,[9]列侯多尚公主,[10]皆不欲就国,以故毁日至窦太后。太后好黄老之言,[11]而魏其、武安、赵绾、王臧等务隆推儒术,贬道家言,是以窦太后滋不说魏其等。及建元二年,御史大夫赵绾请无奏事东宫。窦太后大怒,乃罢逐赵绾、王臧等,而免丞相、太尉,以柏至侯许昌为丞相,[12]武强侯庄青翟为御史大夫。[13]魏其、武安由此以侯家居。

【注释】〔1〕“推毂”,本指推车轮前进,此指推举、推荐。“毂”,车轮中心安装辐条的构件,又代指车轮。“赵绾”,代(故地在今河北省蔚县西南)人;“王臧”,兰陵(故地在今山东省苍山县兰陵镇)人,都曾从当时大儒鲁申公学《诗》。“御史大夫”,三公之一,为副丞相。“郎中令”,九卿之一,掌宫殿值勤与守卫。〔2〕“鲁申公”,名培,汉初著名儒者,传《鲁诗》,弟子百余人。武帝征为太中大夫,年已八十余,后赵绾、王臧因得罪窦太后而免官自杀,申公亦以疾免归,数年而卒。事迹见本书《儒林列传》、《汉书·儒林传》。〔3〕“明堂”,传说是古代帝王宣明政教的殿堂,用以举行朝会、祭祀、庆赏、选士、养老、教学等典礼。汉以后礼学家众说纷纭,分歧很多。当时,赵绾、王臧要附会古制,设明堂以朝诸侯,但自己又弄不清明堂制度,所以将老师申公迎来。〔4〕“令列侯就国”,当时列侯多住在京城而不住在自己的封地,现在下令让列侯各自回到自己的封国去。〔5〕“除关”,除去关禁。汉代有“津关令”,政府在一些交通要道上设有关卡,进行检查,没有通行的证件,行人与货物都不得自由出入关卡渡口。文帝十二年(公元前一六八年),曾“除关无用传”(“传”是政府颁发的通行证)。景帝四年(公元前一五三年)因吴楚之乱,“复置诸关,用传出入”。〔6〕“以礼为服制”,按照儒家的礼法来制订吉、凶典礼及各种场合穿戴的服饰。〔7〕“適”,同“谪”,音 zhé。“举適”,检举谴责。〔8〕“属籍”,家谱,族谱。〔9〕“外家”,即“外戚”,帝王之母族与妻族。〔10〕“尚公主”,与公主结婚。上攀而为婚配叫做“尚”。〔11〕“黄老”,黄帝与老子,二人是道家的鼻祖,故以“黄老”代表道家。〔12〕“柏至”,汉地名,《汉书·地理志》失载,不详所在。“许昌”,高祖功臣许温之孙,文帝十五年(公元前一六五年)袭封为侯。〔13〕“武强”,故地在今河北省武强县东北。“庄青翟”,高祖功臣庄不识之孙,文帝后二年(公元前一六二年)袭封为侯。

【译文】魏其侯和武安侯都喜好儒家学说,他们推举赵绾为御史大夫,王臧为郎中令。把鲁国的申公迎到京城,准备设立明堂;让诸侯都回到自己的封地去，取消关卡禁令，按照礼法的规定统一服制，想用这样一些办法把国家治理得太太平平的。又检举窦氏诸亲属及宗室中品行不好的人，把他们从所属的族谱上除名。当时，各家外戚多被封为列侯，列侯又多娶公主为妻，大家都不愿意离开京城到自己的封地去，因此每天都有许多谤毁窦婴、田蚡的话传到窦太后那里。窦太后喜好黄、老学说，而魏其侯、武安侯、赵绾、王臧等竭力推崇儒家学说，贬抑道家之言，所以，窦太后愈加不高兴魏其侯等人。到建元二年，御史大夫赵绾请武帝不要把政事奏知住在东宫的太后。窦太后大怒，将赵绾、王臧罢免逐出，并免去窦婴、田蚡的丞相、太尉职务，任用柏至侯许昌为丞相，武强侯庄青翟为御史大夫。从此，魏其侯、武安侯只好以列侯身份闲居在家。

武安侯虽不任职，以王太后故，亲幸，数言事多效，天下吏士趋势利者，皆去魏其归武安。武安日益横。建元六年，[1]窦太后崩，丞相昌、御史大夫青翟坐丧事不办，免。以武安侯蚡为丞相，以大司农[2]韩安国为御史大夫。天下士郡诸侯愈益附武安。[3]

【注释】〔1〕“建元六年”，公元前一三五年。〔2〕“大司农”，掌谷物盐铁生产及租税赋役，九卿之一。景帝后元年(公元前一四三年)前，叫“治粟内史”，后更名“大农令”，武帝太初元年(公元前一〇四年)更名“大司农”。此时方建元六年，原应称“大农令”为是。“韩安国”，字长孺，梁成安(故地在今河南省临汝县东南)人。为梁孝王中大夫，以抗御吴楚叛军而显名，后几度浮沉。武帝时以贿赂田蚡而受召，先后任北地都尉、大农令、御史大夫、卫尉等职。以对匈奴作战一再失利被贬，元朔二年(公元前一二一年)卒。事迹详本书本传及《汉书》本传。〔3〕“天下士郡诸侯”，四方之士，郡国官员及诸侯王。

【译文】武安侯虽不任职了，但由于王太后的关系，仍然得到皇上的恩宠，曾屡次参与商议政事，多被采纳生效，天下趋炎附势的官吏和士人，都离开魏其侯，归附武安侯。武安侯也日益骄横。建元六年，窦太后去世，丞相许昌、御史大夫庄青翟因没有把丧事办好而坐罪，被免去官职。于是任命武安侯田蚡为丞相，任命大司农韩安国为御史大夫。天下的士人、郡国的官吏及诸侯王都愈加依附武安侯了。

武安者，貌侵，[1]生贵甚。[2]又以为诸侯王多长，上初即位，富于春秋，[3]蚡以肺腑为京师相，[4]非痛折节以礼诎之，[5]天下不肃。[6]当是时，丞相入奏事，坐语移日，[7]所言皆听。荐人或起家至二千石，[8]权移主上。上乃曰：“君除吏已尽未？[9]吾亦欲除吏。”尝请考工地益宅，[10]上怒曰：“君何不遂取武库！”[11]是后乃退。尝召客饮，坐其兄盖侯南乡，[12]自坐东乡，以为汉相尊，不可以兄故私桡。[13]武安由此滋骄，治宅甲诸第。[14]田园极膏腴，而市买郡县器物相属于道。前堂罗钟鼓，立曲旃；[15]后房妇女以百数。诸侯奉金玉狗马玩好，不可胜数。[16]

【注释】〔1〕“侵”，通“寝”，短小丑陋。〔2〕“生贵甚”，生下来就很显贵。〔3〕“富于春秋”，未来的岁月还很多，即年纪还轻的意思。〔4〕“肺腑”，犹言心腹。因为田蚡是外戚，所以叫心腹，指关系密切。“京师相”，国家的丞相。这是要强调有别于诸侯国的相。〔5〕“痛”，狠狠地。“折节”，屈节，意思是降低身份，抑制自尊，此处是使诸侯王屈节的意思。“诎”，同“屈”。〔6〕“肃”，敬畏。〔7〕“移日”，日影移动，表示时间很久。〔8〕“起家”，从家居的布衣起用。“二千石”，指秩二千石。汉制，丞相等三公秩万石，九卿秩中二千石(实有二千一百六十石)，太子太傅、将作少府、詹事、内史及各州郡太守、诸侯王相等秩二千石(实有一千四百四十石)。其俸禄仅次于九卿，地位很高。〔9〕“除吏”，任命官吏。〔10〕“考工”，官名，即“考工室”，属少府。武帝太初元年(公元前一〇四年)更名“考工”，主管器械制造。〔11〕“武库”，储藏兵器的库房。“取武库”，是造反行径，可知武帝对田蚡贪得无厌的愤怒。〔12〕“盖侯”，王太后的哥哥，田蚡的同母异父兄王信。景帝中五年(公元前一四五年)封为盖侯。“盖”，县名，故地在今山东省沂源县东南。音 gě。“南乡”，面向南的座位；“乡”，通“向”。秦汉时以面向东的座位为最尊。〔13〕“桡”，屈曲。音 náo。此意指让丞相的尊严受到屈辱。〔14〕“甲”，用为动词，意思是居于首位。〔15〕“旃”，用大红色的帛做的曲柄的旗。音 zhān。“曲”，是突出其曲柄的特点。田蚡立曲旃，在当时是僭越礼制的。〔16〕“胜”，尽。音 shēng。

【译文】武安侯田蚡这个人，短小丑陋，生来就很显贵。他认为诸侯王大多年长，而皇上刚刚即位，年纪又轻，他以外戚的身份担任丞相之职，假如不能狠狠地把他们整一整，用礼法使他们屈服，那么天下是不会恭恭敬敬地服从的。那个时候，丞相到宫中奏事，坐在那儿一讲就是好久，所讲的那些意见，皇上没有不听的。他所推荐的人，有的从家居之人一下子提拔到年俸二千石的高位，把皇上的权力都移到了自己手里。于是，皇上说："你要委任的官吏是不是已经委任完了？我也想委任几个官员呢！"他曾经要求把属于考工室的地皮划拨给他，扩建宅第，皇上大怒道："你何不把武库拿去算了！"这以后，他才收敛了一点。他曾请客宴饮，让他的哥哥盖侯王信面向南而坐，坐在下席，自己坐在上席，面向东而坐，他认为自己是汉朝的丞相，地位尊贵，不能因为兄弟的关系而私下屈辱了身份。武安侯自此越来越骄横，他建造的住宅，胜过了所有贵族的宅第。他所拥有的田园，都是最肥沃的土地。他派到郡县去采买器物的人奔走于道路，络绎不绝。他家里，前堂排列着奏乐的钟鼓，树立着曲柄的旗帜，后房的妇女数以百计。诸侯奉送给他的金玉珍宝、狗马玩物，多得数都数不清。

魏其失窦太后，益疏不用，无势，诸客稍稍自引而怠傲，[1]唯灌将军独不失故。[2]魏其日默默不得志，而独厚遇灌将军。[3]

【注释】〔1〕"稍稍"，渐渐。"引"，退去，离开。〔2〕"故"，故态、旧情。〔3〕"遇"，待，对待。

【译文】魏其侯自从窦太后去世后，愈加被疏远，不被任用，没有权势，过去的宾客都渐渐地各自退避离去，甚至还对他表现出轻慢与高傲。惟独灌将军对他态度不变。魏其侯终日默默无闻，郁郁不得志，因而也对灌将军格外地好。

灌将军夫者，颍阴人也。[1]夫父张孟，尝为颍阴侯婴舍人，[2]得幸，因进之至二千石，故蒙灌氏姓为灌孟。[3]吴楚反时，颍阴侯灌何为将军，[4]属太尉，[5]请灌孟为校尉。[6]夫以千人与父俱。[7]灌孟年老，颍阴侯强请之，[8]郁郁不得意，故战常陷坚，[9]遂死吴军中。军法，父子俱从军，有死事，得与丧归。[10]灌夫不肯随丧归，奋曰："愿取吴王若将军头，[11]以报父之仇。"于是灌夫被甲持戟，[12]募军中壮士所善愿从者数十人。及出壁门，[13]莫敢前。独二人及从奴十数骑驰入吴军，[14]至吴将麾下，[15]所杀伤数十人。不得前，复驰还，走入汉壁，皆亡其奴，独与一骑归。夫身中大创十余，适有万金良药，故得无死。夫创少瘳，[16]又复请将军曰："吾益知吴壁中曲折，请复往。"将军壮义之，恐亡夫，乃言太尉，太尉乃固止之。吴已破，灌夫以此名闻天下。

【注释】〔1〕"颍阴"，故地在今河南省许昌市。〔2〕"颍阴侯婴"，灌婴，睢阳（故地在今河南省商丘县南）人，高祖功臣，封为颍阴侯。吕后死，与周勃、陈平等共诛诸吕，立文帝，拜为太尉，后为丞相，卒于任上。事迹详《史记》、《汉书》本传。"舍人"，达官贵人的左右亲信及侍从。〔3〕"蒙"，冒。〔4〕"灌何"，灌婴之子，文帝五年（公元前一七五年）袭封为侯。〔5〕"属"，隶属。"太尉"，即周亚夫。〔6〕"请"，向太尉请求。"校尉"，武官名，在将军部下分掌兵马。〔7〕"千人"，当时灌夫的身份是统领一千人的军官。〔8〕"颍阴侯强请之"，这是说灌孟任校尉是经颍阴侯竭力请求才得允许的。〔9〕"故战常陷坚"，灌孟为了表示自己不老，能够胜任军职，作战时经常冲入敌军主力中去打。"陷"，攻入，冲入。〔10〕"丧"，指灵柩。〔11〕"若"，或。〔12〕"被"，通"披"。〔13〕"壁"，军营。〔14〕"从奴"，随从灌夫的家奴。〔15〕"麾"，大将的旗帜。〔16〕"少"，稍稍。"瘳"，病愈。音 chōu。

【译文】灌将军名夫，是颍阴地方的人。他的父亲叫张孟，曾做过颍阴侯灌婴的舍人，得到宠信，被推举为官，做到二千石级别的高级职务。所以，他后来就冒用了灌家的姓氏，叫做灌孟。吴、楚反叛时，颍阴侯灌何任将军，隶属太尉周亚夫。他请求任命灌孟做他的校尉。灌夫也以统领一千人的小军官的身份与父亲一同前去。灌孟年纪已老，他当上校尉是经过颍阴侯再三请求方才得到太尉同意的，灌孟因此郁郁不得志，每逢作战常去冲击敌军最坚固的阵地，终于在吴军中战死。军法规定，父子一起从军的，如有阵亡，未死的可以陪同阵亡者的遗骸归乡。灌夫却不肯随父亲的灵柩一起回乡，他慷慨激昂地说："我愿意斩取吴王或者吴国将军的头，来替父亲报仇。"于是，灌夫披甲戴胄，拿着长戟,在军中招募了与他友好又愿意随他同去的壮士数十人。等到走出营垒的大门,大家都不敢再前进了。只有两个人以及灌夫属下的军奴十余个骑兵冲入吴军营垒中,一直攻到吴军将旗之下,杀死杀伤敌军数十人。无法继续前进,又掉头折回来,跑进汉军营垒,随他同去的军奴全部战死,只有他和自己的战马一道归来。灌夫身上大的伤口就有十余处,幸亏当时恰巧有极为贵重的好药,因此才免于一死。等到灌夫伤口稍稍愈合,又向将军请战说:“我现在更加清楚吴军营垒中的布局了,请准许我再去一次。”将军对灌夫的勇气和精神很钦佩,深恐他在吴军中战死,就报告了太尉,太尉坚决阻止他再去。吴国的叛乱平定后,灌夫也由此而名扬天下

颍阴侯言之上,上以夫为中郎将。〔1〕数月,坐法去。后家居长安,长安中诸公莫弗称之。孝景时,至代相。〔2〕孝景崩,今上初即位,〔3〕以为淮阳天下交,〔4〕劲兵处,〔5〕故徙夫为淮阳太守。建元元年,入为太仆。〔6〕二年,夫与长乐卫尉窦甫饮,〔7〕轻重不得,〔8〕夫醉,搏甫。甫,窦太后昆弟也。上恐太后诛夫,徙为燕相。〔9〕数岁,坐法去官,家居长安。

【注释】〔1〕“中郎将”,属郎中令,为皇帝的侍从武官。〔2〕“代相”,景帝四年(公元前一七六年)将太原王刘参更号为代王,实居太原(故地在今山西太原西南)。景帝后二年(公元前一六二年)刘参去世,刘登袭封。灌夫任代相,应在此二代王时。〔3〕“今上”,指武帝。“初即位”,指景帝后三年正月至启用建元年号之间的一段时间。〔4〕“淮阳”,郡国名,治所在今河南省淮阳县。汉初有时是诸侯王的封国,有时置郡。此时是郡,故行政长官称“太守”。〔5〕“劲兵处”,强大的军队驻扎的地方。〔6〕“太仆”,官名,职掌皇帝的车马事务,九卿之一。〔7〕“长乐”,宫殿名。长乐宫为太后所居。“卫尉”,武官名,掌宫廷侍卫,九卿之一。〔8〕“轻重不得”,饮酒的礼数没有能摆平,意即饮酒时没有依照平等的礼数互相对待。〔9〕“燕相”,燕王之相,时燕王为刘定国。

【译文】颍阴侯把灌夫的事迹报告了皇上,皇上任命灌夫为中郎将。过了几个月,因为触犯法律而被免官。后来,灌夫家搬到长安来住,长安城里的达官贵人没有一个不称赞他的。孝景帝的时候,灌夫官至代国的国相。孝景帝去世后,武帝刚刚即位,认为淮阳是天下交通枢纽之地,又是强兵屯集之处,所以调灌夫去作淮阳太守。建元元年,灌夫调入朝内任太仆。二年,灌夫与长乐宫卫尉窦甫一起饮酒,为饮酒的礼数不均衡而发生争执,灌夫已经喝醉,出手打了窦甫。窦甫是窦太后的弟弟。皇上怕太后杀灌夫,把他调到燕国去当国相。过了几年,又犯法被免了官,闲居在长安家中。

灌夫为人刚直使酒,〔1〕不好面谀。贵戚诸有势在己之右,〔2〕不欲加礼,必陵之;诸士在己之左,愈贫贱,尤益敬,与钧。〔3〕稠人广众,荐宠下辈。士亦以此多之。〔4〕

【注释】〔1〕“使酒”,借酒使性。〔2〕“右”,当时礼俗以右为上为尊,以左为下为卑。〔3〕“钧”,同“均”。“与钧”,与他们平等。〔4〕“多”,推重,称扬。

【译文】灌夫为人刚直,喜欢借酒使性,不爱当面阿谀奉承别人。对贵戚中有权有势、地位在他之上的人,不仅不愿意多加礼敬,反而总要设法压倒他们;对一般的士人地位在他之下的,愈是贫贱,他愈是恭敬,以平等的礼节与他们交往。在大庭广众之中,灌夫常常喜欢表彰奖掖后辈。因此,士人都很称颂他,推重他。

夫不喜文学,〔1〕好任侠,〔2〕已然诺。〔3〕诸所与交通,〔4〕无非豪桀大猾。〔5〕家累数千万,食客日数十百人。陂池田园,〔6〕宗族宾客为权利,〔7〕横于颍川。〔8〕颍川儿乃歌之曰:“颍水清,灌氏宁;颍水浊,灌氏族。”〔9〕

【注释】〔1〕“文学”,指文章辞赋和经术。〔2〕“任侠”,干打抱不平的事。〔3〕“已”,动词,有完成、兑现的意思。“然诺”,诺言。〔4〕“交通”,交往。〔5〕“桀”,通“杰”。“猾”,狡诈。〔6〕“陂”,池塘的堤坝。“陂池”,即池塘。〔7〕“为”,音 wèi。〔8〕“颍川”,郡名,其地在今河南省中部及东南部一带。〔9〕“族”,灭族。这首歌谣,“清”、“宁”押韵(上古音耕部),“浊”、“族”押韵(上古音屋部)。

【译文】灌夫不喜欢文章辞赋和经术，却爱好施行侠义，打抱不平，讲信用，守诺言。与他交往的人，尽是些能力出众却不守法度的豪强。灌夫家产累积达数千万之巨，每天的食客常有数十人或上百人之多。为了垄断水利田园，灌夫家族及宾客争权夺利，在颍川一带横行霸道。颍川的小孩子们在儿歌中唱道："颍水清清，灌家安宁；颍水浊浊，灌家灭族。"

灌夫家居虽富，然失势，卿相侍中宾客益衰。[1]及魏其侯失势，亦欲倚灌夫引绳批根生平慕之后弃之者。[2]灌夫亦倚魏其而通列侯宗室为名高。两人相为引重，[3]其游如父子然。[4]相得欢甚，[5]无厌，恨相知晚也。

【注释】〔1〕"卿相侍中宾客"，指地位高贵的宾客。"侍中"，汉代为加官，在原有官职上加"侍中"即可出入宫禁，自列侯、将军至郎中皆可有此加官。〔2〕"倚"，依靠。"引绳"，木匠使木料合于绳墨。"批根"，将根杈等不端正的部份削除。"引绳批根"是"纠正"之意。〔3〕"相为引重"，互相援引，互相借重。〔4〕"游"，交往。〔5〕"相得"，指情投意合。

【译文】灌夫闲居在家，虽然富有，然而却没有权势，那些卿相、侍中一类有官位的宾客越来越少。等到魏其侯失去了权势，也很想依靠灌夫整一整那些以前巴结他而后抛弃他的人，而灌夫也想依靠魏其侯的关系与列侯、宗室有个交往，抬高自己的身价。两人相互援引借重，来来往往亲密的像父子一样。彼此非常投契，非常要好，没有一点嫌忌，只恨相识得太晚了。

灌夫有服，[1]过丞相。[2]丞相从容曰："吾欲与仲孺过魏其侯，[3]会仲孺有服。"灌夫曰："将军乃肯幸临况魏其侯，[4]夫安敢以服为解！请语魏其侯帐具，[5]将军旦日蚤临。"[6]武安许诺。灌夫具语魏其侯如所谓武安侯。魏其与其夫人益市牛酒，夜洒埽，早帐具至旦。平明，[7]令门下候伺。至日中，[8]丞相不来。魏其谓灌夫曰："丞相岂忘之哉！"灌夫不怿，[9]曰："夫以服请，宜往。"乃驾，自往迎丞相。丞相特前戏许灌夫，[10]殊无意往。及夫至门，丞相尚卧。于是夫入见，曰："将军昨日幸许过魏其，魏其夫妻治具，[11]自旦至今，未敢尝食。"武安鄂谢曰：[12]"吾昨日醉，忽忘与仲孺言。"[13]乃驾往，又徐行，灌夫愈益怒。及饮酒酣，夫起舞属丞相，[14]丞相不起，夫从坐上语侵之。[15]魏其乃扶灌夫去，谢丞相。丞相卒饮至夜，极欢而去。

【注释】〔1〕"服"，丧服。据《文选》应璩《与满公琰书》李善注，灌夫此时为其姊服丧。〔2〕"过"，过门拜访。〔3〕"仲孺"，灌夫的字。〔4〕"况"，通"贶"，赐，犹言"赏光"。〔5〕"帐具"，用为动词；"帐"，设置帷帐；"具"，备办酒宴。〔6〕"蚤"，通"早"。〔7〕"平明"，秦汉时通常一昼夜分为十二时，即：鸡鸣丑、平明寅、日出卯、食时辰、暮食巳、日中午、日昳（音 diē，日偏斜）未、下市申、舂日酉、牛羊入戌、黄昏亥、人定子。参见《云梦睡虎地秦简·日书》。"平明"略相当于今凌晨三、四点。〔8〕"日中"，见前注，略相当于今中午十一、十二点。〔9〕"怿"，悦。音 yì。〔10〕"特"，只不过。〔11〕"具"，酒食。〔12〕"鄂"，通"愕"，惊讶。〔13〕"忽"，忘。"忽忘"，是同义词连用。〔14〕"属"，犹言邀请。音 zhǔ。古代饮酒时常起舞助兴，一人舞毕，再邀请下一人接着舞。田蚡不肯起舞是不合礼仪的。〔15〕"侵"，冒犯。

【译文】灌夫的姐姐死了，灌夫为她服丧。一天，灌夫去拜访丞相，丞相慢悠悠地说道："我本想和你一起去拜访魏其侯的，可惜恰巧碰上了你在服丧。"灌夫说："将军肯屈驾光临魏其侯家，我灌夫岂敢因为服丧而推辞呢！请让我告诉魏其侯做好请客的准备，将军明天早上早早光临。"武安侯答应了。灌夫把邀请武安侯的情况一五一十地告诉了魏其侯。魏其侯和他的夫人特地多买了许多肉和酒，连夜打扫房屋，早早地布置起来，直到天明。天蒙蒙一亮，魏其侯就让门下的人在宅前等候。但一直等到中午，丞相还是没有来。魏其侯对灌夫说："丞相难道忘了这事了吗？"灌夫心里很不高兴，说："我虽在服丧，但仍然答应陪他来赴会，他应当前来才是。"于是，灌夫驾了车，亲自前往迎接丞相。丞相前一天答应灌夫的话只不过是开开玩笑而已，根本没有真要去的意思。等到灌夫找上门来，丞相还睡着没起来。于是，灌夫进去见他，说："昨天幸蒙将军答应到魏其侯家去做客，魏其侯夫妇置办了酒宴，从一大早到现在，都还没敢动一口呢！"武安侯作出惊讶的样子道歉说："我昨天喝醉了酒，忘掉了跟你说过的话。"武安侯就让驱车前往魏其侯家，但又走得很慢，灌夫更加气愤。喝酒喝到将醉，灌夫起舞助兴，舞毕邀请丞相，丞相竟然不肯起身，灌夫便在席间的谈话中讲了冒犯丞相的话。魏其侯就把灌夫扶走了，向丞相赔礼道歉。丞相就在魏其侯家喝酒，一直喝到夜里，欢欢喜喜地尽兴告辞而去。

丞相尝使籍福请魏其城南田。〔1〕魏其大望曰：〔2〕"老仆虽弃，将军虽贵，宁可以势夺乎！"不许。灌夫闻，怒，骂籍福。籍福恶两人有郄，〔3〕乃谩自好谢丞相曰：〔4〕"魏其老且死，易忍，且待之。"已而武安闻魏其、灌夫实怒不予田，亦怒曰："魏其子尝杀人，蚡活之。蚡事魏其无所不可，何爱数顷田？且灌夫何与也？〔5〕吾不敢复求田。"武安由此大怨灌夫、魏其。

【注释】〔1〕"请"，求索。〔2〕"望"，怨。〔3〕"恶"，不喜欢，不愿意。音 wù。"郄"，同"隙"，嫌隙。音 xì。〔4〕"谩"，说谎。音 màn。"好谢丞相"，说好话委婉地谢绝了丞相的请求。〔5〕"与"，干预。音 yù。

【译文】丞相曾派籍福去找魏其侯，请求他把城南的田产让给自己。魏其侯大为不高兴，说："我这个老家伙虽然被废弃不用了，将军你虽然身居高位，难道你就可以仗着权势来抢夺我的田产吗？"不肯答应。灌夫听说后，也很气愤，大骂籍福。籍福不愿意魏其侯和武安侯两人闹矛盾，就自己编造了话委婉地谢绝了丞相的请求，又说："魏其侯年老将死，再忍耐几天又不难，姑且就等一等吧！"不久，武安侯听说魏其侯和灌夫其实是大发脾气而不肯把田让给他，也生气地说："魏其侯的儿子曾杀人犯罪，是我设法救了他。我为魏其侯帮忙，无论什么事都肯替他干，他竟舍不得这几顷田地！况且这跟灌夫又有什么相干？他也来插一手。我可再也不敢要这块田了。"从此以后，武安侯对魏其侯和灌夫大为怨恨。

元光四年春，〔1〕丞相言灌夫家在颍川，横甚，民苦之。请案。〔2〕上曰："此丞相事，何请。"灌夫亦持丞相阴事，〔3〕为奸利，〔4〕受淮南王金与语言。〔5〕宾客居间，〔6〕遂止，俱解。〔7〕

【注释】〔1〕"元光四年"，公元前一三一年。据梁玉绳考证，此当为"二年"。〔2〕"案"，查办。〔3〕"阴事"，不可告人的秘密事。〔4〕"奸利"，非法获利。〔5〕"淮南王"，高祖庶孙刘安，后因谋反，事泄自杀。有《淮南子》一书传世。"淮南"，治所在寿春，故地在今安徽省寿县。〔6〕"居间"，在当中调停劝解。〔7〕"解"，和解。

【译文】元光四年的春天，丞相上奏说，灌夫家在颍川，横行霸道，百姓深受其苦，请求皇帝查办处理。皇上说："这本来就是丞相职内的事情，何须请示。"而灌夫也掌握了丞相的一些秘密事，如非法牟取财利，接受淮南王的贿金，并说过很不适当的话语等。后来宾客在中间调停劝解，双方才停止了纠纷，彼此和解。

夏，丞相取燕王女为夫人，〔1〕有太后诏，召列侯宗室皆往贺。魏其侯过灌夫，欲与俱。夫谢曰："夫数以酒失得过丞相，〔2〕丞相今者又与夫有郄。"魏其曰："事已解。"强与俱。饮酒酣，武安起为寿，〔3〕坐皆避席伏。〔4〕已魏其侯为寿，独故人避席耳，余半膝席。〔5〕灌夫不悦。起行酒，〔6〕至武安，武安膝席曰："不能满觞。"〔7〕夫怒，因嘻笑曰："将军贵人也，属之！"〔8〕时武安不肯。行酒次至临汝侯，〔9〕临汝侯方与程不识耳语，〔10〕又不避席。夫无所发怒，乃骂临汝侯曰："生平毁程不识不直一钱，今日长者为寿，乃效女儿呫嗫耳语！"〔11〕武安谓灌夫曰："程李俱东西宫卫尉，今众辱程将军，仲孺独不为李将军地乎？"〔12〕灌夫曰："今日斩头陷匈，〔13〕何知程李乎！"坐乃起更衣，〔14〕稍稍去。魏其侯去，麾灌夫出。〔15〕武安遂怒曰："此吾骄灌夫罪。"乃令骑留灌夫。灌夫欲出不得。籍福起为谢，案灌夫项令谢。〔16〕夫愈怒，不肯谢。武安乃麾骑缚夫置传舍，〔17〕召长史曰：〔18〕"今日召宗室，有诏。"劾灌夫骂坐不

敬,[19]系居室。[20]遂按其前事,[21]遣吏分曹逐捕诸灌氏支属,[22]皆得弃市罪。[23]魏其侯大媿,[24]为资使宾客请,[25]莫能解。武安吏皆为耳目,诸灌氏皆亡匿,夫系,遂不得告言武安阴事。

【注释】〔1〕“取”,通“娶”。“燕王女”,指燕敬王刘泽子康王刘嘉的女儿。 〔2〕“得过”,得罪。〔3〕“为寿”,敬酒献祝寿之辞,这是当时宴会上的礼仪。 〔4〕“避席伏”,汉代席地而坐,座前置几,行礼时要离开座席,头伏在地上,表示不敢当。 〔5〕“膝席”,汉代所谓“坐”,两膝在席,臀部坐在脚后跟部位,“膝席”只在原位伸直腰股,这是比较简慢的答礼。 〔6〕“行酒”,依次到客人面前去敬酒。〔7〕“觞”,一种饮具。音 shāng。 〔8〕“属”,有“请”的意思。《汉书》作“毕”,是“尽”的意思。 〔9〕“临汝侯”,灌婴之孙灌贤。颍阴侯袭封至灌何之子灌强,因犯法而绝封。武帝元光二年(公元前一三三年)另封灌贤为临汝侯。“临汝”,故地在今河南省临汝县一带。 〔10〕“程不识”,与李广同以边郡太守将军屯边击匈奴,以善战闻名,当时为长乐卫尉。事迹见本书《李将军列传》。 〔11〕“长者”,此指长辈。灌夫之父灌孟事灌婴,而临汝侯灌贤是灌婴的孙辈,故灌夫得自称“长者”。“女儿”,犹言儿女,小孩子。“呫嗫”,耳语的声音,犹言唧唧咕咕。音 zhān zhè。 〔12〕“李将军”,李广,陇西成纪(故地在今甘肃省秦安县)人,以善战著称,当时为未央卫尉,事迹详本书《李将军列传》。自武安侯此语可知灌夫平素一向敬重李广。 〔13〕“陷匈”,指兵刃穿胸。“匈”,通“胸”。 〔14〕“坐”,通“座”,指座上的人。“更衣”,上厕所的代称。 〔15〕“麾”,通“挥”,指挥,此处是“招”的意思。 〔16〕“案”,通“按”。“项”,颈后。 〔17〕“传舍”,驿站接待客人的房舍。“传”,音 zhuàn。 〔18〕“长史”,官名。史是掌文书的官吏,长史是诸史之长。“长”,音 zhǎng。汉代丞相、御史大夫、大将军等属下都有长史。 〔19〕“劾”,弹劾,揭发罪状。音 hé。“不敬”,汉律罪名之一,指犯有对皇帝不敬,无人臣之礼等罪行,也称“大不敬”。 〔20〕“居室”,少府属下的官署之一,武帝太初元年(公元前一二八年)更名为“保宫”。〔21〕“按”,通“案”,查办。 〔22〕“分曹”,分班。〔23〕“弃市”,死刑。在闹市中行刑处决,所以叫“弃市”,表示为人所弃。 〔24〕“媿”,同“愧”。 〔25〕“为资”,为出资财。

【译文】夏天,丞相娶燕王的女儿为夫人,太后下了诏令,要列侯与宗室都去贺喜。魏其侯去找灌夫,想邀他一起去。灌夫推辞说:“我多次因酒醉失礼而得罪丞相,而且丞相近来又跟我有些过不去。”魏其侯说:“这事已经和解了。”硬是拉他一起去了。饮酒饮得很畅快,武安侯起身向来宾敬酒,座位上的客人全都离开席位,伏在地上还礼。过了一会儿,魏其侯向大家敬酒,只有那些同魏其侯有旧交的人离开席位还礼,余下半数的人只是欠欠身子长跪作答而已。灌夫心里很不高兴。他起身离席,依次敬酒,敬到武安侯时,武安侯只不过直起了身子,又推辞说:“不能再喝一满杯了。”灌夫很光火,嘻嘻地强笑道:“您将军是贵人,这酒就请干了吧!”但武安侯还是不肯干杯。敬酒敬到临汝侯席上,临汝侯正凑在程不识跟前低声耳语,又没有起身离席还礼,灌夫满腔怒火正无处发泄,就痛骂临汝侯道:“你平常把个程不识诋毁得一钱不值,现在碰到长辈向你敬酒,你就偏学个小孩子模样唧唧咕咕咬耳朵!”武安侯对灌夫说:“程不识将军与李广将军同是东、西二宫的卫尉,你现在当众凌辱程将军,难道就不为李将军留些余地么!”灌夫说:“我今天就准备着头落地,刀穿胸,还管他什么程呀、李呀的!”在座的客人们见到这种情形,就假装上厕所,渐渐离去。魏其侯也起身离去,招手示意让灌夫快走。武安侯便生气地说道:“这都是我的过错,我把灌夫惯得太骄横了。”就命令手下的骑士扣留灌夫。灌夫想走不能走,籍福站起身来替灌夫向武安侯道歉,又按着灌夫的脖子让他叩头赔礼,灌夫愈加恼怒,拒不赔礼道歉。武安侯就指挥骑士们将灌夫捆起来,关在驿站的客房里,召来长史说道:“今天设宴招待宗室,是奉太后的诏令而举办的。”于是,弹劾灌夫在宴会上辱骂宾客,犯有“不敬”之罪,将他关押在少府的官署“居室”里。接着又查办以前就提出过的灌夫的不法行为,派遣官吏分头追捕灌氏家族各支裔,都判为杀头示众之罪。魏其侯感到非常惭愧,出资让宾客们去替灌夫请罪,却没有能得到谅解。因为武安侯的官吏都是他的耳目,而灌氏家族的人都逃亡躲藏起来了,灌夫又被关押着,所以无法告发武安侯那些见不得人的秘密事。

魏其锐身为救灌夫。[1]夫人谏魏其曰:“灌将军得罪丞相,与太后家忤,[2]宁可救邪?”魏其侯曰:“侯自我得之,自我捐之,[3]无所恨。且终不令灌仲孺独死,婴独生。”乃匿其家,[4]窃出上书。立召入,具言灌夫醉

饱事，不足诛。上然之，赐魏其食，曰："东朝廷辩之。"〔5〕

【注释】〔1〕"锐身"，即挺身而出的意思。〔2〕"忤"，逆，即作对。音 wù。〔3〕"捐"，丢弃。〔4〕"匿"，隐。"匿其家"，瞒着家里人。〔5〕"东朝"，东宫，即长乐宫，当时王太后所居。

【译文】魏其侯挺身而出，一心要救灌夫。他的夫人劝谏他说："灌将军得罪了丞相，跟太后家的人作对，难道还能够救得了吗？"魏其侯说："我这个侯的爵位是自己挣来的，现在由我自己丢掉它，没有什么可以遗憾的。我决不能让灌夫独自去死，而我窦婴倒独自活着。"于是，他瞒着他的家人，偷偷地出去上书给皇帝。皇帝立即召窦婴入宫，窦婴就把灌夫酒醉失言的事详细地说了一遍，认为灌夫的过错不足处以杀头之刑。皇上赞成他的看法，赐给魏其侯饭食，说道："到东宫当廷进行辩论。"

魏其之东朝，盛推灌夫之善，言其醉饱得过，乃丞相以他事诬罪之。武安又盛毁灌夫所为横恣，罪逆不道。〔1〕魏其度不可奈何，因言丞相短。武安曰："天下幸而安乐无事，蚡得为肺腑，所好音乐狗马田宅。蚡所爱倡优巧匠之属，〔2〕不如魏其、灌夫日夜招聚天下豪杰壮士与论议，腹诽而心谤，不仰视天而俯画地，〔3〕辟倪两宫间，〔4〕幸天下有变，而欲有大功。臣乃不知魏其等所为。"于是上问朝臣："两人孰是？"御史大夫韩安国曰："魏其言灌夫父死事，身荷戟驰入不测之吴军，身被数十创，名冠三军，此天下壮士，非有大恶，争杯酒，不足引他过以诛也。魏其言是也。丞相亦言灌夫通奸猾，侵细民，家累巨万，横恣颍川，凌轹宗室，〔5〕侵犯骨肉，〔6〕此所谓'枝大于本，〔7〕胫大于股，〔8〕不折必披'，〔9〕丞相言亦是。唯明主裁之。"主爵都尉汲黯是魏其。〔10〕内史郑当时是魏其，〔11〕后不敢坚对。余皆莫敢对。上怒内史曰："公平生数言魏其、武安长短，今日廷论，局趣效辕下驹，〔12〕吾并斩若属矣。"〔13〕即罢起入，上食太后。〔14〕太后亦已使人候伺，具以告太后。太后怒，不食，曰："今我在也，而人皆藉吾弟，〔15〕令我百岁后，〔16〕皆鱼肉之矣。〔17〕且帝宁能为石人邪！〔18〕此特帝在，即录录，〔19〕设百岁后，是属宁有可信者乎？"上谢曰："俱宗室外家，故廷辩之。不然，此一狱吏所决耳。"是时郎中令石建为上分别言两人事。〔20〕

【注释】〔1〕"逆不道"，汉律罪名之一，指犯有干纪犯顺，违背道德等罪行。〔2〕"倡优"，乐人与戏人。〔3〕"不"，此字是衍文，《汉书》无"不"字。"仰视天而俯画地"，极言其野心勃勃，睥睨无礼之貌。〔4〕"辟倪"，同"睥睨"，邪视貌。音 bì nì。此处有窥伺的意思。"两宫"，东宫与西宫，指王太后与武帝。〔5〕"凌轹"，犹言欺压。"凌"，通"陵"。"轹"，车轮辗压。音 lì。〔6〕"骨肉"，指宗室。〔7〕"本"，根干。〔8〕"胫"，小腿。"股"，大腿。〔9〕"披"，裂。〔10〕"主爵都尉"，官名，掌列侯。武帝太初元年（公元前一〇四年）更名右扶风。"汲黯"，字长孺，濮阳（故地在今河南省濮阳西南）人。以敢于直谏，有气节闻名于时。事迹详《史记》、《汉书》本传。〔11〕"内史"，官名，掌治理京师。"郑当时"，字庄，陈（今河南省淮阳县）人，喜任侠，好接交宾客。事迹详《史记》、《汉书》本传。〔12〕"局趣"，同"局促"。"辕下驹"，束缚在车辕下的马匹。〔13〕"若属"，你们这班人。〔14〕"上食"，进食。〔15〕"藉"，践踏，蹂躏。〔16〕"百岁后"，指死。〔17〕"鱼肉"，当作鱼肉一般（宰割）。〔18〕"石人"，喻没有主见的人。〔19〕"录录"，形容随声附和，毫无主见的样子。〔20〕"石建"，石奋之子。父子皆以谨慎驯良著称于时。事迹详本书《万石张叔列传》。

【译文】魏其侯到了东宫，极力赞扬灌夫的优点，说他酒醉失言有过错，而丞相却以其他的事情来诬陷他。武安侯又拼命地攻击灌夫的所作所为，说他骄横恣肆，犯有大逆不道之罪。魏其侯觉得已无可奈何，因此就讲起丞相的短处来。武安侯说："天下幸而安乐无事，我能够以皇室的亲戚担任要职，爱好的是音乐、狗马、田宅。我所喜欢的不过是能歌善舞的倡优和手艺精巧的工匠这一类人，不像魏其侯和灌夫昼夜招集天下豪杰壮士，跟他们一起议论商量，满肚子牢骚，心怀不满，或仰观星象于天，或俯首筹划于地，斜眼窥伺着东、西两宫，总希望天下发生变乱，而企图有一番大作为。我还真不知道魏其侯他们到底要干什么呢！"于是，皇上向在

朝的大臣们问道："他们两人谁说的对呢？"御史大夫韩安国说："魏其侯说，灌夫的父亲为国战死，灌夫却将生死置之度外，又手持长戟冲进了尚未探明虚实的吴军中，身上受了数十处的伤，勇敢的名声冠于三军，这是天下少有的壮士，如果不是有严重的罪恶，只是喝酒中发生口角争执，是不足以附会上其他的过错来判处死刑的。这样看来，魏其侯的话是对的。丞相又说，灌夫交结恶霸，侵侮小民，积累的家产有数万金之多，横行颍川，欺压宗室，侵犯皇族，这就是所谓的'树枝大于主干，小腿粗过大腿，不加整治，必定断裂'，这样看来，丞相的话也是对的。这只能由英明的主上亲自裁定他们的是非。"主爵都尉汲黯认为魏其侯说的对。内史郑当时起初认为魏其侯说的对，后来却不敢坚持自己的意见。其余的人都不敢发表意见。皇上对内史的骑墙态度很生气，说："你平日几次议论魏其侯与武安侯的是非短长，今天当廷辩论，你却偏促畏缩得像那车辕之下的马匹。我把你们这帮人全宰了！"便罢朝起身入内，献食于太后，侍奉太后进餐。太后也已经派了人探听消息，他们把廷辩的情形详细地报告了太后。太后很生气，不肯进餐，说："现在我还活着，而别人已经在欺负我的兄弟了，假如我死了以后，那别人就该像杀鱼切肉似地宰割他了。况且皇帝难道是个石头人吗？现在皇帝尚在，这帮大臣就懵懵懂懂地不知所从，假如皇帝死了以后，这帮人还有可以信赖的吗？"皇上请太后原谅，说："魏其侯和武安侯都是皇家外戚，所以才当廷进行辩论。不然的话，这种事只要一个狱吏就可以裁决了。"当时，郎中令石建把魏其侯与武安侯的情况分别向皇上作了说明。

武安已罢朝，出止车门，〔1〕召韩御史大夫载，怒曰："与长孺共一老秃翁，〔2〕何为首鼠两端？"〔3〕韩御史良久谓丞相曰："君何不自喜？〔4〕夫魏其毁君，君当免冠解印绶归，〔5〕曰'臣以肺腑幸得待罪，〔6〕固非其任，魏其言皆是'。如此，上必多君有让，〔7〕不废君。魏其必内愧，杜门齰舌自杀。〔8〕今人毁君，君亦毁人，譬如贾竖女子争言，〔9〕何其无大体也！"武安谢罪曰："争时急，不知出此。"

【注释】〔1〕"止车门"，宫禁的外门。百官进宫，到此必须下车，步行入宫。〔2〕"老秃翁"，指窦婴人老头秃。〔3〕"首鼠"，通"踌躇"，指犹豫不决，徘徊不定。一说鼠性多疑，出穴一前一却。〔4〕"自喜"，自爱。〔5〕"绶"，官吏系于腰间的佩带，用来系束官印，官阶不同，绶带的颜色也不同。〔6〕"待罪"，"做官"的谦辞，意思是说因为不能胜任职务，等待皇上问罪。〔7〕"多君有让"，赞许你有谦让之德。"多"，称赞。〔8〕"杜"，塞。"齰"，咬。音 zhà。〔9〕"贾竖"，商人。

【译文】武安侯退朝以后，走出止车门，招呼御史大夫韩安国同乘一车，生气地说："我跟你共同对付一个秃老头子，你为什么竟踌躇不定，模棱两可呢？"韩御史过了好一会儿才对丞相说："您为什么那么不自爱呢？魏其侯攻击您，您就应当摘下官帽，解下印绶，辞职而归，您就说：'我因为亲戚的关系，有幸担任了丞相的职务，本来就不能胜任，魏其侯讲的都是对的。'这样一来，皇上一定会赞赏您有谦让的美德，不致把您罢免。魏其侯见您如此，一定内心羞愧，无地自容，干脆关上门咬断舌头自杀。现在人家骂您，您也骂人，就好像是商贩和女人斗嘴吵架一样，您为什么那样不识大体呢！"武安侯赔罪道："争辩的时候，我太急了，想不到该这样去做。"

于是上使御史簿责魏其所言灌夫，〔1〕颇不雠，〔2〕欺谩。〔3〕劾系都司空。〔4〕孝景时，魏其常受遗诏，〔5〕曰"事有不便，以便宜论上"。〔6〕及系，灌夫罪至族，事日急，诸公莫敢复明言于上。魏其乃使昆弟子上书言之，〔7〕幸得复召见。书奏上，而案尚书大行无遗诏。〔8〕诏书独藏魏其家，家丞封。〔9〕乃劾魏其矫先帝诏，〔10〕罪当弃市。五年十月，〔11〕悉论灌夫及家属。〔12〕魏其良久乃闻，闻即恚，〔13〕病痱，〔14〕不食欲死。或闻上无意杀魏其，魏其复食，治病，议定不死矣。乃有蜚语为恶言闻上，〔15〕故以十二月晦论弃市渭城。〔16〕

【注释】〔1〕"簿责魏其所言灌夫"，按照文簿记载审核魏其所说的灌夫的行为。〔2〕"雠"，当。〔3〕"欺谩"，汉律罪名之一，指以不实之词欺君罔上。"谩"，欺。〔4〕"都司空"，宗正属官，主逮治宗室外戚犯法罪在髡刑(剃去头发)以上者。〔5〕"常"，通"尝"。〔6〕"以便宜论上"，以方便的形式或办法来论事上奏，意即可以不按照公事程序上书。〔7〕"昆弟子"，侄子。〔8〕"案"，查。"尚书"，官名，掌内廷档案。"大行"，皇帝死叫"大行"，意即此行一去不复返。皇帝死而未葬时叫"大行皇帝"。〔9〕"家丞"，官名，掌太子或诸侯王家事。〔10〕"矫诏"，汉律罪名之一，指伪造皇帝的命令。〔11〕"五年十月"，据梁玉绳考证，应为三年（公元前一三二年）十月。〔12〕"论"，判罪。此处指处决。〔13〕"恚"，愤恨。音 huì。〔14〕"痱"，旧说是一种"风病"，"风肿"。音 féi。〔15〕"蜚"，同"飞"。"蜚语"，没有根据的流言。〔16〕"十二月晦"，十二月的最后一天。"渭城"，即秦时的咸阳，故地在今陕西省咸阳市东北。汉制常于立春大赦，田蚡怕窦婴遇赦，所以在十二月的最后一天处决了他。

【译文】后来，皇帝让御史按照文簿上所记载的灌夫的罪状追究，核查出魏其侯所说的灌夫的情况多与事实不符，因而被认为犯有"欺谩"罪。御史弹劾魏其侯，并关进了都司空的牢狱中。还在孝景帝的时候，景帝临终前曾给魏其侯留下遗诏，诏书说："如果发生了不方便的事件，可以不按程序灵活地论事上奏。"到了魏其侯被拘禁，灌夫将被判处灭族之罪，情势日趋紧迫，大臣们谁也不敢再向皇帝明说这件事了。魏其侯只好让他的侄子上书皇帝报告了受遗诏的事，希望能够再次被召见。奏书呈上，但是查核尚书所收藏的内廷档案，景帝逝世时并没有这份遗诏。这份遗诏只在魏其侯家中收藏着，是由魏其侯的家丞加盖印章封存的。于是魏其侯又被弹劾伪造先帝遗诏，论罪应当斩首示众。元光五年十月，灌夫及其家属全部被处以死刑。魏其侯过了很久才听到这个消息，听到后就万分悲愤，得了大病，不肯再吃东西，只想一死了之。后来听说皇帝并没有要杀掉魏其侯的意思，魏其侯才恢复了进食，医治疾病，朝廷也已经决定不将魏其侯处死。忽而此时又传出流言蜚语，说魏其侯有恶毒攻击皇上的言论，并传到皇上那里。因此判定在十二月的晦日于渭城的街市上将魏其侯当众斩首。

其春，〔1〕武安侯病，专呼服谢罪。〔2〕使巫视鬼者视之，〔3〕见魏其、灌夫共守，欲杀之。竟死。子恬嗣。元朔三年，〔4〕武安侯坐衣襜褕〔5〕入宫，不敬。〔6〕

【注释】〔1〕"其春"，那一年的春天。武帝太初元年（公元前一〇四年）以前沿用秦历，以十月为岁首，每年先冬后春。《武帝本纪》记"三月乙卯田蚡薨"。〔2〕"服谢罪"，服罪谢罪。〔3〕"巫视鬼者"，会看鬼的巫师。〔4〕"元朔三年"，公元前一二六年。〔5〕"武安侯"，指田恬。"襜褕"，短衣，不是正式的朝服。音 zhān yù。〔6〕据梁玉绳考证，下缺"国除"二字，即侯国被废除。

【译文】这一年的春天，武安侯生了大病，一个劲儿地大声呼喊自己有罪，赔罪不止。请了能够看得见鬼魂的巫师来看他，巫师看到魏其侯与灌夫两个鬼魂共同监守着武安侯，想要杀掉他。武安侯最终就这样死了。他的儿子田恬继承了爵位。元朔元年，武安侯田恬因为穿着短衣便服进入宫廷，犯有"不敬"之罪。（被削除爵位和封国。）

淮南王安谋反觉，〔1〕治。〔2〕王前朝，〔3〕武安侯为太尉，时迎王至霸上，〔4〕谓王曰："上未有太子，大王最贤，高祖孙，〔5〕即宫车晏驾，〔6〕非大王立当谁哉！"淮南王大喜，厚遗金财物。上自魏其时不直武安，〔7〕特为太后故耳。〔8〕及闻淮南王金事，上曰："使武安侯在者，族矣。"

【注释】〔1〕"觉"，发觉。这是元狩元年（公元前一二二年）的事。〔2〕"治"，查处。《汉书·武帝纪》云："党与死者数万人"。〔3〕"王前朝"，指建元二年（公元前一三九年）淮南王朝见武帝。〔4〕"霸上"，或作"灞上"，在灞水西，即白鹿原，故地在今陕西省西安市东。〔5〕"高祖孙"，刘安是高祖少子刘长之子，故曰"高祖孙"，武帝则是高祖的曾孙辈。〔6〕"宫车晏驾"，"皇帝死了"的委婉说法。"晏"，晚，迟。皇帝本应早起驾车临朝，车驾晚出，必有变故，所以隐指"死"。〔7〕"不直武安"，不以武安为直，即认为武安理屈。〔8〕"特"，只。

【译文】后来淮南王刘安谋反的事被发觉了，朝廷查办了这一案件。淮南王几年前进京朝见皇上，当时武安侯田蚡是太尉，到灞上迎接淮南王，对他说："皇上现在还没有太子，大王您最为贤能，又是高祖的孙子，如果皇上去世，不是由大王您来继承王位，还会是谁呢！"淮南王非常高兴，送给武安侯许多黄金财物。皇上自魏其侯事件起，就认为武安侯行为不端，只是由于太后的缘故，无可奈何。等到听说了武安侯接受淮南王送的黄金等事，皇上

说："假如武安侯还在的话，就把他全族杀灭。"

太史公曰：魏其、武安皆以外戚重，灌夫用一时决策而名显。[1]魏其之举以吴楚，[2]武安之贵在日月之际。[3]然魏其诚不知时变，灌夫无术而不逊，[4]两人相翼，[5]乃成祸乱。武安负贵而好权，杯酒责望，陷彼两贤。呜呼哀哉！迁怒及人，[6]命亦不延。众庶不载，[7]竟被恶言。[8]呜呼哀哉！祸所从来矣！

【注释】〔1〕"用"，因。"一时决策"，指为父报仇，驰入吴军一事。〔2〕"举"，起用，此指显贵。〔3〕"日月之际"，指武帝和王太后当权的时候。〔4〕"不逊"，不肯退让。〔5〕"翼"，辅佐，扶助。〔6〕"迁怒及人"，指田蚡把对灌夫的愤怒移到窦婴身上。〔7〕"众庶"，百姓。"载"，通"戴"，即拥戴，尊奉。〔8〕"被"，受。"恶言"，坏话。

【译文】太史公说：魏其侯和武安侯都因为是外戚的关系而受到重用，灌夫则因为关键时刻有决断建奇功而名声显赫。魏其侯之被提拔，是由于平定吴、楚七国之乱；武安侯之身居高位，则在武帝初即位与王太后当权的时候。然而，魏其侯实在是不懂时势的变化，灌夫不懂权术又不知退让，两人纠合在一起，终于酿成灾祸。武安侯仗恃着自己的地位而喜欢玩弄权术，为了酒宴上的纷争引起的怨恨，陷害了两个贤人。唉，真可悲呀！迁怒于人的人，自己的生命也没有能够延续。大家都不拥戴的人，毕竟得不到好名声。唉，真可悲啊！灾祸就是从这里来的呀！

史记卷一百零八

韩长孺列传第四十八

御史大夫韩安国者,〔1〕梁成安人也,〔2〕后徙睢阳。〔3〕尝受《韩子》、杂家说于驺田生所。〔4〕事梁孝王为中大夫。〔5〕吴楚反时,〔6〕孝王使安国及张羽为将,〔7〕扞吴兵于东界。〔8〕张羽力战,安国持重,〔9〕以故吴不能过梁。吴楚已破,安国、张羽名由此显。

【注释】〔1〕"御史大夫",官名。秦代和西汉全国最高监察和执法长官,地位仅次于丞相,与丞相、太尉合称三公。"韩安国",字长孺。 〔2〕"梁",西汉同姓诸侯王国。地在今河南省开封、安阳、商丘和山东省菏泽、聊城地区,治所在睢阳(今河南省商丘南)。"成安",县名。《史记集解》:"徐广曰:'在汝颍之间也。'"《史记正义》:"《括地志》云:'成安故城在汝州梁县东二十三里。'《地理志》云成安属颍川郡。陈留郡又有成安县,亦属梁,未知孰是也。"按西汉有两个成安县,一在颍水、汝水之间,属颍川郡;一在陈留郡,地近梁国。韩安国生地应是陈留郡之成安,在今河南省民权县东北。据《汉书·梁孝王传》,梁孝王时梁国"北界泰山,西至高阳四十余城,多大县。"陈留成安在高阳之东,其时属梁国。 〔3〕"徙",迁徙。 〔4〕"受",接受,承受,指学习。"《韩子》",书名,即《韩非子》。韩非死后,后人收集其遗著并加入他人论述其学说的文章编成,为集战国时法家学说大成的代表作。"杂家",古所谓九流之一,集众家之说,贯通成一家之言。《汉书·艺文志》:"杂家者流,盖出于议官,兼儒、墨,合名、法。""驺",音 zōu,县名,今山东省邹县。 〔5〕"事",服事,侍奉。"梁孝王",刘武,汉文帝次子。见本书《梁孝王世家》。"中大夫",官名,为郎中令属官,掌论议。 〔6〕"吴楚反",西汉景帝三年(公元前一五四年),吴王刘濞联合楚王刘戊、胶西王刘卬、胶东王刘雄渠、菑川王刘贤、济南王刘辟光、赵王刘遂,为反对朝廷的"削藩"政策,以"请诛晁错以清君侧"为名发动叛乱。景帝命周亚夫为太尉,率兵平定。 〔7〕"张羽",楚相张尚之弟。楚王刘戊与吴合谋反叛,张尚劝阻,被杀。见本书《吴王濞列传》。 〔8〕"扞",同"捍",抵御。 〔9〕"持重",慎重,稳重固守。

【译文】御史大夫韩安国,是梁国成安县人,后来移居到睢阳。他曾在驺县田生那里学习《韩非子》和杂家的学说。服事梁孝王,担任中大夫。吴、楚叛乱的时候,梁孝王派韩安国和张羽为将领,在东部边界抵御吴国的军队。张羽奋力作战,韩安国稳重固守,因此吴国的军队不能越过梁国。吴、楚已败,韩安国、张羽的名声从此显扬。

梁孝王,景帝母弟,〔1〕窦太后爱之,令得自请置相、二千石,〔2〕出入游戏,僭于天子。〔3〕天子闻之,心弗善也。太后知帝不善,乃怒梁使者,弗见,案责王所为。〔4〕韩安国为梁使,见大长公主而泣曰:〔5〕"何梁王为人子之孝,为人臣之忠,而太后曾弗省也?〔6〕夫前日吴、楚、齐、赵七国反时,自关以东皆合从西乡,〔7〕惟梁最亲为艰难。梁王念太后、帝在中,〔8〕而诸侯扰乱,一言泣数行下,跪送臣等六人,将兵击却吴、楚,吴、楚以故兵不敢西,而卒破亡,〔9〕梁王之力也。今太后以小节苛礼责望梁王。〔10〕梁王父兄皆帝王,所见者大,故出称跸,〔11〕入言警,〔12〕车旗皆帝所赐也,即欲以侘鄙县,〔13〕驱驰国中,以夸诸侯,令天下尽知太后、帝爱

之也。今梁使来，辄案责之。梁王恐，日夜涕泣思慕，[14]不知所为。何梁王之为子孝，为臣忠，而太后弗恤也？"[15]大长公主具以告太后，太后喜曰："为言之帝。"言之，帝心乃解，而免冠谢太后曰："兄弟不能相教，乃为太后遗忧。"悉见梁使，[16]厚赐之。其后梁王益亲欢。太后、长公主更赐安国可直千余金。[17]名由此显，结于汉。

【注释】〔1〕"母弟"，同母弟。景帝与梁孝王同为窦太后所生。 〔2〕"相"，官名。诸侯国最高行政长官，职掌为辅佐、监督诸侯王。后兼掌民政。"二千石"，官秩等级，此处指官秩为二千石的官吏。汉代官吏等级以所得俸禄为准，故有此称。诸侯王国相、郡太守等官员的等级皆为二千石。 〔3〕"僭"，音 jiàn，僭越，超过本分或规定。 〔4〕"案"，审查。 〔5〕"大长公主"，即馆陶公主刘嫖，汉文帝长女，汉景帝之姊。 〔6〕"省"，音 xǐng，察知，明白。 〔7〕"关"，指函谷关，在今河南省灵宝东北。函谷关以西即关中，以东则称关东。"合从"，即"合纵"。南北为纵。战国时，秦在西方，六国土地南北相连，苏秦劝说六国联合抗秦，称为合纵。西汉都城长安在秦故地，吴、楚反时，举兵西向，形势颇似战国时的合纵。"乡"，音 xiàng，通"向"，方向，趋向。 〔8〕"中"，指关中。一说指京城。 〔9〕"卒"，最终。 〔10〕"苛"，苛细。"责望"，责备埋怨。 〔11〕"跸"，音 bì，帝王出行时，开路清道，断绝行人。 〔12〕"警"，警戒。 〔13〕"侘"，同"诧"，夸耀。"鄙"，偏远，鄙陋。 〔14〕"思慕"，思念，恋慕。 〔15〕"恤"，体恤，顾惜。 〔16〕"悉"，全部，悉数。 〔17〕"可"，大约。"直"，通"值"。"金"，计算货币的单位。汉代以黄金一斤为一金。本书《平准书》："更令民铸钱，一黄金一斤。"

【译文】梁孝王是景帝的同母胞弟，窦太后宠爱他，让他有权自己申请设置国相和二千石官员，进出游乐，逾越诸侯王身份而与天子相似。景帝听说了，心中对此不满。太后知道景帝不满，就对梁国使者发怒，不接见，并审查责问梁孝王的行为。韩安国担任梁国使者，他去见大长公主，哭着说："为什么梁王作为儿子孝顺，作为臣子忠诚，而太后不明白呢？昔日吴、楚、齐、赵等七国反叛时，自函谷关以东的诸侯都联合向西进攻，唯独梁国与皇帝最亲，对付艰难的局势。梁王想到太后、皇帝在中央，而诸侯作乱，一说起来就泪下数行，跪着送走我们六人，率兵击退了吴、楚，吴、楚因此军队不敢西进，而最终败亡，这是梁王出的力啊。如今太后因苛细的礼节责备埋怨梁王。梁王的父亲和哥哥都是帝王，所见的是大场面，因此出行要清道，入宫要戒严。车子和旗帜都是皇帝赏赐的，即使想用这些炫耀于偏远小县，驰骋于本国之中，也是为了向诸侯矜夸，让天下全知道太后、皇帝爱他。如今梁国使者一来，就审查责备使者。梁王恐慌，日夜哭泣思念，不知所措。为什么梁王作为儿子孝顺，作为臣子忠诚，而太后不体恤呢！"大长公主把这些话全都告诉了太后，太后高兴地说："我为梁王向皇帝解说。"解说了这些情况，景帝心中的不满才化解了，因而摘下冠帽向太后道歉说："兄弟不能互相劝教，竟给太后带来忧虑。"他接见梁国全体来使，厚厚地赏赐他们。此后梁王与景帝、太后的关系越发亲近欢洽。太后、长公主另外赏赐韩安国约值千余金的财物。韩安国从此在朝廷出名，跟朝廷有了联系。

其后安国坐法抵罪，[1]蒙狱吏田甲辱安国。[2]安国曰："死灰独不复然乎？"[3]田甲曰："然即溺之。"[4]居无何，[5]梁内史缺，[6]汉使使者拜安国为梁内史，起徒中为二千石。田甲亡走。[7]安国曰："甲不就官，我灭而宗。"[8]甲因肉袒谢。[9]安国笑曰："可溺矣！公等足与治乎？"[10]卒善遇之。

【注释】〔1〕"坐法"，因犯法而获罪。"抵罪"，抵偿应负的罪责。 〔2〕"蒙"，县名，在今河南省商丘东北。 〔3〕"独"，表示反问语气的副词。难道。"然"，"燃"的本字。燃烧。 〔4〕"溺"，音 niào，同"尿"。 〔5〕"无何"，没有多久，不久。 〔6〕"内史"，官名。西汉诸侯王国设内史，掌民政。 〔7〕"亡走"，逃跑。 〔8〕"而"，音 ěr，通"尔"。你，你们。 〔9〕"肉袒"，脱掉上衣，露出身体，表示惶恐请罪。"谢"，谢罪。 〔10〕"治"，较量，惩治。

【译文】后来，韩安国因犯法被判罪，蒙县的狱吏田甲侮辱韩安国。韩安国说："死灰难道不会重新燃烧吗？"田甲说："燃起来就用尿浇灭它。"过了不久，梁国内史的职位出缺，汉廷派使者任命韩安国为梁国内史，从囚徒中提拔他担任二千石官。田甲于是逃跑了。韩安国说："田甲不来就职，我灭你宗族。"田甲脱衣露体来谢罪。韩安国笑着说："可以尿了！你们这些人值得相较量吗？"他最终善待田甲。

梁内史之缺也，孝王新得齐人公孙诡，[1]说之，[2]欲请以为内史。窦太后闻，乃诏王以安国为内史。

【注释】〔1〕“公孙诡”，梁孝王门客。多计谋，官至梁国中尉，号曰“公孙将军”。见本书《梁孝王世家》。〔2〕“说”，音 yuè，通“悦”。喜欢。

【译文】梁国内史的职位出缺时，梁孝王刚刚得到了齐地人公孙诡，喜欢这个人，想请求任命他做内史。窦太后听说了，就命令梁孝王用韩安国做内史。

公孙诡、羊胜说孝王求为帝太子及益地事，恐汉大臣不听，乃阴使人刺汉用事谋臣。[1]及杀故吴相袁盎，[2]景帝遂闻诡、胜等计画，乃遣使捕诡、胜，必得。汉使十辈至梁，[3]相以下举国大索，[4]月余不得。内史安国闻诡、胜匿孝王所。安国入见王而泣曰：“主辱臣死。[5]大王无良臣，故事纷纷至此。今诡、胜不得，请辞赐死。”王曰：“何至此？”安国泣数行下，曰：“大王自度于皇帝，[6]孰与太上皇之与高皇帝及皇帝之与临江王亲？”[7]孝王曰：“弗如也。”安国曰：“夫太上、临江亲父子之间，然而高帝曰‘提三尺剑取天下者朕也’，故太上皇终不得制事，[8]居于栎阳。[9]临江王，適长太子也，[10]以一言过，[11]废王临江；[12]用宫垣事，[13]卒自杀中尉府。[14]何者？治天下终不以私乱公。语曰：‘虽有亲父，安知其不为虎？虽有亲兄，安知其不为狼？’今大王列在诸侯，悦一邪臣浮说，[15]犯上禁，桡明法。[16]天子以太后故，不忍致法于王。太后日夜涕泣，幸大王自改，[17]而大王终不觉寤。[18]有如太后宫车即晏驾，[19]大王尚谁攀乎？”语未卒，孝王泣数行下，谢安国曰：“吾今出诡、胜。”诡、胜自杀。汉使还报，梁事皆得释，安国之力也。于是景帝、太后益重安国。孝王卒，共王即位，[20]安国坐法失官，居家。

【注释】〔1〕“用事”，当权。〔2〕“袁盎”，即爰盎。楚人，历任齐相、吴相。违法受吴王财物，降为庶人。吴楚反时，向景帝建议诛杀晁错。乱平，为楚相，后因病家居。曾谏止立梁孝王为帝嗣，为梁刺客所杀。见本书《袁盎晁错列传》。〔3〕“辈”，批。〔4〕“索”，搜索，搜查。〔5〕“主辱臣死”，此语见《国语·越语》：范蠡曰：“臣闻之，为人臣者，君忧臣劳，君辱臣死。”〔6〕“度”，忖度，估量。〔7〕“孰与”，表示比较。“太上皇”，指汉高祖刘邦之父，史失其名，称之为“太公”。“高皇帝”，指汉高祖刘邦。“临江王”，指刘荣，汉景帝长子。〔8〕“制”，裁制；裁断。〔9〕“栎阳”，县名。在今陕西省临潼东北。“栎”，音 yuè。〔10〕“適”，音 dí，通“嫡”。正妻为嫡，正妻所生子为嫡子。景帝正妻薄皇后无子，被废，故称刘荣为嫡长太子。〔11〕“一言过”，一句话的过错。太子刘荣的母亲栗姬曾出言不逊，得罪景帝。见本书《外戚世家》。〔12〕“废王临江”，废太子为临江王。“临江”，王国名。后为南郡。在今湖北省江陵一带。〔13〕“用”，因，由。“宫垣事”，临江王刘荣因侵占宗庙围墙的余地修建宫室而被责讯。见本书《五宗世家》。〔14〕“中尉”，官名。掌京城治安。诸侯王犯法，常下中尉案验。〔15〕“浮说”，虚浮的言论。〔16〕“桡”，音 náo，通“挠”。曲；扰乱。〔17〕“幸”，希望。〔18〕“寤”，音 wù，通“悟”。〔19〕“晏驾”，古代称帝王死亡的讳辞。本书《范睢蔡泽列传集解》引韦昭曰：“凡初崩为晏驾者，臣子之心犹谓宫车当驾而晚出。”用宫车晚出指代君王去世。〔20〕“共王”，梁共王刘买，梁孝王长子。

【译文】公孙诡、羊胜劝说梁孝王请求做皇位继承人和增加封地，怕汉廷大臣不听，就暗中派人行刺汉廷当权的谋臣。及至杀害原吴国国相袁盎时，景帝终于听说了公孙诡、羊胜等人的计划，于是派使者逮捕公孙诡和羊胜，要务必抓到。十批汉廷使者来到梁国，从国相以下，全国大搜查，一个多月没有抓到。内史韩安国听说公 孙诡、羊胜躲藏在梁孝王那里。他入宫拜见梁孝王，哭着说：“主上遭受耻辱，臣子就应该死。大王没有好臣子，所以事情纷乱到这个地步。如今公孙诡、羊胜没有抓到，我请求辞别，赐我自杀。”梁孝王说：“为什么至于这样？”韩安国泪下数行，说：“大王自己估量，您对于皇帝，和太上皇与高皇帝、皇帝与临江王的关系相比，谁更亲呢？”梁孝王说：“我不如啊。”韩安国说：“太上皇与高皇帝、皇帝与临江王是亲父子关系，然而高皇帝说‘提着三尺剑取得天下的是我’，所以太上皇到底不能决定政事，住在栎阳。临江王是嫡长太子,因一句话的过错,被废掉太子名号,降为临江王;为了宫室墙垣的事,最终自杀在中尉府。为什么?治理天下终究不能因私情而扰乱公事。常言说:'虽然有亲父,怎知他不会成老虎?虽然有亲兄,怎知他不会成恶狼?'如今大王位列诸侯,喜欢一个邪恶臣子的虚浮言论,触犯了主上的禁令,扰乱了严明的法律。天子因为太后的缘故,不忍心将法律用到大王身上。太后日夜哭泣,希望大王自己改过,而大王始终不觉悟。假如太后突然去世,大王还依靠谁呢?"话没说完,梁孝王泪下数行,向韩安国认错说:"我现在交出公孙诡和羊胜。"公孙诡和羊胜自杀了。汉廷使者回去报告,梁国事件全部得到解决,这是靠韩安国的力量。于是景帝、太后更加器重韩安国。梁孝王去世,梁共王即位,韩安国因犯法失掉官职,住在家里。

建元中,[1]武安侯田蚡为汉太尉,[2]亲贵用事,安国以五百金物遗蚡。[3]蚡言安国太后,[4]天子亦素闻其贤,[5]即召以为北地都尉,[6]迁为大司农。[7]闽越、东越相攻,[8]安国及大行王恢将。[9]未至越,越杀其王降,[10]汉兵亦罢。建元六年,武安侯为丞相,安国为御史大夫。

【注释】〔1〕"建元",汉武帝第一个年号。公元前一四〇年至前一三五年。〔2〕"田蚡",汉景帝王皇后的同母异父弟,西汉大臣。"蚡",音 fén。"太尉",官名。全国军事首脑,与丞相、御史大夫合称三公。〔3〕"遗",音 wèi,赠送。〔4〕"太后",指汉景帝皇后、汉武帝母王娡(音 zhì)。〔5〕"天子",指汉武帝刘彻。〔6〕"北地",郡名。治所在马岭(今甘肃省庆阳西北),地在今甘肃省和宁夏回族自治区交界地区,为汉朝西北边防重地。"都尉",官名。掌本郡军事,备盗贼。〔7〕"大司农",官名。九卿之一,掌全国租税钱谷盐铁和财政收支。〔8〕"闽越",部族名。越人的一支,居住在今福建地区。汉高帝五年(公元前二〇二年),其君长无诸以率越人从诸侯亡秦及助汉击项羽有功,封闽越王,都东冶(今福建省福州)。"东越",部族名。越人的一支,居住在今浙江省南部地区。汉惠帝时,其君长摇因曾助汉灭项羽有功,封东海王,都东瓯(今浙江省温州)。疑此处"东越"为"南越"之误。闽越、东越相攻,事在建元三年,武帝遣庄助以节发兵会稽。而闽越击南越,事在建元六年,武帝遣王恢、韩安国领兵出豫章、会稽。见本书《东越列传》、《南越列传》。《汉书·武帝纪》、《西南夷两粤朝鲜传》"东越"亦作"南越"。南越,族名。又作南粤,分布在今广东、广西省及越南北部。秦曾在其地置桂林、南海、象郡。秦亡,原龙川令行南海尉事赵陀自立为王,后附汉称臣。〔9〕"大行",官名。大行令的省称,掌宾客之礼。"王恢",西汉大臣。"将",音 jiàng,统兵。做动词用。〔10〕"越",指闽越。"王",指闽越王郢。

【译文】建元年间,武安侯田蚡担任汉朝太尉,皇亲贵族掌握了大权,韩安国将五百金的财物赠送田蚡。田蚡向太后为韩安国说话,天子也一向听说过韩安国的贤能,就召他担任北地都尉,又调任大司农。闽越、南越互相攻伐,韩安国和大行王恢领兵出征。未到达越地,闽越人已杀死他们的君王投降,汉朝军队也就撤退了。建元六年,武安侯田蚡担任丞相,韩安国担任御史大夫。

匈奴来请和亲,[1]天子下议。[2]大行王恢,燕人也,数为边吏,习知胡事。[3]议曰:"汉与匈奴和亲,率不过数岁即复倍约。[4]不如勿许,兴兵击之。"安国曰:"千里而战,兵不获利。今匈奴负戎马之足,怀禽兽之心,迁徙鸟举,[5]难得而制也。得其地不足以为广,有其众不足以为强,自上古不属为人。[6]汉数千里争利,则人马罢,虏以全制其敝。[7]且强弩之极,矢不能穿鲁缟;[8]冲风之末,[9]力不能漂鸿毛。[10]非初不劲,末力衰也。击之不便,不如和亲。"群臣议者多附安国,于是上许和亲。

【注释】〔1〕"匈奴",北方游牧民族。秦汉时活动于大漠南北广大地区,并不断南下侵扰。见本书《匈奴列传》。"和亲",两个政权或民族间的和好亲善,也指两个政权或民族间的具有政治目的的联姻。〔2〕"下议",下交群臣议论。〔3〕"习",熟悉。"胡",指匈奴。〔4〕"率",大概,一般。"倍",通"背"。违背,背叛。〔5〕"鸟举",鸟飞。〔6〕"不属为人",不隶属中国为百姓。〔7〕"敝",破,疲敝。〔8〕"鲁缟",鲁地出产的素绢,十分轻薄。〔9〕"冲风",猛烈的风。〔10〕"漂",通"飘"。飘扬;吹动。

【译文】匈奴前来请求和亲,天子将此事交付

群臣讨论。大行王恢是燕地人,屡次担任边地官吏,熟知匈奴情况。他议论说:"汉与匈奴修好,通常不过几年匈奴就又背弃盟约。不如不答应,而发兵去攻击他们。"韩安国说:"千里作战,军队不会取得胜利。如今匈奴仗恃军马的充足,怀着禽兽的贪心,迁徙像鸟飞一样,难以掌握制服。得到他们的土地算不上是疆域扩展,拥有他们的民众算不上是国力增强,他们自上古起就不属于我国百姓。汉军行数千里路去争夺胜利,就会人马劳累,匈奴人则以他们的完整压倒汉军的疲敝。况且强弩的力量到了终极,箭矢不能穿透鲁地的薄绢;猛烈的风到了最后,力量不能吹起轻细的鸿毛。不是初始不强劲,是最后力量衰竭了。攻击匈奴是不利的,不如和亲。"群臣中议论此事的人多数附合韩安国,于是皇上答应和亲。

其明年,则元光元年,[1]雁门马邑豪聂翁壹因大行王恢言上曰:[2]"匈奴初和亲,亲信边,可诱以利。"阴使聂翁壹为间,[3]亡入匈奴,[4]谓单于曰:[5]"吾能斩马邑令丞吏,[6]以城降,财物可尽得。"单于爱信之,以为然,许聂翁壹。聂翁壹乃还,诈斩死罪囚,县其头马邑城,[7]示单于使者为信。[8]曰:"马邑长吏已死,可急来。"于是单于穿塞将十余万骑,入武州塞。[9]

【注释】〔1〕"元光",汉武帝年号。公元前一三四年至前一二九年。 〔2〕"雁门",郡名。治所在善无(今山西省右玉南),地在今山西省北部和内蒙古自治区南部交界地区。"马邑",县名,在今山西省朔县。"豪",有威望权势的人,首领。"聂翁壹",人名。《史记·韩长孺列传》、《匈奴列传》均有此人名,而《汉书·韩安国传》作"聂壹",《匈奴传》则作"聂翁壹"。"壹"是其名,而"翁"是老称,故可省。《通鉴考异》:"《史记·韩长孺传》元光元年聂翁壹划马邑事,而《汉书·武纪》在二年。盖元年壹始言之,二年议乃决也。""因",经由。 〔3〕"阴",暗中。"间",音 jiàn,间谍。 〔4〕"亡",逃亡。 〔5〕"单于",匈奴最高首领的称号。"单",音 chán。 〔6〕"令",县令,县的行政长官。"丞",县丞,县令副贰,辅佐县令治理一县政事。 〔7〕"县",音 xuán,同"悬"。 〔8〕"信",信号;凭据。 〔9〕"武州",县名。在今山西省左云。

【译文】第二年,即元光元年,雁门马邑的豪民聂翁壹通过大行王恢向皇上进言说:"匈奴刚与汉朝修好,亲近信任边地官民,可用利来引诱。"于是暗中派遣聂翁壹做间谍,逃进匈奴。聂翁壹对单于说:"我能斩杀马邑的县令、县丞等官吏,献城投降,财物可以全部获得。"单于亲近信任聂翁壹,认为说得对,答应了他。聂翁壹于是返回,使用诈术,斩杀死罪囚徒,把他们的头悬挂在马邑城上,显示给单于的使者做凭信,说:"马邑的高级官吏已经死了,可以速来。"于是单于穿过边塞,统率十多万骑兵,进入武州塞。

当是时,汉伏兵车骑材官三十余万,[1]匿马邑旁谷中。卫尉李广为骁骑将军,[2]太仆公孙贺为轻车将军,[3]大行王恢为将屯将军,太中大夫李息为材官将军。[4]御史大夫韩安国为护军将军,诸将皆属护军。约单于入马邑而汉兵纵发。王恢、李息、李广别从代主击其辎重。[5]于是单于入汉长城武州塞。未至马邑百余里,行掠卤,[6]徒见畜牧于野,[7]不见一人。单于怪之,攻烽燧,[8]得武州尉史。[9]欲刺问尉史。[10]尉史曰:"汉兵数十万伏马邑下。"单于顾谓左右曰:"几为汉所卖!"[11]乃引兵还。出塞,曰:"吾得尉史,乃天也。"命尉史为"天王"。塞下传言单于已引去。汉兵追至塞,度弗及,即罢。王恢等兵三万,闻单于不与汉合,[12]度往击辎重,必与单于精兵战,汉兵势必败,则以便宜罢兵,[13]皆无功。

【注释】〔1〕"车骑","轻车"(又称车士)与骑士的合称。前者为驾轻车作战的士兵;后者为骑兵,出自西、北产马各郡。均西汉兵种名称。"材官",又称材士,即步兵,多出自内郡平原及山阻地区。亦西汉兵种之一。 〔2〕"卫尉",官名。位列九卿。掌宫门警卫,统率皇宫警卫部队。"李广",西汉名将,善骑射。见本书《李将军列传》。"骁骑将军",将军名号。下文的轻车将军、将屯将军、材官将军、护车将军,也都是将军名号。 〔3〕"太仆",官名。位列九卿。掌皇家车马及马政。"公孙贺",西汉大臣。北地义渠(今甘肃宁县西北)人,数击匈奴有功,封侯,官至丞相。其妻为武帝卫皇后姊。征和时因巫蛊事下狱,族灭。见本书《卫将军骠骑列传》。 〔4〕"太中大夫",官名。皇帝亲近侍

从官员，备顾问应对，奉诏出使。“李息”，西汉大臣。北地郁郅（今甘肃省庆阳）人，数击匈奴，无功，官至大行令。见本书《卫将军骠骑列传》。〔5〕“代”，郡名。治所在代县（今河北省蔚县东北），地在今河北省西北部和山西省东北部交界一带。“辎重”，军用物资。这里指运输军用物资的部队。〔6〕“行掠卤”，边走边掳掠。“卤”，通“掳”，掠夺。〔7〕“徒”，只，但。〔8〕“烽燧”本指烽火，亦作烽火台的代称。秦汉边防哨所。〔9〕“武州尉史”，即武州塞尉史，武州塞尉之属吏，掌徼巡候部。本书《匈奴列传》作“雁门尉史”，未知孰是。〔10〕“刺”，打探，探听。〔11〕“几”，几乎。“卖”，欺骗。〔12〕“合”，相会；交锋。〔13〕“便宜”，方便，适宜。这里是看怎样合适，酌情处置的意思。

【译文】正当此时，汉军埋伏车、骑兵和步兵三十多万，隐藏在马邑城旁边的山谷中。卫尉李广担任骁骑将军，太仆公孙贺担任轻车将军，大行王恢担任将屯将军，太中大夫李息担任材官将军。御史大夫韩安国担任护军将军，各位将领都隶属于护军将军。约定单于进入马邑时汉军纵兵出击。王恢、李息、李广另从代郡出兵，主要攻击匈奴运送军用物资的部队。当时，单于进入汉长城和武州塞，离马邑城一百多里，一边行路一边掳掠，只见牲畜放牧在原野上，看不见一个人。单于对此感到奇怪，便攻打烽火台，擒获了武州尉史。单于想从尉史那里刺探军情。尉史说：“汉军几十万人埋伏在马邑城下。”单于回过头对左右的人说：“我几乎被汉朝所欺骗！”于是带兵返回。出了边塞，他说：“我得到尉史，是天意啊。”命名尉史为“天王”。边塞一带传说单于已经撤离。汉军追到边塞，估计追不上，就罢休了。王恢等部队三万人，听说单于没有与汉军接触，估计去攻打匈奴运送军用物资的部队，一定会与单于的精兵交战，汉军势必失败，就根据趋利避害的原则撤兵了，将军们都没有战功。

天子怒王恢不出击单于辎重，擅引兵罢也。恢曰：“始约虏入马邑城，兵与单于接，而臣击其辎重，可得利。今单于闻，不至而还，臣以三万人众不敌，禔取辱耳。[1]臣固知还而斩，然得完陛下士三万人。”[2]于是下恢廷尉。[3]廷尉当恢逗桡，[4]当斩。恢私行千金丞相蚡。[5]蚡不敢言上，而言于太后曰：“王恢首造马邑事，[6]今不成而诛恢，是为匈奴报仇也。”上朝太后，太后以丞相言告上。上曰：“首为马邑事者，恢也，故发天下兵数十万，从其言，为此。且纵单于不可得，[7]恢所部击其辎重，犹颇可得，以慰士大夫心。今不诛恢，无以谢天下。”[8]于是恢闻之，乃自杀。

【注释】〔1〕“禔”，音 zhī，通“祇只”。〔2〕“完”，保全。〔3〕“廷尉”，官名。九卿之一，掌司法刑狱。〔4〕“当”判罪，意为处以相当的刑罚。“逗”，曲行避开敌军。“桡”，观望不前。“逗桡”，当时的军法用语。〔5〕“行”，给与。〔6〕“造”，发起；起始。〔7〕“纵”，纵然，即使。〔8〕“谢”，道歉；认错。

【译文】天子恼怒王恢不出兵攻击单于运送军用物资的部队而擅自领兵撤退。王恢说：“当初约定匈奴人进入马邑城，大军与单于交战，而我的部队攻击匈奴运送军用物资的部队，可以取得胜利。如今单于听到了消息，没到马邑城而返回了，我用三万人的军队打不过匈奴，只能取耻辱罢了。我原本知道回来要被处斩，但可以保全陛下的士兵三万人。”于是将王恢交付廷尉治罪。廷尉判处王恢曲行避敌、观望不前，应当斩首。王恢私下送了一千金给丞相田蚡。田蚡不敢向皇上进言，而对太后说：“王恢最先发起马邑之事，如今不成功而诛杀王恢，这是为匈奴报仇啊。”皇上朝见太后，太后把丞相的话告诉了皇上。皇上说：“发起马邑之事的人是王恢，因此才发动天下军队几十万，听从他的话，做了这件事。况且即使单于抓不到，王恢的部队攻击单于运送军用物资的部队，还是很可以有所收获，以安慰将士之心的。如今不诛杀王恢，无法向天下人谢罪。”当时，王恢听说了这话，就自杀了。

安国为人多大略，[1]智足以当世取合，[2]而出于忠厚焉。[3]贪嗜于财。所推举皆廉士，贤于己者也。于梁举壶遂、臧固、郅他，皆天下名士，士亦以此称慕之，唯天子以为国器。[4]安国为御史大夫四岁余，丞相田蚡死，安国行丞相事，[5]奉引堕车蹇。[6]天子议置相，欲用安国，使使视之，蹇甚，乃更以平棘侯薛泽为丞相。[7]安国病免数月，蹇愈，上复以安国为中尉。岁余，徙为卫尉。[8]

【注释】〔1〕“大略”，大谋略。〔2〕“当世”，随顺世俗。“取合”，投合，迎合。《汉书·韩安国传》作“取舍”。颜师古注：“取舍，言可取则取，可止则止。”〔3〕“出”，发生，产生。一说“出”即离开。《史记索隐》：“案出者去也，言安国为人无忠厚之行。”然从下文太史公议论看，《索隐》之说未妥。〔4〕“唯”，语首助词，无意义。一说“唯”即“虽”。《史记会注考证》：“唯，读为‘虽’。”“国器”，可以主持国政的人才。《汉书·韩安国传》颜师古注：“国器者，言其器用大，可施于国政也。”〔5〕“行”，代理。〔6〕“奉引”，导引车驾。“蹇”，音 jiǎn，跛足。《汉书·韩安国传》如淳注：“为天子导引而堕车，跛蹇也。”〔7〕“更”，改。“薛泽”，汉高祖功臣广平侯薛欧之孙，官至丞相。见本书《高祖功臣侯者年表》。〔8〕“徙”，迁，调动。中尉与卫尉，皆位列九卿，秩中二千石。前者掌京城治安，后者掌宫禁宿卫。

【译文】韩安国为人多有大谋略，智慧足以迎合世俗，但却是出自忠厚之心。他贪嗜钱财，然而所推荐的皆为廉洁之士，是贤能超过自己的人。他在梁国举荐的壶遂、臧固、郅他，都是天下有名的士人。士人也因此称赞仰慕他，就是天子也认为他是可以主持国政的人才。韩安国担任御史大夫四年多，丞相田蚡去世，韩安国代理丞相事务，在为天子导引车驾时从车上跌落而跛了脚。天子商议任命丞相，想用韩安国，派使者去看他，见他跛得很厉害，便改用平棘侯薛泽担任丞相。韩安国因病免职几个月，跛脚痊愈了，皇上又任命他为中尉。一年多以后，调任卫尉。

车骑将军卫青击匈奴，〔1〕出上谷，〔2〕破胡茏城。〔3〕将军李广为匈奴所得，复失之，公孙敖大亡卒，〔4〕皆当斩，赎为庶人。〔5〕明年，匈奴大入边，杀辽西太守，〔6〕及入雁门，所杀略数千人。车骑将军卫青击之，出雁门。卫尉安国为材官将军，屯于渔阳。〔7〕安国捕生虏，言匈奴远去。即上书言方田作时，〔8〕请且罢军屯。〔9〕罢军屯月余，匈奴大入上谷、渔阳。安国壁乃有七百余人，〔10〕出与战，不胜，复入壁。匈奴虏略千余人及畜产而去。〔11〕天子闻之，怒，使使责让安国。〔12〕徙安国益东，〔13〕屯右北平。〔14〕是时匈奴虏言当入东方。

【注释】〔1〕“卫青”，西汉名将，武帝卫皇后弟。见本书《卫将军骠骑列传》。〔2〕“上谷”，郡名。治所在沮阳(今河北省怀来东南)，地在今北京市西北一带。〔3〕“茏城”，地名。《汉书·韩安国传》作“龙城”。即龙庭，匈奴祭祀地，在今蒙古人民共和国鄂尔浑河以西的和硕柴达木湖一带。卫青破茏城，事在元光五年(公元前一三〇年)。〔4〕“公孙敖”，北地义渠(今甘肃省宁县西北)人。多次出征匈奴，封合骑侯。后因征匈奴失利及巫蛊事下狱，族灭。见本书《卫将军骠骑列传》。〔5〕“赎”，用财物赎罪。“庶人”，平民。〔6〕“辽西”，郡名。治所在阳乐(今辽宁省义县西)，地在今辽宁省大凌河下游以西一带。“太守”，官名。一郡最高行政长官。〔7〕“渔阳”，郡名。治所在渔阳(今北京市密云西南)，地在今北京市以东一带。〔8〕“方”，正在；当。“田作”，田中耕作。〔9〕“且”，暂且。“军屯”，军队驻防。〔10〕“壁”，营垒。〔11〕“虏”，掳掠。“畜产”，牲畜。〔12〕“让”，责备。〔13〕“益”，更加。〔14〕“右北平”，郡名。治所在平刚(今辽宁省凌源西北)，地在今河北省东北部。

【译文】车骑将军卫青进攻匈奴，从上谷出塞，攻破匈奴的茏城。将军李广被匈奴擒获，又逃脱了；公孙敖的士卒伤亡很多：他们都被判处斩首，用钱物赎罪后成为平民。第二年，匈奴大举入侵边境，杀死了辽西太守。及至侵入雁门，所杀害和掳掠的有数千人。车骑将军卫青攻打匈奴，从雁门出塞。卫尉韩安国担任材官将军，屯驻渔阳。韩安国活捉匈奴俘虏，俘虏供说匈奴已经远远离去。他随即上书，说正当耕作时节，请暂且撤销屯驻部队。撤销屯驻部队一个多月，匈奴大举入侵上谷、渔阳。韩安国的营垒只有七百多人，出去与匈奴交战，没有取胜，又进入营垒。匈奴掳掠了一千多人及牲畜而离去。天子听到消息，发怒了，派使者责备韩安国。将韩安国向更东方迁移，屯驻右北平。当时匈奴俘虏说匈奴军队将入侵东方。

安国始为御史大夫及护军，后稍斥疏，〔1〕下迁；〔2〕而新幸壮将军卫青等有功，益贵。安国既疏远，默默也；将屯又为匈奴所欺，失亡多，甚自愧。幸得罢归，〔3〕乃益东徙屯，意忽忽不乐。〔4〕数月，病欧血死。〔5〕安国以元朔二年中卒。〔6〕

【注释】〔1〕“斥疏”，排斥疏远。〔2〕“下

迁”,降职,贬官。〔3〕“幸”,希望。〔4〕“忽忽”,失意的样子;心中恍惚空虚。〔5〕“欧”,音 ǒu,同“呕”,吐。〔6〕“元朔”,汉武帝年号。公元前一二八年至前一二三年。

【译文】车骑将军卫青进攻匈奴,从上谷出塞,攻破匈奴的茏城。将军李广被匈奴擒获,又逃脱了;公孙敖的士卒伤亡很多:他们都被判处斩首,用钱物赎罪后成为平民。第二年,匈奴大举入侵边境,杀死了辽西太守。及至侵入雁门,所杀害和掳掠的有数千人。车骑将军卫青攻打匈奴,从雁门出塞。卫尉韩安国担任材官将军,屯驻渔阳。韩安国活捉匈奴俘虏,俘虏供说匈奴已经远远离去。他随即上书,说正当耕作时节,请暂且撤销屯驻部队。撤销屯驻部队一个多月,匈奴大举入侵上谷、渔阳。韩安国的营垒只有七百多人,出去与匈奴交战,没有取胜,又进入营垒。匈奴掳掠了一千多人及牲畜而离去。天子听到消息,发怒了,派使者责备韩安国。将韩安国向更东方迁移,屯驻右北平。当时匈奴俘虏说匈奴军队将入侵东方。

太史公曰:余与壶遂定律历,〔1〕观韩长孺之义,壶遂之深中隐厚。〔2〕世之言梁多长者,〔3〕不虚哉!壶遂官至詹事,〔4〕天子方倚以为汉相,〔5〕会遂卒。〔6〕不然,壶遂之内廉行修,〔7〕斯鞠躬君子也。〔8〕

【注释】〔1〕“壶遂”,梁国名士,由韩安国举荐入仕。司马迁在本书《太史公自序》中,曾记述他向壶遂解说拟写《史记》的原因。“律历”,乐律和历法。〔2〕“深中”,内心廉正。“隐厚”,内心忠厚。〔3〕“长者”,性情谨厚之人。《韩非子·诡使》:“重厚自尊,谓之长者。”〔4〕“詹事”,官名。掌皇后、太子家事。〔5〕“方”,将,正要。“倚”,倚重。〔6〕“会”,恰巧。〔7〕“修”,善,美好。〔8〕“鞠躬”,恭敬而谨慎的样子。

【译文】太史公说:我与壶遂制定乐律、历法,看到了韩安国的德义,壶遂深藏的廉正忠厚。世上说梁地多性情稳重厚道的长者,不假呀!壶遂的官位达到詹事,天子正要倚重,让他做汉丞相,碰巧他去世了。不然的话,壶遂的内心廉正,品行美好,这是恭敬而谨慎的君子啊。

史记卷一百零九

李将军列传第四十九

李将军广者，陇西成纪人也。[1]其先曰李信，[2]秦时为将，逐得燕太子丹者也。[3]故槐里，徙成纪。[4]广家世世受射。孝文帝十四年，[5]匈奴大入萧关，[6]而广以良家子从军击胡，[7]用善骑射，[8]杀首虏多，为汉中郎。[9]广从弟李蔡亦为郎，[10]皆为武骑常侍，[11]秩八百石。[12]尝从行，有所冲陷折关及格猛兽，[13]而文帝曰："惜乎，子不遇时！如令子当高帝时，万户侯岂足道哉！"

【注释】〔1〕"陇西成纪"，成纪县汉初属陇西郡，后来改属天水郡。本传仍按旧属作陇西成纪人。故地在今甘肃省秦安县北。 〔2〕"李信"，秦将。李信逐得燕太子丹事，载在《史记·王翦列传》和《刺客列传》。 〔3〕"燕太子丹"，燕王喜太子。燕王喜二十三年(秦始皇十五年)太子丹为质于秦，逃回燕国。秦始皇二十年，太子丹使荆轲刺秦王。二十一年，秦破燕，斩太子丹。 〔4〕"故槐里，徙成纪"，槐里，秦时名废丘。刘邦平定三秦，消灭章邯的地方。故地在今陕西省兴平县东南。《汉书·李广传》无"故槐里，徙成纪"六字。 〔5〕"孝文帝十四年"，孝文帝，刘恒，刘邦中子。公元前一七九年至前一五七年在位。孝文帝十四年，当匈奴老上单于九年。 〔6〕"萧关"，故地在宁夏固原县东南。〔7〕"良家子"，应是西汉时资历的名称。旧释为"清白人家之子"，不妥。西汉时社会地位低下的七种人：吏有罪、亡命、赘婿、贾人、故有市籍、父母有市籍和大父母有市籍，称为"七科谪"。良家子不属于上面七种人，有一定的身份。禁中羽林期门多从金城、陇西、天水、安定、北地、上郡六个郡中的良家子甄选。西汉名将李广、赵充国、冯奉世都出身于六郡的良家子。 〔8〕"用"，因为。 〔9〕"中郎"，天子禁中亲近的人，在给事禁中的郎中中，地位最高。他的职掌是出入禁闼，补过拾遗。 〔10〕"从弟"，同祖兄弟，今曰堂兄弟。"郎"，禁中诸郎的通称。〔11〕"武骑常侍"，由郎官补授的实职，担任皇帝身边高级侍卫武官。《汉书·百官表》无武骑侍郎，文景时置此官。成帝阳朔二年废。 〔12〕"秩八百石"，"秩"是官阶。西汉官吏的实俸用粮食计算。秩八百石的月俸是八十斛。有一时期也曾用钱计俸。秩八百石奉钱是月九千二百。 〔13〕"陷"，冲锋陷阵。"折"，音 zhé，挫败。"关"，本义为栓门横木。借为防止之意。"折关"，退却防守。"格"，相拒而杀。

【译文】李将军广，陇西成纪人。祖先李信是秦朝的将军，就是追逐擒获燕太子丹的那个人。原住槐里，后迁居成纪。李家世世代代娴习弓法。汉孝文帝十四年，匈奴大举入侵萧关，李广以良家子的身分从军和匈奴作战。因为他骑射的功夫好，杀伤敌人众多，汉封他为中郎。李广的堂弟李蔡也被封为郎。不久二人皆擢任为武骑常侍，秩八百石。李广跟随皇帝出巡，每逢冲锋陷阵，或者拒关防守以及格斗猛兽之时，汉文帝就说："可惜啊！你生的不是时候？如果让你生在高皇帝之际，封为万户侯，不算回事！"

及孝景初立，[1]广为陇西都尉，[2]徙为骑郎将。[3]吴、楚军时，[4]广为骁骑都尉，[5]从太尉亚夫击吴楚军，[6]取旗，显功名昌邑下。[7]以梁王授广将军印，[8]还，赏不行。徙为上谷太守，[9]匈奴日以合战。[10]典属国公孙昆邪为上泣曰：[11]"李广才气，天下无双，自负其能，数与虏敌战，恐亡之。"[12]于是乃徙为上郡太守。[13]后广转为边郡太守，徙上郡。[14]尝为陇西、北地、雁门、代郡、云中太守，[15]皆以力战为名。

【注释】〔1〕“孝景”，汉孝景皇帝刘启，是文帝的太子。公元前一五六年至前一四一年在位。〔2〕“陇西都尉”，陇西，汉郡名，故地在今甘肃省东南部。“都尉”，是地方政府典掌武职的官，秦时叫郡尉，景帝中二年，更名都尉，秩比二千石。〔3〕“骑郎将”，西汉时职掌皇帝外出时的车驾骑尉的宿卫近官，叫做外郎，又称骑郎。“骑郎将”是直接统领外郎的长官，秩比千石。〔4〕“吴、楚军时”，“吴”谓吴王刘濞，刘邦兄刘仲的儿子。刘邦败灭黥布后，立为吴王。“楚”谓楚王刘戊，是刘邦异母少弟刘交的孙子，嗣位为楚王。“吴、楚军时”说的是景帝前三年(公元前一五四年)春正月，吴王濞、楚王戊、胶西王卬、赵王遂、济南王辟光、菑川王贤、胶东王雄渠，七国举兵和孝景皇帝刘启争夺中央统治权的一次战争。这次战争，经过三个月始平息。〔5〕“骁骑都尉”，西汉中央军制，都尉是属于高级将领下的中级武官。诸都尉官的名目繁多，“骁骑都尉”是其一。〔6〕“太尉”，是西汉初期中央政府掌管军事的最高武官。“亚夫”，西汉功臣周勃的次子。孝景三年吴楚反，周亚夫以中尉为太尉，东击吴楚。〔7〕“昌邑”，汉初属梁国。山东金乡县西北。〔8〕“梁王”，梁孝王刘武，与景帝同母。梁王立二十五年吴楚七国反。〔9〕“上谷太守”，“上谷”西汉时郡治在沮阳，在今河北怀来县东南。“太守”是一郡的最高官吏，上执行中央政府的命令，下监督属县。秦时称为郡守。至景帝中二年更名太守。〔10〕“匈奴日以合战”，“以”，与。《汉书》作“数与匈奴战”。景帝时虽与匈奴和亲，然边境仍不时有小冲突。〔11〕“典属国公孙昆邪”，“典属国”是掌管边境及域外民族朝觐和归附的官。“公孙昆邪”是南窌侯公孙贺的父亲，击吴楚有功，以陇西太守封为平曲侯。〔12〕“恐亡之”，恐为匈奴所杀伤。〔13〕“上郡太守”，“上郡”，秦郡。汉高祖元年改为翟国，后仍称上郡。故地在今陕西延安、榆林一带。〔14〕“徙上郡”，《汉书·李广传》无此三字，可能是衍文。〔15〕“北地”，春秋时义渠戎国之地，秦置郡，汉因之。在今甘肃东南部和宁夏南部一带。“雁门”，战国赵地，秦置郡，汉因之。今山西北部皆其地。郡治在今山西右玉西北。“代郡”，西汉郡区，在内蒙古兴和、山西灵丘、河北怀安、涞源一带。郡治在今河北蔚县东北代王城。“云中”，秦置郡。汉分云中郡东北部置定襄郡，西南部仍为云中郡，郡治在云中县，在今内蒙古托克托县。

【译文】孝景皇帝即位之初，任命李广为陇西都尉。不久，改官骑郎将。吴楚七国叛乱时，李广任骁骑都尉，跟随太尉周亚夫和吴楚军作战，在昌邑城下，斩将搴旗建立了显赫的战功。由于梁王私自授他将军印，班师后，没有得到朝廷的封赏。任命他为上谷太守，每天都要和匈奴作战。典属国公孙昆邪流着涕泪对皇上说：“李广才气，天下无双，凭借一身本领，多次和敌人作战，万一为敌人所伤害，如何是好！”于是调为上郡太守。后来李广又转为缘边诸郡的太守，复改任上郡太守。他先后担任陇西、北地、雁门、代郡和云中的太守，以奋勇作战闻名于世。

匈奴大入上郡，〔1〕天子使中贵人从广勒习兵击匈奴。〔2〕中贵人将骑数十纵，〔3〕见匈奴三人，与战。三人还射，〔4〕伤中贵人，杀其骑且尽。中贵人走〔5〕广。广曰：“是必射雕者也。”〔6〕广乃遂从百骑往驰三人。〔7〕三人亡马步行，行数十里。广令其骑张左右翼，而广身自射彼三人者，杀其二人，生得一人，果匈奴射雕者也。已缚之上马，〔8〕望匈奴有数千骑，见广，以为诱骑，皆惊，上山陈。〔9〕广之百骑皆大恐，欲驰还走。广曰：“吾去大军数十里，今如此以百骑走，匈奴追射我立尽。今我留，匈奴必以我为大军诱之，〔10〕必不敢击我。”广令诸骑曰：“前！”前未到匈奴陈二里所，止，令曰：“皆下马解鞍！”其骑曰：“虏多且近，即有急，〔11〕奈何？”广曰：“彼虏以我为走，今皆解鞍以示不走，用坚其意。”〔12〕于是胡骑遂不敢击。有白马将出护其兵。李广上马与十余骑奔射杀胡白马将，而复还至其骑中，解鞍，令士皆纵马卧。〔13〕是时会暮，胡兵终怪之，不敢击。夜半时，胡兵亦以为汉有伏军于旁欲夜取之，胡皆引兵而去。平旦，〔14〕李广乃归其大军。大军不知广所之，故弗从。〔15〕

【注释】〔1〕“匈奴大入上郡”，《汉书·李广传》作“匈奴入上郡”，无“大”字。据本书《匈奴列传》：“孝景帝复与匈奴和亲，通关市，给遗匈奴，遣公主，如故约。终孝景时，时小入盗边，无大寇。”证明《汉书》的记载不误。本传“匈奴大入上郡”的“大”字是衍文。〔2〕“中贵人”，朝中贵臣。旧注谓为宦官，非。“勒习兵”，训练作战部队。〔3〕“纵”，《汉书·李广传》“纵”作“从”，二字古通。“纵”谓出击。古时作战,用鼓声和金声(钲)进行指挥。听到鼓声则出击,听到金声则收兵,故有“闻鼓声而纵,闻金声而止”的记载。〔4〕“还”,音 xuán。“还射”,环绕中贵人及其数十骑而射之。〔5〕“走”,趋走。〔6〕“雕”,猛禽,似鹰而大,黑褐色,非善射者很难射获。〔7〕“从”,即纵。“往驰三人”,急速鞭马追逐三个匈奴人。〔8〕“已”,已而,随即。〔9〕“陈”,与“阵”通。上山布阵以待李广。〔10〕“诱之”,《汉书·李广传》作“之诱”。“诱”即上文“见广以为诱骑”所说的“诱骑”。《史》《汉》两文皆可通。〔11〕“即”,若。〔12〕“用”,介词,同“以”。《史》《汉》文凡“用”多为“以”义。〔13〕“纵马”,放马。〔14〕“平旦”,清晨。〔15〕“故弗从”,“从”,同“纵”。因不知李广去向,无目标可以出击。

【译文】匈奴大举入侵上郡,皇上派遣朝中贵臣到李广军检查训练士卒的情况。贵臣带着数十名骑兵进击,遇见三个匈奴人,展开了战斗。三个匈奴人围着贵臣发射,射伤朝中贵臣,所部骑兵被杀伤殆尽。朝中贵臣奔向李广。李广说:“那三人必定是匈奴的射雕手!”李广带领百余骑追赶三个匈奴人。三人弃马步行,追了几十里才追上。李广命令骑兵往左右两翼展开,独自向那三人射击,射杀二人,活捉一人。一问果然是匈奴射雕手。正在捆绑俘虏上马之时,发现前方有数千匈奴骑兵。匈奴兵也发现了李广,以为是诱敌的疑兵,大吃一惊,连忙指挥部队上山,列阵以待。李广的一百多骑,也非常害怕,想掉头往回走。李广说:“我们远离大军几十里,如果就这一百多骑兵往回走,匈奴大部队会立刻追上来,把我们一个不留地射杀。我们留下不走,匈奴必定以为我们是大军的诱兵,不敢攻打我们。”李广命令所部骑兵:“向前进”。走到距离匈奴阵地二里多的地方停下。李广命令:“大家都下马,卸下马鞍。”部骑说:“敌人那么多,距离那么近,如果发生紧急情况怎么办!”李广说:“敌人原以为我们要向后撤退,现在反而卸下马鞍,等于告诉敌人不走。这样,敌人就更加相信我们是诱敌的疑兵。”匈奴兵果然不敢前来挑战。有一个骑白马的匈奴将出阵发施号令。李广跨上马,带领十余骑奔向前方,射杀匈奴白马将。又驰回自己的骑队中,解下马鞍,命令部下都放倒马匹,躺下休息。这时天色已晚,匈奴兵仍然捉摸不定,不敢挑战。到了夜半时分,匈奴以为汉在附近有伏兵,准备趁夜偷袭。匈奴撤走全部人马。拂晓,李广回到自己的军部。军部不知李广所去何方,没有派兵接应。

居久之,孝景崩,武帝立,〔1〕左右以为广名将也,〔2〕于是广以上郡太守为未央卫尉,〔3〕而程不识亦为长乐卫尉。〔4〕程不识故与李广俱以边太守将军屯。及出击胡,而广行无部伍行陈,〔5〕就善水草屯,舍止,〔6〕人人自便。不击刀斗以自卫,〔7〕莫府省约文书籍事,〔8〕然亦远斥候,〔9〕未尝遇害。程不识正部曲行伍营陈,击刀斗,士吏治军簿至明,〔10〕军不得休息,然亦未尝遇害。不识曰:“李广军极简易,然虏卒犯之,〔11〕无以禁也。而其士卒亦佚乐,〔12〕咸乐为之死。我军虽烦扰,然虏亦不得犯我。”是时汉边郡李广、程不识皆为名将,然匈奴畏李广之略,士卒亦多乐从李广而苦程不识。〔13〕程不识孝景时以数直谏为太中大夫。〔14〕为人廉,〔15〕谨于文法。〔16〕

【注释】〔1〕“孝景崩,武帝立”,景帝后三年正月二十七日崩。同日,孝武帝立为皇帝。时为庚子年,西历纪元前一四一年。〔2〕“左右以为广名将也”,王叔珉曰:“以”字疑浅人所加。“为”,犹谓也。《汉书》作“左右言广名将也”可证。按:王说是。〔3〕“于是广以上郡太守为未央卫尉”,据《汉书·百官公卿表》,孝武元光元年,李广以陇西太守为卫尉。《汉书·李广传》只云:“由是入为未央卫尉”,没有说“由上郡太守入为未央卫尉”。疑《汉书·百官公卿表》的记载是正确的。本文“广以”二字倒置,“上郡太守”四字为衍文。“未央”,宫名。高帝七年萧何主持营造,故址在西安市西北长安故城西南角。“卫尉”,管理宫门屯卫。景帝初更名中大夫令,后元年复为卫尉。〔4〕“而程不识亦为长乐卫尉”,程不识《史》《汉》均无传,唯在《武安侯传》、亦程、李并称。“长乐”,汉宫名,故址在今陕西长安县西北,本秦兴乐宫增饰而成,为太后所居,称为西宫。李广所在未央宫为东宫。〔5〕“而广行无部伍行陈”,《汉书·李广传》作“而广行无部曲行陈”,“部伍”与“部曲”义同,是古时军队的编制单位。“陈”,同阵。〔6〕“屯”,扎营。“舍止”,休息。〔7〕“刀斗”,即鐎(音 jiāo),铜制釜具,有柄,故曰斗。白日行军时作炊具,夜行军则击之以鸣道。〔8〕“莫府省约文书籍事”,《汉书·李广传》作“莫府省文书”,“莫府”是将军处理事务的府署,因行军无常处,以帷幕为府署,称为“幕府”,就是将军府的代称,类似现在的“司令部”。莫、幕古字通用,“莫府”

就是“幕府”。“省”，少。“籍”，簿册。“省约文书籍”谓簿册文书皆从简易，以适应战争时的特殊环境。〔9〕“斥候”，侦察兵。〔10〕“士吏”，军中低级办事人员。“军簿”，军中文书簿册。“明”，显著、清楚。〔11〕“卒”，同“猝”。〔12〕“佚乐”，“佚”与“逸”同。逸乐谓安闲逸豫。〔13〕“而苦程不识”，以程不识的苛求为苦。〔14〕“太中大夫”，为光禄勳的属官。光禄勳即秦和西汉初年的郎中令。武帝太初元年更名光禄勳，总领宫内一切事务，机构庞大，属官多。大夫掌议论。太中大夫秩比千石。〔15〕“廉”，不苟取，是贪的对义辞。〔16〕“文法”，法令条文。

【译文】不久，孝景帝去世、孝武帝嗣位为皇帝。左右侍从之二臣，都说李广是名将，于是把李广从上郡太守任上，调任未央宫卫尉。同时调程不识任长乐宫卫尉。程不识和李广，以前都是以郡太守的身分带兵屯守边疆。和匈奴作战的行军路上，李广的队伍，没有部伍编制，也不作行列阵势的布署，选择水草丰盛的地方宿营，人人感觉方便。夜行军也不敲击刀斗警卫，简化幕府的公文簿册，但派出的侦察兵却深入敌境，行军途中没有发生过意外。程不识军，对部曲的编制，行伍营阵的布署都非常严格，夜行军一定敲击刀斗，士吏对公文簿册的处理，都有一定的成规，军中生活紧张，得不到休息，可是行军时也没有发生过意外。程不识说：“李广治军，极为简便易行，但是遇到敌人突然袭击，就无法应战了。他的部下，安闲快乐，人人愿为之效死。我治军烦琐，然而敌人也不敢犯我。”这一时期，汉布置在边境上的将领，如李广、程不识都是名将。匈奴害怕李广的韬略，士卒都愿意跟随李广作战，而不愿归属程不识。程不识在孝景帝时，多次直言进谏，任太中大夫，为人清廉，严守国家的文书法令。

后汉以马邑城诱单于，〔1〕使大军伏马邑旁谷，〔2〕而广为骁骑将军，领属护军将军。〔3〕是时单于觉之，〔4〕去，汉军皆无功。其后四岁，〔5〕广以卫尉为将军，〔6〕出雁门击匈奴。匈奴兵多，破败广军，生得广。单于素闻广贤，令曰：“得李广必生致之。”胡骑得广，广时伤病，置广两马间，络而盛卧广。〔7〕行十余里，广详〔8〕死，睨其旁有一胡儿骑善马，〔9〕广暂腾而上胡儿马，〔10〕因推堕儿，〔11〕取其弓，鞭马南驰数十里，复得其余军，因引而入塞。匈奴捕者骑数百追之，广行取胡儿弓，〔12〕射杀追骑，以故得脱。于是至汉，汉下广吏。吏当广所失亡多，〔13〕为虏所生得，当斩，赎为庶人。〔14〕

【注释】〔1〕“马邑城”，汉属雁门郡，在今山西朔县境。“单于”，匈奴军臣单于。〔2〕“使大军伏马邑旁谷”，武帝元光二年夏六月，武帝采纳大行王恢的建议，在马邑伏兵三十万以待匈奴，事泄未成。《史》《汉》《匈奴传》、《韩长孺传》均详载其事。〔3〕“而广为骁骑将军，领属护军将军”，西汉时为适应对外作战需要，临时设置名目繁多的列将军，又称杂号将军，如李广的“骁骑将军”，韩安国的“护军将军”。元光二年的马邑伏击战，韩安国是主将，是前敌作战的总指挥，李广、公孙贺、王恢、李息四将军皆属其节制，故曰“领属护军将军”。〔4〕“是时，单于觉之”，匈奴军臣单于既入汉塞，进至距离马邑百余里的地方，见到遍野牲畜，而无人放牧，已经有所怀疑。不久，作战中俘获雁门尉史，尉史将汉伏兵马邑的秘密，告诉军臣单于。军臣单于立即指挥军队撤退，没有中王恢布置在马邑的埋伏。〔5〕“其后四岁”，汉武帝元光六年。〔6〕“广以卫尉为将军”，李广自元光元年为未央卫尉至为将军，前后计六年。〔7〕“络而盛卧广”，“络”，麻织的网。李广伤病不能起坐，故以络盛之，卧于马背。〔8〕“详”，假装，同“佯”。〔9〕“睨”，音nì，斜视。〔10〕“暂腾”，“暂”，猝然。“腾”，跳跃。〔11〕“推堕儿”，《汉书·李广传》作“抱儿”，“抱”，读“抛”，与推堕义同。〔12〕“行”，因此。颜师古释“行取胡儿弓”，曰“且行且射”，未得其义。〔13〕“当”，裁决。〔14〕“当斩，赎为庶人”，按死刑可以出赀赎罪，《周官·司寇》有三刺三宥三赦之法。《吕刑》有大辟疑赦，其赎千锾的规定。西汉死罪赎为庶人之金额不详。

【译文】后来汉用马邑城引诱单于，大军埋伏在马邑附近的山谷里，李广担任骁骑将军，归护军将军指挥。单于察觉马邑山谷有埋伏，引兵退走，汉军劳而无功。四年后，李广以卫尉的身分出任将军，自雁门出塞，进攻匈奴，匈奴兵多，打败了李广，将他活捉。单于早就听说李广的才干，下令说：“一定要活捉李广。”匈奴骑队俘获李广时，李广既有病又有伤。他们把李广用麻绩网兜盛起，躺卧在马背上，夹在两马之间徐行。走了十余里，李广装作死去。他从眼角瞥见附近有个匈奴小伙子，骑着一匹好马。李广冷不防一跃而起，跳上胡儿的马背，顺手夺得小伙子手上的弓，把小伙子推下马去，快马加鞭向南飞驰了数十里，找到了自己的残部，一同回到塞内。匈奴追捕的骑队数百人自后猛追。李广便用夺取的胡儿手中的弓，射杀追骑，得以逃脱。回到汉朝，把李广交付审问，执法吏裁决，李广部队伤亡太多，又被敌人擒获，罪当斩首。出资财赎罪，回家当老百姓。

顷之，家居数岁。广家与故颍阴侯孙屏野居蓝田南山中射猎。〔1〕尝夜从一骑出，从人田间饮。还至霸陵亭，〔2〕霸陵尉醉，〔3〕呵止广。〔4〕广骑曰："故李将军。"尉曰："今将军尚不得夜行，何乃故也！"止广宿亭下。居无何，匈奴入杀辽西太守，〔5〕败韩将军，〔6〕后韩将军徙右北平。〔7〕于是天子乃召拜广为右北平太守。广即请〔8〕霸陵尉与俱，至军而斩之。〔9〕

【注释】〔1〕"颍阴侯孙"，颍阴侯灌婴之孙名彊。"屏野居"，《汉书·李广传》、《风俗通·穷通篇》"屏"下并无"野"字。"野"应是衍文。"屏居"，隐居。"蓝田南山"，今陕西蓝田县东。蓝田南山是显官屏居游乐的地方。魏其侯窦婴谢病，亦屏居蓝田南山下数月。 〔2〕"霸陵亭"，"霸陵"为汉京兆尹属县，文帝陵所在，今陕西长安县东。"亭"是城市中县以下里以上的地方行政组织。十里一亭，设亭长一人，专为防范盗贼，不主民事。 〔3〕"霸陵尉"，"尉"是县一级的行政长官，职主盗贼。霸陵是文帝陵寝所在，霸陵县尉经常巡行所属亭里，以加强治安保卫。李广田饮夜行，碰上了霸陵县尉。〔4〕"呵"，音 hē，大声喝斥。同诃。 〔5〕"辽西"，郡名，秦置郡，汉因之，郡区在今河北迁西县、乐亭县以东，长城以南，大凌河下游迤西地带。郡治且虑，今河北卢龙县。匈奴入汉，杀辽西太守在武帝元朔元年秋。 〔6〕"韩将军"，韩安国。 〔7〕"后韩将军徙右北平"，"右北平"，汉郡，郡区在今河北省东北部。郡治平刚，河北省平泉县。韩安国徙右北平，于元朔二年中卒。 〔8〕"请"，奏请。 〔9〕"至军而斩之"，《汉书·李广传》载广斩尉自劾，武帝不加责备，反而颁嘉奖的诏书。

【译文】李广在家中闲居了好几年。他和过去的颍阴侯灌婴之孙，隐居田野，射猎于蓝田南山中。一天夜晚，李广带着一个随从出行，陪友人在一户庄户人家喝了点酒。回家途中路过霸陵亭，喝醉了酒的霸陵县尉，大声吆喝，不许李广通行。李广的随从说："是过去的李将军。"醉尉说："现任将军都不许夜间通行，故将军算得了什么！"李广只好留宿在霸陵亭下。不多久，匈奴入侵，杀害辽西太守，打败韩安国将军，韩将军不久徙居右北平。于是皇上召拜李广为右北平太守。李广奏请调霸陵尉同去右北平，县尉来到军中，为李广所斩。

广居右北平，匈奴闻之，号曰"汉之飞将军"，避之数岁，不敢入右北平。

广出猎，见草中石，以为虎而射之，中石没镞，〔1〕视之石也。因复更射之，终不能复入石矣。〔2〕广所居郡闻有虎，尝自射之。及居右北平射虎，虎腾伤广，广亦竟射杀之。

【注释】〔1〕"中石没镞"，"镞"，音 zú，箭头。一作"没羽"。《汉书·李广传》作"中石没矢"。唐卢纶《塞下曲》："林暗草惊风，将军夜引弓。平明寻白羽，没在石棱中。"即用李广射虎中石事。 〔2〕"因复更射之，终不能复入石矣"，《西京杂记》记李广出猎射虎，没矢饮羽事。《吕览·精通篇》、《新序·杂事》均有类似记载。

【译文】李广驻守在右北平，匈奴知道后，号称他为"汉朝的飞将军。"好几年避免和他交锋，不敢入侵右北平。

李广出猎，见到草中的一块卧石，以为是猛虎，立即张弓，一箭射去，箭镞深陷在石棱中。一看原来是块石头。他再次张弓发射，怎么也射不进石头了。李广驻守过北方，常有猛虎出入，他往往亲自射虎。后来驻守右北平射虎时，老虎腾跳起来，扑伤李广，最后，那只老虎，还是被李广射杀。

广廉，得赏赐辄分其麾下，〔1〕饮食与士共之。终广之身，为二千石四十余年，〔2〕家无余财，终不言家产事。广为人长，猨臂，〔3〕其善射亦天性也。虽其子孙他人学者，莫能及广。广讷口少言，〔4〕与人居则画地为军陈，射阔狭以饮。〔5〕专以射为戏，竟死。〔6〕广之将兵，乏绝之处，见水，士卒不尽饮，广不近水，士卒不尽食，广不尝食。〔7〕宽缓不苛，士以此爱乐为用。其射，见敌

急，[8]非在数十步之内，度不中不发。发即应弦而倒。用此，其将兵数困辱，其射猛 兽亦为所伤云。

【注释】〔1〕"麾"，音 huī。"麾下"，将旗之下，引申为部下。〔2〕"为二千石四十余年"，《汉书·李广传》作"广历七郡太守前后四十余年"，太守秩为二千石。故"为二千石四十余年"，指李广历任七郡太守事。按：二千石为西汉习俗语，义为高官。《汉书·酷吏传》云："仕不至二千石，贾不至千万，安得为人乎！"〔3〕"猨臂"，"猨"，音 yuán，同"猿"。猿臂长可以运转自如，便于引弓发矢。〔4〕"讷"，音 nè。"讷口"，语言迟钝。〔5〕"射阔狭"，古射法，其法不详。"以饮"，持酒以饮不胜者。〔6〕"竟死"，谓终竟广身至死以为常。〔7〕"士卒不尽饮，广不近水；士卒不尽食，广不尝食"，《淮南子·兵略篇》云："古之善将者，军食熟然后敢食，军井通然后敢饮，辄以同饥渴也。"〔8〕"见敌急"，泷川资言《考证》云：《汉书》无"急"字，此疑衍。按：见敌急，犹神态自若，度不中不发，此李将军神勇过人处，泷川说未谛。

【译文】李广清廉自守，得到朝廷的赏赐，总是分给部下将士享用，和士卒吃一样的伙食。到他去世之前，有四十余年之久官居二千石，而家中毫无积蓄。他从不过问家人生产的事。李广身材高大，手臂像猿臂那样长。他成为射箭的神手，也是天赋。儿孙辈及他人跟他学习射法，没有一人能达到他的水平。李广拙于言辞，说话不多，和朋友在一起，时常就地画为军阵图，用"射阔狭"的射法决胜负以饮酒。李广一辈子以射艺作消遣，直到死去。李广带兵，遇上缺粮绝水的困境，找到水源，士卒有一人饮不上水，李广从不自饮。士卒有一人吃不上饭，李广从不独自一人吃饭。他御下宽厚而不苛刻。部下乐于为他效力。李广射敌时，直到敌人逼到近处，不在数十步之内，没有一发即中的把握，他不发射。往往弓弦响处，敌人应声而倒。因为这样，在作战中常被敌人围困而受挫，其射猛兽，也时常为猛兽所伤害。

居顷之，石建卒，[1]于是上召广代建为郎中令。[2]元朔六年，广复为后将军，[3]从大将军军出定襄击匈奴。[4]诸将多中首虏率，以功为侯者，[5]而广无军功。后二岁，[6]广以郎中令将四千骑出右北平，博望侯张骞将万骑与广俱，[7]异道。行可数百里，匈奴左贤王将四万骑围广，[8]广军士皆恐，广乃使其子敢往驰之。[9]敢独与数十骑驰，直贯胡骑，出其左右而还，告广曰："胡虏易与耳。"[10]军士乃安。广为圜陈外向，胡急击之，矢下如雨，汉兵死者过半，汉矢且尽。广乃令士持满毋发，[11]而广身自以大黄射其裨将，[12]杀数人，胡虏益解。[13]会日暮，吏士皆无人色，而广意气自如，益治军。军中自是服其勇也。明日，复力战，而博望侯军亦至，匈奴军乃解去。汉军罢，[14]弗能追。是时广军几没，罢归。汉法，博望侯留迟后期，当死，赎为庶人。广军功自如，[15]无赏。

【注释】〔1〕"石建卒"，石建是万石君石奋的长子。建元二年，以石建为郎中令，石建卒年在武帝元朔六年。〔2〕"于是上召广代建为郎中令"，据《汉书·百官公卿表》，元朔六年，右北平太守李广为郎中令。"郎中令"是掌管宫殿门户的官，但实际权力很大，是皇帝禁内的主要职能官员。武帝太初元年，更名光禄勳。〔3〕"后将军"，是仅次于大将军、骠骑将军的高级武官。据《西汉会要》中《西汉职官秩禄表》，前、后、左、右将军，秩皆万石。〔4〕"定襄"，县名，西汉置，属定襄郡，治所在今内蒙古呼和浩特市西南。〔5〕"中"，合，应。"首虏"，所获敌人首级。"率"，标准，法。"中首虏率"，谓符合首虏法规。据本书《冯唐列传》，云中守魏尚报战功时，"首虏"差了六级，受到削爵的处分，可见西汉战争打扫战场时，清点敌人首级是非常严格的。〔6〕"后二岁"，元狩二年夏。他本有误作"后三岁"的。〔7〕"博望侯张骞"，本书《卫将军骠骑列传》附《张骞传》云："将军张骞，以使通大夏。还，为校尉，从大将军有功，封为博望侯。"俱"，同行。〔8〕"左贤王"，匈奴单于以下权力最大的侯王，大多由单于的兄弟或子侄辈充当。左贤王管辖匈奴东部地区。〔9〕"其子敢"，李敢，李广第三子。广死，代广为郎中令。怨大将军对待李广不公平，击伤大将军。敢亦为骠骑将军射杀。〔10〕"与"，取。〔11〕"持满毋发"，注矢于弩弓，引满之，不发矢。所谓"引而不发"。〔12〕"大黄"，是一种强力的角弩，色黄体大，射程亦远。古诗"挽弓当挽强"，就是指这种强力弩。"裨将"，匈奴官名。〔13〕

“益”,渐渐。“解”,松懈。〔14〕“罢”,音“疲”,义亦同。〔15〕“自如”,言功过相当。广军失亡多,而杀虏亦相当,故曰“自如”。

【译文】不久,石建去世,皇上召回李广代替石建为郎中令。元朔六年,又任命李广为后将军,从大将军卫青,自定襄出塞,讨伐匈奴。许多将领多因符合军中斩获敌人首级的奖赏律令,因有军功被封为侯。而李广的部队却无功。两年后李广以郎中令率领四千骑兵自右北平出击。博望侯张骞率领一万骑兵和李广协同作战。两军进军路线不同。李广军前进了数百里,被匈奴左贤王带领的四万骑兵围住,士卒非常害怕。李广派儿子李敢骑马出阵。李敢独自带领数十骑,一直冲进匈奴骑兵阵地,向敌阵左右方向穿插而回,向李广报告说:“匈奴阵地容易攻取!”士卒的情绪方才安定下来。李广布下圆形军阵,人皆手持武器,面向敌方。匈奴军猛烈进攻,矢如雨下,汉军死者过半,汉军的箭快射完了。李广命令将士引满不发。自己拉开一张大黄强力弩,瞄准匈奴裨将射去,接连射杀数人,匈奴的攻势乃逐渐削弱。天色渐暮,士卒皆面无人色,而李广却神态自若,更加镇定指挥部队。军中皆佩服李广的神勇。明天,再度奋力作战,博望侯军赶到了,匈奴解围撤走。汉军力战疲劳,不能追击。这一战,李广军几乎被消灭。打完仗归来,按照汉法,博望侯延误军期,应该死罪,出赀财赎罪为老百姓。李广功罪相当,无赏。

初,广之从弟李蔡与广俱事孝文帝。〔1〕景帝时,蔡积功劳至二千石。〔2〕孝武帝时至代相。〔3〕以元朔五年为轻车将军,〔4〕从大将军击右贤王,〔5〕有功中率,〔6〕封为乐安侯。〔7〕元狩二年中,代公孙弘为丞相。〔8〕蔡为人在下中,〔9〕名声出广下甚远,然广不得爵邑,官不过九卿,〔10〕而蔡为列侯,位至三公。〔11〕诸广之军吏及士卒或取封侯。〔12〕广尝与望气王朔燕语,〔13〕曰:“自汉击匈奴而广未尝不在其中,而诸部校尉以下,才能不及中人,然以击胡军功取侯者数十人,而广不为后人,〔14〕然无尺寸之功以得封邑者,何也。岂吾相不当侯邪?且固命也?”〔15〕朔曰:“将军自念,岂尝有所恨乎?”〔16〕广曰:“吾尝为陇西守,羌尝反,〔17〕吾诱而降,降者八百余人,吾诈而同日杀之。至今大恨独此耳。”朔曰:“祸莫大于杀已降,〔18〕此乃将军所以不得侯者也。”

【注释】〔1〕“初,广从弟李蔡与广俱事孝文帝”,汉文帝时,李广为汉中郎,李蔡亦为郎。不久,皆擢为武骑常侍。〔2〕“景帝时,蔡积功劳至二千石”,“二千石”是西汉秩禄的等级。秩二千石,月得谷百二十斛。秩二千石的官职,位次于九卿。李蔡积功事迹不详。杨树达先生云:“积功至二千石,谓为代相。”亦于事不合。蔡为代相在武帝时,此言景帝时事。〔3〕“代相”,谓代清河王义之相。李蔡元朔五年为轻车将军,为代相当在元光五年至元朔四、五年之间。〔4〕“轻车将军”,西汉在作战时任命的列将军。〔5〕“右贤王”,是统治匈奴西部的侯王,权势仅次于单于。〔6〕“中率”,谓中首虏率。上文有“诸将多中首虏率为侯”的记载。〔7〕“封为乐安侯”,据《史表》,元朔五年四月丁未(二十日)封李蔡为乐安侯。〔8〕“元狩二年中,代公孙弘为丞相”,弘,菑川薛人,以建元元年为博士,罢归,年六十。元光五年以博士为左内史,年七十一。元朔二年召为御史大夫,年七十五。元朔五年为丞相,年七十七。元狩二年二月薨于丞相位,年八十。“丞相”,高帝置,后更名相国。孝惠、高后置左右丞相。文帝二年复置一丞相。哀帝时,更名大司徒。〔9〕“蔡为人在下中”,“下中”,即《汉书古今人物表》之第八等,下等之中。南宋爱国词人辛弃疾《卜算子》词云:“千古李将军,夺得胡儿马,李蔡为人在下中,却是封侯者。”又《鹧鸪天》词云:“若将玉骨冰姿比,李蔡为人在下中。”皆用此故事,而为李广鸣不平。〔10〕“然广不得爵邑,官不过九卿”,“爵邑”,爵位和封邑。“九卿”,中央政府九个高级官职。西汉时代的九卿是:太常、光禄勳、卫尉、太仆、廷尉、大鸿胪、宗正、大司农、少府。李广曾任卫尉和郎中令(即光禄勳),故曰“官不过九卿”。〔11〕“而蔡为列侯,位至三公”,李蔡封为乐安侯。元狩二年又代公孙弘为丞相,故曰“位至三公”。“三公”是丞相、太尉和御史大夫三个中央政府的最高官职。〔12〕“诸”,凡。〔13〕“广尝与望气王朔燕语”,“望气”,谓望云气。古人根据云气的形态和色相以决吉凶。“王朔”是西汉著名占卜气象的阴阳家。《天官书》云:“夫汉自为天数者,星则唐都,气则王朔。”又云:“王朔所候,决于日旁。”可见王朔观察云气,还包括看日晕。“燕”,同“宴”。〔14〕“广不为后人”,李广自谓凡事居先,不落人后。〔15〕“且固”,抑乃,或者是。〔16〕“恨”,懊悔。〔17〕

"羌",散居在甘肃、新疆南部、青海、西藏东北部和四川南部的古老民族。景帝时羌豪研种留何率族人徙居陇西郡狄道、安故、临洮、氐道、羌道等县。李广守陇西时造反的羌人,当是研种留何族人。〔18〕"祸莫大于杀已降",《吴越春秋》吴王曰:"吾闻诛降杀服,祸及三世。"按:白起长平之战,坑赵降卒数十万人,武安君后亦悔恨而自杀。事具《白起列传》。

【译文】当年,李广和堂弟李蔡一起侍奉汉文帝。景帝时,李蔡累积功劳,官秩达到二千石。武帝时,任代王丞相。元朔五年被任命为轻车将军,随从大将军卫青进击匈奴右贤王有功,符合军中首虏率的律令,封为乐安侯。元狩二年中,接替公孙弘为丞相。李蔡为人在下品之中,名气和声望远不如李广。然而李广得不到爵位和封邑,为官不过九卿。李蔡却封为列侯,位至三公。凡是李广部下军吏和士卒,也往往取得封侯。在一次宴会中,李广和占卜气象的阴阳家王朔说:"自汉讨伐匈奴以来,每次战役我都参加,我所属各部校尉以下的军官,才能不及中人,由于攻打匈奴有功封为列侯的有数十人。我不比别人落后,可是我却没有尺寸之功可以取得封邑,这是什么道理啊!难道是我的骨相不配封侯?还是我命中就注定如此呢?"王朔说:"将军好好想一想,生平有没有做过后来悔恨的事?"李广说:"我曾在陇西郡当过太守,有一次羌人叛乱,我用计诱使羌人来降。投降的有八百人。我不讲信用,降人被我在同一天里杀死。这是我一生中唯一最大的悔恨。"王朔说:"没有再比杀降人为伤天害理了。这是将军得不到封侯的缘故啊!"

后二岁,〔1〕大将军、骠骑将军大出击匈奴。〔2〕广数自请行,天子以为老,弗许。良久,乃许之,以为前将军。〔3〕是岁元狩四年也。

【注释】〔1〕"后二岁",元狩四年。〔2〕"大将军、骠骑将军","大将军"为卫青。"骠骑将军"为霍去病。大将军和骠骑将军在西汉将领中地位最高,秩禄相等。元狩四年,又在大将军名号上,冠以大司马的头衔。不久,骠骑将军也获得大司马的头衔。大将军卫青和骠骑将军霍去病在西汉王朝的地位,都和丞相相当,而宠信则过之。〔3〕"前将军",金印紫绶,地位和上卿相当,是仅次于大将军和骠骑将军的高级将领。

【译文】两年后,大将军、骠骑将军大举进攻匈奴,李广多次请求出征,武帝因他年老,不同意。过了好久,才答应他,任他为前将军。这一年是元狩四年。

广既从大将军青击匈奴,既出塞,青捕虏知单于所居,乃自以精兵走之,〔1〕而令广并于右将军军,〔2〕出东道。〔3〕东道少回远,〔4〕而大军行水草少,其势不屯行。〔5〕广自请曰:"臣部为前将军,今大将军乃徙令臣出东道,且臣结发而与匈奴战,〔6〕今乃一得当单于,〔7〕臣愿居前,先死单于。"〔8〕大将军青亦阴受上诫,以为李广老,数奇,〔9〕毋令当单于,恐不得所欲。而是时公孙敖新失侯,〔10〕为中将军从大将军,〔11〕大将军亦欲使敖与俱当单于,〔12〕故徙前将军广。广时知之,固自辞于大将军。〔13〕大将军不听,令长史封书与广之莫府,〔14〕曰:"急诣部,如书。"〔15〕广不谢大将军而起行,意甚愠怒而就部,引兵与右将军食其合军出东道。军亡导,〔16〕或失道,〔17〕后大将军。〔18〕大将军与单于接战,单于遁走,弗能得而还。南绝幕,〔19〕遇前将军、右将军。广已见大将军,还入军。大将军使长史持糒醪遗广,〔20〕因问广、食其失道状,青欲上书报天子军曲折。〔21〕广未对,大将军使长史急责广之莫府对簿。〔22〕广曰:"诸校尉无罪,〔23〕乃我自失道,吾今自上簿。"

【注释】〔1〕"走",音 zǒu,疾行以趋。〔2〕"右将军",大将军麾下最高级将领。时以主爵赵食其(音 yì jī)为右将军。〔3〕"东道",大将军出定襄当单于。"东道"乃定襄之东道。欲以迂回之势,合围包抄伊稚斜单于。〔4〕"东道少回远","少",稍稍。谓东道稍稍迂回而道远。〔5〕"其势不屯行","屯",同顿,谓止息宿营。其势不利于宿营和行军。〔6〕"且",抑,或。"结发",即束发,今曰拢头,是成童的标志。结发和"冠"有区别。冠是成年的标志。李广年十五、六时,即从军与匈奴战,所以说是结发。〔7〕"今乃一得当单于",李广自少年即束发与匈奴战,但一直未和单于相遭遇,今年已六十余,始侦知单于所在,可以一较长短。"当",指和单于对阵的机会。“单于”，伊稚斜单于。〔8〕“臣愿居前，先死单于”，谓愿作前锋，拼一死以与单于战。〔9〕“数奇”，“奇”，音 jī，古代占卜，以偶为吉，以奇为凶。“数”谓命数。〔10〕“公孙敖新失侯”，公孙敖义渠人，是卫青少年时的朋友。元朔五年，以校尉从大将军有功，封为合骑侯。元狩二年，以将军出北地后骠骑期，当斩，赎为庶人。“新失侯”指此。〔11〕“为中将军从大将军”，汉大将军以下高级将领有前、后、左、右将军，而无“中将军”。《史》《汉》卫、霍传，是岁出塞，亦不载中将军。而本书《公孙敖传》则为“是岁以校尉从大将军”。敖新失侯，初起用擢为校尉为合理。本传“中将军”误。〔12〕“大将军亦欲使敖与俱当单于”，卫青初发迹时，大长公主囚青，欲杀之。公孙敖时为骑郎，与壮士劫狱救青，得不死，卫青感激公孙敖的冒死相救，此次出塞，有意使公孙敖当单于以立功。又阴受上诫，不让李广当单于。故徙广使出东道。此一石双鸟之策。“俱”，共同。〔13〕“固自辞于大将军”，谓亲自向大将军陈述自己的意见。〔14〕“令长史封书与广之莫府”，“长史”，是大将军幕府的高级幕僚，秩千石。“莫府”，见前注。卫青和李广都各有自己的幕府。李广自辞于大将军，必在卫青幕府陈辞，故此“莫府”，应是李广的幕府。〔15〕“急诣部，如书”，卫青不采纳李广的建议，不愿和广当面争辩，所以叫他快快回到自己的军部去，按照书面下达的命令执行。〔16〕“亡导”，向导逃走。〔17〕“或”，迷失方向，通作“惑”。〔18〕“后大将军”，后于大将军进入战斗序列，于军法曰“失期”，而失期则当斩。〔19〕“绝”，渡过。“幕”，沙漠。〔20〕“糒”，音 bèi，干饭。“醪”，音 láo，浊酒。〔21〕“青欲上书报天子军曲折”，《汉书·李广传》“军”字上有“失”字。李广、赵食其与大将军军相失，故曰“失军”。“曲折”，言委曲而行回折，简言之，即经过。〔22〕“大将军使长史急责广之莫府对簿”，“之”，前往。“簿”指文书法令。这里的“莫府”，有两种可能性，一为卫青的幕府，一为李广的幕府。两幕府都有文书为依据，皆可对质。按：此“莫府”当为卫青的幕府。前人仍以为是李广的幕府，似胶柱鼓瑟。〔23〕“诸校尉无罪”，西汉军制，大将军营五部，部校尉一人，比二千石。部下有曲，曲有军候一人，比六百石。曲下有屯，屯长一人，比二百石。李广为前将军，亦有部曲。李广军中，也是一部一校尉，故曰“诸校尉”。

【译文】李广随从大将军卫青攻打匈奴，越过边境，卫青从捕获的俘虏口中得知单于的驻地，便亲率精锐，直趋单于的营地，而命令李广与右将军军合并，自东道出击。东道迂回遥远，缺水草，不适宜大部队宿营和行军。李广主动请求说：“我部本为前将军，现在大将军却改命我自东道出击。我李广自束发时就和匈奴打仗，今天方才得到和单于对阵的机会，愿充前锋，不获单于，愿先效死。”大将军曾私下受到武帝告诫：李广年事已高，一生遇事不顺，不要让他单独和单于对阵，恐怕他得不到他所期望的。其时，公孙敖新失侯位，朝廷起用他为中将军随从大将军出征。大将军有意让公孙敖和自己一道与单于对阵，所以调走前将军李广。李广当时有所察觉，来到大将军前，十分固执地陈述自己的意见。大将军不听，命令长史封好文书和李广一道回幕府去，对李广说：“快点回去，按照文书执行。”李广不向大将军辞谢，起身就走，非常懊恼地回到自己的幕府，率军和右将军食其的部队合并，自东道出发。行军途中向导逃走，迷失了方向，延误了和大将军会师的军期。大将军和单于接战，单于遁逃，未能擒获单于而班师。南归途中，渡过沙漠，才和前将军、右将军的部队会合，李广见过大将军回到自己的军中。大将军派长史送来干饭和酒浆慰劳李广，就此查询李广、赵食其迷失道路的情况。卫青正要上书武帝报告作战的经过，李广不表态。大将军命令长史立即与李广到幕府受审对质。李广说：“我部各位校尉没有罪，迷失道路的责任在我，我自己到大将军幕府接受审讯。”

至莫府，[1]广谓其麾下曰：“广结发与匈奴大小七十余战，今幸从大将军出接单于兵，而大将军又徙广部行回远，而又迷失道，岂非天哉！且广年六十余矣，终不能复对刀笔之吏。”[2]遂引刀自刭。[3]广军士大夫一军皆哭。百姓闻之，知与不知，无老壮皆为垂涕。而右将军独下吏，[4]当死，赎为庶人。

【注释】〔1〕“至莫府”，李广的幕府。〔2〕“刀笔之吏”，主办文案的官吏。后世称讼师为刀笔，是说这种人笔利如刀，能伤害人。〔3〕“刭”，音 jǐng，用刀割颈。〔4〕“右将军”，谓主爵赵食其。

【译文】李广回到自己的幕府，对部下说：“李广自少年束发和匈奴作战，大大小小打了七十多次仗。这回有幸随从大将军和单于的兵接触，不料大

将军改令我军远道迂回，又迷失道路，难道不是天意吗！我今已六十多岁，不能再和刀笔吏对质了。”说罢，拔刀自刎而死。全军将士人人都哭了。老百姓听到李广的死讯，无论认识他或不认识他的，无论是老年人还是壮年人，没有一人不流泪。剩下右将军一人交付审理，应该死罪，出资财赎罪，回家当老百姓。

广子三人，曰当户、椒、敢，〔1〕为郎。〔2〕天子与韩嫣戏，〔3〕嫣少不逊，当户击嫣，嫣走。于是天子以为勇。当户早死，拜椒为代郡太守，皆先广死。当户有遗腹子名陵。广死军时，敢从骠骑将军。〔4〕广死明年，〔5〕李蔡以丞相坐侵孝景园壖地，〔6〕当下吏治，〔7〕蔡亦自杀，不对狱，国除。〔8〕李敢以校尉从骠骑将军击胡左贤王，〔9〕力战，夺左贤王鼓旗，斩首多，赐爵关内侯，食邑二百户，〔10〕代广为郎中令。〔11〕顷之，怨大将军青之恨其父，〔12〕乃击伤大将军，大将军匿讳之。居无何，敢从上雍，至甘泉宫猎。〔13〕骠骑将军去病与青有亲，〔14〕射杀敢。去病时方贵幸，上讳云鹿触杀之。〔15〕居岁余，去病死。〔16〕而敢有女为太子中人，〔17〕爱幸，敢男禹有宠于太子，〔18〕然好利，李氏陵迟衰微矣。

【注释】〔1〕“当户”，匈奴官名。李广生长子之年，可能有击败匈奴虏获当户之功，故以名其子。〔2〕“郎”，为禁中中郎、郎中、外郎的总称。中郎的职掌是出入禁闼，补过拾遗。郎中的职掌是执戟殿下，宿卫皇宫。外郎的职掌是皇帝外出时的车驾骑尉。李广三子皆贵幸为天子近臣。 〔3〕“韩嫣”，“嫣”，音 yān，韩嫣字王孙，弓高侯韩颓当之孙，案道侯韩说之弟，为武帝所宠信。后以奸发，皇太后赐之死。《汉书》入嫣《佞幸传》。 〔4〕“广死军时，敢从骠骑将军”，元狩四年，霍去病率五万骑出击，军中无裨将，以李敢为大校，当裨将。广死军中。亦在元狩四年。 〔5〕“广死明年”，元狩五年。 〔6〕“李蔡以丞相坐侵孝景园壖地”，“壖”，音 ruán，空地，余地，庙内垣外的游地。元狩五年，有诏赐李蔡二十亩冢地，李蔡乘机盗取三顷地，卖掉得钱四十余万。又盗取孝景陵园神道外余地一亩作葬地。此处叙李蔡贪佞不法事，应前文“蔡为人在下中”。〔7〕“当下吏治”，“当”，裁决、判决。句义为依法交付法庭审理。 〔8〕“蔡亦自杀，不对狱，国除”，《汉书·功臣表》云：“安乐侯李蔡四月乙巳（十八日）封，六年，元狩五年，坐以丞相侵卖园陵道壖地，自杀。”〔9〕“李敢以校尉从骠骑将军击胡左贤王”，大将军地位崇高，常将六将军或四将军出征，六将军、四将军皆大将军“裨将”。骠骑将军无裨将，以校尉李敢为大校，当裨将。李广生时，李敢已充当裨将，说明李敢在军中的地位很高，故广死，代广为郎中令。本文李敢称“校尉”，是按照正常编制而言。本书《霍去病传》曰“大校”，则就其战时情况而论，皆不误。 〔10〕“赐爵关内侯，食邑二百户”，“关内侯”，属爵制十九级。前人谓关内侯无国邑。证之李敢，关内侯虽无国，而有食邑在近畿。 〔11〕“代广为郎中令”，李敢代广为郎中令在元狩五年。 〔12〕“怨大将军恨其父”，“恨”，音 hěn，违背，不听从，不作“怨恨”解，说见王先谦《汉书补注·刘向传》。〔13〕“敢从上雍，至甘泉宫猎”，“雍”，秦行营都邑，今陕西凤翔。时武帝连岁幸雍，故敢从之。“甘泉宫”，秦宫，武帝建元中增广之。又名“云阳宫”，在陕西淳化县西北甘泉山。陈直以为“上雍”二字连文，为汉人称云阳的习俗语。 〔14〕“骠骑将军去病与青有亲”，霍去病是卫青姊少儿子。青与少儿、卫皇后子夫，皆平阳侯妾卫媪同胞产。去病与青谊属甥舅，故曰“有亲”。用“有亲”二字说明姻戚关系，一直沿用至今。 〔15〕“讳”，音 huì，隐讳。〔16〕“居岁余，去病死”，元狩六年。 〔17〕“中人”，宫女。 〔18〕“敢男禹有宠于太子”，李禹有宠于太子事，《汉书·李广传》记述较详。李禹后来受到李陵的株连，下狱死。

【译文】李广有三个儿子，名叫当户、椒、敢，都仕为郎官。天子和韩嫣作戏，韩嫣稍有不恭，当户打韩嫣，韩嫣逃走，天子夸奖当户勇敢。当户早死，武帝拜椒为代郡太守，他俩都比李广早死。当户留下遗腹子，名叫陵。李广在军中死去时，李敢正随从骠骑将军。李广死后的第二年，身居丞相的李蔡，公然侵占孝景陵园的空地，被交付审理。李蔡自杀，审判中止，封邑撤消。李敢以校尉随从骠骑将军进击匈奴左贤王，奋力作战，夺得左贤王指挥作战的鼓旗，斩敌首级很多，赐爵关内侯，食邑二百户，接替李广为郎中令。不久，李敢埋怨大将军卫青不听从他父亲的意见，刺伤了大将军。大将军没有向外张扬，未过多久，李敢扈从武帝幸上雍前往甘泉宫狩猎。骠骑将军去病和卫青有亲，射杀李敢。霍去病当时正显贵受宠，武帝讳言其事，只说李敢是被鹿触杀的。又过了一年，霍去病死。李敢的女儿充当太子的宫女，为太子所宠爱。李敢儿子李禹也有宠于太子，可惜爱财，李氏家族从此式微衰败了。

李陵既壮，选为建章监，[1]监诸骑。[2]善射，爱士卒。天子以为李氏世将，而使将八百骑。尝深入匈奴二千余里，过居延，[3]视地形，无所见虏而还。拜为骑都尉，[4]将丹阳楚人五千人，[5]教射酒泉、张掖以屯卫胡。[6]

【注释】〔1〕“李陵既壮，选为建章监”，建章宫，汉武帝太初元年建，位于未央宫西，在现在的陕西长安县西。同年，置建章宫骑，后更名羽林骑。建章监统率羽林骑，是建章卫尉的属官。卫青未显时，也曾任建章监。按：“李陵既壮，选为建章监”以下，前人疑非司马迁所撰，而是后人增续。〔2〕“监诸骑”，“骑”谓建章宫羽林骑，是保卫皇帝车驾的骑卫，汉初称作骑郎。统率骑郎的长官，称作骑郎将。汉武帝时名称不固定，故曰“监诸骑”。至宣帝时，称作“羽林监”。〔3〕“居延”，县名，属张掖郡。故城在甘肃额济纳旗西北。武帝太初三年使路博德在居延附近筑塞，防匈奴入侵，名遮虏障。遗址在今甘肃省，南起合黎山麓，北抵居延故城。有时亦泛称遮虏障为“居延”。〔4〕“都尉”，是西汉高级将领下面的中级武官，其品秩为比二千石，地位相当于列卿。〔5〕“将丹阳楚人五千人”，“丹阳”，春秋楚地。一为熊绎所封，在湖北秭归县东，曰西楚。一为楚文王徙都之地，在湖北宜都县西，曰南楚。统称荆楚。《汉书·李陵传》作“臣所将屯边者，皆荆楚勇士，奇材剑客也”。亦丹阳为荆楚之证。有的注家释“丹阳楚人”为苏皖浙交境的楚人，失据。〔6〕“酒泉”，今甘肃酒泉县。“张掖”，甘肃张掖县。关于河西四郡建立的年代，由于《汉书·武帝纪》和《地理志》的记载不同，现在有许许多多的说法，互为枝梧，不相统一。今从略。

【译文】李陵成年后，被甄选为建章宫监，统率宫中骑郎。他擅长弓法，爱护士卒。天子以李陵家世代为将，让他统率八百骑兵。他曾深入匈奴境内二千余里，过了居延海，勘察 地形，没遇上敌人就回来了。任命他为骑都尉，率领五千丹阳楚人在酒泉张掖教练骑射，屯兵防备匈奴。

数岁，天汉二年秋，贰师将军李广利将三万骑击匈奴右贤王于祁连天山，[1]而使陵将其射士步兵五千人出居延北可千余里，[2]欲以分匈奴兵，毋令专走贰师也。[3]陵既至期还，而单于以兵八万围击陵军。陵军五千人，兵矢既尽，士死者过半，而所杀伤匈奴亦万余人。且引且战，[4]连斗八日，还未到居延百余里，[5]匈奴遮狭绝道，[6]陵食乏而救兵不到，虏急击招降陵。陵曰：“无面目报陛下。”遂降匈奴。其兵尽没，余亡散得归汉者四百余人。

【注释】〔1〕“贰师”，西域大宛地名。大宛有善马匿在贰师城，不肯献。武帝太初元年，命李广利为贰师将军，伐大宛，取善马。“李广利”，中山人，女弟李夫人有宠于上。“祁连天山”，指甘肃省祁连山的张掖县西南的一段，不是新疆境内的天山。另一说祁连天山是蒲类海附近之天山。蒲类海，哈密以北之巴里坤湖。〔2〕“而使陵将其射士步兵五千人出居延可千余里”，据《汉书·李陵传》的记载，李陵出居延进军千余里，行程共计三十日，最终到达浚稽山（蒙古人民共和国图拉河与鄂尔浑河之间）宿营。〔3〕“毋令专走贰师也”，武帝不欲贰师独当右贤王军，命李陵率偏师以牵制之。〔4〕“且引且战”，《汉书·李陵传》作“且战且引”。“引”，开弓。李陵与匈奴力战，兵矢皆尽，故引弓虚作欲射状。李陵《答苏武书》作“空弮”，说的就是这种“且引且战”的战况。〔5〕“还未到居延百余里”，据《汉书·李陵传》，未到居延百余里处，当是遮虏障西北百八十里的鞮汗山。〔6〕“匈奴遮狭绝道”，匈奴在鞮汗山狭窄的通道和谷口，积木垒石，以断绝李陵的归路。

【译文】过了几年，在天汉二年的秋天，贰师将军李广利率领三万骑兵进攻匈奴右贤王于祁连天山，同时派李陵率领射士步兵五千人出居延北千余里，牵制匈奴，不让匈奴集中兵力进攻贰师将军。李陵到达目的地后，按照约定的军期还师，单于以八万兵马包围袭击李陵军。李陵军五千人，兵器箭矢损失殆尽，士兵半数以上阵亡，同时也杀伤匈奴一万多人。且战且走，连续战斗八天，撤退到距离居延一百多里的地方。匈奴据险截绝了李陵的归路。李陵军中粮食已尽，而救兵不到。匈奴猛烈进攻，向李陵招降。李陵说：“还有什么面目回去见皇上啊！”因此投降了匈奴。李陵统率的部队，全军覆

没。残兵散勇能够逃归汉地的只有四百余人。

单于既得陵，素闻其家声，及战又壮，乃以其女妻陵而贵之。汉闻，族陵母妻子。〔1〕自是之后，李氏名败，而陇西之士居门下者皆用为耻焉。〔2〕

【注释】〔1〕“乃以其女妻陵而贵之，汉闻，族陵母妻子”，梁玉绳曰：“族陵家，在陵降岁余之后。匈奴妻陵，又在族陵家之后。而此言单于得陵，即以女妻之，汉闻其妻单于女，族陵母妻子，并误也。且汉之族陵家，因公孙敖误以为李绪教单于兵为李陵之故，不关妻单于女。”按：李陵在匈奴二十余年，元平元年病死。〔2〕“用”，以。

【译文】单于既得李陵，平素就景仰李氏将门的声望，等到和李陵交战，又佩服他骁勇善战，就把自己的女儿嫁给李陵为妻，以抬高李陵尊贵的身价。汉得知李陵的消息，杀了李陵的母亲和妻儿。自此以后，李氏的名声败坏了。陇西人士中的李氏门下宾客，无不以李陵的投降为可耻。

太史公曰：传曰：“其身正，不令而行，其身不正，虽令不从。”〔1〕其李将军之谓也。余睹李将军悛悛如鄙人，〔2〕口不能道辞。〔3〕及死之日，天下知与不知，皆为尽哀。彼其忠实心诚信于士大夫也。谚曰：“桃李不言，下自成蹊。”〔4〕此言虽小，可以谕大也。〔5〕

【注释】〔1〕“传曰：其身正，不令而行，其身不正，虽令不从”，“传曰”，书传记载。见《论语·子路篇》。说的是从政者应当身为表率，方能令行禁止。否则，虽有法令，不能推行。〔2〕“悛”，音 xún，通“恂”。“悛悛”，谨厚貌。〔3〕“口不能道辞”，本传云：“广讷口少言。”〔4〕“桃李不言，下自成蹊”，比喻实至名归。〔5〕“此言虽小，可以谕大也”，司马相如《谏猎书》也有类似的说法。

【译文】太史公说：《书传》记载说：“身居上位的人，只要坐得正，不用下命令，人民会按照他的要求去做。如果坐不正，他的命令，又有谁去听呢！”这不就是说的李将军吗？我见到过李将军，为人诚笃谨厚，像一个纯朴的乡下人，言辞有些笨拙。但在他死的那天，无论认识他或不认识他，都为他尽哀。他那颗忠贞不渝的心，取得了士大夫的景仰和信任。俗话说：“桃树、李树从不宣扬自己，观赏不绝的人，不知不觉在树下踩出一条道来。”此话虽然说的是件小事，但却蕴含着大道理啊！

史记卷一百一十

匈奴列传第五十

匈奴,[1]其先祖夏后氏之苗裔也,[2]曰淳维。[3]唐虞以上有山戎、猃狁、荤粥,[4]居于北蛮,[5]随畜牧而转移。其畜之所多则马、牛、羊,其奇畜则橐驼、[6]驴、骡、[7]駃騠、[8]騊駼、[9]驒騱。[10]逐水草迁徙,毋城郭常处耕田之业,[11]然亦各有分地。[12]毋文书,[13]以言语为约束。[14]儿能骑羊,引弓射鸟鼠。少长则射狐兔,[15]用为食。士力能毋弓,[16]尽为甲骑。其俗,宽则随畜,因射猎禽兽为生业。急则人习战攻以侵伐,其天性也。其长兵则弓矢,[17]短兵则刀铤。[18]利则进,不利则退,不羞遁走。苟利所在,不知礼义。[19]自君王以下,咸食畜肉,衣其皮革,被旃裘。[20]壮者食肥美,老者食其余。贵壮健,贱老弱。[21]父死,妻其后母。兄弟死,皆取其妻妻之。[22]其俗有名不讳,而无姓字。[23]

【注释】〔1〕“匈奴”,生息在我国北方的古代民族之一。在先秦典籍中,如《周书》、《山海经》,早就有关于匈奴的记载。公元前二世纪,匈奴民族趋于强大,成为我国北方游牧地区的主体民族,并不断南侵,和南方农业地区的主体民族汉民族争夺地区统治权。本篇除介绍匈奴早期历史外,以大量篇幅记载了公元前一、二世纪时,汉、匈两大主体民族在亚洲东部的舞台上,所表演的十分威武雄壮的政治斗争和军事斗争的历史剧。 〔2〕“其先祖夏后氏之苗裔也”,距今约四千年前,陶唐氏部落领袖尧、有虞氏部落领袖舜和夏后氏部落领袖鲧和禹父子,在今山西南部和河南西部建立华夏部落联盟,尧是领袖。夏人居住中心在今河南西部河洛流域。“苗裔”,后代。 〔3〕“淳维”,匈奴始祖名。传说夏桀无道,汤放之鸣条,三年而死。其子獯粥妻桀之众妾,避居北野,随畜移徙,中国谓之匈奴。又有淳维于殷时奔北边的说法,因此,淳维和獯粥,可能是一人。这种传说,为主张匈奴先祖是夏后氏苗裔的人引为依据。 〔4〕“猃狁”,《汉书》作“猃允”,“荤粥”,《汉书》作“薰粥”,皆匈奴别号。王国维认为商周间的鬼方、混夷、獯鬻,宗周时的猃狁,春秋时的戎狄,战国的胡,都与匈奴同种,实为一族。梁启超也认为,古代獯鬻、猃狁、鬼方、昆夷、犬戎,皆同族异名。多数民族学学者赞同以上说法。也有学者认为他们可能是后来组成匈奴部落联盟的重要成分,但不完全等同于匈奴。按匈奴民族是公元前后北方游牧民族中的主体民族,其形成和壮大,经历了长期兼并和融合的过程。故山戎、猃狁、荤粥与匈奴同族之说是可信的。 〔5〕“北蛮”,蛮为四夷的通称,不独在南。《文选》王褒《四子讲德论》:“匈奴,百蛮之最强者”可证。一说是“北方蛮服”的省称。《周礼·夏官·职方氏》把邦国的地域,自近至远,划分为九服。蛮服距离天子京畿四千五百里。按:前义为胜。 〔6〕“橐驼”,音 tuó tuó,《汉书》作“橐佗”。即骆驼。 〔7〕“骡”,音 luó,马母驴父所生,即骡。 〔8〕“駃騠”,音 jué tí,马父驴母所生,即驴骡。 〔9〕“騊駼”,音 táo tú,青色野马。 〔10〕“驒騱”,音 tán xī,野马。 〔11〕“毋城郭常处耕田之业”,“毋”,音 wù,与“无”通。按匈奴氏族逐水草而迁徙,大部分地区没有城郭和农业。但也不是绝对的。自冒顿单于实行改革,农业有所发展,并出现城郭。本世纪五十年代以来,外国考古学者已在蒙古人民共和国的中央省、乔巴山省和前苏联贝加尔湖附近及叶尼塞河等流域,发现了十多处匈奴城郭遗址,还出土了农业所用的犁铧。司马迁的记载,说的是匈奴比较远古时代的情况。 〔12〕“分地”,是封建性质的领地。据本传,“各有分地”,并非所有二十四长都有分地,而是仅限于左、右贤王,左、右谷蠡王,左、右大将及单于本人,此七人才有分地。 〔13〕“毋文书”,《汉书》作“无文书”。

〔14〕“以言语为约束”，匈奴没有文字，虽然在《盐铁论·论功篇》里有“刻骨卷木，百官有以相记”的说法，但那仅仅是一种简单的符号，不是文字，所以语言具有绝对的权威和信用。《后汉书·南匈奴传》云：“主断狱讼，当决轻重，口白单于，无文书簿领。”可证。〔15〕“少”，为表态副词，稍、略之义。〔16〕“毋弓”，“毋”，音 guàn，与“贯”通，乃“贯”之初文。《盐铁论·论功篇》云：“一旦有急，贯弓上马而已。”“毋”为“弯”之借字，《汉书》作“弯弓”。〔17〕“兵”，兵器。“长兵”，射程长远的兵器，即弓矢。匈奴的武器装备，虽有弓矢，但远不如西汉的锋锐。晁错在比较汉、匈两军武器装备优劣时说：“劲弩长戟，射疏及远，则匈奴之弓弗能格也。”（见《汉书·晁错传》）〔18〕“铤”，音 chān，铁柄小矛。〔19〕“利则进，不利则退，不羞遁走，苟利所在，不知礼义”，《盐铁论·事务篇》云：“匈奴贪狼，因时而动，乘可而发，飚举电至，而欲以诚信之心，金帛之宝，而信无义之诈，是犹亲蹠跻而扶猛虎也。”又《论功篇》云：“匈奴，……嫚于礼而笃于信。”“苟”，唯。〔20〕“旃裘”，“旃”与毡通。揉毛成片曰毡。“裘”，皮衣。〔21〕“贵壮健，贱老弱”，《三王世家》燕王策曰：“荤粥氏虐老兽心”，言与本传合。〔22〕“父死，妻其后母，兄弟死，皆取其妻妻之”，古代群婚制的残余，多在草原游牧民族中保留。匈奴“父死，妻其后母，兄弟死，皆取其妻妻之”，即其例。〔23〕“其俗有名不讳，而无姓字”，“讳”是避忌之意。“有名不讳”谓死后不讳称其名。“姓”是传说中氏族的标志。不过古代并非人人皆有姓，具有一定身份的人才可能有姓。《汉书》谓单于姓挛鞮氏。本传亦载呼衍氏、兰氏、须卜氏为匈奴贵种三姓。“无姓字”当指一班平民而言。《汉书·匈奴传》无“姓”字。作“其俗有名不讳而无字”。疑本传“姓”字是衍文。

【译文】匈奴的先祖是夏后氏的后代，名叫淳维。唐、虞以前，就有山戎、猃狁、荤粥等部族，居住在北方边远地带，随着牧群转移住地。他们饲养的牲畜，多数为马、牛、羊，骆驼、驴、骡、駃騠、騊駼、驒騱是那里的特产。他们逐水草而居，没有城郭和固定的住处，也不事农业生产。但部族首领却各自有分封的领地。没有文字和书简，用语言约束日常生活和社会活动。小孩自小就能骑在羊背上练习弓法，射杀鸟鼠。稍大则猎取狐兔，充当食物。人们到能够使用弓矢的时候，都成为部族的战士。他们的风俗，和平时期，以猎取鸟兽为生计，一到打仗，人人参加战斗。好战是其天性。可以射远的武器是弓箭，近战的武器是刀和短矛。有利可图，则奋勇前进，无利则退，不以退避遁逃为可耻。他们见利争先，不知道什么叫做礼义。匈奴自君王以下，都以牲畜的肉为主食，穿的戴的是兽皮，披的盖的是毛毡。肥美的食物留给青、壮年享用；老弱之众，只能吃点残羹剩饭。健壮受到器重，老弱受到歧视。父亲死去，儿子可以娶后母为妻。兄弟死去，家人可以妻死者之妻。那里的风俗，每人都有自己的名字，不避名讳，但却没有姓和表字。

夏道衰，〔1〕而公刘失其稷官，〔2〕变于西戎，〔3〕邑于豳。〔4〕其后三百有余岁，〔5〕戎狄攻大王亶父，〔6〕亶父亡走岐下，而豳人悉从亶父而邑焉，〔7〕作周。〔8〕其后百有余岁，周西伯昌伐畎夷氏。〔9〕后十有余年，武王伐纣而营雒邑，〔10〕复居于酆鄗，〔11〕放逐戎夷泾洛之北，〔12〕以时入贡，命曰“荒服”。〔13〕其后二百有余年，周道衰，〔14〕而穆王伐犬戎，〔15〕得四白狼四白鹿以归。自是之后，荒服不至。于是周遂作《甫刑》之辟。〔16〕穆王之后二百有余年，周幽王用宠姬褒姒之故，〔17〕与申侯有郤。〔18〕申侯怒而与犬戎共攻杀周幽王于骊山之下，〔19〕遂取周之焦获，〔20〕而居于泾渭之间，〔21〕侵暴中国。秦襄公救周，〔22〕于是周平王去酆鄗而东徙雒邑。〔23〕当是之时，秦襄公伐戎至岐，〔24〕始列为诸侯。〔25〕是后六十有五年，而山戎越燕而伐齐，〔26〕齐釐公与战于齐郊。〔27〕其后四十四年，而山戎伐燕。燕告急于齐，齐桓公北伐山戎，〔28〕山戎走。其后二十有余年，而戎狄至洛邑，伐周襄王，〔29〕襄王奔于郑之氾邑。〔30〕初，周襄王欲伐郑，故娶戎狄女为后，〔31〕与戎狄兵共伐郑。已而黜狄后，〔32〕狄后怨，而襄王后母曰惠后，有子子带，欲立之，〔33〕于是惠后与狄后、子带为内应，开戎狄，戎狄以故得入，破逐周襄王，而立子带为天子。〔34〕于是戎狄或居于陆浑，〔35〕东至于卫，〔36〕侵盗暴虐中国。中国疾之，故诗人歌之曰“戎狄是应”，〔37〕“薄伐猃狁，至于大原”，〔38〕“出舆彭彭，城彼朔方”。〔39〕“周襄王既居外四年，乃使使告急于晋。晋文公初立，〔40〕欲修霸业，〔41〕乃兴师伐逐戎翟，诛子带，迎内周襄王，〔42〕居于雒邑。

【注释】〔1〕“夏道衰”，是指禹的孙子，启的儿子太康荒淫失国的事。太康被夷族酋长后羿（音yì）夺去帝位，经过几十年的动乱，才由侄孙少康恢复夏后氏的统治。〔2〕“公刘”，周代祖先弃，相传是帝喾的后裔，禅让时代曾任农官，称为“后稷”。稷卒，子不窋立。不窋卒，子鞠立。鞠卒，子公刘立。公刘是后稷的曾孙。自公刘传十代，至古公亶父。古公亶父是周文王的祖父。“稷”音jì，本义是精米。“稷官”，掌管农业生产的官，又名稷正。“失其稷官”事，不是公刘，而是公刘的祖父不窋。公刘虽没有“稷官”的称号，却积极从事农业生产，受到百姓的爱戴。〔3〕“变于西戎”，“变”，化，教化。公刘的祖父不窋失去稷官，率其族人，迁到西方与戎狄混居。公刘在那里恢复农业生产，改革西戎的风俗习惯。《盐铁论·和亲篇》曰：“故公刘处西戎，戎狄化之。”泷川资言《考证》亦曰：“公刘从西戎之俗。”皆未得其义。〔4〕“邑于豳”，“豳”音bīn，同“邠”，今陕西旬邑县、彬县一带。开始在豳建立都邑的是公刘的儿子庆节。〔5〕“其后三百有余岁”，约公元前一千三百年左右。“三百有余岁”之数不确。〔6〕“戎狄攻大王亶父”，《汉书》作“太王亶父”，“大”、“太”古字通。本书《周本纪》作“古公亶父”，传为后稷第十二代孙。文王追尊古公为“太王”，周公追尊古公为“太公王”。故有“太王亶父”和“古公亶父”两称。〔7〕“亶父亡走岐下，而豳人悉从亶父而邑焉”，“岐下”，谓岐山下的周原，今陕西岐山县。古公亶父被戎狄侵略，无力抵抗，率家属和亲近迁居岐山下周原。豳和其他地方自由民说古公是仁人，扶老携幼来归。〔8〕“作周”，开始建立周王朝。〔9〕“周西伯昌”，太王亶父生三个儿子：太伯、虞仲和季历。季历继承周祀。商王承认季历为西方的霸王，号称西伯。季历被商王杀死。季历生子曰昌，继任西伯季历的王位，故称“西伯昌”。“畎夷”，即畎戎，又曰昆夷，通称犬戎。〔10〕“纣”，是商代最末一代的君王。“武王伐纣”，通常称作“甲子之事”。武王是文王的儿子，名发。文王死后四年（公元前一〇六六年），武王载文王的木主伐纣。周兵正月出发，二月甲子日攻入朝歌灭商。一九七六年三月在陕西临潼出土的西周最早铜器《利簋》，记载了武王陈师在甲子朝，纣王自焚在甲子夕的“武王伐纣”这一重大历史事件。“而营雒邑”，“雒邑”是洛阳的古称。雒邑古有王城、成周二城。王城在西，成周在东，皆周公所营建。相沿以为周平王东迁住在王城。自平王以下十二王皆住王城。敬王迁于成周，至赧王又迁回王城。近人通过对大量金文的分析，认为王城和成周实为一城，王城是成周的一部分。〔11〕“酆鄗”，“酆”，音fēng，亦作“丰”。本商崇侯虎邑，文王灭崇，作丰邑，在陕西户县（旧鄠县）东。“鄗”，音hào，《汉书》作“镐”，武王之都，今陕西西安市西南。〔12〕“泾洛”，泾水出安定泾阳县西岍头山，东南至冯翊阳陵县入渭。洛水在冯翊怀德县东南入渭。二水皆在陕西境。〔13〕“荒服”，古代按距离王畿的远近，分为五服，每五百里为一服。顺序是：侯服、甸服、绥服、要服、荒服。荒服距京师二千五百里。另一说戎狄荒服，去王城四千五百里至五千里。〔14〕“其后二百有余年，周道衰”，《竹书纪年》载穆王十二年伐犬戎。从成王数至穆王十二年，计一百二十六年（沈钦韩误作九十四年），故“其后二百有余年”之“二”字，应为“一”之误。司马贞《索隐》按二百余年计算，系“周道衰”于懿王时，于本文叙事不合。〔15〕“而穆王伐犬戎”，周穆王名满，昭王之子，公元前一〇〇一至前九四五年在位。伐犬戎据《竹书纪年》在穆王十二年，祭公谋父进谏劝止，穆王不听。〔16〕“于是周遂作《甫刑》之辟”，“《甫刑》”即“《吕刑》”。周穆王命吕侯据夏禹赎刑之法，重新制定法制，公布天下。因吕侯所制，称为“《吕刑》”，即《尚书·吕刑篇》所载。吕侯的后代，改称“甫侯”，所以又叫“《甫刑》”。“辟”，法律。〔17〕“穆王之后二百有余年，周幽王用宠姬褒姒之故”，周穆王至幽王，历共王、懿王、孝王、夷王、厉王、周召共和、宣王，至幽王共八世，正二百余年。泷川资言《考证》引徐孚远曰：“穆后西周，不及二百余年”，失考。周幽王名宫湦，宣王之子，公元前七八一至前七七一年在位。“褒”音bāo，国名，褒国之女，其姓亦当为褒。“姒”音sì，兄弟之妻互称姒，或称姊为姒，古代妾媵亦互称姒。“褒姒”，褒国的女子。〔18〕“与申侯有卻”，“申侯”，宣王之舅，有女嫁幽王，生太子宜臼。幽王嬖爱褒姒，欲废宜臼而立褒姒之子伯服为太子，和申侯闹矛盾。申侯封邑申城，在今河南南阳市北。《汉书》作“与申侯有隙”。“卻”、“隙”二字通。〔19〕“骊山”，古代骊戎所居，在今陕西临潼县东南。〔20〕“焦获”，古湖泽名。在陕西泾阳县北，亦名瓠口，亦曰瓠中。〔21〕“泾渭”，泾水有南北二源，至泾川汇合，东南流至陕西彬县，再折而东南至高陵南入渭水。渭水源出甘肃渭源县，东南流至清水县，入陕西省中部，会合泾水注入黄河。〔22〕“秦襄公”，庄公之子，公元前七七七至前七六六年在位。〔23〕“周平王”，名宜臼，幽王之子，公元前七七〇至前七二〇年在位。“东徙雒邑”，平王东迁雒，居王城。《雒诰》云：“我卜涧水东，瀍水西”，即其地。〔24〕“岐”，音qí，《汉书》作“郊”，今

陕西岐山县东北。〔25〕“始列为诸侯”，秦襄公救周有功，平王东迁后，将故地酆鄗授秦襄公。“始列为诸侯”在襄公七年，公元前七七一年。〔26〕“山戎”，越燕伐齐之山戎，以地望考之，疑即东胡。“越燕而伐齐”，山戎伐齐，在齐釐公二十五年，公元前七〇六年。〔27〕“齐釐公”，名禄甫，庄公子，公元前七三〇至前六九八年在位。〔28〕“齐桓公北伐山戎”，齐桓公，名小白，襄公次弟，公元前六八五至前六四三年在位。桓公二十三年(公元前六六三年)，山戎伐燕，燕告急于齐，齐桓公救燕，遂伐山戎，至于孤竹而还。〔29〕“周襄王”，名郑，惠王子，公元前六五一至前六一九年在位。〔30〕“襄王奔于郑之氾邑”，翟人伐周襄王，在襄王十六年，公元前六三六年。“氾”音 fàn，今河南襄城县。〔31〕“故娶戎狄女为后”，周襄王借翟师伐郑，感谢翟人的援助，于襄王十五年(前六三七年)娶翟女为后。〔32〕“黜狄后”，事在襄王十六年。〔33〕“襄王后母曰惠后，有子子带，欲立之”，“惠后”就是《左传》之陈妫。“子带”，惠后所生，有宠于惠王，亦曰“叔带”，封于甘，《左传》称为“甘昭公”。〔34〕“破逐周襄王，而立子带为天子”，事在周襄王十六年，详具本书《周本纪》。〔35〕“陆浑”，陆浑戎早期攻大王亶父于豳。公元前六三八年，秦穆公与晋惠公将瓜州的允牲戎和陆浑戎迁到洛阳附近的伊川。允牲戎为月支人的一支，陆浑戎为羌族的一支。〔36〕“卫”，殷之旧都，周既灭殷，以殷余人封康叔为卫君，居河、淇之间。卫故地在今河南淇县一带。〔37〕“戎狄是应”，《诗·鲁颂·閟宫》：“戎狄是膺，荆舒是惩，则莫敢我承。”“膺”，打击，惩罚。“膺”、“应”古字通。〔38〕“薄伐猃狁，北至大原”，见《诗·小雅·六月》，言驱逐猃狁，至大(太)原之北。“大”、“太”古字通。〔39〕“朔方”，宁夏回族自治区灵武县一带。按本传叙“六月出车”之诗为周襄王时事。《汉书·匈奴传》、《盐铁论·徭役篇》并以为宣王时诗。《毛传》以《六月》为宣王北伐之诗，以《出车》为文王时诗。〔40〕“晋文公”，名重耳，晋献公子，公元前六三六至前六二八年在位。〔41〕“霸业”，富国强兵的事业。贾谊《过秦论》概括为：内立法度，务耕织，修守战之备，外连衡而斗诸侯。〔42〕“迎内周襄王”，“内”音 nà，与“纳”字通。晋文公迎纳襄王在文公二年三月。

【译文】夏王朝衰落了，公刘失去了稷官的职务，改革西戎的民风，在豳地修建城邑。三百余年后，戎狄进攻大王亶父，亶父被赶到岐山下。豳地的老百姓跟着亶父到岐山下定居，开始创建周国。过了一百多年，周西伯昌征伐畎夷氏。十余年后，武王讨伐纣王，在雒邑修建城邑，仍回酆、鄗居住。他把戎夷驱赶到泾、洛以北地区，规定他们按时入贡，称之为“荒服”。又往后二百余年，周王朝衰落了，而穆王仍在征讨犬戎，仅仅俘获四只白狼四只白鹿而班师。从此以后，荒服不来朝贡了。这时候周制定了名曰《甫刑》的法律条文。穆王以后二百余年，周幽王以宠爱妃子褒姒的缘故，得罪了申侯。申侯一生气，便与犬戎结盟，攻杀周幽王于骊山之下，占领周国的焦获，盘踞在泾、渭之间，经常入侵骚扰中国。秦襄公兴兵救周。周平王离开酆、鄗东迁到洛邑。秦襄公讨伐犬戎到达岐山，开始被封为诸侯。往后六十五年，山戎越过燕国攻打齐国。齐釐公和山戎作战于齐郊。四十四年后，山戎攻打燕国。燕向齐告急求援。齐桓公出兵北伐山戎，山戎败走。二十多年后，戎狄进兵洛邑，攻打周襄王。襄王逃到郑国的氾邑。在这以前，周襄王为了攻打郑国，娶戎狄女为后，联合戎狄共同伐郑。不久襄王废黜了狄后。狄后怨恨襄王。襄王后母惠后的儿子名叫子带。惠后想立子带为王。于是惠后、狄后、子带联合一起为戎狄作内应，开门揖盗，戎狄因以进入洛邑，赶走周襄王，立子带为天子。于是戎狄迁居到陆浑，向东到达卫国境界，经常掠夺骚扰中国。中国深以为患。诗人为之歌曰：“戎狄是膺”，“薄伐猃狁，至于太原”，“出舆彭彭，城彼朔方”。周襄王流亡在外四年，派使者到晋国去告急。晋文公初登大位，一心要建立霸业，派兵讨伐戎狄，杀了子带，迎接周襄王归国，让他在洛邑复位。

当是之时，秦晋为彊国。〔1〕晋文公攘戎翟，〔2〕居于河西圁、洛之间，〔3〕号曰赤翟、白翟。〔4〕秦穆公得由余，〔5〕西戎八国服于秦，〔6〕故自陇以西有緜诸、绲戎、翟、貌之戎，〔7〕岐、梁山、泾、漆之北有义渠、大荔、乌氏、朐衍之戎。〔8〕而晋北有林胡、楼烦之戎，〔9〕燕北有东胡、山戎。〔10〕各分散居谿谷，自有君长，往往而聚者百有余戎，然莫能相一。〔11〕

【注释】〔1〕“秦晋为彊国”，公元前七世纪，秦穆公任好(前六五九至前六二一年在位)、晋文公重耳(前六三六至前六二八年在位)，皆一时霸主，其国为列国中的强国。“彊”、“强”古字通。〔2〕“晋文公攘戎翟”，“攘”音 ráng，排斥，抵御，驱逐。此指晋文公二年，文公兴师逐戎翟，迎纳周襄王，使居于雒邑事。〔3〕“居于河西圁、洛之间”,《汉书》作“居于西河圜、洛之间”。“圁”音 yìn,水名,圁水即秃尾河,在陕西榆林、葭县境。洛水源于陕北定边,流经吴旗、延安县境,今曰洛河。〔4〕“赤翟”,《左传》宣公十六年有“晋师灭赤狄潞氏”的记载,前人以为赤翟所居在山西长治地区。本文赤翟居于河西圁、洛之间,故杜预以为潞氏之翟,是赤翟的别种。“白翟”,散居在山西、陕西西北一带的翟族,隗姓,春秋时与晋通婚姻。〔5〕“秦穆公得由余”,由余的祖先是秦人,流亡于戎地。戎王命由余来到秦国刺探情况。秦穆公以女乐赠戎王,戎王高兴地收下。由余数次向戎王进谏,戎王不听。由余离开西戎投奔秦国。秦用由余的策略,征服了西戎八个部落,为秦国开辟疆土千有余里,秦一跃而为西方霸主。〔6〕“西戎八国服于秦”,西戎八国即下面列举的緜诸、绲戎、翟、豲、义渠、大荔、乌氏、朐衍八个部落。“八国”,举其大者。《盐铁论·论勇篇》亦曰“八国”。本书《秦本纪》、《韩诗外传》九、《韩非子·十过篇》、《说苑·反质篇》、《金楼子·说蕃篇》皆曰十二国。《汉书·韩安国传》则曰“并国十四”。〔7〕“緜诸”,“緜”,音 miān,汉天水郡有緜诸道,在今甘肃通渭县西北。“绲戎”,“绲”音 gǔn,当作“混”,《汉书》作畎戎,就是混夷,地在甘肃天水境。“翟”,《汉书》作“狄”。“豲”,音 wān,汉天水郡有汉豲道,在今甘肃通渭县附近。〔8〕“梁山”,一说在陕西乾县西北,一说即陕西韩城。“漆”,音 qì,漆水源出陕西旧同官县,西南流至耀州,合沮水为石州河,东南入渭。“义渠”,秦时为北地郡,故地在甘肃东南部和宁夏南部一带。西汉时名将公孙昆邪、公孙贺、公孙敖都是义渠人。从公孙昆邪取名一事考察,公孙族氏,可能是西戎之裔。经过数百年来的民族融合,至西汉时华夷之别已经泯灭了。“大荔”,戎国故地,在今陕西省大荔县。“乌氏”,“氏”音 zhì,故城在泾州安定县东三十里,今甘肃泾川县。“朐衍”,“朐”音 gú,“朐衍”,古曰盐州,今宁夏盐池县境。〔9〕“林胡”,古朔州,即儋林,战国时为李牧所灭,归于赵。秦置马邑县。汉属雁门郡,在今山西朔县。“楼烦”,县名,汉属雁门郡,故为胡地,在今山西神池、五寨二县地。〔10〕“东胡”,属于通古斯种的古代民族,居匈奴之东。春秋战国期间,其地南邻燕国。战国时,为燕将秦开所破,北迁西辽河上游一带。秦末,东胡强盛,后为匈奴冒顿单于所击破,大部分土地并入匈奴。“山戎”,亦名北戎,居今河北省东部。东胡盛时,山戎亦东胡属。东胡、山戎与匈奴不同族,匈奴破灭东胡,遂与匈奴融合为一。〔11〕“各分散居谿谷,自有君长,往往而聚者百有余戎,然莫能相一”,“聚”,聚落,村落。本传所记述北方草原游牧民族,在春秋战国时代,部落间是分散不相统属的。当时社会组织处于氏族部落的联盟时代。到秦汉时代,这种“莫能相一”的原始状况有所改变。不可避免的“强凌弱,众暴寡”的社会历史发展法则,把许多较小的氏族部落,合并到强大的氏族部落中去。匈奴民族成为北方草原的主体民族,就是这一特定历史条件下的产物。

【译文】秦、晋是这一时期的强国。晋文公驱赶戎翟至河西圁水和洛水流域,称为赤翟、白翟。秦穆公得到由余为谋臣,西戎八国都臣服于秦。自此,甘肃以西有緜诸、绲戎、翟、豲诸戎族。岐山、梁山、泾水、漆水以北有义渠、大荔、乌氏、朐衍等戎族。晋北则有林胡、楼烦诸戎族,而燕北则有东胡和山戎。他们分散居住在山区和平原,都有自己的首领,能够聚族而居的有一百多个戎族,然皆各自为政,不相统属。

自是之后百有余年,[1]晋悼公使魏绛和戎翟,[2]戎翟朝晋。后百有余年,[3]赵襄子踰句注而破并代以临胡貉。[4]其后既与韩、魏共灭智伯,分晋地而有之。[5]则赵有代、句注之北,魏有河西、上郡,[6]以与戎界边。其后义渠之戎筑城郭以自守,而秦稍蚕食,至于惠王,[7]遂拔义渠二十五城。[8]惠王击魏,魏尽入西河及上郡于秦。[9]秦昭王时,义渠戎王与宣太后乱,[10]有二子。宣太后诈而杀义渠戎王于甘泉,遂起兵伐残义渠。[11]于是秦有陇西、北地、上郡,筑长城以拒胡。[12]而赵武灵王亦变俗胡服,习骑射,[13]北破林胡、楼烦。[14]筑长城,[15]自代并阴山下,至高阙为塞。[16]而置云中、雁门、代郡。[17]其后燕有贤将秦开,为质于胡,胡甚信之。归而袭破走东胡,东胡却千余里。[18]与荆轲刺秦王秦舞阳者,开之孙也。[19]燕亦筑长城,自造阳至襄平。[20]置上谷、渔阳、右北平、辽西、辽东郡以拒胡。[21]当是之时,冠带战国七,而三国边于匈奴。[22]其后赵将李牧时,匈奴不敢入赵边。[23]后秦灭六国,[24]而始皇帝使蒙恬将十万之众北击胡,悉收河南地。[25]因河为

塞，筑四十四县城临河，[26]徙適戍以充之。[27]而通直道，自九原至云阳，[28]因边山险堑谿谷可缮者治之，起临洮至辽东万余里。[29]又度河据阳山北假中。[30]

【注释】〔1〕“自是之后有百余年”，秦霸西戎，在穆公三十七年，当公元前六二三年。魏绛和戎，在晋悼公四年，当前五六九年，前后方五十四年。此云“百有余年”，不确。〔2〕“晋悼公使魏绛和戎翟”，“晋悼公”，名周，襄公孙，公元前五七二至前五五八年在位。魏绛说悼公和戎翟，在悼公四年。〔3〕“后百有余年”，公元前五六九年魏绛和戎。公元前四五七年赵襄子破代，前后一百十七年，故云“后百有余年”。〔4〕“赵襄子踰句注而破并代以临胡貉”，赵襄子名无恤，赵简子之子，公元前四五七至前四二五年在位。“句注”即雁门山，又名陉岭、西陉山，古代九塞之一，在山西代县西北。因山形勾转，水势流注得名。〔5〕“其后与韩、魏共灭智伯，分晋地而有之”，周威烈王二十三年、赵襄子五年（公元前四〇三年），襄子败智伯于晋阳。赵与魏桓子、韩康子三分智伯之地。周安王二十六年（公元前三七六年，韩哀侯元年，魏武侯十一年，赵敬侯十一年），韩、魏、赵三家共废晋靖公为家人，而分其地，唐叔自此不祀。这就是历史上所说的“三家分晋”。〔6〕“魏有河西、上郡”，“河西”，《汉书》作“西河”。河西郡区在今内蒙古伊克昭盟东南，陕西神木、清涧与山西河曲、离石一带，郡治在今内蒙古东胜东南。春秋时，子夏居西河。战国时，吴起为西河守，皆其地。“上郡”，今陕西延安、榆林一带。〔7〕“惠王”，谓秦惠文君，名驷，孝公子。公元前三三七至前三一一年在位。〔8〕“拔义渠二十五城”，本书《秦本纪》系事于惠文君后十年（前三一五年）。本书《六国年表》及《通鉴》均系事于惠王后十一年（前三一四年）。〔9〕“魏尽入西河及上郡于秦”，秦惠文君八年，魏纳西河于秦。十年，又纳上郡十五县于秦。河西滨洛之地，遂全为秦有。〔10〕“秦昭王时，义渠戎王与宣太后乱”，“昭王”，谓秦昭襄王，名则，一名稷，秦武王异母弟，公元前三〇六至前二五一年在位。昭襄王母楚人，姓芈（音mǐ）氏，号宣太后。〔11〕“甘泉”，在今陕西淳化西北。“伐残”，《汉书》作“伐灭”。《战国策·秦策》五：“昔智伯瑶残范、中行”。高注：“残，灭也。”〔12〕“于是秦有陇西、北地、上郡，筑长城以拒胡”，秦陇西郡郡区在甘肃省东南部。秦北地郡郡区在甘肃省东南部和宁夏南部，义渠戎国古地。中国自春秋以后，缘边三国（燕、赵、秦）皆筑长城。昭王筑秦长城已见载记。“胡”，匈奴。〔13〕“而赵武灵王亦变俗胡服，习骑射”，“赵武灵王”名雍，赵肃侯子，公元前三二五至前二九九年在位。“变俗胡服，习骑射”，在赵武灵王十九年。〔14〕“北破林胡、楼烦”，在赵武灵王二十年，公元前三〇六年。〔15〕“筑长城”，赵武灵王长城在朔州善阳县北。按赵筑长城，亦非始于赵武灵王，据《赵世家》，赵肃侯十七年（前三三二年）已在北边筑长城。〔16〕“自代并阴山下，至高阙为塞”，“代”，今河北蔚县。“并”，音bàng，依傍，沿着。“阴山”，今河套以北，大漠以南诸山，统曰阴山。“高阙”，今内蒙古杭锦后旗东北通往漠北的一个险要山口，蒙恬、卫青都曾在此用兵。〔17〕“云中”，郡治在今内蒙古托克托县东北。“雁门”，今山西省北部，郡治在今山西右玉西北。〔18〕“其后燕有贤将秦开，为质于胡，胡甚信之。归而袭破走东胡，东胡却千余里”，《盐铁论·伐功篇》云：“燕袭走东胡，辟地千里，度辽东而攻朝鲜”，说的就是燕将秦开，袭破东胡，拓地千里的一段史实。〔19〕“与荆轲刺秦王秦舞阳者，开之孙也”，秦始皇二十年（前二二七年），燕太子丹以献督亢地图为名，命荆轲为使，赴秦刺秦始皇。燕国勇士秦舞阳年十三，充当荆轲的副使。但是秦舞阳未曾很好地完成使命。事详本书《刺客列传》。〔20〕“燕亦筑长城，自造阳至襄平”，“造阳”，汉上谷郡属，唐曰妫州，今河北省怀来县一带。“襄平”，今辽宁辽阳县北七十里处。按元朔二年，汉弃上谷斗僻县造阳地予胡。此造阳即燕长城西端地。应劭注《食货志》曰：“秦始皇遣蒙恬攘却匈奴，得其河南造阳以北千里地，名曰新秦中。”此则为另一造阳。新秦中在内蒙古河套以南。西汉有两造阳，一在上谷斗僻之地，一在河南新秦中。〔21〕“上谷”，战国燕地。秦上谷郡地域较广，包括河北省中部、西北及西部地区。汉上谷郡治所在今北京市怀来县东南。“渔阳”，秦郡，治所在今北京市密云县西南。秦二世发闾左适戍渔阳即此。“右北平”，郡区在今河北承德北、内蒙古赤峰南，郡治赤峰南，一说在今河北省平泉县。“辽西郡”，今河北省迁西县、乐亭县以东，长城以南，大凌河下游以西地区。“辽东郡”属幽州，今辽宁东南部辽河以东地。〔22〕“当是之时，冠带战国七，而三国边于匈奴”，“冠带”，本指帽子和腰带，引申为文明的意思。语出于《韩非子·有度》：“兵四布于天下，威行于冠带之国。”此处指韩、赵、魏、秦、楚、齐、燕七国。和匈奴接壤的三国，谓秦、赵、燕。〔23〕“其后赵将李牧时，匈奴不敢入赵边”，赵悼襄王二年（前二四三年），李牧为赵

将守边。幽缪王七年(前二二九年)被诛。李牧用事不过十四年。〔24〕"后秦灭六国",秦始皇十七年(前二三〇年)虏韩王安,灭韩。二十二年(前二二五年)虏魏王假,灭魏。二十四年(前二二三年)虏楚王负刍,灭楚。二十五年(前二二二年)秦将王贲虏赵代王嘉,灭赵。同年,虏燕王喜,拔辽东,灭燕。二十六年(前二二一年)虏齐王建,灭齐。至此,六王毕而四海一矣。〔25〕"始皇帝使蒙恬将十万之众北击胡,悉收河南地",蒙恬北击匈奴在秦始皇二十六年(前二二一年)。"十万之众",《汉书》作"数十万之物(众)",《蒙恬列传》及《秦始皇本纪》均作"三十万众",疑本传夺"三"字。蒙恬北击匈奴的声势浩大。《盐铁论·伐功篇》说:"蒙公为秦击走匈奴,若鸷鸟之追群雀。匈奴势慴,不敢南面而望者十余年。"所以"三十万众"是可信的。"河南地",内蒙古河套与河套以南一带。〔26〕"因河为塞,筑四十四县城临河",据《秦本纪》,蒙恬逐走匈奴,自甘肃的榆中沿黄河以东,直到阴山,临河设险,筑四十四城以防备匈奴。"城"是防御工事,比亭障的规模略大,不是居民点。今工兵部队犹沿用"筑城"这一军事术语。〔27〕"適",音 zhé,通"谪",谴责,惩罚。"適戍",谓有罪被罚守边。〔28〕"而通直道,自九原至云阳","直道",直达的通道。"九原",秦郡名,汉更名五原,在今内蒙古包头西五原县。"云阳",县名,在今陕西淳化县西北。秦始皇三十五年修筑的从九原直达云阳的大道,全长一千八百里,要开山填谷,工程非常浩大。在当时落后的工程技术条件下,修建如此高标准大道,不仅在中国,即在世界道路工程建筑史上,也是一个伟大的创举。〔29〕"因边山险堑谿谷,可缮者治之,起临洮至辽东万余里","堑",音 qiàn,挖掘。"缮",修补。"临洮",在今甘肃省岷县。秦长城首起临洮西十二里,延袤万里,东入辽水。本传自"边山险"以下,皆言万里长城。〔30〕"又度河据阳山北假中","阳山",在河北,高阙之东。徐广曰:"阴山在河南,阳山在河北。""北假",在内蒙古阴山以南,河套以北五原县以西。《蒙恬列传》亦云:"于是度河,据阳山,逶蛇而北。"

【译文】自此以后一百余年,晋悼公派遣魏绛到戎翟去修好,戎翟也来到晋国朝贺。又过了一百多年,赵襄子派兵越过句注山攻破并吞并代国以威胁胡貉。后来赵与韩、魏联盟,攻灭智伯,瓜分了晋国的土地。赵国拥有代和句注以北的土地,魏也拥有河西、上郡,与戎接壤。后来义渠戎王修筑城郭,保卫其疆土。秦不断蚕食义渠的土地,到惠王时,攻占了义渠二十五座城池。惠王攻打魏国,魏把西河、上郡大片土地割让于秦。秦昭王时,义渠戎王和宣太后私通,生有二子。宣太后用计诱杀义渠戎王于甘泉宫,派兵消灭了义渠戎国。从此,秦的疆土扩展到陇西、北地、上郡,修筑长城,防御匈奴。赵武灵王也在改革旧俗,穿戴匈奴人的服饰,练习马术和箭法,打败了北方的林胡和楼烦。赵也修筑长城,自代沿着阴山直至高阙,作为边塞。赵设置云中、雁门和代郡。在这以后,燕国贤将秦开在东胡充当人质,甚得东胡的信任。秦开回到燕国后,带兵袭击东胡,东胡败走,向北方退却了一千多里。当年和荆轲一起谋刺秦王的秦舞阳,就是秦开的孙子。燕也修筑了从造阳至襄平的一段长城。燕设置上谷、渔阳、右北平、辽西、辽东诸郡以防御匈奴。这时候,号称文明之邦的战国七雄,有燕、赵、秦三国和匈奴接壤。赵将李牧守边时,匈奴不敢侵犯赵国的边界。后来秦灭六国,始皇帝派遣蒙恬率军十万进攻匈奴,全部收复了黄河以南的土地。秦沿着黄河设防,沿河修筑了四十四座城堡,征发刑徒,戍守边境。从九原到云阳,修通了直道。利用边山、险堑的溪谷可以整治的地方,修缮长城,起自临洮,直到辽东,长万余里。又渡过黄河,占领阳山和北假。

当是之时,东胡彊而月氏盛。[1]匈奴单于曰头曼,[2]头曼不胜秦,北徙。[3]十余年而蒙恬死,[4]诸侯畔秦,中国扰乱,诸秦所徙適戍边者皆复去,于是匈奴得宽,[5]复稍度河南与中国界于故塞。[6]

【注释】〔1〕"月氏",音 ròu zhì,古西域城国名。先秦典籍中的"禺氏"、"牛氏"、"禺知"皆月支异称。《周书·伊尹朝献篇》始作"月氏"。汉以后统称"月氏"或"月支"。其族本来居住在敦煌、祁连间。公元前二、三世纪时,月氏在西域崛起,成为军事强国,疆土扩展到匈奴以北。匈奴头曼单于不得不把长子送到月氏充当质子。高帝时,月氏为匈奴冒顿单于击败,举族向西南方南迁徙。冒顿和月氏作战的战场,已经不是月氏原来居住的河西走廊,而是在匈奴西北方向的中亚地区。至文帝时,老上单于再次进攻月氏,月氏西迁至伊犁河河谷。不久,又被匈奴、乌孙联军击败,月氏再次向西南方面迁徙,击大夏,占据塞种故地。关于月氏西迁年代,多有争议。同时,对月氏强盛的解释及月氏西迁的方向和路线,也存在一些问题,有待于商讨。〔2〕"单

于”,本义是象天那样的宽广无垠。《汉书》云:“单于姓挛鞮氏,其国称之为‘撐(应作撐,音 chēng)犁孤涂单于’。”匈奴语“撐犁孤涂”与汉之“天子”同义。“头曼”,“曼”音 mān。头曼单于是匈奴族第一个有记载可稽的民族领袖。头曼有统领万人之众的首领之义。头曼单于时代,草原内各部落仍处于分散和落后的状态,各居溪谷,不能相一。头曼单于当时是草原一个部落联盟较为强大的盟主。〔3〕“头曼不胜秦,北徙”,头曼为蒙恬所击败,退入北方草原的腹地。关于蒙恬击走匈奴的年代,《蒙恬列传》谓在始皇二十六年,与本传“十余年而蒙恬死”正合。惟《秦始皇本纪》使蒙恬击匈奴则在始皇三十二年,与“十余年而蒙恬死”不合。当以《蒙恬列传》系年为是。〔4〕“十余年而蒙恬死”,二世杀蒙恬,在始皇三十七年,距始皇二十六年北伐匈奴正十一年。〔5〕“诸侯畔秦,中国扰乱,诸秦所徙適戍边者皆复去,于是匈奴得宽”,“畔”,音 pàn,通“叛”。《盐铁论·伐功篇》云:“乃其后,蒙公死,而诸侯叛秦,中国扰乱,匈奴乃敢复为边寇。”〔6〕“河南”,内蒙古河套以南,伊克昭盟一带。蒙恬逐走匈奴,收复黄河以南地,筑城郭,徙民以实之,名曰新秦,汉武帝时,名曰新秦中。

【译文】这时,东胡是强国,月氏也兴盛。匈奴单于名叫头曼。头曼受不了秦国的军事压力,向北方迁徙了。十几年后,蒙恬去世,诸侯背叛秦国,中原发生骚乱。那些秦国派到边境戍守的刑徒纷纷离去。匈奴获得了喘息的机会,逐步蚕食黄河以南的土地,和中国在老地方对峙。

单于有太子名冒顿。[1]后有所爱阏氏,[2]生少子,而单于欲废冒顿而立少子,[3]乃使冒顿质于月氏。冒顿既质于月氏,而头曼急击月氏。[4]月氏欲杀冒顿,冒顿盗其善马,骑之亡归。头曼以为壮,令将万骑。冒顿乃作为鸣镝,[5]习勒其骑射,[6]令曰:“鸣镝所射而不悉射者,[7]斩之。”行猎鸟兽,有不射鸣镝所射者,辄斩之。已而冒顿以鸣镝自射其善马,左右或不敢射者,冒顿立斩不射善马者。居顷之,复以鸣镝自射其爱妻,左右或颇恐,[8]不敢射,冒顿又复斩之。居顷之,冒顿出猎,以鸣镝射单于善马,左右皆射之。于是冒顿知其左右皆可用。从其父头曼单于猎,以鸣镝射头曼,左右亦皆随鸣镝而射杀单于头曼,遂尽诛其后母与弟及大臣不听从者。[9]冒顿自立为单于。[10]

【注释】〔1〕“单于”,头曼单于。“冒顿”,音 mò dū,公元前二〇九至前一七四年在位。“冒顿”二字系蒙古语译,义为猛勇。〔2〕“阏氏”,读如“烟支”,匈奴单于号其妻曰“阏氏”。前人以皇后释之,欠安。因为草原民族,有“妻”的概念,而没有“皇后”的概念。〔3〕“而单于欲废冒顿而立少子”,或谓废长立少,是匈奴氏族的习惯,为原始社会野蛮风俗的残余。此说似欠妥。像头曼单于欲杀冒顿而立少子之事,在匈奴政权嬗递中并不多见。在我国春秋战国时期,废长立少,亦不乏其例,不能以原始社会野蛮风俗残余来解释。〔4〕“乃使冒顿质于月氏,而头曼急击月氏”,冒顿质于月氏事,虽年月不详,但一定在头曼不断南侵时期。西线无战事,才能在东线有所作为。“头曼急击月氏”,是有文献可稽的匈奴第一次进攻月氏,其具体年月,应当在蒙恬北击匈奴,头曼不敢南侵的十一年中的中期。此时南线无战事,匈奴才能腾出手来,西向攻击月氏。蒙恬击匈奴,在始皇二十六年,故头曼击月氏,约在始皇三十年左右。〔5〕“鸣镝”,响箭。六十年代初,辽宁西丰西岔沟出土的东胡遗物中,有冒顿单于发明的“鸣镝”。其时东胡已为匈奴所破,故有此遗存。〔6〕“习勒其骑射”,“习勒”,训练的意思。《汉书·晁错传》指出,不经过严格训练的部队,会出现“起居不精,动静不集,趋利弗及,避难不毕,前击后解(懈),与金鼓之指相失”的种种松懈现象。晁错说:“此不习勒卒之过也。”〔7〕“悉”,皆、全的意思。〔8〕“左右或颇恐”,谓左右不敢跟着射其爱妻,一时不知所措。“或”,同“惑”。“颇”,很,甚。〔9〕“遂尽除其后母与弟及大臣不听从者”,或谓冒顿此举,是对匈奴旧习惯的改革。按冒顿射杀头曼单于,是一次宫廷政变。杀其后母与弟及所有反对派,是用政变手段夺取政权后,为巩固其政权的通常做法,与改革无关。〔10〕“冒顿自立为单于”,冒顿自立为单于在秦二世元年,即公元前二〇九年。

【译文】单于太子名叫冒顿。后来受宠的阏氏又生下小儿子。单于打算废黜冒顿,让小儿子继位,就打发冒顿去月氏当人质。冒顿作为质子到了月氏,头曼立即派兵袭击月氏。月氏要杀冒顿,冒顿盗得一匹良马,骑着逃回匈奴。头曼认为儿子勇

武，命他带领一万骑兵。冒顿创制一种响箭。他训练部队，练习马上骑射的本领。一天，下令说："有不立即跟着响箭射向的目标发射的人斩首。"围猎鸟兽时，有人不跟着响箭发射，立即将其人斩首。冒顿用响箭射向自己的良马。部下有不敢跟着射的，冒顿立刻把那些不射良马的人斩首。这些时候，冒顿自己又用响箭射向心爱的妻子，有人害怕不敢射。冒顿又将那些不敢射的人斩首。冒顿外出打猎，用响箭射单于的良马。部下纷纷发箭。这下子冒顿知道自己的部下可用了。冒顿随从其父头曼单于出猎。冒顿发响箭射向单于。部下纷纷发箭射杀了头曼单于。于是冒顿把后母、小兄弟和大臣不听从命令的人全部杀掉。冒顿自立为单于。

冒顿既立，是时东胡彊盛，闻冒顿杀父自立，乃使使谓冒顿，欲得头曼时有千里马。〔1〕冒顿问群臣，群臣皆曰："千里马，匈奴宝马也，〔2〕勿与。"〔3〕冒顿曰："奈何与人邻国而爱一马乎?"遂与之千里马。居顷之，东胡以为冒顿畏之，乃使使谓冒顿，欲得单于一阏氏。〔4〕冒顿复问左右，左右皆怒曰："东胡无道，乃求阏氏！请击之。"冒顿曰："奈何与人邻国爱一女子乎?"遂取所爱阏氏予东胡。东胡王愈益骄，西侵。与匈奴间，中有弃地，〔5〕莫居，千余里，各居其边为瓯脱。〔6〕东胡使使谓冒顿曰："匈奴所与我界瓯脱外弃地，匈奴非能至也，吾欲有之。"冒顿问群臣，群臣或曰："此弃地，予之亦可，勿予亦可。"于是冒顿大怒曰："地者，国之本也，奈何予之！"诸言予之者，〔7〕皆斩之。冒顿上马，令国中有后者斩，遂东袭击东胡。东胡初轻冒顿，不为备。及冒顿以兵至，击，大破灭东胡王，而虏其民人及畜产。〔8〕既归，西击走月氏，〔9〕南并楼烦、白羊河南王。〔10〕悉复收秦所使蒙恬所夺匈奴地者，与汉关故河南塞，〔11〕至朝那、肤施，〔12〕遂侵燕、代。〔13〕是时汉兵与项羽相距，〔14〕中国罢于兵革，以故冒顿得自彊，控弦之士三十余万。〔15〕

【注释】〔1〕"有"，《汉书》作"号"，"有 "、"号"义近。 〔2〕"千里马，匈奴宝马也"，西域大宛、乌孙皆产良马。匈奴地接西域，两地早有往来的交通路线。匈奴宝马，当来自西域。 〔3〕"与"，许。〔4〕"一阏氏"，匈奴正妻称为大阏氏，"一阏氏"应是次妻。 〔5〕"与匈奴间，中有弃地"，《汉书》作"与匈奴中间有弃地"。"弃地"，实即沙漠。 〔6〕"瓯脱"，即沙漠弃地。"瓯脱"为当时方言，今难确解。〔7〕"诸"，凡。下文"诸左方王将居东方"，"诸二十四长"，"诸所言者"，皆同。 〔8〕"大破灭东胡王，而虏其民人及畜产"，冒顿破东胡，约在楚、汉相拒之初，姑系其年于汉高帝元年，冒顿单于四年，公元前二〇六年。《后汉书·乌桓传》云："东胡自为冒顿所破，余众退保乌桓山者号乌桓，势力孤弱，臣服于匈奴，岁输牛、马、羊皮。过时不缴，辄被没其妻子。" 〔9〕"西击走月氏"，匈奴与月氏地相接，头曼单于时，发生过武装冲突，当时月氏强盛，所以有派冒顿为质子之事。冒顿击破东胡后，兵力转强，遂"西击走月氏"。月氏在匈奴强大攻势下，举族西迁。这是月氏第一次西迁。冒顿击走月氏的年代，本传已明言在楚、汉相距时，即公元前三世纪末，约在前二〇四、前二〇三年前后。 〔10〕"南并楼烦、白羊河南王"，楼烦故地在山西神池五寨县。白羊故地不详。冒顿单于进攻月氏以前，楼烦、白羊已迁居到河南，臣服于匈奴。《汉书·娄敬传》有"敬从匈奴来，因言匈奴河南白羊、楼烦王"一语可证。至冒顿击走月氏，挥兵南下，始将楼烦、白羊合并。此处句当为"南并楼烦、白羊王"，"河南"二字为衍文。〔11〕"关"，设关稽查行旅。 〔12〕"朝那"，故地在甘肃平原县西北。"肤施"，在今陕西延安。 〔13〕"遂侵燕、代"，杜佑《通典》卷一九四匈奴上无此四字。而在"南并楼烦、白羊河南王"下有"侵燕代"三字。杜佑以为二者必有一误。 〔14〕"是时汉兵与项羽相距"，楚、汉相距在公元前二〇六至前二〇二年。 〔15〕"控弦"，引弓。

【译文】冒顿既立为单于，其时东胡强盛。冒顿杀父自立的消息传到东胡，东胡派使臣往见冒顿，要求得到头曼时号称千里马的良马。冒顿征求臣下的意见。臣下都说："千里马是匈奴的宝马，不能给。"冒顿说："怎么可以和人家做邻居而吝惜一匹马呀！"把千里马给了东胡。过不久，东胡以为冒顿畏惧他们，又派使臣见冒顿说，想要得到单于的一位妻子。冒顿又询问臣下的意见。臣下怒气冲冲地说："东胡不讲道理，竟然要您的妻子，请下攻击的命令吧！"冒顿说："和邻国相处，怎么可以为爱一个女人伤了和气呀！"他把所爱的妻子送给东胡王。东胡王骄横起来，不时派兵西犯。东胡、匈奴之间，横亘着一块长达千里名为"瓯脱"的弃地。双

方居民各自在边境线内居住。东胡王派使臣见冒顿说:“匈奴与我界外叫做瓯脱的那块弃地,不是匈奴能到的地方,我想要那块地。”冒顿询问臣下的意见。有的臣下说:“那不过是弃地,给也行,不给也行。”冒顿听了大怒说:“土地是国家的根本,怎么可以随便给呢!”那些说可以给的臣下,都被冒顿杀了。冒顿跨上战马,下令国中,有行动迟缓后到的斩首,于是挥军东向,袭击东胡。东胡王早先不把冒顿放在眼里,边境也不设防。等到冒顿率领大军来到,一进攻,大败东胡,消灭了东胡王,虏获了东胡的老百姓和牛、马、羊群。冒顿回到匈奴,向西方进军击走月氏。渡河向南消灭楼烦和白羊王。一鼓作气收复被秦将蒙恬夺去的匈奴土地,与汉在黄河南岸的据点对峙,打到朝那、肤施,接着入侵燕、代。这时候,汉兵与项羽相争,中原困于战火,因此冒顿得以自强,兵力达到三十余万人。

自淳维以至头曼千有余岁,〔1〕时大时小,别散分离,〔2〕尚矣,〔3〕其世传不可得而次云。〔4〕然至冒顿而匈奴最彊大,尽服从北夷,〔5〕而南与中国为敌国,其世传国官号乃可得而记云。〔6〕置左右贤王,左右谷蠡王,〔7〕左右大将,左右大都尉,左右大当户,左右骨都侯。〔8〕匈奴谓贤曰“屠耆”,〔9〕故常以太子为左屠耆王。自如左右贤王以下至当户,大者万骑,小者数千,凡二十四长,立号曰“万骑”。〔10〕诸大臣皆世官。〔11〕呼衍氏、兰氏,〔12〕其后有须卜氏,〔13〕此三姓其贵种也。〔14〕诸左方王将居东方,〔15〕直上谷以往者,〔16〕东接秽貉、朝鲜;〔17〕右方王将居西方,直上郡以西,接月氏、氐、羌,〔18〕而单于之庭直代、云中。〔19〕各有分地,〔20〕逐水草移徙。而左右贤王、左右谷蠡王最为大,左右骨都侯辅政。〔21〕诸二十四长亦各自置千长、百长、什长、裨小王、相封、都尉、当户、且渠之属。〔22〕

【注释】〔1〕“自淳维以至头曼千有余岁”,本传云:“其先祖夏后之苗裔也,曰淳维。”传说匈奴祖先是夏桀之子。果如是,则夏桀灭亡,即淳维北迁之年。按一般记载夏桀之亡,约在公元前一千八百年左右。头曼于公元前二百年统治匈奴,故从淳维到头曼,正“千有余岁”。《汉书·律历志》云:“殷三十一王,六百二十九岁。”则自商至秦为一千五百余年,亦与千有余岁合。 〔2〕“时大时小,别散分离”,从淳维到头曼一千余年的岁月中,匈奴经历着一个从原始社会到氏族部落和部落联盟的漫长过程。“时大时小,别散分离”,说明匈奴的部落联盟长期处于不稳定状态。 〔3〕“尚矣”,久远的意思。〔4〕“世传”,谓自淳维至头曼的世系。“次”,比列、编排。 〔5〕“北夷”,即下文“后北服浑庾、屈射、丁零、鬲昆,薪犁之国”。 〔6〕“其世传国官号”,《汉书》作“其世信(钱大昭曰:“信当作姓”)官号。”世姓官号就是匈奴的世系和官制。匈奴南与中国为敌,接触频繁,所以有条件了解其世系和官制。《汉书》“其世信官号可得而记云”下,有“单于姓挛鞮氏,其国称之曰‘撑犁孤涂单于’。匈奴谓天为撑犁,谓子为孤涂。单于者,广大之貌也。言其象天单于然也。”计四十五字。 〔7〕“置左右贤王,左右谷蠡王”,“左右贤王”是地方最高长官。匈奴尚左,单于以下,以左贤王为尊贵,权力和地位也比右贤王为高。左贤王又常常是匈奴的王储,故多以太子为左贤王。“左右谷蠡(音鹿离)王”位在左右贤王下,亦各建庭于其分地。 〔8〕“左右骨都侯”,单于总揽大权,左右骨都侯为辅。骨都侯由氏族呼衍氏、兰氏和须卜氏担任。呼衍氏居左位,兰氏、须卜氏居右位。左右骨都侯都是异姓大臣。 〔9〕“屠”,亦作“诸”。 〔10〕“自如左右贤王以下至当户,大者万骑,小者数千,凡二十四长,立号曰万骑”,“自如”,统下之词。匈奴至冒顿时已建立完整的军事制度,自左右贤王以下至大当户皆分别统军,大小统兵官有二十四个。大者统领万骑,小者统领数千,其总军力至少有十余万众。可见冒顿时,匈奴的军事力量相当强大。“立号曰万骑”,是指凡二十四长,不管统率人数多少,对外皆声称统有“万骑”。〔11〕“世官”,谓世袭。 〔12〕“呼衍”,即后世鲜卑的呼延氏。“兰氏”,今亦有兰姓。 〔13〕“须卜氏”,须卜氏主狱讼,常与单于为婚姻。王昭君长女下嫁于须卜氏,称为“须卜居次”。 〔14〕“此三姓其贵种也”,本传前曰:“而无姓字”,而《汉书》则作“而无字”。姓是客观的产物,没有种姓区分的部落是不存在的。本文此处已有呼衍、兰和须卜三个贵族的种姓,可正前文之误。 〔15〕“诸”,凡。“左方王将”,指左贤王、左谷蠡王、左大将、左大都尉和左大当户。 〔16〕“直”,当的意思。《汉书·吴王濞传》:“南越直长沙者,因王子定长沙以北”。颜师古曰:“直,当也,言越北之地当长沙者也。”“上谷”,在今河北省怀来东南。 〔17〕“秽貉”,音 huì mò,古代北方民族, 〔18〕“接月氏、氐、羌”,《汉书》无“月氐”二字。“氐”音 dī,中国西部的古老民族。《通典》云:“在冉駹东北,广汉之西。”“羌”也是中国西部的古老民族,相传是三苗姜姓的别种,散居在甘肃、新疆南部,青海、西藏东北部和四川西部。〔19〕“庭”,是穹庐前议事的地方。匈奴单于建庭处,史无明文。丁谦谓单于庭在塞音诺颜部塔米尔河北,南与宁夏相值。丁氏之说亦无确据。〔20〕“各有分地”,谓诸王将各有划定的领地。〔21〕“左右骨都侯辅政”,骨都侯是单于近臣,由呼衍氏、兰氏、须卜氏三姓贵族担任,不别统部落,也没有分地。〔22〕“诸二十四长亦各自置千长、百长、什长”,匈奴的社会组织,平时与战时区别不大。千、百、什长,平时为基层行政管理单位,至战时则为基层作战小组,如西汉部伍、部曲之类。“裨小王”,“裨”音 pí,亦称“裨王”,如汉之裨将。本书《卫将军骠骑列传》云:“汉轻骑校尉郭成等逐数百里,不及,得右贤裨王十余人。”裨王就是裨小王。翕侯赵信,本胡小王,降汉得封。“相封”,即“相邦”。西汉以避高祖讳,改称相国。匈奴不必避讳,仍称相邦。扬州张氏藏“匈奴相邦”玉印。王国维《观堂集林·匈奴相邦印跋》云,匈奴相邦玉印的形制和文字都像先秦古鉨,可见匈奴人很早就知道中国的文物制度。“且渠之属”,唐代有姓沮渠者,可能其先人曾为匈奴且渠之官而得姓。唐代又有地名沮渠者。《大唐西域记》云:“斫句迦国,旧名沮渠。”斫句迦乃新疆叶城县治。沮渠地名或与匈奴且渠之官有关。

【译文】从淳维到头曼经历了一千多年。时而大,时而小,时而解散,时而分离,时代相当久远,世代相传的情况,已不很清楚。到冒顿单于时,匈奴最强大,征服了北方的许多部族,和南方的中国为敌。此后,匈奴的世系、官号和传国的情况才有了记载。设置左右贤王、左右谷蠡王、左右大将、左右大都尉、左右大当户、左右骨都侯。匈奴语“屠耆”是贤的意思,所以常以太子任左屠耆王。自左右贤王以下到当户,大者统率万骑,小者也有数千骑,一共有二十四个首领,建立名号,名曰“万骑”。所有大臣的官位皆为世袭。呼衍氏、兰氏,和后来的须卜氏,这三姓大臣是匈奴的贵族。左方诸王将的庭帐在东方,其位置相当于中国上谷郡以远,东与秽貉、朝鲜相接。右方诸王将的庭帐在西方,其位置相当于中国上郡以西,和月氏、氐、羌相接。而单于的庭帐,面对代郡和云中郡。都各有自己的领地,逐水草而迁徙。左右贤王和左右谷蠡王的领地最大,由左右骨都侯辅政。大凡二十四长,也各自设置千长、百长、什长、裨小王、相封、都尉、当户、且渠一类的官职。

岁正月,〔1〕诸长小会单于庭,〔2〕祠。〔3〕五月,大会茏城,〔4〕祭其先、天地、鬼神。秋,马肥,大会蹛林,〔5〕课校人畜计。〔6〕其法,〔7〕拔刃尺者死,〔8〕坐盗者没入其家,〔9〕有罪小者轧,〔10〕大者死。狱久者不过十日,一国之囚不过数人。〔11〕而单于朝出营,拜日之始生,夕拜月。〔12〕其坐,长左而北乡。〔13〕日上戊己。〔14〕其送死,有棺椁金银衣裘,〔15〕而无封树丧服。〔16〕近幸臣妾从死者,多至数千百人。〔17〕举事而候星月,月盛壮则攻战,月亏则退兵。〔18〕其攻战,斩首虏赐一卮酒,〔19〕而所得卤获因以予之,得人以为奴婢。〔20〕故其战,人人自为趣利,〔21〕善为诱兵以冒敌。〔22〕故其见敌则逐利,如鸟之集,其困败,则瓦解云散矣。〔23〕战而扶舆死者,尽得死者家财。〔24〕

【注释】〔1〕“岁正月”,汉初沿用周历,以十月为岁首。至武帝太初元年(前一〇四年)改用夏历以正月为岁首。司马迁参加了太初历的修订以后,才着手撰写《史记》。匈奴没有历法,此处介绍匈奴情况,是按照改革历法以后西汉习俗而言 。故此言“岁正月”,当指岁首。〔2〕“诸长”,左右贤王以下的二十四长。“小会”,谓其规模,以别于五月和秋天八月的两次大会。〔3〕“祠”,春天祭祖先。〔4〕“茏城”,《汉书》作“龙城”。前人以为匈奴事龙神,故名大会处为龙城。按:“茏城”二字疑是匈奴语音译。其地在蒙古鄂尔浑河西侧和硕柴达木湖附近。〔5〕“蹛林”,“蹛”,音 dài。蹛林有两种解释:一是颜师古说:“蹛者,绕也。言绕林木而祭也。”一是服虔说:“音带,匈奴秋社八月中皆会祭处。郑氏云:地名也。”按《李陵与苏武诗》云:“相竞趋蹛林。”故蹛林应是地名。〔6〕“课校人畜计”,统计人口牲畜的数字,以确定诸王长向单于王庭缴纳赋税的份额。〔7〕“其法”,本传云,匈奴“毋文书,以言语为约束”,故匈奴不会有成文的法令。“其法”,应理解为匈奴的习俗。〔8〕“拔刃尺者死”,前人有多种解释皆未谛,确义待考。“尺”,汉尺,当今尺八寸许。〔9〕“坐盗者没入其家”,犯有抢劫罪行的人,没收其全部家产入官。〔10〕“轧”,有两种解释。一是颜师古说:“辗轹其骨节,若今之厌踝者也。”一是如淳说:“挞,挟也。”挞,音

zhuā，敲打。抶，音 chì，鞭打。两种解释，一是压碎脚跟骨，一是鞭打。此处既曰罪小，当以如淳鞭打的解释为是。〔11〕"狱久者不过十日，一国之囚不过数人"，《盐铁论·论功篇》云："匈奴……法约而易辨，求寡而易供，是以省刑而不犯，指麾而令从。"与本文义同。〔12〕"而单于朝出营，拜日之始生，夕拜月"，一九五六至一九五七年，前苏联考古工作者在蒙古人民共和国后杭爱呼尼河发掘的匈奴墓葬，十二号墓北面椁壁上钉着饰有日月的金片，部位在死者头部附近，证明匈奴崇拜日月，与本文所记相合。〔13〕"其坐，长左而北乡"，匈奴沿用秦俗，以左为尊。"乡"同"向"。中国以南面为尊，而匈奴以北向为重。地区不同，故习俗各异。〔14〕"日上戊己"，"上"同"尚"。匈奴习俗，以逢戊逢己为吉日。中原地区亦有"戊己为坚"的说法。〔15〕"其送死，有棺椁金银衣裘"，"裘"，《汉书》作"裳"。本世纪二十年代，前苏联考古工作者在蒙古人民共和国诺颜山发掘的匈奴古墓葬，证明匈奴送死之具，有棺有椁。随葬物亦有金银衣裘，与本传合。〔16〕"而无封树丧服"，中国古代士以上的葬礼，聚土为坟，植树为记，谓之封树。庶人则不封不树。按蒙古人民共和国近数十年发掘公元前三至二世纪匈奴墓葬，大都是不树而有封。封丘多为石制。大型墓葬的封丘，更为明显高大。"丧服"是居葬的服制。《仪礼》有《丧服篇》。匈奴无此习俗。〔17〕"近幸臣妾从死者，多至数千百人"，"数千百人"，《汉书》作"数十百人"。颜师古曰："或数十人，或百人。"本传"千"字显然是"十"字之误。一九二四年，苏联考古学家科斯洛夫在蒙古人民共和国诺颜山发掘的匈奴贵族墓葬中，发现一个墓室里有十七个殉葬奴隶的发辫。证明"近幸臣妾从死"的记载是正确的。〔18〕"举事而候星月，月盛壮则攻战，月亏则退兵"，"举事"，行事。"而"，犹则。《汉书》作"举事常随月"，无"星"字。草原游牧民族没有历法，俟月光盈满时出击，是他们通用的战术。《隋书·突厥传》亦有"候月将满，辄为寇抄"的记载。〔19〕"首虏"，所获敌人首级。"卮"，音 zhī，酒器。〔20〕"而所得卤获因以予之，得人以为奴婢"，"卤"，音 lǔ，掠夺，通"掳"。匈奴平民拥有奴隶的现象很普遍，贵族则更多。匈奴对外作战，也有虏掠生口，补充奴隶的目的。从汉文帝到昭帝一百年间，匈奴从汉边境掳获的生口，在十万人以上。〔21〕"趣利"，《汉书》作"趋利"。"趣"，音 qū，趋向，趋附。〔22〕"冒敌"，《汉书》作"包敌"。"冒"，音 mào，侵犯，冲击。〔23〕"故其见敌则逐利，如鸟之集，其困败，则瓦解云散矣"，《盐铁论·备胡篇》云："匈奴不变业，而中国已骚动矣。风合而云解，就之则亡，击之则散，未可一世而举也。"〔24〕"战而扶舆死者，尽得死者家财"，"舆"，亦作"与"、"举"，《通典》作"轝"。王先谦曰："扶持其伤而舆归其屍也。"《廣雅·释诂》："舆，载也。""扶舆死者"，谓扶持舆载死者。一说"扶舆"为"彷徉"之音转，见《字诂》。彷徉义为徘徊、游荡。作战时徘徊而游荡，是作战不力的表现。故虽战死，其家财亦充公。

【译文】每年正月，首领们小会于单于议事的王庭，行祭礼。五月，大会茏城，祭祀祖先、天地和鬼神。秋高马肥的季节，在蹛林大会，统计牲畜人口的数字。匈奴的法律，拔刃出鞘过一尺的判处死罪。犯有盗窃罪行的人，没收其家产。轻罪罚以鞭笞，重罪处以死刑，入狱服刑，至多不超过十天，全国在押的犯人不过几个人。单于清晨走出毡帐，朝拜初升的太阳，黄昏拜月。匈奴座次，以左为尊，面向北，重视戊日和己日。送死之具有棺椁金银衣裘。冢地没有封树，不穿丧服。为单于殉葬的近臣和奴隶多至数十人或百人。军事行动依靠星月的光辉，月满则出击，月亏则退兵。作战中斩获敌人首级，赐酒一碗。掠得财物归己，所俘获生口亦由自己畜为奴婢。他们打起仗来，人人自动趋利，善于用诱兵冲击敌人。他们见到敌人就向前逐利，如同鸟群翔集。战事困败，则瓦解云散。有怯战徘徊死于战场的，没收其人的家产归公。

后北服浑庾、〔1〕屈射、〔2〕丁零、〔3〕鬲昆、〔4〕薪犁之国。〔5〕于是匈奴贵人大臣皆服，以冒顿单于为贤。〔6〕

【注释】〔1〕"浑庾"，《汉书》作"浑窳"，《魏志》注引鱼豢《魏略》曰："匈奴北有浑窳国、屈射国、隔昆国、新棃国"，据《中国史稿地图集》，浑窳在前苏联西伯利亚石勒喀河流域。〔2〕"屈射"，《索隐》云："国名，射音亦，又音石。"据《中国史稿地图集》，屈射位于前苏联贝加尔湖之东赤塔附近。〔3〕"丁零"，与丁灵、丁令、狄历、敕勒、铁勒皆同名异译。魏人称为高车部，居于大漠南北，东起贝加尔湖，西抵中亚，部落众多，姓氏各别。〔4〕"鬲昆"，《汉书》作"隔昆"。又称坚昆。唐代称作黠戛斯，为突厥民族的一支。生息在前苏联鄂毕河上游和叶尼塞河一带。今吉尔吉斯族是其后裔。故地在前苏联叶尼塞河流域。〔5〕"薪犁之国"，《汉书》作"龙新棃"，王念孙曰："《汉书》'龙'字，盖涉上文'龙城’而衍。”薪犁地望不详。《中国史稿地图集》标在前苏联鄂毕河流域新西伯利亚附近。〔6〕“冒顿单于”，是公元前二、三世纪时北方草原游牧民族匈奴族的杰出领袖。他取得政权（前二〇三年）的前夕，匈奴族已进入铁器文化时代，氏族组织和部落联盟的政权性质正在发生深刻的变化，阶级关系逐步形成。匈奴的历史已经叩向文明世界的大门。冒顿单于顺应时代发展的趋势，融合了原来处于分散落后的部落联盟中的许多部族，以匈奴族为主体，统一成为一个庞大的奴隶制军事大国。这个军事大国西有西域，东并东胡，大漠南北，控弓之民，皆成一家，其封疆几与漠南的汉民族相埒，是当时世界上统治地区最为广袤的民族国家之一。冒顿制定了一套完整的军事政治制度，在古代北方游牧民族中也是首创。匈奴作为北方草原游牧地区的主体民族南下与中原农业地区主体民族汉民族争衡，夺取东方世界的统治权，进行了长期的威武雄壮的战争。冒顿单于为这一长期战争揭开了序幕。冒顿单于作为匈奴民族杰出代表和伟大人物记录在世界历史的史册上。

【译文】后来，冒顿单于又北进征服了浑庾、屈射、丁零、鬲昆、薪犁等许多部族。自此匈奴的贵人大臣都服从冒顿，称道冒顿单于的才干和贤能。

是时汉初定中国，〔1〕徙韩王信于代，都马邑。〔2〕匈奴大攻围马邑，韩王信降匈奴。〔3〕匈奴得信，因引兵南踰句注，〔4〕攻太原，〔5〕至晋阳下。高帝自将兵往击之。〔6〕会冬大寒雨雪，卒之堕指者十二三，于是冒顿详败走，诱汉兵。〔7〕汉兵逐击冒顿，冒顿匿其精兵，见其羸弱，〔8〕于是汉悉兵，多步兵，〔9〕三十二万，北逐之。高帝先至平城，〔10〕步兵未尽到，冒顿纵精兵四十万骑围高帝于白登，〔11〕七日，汉兵中外不得相救饷。〔12〕匈奴骑，其西方尽白马，东方尽青駹马，〔13〕北方尽乌骊马，〔14〕南方尽骍马。〔15〕高帝乃使使间厚遗阏氏，〔16〕阏氏乃谓冒顿曰：“两主不相困。今得汉地，而单于终非能居之也。且汉王亦有神，单于察之。”冒顿与韩王信之将王黄、赵利期，〔17〕而黄、利兵又不来，疑其与汉有谋，亦取阏氏之言，乃解围之一角。于是高帝令士皆持满傅矢外乡，〔18〕从解角直出，〔19〕竟与大军合，而冒顿遂引兵而去。汉亦引兵而罢，使刘敬结和亲之约。〔20〕

【注释】〔1〕“是时”，承上文谓冒顿东灭东胡，西击走月氏，正秣马厉兵，准备南征，染指中原之时。“汉初定中国”，说的是高祖五年十二月，项羽败死垓下。正月，诸侯及将相共请尊汉王为皇帝。二月甲午（初三日）刘邦即皇帝位于汜水之阳。至此，中原之鹿。归于汉苑。〔2〕“徙韩王信于代，都马邑”，“韩王信”，亦名信都，韩襄王庶出的孙子。“代”，不是代郡，是指代王封邑。高帝六年春正月壬子，以云中、雁门、代郡五十三县立兄宜信侯刘喜（即刘仲）为代王。梁玉绳曰：“韩王未尝徙代”，盖误以“代”为代王城。代王城在河北蔚县东北，当时不是抗击匈奴的前线，故梁玉绳疑之。按：韩王信本都阳翟。高帝六年，以太原郡三十一县为韩国，徙韩王信都晋阳。同年，又徙韩王信于代，都马邑。《潜夫论·志氏姓篇》亦曰：“高祖以信徙王代。”“马邑”，在今山西朔县。〔3〕“匈奴大攻围马邑，韩王信降匈奴”，事在高帝六年秋九月。〔4〕“句注”，即雁门山。〔5〕“太原”，秦置郡，治所在晋阳。晋阳故地在今山西太原市西南古城营。〔6〕“高帝自将兵往击之”，“高帝”，刘邦。事在高帝七年冬十月。〔7〕“于是冒顿详败走，诱汉兵”，“详”，通“佯”。佯败以诱敌，是匈奴善用的战术。上文云：“善为诱兵以冒敌”，即指此。〔8〕“汉兵逐击冒顿，冒顿匿其精兵，见其羸弱”，“羸”，音 léi，瘦弱，疲病。按冒顿用埋伏精兵，诱敌深入之计，高帝军中御史成与奉春君刘敬识破匈奴之计，向高帝进谏，高帝不听。〔9〕“于是汉悉兵，多步兵”，“悉”，尽。“悉兵”，尽发所有兵。“多步兵”三字，杨树达说是注文。〔10〕“平城”，故地在今山西大同市东。〔11〕“白登”，在平城东南十七里。故地在今山西大同市东，山上有白登台。〔12〕“七日，汉兵中外不得相救饷”，“饷”，音 xiàng，军粮。亦有馈赠和接济的意思。汉高帝被困平城，七天七夜，断绝粮饷供应的困境，许多文献都有记载。如李陵《答苏武书》云：“昔高皇帝以三十万众，困于平城。当此之时，猛将如云，谋臣如雨，然犹七日不食，仅乃得免。”〔13〕“駹”，音 máng，青色马，一说黑马白面。〔14〕“骊”，音 lí，黑色马。项羽坐骑乌锥马即是。〔15〕“骍”，音 xīng，赤黄相间，而以赤色为主的马。〔16〕“仍使使间厚遗阏氏”，“间”，间道。或作离间解。“厚遗”，送厚礼。“阏氏”，单于正妻。据《陈丞

相世家》,这是护军中尉陈平使用的“奇计”,促使单于阏氏力劝冒顿解围。用的什么计,史无记载。后来桓谭《新论》及《文苑英华·木女解平城围赋》都有揣测之辞,未足为信。〔17〕“冒顿与韩王信之将王黄、赵利期”,王黄本匈奴人,是韩王信旧部,赵利是战国赵的后代。韩王信逃亡匈奴时,其将曼丘臣、王黄共立赵利为王。〔18〕“持满傅矢外乡”,“持满”,满引弓弩。“傅矢”,注矢于弦。“乡”,向。“外乡”,面对敌阵。这个突围的方案是陈平提出的。《韩信列传》云:“护军中尉陈平言上曰:胡者全兵,请令彊弩傅两矢外乡,徐行出围。”《汉书·夏侯婴传》亦云:“高帝出欲驰,婴固徐行,弩皆持满外乡,卒以得脱。”〔19〕“从解角直出”,从解围的一角,径直前行。〔20〕“刘敬”,齐人,本姓娄,原是军中运送粮草的车夫。建议高祖都关中有功,赐姓为刘,拜为郎中,封奉春君。在高帝与匈奴作战时,正确分析敌情,为高帝所重。刘敬提出和匈奴和亲的政策,是西汉初期的重要国策。后又提议徙六国之后,充实关中。刘敬是西汉初期一个出身贫贱而又具有战略眼光的谋士。

【译文】这时汉王朝初步平定中国,迁徙韩王信到代国,以马邑为首府。匈奴发动强大攻势包围马邑,韩王信投降匈奴。匈奴得到韩王信,率领军队向南越过句注山进攻太原,兵临晋阳城下。汉高帝亲自率军抗击匈奴。正值冬天严寒雨雪,士卒冻坏指头的有十之二三。冒顿假作兵败,引诱汉兵,汉兵追击。冒顿埋伏精兵,把老弱暴露在阵前。汉出动全部兵马,多数是步兵,共三十二万人,一路追奔逐北。高帝率先到达平城,而步兵还没有全部跟上,冒顿指挥四十万精兵把高帝包围在白登。连续被围困了七天,汉兵城里城外失去联系,粮食供应断绝。匈奴的骑兵,西方一色的白马,东方一色的青马,北方一色的黑马,南方一色的赤黄色马。高帝找机会派人给单于的阏氏送了一份厚礼。阏氏因而对冒顿说:“两国之主不应该互相攻打。就说得到汉王的土地,匈奴也无法在那里居住。何况汉王有神灵相助,请单于多考虑。”冒顿本与韩王信部将王黄、赵利约好会师的日期,而未见王黄、赵利的兵来到,怀疑他们和汉有勾结,因此听从阏氏的话,解开围城的一角。于是高帝下令全军引满弓矢向外突围,从解围的一角冲出去,终于和大军会合。冒顿率军退走,汉亦撤军罢兵。派刘敬为使缔结和亲之约。

是后韩王信为匈奴将,[1]及赵利、王黄等数倍约,[2]侵盗代、云中。居无几何,[3]陈豨反,又与韩信合谋击代。[4]汉使樊哙往击之,[5]复拔代、雁门、云中郡县,不出塞。是时匈奴以汉将众往降,[6]故冒顿常往来侵盗代地。于是汉患之,高帝乃使刘敬奉宗室女公主为单于阏氏,[7]岁奉匈奴絮缯酒米食物各有数,约为昆弟以和亲,冒顿乃少止。后燕王卢绾反,率其党数千人降匈奴,[8]往来苦上谷以东。[9]高祖崩,[10]孝惠、吕太后时,[11]汉初定,故匈奴以骄。冒顿乃为书遗高后,妄言。[12]高后欲击之,诸将曰:“以高帝贤武,然尚困于平城。”于是高后乃止。[13]复与匈奴和亲。[14]

【注释】〔1〕“是后韩王信为匈奴将”,韩王信投降匈奴,经常骚扰边境。高帝十一年春正月,韩王信带领匈奴骑兵入侵代境。将军柴武斩韩王信于参合。参合故地在今山西阳高县东南。〔2〕“倍”,与“背”字通。〔3〕“无几何”,言无多时。西汉习俗语。〔4〕“陈豨反,又与韩信合谋击代”,陈豨,宛朐(山东菏泽县西南)人。高帝时封为列侯,以相国守代。高帝十年七月,使人召豨。豨称病不赴召。九月与韩王信部将王黄等反,自立为代王,劫略赵、代。〔5〕“樊哙”,沛人,与刘邦同乡里,少以屠狗为业。陈胜揭竿,萧何、曹参使哙求迎刘邦,立为沛公。遂从沛公,屡有战功,封为舞阳侯。其妻吕嬃,吕后之姊。高帝十二年冬,樊哙追斩陈豨于灵丘。〔6〕“是时匈奴以汉将众往降”,汉将降匈奴,一时有韩信、王黄、曼丘臣、陈豨、卢绾等人。〔7〕“公主”,《汉书》作“翁主”。帝王女曰公主。诸王女曰翁主,言其父自主婚。〔8〕“卢绾”,沛县人,与高祖同里,与高祖同日生。高帝五年,立卢绾为燕王。十二年,樊哙击燕。四月高祖崩,卢绾率众降匈奴。匈奴封之为东胡卢王。不久,卢绾思归,病死在匈奴。〔9〕“苦”,音 kǔ,苦菜,通“荼”。“苦上谷以东”,谓荼毒上谷以东的生灵。“苦”,亦可作骚扰解。《汉书·高帝纪》:“而彭越、田横居梁地,往来苦楚兵,绝其粮食。”句例同,谓往来骚扰楚兵。“往来苦”是西汉习俗语。〔10〕“高祖崩”,高帝十二年(前一九五年)四月二十五日,帝崩于长乐宫。〔11〕“孝惠帝”,刘盈,高帝太子。高帝十二年五月二十日立为帝。崩年在七年八月十二日。“吕太后”,名雉。孝惠崩后亲政。吕后执政八年,辛酉七月三十日，崩于未央宫。〔12〕“冒顿乃为书遗高后，妄言”，冒顿遗高后书全文，详具《汉书·匈奴传》。《资治通鉴》系事于惠帝三年，说“辞极亵嫚”。杨树达曰：“此书《史记》不载，但以妄言二字括之，盖为国讳也。东汉初年，已斥言吕后不配高祖，孟坚不讳而载之，殆以此也。”〔13〕“高后乃止”，高后召丞相平、樊哙、季布等议斩其来使。当时樊哙欲得十万众横行匈奴。季布说，哙欲摇动天下，妄言而谩，可斩。又曰：“夷狄譬如禽兽，得其善言不足喜，恶言不足怒。”高后乃寝击匈奴之议。〔14〕“复与匈奴和亲”，吕后令大谒者张泽使匈奴，冒顿亦复书谢，遂和亲。

【译文】自此以后，韩王信当了匈奴的部将，和他部下赵利、王黄多次背约侵扰代和云中。不多久，陈豨反叛，又和韩信合谋袭击代地。汉派樊哙去攻打他们，攻克代、雁门、云中许多郡县。汉兵没有出塞穷追。这时匈奴由于时有汉将来降，冒顿得以时常出入代地骚扰，汉为之担忧。高帝派遣刘敬为使，陪送宗室女冒称公主下嫁为单于阏氏，每年赠送匈奴一定数量的丝絮、缯帛以及酒米等食物，与单于约为兄弟，形成和亲的局面。冒顿乃稍稍停止入侵。后来燕王卢绾反，带领部下数千人投降匈奴，往来骚扰上谷以东，荼毒那里的人民。高祖去世，孝惠、吕太后时，汉局势开始稳定，而匈奴却表现骄横。冒顿修书给高后，一派胡言。高后欲兴兵讨伐，诸将领说：“以高帝那样英勇睿智，尚且受困于平城！”高后只好罢休，仍然和匈奴和亲。

至孝文帝初立，复修和亲之事。〔1〕其三年五月，匈奴右贤王入居河南地，侵盗上郡葆塞蛮夷，〔2〕杀略人民。于是孝文帝诏丞相灌婴发车骑八万五千，〔3〕诣高奴，〔4〕击右贤王。右贤王走出塞。文帝幸太原。〔5〕是时济北王反，〔6〕文帝归，罢丞相击胡之兵。

【注释】〔1〕“至孝文帝初立，复修和亲之事”，孝文帝刘恒，高祖中子。高祖十一年春，已破陈豨军，定代地，立为代王。壬戌（前一七九年）十月初八日践皇帝位。文帝前六年，老上单于初立，帝复遣宗室女翁主为单于阏氏。〔2〕“侵盗上郡葆塞蛮夷”，本书《孝文本纪》云：“驱保塞蛮夷，令不得居其故。”“葆塞”为西汉习俗语。“葆塞蛮夷”是历次战争所获他族战俘，移之以塞边。〔3〕“丞相”，掌佐天子，助理万机，秩万石，是中央的最高官职。高帝时置一丞相。十一年更名相国。孝惠高后时置左右二丞相。文帝二年复置一丞相。“灌婴”，睢阳人，少时贩缯为生。高祖为沛公，还军于砀时，婴以中涓从沛公。屡战有功。汉王即帝位，封婴为颍阴侯。文帝三年十一月，绛侯勃免相。十二月，灌婴为丞相。〔4〕“高奴”，在今陕西延安市东北。〔5〕“文帝幸太原”，文帝三年六月二十七日，文帝自甘泉到高奴，抵达太原，留十余日。“幸”，蔡邕云：“天子车驾所至，臣民以为侥幸，故曰幸。”〔6〕“是时济北王反”，东牟侯刘兴居，高祖长庶齐悼王刘肥之子。清除诸吕有功。文帝二年三月，立为济北王。文帝三年五月反。八月，济北王兴居兵败自杀。

【译文】孝文帝即位之初，继续奉行和亲政策。文帝三年五月，匈奴右贤王向河南地区移民，攻袭在上郡守边的归顺蛮夷，杀害掠夺人民。孝文帝命令丞相灌婴调遣八万五千车骑进驻高奴，进攻右贤王。右贤王退回塞外。文帝车驾莅临太原。这时济北王发动叛乱。文帝回朝，撤回丞相讨伐匈奴的部队。

其明年，单于遗汉书，〔1〕曰：“天所立匈奴大单于敬问皇帝无恙。〔2〕前时皇帝言和亲事，称书意，合欢。〔3〕汉边吏侵侮右贤王，右贤王不请，〔4〕听后义卢侯难氏等计，〔5〕与汉吏相距，〔6〕绝二主之约，离兄弟之亲。皇帝让书再至，发使以书报，不来，汉使不至，〔7〕汉以其故不和，邻国不附。今以小吏之败约，〔8〕故罚右贤王，使其西求月氏击之。〔9〕以天之福，吏卒良，马彊力，以夷灭月氏，〔10〕尽斩杀降下之。〔11〕定楼兰、乌孙、呼揭及其旁二十六国，〔12〕皆以为匈奴。〔13〕诸引弓之民，并为一家。北州已定，愿寝兵，〔14〕休士卒养马，除前事，复故约，以安边民，以应始古，使少者得成其长，老者安其处，世世平乐。未得皇帝之志也，〔15〕故使郎中系雩浅奉书请，〔16〕献橐他一匹，〔17〕骑马二匹，〔18〕驾二驷。〔19〕皇帝即不欲匈奴近塞，则且诏吏民远舍。〔20〕使者至，即遣之。”〔21〕以六月中来至薪望之地。〔22〕书至，汉议击与和亲孰便。公卿皆曰：“单于新破月氏，〔23〕乘胜，不可击。且得匈奴地，泽卤，〔24〕非可

居也。和亲甚便。”汉许之。

【注释】〔1〕“其明年,单于遗汉书”,按照本传行文叙事次第,“其明年”是承“是时济北王反,文帝归,罢丞相击胡之兵”之后而言。济北王反是文帝三年五月以后事,故“明年”当为文帝前四年。惟汉复书,本传明言是文帝前六年之事,来书未有系年,用常理推论,亦应在当年。故《通鉴》次匈奴单于来书于前六年。“其明年”之前,必有一段叙事佚失,致使前后不能一贯。遗汉书的单于又是谁呢?本传于汉复书后,始有“后顷之,冒顿死”的记载。故单于遗书及汉复书皆冒顿单于时事。〔2〕“天所立匈奴大单于敬问皇帝无恙”,单于姓挛鞮,称为撑犁孤涂单于。匈奴谓天为撑犁,子为孤涂。匈奴族领袖和汉族领袖都自称为“天子”,所以遗汉书自称“天所立匈奴大单于”。“恙”,音 yàng,灾祸,疾病。〔3〕“称书意,合欢”,“称”,副,符合。谓所遗书意和自己的希望相符,大家都高兴。〔4〕“右贤王不请”,“不请”谓不告。右贤王没有向单于报告。〔5〕“后义卢侯”,亦作“俊仪卢侯”,匈奴人名。“难氏”,匈奴将名。“氏”,音 zhī。〔6〕“相距”,《汉书》作“相恨”。“恨”音 hěn,互相斗争。〔7〕“皇帝让书再至,发使以书报,不来,汉使不至”,“让书”,责问的信函。谓匈奴再次收到汉皇帝的责问信,匈奴派使者送去覆书。汉滞留使者不让回到匈奴来,汉又不派使臣来匈奴回聘。〔8〕“今以小吏之败约”,谓后义卢侯和难氏败坏二主之约。〔9〕“使其西求月氏击之”,自战国至汉初,匈奴与月氏间战争,见诸史料的凡四次。第一次是在秦时,冒顿为质于月氏,头曼单于急击月氏,冒顿盗善马亡归匈奴。第二次是在公元前三世纪末,楚汉相距时,冒顿破灭东胡,西击走月氏。走到何处,史无记载,只能说明月氏受到第二次打击,离开了敦煌故地。第三次就是本文所记,冒顿单于罚右贤王,“西求月氏击之”。时在汉文帝前六年的前一、二年。约在公元前一七七或前一七六年。因月氏西迁是逐步向西南方迁移,此时月氏到达准噶尔盆地。第四次是在前一七四至前一六一年之间,匈奴老上单于联合乌孙,把已经定居在伊犁河流域的月氏逐出,赶到阿姆河流域。〔10〕“以天之福,吏卒良,马彊力,以夷灭月氏”,“夷”,平定。从本处行文可以看出,罚右贤王西求月氏击之,夷灭月氏以后,楼兰、乌孙、呼揭方为匈奴所有。由此也可以判断,冒顿破东胡,西击走月氏,月氏并未一下子到达伊犁河流域,只是离开西域的疆土和敦煌故地,与西域楼兰、乌孙、呼揭各族杂居。〔11〕“尽斩杀降下之”,《汉书》作“尽斩杀降下定之”。〔12〕“楼兰”,西域城邦国,楼兰城遗址在新疆罗布泊西北岸,地属西域中西方的通道上。在西域通中国以前,役属于匈奴。后来常两属以自安。自孔雀河干枯后,罗布泊沦为沙漠,楼兰遂湮灭。“乌孙”,最早居住在河西走廊,后被匈奴攻击,西徙。乌孙与匈奴同俗。其地望东与匈奴,西北与康居,西与安息,南与城郭诸国接。首府赤谷城,在前苏联中亚伊什提克。“乌揭”,西域部族,生息在阿尔泰山南麓,或以为是突厥的祖先。亦作“呼揭”。《通鉴注》:“呼揭,盖在乌孙之东,匈奴西北也。”《汉书·陈汤传》:“会汉发兵送呼韩邪单于。郅支由是西破呼揭、坚昆、丁令。”沈钦韩谓呼揭即《魏志注》所引《魏略》之呼得国,在乌孙西北。“及其旁二十六国”,疑即《汉书·西域传》之三十六国。“三”误作“二”。“国”谓城邦国。匈奴既定楼兰乌孙,传檄而定其旁三十六国是可能的。〔13〕“皆以为匈奴”,谓皆入匈奴一国。〔14〕“北州已定”,“北州”,前人以为是浑庾、屈射、丁零、鬲昆、薪犁诸国。按《汉书·张骞传》:单于曰:“月氏在吾北,汉何以得往使?”说明“北州已定”,仍指平定月氏而言,否则文气何能前后贯通。另外还说明冒顿和月氏作战的战场不在月氏原来居住的敦煌、祁连,以地域推之,应在阿尔泰山迤北中亚地区。〔15〕“未得皇帝之志也”,不知道皇帝的想法如何。〔16〕“係雩浅”,“係”,音 xì。“雩”,音 wū,《汉书》作“虖”。係雩浅当为秦民没入匈奴的后代,其先为郎中,故沿习其旧称。係雩浅为秦民之后,通汉语,故延之为使。〔17〕“献橐他”,献骆驼。〔18〕“骑马”,战马。〔19〕“驾”,挽车之马。“二驷”,八匹。〔20〕“皇帝即不欲匈奴近塞,则且诏吏民远舍”,“即”,若。这里,匈奴提出交换条件:皇帝不让匈奴接近边塞,也必须诏告自己居住在边塞的吏民后撤,远离现在居住地。〔21〕“使者至,即遣之”,这是匈奴在来书中提出的另一要求:不要扣留匈奴使者。〔22〕“薪望”,《汉书》作“新望”,边境地名。〔23〕“单于新破月氏”,事应在单于修书以前一年或二年。即在文帝前六年的前一年或二年。〔46〕“泽卤”,“泽”,音,xì。亦作“潟卤”、“斥卤”,低洼的盐碱地。

【译文】明年,单于给汉文帝信中说:“上天所立匈奴大单于敬向皇帝致意问好。前些时皇帝谈到和亲的事,书中来意彼此相同,双方都高兴。汉守边官吏欺侮右贤王。右贤王没有向我禀告,听信后义卢侯难氏的话,和汉吏发生冲突,损害了两国君主的盟约,疏远了兄弟般的亲密关系。皇帝再次来信责让。派使臣回报，使臣被扣留，而汉不派使臣回聘。汉因此之故不采取和解的态度，我们作为邻国也无法归附。今因小吏损害盟约，我惩罚右贤王，命令他去西方跟踪追击月氏。靠上天保佑，官吏士卒精良，战马强壮有力，消灭了月氏，全部斩杀敢于反抗的敌人，使其全部投降。平定楼兰、乌孙、呼揭及附近二十六国，皆听命于匈奴。使所有贯弓射箭的人民，成为一家人。北方的月氏，已经平定。愿意停息干戈，休养士卒，喂好马匹。以往之事不必计较，恢复过去的盟约，安抚边民，以顺应自古就有的友好关系。使年青人得到成长，老年人安度晚年，世世代代，和平安乐。不知道皇帝意见如何？所以派郎中係雩浅送上书函，献骆驼一匹，战马二匹，驷车二驾。皇帝若不希望匈奴接近边塞，我就诏告吏民迁居到远处去。使者到达后，请让他回来。"係雩浅于六月中旬到达薪望。献上来书。汉讨论是武力解决好呢？还是用和亲的办法好？公卿都说："单于新近打败月氏，战胜的威风还在，不可用兵。况且得到匈奴的土地，是低洼盐碱地，没有法子在那里居住，和亲的办法好。"汉答应匈奴的请求。

孝文皇帝前六年，[1]汉遗匈奴书曰："皇帝敬问匈奴大单于无恙。使郎中係雩浅遗朕书曰：[2]'右贤王不请，听后义卢侯难氏等计，绝二主之约，离兄弟之亲，汉以故不和，邻国不附。今以小吏败约，故罚右贤王使西击月氏，尽定之。愿寝兵休士卒养马，除前事，复故约，以安边民，使少者得成其长，老者安其处，世世平乐。'朕甚嘉之。此古圣主之意也。汉与匈奴约为兄弟，所以遗单于甚厚。倍约离兄弟之亲者，[3]常在匈奴。然右贤王事已在赦前，单于勿深诛。[4]单于若称书意，明告诸吏，使无负约，有信，敬如单于书。使者言单于自将伐国有功，[5]甚苦兵事。服绣袷绮衣、[6]绣袷长襦、[7]锦袷袍各一，[8]比余一，[9]黄金饰具带一，[10]黄金胥纰一，[11]绣十匹、锦三十匹，赤绨、绿缯各四十匹，[12]使中大夫意、[13]谒者令肩遗单于。"[14]

【注释】〔1〕"孝文皇帝前六年"，匈奴冒顿单于三十六年，公元前一七四年。这一年，汉文帝答复了冒顿单于的来书，使中大夫意、谒者令肩使匈奴，馈赠礼物。这年晚些时候，冒顿单于死，子稽粥立，号老上单于。〔2〕"朕"，音 zhèn。古时不分贵贱，都自称朕。自秦始皇始专用为皇帝自称。皇太后临朝，也称"朕"。〔3〕"倍"，与"背"字通。〔4〕"诛"，责备，责求。〔5〕"使者"，匈奴使者係雩浅。"伐国"，谓伐人之国，指东胡、浑庾、屈射、丁零、鬲昆、薪犂、乌孙、月支等。〔6〕"服绣袷绮衣"，以下是附列的礼品清单。"服"，颜师古曰："天子自所服。"以文帝自己穿的衣服赐冒顿，表示隆宠。"袷"，音 jiá，与"夹"字同。夹衣。"绮"，音 qǐ，织素为文曰绮。"绣袷绮衣"，以绣为表，绮为里的夹衣。〔7〕"襦"，音 rú，本义为短袄。"绣袷长襦"，绣花夹长袄。《汉书》无"绣袷"二字。〔8〕"锦袷袍"，织锦的夹长袍。《汉书》无"袷"字。"各一"，绣袷绮衣、绣长襦、锦袍各一件。〔9〕"比余一"，"比"音 bī。"比余"，《汉书》作"比疏"，理发的工具。靡者为比，粗者为梳。今常州所产篦，类似汉代的"比"。小颜以为是发饰，不当。〔10〕"黄金饰具带一"，"具"是贝之误，谓饰贝的黄金腰带。《汉书·佞幸传》颜师古注曰："贝带，海贝饰带。"王国维《观堂集林》十八《胡服考》云："胡地乏水，得贝綦难，且以黄金饰，不容更以贝饰，当以作具为是。"按：胡地缺水，得贝綦难，不足以排除匈奴人以海贝饰带。更何况此贝带是汉所遗，不存在胡地缺水得贝綦难的问题。〔11〕"纰"，音 pí。"胥纰"，带钩。《汉书》作"犀毗"。〔12〕"绣十匹，锦三十匹，赤绨、绿缯各四十匹"，"绣"为绣花之帛。"锦"为织采为文之帛。"绨"为厚缯。"缯"为丝织物总称。跟随刘邦造反的灌婴，原来就以贩缯为业。"匹"，《食货志》云："帛广二尺二寸为幅，长四丈为匹。"亦作"疋"。〔13〕"使中大夫意"，"中大夫"是郎中令属官。郎中令秩中二千石，其职掌虽为管理宫中殿掖门户，实际上宫中总管。属下除中大夫外，还太中大夫、谏大夫、议郎、中郎、侍郎、郎中等形成一个庞大的管理机构。武帝太初元年更名光禄勋。中大夫更名光禄大夫。"意"，人名。〔14〕"谒者令"，郎中令属官，掌礼赞进退之事，秩比六百石。《汉书·毋将隆传》："中谒者令史立。""谒者令"和"中谒者令"都是行宾礼时的司仪。"肩"，人名。

【译文】孝文皇帝前六年，汉写给匈奴的信曰："皇帝敬向匈奴大单于致意问好。你派郎中係雩浅送给我的信中说：'右贤王未经禀告，听信后义卢侯难氏的话，损坏了两国君主的盟约，离间了兄弟般的亲密关系，汉因而没有采取和解的态度，如何能令邻国归附呢？今因小吏损害盟约，惩罚右贤

王，命令他去西方讨伐月氏，今已全部扫平。愿停息干戈，休养士卒，喂好马匹，以往之事不复计较，恢复过去的盟约，安抚边民，使年青人得到成长，老年人安度晚年，世世代代，和平安乐。'我很赞同你的主张。这才是自古以来圣明君主的宗旨。汉与匈奴约为兄弟以来，馈赠单于，甚为优厚，而背约离弃兄弟之亲的，往往是匈奴。右贤王的事是在大赦以前，单于不必过分责备。单于行动如与来信一致，请明白告诫部属，不许违背盟约。言而有信，我就照单于信中所说办理。使者说，单于亲自带兵征讨诸国有功，也以用兵为苦。今以天子服饰绣袷绮衣、绣袷长襦、锦袷袍各一件，比余一件，黄金饰贝带一件，黄金胥纰一件，绣十匹，锦三十匹，赤绨、绿缯各四十匹，特派中大夫意、谒者令肩前来送给单于。"

后顷之，冒顿死，子稽粥立，[1]号曰老上单于。

【注释】〔1〕"冒顿死，子稽粥立"，"稽粥"，音 jī yù。冒顿单于在位三十六年，汉文帝六年(公元前一七四年)死。子稽粥继立为匈奴单于。

【译文】不久，冒顿死，子稽粥立为单于，号老上单于。

老上稽粥单于初立，[1]孝文皇帝复遣宗室女公主为单于阏氏，[2]使宦者燕人中行说傅公主。[3]说不欲行，汉彊使之。说曰："必我行也，为汉患者。"[4]中行说既至，因降单于，单于甚亲幸之。

【注释】〔1〕"老上稽粥单于初立"，老上稽粥单于，公元前一七四至前一六一年在位，统治匈奴共十四年。老上单于初立，文帝仍继续其和亲政策。匈奴惑于中行说的离间，仍不断寇边。最严重的一次是汉文帝十四年，匈奴十四万骑入朝那、萧关，杀北地都尉孙卬。老上单于还西向控制西域，助乌孙攻破月氏，杀其王，以其头为饮器。月氏西走，徙于大夏。老上单于死后，乌孙不肯复事匈奴。〔2〕"宗室女公主"，宗室女应为"翁主"，此云"公主"，乃蒙公主之名下嫁。《汉书》作"翁主"。〔3〕"中行说"，"中行"复姓。"行"音 hāng。春秋晋荀林父将中行，后以中行为姓。"说"，音 yuè。"傅"，音 fù，辅佐，师傅。〔4〕"必我行也，为汉患者"，"必"，强迫。"也"，邪。"也"、"邪"古通用。《汉书》作"必我也"。"者"，犹耳。中行说本不肯行，而强使之，故忿曰："必欲我行邪，则当教匈奴扰汉。"

【译文】老上稽粥单于刚即位，孝文皇帝又派遣宗室女冒称公主下嫁为单于阏氏，派宦官燕人中行说为公主的侍从。中行说不愿去匈奴，汉强迫他去。中行说说："一定强迫我去，我将给汉制造点麻烦。"中行说到匈奴，果然投降了单于。单于很是亲近宠信他。

初，匈奴好汉缯絮食物，中行说曰："匈奴人众不能当汉之一郡，[1]然所以彊者，以衣食异，无仰于汉也。今单于变俗好汉物，汉物不过什二，则匈奴尽归于汉矣。[2]其得汉缯絮，以驰草棘中，[3]衣袴皆裂敝，以示不如旃裘之完善也。得汉食物皆去之，[4]以示不如湩酪之便美也。"[5]于是说教单于左右疏记，以计课其人众畜物。[6]

【注释】〔1〕"匈奴人众不能当汉之一郡"，贾谊说，匈奴之众，不过汉一大县，《盐铁论·论功篇》亦谓匈奴不当汉家之巨郡，与中行说所说正符。按本传云："自左右贤王以下至当户，大者万骑，小者数千，凡二十四长，立号曰万骑。"则匈奴之丁壮，尚不足二十四万。以六口之家计算，总人口不过一百四十四万。汉郡户口，汝南最盛，户四十六万，口凡二百六十万。谓匈奴人众不能当汉之一郡，是可信的。〔2〕"汉物不过什二，则匈奴尽归于汉矣"，言汉费物十分之二，则尽得匈奴之众。贾谊用五饵之说："车服以坏其目，饮食以坏其口，音声以坏其耳，宫室以坏其腹，荣宠以坏其心"，以争取匈奴人入于汉。中行说盖已洞察其说。〔3〕"草棘"，泛指有刺的草木。〔4〕"得汉食物皆去之"，按匈奴本不习惯中原食物。《汉书·杨恽传》云："冒顿单于得汉美食好物，谓之殠恶。"〔5〕"湩酪"，音 zhòng lào。湩是乳汁，酪是乳浆。〔6〕"于是说教单于左右疏记，以计课其人众畜物"，"说"，中行说。"疏"，分门别类。"课"，《汉书》作"识"。"物"，《汉书》、《通鉴》并作"牧"。中行说教令单于左右管事的人，对所有人畜物产加以条分类别，统计其数。本传云："秋，马肥，大会蹛林，课校人畜计"，当是中行说归匈奴以后的事。中行说对促进匈奴社会的进步，是有贡献的。

【译文】早先,匈奴喜爱汉朝缯絮食物。中行说说:"匈奴的人口,抵不上汉朝一个郡。匈奴之所以强大,是由于衣食与汉人不同,不需要仰赖汉朝。今单于改变自己的习俗,喜爱汉人的东西,汉朝只要拿出物产的十分之二,匈奴就全部归属于汉了。从汉朝得来的缯絮,令人穿上,骑马在草棘中驰骋,一会儿衣袴就破裂了,告诉人们缯絮不如毡裘结实耐用。把来自汉朝的食品全都扔了,告诉人们那些食物不如湩酪香甜可口。"中行说教导单于的部下学习分类记数的方法,用来统计管理户籍和牲畜。

汉遗匈奴书,牍以尺一寸,〔1〕辞曰"皇帝敬问匈奴大单于无恙",所遗物及言语云云。〔2〕中行说令单于遗汉书以尺二寸牍,〔3〕及印封皆令广大长,〔4〕倨傲其辞曰"天地所生日月所置匈奴大单于敬问汉皇帝无恙",〔5〕所以遗物言语亦云云。

【注释】〔1〕"牍以尺一寸","牍",音 dú,书版,竹、木简,古人书记文书的工具。后逐渐为帛、纸所代替。现在还泛称文书为文牍。因牍长尺一寸,称书信为尺牍。汉尺合今市尺为 0.8295 尺。故汉代一尺一寸长的牍,合今市尺为 0.91245 尺。 〔2〕"所遗物及言语云云",《汉书》作"所以遗物及言语云云"。"所以遗物",与下文相应。以《汉书》为是。〔3〕"尺二寸牍",汉尺一尺二寸,合市尺 0.9954 尺。〔4〕"及封印皆令广大长",古代封发函牍,是用泥在竹木简的绳端打结处,盖上"封印",称为泥封。匈奴亦从汉俗,在泥封上加盖"封印"。过去扬州张氏收藏的"匈奴相邦"玉印,就是匈奴使用封印留下的实物。柯昌济《金文分域篇》所载匈奴印章有二十二枚之多。 〔5〕"倨",不恭。"傲",傲慢自大。《汉书》作"骜"。"日月所置",匈奴崇拜天象。本传云:"单于朝出营,拜日之始生,夕拜月。"

【译文】汉朝写给单于的函牍,长一尺一寸。函牍开头的言辞说:"皇帝敬问匈奴大单于平安",函中开列馈赠礼物,还有其他一些话等等。中行说替单于出主意,教他把写给汉朝的函牍,加长到一尺二寸。所用印封,也比汉朝的宽广长大。用傲慢不恭的言辞说:"天地所生、日月所置匈奴大单于敬问汉皇帝平安",也有馈赠礼物和其他一些话等等。

汉使或言曰:〔1〕"匈奴俗贱老。"〔2〕中行说穷汉使曰:〔3〕"而汉俗屯戍从军当发者,〔4〕其老亲岂有不自脱温厚肥美以赍送饮食行戍乎?"〔5〕汉使曰:"然。"中行说曰:"匈奴明以战攻为事,其老弱不能斗,故以其肥美饮食壮健者,盖以自为守卫,如此父子各得久相保,何以言匈奴轻老也?"汉使曰:"匈奴父子乃同穹庐而卧。〔6〕父死,妻其后母,兄弟死,尽取其妻妻之。无冠带之饰,阙庭之礼。"〔7〕中行说曰:"匈奴之俗,人食畜肉,饮其汁,衣其皮;畜食草饮水,随时转移。故其急则人习骑射,宽则人乐无事,其约束轻,〔8〕易行也。君臣简易,〔9〕一国之政犹一身也。父子兄弟死,取其妻妻之,恶种姓之失也。〔10〕故匈奴虽乱,必立宗种。〔11〕今中国虽详不取其父兄之妻,亲属益疏则相杀,至乃易姓,皆从此类。〔12〕且礼义之敝,上下交怨望,而室屋之极,生力必屈。〔13〕夫力耕桑以求衣食,筑城郭以自备,故其民急则不习战功,缓则罢于作业。嗟土室之人,〔14〕顾无多辞,〔15〕令喋喋而占占,〔16〕冠固何当?"〔17〕

【注释】〔1〕"汉使或言者",文帝时使匈奴汉使,姓名多不可稽。《汉书·朱建传》云:"乃召其子,拜为中大夫,使匈奴。单于无礼,骂单于,遂死匈奴中。"因知朱建之子使匈奴。诸使俱无个人表现的记载,独此汉使轻匈奴而与中行说辩,其性格与朱建同。疑与中行说辩之汉使,或为朱建之子。〔2〕"匈奴俗贱老",本传云:"壮者食肥美,老者食其余。" 〔3〕"穷",追问。 〔4〕"而",你们。 〔5〕"脱",《汉书》作"夺"。"温厚肥美",可以言夺。"温厚"可曰脱,"肥美"不能曰脱,故《汉书》"夺"字是。"赍",音 jī,付与,送给。"行戍",巡狩戍边。《汉书》"行戍"作"行者"。 〔6〕"穹庐",旃帐。 〔7〕"阙",音 què。古代于宫庙及墓门立双柱,谓之"阙"。"阙庭之礼",谓文明国家的规章制度。〔8〕"其约束轻",《汉书》"轻"作"径"。"径",捷便,直接。《汉书》作"径"较胜。 〔9〕"君臣简易","简易",平易。是说君臣之间,没有繁文缛节。 〔10〕"种姓",指宗族。古代印度严格划分等级集团,称为种姓。这里的种姓不是印度的种姓,而是宗族。〔11〕"宗种",也是宗族。按匈奴世系,自头曼单于到公元四十六年立为单于的蒲奴单于,世代皆父子

兄弟相承，不失其宗种。五单于乱时，除乌藉单于原为都尉外，其余都是宗种之争。〔12〕“今中国虽详不娶其父兄之妻，亲属益疏则相杀，至乃易姓，皆从此类”，按：《秦本纪》由余谓中原：“上下交征怨，而相篡弑，至于灭宗，皆以此类也。”文义句例并相似。〔13〕“而室屋之极，生力必屈”，“屈”，尽。言经营栋宇，土木竞胜，劳役既重，所以力屈。也就是营建居室，劳民伤财。〔14〕“土室”，谓土木结构的房屋。〔15〕“顾”，但。〔16〕“喋喋”，多言，亦作“谍谍”。“占占”，“占”读“詹”。《说文·言部》：“詹，多言也。”古“占”、“詹”音近，二字字义或同。故“占占”亦多言。〔17〕“冠固何当”，衣冠楚楚，又管何用。

【译文】汉使中有人说：“匈奴习俗歧视老人。”中行说追问汉使说：“你们汉朝的习俗，屯戍边地的战士出发时，他们的父母长辈，有不解下轻暖的衣服，省下肥美的食物，送给守边的战士享用的吗？”汉使说：“是这样。”中行说说：“很明显，攻战是匈奴的大事。年老体弱的人，不能参加战斗，这才把肥美的食品供应壮健的人食用。这是为了主动守卫国家，这样父子才都能得到长期的保护。怎么能说匈奴歧视老人呢？”汉使说：“匈奴父子同在一个毡帐里睡。父亲死去，儿子娶后母为妻。兄弟死去，娶兄弟之妻为妻。不用冠带饰物，没有君臣上下的礼节。”中行说说：“匈奴的习俗，人吃牲畜的肉，喝牲畜的乳浆，穿牲畜的皮毛。牲畜吃草饮水，随时转移牧地。一旦发生紧急情况，人人从事骑射。和平时期，人人安乐无事，管理起来很方便，容易办事。君臣之间没有繁文缛节，治理一个国家，就像保养一个人的身体。父子兄弟死去，娶其妻子，是避免种姓的不纯。匈奴的伦常虽乱一些，但种姓血统不乱。中国虽然假装正经，不娶父兄的妻子，但亲属关系日益疏远，或自相残杀，甚至改换姓氏，都是由于假装正经的缘故。何况礼义凋敝，上上下下，互相埋怨。而营建宫室，穷奢极侈，耗尽生民的财力物力。从事耕田种桑，满足衣食所需，修筑城郭以自卫，可是一旦进入战时，老百姓却不会打仗。平时，苦于应征干活。可叹你们这些住土屋子的人，不必多说了。总是喋喋不休，看来衣冠楚楚，又有何用？”

自是之后，汉使欲辩论者，中行说辄曰：〔1〕“汉使无多言，顾汉所输匈奴缯絮米糵，〔2〕令其量中，〔3〕必善美而已矣，何以为言乎？〔4〕且所给备善则已；〔5〕不备，苦恶，〔6〕则候秋孰，〔7〕以骑驰蹂而稼穑耳。”日夜教单于候利害处。〔8〕

【注释】〔1〕“辄”，音 zhé。“辄曰”，就是则曰。〔2〕“顾”，但。“糵，音 niè，酿酒用的酒药子，发酵剂。〔3〕“中”，音 zhòng，满。“量中”，谓数量达到规定。〔4〕“何以为言乎”，《汉书》作“何以言为乎”。〔5〕“备善”，指质量标准。〔6〕“苦恶”，“苦”音 gǔ，粗糙。《汉书·息夫躬传》云：“器用盬恶。”苦恶即盬恶。〔7〕“秋孰”，秋熟。〔8〕“利害”，地形险要。《韩非子·初见秦》：“秦之号令赏罚，地形利害，天下莫若也。”

【译文】从此以后，汉使要接着辩论，中行说往往说：“汉朝使臣不必多说。只要记住汉输送给匈奴的缯絮米糵，数量一定要够，质量一定要好就行。何必多说呢！送来的东西坚固完美就算完事。不完善，质地粗劣，那就等到秋天庄稼成熟，等着我们的骑兵去驰骋践踏你们的庄稼吧！”中行说日日夜夜教唆单于伺机进犯。

汉孝文皇帝十四年，〔1〕匈奴单于十四万骑入朝那、萧关，〔2〕杀北地都尉卬，〔3〕虏人民畜产甚多，遂至彭阳。〔4〕使奇兵入烧回中宫，〔5〕候骑至雍甘泉。〔6〕于是文帝以中尉周舍、郎中令张武为将军，〔7〕发车千乘，〔8〕骑十万，军长安旁以备胡寇。而拜昌侯卢卿为上郡将军，〔9〕甯侯魏遬为北地将军，〔10〕隆虑侯周灶为陇西将军，〔11〕东阳侯张相如为大将军，〔12〕成侯董赤为前将军，〔13〕大发车骑往击胡。单于留塞内月余乃去，汉逐出塞即还，不能有所杀。匈奴日以骄，岁入边，杀略人民畜产甚多，云中、辽东最甚，至代郡万余人。〔14〕汉患之，乃使使遗匈奴书。单于亦使当户报谢，〔15〕复言和亲事。

【注释】〔1〕“汉孝文皇帝十四年”，汉孝文帝十四年，为匈奴老上单于九年，公元前一六六年。孝文帝即位后，三年五月，匈奴入北地、河南为寇，丞相灌婴击走之。十一年夏，匈奴寇狄道。孝文帝十四年的冬天，是匈奴自文帝即位以来的第三次大举入寇。〔2〕“匈奴单于”，匈奴老上单于。“萧关”,今甘肃固原县东南。〔3〕“都尉”,秦时名郡尉,景帝时改称都尉,其职掌,军事上副佐郡守,是地方上和郡守的地位一样的高级官吏,都受银印剖符之任。郡守秩二千石,都尉秩比二千石。“卬”,孙卬。孙卬死事有功,文帝十四年三月丁巳(二十六日)封其子孙单为缾侯。〔4〕“彭阳”,《括地志》云:“在泾州临城县东南二十里。”今甘肃镇原县东南。〔5〕“奇兵”,《汉书》作“骑兵”。《括地志》云:“秦回中宫,在岐州雍县西四十里,即匈奴所烧者也。”按回中宫故址在陕西陇县西北。〔6〕“候骑”,侦察兵小部队。“雍”,陕西凤翔县。“甘泉”,宫名,秦始皇作。或云是甘泉山,在陕西淳化县西北。〔7〕“中尉”,战国时已有此官。汉因秦制。武帝太初元年,更名执金吾。关于中尉的职掌,《汉书·百官公卿表》说是“掌徼循京师”,也就是京师卫戍部队的长官。中尉属官在皇帝出行时,又充任护卫和仪仗队。“中尉周舍”,至景帝时任御史大夫。按《汉书·王子侯表》有“洨夷侯周舍”,乃赵敬肃王子,与中尉周舍不是一人。“郎中令”,秦置官,武帝时改名光禄勋,其职掌是管理宫殿门户,但实际权力很大,是皇帝禁内重要职能官员。武帝时,名将李广、李敢父子都任过郎中令。文帝为代王时,张武为代郎中令。后大臣迎立代王,代王即天子位,复以张武为郎中令。“将军”,是高级武官的通称,就和高级文官通称为卿一个意思。另外,在统兵作战时,主帅被称为将或者将军。周舍、张武属于后一种情况。他们是汉文帝任命为对匈奴作战的主帅,故称“将军”。〔8〕“发车千乘”,“乘”,音shèng。古代战争使用车战的战术,甲车一乘,配甲士三人,步卒七十二人,马四匹。“千乘”,则配备甲士三千人,步卒七万二千人,马四千匹。这是一个战斗力相当强大的作战兵团,相当于现在的一个集团军,下云:“骑十万”,谓骑兵十万。不过车战到文帝时,已到末期。武帝时,骑战几乎完全代替了车战。〔9〕“而拜昌侯卢卿为上郡将军”,“卢卿”,《汉书·高惠高后文功臣表》作“昌圉侯旅卿”。卢卿,高帝时功臣,本齐将,汉王四年从韩信起无盐,定齐,击项羽,又击韩王信于代,有功,封为昌圉侯,属琅玡郡。昌圉侯屯兵在上郡,故以上郡将军为号。下面“北地将军”、“陇西将军”,也都以屯兵地为将军号。武帝在战时设置了许多杂号将军,又称列将军,是作战时的临时封号,如骁骑将军、车骑将军及本文上郡将军等皆是。后来名号渐多,不可胜记。〔10〕“甯侯魏遬为北地将军”,“遬”,古“速”字。魏遬,高帝时功臣,以舍人从砀,入汉以都尉击臧荼有功,高帝八年四月封宁远侯。文帝十四年,以魏遬为北地将军,因屯军北地,故以为将军号。〔11〕“隆虑侯周灶为陇西将军”,周灶亦高帝功臣。灶以卒从起砀,以连敖(楚官)入汉,以长铩都尉击项籍,高帝六年正月封隆虑克侯。灶屯军陇西,得陇西将军号。〔12〕“东阳侯张相如为大将军”,张相如,高帝六年为中大夫,以河间守击陈豨,力战有功。高帝十一年十二月封为东阳武侯,侯千三百户。文帝曾说,张相如是一位有厚德的长者。见《汉书·张释之传》。“大将军”,是军中地位最为尊贵的称号,位仅次于丞相。高帝以韩信为大将军,择日斋戒,设坛具礼,非常隆重。武帝以卫青为大将军,天子使使者持大将军印就军中坛拜,更加隆重。文帝之以张相如为大将军,尊宠之隆,前不如韩信,后不逮卫青,设非史有缺书,便是时代不同,遭遇亦异。〔13〕“成侯董赤为前将军”,本书《文帝本纪》和《汉书·文帝纪》皆作“董赫”。“赤”音hè。《释名·释采帛》:“赤,赫也。”“赤”、“赫”古字通。董赤是高帝功臣成侯董渫之子,孝惠元年嗣位。“前将军”,是军中高级将领。前、后、左、右将军,位仅次于大将军和车骑将军,与卫将军地位相同,皆金紫,位次上卿。〔14〕“至代郡万余人”,《汉书》作“郡万余人”,没有“至代”二字。〔15〕“当户”,匈奴官。单于派遣的使者,就是兼任且渠官职的当户雕渠难。

【译文】汉孝文皇帝十四年,匈奴单于率领十四万人侵入朝那、萧关,杀害北地都尉孙卬,虏掠人口牲畜财产甚多,直趋彭阳。单于派骑兵焚烧回中宫,巡逻骑兵深入到雍州甘泉。于是文帝任命中尉周舍、郎中令张武为将军,调集兵车千乘,骑兵十万,驻守长安附近,防备匈奴入侵。又任命昌侯卢卿为上郡将军,甯侯魏遬为北地将军,隆虑侯周灶为陇西将军,东阳侯张相如为大将军,成侯董赤为前将军,大规模调集部队抗击匈奴。单于逗留塞内一个多月才离去。汉追击部队出塞不久撤回,没有太多杀伤。匈奴一天天骄横,年年入侵,杀伤劫掠人口牲畜甚多,云中、辽东最甚,连同代郡共被杀伤一万多人。汉以为患,派使臣去匈奴投递书信。单于也派当户报谢,重提和亲的事。

孝文帝后二年,[1]使使遗匈奴书曰:“皇帝敬问匈奴大单于无恙。使当户且居雕渠难、[2]郎中韩辽遗朕马二匹,[3]已至,敬受。先帝制:长城以北,引弓之国,受命单于;长城以内,冠带之室,朕亦制之。[4]使万

民耕织射猎衣食,父子无离,臣主相安,俱无暴逆。今闻渫恶民贪降其进取之利,[5]倍义绝约,忘万民之命,离两主之驩,[6]然其事已在前矣。书曰:'二国已和亲,两主驩说,寝兵休卒养马,[7]世世昌乐,阘然更始。'[8]朕甚嘉之。圣人者日新,[9]改作更始,使老者得息,幼者得长,各保其首领而终其天年。朕与单于俱由此道,顺天恤民,世世相传,施之无穷,天下莫不咸便。[10]汉与匈奴邻国之敌,[11]匈奴处北地,寒,杀气早降,[12]故诏吏遗单于秫糵金帛丝絮佗物岁有数。[13]今天下大安,万民熙熙,[14]朕与单于为之父母。朕追念前事,薄物细故,[15]谋臣计失,皆不足以离兄弟之驩。朕闻天不颇覆,地不偏载。[16]朕与单于皆捐往细故,俱蹈大道,[17]堕坏前恶,以图长久,使两国之民若一家子。元元万民,[18]下及鱼鳖,上及飞鸟,跂行喙息蠕动之类,[19]莫不就安利而辟危殆。[20]故来者不止,天之道也。[21]俱去前事:朕释逃虏民,[22]单于无言章尼等。[23]朕闻古之帝王,约分明而无食言。[24]单于留志,[25]天下大安。和亲之后,汉过不先。[26]单于其察之。"

【注释】〔1〕"孝文帝后二年",匈奴老上单于十三年,公元前一六二年。这年六月,文帝遗书匈奴,结和亲之约。〔2〕"且居",《汉书》作"且渠"。"当户"、"且渠"皆匈奴官名。"雕渠难",人名,此人既官当户,又兼任且渠。〔3〕"郎中韩辽",未闻匈奴官制有郎中。汉制,郎中为郎中令属官。韩辽可能是汉郎中没入匈奴者。或是其先世为郎中没入匈奴,后乃因袭其称。〔4〕"先帝制:长城以北,引弓之国,受命单于;长城以内,冠带之室,朕亦制之","先帝"谓汉高祖刘邦。"长城以北,……"云云,当是高帝七年平城被困以后,刘敬与匈奴冒顿单于结和亲之约中的重要条款。还有另外一个条款,即元封四年,杨信使匈奴时乌维单于提到"故约"中的内容:"汉常遣翁主,给缯絮食物有品以和亲,而匈奴亦不扰边。"〔5〕"今闻渫恶民贪降其进取之利",《汉书》作"今闻渫恶民贪降其趣"。"渫"音 xiè,污。"渫恶民",邪恶不正之民,指中行说。句中"降"字是个多余的字,应是衍文。〔6〕"驩",音 huān,本马名,亦通"欢乐"之"欢"。〔7〕"寝兵",停息干戈。〔8〕"阘",音 xī,安定貌。《汉书》作"翕"。"更始",重新开始。〔9〕"圣人者日新",《汉书》作"圣者日新"。汤《盘铭》曰:"苟日新,日日新,又日新",语出《礼记·大学》,意思是不断前进,不断创新。昔人以尧、舜、禹、汤为圣人,"日日新"是汤的训辞,故曰"圣人"。〔10〕"天下莫不咸便","便",安。言顺天恤民,天下皆安。《汉书》作"天下莫不咸嘉"。〔11〕"汉与匈奴邻国之敌","敌",匹敌。《汉书》作"使汉与匈奴邻敌之国",本文"邻国之敌",其意不明,此乃起下之词,《汉书》于义较长。〔12〕"杀气",阴气,寒气。秋冬之间的天气,称为肃杀之气。〔13〕"秫",音 shú,稷(高粱)之黏者,可以酿酒。"佗",音 tuō,通"他"。〔14〕"熙熙",和乐貌。〔15〕"细故",小事情。〔16〕"天不颇覆,地不偏载","颇",与"偏"义同。意思是天地覆载万物,没有偏颇和不公道之处。语出《庄子·大宗师篇》:"天无私覆,地无私载。"《礼记·中庸》亦曰:"今夫天,斯昭昭之多,及其无穷也,日月星辰系焉,万物覆焉。今夫地,一撮土之多,及其广厚,载华狱而不重,振河海而不洩,万物载焉。"〔17〕"捐往细故,俱蹈大道","捐",放弃。"往",去。"蹈",音 dǎo,实行。《庄子·山木篇》曰:"蹈乎大方","方"就是"道"。《汉书·文帝纪》后二年六月诏作"俱弃细故,偕之大道"。〔18〕"元元",平民。〔19〕"跂行喙息蠕动之类",有足而行曰"跂行"。有口而息曰"喙(音 huì)息"。"蠕",音 rū,虫爬行貌。"跂行喙息"是西汉习用语。〔20〕"辟",避。《汉书》作"避"。〔21〕"来者不止",即来者不拒。《孟子·尽心下》云:"夫子之设科也,往者不追,来者不拒。"〔22〕"释",谓舍而不问。"逃",谓亡入匈奴者。"虏",战争中或掠边时掳获的人。〔23〕"章尼",背单于降汉的匈奴人。〔24〕"约分明",谓十分清楚其承担的义务。"食言",背弃诺言。《尔雅·释诂》:"食,伪也。"《国语·晋语》八:"鲁人食言。"韦注:"食,伪也。"故"食言",犹伪言。春秋时代就有"食言而肥"的习俗语。〔25〕"留志",留心和亲大计。〔26〕"汉过不先",汉不首先背弃信约。

【译文】孝文帝后二年,派使者到匈奴传达书信,信中说:"皇帝敬问匈奴大单于平安。使臣当户且居雕渠难、郎中韩辽送给朕的两匹马已经来到,敬谨受领。先帝规定,长城以北,骑马弯弓之地,听单于的命令。长城以内,戴冠束带的地方,归朕管辖。使数以万计耕田织帛、射雕猎兔的老百姓丰衣足食,父子团聚,君臣安宁,都没有暴虐叛逆的事。

现在听说有品质败坏，邪恶无行的人，贪求谋取个人私利，背弃信义，撕毁盟约，不顾万民的身家姓命，离间两主的亲密关系，不过这都是过去的事了。来信说：'两国已经和亲，两国君王都高兴，停息干戈，休整士卒，饲养马匹，世世代代，昌盛欢乐，安定的生活重新开始。'朕甚为赞赏。圣明的君王应该天天创新，从头改作，使老年人得到安息，年青人获得成长，大家都能保全性命，安享上天所赋的年寿。朕和单于都应本着这个道理，顺从天意，怜恤人民，世世代代，传之无穷，天下之人谁不认为是好事。汉和匈奴既是邻国，又有差异，匈奴处于北方，气候寒冷，肃杀之气早早来临，因而诏告吏人，每年送给单于一定数量的秫、糵、金、帛、丝、絮等物。现在天下太平，万民熙熙攘攘，朕与单于是他们的父母。朕想起以前的事，都是微不足道的小事情，谋臣的失策，不足以离间我们兄弟之间情谊。朕听说老天不偏向任何一方，大地不抛弃任何一物。朕与单于都应捐弃过去的小误会，走上光明正大的道路，抛除过去的错误，谋求长久友好相处。使两国人民亲如一家人。千千万万的善良人民，水下的龟鳖，天上的飞鸟，有嘴有脚爬行蠕动的万物，无不喜欢太平安乐，躲避危险和灾害。不拒绝前来归顺的人，是上天的旨意。过去的事概不追究，朕不追查逃入匈奴和被虏去的人，单于也不再提章尼等人的事。朕听说古帝王和他人订了清清楚楚的盟约，就不背弃诺言。请单于注意，天下和平安定，和亲之后，汉决不率先背弃盟约，愿单于明察。"

单于既约和亲，于是制诏御史曰：〔1〕"匈奴大单于遗朕书，言和亲已定，亡人不足以益众广地，〔2〕匈奴无入塞，汉无出塞，犯令约者杀之，〔3〕可以久亲，后无咎，俱便。〔4〕朕已许之。其布告天下，使明知之。"

【注释】〔1〕"制诏御史"，亦称"制诏丞相御史"，在汉代公牍中最习见。御史是御史大夫的省文。御史大夫是皇帝左右掌管文书记事之臣，故下达各官的制书诏书，由御史大夫承转。〔2〕"亡人"，指章尼一类的人。〔3〕"令约"，《汉书》作"今约"。按："言和亲已定"至"俱便"数语，是匈奴单于提出的单方面建议，不可名曰"今约"。"令约"二字连文，指律令和原来的"故约"而言，班固未得其义，改"令约"为"今约"，失之。"约"则专指和亲之约。〔4〕"后无咎，俱便"，"咎"，音 jiù，仇视，敌对。句意为：以后不要互相敌视，对大家都好。

【译文】单于与汉既订和亲之约，于是诏令御史说："匈奴大单于给朕送来书信，信中说：'决定和亲，容纳逃亡的人，不足以增加人口和广益土地。匈奴不再侵犯边塞，汉王也不出塞进攻匈奴。违反律令和条文的人应处死。这样才能保持久远的亲密关系，今后不再相互敌视，大家都方便。'朕已同意，可将此事公布天下周知。"

后四岁，老上稽粥单于死，〔1〕子军臣立为单于。〔2〕既立，孝文皇帝复与匈奴和亲。而中行说复事之。

【注释】〔1〕"后四岁，老上稽粥单于死"，汉文帝后三年，当老上单于十四年，老上单于死。文帝与匈奴缔和亲约在后二年。今越岁，老上单于即死，故"后四岁"，有误。据《汉书·西域传》，这一年，老上单于助乌孙昆莫西向攻破月氏，杀其王，以其头为饮器，月氏二次西迁，徙于大夏。老上单于死于助乌孙攻破月氏后不久。〔2〕"子军臣立为单于"，军臣单于立于文帝后三年(前一六一年)，历经汉文、景、武三朝，在位三十六年。军臣四年，匈奴绝和亲，入侵上郡、云中，烽火通于甘泉、长安。军臣单于七年至十年，复和亲。十四年又绝和亲。十八年、二十年不断近塞入侵。军臣二十年，汉武建元元年，又明和亲约束，自单于以下，往来长城下，皆亲汉。军臣二十九年，聂翁壹诱匈奴马邑事泄，匈奴又绝和亲，自是连年入侵，达八年之久。军臣三十五年(汉元朔二年，前一二七年)，匈奴入上谷、渔阳，汉遣卫青、李息进击匈奴于河南的一次战役，是汉、匈战争的第一次大会战。

【译文】后四岁，老上稽粥单于死，儿子军臣立为单于。军臣既立，孝文帝又和匈奴和亲，中行说仍侍奉军臣单于。

军臣单于立四岁，〔1〕匈奴复绝和亲，大入上郡、云中各三万骑，〔2〕所杀略甚众而去。于是汉使三将军军屯北地，〔3〕代屯句注，〔4〕赵屯飞狐口，〔5〕缘边亦各坚守以备胡寇。〔6〕又置三将军，〔7〕军长安西细柳、〔8〕渭北棘门、〔9〕霸上以备胡。〔10〕胡骑入代句注边，烽火通于甘泉、长安。〔11〕数月，汉兵至边，匈奴亦去远塞，汉兵亦罢。后岁余，孝文帝崩，〔12〕孝景帝立，〔13〕而赵王遂乃阴使人

于匈奴。[14]吴楚反，[15]欲与赵合谋入边。汉围破赵，匈奴亦止。[16]自是之后，孝景帝复与匈奴和亲，[17]通关市，[18]给遗匈奴，遣公主，如故约。终孝景时，时小入盗边，无大寇。[19]

【注释】〔1〕“军臣单于立四岁”，军臣单于是文帝后三年立。从既立之年起算，经“四岁”，正是文帝后六年。这一年，匈奴入上郡、云中，绝和亲。《汉书》作“军臣单于立岁余”，误。〔2〕“大入上郡、云中各三万骑”，文帝后六年，匈奴大举入侵时的云中守当是魏尚。〔3〕“三将军”，车骑将军令免、将军苏意和将军张武。屯军北地的是将军张武。〔4〕“代屯句注”，屯军代国句注的是故楚相将军苏意。句注即雁门山，在山西代县西北。〔5〕“赵屯飞狐口”，屯军赵地飞狐口的是车骑将军、中大夫令免。见《汉书·文帝纪》。“飞狐口”，古代要隘名，在河北蔚县南，涞源县北。两崖峭立，一线微通，迤逦蜿蜒，百有余里。〔6〕“缘边”，汉与匈奴边地相联的地方叫“缘边”，西汉有九个郡和匈奴边地相联。它们是：五原、朔方、云中、代郡、雁门、定襄、北平、上谷、渔阳。见《汉书·赵充国传》。〔7〕“三将军”，河内太守周亚夫、宗正刘礼、祝兹侯徐厉。〔8〕“军长安西细柳”，将军周亚夫屯军细柳，治军严饬。地在陕西咸阳市西南。〔9〕“渭北棘门”，祝兹侯徐厉为将军，屯军棘门。棘门在渭水北，故地在陕西咸阳市东北。〔10〕“霸上”，将军刘礼屯军霸上。“霸上”就是霸陵，在陕西长安县东。汉高祖灭秦还军霸上即其地。〔11〕“烽火”，古代边防报警的信号，又叫作烽燧。“甘泉”，即甘泉山，亦甘泉宫所在地，在陕西淳化县西北。“长安”，今西安市。《翰苑注》引此文“甘泉长安”下，有“夜皆明”三字。〔12〕“孝文帝崩”，孝文帝于后七年甲申（前一五七年）夏六月己亥（初一日）崩于未央宫，年寿四十六。〔13〕“孝景帝立”，甲申六月初一日孝文帝崩。六月初九日，文帝中子刘启以太子即位于高庙，袭皇帝位。刘启于公元前一五六至前一四一年在位。〔14〕“而赵王遂乃阴使人于匈奴”，赵王刘遂，高祖孙，幽王友子。孝文即位，立为赵王。赵遂立二十六年，孝景时，晁错议削赵常山郡，诸侯怨，吴、楚反。遂与合谋起兵，北使匈奴与连和。〔15〕“吴、楚反”，孝景帝三年（前一五四年）正月，吴王濞、楚王戊、赵王遂、胶西王卬、济南王辟光、菑川王贤、胶东王雄渠反，发兵西向。二月，将军周亚夫出精兵进击，大破吴、楚军，三月，皆破灭。〔16〕“汉围破赵，匈奴亦止”，吴、楚既败，汉已消灭七王联军的主力，派曲周侯郦寄击赵。赵王守邯郸，两军相持七个月之久。匈奴得到吴、楚已败的消息，中止了入边的军事行动。不久，栾布破齐击赵，引水灌赵城，城破，刘遂自杀国除。〔17〕“孝景帝复与匈奴和亲”，景帝元年四月，遣御史大夫陶青和亲。二年、五年，都派出和亲使节。〔18〕“通关市”，开放边境贸易市场。据前苏联考兹洛夫《外蒙古调查报告》，在通瓦拉匈奴古帝王墓中，出土丝织品极多，除各种花纹外，有“云昌万余宜子孙”、“群鹤”、“交龙”、“登高”等题字。上述各种锦绣，疑为西汉历次通关市时所输出。〔19〕“终孝景时，时小入盗边，无大寇”，孝景时期，匈奴入寇的记载，有中二年入燕，中六年入雁门，至武泉入上郡，后二年入雁门，都是小规模的骚扰。本书《李广传》孝景中六年有“匈奴大入上郡”的记载，恐不确。

【译文】军臣单于即位四年以后，匈奴又断绝了和亲。各派三万骑兵，大举进犯上郡和云中郡，杀掠很多人民而去。于是，汉调派三位将军的部队，屯驻北地郡，代国屯驻在句注，赵国屯驻在飞狐口。所有和匈奴接壤的地方也都加强守备，以防匈奴入侵。又设置三将军，驻守在长安西细柳营、渭水北岸的棘门和灞上防备匈奴。匈奴骑兵进入到代国句注边区，烽火之警传递到甘泉、长安。数月后，汉兵到达边境，匈奴已撤离到边塞远处，汉就此罢兵。一年多以后，孝文帝去世，孝景帝继位。赵王刘遂秘密派人和匈奴通款。吴、楚造反时，匈奴打算和赵合谋入侵边境。汉围困并消灭了赵国，匈奴也就停止入侵。自此以后，孝景帝与匈奴恢复和亲，开放边境贸易，给匈奴馈赠礼品，派遣公主下嫁，一切按照旧约办理。直到孝景去世前的这一段时间，匈奴偶而进行小规模骚扰，没有大举入侵。

今帝即位，[1]明和亲约束，[2]厚遇，通关市，饶给之。匈奴自单于以下皆亲汉，[3]往来长城下。

【注释】〔1〕“今帝”，孝武皇帝刘彻，景帝中子。景帝于后三年（前一四一年）正月甲子（二十八日）崩。同日，太子刘彻即皇帝位。〔2〕“明和亲约束”，武帝即位后，只是重申过去的和亲条款，一直未派公主下嫁匈奴。建元六年（前一三五年），匈奴来请和亲，上下其议。大行王恢主张用兵。御史

大夫韩安国主张和亲。群臣议多附安国，于是武帝许和亲。短暂的和亲局面至元光二年（前一三三年）夏六月，由于汉、匈关系破裂而中止。从此开始了一场历史上的重大战争——汉、匈之战。〔3〕“单于”，匈奴军臣单于。

【译文】当今皇帝即位，明确和亲盟约的条款，厚待单于，继续开放边境贸易，馈赠单于丰盛的礼物。匈奴自单于以下皆亲近汉朝，在长城下来来往往。

汉使马邑下人聂翁壹奸兰出物与匈奴交，〔1〕详为卖马邑城以诱单于。〔2〕单于信之，而贪马邑财物，乃以十万骑入武州塞。〔3〕汉伏兵三十余万马邑旁，御史大夫韩安国为护军，〔4〕护四将军以伏单于。〔5〕单于既入汉塞，未至马邑百余里，见畜布野而无人牧者，怪之，乃攻亭。〔6〕是时雁门尉史行徼，见寇，葆此亭，〔7〕知汉兵谋，单于得，欲杀之，尉史乃告单于汉兵所居。单于大惊曰：“吾固疑之。”乃引兵还。出曰：“吾得尉史，天也，天使若言。”以尉史为“天王”。汉兵约单于入马邑而纵，〔8〕单于不至，以故汉兵无所得。汉将军王恢部出代击胡辎重，〔9〕闻单于还，兵多，不敢出。汉以恢本造兵谋而不进，斩恢。〔10〕自是之后，匈奴绝和亲，攻当路塞，〔11〕往往入盗于汉边，不可胜数。然匈奴贪，尚乐关市，嗜汉财物，汉亦尚关市不绝以中之。〔12〕

【注释】〔1〕“马邑”，汉属雁门郡，在山西朔县境。“下人”，《汉书》无“下”字。本书《韩长孺传》称“雁门马邑豪聂翁壹”。既曰豪，决非下人。疑“下”字涉上句“往来长城下”之“下”字而衍。“聂翁壹”，《卫将军列传》、《汉书·韩安国传》均作“聂壹”。颜师古亦云：“姓聂名壹，翁者老人之称。”按“翁壹”二字连文，西汉名翁壹者甚夥，颜说不当。“奸兰”，谓犯禁。“出物”，谓走私。“与匈奴交”，私自出塞，与匈奴交市。《汉书》作“与匈奴交易”。〔2〕“详为卖马邑城以诱单于”，“详”，佯。聂翁壹卖马邑城以诱单于的事，《韩长孺列传》有如下的记载：“雁门马邑豪聂翁壹因大行王恢言上曰：‘匈奴初和亲，亲信边，可诱以利。’阴使聂翁壹为间，亡入匈奴，谓单于曰：‘吾能斩马邑令丞吏，以城降，财物可尽得。’单于爱信之，以为然，许聂翁壹。聂翁壹乃还，诈斩死罪囚，县其头马邑城，示单于使者为信。曰：‘马邑长吏已死，可急来。’”〔3〕“武州”，汉属雁门郡，故城在山西左云县南。〔4〕“御史大夫”，秦时由御史改称的中央官职。汉因秦制，行政上御史大夫位仅次于丞相，秩中二千石。从制度上说，丞相是“金印紫绶”，御史大夫是“银印青绶”，官位比丞相低。但御史大夫有特殊地位。当时国家一切政务多归于丞相府和御史府，当时两府并称，就是很好的佐证。《汉书·薛宣传》引述谷永的话说：“御史大夫内承本朝之风化，外佐丞相统理天下，任重职大，非庸材所能堪。今当选于群卿，以充其缺。得其人则万姓欣喜，百僚说服；不得其人，则大职堕斁，王功不兴。”可见御史大夫在中央官制中的重要性。“韩安国”，字长孺，梁人，仕梁孝王为中大夫。吴、楚反时，安国为将，抵御吴、楚兵于东界。梁王以为内史。武帝即位，召以为北地都尉，迁大司农。田蚡为丞相时，安国为御史大夫。“护军”，《汉书》作“护军将军”。《汉书》是。西汉兵制，自大将军至前后左右将军，均为重号将军，是皇帝的最高级武官。此外还设置众多的列将军，或曰杂号将军。这种因作战需要，临时设置的列将军，武帝时设得最多。或以征战的地名、对象，或以其所领的兵种，或以其所负的特别职务，而定其名号。韩安国被任为“护军将军”，是因为他有统率四将军的特别职务。韩安国是这次伏击战的前敌总指挥。〔5〕“护四将军以伏单于”，“四将军”是骁骑将军卫尉李广、轻车将军太仆公孙贺、将屯将军大行王恢、材息将军太中大夫李息。四将军率领三十万众，埋伏在马邑的旁谷中，伏兵以待单于。杨树达说，“伏”也有可能是“候”字的误刊。〔6〕“亭”，本是维持地方治安的机构，十里一亭，设亭长一人，专为防范盗贼，不主民事。〔7〕“是时雁门尉史行徼，见寇，葆此亭”，“尉史”本是县尉属官。郡都尉的属官，一般有丞、功曹、文簿、门下掾等，很少置尉史。只有边塞险要地区，设有障、塞，置障尉、塞尉。塞尉的属吏有士吏和尉史各二人。雁门乃天下之险，故设有障塞，故雁门尉史是鄣尉或塞尉所属之尉史。“行徼”，巡察，巡逻。“葆”，《汉书》作“保”。〔8〕“汉兵约单于入马邑而纵”，“纵”就是“纵兵”。《史》《汉》“纵兵”多省曰“纵”。如《史记·高帝纪》，高祖与项羽决胜垓下，“孔将军、费将军纵”，即其例。“纵”者放兵击之。《汉书》作“汉兵约单于入马邑而纵兵”，王念孙说“兵”字是后人以意加之。〔9〕“王恢”，燕人，多次担任边境小吏，熟习匈奴情况。

王恢是这次马邑伏击战的主要策划人。“辎重”，载运军中作战物资的车队。〔10〕“汉以恢本造兵谋而不进，斩恢”，王恢之死，有三种说法。一，本传的记载，王恢被斩。二，《汉书·武帝纪》云恢下狱死。三，《韩长孺列传》云恢自杀。〔11〕“攻当路塞”，西汉习俗语，望文生训，可释作攻击边境重要交通线上的障塞，实为挑起战争之意。《汉书·汲黯传》亦云：“夫匈奴攻当路塞，绝和亲。”〔12〕“尚关市”，开放边境贸易集市。“中”，音 zhòng。“中之”，谓中其意。

【译文】汉派马邑奸民聂翁壹私运货物出境，和匈奴交往。他装作出卖马邑城来引诱单于。单于垂涎马邑的财物，信以为真，带领十万骑兵进入武州塞。汉将十万兵马埋伏在马邑附近。御史大夫韩安国任护军将军，指挥四位将军埋伏起来等待单于。单于进入了汉朝边塞，距离马邑还有一百多里，看到牛羊遍野而无人放牧，甚为奇怪，就下令攻打哨亭。这时，雁门郡尉史正在巡逻，见到情况，进入哨亭抵抗。尉史知道汉伏击战的部署。单于俘获了尉史，要杀他。尉史把汉兵埋伏的地点告诉单于。单于大吃一惊，说：“我本来就有疑心！”于是带领兵马退却。出了边塞，单于说：“我得到尉史是上天的意旨，上天让他告诉我的。”封尉史为“天王”。汉兵相约，一俟单于进入马邑就发起攻击。单于没有来到，以致汉兵的布署落空。汉将军王恢部队的任务是出代国拦截匈奴的辎重。听说单于已撤退，害怕单于兵多，不敢进击。汉因王恢是这次作战计划的制定人而不追击，杀了王恢。自此以后，匈奴断绝了和亲，攻打处于交通要道的边塞，经常劫掠汉边界，次数无法计算。然而匈奴贪财，仍喜欢做买卖，嗜爱汉朝的财物。汉也不断开放边境贸易，以投其所好。

自马邑军后五年之秋，〔1〕汉使四将军各万骑击胡关市下。〔2〕将军卫青出上谷至茏城，〔3〕得胡首虏七百人。〔4〕公孙贺出云中，〔5〕无所得。公孙敖出代郡，〔6〕为胡所败七千余人。李广出雁门，为胡所败，而匈奴生得广，〔7〕广后得亡归。〔8〕汉囚敖、广，敖、广赎为庶人。〔9〕其冬，匈奴数入盗边，渔阳尤甚。〔10〕汉使将军韩安国屯渔阳备胡。〔11〕其明年秋，匈奴二万骑入汉，杀辽西太守，〔12〕略二千余人。胡又入败渔阳太守军千余人，〔13〕围汉将军安国，安国时千余骑亦且尽，〔14〕会燕救至，〔15〕匈奴乃去。匈奴又入雁门，杀略千余人。〔16〕于是汉使将军卫青将三万骑出雁门，〔17〕李息出代郡击胡。〔18〕得首虏数千人。其明年，卫青复出云中以西至陇西，击胡之楼烦、白羊王于河南，〔19〕得胡首虏数千，牛羊百余万。于是汉遂取河南地，筑朔方，复缮故秦时蒙恬所为塞，〔20〕因河为固。汉亦弃上谷之什辟县造阳地以予胡。〔21〕是岁，汉之元朔二年也。

【注释】〔1〕“自马邑军后五年之秋”，元光六年春。“秋”当作“春”。按：策划中的马邑伏击战在元光二年夏六月，到“四将军击胡关市下”，只有四年，《李将军列传》正作“其后四岁”。《史记》推算年代，方法很乱，有的从当年起算，有的当年不算，从第二年起算。此则从当年起算。《汉书·武帝纪》匈奴入上谷在元光六年春。〔2〕“四将军”，车骑将军卫青、骑将军公孙敖、轻车将军公孙贺、骁骑将军李广。〔3〕“卫青”，字仲卿，河东平阳人。其姊子夫得幸武帝，青因得宠信。元光五年，青为车骑将军，出上谷击匈奴。“上谷”，在今河北省怀来县东南。“茏城”，《汉书》作“龙城”，疑为匈奴语音译，匈奴于岁五月祭祀祖先、天地、鬼神处。一说在蒙古人民共和国鄂尔浑河西侧和硕柴达木湖附近。一说在漠南，内蒙古锡林郭勒盟境的西乌珠穆沁旗。按《汉书·严安传》云：“深入匈奴燔其龙城。”元光六年卫青攻克匈奴龙城，燔其城而归之事，本传及《卫青传》均未载。据《卫青传》，元狩四年，卫青进击匈奴至寘颜山赵信城亦有燔城之事。〔4〕“首虏”，古代战争以车战为主时期，“首”指军中甲士，“虏”指军中徒卒。后来骑战代替车战，“首虏”之义，变为所获敌人首级。〔5〕“公孙贺”，轻车将军公孙贺，义渠人，其先胡种。武帝元光二年以太仆为轻车将军，军马邑。元光六年出云中。公孙贺妻卫孺为大将军卫青之姊。公孙驾七为将军出击匈奴，无大功。“云中”，战国时为林胡、楼烦故地。赵武灵王逐林胡、楼烦，以其地置云中郡。汉云中郡属县十一，郡治在今内蒙古托克托县。〔6〕“公孙敖出代郡”，公孙敖义渠人，武帝元光六年为骑将军，凡四为将军出击匈奴。卫青微时，公孙敖与之结生死交。“代郡”，秦始皇二十二年置。汉代郡属县十八，郡治广昌，在河北蔚县北。〔7〕“李广”，陇西成纪人。孝文帝十四年匈奴大入萧关，广以良家子从军击胡。孝景初立，广为陇西都尉。吴、楚反时，

广为骁骑都尉从太尉亚夫击吴、楚军,有功,徙为上谷太守。尝为陇西、北地、雁门、代郡、云中太守,皆以力战为名。元光元年冬,以未央卫尉为骁骑将军屯云中。元光二年夏,汉以马邑城诱单于,广为骁骑将军率军伏马邑旁谷。元光六年春,广以卫尉为将军出雁门击匈奴。匈奴兵多,破败广军,生得广。"雁门郡",赵武灵王置。秦因之。汉雁门郡属县十四。郡治善无,在山西代县西北七十里。〔8〕"广后得亡归",《李将军列传》云:"胡骑得广,广时伤病,置广两马间,络而盛卧广。行十余里,广详死,睨其旁有一胡儿骑善马。广暂腾而上胡马,因推堕儿,取其弓,鞭马南驰数十里。复得其余军,因引而入塞。"〔9〕"汉囚敖、广,敖、广赎为庶人",公孙敖损失兵卒七千人,李广为匈奴生俘,皆应为死罪,当斩。但是他们都用赀财赎为庶人。〔10〕"其冬,匈奴数入盗边,渔阳尤甚",匈奴入渔阳盗边,《汉书·武帝纪》作"元光六年秋"。汉使将军韩安国屯渔阳备胡,亦在元光六年秋。故"秋"字是。〔11〕"汉使将军韩安国屯渔阳备胡",韩安国屯渔阳在元光六年秋。"渔阳郡",秦始皇二十二年置,辖境相当今北京市以东各县。汉渔阳郡属二十二县,郡治渔阳县,在北京密云县西南。马邑伏击战时,韩安国任护军将军,指挥四将军作战。元光六年秋,安国以材官将军屯渔阳。韩安国已由整个战场的指挥官,降为一个城市的守备官。韩安国的地位和在军中的影响,日趋下降。不久,死在渔阳。〔12〕"其明年秋,匈奴二万骑入汉,杀辽西太守",《汉书·武帝纪》载此事在"元朔元年秋"。《卫将军列传》在"元朔二年"。应依《武帝纪》为是。"辽西郡",秦始皇二十二年置。汉辽西郡属县十四。郡治且虑,在今河北省卢龙县。〔13〕"胡又入败渔阳太守军千余人",《汉书·武帝纪》作"败都尉"。〔14〕"围汉将军安国,安国时千余骑亦且尽",韩安国屯渔阳,因轻信匈奴俘虏所说"匈奴已远去"的假情报,疏于防守,打了败仗,受到汉武帝的谴责。元朔二年,韩安国死去。〔15〕"会燕救至",高帝从祖昆弟刘泽,文帝元年由琅玡王徙为燕王。二年薨,子康王嘉嗣,九年薨,子定国嗣。据《泽传》,元朔中,郢人昆弟上书言定国事。匈奴入渔阳、围汉将军安国在元朔元年秋。故燕救兵乃燕王刘定国之兵。〔16〕"匈奴入雁门,杀略千余人",事在元朔元年秋。〔17〕"于是汉使将军卫青将三万骑出雁门",事在元朔元年秋。〔18〕"李息出代郡击胡",将军李息,北地郡郁郅人,元光二年为材官将军,参加马邑伏击。元朔元年秋,出代击胡。惟《卫将军列传》系事于元朔二年。〔19〕"其明年,卫青复出云中以西至陇西,击胡之楼烦、白羊王于河南",汉武帝元朔二年(匈奴军臣单于三十五年)春的河南战役,是汉、匈战争以来的第一次重大战役。汉收复了自蒙恬死后失去了七十余年的黄河河套以南的故地。"陇西郡",秦昭王二十八年置,郡治在甘肃省东南部一带,属县十一。郡治狄道,在今甘肃省临洮县。〔20〕"朔方郡",汉武帝元朔二年置,属十县。郡治朔方县,校尉苏建所筑。故地在内蒙古乌拉特前旗南黄河的南岸。修筑朔方城,本是主父偃的建议,以为是灭胡之本。主父偃原来反对和匈奴作战。他在元光元年曾上书,极言蒙恬伐匈奴之害。〔21〕"什辟",《汉书》作"斗僻",《说文序》"人持十为斗","什"即斗字。斗僻,谓孤悬偏僻。"造阳",今河北赤城县至独石口一带。前文云:"燕亦筑长城,自造阳至襄平。"造阳是燕长城东部的起点。

【译文】马邑战役以后五年的秋天,汉派遣四位将军,各自率领骑兵万人在边境关市附近攻打匈奴。将军卫青自上谷出发,进军至茏城,斩获匈奴七百余人。公孙贺自云中出发,无所缴获。公孙敖自代郡出发,被匈奴打败,损失七千余人。李广自雁门出发,也被匈奴打败,被匈奴生俘,后来逃归。汉囚禁敖、广,二人出赀赎罪,回家当老百姓。这年冬天,匈奴多次入侵边境,渔阳深受其害。汉派将军韩安国屯守渔阳防御匈奴。明年秋,匈奴二万骑兵入侵,杀害辽西太守,掳走二千余人。匈奴又打败渔阳太守守军一千余人,包围汉将军韩安国,安国所部一千余骑兵伤亡殆尽,恰逢燕国救兵来到,匈奴退走。匈奴又入侵雁门,杀伤掳掠一千余人。于是汉派将军卫青率领三万骑兵自雁门出发,李息自代郡出发,攻打匈奴,斩获数千人。明年,卫青再次自云中出发,向西打到陇西,攻打匈奴的楼烦、白羊王于河南,杀伤匈奴官兵数千人,掳获牛羊百余万头。于是汉取得了河南地区,修筑朔方城,重新修缮秦时蒙恬所修建的防御工事,依赖黄河作屏障。汉也放弃上谷郡偏远孤悬于外的造阳地方给匈奴。这年是汉元朔二年。

其后冬,匈奴军臣单于死。〔1〕军臣单于弟左谷蠡王伊稚斜自立为单于,〔2〕攻破军臣单于太子於单。〔3〕於单亡降汉,汉封於单为涉安侯,〔4〕数月而死。〔5〕

【注释】〔1〕"其后冬",元朔三年冬。军臣单于统治匈奴共计三十六年。〔2〕"伊稚斜",音 yī

zhì xiá。伊稚斜单于于汉元朔三年继位，汉元鼎三年去世，统治匈奴十三年。西汉、匈奴战争有两次大战役发生在伊稚斜单于时期。一次是汉武帝元狩三年的汉、匈第二次河西战役。汉骠骑将军两次出塞，打击了匈奴的有生力量，浑邪王降汉。另一次是汉元狩四年，汉、匈漠北之战。大将军卫青出塞千余里。骠骑将军霍去病出塞二千余里。匈奴远遁，幕南无王庭。〔3〕“单”，音 dān。〔4〕“汉封於单为涉安侯”，武帝元朔三年夏四月丙子(初七日)封匈奴太子於单为涉安侯。〔5〕“数月而死”，据《建元以来侯者年表》，涉安侯於单五月卒，无后国除。《汉表》亦作“五月薨，无后”。五月自当是元朔三年五月。夏燮《校汉书八表》卷五云“月字是年字之误”，以为於单是元朔三年封，元朔五年卒。夏校无据，可商。按：於单四月受封，五月而卒。“数月而死”不是受封以后数月，是指於单降汉后数月伊稚斜单于与於单争位在元朔三年冬。於单降汉当亦在是时，故“数月而死”，于数亦合。

【译文】这以后的一年冬天，匈奴军臣单于去世。军臣单于之弟、左谷蠡王伊稚斜自立为单于，打败了军臣单于的太子於单。於单逃亡投降汉朝。汉封於单为涉安侯。几个月后，於单死去。

伊稚斜单于既立，其夏，[1]匈奴数万骑入杀代郡太守恭友，[2]略千余人。其秋，[3]匈奴又入雁门，杀略千余人。其明年，[4]匈奴又复入代郡、定襄、上郡各三万骑，[5]杀略数千人。匈奴右贤王怨汉夺之河南地而筑朔方，[6]数为寇，盗边，及入河南，侵扰朔方，杀略吏民甚众。

【注释】〔1〕，“其夏”，元朔三年夏。〔2〕“恭友”，《汉书》作“共友”。姓共名友。〔3〕“秋”，《汉书·武帝纪》作“夏”。〔4〕“明年”，元朔四年夏。〔5〕“定襄”，郡名，高帝六年析太原、雁门二郡置，属县十二。郡治成乐，今内蒙古和林格尔县西北土城子。“上郡”，秦昭王三年置，属县二十三。高帝元年，更为翟国，七月复故。郡治肤施，今陕西绥德县北，榆林南。〔6〕“之”，“其”的意思。

【译文】伊稚斜单于即位的这年夏天，匈奴数万骑兵入侵代郡，杀害太守恭友，劫掠一千余人。秋天，匈奴入侵雁门，杀伤劫掠千余人。明年，匈奴又一次入侵代郡、定襄、上郡，每处各三万骑兵，杀伤劫掠数千人。匈奴右贤王怨恨汉夺走河南地而筑朔方城，多次入寇，抢掠边境，进入河南，侵扰朔方，杀伤劫掠很多官吏和人民。

其明年春，[1]汉以卫青为大将军，[2]将六将军，[3]十余万人，出朔方、高阙击胡。[4]右贤王以为汉兵不能至，饮酒醉，汉兵出塞六七百里，夜围右贤王。右贤王大惊，脱身逃走，诸精骑往往随后去。汉得右贤王众男女万五千人，裨小王十余人。其秋，[5]匈奴万骑入杀代郡都尉朱英，[6]略千余人。

【注释】〔1〕“其明年春”，元朔五年春。〔2〕“汉以卫青为大将军”，青出师为车骑将军，立功后始拜大将军。此处“大将军”乃“车骑将军”之误。〔3〕“六将军”，游击将军苏建、彊弩将军李沮、骑将军公孙贺、轻车将军李蔡、将军李息、张次公。〔4〕“高阙”，高阙地望有两说。一说在内蒙古乌拉特前旗东，乌拉山的西段。一说在内蒙古临河县北的狼山口，杭锦后旗东北。按高阙塞是赵长城的终点，赵国鼎盛时期的西北边界，没有越过乌拉山的西山咀，当时所设高阙塞，只能在西山咀以东。前说为是。〔5〕“其秋”，元朔五年秋。〔6〕“都尉”，秦官，本名郡尉，孝景时更名都尉。都尉的职掌，是在军事方面副佐太守。郡有时但置都尉，不置太守。都尉和太守一样，俱受银印剖符之任。“朱英”，《汉书》作“朱央”。南陵徐氏藏未央宫砖，字作“安乐未英”，两汉“英”、“央”二字通用。

【译文】明年春天，汉任命卫青为大将军，统率六将军，十余万骑兵，出朔方、高阙攻打匈奴。右贤王以为汉兵不能深入，喝醉酒。汉军远出边塞六、七百里，夜间围攻右贤王。右贤王大惊，脱身逃走。那些精锐骑兵纷纷随后赶去。汉俘获右贤王部众男女一万五千人，裨小王十余人。秋天，匈奴一万多骑兵入侵代郡，杀害都尉朱英，劫掠一千余人。

其明年春，[1]汉复遣大将军卫青将六将军，[2]兵十余万骑，乃再出定襄数百里击匈奴，[3]得首虏前后凡万九千余级，[4]而汉亦亡两将军，[5]军三千余骑。右将军建得以身脱，[6]而前将军翕侯赵信兵不利，[7]降

匈奴。赵信者,故胡小王,[8]降汉,汉封为翕侯,[9]以前将军与右将军并军分行,[10]独遇单于兵,故尽没。单于既得翕侯,以为自次王,[11]用其姊妻之,与谋汉。信教单于益北绝幕,[12]以诱罢汉兵,徼极而取之,无近塞。[13]单于从其计。其明年,[14]胡骑万人入上谷,杀数百人。

【注释】〔1〕"其明年春",元朔六年春二月。〔2〕"六将军",中将军公孙敖、左将军公孙贺、前将军赵信、右将军苏建、后将军李广和彊弩将军李沮。〔3〕"再出定襄",卫青第一次出定襄,史无明确记载。惟元朔四年夏,匈奴曾入侵代郡、定襄,卫青有可能率军出击,因而此次出定襄曰"再出"。定襄径北即匈奴单于庭。〔4〕"前后",指元朔六年春二月和夏四月两次出击而言。〔5〕"而汉亦亡两将军",谓前将军赵信和右将军苏建。信投降匈奴,建只身逃归。〔6〕"右将军建",前后左右将军皆周末官,秦、汉因之。不常置,位次上卿,金印紫绶。在军中的地位仅次于大将军、骠骑,而与车骑将军、卫将军同列。苏建是苏武的父亲。〔7〕"翕",音xī。《功臣表》云:"翕,侯国,在魏郡内黄界。"赵信与苏建初并军,后分行。赵信独遇匈奴兵。"不利"谓此。〔8〕"小王",即裨小王。《卫将军列传》谓赵信"以匈奴相国降"。相国即相封,与裨小王地位相近。〔9〕"汉封为翕侯",在武帝元光四年十月十二日。〔10〕"并军分行",谓始而并军,继而分行。〔11〕"自次王",地位仅次于单于本人的王。或谓自次是匈奴语音译。〔12〕"信教单于益北绝幕","绝",径直度越。"幕",沙漠。赵信教单于把匈奴主力撤退到漠北去。〔13〕"徼极而取之,无近塞","徼",音yāo。要汉兵疲极而后攻取之。"无近塞",不攻打障塞。赵信的作战计划是把匈奴的主力撤退到漠北去。留下小部队诱使汉兵出击,把汉兵拖到精疲力尽时消灭之。不去攻打边境上的障塞,是赵信的战略方针,目的是把汉兵引出,在运动中消灭敌人。单于虽信之,但后来并没有照赵信的计划执行。〔14〕"其明年",元狩元年五月。

【译文】明年春天,汉又派卫青统率六将军、兵马十余万骑,再次出定襄数百里攻打匈奴。前后斩获匈奴一万九千余首级,汉亦损失两将军所部三千余骑。右将军苏建只身逃脱。前将军翕侯赵信出兵不利,投降匈奴。赵信本是匈奴小王,投降汉朝,汉封为翕侯。前将军和右将军并军前进,后来分行。独前将军与单于遭遇,因此全军覆没。单于既得翕侯,封之为自次王,以其姊嫁他为妻,和他合谋反汉。赵信教单于把部队向北方集结,渡过沙漠,诱使汉兵疲于奔命,等待汉军困乏已极时,攻而取之,不必在汉塞附近停留。单于听信赵信的计谋。明年,匈奴骑兵万余人入侵上谷,杀害数百人。

其明年春,[1]汉使骠骑将军去病将万骑出陇西,[2]过焉支山千余里,[3]击匈奴,得胡首虏万八千余级,破得休屠王祭天金人。[4]其夏,[5]骠骑将军复与合骑侯万骑出陇西、北地二千里,[6]击匈奴。过居延,[7]攻祁连山,[8]得胡首虏三万余人,裨小王以下七十余人。是时匈奴亦来入代郡、雁门,[9]杀略数百人。汉使博望侯及李将军广出右北平,[10]击匈奴左贤王。左贤王围李将军,卒可四千人,且尽,杀虏亦过当。[11]会博望侯军救至,李将军得脱。汉失亡数千人,合骑侯后骠骑将军期,及与博望侯皆当死,赎为庶人。

【注释】〔1〕"其明年春",元狩二年三月。〔2〕"汉使骠骑将军去病将万骑出陇西",骠骑将军是西汉初期所置中央级最高品秩的武官,位与丞相及大将军同列。秩万石,与大将军同。后来又都冠以大司马的称号。骠骑将军霍去病是大将军卫青姊少儿之子,年十八岁为侍中。元朔六年,为骠骑校尉,从大将军击匈奴,有功,封为冠军侯。元狩二年春,为骠骑将军。霍去病将万骑出陇西,标志西汉在西线开辟战场,开始向匈奴全面进攻。春天作试探性进击,夏天则大发兵进攻,取得胜利。〔3〕"焉支山",又名删丹山、大黄山,在甘肃山丹县东南。《汉书》作"焉耆山"。〔4〕"破得休屠王祭天金人","休屠王",匈奴右方王,居地在甘肃武威县北。休屠王与昆邪王俱居西方,谋降汉,后休屠王有悔,为昆邪王所杀。匈奴以祭天为大事。本传云:"岁正月,诸长小会单于庭,祠。五月大会茏城,祭其先、天地、鬼神。"《后汉书·南匈奴传》云:"匈奴俗岁有三龙祠,常以正月、五月、九月戊日祭天神。"故汉所获休屠王金人,其用在祭天。惟自张晏、崔浩、张守节、颜师古直至近人中井积德皆以金人为佛像。羽溪了谛云:"武帝时代,印度尚未有佛像。"汤用彤云:"金日磾本休屠王太子,降汉后,因其国祭金人,故赐姓金。如金人为佛像,则日磾或奉释

教，史书不至全无记载。”按张晏诸人之说均欠谛。祭天金人就是祭天金人，不是佛像。〔5〕“其夏”，元狩二年夏。〔6〕“合骑侯”，公孙敖。〔7〕“居延”，县名，西汉置，属张掖郡。故城在今甘肃额济纳旗西北。〔8〕“祁连山”，山名，又名白山、雪山、天山、祁连天山。“祁连”是匈奴语，其义为天。古代祁连山有南北之分。南祁连在新疆南部，自葱岭而东，包括古昆仑山及甘肃省南部之祁连山。《汉书·西域传》谓之南山。北祁连即今新疆之天山，《汉书·西域传》谓之北山。〔9〕“是时”，元狩二年夏。〔10〕“博望侯”，张骞。“李将军”，李广。“右北平”，秦始皇二十二年灭燕置右北平郡，郡区在河北省东北部。郡治西汉时在河北平泉县，东汉时在河北玉田县。〔11〕“杀虏亦过当”，李广将四千军，死者过半。所杀伤匈奴兵，亦在二千人以上，故曰“杀虏亦过当”。《李广传》作“广军功自如”，义与“过当”同。

【译文】明年的春天，汉派骠骑将军霍去病率领一万骑兵，自陇西出发，过焉支山，深入千余里去攻打匈奴，斩获匈奴首级一万八千多，打败休屠王，获得他的祭天金人像。夏天，骠骑将军又和合骑侯率领数万骑兵，自陇西、北地出发，挺进二千里，攻打匈奴。经过居延，进攻祁连山，斩获匈奴三万余人，裨小王以下七十余人。这时，匈奴也入侵代郡、雁门，杀掠数百人。汉派博望侯和李将军自右北平出发，攻打匈奴左贤王。左贤王包围了李将军及其部卒四千余人，李将军几乎全军覆没，所杀伤的匈奴人，也超过自己的伤亡。正好博望侯援军来到，李将军方得以突围，汉伤亡损失数千人。合骑侯误了骠骑将军规定的期限，和博望侯都有死罪，出赀赎为平民。

其秋，[1]单于怒浑邪王、休屠王居西方为汉所杀虏数万人，[2]欲召诛之。浑邪王与休屠王恐，谋降汉，汉使骠骑将军往迎之。浑邪王杀休屠王，[3]并将其众降汉，凡四万余人，号十万。[4]于是汉已得浑邪王，则陇西、北地、河西益少胡寇，徙关东贫民处所夺匈奴河南、新秦中以实之，[5]而减北地以西戍卒半。[6]其明年，[7]匈奴入右北平、定襄各数万骑，杀略千余人而去。

【注释】〔1〕“其秋”，元狩二年秋。〔2〕“单于”，匈奴伊稚斜单于。“浑邪王”，《汉书》作“昆邪王”。“休屠王”，后被浑邪王所杀，其子金日磾归汉，仕汉为光禄大夫。〔2〕“汉使骠骑将军往迎之”，汉使骠骑将军迎降，动用了大量人力和物力。据《汉书·食货志》记载，迎降所用以载运部队和物资的车辆达三万乘之多。〔3〕“浑邪王杀休屠王”，休屠王悔降汉，浑邪王杀之。〔4〕“并将其众降汉，凡四万人，号十万”，浑邪王降汉在元狩二年秋。霍去病在浑邪王投降以前，和右贤王作战中，已经斩首三万级。浑邪王又率四万人投降，右贤王已经没有什么可以作战的军队了。到元狩四年春，霍去病出代，与左贤王作战，又消灭了左贤王的部队七万余人。冒顿单于最盛时，控弦之士不过三十万。伊稚斜单于距冒顿单于不足百年，如其仍维持冒顿时的兵力，那末，这两年的陇西之战，西汉已大量消灭其有生力量。经过陇西之役，西汉已在对匈战争中，取得了决定性的胜利。〔5〕“徙关东贫民处所夺匈奴河南、新秦中以实之”，“关东”，函谷关以东。“河南”，黄河河套以南。秦始皇派蒙恬北逐匈奴，取得河套以南造阳以北千里之地，在那里筑城郭，移民居住，名曰“新秦”。武帝元狩三年，取得抗击匈奴的胜利。其时华山以东黄河泛滥，乃实行移民塞边的政策，把关东居民迁徙到新收复的新秦中。这是一次人口大流动，被徙往关西的民众达到七十万人，占了西汉总人口数的3.5%。〔6〕“而减北地以西戍卒半”，元狩三年秋，诏减陇西、北地、上郡三郡的戍卒之半，大为减轻人民对徭役的负担。“北地”，秦昭王击破义渠戎王而后设北地郡，郡区在今宁夏银川、甘肃庆阳一带。〔7〕“其明年”，元狩三年秋。《史记》此处叙事，稍有不合。徙关东民实新秦中及减北地之戍皆在元狩三年秋。“其明年”三字是衍文。

【译文】秋天，单于因为浑邪王、休屠王防守西方被汉消灭了数万人而愤怒，打算召见他们加以杀害。浑邪王和休屠王很害怕，商量投降汉朝。汉派骠骑将军迎降。浑邪王杀了休屠王，合并休屠王的部众投降汉朝，总共四万余人，号称十万。这时汉得到浑邪王，陇西、北地、西河诸郡，匈奴入侵的次数减少了。汉迁徙关东贫民到被匈奴夺去的河南新秦中居住，以充实那些地方。把戍守北地以西的兵员削减了一半。明年，匈奴各以骑兵数万入侵右北平和定襄等郡，杀伤劫掠一千余人而去。

其明年春，[1]汉谋曰“翕侯信为单于

计，[2]居幕北，以为汉兵不能至”。乃粟马，[3]发十万骑，私负从马凡十四万匹，[4]粮重不与焉。[5]令大将军青、骠骑将军去病中分军，大将军出定襄，骠骑将军出代，[6]咸约绝幕击匈奴。[7]单于闻之，远其辎重，以精兵待于幕北。与汉大将军接战一日，会暮，大风起，汉兵纵左右翼围单于。单于自度战不能如汉兵，[8]单于遂独身与壮骑数百溃汉围西北遁走。[9]汉兵夜追不得。行斩捕匈奴首虏万九千级，[10]北至阗颜山赵信城而还。[11]

【注释】〔1〕“其明年春”，元狩四年春。〔2〕“翕侯信”，翕侯赵信。〔3〕“乃粟马”，给战马添喂精饲料。平时饲马用豆类，战时饲马用粮食。〔4〕“负私从马”，《汉书》“负私”作“私负”。王念孙曰：“私负从马，谓私负衣装而从之马。”按：凡从军不在七科谪内的谓之良家子。以良家子组成的戍边部队，须自带鞍马，故曰“私负从马”。〔5〕“粮重不与焉”，“粮重”，粮食和辎重。“与”，音 yù。谓运载粮食和辎重的马匹未计算在内。〔6〕“令大将军青、骠骑将军去病中分军，大将出定襄，骠骑将军出代”，昆邪王降汉，西线无战事，故将卫、霍主力调往东线。卫青出定襄和伊稚斜单于对敌。霍去病出代和左贤王对敌。〔7〕“咸约绝幕击匈奴”，共同约定，直度沙漠，追击匈奴。〔8〕“单于自度战不能如汉兵”，《汉书》“如”作“与”。“与”，敌也。匈奴已经丧失了战场上的优势，其主力部队已被消灭了大半。在武器装备上，匈奴也处于劣势。晁错曾对匈奴战斗力有过估计。他认为匈奴的弓矢不能抵挡汉的劲弩长戟，匈奴的木盾不能抵御汉兵材官的集中射击。短兵相接，面对面的厮杀，匈奴也不习惯。〔9〕“单于遂独身与壮骑数百溃汉围西北遁走”，“独身”谓丢弃家属和侍从。据《卫将军骠骑列传》，单于与卫青大军苦战一天，薄暮起大风，刮起飞沙走石，单于被层层包围，最后驾着六匹骡子牵引的兵车，向西北方向突围而去。〔10〕“行”，因也。“行斩捕”，颜师古曰：“且行且捕斩之。”未得其义。〔11〕“阗”，音 tian。“阗颜山”，约为今蒙古人民共和国杭爱山南面的一支。“赵信城”，翕侯降匈奴后，伊稚斜单于以其姊嫁赵信，并筑城居之，名曰赵信城。

【译文】明年春天，汉分析形势，认为“翕侯赵信替匈奴策划，在沙漠以北活动，以为汉兵到不了那里”。于是用粮食喂马，调集十万骑兵，加上自携装备及其马匹，总共十四万匹，运载粮食和辎重的牲口不在此数。命令大将军卫青和骠骑将军霍去病将大军分为两部，大将军从定襄出发，骠骑将军从代郡出发，共同商定横渡沙漠攻打匈奴。单于得到消息，把辎重转移到远方，布置精兵守候于沙漠北端，单于和汉大将军接战一整天，天色渐渐暗淡下来，刮起大风。汉兵出动左右两翼围住单于。单于思量不能和汉兵硬拼，独自带着精壮骑兵数百人，突破汉围向西北逃走。汉兵追了一夜未能追上。这一战役斩获匈奴首级一万九千个，向北追到阗颜山赵信城才班师。

单于之遁走，其兵往往与汉兵相乱而随单于。[1]单于久不与其大众相得，其右谷蠡王以为单于死，乃自立为单于。真单于复得其众，而右谷蠡王乃去其单于号，复为右谷蠡王。

【注释】〔1〕“其兵往往与汉兵相乱而随单于”，句有误。疑“而随单于”为“而不随单于”，刊落一个“不”字。或者“随单于”者是汉兵，不单是匈奴兵。译文本后说。

【译文】单于逃走的时候，乱军之中，匈奴兵往往与汉兵混在一起，弄得汉兵也跟着单于跑。单于久久不能与其部众会合，右谷蠡王以为单于已经死去，就自立为单于。真单于找到自己部众以后，右谷蠡王取消了单于称号，依旧当右谷蠡王。

汉骠骑将军之出代二千余里，与左贤王接战，汉兵得胡首虏凡七万余级，[1]左贤王将皆遁走。[2]骠骑封于狼居胥山，[3]禅姑衍，[4]临翰海[5]而还。是后匈奴远遁，而幕南无王庭。汉度河自朔方以西至令居，[6]往往通渠，置田官吏卒五六万人，[7]稍蚕食，地接匈奴以北。

【注释】〔1〕“汉兵得胡首虏七万级”，元狩四年霍去病与匈奴左贤王在漠北的一次交锋，是汉、匈战争以来歼灭匈奴作战部队人数最多的一次战役。匈奴的主力被歼，从此一蹶不振。汉武帝自元光二年夏六月在马邑设伏诱单于入塞以来，至元狩

四年春的漠北之战,历经十四年,大小数十战,方取得战胜匈奴的一次决定性胜利。〔2〕"左贤王将皆遁走",元狩二年夏,骠骑将军出陇西击匈奴,至秋浑邪王归降,先解匈奴之右肩。元狩四年春,骠骑将军出代,斩胡首虏七万余级,击走左贤王,又断匈奴之左臂。这两次关键性的战役均骠骑将军指挥。自是骠骑之宠信过于大将军。〔3〕"狼居胥山",地望历来有很多说法。目前流传的三种说法是:(一)蒙古人民共和国乌兰巴托以东克鲁伦河(汉名弓卢水)以北地区。(二)内蒙古自治区克什克腾旗西北至阿巴嘎旗一带。(三)内蒙古自治区五原县西北黄河北岸,亦名狼山。〔4〕"禅",祭地曰"禅"。"姑衍",漠北山名,地近蒙古人民共和国乌兰巴托。〔5〕"翰海",亦作"瀚海"。关于翰海,也有以下几种说法:(一)沙漠之别名。(二)即北海,前苏联境内贝加尔湖。(三)蒙古高原东北境内的呼伦湖与贝尔湖。(四)蒙古人民共和国杭爱山的不同音译。〔6〕"令居",故城在甘肃永登县西北。〔7〕"往往通渠,置田官吏卒五六万人",此处断句一般作:"往往通渠置田,官吏卒五六万人"。误。按武帝元朔二年,大将军收复河南,即移民朔方屯田。元狩四年后在令居屯田,已经初具规模,灌溉水系修成后,即委派田官管理,屯田的吏、卒有五六万人之多。《通鉴》亦以"田官"连读。胡三省《注》曰:"置官以主屯田。"

【译文】汉骠骑将军自代郡出发,进军二千余里,和左贤王展开战斗。汉兵斩获匈奴首级七万多个,左贤王和部将都逃走了。骠骑将军在狼居胥山祭天,在姑衍山祭地,进军到瀚海而后旋师。自此以后,匈奴向远方逃走。沙漠以南,没有单于的王庭。汉渡过黄河,从朔方以西到令居县,不断在那里兴修水利,设置田官,吏卒有五、六万人。逐步蚕食,汉地连接匈奴旧地以北。

初,[1]汉两将军大出围单于,[2]所杀虏八九万,而汉士卒物故亦数万,[3]汉马死者十余万。[4]匈奴虽病,远去,而汉亦马少,无以复往。匈奴用赵信之计,遣使于汉,好辞请和亲。天子下其议,[5]或言和亲,或言遂臣之。丞相长史任敞曰:[6]"匈奴新破,困,宜可使为外臣,朝请于边。"[7]汉使任敞于单于。单于闻敞计,大怒,留之不遣。先是汉亦有所降匈奴使者,单于亦辄留汉使相当。汉方复收士马,会骠骑将军去病死,[8]于是汉久不北击胡。[9]

【注释】〔1〕"初",元狩四年。〔2〕"汉两将军",大将军卫青、骠骑将军霍去病。〔3〕"物故",两汉人谓死为物故。《流沙坠简考释·戍役类》第六简云:"良家子三十二人士,其四人物故。"〔4〕"汉马死者十余万",本书《卫将军骠骑列传》云:"两军之出塞,塞阅官及私马凡十四万匹,而复入塞者不满三万匹。"故曰"汉马死者十余万。"〔5〕"下其议",谓下交给大臣议论。〔6〕"丞相长史任敞",汉丞相,金印紫绶,辅助天子,协理万机。汉代第一任丞相是萧何,高帝十一年改称相国。第二任曹参即称为相国。孝惠、高后置左右丞相。文帝二年复置一丞相,又恢复了丞相的称呼。"丞相长史"是丞相的属官。文帝二年复置一丞相时设两长史。长史类似相府的总管,秩千石。《通典》卷二一云:长史"盖众史之长也,职无不监。"任敞任丞相长史时的丞相是赵周。〔7〕"宜可使为外臣,朝请于边","外臣",国外之臣,朝贡觐见之礼皆于边境进行,不必赴阙。〔8〕"骠骑将军去病死",骠骑将军在元狩四年漠北大战后的第三年,即元狩六年(公元前一一七年)秋九月死去。〔9〕"汉久不北击胡",从武帝元狩四年(前一一九年)两将军击败匈奴以后,到元鼎六年(前一一一年)秋遣公孙贺、赵破奴对匈奴作试探性的进攻,中间有七、八年之久,西汉没有用兵匈奴。

【译文】起初,汉两将军大规模出动军队围攻单于,杀伤敌人八、九万人,汉士卒也死亡数万人,汉马战死十余万匹。匈奴虽然被削弱,迁徙到远处去,而汉也缺少马匹,无力再次进击。匈奴采纳赵信的计谋,派使臣来汉,用好听的言辞请求和亲。天子交给臣下讨论。有人主张和亲,有人主张就此命令匈奴称臣。丞相长史任敞说:"匈奴战败不久,处境困难,宜乎叫他们充当外臣,朝贡和请觐都在边境举行。"汉任命任敞为使臣去见单于,单于听了任敞的计议,非常生气,扣留任敞,不许他回国。过去汉也招降过匈奴使者,匈奴也扣留为数相等的汉朝使臣。汉正在征集兵马,适逢骠骑将军霍去病死去,因此汉很久没有北伐匈奴。

数岁,伊稚斜单于立十三年死,[1]子乌维立为单于。[2]是岁汉元鼎三年也。乌维单于立,而汉天子始出巡郡县。[3]其后汉方南诛两越,[4]不击匈奴,匈奴亦不侵入边。[5]

【注释】〔1〕“伊稚斜单于立十三年死”,汉武帝元鼎三年(公元前一一四年)伊稚斜单于死。伊稚斜立于元朔三年(前一二六年),在位十三年。〔2〕“乌维立为单于”,匈奴乌维单于,公元前一一四年至前一〇五年在位,统治匈奴十年。乌维单于时期,汉、匈基本上保持和平局面,没有发生重大的军事冲突。〔3〕“而汉天子始出巡郡县”,元封六年冬,汉武帝率领十二部将军,出巡边境郡县。自云阳出发,经上郡、西河、五原,出长城,北登单于台。(杜佑曰:单于台在云州云中县西北百余里。)至朔方,临北河,勒兵十八万骑,旌旗径千余里,威震匈奴。〔4〕“汉方南诛两越”,元鼎五年秋,汉遣伏波将军路博德、楼船将军杨仆击南越。六年秋,遣横海将军韩说、楼船将军杨仆伐东越。〔5〕“匈奴亦不侵入边”,按《汉书·武帝纪》,元鼎五年秋,匈奴入五原,杀太守。此传于史微有未合。

【译文】过了几年,伊稚斜单于在位十三年而死。儿子乌维立为单于,这年是汉元鼎三年。乌维单于即位,汉天子开始出巡郡县。后来,汉正征讨南方的两越,不进攻匈奴,匈奴也不入边侵犯。

乌维单于立三年,[1]汉已灭南越,[2]遣故太仆贺将万五千骑出九原二千余里,[3]至浮苴井而还,[4]不见匈奴一人。汉又遣故从骠侯赵破奴万余骑出令居数千里,[5]至匈河水而还,[6]亦不见匈奴一人。

【注释】〔1〕“乌维单于立三年”,为汉元鼎六年。〔2〕“汉已灭南越”,在元鼎三年春。“南越”,《汉书》作“两越”。按汉灭东越在元封元年冬,元鼎六年,东越尚未灭。《汉书》误“南”为“两”。〔3〕“故太仆贺”,“太仆”,掌管并驾驭舆马的官,是天子的近臣。公孙贺自建元六年为太仆,至太初二年迁为丞相,任太仆共三十三年。《贺传》亦云:“后八岁(太初二年)以太仆为丞相。”公孙贺于元鼎六年出九原,太仆头衔仍在,不应称为“故太仆”,“故”字疑涉下文“故从骠侯”而衍。“九原”,郡名,秦置,汉更名五原郡,在今内蒙古自治区五原县。〔4〕“浮苴井”,臣瓒引《汉舆地图》云去九原二千里。或谓地在今内蒙古自治区达尔罕茂明安联合旗(百灵庙)北。〔5〕“赵破奴”,九原人。元狩二年夏出北地有功,封为从骠侯。元鼎五年九月,坐酎金失侯。元鼎六年以匈河将军出令居时已失侯,所以称之为“故从骠侯”。〔6〕“匈河”,水名,去令居千里。各本“匈河”作“匈奴河”。按赵破奴元鼎六年为匈河将军,“匈奴河”的“奴”字,应是衍文。今人或误以匈奴之名得自匈奴河,并说蒙古鄂尔浑河为匈奴河。

【译文】乌维单于继位的第三年,汉已消灭南越,派从前的太仆公孙贺率领骑兵一万五千人,自九原出发,前进二千余里,到浮苴井后回师,没有遇见一个匈奴人。汉又派以前的从骠侯赵破奴率领一万多骑兵自令居出发,前进数千里,到匈河水后回师,也没有遇见一个匈奴人。

是时天子巡边,至朔方,[1]勒兵十八万骑以见武节,[2]而使郭吉风告单于。[3]郭吉既至匈奴,匈奴主客问所使,[4]郭吉礼卑言好,[5]曰:“吾见单于而口言。”单于见吉,吉曰:“南越王头已悬于汉北阙。[6]今单于即能前与汉战,[7]天子自将兵待边;单于即不能,即南面而臣于汉。何徒远走,亡匿于幕北寒苦无水草之地,毋为也。”[8]语卒而单于大怒,立斩主客见者,而留郭吉不归,迁之北海上。[9]而单于终不肯为寇于汉边,休养息士马,习射猎,数使使于汉,好辞甘言求请和亲。

【注释】〔1〕“是时天子巡边,至朔方”,元封元年冬十月,汉武帝自云阳出发,经上郡、西河、五原至朔方。云阳故城在今陕西淳化县西北。〔2〕“勒兵十八万骑以见武节”,“勒”,统率。“见”,显示。“武节”,武德,武道。汉武帝元封元年冬十月诏曰:“朕将巡边垂,择兵振旅,躬秉武节,置十二部将军,亲帅师焉。”〔3〕“风”,读曰“讽”。〔4〕“主客”,匈奴官名,犹汉之典客,现在的礼宾官员。“问所使”,问以何事而来。〔5〕“礼卑言好”,《汉书》作“卑体言好”。按:“礼”、“体”古通。《礼记·礼器》云:“礼也者,犹体也。”〔6〕“南越王头已悬于汉北阙”,元鼎六年冬,汉楼船将军杨仆、伏波将军路博德率军攻南越。春,城破,南越王建德亡入海,为故校尉、司马苏弘所擒得,建德被获后行迹不详。王先谦《汉书补注》曰:“建德被获,仍封术阳侯。”实

误。据《史记·建元以来侯者年表》，建德在元鼎四年封为术阳侯。元鼎五年，有罪国除。元鼎六年春建德亡入海中，为苏弘所得。未见有“仍封术阳侯”的记载。〔7〕“即”，若。〔8〕“何徒远走，亡匿于幕北寒苦无水草之地，毋为也”，《汉书》作“何但远走亡匿于幕北寒苦无水草之地为”。《武帝纪》元封元年冬十月诏亦曰：“何但亡匿幕北寒苦之地为！”本传“毋为也”，“毋”、“也”二字，疑皆衍文。〔9〕“北海”，前苏联伊尔库次克附近的贝加尔湖，汉籍称为“北海”。

【译文】这一年，天子巡狩缘边州郡，到达朔方，统御十八万兵马以宣扬武威，并派使者郭吉讽告单于。郭吉到匈奴后，匈奴接待官员问郭吉此行目的。郭吉卑躬屈节，好言好语说道：“我见了单于面谈。”单于会见郭吉，郭吉说：“南越王的头，已经悬挂在汉的北阙。现在单于若能前来与汉战，天子将自己统率兵马在边境上等待。单于若不能，那就马上南面称臣于汉，何必逃走，躲在沙漠北边寒冷艰苦、没有水草的地方，干什么呢！”说完，单于大怒，立刻杀了接待官员，扣留郭吉不让回去，把他流放到北海上。可是单于终究不肯侵犯汉的边界，让士兵和马匹休息，训练射猎，多次派使臣到汉朝，好言好语请求和亲。

汉使王乌等窥匈奴。〔1〕匈奴法，〔2〕汉使非去节而以墨黥其面者不得入穹庐。〔3〕王乌，北地人，〔4〕习胡俗，去其节，黥面，得入穹庐。单于爱之，详许甘言，〔5〕为遣其太子入汉为质，〔6〕以求和亲。

【注释】〔1〕“汉使王乌等窥匈奴”，“窥”，观看，观察。〔2〕“匈奴法”，匈奴无文书，以言语为约束。所谓“匈奴法”，不是成文法，而是指匈奴的习俗。〔3〕“节”，符节。使臣执之以示信。“墨”，古代五刑之一，以治轻罪者。即在被刑者的额上刺字，染为黑色以为标志。“黥”，音 qíng，就是墨刑。《荀子·正论篇》注：“黥，以墨涅面。”涅，音 niè，黑色染料、黑泥为其本义。引申为在面部或身上刺字涂墨为涅。“穹庐”，匈奴单于所住毡帐。〔4〕“王乌”，《艺文类聚》作“王焉”。“乌”、“焉”形近易乱，然古亦通用。〔5〕“详”，同“佯”。〔6〕“为遣其太子入汉为质”，“为”，与“将”字义同。单于言，将遣太子入汉当质子。“质”，音 zhì，担保、抵押之义。

【译文】汉派王乌等为使去匈奴窥探虚实。匈奴的规矩，汉使不去掉使臣的节杖，而用墨黥面，不得进入单于的毡帐。王乌是北地郡人，懂得匈奴的习俗。他放下节杖，用墨黥面，得以进入毡帐。单于喜爱他，假装用好话答应他，将派遣太子到汉为质，以求得和亲。

汉使杨信于匈奴。〔1〕是时汉东拔秽貉、朝鲜以为郡，〔2〕而西置酒泉郡，〔3〕以鬲绝胡与羌通之路。〔4〕汉又西通月氏、〔5〕大夏，〔6〕又以公主妻乌孙王，〔7〕以分匈奴西方之援国。又北益广田至胘靁为塞，〔8〕而匈奴终不敢以为言。〔9〕是岁，翕侯信死，〔10〕汉用事者以匈奴为已弱，可臣从也。杨信为人刚直屈彊，素非贵臣，单于不亲。单于欲召入，不肯去节，单于乃坐穹庐外见杨信。杨信既见单于，说曰：“即欲和亲，以单于太子为质于汉。”〔11〕单于曰：“非故约，故约：〔12〕‘汉常遣翁主，给缯絮食物有品，〔13〕以和亲，而匈奴亦不扰边。’今乃欲反古，令吾太子为质，无几矣。”〔14〕匈奴俗，见汉使非中贵人，其儒先，〔15〕以为欲说，折其辩；其少年，以为欲刺，〔16〕折其气。每汉使入匈奴，匈奴辄报偿。〔17〕汉留匈奴使，匈奴亦留汉使，必得当乃肯止。〔18〕

【注释】〔1〕“汉使杨信于匈奴”，当在元封四年秋。据《汉书·武帝纪》，有元封四年“秋，以匈奴弱，可遂臣服，乃遣使说之”的记载。本文“汉使杨信于匈奴”下，也有“汉用事者以匈奴为已弱，可臣从也”一节与《武帝纪》相同的话，因知《武帝纪》元封四年秋“乃遣使说之”之使，即杨信。〔2〕“是时”，泛指过去的事。“秽貉”，亦作“秽貊”，地在朝鲜北部滨东海地区。元朔元年秋，秽貉君南闾叛朝鲜王右渠求内属，武帝以其地为苍海郡。元封三年灭朝鲜，分置乐浪、临屯、玄菟、真番四郡。拔秽貉为郡与拔朝鲜为郡，前后相距二十年。泷川资言《考证》皆系事于元封三年，误。〔3〕“而西置酒泉郡”，元狩二年秋，匈奴昆邪王杀休屠王降汉，河西地区，空无匈奴。元鼎二年，张骞使乌孙，说服乌孙还居河西故地，乌孙不肯还，始以其地置酒泉郡。酒泉郡郡治在禄福，即今甘肃酒泉县。〔4〕“以鬲绝胡、与羌通之路”，匈奴与汉作战，在战略上采取

外线大包围的方针。《盐铁论·西域篇》云:"胡西役大宛、康居之属,南与群羌通。"匈奴南与羌人结成联盟,是其战略大包围的组成部分。汉为打击胡、羌联盟,多次在中国西部对西羌用兵。在河西设酒泉郡,是隔绝胡、羌交通的重要措施。羌是我国古代居于西方的古老民族。"鬲",通"隔"。〔5〕"月氏",古代西域城国名。"氏"读 zhī。其族原来游牧居处于甘肃的敦煌与青海的祁连之间。公元前二、三世纪时很强盛,疆土扩展到匈奴以北,后来被匈奴的冒顿单于所攻破,向西南迁徙至准噶尔盆地。到匈奴老上单于时,月氏又被匈奴击败,再次西迁至伊犁河流域,至匈奴军臣单于时,西迁至妫水(阿姆河)流域,称为"大月氏"。公元一、二世纪,称雄中亚的贵霜王朝,即大月氏所建。〔6〕"大夏",中亚古地名和国名,古希腊人称为巴克特里亚。大夏的地望在阿姆河以南,兴都库什山以北地区,都城为监氏城,即今阿富汗的巴里黑。约在公元前一四〇年至前一三〇年之间,大月氏渡过阿姆河,征服大夏。大夏残余力量退到喀布尔河流域和南亚次大陆,分成几个小国,苟延残喘。一九七八年前苏联考古队在阿富汗北部西伯尔罕发掘的古墓葬,可能是大夏时代一个女王的墓葬。〔7〕"又以公主妻乌孙王",武帝元封六年,遣江都王建女细君为公主,妻乌孙王昆莫,昆莫以为右夫人。按乌孙本居祁连、敦煌间,与月氏为邻。月氏攻夺乌孙地,杀其王难兜靡。乌孙王族逃属匈奴。其后月氏为匈奴所破,西击塞人,塞人南徙,月氏居于塞故地伊犁河流域。乌孙首领昆莫既壮,得匈奴助,西向攻破月氏,月氏西去,乌孙占有其地,以赤谷城为都。〔8〕"胘靁",音 xuán léi,《汉书》作"眩雷",地在乌孙北。一说在西河郡西北边。又一说在内蒙古鄂托克旗一带。〔9〕"而匈奴终不敢以为言",汉通月氏、大夏,又与乌孙结为婚姻,如断匈奴右臂,本为匈奴大忌。但是时匈奴国力已衰,远遁漠北,不能与汉抗衡,故不敢说三道四。〔10〕"翕侯信死",前将军翕侯赵信,元朔六年夏兵败降匈奴,至元封四年死,前后在匈奴凡十七年。〔11〕"说曰:即欲和亲,以单于太子为质于汉","说",音 shuì,劝说对方采纳自己的意见。前王乌使匈奴时,乌维单于哄骗王乌,诡称将遣太子入汉为质。故杨信旧事重提。〔12〕"故约",指高帝使臣刘敬与匈奴冒顿单于缔结的和亲之约。这个和亲之约,一直是维持汉、匈关系的最高准则。文帝四年,冒顿单于与汉文帝书,第一次提到"复故约"。文帝六年,汉与冒顿单于书:"使无负约",都是指刘敬在匈奴缔结的和亲之约。后来汉、匈连年战争,多年不提"故约"了。至元封四年,杨信使匈奴,乌维单于这才又提到"故约"的事。本文记载了刘敬与匈奴结约的具体内容,就是下文所说的:"汉常遣翁主,给缯絮食物有品,以和亲,而匈奴亦不扰边"。这是"故约"中的条款,另外还有一个条款,就是孝文帝二年遗匈奴书中提到的:"先帝制:长城以北,引弓之国,受命单于,长城以内,冠带之室,朕亦制之。"这一条款,当为汉所提出,而前一款,当是匈奴所提。《太平御览》卷七七九引《三辅旧事》,谓刘敬和冒顿单于缔约的内容是:"自海以内,冠盖之士处焉;自海以北,控弦之士处焉。"确非好事者揣摩之辞,而是有根据的。〔13〕"品",等差。〔14〕"无几","几",音 jì,"几"、"冀"通。言无所冀望。〔15〕"其儒先","其",犹若。"先",先生。《汉书》作"儒生"。西汉称博士为"先生"。或省作"先",或省作"生"。〔16〕"刺",指责,讽刺。〔17〕"匈奴辄报偿",意谓汉派使臣来匈奴,匈奴亦派使臣回访。〔18〕"必得当乃肯止",别本"当"上有"其"字。《汉书》无"肯"字。

【译文】汉派杨信出使匈奴。这时,汉在东方征服秽貉和朝鲜,设置了郡。在西方设置酒泉郡以隔绝匈奴和羌人来往的通道。汉又向西沟通月氏、大夏,又以公主嫁给乌孙王为妻,削弱匈奴和西域的联盟。在北方则大事屯田,直到胘靁,设置关塞,匈奴始终不敢说什么。这年,翕侯赵信死去。汉谋臣认为匈奴之势已弱,可促使其称臣。杨信为人刚直倔强,又不是贵臣,单于对他冷淡。单于要在毡帐内召见,他不肯放下节杖。单于只好坐在毡帐外面接见杨信。杨信见到单于,就说:"若要和亲,就派单于太子去汉朝为质。"单于说:"这不符合过去的盟约。过去的盟约规定:'汉经常遣送翁主来嫁,陪送一定数量的缯絮食物,结为和亲。匈奴也不骚扰汉朝的边境。'现在却违反旧时的盟约,要我的太子去当质子,这事办不到。"匈奴的习俗,见到汉使不是中国贵臣,若是儒生,想来游说的,就据理说服。若是少年,想来说三道四的,就挫折他的少年锐气。每有汉使来匈奴,匈奴也派使回访。汉若扣留匈奴使者,匈奴也扣留汉使,一定达到对等的数目才罢休。

杨信既归,汉使王乌。〔1〕而单于复谲以甘言,〔2〕欲多得汉财物,给谓王乌曰:〔3〕"吾欲入汉见天子,面相约为兄弟。"王乌归报汉,汉为单于筑邸于长安。〔4〕匈奴曰:"非得

汉贵人使,吾不与诚语。”[5]匈奴使其贵人至汉,病,汉予药,欲愈之,不幸而死。[6]而汉使路充国佩二千石印绶往使,[7]因送其丧,厚葬直数千金,[8]曰“此汉贵人也”。单于以为汉杀吾贵使者,乃留路充国不归。诸所言者,单于特空绐王乌,[9]殊无意入汉及遣太子来质。于是匈奴数使奇兵侵犯边。[10]汉乃拜郭昌为拔胡将军,[11]及浞野侯屯朔方以东,[12]备胡。路充国留匈奴三岁,单于死。[13]

【注释】〔1〕“杨信既归,汉使王乌”,汉使杨信既归,王乌又接踵奉使,皆在元封四年秋。尔后王乌归,匈奴使来,不幸而死。汉又遣路充国使匈奴。匈奴寇边,汉拜郭昌为拔胡将军,皆元封四年秋事。元封四年七、八、九三个月,发生如此众多的政治事件,可谓波澜迭起,很不平静。〔2〕“讇”,古“谄”字,音 chǎn,奉承,献媚。〔3〕“绐”,音 dài,欺骗,诈骗。〔4〕“邸”,音 dǐ,王侯府第。〔5〕“诚语”,实话。〔6〕“匈奴使其贵人至汉,病,汉予药,欲愈之,不幸而死”,事在元封四年秋。〔7〕“二千石”,是汉代官秩等级。汉代内自九卿郎将,外至郡守尉的官秩都是二千石。官秩不同,印绶的规格亦异。据《汉书·百官公卿表》,二千石印绶的规格是银印青绶。〔8〕“葬”,《汉书》作“币”。〔9〕“特”,但。〔10〕“匈奴数使奇兵侵犯边”,据《汉书·武帝纪》,匈奴寇边在元封四年秋。〔11〕“郭昌”,云中人,以校尉从大将军。元封四年以太中大夫为拔胡将军屯朔方。宣帝时,郭昌为谏大夫,曾上书颂盖宽饶,《史》《汉》本传并不载。〔12〕“浞野侯”,赵破奴以元狩二年五月丙戌封从票侯。元鼎五年,坐酎金免。元封三年正月甲申,以匈河将军出楼兰,封为浞野侯。〔13〕“路充国留匈奴三岁,单于死”,元封四年,匈奴留汉使路充国不归。元封六年,乌维单于死,路充国获归,留匈奴前后三年。《汉书》无“单于死”三字。

【译文】杨信归汉后,汉派王乌使匈奴。单于又用甜言蜜语奉承他,意欲得到更多的汉财物,哄骗王乌说:“我欲入汉朝见天子,当面约为兄弟。”王乌回汉报告。汉为接待单于在长安修建邸舍。匈奴说:“除非汉朝派贵臣为使,否则我不和他说实话。”匈奴派其贵臣使汉,病了,汉给他医治服药,希望他能痊愈,却不幸死了。汉派路充国佩戴二千石官秩的印绶出使匈奴,顺便送丧,用隆重的礼仪葬匈奴使者,所费值数千金。对匈奴说:“他是汉朝贵臣。”单于认为汉杀了他们的尊贵使者,扣留路充国不让回汉。凡是以前所说的,不过是单于哄骗王乌的空话,根本没有打算前往汉朝和派太子为质。自此,匈奴多次派骑兵侵扰汉的边境。汉拜郭昌为拔胡将军,和浞野侯屯驻朔方以东防御匈奴。路充国留在匈奴三年,单于死去。

乌维单于立十岁而死,[1]子乌师庐立为单于。[2]年少,号为儿单于。是岁元封六年也。自此之后,单于益西北,[3]左方兵直云中,右方直酒泉、燉煌郡。[4]

【注释】〔1〕“乌维单于立十岁而死”,乌维单于立于汉元鼎三年(前一一四年),死于汉元封六年(前一〇五年),在位正十年。〔2〕“子乌师庐立为单于”,《汉书》作“詹师庐单于”。乌师庐单于公元前一〇五年至前一〇二年在位,是匈奴头曼单于以后的第七代单于。乌师庐在位期间,汉、匈关系又趋紧张。太初二年,武帝遣浞野侯赵破奴出朔方,还师,与匈奴八万骑遭遇,赵破奴为匈奴所生得。〔3〕“单于益西北”,《通鉴》作“单于益西北徙”。〔4〕“左方兵直云中,右方直酒泉、燉煌郡”,《通鉴》胡三省注云:“匈奴左方兵本直上谷以东,右方兵直上郡以西,单于庭直代、云中。今徙而去西北,故左右方亦徙。”“酒泉”,在今甘肃酒泉。“燉煌”,在今甘肃敦煌西。

【译文】乌维单于在位十年死去。儿子乌师庐立为单于,年纪轻,号称儿单于。这一年是元封六年。自此以后,单于进一步向西北迁徙。于是,匈奴左方兵和云中郡对峙了。右方兵和酒泉、敦煌郡对峙了。

儿单于立,汉使两使者,一弔单于,一弔右贤王,[1]欲以乖其国。[2]使者入匈奴,匈奴悉将致单于。单于怒而尽留汉使。汉使留匈奴者前后十余辈,而匈奴使来,汉亦辄留相当。

【注释】〔1〕“右贤王”,名呴犂湖,乌维单于之弟,乌师庐儿单于之季父。儿单于死,右贤王呴犂湖继为匈奴第八代单于。〔2〕“乖”,音 guāi,乖离,抵触,使其君臣相疑,促其内讧。

【译文】儿单于即位,汉派两位使臣,一位去单于处弔唁,一位去右贤王处弔唁,打算引起匈奴的内讧。使者来到匈奴,匈奴把他俩都送到单于那里。单于很生气,扣留两位使者。汉使被扣留在匈奴的前后十多人。匈奴使者来汉,汉也扣留为数相等的匈奴使者。

是岁,〔1〕汉使贰师将军广利西伐大宛,〔2〕而令因杅将军敖筑受降城。〔3〕其冬,匈奴大雨雪,〔4〕畜多饥寒死。儿单于年少,好杀伐,国人多不安。左大都尉欲杀单于,〔5〕使人间告汉曰:〔6〕"我欲杀单于降汉,汉远,即兵来迎我,〔7〕我即发。"初汉闻此言,故筑受降城,犹以为远。

【注释】〔1〕"是岁",武帝太初元年。〔2〕"李广利",河北中山人。女弟李夫人有宠于汉武帝,故命他伐大宛,期至贰师城取善马,故号贰师将军。"大宛",古代中亚国名,位于帕米尔西麓,锡尔河上、中游,在今前苏联费尔干纳盆地。它西北邻康居,西南邻大月氏、大夏,东北邻乌孙,以贵山为都城。〔3〕"而令因杅将军敖筑受降城",太初元年,武帝遣因杅将军公孙敖塞外筑受降城,以接应匈奴左大都尉来降。"因杅"是匈奴地名。"受降城"故址在内蒙古巴彦淖尔盟乌拉特中后旗东。〔4〕"冬",太初元年正历,改正月为岁首。岁序次以春夏秋冬。冬不在岁首,而在岁尾。〔5〕"左大都尉",匈奴官名,位次左右大将下,左右大当户上。〔6〕"间告",私自来告。〔7〕"即",犹若。

【译文】这一年,汉派贰师将军广利西向征讨大宛。命令因杅将军敖修筑受降城。冬天,匈奴下了大雪,大批牲畜饿死冻死。儿单于年纪轻,好战,老百姓往往得不到安宁。左大都尉想杀掉单于,私下派人告诉汉朝说:"我打算杀掉单于降汉,但离汉境太远,如派兵接应我,我就行动。"当时,汉听到这番话,便修筑受降城,但其地距离匈奴还是很远。

其明年春,〔1〕汉使浞野侯破奴将二万余骑出朔方西北二千余里,期至浚稽山而还。〔2〕浞野侯既至期而还,左大都尉欲发而觉,单于诛之,发左方兵击浞野。〔3〕浞野侯行捕首虏得数千人。〔4〕还,未至受降城四百里,匈奴兵八万骑围之。浞野侯夜自出求水,匈奴间捕,〔5〕生得浞野侯,因急击其军。军中郭纵为护,维王为渠,〔6〕相与谋曰:"及诸校尉畏亡将军而诛之,莫相劝归。"〔7〕军遂没于匈奴。〔8〕匈奴儿单于大喜,遂遣奇兵攻受降城。〔9〕不能下,乃寇入边而去。其明年,〔10〕单于欲自攻受降城,未至,病死。

【注释】〔1〕"明年春",太初二年春。据《汉书·武帝纪》,遣浚稽将军出朔方击匈奴,在太初二年秋。〔2〕"期至浚稽山而还",浚稽山在内蒙古居延海直北,蒙古人民共和国南部鄂洛克泊南。武帝派浞野侯进军浚稽山,是接应左大都尉来降。〔3〕"发左方兵击浞野",元封六年前,匈奴左方兵和汉上谷以东地区对峙。元封六年后,单于西北徙,左方兵亦西徙,和汉云中地区相对峙。〔4〕"行",犹因。〔5〕"间",音 jiàn,刺探,侦察,《孙子》有《用间篇》,曹操注曰:"战时必用间谍,以知敌之情实也。""间捕",谓匈奴派出的侦察部队。《汉书》无"间捕"二字。〔6〕"军中郭纵为护,维王为渠","护"是护军。武帝元光二年夏,汉伏兵马邑诱匈奴时,御史大夫韩安国为护军。"渠",渠帅。亦军中首领。《汉书》无此十字。〔7〕"相与谋曰:及诸校尉畏亡将军而诛之,莫相劝归",《汉书》无此十九字,但云:"军吏畏亡将而诛,莫相劝而归。"《汉书》似较胜。〔8〕"军遂没于匈奴",赵破奴所将二万余骑,遂全军覆没。〔9〕"奇",《汉书》无此字。〔10〕"明年",武帝太初三年。

【译文】明年春天,汉派浞野侯破奴带领二万骑兵,自朔方出发,向西北进军二千余里,约定到达浚稽山后班师。浞野侯到达浚稽山,到了预定的时间就班师了。左大都尉在正要行动时被发觉。单于诛杀左大都尉,调集左方兵进攻浞野侯。浞野侯在行进中捕杀匈奴官兵数千人。还师途中,距离受降城还有四百里,浞野侯被匈奴八万骑兵围住。浞野侯夜间自己外出找水,为匈奴侦察兵发现,活捉了浞野侯。匈奴立即向汉军猛烈进攻。军中郭纵任护军,维王任渠帅。二人商量说:"校尉们有害怕亡失将军而被诛的情绪,不如劝大家归降。"于是全军投降了匈奴。匈奴儿单于非常高兴,派骑兵进攻受降城,没有攻下,骚扰劫掠边境而去。明年,单于准备亲自攻打受降城,在行军路上病死。

儿单于立三岁而死。[1]子年少，匈奴乃立其季父，乌维单于弟右贤王呴犁湖为单于。[2]是岁太初三年也。

【注释】〔1〕“儿单于立三岁而死”，儿单于乌师庐元封六年立，至太初三年病死，在位历四年，以周岁论，则为三岁。〔2〕“呴”，音 gòu，又音 xū。“呴犁湖”，就是本传前文“儿单于立，汉使两使者，一弔单于，一弔右贤王，欲以乖其国”的那个右贤王。

【译文】儿单于在位三年就死了。儿子年幼，匈奴立他的叔父乌维单于之弟右贤王呴犁湖为单于。这年是太初三年。

呴犁湖单于立，汉使光禄徐自为出五原塞数百里，[1]远者千余里，筑城鄣列亭至庐朐，[2]而使游击将军韩说、长平侯卫伉屯其旁，[3]使彊弩都尉路博德筑居延泽上。[4]

【注释】〔1〕“光禄”，即光禄卿，武帝时更名光禄勋。秦和汉初叫郎中令。其职掌一方面宿卫门户，另一方面侍从左右，为皇帝顾问参议，又任宫内总管，其地位十分重要。后来中朝之官越来越多，实权稍稍分散。“五原塞”，即五原郡榆林塞，在内蒙古包头市西北。〔2〕“城鄣”，缘边险要地，筑障塞以守，大曰障，小曰塞，并置障尉和塞尉。《汉书·张汤传》：博士狄山“居一障”。就是叫狄山去边境当障尉。诸障之间距离无明确规定。“筑城鄣”，即指这种鄣塞。“列亭”，谓烽火台。烽火台有连绵不断之势，故曰“列亭”。《正义》引《括地志》云：“五原郡稒阳县北出石门鄣，得光禄城，又西北得支就城，又西北得头曼城，又西北得虖河城，又西北得宿虏城。”按即“筑城鄣列亭至庐朐”。“庐朐”，匈奴地名，一说山名，一说在今蒙古人民共和国克鲁伦河上游。〔3〕“韩说”，弓高侯韩颓当的庶孙，以校尉从卫青击匈奴有功，封龙頟侯。元鼎五年坐酎金失侯。元鼎六年，以待诏为横海将军，击东越有功，封按道侯。太初三年为游击将军，屯于五原外徐自为所筑列城。“卫伉”，大将军卫青长子，坐法失侯。元封五年，大将军死，伉代为长平侯。征和二年春，坐巫蛊诛。〔4〕“路博德”，平州人，以右北平太守从骠骑将军有功，封邳离侯，后以卫尉为伏波将军。其后坐法失侯，为彊弩都尉屯居延卒。“居延泽”，内蒙古额济纳旗北境的居延海。

【译文】呴犁湖单于继位，汉派光禄徐自为出五原塞数百里，远的地方有千余里，沿途修筑城鄣列亭，直到庐朐。并派游击将军韩说、长平侯卫伉驻守在附近，派强弩都尉在居延泽修筑城鄣列亭。

其秋，[1]匈奴大入定襄、云中，杀略数千人，败数二千石而去，[2]行破坏光禄所筑城列亭鄣。[3]又使右贤王入酒泉、张掖，略数千人。会任文击救，[4]尽复失所得而去。是岁，[5]贰师将军破大宛，斩其王而还。匈奴欲遮之，不能至。[6]其冬，欲攻受降城，会单于病死。[7]呴犁湖单于立一岁死。[8]匈奴乃立其弟左大都尉且鞮侯为单于。[9]

【注释】〔1〕“其秋”，武帝太初三年秋。〔2〕“二千石”，是西汉官秩等级。汉代内自九卿郎将，外至郡守、尉的官秩等级都是二千石。这里指在定襄、云中守边的太守、都尉和在前方作战的将军。因二千石的官秩很高，在两汉成为高官的代词。如《汉书·酷吏传》云：“仕不至二千石，贾不至千万，安得为人乎！”〔3〕“行破坏光禄所筑城列亭鄣”，“行”，因而。《汉书·武帝纪》作“行坏光禄诸亭鄣”。杨树达先生曰：“行坏者，且行且坏也。”未得其义。〔4〕“任文”，《汉书·西域传》云：“时汉军正任文将兵屯玉门关，为贰师后距。”因任文屯兵玉门关，故得以回师击右贤王于张掖、酒泉。〔5〕“是岁”，承上文，应为太初三年。贰师破大宛，斩其王毋寡在太初四年春。疑右贤王入酒泉、张掖，任文击救，为太初四年岁首之事，“是岁”是承此而言。〔6〕“匈奴欲遮之，不能至”，匈奴经常利用楼兰、车师为耳目，出兵遮劫汉使。此次李广利西击大宛，军盛，匈奴不敢遮劫。故《汉书》作“匈奴欲遮之，不敢”。〔7〕“单于病死”，太初四年冬，呴犁湖单于病死。〔8〕“呴犁湖单于立 岁死”，呴犁湖单于立于武帝太初三年，死于太初四年冬，立一岁而死。〔9〕“且鞮”，音 jū dī。且鞮侯单于是匈奴第九代单于，公元前一〇一年至前九六年在位。且鞮侯统治匈奴期间，以苏武使匈奴和李陵投降匈奴，为汉、匈间重大事件。

【译文】这年秋天，匈奴大规模入侵定襄、云中，杀害劫掠数千人，打败好几个身为二千石的将军而去，因而破坏了光禄所筑城堡亭鄣。又派右贤王入侵酒泉、张掖，劫掠数千人。正好任文的救兵赶来投入战斗，匈奴丢下全部虏获而去。这年，贰师将军打败大宛，斩杀大宛王后班师。匈奴想拦截汉军，没有达到目的。冬天，准备攻打受降城，恰逢单于病死。呴犁湖单于在位一年就死了。匈奴立其弟左大都尉且鞮侯任单于。

汉既诛大宛，威震外国。天子意欲遂困胡，乃下诏曰："高皇帝遗朕平城之忧，高后时单于书绝悖逆。昔齐襄公复九世之雠，《春秋》大之。"〔1〕是岁太初四年也。

【注释】〔1〕"昔齐襄公复九世之雠，《春秋》大之"，《公羊传》庄公四年春："齐襄公灭纪，复雠也。襄公之九世祖，昔为纪侯所谮，而亨（烹）杀于周，故襄公灭纪也。九世犹可以复雠乎？曰，虽百世可也。""雠"，音 chóu，仇敌。

【译文】汉征服大宛，声威远扬外国。天子想就此围困匈奴。下诏书说："高皇帝给朕留下平城的耻辱。高后时，单于来书悖逆荒谬。从前齐襄公报九世宿仇，《春秋》大加赞赏。"这年是太初四年。

且鞮侯单于既立，尽归汉使之不降者，路充国等得归。〔1〕单于初立，恐汉袭之，乃自谓"我儿子，安敢望汉天子！汉天子，我丈人行也"。〔2〕汉遣中郎将苏武厚币赂遗单于。〔3〕单于益骄，礼甚倨，非汉所望也。〔4〕其明年，浞野侯破奴得亡归汉。〔5〕

【注释】〔1〕"且鞮侯单于既立，尽归汉使之不降者，路充国等得归"，且鞮侯单于立在太初四年冬。天汉元年遣路充国等使人归。路充国被留在元封四年，没入匈奴前后八年。梁玉绳曰："此下乃后人所续，非史公本书，史迄太初，不及天汉。" 〔2〕"丈人"，尊老之称。 〔3〕"汉遣中郎将苏武厚币赂遗单于"，"中郎将"，统率皇帝侍卫的官，位次于将军。"苏武"，字子卿，杜陵人，游击将军苏建中子，天汉元年，匈奴尽归扣留的汉使，武帝嘉单于之义，遣武以中郎将持节送匈奴使留在汉者，因厚赂单于，答其善意。"赂"，音 lù，赠送财物。梁玉绳云："单于归汉使，苏武使单于皆天汉元年事，而此误在太初四年。"按：《史》书不误。"是岁太初四年也"，乃汉武帝下诏之年，于文章为结束语气。与"且鞮侯单于既立"以下文字无涉。以下汉使得归，苏武持节皆从头铺叙，虽未拈出"天汉元年"，但下文"浞野侯破奴得亡归汉"一语上，用"其明年"三字，补叙前事发生年代，脉络自明。此段文字虽非太史公手笔，然亦波谲变化，令人难测。王先谦、泷川资言俱未察。王先谦《汉书补注》云："浞野侯上之'明年'二字盖衍。"亦智者千虑之失。 〔4〕"单于益骄，礼甚倨，非汉所望也"，"倨"，音 jù，傲慢。胡三省注《通鉴》云："汉望其回心乡善，今乃益骄，故曰非汉所望。" 〔5〕"其明年，浞野侯破奴得亡归汉"，天汉元年，浞野侯破奴亡归汉。"其明年"承上文"是岁太初四年也"而言，三字非衍。

【译文】且鞮侯单于即位，全部遣返不降的汉朝使臣，路充国等得以归国。单于刚刚继位，害怕汉朝袭击他，自己就说："我是孩子，怎敢和汉天子相比。汉天子是我的长辈啊！"汉派中郎将苏武携丰厚的币帛赠给单于。单于更为骄傲，礼节很怠慢，不是汉所期待的那样。明年，浞野侯破奴从匈奴逃归汉朝。

其明年，汉使贰师将军广利以三万骑出酒泉，〔1〕击右贤王于天山，〔2〕得胡首虏万余级而还。匈奴大围贰师将军，几不脱。〔3〕汉兵物故什六七。〔4〕汉复使因杅将军敖出西河，〔5〕与彊弩都尉会涿涂山，〔6〕毋所得。又使骑都尉李陵将步骑五千人，〔7〕出居延北千余里，与单于会，合战，陵所杀伤万余人，兵及食尽，欲解归，〔8〕匈奴围陵，陵降匈奴，其兵遂没，得还者四百人。单于乃贵陵，以其女妻之。〔9〕

【注释】〔1〕"其明年，汉使贰师将军广利以三万骑出酒泉"，贰师将军出酒泉击右贤王，在天汉二年夏五月。"其明年"乃承上文"浞野侯破奴得亡归汉"而言。 〔2〕"天山"，此处天山不是张掖县的祁连山，而是哈蜜迤北的巴里坤哈萨克自治县以西的巴里坤湖附近的天山，巴里坤湖汉曰蒲类海。诸家注以晋灼说为是。晋灼曰："天山在西域，近蒲类国。" 〔3〕"几不脱"，《汉书》作"几不得脱"。 〔4〕"物故"，死亡。 〔5〕"因杅将军敖"，太初元年公孙敖以因杅将军筑受降城，因号因杅将军。"西河"，在今陕西东部黄河西岸地区。 〔6〕"彊弩都尉"，

谓路博德。路博德从骠骑将军有功,封符离侯。其后坐法失侯,为彊弩都尉屯居延。“涿涂山”,《汉书》作“涿邪山”,在内蒙古居延海西北极远,蒙古人民共和国满达勒戈壁附近。〔7〕“又使骑都尉李陵将步骑五千人”,“李陵”,李广孙。武帝以为有李广风,使将八百骑深入匈奴二千余里,视地形,不见虏而还,拜为骑都尉。都尉是将军以下的高级武官。特设的都尉,级别相当高,都是秩二千石或比二千石的官吏,地位相当于列卿。骑都尉,武帝元鼎二年初置。李陵在《答苏武书》里回顾当年与匈奴作战的情况时说:“昔先帝授陵步卒五千,出征绝域,五将失道,陵独遇战。……”《汉书·司马迁传》亦云:“且李陵提步卒不满五千,深践戎马之地,足历王庭,垂饵虎口,横挑彊胡,卬亿万之师,与单于连战十余日,所杀过当。……”上面二文中提到李陵率领的是步兵,没有骑兵。《汉书·李陵传》亦作“步兵”。太史公《报任少卿书》、荀悦《汉纪》、《通鉴》皆作“步卒”,卒就是兵。本文“步骑”应为“步兵”。〔8〕“兵及食尽,欲解归”,《汉书》作“兵食尽,欲归”。〔9〕“单于乃贵陵,以其女妻之”,《汉书·李陵传》:“单于壮陵,以女妻之,立为右校王。”单于以女妻陵,荀悦《汉纪》卷一四记在天汉二年。《资治通鉴》则系其事于天汉四年。

【译文】明年,汉派贰师将军广利率领三万骑兵自酒泉出发,进攻右贤王于天山,斩获匈奴官兵首级万余个。在归途中,贰师将军被匈奴重重包围,几乎不能脱身。汉兵死去十之六七。汉又派因杅将军从西河出发,与强弩都尉在涿涂山会师,没有什么收获。又派骑都尉李陵率领步、骑兵五千人,从居延出发,向北挺进一千余里,与单于遭遇,展开战斗。李陵杀伤敌人一万余人,所部兵卒也伤亡殆尽,粮食告罄。李陵想脱离战场返回,却被匈奴包围了。李陵投降匈奴,所部兵众也投降了,得以逃回的才四百人。单于尊贵李陵,把女儿嫁给了他。

后二岁,复使贰师将军将六万骑、步兵十万,出朔方。[1]彊弩都尉路博德将万余人,与贰师会。游击将军说将步骑三万人,[2]出五原。因杅将军敖将万骑、步兵三万人,[3]出雁门。匈奴闻,悉远其累重于余吾水北,[4]而单于以十万骑待水南,与贰师将军接战。贰师乃解而引归,与单于连战十余日。贰师闻其家以巫蛊族灭,因并众降匈奴,得来还千人一两人耳。[5]游击说无所得。因杅敖与左贤王战,不利,引归。[6]是岁汉兵之出击匈奴者不得言功多少,[7]功不得御。[8]有诏捕太医令随但,[9]言贰师将军家室族灭,使广利得降匈奴。

【注释】〔1〕“后二岁,复使贰师将军将六万骑、步兵十万,出朔方”,《汉书·武帝纪》载,天汉三年秋匈奴入雁门,四年遣贰师将军等。“十万”,《汉书》作“七万”。“后二岁”,乃承上“汉使贰师将军广利以三万骑出酒泉”言。〔2〕“游击将军”,列将军名号。“说”,韩说,武帝佞幸韩嫣弟,以军功封案道侯。巫蛊时为戾太子所杀。〔3〕“因杅将军敖”,因杅将军公孙敖。〔4〕“累重”,谓妻子资产。“余吾水”,《山海经·北山经》作“涂吾之水”。即今蒙古人民共和国土拉河。乌兰巴托市在其北岸。〔5〕“贰师闻其家以巫蛊族灭,因并众降匈奴,得来还千人一两人耳”,巫蛊始起在太始四年,李广利降匈奴在征和三年,都不是天汉四年的事,以上二十五字叙事不确。“巫蛊”,古代迷信,谓巫师使用邪术以加祸于人。汉武帝晚年信方士神巫,女巫出入宫禁,教宫人埋木偶祈求免灾。征和二年由江充所兴起的一次巫蛊之狱,祸及太子据,死者前后数万人,几乎危及汉王朝的统治。〔6〕“因杅敖与左贤王战不利,引归”,《汉书·匈奴传》沿袭《史记》文至此止。以下从“明年,且鞮侯单于死”,皆班氏自撰之文。〔7〕“是岁”,天汉四年。〔8〕“功不得御”,言功不得相抵偿,今曰“得不偿失”。〔9〕“有诏捕太医令随但”,《汉官仪》云:“太医令,周官也。”《汉书·百官公卿表》载,太常和少府属官,都有太医令。太常之太医是治百官之病,少府之太医主治宫廷之病。随但当为太常之太医令。

【译文】二年后,又派贰师将军率领骑兵六万、步兵十万,自朔方出发。强弩都尉路博德率领万余人和贰师会师。游击将军说率领步、骑兵三万人自五原出发。因杅将军敖率领一万骑兵、三万步兵自雁门出发。匈奴得到消息,把所有牲畜、人口、辎重都转移到余吾水北岸,而单于在余吾水南岸,布置十万骑兵等待贰师将军前来决战。贰师想脱离战场引兵归去,与单于接连激战了十多天。贰师听说他家由于巫蛊案件牵连被族灭,就和部队一起投降匈奴,能回到汉朝的,千人中不过一两人而已。游击将军韩说没有什么斩获。因杅将军敖和左贤王接战,不利,带着部队归去了。这一年,汉兵出塞攻打匈奴的，无法谈论功多功少，是得不偿失的缘故。有诏书拘捕太医令随但，是他传言贰师将军家室被族灭的事，使李广利投降了匈奴。

太史公曰：孔氏著《春秋》，[1]隐、桓之间则章，至定、哀之际则微，[2]为其切当世之文而罔褒，[3]忌讳之辞也。世俗之言匈奴者，患其徼一时之权，[4]而务谄纳其说，[5]以便偏指，不参彼己；[6]将率席中国广大，[7]气奋，[8]人主因以决策，是以建功不深。尧虽贤，兴事业不成，得禹而九州宁。[9]且欲兴圣统，唯在择任将相哉！唯在择任将相哉！

【注释】〔1〕"孔氏作《春秋》"，《春秋》为编年体史书，相传孔子据鲁史修订而成，起鲁隐公元年(前七二二年)，迄鲁哀公十四年(前四八一年)西狩获麟止，凡十二公，二百四十二年。〔2〕"隐、桓之间则章，至定哀之际则微"，《春秋》记事自隐公、桓公开始，距孔子的年代已远，不需要隐讳，故记述明白。而孔子仕于定公、哀公，许多事或有所讳忌，故不切论当世，而简略其辞。司马迁介绍孔子著述《春秋》的情况，是反映自己也在记述当世事，也不可避免有忌讳之辞。〔3〕"罔"，无。"褒"，音 bāo，赞美，嘉奖。〔4〕"徼"，音 jiāo，或 yāo，招致，要求。"徼一时之权"，谓迎合统治者的意旨。〔5〕"讇"，同"谄"，音 chǎn，奉承，献媚。"而务讇纳其说"，谓以胁肩谄笑之辞求媚于上。〔6〕"偏指"，片面的理由，一己之见。"不参彼己"，不考虑彼己终始利害。〔7〕"将率"，将帅，指卫、霍。"席"，凭借，依仗。〔8〕"气奋"，自奋其气。〔9〕"尧虽贤，兴事业不成，得禹而九州宁"，此刺武帝不能择贤将相，而务谄纳小人浮说，攻伐匈奴，动摇国本。引禹圣成其太平，以攻当代之罪。

【译文】太史公说：孔子撰修《春秋》，隐公、桓公时代，叙事通晓明达，到定公、哀公时代，叙事隐晦简略，那是因为牵涉当代的事不能妄事褒扬，有一些忌讳的言辞。现在一般人讨论匈奴问题，毛病在于迎合权贵的胃口，一味用谄媚的说法，便于兜售片面的意见，不考虑彼此的利害。将帅们凭借中国的地域广大，士气振奋，人主根据这种情况，决定国策，所以建立功业并不深厚。尧虽贤明，不能独自创兴事业，任用大禹，九州才得安宁。要振兴神圣的传统，就在于选择任用将相啊！就在于选择任用将相啊！

史记卷一百一十一

卫将军骠骑列传第五十一

大将军卫青者，平阳人也。〔1〕其父郑季，为吏，〔2〕给事平阳侯家，〔3〕与侯妾卫媪通，生青。〔4〕青同母兄卫长子，而姊卫子夫自平阳公主家得幸天子，〔5〕故冒姓为卫氏。〔6〕字仲卿。长子更字长君。长君母号为卫媪。媪长女卫孺，〔7〕次女少儿，〔8〕次女即子夫。〔9〕后子夫男弟步、广皆冒卫氏。〔10〕

【注释】〔1〕“大将军卫青者，平阳人也”，“大将军”是西汉政府秩位最高的武官，地位和丞相相当，而优宠和权力都在丞相之上。元朔五年春，车骑将军卫青率六将军出塞进攻匈奴，大败匈奴右贤王，俘获右贤裨王十余人，众男女万五千人，畜数千百万。武帝使使者持大将军印，即军中拜卫青为大将军。“平阳”，在今山西临汾。《汉书》云：“其父郑季，河东平阳人也。”故青为平阳人。 〔2〕“其父郑季，为吏”，《汉书》作“以县吏给事侯家”。按霍去病之父霍中孺也是“以县吏给事平阳侯家”。“给事”，是指管理服役更卒的县尉所遣供事于侯家的小吏，即旧时所谓的“当差”。郑季和霍中孺都是以更卒身份，被派往平阳侯家供差遣，地位和仆役相近。〔3〕“给事平阳侯家”，《汉书》作“平阳侯曹寿”。按曹参世系无曹寿。据《史记·曹相国世家》，曹参的四代孙曹时尚平阳公主。名寿名时，必有一误。或谓本作曹畤。时、畤形近，《史记》所以致讹。寿、畤繁简，《汉书》所以沿误。 〔4〕“与侯妾卫媪通”，“侯妾”，《汉书》作家僮，《论衡·骨相》亦作僮。按卫媪身世不明。此云侯妾，则似无夫。下云同母兄卫长子及姊卫子夫皆冒姓卫，又似有夫。“媪”，老妇。据《广雅》，媪义亦兼老少。 〔5〕“而”，犹以，说见王引之《经传释词》卷七。“子夫”，卫媪的三女。《汉书·外戚传》云：“孝武卫皇后字子夫，生微也，其家号曰卫氏。”故卫子夫生父当为卫姓，中井积德曰：“卫盖母姓”，未得其义。“平阳公主”，武帝姊阳信长公主，因尚平阳侯，故称平阳公主。“得幸”，宦官宫妾得天子宠眷。 〔6〕“故冒姓为卫氏”，卫青父本郑季，今不姓郑，而姓其母之姓，故曰“冒姓”。〔7〕“媪长女卫孺”，“卫孺”，《汉书》作君孺。卫媪生三女三男。出于卫者为卫长子、卫孺、卫子夫三人。出于郑者，卫青一人。不明所出者少儿、步广二人。然无一人出于曹，《汉书》谓卫媪是主家僮，自较《史记》作侯妾义胜。 〔8〕“次女少儿”，少儿初与陈平曾孙陈掌通，后归霍中孺，生子去病。 〔9〕“次女即子夫”，《汉书》作“次女则子夫”，“则”与“即”义同。《汉书·王莽传》：“应声涤地，则时成创。”颜注：“则时，即时也。” 〔10〕“后子夫男弟步广皆冒卫氏”，言步广及青二人皆非卫氏出而冒姓卫。已知青父为郑季，步广之父无考。次女少儿，不知本姓卫或冒姓卫，亦无考。

【译文】大将军卫青，平阳人。父亲郑季是县里小吏，在平阳侯家当差，和侯妾卫媪私通，生下卫青。卫青的同胞哥哥卫长子，同胞姐姐卫子夫在平阳公主家得到天子的爱幸，因此冒姓为卫。卫青字仲卿。长子又字长君。长君的母亲号称卫媪。卫媪的长女叫卫孺，次女曰少儿，三女就是子夫。后来，子夫的弟弟步广，也都冒姓为卫。

青为侯家人，〔1〕少时归其父，其父使牧羊。先母之子皆奴畜之，〔2〕不以为兄弟数。〔3〕青尝从入至甘泉居室，〔4〕有一钳徒相青曰：“贵人也，官至封侯。”〔5〕青笑曰：“人奴之生，得毋笞骂即足矣，〔6〕安得封侯事乎！”

【注释】〔1〕“家人”，仆役。 〔2〕“先母”，嫡母，谓郑季之正妻。或谓先母为已死之母。（中井积德说。）《汉书》作“民母”，王先谦以为《史记》避唐讳而改。 〔3〕“数”，音 shù，犹礼。《文选》应贞《晋武帝华林园集》诗：“贻宴好会，不常厥数。”《注》：“数，犹礼也。”言卫青嫡母所生兄弟，不以兄弟之礼相待。 〔4〕“甘泉居室”，是少府（管理皇帝私人财政的机构）属官，武帝太初元年改曰昆台。其职掌《史》、《汉》无明文。从官名推测，甘泉本秦之离宫，汉武帝时又加以增修，作为暑天避暑场所，因为宫室多，乃按照长安城内，在少府的属下设立居室以管理宫殿的体制，另设甘泉居室。 〔5〕“钳”，音 qiān，以铁束颈。被钳刑的罪犯叫“钳徒”。甘泉居室是管理宫殿房屋的机构，必有任修缮劳务的工匠，而钳徒就是在居室充当工匠的刑徒。 〔6〕“人奴之生，得毋笞骂即足矣”，其父使牧羊，牧羊人的身分与奴仆同。《汉书·公孙弘传赞》曰：“卫青奋于奴仆”是也。“生”，即命。因钳徒相青有贵人之相，而青答以乃人奴之命。“笞”，音 chī，用鞭、杖、竹板抽打。

【译文】卫青在平阳侯家当过一阵奴仆，年青时回到父亲那里，父亲让他牧羊。嫡母所生的儿子们都视之为奴仆，不以兄弟之礼相待。卫青曾随人来到甘泉宫的居室。有一个受到钳刑的囚徒替他相面，说：“好一副贵人的面相啊！能做大官，直到封侯。”卫青笑着说：“生来就是为人奴仆的命，能不挨骂，不挨鞭子抽，就足可以啦！那来的封侯的事啊！”

青壮，为侯家骑，〔1〕从平阳主。〔2〕建元二年春，〔3〕青姊子夫得入宫幸上。〔4〕皇后，堂邑大长公主女也，〔5〕无子，妒。〔6〕大长公主闻卫子夫幸，有身，妒之，乃使人捕青。青时给事建章，〔7〕未知名。大长公主执囚青，欲杀之。其友骑郎公孙敖与壮士往篡取之，〔8〕以故得不死。上闻，乃召青为建章监，侍中，〔9〕及同母昆弟贵，〔10〕赏赐数日间累千金。孺为太仆公孙贺妻。〔11〕少儿故与陈掌通，〔12〕上召贵掌。公孙敖由此益贵。子夫为夫人。〔13〕青为大中大夫。〔14〕

【注释】〔1〕“青壮，为侯家骑”，“侯家骑”，平阳侯家的骑士或骑吏。《后汉书·任延传》：“拜会稽都尉，时年十九，迎者惊其壮。”因知卫青为侯家骑，其年不过十八九。 〔2〕“平阳主”，武帝姊阳信长公主尚平阳侯曹寿，号平阳公主，简称平阳主。〔3〕“建元二年春”，建元二年壬寅，公元前一三九年，是武帝即位后的第二年。 〔4〕“青姊子夫得入宫幸上”，《汉书·外戚传》云：“子夫为平阳主讴者。武帝即位数年无子。平阳主求良家女十余人，饰置家。帝祓霸上，还过平阳主。主见所侍美人，帝不说。既饮，讴者进，帝独说子夫。帝起更衣，子夫侍尚衣，轩中得幸。还坐欢甚，赐平阳主金千金。主因奏子夫送入宫。” 〔5〕“皇后，堂邑大长公主女也”，堂邑安侯陈婴之孙陈午尚景帝姊长公主，武帝陈皇后是堂邑大长公主之女，即武帝姑母之女，于武帝为表姊妹行，称为陈皇后。 〔6〕“无子，妒”，陈皇后擅宠骄贵，十余年而无子。闻卫子夫得幸，多次欲致子夫于死地。《通鉴》云：“陈皇后骄妬，擅宠而无子，与医钱凡九千万，欲以求子，然卒无之，后宠浸衰。” 〔7〕“给事”，供差遣。“建章”，上林中宫名。 〔8〕“骑郎”，是外郎的别称，因其给事宫外，称为外郎。骑郎的职掌为皇帝外出时的车驾骑尉。统率骑郎的长官为骑郎将，李广曾任骑郎将。“公孙敖”，义渠人，以骑郎事武帝，凡四为将军出击匈奴，因妻有巫蛊的罪行，被族。“篡”，音 cuàn，强力夺取。 〔9〕“乃召青为建章监，侍中”，建章宫，汉武帝太初元年建，故址在陕西长安县西。“建章监”，统率建章宫骑（后更名为羽林骑）的长官。“侍中”，本丞相属官。西汉时因侍中在皇帝左右，出入宫廷，应对顾问，地位渐渐贵重。卫青、霍去病、霍光都以侍中发迹，权势过于丞相。 〔10〕“及同母昆弟贵”，卫子夫有身尊宠，武帝召其兄卫长君与青俱为侍中。天下歌之曰：“生男无喜，生女无怒，独不见卫子夫霸天下。” 〔11〕“孺”，卫孺，是卫媪的长女。“太仆”，宫中掌舆马之官。“公孙贺”，义渠人，其先胡种。贺七为将军击匈奴无功，坐巫蛊族灭。 〔12〕“少儿”，卫媪次女，与给事平阳主家之霍中孺通而生去病。“陈掌”，陈平的曾孙。“少儿故与陈掌通”，《汉书》同。循文意，似少儿先与陈掌通，后与霍中孺通，生去病。惟《汉书·霍传》又云：“其父霍仲孺，先与少儿通生去病，及卫皇后尊，少儿更为詹事陈掌妻。”则又明言少儿先通霍仲孺，后嫁陈掌，一篇之内，前后互歧如此。 〔13〕“夫人”，汉兴，因秦之称号，正嫡称皇后，妾皆称夫人。〔14〕“大中大夫”，即太中大夫，光禄勋属官，掌议论。大夫的地位比议郎博士高，而大中大夫在大夫中地位又最高，秩从比八百石到比二千石。

【译文】及至卫青壮年，来到平阳侯家充当家骑，随从平阳公主。建元二年春，卫青姐姐子夫得以入宫，为皇上所爱幸。皇后是堂邑大长公主之女，没有生儿子，性情忌妒。大长公主听到卫子夫得到皇上的爱幸，有了身孕，十分妒恨，便派人搜捕卫青。卫青其时在建章宫供职，尚不为人所知。大长公主逮捕了卫青，把他投进监狱，准备杀害他。卫青的朋友骑郎公孙敖伙同几个壮士劫狱救出卫青，这才得以不死。皇上知道后，任命卫青为建章宫监，接着又任他为侍中。不久，卫青同母兄弟纷纷显贵，皇上的赏赐，数日之间，就累积千金。卫孺也和太仆公孙贺结为夫妻。少儿早先和陈掌私通。陈掌也被皇上召来做了大官。公孙敖由此日益显贵。皇上封子夫为夫人，卫青为大中大夫。

元光五年，青为车骑将军，击匈奴，出上谷；〔1〕太仆公孙贺为轻车将军，出云中；〔2〕大中大夫公孙敖为骑将军，出代郡；〔3〕卫尉李广为骁骑将军，出雁门，〔4〕军各万骑。青至茏城，〔5〕斩首虏数百。〔6〕骑将军敖亡七千骑；卫尉李广为虏所得，得脱归，〔7〕皆当斩，赎为庶人。贺亦无功。

【注释】〔1〕“元光五年，青为车骑将军，击匈奴，出上谷”，《汉书·武帝纪》、《汉书·霍去病传》、《通鉴》均记车骑将军卫青击匈奴出上谷在元光六年。据《匈奴列传》文推算，亦在元光六年。独据《李广列传》文推算在元光五年，与本传同。“元光五年”，恐六年之误。梁玉绳亦曰“五年当作六年”。“车骑将军”，《匈奴列传》作“将军”。车骑将军是位与上卿相同的高级武官，其地位较之大将军、骠骑将军低一层次。“上谷”，在河北省怀来县东南。〔2〕“太仆”，宫中管舆马的官。“公孙贺”，义渠人，其先为胡种。“轻车将军”，战时临时设置的列将军，又称杂号将军，名目繁多，解在《匈奴列传》。武帝元光二年以太仆公孙贺为轻车将军。“云中”，故地在内蒙古托克托县。〔3〕“大中大夫公孙敖为骑将军，出代郡”，公孙敖在战时被任命为骑将军。本传骑将军应归于列将军一类，是属于战时体系的高级武官。禁中光禄勋郎中令之下有骑将，在汉籍中往往误作骑将军，或车骑将军，“车”、“军”，实皆衍文。郎中令所隶骑将或骑将军属于行政系统，二者应加区别。“代郡”，西汉郡区，在内蒙古兴和，山西灵丘，河北怀安、涞源一带。郡治在河北蔚县东北代王城。〔4〕“卫尉李广为骁骑将军，出雁门”，骁骑将军李广，陇西成纪人。元光元年冬，广以未央卫尉为骁骑将军屯云中。元光六年春，为骁骑将军出雁门。雁门郡治在山西右玉西北。雁门山，亦曰句注山，在山西代县西北，绝顶置关，曰雁门关。〔5〕“茏城”，《汉书·卫青传》作“笼城”。《汉书·武纪》、《匈奴传》并作“茏城”。疑为匈奴语音译。茏城是匈奴于岁五月祭祀祖先、天地、鬼神处。其地一说在蒙古人民共和国鄂尔浑河西侧和硕柴达木湖附近。一说在漠南内蒙古锡林郭勒盟境的西乌珠穆沁旗。据《汉书·严安传》，青至茏城，燔其城而归。元狩四年，青进击匈奴至赵信城，亦有燔城之例。〔6〕“斩首虏数百”，泷川资言《考证》引王先和曰：“《汉书·武纪》云，获首七百级。案他处或言级，或曰人，或无人级字，或曰斩，或曰获，或言捷，或言斩首捕虏若干，叙次参差，无一定义例。”〔7〕“卫尉李广为虏所得，得脱归”，事详《李将军列传》。

【译文】元光五年，拜卫青为车骑将军，自上谷出击，进攻匈奴。太仆公孙贺为轻车将军，自云中出击，大中大夫公孙敖为骑将军，自代郡出击，卫尉李广为骁骑将军，自雁门出击。每军各自统率一万兵马。卫青进军到达茏城，斩获敌军数百人。骑将军敖损失七千兵马。卫尉李广被匈奴俘获，乘隙逃回。他们都罪应斩首，赎为平民。公孙贺也无功。

元朔元年春，卫夫人有男，立为皇后。〔1〕其秋，青为车骑将军，出雁门，三万骑击匈奴，斩首虏数千人。明年，〔2〕匈奴入杀辽西太守，虏略渔阳二千余人，败韩将军军。〔3〕汉令将军李息击之，出代；〔4〕令车骑将军青出云中以西至高阙。〔5〕遂略河南地，〔6〕至于陇西，〔7〕捕首虏数千，〔8〕畜数十万，走白羊、楼烦王。〔9〕遂以河南地为朔方郡。〔10〕以三千八百户封青为长平侯。〔11〕青校尉苏建有功，〔12〕以千一百户封建为平陵侯。使建筑朔方城。〔13〕青校尉张次公有功，封为岸头侯。〔14〕天子曰：“匈奴逆天理，乱人伦，暴长虐老，以盗窃为务，行诈诸蛮夷，造谋藉兵，〔15〕数为边害。故兴师遣将，以征厥罪。《诗》不云乎，‘薄伐猃狁，至于太原’，〔16〕‘出车彭彭，城彼朔方。’〔17〕今车骑将军青度西河，〔18〕至高阙，获首虏二千三百级，车辎畜产，〔19〕毕收为卤，〔20〕已封为列

侯,〔21〕遂西定河南地,按榆谿旧塞,〔22〕绝梓领,梁北河,〔23〕讨蒲泥,破符离,〔24〕斩轻锐之卒,捕伏听者三千七十一级,〔25〕执讯获丑,〔26〕驱马牛羊百有余万,全甲兵而还。益封青三千户。"〔27〕其明年,〔28〕匈奴入杀代郡太守友,〔29〕入略雁门千余人。〔30〕其明年,〔31〕匈奴大入代、定襄、上郡,〔32〕杀略汉数千人。

【注释】〔1〕"元朔元年春,卫夫人有男,立为皇后",元朔元年春,卫夫人有男,即卫太子据。《通鉴》引《外戚传》误作元朔三年生男。按建元二年,卫夫人入宫幸上有身,前后生三女,入宫十二年方有男,乃立为皇后。立后,例不载书,所以书之,是讥夫人出身微贱。〔2〕"青为车骑将军,出雁门,三万骑击匈奴,斩首虏数千人。明年",以上二十三字,梁玉绳云,当在下文"出代"句下,传写误倒。今据《匈奴列传》、《汉书·卫青传》覆按,梁说是。〔3〕"匈奴入杀辽西太守,虏略渔阳二千余人,败韩将军军",据《匈奴列传》及《汉书·武帝纪》,匈奴入杀辽西太守在元朔元年。因上文二十三字传写讹倒,句上"明年",成为元朔二年,于史实不合。"辽西",郡治且虑,在今河北省卢龙县。"渔阳",郡区,在今北京密云西南。"韩将军",材官将军韩安国。〔4〕"汉令将军李息击之,出代",李息,北地郡郁郅县人,事景帝,武帝立八岁,为材官将军屯马邑,后六岁,于元朔二年为将军出代击匈奴。〔5〕"云中",在今内蒙古托克托县。"高阙",颜师古曰:"在朔方之北。"沈钦韩曰:"《一统志》,阴山在吴喇忒旗西北二百四十里。高阙塞在阴山西。"据近人考察,内蒙古临河县北石兰计山口,是当年的高阙塞。从云中至高阙,是沿着黄河从东南向西北方向进军的一条路线。〔6〕"河南地",沈钦韩曰:"《水道提纲》,黄河正派东北流(鄂尔多斯后旗西北境)六十里,又分二支。南支东流,北支北流八十里,又分为二:一北与库库池东北流会,一东南流,南北地百余里,间三渠,并东流二百六十里,经鄂尔多斯后旗北境,即古朔方河南地也。"〔7〕"陇西",治狄道,在今甘肃临洮县。〔8〕"捕首虏数千",中井积德曰:"'捕'疑当作'斩',或'获',不然,'捕'上脱'斩'字。"按:战争有斩杀,有捕获,何必非斩不可。《汉书》亦作"捕首虏"。中井积德所疑欠安。疑"首"字是衍文,句当作"捕虏数千"。《汉书·樊哙传》:"捕虏十六人",颜师古曰:"生获曰虏。"捕虏连文,为西汉习俗语。〔9〕"白羊、楼烦",匈奴二王。文帝二年五月,随匈奴入侵北地河南,盘据其地,武帝元朔二年,为卫青击走。〔10〕"朔方郡",汉武帝元朔二年开朔方郡,属十县。郡区在今内蒙古河套及河套南部一带。〔11〕"以三千八百户封青为长平侯",据《汉书·外戚恩泽侯表》,长平烈侯卫青,孝武元朔二年三月丙辰封。按三月丙辰为三月十一日。梁玉绳曰:青封户凡三,其户数惟此不异。下两封,皆与《汉书》异说。〔12〕"苏建",杜陵人,以校尉从卫将军有功。元朔二年三月丙辰(十一日)与青同日受封为平陵侯。〔13〕"使筑朔方城",筑朔方城本主父偃的建议,以为是灭胡之本。主父偃原来反对和匈奴作战,但后来亦积极为进击匈奴出谋划策。《正义》引《括地志》云:夏州朔县北什贲故城是苏建筑。按朔方城在内蒙古乌拉特前旗南,位于黄河南岸。〔14〕"青校尉张次公有功,封为岸头侯",据《汉表》,岸头侯张次公在元朔二年五月己巳(二十五日)受封。《史表》在元朔二年六月壬辰(十八日)受封。班、马二家所据文献资料不同,故所记各异。〔15〕"藉",《汉书》作"籍","籍"有"借"义。谓从蛮夷借兵抄边。〔16〕"薄伐猃狁,至于太原",《诗·小雅·六月》云:"薄伐猃狁,至于太原,文武吉甫,万邦为宪。"据《索隐》,"薄伐",逐出之。《考证》:"薄伐者,言不穷极之义。"《诗·周南·芣苢》:"薄言采之。"《传》曰:"薄,辞也。"〔17〕"出车彭彭,城彼朔方",《诗·小雅·出车》云:"王命南仲,往城于方,出车彭彭,旂旐中央。天子命我,城彼朔方,赫赫南仲,猃狁于襄。"《笺》曰:"王使南仲为将率,往筑城于朔方,为军垒以御北狄之难。"颜师古曰:"朔方,北方。"〔18〕"西河",沈钦韩曰:"《通典》河水自灵武郡西南便北流,凡千余里,过九原郡(今在鄂尔多斯右翼后旗界内)乃东流,自灵武以北,汉人谓之西河。"按西河亦汉郡。郡区在今内蒙古伊克昭盟东南,陕西神木、清涧与山西河曲、离石一带。郡治在内蒙古东胜东南。〔19〕"车辎",运载军中衣物供应之车。亦云车重,或辎重。〔20〕"为",即于,王引之《经传释词》有说。"卤","虏"之借字。"毕收为卤",谓毕收于虏。〔21〕"已封为列侯",杨树达《汉书窥管》曰:"此五字疑当在下文'益封青三千八百户'上。《史记》亦同误。"按此五字是错简,杨说是。〔22〕"按榆谿旧塞","按",寻,行。《水经》云:"上郡之北有诸次水,东经榆林塞为榆谿。"按榆谿塞即榆林县。《通典》卷一七三州郡三:"胜州,理榆林县。春秋时戎狄之地。战国属赵。秦属云中、九原二郡地。二汉为云中、五原郡地,所谓榆谿塞。隋初置胜州。"〔23〕"绝梓领,梁北河","绝",渡过。"领",别本作"岭"。"梓领",

沈钦韩疑榆林府怀远县西木根山是。又据《水道提纲》，黄河经鄂尔多斯后旗北境，几经分合，自古称为南河北河两派。句谓渡过梓领，以北河为桥梁，以讨蒲泥，破符离。〔24〕“蒲泥”、“符离”，晋灼曰：“二王号。”按二王，当是匈奴二王，如楼烦、白羊为匈奴二王然。崔浩云是漠北塞名。王先谦曰：“符离为塞名。”泷川资言曰：“蒲泥亦地名。”〔25〕“伏听”，张晏曰：“伏于隐处，听军虚实。”王叔珉曰：“《说文》伏，司也。‘司’今字作伺。伏听犹伺听耳。”按：“伏听”，即今之侦探和间谍。“级”，颜师古曰：“本以斩敌一首，拜爵一级，故谓一首为一级。因复名生获一人为一级。”〔26〕“执讯”，谓生执其人而讯问之。“获丑”，谓得其众。〔27〕“益封青三千户”，前“已封为列侯”五字是错简，应移在本句上。“三千户”，《汉书》作“三千八百户”。〔28〕“明年”，元朔三年。〔29〕“太守友”，太守姓共名友。《匈奴列传》作“恭友”。〔30〕“入略雁门千余人”，“略”，取，掠夺。谓掳掠雁门千余人而去。事在元朔三年秋。〔31〕“其明年”，元朔四年。〔32〕“定襄”，高帝六年析太原、雁门二郡置。郡治成皋，在今内蒙古和林格尔西北土城子。“上郡”，在今陕西榆林南、绥德北。

【译文】元朔元年春，卫夫人生了男孩，册立她为皇后。秋天，车骑将军卫青自雁门出击，率领三万骑兵进攻匈奴，斩获官兵数千人。明年，匈奴入侵，杀害辽西太守，劫掠渔阳郡老百姓二千余人，打败了韩将军的部队。汉命令将军李息出代郡进攻匈奴。命令车骑将军卫青出云中向西进军抵达高阙，攻占河南地区，一直打到陇西。捕获匈奴官兵数千人，牲畜数十万头，驱逐白羊、楼烦王，在河南地区设置朔方郡。以三千八百户封卫青为长平侯。青校尉苏建作战有功，以千一百户封建为平陵侯，派苏建修筑朔方城。青校尉张次公有功，封为岸头侯。天子说：“匈奴违背天理，悖乱人伦，不敬尊长，虐待老人，以盗窃为常，在蛮夷中施行诈骗，阴谋诡计，征借兵员，多次为害我边境，所以兴兵遣将，以惩罚其罪行。《诗经》不是说过吗：‘薄伐猃狁，至于太原’，‘出车彭彭，城彼朔方’。现在车骑将军卫青已经渡过西河，抵达高阙，斩获敌军二千三百人，车辆、辎重和牲畜全部成为战利品。今封卫青为列侯。就此西征平定河南地，巡行榆谿旧塞，度过梓领，在北河架设桥梁，以征讨蒲泥，攻破符离，消灭匈奴轻装精锐部队，俘虏侦察兵三千零七十一人，尽歼丑类，加以审讯，驱赶马牛羊百余万头入塞，全军毫无损失而班师。加封卫青三千户。”明年，匈奴入塞杀害代郡太守恭友，侵入雁门，劫掠一千余人。又明年，匈奴大规模入侵代郡、定襄、上郡，杀害劫掠汉民数千人而去。

其明年，元朔之五年春，汉令车骑将军青将三万骑，出高阙；卫尉苏建为游击将军，左内史李沮为强弩将军，〔1〕太仆公孙贺为骑将军，代相李蔡为轻车将军，〔2〕皆领属车骑将军，俱出朔方；大行李息、岸头侯张次公为将军，出右北平，咸击匈奴。〔3〕匈奴右贤王当卫青等兵，以为汉兵不能至此，饮醉。汉兵夜至，围右贤王，右贤王惊，夜逃，独与其爱妾一人壮骑数百驰，溃围北去。汉轻骑校尉郭成等逐数百里，〔4〕不及，得右贤裨王十余人，〔5〕众男女万五千余人，畜数千百万，〔6〕于是引兵而还。至塞，天子使使者持大将军印，即军中拜车骑将军青为大将军，〔7〕诸将皆以兵属大将军，大将军立号而归。〔8〕天子曰：“大将军青躬率戎士，〔9〕师大捷，获匈奴王十有余人，〔10〕益封青六千户。”而封青子伉为宜春侯，〔11〕青子不疑为阴安侯，〔12〕青子登为发干侯。〔13〕青固谢曰：〔14〕“臣幸得待罪行间，〔15〕赖陛下神灵，军大捷，皆诸校尉力战之功也。陛下幸已益封臣青。〔16〕臣青子在繦褓中，〔17〕未有勤劳，上幸列地封为三侯，非臣待罪行间所以劝士力战之意也。伉等三人何敢受封！”天子曰：“我非忘诸校尉功也，今固且图之。”〔18〕乃诏御史曰：“护军都尉公孙敖三从大将军击匈奴，〔19〕常护军，傅校获王，〔20〕以千五百户封敖为合骑侯。〔21〕都尉韩说从大将军出窳浑，〔22〕至匈奴右贤王庭，为麾下搏战获王，〔23〕以千三百户封说为龙頟侯。〔24〕骑将军公孙贺从大将军获王，以千三百户封贺为南窌侯。〔25〕轻车将军李蔡再从大将军获王，以千六百户封蔡为乐安侯。〔26〕校尉李朔，校尉赵不虞，校尉公孙戎奴，各三从大将军获王，以千三百户封朔为涉轵侯，〔27〕以千三百户封不虞为随成侯，〔28〕以千三百户封戎奴为从平侯。〔29〕将军李沮、李息及校尉豆如意有功，赐爵关内侯，食邑各三百户。”〔30〕其秋，〔31〕匈奴入代，杀都尉朱英。

【注释】〔1〕“左内史”，掌治京师的官吏。武帝时左内史更名左冯翊。至太初元年，改右内史为京兆尹，与左冯翊、右扶风称为三辅。三辅治所均在长安城中。“李沮”，云中人，事景帝，武帝立十七岁，以左内史为强弩将军击匈奴。〔2〕“代相”，代清河王义之相。“李蔡”，成纪人，为李广从弟，历仕文帝、景帝、武帝。以轻车将军从大将军击匈奴有功，封为乐安侯。元狩二年三月代公孙弘为丞相，五年三月有罪自杀。〔3〕“大行李息、岸头侯张次公为将军，出右北平，咸击匈奴”，“大行”，即大行令，秦时为典客，景帝中改大行令。武帝太初元年更名大鸿胪，是接待宾客的官吏。“右北平”，郡治平刚，在今河北平泉县。郡区在今河北承德北、内蒙古赤峰南一带。元朔五年之役，诸将皆有封，独苏建、张次公无赏，校尉郭成虽逐不及右贤王，然亦获右贤裨王十余人，众男女万五千余人，畜数千百万，亦无封。元朔五年所以兴兵伐匈奴，盖竟元朔二年未竟之功。右贤王怨汉侵夺其河南地，数侵扰朔方。此役专为击走右贤王，以靖边安民。〔4〕“校尉”，是高级将领之下的次高级武官，也是行军作战时的一级带兵官。“校”本营垒之称，故谓军之一部为一校。所以校尉的品级很高，都是秩二千石或比二千石的官吏，地位相当于列卿，比将、大夫还要高。诸校尉官名目繁多，轻骑校尉为其一。“郭成”，里籍出处不详。〔5〕“得右贤裨王十余人”，“裨王”，小王。《匈奴列传》云：“诸二十四长亦各自置千长、百长、什长、裨小王、……”右贤王居二十四长之首，故部属有裨小王。《史记·建元以来侯者年表》记载合骑、南窌、乐安、龙頟、随成、从平、涉轵七侯，皆以“从大将军青击匈奴，至右贤王庭，得王功侯”。得王谓得右贤裨王。〔6〕“畜数千百万”，《汉书》作“畜数十百万”。颜师古曰：“数十万以至百万。”根据匈奴当时畜牧业生产水平，以《汉书》数为近。“千”当为“十”字之误。〔7〕“即”，就。“大将军”，是西汉政府秩位最高的武官，位次丞相，而优宠和权力都在丞相之上。汉高帝以韩信为大将军，择良日斋戒，设坛场具礼，仪式非常隆重。景帝拜窦婴为大将军，礼数则稍逊，不过赐金千金。至卫青取得对匈奴作战的胜利，武帝再置大将军时，礼数更加隆重。天子使使者持大将军印就军中拜，且立大将军号而还师，恩宠之隆，无过于此。〔8〕“大将军立号南归”，谓立大将军之官号而归。〔9〕“躬”，亲自。〔10〕“匈奴王”，谓匈奴右贤王之裨小王。〔11〕“而封青子伉为宜春侯”，青长子卫伉（音 kàng）于元朔五年四月丁未（二十日）以青功封宜春侯。元鼎元年坐矫制不害免。太初元年嗣长平侯。三年，屯兵光禄勋徐自为所筑自五原塞至庐朐城列亭鄣。五年，阑入宫失侯。〔12〕“青子不疑为阴安侯”，卫不疑于元朔五年四月丁未（二十日）以青功封阴安侯。元鼎五年，坐酎（音 zhòu）金事件免。酎金是汉代宗庙祭祀时诸侯助祭所献黄金。往往因数量不够或成色不足，削免诸侯。酎金事件是汉武帝用以削弱地方势力的一种手段。据《史记·平准书》记载，武帝时，诸侯坐酎金失侯者百余人。〔13〕“青子登为发干侯”，卫登字叔升，卫青第三子，以青功于元朔五年四月丁未封发干侯。坐酎金免。〔14〕“固”，再三。〔15〕“行间”，行伍之间，军中。〔16〕“陛下幸已益封臣青”，武帝元朔二年三月丙辰，以三千八百户封青为长平侯，同年，益封三千户。元朔五年，再益封六千户。至此，青已累封为万户侯。〔17〕“襁褓”，《正义》云：“襁长尺二寸，阔八寸，以约小儿于背。褓，小儿被。”〔18〕“固”，必定。“固且图之”，是说一定要办。〔19〕“护军都尉公孙敖三从大将军击匈奴”，“都尉”是高级将领之下次高级武官，位比于校尉。西汉时军中有名目繁多的都尉。护军都尉本秦官。武帝元狩四年属大司马。属大司马即属大将军。公孙敖任护军都尉时，卫青始封为大将军。东汉时军中都尉已不见于载记，而只保留有地方性质的都尉。公孙敖元光六年为骑将军出代。元朔五年以校尉从大将军，本传未载其事而封侯则有之。汉武诏中谓其三次从大将军击匈奴，有一次无考。又按元朔五年之役，卫青以车骑将军领属六将军在前线作战，而公孙敖不在其列。至天子论诸校尉功时，公孙敖却名列第一，封户亦较在前线之六将军为多，这是何故？我意护军都尉公孙敖应是全军的后勤总指挥，西汉对匈奴作战，后勤运转任务最艰巨，粮食要从东部沿海地区向北河输送，每三十钟才能致一石。所以打了胜仗，首先封赏后勤有功之人，自属可以理解。〔20〕“傅”，辅佑之义。“校”，营垒之称，军之一部为一校。故“傅校获王”，谓公孙敖完成后勤供应任务，保证前方将士有旺盛的战斗力，故能在搏战中俘获匈奴裨王。〔21〕“以千五百户封敖为合骑侯”，元朔五年四月丁未（二十日）封。〔22〕“韩说”，弓高侯韩颓当的庶孙。“窳（音 yǔ）浑”，汉县，属朔方郡，出其西北即鸡鹿塞。故地在今内蒙古杭锦后旗西南，乌兰布和沙漠北部的一座古城，今已成废墟。〔23〕“麾”，军旗。“搏”，徒手攻击。今本《史》、《汉》多作“传”，误。〔24〕“以千三百户封说为龙頟侯”，元朔五年四月丁未（二十日）封说为龙頟侯。颜师古曰：“頟，或作额。”按“頟”是“额”的本字，古通用。〔25〕“以千三百户

封贺为南窌侯”，“窌”音 hào，或作奅。公孙贺于元朔五年四月丁未(二十日)封为南窌侯。〔26〕“以千六百户封蔡为乐安侯”，《史表》蔡以元朔五年四月丁未(二十日)封乐安侯。《汉表》蔡以元朔五年四月乙巳(十八日)封为安乐侯。封日不同，“乐安”又讹倒为“安乐”。〔27〕“以千三百户封朔为涉轵侯”，《汉书》作“陟轵侯”。《汉表》但作“轵侯”。《汉表》云：“以校尉三从大将军击匈奴，至右王庭得虏阏氏功侯，四月乙卯(二十八日)封。”《史表》李朔在四月丁未(二十日)封。〔28〕“以千三百户封不虞为随成侯”，“随成”，《汉表》作“随城”。《汉表》云：“以校尉三从大将军击匈奴，攻辰吾，先登石璺，侯，七百户。”按《汉表》，赵不虞四月乙卯封，与《史表》同。《史表》未著封户。《汉表》封户较《卫将军列传》少六百户。〔29〕“以千三百户封戎奴为从平侯”，《汉表》云：“以校尉三从大将军击匈奴，至右王庭为雁行上石山先登，侯，一千一百户。”按：《汉表》、《史表》封日皆同，为五年四月乙卯。惟封户较《卫将军列传》少二百户。〔30〕“将军李沮、李息及校尉豆如意有功，赐爵关内侯，食邑各三百户”，李息、张次公元朔五年春，同出右北平击匈奴，李息叙功，次公无赏。“豆”，官本作“窦”。《汉书》“豆如意”下有“中郎将绾”四字。“关内侯”，爵十九级，有侯号，居京师，无国邑。〔31〕“其秋”，元朔五年秋。

【译文】第二年，就是元朔五年春，汉命令车骑将军卫青率领三万骑兵，自高阙出发。卫尉苏建为游击将军，左内史李沮为强弩将军，太仆公孙贺为骑将军，代相李蔡为轻车将军，都归车骑将军统率，众将领都自朔方出发。任命大行李息、岸头侯张次公为将军，自右北平出发。各路大军，齐向匈奴杀来。匈奴右贤王本和卫青的部队对峙。右贤王轻敌，以为汉兵一时不能深入，在帐中饮酒作乐，喝得酩酊大醉。不料汉兵乘夜来袭，把右贤王团团围住。右贤王大惊，仓猝间带着爱妾一人，精壮骑兵数百人，力战突围，向北奔驰逃走。汉轻骑校尉郭成等人自后紧追，追了数百里，未能追上。这一仗俘获右贤王部下裨王十余人，男女民众一万五千余人，牲畜数十万至一百万，于是班师回汉。大军回到边塞，天子派遣使者，手捧大将军印，就在军中拜车骑将军卫青为大将军，诸将皆以所属兵卒归属大将军。大将军在军中立下官号，而后班师。天子说：“大将军青亲自率领战士，打了大胜仗，俘获匈奴裨王十余人，加封卫青六千户。”乃封卫青子伉为宜春侯，不疑为阴安侯，登为发干侯。青一再辞谢说：“小臣有幸，得以待罪于行伍之间，仰赖陛下神灵，打了大胜仗，都是各部校尉奋力作战的功劳。感谢陛下的恩典，已经加封臣卫青。小臣的儿子尚在襁褓之中，没有勤苦之劳，却蒙圣上加恩裂土，封为三侯，不符合微臣待罪于行伍之间，用以劝励士卒奋力苦战的本意。伉等三人，如何敢受圣上之封！”天子说：“我并没有忘记诸校尉们的功劳啊！现在就来论功行赏。”于是给御史下诏说：“护军都尉公孙敖三次跟随大将军讨伐匈奴，能保证部队的旺盛战斗力，辅佐诸校尉俘获匈奴裨王，以千五百户封公孙敖为合骑侯。都尉韩说跟随大将军出窳浑，直捣匈奴右贤王王庭，在大将军战旗下奋勇作战，俘获匈奴裨王，以千三百户封韩说为龙頟侯。骑将军公孙贺随从大将军俘获匈奴裨王，以千三百户封公孙贺为南窌侯。轻车将军李蔡再次随从大将军作战，俘获匈奴王，以千六百户封李蔡为乐安侯。校尉李朔、赵不虞、公孙戎奴都是三次跟随大将军作战，俘获匈奴王，以千三百户封李朔为涉轵侯，以千三百户封赵不虞为随成侯，以千三百户封公孙戎奴为从平侯。将军李沮、李息及校尉豆如意有功，赐以关内侯的爵位，食邑各三百户。”这年秋天，匈奴入侵代郡，杀害代郡都尉朱英。

其明年春，〔1〕大将军青出定襄，合骑侯敖为中将军，〔2〕太仆贺为左将军，〔3〕翕侯赵信为前将军，〔4〕卫尉苏建为右将军，郎中令李广为后将军，右内史李沮为强弩将军，咸属大将军，斩首数千级而还。月余，〔5〕悉复出定襄击匈奴，斩首虏万余人。右将军建、前将军信并军三千余骑，独逢单于兵，〔6〕与战一日余，汉兵且尽。前将军故胡人，降为翕侯，〔7〕见急，匈奴诱之，遂将其余骑可八百，犇降单于。〔8〕右将军苏建尽亡其军，独以身得亡去，自归大将军。大将军问其罪正闳、〔9〕长史安、〔10〕议郎周霸等：〔11〕“建当云何?”〔12〕霸曰：“自大将军出，未尝斩裨将。〔13〕今建弃军，可斩以明将军之威。”闳、安曰：“不然。兵法：‘小敌之坚，大敌之禽也。’〔14〕今建以数千当单于数万，力战一日余，士尽，不敢有二心，〔15〕自归。〔16〕自归而斩之，是示后无反意也。〔17〕不当斩。”大将军曰：“青幸得以肺腑待罪行间，〔18〕不患无威，而霸说我以明威，甚失臣意。且使臣职虽当斩将，以臣之尊宠而不敢自擅专诛于境外，

而具归天子，[19]天子自裁之，于是以见为人臣不敢专权，不亦可乎？”军吏皆曰：“善。”遂囚建诣行在所。[20]入塞罢兵。[21]

【注释】〔1〕“其明年春”，元朔六年春二月。《汉书·食货志下》：“此后四年，卫青比岁十余万众击胡，斩捕首虏之士受赐黄金二十余万金，而汉军士马死者十余万，兵甲转漕之费不与焉。”王先谦曰：“比岁，谓元朔五年六年。” 〔2〕“中将军”，《汉书·百官公卿表》有前后左右将军，无中将军官号。〔3〕“左将军”，《后汉书集解》引韦昭云：“武帝征四夷，有前后左右将军，为国爪牙，所以扬示威灵，折冲万里。”按：自大将军至前后左右将军均为重号将军，为皇帝的最高级武官，位上卿，金印紫绶。元朔六年，卫青将六将军出定襄，有前后左右四将军。元狩四年，卫青将四将军再出定襄，四将军者，前后左右四将军也。然亦不常置。至元帝永光三年，右将军冯奉世为左将军，侍中中郎将王商为右将军，左右将军遂为常置。 〔4〕“赵信为前将军”，前将军赵信，元朔六年与单于战，败降匈奴。 〔5〕“月余”，元朔六年春四月。 〔6〕“右将军建、前将军信并军三千余骑，独逢单于兵”，据《匈奴列传》，前将军、右将军先并军，后分行，故前将军独遇单于兵。〔7〕“前将军故胡人，降为翕侯”，翕侯赵信以匈奴相国降侯。元光四年十月壬午（十二日）封翕侯。（《史表》误作元光四年七月壬午封。七月无壬午日分。）元朔二年属车骑将军击匈奴有功，益封千六百八十户。元朔六年，侯信为前将军（《汉表》误作右将军。）击匈奴，遇单于兵败，信降匈奴，国除。〔8〕“犇”，古“奔”字。 〔9〕“正”，军正，亦名军正丞，是将军幕府的属官。军中设军正，以掌管军法。“闳”，人名。 〔10〕“长史”，是幕府的高级幕僚，秩千石。大将军、车骑将军的幕府都有长史的记载，骠骑将军幕府不详，但也不会没有。“安”，杨树达曰：“殆即下文之任安。” 〔11〕“议郎”，本郎中令属官，掌顾问应对，无常事，唯诏命所使。“周霸”，以议郎派遣军中公干。按：周霸者，鲁人申公弟子，为博士，至胶西内史。见《儒林列传》。 〔12〕“当云何”，当如何，问建弃军之罪当如何？ 〔13〕“裨将”，副将，卫青所将四将军、六将军皆裨将。霍去病所部没有裨将，以李敢等为大校，当裨将，即以李敢为军中副统帅。《史记·白起王翦列传》：“秦斥兵斩赵裨将茄。”战国时军中即有裨将。 〔14〕“小敌之坚，大敌之禽也”，胡三省曰：“此孙子之言。”谓大小不敌，小虽坚于战，终必为大所擒。 〔15〕“士尽，不敢有二心”，谓苏建不敢有二心。《汉书》作“士皆不敢有二心”，易“尽”为“皆”，文义遂别。〔16〕“自归”，立即回归。不得释为自己回来。〔17〕“是示后无反意也”，杨树达曰：“示后无反意，谓教示后人以遂降匈奴，不必反归汉朝之意。”〔18〕“肺腑”，《汉书》作“肺附”。颜师古曰：“肺附，谓亲戚也”。王先谦曰：“肺附，当作‘柹附’。”按《惠景间侯者年表》序云：“诸侯子弟若肺腑。”《魏其武安侯列传》云：“蚡得为肺腑。”盖为当时习俗语。〔19〕“而具归天子”，《汉书》作“其归天子”。李慈铭曰：“其字，具字之误。具归即俱归。”按：“而”犹“其”。《易·解卦》：“解而姆”，《赵世家》：“具令而国男女无别。”《庄子·渔父篇》：“谨修而身，慎守其真”，“而”皆与“其”同义。《汉书》：“其归天子”，“其”非“具”字之误，盖本诸《史记》，与“而”为互文，李说失检。 〔20〕“行在所”，蔡邕《独断》曰：“天子以四海为家，故谓所居为行在所。” 〔21〕“入塞罢兵”，卫青自元朔六年入塞，释去兵权，即未再用。自此，匈奴战场上的主将是霍去病。

【译文】第二年的春季，大将军卫青自定襄出征，合骑侯公孙敖为中将军，太仆公孙贺为左将军，翕侯赵信为前将军，卫尉苏建为右将军，郎中令李广为后将军，左内史李沮为强弩将军，皆归大将军指挥，斩敌军首级数千而还。一个多月后，又都从定襄出发讨伐匈奴，斩获敌人一万余人。右将军苏建与前将军赵信并为一军，骑兵三千余人，独与单于兵遭遇，鏖战一天多，汉兵伤亡殆尽。前将军本是匈奴人，降汉封为翕侯。他见到情况危急，匈奴又在诱降，就带领剩下的八百多骑兵，奔向匈奴投降。右将军苏建全军覆没，独自一身逃走，他立即回到大将军麾下。大将军就苏建的罪行询问军正闳、长史安、议郎周霸等人，说：“苏建应该怎么办？”周霸说：“大将军出师以来，还没有斩过副将，苏建弃军逃回，可斩其首以宣扬将军的威严。”闳、安二人说：“不然。兵法说：‘再坚锐的小部队，也不免要被强大的部队吃掉。’今苏建以数千之众，当单于数万之师，奋力苦战一天多，士卒全部牺牲，不敢有二心，立即回归。立即回归而处死，等于公开宣布，一旦战败，就只有投降！所以苏建不当斩。”大将军说：“卫青有幸凭借亲戚的身分，待罪于行伍之间，不患没有威严，而周霸劝我立威，颇为失去人臣之道。即使大臣在外有斩将之权，今蒙皇上尊宠，也不敢自作主张，诛杀大将于国境之外。应该实事求是上报给天子，由天子自己去裁决。这样才能表现为人臣的人不敢专权，不是很好吗？”幕僚们都说：

"对。"于是囚禁苏建,把他送到皇帝议事的地方。卫青引兵入塞,暂罢干戈。

是岁也,大将军姊子霍去病年十八,[1]幸,为天子侍中。[2]善骑射,再从大将军,受诏与壮士,为剽姚校尉,[3]与轻勇骑八百直弃大军数百里赴利,[4]捕斩首虏过当。[5]于是天子曰:"剽姚校尉去病斩首虏二千二十八级,及相国、当户,[6]斩单于大父行籍若侯产,[7]生捕季父罗姑比,[8]再冠军,[9]以千六百户封去病为冠军侯。[10]上谷太守郝贤四从大将军,斩捕首虏二千余人,[11]以千一百户封贤为众利侯。"[12]是岁,失两将军军,亡翕侯,军功不多,故大将军不益封。右将军建至,天子不诛,赦其罪,赎为庶人。[13]

【注释】[1]"是岁",元朔六年。据此推算,霍去病生年在建元元年(前一四〇)。"大将军姊",乃媪次女少儿,后嫁陈平曾孙陈掌为妻者。其父霍仲孺,给事平阳侯家与少儿通,生霍去病。 [2]"幸",宠幸。"侍中",丞相属官,因侍从皇帝左右,出入宫廷,应对顾问,地位逐渐贵重。卫青、霍去病、霍光都以侍中晋升,权势过于丞相。 [3]"为剽姚校尉",荀悦《汉纪》作"票鹞",劲疾之貌。"校尉"是高级将领以下次高级武官,或曰一级带兵官,诏霍去病为剽姚校尉,是武帝的特别恩宠,尚无别人受到如此特殊待遇。 [4]"赴利",追逐战功。[5]"斩捕首虏过当",汉军亡失者少,而斩获匈奴数多,故曰"过当"。 [6]"相国、当户",皆匈奴官名。[7]"籍若",匈奴侯,名产,为单于祖父一辈的人。[8]"罗姑比",单于季父名。 [9]"再冠军",谓战功再一次为全军冠。 [10]"以千六百户封去病为冠军侯","千六百户",《汉书》作"二千五百户"。《建元以来侯者年表》载霍去病封冠军侯在元朔六年四月壬申。按元朔六年四月无壬申日分,疑为壬辰之讹。四月壬辰为初十日。"冠军",县名,属南阳。本传云:"生捕季父罗姑比,再冠军。"故"冠军"既是地名,又记其功冠全军之勇,其义双关。[11]"上谷太守郝贤四从大将军,斩捕首虏二千余人","上谷郡",治沮阳,在今河北怀来县东南。众利侯郝贤元狩二年坐为上谷太守入戍卒财物,获罪国除。"二千余人",《汉书》作"千三百级"。 [12]"众利",《汉书》作"终利"。《史表》载郝贤封众利侯在元朔六年五月壬辰。按元朔六年五月无壬辰日分,而有壬申日分。元朔六年五月壬申,为五月二十一日。壬申、壬辰之互误,乃冠军侯与众利侯受封日分误倒所致。 [13]"右将军建至,天子不诛,赎为庶人",汉代重罪赎为庶人,赎赀为数不详。惟有一例,可资参考。《汉书·景武功臣表》云:"将梁侯杨仆,元封四年,坐为将军击朝鲜畏懦,入竹二万箇,赎完(髡)为城旦。"陈直曰:"按《九章算术》假设算题,竹一箇大者八钱,小者五钱,平均每箇六钱半计,则为一百三十千钱。"按:一百三十千钱,用汉代习惯说法而言,已超过"钜万"。但此为赎髡为城旦之数,赎为庶人,数更高于此。

【译文】那一年,大将军姐姐的儿子霍去病,年十八岁,得到宠幸,提任天子的侍中。他娴熟骑马射箭,两次跟随大将军出征。根据皇上的诏令,派给他壮士,任命他为剽姚校尉。他亲率轻捷骁勇骑兵八百人,远离大军,深入敌境数百里夺取战功,斩杀俘获敌人超过自己的伤亡。于是天子说:"剽姚校尉去病斩获敌官兵二千二十八人,还有相国、当户,斩杀与单于祖父同辈的籍若侯产,生擒单于叔父罗姑比,功绩再次冠于全军,以千六百户封去病为冠军侯。上谷太守郝贤四次随从大将军出征,捕斩敌官兵共二千余人,以一千一百户封郝贤为众利侯。"这一年,损失了两将军的部队,翕侯逃降,战绩不多,所以不加封大将军。右将军苏建归来,天子不加诛,赦免其罪,赎为平民。

大将军既还,赐千金,是时王夫人方幸于上。[1]宁乘说大将军曰:[2]"将军所以功未甚多,身食万户,[3]三子皆为侯者,[4]徒以皇后故也。今王夫人幸而宗族未富贵,[5]愿将军奉所赐千金为王夫人亲寿。"[6]大将军乃以五百金为寿。天子闻之,问大将军,大将军以实言。上乃拜宁乘为东海都尉。[7]张骞从大将军,以尝使大夏,[8]留匈奴中久,[9]导军,知善水草处,军得以无饥渴,因前使绝国功,封骞博望侯。[10]

【注释】[1]"是时王夫人方幸于上","是时",元朔六年。"王夫人",赵人,生齐怀王闳。卫后入宫在建元元年,如以二十岁入宫,至元朔六年已三十七岁,故色灭宠衰,而王夫人得幸上。 [2]"宁乘",齐人。据《滑稽列传》褚先生补撰之文,说大将军以所赐金为王夫人亲寿者为待诏东郭先生,与本传说异。〔3〕"身食万户",元朔二年青始封长平侯,邑三千八百户。同年益封三千户。元朔五年益封六千户。三次封典共食邑一万二千八百户。〔4〕"三子皆为侯者",青三子:伉封宜春侯,不疑封阴安侯,登封发干侯。〔5〕"今王夫人幸而宗族未富贵",元朔六年,青入塞罢兵还,王夫人已邀幸,距卫后初立,不过五年,时太子据尚未立。〔6〕"为王夫人亲寿",汉称父母曰亲戚,为王夫人亲寿,谓为王夫人父母寿。〔7〕"上乃拜宁乘为东海都尉","东海",汉郡,治所在郯,今山东郯城县。"都尉",秦称郡尉,景帝中二年更名都尉,是地方仅次于郡守的官,掌军事,秩比二千石。《滑稽列传》亦曰拜东郭先生为郡都尉。〔8〕"张骞从大将军,以尝使大夏","张骞",汉中成固人,建元元年以郎应募出使月支。元鼎二年又以中郎将持节出使乌孙,遣副使往大宛、康居、月氏、大夏等旁国。按张骞第一次出使月氏时,月氏已经君临大夏。第二次出使,亦仅止于乌孙,未到大夏,故"以尝使大夏"句不确切,当云"以尝使西域"。〔9〕"留匈奴中久",张骞使月氏,出陇西,道经匈奴,为其遮留十三年,并娶妻生子,后逃脱。〔10〕"因前使绝国功,封骞博望侯",据《史表》:"元朔六年三月甲辰,侯张骞元年。"按元朔六年三月无甲辰日分。二月有甲辰日分,为二十一日。"三月"乃"二月"之误。《汉表》同。

【译文】大将军回朝后,天子赐给他千金的奖赏。此时,王夫人正得到皇上的爱幸。宁乘向大将军进言说:"将军的功劳不算太多,而所以能食禄万户,三个儿子皆封为列侯,只是由于皇后的缘故。现在王夫人得到宠幸,她的宗族尚未富贵,将军何不将皇上赏赐的千金,奉献给王夫人的双亲,作为寿礼。"大将军拿出五百金作为贽礼奉献给王夫人的双亲。天子听说这事,问大将军。大将军如实奏闻。皇上于是拜宁乘为东海郡都尉。张骞随从大将军,由于他出使过大夏,居留在匈奴境内很久,作为军中向导,他熟知哪里有水草,能使部队免于饥渴。因为他出使极远诸国有功,封张骞为博望侯。

冠军侯去病既侯三岁,元狩二年春,[1]以冠军侯去病为骠骑将军,[2]将万骑出陇西,有功。天子曰:"骠骑将军率戎士踰乌盭,[3]讨遬濮,[4]涉狐奴,[5]历五王国,辎重人众慑慴者弗取,[6]冀获单于子。[7]转战六日,过焉支山千有余里,[8]合短兵,杀折兰王,斩卢胡王,[9]诛全甲,[10]执浑邪王子及相国、都尉,[11]首虏八千余级,[12]收休屠祭天金人,[13]益封去病二千户。"[14]

【注释】〔1〕"冠军侯去病既侯三岁,元狩二年春",侯霍去病在元朔六年四月初十日。"既侯三岁",谓自元朔六年、元狩元年至元狩二年,共历三岁,即元狩二年春。《汉书》作元狩三年春。按《匈奴列传》、《建元以来侯者年表》、《汉书·武帝纪》均作元狩二年。《汉书·卫青霍去病传》误。〔2〕"以冠军侯去病为骠骑将军",《汉书》云:"霍去病征匈奴,有绝幕之勋,始置骠(亦作票、剽)骑将军,位在三司,品秩同大将军。"按大将军和骠骑将军都是西汉中央政府最高级武官,地位和丞相一样,秩禄万石(折实月三百五十斛),都享有金印紫绶的待遇。〔3〕""盭",古"戾"字,音 lì。"乌盭",山名。丁谦曰:"故址当在兰州东北买子城。"姑备一说。〔4〕"遬",古"速"字。"遬濮",匈奴部落名,匈奴有遬濮王。〔5〕"涉狐奴",晋灼曰:"狐奴,水名。"丁谦曰:"过花浪河,当即所谓狐奴水"。〔6〕"慑慴",《汉书》作"摄詟(音 zhé)"。颜师古曰:"摄詟,谓振动失志气,言距战者诛,服者则赦也。"李慈铭曰:"摄詟,《史》作慑慴。詟与慴同义。摄则慑之假借。"〔7〕"冀获单于子",荀悦《汉纪》云:"生获匈奴单于子。"按:"冀",《汉书》作"几",二字古通。《集解》引徐广曰:"'子'亦作'与'。王先谦曰:"作与则是冀获单于,与转战六日。与字连下为文。"〔8〕"焉支山",又名删丹山、大黄山,在甘肃永昌西,山丹县东南。〔9〕"折兰"、"卢胡",匈奴国名。颜师古曰:"折兰,匈奴中姓也,今鲜卑有是兰姓者,即其种也。"此匈奴贵族有姓之又一证。《匈奴列传》所云"无姓字",是指平民无姓字。今汉民亦有兰姓,为匈奴鲜卑之裔。〔10〕"全甲",《正义》释作"具足不失落",颜师古释作"军中之甲不丧失",释文若无误,则"全甲"上"诛"字应是衍文。中井积德说"全甲似亦国名",句虽可通,义无确据。《汉书》作"锐悍者诛,全甲获丑,执浑邪王子"。则本传句之上下,必有脱字。〔11〕"浑邪",亦作"昆邪",匈奴右方王。匈奴逐走月氏,昆邪、休屠二王共据敦煌、祁连间月氏乌孙故地。元狩二年秋,浑邪王杀休屠王降汉。浑邪王子后居长安为质子。"相国"、"都尉",皆匈奴官。〔12〕"首虏八千余级",《汉书》作"捷首虏八千九百六十级"。〔13〕"收休屠祭天金人","休屠"亦匈奴右方王。张晏、颜师古俱

以祭天金人为佛像。泷川资言亦未有所辨。按祭天金人不是佛像。羽溪了谛、汤用彤均有文考辨。〔14〕“二千户”,《汉书》作“二千二百户”。

【译文】冠军侯霍去病封侯三年之后,元狩二年的春天,天子任命他为骠骑将军,率领一万骑兵自陇西出击,立下战功。天子说:“骠骑将军率领战士越过乌盭山,讨伐遬濮,渡过狐奴水,经历匈奴五个王国,只要畏惧大汉军威,不加抵抗,对粮秣、衣物和老百姓,一概无所索取,目的只是擒获单于的儿子。转战六天,穿越焉支山一千余里,和匈奴短兵接战,杀死折兰王,斩首卢胡王,消灭其全部人马,捉住浑邪王的儿子及其相国、都尉,斩敌官兵八千余人,没收休屠王的祭天金人,加封霍去病二千户。”

其夏,骠骑将军与合骑侯敖俱出北地,[1]异道;[2]博望侯张骞、郎中令李广俱出右北平,[3]异道,[4]皆击匈奴。郎中令将四千骑先至,博望侯将万骑在后至。匈奴左贤王将数万骑围郎中令,郎中令与战二日,死者过半,所杀亦过当。[5]博望侯至,匈奴兵引去。博望侯坐行留当斩,[6]赎为庶人。而骠骑将军出北地,已遂深入,[7]与合骑侯失道,不相得,骠骑将军踰居延至祁连山,[8]捕首虏甚多。天子曰:“骠骑将军踰居延,遂过小月氏,[9]攻祁连山,[10]得酋涂王,[11]以众降者二千五百人,斩首虏三万二百级,[12]获五王,[13]五王母,单于阏氏、王子五十九人,相国、将军、当户、都尉六十三人,师大率减什三,[14]益封去病五千户。[15]赐校尉从至小月氏爵左庶长。[16]鹰击司马破奴再从骠骑将军斩遬濮王,[17]捕稽沮王,[18]千骑将得王、王母各一人,[19]王子以下四十一人,捕虏三千三百三十人,[20]前行捕虏千四百人,[21]以千五百户封破奴为从骠侯。[22]校尉句王高不识,[23]从骠骑将军捕呼于屠王王子以下十一人,捕虏千七百六十八人,以千一百户封不识为宜冠侯。[24]校尉仆多有功,封为煇渠侯。”[25]合骑侯敖坐行留不与骠骑会,当斩,赎为庶人。诸宿将所将士马兵亦不如骠骑,[26]骠骑所将常选,[27]然亦敢深入,常与壮骑先其大军,[28]军亦有天幸,未尝困绝也。然而诸宿将常坐留落不遇。[29]由此骠骑日以亲贵,比大将军。

【注释】〔1〕“骑侯敖”,公孙敖以元朔五年四月封为合骑侯。“北地”,汉郡,郡区在今宁夏银川、甘肃庆阳一带。 〔2〕“异道”,骠骑将军、合骑侯分兵二路出击。 〔3〕“博望侯张骞”,元朔六年二月封张骞为博望侯。“郎中令”,掌管宫殿门户的官,实权很大,李广和他的儿子李敢都曾担任过郎中令。元朔六年石建去世,上召李广代建为郎中令。〔4〕“异道”,博望侯、郎中令也是分兵两路出击。〔5〕“郎中令与战二日,死者半,所杀亦过当”,《李将军列传》有较详记述。 〔6〕“行留”,《李将军列传》作“留迟后期”,《汉书·骞传》作“后期”,义皆为军行迟缓,贻误军期。本传下有“合骑侯敖坐行留不与骠骑会”语。疑“行留”是汉军法中的法定用语,而“后期”、“留迟后期”皆习俗用语。 〔7〕“已遂”,已经进一步。 〔8〕“居延”,应是居延泽,因《汉书》于下句“骠骑将军踰居延”作“济居延”。济用舟船,自是以舟渡居延泽。居延泽在汉时是一大湖泊,今因水涸,分作苏古诺尔湖和嘎顺诺尔湖二湖,在甘肃额济纳旗西北。既是济居延至祁连山,则祁连山当是额济纳旗西北新疆境内之天山,西汉习称为祁连山。今祁连山在甘肃省张掖县西南,汉曰南山。〔9〕“遂过小月氏”,《汉书·西域传》谓月氏“本居敦煌、祁连间”,但公元前二、三世纪月氏盛时的疆土,未见记载。按彼时匈奴处在东胡和月氏两大强邻之间,月氏疆土及其势力范围不可能仅仅局限于敦煌、祁连间的弹丸之地。冒顿取得对月氏作战的胜利,曾曰:“北州已定。”可见月氏强盛时的疆土必已达到匈奴北方或西北方。小月氏是月氏被匈奴击走留下的月氏残众。本文所记渡过居延泽才是小月氏。可见小月氏余众不仅仅散布在敦煌、祁连间。《西域传》所谓:“其余小众不能去者,保南山羌,号小月氏”的记载,亦非为确论。 〔10〕“攻祁连山”,此处祁连山,不是甘肃省张掖县西南二百里之祁连山,而是新疆境内之天山,俗称祁连天山。否则“踰居延,过小月氏”,成为不可理解,似骠骑行军方向,不是北伐,而是南征。《索隐》颜师古云:“即天山也,匈奴谓天为祁连。” 〔11〕“得酋涂王”,《汉书》作“扬武乎觻得,得单于单桓、酋涂王”。按觻(觻)得是甘肃省张掖县。单桓、酋涂,匈奴二王名。 〔12〕“斩首虏三万二百级”,《汉书》作“捷首虏三万二百”,“捷”亦“斩”义。 〔13〕“获五王”,元狩二年春，霍去病率戎士历五王国，未获五王，至夏始获。〔14〕“大率”，总计。“减什三”，十员中减三员，或谓是汉兵亡失之数，或谓是斩获匈奴之数。两释无可无不可。〔15〕“五千户”，《汉书》作“五千四百户”。〔16〕“赐校尉从至小月氏爵左庶长”，汉爵共二十级，左庶长是十级。校尉从至小月氏，即可爵左庶长，从至祁连天山，当更可爵为左庶长。故从至小月氏是授爵的起码条件，或曰下限。〔17〕“鹰击司马破奴”，“鹰击”和“鹞摇(票姚)”之义相近，皆表示威武。鹰击司马是骠骑将军幕府属官。赵破奴故九原人，尝亡入匈奴，后归汉，为骠骑将军司马，出北地有功，封从骠侯。“再从骠骑将军斩遬濮王”，元狩二年春二月，霍去病出陇西讨遬濮，至四月而斩之。〔18〕“稽沮王”，匈奴小王。“沮”，音 jǔ。〔19〕“千骑将”，《汉书》作“右千骑将”。右千骑将与下前行相对为文，皆赵破奴部将。〔20〕“捕虏”，《汉书·樊哙传》：“捕虏十六人。”颜师古曰：“生获曰虏。”〔21〕“前行”，前队先行官。〔22〕“以千五百户封破奴为从骠侯”，据《史表》，元狩二年五月丁丑(初八日)封；据《汉表》，元狩二年五月丙戌(十七日)封。〔23〕“句”，音 gōu。“句王高不识”，匈奴人。《索隐》：“案二人，并匈奴人也。”《考证》引中井积德曰：“句王、高不识非两人。下只言封不识，而不言句王，其为一人明矣。《汉书》无句王二字，或是衍文。”王叔岷曰：“句王，谓高不识在匈奴封号。”〔24〕“以千一百户封不识为宜冠侯”，据《史表》，元狩二年正月乙亥封高不识为宜冠侯。正月乙亥是初四日。但二年正月，骠骑尚未出兵，无功何封。正月乃五月之讹，五月乙亥是五月初六日。《汉表》作元狩二年五月庚戌封。五月无庚戌日分，《汉表》亦误。〔25〕“校尉仆多有功，封为煇渠侯”，“仆多”，匈奴人。《史表》作元狩“二年二月乙丑(二十四日)忠侯仆多”。《汉表》“仆多”作“仆朋”，封日同。按元狩二年二月初出兵，二月应无封典。击匈奴大捷在二年夏，封典宜在五月。二年五月无乙丑日分。疑与从骠侯同日封。二年二月乙丑，为二年五月丁丑(初八日)之讹。〔26〕“宿将”，谓旧将。“兵”，兵器。〔27〕“常选”，选取骁锐，选择精兵。〔28〕“然亦敢深入，常与壮骑先其大军”，言大军在后，去病与壮骑奋勇当先，首赴敌垒，与上文“弃大军数百里赴利”义同。〔29〕“留落”，谓留滞遗落。“留落”二字双声，不能析为二义。“不遇”，《汉书》作“不耦”，言无所遇合，与“留落”同义。

【译文】那年夏天，骠骑将军和合骑侯公孙敖皆从北地出发，然后分道而行。博望侯张骞和郎中令李广皆从右北平出发，也分道而行。各路大军一齐杀向匈奴而来。郎中令率领四千骑兵首先到达战场，博望侯带领一万骑兵随后赶到。匈奴左贤王指挥数万骑兵包围了李广，李广奋战二日，士卒阵亡过半，所杀伤敌人也为数不少。博望侯率军来到，匈奴兵解围而去。博望侯因迟误获罪，应该斩首，赎为平民。骠骑将军自北地出击，已率军深入敌境，而合骑侯却迷失道路，不能相互接应。骠骑将军渡过居延泽，抵达祁连山，捕获敌军甚多。天子说：“骠骑将军渡过居延，通过小月氏，攻打祁连山，俘获酋涂王，成群结队来降的二千五百人，斩敌官兵三万二百人，俘获五王、五王母，单于阏氏、王子五十九人，相国、将军、当户、都尉六十三人，敌军减员大约十分之三，加封去病五千户。校尉从征到达小月氏的，赐爵左庶长。鹰击司马赵破奴随从骠骑将军出征，斩遬濮王，捕获稽沮王。千骑将俘获王、王母各一人，王子以下四十一人，捕获敌兵三千三百三十人。先锋部队捕获敌兵一千四百人。以千五百户封破奴为从骠侯。校尉句王高不识随从骠骑将军捕获呼于屠王王子以下十一人，捕获敌兵一千七百六十八人，以一千一百户封高不识为宜冠侯。校尉仆多有功，封为煇渠侯。”合骑侯公孙敖犯了迟误而未能与骠骑会师之罪，应当斩首，赎为平民。许多军中老将统率的士卒、马匹和武器装备都不如骠骑。骠骑经常甄选自己的部下。但他敢于深入敌境，常常率领精壮骑兵走在大军之前向敌方挺进，他的部队天生运气好，没有碰到困穷的绝境。然而诸老将军常常迟缓落后，失去战机而获罪。从此，骠骑一天天得到皇上的恩遇，亲贵可与大将军相比。

其秋，[1]单于怒浑邪王居西方数为汉所破，[2]亡数万人，以骠骑之兵也。[3]单于怒，欲召诛浑邪王。浑邪王与休屠王等谋欲降汉，[4]使人先要边。[5]是时大行李息将城河上，[6]得浑邪王使，即驰传以闻。[7]天子闻之，于是恐其以诈降而袭边，乃令骠骑将军将兵往迎之。骠骑既渡河，与浑邪王众相望。[8]浑邪王裨将见汉军而多欲不降者，[9]颇遁去。骠骑乃驰入与浑邪王相见，斩其欲亡者八千人，遂独遣浑邪王乘传先诣行在所，[10]尽将其众渡河，[11]降者数万，号称十万。既至长安，天子所以赏赐者数十巨

万。[12]封浑邪王万户，为漯阴侯。[13]封其裨王呼毒尼为下摩侯，[14]鹰庇为煇渠侯，[15]禽梨为河綦侯，[16]大当户铜离为常乐侯。[17]于是天子嘉骠骑之功曰："骠骑将军去病率师攻匈奴西域王浑邪，[18]王及厥众萌咸相犇，[19]率以军粮接食，并将控弦万有余人，诛獟駻，[20]获首虏八千余级，降异国之王三十二人，战士不离伤，[21]十万之众咸怀集服，仍与之劳，[22]爰及河塞，庶几无患，[23]幸既永绥矣。[24]以千七百户益封骠骑将军。"[25]减陇西、北地、上郡戍卒之半，以宽天下之繇。[26]

【注释】〔1〕"其秋"，元狩二年秋。《汉书》作"其后"〔2〕。"单于"，伊稚斜单于。〔3〕"以"，义同"由"，"由"者"因"之借，《大戴礼·子张问入官》："忿数者，狱之所由生也；距谏者，虑之所以塞也。""由"、"以"互文，"以"亦"由"也。《考证》引中井积德曰："以骠骑之兵也一句，盖解释之语，非记事。"按：杨树达云《班书》有自注之例，举《匈奴传》："于是汉悉兵，多步兵，三十二万，北逐之"句，谓"多步兵"三字乃自注文。今依中井积德说，"以骠骑之兵也"为解释之语，则自注文之例，非自《班书》始，《史记》已开其端。〔4〕"浑邪王与休屠王等共谋降汉"，《匈奴列传》云："单于怒浑邪王、休屠王居西方，为汉所杀虏数万人，欲召诛之。浑邪王与休屠王恐，谋降汉。汉使骠骑将军往迎之。浑邪王杀休屠王，并将其众降汉。"按：休屠王后有悔意，浑邪王杀之。〔5〕"使人先要边"，言使人伺于边塞，等候汉人。言其欲降，以报天子。〔6〕"大行"，韦昭云："大行，官名。秦时云典客，景帝初改云大行，后更名大鸿胪，武帝因而不改。"惟《汉书·景帝纪》中元二年同时出现大鸿胪与大行令。颜师古曰："故事之尊重者遣大鸿胪，而轻贱者遣大行。"故大行之沿革及与大鸿胪之关系，尚难确指。"李息"，郅都人。"将城河上"，谓李息将兵于河上筑城。〔7〕"传"，音 zhuàn。古代驿站用四匹中等马拉的车叫"驰传"。此处乃驾驿站车马急行之意。〔8〕"骠骑既渡河，与浑邪王众相望"，霍去病于元狩二年夏出北地，踰居延，过小月氏，攻祁连天山，大败匈奴右方王将。其秋，即奉命将兵往迎浑邪王。其部队必是从居延以西回师，而不是从其根据地北地郡出发。故渡河，必非黄河，而是渡过黑河，以临张掖。〔9〕"裨将"，《汉书》作"裨王将"。匈奴官制有裨小王，裨小王即裨王，下文呼毒尼为浑邪王裨王是也。裨将是军中副将，本传下云："为裨将者如李广。"惟匈奴兵制，不知有无裨将一职。〔10〕"遂独遣浑邪王乘传先诣行在所"，古驿制，用四匹上等马拉的车叫置传，用四匹中等马拉的车叫驰传，用四匹一般的马拉的车叫乘传。送浑邪王至行在所用的是一般马拉车。"行在所"，天子起居的地方，也就是长安。〔11〕"其众"，浑邪王之众。"渡河"，此则谓渡过黄河。骠骑既得浑邪王降众，经令居金城，渡黄河而至长安。〔12〕"巨万"，亦作"钜万"，汉时百万的习称。"数十巨万"，即数千万。元狩二年河西之役，浑邪王来降，汉所以赏赐者耗资数千万，府库为之空虚，事详《汉书·食货志》。〔13〕"漯阴"，县名，在平原郡。据《史表》，封浑邪王为漯阴侯在元狩二年七月壬午(十四日)。《汉表》误作"三年七月壬午"。三年七月无壬午日分。〔14〕"封其裨王呼毒尼为下摩侯"，封呼毒尼为侯，《史》、《汉》二表均作元狩二年六月乙亥。按裨王呼毒尼与浑邪王同时来降，《史》《汉》俱无呼毒尼先降的记载，绝无先浑邪王一月而获封之理，抑且元狩二年六月亦无乙亥日分。七月虽有乙亥日分(初七日)，亦在壬午(十四日)浑邪王受封前，于理亦未当。《通鉴》记其事云："封浑邪王万户，为漯阴侯，封其裨王呼毒尼等四人皆为列侯。"于文理判之，呼毒尼等四人应与浑邪王同日封。"六月乙亥"，当是七月壬午之误。〔15〕"鹰庇为煇渠侯"，"鹰庇"，徐广曰："一云篇訾。"《汉书·卫霍传》作"雁疪"。《史表》作"扁訾"，《汉表》作"应疕"。"煇渠"，地在鲁阳。校尉仆多前亦封为煇渠侯。孔文祥云："同是元狩中封，则一邑分封二人也。"据《史表》，鹰庇于元狩三年七月壬午封为煇渠侯。《汉表》浑邪封侯，已误元狩二年为三年，应疕亦沿其误。按元狩三年七月无壬午日分。浑邪王以元狩二年七月壬午封，鹰庇与浑邪同时降汉，同时受封亦理之常。三年是二年之误。〔16〕"禽梨为河綦侯"，《史表》云元狩三年七月壬午封，同上例，三年误，应作二年。〔17〕"大当户铜离为常乐侯"，"铜离"，《史》《汉》二表俱作"稠雕"，《汉书·卫霍传》作"调虽"。"常乐"在济南。封年，同上例，误元狩二年为三年。〔18〕"骠骑将军去病率师攻匈奴西域王浑邪"，根据这一记载，伊稚斜单于六年以前，匈奴管理西域事务的是浑邪王。浑邪王降汉，匈奴原在河西地尽失，管理西域事务的才是居于匈奴西北方的日逐王。〔19〕"厥"，音 jué，其。"萌"，同"甿"、"氓"。〔20〕"诛獟駻"，"獟"，行轻捷貌。"駻"，奔突。意为诛杀行动矫捷、狼奔豕突的匈奴人。〔21〕"离"，同

“罹”，遭受。〔22〕“仍与之劳”，《汉书》作“仍兴之劳”。“仍”，频繁。“兴”，军兴。意为频兴战伐，甚为劳苦。施之勉《史记会注考证订补》引吴汝纶曰：“《汉书》作兴，盖误字。訾降众十万，不唯集服而已，仍与骠骑之兵同劳苦也。”〔23〕“爰及河塞，庶几无患”，谓今幸兵威已及河塞之外，庶几自此无患。〔24〕“幸既永绥矣”，“绥”，安抚，平安。意为永远太平的日子已经来到。《汉书》无此句。王先谦曰：“五字亦羡文，班删去。”〔25〕“以千七百户益封骠骑将军”，骠骑将军自元朔六年以千六百户封为冠军侯，元狩二年春益封二千户，其后又益封五千户，至秋再益封千七百户。一年之内，三次益封，恩宠之隆，世鲜与匹。骠骑将军至元狩二年之秋，已累封至一万零三百户，是继大将军卫青后，又一个万户侯。〔26〕“减陇西、北地、上郡戍卒之半，以宽天下之繇”，《匈奴列传》云：“于是汉已得浑邪王，则陇西、北地、河西益少胡寇，徙关东贫民处所夺匈奴河南新秦中以实之，而减北地以西戍卒半。”《盐铁论·诛秦篇》云：“浑邪率其众以降，……于是下诏令，减戍漕，宽徭役。”

【译文】那年秋天，单于为居住在西方的浑邪王多次被汉骠骑将军的部队打败，死亡数万人而生气。单于发怒，准备召浑邪王来加以杀害。浑邪王与休屠王等人商量投降汉朝，派人先到边境伺机与汉通款。正值大行李息准备在黄河沿岸修筑城堡，见到浑邪王派来的使者，便立即派驿站的快马急速上报。天子获知消息，生怕浑邪王利用诈降偷袭边境，派骠骑将军率军前去接应。骠骑将军渡河与浑邪王旌旗相望。浑邪王裨将见到汉军，好多人不肯投降，逃走了一些。霍去病策马驰入浑邪王阵中和他相见，斩杀那些想逃走的八千人，特派四马驿车，首先护送浑邪王来到天子居住的京师，霍去病带领其余匈奴降众渡河，降者数万，号称十万。来到长安后，天子用来赏赐的金帛，价值数千万。封浑邪王万户，为漯阴侯。封浑邪王的裨王呼毒尼为下摩侯，鹰庇为煇渠侯，禽犁为河綦侯，大当户铜离为常乐侯。于是天子褒奖霍去病的功勋说：“骠骑将军去病率领部队，进攻匈奴西域王浑邪。浑邪王率领他的部众和老百姓相继前来投降，以粮食接济他们。骠骑率领弓箭手万有余人，消灭行动矫捷、黠骜难驯的匈奴人，斩获敌官兵八千余人，敌国降王三十二人，我战士没有遭受损伤，而十万降众，人人怀恩戴德，心悦诚服。他们虽然仍须负担军务之劳，但从此北河塞外，庶几可以消弭边患，永享太平。以千七百户加封骠骑将军。”于是削减陇西、北地、上郡的戍卒一半，以减轻老百姓徭役负担。

居顷之，乃分徙降者边五郡故塞外，〔1〕而皆在河南，因其故俗，为属国。〔2〕其明年，匈奴入右北平、定襄，杀略汉千余人。〔3〕

【注释】〔1〕“五郡”，谓陇西、北地、上郡、朔方、云中，均在故塞外，又在北河西南。〔2〕“因其故俗，为属国”，以降民徙置五郡，各依本国之俗，为汉子民，故曰“属国”。〔3〕“其明年”，元狩三年秋。

【译文】过了不久，分别迁徙匈奴降人到缘边五郡故塞之外，让他们定居于黄河以南，允许他们保留自己的习俗，作为汉的属国。明年，匈奴入侵右北平、定襄，杀害掳掠汉民千余人而去。

其明年，天子与诸将议曰：“翕侯赵信为单于画计，〔1〕常以为汉兵不能度幕轻留，〔2〕今大发士卒，其势必得所欲。”是岁元狩四年也。

【注释】〔1〕“翕侯赵信为单于画计”，元朔六年夏四月，大将军出定襄击匈奴，前将军赵信与右将军苏建并军分行，独遇单于兵，战败降，甚得伊稚斜单于宠信，封为自次王，以姊妻之，故赵信甘心为单于出谋划策。〔2〕“常以为汉兵不能度幕轻留”，“幕”，沙漠。“轻留”，轻易留而不去，或轻入而久留。此言赵信以为汉兵不能越过沙漠，轻易留滞于无水草不毛之地。

【译文】明年，天子与诸将议事说：“翕侯赵信给单于出谋划策，常以为汉兵不能渡过沙漠，轻易停留。现在我们大规模征集士兵，形势必定能使我们如愿以偿。”这一年是元狩四年。

元狩四年春，〔1〕上令大将军青、骠骑将军去病将各五万骑，步兵转者踵军数十万，〔2〕而敢力战深入之士皆属骠骑。〔3〕骠骑始为出定襄，当单于。〔4〕捕虏言单于东，〔5〕乃更令骠骑出代郡，〔6〕令大将军出定襄。郎中令为前将军，〔7〕太仆为左将军，〔8〕主爵赵食其为右将军，〔9〕平阳侯襄为后将军，〔10〕

皆属大将军。兵即度幕,人马凡五万骑,与骠骑等咸击匈奴单于。赵信为单于谋曰:“汉兵既度幕,人马罢,〔11〕匈奴可坐收虏耳。”〔12〕乃悉远北其辎重,〔13〕皆以精兵待幕北。而适值大将军军出塞千余里,见单于兵陈而待,〔14〕于是大将军令武刚车自环为营,〔15〕而纵五千骑往当匈奴。匈奴亦纵可万骑。会日且入,大风起,沙砾击面,〔16〕两军不相见,汉益纵左右翼绕单于。〔17〕单于视汉兵多,而士马尚强,战而匈奴不利,薄莫,〔18〕单于遂乘六羸,〔19〕壮骑可数百,直冒汉围西北驰去。〔20〕时已昏,汉匈奴相纷挐,〔21〕杀伤大当。〔22〕汉军左校捕虏言单于未昏而去,〔23〕汉军因发轻骑夜追之,大将军军因随其后。匈奴兵亦散走。迟明,〔24〕行二百余里,不得单于,颇捕斩首虏万余级,遂至寘颜山赵信城,〔25〕得匈奴积粟食军。〔26〕军留一日而还,悉烧其城余粟以归。

【注释】〔1〕“元狩四年”,《汉书》无此四字。按:前句已有“是岁元狩四年也”七字,此句不当重复言之。张文虎以为“元狩四年”四字是衍文。〔2〕“步兵转者踵军数十万”,“转者”,指转运辎重的士兵。“踵”,接踵。此言转运辎重的后勤部队,跟着大军前进,有数十万人。按西汉对匈奴作战,后勤运输任务非常繁重。据主父偃谏伐匈奴的一段封奏里反映,从东海之滨把粮食输送到北河前线,“率三十钟而致一石”。运输损耗率之巨大,可以想见。要保证十余万前线作战部队的粮食供应,从事运输粮食和其他军需用品的后勤兵,达到数十万人是完全必要的。〔3〕“而敢力战深入之士皆属骠骑”,本传前云:“诸宿将所将士马兵亦不如骠骑,骠骑所将常选,然亦敢深入。”因为骠骑从人员到装备,都享有特殊待遇,所以拥有一支猛打猛冲、骁勇善战的精锐部队。〔4〕“骠骑始为出定襄,当单于”,“为”,义同“将”。单于之庭,其南直当代、云中,故令骠骑出定襄,直捣单于王庭。〔5〕“捕虏言单于东”,元狩四年之役,汉战略方针是以霍去病为主力,以当单于,目的在于消灭匈奴有生力量,一举擒获伊稚斜单于本人。但从捕获俘虏口中得知,单于不在王庭,而在东线,因立即调霍去病赴东线,而改由卫青出定襄。但后来证明,俘虏的情报是假的。〔6〕“代郡”,今河北蔚县一带,在定襄东,已接近上谷郡,其北为匈奴左方王将所居。〔7〕“前将军”,李广。〔8〕“左将军”,公孙贺。〔9〕“主爵”,主爵都尉的省称。原名主爵中尉,是掌管列侯事务的官。景帝中六年,更名都尉。武帝太初元年更名右扶风,与左冯翊、京兆尹同称为三辅。“赵食其”,祋栩(音 duì yǔ)人,元朔六年以主爵都尉从大将军。元狩三年,赐爵关内侯。四年,为右将军出定襄,迷失路,当斩,赎为庶人。〔10〕“平阳侯襄为后将军”,曹襄是平阳侯曹寿之子,为曹参四代孙。本传云:“曹参孙也。”当是曹参裔孙。父有恶疾就国,曹襄嗣侯,本文故曰“平阳侯襄”。证以卫青贵幸,武帝诏青尚平阳公主一事,其时公主尚在盛年。因知平阳侯曹襄为后将军时,是军中一位非常年青的将军。〔11〕“罢”,与疲同义。〔12〕“坐收虏”,谓以逸待劳,取汉军人马不费力,故曰“坐”。〔13〕“乃悉远北其辎重”,悉令辎重远去,令处北方。〔14〕“见单于兵陈而待”,此言见到单于兵众,已布列行阵,以待汉军来战。〔15〕“武刚车”,古代以车战为主要作战方式的产物。《文选》注引《孙吴兵法》曰:“有巾有盖,谓之武刚车。”可见武刚车是封闭式的战车,是近代坦克车的滥觞。卫青时,正是从车战过渡到骑战的时代,所以还保留车战时的遗制。明景泰间,曾仿古制为武刚车,笨拙难行,人称为鹧鸪车,谓其行不得也。〔16〕“砾”,音 lì,小石。〔17〕“纵”,纵兵出击。“翼”,谓左右舒引,其兵如鸟之翅翼。“绕”,包围。〔18〕“薄莫”,黄昏。“莫”,“暮”之本字。〔19〕“羸”,音 luó,骡之别体。马母驴父,生子曰骡。〔20〕“冒”,犯。“冒围”,突围。〔21〕“挐”,音 ná,通“拏”、“拿”。“纷挐”,谓搏斗相持,难分难解。〔22〕“杀伤大当”,不是杀伤大略相当,而是所杀伤匈奴兵,大大超过汉兵的伤亡。〔23〕“校”,营垒之称,军之一部为一校。“汉军左校”,谓汉左翼军。此次战役,汉具有战略和战术上的优势,故能在中央主力之外,布置左右翼,对单于采取大包围形势。〔24〕“迟明”,天欲明时。诸本多作“黎明”。〔25〕“寘”,音 tián。“寘颜山”,蒙古人民共和国杭爱山南面的一支。“赵信城”,赵信降匈奴,匈奴筑城居之,故名“赵信城”。或者是赵信将筑城防御的军事技术,传入匈奴,所以名赵信所筑之城曰“赵信城”。〔26〕“得匈奴积粟食军”,匈奴已经知道积粟备战的重要,并有具体措施,证明在伊稚斜单于时代,匈奴部分地区已有农业,并非如《匈奴列传》一开始所说的“毋城郭常处耕田之业”。司马迁对匈奴的认识,也在逐步深化。

【译文】元狩四年春,皇上诏令大将军卫青、

骠骑将军霍去病各自统率五万骑兵，步兵和随军运送辎重的民伕有数十万人，而勇于奋力作战、敢于挺进深入的战士都在骠骑麾下。原来计划骠骑将军将从定襄出塞，迎战单于。从捕得俘虏口供中得知，单于在东线指挥作战。于是改令骠骑自代郡出击，大将军则自定襄出击。又令郎中令李广为前将军，太仆公孙贺为左将军，主爵都尉赵食其为右将军，平阳侯曹襄为后将军，都归大将军指挥。大将军人马共五万骑，立即渡过沙漠，与骠骑将军共同向匈奴单于发起攻击。赵信替单于出主意说："汉兵已经渡过沙漠，人马疲劳，匈奴就像坐在家里一样，消灭敌人啊！"于是悉数将其辎重转移到遥远的北方去。以精兵布置在沙漠的北缘。正好，大将军出塞已有千余里，见到单于兵马列阵以待。于是大将军命令将武刚车连在一起为营垒，派出五千骑兵直驰匈奴阵前挑战。匈奴派出应战的也差不多一万骑兵。太阳渐欲西沉，忽然刮起大风，飞沙走石，迎面击来，两军混战中谁也看不清谁。汉又派出左右两翼人马绕到单于后面。单于看到汉兵人数众多。士马壮健，战斗下去，将对匈奴不利。当暮霭四合之时，单于驾驭六骡牵引的兵车，率领精壮骑兵数百，突破汉围，直向西北急驰而去。已到黄昏时刻，汉兵、匈奴兵混战在一起，汉兵杀伤匈奴兵的人数，大大超过自己的伤亡。汉军左校捕得俘虏，方知单于已在黄昏前突围而去。汉军即派轻骑兵连夜追击，大将军率军随后前进。匈奴兵也四散逃亡。黎明，已经追赶了二百余里，没有追上单于，然而也颇有斩获，杀伤敌万余人。大军直抵寘颜山赵信城。缴获匈奴储屯的粮食以供军用。汉军休息一天后班师，将城郭和剩下的粮食全部烧毁而归。

大将军之与单于会也，而前将军广、右将军食其军别从东道，或失道，〔1〕后击单于。大将军引还过幕南，乃得前将军、右将军。大将军欲使使归报，令长史簿责前将军广，〔2〕广自杀。〔3〕右将军至，下吏，赎为庶人。大将军军入塞，凡斩捕首虏万九千级。

【注释】〔1〕"或失道"，《汉书·李广传》作"惑失道"。《赵食其传》作"迷失道"。"或"，"惑"之省文。 〔2〕"长史"，大将军幕府属官，秩千石，是幕府中地位最高的幕僚。其后衍为郡府掌兵马之官，如西域长史之类。"簿责"，言以案牍诘责之，即设堂审问，故李广不能忍。 〔3〕"广自杀"，元狩四年汉北之役，李广受到多方面遏制。他在审前对部下说："广结发与匈奴大小七十余战，今幸从大将军出接单于兵，而大将军徙广部，行回远，又迷失道，岂非天哉！且广年六十余，终不能复对刀笔之吏矣。"遂引刀自刭(见《汉书·李广传》)。

【译文】大将军和单于会战，前将军李广和右将军赵食其另从东道前进，迷失了方向，误了同时向单于发动攻击的期限。大将军率领军队回到漠南，与前将军右将军相遇。大将军将遣使向皇上报告，命令长史以案牍诘责前将军李广，李广自杀。右将军回到京师，被交付法庭审理，有罪赎为平民。大将军部队撤回塞内。此役共斩捕敌官兵一万九千人。

是时匈奴众失单于十余日，右谷蠡王闻之，自立为单于。单于后得其众，右王乃去单于之号。

骠骑将军亦将五万骑，车重与大将军军等，〔1〕而无裨将。〔2〕悉以李敢等为大校，当裨将，〔3〕出代、右北平千余里，直左方兵，〔4〕所斩捕功已多大将军。〔5〕军既还，天子曰："骠骑将军去病率师，躬将所获荤粥之士，〔6〕约轻赍，绝大幕，〔7〕涉获章渠，〔8〕以诛比车耆，〔9〕转击左大将，〔10〕斩获旗鼓，〔11〕历涉离侯。〔12〕济弓闾，〔13〕获屯头王、韩王等三人，〔14〕将军、相国、当户、都尉八十三人，封狼居胥山，禅于姑衍，登临翰海。〔15〕执卤获丑七万有四百四十三级，〔16〕师率减什三，取食于敌，逴行殊远而粮不绝，〔17〕以五千八百户益封骠骑将军。"〔18〕右北平太守路博德属骠骑将军，〔19〕会与城，〔20〕不失期，从至梼余山，〔21〕斩首捕虏二千七百级，以千六百户封博德为符离侯。〔22〕北地都尉邢山，从骠骑将军获王，〔23〕以千二百户封山为义阳侯。〔24〕故归义因淳王复陆支、楼专王伊即靬皆从骠骑将军有功，〔25〕以千三百户封复陆支为壮侯，〔26〕以千八百户封伊即靬为众利侯。〔27〕从骠侯破奴、〔28〕昌武侯安稽，〔29〕从骠骑有功，益封各三百户。校尉敢得旗鼓，〔30〕为关内侯，食邑二百户。校尉自为爵大庶长。〔31〕军吏卒为官，赏赐甚多。而大将军不得益封，军吏卒皆无封侯者。

【注释】〔1〕“车重”，就是重车，犹言车辎，是军中载运衣物粮秣武器等军需品的车辆，现在叫做辎重。 〔2〕“裨将”，不是军阶，指副将而言。卫青进击匈奴，所属四将军、六将军，皆为裨将。据本传，苏建为大将军之右将军，尽亡其军，青问其罪。议郎周霸曰：“自大将军出，未尝斩裨将，今建弃军可斩，以明将军之威。”显然，裨将即指苏建等人。本传下文还有“为裨将者曰李广”之言，亦为四将军、六将军皆裨将之证。 〔3〕“悉以李敢等为大校，当裨将”，李敢是李广第三子。钱大昭说“别是一人”，钱说无据，王先谦已辨之。按大将军营五部，一部一校尉。大将军地位崇高，常将六将军或四将军出征，直属大将军之五校，名位不显著。《汉书》总结大将军一生功绩时说：“其裨将及校尉侯者九人，为特将者十五人。”首先提到的是裨将。而骠骑军中没有裨将，总结战功时则曰：“其校尉、史有功侯者二人，为将军者二人。”以李敢等人为大校，说明其地位特殊，比一部一校的校尉高，统率兵员也多，地位和裨将等，特称为“大校”。这是西汉军中的特殊编制。 〔4〕“直左方兵”，谓当左方兵。《汉书·郊祀志》云：“臣望东北汾阴直有金宝气。”谓当汾阴地面天空有金宝气。高邮王氏以“直有金宝气”连读，训“直为特”。证以《匈奴传·卫霍传》“直上谷以往者”、“直左方兵”之义，王说欠安。“左方兵”，王先谦曰：“左方当为左王。《匈奴传》票骑之出代二千余里，与左王接战，汉兵得胡首虏凡七万余人，左王将皆遁走，是其证。” 〔5〕“所斩捕功已多大将军”，元狩四年漠北之役，大将军捕虏万九千级，骠骑捕虏七万余级。大将军出塞千余里，骠骑出代二千余里，故曰“功已多大将军”。 〔6〕“荤粥”，亦作“熏鬻”。晋灼云：“尧时曰荤粥，周曰猃狁，秦曰匈奴。”“荤粥之士”，谓匈奴归义之士。〔7〕“约轻赍，绝大幕”，不以辎重自随，携带粮食少，渡过大沙漠。“约”，言其少。下文“取食于敌，逴行殊远而粮不绝”，与本文前后呼应。 〔8〕“涉获章渠”，渡水而获章渠。颜师古曰：“章渠，单于之近臣。”不知所据，恐亦揣度之辞。 〔9〕“比车耆”，匈奴王号。《汉书》作“北车耆”。 〔10〕“转击左大将”，《汉书》作“转击左大将双”，“双”是左大将名。〔11〕“斩获旗鼓”，《李将军列传》：“李敢以校尉从骠骑将军击胡左贤王，夺左贤王旗鼓。” 〔12〕“历涉离侯”，“历”，渡过。“离侯”，山名。此句言渡过好几河而至离侯山。《汉书》作“历度难侯。” 〔13〕“济弓闾”，《汉书》作“弓卢”。弓卢水是蒙古人民共和国境内一条名为克鲁伦河的大河，渡过弓卢水，即狼居胥山。 〔14〕“屯头王、韩王”，皆匈奴王号。〔15〕“封狼居胥，禅于姑衍，登临翰海”，积土为坛于山上以祭天曰“封”，祭地曰“禅”。“狼居胥”，山名，在今蒙古人民共和国克鲁伦河以北。“姑衍”也是山名，地近蒙古乌兰巴托。“翰海”即北海，前苏联境内贝加尔湖。 〔16〕“执卤获丑”，“卤”，同“虏”。“丑”，蔑视他族人民，称为丑类。《汉书》作“执讯获丑”。 〔17〕“逴行殊远而粮不绝”，“逴”，义亦为远。此与前文“约轻赍”相应。 〔18〕“以五千八百户益封骠骑将军”，骠骑将军自元朔六年以千六百户始封为冠军侯，四次益封，封户总共为一万六千八百户。 〔19〕“路博德”，平州人，以右北平太守从骠骑将军有功，封符(邳)离侯。后以卫尉为伏波将军，攻破南越，益封。太初元年坐法失侯，为强弩都尉，屯居延卒。 〔20〕“与城”，《汉书》作“兴城”。〔21〕“梼余山”，即騊駼山，皆匈奴语音译。其地或以产野马名。 〔22〕“以千六百户封博德为符离侯”，“符离”，《汉表》作“邳离”。据《史表》，路博德于元狩四年六月丁卯(初十日)始封。《汉表》同。〔23〕“邢山”，《汉书》作“卫山”。《史》《汉》二表皆作“卫山”，作“邢山”者误。卫山当即武帝派往朝鲜谕其王右渠者。 〔24〕“以千二百户封山为义阳侯”，据《史表》，元狩四年六月丁卯(初十日)，卫山侯。《汉表》同。 〔25〕“故归义因淳王复陆支、楼专王伊即靬皆从骠骑将军有功”，据《史表》，因淳王复陆支，以匈奴归义，从骠骑将军元狩四年击左王，以少破多，捕虏二千一百人，有功。“楼专王”，《史》《汉》二表并作“楼剸王”。《史表》云，匈奴归义楼剸王，从骠骑击右王，手自剑合，有功。 〔26〕“封复陆支为壮侯”，“壮侯”，《汉书》传、表并作“杜侯”。《史表》载，元狩四年六月丁卯(初十日)复陆支侯，《汉表》同。 〔27〕“封伊即靬为众利侯”，据《史表》，元狩四年六月丁卯(初十日)质侯伊即靬侯。 〔28〕“从骠侯破奴”，赵破奴以司马再从骠骑数深入匈奴，得两王子骑将有功。《史表》载，元狩二年五月丁丑(初八日)封侯。而《汉表》云元狩二年五月丙戌(十七日)封侯。封日不同，乃《史》《汉》所据原始资料有异之故。 〔29〕“昌武侯安稽”，赵安稽故匈奴王，据《史表》，元朔四年七(十)月庚申封昌武侯。元狩四年从骠骑击左贤王有功益封。按：元朔四年七月无庚申日分。十月三十日日分为庚申，封典应在十月。 〔30〕“校尉敢”，李敢，李广第三子。〔31〕“自为”，徐自为。《匈奴列传》：“(太初三年)汉使光禄徐自为出五原塞数百里，远者千余里，筑城鄣列亭至庐朐。”即其人。“大庶长”，《汉书》作“左庶长”。《汉表》云大庶长爵十八级，左庶长爵十级。

【译文】这时,匈奴已有十多天不知单于的下落。右谷蠡王闻讯,自立为单于。单于后来又和失散的部属会合,右谷蠡王就去掉单于的称号。

骠骑将军也率领五万骑兵,军需补给的辎重车队和大将军相等。军中没有副将。以李敢等人为大校,充当副将,自代、右北平出塞千余里,和左贤王的兵对峙,作战中斩获敌官兵的功劳超过大将军。率军回朝后,天子说:"骠骑将军去病率领大军,并亲自督同归义匈奴战士,轻装前进,横穿大漠,渡水俘获章渠,已诛杀比车耆王,转而进击左大将,斩获左王军前旗鼓,越过离侯山,渡过弓闾水,俘获屯头王、韩王等三人,及将军、相国、当户、都尉八十三人,在狼居胥山封土祭天,在姑衍山祭地,登上北海的高山,俘虏异族丑类七万四百四十三人。消灭十分之三的敌人。粮食给养取之于敌,行军到极远地方,而粮秣供应不绝。以五千八百户加封骠骑将军。"右北平太守路博德领属骠骑将军,在与城会师,没有延误军期,随军到达梼余山,斩获敌军二千七百人,以一千六百户封路博德为符离侯。北地都尉邢山随从骠骑俘获匈奴王,以一千二百户封邢山为义阳侯。投诚的原因淳王复陆支、楼专王伊即靬,跟着骠骑将军建立功勋,以一千三百户封复陆支为壮侯,以一千八百户封伊即靬为众利侯。从骠侯赵破奴、昌武侯赵安稽跟随骠骑将军作战有功,各加封三百户。校尉李敢斩将搴旗,封为关内侯,食邑二百户。校尉徐自为赐爵为大庶长。许多军中僚幕和士兵都分封了官职,得到很多的赏赐。而大将军没有得到加封。僚幕士众也没有人被封侯。

两军之出塞,塞阅官及私马凡十四万匹,[1]而复入塞者不满三万匹。乃益置大司马位,[2]大将军、骠骑将军皆为大司马。[3]定令,令骠骑将军秩禄与大将军等。[4]自是之后,大将军青日退,而骠骑日益贵。举大将军故人门下多去事骠骑,[5]辄得官爵,唯任安不肯。[6]

【注释】〔1〕"塞阅官及私马凡十四万匹","塞阅",指边塞检查登记出塞马匹的工作。大将军、骠骑将军一从定襄出塞,一从代郡出塞,此处马匹数字当是两处边塞的合计。登记马匹有登记簿,称为阅具簿。《居延汉简释文》四八九页有"橐他(骆驼)较南驿建平元年九月驿马阅具簿"(陈直《汉书新证》引),可证。据《匈奴列传》,元狩四年出塞征伐匈奴时,"乃粟马,发十万骑,私负从马凡十四万匹"。十万骑是官马,即本传所云:"上令大将军青、骠骑将军将各五万骑之数。"其余四万匹是私马,即所谓"私负从马"。汉制,良家子从军,自带鞍马。从这一记载可以窥见卫、霍军中当时有四万人具有良家子身分,不完全是七科谪,所以是一支极精悍的部队。本文"官及私马凡十四万匹",与《匈奴列传》所记正合。《匈奴列传》复云:"汉两将军大出围单于,所杀虏八九万,而汉士卒物故亦数万,汉马死者十余万。"与本文"而复入塞者不满三万匹"之数也完全吻合。 〔2〕"乃益置大司马位",《汉书·百官公卿表》云:"元狩四年,初置大司马,以冠将军之号。"汉初掌武事的最高武官是太尉,时罢时置,武帝建元二年省太尉之官。夏燮《校汉书八表》谓太尉之官是武帝置大司马后始省,失考。 〔3〕"大将军、骠骑将军皆为大司马",《汉书·卫青霍去病传》颜师古注引晋灼曰:"悉加大司马者,欲令票骑将军去病与大将军青等耳。" 〔4〕"令骠骑将军秩禄与大将军等",《汉官仪》引《汉百官志》云:"骠骑将军秩与大将军同。"大将军的秩禄为若干,史无明文。《后汉书·百官志》刘昭《补注》引蔡质《汉仪》曰:"汉兴,置大将军骠骑,位次丞相。"按:"次丞相",不是低于丞相,而是比于丞相。据《西汉会要》卷三七附《西汉职官秩禄表》,丞相的秩禄是万石(谷月三百五十斛)。大将军和骠骑将军的秩禄也是万石。〔5〕"举",与"凡"或"全"义同。 〔6〕"任安",字少卿,荥阳人,与田仁、司马迁善,任安尝遗司马迁书,后为益州太守。征和二年秋,巫蛊祸起,安监北军使者,坐受太子节怀二心,腰斩。田仁曾为卫青舍人,数从击匈奴。任安亦大将军舍人,居门下,同心相爱。后来田仁在巫蛊事件中,因以司直主闭守城门,坐纵太子,下吏诛死。

【译文】两军出塞时,边塞登记在册的官兵和私马共十四万匹,而入塞时,已不足三万匹了。朝廷增设大司马的官职。大将军、骠骑将军都加封为大司马。制定法令,令骠骑将军的官阶和秩俸皆和大将军相等。自此之后,大将军一天天隐退,而骠骑将军则恩遇日隆,日益显贵。凡大将军门下宾客,多有投奔骠骑的,每每得到官爵。独有任安不肯。

骠骑将军为人少言不泄,[1]有气敢任。[2]天子尝欲教之孙吴兵法,[3]对曰:"顾方略何如耳,不至学古兵法。"[4]天子为治第,令骠骑视之,对曰:"匈奴未灭,无以家为

也。”由此上益重爱之。然少而侍中，[5]贵，不省士。[6]其从军，天子为遣太官赍数十乘，[7]既还，重车余弃粱肉，[8]而士有饥者。其在塞外，卒乏粮，或不能自振，而骠骑尚穿域蹋鞠。[9]事多类此。大将军为人仁善退让，以和柔自媚于上，然天下未有称也。[10]

【注释】〔1〕“骠骑将军为人少言不泄”，谓质重少言，不泄人之阴谋。《万石张叔列传》有“仁阴重不泄”语，也是说周仁性密重，不泄人言。与霍去病少言不泄者类似。〔2〕“气”，谓胸中浩气。“敢任”，谓果敢而有主见。〔3〕“孙吴兵法”，谓孙武、吴起兵法。孙武是春秋吴人。《汉书·艺文志》有《吴孙子兵法》八十二篇。一九七二年四月，山东临沂银雀山西汉前期墓葬中，发现《孙子兵法》二百余简，为今本十三篇的三分之一。同时发现孙武之后，战国时《孙膑兵法》残简二三二枚，证明古代确有《孙膑兵法》与《孙子兵法》同时传世。《汉书·艺文志》载《齐孙子》八十九篇，当即《孙膑兵法》。吴起，战国卫人。《汉书·艺文志》兵权谋家有《吴起》四十八篇。今本三篇，乃后人依托之作。〔4〕“顾方略何如耳，不至学古兵法”，王叔珉曰：“顾犹特也。《汉传》师古注，顾，念也。《补注》：顾，视也，并非。”按诸义以王先谦义胜。“不至”，杨树达曰：“不至与今语不必同。”王叔珉曰：“至，犹在也，至、在同义。”按：两释于义皆通，惟王叔岷“至”、“在”同义之论凿凿有据，自云：“此义前人未发。”霍去病是古代具有朴素唯物观点的兵略家，他不拘泥于古法，所以能驰骋于战场，屡建战功。与之成为显明对照的是战国时赵国马服君赵奢之子赵括。赵括熟读兵书，史称“赵括自少时学兵法，言兵事，以天下莫能当。尝与其父奢言兵事，奢不能难”。但赵括食古而不化，在军事实践中，终于遭遇到长平战役的惨重失败，为天下笑。〔5〕“少而侍中”，霍去病年十八为天子侍中，故曰“少而侍中”。〔6〕“省”，察视，问候，引申之义为关心。“不省士”，不关心士卒的疾苦。〔7〕“太官”，《汉书·百官公卿表》有太官。据颜注，太官主膳食。“赍”，音 jī，付给，送与。《说文》：“赍，持遗也。”“乘”，一车四马曰乘。〔8〕“重车”，亦作“车重”，即辎重车。“粱”，粟类，米之善者。〔9〕“穿域”，画地为球场。“鞠”，以皮为之，中实以毛，类似现在的球。“蹋鞠”，谓蹋蹴皮鞠，就是踢球。《汉书·艺文志》兵技巧家有《蹵鞠》二十五篇。蹵(蹴)鞠就是蹋鞠，蹵鞠既附于兵法，想是军事训练项目之一。〔10〕“然天下未有称也”，“称”，颂扬，赞美。言大将军虽仁善退让，天下之人，并不赞许。按：“天下未有称也”的评语，对大将军未必尽合。何义门曰：“大将军将略，以伍被所答淮南王参观，乃备。不可独据于天下未有称之语。此即出太史公《淮南衡山列传》也。”今引述伍被言于下：“被所善者黄义，从大将军击匈奴，还告被曰：‘大将军于士大夫有礼，于士卒有恩，众皆乐为之用。骑上下山若蜚，材干绝人。’被以为材能如此，数将习兵，未易当也。及谒者曹梁使长安，来言：‘大将军号令明，当敌勇敢，常为士卒先。休舍，穿井未通，须士卒尽得水，乃敢饮。军罢，卒尽已渡河，乃渡。皇太后所赐金帛，尽以赐军吏。’虽古名将弗过也。”

【译文】骠骑将军为人慎于言对，不泄人阴私，胸中藏浩然之气，果敢而有主张。天子曾经要他学习孙吴兵法，他答曰：“看胸中有无韬略，不在乎学古兵法。”天子为他修建府第，叫他去视察一下，他回答说：“匈奴未灭，那有心思顾家呀！”自此以后，皇上更加宠幸和器重他。不过，他小小年纪就当了侍中之官，地位高贵，不知道怜恤士卒。他率军出征，天子派主膳食的太官，为他准备了数十辆满载肴馔的膳车，回到京师时，膳车扔掉不少吃剩的米肉，而士卒有人吃不饱。在塞外战场上，粮食供应不上，士卒饿的疲敝不堪，而骠骑还在修建踢球的场地。这类事很多。大将军为人仁厚善良，谦恭礼让，以宽和柔顺取悦于皇上。但天下贤人君子，没有人赞许他。

骠骑将军自四年军后三年，[1]元狩六年而卒。[2]天子悼之，发属国玄甲军，[3]陈自长安至茂陵，[4]为冢象祁连山。[5]谥之，[6]并武与广地曰景桓侯。[7]子嬗代侯。[8]嬗少，字子侯，上爱之，幸其壮而将之。[9]居六岁，元封元年，嬗卒，[10]谥哀侯。无子，绝，国除。

【注释】〔1〕“四年”，元狩四年。“后三年”，当年计算在内，至元狩六年，其数三年。〔2〕《汉书·百官公卿表》云：“元狩六年九月，大司马去病薨。”根据霍去病年十八为天子侍中推算，霍去病生年在汉武帝建元元年，终年二十四岁。〔3〕“属国”，元狩三年秋，汉安置匈奴降人于边郡，称为“属国”。其地为陇西、北地、上郡、朔方、云中五郡，又称“五属国”。“玄甲”，黑色铁甲。颜师古曰：“卫送其葬，所以宠之也。”〔4〕“陈自长安至茂陵”，“茂陵”，县名，汉初为茂乡，属槐里县，武帝葬此，因置为县，属右扶风。在今陕西兴平县东北。此言送葬队伍，列阵自长安直至茂陵。〔5〕“为冢象祁连山”，霍去病墓在陕西兴平县茂陵镇东北五里高原上，与卫青墓相接。霍墓在东，卫冢在西。武帝葬处茂陵在其西南，相距约一里。〔6〕“谥”，音 shì。帝王贵族大臣士大夫死后，依其生前事迹给予的称号曰“谥”。〔7〕“并武与广地曰景桓侯”，“并”，合并。据《谥法》：“布义行刚曰景，辟土服远曰桓。”故云“景”者，谥其武功，云“桓”者，谥其广地。所以“景桓”是合并“武”与“广地”两大事迹所定的谥号。〔8〕“子嬗代侯”，“嬗”，音 shàn，通“禅”。《汉书·外戚恩泽表》：“元鼎元年，哀侯嬗嗣。”霍去病殁年方二十四岁，假使霍为侍中时即生子嬗，至代侯，年方八岁。〔9〕“幸”，与“倖”通，希望。〔10〕“元封元年，嬗卒”，哀侯嗣位，七年而薨，其年不过十四、五岁。《汉书·霍传》云：“嬗为奉车都尉，从封泰山而薨。”

【译文】元狩四年那次战役以后的第三年，即元狩六年，骠骑将军去世。天子为之哀悼，征发属国五郡的铁甲军，列阵于长安到茂陵的道旁以护灵。替他营造冢墓，象征祁连山的模样。赠以谥号，用武功和扩地二义，称为景桓侯。子嬗嗣位。嬗年纪轻，字子侯，皇上喜爱他，希望待到他壮年时，让他带兵。过了六年，元封元年，嬗去世，谥为哀侯。无子祀绝，侯国撤消。

自骠骑将军死后，大将军长子宜春侯伉坐法失侯。〔1〕后五岁，〔2〕伉弟二人，阴安侯不疑及发干侯登皆坐酎金失侯。〔3〕失侯后二岁，〔4〕冠军侯国除。其后四年，大将军青卒，〔5〕谥为烈侯。子伉代为长平侯。〔6〕

【注释】〔1〕“大将军长子宜春侯伉坐法失侯”，宜春侯卫伉（音 kàng）元朔五年四月二十日以青功封侯，元鼎元年坐矫不害免，太初元年嗣长平侯，天汉元年坐阑入宫失侯，征和二年坐巫蛊诛。〔2〕“后五岁”，元鼎五年。〔3〕“酎金”，每年八月献酎祭宗庙时，诸侯助祭的献金。凡金少不足份量，或成色差次的，要受到削县免国的处分。元鼎五年九月，列侯因献金不如法夺爵者一百零六人。丞相赵周受酎金案牵连，下狱死。伉弟二人也在这次酎金事件中失去侯位。〔4〕“失侯”，当指卫不疑和卫登二人元鼎五年失侯之事。“后二岁”，据《史记》记事当年起算例，“后二岁”应为元鼎六年。但冠军侯国除在元封元年。此《史记》记年体例紊乱之一例。或则“二岁”为“三岁”之误。〔5〕“其后四年，大将军青卒”，据《汉书·武帝纪》，元封五年冬，大司马大将军青薨。按：卫青年寿不详。惟据本传“青壮为侯家骑，从平阳主”这一记载，可以推算出建元元年，卫青年十九时为侯家骑。因知卫青生于汉文帝后元六年（公元前一五八年），卒于汉武帝元封五年冬（公元前一〇六年），享年五十三岁。〔6〕“子伉代为长平侯”，据《汉表》，伉太初元年嗣侯。按：青薨于元封五年冬，冬为一岁之首，为何不在元封五年或元封六年嗣侯，竟至青卒后二年始嗣侯，《汉表》恐有误。夏燮亦云：“《传》言青薨，子伉嗣，六年坐法免，与此表五年坐法语，亦相差一年。”（《校汉书八表》卷六）。

【译文】自骠骑将军死后，大将军长子宜春侯卫伉犯法失去侯位。过了五年，卫伉两个弟弟阴安侯不疑和发干侯登都在酎金事件中失去侯位。失侯以后二年，冠军侯侯国撤消。又过四年，大将军卫青去世，谥为烈侯。子卫伉继承长平侯侯位。

自大将军围单于之后，十四年而卒。〔1〕竟不复击匈奴者，以汉马少，而方南诛两越，〔2〕东伐朝鲜，〔3〕击羌、西南夷，〔4〕以故久不伐胡〔5〕。

【注释】〔1〕“自大将军围单于之后，十四年而卒”，大将军围单于在元狩四年春，至元封五年，正十四年。〔2〕“而方南诛两越”，元鼎六年冬，楼船将军杨仆、伏波将军路博德发兵入越地，平南越，以其地为南海、苍梧、郁林、合浦、交趾、九真、日南、珠厓、儋耳九郡。元封元年冬，汉兵入东越境，越建成侯敖与繇王居股杀其王余善降。〔3〕“东伐朝鲜”，元封三年夏，朝鲜杀其王右渠来降，以其地为乐浪、临屯、玄菟、真番四郡。〔4〕“击羌、西南夷”，元鼎六年冬十月，遣将军李息、郎中令徐自为征西羌平之。春，征西南夷平之。〔5〕“以故久不伐胡”，自元狩四年汉、匈第三次漠北之战以后，匈奴远徙西北方。虽偶有扰边事件或遮断汉通西域道路，然亦得利即逝，行动飘忽。元鼎六年秋，汉遣浮沮将军公孙贺、匈河将军赵破奴击匈奴，深入匈奴境数千里，未获匈奴主力而回。故云“久不伐胡”。

【译文】自大将军围歼单于之年算起，经过十四年而去世。汉所以不再对匈奴用兵，是因为国内战马的数量锐减。同时也由于正在南讨两越，东伐朝鲜，西击羌、西南夷。因此，很久不征讨匈奴。

大将军以其得尚平阳长公主故，[1]长平侯伉代侯。六岁，坐法失侯。[2]

【注释】〔1〕"大将军以其得尚平阳长公主故"，"尚"，马叙伦先生曰："尚者当之省。《说文》：'当，田相值也。'故引伸为匹配之称。《司马相如传》：'恐不得当也。'《雋不疑传》：'光欲以女妻之，不疑固辞不能当。'皆其义。"(《读两汉书记》)武帝姊阳信长公主以尚平阳侯曹寿(时)故，称为平阳长公主。曹寿有恶疾就国，长公主讽白皇后，皇后言之，武帝乃诏卫青尚平阳主。卫青殁后，与平阳主合葬，起冢象庐山。〔2〕"长平侯伉代侯，六岁，坐法失侯"，青卒在元封五年，如伉于元封六年代侯，"六岁，坐法失侯"，正是天汉元年。然《汉表》云："太初元年嗣侯，五年，阑入宫，完(髡)为城旦。"五年失侯，亦在天汉元年。失侯在天汉元年，已无庸置疑，惟嗣侯之年，待考。

【译文】大将军因为能够和平阳长公主缔姻，长平侯伉得以继承侯位，过了六年，伉犯法失去侯位。

左方两大将军及诸裨将名：

最大将军青，凡七出击匈奴，[1]斩捕首虏五万余级。一与单于战，[2]收河南地，遂置朔方郡。[3]再益封，凡万一千八百户。[4]封三子为侯，侯千三百户。[5]并之，万五千七百户。[6]其校尉裨将以从大将军侯者九人。[7]其裨将及校尉已为将者十四人。[8]为裨将者曰李广，自有传。无传者曰：

【注释】〔1〕"最大将军青，凡七出击匈奴"，《汉书·周勃传》："最，从高祖得相国一人，丞相二人。"颜师古曰："最者，凡也，总言其攻战克获之数。"陈直曰：《居延汉简释文》"有'最凡十三人'，最当作总计解，不能训为凡字。木简最凡二字为联文可证。"按：陈直说是。〔2〕"单于"，谓匈奴军臣单于。〔3〕"收河南地，遂置朔方郡"，元朔二年，卫青出云中至高阙，收复河南地，置朔方郡，辖三封、朔方、修都、临河、呼遒、窳浑、渠搜、沃壄、广牧、临戎十县。〔4〕"再益封，凡万一千八百户"，据本传，青元朔二年始封三千八百户，同年益封三千户。元朔五年再益封六千户。三次封典总计万二千八百户。"二千"，误作"一千"。《汉书》作"万六千三百户。"〔5〕"封三子为侯，侯千三百户"，元朔五年，青三子在襁褓中以青功封侯，各千三百户。三子者：宜春侯卫伉、阴安侯卫不疑、发干侯卫登。按：《汉武故事》谓大将军有四子皆不才，少子坐奢淫诛云云。〔6〕"并之，万五千七百户"，《汉书》作"二万二百户"。《汉书》卫青封户总计万六千三百户。三子共封三千九百户，故总数为二万二百户。〔7〕"侯者九人"，南窌侯公孙贺、合骑侯公孙敖、乐安侯李蔡、龙頟侯韩说、随成侯赵不虞、从平侯公孙戎奴、涉轵侯李朔、博望侯张骞及冠军侯霍去病。〔8〕"其裨将及校尉已为将者十四人"，十四人是：公孙贺、李息、公孙敖、李沮、李蔡、张次公、苏建、赵信、张骞、赵食其、曹襄、韩说、郭昌、荀彘。

【译文】下面开列两大将军及所属副将名次：

总计大将军卫青七次出击匈奴，斩杀捕获敌官兵五万余人。一次和匈奴单于作战，收复河南地区，因而设置朔方郡。一再加封，共一万一千八百户。三个儿子皆封为侯，侯各一千三百户。加起来，共一万五千七百户。大将军的校尉、副将跟随他得功封侯的九人。副将、校尉擢升为将军的十四人。副将李广已经有传。没有立传的副将有：

将军公孙贺。贺，义渠人，[1]其先胡种。贺父浑邪，景帝时为平曲侯，[2]坐法失侯。[3]贺，武帝为太子时舍人。[4]武帝立八岁，[5]以太仆为轻车将军，[6]军马邑。[7]后四岁，以轻车将军出云中。[8]后五岁，以骑将军从大将军有功，封为南窌侯。[9]后一岁，[10]以左将军再从大将军出定襄，[11]无功。后四岁，以坐酎金失侯。[12]后八岁，以浮沮将军出五原二千余里，[13]无功。后八岁，以太仆为丞相，封葛绎侯。[14]贺七为将军，[15]出击匈奴无大功，而再侯，为丞相。坐子敬声与阳石公主奸，[16]为巫蛊，族灭无后。[17]

【注释】〔1〕"贺，义渠人"，公孙贺字子叔，北地义渠人。贺夫人君孺，为卫皇后姊，贺因是有宠。

秦昭王时，义渠戎王与宣太后乱，生二子。后宣太后诈杀义渠戎王，起兵伐残义渠，置其地为北地郡。公孙浑邪、公孙贺、公孙敖、傅介子均北地义渠人。〔2〕“贺父浑邪，景帝时为平曲侯”，贺父公孙浑邪，景帝时为陇西守。后以将军击吴、楚有功，孝景六年四月己巳（初五日）封为平曲侯。〔3〕“坐法失侯”，《史记·景惠间侯者年表》云公孙浑邪失侯在孝景中四年。《表》只云有罪，未云何罪。〔4〕“贺，武帝为太子时舍人”，公孙贺少为骑士，从军有功，擢为太子舍人。“舍人”，为太子官属，秩比郎中，选良家子任之。舍人的职掌是更直（值班）和宿卫。〔5〕“武帝立八岁”，武帝始立为建元元年，至元光二年，正八岁。梁玉绳曰：“此两称武帝，及下李息、公孙敖、李沮、李蔡、赵信、赵食其六传，称武帝者，皆后人妄改，当作今上。”按：司马迁卒在何年，今疑说纷纭，未有定论。梁何以不用此处连称武帝之例，以证史迁卒在武帝之后，而遽断为“后人妄改”。吴汝纶据此以为史迁卒于武帝崩后。〔6〕“太仆”，紧随皇帝左右掌舆马的近臣，有时还亲自为皇帝驭车。太仆还兼管马政，地位很重要。“轻车将军”，作战时设置的列将军，又称杂号将军。〔7〕“马邑”，今山西朔县。〔8〕“后四岁，以轻车将军出云中”，《汉书·武帝纪》、《史记·匈奴列传》载，公孙贺出云中在元光六年。而据本传两处记载推算，均为元光五年。〔9〕“后五岁，以骑将军从大将军有功，封为南窌侯”，据《史》《汉》二表，公孙贺封南窌侯在元朔五年四月丁未（二十日）。本传前记公孙贺为骑将军从大将军青击匈奴有功，亦在元朔五年。“后五岁”，按史迁纪年例推算，应为元朔四年，有误。〔10〕“后一岁”，元朔六年。〔11〕“左将军”，前、后、左、右将军的地位很高，不常置。其职是“掌兵及四夷”。“再从大将军出定襄”，元狩六年春二月、四月的一次漠北大会战，大将军再出定襄，将前、后、左、右四将军渡漠击匈奴，是汉、匈八十余年来的武装冲突中具有决定性的一次战役。〔12〕“后四岁，以坐酎金失侯”，公孙贺坐酎金失侯在元鼎五年。“后四岁”前必有夺文。否则，不至以“后十一岁”误作“后四岁”。〔13〕“后八岁，以浮沮将军出五原二千余里”，公孙贺坐酎金失侯在元鼎五年，以浮沮将军出五原在元鼎六年。“后八岁”误。〔14〕“后八岁，以太仆为丞相，封葛绎侯”，据《史表》，太初二年三月丁卯（十二日）封公孙贺为葛绎侯。元鼎六年，公孙贺以浮沮将军出五原。以次年（元封元年）起算，至太初二年封葛绎侯，正八岁。按：西汉武帝时，朝廷多事督责大臣，自公孙弘后，丞相李蔡、严青翟、赵周相继坐事死。石庆虽以恭谨得终，然而数遭谴责。公孙贺初引拜为丞相时，顿首涕泣，不肯受印绶，不得已而受拜。后果坐子敬声不法族灭。刘屈氂继公孙贺为丞相，亦因蛊斩。〔15〕“贺七为将军”，梁玉绳曰：“贺为将军五，安有七乎！”按：据本传及韩长孺、匈奴二传及《将相年表》，贺凡七为将军。（一）元光二年为轻车将军军马邑。（二）元光六年为轻车将军出云中。（三）元朔五年为骑将军（《将相年表》作车骑将军）击匈奴。（四）元朔六年春二月，贺为左将军出定襄。（五）元朔六年夏四月，贺为左将军再出定襄。（六）元狩四年，贺为左将军再从大将军出定襄。（七）元鼎六年，贺为浮沮将军出五原。贺凡七为将军不误。〔16〕“坐子敬声与阳石公主奸”，据《史表》，征和二年，贺子敬声有罪国除。《汉书·贺传》云：“贺子敬声代贺为太仆，父子并居公卿位。敬声以皇后姊子骄奢不奉法。征和中，擅用北军钱千九百万，发觉下狱。是时诏捕朱安世不能得。上求之急，贺自请逐捕安世，以赎敬声罪，上许之。后果得安世。……安世遂从狱中上书告敬声与阳石公主私通，及使人巫祭祠诅上，且上甘泉当驰道埋偶人，祝诅有恶言。下有司案验贺，穷治所犯，遂父子死狱中，家族。巫蛊之祸，起自朱安世，成于江充，遂及公主、皇后、太子皆败。”按：阳石公主，武帝女。卫子夫为皇后生三女，长女卫长公主尚乐通侯栾大。阳石公主或为次女，与公孙敬声为亲戚相近而奸。三女当是《戾太子传》中之诸邑公主。〔17〕“为巫蛊，族灭无后”，征和元年冬，公孙贺坐为蛊死狱中。

【译文】将军公孙贺。公孙贺，义渠人。祖先是匈奴族。贺父公孙浑邪，景帝封为平曲侯，触犯刑律，失去侯位。武帝为太子时，贺任太子舍人。武帝即位八年，以太仆出任轻车将军，驻守马邑。过了四年，以轻车将军自云中出塞。又过五年，以骑将军随从大将军有功，封为南窌侯。后一年，以左将军再次从大将军自定襄出塞，未建战功。后四年，在酎金事件中失去侯位。后八年，以浮沮将军自五原挺进二千余里，未建战功。再后八年，以太仆晋位丞相，封为葛绎侯。公孙贺七次为将军，出塞进击匈奴，未有显著的战功，而两次封侯，一为丞相。后因其子敬声和阳石公主通奸，并以巫蛊诅上罪灭族。没有后代。

将军李息，郁郅人。[1]事景帝。至武帝立八岁，为材官将军，军马邑。[2]后六岁，为

将军,出代。[3]后三岁,为将军,从大将军出朔方,皆无功。[4]凡三为将军,[5]其后常为大行。[6]

【注释】〔1〕“郁郅”,北地郡属县。〔2〕“为材官将军,军马邑”,在元光二年。“材官将军”,作战时临时设置的列将军(见《西汉会要》卷三二)。西汉时选陇西、天水、安定、北地、上郡、西河六郡良家子送羽林、期门,以材力为官,此军中置“材官将军”所自来。〔3〕“后六岁为将军出代”,时在元朔二年。〔4〕“后三岁,为将军,从大将军出朔方,皆无功”,据《卫将军列传》,元朔五年车骑将军卫青率四将军出朔方。大行李息、岸头侯张次公为将军出右北平。李息有功,赐爵关内侯,食邑三百户。此云“从大将军出朔方”,不确。李息既未出朔方,卫青出朔方时亦未晋封为大将军。下云“皆无功”,亦误。〔5〕“凡三为将军”,李息凡四为将军,元光二年为材官将军军马邑,元朔二年为将军出代,元朔五年为将军出右北平,复有元鼎六年为将军与郎中令徐自为征西羌。〔6〕“大行”,即大行令,本名行人,秦时名典客,汉景帝中六年更名大行令。事之尊重者遣大鸿胪,轻贱者遣大行。据《汉书·汲黯传》,李息因不敢言张汤之非获罪。元鼎二年,罢李息大行令。张骞继息为大行令。按:陈直曰:霍墓向东,有冢并立,规模较小,相传为李息冢。

【译文】将军李息,郁郅人。侍奉景帝。武帝即位八年,任材官将军,驻军马邑。后六年,为将军自代出塞。后三年,为将军,随从大将军自朔方出塞,都没有建立战功。凡三次受命为将军。后来长期担任大行的官职。

将军公孙敖,义渠人。[1]以郎事武帝。[2]武帝立十二岁,[3]为骑将军,出代,亡卒七千人,当斩,赎为庶人。后五岁,以校尉从大将军有功,封为合骑侯。[4]后一岁,以中将军从大将军,[5]再出定襄,无功。[6]后二岁,以将军出北地,后骠骑期,当斩,赎为庶人。[7]后二岁,以校尉从大将军,无功。[8]后十四岁,以因杅将军筑受降城。[9]七岁,复以因杅将军再出击匈奴,至余吾,[10]亡士卒多,下吏,当斩,诈死,亡居民间五六岁。[11]后发觉,复系。坐妻为巫蛊,族。[12]凡四为将军,出击匈奴,一侯。

【注释】〔1〕“义渠”,属北地郡,本秦义渠戎国。〔2〕“以郎事武帝”,《汉书》作“以郎事景帝”。王先谦《补注》云:“《史记》作以郎事武帝。”究竟孰是孰非,亦未加判断。泷川资言《考证》则断为《史记》误。按:卫青给事建章时,大长公主执囚青,欲杀之。其友骑郎公孙敖与壮士往篡取之,以故得不死。本传已明言在前。故“以郎事武帝”者,谓公孙敖以骑郎事武帝,安得有误,盖误在《汉书》。〔3〕“武帝立十二岁”,为元光六年。〔4〕“以校尉从大将军有功,封为合骑侯”,据《史表》,元朔五年四月丁未(二十日)封公孙敖为合骑侯。本传云:“护军都尉公孙敖三从大将军击匈奴,常护军,傅校获王,以千五百户封敖为合骑侯。”〔5〕“中将军”,西汉军制无中将军。《西汉会要》有中将将军,属列将军,“中将军”恐“中将将军”之误。〔6〕“无功”,梁玉绳曰:“案《传》言斩虏万余人。《史》《汉》表皆言是年敖益封,则此误也。当衍‘无功’二字。”〔7〕“后二岁,以将军出北地,后骠骑期,当斩,赎为庶人”,本传前云:“合骑侯敖坐行留,不与骠骑会,当斩,赎为庶人。”事在元狩二年夏。〔8〕“后二岁,以校尉从大将军,无功”,“后二岁”为元狩四年。按:元狩四年春,大将军出定襄,所属四将军为前将军李广、左将军公孙贺、右将军赵食其、后将军曹襄。元狩四年的漠北会战,公孙敖方由庶人起用为校尉,故匈奴、卫将军二列传俱未载其以校尉从大将军事。〔9〕“后十四岁,以因杅将军筑受降城”,自元狩四年后一年,元狩五年起算,后十四岁为武帝元封六年,与《匈奴列传》儿单于立之岁,汉令因杅将军筑受降城之年正合。惟《汉书·武纪》、《汉书·匈奴传》、《通鉴》卷二十一筑受降城并在太初元年,《通鉴》胡注云受降城在居延北,《一统志》云在河套北吴喇忒旗。〔10〕“七岁,复以因杅将军再出击匈奴,至余吾”,据《匈奴列传》,因杅将军再出击匈奴,至余吾在天汉四年。设筑受降城在元封六年,后七岁则为天汉三年。“余吾”,《匈奴列传》作“余吾水”,今蒙古人民共和国土拉河。〔11〕“当斩,诈死,亡居民间五六岁”,《汉书·武帝纪》:“太始元年春正月,因杅将军有罪要斩。”按:王先谦曰:“敖盖于斩时诈死,而行刑者以已斩报。《武纪》书斩敖于太始元年,正其失律之诛。五六岁后复出,乃觉其诈耳。”〔12〕“坐妻为巫蛊,族”,《通鉴》卷二十二:“太始元年春正月,公孙敖坐妻巫蛊要斩。”按:巫蛊之祸,起自朱安世,成于江充,事在征和二年。《通鉴》混《史记·公孙敖传》与《汉书·武帝纪》为一谈,故有“太始元年春正月,公孙敖坐妻巫蛊要斩”的错误记载。太始元年,巫蛊尚未兴。《武纪》

虽记“因杅将军有罪要斩”，实诈死，并亡居民间五六岁。至“坐妻为巫蛊，族”，则在后，为征和二、三年时事，于时巫蛊之祸已大兴。

【译文】将军公孙敖，义渠人。武帝时担任郎官。武帝即位十二年，为骑将军自代出塞，伤亡士卒七千人，罪应斩首，赎为平民。后五年，以校尉随从大将军建立了战功，封为合骑侯。后一年，以中将军随从大将军再次从定襄出塞，未建战功。后二年，以将军自北地郡出塞，延误了和骠骑将军会师的军期，罪应斩首，赎为平民。后二年，以校尉随从大将军作战，未建战功。后十四年，以因杅将军修筑受降城。又过七年，再次以因杅将军出塞进击匈奴，到达余吾，因伤亡士卒过多，被交付法官审判，罪应斩首。他伪装死去，逃亡民间五六年。后被发觉，再次囚禁。其妻犯巫蛊获罪，被族灭。总共四次为将军，出击匈奴，一次封侯。

将军李沮，云中人。〔1〕事景帝。武帝立十七岁，〔2〕以左内史为强弩将军。〔3〕后一岁，复为强弩将军。〔4〕

【注释】〔1〕“云中”，秦置郡。汉分云中郡之东北为定襄郡，西南部为云中郡，治云中县，在今内蒙古托克托县。《正义》曰：“今岚、胜州也。”按：岚州，两汉为太原郡。胜州，两汉为云中、五原郡。胜州尚与云中相涉，岚州则远不相涉。《正义》失检。〔2〕“武帝立十七岁”，为元朔五年。 〔3〕“左内史”，是掌治京师的官。本名内史，景帝二年置左内史。武帝太初元年，更名左冯翊。“强弩将军”，作战时任命的杂号将军。 〔4〕“后一岁，复为强弩将军”，“后一岁”为元朔六年。本传云：“其明年春（即元朔六年），大将军青出定襄，……左内史李沮为强弩将军。”

【译文】将军李沮，云中人。侍奉景帝。武帝即位十七年，由左内史为强弩将军，后一年，再次为强弩将军。

将军李蔡，〔1〕成纪人也。〔2〕事孝文帝、景帝、武帝。〔3〕以轻车将军从大将军有功，封为乐安侯。〔4〕已为丞相，坐法死。〔5〕

【注释】〔1〕“将军李蔡”，李广从弟。 〔2〕“成纪”，汉初属陇西郡，故《李广传》云陇西成纪人。元光后，成纪县改属天水郡。故地在今甘肃秦安县北。 〔3〕“事孝文帝、景帝、武帝”，李蔡与从兄李广俱为郎事文帝。景帝时李蔡积功至二千石。武帝时，李蔡为代相。 〔4〕“以轻车将军从大将军有功，封为乐安侯”，“轻车将军”是作战时任命的杂号将军。李蔡以元朔五年为轻车将军，从大将军击左贤王有功。元朔五年四月丁未（二十日）封为乐安侯。 〔5〕“已为丞相，坐法死”，元狩二年，李蔡代公孙弘为丞相。元狩五年，以侵孝景园神道壖地罪，自杀，国除。

【译文】将军李蔡，成纪人。孝文帝、景帝、武帝时都担任过官职。以轻车将军随从大将军建立了功勋，封为乐安侯。后来官拜丞相，犯法自杀。

将军张次公，河东人。〔1〕以校尉从卫将军青，有功，封为岸头侯。〔2〕其后太后崩，〔3〕为将军，军北军。〔4〕后一岁，为将军，从大将军，再为将军，〔5〕坐法失侯。〔6〕次公父隆，轻车武射也。〔7〕以善射，景帝幸近之也。

【注释】〔1〕“河东”，汉郡，治所安邑。《汉书·酷吏传》云：“义纵，河东人也。少年时，尝与张次公俱攻剽为群盗。” 〔2〕“封为岸头侯”，封张次公为岸头侯，《史表》在元朔二年六月壬辰（十八日），《汉表》在元朔二年五月己巳（二十五日）。班、马所据故籍不同，故所记各异。 〔3〕“太后”，武帝母王太后。王太后父王仲，槐里人。母臧儿，故燕王臧荼孙。王仲死，臧儿更嫁长陵田氏，生男田蚡、田胜。武帝七岁为皇太子，母为皇后。十六岁即皇帝位，母为皇太后。太后崩年，《汉书·武纪》在元朔三年六月庚午（初二日）。《通鉴》从《武纪》。荀悦《汉纪》作元朔三年六月庚申。惟是月无庚申日分，当误。王鸣盛说悦专取班书，间或小有立异，此盖荀悦立异处。张次公封侯在元朔二年六月，太后崩年在一年之后，史籍记载，昭昭甚明。王先谦《补注》曰：“据《武纪》及《功臣表》，元朔二年五月封侯，六月皇太后崩。”王氏误将《武纪》“六月皇太后崩”与《汉表》所记张次公“元朔二年五月己巳封”连缀为文，似张次公封侯后一月，皇太后即崩，殊与史实不合。泷川资言《考证》又误引王氏为说，两皆失检。〔4〕“北军”，是卫戍京师的部队。南军守卫皇宫。南军受北军节制。 〔5〕“后一岁，为将军，从大将军，再为将军”，“后一岁，为将军”，于文理应是太后

崩后一岁，即元朔四年。据《卫将军列传》，匈奴大入代、定襄、上郡，杀略汉数千人在元朔四年夏。但未见汉御敌及出击记载，不能肯定次公为将军从大将军在元朔四年夏的一次战役。“再为将军”则在元朔五年春。《卫将军列传》云：“其明年，元朔之五年春，……大行李息、岸头侯张次公为将军，出右北平，咸击匈奴。” 〔6〕“坐法失侯”，元狩元年，张次公坐与淮南王安女刘陵奸，及受财物罪，失侯国除。〔7〕“轻车”，施之勉《史记会注考证订补》引瞿方梅曰：“案轻车，古战车也。虎贲校尉掌轻车。司马彪《舆服志》曰：‘洞朱轮舆，不巾不盖，大驾法驾出，以次属车在卤簿中。’隆为轻车中武射之士，谓其有武力善射，亦佽飞、射士、材官、蹶张之类也。”

【译文】将军张次公，河东人。以校尉从卫将军青建立了功勋，封为岸头侯。后来太后崩驾，他担任统率北军的将军。后一年，为将军，随从大将军。两次为将军，犯法失去侯位。次公之父张隆，是战车队中的射士。因为他娴习弓法，为景帝亲近宠幸之臣。

将军苏建，杜陵人。[1]以校尉从卫将军青有功，为平陵侯，[2]以将军筑朔方。[3]后四岁，为游击将军，从大将军出朔方。[4]后一岁，以右将军再从大将军出定襄，亡翕侯，失期，当斩，赎为庶人。[5]其后为代郡太守，卒，冢在大犹乡。[6]

【注释】〔1〕“杜陵”，即杜原，又名乐游原。《战国策》载，齐助楚攻秦，齐、楚兵大败于杜陵。鲍《注》云属京兆。故秦时其地即名杜陵。史迁为苏建作传，曰：“将军苏建，杜陵人”，亦证武帝时京兆有地曰杜陵。《汉书·地理志》京兆尹属县杜陵下，有“宣帝更名”四字，恐未谛。 〔2〕“为平陵侯”，据《史表》，元朔二年三月丙辰（十一日），封苏建为平陵侯。 〔3〕“以将军筑朔方”，元朔二年，车骑将军卫青出云中，西至高阙，略河南地，走白羊、楼烦王，以河南地为朔方郡，使苏建筑朔方城。《正义》引《括地志》云：“夏州朔方县北什贲故城是。”按朔方郡区在内蒙古河套及河套南部一带。郡治在今内蒙古乌拉特前旗南，黄河的南岸。 〔4〕“后四岁，为游击将军，从大将军出朔方”，苏建为游击将军从大将军出朔方在元朔五年春。 〔5〕“后一岁，以右将军再从大将军出定襄，亡翕侯，失期当斩，赎为庶人”，据《卫将军列传》，元朔六年四月，右将军苏建与前将军赵信从大将军出定襄。建与信并军分行，亡前将军。建独身亡归，当斩，赎为庶人。《史记·建元以来侯者年表》误元朔六年为元鼎六年。〔6〕“冢在大犹乡”，西汉时阳陵为公卿赐葬之地。陈直曰：“太史公于苏建、张骞二人，独注冢墓在某地，因熟悉其事特加记载。《汉书·苏武传》：‘太夫人已前卒，陵送葬阳陵’云云，据此，苏建之冢在阳陵，不在扶风。大犹乡盖阳陵之乡名也。”

【译文】将军苏建，杜陵人。以校尉从卫将军青，建立了功勋，封为平陵侯，以将军修筑朔方城。后四年，任游击将军，从大将军自朔方出塞。后一年，以右将军再次从大将军自定襄出塞。翕侯叛逃，苏建军覆没，有罪当斩，赎为平民。后在任代郡太守时去世。冢墓在大犹乡。

将军赵信，以匈奴相国降，为翕侯。[1]武帝立十七岁，为前将军，与单于战，败，降匈奴。[2]

【注释】〔1〕“为翕侯”，据《史表》，侯赵信在元光四年七月壬午。据《汉表》，翕侯赵信，元光四年十月壬午封。按：元光四年七月无壬午日分。十月壬午为十月十二日。《汉表》是。 〔2〕“武帝立十七岁，为前将军，与单于战，败，降匈奴”，事在元朔六年。“武帝立十七岁”，应为立十八岁。《汉书》作立十八年。

【译文】将军赵信，以匈奴相国降汉，封为翕侯。武帝即位十七年，任前将军，和单于作战，兵败，投降匈奴。

将军张骞，[1]以使通大夏，[2]还，为校尉。[3]从大将军有功，封为博望侯。[4]后三岁，为将军，出右北平，失期，当斩，赎为庶人。[5]其后使通乌孙，[6]为大行而卒，[7]冢在汉中。[8]

【注释】〔1〕“将军张骞”，《汉书·张骞传》云：“张骞，汉中人也。建元中为郎。时匈奴降者言，匈奴破月氏王，以其头为饮器。月氏遁而怨匈奴，无与共击之。汉方欲事灭胡，闻此言，欲通使。道必更匈奴中。乃募能使者，骞以郎应募使月氏。”〔2〕“大夏”，中亚古地名和国名，最早见于《大宛列

传》,古希腊人称为巴克特里亚,主要指阿姆河以南、兴都库什山以北地区。〔3〕“还,为校尉”,张骞于建元三年应募使月氏,元朔元年左右到达大夏,去国十三年还为校尉,时为元朔三年。〔4〕“封为博望侯”,据《史》《汉》二表,张骞封博望侯在元朔六年三月甲辰。三月无甲辰日分。据《通鉴考异》,骞以元朔六年二月封。六年二月甲辰为二月二十一日。《史》《汉》两表皆误。“博望”,颜师古曰:“取其能广博瞻望。”李慈铭曰:“汉中世后封侯或于地名取义。如霍去病之冠军,田千秋之富民,李广利之海西,及骞之博望皆是。”按:《地理志》南阳有博望县。周寿昌曰:“颜不引《地志》,但取美名,几疑无此地名。”〔5〕“后三岁,为将军出右北平,失期当斩,赎为庶人”,元狩二年夏,博望侯张骞、郎中令李广俱出右北平,异道,皆击匈奴。博望侯坐行留,当斩,赎为庶人。〔6〕“其后使通乌孙”,乌孙本居敦煌、祁连间,为月氏所败,先依匈奴,而后西迁到伊犁河流域、伊塞克湖畔和纳林河流域,建都城于赤谷城。元狩二年,匈奴浑邪王既归汉,自盐泽以东空无匈奴,西域道可通。张骞向武帝建议,厚币赂乌孙,招之东归,居浑邪故地,与汉结为昆弟,以断匈奴右臂。武帝采纳张骞的意见,拜骞为中郎将使乌孙。元鼎二年骞至乌孙,乌孙虽不肯东还,然西域诸国自此与中国通。〔7〕“大行”,又名大行令,是典客的属官。《大宛列传》云:“骞还到,拜为大行,列于九卿。岁余卒。”按:张骞为大行在元鼎二年,卒于元鼎三年。〔8〕“冢在汉中”,张骞,汉中成固人,称“冢在汉中”,不言城固,盖只举郡名。按:张骞墓在陕西省城固县城西五华里处饶家营,亦曰张家村,是张骞的故乡。

【译文】将军张骞,奉使交通大夏,回国后任校尉,从大将军建立功勋,封为博望侯。后三年,为将军,自右北平出塞,误了军期,应该斩首,赎为平民。后来奉命出使乌孙,在大行任中逝世,冢墓在汉中。

将军赵食其,祋祤人也。〔1〕武帝立二十二岁,以主爵为右将军,〔2〕从大将军出定襄,迷失道,当斩,〔3〕赎为庶人。

【注释】〔1〕“祋祤”,音 duì yǔ,左冯翊县名,在今陕西耀县东。陈直曰:《居延汉简释文》有简文云:“‘施刑士冯翊带羽掖落里王□。’‘带羽’当为‘祋祤’之俗字。然可证汉人读‘祋’字为都会反(会当读如会计之会),不读丁活反。”〔2〕“武帝立二十二岁,以主爵为右将军”,“主爵”,主爵都尉省称。据《汉书·公卿表》,赵食其以元狩三年为主爵都尉。据《卫将军列传》,元狩四年为右将军,与“武帝立二十二岁”之数正合。〔3〕“从大将军出定襄,迷失道,当斩”,元狩四年春,前将军李广与右将军食其合军出东道。军亡导,或失道,后击单于,有罪当斩。

【译文】将军赵食其,祋祤人。武帝即位二十二年,以主爵都尉为右将军,从大将军自定襄出击匈奴,迷失道路,罪应斩首,赎为平民。

将军曹襄,以平阳侯为后将军,〔1〕从大将军出定襄。〔2〕襄,曹参孙也。〔3〕

【注释】〔1〕“将军曹襄,以平阳侯为后将军”,“平阳侯”是汉丞相曹参的封号。曹襄是曹参的玄孙,夷侯时之子。曹时就是《卫将军列传》所提及的有恶疾归国的曹寿。曹襄尚卫长公主,元光五年嗣平阳侯,元鼎二年薨。〔2〕“从大将军出定襄”,在元狩四年春。〔3〕“襄,曹参孙也”,中井积德曰:“曹襄是参之玄孙,此单云孙者泛称耳。”按:中井说是,非“孙”上有夺字。

【译文】将军曹襄,以平阳侯为后将军,从大将军自定襄出击匈奴。曹襄,曹参的裔孙。

将军韩说,弓高侯庶孙也。〔1〕以校尉从大将军有功,为龙额侯,〔2〕坐酎金失侯。〔3〕元鼎六年,以待诏为横海将军,〔4〕击东越有功,〔5〕为按道侯。〔6〕以太初三年为游击将军,屯于五原外列城。〔7〕为光禄勋,〔8〕掘蛊太子宫,卫太子杀之。〔9〕

【注释】〔1〕“弓高侯”,韩王信之子颓当的封号。文帝时,颓当以匈奴相国降。文帝十六年三月丙子(二十七日),汉封颓当为弓高侯。“庶孙”,即孽孙,非嫡出之意。吴、楚反时,弓高侯颓当功冠诸将,传子至孙,无子国绝。韩嫣、韩说兄弟,皆颓当孽孙。〔2〕“为龙额侯”,韩说以元朔五年四月丁未(二十日)封为龙额侯。〔3〕“坐酎金失侯”,事在元鼎五年。〔4〕“待诏”,犹言候命。韩说已于元鼎五年坐酎金失侯。启用以前,已无爵位,故曰

"待诏。" 〔5〕"击东越有功",韩说于元鼎六年为横海将军击东越,事见《汉书·武帝纪》。 〔6〕"为按道侯",韩说封按道侯,《史表》在元封元年五月丁卯(初一日),《汉表》在元封元年五月己卯(十三日)。〔7〕"以太初三年为游击将军,屯于五原外列城",《匈奴列传》云,太初三年,汉使光禄徐自为出五原塞数百里,远者千余里,筑城障列亭至庐朐,使游击韩说、长平侯卫伉屯其旁。 〔8〕"为光禄勋",征和二年,韩说代徐自为为光禄勋。说即以任官之年被诛。梁玉绳曰:"'为光禄勋'以下十四字,后人以征和二年事续入也,当删。"施之勉曰:"韩说掘蛊太子宫,与田仁主闭守城门,是同一事。所谓巫蛊之祸者,《田叔传》并论田仁,既出自史公手,岂为后人所续入哉!"按:史迁绝笔及下世之年,均有待商兑,不可遽以某年某日为限,一概而论。梁说可商。〔9〕"掘蛊太子宫,卫太子杀之",《汉书·戾太子据传》云,按道侯韩说、御史章赣、黄门苏文等助江充掘蛊太子宫。征和二年七月壬午(初九日),太子使客为使者收捕充等,韩说不肯受诏,为客所格杀。

【译文】将军韩说,弓高侯的庶孙,以校尉从大将军有功,封为龙额侯。在酎金事件中失去侯位。元鼎六年,以待诏为横海将军,讨伐东越有功,封为案道侯。太初三年任游击将军,屯守五原外许多边城。任光禄勋时,到太子宫挖掘诅上的偶人,卫太子杀死了他。

将军郭昌,〔1〕云中人也。以校尉从大将军。〔2〕元封四年,以太中大夫为拔胡将军,〔3〕屯朔方。〔4〕还击昆明,毋功,夺印。〔5〕

【注释】〔1〕"将军郭昌",元鼎六年以中郎将平西南夷,诛其渠率且兰君,以其地为牂柯郡。元封二年以将军平西南夷未服者,置益州郡。元封四年秋,以拔胡将军屯朔方。元封六年,益州、昆明反,遣拔胡将军郭昌击之。 〔2〕"以校尉从大将军",不详。 〔3〕"太中大夫",郎中令(武帝太初元年更名光禄勋)属官,掌议论,秩比千石。 〔4〕"屯朔方",郭昌以拔胡将军屯朔方,并见《匈奴列传》、《汉书·武纪》。 〔5〕"还击昆明,毋功,夺印",《汉书·武帝纪》云,元封六年三月,益州、昆明反,赦京师亡命令从军,遣拔胡将军将以击之。《武纪》未载战绩。无功夺印当指此。

【译文】将军郭昌,云中人,以校尉随从大将军作战。元封四年,以太中大夫为拔胡将军,屯兵朔方。还师讨伐昆明,无功,夺去印信。

将军荀彘,太原广武人。〔1〕以御见,侍中,〔2〕为校尉,数从大将军。以元封三年为左将军击朝鲜,毋功。〔3〕以捕楼船将军坐法死。〔4〕

【注释】〔1〕"广武",县名,西汉置,属太原郡,故城在今山西代县西。 〔2〕"以御见,侍中","御"谓御车。谓以善御得侍中官。《盐铁论·除狭篇》:"戏车跃鼎咸出补吏。"陈直曰:"以御见,犹卫绾以戏车为郎也。" 〔3〕"以元封三年为左将军击朝鲜,毋功",荀彘为左将军击朝鲜无功,乃元封二年事。元封三年夏,斩其王右渠,朝鲜降,不得曰无功。〔4〕"以捕楼船将军坐法死",左将军荀彘与楼船将军杨仆争功,左将军以节召楼船将军入左将军营计事,执捕楼船将军,并其军,急击朝鲜。元封三年夏,朝鲜尼谿相参使人杀朝鲜王右渠降。左将军征召至京师,坐争功相嫉罪弃市。

【译文】将军荀彘,太原广武人。以善于驾车选为侍中。以校尉数次随从大将军。元封三年为左将军进击朝鲜,无功。以擅捕楼船将军犯法死。

最骠骑将军去病,〔1〕凡六出击匈奴,其四出以将军,〔2〕斩捕首虏十一万余级。及浑邪王以众降数万,遂开河西酒泉之地,西方益少胡寇。四益封,凡万五千一百户。〔3〕其校吏有功为侯者凡六人,〔4〕而后为将军二人。〔5〕

【注释】〔1〕"最",总计。 〔2〕"六出击匈奴,其四出以将军",除元朔二年,去病以剽姚校尉二次出击匈奴而外,其余四次皆以骠骑将军出击。计为:(1)元狩二年春,以骠骑将军出陇西。(2)元狩二年夏,骠骑将军踰居延至祁连山。(3)元狩二年秋,骠骑将军迎降浑邪王。(4)元狩四年春,骠骑将军出代,绝大漠,封狼居胥,禅姑衍,登临瀚海。〔3〕"四益封,凡万五千一百户",据本传,霍去病元朔六年始封千六百户。其后四次益封,计为:(1)元狩二年春二千户。(2)元狩二年夏五千户。(3)元狩二年秋千七百户。(4)元狩四年春五千八百户。总计万六千一百户。"六千"误为"五千。" 〔4〕"其校吏有功为侯者凡六人","六人"误,应为七人:从骠侯赵破奴、宜冠侯高不识、煇渠侯仆多(朋)、符(邳)离侯路博德、义阳侯邢(卫)山、壮侯复陆支、众利侯伊即靬。〔5〕"而后为将军二人",指伏波将军路博德、匈河将军赵破奴。

【译文】总计骠骑将军霍去病六次出塞进击匈奴,其中四次是以将军的身份出塞,斩获敌官兵十一万余人。后来浑邪王率众数万来降,遂开拓河西酒泉地区,匈奴扰骚西部边境的事件大为减少。四次加封,总共一万五千一百户。幕僚属吏有功封侯者六人,后来担任将军者二人。

将军路博德,平州人。〔1〕以右北平太守从骠骑将军有功,为符离侯。〔2〕骠骑死后,〔3〕博德以卫尉为伏波将军,伐破南越,益封。〔4〕其后坐法失侯。〔5〕为强弩都尉,屯居延,〔6〕卒。

【注释】〔1〕"平州",《汉书·地理志》作平周,属西河郡,在今山西临汾西。〔2〕"为符离侯",据《史表》,元狩四年六月丁卯(初十日)封路博德为符离侯。按《汉表》作"邳离侯"。〔3〕"骠骑死后",元狩六年九月后。〔4〕"博德以卫尉为伏波将军,伐破南越,益封",伏波将军伐破南越在元鼎六年冬。《资治通鉴》卷二〇云:"师还,上益封伏波。"〔5〕"其后坐法失侯",《汉表》云,太初元年,坐见知子犯逆不道罪免。〔6〕"为强弩都尉,屯居延",路博德屯居延在太初三年。杨树达曰:"天汉二年李陵击匈奴,武帝诏博德将兵半道迎陵军,正其为强弩都尉时。"按:居延城与居延泽非一处。路博德"屯居延"指的是居延城。唐人曾记其距张掖里数。《匈奴列传正义》引《括地志》谓:"汉居延城在甘州张掖县东北一千五百三十里。"陈梦家《汉简考述》曾推测它是黑城东北K710故城。

【译文】将军路博德,平州人。以右北平太守随从骠骑将军建立功勋,封符离侯。骠骑将军死后,博德以卫尉为伏波将军,伐灭南越,得到加封。后来犯法失去侯位。其后以强弩都尉屯兵居延而卒。

将军赵破奴,故九原人。〔1〕尝亡入匈奴,已而归汉,为骠骑将军司马。〔2〕出北地时有功,封为从骠侯。〔3〕坐酎金失侯。〔4〕后一岁,为匈河将军,攻胡至匈河水,无功。〔5〕后二岁,击虏楼兰王,〔6〕复封为浞野侯。〔7〕后六岁,为浚稽将军,将二万骑击匈奴左贤王,左贤王与战,兵八万骑围破奴,破奴生为虏所得,遂没其军。〔8〕居匈奴中十岁,复与其太子安国亡入汉。〔9〕后坐巫蛊,族。

【注释】〔1〕"九原",五原郡属县。《汉书》误作"太原"。〔2〕"司马",是骠骑将军幕府中高级幕僚,主兵,秩千石。〔3〕"封为从骠侯",据《史表》,赵破奴封从骠侯在元狩二年五月丁丑(初八日)。《汉表》作五月丙戌(十七日)。〔4〕"坐酎金失侯",在元鼎五年。〔5〕"无功",《汉书·武帝纪》云:"元鼎六年秋,又遣浮沮将军公孙贺出九原,匈河将军赵破奴出令居,皆二千余里,不见虏而还。"不见虏而还师,劳师千里,故无功。〔6〕"后二岁,击虏楼兰王",赵破奴为匈河将军,攻胡至匈河水,在元鼎六年。"后二岁,击虏楼兰王",则在元封二年。〔7〕"复封为浞野侯",《史》《汉》两表复封浞野侯俱在元封三年。〔8〕"破奴生为虏所得,遂没其军",事在太初二年。浞野侯击匈奴,还师,在距受降城四百里处,被匈奴骑兵八万包围。浞野侯夜自出求水,为匈奴兵所生得。〔9〕"居匈奴中十岁",徐广曰:"以太初二年人匈奴,天汉元年亡归,涉四岁。"盖本作"四",俗音相乱而为"十"。

【译文】将军赵破奴,本为九原人,曾经流亡匈奴,后来归汉,任骠骑将军幕府司马。出北地进击匈奴有功,封为从骠侯。在酎金事件中失去侯位。后一年,为匈河将军,进攻匈奴,抵达匈河水,未建战功。后二年,讨伐并俘虏楼兰王,复封为浞野侯。后六年,任浚稽将军,率领二万骑兵进攻匈奴左贤王。左贤王和他作战,指挥八万骑兵把他包围。破奴活生生被匈奴擒获,全军因之覆没。居留匈奴中十年,又和太子安国逃离匈奴,回到汉朝。后犯巫蛊罪,被灭族。

自卫氏兴,大将军青首封,其后枝属为五侯。〔1〕凡二十四岁而五侯尽夺,〔2〕卫氏无为侯者。

【注释】〔1〕"枝属",霍去病为卫青姊少儿子,故得从属于卫,称为"枝属"。"五侯",卫青子伉、不

疑、登,并霍去病及子嬗。〔2〕“凡二十四岁而五侯尽夺”,阴安侯不疑、发干侯登皆于元鼎五年坐酎金免。卫伉两次失侯,第二次是在天汉元年坐阑入宫失侯。霍去病元狩六年卒,子嬗嗣侯。元封三年嬗卒,无子国除。从青子元朔五年始封之次年(元朔六年)起算,至天汉元年为夺侯最晚之年止,正二十四岁,与《传》合。梁玉绳则从卫青元朔二年始封起算,谓凡二十七年,失检。因《传》明言“其后枝属为五侯”,自不应从大将军首封之年起算。施之勉虽亦计年为二十四年,然曰“夺爵之年不算”,从元朔五年,算至太初四年,为二十四岁,于理亦欠安。

【译文】自从卫氏兴起,大将军首先受封,后来他的亲属有五人封侯。经过二十四年,五侯侯位全部褫夺,卫氏再没有受封为侯的了。

太史公曰:苏建语余曰:“吾尝责大将军至尊重,而天下之贤大夫毋称焉,[1]愿将军观古名将所招选择贤者,勉之哉。大将军谢曰:‘自魏其、武安之厚宾客,[2]天子常切齿。彼亲附士大夫,招贤绌不肖者,人主之柄也。人臣奉法遵职而已,何与招士!’”[3]骠骑亦放此意,[4]其为将如此。

【注释】〔1〕“而天下之贤士大夫无称焉”,《索隐》:谓不为贤士大夫所称誉。”按:淮南王近臣伍被在与安论形势时,称誉大将军虽古名将不过。伍被坐与淮南王谋反诛,不当入于贤大夫,故苏建之语云然。〔2〕“自魏其、武安之厚宾客”,“自”,虽然。魏其侯窦婴字王孙,孝文窦皇后从兄之子,窦婴好宾客。孝景三年吴、楚反,拜婴为大将军,守荥阳。七国兵败,封婴为魏其侯。诸游士宾客争归魏其。武安侯田蚡,孝景王皇后同母弟。孝景三年,封蚡为武安侯。武安侯新用事为相,卑下宾客,欲以倾魏其诸将相,事见《魏其武安侯列传》。〔3〕“人臣奉法遵职而已,何与招士”,“与”,读曰“预”,义同。梁玉绳曰:“案此青谢苏建语如此。汲黯为揖客,大将军益贤之。又进言田仁为郎中,言减宣为大厩丞,言主父偃于上,为上言郭解不中徙茂陵,则未尝不招士也。但所招之士,不皆贤耳。”〔4〕“放”,仿效。《汉书》作“方”。颜师古曰:“方,比类也。”

【译文】太史公说:苏建和我说过:“我曾经责备大将军,论职位已相当尊重,但很少得到天下贤士大夫的赞誉,何不效法古代名将招选贤士的方针,好好努力学习他们啊!大将军辞谢说:‘魏其侯、武安侯虽然那样好宾客,却遭到天子的切齿之恨。亲近和安抚士大夫,招选有才能的人,贬黜不肖之人,是人主的权柄。为人臣的只要做到守法尽职就可以了,用不着去招贤选士!’”骠骑将军也仿效这种态度。这就是他们的为将之道。

史记卷一百一十二

平津侯主父列传第五十二

丞相公孙弘者,[1]齐菑川国薛县人也,[2]字季。少时为薛狱吏,[3]有罪,免。家贫,牧豕海上。[4]年四十余,乃学《春秋》杂说。[5]养后母孝谨。

【注释】〔1〕"丞相",官名。此官始于战国,为百官之长,亦称相邦。秦以后为行政最高长官,辅佐皇帝,综理全国政务。汉初称为相,后改为丞相,与太尉、御史大夫合称三公。〔2〕"齐",指汉初齐国旧境,今山东省大部地区。"菑川国",汉封国名,其地在今山东淄博、潍坊两市间,都剧县(今山东寿光县南)。"薛县",在今山东省滕县南。〔3〕"狱吏",管理监狱的小吏。〔4〕"海上",海边。〔5〕"《春秋》",儒家经典之一,据传系孔子据鲁国史编纂整理而成。记述鲁隐公元年至鲁哀公十四年(公元前七二二年至前四八一年)的史事,为编年体史书。"杂说",各家解释《春秋》的著述。

【译文】丞相公孙弘是齐地菑川国薛县人,字季。青年时任薛县的狱吏,因罪被免职。他家里很穷,便去海边上放猪。在四十多岁时,才开始学习关于《春秋》的各家学说。他奉养后母很孝顺。

建元元年,[1]天子初即位,[2]招贤良文学之士。[3]是时弘年六十,征以贤良为博士。[4]使匈奴,[5]还报,不合上意,上怒,以为不能,弘乃病免归。

【注释】〔1〕"建元",汉武帝的第一个年号,也是中国帝王第一个年号。建元元年为公元前一四〇年。〔2〕"天子",指汉武帝刘彻。武帝于景帝后元三年(公元前一四一年)即位,次年为建元元年。〔3〕"贤良文学",汉代选拔官吏的科目之一,始于武帝时,简称贤良或文学。西汉后期,儒生往往借此取得出身。〔4〕"征",征召。"博士",秦官,掌通古今。秦及汉初,博士所掌为古今史事待问及书籍典守。汉武帝时,设五经博士,自后博士专掌经学传授,与以前的博士职掌有异。〔5〕"使",出使。"匈奴",古族名,也称胡。战国时活动于燕、赵、秦以北地区。秦汉之际,冒顿单于统一各部,势力强盛,统治大漠南北广大地区。汉初,匈奴不断南下,汉朝基本上采取防御政策。武帝时采取攻势,匈奴受到很大打击,势力渐衰。后呼韩邪单于附汉,汉、匈交流频繁。

【译文】建元元年,当今天子刚刚即位,招纳贤良文学之士。这时公孙弘已经六十岁了,朝廷征召,以贤良文学的身份任为博士。他奉命出使匈奴,回京后向上汇报,不合皇帝的心意,皇帝发怒,认为他无能,于是公孙弘借口生病,免职回家。

元光五年,[1]有诏征文学,菑川国复推上公孙弘。弘让谢国人曰:[2]"臣已尝西应命,[3]以不能罢归,愿更推选。"[4]国人固推弘,弘至太常。[5]太常令所征儒士各对策,[6]百余人,弘第居下。[7]策奏,[8]天子擢弘对为第一。[9]召入见,状貌甚丽,拜为博士。是时通西南夷道,[10]置郡,[11]巴蜀民苦之,[12]诏使弘视之。还奏事,盛毁西南夷无所用,上不听。

【注释】〔1〕"元光",汉武帝的第二个年号,元光元年为公元前一三四年。〔2〕"让谢",推让辞谢。〔3〕"臣",古人表示谦卑之词,不只是对君主称臣。"已尝",曾经。"西应命",应征西去。菑川国在东,汉都长安在西,故称。〔4〕"愿",希望。"更",改,另行。〔5〕"太常",官名,汉代九卿之一。掌宗庙礼仪,兼掌选试博士。〔6〕"对策",应

试者回答皇帝提出的治国方略。〔7〕"第",等第、名次。〔8〕"奏",上奏天子,呈送天子御前。〔9〕"擢",音 zhuó,选拔、提拔。"对",对策。〔10〕"西南夷",为中国西南部各部族的统称。主要指四川西部南部,云南、贵州一带的各部族。主要部族有夜郎、滇、邛都、昆明、筰都、冉駹、白马等。〔11〕"置郡",指设置犍为郡。元光五年,唐蒙、司马相如先后通西南夷,不少部族归汉,于是汉朝在此设置犍为郡及十余县。其地在今四川、贵州、云南交界地区。〔12〕"巴",郡名,地在今四川东部,治江州(今重庆市北)。"蜀",郡名,地在今四川中西部,治成都。"苦之",以此为苦。

【译文】元光五年,皇帝下诏书征召文学之士,菑川国再次向上推荐公孙弘。公孙弘向国人表示辞谢,说道:"我也曾西去京师应皇帝之命,因无能而罢归,希望另行推选他人。"菑川国人坚持要推选他,于是公孙弘来到太常那里。太常令所征来的儒士各自对策,一百多人,公孙弘的成绩居于下等。儒士们的对策上呈皇帝,皇帝将公孙弘的对策提为第一。皇帝召见,看他长得仪表堂堂,便封拜他为博士。当时正值开通通往西南夷的道路,设置犍为郡,巴、蜀两郡的百姓为修路的徭役所困苦,皇帝派公孙弘前去视察。他回朝后向皇帝回奏视察情况,极力陈说西南夷为无用之地,皇帝不听从他的意见。

弘为人恢奇多闻,[1]常称以为人主病不广大,[2]人臣病不俭节。弘为布被,食不重肉。[3]后母死,服丧三年。[4]每朝会议,开陈其端,令人主自择,不肯面折庭争。[5]于是天子察其行敦厚,辩论有余,[6]习文法吏事,[7]而又缘饰以儒术,[8]上大说之。[9]二岁中,至左内史。[10]弘奏事,有不可,[11]不庭辩之。尝与主爵都尉汲黯请间,[12]汲黯先发之,[13]弘推其后,[14]天子常说,所言皆听,以此日益亲贵。尝与公卿约议,[15]至上前,皆倍其约以顺上旨。[16]汲黯庭诘弘曰:[17]"齐人多诈而无情实,始与臣等建此议,今皆倍之,不忠。"上问弘。弘谢曰:[18]"夫知臣者以臣为忠,不知臣者以臣为不忠。"上然弘言。[19]左右幸臣每毁弘,[20]上益厚遇之。[21]

【注释】〔1〕"恢奇",壮伟杰出。〔2〕"称",声称。"人主",君主。"病",弊病。〔3〕"重肉",两种肉食。〔4〕"服丧三年",按古代丧礼的规定,父母去世,守丧三年。〔5〕"面折庭争",当面反驳,当廷争辩。〔6〕"辩论",这里指言谈。〔7〕"习",熟悉。"文法",文书法令。"吏事",官吏办理公务的程序。〔8〕"缘饰",文饰。为某种言论或行动找出理论根据。"儒术",儒家学说。孔子创立的儒家学派,以"仁"为核心。主张德治和仁政。〔9〕"说",音 yuè,即"悦"。〔10〕"左内史",官名。秦始置,掌治京师地方,相当于后世的京兆尹。景帝时分为左内史、右内史。〔11〕"不可",不同意。这里指武帝不同意。〔12〕"主爵都尉",官名,秦置主爵中尉,掌有关封爵之事。汉沿置,景帝时改为主爵都尉,职掌同。武帝时改名右扶风,成为地方行政长官,又变为行政区名。与以前职掌全异。"汲黯",字长孺,濮阳(今河南省濮阳市西南)人。曾任东海太守,继为主爵都尉。好黄老之术,常直言切谏,为汉代著名直臣。后出为淮阳太守。"请间(音 jiàn)",请求皇帝单独接见。〔13〕"发之",提出建议。〔14〕"推",推究。这里指公孙弘对汲黯建议加以阐述,申明理由。〔15〕"公卿",三公九卿,这里泛指朝廷的高级官员。"约议",事先约定的某种主张。〔16〕"倍",通"背",违背。〔17〕"诘",责问。〔18〕"谢",谢罪。〔19〕"然",同意。〔20〕"幸臣",得皇帝宠幸的大臣。"每",常常。"毁",诋毁。〔21〕"益",更加。"厚遇",厚待。

【译文】公孙弘为人气度恢宏,博闻多见,常说人君怕的是心胸不广大,臣子怕的是不节俭。公孙弘使用布被,吃饭不上两种肉菜。继母死后,他服丧三年。每当朝廷开会议事,他总是陈说事情的头绪和端倪,让皇帝自己作出判断抉择,不肯当面争议。因而皇帝发现他品行敦厚,富于口才,又熟悉文书法令和公务,同时又能用儒家学说作为根据,皇帝对他非常喜欢。两年的时间,官升至左内史。公孙弘奏事时,凡是皇帝不同意的,他从不当廷争辩。他曾和主爵都尉汲黯请求单独接见奏事,汲黯先提出建议,公孙弘随后加以推究陈述,皇帝常常很高兴,他们的建议都采纳听从,因此日益亲贵。他曾和公卿们约定对某种问题的建议,可是他到了皇帝面前,却完全背弃了事先约定的建议,顺从皇上的意旨。汲黯当廷责备公孙弘说:"这个齐地人,很多事情伪诈而不实,起初和我们约定要提出建议,现在却完全背弃了,这是对上不忠。"皇帝质问公孙弘，公孙弘谢罪说："了解我的人以为我忠心耿耿，不了解我的人认为我不忠。"皇帝同意他的说法。皇帝身边的宠臣常常诋毁公孙弘，皇帝却更加厚待他。

元朔三年，[1]张欧免，[2]以弘为御史大夫。[3]是时通西南夷，东置沧海，[4]北筑朔方之郡。[5]弘数谏，[6]以为罢敝中国以奉无用之地，[7]愿罢之。[8]于是天子乃使朱买臣等难弘置朔方之便。[9]发十策，弘不得一。弘乃谢曰："山东鄙人，[10]不知其便若是，愿罢西南夷、沧海而专奉朔方。"上乃许之。

【注释】〔1〕"元朔"，汉武帝的第三个年号。元朔元年为公元前一二八年。 〔2〕"张欧"，时为御史大夫。 〔3〕"御史大夫"，三公之一，位仅次于丞相，掌监察、执法，兼掌重要文书图籍。丞相位缺，往往以御史大夫递补。 〔4〕"沧海"，郡名，其地在今朝鲜半岛中部。 〔5〕"朔方"，郡名，其地在今内蒙古自治区河套西北部和后套地区。治朔方(今杭锦旗北)。 〔6〕"数"，音 shuò，多次、屡次。〔7〕"罢敝"，"罢"，音 pí，通"疲"，疲惫破败。中国，指中原地区。"奉"，供给。 〔8〕"愿罢之"，希望罢设。 〔9〕"朱买臣"，字翁子，吴县(今江苏苏州市)人。武帝时任会稽太守，与横海将军韩说等击破东越首领叛乱。曾官主爵都尉，后被杀。"难"，质问、反驳。"便"，方便、有利。 〔10〕"山东"，大地区名。战国、秦、汉时，称崤山或华山以东广大地区为山东。"鄙人"，鄙陋之人，自称谦词。

【译文】元朔三年，御史大夫张欧被免职，公孙弘任御史大夫。当时南通西南夷，东置沧海郡，北筑朔方郡城。公孙弘多次进谏，认为投入大量人力物力，弄得中原疲惫不堪，经营这些无用之地，希望停罢诸事。于是皇帝让朱买臣等人以设朔方郡如何有利来驳难公孙弘。提了十个问题，公孙弘一个也答不上来。他于是谢罪说："我这个山东鄙陋之人，不知设朔方郡如此有利，希望罢设西南夷和沧海郡，专力经营朔方。"皇帝这才答应他的请求。

汲黯曰："弘位在三公，[1]奉禄甚多，[2]然为布被，此诈也。"上问弘。弘谢曰："有之。夫九卿与臣善者无过黯，[3]然今日庭诘弘，诚中弘之病。[4]夫以三公为布被，诚饰诈欲以钓名。[5]且臣闻管仲相齐，[6]有三归，[7]侈拟于君，[8]桓公以霸，[9]亦上僭于君。[10]晏婴相景公，[11]食不重肉，妾不衣丝，[12]齐国亦治，此下比于民。[13]今臣弘位为御史大夫，而为布被，自九卿以下至于小吏，无差，[14]诚如汲黯言。且无汲黯忠，陛下安得闻此言。"[15]天子以为谦让，愈益厚之。卒以弘为丞相，[16]封平津侯。[17]

【注释】〔1〕"三公"，汉代以丞相、太尉、御史大夫合称三公，是负责全国军政的最高长官。〔2〕"奉禄"，官员的薪水。汉代三公月俸三百五十斛谷。 〔3〕"九卿"，秦汉通常以奉常(太常)、郎中令(光禄勋)、卫尉、太仆、廷尉、典客(大鸿胪)、宗正、治粟内史(大司农)、少府为九卿，实即各中央机关的总称。西汉时主爵都尉与九卿同品级，本书《汲黯列传》称："召以为主爵都尉，列于九卿。"因此公孙弘称汲黯为九卿。 〔4〕"诚"，确实。"中"，音 zhòng，切中。"病"，短处。 〔5〕"饰诈"，虚伪欺诈。"钓名"，沽名钓誉。 〔6〕"管仲"，即管夷吾，字仲，颍上人，春秋时著名政治家。齐桓公任其为卿，改革政治，使齐国逐渐富强。提出"尊王攘夷"口号，使齐桓公成为春秋时第一个霸主。"相"，官名，辅佐君主的最高行政长官，百官之长。春秋晚期齐景公始设左右相，战国时各国先后设相，称为相国、相邦，或称丞相。管仲所任之卿，地位与职掌与后来的相略等。 〔7〕"三归"，历来解释说法不一，主要有：一谓娶三姓女，一谓台名，一谓市场交易税归国君的部分，一谓有三处家室。这里似以三处家室为宜。 〔8〕"侈"，奢侈。"拟"，比拟。 〔9〕"桓公"，齐桓公，名姜小白，公元前六八五年至前六四三年在位。在管仲的辅佐下，改革政治，富国强兵，多次大会诸侯，成为春秋时第一个霸主。"以霸"，因此而称霸。 〔10〕"亦"，当作"此"。"僭"，音 jiàn，超越身份，冒用上位的职权行事。 〔11〕"晏婴"，字平仲，夷维(今山东高密县)人。任齐卿，历仕灵公、庄公、景公三世。他曾预言齐国政权将被田氏取代。以节俭力行名重于齐。"景公"，名姜杵臼。公元前五四七年至前四九〇年在位。 〔12〕"妾"，小老婆。 〔13〕"比"，比拟。 〔14〕"无差"，没有等级差别。 〔15〕"陛下"，对帝王的尊称。陛为宫殿台阶，群臣奏事，不敢直对天子，对台阶下的侍卫人员陈说，因卑以达尊之意。 〔16〕"卒"，终于。〔17〕"平津"，乡名，当时属高成县。在今河北盐山县南。

【译文】汲黯说："公孙弘身居三公之位，薪俸优厚，但他使用布被，这是欺诈行为。"皇上以此事问公孙弘。公孙弘谢罪说："有这回事。九卿之中与我关系好的人没有比过汲黯的，可他今天当庭诘难我，确实切中我的短处。以三公之尊而使用布被，确实是巧饰伪诈，想以此沽名钓誉。而且我听说管仲辅佐齐桓公，却有三处家室，奢侈比于国君，尽管桓公靠他的辅佐而称霸，但这是上僭于国君的行为。晏婴辅佐齐景公，吃饭不设两种肉菜，他的姬妾不穿丝绸，齐国也治理得很好，这是向下和平民看齐。现在我公孙弘位居御史大夫，而用布被，自九卿以下直至办事小吏，没有高低贵贱之差，确实像汲黯说得那样。再者，没有汲黯的忠诚，陛下怎能听到这些话？"天子认为公孙弘谦让，更加厚待他。后来终于任公孙弘为丞相，封为平津侯。

弘为人意忌，[1]外宽内深。诸尝与弘有郤者，[2]虽详与善，[3]阴报其祸。[4]杀主父偃，徙董仲舒于胶西，[5]皆弘之力也。食一肉脱粟之饭。[6]故人所善宾客，[7]仰衣食，[8]弘奉禄皆以给之，[9]家无所余。士亦以此贤之。[10]

【注释】〔1〕"意忌"，猜疑妒忌。 〔2〕"郤"，音xì，仇怨。 〔3〕"详"，通"佯"，假装。 〔4〕"阴报其祸"，暗中以灾祸报复。 〔5〕"董仲舒"，生于公元前一七九年，卒于公元前一〇四年，广川（今河北省景县西南广川镇）人。西汉著名哲学家，今文经学大师。少治《春秋公羊传》，下帷读书，三年不窥园。景帝时为博士，武帝时任江都王相、胶西王相，后告病家居，朝廷每有大事，遣使就其家谘询。生平讲学著书，推尊儒术，抑黜百家。开以后二千多年以儒学为正统的局面。著有《春秋繁露》、《董子文集》。"胶西"，封国名，其地在今山东胶河以西、高密县以北。 〔6〕"脱粟"，仅脱谷皮的糙米。〔7〕"故人"，老朋友。"宾客"，贵族官僚所供养的食客。 〔8〕"仰"，仰仗、依赖。 〔9〕"给"，供给。〔10〕"贤之"，认为他有贤德。

【译文】公孙弘为人猜疑嫉妒，表面上宽厚，内心深不可测。对那些曾和他有过嫌隙的人，虽然假装与之友好，背地里以灾祸进行报复。主父偃被杀，降调董仲舒于胶西，都是公孙弘起的作用。他食不重肉，粗米糙饭，老朋友和他喜欢的宾客却仰仗他供给衣食，公孙弘的薪俸全都用来供给他们，自己家里却无所剩余。士大夫也因此而认为他品德好。

淮南、衡山谋反，[1]治党与方急。[2]弘病甚，自以为无功而封，位至丞相，宜佐明主填抚国家，[3]使人由臣子之道。[4]今诸侯有畔逆之计，[5]此皆宰相奉职不称，[6]恐窃病死，无以塞责。乃上书曰："臣闻天下之通道五，[7]所以行之者三。[8]曰君臣，父子，兄弟，夫妇，长幼之序，此五者天下之通道也。智，仁，勇，此三者天下之通德，[9]所以行之者也。故曰'力行近乎仁，好问近乎智，知耻近乎勇'。[10]知此三者，则知所以自治。知所以自治，然后知所以治人。天下未有不能自治而能治人者也，此百世不易之道也。[11]今陛下躬行大孝，[12]鉴三王，[13]建周道，[14]兼文武，[15]厉贤予禄，[16]量能授官。[17]今臣弘罢驽之质，[18]无汗马之劳，[19]陛下过意擢臣弘卒伍之中，[20]封为列侯，[21]致位三公。臣弘行能不足以称，[22]素有负薪之病，[23]恐先狗马填沟壑，[24]终无以报德塞责。愿归侯印，乞骸骨，[25]避贤者路。"[26]天子报曰：[27]"古者赏有功，褒有德，守成尚文，[28]遭遇右武，[29]未有易此者也。朕宿昔庶几获承尊位，[30]惧不能宁，惟所与共为治者，君宜知之。[31]盖君子善善恶恶，[32]君若谨行，常在朕躬。[33]君不幸罹霜露之病，[34]何恙不已，[35]乃上书归侯，[36]乞骸骨，是章朕之不德也。[37]今事少闲，[38]君其省思虑，一精神，[39]辅以医药。"因赐告牛酒杂帛。[40]居数月，病有瘳，[41]视事。[42]

【注释】〔1〕"淮南"，封国名，其地在今安徽省中部，都六县（今六安市北），后移寿春（今寿县）。"衡山"，封国名，其地在今河南、湖北、安徽交界一带。都邾（今湖北黄冈市西北）。汉武帝元狩元年（公元前一二二年）春，淮南王刘安、衡山王刘赐谋反，事泄被杀，牵连被杀者数万人。 〔2〕"治"，究治。"党与"，同党。 〔3〕"填"，通"镇"。"填抚"，即镇抚。 〔4〕"由臣子之道"，遵循做臣子规范。〔5〕"畔逆"，即叛逆。"计"，阴谋。 〔6〕"宰相"，主持相国政务的人。后世辅佐皇帝的百官之长即称宰相。“奉职不称”，即不称职。〔7〕“天下之通道五”及下面一段文字，至“然后知所以治人”，大体本于《中庸》，个别文字有出入。“通道”，通行的规范。〔8〕“所以”，用来。〔9〕“通德”，通行的道德规范。〔10〕此三句引文及“天下之通道五”以下，均出于《礼记·中庸》。〔11〕“不易”，不变。〔12〕“躬行”，身体力行。“大孝”，高标准的孝行。〔13〕“鉴三王”，以三王为镜鉴。三王，指夏禹、商汤、周文王。他们是三朝开国君主，儒家所称颂的实行德政的典范。〔14〕“周道”，周朝的政治制度。周朝创立的各种典章制度，儒家认为是天下之至道。〔15〕“文”，指周文王姬昌。商纣王时封为西伯，在位期间，国势强盛，征服了不少小国，为灭商奠定基础。“武”，指周武王姬发，他继承其父文王遗志，联合众国灭商，建立西周王朝。〔16〕“厉”，通“励”，奖励、激励。“禄”，俸禄。〔17〕“量能授官”，量才任官。〔18〕“罢”，通“疲”，“疲驽”，低能庸劣。“质”，资质。〔19〕“汗马”，战马疾驰而出汗，指战功。〔20〕“过意”，特意。“卒伍”，古代军事编制，百人为卒，五人为伍，泛指士兵，此处指平民。〔21〕“列侯”，爵位名。秦汉二十等封爵的最高一级，初称彻侯，因避武帝讳，改为通侯，或称列侯。〔22〕“行能”，品德才能。“称”，音 chèn，相当，符合。〔23〕“负薪之病”，自称有病的婉辞。意为背柴劳累致不能任事。〔24〕“先狗马填沟壑”，朝不虑夕，随时可能死去。先狗马，先于狗马而死，这里有自喻为人主的狗马之意。填沟壑，死后弃尸山沟。〔25〕“乞骸骨”，封建时代官员因老病自请退休的凄婉说法，犹言请放了我这把老骨头吧。〔26〕“避贤者路”，为贤者让路。〔27〕“报”，回答。〔28〕“守成”，保守前人的基业。“尚文”，崇尚文教。〔29〕“遭遇”，遭受祸乱。“右武”，崇尚武功。古代以右为尊。〔30〕“朕”，古人自称之词，秦始皇以后则专用作皇帝自称，其他人则不可称朕了。“宿昔”，以前。“庶几”，侥幸、勉强。这是自谦之词。〔31〕“君”，对人的敬称。〔32〕“善善”，喜爱善良。前“善”字为动词。“恶（音 wù）恶”，憎恨丑恶。〔33〕“朕躬”，我本人。〔34〕“罹”，遭遇。“霜露之病”，风寒之病。〔35〕“恙”，担心。“已”，停止。这里指病愈。〔36〕“归侯”，交回侯印。这里指辞官。〔37〕“章”，彰明、显露。“不德”，不施恩德。〔38〕“少”，稍微。〔39〕“一”，专一。〔40〕“赐告”，按汉律规定，二千石的高级官员有予告，有赐告。官员病假满三月当免职，皇帝给予优待，特许续假，仍任原职，可以带领属官回家治病，称为赐告。〔41〕“瘳”，音 chōu，病愈。〔42〕“视事”，办理公务。

【译文】淮南王、衡山王谋反，朝廷正加紧惩治他们的党羽。当时公孙弘病得很厉害，自己觉得无功而封侯，位至丞相，本应辅佐明君镇抚国家，使人遵守臣子之道。现在诸侯策划叛逆阴谋，这都是宰相不称职所致，担心一旦悄然病死，无法向皇帝交代。于是上书说：“我听说天下通行的通道有五个方面，用来实行五方面通道的是三种美德。君臣、父子、兄弟、夫妇、长幼之序，这五个方面的关系是天下通行的规范，智、仁、勇这三者就是天下的常德，是用来实行通道的。所以孔子说‘努力实践近于仁，勤学好问近于智，知道羞耻近于勇’。懂得这三条，就知道如何自治其身；知道如何自治其身，然后才懂得如何治人。天下没有不能自治而能治人的，这是百世不变的道理。现在陛下亲行大孝，以三王为镜鉴，建立周朝那样的政治制度，兼有文王、武王的才德，奖励贤能之士，给以俸禄，量才任官。臣公孙弘资质庸劣，没有争战之功，陛下特意提拔我于平民之中，封为列侯，位至三公。臣公孙弘的德行、才能与高官厚禄不相称，加上平素有病，担心先于狗马而身填沟壑，最终无法报答皇上的恩德，也无法向您交差。请求归还侯印，退休养老，给贤者让路。”皇帝答复说：“自古以来，奖赏有功、表彰有德的人，守业崇尚文治，遇乱重武功，没有改变这一成规的。我以前勉强获承尊位，心中忧惧，不得安宁，只想与诸大臣治理好天下，这一点你应知道。君子喜爱善美，憎恨丑恶，你如果能做到谨言慎行，进退赏罚之权在朕掌握。不幸你患了风寒之病，何愁不痊愈，竟然上书请归侯印，离职退休，这是显露朕的无德啊！现在朝中政事稍闲，希望你少费心思，专心静养，再辅之以医药。”于是赐予续假，赏给牛酒杂帛。过了几个月，公孙弘病愈，上朝办公。

元狩二年，〔1〕弘病，竟以丞相终。子度嗣为平津侯。〔2〕度为山阳太守十余岁，〔3〕坐法失侯。〔4〕

【注释】〔1〕“元狩”，汉武帝的第四个年号。元狩元年为公元前一二二年。〔2〕“嗣”，承袭。〔3〕“山阳”，郡名，其地在今山东西南部，治昌邑（今山东金乡县西北）。“太守”，一郡的最高行政长官。〔4〕“坐法”，犯法被判罪。

【译文】元狩二年,公孙弘生病,最终在丞相职位上去世。他的儿子公孙度承袭平津侯的爵位。公孙度任山阳太守十多年,因犯法失去侯爵。

主父偃者,齐临菑人也。〔1〕学长短纵横之术,〔2〕晚乃学《易》、《春秋》、百家言。〔3〕游齐诸生间,莫能厚遇也。齐诸儒生相与排摈,〔4〕不容于齐。家贫,假贷无所得,〔5〕乃北游燕、赵、中山,〔6〕皆莫能厚遇,为客甚困。孝武元光元年中,〔7〕以为诸侯莫足游者,〔8〕乃西入关见卫将军。〔9〕卫将军数言上,上不召。资用乏,〔10〕留久,诸公宾客多厌之,〔11〕乃上书阙下。〔12〕朝奏,暮召入见。所言九事,其八事为律令,〔13〕一事谏伐匈奴。其辞曰:

【注释】〔1〕"临菑",县名,其地在今山东淄博市东北。〔2〕"长短纵横之术",即纵横家游说之术。战国时的纵横家围绕利害得失,以纵横捭阖的手法游说各国君主,成为君主的谋士。《汉书·艺文志》纵横家类著录《主父偃》二十八篇,今有清人马国翰辑本。〔3〕"《易》",即《易经》,儒家经典之一。"百家言",诸子百家的学说。〔4〕"相与",一起。"排摈",排斥。〔5〕"假贷",借贷。〔6〕"燕",音 yān,封国名,其地在今北京市及南部一带,都蓟县(今北京市西南)。"赵",封国名,其地在今河北省西南部,都邯郸(今邯郸市)。"中山",封国名,其地在今河北省中部,都卢奴(今定州市)。〔7〕"孝武",汉武帝。孝武为武帝谥号。〔8〕"莫足",不足、不值得。〔9〕"关",指函谷关,旧址在今河南省灵宝县东北。西去汉都长安,函谷关为必经之地。"卫将军",指卫青。卫青字仲卿,河东平阳(今山西临汾市西南)人。武帝卫皇后之弟。西汉名将。他曾先后七次出击匈奴,解除了匈奴对西汉王朝的威胁。官至大将军,封长平侯。〔10〕"资用之",缺之生活来源。〔11〕"诸公宾客",王公大臣的食客。〔12〕"阙",古代皇宫殿门两旁的高大建筑,故而以阙下借指皇帝。〔13〕"律令",法律条令。

【译文】主父偃是齐国临菑人。他研究纵横家的学说,晚年才研究《易经》、《春秋》以及诸子百家的学说。他在齐地诸生间游学,没人肯厚待他。遭到齐地诸生共同排斥,在齐地不能容身。家里贫穷,也借不到钱,于是他北游燕、赵、中山,都没人能厚待他,客居在外,异常困窘。武帝元光元年间,主父偃认为诸侯都不值得游说,于是西去关中谒见大将军卫青。卫青屡次向皇上说起他,但皇上就是不召见。他用度匮乏,在京城呆得时间久了,王公大臣的食客大都讨厌他,于是他便上书朝廷。他的书奏早晨呈送皇帝,晚上便被召入宫中晋见。他书奏中所讲的九项事情,其中有八项事关律令,有一项是谏止讨伐匈奴。书中说道:

臣闻明主不恶切谏以博观,〔1〕忠臣不敢避重诛以直谏,〔2〕是故事无遗策而功流万世。〔3〕今臣不敢隐忠避死以效愚计,〔4〕愿陛下幸赦而少察之。〔5〕

【注释】〔1〕"切谏",恳切的劝谏。"博观",广博见闻。〔2〕"重诛",严厉的惩罚。〔3〕"遗策",失算。〔4〕"效",奉献。"愚计",愚笨的建议,自谦之辞。〔5〕"幸",希望。

【译文】我听说圣明的君主不讨厌恳切的规劝以增广见闻,忠臣不敢逃避严厉的责罚而直言相劝,因此政事不失策而功垂万世。现在我也不敢隐蔽忠言逃避死罪而不奉献愚谋,希望陛下赦臣之罪,稍稍省察 一下我的意见。

《司马法》曰:〔1〕"国虽大,好战必亡;天下虽平,忘战必危。"天下既平,天子大凯,〔2〕春蒐秋狝,〔3〕诸侯春振旅,〔4〕秋治兵,〔5〕所以不忘战也。〔6〕且夫怒者逆德也,〔7〕兵者凶器也,〔8〕争者末节也。古之人君一怒必伏尸流血,故圣王重行之。夫务战胜穷武事者,〔9〕未有不悔者也。昔秦皇帝任战胜之威,〔10〕蚕食天下,并吞战国,海内为一,功齐三代。〔11〕务胜不休,欲攻匈奴,李斯谏曰:"不可。夫匈奴无城郭之居,委积之守,〔12〕迁徙鸟举,〔13〕难得而制也。轻兵深入,粮食必绝;踵粮以行,〔14〕重不及事。得其地不足以为利也,遇其民不可役而守也。胜必杀之,非民父母也。靡弊中国,〔15〕快心匈奴,〔16〕非长策也。"〔17〕秦皇帝不听,遂使蒙恬将兵攻胡,〔18〕辟地千里,以河为境。地固泽卤,〔19〕不生五谷。然后发天下丁男以

守北河。[20]暴兵露师十有余年,[21]死者不可胜数,终不能踰河而北。[22]是岂人众不足,兵革不备哉?[23]其势不可也。又使天下蜚刍挽粟,[24]起于黄、腄、琅邪负海之郡[25],转输北河,[26]率三十钟而致一石。[27]男子疾耕不足于粮饷,[28]女子纺绩不足于帷幕。[29]百姓靡敝,[30]孤寡老弱不能相养,道路死者相望,[31]盖天下始畔秦也。[32]

【注释】〔1〕"《司马法》",古兵书名。战国时齐威王令大夫追述古代司马兵法,附春秋时齐人田穰苴的兵法著作,称《司马穰苴兵法》。引文出于《司马法·仁本》。〔2〕"大凯",周代班师整军的乐曲。〔3〕"蒐狝",音 sōu xiǎn,古代皇帝行猎,春称蒐,秋称狝。借狩猎之机,操练兵马。〔4〕"振旅",整顿军队。〔5〕"治兵",练兵。〔6〕"所以",用以、用来。〔7〕"且夫",发语词,表示将进一步议论。"逆德",悖逆道德。"兵",兵器。〔8〕"凶器",不祥之物。〔9〕"务战胜",一心致力于打胜仗。"穷武事",穷兵黩武。〔10〕"秦皇帝",秦始皇嬴政。"任",凭借。〔11〕"齐",等同。"三代",夏、商、周三朝。〔12〕"委积",聚集财物,此处指仓储。〔13〕"鸟举",像飞鸟一样迁移不定。〔14〕"踵粮",接运军粮。〔15〕"靡弊",因虚耗而疲惫。〔16〕"快心",开心。〔17〕"长策",上策。〔18〕"蒙恬",秦名将。曾率兵三十万击退匈奴,收复河套地区,修筑长城,匈奴不敢进犯。后赵高、李斯逼迫其自杀。"将",音 jiàng,率领。〔19〕"泽卤",盐碱土壤。〔20〕"丁男",成年男子。"北河",古代黄河,自今内蒙古磴口县以下,分为南北二支,北支约当今乌加河,当时为黄河主流,对南支而言,称为北河。〔21〕"暴兵露师",军队置于荒野,经受风霜雨露之苦。〔22〕"北",北进。〔23〕"兵革",兵指兵器,革指皮革制成的甲胄,泛指军事装备。〔24〕"蜚刍挽粟","蜚"通"飞";"刍"为饲草;"挽",牵引;"粟",泛指粮食。意谓飞速送饲草,运军粮。〔25〕"黄",县名,其地在今山东省黄县东。"腄",音 chuí,县名,其地在今山东省福山县。"琅邪",县名,其地在今山东胶南县境。"负海",靠海。〔26〕"转输",辗转运输。〔27〕"率",音 shuài,大致、约略。"三十钟而致一石",发送三十钟只能运到一石。"钟",容量单位,六石四斗为一钟,约合今二百一十九点二〇公升。"石",容量单位,十斗为一石,约合今三十四点二五公升。〔28〕"疾耕",拼力耕作。〔29〕"帷幕",军用帐篷。〔30〕"靡敝",同前文"靡弊"。〔31〕"相望",相连。〔32〕"始",才、开始。

【译文】《司马法》说:"国家虽大,好战必亡;天下虽然太平,忘战必危。"天下已经平定,天子高奏《大凯》之乐,春秋狩猎,以操练兵马,诸侯春天整军,秋天练兵,这是为了不忘记战事。发怒是逆德行为,兵器是不祥之物,争斗更是细微末节。古代的人君一旦发怒,必然要杀人流血,所以圣明的帝王对此慎重行事。致力于战争取胜而穷兵黩武的人,没有不后悔的。过去秦始皇凭借战胜的威风,蚕食天下,并吞列国,使海内统一,其功绩与夏、商、周三代并驾齐驱。他务求战胜,永无休止,又想进攻匈奴,李斯进谏说:"这样做不行。匈奴没有城邑居住,也没有仓贮可守,迁徙流动,像飞鸟一样飘忽不定,是很难控制的。轻兵深入,粮食必然接济不上;转运粮食而前进,粮重难运,不能及时跟上。得到它的土地不能带来利益,得到它的人民不可役使他们守卫。战胜而杀之,那不是百姓的父母官。把中原地区弄得疲惫不堪,只求一时在匈奴的快意,这不是上策。"秦始皇不听劝谏,于是派蒙恬率兵攻打匈奴,扩展土地千里,以黄河为边境。那里本来就是盐碱地,不生长五谷。然后征发天下的成年男子戍守北河。军队在野外风餐露宿十多年,死者不可胜数,始终不能渡河北进。是人马不足、装备不完善吗?而是客观形势不可能啊!又派天下百姓急速转运粮草,从沿海的黄县、腄县、琅邪等郡县起运,辗转运往北河,大致发运三十钟,才能运到目的地一石。男子拼命耕作,满足不了粮饷的需求,女子纺织,还不够军帐之用。百姓困苦不堪,孤寡老弱不能养活,道路上的饿殍一个接着一个,这样天下人才开始反叛秦朝了。

及至高皇帝定天下,[1]略地于边,[2]闻匈奴聚于代谷之外而欲击之。[3]御史成进谏曰:"不可。夫匈奴之性,兽聚而鸟散,从之如搏影。[4]今以陛下盛德攻匈奴,臣窃危之。"[5]高帝不听,遂北至于代谷,果有平城之围。[6]高皇帝盖悔之甚,乃使刘敬往结和亲之约,[7]然后天下忘干戈之事。[8]故兵法曰"兴师十万,日费千金"。[9]夫秦常积众暴兵数十万人,虽有覆军杀将系虏单于之功,[10]亦适足以结怨深仇,[11]不足以偿天

下之费。夫上虚府库,[12]下敝百姓,甘心于外国,[13]非完事也。[14]夫匈奴难得而制,非一世也。行盗侵驱,所以为业也,天性固然。[15]上及虞夏殷周,[16]固弗程督,[17]禽兽畜之,[18]不属为人。[19]夫上不观虞夏殷周之统,[20]而下循近世之失,[21]此臣之所大忧,百姓之所疾苦也。且夫兵久则变生,[22]事苦则虑易。[23]乃使边境之民弊靡愁苦而有离心,将吏相疑而外市,[24]故尉佗、章邯得以成其私也。[25]夫秦政之所以不行者,权分乎二子,[26]此得失之效也。[27]故《周书》曰"安危在出令,存亡在所用"。[28]愿陛下详察之,少加意而熟虑焉。

【注释】〔1〕"及至",等到。"高皇帝",即西汉开国皇帝刘邦。其事迹详见本书《高祖本纪》。〔2〕"略地",攻城夺地。〔3〕"代谷",代郡的山谷地带。代郡在今山西省东北部、河北省西北部,治所代县(今河北省蔚县东北)。〔4〕"从之",追之。"搏影",扑击影子。〔5〕"危之",认为很危险。〔6〕"平城之围",汉高帝七年(公元前二○○年)十月,刘邦进击匈奴至平城(今山西大同市东北),被匈奴围困于城东白登山七日。后用陈平之计,贿赂匈奴单于阏氏,得以脱去。〔7〕"刘敬",原姓娄,齐地人。他曾建议刘邦入都关中,因功赐姓刘,封关内侯。他力主与匈奴和亲。"和亲",中原王朝的公主或皇室之女嫁给边疆部族头领,结亲和好。〔8〕"干戈之事",指战争。〔9〕"《兵法》",指《孙子兵法》。中国古代的军事名著,春秋末年孙武著。引文出于该书《用间》。〔10〕"覆军杀将",覆灭敌军,斩杀敌将。"系虏",俘虏。"单于(音 chán yū)",匈奴最高首领的称号。〔11〕"适",正好。"深仇",加深仇恨。〔12〕"虚",使之空虚。"府库",国家储存财物之所。〔13〕"甘心",称心快意。〔14〕"完事",完美之事。〔15〕"固然",本来如此。〔16〕"虞",有虞氏,传说中远古部落名,舜为其领袖。"夏",即夏后氏领袖禹之子启所建立的夏朝。"殷",即商朝。"周",即周朝。〔17〕"弗",不。"程",法式。"督",督责。〔18〕"畜",畜养。〔19〕"属",归属。〔20〕"统",传统准则。〔21〕"循",沿袭。〔22〕"兵久",用兵既久。"变",变乱。〔23〕"虑易",思想发生变化。〔24〕"外市",勾结外人、里通外国。〔25〕"尉佗",即赵佗,真定(今河北正定县)人。秦时任南海郡龙川令,后任郡尉,因称尉佗。秦末,兼并南海、桂林、象三郡,立南越国。汉高帝时受封为南越王,景帝时附于汉。今石家庄市郊有赵佗墓。"章邯",秦将。率军镇压陈胜、项梁等义军。后降项羽,被封为雍王。后来与刘邦作战,兵败自杀。〔26〕"二子",指尉佗、章邯。〔27〕"效",效验。〔28〕"《周书》",指《逸周书》,周代史书,其中多数篇章出于战国时的拟作。本句引文出自《周书·王佩解》,原文作"存亡在所用,离合在出命"。

【译文】待到高皇帝平定天下,攻取边境的土地,听说匈奴人聚集在代地的山谷之外,便想进击。御史成进劝谏说:"不能这么干。匈奴人的习性,聚散像鸟兽那样迅速,追赶它们就像搏击影子。现在以陛下的盛德去进攻匈奴,我认为是很危险的。"高帝不听从,于是北进至代外山谷,果然发生了被围困在平城的事件。高帝大概十分后悔,便派刘敬前往匈奴,缔结结亲和约,后来天下人才淡忘了战事。所以《孙子兵法》上说:"兴兵十万,日费千金。"秦朝经常在边境上屯聚精兵数十万人,虽然也有灭敌军、杀敌将、俘虏单于的战绩,却也足以结下怨家,加深仇恨,而不足以抵偿天下的消耗。这种上使国库空虚、下使百姓疲惫,快心于外国的事,并非完美之举。匈奴难以控制,并非一代是如此。驱逐抢掠,是它们的谋生手段,它的习性本来如此。上溯及虞夏商周时代,从不以法令去督责,只把它们作禽兽来畜养,不视为人类。上不考察虞夏商周对匈奴的传统做法,而下则沿袭近代的失误,这是我最为忧虑的,也是天下百姓深感痛苦的。再说,用兵既久,就会发生变乱,差役太艰苦,思想会发生变化。边境上的百姓因疲惫愁苦而产生离散之心,将吏们因心存疑虑而里通外国,故而尉佗、章邯能够实现其野心。秦朝的政令之所以不得行,是因为权力被尉佗、章邯二人所瓜分,这就是成败得失的明证。故而《周书》说:"天下的安危在于发出的政令如何,国家的存亡在于所用的人如何。"希望陛下认真考察,稍加留意深思熟虑一番吧。

是时赵人徐乐、齐人严安俱上书言世务,[1]各一事。徐乐曰:

【注释】〔1〕"徐乐",无终(今天津市蓟县)人,先为郎中,后拜中大夫。"严安",本姓庄,后人避明帝讳,改为严。临菑(今山东淄博市东北)人,曾任郎中。"世务",当世要务。

【译文】当时赵地人徐乐、齐地人严安也都上书陈述当世要务,各自陈述一事。徐乐说:

臣闻天下之患在于土崩,[1]不在于瓦解,[2]古今一也。[3]何谓土崩?秦之末世是也。陈涉无千乘之尊,[4]尺土之地,身非王公大人名族之后,无乡曲之誉,[5]非有孔、墨、曾子之贤,[6]陶朱、猗顿之富也,[7]然起穷巷,奋棘矜,[8]偏袒大呼而天下从风,[9]此其故何也?由民困而主不恤,[10]下怨而上不知,俗已乱而政不修,此三者陈涉之所以为资也。[11]是之谓土崩。故曰天下之患在于土崩。何谓瓦解?吴、楚、齐、赵之兵是也。[12]七国谋为大逆,[13]号皆称万乘之君,[14]带甲数十万,[15]威足以严其境内,[16]财足以劝其士民,[17]然不能西攘尺寸之地而身为禽于中原者,[18]此其故何也?非权轻于匹夫而兵弱于陈涉也,[19]当是之时,先帝之德泽未衰而安土乐俗之民众,[20]故诸侯无境外之助。[21]此之谓瓦解。故曰天下之患不在瓦解。由是观之,天下诚有土崩之势,虽布衣穷处之士或首恶而危海内,[22]陈涉是也。况三晋之君或存乎![23]天下虽未有大治也,诚能无土崩之势,虽有彊国劲兵不得旋踵而身为禽矣,[24]吴、楚、齐、赵是也。况群臣百姓能为乱乎哉!此二体者,[25]安危之明要也,[26]贤主所留意而深察也。

【注释】〔1〕“土崩”,土层崩塌。此处用来比喻人民造反。〔2〕“瓦解”,瓦片粉碎。此处用来比喻统治集团内部的反叛。〔3〕“一”,一样。〔4〕“陈涉”,即秦末农民起义领袖陈胜。“千乘”,指大国诸侯。古代一车四马为一乘,诸侯大国地方百里,能出兵车千乘,称千乘之国。〔5〕“无乡曲之誉”,在乡里也没有名声。〔6〕“孔”,指孔子。“墨”,指墨子,名翟,战国时宋国人,古代杰出的思想家,著有《墨子》五十三篇。“曾子”,名参,字子舆,春秋末年鲁国南武城(今山东省费县)人,孔子的学生,以孝著称。〔7〕“陶朱”,即范蠡,字少伯,楚国宛(今河南省南阳市)人。春秋末越国大夫,辅佐越王勾践灭吴。后游齐国,居于陶(今山东省定陶县西北),称陶朱公,以经商致巨富。“猗顿”,战国时大商人,以经营河东盐池致巨富。〔8〕“棘”,通“戟”,一种兵器。“矜”,音 jīn,戟柄。〔9〕“偏袒”,袒露一臂。古人激愤时号召众人的动作,犹今振臂一呼。“从风”,响应。〔10〕“恤”,体恤、怜悯。〔11〕“资”,这里指政治资本。〔12〕“吴楚齐赵之兵”,指景帝时吴楚七国的叛乱。景帝采纳晁错的建议,削减诸王国的封地。景帝前三年(公元前一五四年),吴王刘濞联合楚、赵、胶东、胶西、济南、淄川等王以诛晁错为名,发动叛乱。汉朝廷派周亚夫等前去镇压,七国先后被平定,诸王自杀或被杀。〔13〕“大逆”,在封建社会中,反上作乱,称为大逆,罪在不赦。〔14〕“万乘之君”,指大国之君。万乘,万辆兵车。〔15〕“带甲”,全副武装的士兵。〔16〕“严”,镇慑。〔17〕“劝”,鼓励、奖励。〔18〕“攘”,夺取。“禽”,通“擒”。“中原”,指中原朝廷。〔19〕“匹夫”,平民。〔20〕“先帝”,去世的皇帝。指高帝、文帝、景帝等。〔21〕“境外”,指王国封地之外。〔22〕“布衣穷处之士”,身穿粗布衣、处于贫困之中的人。“首恶”,首倡作恶。指率先起事。〔23〕“三晋”,战国初,晋国的韩、赵、魏三卿瓜分晋国,成为诸侯国,故称三晋。这里借指有野心的诸侯王。〔24〕“旋踵”,转足之间,形容迅速。〔25〕“二体”,二事。〔26〕“明要”,关键。

【译文】我听说天下的祸患在于土崩,而不在于瓦解,古今同一道理。什么叫土崩呢?秦朝末年的局面就是。陈涉没有诸侯的尊位,也没有尺寸土地,他本人也并非王公大官名门望族的后代,在乡间也没有什么声望,也不具备孔子、墨子、曾子的贤能,也不像陶朱公、猗顿那样富有,但他起自穷乡僻壤,高举戟矛木柄,袒臂高呼,天下人闻风响应,这是什么原因呢?因为百姓困苦不堪而君主又不加怜悯体恤,下民怨恨而上层不知情,社会习俗已经腐败而国家的政令又不能推行,这三条被陈涉用为政治资本。这就叫土崩。所以说天下的祸患在于土崩。什么叫瓦解呢?吴、楚、齐、赵的兴兵作乱就是。吴、楚等七国阴谋叛乱,各国王都号称万乘之主,兵士数十万人,军威足以镇摄境内百姓,财富足以奖劝其士民,但他们向西不能夺取寸土,而他们本身则被擒于中原,这是什么原因呢?并不是他们的权力比平民还小,也并非他们的兵力弱于陈涉,在当时的情况下,先帝的恩德遗泽未衰减,安居乐业的百姓人数众多,所以发动叛乱的诸侯王没有来自境外的援助。这就叫瓦解。所以天下祸患不在于瓦解。从这些情况看来,天下如果出现土崩的局

面,即穷居陋巷的平民百姓也敢于首先作恶而危害天下,陈涉就是其一,更何况可能还有三晋之君这类人物存在呢?天下虽然还没有达到大治,如果不出现土崩的局面,即使有强国劲兵起来反叛,在转身之间就会被擒获,吴、楚、齐、赵就是其例。(吴、楚、齐、赵的下场尚且如此),何况群臣百姓,能造成祸乱吗?土崩、瓦解这两个方面,是国家安危的关键所在,贤明的君主对此都会留心深察的。

间者关东五谷不登,〔1〕年岁未复,〔2〕民多穷困,重之以边境之事,〔3〕推数循理而观之,〔4〕则民且有不安其处者矣。不安故易动。易动者,土崩之势也。故贤主独观万化之原,〔5〕明于安危之机,修之庙堂之上,〔6〕而销未形之患。其要,期使天下无土崩之势而已矣。故虽有彊国劲兵,陛下逐走兽,射蜚鸟,弘游燕之囿,〔7〕淫纵恣之观,〔8〕极驰骋之乐,自若也。〔9〕金石丝竹之声不绝于耳,〔10〕帷帐之私俳优侏儒之笑不乏于前,〔11〕而天下无宿忧。〔12〕名何必汤武,〔13〕俗何必成康!〔14〕虽然,臣窃以为陛下天然之圣,宽仁之资,而诚以天下为务,〔15〕则汤武之名不难侔,〔16〕而成康之俗可复兴也。此二体者立,然后处尊安之实,扬名广誉于当世,亲天下而服四夷,〔17〕余恩遗德为数世隆,〔18〕南面负扆摄袂而揖王公,〔19〕此陛下之所服也。〔20〕臣闻图王不成,〔21〕其敝足以安。安则陛下何求而不得,何为而不成,何征而不服乎哉!

【注释】〔1〕"间(音 jiàn)者",近来。"关东",秦汉时定都关中,称函谷关或潼关以东地区为关东。"五谷不登",庄稼没有收成。 〔2〕"年岁",年成。"未复",没有转好。 〔3〕"重",加上。"边境之事",指边境地区的战事。 〔4〕"推数",推究运数。"循理",顺着事理。 〔5〕"万化之原",各种变化的根源。 〔6〕"修",治理。"庙堂",指朝廷。〔7〕"弘",扩大。"游燕",游玩宴乐。"囿",畜养禽兽的园林,泛指游乐场所。 〔8〕"淫",过分、无节制。"纵恣",纵情恣肆。"观",视听,指声色享受。〔9〕"自若",安然自如。 〔10〕"金石丝竹",泛指乐器。金谓钟,石谓磬,丝谓弦乐,竹谓管乐。 〔11〕"帷帐之私",指密室锦帐之中的男欢女爱。"俳(音 pái)优",滑稽杂耍艺人。"侏儒",身材特别矮小的人,供贵族玩弄取乐。 〔12〕"宿忧",积怨。〔13〕"汤",商汤,商朝的建立者。"武",周武王。〔14〕"俗",社会风气。"成",周成王。"康",周康王。成、康二王继武王之后,周朝进入稳定发展时期,国力强盛,民生安定,史称"成康之治"。刑错四十余年不用,民风淳厚。 〔15〕"务",要务。〔16〕"侔",音 móu,比齐、看齐。〔17〕"服四夷",使四夷顺服。四夷,指四方各部族。〔18〕"隆",兴盛。〔19〕"南面",面向南方。古代君主面南而坐,群臣面北奏事。"扆",音 yǐ,帝王宫殿中设在门窗之间的屏风。"负扆",即背靠屏风。"摄袂(音 mèi)",提起衣袖。"揖",拱手行礼。 〔20〕"服",事。〔21〕"王",指圣王的治绩。

【译文】近来关东地区五谷不收,年景未见好转,百姓大都陷于困苦之中,再加上边境上的战事,按事理的发展来看,那么百姓将会不安其居了。不安就容易产生骚动,骚动就是土崩的局面。所以贤明的君主能够看到万物变化的根本所在,明了安危的关键,决策于朝廷之上,消除还未形成的祸患。总之,使天下不出现土崩的局面就是了。这样,诸侯王虽然拥有强国劲兵,陛下您尽管放心去逐走兽、射飞鸟,扩展游乐的园林,尽情极视听之娱,穷骋驰之乐,不会有任何问题。美妙的音乐不绝于耳,密室帐帷之中男欢女爱,艺伎侏儒博笑于面前,但天下也没有值得忧虑的。名声何必像商汤王、周武王那样高,民俗何必像周成王、周康王时那么淳!但是,我认为陛下天然圣明,有宽厚仁慈的资质,若能以治理天下为首务,那么,和商汤王、周武王的美名不难并驾齐驱,而周成王、周康王时的淳厚世风可复兴于今日。掌握土崩和瓦解这两个关键,并采取措施防止,然后可以坐享尊贵安逸之实,扬名广誉于当世,亲近天下臣民,降服四方蛮夷,先帝的余恩遗泽可使数世兴隆,面南而坐,背靠屏风,整齐衣袖,接受王公大臣的朝拜,这就是陛下所做的事了。我听说,谋图王道即使不成功,等而下之,也足以使国家安宁。国家安宁,陛下您求什么得不到,干什么干不成,征服哪里哪敢不服?

严安上书曰:臣闻周有天下,其治三百余岁,成康其隆也,刑错四十余年而不用。〔1〕及其衰也,亦三百余岁,故五伯更起。〔2〕五伯者,常佐天子兴利除害,诛暴禁邪,匡正海内,以尊天子。五伯既没,贤圣莫

续，天子孤弱，号令不行。诸侯恣行，强陵弱，[3]众暴寡，[4]田常篡齐，[5]六卿分晋，[6]并为战国，此民之始苦也。于是强国务攻，弱国备守，合从连横，[7]驰车击毂，[8]介胄生虮虱，[9]民无所告愬。[10]

【注释】[1]“刑错”，“错”通“措”，谓无人犯法，刑法搁置不用。 [2]“五伯（音 bà）”，“伯”通“霸”。五霸指春秋时先后称霸的五个诸侯。指齐桓公、晋文公、楚庄王、吴王阖闾、越王勾践。一说为齐桓公、宋襄公、晋文公、秦穆公、楚庄王。 [3]“陵”，欺凌。 [4]“暴”，欺侮。 [5]“田常”，即田成子、陈成子。春秋时齐国的大臣。他继其父陈釐子之后，以大斗出小斗入争取民心。他杀死齐简公，拥立齐平公，自任相国，尽杀齐公族强者，从此齐国由田氏专权。 [6]“六卿分晋”，春秋晚期，韩、赵、魏、智、范、中行氏六卿专晋国之政，分割晋领地。后来六卿又争斗，韩、赵、魏得手，成立三个政权。 [7]“合从（音 zòng）连横”，战国时，弱国联合进攻强国，称为合纵。随从强国去进攻其他弱国，称为连横。战国后期，秦最强大，合纵就指齐、楚、燕、赵、韩、魏等国联合抗秦，连横就指这些国家中的某几国随从秦国进攻其他国家。 [8]“驰车击毂”，众多飞驰的兵车，车毂互相撞击。毂为车轮中心的圆木，轴插其中。 [9]“介胄生虮虱”，士兵的盔甲常年在身而长满虮虱。形容战事连年不断。[10]“愬”，诉说。

【译文】严安上书说：

我听说，周朝统治天下，盛世达三百多年之久，周成王、周康王是其鼎盛时期，刑罚搁置四十多年而不用。到它的衰败时期，也是三百多年，所以春秋五霸更相兴起。五霸之所以称霸，因他们常常辅佐周天子兴利除害，除暴禁邪，匡正天下以尊周天子。五霸败落之后，没有圣贤君主继起，周天子孤立衰弱，号令不能推行。诸侯恣意行事，强者欺凌弱者，人多欺侮人少，田常篡夺齐国政权，六位卿大夫瓜分晋国，天下都成为战乱之国，这是老百姓受苦的开始。于是，强国致力于进攻，弱国准备防守，合纵连横，战车驰驱往来，往往互相撞击，兵士们的盔甲里长满虮虱，老百姓有苦无处诉说。

及至秦王，[1]蚕食天下，并吞战国，称号曰皇帝，主海内之政，[2]坏诸侯之城，[3]销其兵，[4]铸以为钟虡，[5]示不复用。元元黎民得免于战国，[6]逢明天子，人人自以为更生。[7]向使秦缓其刑罚，[8]薄赋敛，[9]省徭役，[10]贵仁义，贱权利，上笃厚，[11]下智巧，[12]变风易俗，化于海内，则世世必安矣。秦不行是风而循其故俗，为智巧权利者进，[13]笃厚忠信者退；[14]法严政峻，谄谀者众，日闻其美，意广心轶。[15]欲肆威海外，乃使蒙恬将兵以北攻胡，辟地进境，[16]戍于北河，蜚刍挽粟以随其后。又使尉屠睢将楼船之士南攻百越，[17]使监禄凿渠运粮，[18]深入越，越人遁逃。旷日持久，粮食绝乏，越人击之，秦兵大败。秦乃使尉佗将卒以戍越。[19]当是时，秦祸北构于胡，[20]南挂于越，[21]宿兵无用之地，[22]进而不得退。行十余年，丁男被甲，[23]丁女转输，[24]苦不聊生，自经于道树，死者相望。及秦皇帝崩，[25]天下大叛。陈胜、吴广举陈，[26]武臣、张耳举赵，[27]项梁举吴，[28]田儋举齐，[29]景驹举郢，[30]周市举魏，[31]韩广举燕，[32]穷山通谷豪士并起，[33]不可胜载也。然皆非公侯之后，非长官之吏也。无尺寸之势，起闾巷，[34]杖棘矜，[35]应时而皆动，不谋而俱起，不约而同会，壤长地进，[36]至于霸王，[37]时教使然也。[38]秦贵为天子，富有天下，灭世绝祀者，[39]穷兵之祸也。[40]故周失之弱，秦失之彊，不变之患也。

【注释】[1]“秦王”，指秦始皇。 [2]“主”，掌管。 [3]“坏”，破坏。 [4]“销”，销毁，熔化。[5]“虡”，音 jù，悬挂钟磬的支架。 [6]“元元黎民”，善良的百姓。 [7]“更（音 gēng）生”，获得新生。 [8]“向使”，假使。 [9]“薄赋敛”，减少苛捐杂税。 [10]“徭（音 yāo）役”，力役、兵役、杂役的统称。 [11]“上”，通“尚”，崇尚。“笃厚”，忠诚厚道。 [12]“下”，轻视。 [13]“进”，进用、升官。 [14]“退”，被斥退。 [15]“意广心轶”，野心放肆，贪得无厌。 [16]“辟地进境”，开辟疆土，向外扩充边境。 [17]“尉”，武官名。“楼船之士”，水兵。“百越”，部族名，分布于长江中下游以南地区，因部落众多，故称百越。 [18]“凿渠”，秦派监禄在今广西壮族自治区兴安县附近开凿运河，沟通湘、漓二水，后世称为灵渠。 [19]“戍越”，戍

守南越。〔20〕“构”,构成。〔21〕“挂”,牵连。〔22〕“宿兵”,长期驻兵。〔23〕“被(音 pī)甲”,身披盔甲。〔24〕“丁女”,成年女子。〔25〕“崩”,帝王死亡称崩。〔26〕“举”,起事。“陈”,县名。其地在今河南省淮阳县。〔27〕“武臣”,陈县人,陈胜部将。曾率军攻赵,进占邯郸,自立为赵王。后被其部将李良杀害。“张耳”,大梁(今河南开封市)人,战国末为魏国外黄(今河南民权县西北)县令,秦末被陈胜任为校尉,从武臣略定赵地。武臣为赵王,他任丞相。后项羽封他为常山王。后投奔刘邦,被封为赵王。“赵”,指赵国旧地。〔28〕“项梁”,下相(今江苏省宿迁县西南)人,出身楚国贵族。秦末在吴地起兵,后任陈胜的上柱国,率军渡江西进。陈胜失败后,他立楚怀王孙心为王,自号武信君。后战死于定陶(今山东定陶县东南)。“吴”,县名,其地在今江苏省苏州市。〔29〕“田儋”,狄县(今山东省高青县东南)人。齐国贵族。陈胜起义后,他杀死狄县县令起事,自立为齐王,攻占齐地。后被秦将章邯所杀。“齐”,泛指战国时齐国旧地。〔30〕“景驹”,楚国贵族。陈胜失败后,被秦嘉等人立为楚王。后被项梁击败而死。“郢”,音 yǐng。战国时楚国国都,其地在今湖北省宜城县南。〔31〕“周市(音 fú)”,魏国人,陈胜部将。奉命攻取魏地,拥立魏国贵族魏咎为魏王,自任魏相。后被章邯所杀。“魏”,泛指战国时魏国旧地。〔32〕“韩广”,秦末居赵。奉武臣之命攻取燕地,被当地豪强势力拥立为燕王。项羽立臧荼为燕王,改封他为辽东王,不服,被臧荼杀死。〔33〕“穷山通谷”,深山大谷。〔34〕“闾巷”,街巷,泛指民间。〔35〕“杖”,手持。〔36〕“壤长(音 zhǎng)地进”,地盘不断扩大。〔37〕“霸王”,诸侯之长为霸,统一天下者为王。〔38〕“时教”,当时的政令教化。指秦代的暴政。〔39〕“灭世绝祀”,国家被灭亡,后嗣断绝。〔40〕“穷兵”,穷兵黩武。

【译文】后至秦王嬴政,他蚕食天下,并吞列国,称号为皇帝,手握天下大权,拆毁诸侯的城郭,销熔兵器,铸为钟架,表示不再用兵。天下百姓得以免除战乱之苦,以为遇上圣明天子,人人自以为获得新生。假使秦朝放宽刑罚,轻收薄征,减少徭役,提倡仁义,贱视权利,崇尚敦厚,鄙贱智巧,移风易俗,教化海内百姓,那么会世世代代平安。但是秦朝不推行这种世风,而沿袭它的旧时习俗,玩弄智巧追逐权利的人得到进用,品行敦厚忠信的人遭到排斥;法令严厉,政治残酷,因而很多人阿谀奉承,皇帝天天听到的是甜言美语歌功颂德。皇帝志得意满而想入非非,便想扬威境外,于是派蒙恬率兵北攻匈奴,扩充疆土,戍守于北河,使百姓急运粮草紧随大军之后。又派尉屠睢率水军南攻百越,派监禄开渠运粮,深入越地,越人逃窜。这样旷日持久,军粮接济不上,越人进击,秦兵大败。秦朝于是派尉佗率兵戍守越地。在当时,秦朝的祸患北起于匈奴,南至南越,驻军于无用之地,进退不得。这样持续十多年,丁男披甲打仗,丁女转运粮草,困苦不堪,无法生活,在路旁上吊自杀的,一个接着一个。后来秦始皇去世,天下人纷纷背叛秦朝,陈胜、吴广起事于陈县,武臣、张耳起兵于赵地,项梁起兵于吴地,田儋起兵于齐地,景驹起兵于郢,周市起兵于魏地,韩广起兵于燕地,深山大谷豪杰并起,不可胜记。他们都不是公侯的后代,也并非掌权的官员。他们没有些微的势力,起于民间,手执戈矛木柄,一时共同行动,不谋而合一齐起事,不约而同会合一起,攻城夺地,至于称王称霸,这是当时的弊政造成的。秦帝贵为天子,富有天下,之所以亡国绝后,是穷兵黩武的祸害。所以说,周朝失之于弱,秦朝失之于强,是不知因时变通的祸患啊!

今欲招南夷,〔1〕朝夜郎,〔2〕降羌僰,〔3〕略涉州,〔4〕建城邑,深入匈奴,燔其茏城,〔5〕议者美之。此人臣之利也,非天下之长策也。今中国无狗吠之惊,而外累于远方之备,靡敝国家,非所以子民也。〔6〕行无穷之欲,甘心快意,结怨于匈奴,非所以安边也。〔7〕祸结而不解,兵休而复起,近者愁苦,远者惊骇,非所以持久也。今天下锻甲砥剑,〔8〕桥箭累弦,〔9〕转输运粮,未见休时,此天下之所共忧也。夫兵久而变起,事烦而虑生。今外郡之地或几千里,〔10〕列城数十,形束壤制,〔11〕旁胁诸侯,〔12〕非公室之利也。〔13〕上观齐晋之所以亡者,公室卑削,〔14〕六卿大盛也;下观秦之所以灭者,严法刻深,欲大无穷也。今郡守之权,〔15〕非特六卿之重也;〔16〕地几千里,非特闾巷之资也;甲兵器械,非特棘矜之用也:以遭万世之变,〔17〕则不可称讳也。〔18〕

【注释】〔1〕“南夷”,指西南地区的各部族,分布在今云南、贵州、四川部分地区。〔2〕“朝”,使之来朝拜。“夜郎”,古国名。其地在今贵州西部及北部、云南东北部、四川南部部分地区。〔3〕

"羌",部族名。居住在今甘肃河西走廊祁连山区、青海省和新疆维吾尔自治区南部、四川北部。"僰",音bó,部族名。分布在今云南省东部和四川南部。〔4〕"涉(音huì)州",地区名。秽、貊人居住地,在今东北地区至朝鲜半岛一带。〔5〕"燔",音fán,焚烧。"茏城",又作"龙城"、"龙庭",匈奴祭天、大会诸部的场所。其地在今蒙古人民共和国和硕柴达木湖附近。〔6〕"子民",养育百姓。〔7〕"安边",安定边境。〔8〕"锻甲",打造盔甲。"砥剑",磨剑。〔9〕"桥箭","桥"通"矫",矫正箭杆。"累弦",集聚弓弦。〔10〕"几",音jī,将近。〔11〕"形束壤制",利用山川形势和土地范围来控制境内百姓。〔12〕"旁胁诸侯",威胁附近的诸侯王国。〔13〕"公室",本指诸侯的家族或政权,此处指朝廷。〔14〕"卑削",地位降低、力量削弱。〔15〕"郡守",郡的最高行政长官。〔16〕"非特",不只。〔17〕"万世之变",犹言千古之变,即千古未有的变乱。〔18〕"称讳",讳言。

【译文】现在朝廷想招抚南夷,使夜郎来朝贡,降服羌人、僰人,攻取涉州之地,在那里修建城邑,又想深入匈奴,焚烧匈奴的龙城,对此议事大臣纷纷称美。我以为这只能使议事大臣得利,对国家来说可并非是善策。现在汉朝内无狗吠之惊,却受经营远方之累,使国家虚耗而疲惫,这可不是养育万民的办法。为了满足无穷的欲望,图一时之快意,和匈奴结怨,这不是安边的办法。灾祸已成而不加化解,休战后又起兵,内地百姓为此而愁苦,边地人闻此而惊骇,这种状况是不能持久的。现在全国正在打造盔甲,磨砺刀剑,矫正箭杆,积聚弓弦,转运军粮,不见休止之时,这是全国共同为之忧虑的。用兵既久,就会产生变乱,差役频繁,就会另生杂念。现在外在郡国土地或近千里,城邑也有数十座,利用山川形势和土地,足以挟制境内百姓,威胁附近诸侯,这对朝廷是很不利的。考察以前齐国、晋国之所以灭亡,是因为公室削弱、六卿太强盛;考察近来秦朝之所以灭亡,是因为实行严刑峻法、欲望太强且永无穷尽。现在地方郡守的权势之重,并非六卿可以比的;它管辖的地方几近千里,并非出于闾巷之人可以比拟的;它的武器装备,可不止戟矛木柄的作用。如果遇上天下变乱的时机,将出现怎样的局面,就不可讳言了。

书奏天子,天子召见三人,谓曰:"公等皆安在?何相见之晚也!"于是上乃拜主父偃、徐乐、严安为郎中。〔1〕偃数见,上疏言事,诏拜偃为谒者,〔2〕迁为中大夫。〔3〕一岁中四迁偃。

【注释】〔1〕"郎中",官名。负责宫廷的车、骑、门户,内充侍卫,外从作战,为郎中令属官。〔2〕"谒者",官名。掌宾赞受事,属郎中令。〔3〕"迁",升迁。"中大夫",官名。掌议论,备顾问,属郎中令。后改为光禄大夫。

【译文】主父偃、徐乐、严安的书奏呈送给皇帝,皇帝召见他们三人,对他们说:"诸位以前在哪里?为什么我们相见这么晚呢!"于是皇帝任命主父偃、徐乐、严安为郎中。主父偃多次进见,上疏言事,皇帝下诏任命他为谒者,升为中大夫。一年之中,四次提升主父偃的官职。

偃说上曰:〔1〕"古者诸侯不过百里,〔2〕强弱之形易制。〔3〕今诸侯或连城数十,地方千里,缓则骄奢易为淫乱,急则阻其彊而合从以逆京师。〔4〕今以法割削之,则逆节萌起,〔5〕前日晁错是也。〔6〕今诸侯子弟或十数,而適嗣代立,〔7〕余虽骨肉,无尺寸地封,则仁孝之道不宣。〔8〕愿陛下令诸侯得推恩分子弟,〔9〕以地侯之。〔10〕彼人人喜得所愿,上以德施,实分其国,不削而稍弱矣。"于是上从其计。又说上曰:"茂陵初立,〔11〕天下豪杰并兼之家,乱众之民,皆可徙茂陵,内实京师,外销奸猾,此所谓不诛而害除。"上又从其计。

【注释】〔1〕"说",音shuì,劝说。〔2〕"诸侯不过百里",按周朝制度,诸侯的疆土方圆不超过百里。〔3〕"形",形势,局面。〔4〕"阻",依仗。"合从",即合纵,联合起来。"逆",叛逆、对抗。"京师",都城,这里指朝廷。〔5〕"逆节萌起",像竹子拔节一样,萌生叛逆念头。〔6〕"前日",昔日。"晁错",颍川郡(今河南省中南部)人。习法家学说。景帝时,任御史大夫,主张削弱诸侯王的势力,加强中央集权,景帝采纳他的建议。吴楚七国以"诛晁错,清君侧"为名发动叛乱,景帝被迫杀晁错。事详本书《袁盎晁错列传》。〔7〕"適(音dí)嗣",嫡长子,正妻所生的长子。"代立",世代继位。

〔8〕“宣”，畅扬。〔9〕“得”，得以、可以。“推恩”，推广恩德。〔10〕“侯”，封侯。〔11〕“茂陵”，武帝陵、县名。汉武帝建元二年(公元前一三九年)在槐里(今陕西兴平县东南)茂乡修建茂陵，并设县。此指茂陵县。

【译文】主父偃劝说皇帝：“古代诸侯的封国不过百里，不论其强弱，形势容易控制。现在诸侯王有的连城数十座，地广千里，如对他们宽缓，他们则骄奢淫佚，对他严急，他们就依仗其强大联合起来对抗朝廷。如果用法律条文削夺他们的势力，就会萌生叛乱的念头，不久前晁错的做法就是其例。现在诸侯王的子弟有的多达数以十计，其中只有嫡长子才能世代继位，其余虽系骨肉之亲，得不到寸尺的封地，这样仁孝之道得不到体现。希望陛下下诏，令诸侯王推广恩泽，把土地分封给子弟，按地封侯。那些子弟会人人高兴，满足了他们的愿望，朝廷以广施恩德之名，收分割其国土之实，不必朝廷下令削夺，他们会渐渐削弱的。”于是皇帝采纳了他的计策。主父偃又劝说皇帝：“茂陵县刚刚设立，把全国的豪强和兼并之家以及乱众之民都迁到茂陵，对内可充实京师，对外可消除奸猾之徒，这是所谓的不杀而害除。”皇帝又采纳了他的计策。

尊立卫皇后，〔1〕及发燕王定国阴事，〔2〕盖偃有功焉。大臣皆畏其口，赂遗累千金。〔3〕人或说偃曰：“太横矣。”主父曰：“臣结发游学四十余年，〔4〕身不得遂，〔5〕亲不以为子，〔6〕昆弟不收，〔7〕宾客弃我，我厄日久矣。〔8〕且丈夫生不五鼎食，〔9〕死即五鼎烹耳。吾日暮途远，〔10〕故倒行暴施之。”〔11〕

【注释】〔1〕“卫皇后”，汉武帝皇后卫子夫，河东平阳(今山西省临汾市西南)人。初为平阳公主家的歌女，后入宫，生戾太子，被立为皇后。巫蛊之祸起，戾太子举兵诛江充，兵败自杀。卫皇后被废，亦自杀。〔2〕“发”，揭发。“燕王定国”，刘定国承袭祖爵为燕王，荒淫乱伦，与父妾及三个女儿通奸，又夺弟妻为妾，被人告发，畏罪自杀。“阴事”，背地干的坏事。〔3〕“赂遗(音 wèi)”，贿赂送礼。“累”，累计。“千金”，千斤黄金。汉代以黄金一斤(合今二百二十二点七三克)为一金。〔4〕“结发”，古代男孩成童时，头发上梳结为髻。指少年时。〔5〕“遂”，顺意。〔6〕“亲不以为子”，父母不把我当儿子看待。〔7〕“昆弟不收”，兄弟也不收留。〔8〕“厄”，穷困。〔9〕“五鼎食”，古代贵族列五鼎而食，五鼎分盛五种肉食。鼎为古代炊具、礼器，陶制或铜制。〔10〕“日暮途远”，借指年老而要做的事情还很多。〔11〕“倒行暴施”，逆常规而行，急促行事。

【译文】在尊立卫皇后以及揭发燕王刘定国的犯罪阴谋等事件中，主父偃是立了功的。朝廷大臣都畏惧他那一张利口，对他的贿赂赠送累计千金。有人劝说主父偃：“你也太专横了。”主父偃说：“我自从少年游学四十多年，自身郁郁不得志，父母不认我这个儿子，兄弟也不收留我，各王公的宾客也厌弃我，我受的困厄太久了。再说，大丈夫生在世上，生不能列鼎而食，也要遭鼎烹而死。我年岁已老，要做的事很多，所以才倒行逆施，急暴从事。”

偃盛言朔方地肥饶，外阻河，〔1〕蒙恬城之以逐匈奴，〔2〕内省转输戍漕，〔3〕广中国，灭胡之本也。上览其说，下公卿议，〔4〕皆言不便。公孙弘曰：“秦时常发三十万众筑北河，终不可就，已而弃之。”主父偃盛言其便，上竟用主父计，立朔方郡。〔5〕

【注释】〔1〕“阻河”，凭借黄河。〔2〕“城”，筑城。〔3〕“戍漕”，水运边防军需品。〔4〕“下”，皇帝交下。〔5〕“立朔方郡”，事在元朔二年(公元前一二七年)。

【译文】主父偃大谈朔方土地肥沃，物产富饶，北依黄河，秦朝蒙恬在那里筑城以驱逐匈奴，对内地来说，节省了辗转运输和漕运的费用，这是扩展汉朝领土、消灭匈奴的根本大计。皇帝看了他的奏疏，交公卿大臣议论，大家都认为不利。公孙弘说：“秦朝时曾征发三十万兵民在北河筑城，始终没有筑成，不久就放弃了。”主父偃大谈如何有利，皇帝竟然采纳了他的主张，设立朔方郡。

元朔二年，主父言齐王内淫佚行僻，〔1〕上拜主父为齐相。〔2〕至齐，遍召昆弟宾客，散五百金予之，数之曰：〔3〕“始吾贫时，昆弟不我衣食，〔4〕宾客不我内门；〔5〕今吾相齐，诸君迎我或千里。吾与诸君绝矣，毋复入偃之门！”乃使人以王与姊奸事动王，〔6〕王以为终不得脱罪，恐效燕王论死，〔7〕乃自杀。

有司以闻。[8]

【注释】〔1〕“齐王”，刘次景承袭祖爵继为齐王。“内”，内行，指私生活。“淫佚”，荒淫恣肆。“行僻”，行为邪僻。按：主父偃揭发齐王，也出于个人恩怨。据本书《齐悼惠王世家》，主父偃欲嫁女于齐王，遭齐王之母纪太后坚拒。于是主父偃言于武帝，以为齐地人众物饶，非皇子、亲弟不得封于齐，且揭发齐王与其姊淫乱。武帝令主父偃为齐相，究治其事。齐王畏罪自杀。〔2〕“相”，诸侯王国的最高行政长官，职位相当于太守，由朝廷委派，对诸侯王起监督作用。〔3〕“数”，音 shǔ，责备。〔4〕“不我衣食（音 sì）”，不给我衣食。〔5〕“不我内（音 nà）门”，不让我进门。〔6〕“动”，触动。这里指威吓。〔7〕“效”，像……一样。〔8〕“有司”，古代设官分职，各有专司，因称相应官吏为有司。“以闻”，把此事上报朝廷。

【译文】元朔二年，主父偃揭发齐王刘次景私生活恣肆淫佚，行为乖僻，皇帝便任命主父偃为齐国相。主父偃来到齐地，把兄弟们和宾客召来，把五百金分散给他们，并责备他们说：“起初在我穷极无聊时，众兄弟们不肯供给我衣食，众宾客不让我进门；现在我当了齐相，诸位有的到千里之外迎接我。我现在宣布，与诸位绝交，不要再进我的家门！”于是派人用齐王与其姊通奸事威胁齐王，齐王认为最终逃脱不了这一罪名，恐怕像燕王那样被处死，便自杀了。有关官员把此事上报朝廷。

主父始为布衣时，[1]尝游燕、赵，及其贵，发燕事。赵王恐其为国患，[2]欲上书言其阴事，[3]为偃居中，[4]不敢发。及为齐相，出关，[5]即使人上书，告言主父偃受诸侯金，以故诸侯子弟多以得封者。及齐王自杀，上闻大怒，以为主父劫其王令自杀，[6]乃征下吏治。[7]主父服受诸侯金，[8]实不劫王令自杀。上欲勿诛，是时公孙弘为御史大夫，乃言曰：“齐王自杀无后，国除为郡，入汉，主父偃本首恶，陛下不诛主父偃，无以谢天下。”乃遂族主父偃。[9]

【注释】〔1〕“布衣”，平民百姓。〔2〕“赵王”，刘彭祖，景帝子，初封广川王，后徙封赵王。其为人巧佞刻毒，好法律，诡辩以害人，赵相多被其陷害。〔3〕“上书”，上奏朝廷。〔4〕“为”，因为。“居中”，在中央任职。〔5〕“出关”，出函谷关东行任职。〔6〕“劫”，胁迫。〔7〕“征下吏治”，朝廷把主父偃召回，交法官治罪。〔8〕“服”，承认。〔9〕“族”，灭族。古代的一种酷刑。一人有罪，诛灭家族。

【译文】主父偃为平民时，曾游历燕、赵等地，到他后来做了高官，便揭发燕王的犯罪行径。赵王刘彭祖担心他成为赵国的祸害，打算上书揭发他那些见不得人的勾当，因为当时主父偃在朝中任职，不敢揭发。到他被任为齐相，出关东行，赵王便派人上书朝廷，揭发主父偃接受诸侯王的贿赂，因此诸侯王子弟很多人得到封爵。后来齐王自杀，皇上得知，大为恼火，认为是主父偃劫持齐王迫他自杀的，便把主父偃召回，交司法部门处治。主父偃承认接受诸侯王的金钱贿赂，并没有劫持齐王迫他自杀。皇帝不打算处死主父偃，这时公孙弘任御史大夫，他上奏说：“齐王自杀绝后，齐国被废除为郡，归朝廷管辖，这一事件主父偃本是首恶，陛下不杀主父偃，无法向天下人交待。”于是处死主父偃，灭其三族。

主父方贵幸时，[1]宾客以千数，及其族死，无一人收者，唯独洨孔车收葬之。[2]天子后闻之，以为孔车长者也。[3]

【注释】〔1〕“贵幸”，地位高贵，得到皇帝的宠爱。〔2〕“洨”，县名。其地在今安徽省固镇县东。“孔车”，人名。其事迹不详。〔3〕“长者”，忠厚老实人。

【译文】在主父偃高贵得宠之时，门下食客数以千计，到他被族灭，没有一人为他收尸，只有洨县人孔车将他的尸体装殓葬埋。皇帝后来听说此事，认为孔车是个忠厚人。

太史公曰：公孙弘行义虽修，[1]然亦遇时。汉兴八十余年矣，上方乡文学，[2]招俊乂，[3]以广儒墨，[4]弘为举首。[5]主父偃当路，[6]诸公皆誉之，[7]及名败身诛，士争言其恶。悲夫！

【注释】〔1〕“行义”，品行。“修”，善、美好。

〔2〕“乡”，通“向”，注重。“文学”，文献经典。〔3〕“俊乂（音 yì）”，才能杰出的人。〔4〕“儒墨”，儒家和墨家，春秋战国时孔子和墨子创立的两大学派。〔5〕“举首”，策试的第一名。〔6〕“当路”，当权。〔7〕“誉之”，称誉他。

【译文】太史公说：公孙弘品德虽然好，但也遇上好时机。汉朝建立八十多年了，皇帝正注重文化，招收才能杰出的人士，以推广儒家和墨家的学说，公孙弘的对策高居榜首。主父偃当权时，诸公卿都纷纷加以赞誉，及其身败名裂被处死以后，士大夫们争相指责其过恶。真是可悲啊！

太皇太后诏大司徒大司空：〔1〕“盖闻治国之道，富民为始；富民之要，在于节俭。《孝经》曰‘安上治民，莫善于礼’。〔2〕‘礼，与奢也宁俭’。〔3〕昔者管仲相齐桓，〔4〕霸诸侯，有九合一匡之功，〔5〕而仲尼谓之不知礼，〔6〕以其奢泰侈拟于君故也。〔7〕夏禹卑宫室，〔8〕恶衣服，〔9〕后圣不循。〔10〕由此言之，治之盛也，德优矣，莫高于俭。俭化俗民，则尊卑之序得，而骨肉之恩亲，争讼之原息。〔11〕斯乃家给人足，刑错之本也欤？〔12〕可不务哉！〔13〕夫三公者，百寮之率，〔14〕万民之表也。未有树直表而得曲影者也。孔子不云乎，‘子率而正，孰敢不正’。〔15〕‘举善而教不能则劝’。〔16〕维汉兴以来，〔17〕股肱宰臣身行俭约，〔18〕轻财重义，较然著明，〔19〕未有若故丞相平津侯公孙弘者也。位在丞相而为布被，脱粟之饭，不过一肉。故人所善宾客皆分奉禄以给之，无有所余。诚内自克约而外从制。〔20〕汲黯诘之，乃闻于朝，此可谓减于制度而可施行者也。〔21〕德优则行，否则止，与内奢泰而外为诡服以钓虚誉者殊科。〔22〕以病乞骸骨，孝武皇帝即制曰〔23〕‘赏有功，褒有德，善善恶恶，君宜知之。其省思虑，存精神，辅以医药’。赐告治病，牛酒杂帛。居数月，有瘳，视事。至元狩二年，竟以善终于相位。夫知臣莫若君，此其效也。弘子度嗣爵，后为山阳太守，坐法失侯。夫表德章义，〔24〕所以率俗厉化，〔25〕圣王之制，不易之道也。其赐弘后子孙之次当为后者爵关内侯，〔26〕食邑三百户，〔27〕征诣公车，〔28〕上名尚书，〔29〕朕亲临拜焉。”〔30〕

【注释】〔1〕这段文字是汉平帝元始年间（公元三年前后）王元后的诏书，后人附录于此。太皇太后是皇帝的祖母。王元后即汉元帝皇后、成帝生母、平帝祖母王政君。她经历元、成、哀、平四朝，又把朝政大权委任侄子王莽，从而篡汉。“大司徒”，汉哀帝时罢丞相，置大司徒，与大司马、大司空并称三公。此时大司徒为马宫。“大司空”，成帝改御史大夫为大司空，平帝时一度恢复旧称，后再改为大司空。这时的大司空为甄丰。〔2〕“《孝经》”，儒家经典之一，十八章。孔门后学所作，宏扬封建孝道及宗法思想。“安上治民，莫善于礼”，出于《孝经·广要道章》，为孔子的言论。〔3〕“礼，与奢也宁俭”，语出《论语·八佾》，作“礼，与其奢也，宁俭”。〔4〕“齐桓”，即齐桓公。〔5〕“九合一匡之功”，多次会盟诸侯，匡正天下的功劳。语本《论语·宪问》：“管仲相桓公，霸诸侯，一匡天下，民到于今受其赐。”“九”为多次之意。古文献中的“九”，多为泛指多数、多次，不必拘泥为“九”。〔6〕“仲尼”，孔子字仲尼。“谓之不知礼”，《论语·八佾》：“管氏而知礼，孰不知礼！”〔7〕“泰”，通“太”，过分。孔子以为，管仲“树塞门”、“有反坫”、“有三归”，都是越礼行为。见《论语·八佾》。〔8〕“卑”，卑下低矮。〔9〕“恶衣服”，穿粗劣衣服。〔10〕“后圣”，指后世帝王。〔11〕“争讼”，因争执而告状。〔12〕“本”，根本。〔13〕“可不”，怎能不。〔14〕“寮”，通“僚”。“率”，通“帅”，首长。〔15〕“子率而正，孰敢不正”，语本《论语·颜渊》：“季康子问政于孔子。孔子对曰：‘政者，正也。子帅以正，孰敢不正！’”〔16〕“举善教不能则劝”，语出《论语·为政》：“季康子问使民敬忠以劝如之何。子曰：‘临之以庄则敬，孝慈则忠，举善而教不能则劝。’”意为：提拔好人，教育能力弱的人，百姓自然会互相劝勉。〔17〕“维”，发语词，无义。〔18〕“股肱（音 gōng）宰臣”，帝王左右得力的宰辅大臣。股肱，大腿为股，胳膊为肱。〔19〕“较然著明”，明显突出。〔20〕“克约”，克制约束。“从制”，遵从制度。〔21〕“减于制度”，低于制度规定的标准。〔22〕“诡服”，外表假装节俭。“殊科”，不是同一品类。〔23〕“制”，帝王的命令。此处用为动词。〔24〕“表”，表扬。“章”，通“彰”，表彰。〔25〕“率”表率。“厉化”，激励风化。〔26〕“弘后子孙之次当为后者”，意为：公孙弘的子孙按次序应当作为继承人的。

“关内侯”，秦汉二十等爵的十九级，位在彻(通)侯之下。一般封有食邑若干户。〔27〕“食邑”，又称采邑，卿大夫的封地，按户收其赋税而食，故称食邑。〔28〕“诣”，音 yì，前往。“公车”，官名，亦为官署名。公车司马令，属卫尉，掌宫殿司马门，及宫殿夜间巡逻。凡天下吏民上书、四方贡献及征诣公车者，都归它管理。办公署也称公车。〔29〕“上名”，提名上报。“尚书”，官名，战国时置，又称掌书，少府属官。汉武帝提高皇权，因尚书在皇帝左右办事，掌管文书奏章，地位逐渐重要。汉成帝时设尚书，员五人，有四丞，开始分常侍、二千石、民、客四曹，备掌公卿、郡国二千石、吏民上书及外国夷狄之事。后世发展为六部尚书。〔30〕“拜”，封拜，授予官爵。

【译文】太皇太后诏命大司徒、大司马说：“听说古代的治国之道，使百姓富足是治国之首；使百姓富足的关键，在于节俭。《孝经》里说：‘要使上层得以安宁，下民得到治理，没有比礼仪更好的了。’‘礼仪的精神，与其奢侈，宁可俭约。’从前管仲辅佐齐桓公，使之称霸诸侯，有多次会盟诸侯、匡正天下的功劳，但孔子认为他不懂礼，因为他过分奢侈，比拟于君主。夏禹居住低矮的房屋，穿粗劣的衣服，后世帝王不遵循夏禹的节俭之道。从这方面来说，国家大治鼎盛，德政优施，都高不过节俭之德。用节俭精神教化民俗，则上下贵贱秩序井然，骨肉之间更加亲密，争讼的根源就会消除。这才是家给人足、刑措不用的根本啊！怎能不致力于此呢！三公是百官之长，万民的表率，没有树立笔直的标志而映出弯曲影像的道理。孔子不是说过吗：‘您带头走正道，谁敢走邪路。’‘提拔好人，教育能力弱的人，百姓自然会互相劝勉。’从汉朝建立以来，宰辅大臣能身行俭约、轻财重义，皎然突出的，没有像过去的丞相平津侯公孙弘那样的人。位居丞相之职，却使用布被，吃粗米糙饭，每餐不过一个肉菜。他的老朋友和他所喜爱的宾客，他把俸禄分出供给他们，自己没有节余。这确实是对自己以俭约克制，对外遵从通行的制度。汲黯为此责问他，他才把实情向皇帝报告，这可以说是低于制度规定的标准而可以施行的那种情况。但只有品德高尚的人才可以做到，否则不行。这与那种背地里奢侈过分而外表假装节俭以沽名钓誉的行为，是不可同日而语的。后来公孙弘因病请求退休，孝武皇帝当即下令说：‘奖赏有功的人，表彰有德的人，扬善惩恶，这些您应了解。希望您少费心思，保养精神，再辅之以医药治疗。’特赐续假治病，并赏赐牛酒杂帛。过了几个月，病情痊愈，才上朝办公。到元狩二年，善终于丞相职位上。了解臣子的莫若君主，这就是明证。公孙弘的儿子公孙度承袭爵位，后来任山阳太守，因犯法失去侯爵。表彰品德行谊高尚的人，是为了引导流俗、激励风化，这是圣明天子的遗制、万古不变的通则。兹令赐予公孙弘的子孙中按次序当为继承人的，爵为关内侯，食邑三百户，征召至公车府，把名字上报于尚书，朕将亲自面授官职。”

班固称曰：〔1〕公孙弘、卜式、兒宽皆以鸿渐之翼困于燕雀，〔2〕远迹羊豕之间，〔3〕非遇其时，焉能致此位乎？是时汉兴六十余载，〔4〕海内乂安，〔5〕府库充实，而四夷未宾，〔6〕制度多阙，〔7〕上方欲用文武，〔8〕求之如弗及。始以蒲轮迎枚生，〔9〕见主父而叹息。〔10〕群臣慕向，〔11〕异人并出。〔12〕卜式试于刍牧，〔13〕弘羊擢于贾竖，〔14〕卫青奋于奴仆，〔15〕日磾出于降虏，〔16〕斯亦曩时版筑饭牛之朋矣。〔17〕汉之得人，于兹为盛。儒雅则公孙弘、董仲舒、兒宽，笃行则石建、石庆，〔18〕质直则汲黯、卜式，推贤则韩安国、郑当时，〔19〕定令则赵禹、张汤，〔20〕文章则司马迁、相如，〔21〕滑稽则东方朔、枚皋，〔22〕应对则严助、朱买臣，〔23〕历数则唐都、落下闳，〔24〕协律则李延年，〔25〕运筹则桑弘羊，〔26〕奉使则张骞、苏武，〔27〕将帅则卫青、霍去病，〔28〕受遗则霍光、金日磾。〔29〕其余不可胜纪。是以兴造功业，〔30〕制度遗文，〔31〕后世莫及。孝宣承统，〔32〕纂修洪业，〔33〕亦讲论《六艺》，〔34〕招选茂异，〔35〕而萧望之、梁丘贺、夏侯胜、韦玄成、严彭祖、尹更始以儒术进，〔36〕刘向、王褒以文章显。〔37〕将相则张安世、赵充国、魏相、邴吉、于定国、杜延年，〔38〕治民则黄霸、王成、龚遂、郑弘、邵信臣、韩延寿、尹翁归、赵广汉之属，〔39〕皆有功迹见述于后。累其名臣，〔40〕亦其次也。〔41〕

【注释】〔1〕“班固”，东汉史学家、文学家，字孟坚，扶风(今陕西咸阳东北)人。继其父班彪完成《史记后传》。后任兰台令史，转迁为郎，典校秘书。奉诏完成其父所著书，历二十余年，修成《汉书》。继司马迁之后，整齐了纪传体史书的形式，并开创了“包举一代”的断代史体例。又著有《两都赋》。

曾从大将军窦宪攻匈奴,为中护军。后窦宪因擅权被杀,班固受牵连,死于狱中。“称曰”,以下这段文字是班固《汉书·公孙弘卜式兒宽传》的传赞,后人移写于此。〔2〕“卜式”,西汉河南人,畜牧主出身。屡以家财捐助政府,武帝任其为中郎。后封关内侯,官御史大夫。以反对盐铁专卖,不久被贬为太子太傅。“兒宽”,西汉千乘(今山东省高青县北)人。治《尚书》,为孔安国弟子。元鼎四年(公元前一一三年)任左内史。在任数年间,劝农业,缓刑罚,并负责在郑国渠上流开六条小渠,称为六辅渠。后任御史大夫,与司马迁共同制定“太初历”。“鸿渐之翼”,鸿雁奋飞的翅膀,比喻才能非凡。“燕雀”,泛指小鸟。这里比喻才能庸劣之辈。〔3〕“远迹羊豕之间”,指混迹于猪羊之间。公孙弘曾在海滨放猪,卜式曾入山牧羊。〔4〕“汉兴六十余载”,指汉王刘邦元年(公元前二〇六年)至汉武帝即位(公元前一四〇年),其间六十余年。〔5〕“乂安”,安定。〔6〕“四夷”,指汉朝周边的部族。“宾”,归服、顺从。〔7〕“阙”,通“缺”,不健全。〔8〕“文武”,指有文武才能的人。〔9〕“蒲轮”,用蒲草裹车轮,使车不震动。古时征聘贤士时用之。“枚生”,即枚乘,西汉辞赋家,字叔,淮阴(今江苏淮阴市)人。初为吴王刘濞郎中,劝吴王勿反,不听,遂去为梁孝王客。吴楚七国反时,他又上书规劝吴王。武帝即位后,以安车蒲轮征入京,死于途中。著赋九篇,今存《七发》等三篇。〔10〕“主父”,即主父偃。“叹息”,感叹,这里指武帝感叹主父偃等人的才能。〔11〕“慕向”,羡慕向往。〔12〕“异人”,有特殊才能的人。〔13〕“试”,用,任用。“刍牧”,割草放牧。〔14〕“弘羊”,即桑弘羊,西汉政治家,洛阳人。出身商人家庭。武帝时任治粟都尉,领大司农,掌管租税钱谷盐铁和国家财政收支。制定推行盐铁和酒类专卖制度,设立平准、均输机构控制全国商品,打击富商大贾势力,增加国家财赋。主张抗击匈奴,反对和亲。曾组织六十万人屯垦,以防御匈奴。昭帝初年,他与霍光、金日磾共同辅政,任御史大夫。始元六年(公元前八一年)召开盐铁会议,他坚持盐铁官营政策。次年,被指控与上官桀谋废昭帝,被杀。“贾(音 gǔ)竖”,对商人的蔑称。〔15〕“奋于奴仆”,从奴仆中奋起。〔16〕“日磾”,即金日磾,字翁叔。本为匈奴休屠王太子,武帝时从昆邪王归汉,任马监,迁侍中。昭帝即位,与霍光、桑弘羊受遗诏辅政,封为秺侯。“降虏”,投降的匈奴人。〔17〕“曩(音 nǎng)时”,以往。“版筑”,以木板筑土为墙。相传商王武丁的大臣傅说,原为版筑奴隶,后被武丁重用。“饭牛”,喂牛。春秋时虞国大夫百里奚,虞亡被晋所虏,以陪嫁的奴隶入秦,以喂牛之说引起秦穆公的重视。后入楚,秦穆公用五张羊皮把他赎回,任为大夫,因而称为五羖大夫。与蹇叔、由余等辅佐穆公建立霸业。“朋”,辈。〔18〕“笃行”,品德淳厚。“石建”,温县(今属河南省)人。万石君石奋长子,其姑为高帝美人;其父以恭谨为近侍官,文、景两朝为高官。石氏一门,以“驯行孝谨”官至二千石者五人,故石奋称为万石君。石建于武帝初任郎中令。“石庆”,石奋少子,武帝时任御史大夫、丞相。恭谨有余而无甚建树。〔19〕“推贤”,推荐贤能。“韩安国”,梁国成安(今河南省民权县东北)人,字长孺。武帝时曾任御史大夫、卫尉。韩安国推荐的人物,皆廉洁贤能之士,他所荐举的壶遂、臧固、郅他,都是天下名士。“郑当时”,字庄,陈县(今河南淮阳县)人。武帝时,任右内史、大农令等官。他礼贤下士,举才俊,不遗余力。〔20〕“定令”,制定律令。“赵禹”,斄(音 tāi,今陕西省武功县西)人。武帝时曾任官廷尉。曾奉诏与张汤编订律令。居官不受请托,执法失之酷急。“张汤”,杜陵(今陕西省西安市东南)人。武帝时曾任廷尉、御史大夫等官。建议铸造白金及五铢钱,并支持盐铁官营政策,制订告缗令,打击富商大贾。曾和赵禹共同编订律令。撰有《越宫律》二十七篇。〔21〕“司马迁”,行事见本书前言及《太史公自序》。“司马相如”,西汉辞赋家。字长卿,成都人。景帝时为武骑常侍,武帝时因所作《子虚赋》被武帝赏识,任郎官。曾奉使西南,后为孝文园令。其辞赋后人辑为《司马文园集》。〔22〕“滑(音 gǔ)稽”,言词诙谐幽默,流畅无滞,宛转自如。与现代汉语中之滑稽,义有区别。“东方朔”,西汉文学家,平原厌次(今山东惠民)人,字曼倩。武帝时为太中大夫。性诙谐滑稽,善辞赋。“枚皋”,枚乘之子。武帝时为郎,以下笔快捷为时人所称。有赋一百余篇,今多不传。〔23〕“应(音 yìng)对”,对答。“严助”,本姓庄,避明帝讳改为严。会稽郡吴(今江苏吴县)人。武帝时以对策合帝意,擢为中大夫。后任会稽太守、侍中。因与淮南王刘安交结,被牵连受刑而死。善应对,有辩才,又长于文辞,曾作赋数十篇。〔24〕“历数”,天文历算之学。“唐都”,西汉天文历法学家。祖先为楚国史官。武帝太初元年(公元前一〇四年)参与修《太初历》。“落下闳”,落下为复姓,字长公,巴郡阆中(今属四川)人。精天文历算。武帝时征为太史待诏,与司马迁、邓平、唐都共创《太初历》,又造浑仪,以观天象。〔25〕“协律”,校正乐律。“李延年”,汉代音乐家,中山(郡治今河北定县)人。乐工出身,父母兄弟亦均为乐工。善歌，又善度新曲。武帝时，任协律都尉，为《汉郊祀歌》配乐，又仿西域《摩诃兜勒》曲，作“新声”二十八解，用于军中，称“横吹曲”。〔26〕“运筹”，策划谋略。〔27〕“张骞”，西汉外交家，汉中成固（今属陕西）人。官大行，封博望侯。武帝初，奉命出使大月氏，相约夹攻匈奴。他越过葱岭，亲历大宛、康居、大月氏、大夏等地。元朔三年（公元前一二六年）方归汉，在外共十三年。途中曾被匈奴扣留，前后达十一年。元狩四年（公元前一一九年）又奉命出使乌孙，并派副使出使大夏、康居、安息等地。“苏武”，字子卿，西汉杜陵（今陕西西安市东南）人。天汉元年（公元前一〇〇年）奉命赴匈奴被扣留，迁之北海（今贝加尔湖）边牧羊。坚持十九年不屈。始元六年（公元前八一年），因匈奴与汉和好，才回朝。〔28〕“霍去病”，西汉名将，河东平阳（今山西省临汾市西南）人。官至骠骑将军，封冠军侯。元狩二年（公元前一二一年），两次大败匈奴，控制了河西地区，打开通往西域的道路。元狩四年，又和卫青共同击败匈奴主力。汉武帝要为他建造府第，他拒绝说：“匈奴未灭，无以家为。”他前后六次出击匈奴，解除了匈奴对汉王朝的威胁。〔29〕“受遗”，接受遗命，辅佐新主。“霍光”，西汉大臣，字子孟，河东平阳人，霍去病的异母弟。武帝时为奉车都尉。昭帝年幼即位，他与桑弘羊等受武帝遗命辅政，任大司马大将军，封博陆侯。昭帝死后，迎立昌邑王刘贺为帝，不久即废，又迎立宣帝，前后执政凡二十年。执政期间，轻徭薄赋，有助于发展生产。〔30〕“兴造功业”，建功立业。〔31〕“遗文”，遗留下来的文物典籍。〔32〕“孝宣”，即汉宣帝刘询，武帝曾孙，少年避祸，生长民间。昭帝死，被霍光拥立，公元前七四年至公元前四九年在位，号称中兴。〔33〕“纂修”，继承发扬。“洪业”，汉朝的盛世大业。〔34〕“六艺”，即六经，包括《诗》、《书》、《礼》、《乐》、《易》、《春秋》等六种儒家经典。〔35〕“茂异”，才能优秀的人才。〔36〕“萧望之”，西汉大臣，字长倩，东海兰陵（今山东省苍山县西南）人，徙杜陵。宣帝时，历任左冯翊、大鸿胪、太子太傅等官。甘露三年（公元前五一年），主持石渠阁会议，评议儒生对《五经》同异的意见。后遭宦官弘恭、石显等排挤，被迫自杀。“梁丘贺”，字长翁，琅邪诸（今山东诸城）人。西汉今文《易》学“梁丘学”的开创者。曾从京房、田王孙学《易》。历官太中大夫、给事中、少府。其子梁丘临能传其学。宣帝时，选派多人从临学《易》，梁丘学立为博士。著作已佚，清人辑有《周易梁丘氏章句》一卷。“夏侯胜”，字长公，东平（今山东省汶上县附近）人。西汉今文尚书“大夏侯学”的开创者。历官长信少府、太子太傅。从夏侯始昌、欧阳生学今文《尚书》，称“大夏侯”。宣帝时，立为博士。以阴阳灾异推论时政得失。“韦玄成”，字少翁，鲁国邹（今山东邹县东南）人。韦贤少子。宣帝时，以明经累官至太常，袭父扶阳侯爵，曾与萧望之参加石渠阁论经会议。后任少府、太子太傅、御史大夫，至丞相。“严彭祖”，字公子，东海下邳（今江苏邳县西南）人。西汉公羊春秋严氏学的创立者。从大儒眭孟学《公羊春秋》，宣帝立为博士。历官河南、东郡太守，左冯翊、太子太傅。“尹更始”，西汉经学家，字翁君，汝南（今河南上蔡西南）人。从蔡千秋学《谷梁春秋》。宣帝时为议郎，参加议经大会。后为谏大夫、长乐户将。又习《春秋左氏传》，传子咸及翟方进、房风。〔37〕“刘向”，本名更生，字子政，西汉经学家、目录学家、文学家，沛（今江苏沛县）人。汉皇族楚元王刘交的四世孙。治《春秋谷梁传》。曾任谏大夫、宗正等。用阴阳灾异附会时政，屡次上书劾奏外戚专权。成帝时任光禄大夫，终中垒校尉。曾校阅群书，撰成《别录》，是我国最早的目录学著作。所作《九叹》等辞赋三十三篇，大都亡佚。明人辑有《刘中垒集》。另有《洪范五行传》、《新序》、《说苑》、《列女传》等，今存。又有《五经通义》，已佚，清人辑存一卷。“王褒”，字子渊，蜀资中（今四川资阳）人。西汉辞赋家。宣帝时为谏大夫，以辞赋著称。又有《僮约》一篇，从一个侧面反映出当时奴隶所受的残酷虐待。明人辑有《王谏议集》。〔38〕“张安世”，西汉大臣，字子儒，杜陵人，张汤之子。昭帝时，任右将军、光禄勋，封富平侯。昭帝死，与大将军霍光定策立宣帝，为大司马。他拥有家童七百人，从事手工业生产，财富超过霍光。“赵充国”，西汉大将，字翁孙，陇西上邽（今甘肃天水西南）人。熟悉匈奴和羌族情况，武帝、昭帝时，率军反击匈奴，勇敢善战，任后将军。宣帝时，封为营平侯。后与羌族作战，在西北屯田，对当地农业生产的发展起了促进作用。“魏相”，西汉大臣，字弱翁，济阴定陶（今山东定陶西北）人，徙平陵（今陕西咸阳西北）。举贤良，为茂陵令。后迁河南太守，抑制豪强势力。宣帝时任大司农、御史大夫、丞相，封高平侯。主张整顿吏治，考核实效。“邴吉”，也作丙吉，西汉大臣，字少卿，鲁国（今山东曲阜）人。本为鲁狱吏，累迁廷尉监，治巫蛊之狱，曾救护宣帝。后任大将军霍光长史，建议迎立宣帝。封博阳侯，任丞相。“于定国”，西汉大臣，字曼倩，东海郯县（今山东郯城西南）人。初为狱吏、郡决曹。宣帝时，任廷尉，决狱谨慎，有疑者皆从轻处理，时称宽平，当时称颂他“决疑平

法”。后为丞相，封西平侯。“杜延年”，字幼公，南阳杜衍（今河南南阳市西南）人。御史大夫杜周少子。明法律。昭帝时任校尉、谏大夫。告发上官桀、盖主、燕王等合谋叛乱事，封建平侯。宣帝即位，出为北地、西河太守，入为御史大夫。他执法宽平。〔39〕“黄霸”，西汉名臣，字次公，淮阳阳夏（今河南太康）人。宣帝时任扬州刺史、颍川太守。为政外宽内明。后为御史大夫、丞相，封建成侯。后世把他和龚遂作为“循史”的代表，称为“龚黄”。“王成”，籍贯不详。为胶东国相，有能声。地节三年（公元前六七年），宣帝下诏褒奖，封关内侯。“龚遂”，字少卿，山阳南平阳（今山东邹县）人。初为昌邑王刘贺郎中令，勇于诤谏。宣帝时，渤海郡附近灾荒，民众起而反抗。他任渤海太守，开仓借粮，奖励农桑，狱讼减少，农民归田。后官水衡都尉。后世把他和黄霸称为循吏的代表，号为“龚黄”。“郑弘”，字稚卿，泰山郡刚（今山东宁阳东北）人。好学明经，精通律令。先后任南阳太守、淮阳相、右扶风，所至有声。元帝永光二年（公元前四二年）任御史大夫，因与京房私议朝政被免官，后自杀。“邵信臣”，又作召信臣，字翁卿，九江寿春（今安徽寿县）人。元帝时，历任零陵、南阳太守。曾在南阳利用泉水开通沟渠，并筑堤闸数十处，以钳卢陂最为著名。灌溉农田三万多顷，并订立了灌溉用水制度。当时人称之为“邵父”。后任少府。“韩延寿”，字长公，杜陵人。少为郡文学，后任颍川、东郡太守，治甚有名。继为左冯翊。后遭诬劾，为宣帝所杀。“尹翁归”，字子兄，河东平阳（今山西临汾市西南）人。徙杜陵。少为狱小吏，通法律，善击剑。以廉能数迁至弘农都尉，征拜东海太守。诛杀豪强，杀恶霸许仲孙，郡内大治。入为右扶风，治如在东海时，京师畏其威严，扶风大治，声闻于朝。“赵广汉”，字子都，涿郡蠡吾（今河北蠡县）人。少为郡吏、州从事。宣帝时，任颍川太守，诛杀豪强。迁京兆尹，执法不避权贵，后被杀。〔40〕“累其名臣”，《汉书》作“参其名臣”。“参”，检验。此句意谓考察这些名臣的行事。〔41〕“亦其次也”，谓比起武帝时的名臣来，稍差一些。

【译文】班固赞曰：公孙弘、卜式、兒宽都曾以鸿才大略之资受困于低贱之位，在边远地区放猪牧羊，若非遇上圣明之时，哪能获得公卿之位呢！当时汉朝建立六十多年，海内安定，府库充实，但四方蛮夷尚未归服，朝政制度也多有缺略，皇帝正想进用文武人才，求之如不及。起初曾以蒲轮安车迎接枚乘，见到主父偃而叹息相见恨晚。于是，群臣向慕而起，异能人才同时并出。卜式从牧人中被起用，桑弘羊从商贾中被提拔，卫青奋起于奴仆之中，金日磾出于归降的胡虏，这些人亦即古时筑墙喂牛人之辈啊！汉朝出现人才之多，在这时达到极盛的局面。博学的儒者有公孙弘、董仲舒、兒宽，品行笃厚者有石建、石庆，质朴正直者有汲黯、卜式，推举贤才则有韩安国、郑当时，制定律令则有赵禹、张汤，文采风流则有司马迁、司马相如，能言善辩诙谐幽默则有东方朔、枚皋，善于应对则有严助、朱买臣，精通天文历算则有唐都、落下闳，以乐律见长则有李延年，精于国计运筹则有桑弘羊，奉命出使不辱君命则有张骞、苏武，著名将帅则有卫青、霍去病，接受遗诏辅弼幼主则有霍光、金日磾。其余不可胜纪。因此，当时创建的功业和流传下来的典章制度、文物典籍，后代莫能企及。孝宣皇帝继承大统，继修先帝大业，同样宣扬儒家的六艺，选拔优秀人才，萧望之、梁丘贺、夏侯胜、韦玄成、严彭祖、尹更始以精于儒术被进用，刘向、王褒以文章扬名于世。著名将相则有张安世、赵充国、魏相、邴吉、于定国、杜延年，治民名臣则有黄霸、王成、龚遂、郑弘、邵信臣、韩延寿、尹翁归、赵广汉等人，他们都有功绩被后世称述。这些人与武帝时的名臣比起来，功业稍差一点罢了。

史记卷一百一十三

南越列传第五十三

南越王尉佗者,[1]真定人也,[2]姓赵氏。[3]秦时已并天下,略定杨越,[4]置桂林、南海、象郡,[5]以谪徙民,[6]与越杂处十三岁。佗,秦时用为南海龙川令。[7]至二世时,[8]南海尉任嚣病且死,召龙川令赵佗语曰:“闻陈胜等作乱,[9]秦为无道,天下苦之,项羽、刘季、陈胜、吴广等州郡各共兴军聚众,[10]虎争天下,[11]中国扰乱,[12]未知所安,豪杰畔秦相立。[13]南海僻远,吾恐盗兵侵地至此,[14]吾欲兴兵绝新道,[15]自备,待诸侯变,会病甚。且番禺负山险,[16]阻南海,东西数千里,颇有中国人相辅,[17]此亦一州之主也,可以立国。郡中长吏无足与言者,[18]故召公告之。”即被佗书,行南海尉事。[19]嚣死,佗即移檄告横浦、阳山、湟溪关曰:“盗兵且至,[20]急绝道聚兵自守!”[21]因稍以法诛秦所置长吏,以其党为假守。[22]秦已破灭,佗即击并桂林、象郡,自立为南越武王。

【注释】〔1〕“南越”,亦称“南粤”,是古代南方越人的一支。原为族名,后又成为赵佗所建之国的国名。其疆域包括今广东、广西地区,南至今越南的北部,北至湖南、贵州两省的南部。秦统一六国后,在这一地区设置桂林、南海、象郡三个郡级机构进行管理。“尉”,郡尉。秦、汉时官名,为郡的最高军事长官,位在郡守之下,西汉景帝中二年(公元前一四八年)改称都尉。秦在桂林、南海、象郡三郡未设郡守,以尉为郡的最高长官,统兵,兼掌民政。“佗”,音tuó。 〔2〕“真定”,县名。西汉初置,属常山郡,西汉武帝元鼎四年(公元前一一三年)改隶真定国。治所在今河北正定南。 〔3〕“赵氏”,尉佗本来姓赵。因其曾任南海尉,故当时人称其为尉佗。 〔4〕“略定”,攻取平定。“杨越”,南越人居住的地区属于古九州之一的杨州,故称杨越。 〔5〕“桂林”,郡名。秦始皇三十三年(公元前二一四年)置,治所在今广西桂平西南。“南海”,郡名。秦始皇三十三年(公元前二一四年)置,治所在番禺(今广东广州市)。“象郡”,郡名。秦始皇三十三年(公元前二一四年)置,治所在临尘(今广西崇左)。一说治所在象林(今越南维川南茶轿),又一说治所在卢容(今越南顺化东北)。 〔6〕“谪”,音zhé,因罪而受到被降职或流放的处罚。 〔7〕“龙川”,县名,属南海郡,治所在今广东龙川西北。“令”,县令,为县的行政长官。秦制,人口万户以上的县,设县令为长官,秩千石至六百石;人口不足万户的县,设县长为长官,秩五百石至三百石。 〔8〕“二世”,秦二世胡亥在位时期(公元前二一〇年至前二〇七年)。〔9〕“陈胜”,秦末农民起义领袖,其事迹见本书《陈涉世家》。“作乱”,造反。 〔10〕“项羽”,秦末农民起义领袖之一,其事迹见本书《项羽本纪》。“刘季”,即汉高祖刘邦,其事迹见本书《高祖本纪》。“吴广”,秦末农民起义领袖,其事迹见《陈涉世家》。〔11〕“虎争”,象老虎夺食那样凶猛地争夺。 〔12〕“中国”,指中原地区。 〔13〕“畔”,“叛”的通假字。〔14〕“盗兵”,强盗的军队。此处系对农民起义军的诬称。 〔15〕“绝”,断绝。“新道”,秦朝新开辟的通往南海等三郡的道路。 〔16〕“负”,背靠着。“山险”,指五岭等山脉形成的险要地势。 〔17〕“中国人”,指被迁徙到这一地区的中原人。 〔18〕“长吏”,地位较高的官吏。长,音zhǎng。“无足”,不足以,不值得。 〔19〕“行”,代行。一般是指由低级官员代理较高职务。 〔20〕“移”,传递。“檄”,古代官府文书的一种,多用于征召、声讨或征伐。“横浦”,关名,在今广东韶关东北。“阳山”,关名,在今广东阳山西北。“湟溪关”,关名,在今广东英德西南。 〔21〕“绝道”,断绝道路。 〔22〕“党”,党羽。“假守”,代理地方长官。

【译文】南越王尉佗是真定县人，姓赵。秦吞并六国，统一天下后，攻取并平定了杨、越地区，设置了桂林、南海和象郡，将犯罪而被判处迁徙的百姓安置到这一地区，与原在这里的越人共同居住了十三年。尉佗在秦朝时被任命为南海郡龙川县令。到秦二世统治时，南海尉任嚣患病将要死去，他将龙川令赵佗召来，对赵佗说："听说陈胜等发动叛乱，秦朝施行暴虐无道的统治政策，天下百姓都十分怨恨，项羽、刘邦、陈胜、吴广等在各地分别聚集民众，组成军队，像猛虎一样争夺天下，中原地区扰攘动乱，不知何时才能安定下来。各地豪杰纷纷背叛秦朝，割据自立。南海郡偏僻遥远，我恐怕那些强盗军队攻占地盘，会一直打到这里来。我想要起兵切断新修的道路，自己作好防守的准备，以等待诸侯的变化，但正赶上自己病势加重。况且番禺背靠险要的山岭，又有南海作为屏障，东西数千里，有不少中原地区来的人辅佐，这也能成为一州之主，可以建立国家。郡中的主要官吏都不配与我谈论这些事，因此我召你前来，把自己的想法告诉你。"任嚣当即将任命文书颁给赵佗，让他代行南海尉的职务。任嚣死后，赵佗就向横浦、阳山、湟溪关等处传送檄文，说："强盗军队就要攻来，赶快切断道路，集合军队，进行自卫。"于是赵佗借机用刑法逐渐杀死秦朝所任命的官吏，任用自己的亲信为代理官员。秦朝灭亡后，赵佗就起兵攻占了桂林郡和象郡，自立为南越武王。

高帝已定天下，[1]为中国劳苦，故释佗弗诛。[2]汉十一年，遣陆贾因立佗为南越王，[3]与剖符通使，[4]和集百越，[5]毋为南边患害，[6]与长沙接境。[7]

【注释】〔1〕"高帝"，即汉高祖刘邦。〔2〕"弗"，不。"诛"，讨伐。〔3〕"陆贾"，西汉初期政治家、文学家，其事迹见本书《郦生陆贾列传》。"因"，因袭，指承认赵佗自立为南越武王的事实，正式予以封号。〔4〕"剖符"，皇帝分封诸侯或派遣将帅出征时，将金、玉、铜、竹等制成的符一分为二，君、臣各执一半，作为凭证，需要时可以合在一起以检验真伪。此处系汉朝正式封赵佗为南越王的一种表示。〔5〕"和集"，即和辑，和睦安定。"百越"，南方越人各分支的总称，亦作"百粤"。〔6〕"毋"，不要。"南边"，指汉朝的南部边境。〔7〕"长沙"，指长沙国，系西汉初分封的诸王国之一，治所在临湘(今湖南长沙)。

【译文】汉高帝刘邦平定天下后，由于中原地区的百姓劳累困苦，所以放过赵佗，未派军讨伐。汉高帝十一年(公元前一九六年)，刘邦派遣陆贾到南越，就势立赵佗为南越王，并与他剖符定约，互通使者，让他协调越人各分支间的关系，使其安定和睦，不要成为汉朝南部边界的祸害。南越的疆域邻接汉朝属下的长沙国。

高后时，[1]有司请禁南越关市铁器。[2]佗曰："高帝立我，通使物，[3]今高后听谗臣，别异蛮夷，隔绝器物，此必长沙王计也，[4]欲倚中国，击灭南越而并王之，自为功也。"于是佗乃自尊号为南越武帝，发兵攻长沙边邑，败数县而去焉。高后遣将军隆虑侯灶往击之。[5]会暑湿，[6]士卒大疫，[7]兵不能逾岭。[8]岁余，高后崩，[9]即罢兵。[10]佗因此以兵威边，[11]财物赂遗闽越、西瓯、骆，[12]役属焉，[13]东西万余里。乃乘黄屋左纛，[14]称制，[15]与中国侔。[16]

【注释】〔1〕"高后"，即吕雉，汉高帝刘邦的皇后。其事迹见本书《吕太后本纪》。〔2〕"有司"，有关部门。"关市"，在边境关口所设立的贸易市场，与境外少数民族进行交换贸易。〔3〕"使物"，使者与物资。〔4〕"长沙王"，指长沙恭(一作"共")王吴右，他于公元前一八六年至前一七八年在位，是吴芮的曾孙。〔5〕"隆虑"，县名，属河内郡，治所在今河南林县。"灶"，即周灶。周灶跟随刘邦进攻项羽有功，于汉高帝刘邦六年(公元前二〇一年)正月被封为隆虑侯。〔6〕"暑湿"，夏季酷热潮湿的天气。〔7〕"大疫"，疾疫流行。〔8〕"逾"，翻越。"岭"，指阳山岭，在今广东阳山县境内。〔9〕"崩"，皇帝或皇后去世称崩。〔10〕"罢兵"，停止军事行动。〔11〕"威边"，在边境耀武扬威。〔12〕"赂遗"，赂赠。"遗"，音 wèi。"闽越"，族名，古代南方越人的一支，详见本书《东越列传》。"西瓯"，古代南方越人的一支，一说即骆越。"骆"，骆越，古代南方越人的一支。〔13〕"役"，役使。"属"，归属。〔14〕"黄屋"，以黄缯作车盖的里子，是皇帝所乘车辆上的专有装饰。"左纛"，置于车衡左侧的以旄牛尾或雉尾作成的装饰旗，也是皇帝所乘车辆上的专有装饰。"纛"，音 dào。〔15〕"称制"，自称皇帝，以制书发布命令。〔16〕"中国"，指汉朝。"侔"，音 móu，相等。

【译文】高后当政时,有关部门请求禁止南越在边境市场上购买铁器。赵佗说:"高帝立我为南越王,双方互通使者与货物。如今高后听信谗臣的主意,视蛮夷为异类,断绝器物的交换,这一定是长沙王的奸计,他想要倚仗汉朝的势力,吞并南越,扩大他的领地,并以此向汉朝报功。"于是赵佗就自加尊号为南越武帝,发兵进攻长沙国的边境城镇,抢掠数县后退兵。高后派遣将军、隆虑侯周灶率军前去讨伐,正赶上天气暑热,气候潮湿,军中瘟疫流行,士兵多数病倒,大军无法越过阳山岭。过了一年多,高后去世,汉朝就停止军事行动。赵佗趁此机会以军队在边境耀武扬威,以财物赂赠闽越、西瓯和骆越,使其归属南越,听从役使,赵佗所控制的区域东西有一万余里。赵佗遂乘坐黄屋左纛车,以皇帝的身分发号施令,与汉朝天子没有区别。

及孝文帝元年,〔1〕初镇抚天下,使告诸侯四夷从代来即位意,〔2〕喻盛德焉。乃为佗亲冢在真定,〔3〕置守邑,〔4〕岁时奉祀。〔5〕召其从昆弟,〔6〕尊官厚赐宠之。诏丞相陈平等举可使南越者,〔7〕平言好畤陆贾,〔8〕先帝时习使南越。〔9〕乃召贾以为太中大夫,〔10〕往使。因让佗自立为帝,〔11〕曾无一介之使报者。〔12〕陆贾至南越,王甚恐,为书谢,〔13〕称曰:"蛮夷大长老夫臣佗,〔14〕前日高后隔异南越,〔15〕窃疑长沙王谗臣,〔16〕又遥闻高后尽诛佗宗族,掘烧先人冢,以故自弃,〔17〕犯长沙边境。且南方卑湿,〔18〕蛮夷中间,其东闽越千人众号称王,其西瓯骆裸国亦称王。〔19〕老臣妄窃帝号,〔20〕聊以自娱,岂敢以闻天王哉!"〔21〕乃顿首谢,〔22〕愿长为藩臣,〔23〕奉贡职。〔24〕于是乃下令国中曰:"吾闻两雄不俱立,两贤不并世。皇帝,贤天子也。自今以后,去帝制黄屋左纛。"陆贾还报,孝文帝大说。〔25〕遂至孝景时,〔26〕称臣,使人朝请。〔27〕然南越其居国窃如故号名,〔28〕其使天子,称王朝命如诸侯。〔29〕至建元四年卒。〔30〕

【注释】〔1〕"孝文帝",即汉文帝刘恒,其事迹见本书《孝文本纪》。〔2〕"使",派遣使者。"代",代国,治所在今山西太原市西南。刘恒于汉高帝十一年(公元前一九六年)被封为代王。高后八年(公元前一八〇年),周勃等平定诸吕之乱后,迎请刘恒到长安即位称帝。〔3〕"佗亲",赵佗的父、母亲。"冢",坟墓。〔4〕"置",设置。"守邑",专门守护坟墓的民户。〔5〕"岁时",逢年过节。"奉祀",举行祭祀。〔6〕"从昆弟",堂兄弟。〔7〕"丞相",朝中百官之首,辅佐皇帝,综理全国政务,兼掌司法、军事,可自己辟置僚属,有举荐、劾奏及处罚官员的权力,秩万石。"陈平",汉初重要政治家,其事迹见本书《陈丞相世家》。〔8〕"好畤",县名,治所在今陕西乾县东北。"陆贾",见前文注。陆贾系好畤人。〔9〕"先帝",指汉高帝刘邦。"习",熟悉。〔10〕"太中大夫",皇帝左右的侍从官员,掌顾问应对,奉诏出使。属郎中令,秩比千石。亦作"大中大夫"。〔11〕"让",责备。〔12〕"一介",一个。〔13〕"谢",谢罪,表示歉意。〔14〕"大长",首领。"老夫",上年纪男子的自称。〔15〕"隔",隔绝。"异",不同。延伸为视为异类。〔16〕"窃",私下,暗中。"谗",说别人坏话以破坏他人间的关系。〔17〕"以故",因此。"自弃",自暴自弃。此系赵佗通过自贬而掩饰自己的过失。〔18〕"卑湿",地势低下,气候潮湿。〔19〕"瓯骆",西瓯与骆越。"裸国",百姓赤身裸体的国家。岭南气候炎热,当地少数民族衣着较少,故被视为裸体。〔20〕"妄窃",妄自窃取。〔21〕"岂敢",怎么敢。"闻",听见。此处指向上汇报。"天王",对汉朝皇帝的尊称。〔22〕"顿首",叩头。〔23〕"藩臣",属国之臣。〔24〕"奉",遵从。"贡职",进贡的职守。〔25〕"说",音 yuè,欢喜。〔26〕"孝景",即汉景帝刘启,其事迹见本书《孝景本纪》。〔27〕"朝请",朝见天子。古代诸侯王朝见天子,春季朝见称为朝,秋季朝见称为请。〔28〕"居国",在国中。"故号",原先的皇帝名号。〔29〕"称王",自称汉朝封授的南越王号。"朝命",接受朝廷命令。〔30〕"建元",汉武帝所置年号。建元四年为公元前一三七年。"卒",去世。赵佗如于此年去世,则享年一百余岁。一说"卒"为衍字,"至建元四年"与下文连读。

【译文】到汉孝文帝元年(公元前一七九年),皇帝刚开始统治天下,派出使者告诉诸侯和四夷君长自己从代国来京即位的想法,使他们都知道皇帝的圣德。孝文帝下令为赵佗在真定的父母坟墓安排专门守墓的民户,逢年过节都进行祭祀,又召来赵佗的堂兄弟们,用高官厚赐来表示恩宠。孝文帝下诏命令丞相陈平等举荐可以出使南越的人,陈平讲好畤县人陆贾在先帝时曾出使南越,熟悉那里的情况。于是孝文帝召陆贾为太中大夫,派他出使南

越，借机责备赵佗自立为皇帝，竟然没有派一个使者前来报告。陆贾到达南越，赵佗十分惶恐，向孝文帝写信表示歉意，说："蛮夷大长老夫臣佗，先前高后隔绝并歧视南越，我私下怀疑是长沙王进谗言陷害我，又听说高后杀尽我的宗族，并掘烧我先人的坟墓，因此就自暴自弃，进犯长沙国的边境。而且南方地势低下，气候潮湿，在蛮夷中间，东边的闽越才有千余人众，就号称为王；西边的西瓯、骆越这样赤身裸体且不知羞耻的国家也称为王。老臣妄自窃取皇帝尊号，只是自己取乐，怎么敢向天王报告呢！"赵佗遂叩头谢罪，表示愿意永远作汉朝的属国臣子，遵奉朝命，进献贡品。于是就下令国中说："我听说两雄不并立，两贤不同世。汉朝皇帝是贤明的天子。从今以后，我不再用皇帝的身分发号施令，也不再乘坐黄屋左纛车。"陆贾回来报告，孝文帝大为高兴。到孝景帝时，赵佗一直向汉朝称臣，春、秋两季派使者进京朝见天子。但是，在南越国内他仍窃用皇帝的名号，只是派出的使者朝见天子时才称王，与诸侯一样接受朝廷的命令。赵佗活到汉武帝建元四年（公元前一三七年）去世。

佗孙胡为南越王。此时闽越王郢兴兵击南越边邑，〔1〕胡使人上书曰："两越俱为藩臣，〔2〕毋得擅兴兵相攻击。〔3〕今闽越兴兵侵臣，臣不敢兴兵，唯天子诏之。"于是天子多南越义〔4〕，守职约，为兴师，遣两将军往讨闽越。〔5〕兵未逾岭，闽越王弟余善杀郢以降，〔6〕于是罢兵。

【注释】〔1〕"此时"，指汉武帝建元六年（公元前一三五年）。〔2〕"两越"，即南越、闽越。〔3〕"擅"，擅自。〔4〕"多"，赞许。〔5〕"两将军"，即大行王恢与大农令韩安国。〔6〕"余善"，闽越王郢之弟，其事迹见本书《东越列传》。

【译文】赵佗的孙子赵胡继位成为南越王。当时闽越王郢发兵进犯南越边境城镇，赵胡派使者入朝上书，说："两越都是汉朝的藩国属臣，不得擅自发兵相互攻击。如今闽越发兵进犯臣的边境，臣不敢擅自发兵，请天子下诏裁决。"于是天子很赞许南越王的忠义行为，认为他恪尽职守，遵重盟约，就下令出兵，派遣王恢与韩安国两位将军前去讨伐闽越。汉朝大军还未越过山岭，闽越王郢的弟弟余善杀死郢，向汉朝投降，于是汉朝停止讨伐。

天子使庄助往谕意南越王，〔1〕胡顿首曰："天子乃为臣兴兵讨闽越，死无以报德！"遣太子婴齐入宿卫。〔2〕谓助曰："国新被寇，〔3〕使者行矣。胡方日夜装入见天子。"〔4〕助去后，其大臣谏胡曰："汉兴兵诛郢，亦行以惊动南越。且先王昔言，〔5〕事天子期无失礼，〔6〕要之不可以说好语入见。〔7〕入见则不得复归，亡国之势也。"于是胡称病，〔8〕竟不入见。后十余岁，胡实病甚，太子婴齐请归。胡薨，〔9〕谥为文王。〔10〕

【注释】〔1〕"庄助"，人名。后世史家避东汉明帝讳，改"庄"为"严"，遂称其为严助。其事迹见《汉书》本传。"谕"，告诉。〔2〕"宿卫"，在宫中侍卫。赵胡遣子入侍，既是亲密与汉朝的关系，又有充作人质的意思。〔3〕"被"，遭受。"寇"，敌人侵扰。〔4〕"装"，整顿行装。〔5〕"先王"，指南越武王赵佗。〔6〕"事"，奉事。"期"，希望。〔7〕"要之"，总之。"说"，音 yuè，喜欢。"好语"，动听的言辞。"入见"，入朝拜见天子。〔8〕"称病"，自称有病。〔9〕"薨"，音 hōng，去世。古代只有帝王、诸侯或高官去世称薨。赵胡的墓葬于一九八三年六月被发现，位于今广州市象岗山，内有随葬器物数千件，并发现刻有"文帝行玺"的龙纽金印，表明其在国内亦曾使用帝号。出土器物证实墓主系第二代南越王赵眜，在国内自称文帝，与赵胡系一人。有些学者认为史籍中的赵胡系赵眜之误，目前尚无定论。墓葬发掘情况详见广州象岗汉墓发掘队《西汉南越王墓发掘初步报告》，载《考古》一九八四年第三期。〔10〕"谥"，谥号。帝王及诸侯、大臣去世后，由君王或其后人根据其一生事迹所加给的有褒贬含义的称号。

【译文】天子派庄助前去向南越王讲清朝廷的用意，赵胡叩头说："天子竟然为臣发兵讨伐闽越，臣虽死也无法报答天子的恩德！"他派遣太子赵婴齐入朝充当天子的侍卫，并对庄助说："国家新近遭到敌寇侵犯，请使者先回朝返命。我正在日夜加紧整理行装，准备进京朝见天子。"庄助走后，南越国的大臣劝阻赵胡说："汉朝发兵讨伐闽越，也是以此来警告南越。而且先王从前讲过，事奉天子务必不要失礼，但不能听信使者的好话就入朝拜见天子。一入朝就不能再回来，这会导致亡国的。"于是赵胡自称有病，终究没有入朝拜见天子。过了十余年，赵胡确实病重，太子赵婴齐请求归国。赵胡去世后，被谥为文王。

婴齐代立，即藏其先武帝玺。〔1〕婴齐其入宿卫在长安时，〔2〕取邯郸樛氏女，〔3〕生子兴。及即位，上书请立樛氏女为后，〔4〕兴为嗣。〔5〕汉数使使者风谕婴齐，〔6〕婴齐尚乐擅杀生自恣，〔7〕惧入见要用汉法，〔8〕比内诸侯，〔9〕固称病，〔10〕遂不入见。遣子次公入宿卫。婴齐薨，谥为明王。〔11〕

【注释】〔1〕"藏"，收藏起来，不再使用。"先"，先人，祖上。"玺"，皇帝所用印章的专称。〔2〕"长安"，西汉都城，在今陕西西安市西北。〔3〕"取"，即"娶"。"邯郸"，县名，治所在今河北邯郸。"樛氏"，姓樛的人家。"樛"，音 jiū。〔4〕"后"，王后。〔5〕"嗣"，王位继承人。〔6〕"风谕"，用较为含蓄的话进行暗示与劝告。"风"，音 fěng。〔7〕"尚"，仍然。"乐"，喜好。"擅杀生"，擅自使用生杀予夺的权力。"自恣"，自我放纵，为所欲为。〔8〕"要"，要挟。"要"，音 yāo。〔9〕"比"，比于，与……相同。〔10〕"固"，坚持。〔11〕一九八三年在广州西村车辆段宿舍工地发掘一座西汉前期大型木椁墓，曾被盗掘，根据整理出的玉饰等器物推测可能系赵婴齐之墓。见麦英豪《象岗南越王墓反映的诸问题》，载一九八七年《岭南文史》第一〇辑。

【译文】赵婴齐继位成为南越王之后，就将他祖先武帝的玺印收藏起来。赵婴齐在长安担任侍卫时，娶邯郸樛姓女子为妾，生下儿子赵兴。到他即位后，上书朝廷，请求立樛氏为王后，赵兴为太子。汉朝数次派遣使者示意赵婴齐入朝拜见天子，而赵婴齐仍喜好独揽生杀大权，为所欲为，恐怕入朝拜见天子就会被强迫执行汉朝的法律，与内地的诸侯待遇相同。因此赵婴齐坚持讲自己身体有病，一直不肯入朝拜见天子。赵婴齐派儿子赵次公入朝充任天子的侍卫。赵婴齐去世后，被谥为明王。

太子兴代立，其母为太后。太后自未为婴齐姬时，〔1〕尝与霸陵人安国少季通。〔2〕及婴齐薨后，元鼎四年，〔3〕汉使安国少季往谕王、王太后以入朝，比内诸侯；令辩士谏大夫终军等宣其辞，〔4〕勇士魏臣等辅其缺，〔5〕卫尉路博德将兵屯桂阳，〔6〕待使者。王年少，太后中国人也，尝与安国少季通，其使，复私焉。〔7〕国人颇知之，多不附太后。太后恐乱起，亦欲倚汉威，数劝王及群臣求内属。〔8〕即因使者上书，〔9〕请比内诸侯，三岁一朝，除边关。〔10〕于是天子许之，赐其丞相吕嘉银印，〔11〕及内史、中尉、大傅印，〔12〕余得自置。除其故黥劓刑，〔13〕用汉法，比内诸侯。使者皆留填抚之。〔14〕王、王太后饬治行装重赍，〔15〕为入朝具。〔16〕

【注释】〔1〕"姬"，妾。〔2〕"尝"，曾经。"霸陵"，县名，治所在今陕西西安市东北。"安国少季"，人名。安国为复姓。"通"，私通。〔3〕"元鼎"，汉武帝年号。元鼎四年为公元前一一三年。〔4〕"辩士"，长于论辩之士。"谏大夫"，官名。掌谏议，属郎中令，秩比八百石，无定员。"终军"，人名。其事迹见《汉书》本传。"宣"，宣达，宣讲。〔5〕"辅"，辅助。"缺"，不足。《史记集解》引徐广曰："一作'决'。"《汉书·西南夷两粤朝鲜传》作"决"，颜师古注曰："助令决策也。"〔6〕"卫尉"，官名。掌统率卫士守护皇宫，有时亦被派遣统兵出征。秩中二千石，为九卿之一。"路博德"，人名。其事迹附见本书《卫将军骠骑列传》。"将"，音 jiàng，统率。"屯"，驻扎。"桂阳"，郡名，治所在郴县(今湖南郴州)。〔7〕"复私"，再次私通。〔8〕"内属"，向内归属汉朝。〔9〕"因"，通过。〔10〕"除"，撤除。"边关"，边境上的关口要塞。〔11〕"丞相"，官名。此系南越王国最高行政长官，与朝廷中的丞相名称虽同，地位相差甚远。汉朝丞相秩万石，金印紫绶；诸王国相秩二千石，银印青绶。西汉初，诸王国设相国，辅佐国君掌管国政；汉惠帝元年(公元前一九四年)，改名为丞相；汉景帝中元五年(公元前一四五年)，又改名为相。因南越王国的独立性较大，故仍称丞相。"银印"，银制成的印章，一般授予二千石官员使用。〔12〕"内史"，官名。诸王国中掌管民政事务的官员，地位仅次于相。"中尉"，官名。诸王国中的军事长官，掌国中军事。"大傅"，官名，即太傅。诸王国置，以辅导国君，一般不管理具体事务。〔13〕"黥"，古代的一种刑罚。以刀刻刺犯人的额部或面颊，再涂上墨，亦称墨刑。"劓"，古代的一种刑罚，以刀割去犯人的鼻子。汉文帝时期下令废除这些残损人肢体、形象的肉刑，代之以其他刑罚。〔14〕"填抚"，镇定安抚。"填"，此处为"镇"的通假字。〔15〕"饬治"，整治。"饬"，音

chì。“赍”，音 zī，为“资”的通假字，资财。〔16〕“具”，准备。

【译文】赵兴继位成为南越王，其母樛氏成为王太后。太后在未成为赵婴齐的姬妾时，就曾与霸陵人安国少季私通。到赵婴齐去世后，汉武帝元鼎四年(公元前一一三年)，汉朝派安国少季前往南越，劝说南越王与王太后入朝拜见天子，与内地诸侯一样；同时命令能言善辩的谏大夫终军等宣达朝廷旨意，勇士魏臣等加以辅佐，再派卫尉路博德率军驻扎在桂阳，以等待使者的消息。南越王赵兴年幼，太后是中原人，曾与安国少季私通，这次安国少季前来出使，他们再次私通。南越国人得知此事后，多不依附太后。太后恐怕会发生变乱，也想倚仗汉朝的威势，多次劝说南越王及群臣请求归属汉朝。他们就通过使者上书朝廷，请求依照内地诸侯的惯例，三年朝见天子一次，撤除边境上的关塞。于是天子允许他们的请求，赐给南越国丞相吕嘉银印，以及内史、中尉、大傅的官印，其余官职允许南越国自己设置。废除南越国原有的黥刑、劓刑，使用汉朝的法律，与内地诸侯一样。汉朝使者都留下来安抚稳定南越国的局势。南越王与王太后整理行装和贵重资财，为入朝作准备。

其相吕嘉年长矣，[1]相三王，[2]宗族官仕为长吏者七十余人，[3]男尽尚王女，[4]女尽嫁王子兄弟宗室，及苍梧秦王有连。[5]其居国中甚重，[6]越人信之，多为耳目者，[7]得众心愈于王。[8]王之上书，数谏止王，王弗听。[9]有畔心，[10]数称病不见汉使者。使者皆注意嘉，势未能诛。[11]王、王太后亦恐嘉等先事发，[12]乃置酒，介汉使者权，[13]谋诛嘉等。使者皆东乡，[14]太后南乡，王北乡，相嘉、大臣皆西乡，侍坐饮。嘉弟为将，将卒居宫外。[15]酒行，太后谓嘉曰：“南越内属，国之利也，而相君苦不便者，[16]何也？”以激怒使者。使者狐疑相杖，[17]遂莫敢发。嘉见耳目非是，[18]即起而出。太后怒，欲鏦嘉以矛，[19]王止太后。嘉遂出，分其弟兵就舍，[20]称病，不肯见王及使者。乃阴与大臣作乱。[21]王素无意诛嘉，[22]嘉知之，以故数月不发。太后有淫行，[23]国人不附，欲独诛嘉等，力又不能。

【注释】〔1〕“相”，丞相的省称。〔2〕“三王”，指南越文王赵胡、明王赵婴齐及赵兴。〔3〕“官仕”，出仕为官。〔4〕“尚”，娶，一般指臣民与帝王之女结亲。〔5〕“及”，与。“苍梧秦王”，即赵光，是居住在苍梧地区的越人首领，他自称秦王。汉朝平定南越后，设置苍梧郡，治所在广信(今广西梧州)。“有连”，有联姻关系。〔6〕“甚重”，权势甚重。〔7〕“耳目”，侦听消息的人。〔8〕“愈”，超过。〔9〕“弗”，不。〔10〕“畔”，叛的通假字。〔11〕“势”，当时的形势。〔12〕“先事发”，首先发动政变。〔13〕“介”，凭借。〔14〕“东乡”，面向东方。“乡”，音 xiàng，为“向”的通假字。以下同。〔15〕“将卒”，统率兵士。〔16〕“相君”，对丞相的尊称。〔17〕“狐疑”，疑虑不决。“相杖”，相互观望。〔18〕“耳目非是”，酒席中的侍者与平常不同。〔19〕“鏦”，音 cōng，本义为小矛，引申为用矛等兵器冲刺。〔20〕“就舍”，返回家中。〔21〕“阴”，暗中。〔22〕“素”，一向。〔23〕“淫行”，淫荡行为。

【译文】南越国丞相吕嘉年龄已很大，他辅佐过三代国王，他宗族中担任较高官职的就有七十余人，男的都娶王女为妻，女的也都嫁给王的兄弟子侄及宗室，同时还与苍梧秦王赵光有联姻关系。吕嘉在南越国中权势甚重，越人信任他，很多人都是他的亲信，为他充当耳目，在得人心方面超过南越王。南越王上书朝廷时，吕嘉屡次进行劝阻，但王没有采纳他的意见。吕嘉有反叛之心，屡次借口有病不见汉朝使者。使者们都注意吕嘉的动向，但迫于形势，不敢下手杀他。南越王、王太后也恐怕吕嘉等首先发动政变，就摆设酒宴，想借助汉朝使者的威势，杀死吕嘉等人。在酒宴上，汉朝使者都面向东坐，太后面向南，南越王面向北，丞相吕嘉及诸大臣都面向西，侍坐陪饮。吕嘉的弟弟为将军，率军驻扎在宫外。酒宴进行中，太后对吕嘉说：“南越归属汉朝，是于国家有利的事，而丞相您却坚持反对，是什么原因？”太后想以此激怒汉朝使者。汉朝使者犹豫不决，互相观望，终究没敢动手。吕嘉看到周围形势不对，立即起身出去。太后大怒，想以矛刺杀吕嘉，南越王阻止了太后的举动。吕嘉就走出王宫，从弟弟所统军队中分出一部分，护送自己返回家中。从此，吕嘉借口有病，不肯再见南越王及汉朝使者，暗中与大臣们谋划叛乱。南越王一向无意杀死吕嘉，吕嘉知道这一点，因此几个月也没动手。太后有淫乱行为，南越国的百姓不依附于她，她想要独自杀死吕嘉等，但又没有办成此事的力量。

天子闻嘉不听王,[1]王、王太后弱孤不能制,使者怯无决。[2]又以为王、王太后已附汉,独吕嘉为乱,不足以兴兵,欲使庄参以二千人往使。[3]参曰:“以好往,[4]数人足矣;以武往,二千人无足以为也。”[5]辞不可,[6]天子罢参也。[7]郏壮士故济北相韩千秋奋曰:[8]“以区区之越,[9]又有王、太后应,独相吕嘉为害,愿得勇士二百人,必斩嘉以报。”于是天子遣千秋与王太后弟樛乐将二千人往。入越境,吕嘉等乃遂反,下令国中曰:“王年少。太后,中国人也,又与使者乱,[10]专欲内属,[11]尽持先王宝器入献天子以自媚,[12]多从人,行至长安,虏卖以为僮仆。[13]取自脱一时之利,[14]无顾赵氏社稷,为万世虑计之意。”[15]乃与其弟将卒攻杀王、太后及汉使者。遣人告苍梧秦王及其诸郡县,立明王长男越妻子术阳侯建德为王。[16]而韩千秋兵入,破数小邑。其后越直开道给食,[17]未至番禺四十里,越以兵击千秋等,遂灭之。使人函封汉使者节置塞上,[18]好为谩辞谢罪,[19]发兵于要害处。于是天子曰:“韩千秋虽无成功,亦军锋之冠。[20]封其子延年为成安侯。[21]樛乐,其姊为王太后,首愿属汉,封其子广德为龙亢侯。”[22]乃下赦曰:“天子微,[23]诸侯力政,[24]讥臣不讨贼。[25]今吕嘉、建德等反,自立晏如,[26]令罪人及江淮以南楼船十万师往讨之。”[27]

【注释】〔1〕“不听”,不服从。〔2〕“怯”,胆怯,怯懦。“无决”,不能决断。〔3〕“庄参”,人名。〔4〕“好”,友好的形式。〔5〕“无足以为”,不足以有所作为。〔6〕“辞”,推辞。〔7〕“罢”,停止。〔8〕“郏”,县名,治所在今河南郏县。“故”,先前的,前任。“济北相”,官名,即济北国相。济北国治所在卢县(今山东长清东南)。“韩千秋”,人名。“奋”,奋然,挺身而出。〔9〕“区区”,小。〔10〕“乱”,淫乱。〔11〕“专欲”,一心只想。〔12〕“宝器”,帝王玺印等各种珍贵器物。〔13〕“虏卖”,掠卖。〔14〕“自脱”,自己脱身。〔15〕“虑计”,考虑,着想。〔16〕“明王”,即赵婴齐。“长男”,长子。“越妻子”,即赵婴齐元配南越籍妻子所生的儿子。“术阳侯建德”,即赵建德,据本书《建元以来侯者年表》,赵建德于汉武帝元鼎四年(公元前一一一年)因是南越王赵兴之兄而被封为术阳侯。术阳侯食邑在东海郡下邳县(今江苏睢宁西北)。〔17〕“直”,径直。“开道”,让开道路。“给食”,供给饮食。〔18〕“函封”,装在匣内并封好。“节”,符节,是授予使者的凭证。〔19〕“谩辞”,欺骗人的言辞。〔20〕“军锋”,军队前锋。“冠”,第一,引申为楷模,榜样。〔21〕“成安侯”,其食邑在今河南临汝东南。〔22〕“龙亢侯”,其食邑在今安徽蒙城东南。〔23〕“微”,衰弱。〔24〕“力政”,极力干预政事。一说“政”系“征”的通假字,意指诸侯相互起兵攻击。〔25〕“讥”,讥刺。〔26〕“晏如”,安然无事的样子。〔27〕“楼船”,建有高楼的大船,指汉朝水军。“师”,军队。

【译文】天子听说吕嘉不服从南越王,王和王太后势孤力弱,不能控制局势,汉朝使者怯懦而不能决断。又认为南越王、太后已归附汉朝,只有吕嘉阴谋叛乱,不值得兴师动众,打算派庄参率领二千人出使南越。庄参说:“作为友好使者,几个人就足够了;如果作为武力威胁,二千人不足以办成大事。”庄参推辞不肯去,天子就免去他的官职。郏地的壮士,前任济北相韩千秋挺身而出,说:“以一个小小的南越,又有王、太后作为内应,只有丞相吕嘉从中破坏,我愿率领勇士二百人前往,一定杀死吕嘉,还报朝廷。”于是天子派遣韩千秋与王太后的弟弟樛乐率领二千人出使南越。他们一进南越国境,吕嘉等就发动叛乱,下令国中说:“国王年幼。太后是中原人,又与汉朝使者通奸,只想归附汉朝,把先王珍宝重器都献给天子,以此来谄媚天子。她要带走许多随从,走到长安后,就将他们都卖给汉人作奴仆。太后只求自己脱身的一时之利,而不顾赵氏的社稷,也没有为后世子孙长久之计着想的意思。”吕嘉就与自己弟弟率兵进攻并杀死南越王、太后及汉朝使者。吕嘉派人告诉苍梧秦王赵光及各郡、县,立明王赵婴齐的长子,即他与元配南越籍妻子所生的术阳侯赵建德为南越王。而韩千秋率军进入南越境内,攻破几个小城镇。以后,南越人索性让开道路,供给饮食,使汉军深入,在距番禺四十里的地方,南越派军进攻韩千秋等,将汉军全部消灭。吕嘉派人将汉朝使者的符节封装在匣内,送到边塞之上,并大讲一通欺骗人的话表示歉意,同时发兵防守各要害之地。于是天子说:“韩千秋虽然没有

成功，但也为前锋将士树立一个榜样，封他儿子韩延年为成安侯。樛乐的姐姐身为王太后，首先表示愿归属汉朝，封樛乐的儿子樛广德为龙亢侯。”接着天子又发布赦令说：“天子衰微，诸侯干预政事，互相攻伐，《春秋》就讥刺大臣不知讨伐叛贼。如今吕嘉、赵建德等造反，安然无事地自立为王，我命令犯罪之人及江、淮以南的水军十万人前去进行讨伐。”

元鼎五年秋，卫尉路博德为伏波将军，〔1〕出桂阳，下汇水；〔2〕主爵都尉杨仆为楼船将军，〔3〕出豫章，〔4〕下横浦；故归义越侯二人为戈船、下厉将军，〔5〕出零陵，〔6〕或下离水，〔7〕或抵苍梧；使驰义侯因巴蜀罪人，〔8〕发夜郎兵，〔9〕下牂柯江，〔10〕咸会番禺。〔11〕

【注释】〔1〕“伏波将军”，将军名号。〔2〕“汇水”，一作“洭水”，或作“湟水”，即今广东连江。〔3〕“主爵都尉”，官名，掌管封爵事务。“杨仆”，人名，其事迹见本书《酷吏列传》。“楼船将军”，将军名号，统领水军。〔4〕“豫章”，郡名，治所在南昌（今江西南昌市）。〔5〕“故”，先前。“归义”，归向大义，即投降汉朝。“越侯”，被封侯的南越人。“二人”，据梁廷楠《南越五主传》，此二人为郑严、田甲。“戈船”，将军名号。以郑严为戈船将军。一说是因将戈置于船下，以防蛟龙及越人凿船，即以之作为将军名号。“下厉”，将军名号。以田甲为下厉将军。“厉”，一作“濑”。〔6〕“零陵”，县名，治所在今广西全州西南。〔7〕“离水”，即今漓江。〔8〕“驰义侯”，《史记集解》引徐广曰：“驰义侯，越人也，名遗。”据梁廷楠《南越五主传》，驰义侯为何遗。“因”，凭借。“巴”，郡名，治所在江州（今四川重庆北）。“蜀”，郡名，治所在成都（今四川成都）。〔9〕“发”，征发。“夜郎”，国名，见本书《西南夷列传》。〔10〕“牂柯江”，水名，即今北盘江。“牂”，音 zāng。〔11〕“咸”，全部。“会”，会合。

【译文】元鼎五年秋季，天子以卫尉路博德为伏波将军，从桂阳出发，沿汇水而下；以主爵都尉杨仆为楼船将军，从豫章出发，直下横浦；以先前归顺汉朝并被封为侯爵的两个南越人为戈船、下厉将军，从零陵出发，一人率军沿离水而下，一人率军直达苍梧；派驰义侯何遗利用巴、蜀地区被赦的罪人，调发夜郎国的军队，沿牂柯江而下。各路人马都到番禺会师。

元鼎六年冬，楼船将军将精卒先陷寻陕，〔1〕破石门，〔2〕得越船粟，〔3〕因推而前，〔4〕挫越锋，〔5〕以数万人待伏波。伏波将军将罪人，道远，会期后，〔6〕与楼船会乃有千余人，遂俱进。楼船居前，至番禺。建德、嘉皆城守。〔7〕楼船自择便处，居东南面，伏波居西北面。会暮，〔8〕楼船攻败越人，纵火烧城。越素闻伏波名，日暮，不知其兵多少。伏波乃为营，遣使者招降者，赐印，复纵令相招。〔9〕楼船力攻烧敌，反驱而入伏波营中。犁旦，〔10〕城中皆降伏波。吕嘉、建德已夜与其属数百人亡入海，〔11〕以船西去。伏波又因问所得降者贵人，以知吕嘉所之，〔12〕遣人追之。以其故校尉司马苏弘得建德，〔13〕封为海常侯；〔14〕越郎都稽得嘉，〔15〕封为临蔡侯。〔16〕

【注释】〔1〕“寻陕”，地名。《史记索隐》引姚氏云：“寻陕在始兴西三百里，近连口也。”连口，即今广东连江汇入北江处。一说“寻陕”即浈阳峡，在今广东英德南。“陕”，音 xiá。〔2〕“石门”，地名。在今广东广州西北。〔3〕“船粟”，船只与粮食。〔4〕“因”，于是。“推”，推进。〔5〕“挫”，挫败。“越锋”，南越军的前锋。〔6〕“会”，碰巧。“期”，约定的会师期限。〔7〕“城守”，据城防守。〔8〕“会暮”，恰好在天黑时。〔9〕“复”，再次，又。“纵”，放出去。“相招”，去招降南越将士。〔10〕“犁旦”，黎明。“犁”，为“黎”的通假字。“旦”，天明。〔11〕“亡”，逃亡。〔12〕“所之”，所去的方向。〔13〕“故校尉”，前任校尉。“司马”，伏波将军司马，为伏波将军的主要僚佐。“苏弘”，人名。〔14〕“海常侯”，《史记集解》引徐广曰：“在东莱。”谓其食邑在东莱郡，东莱郡治所在今山东掖县。一说其食邑在琅邪郡，琅邪郡治所在今山东诸县。〔15〕“越郎”，南越国的郎官。郎官为帝王的侍从官员，掌守卫门户，侍从出行及顾问应对等。“都稽”，人名。本书《建元以来侯者年表》作“孙都”。〔16〕“临蔡侯”，其食邑在河内郡，河内郡治所在怀县（今河南武陟西南）。

【译文】元鼎六年冬季，楼船将军杨仆统率精兵首先攻下寻陕，攻破石门，俘获南越的船只与粮食，乘机向前推进，挫败越军前锋，率领数万大军等待伏波将军。伏波将军路博德率领被赦的罪人，路途遥远，碰巧耽误了会师的期限，与楼船将军会师时，伏波将军部下只有千余人，于是他们一同前进。楼船将军率军在前，直达番禺。赵建德、吕嘉等都据城防守。楼船将军自已选择有利地势，占据番禺城的东南面，伏波将军就驻军城的西北面。正当天黑时，楼船将军击败越人，放火烧城。南越人一向知道伏波将军的威名，天色已晚，不知他有多少兵马。伏波将军就建起营寨，派使者去招纳投降的越人，赐给这些降人印信后，又让他们出去招纳其余的越人。楼船将军奋力进攻，烧毁敌城，反而将越军都赶入伏波将军营中。黎明时，城中的人都向伏波将军投降。吕嘉、赵建德已在夜里率部属数百人逃到海上，乘船西去。伏波将军又借机询问已投降的南越贵人，从而得知吕嘉逃走的方向，派兵前去追赶。现任伏波将军司马的原校尉苏弘捉获赵建德，被封为海常侯；南越国郎官都稽捉到吕嘉，被封为临蔡侯。

苍梧王赵光者，〔1〕越王同姓，闻汉兵至，及越揭阳令定，〔2〕自定属汉，〔3〕越桂林监居翁谕瓯骆属汉，〔4〕皆得为侯。〔5〕戈船、下厉将军兵及驰义侯所发夜郎兵未下，南越已平矣。遂为九郡。〔6〕伏波将军益封。〔7〕楼船将军兵以陷坚为将梁侯。〔8〕

【注释】〔1〕“赵光”，即前面提到的苍梧秦王。〔2〕“及”，和、同。“揭阳”，县名。属南海郡，治所在今广东揭阳西北。“定”，人名。据《汉书·西南夷两粤朝鲜传》，揭阳令为史定。〔3〕“自定”，自己安定境内。“属汉”，归属汉朝。〔4〕“桂林监”，官名。南越所设管理桂林地区的官员。“居翁”，人名。“喻”，开导，告知。〔5〕“侯”，侯爵。据本书《建元以来侯者年表》，赵光被封为随桃侯，史定被封为安道侯，居翁被封为湘成侯。〔6〕“九郡”，平定南越后，汉朝将其统治区域划分为南海、苍梧、郁林、合浦、交阯、九真、日南、珠崖、儋耳等九郡。〔7〕“益封”，增加食邑户数。〔8〕“陷坚”，攻陷坚固的城防、阵地，亦可指击溃敌军的中坚力量。

【译文】苍梧王赵光与南越王是同姓，他听到汉朝军队到来的消息，与南越揭阳县令史定自己安定境内百姓，归属汉朝，南越桂林监居翁开导西瓯、骆越等归属汉朝，他们都被封为侯爵。戈船、下厉将军的军队及驰义侯所调发的夜郎国军队都还未到，南越已经被平定。汉朝就将这一地区划分为南海、苍梧、郁林、合浦、交阯、九真、日南、珠崖、儋耳九郡。伏波将军路博德因功被增加封户。楼船将军杨仆率军攻陷敌军的坚固城防，被封为将梁侯。

自尉佗初王后，〔1〕五世九十三岁而国亡焉。〔2〕

【注释】〔1〕“初王”，开始称王。〔2〕“五世”，五代。

【译文】从尉佗开始称南越王以后，传国五世，共九十三年，南越国就灭亡了。

太史公曰：尉佗之王，本由任嚣。〔1〕遭汉初定，〔2〕列为诸侯。隆虑离湿疫，〔3〕佗得以益骄。瓯骆相攻，南越动摇。汉兵临境，婴齐入朝。其后亡国，征自樛女；〔4〕吕嘉小忠，〔5〕令佗无后。〔6〕楼船从欲，〔7〕怠傲失惑；〔8〕伏波困穷，〔9〕智虑愈殖，〔10〕因祸为福。〔11〕成败之转，〔12〕譬若纠墨。〔13〕

【注释】〔1〕“本”，原本，本来。〔2〕“遭”，遇到。“初定”，刚刚平定。〔3〕“隆虑”，指隆虑侯周灶统率的军队。“离”，为“罹”的通假字，碰到，染上。“湿疫”，潮湿闷热季节流行的瘟疫。〔4〕“征”，征兆，预兆。“樛女”，指赵婴齐娶姓樛女子，并立其为王后一事。〔5〕“小忠”，指吕嘉不肯归属汉朝的行为，是仅忠于南越，而没有考虑大局的发展变化，故只能称为“小忠”。〔6〕“无后”，指南越王国不能传续，不是指没有后裔。〔7〕“从欲”，放纵欲望。“从”，为“纵”的通假字。〔8〕“怠傲”，怠惰骄傲。“失惑”，昏惑失职。一说“失”为“泆”的通假字，意为放荡。〔9〕“困穷”，困迫不得志，遭遇坎坷。〔10〕“智虑”，智谋。“愈殖”，愈益增多。〔11〕“因”，由。〔12〕“转”，转换。〔13〕“纠墨”，几股绳索缠绕在一起。引伸为祸福转换，就像绳索缠绕，随时会变换位置一样。“纠”，原义为三股绳绕在一起。“墨”，为“纆”的通假字，原义为两股绳绕在一起。

【译文】太史公说：尉佗称王，本来出于任嚣的提拔。正赶上汉朝刚平定天下，他被封为诸侯。隆虑侯周灶的大军遇到湿热气候，流行瘟疫，尉佗因此而更加骄傲。西瓯、骆越前来进攻，使得南越王的统治动摇。汉朝大军临境，太子赵婴齐因此入朝充任侍卫。以后南越亡国，其预兆就在于赵婴齐娶了樛氏的女儿。吕嘉只重小忠，不识大体，使得尉佗创建的国家被灭亡。楼船将军纵欲不节，怠慢骄傲，昏惑失职；伏波将军遭遇坎坷，智谋愈益丰富，因而转祸为福。可见祸福成败的转换，就如同缠绕着的绳索一样，难以预料。

史记卷一百一十四

东越列传第五十四

闽越王无诸及越东海王摇者,[1]其先皆越王句践之后也,[2]姓驺氏。[3]秦已并天下,皆废为君长,[4]以其地为闽中郡。[5]及诸侯畔秦,[6]无诸、摇率越归鄱阳令吴芮,[7]所谓鄱君者也,[8]从诸侯灭秦。当是之时,项籍主命,[9]弗王,[10]以故不附楚。[11]汉击项籍,[12]无诸、摇率越人佐汉。[13]汉五年,[14]复立无诸为闽越王,王闽中故地,[15]都东冶。[16]孝惠三年,[17]举高帝时越功,[18]曰闽君摇功多,其民便附,[19]乃立摇为东海王,都东瓯,[20]世俗号为东瓯王。

【注释】〔1〕"闽越",族名,古代南方越人的一支。亦称"东越",《史记集解》引韦昭曰:"闽音武巾反。东越之别名。"秦汉时期主要分布在今福建北部和浙江南部。"无诸",人名。"东海",指今浙江南部沿海地区。"摇",人名。〔2〕"其先",他们的祖先。"句践",人名。其事迹见本书《越王句践世家》。〔3〕"驺氏",《史记集解》引徐广曰:"驺,一作'骆'。"陈直《史记新证》:"驺为齐大姓,不闻在闽越,传文为骆字之误无疑"。〔4〕"君长",指少数民族的首领。〔5〕"闽中",郡名。治所在东冶(今福建福州)。〔6〕"畔",为"叛"的通假字,反叛。〔7〕"越",越人。"鄱阳",县名,治所在今江西波阳东北。一说秦朝时于此地置番县,西汉改名番阳,东汉再改为鄱阳。"鄱",音 pó。"吴芮",人名。其事迹见《汉书·韩彭英卢吴传》。〔8〕"鄱君",吴芮曾任鄱阳令,故被称为"鄱君"。亦作"番君"。〔9〕"项籍",人名。其事迹见本书《项羽本纪》。"主命",控制号令诸侯的权力。〔10〕"弗王",未被封为王。项羽掌权后,分封诸侯王,但未封无诸与摇为王。〔11〕"以故",因此。"楚",指项羽以西楚霸王名义统治的楚政权。〔12〕"汉",指刘邦建立的汉政权。项羽大封诸侯王时,刘邦被封为汉王,统治汉中及巴蜀地区。后刘邦起兵与项羽争夺天下,即以汉作为国号。〔13〕"佐",辅佐。〔14〕"汉五年",指汉王刘邦五年(公元前二〇二年)。〔15〕"王",音 wàng,统治。〔16〕"都",建都,以……为都城。"东冶",县名,在今福建福州。〔17〕"孝惠",即西汉孝惠帝刘盈,其事迹见本书《吕太后本纪》及《汉书·惠帝纪》。惠帝三年即公元前一九二年。〔18〕"举",列举。"高帝",即汉高帝刘邦。"越功",越人的功劳。〔19〕"便",音 pián,安逸。"附",归附。〔20〕"东瓯",地名,在今浙江温州。

【译文】闽越王无诸和越东海王摇,他们的祖先都是越王句践的后代,姓驺。秦统一天下后,他们都被废黜为部族首领,在这一地区设置闽中郡。到诸侯反叛秦朝时,无诸、摇率领越人归附被称为鄱君的鄱阳令吴芮,跟随诸侯灭亡了秦国。当时,项羽掌握着号令诸侯的权力,没有立无诸和摇为王,所以他们没有归附项羽的楚政权。汉王刘邦起兵进攻项羽,无诸、摇率领越人辅佐汉王。汉王五年(公元前二〇二年),重新立无诸为闽越王,统治原秦朝设置的闽中郡,建都于东冶。汉惠帝三年(公元前一九二年),列举高帝时越人的辅佐之功,朝廷认为闽君摇的功劳多,治下的百姓乐于归附,于是立摇为东海王,建都于东瓯,因此民间称摇为东瓯王。

后数世,至孝景三年,[1]吴王濞反,[2]欲从闽越,[3]闽越未肯行,[4]独东瓯从吴。及吴破,[5]东瓯受汉购,[6]杀吴王丹徒,[7]以故皆得不诛,[8]归国。

【注释】〔1〕"孝景",即西汉孝景帝刘启,其事迹见本书《孝景本纪》。孝景三年即公元前一五四

年。〔2〕“吴王濞”，即吴王刘濞。其事迹见本书《吴王濞列传》。“濞”，音 bì。吴为汉初所封同姓诸侯王国之一，辖东阳、彰郡、会稽等三郡，建都广陵(今江苏扬州西北)。〔3〕“从”，使……跟随。〔4〕“行”，随行。〔5〕“吴破”，指吴王刘濞兵败。〔6〕“购”，重金收买。〔7〕“丹徒”，县名，今属江苏，在镇江市东北。〔8〕“诛”，惩罚。

【译文】过了几代之后，到汉景帝三年(公元前一五四年)，吴王刘濞造反，想让闽越随他一同反叛汉朝，闽越不肯出兵，只有东瓯跟随吴王造反。到吴军战败时，东瓯接受汉朝的重金收买，在丹徒杀死吴王刘濞。因此东瓯、闽越都没有受到处罚，各自归回自己国中。

吴王子子驹亡走闽越，[1]怨东瓯杀其父，常劝闽越击东瓯。至建元三年，[2]闽越发兵围东瓯。东瓯食尽，困，且降，[3]乃使人告急天子。天子问太尉田蚡，[4]蚡对曰：“越人相攻击，固其常，[5]又数反覆，不足以烦中国往救也。[6]自秦时弃弗属。”[7]于是中大夫庄助诘蚡曰：[8]“特患力弗能救，[9]德弗能覆；诚能，[10]何故弃之？且秦举咸阳而弃之，何乃越也！今小国以穷困来告急天子，天子弗振，[11]彼当安所告愬？[12]又何以子万国乎？”[13]上曰：[14]“太尉未足与计。[15]吾初即位，不欲出虎符发兵郡国。”[16]乃遣庄助以节发兵会稽。[17]会稽太守欲距不为发兵，[18]助乃斩一司马，[19]谕意指，[20]遂发兵浮海救东瓯。[21]未至，闽越引兵而去。东瓯请举国徙中国，[22]乃悉举众来，[23]处江、淮之间。[24]

【注释】〔1〕“子驹”，人名，即吴王刘濞的儿子刘子驹。“亡走”，逃亡。〔2〕“建元”，汉武帝年号。建元三年为公元前一三八年。〔3〕“且”，将要。〔4〕“太尉”，官名。西汉初置为武将最高职务，担任临时性军事统帅，或作为皇帝的军事顾问，但没有发兵及统兵的实际职权。秩万石，不常设。汉武帝以文臣充任，地位仅次于丞相。后废。至东汉初始复置。“田蚡”，人名，其事迹见本书《魏其武安侯列传》。〔5〕“固”，本来。〔6〕“中国”，中原地区，亦可指统治中原地区的政权。〔7〕“弃”，放弃。“弗属”，不属于。〔8〕“中大夫”，官名。侍从皇帝左右，掌议论国政，秩比二千石，属郎中令(光禄勋)。〔9〕“特”，只是，不过。“患”，怕，恐怕。〔10〕“诚”，如果。〔11〕“振”，救助。〔12〕“愬”，为“诉”的通假字，诉说，诉苦。〔13〕“何以”，怎么能。“子”，养育，爱护。“万国”，泛指天下各国。〔14〕“上”，皇上，皇帝。〔15〕“与计”，在一起商量。〔16〕“虎符”，当时调兵遣将的信物。一般用铜铸成虎形，背上有铭文，分为两半，右半留存朝廷，左半授予统兵将帅。调动兵马时由使臣持符前往，验合后方可发兵。“发兵”，调遣军队。“郡国”，直属于朝廷的郡与由诸王统治的王国。〔17〕“节”，符节。朝廷使者出行时所持的信物，以旄牛尾、禽羽等编制，代表朝廷行使权力。“会稽”，郡名，治所在吴县(今江苏苏州)。〔18〕“太守”，官名。郡的最高行政长官，秩二千石。“距”，抗拒、抵制，为“拒”的通假字。〔19〕“司马”，官名。郡中统兵官员。〔20〕“谕”，告谕、告诉。“意指”，意图、指示。〔21〕“浮海”，乘船过海。〔22〕“举国”，全国。〔23〕“悉”，都。〔24〕“处”，安置，居住。

【译文】吴王的儿子刘子驹逃到闽越，他怨恨东瓯杀死自己的父亲，经常劝说闽越去进攻东瓯。到汉武帝建元三年(公元前一三八年)，闽越发兵围攻东瓯。东瓯人粮草已尽，走投无路，将要投降，就派使者向汉朝天子告急。天子询问太尉田蚡，田蚡回答说：“越人相互攻打，本来就是常事，何况他们又反复无常，不值得烦劳中国前去援救。从秦朝时就已放弃他们，不再将其当作属国。”于是中大夫庄助质问田蚡说：“只是担心力量不足，不能救助他们，恩德尚薄，不能覆育他们；如果真有能力，为什么要抛弃他们？而且秦国连国都咸阳都丢掉了，何况是越人呢！如今小国因走投无路来向天子告急，天子不去救助，他们还能到哪里去诉苦求救呢？天子又怎样来养育和保护天下万国的臣民呢？”天子说：“太尉不足以与我商讨天下大事。我刚即位，不想出虎符从郡、国调动军队。”于是派遣庄助用符节到会稽郡去调兵出征。会稽太守打算抗拒朝命，不发兵马，庄助就杀死一名司马，宣示天子的旨意，终于发兵渡海去援救东瓯。汉军尚未到达，闽越已率军离去。东瓯请求将全国臣民都迁徙到中原地区，得到朝廷允许，就将全部民众都迁来，居住在长江与淮河之间。

至建元六年,闽越击南越。[1]南越守天子约,不敢擅发兵击而以闻。[2]上遣大行王恢出豫章,[3]大农韩安国出会稽,[4]皆为将军。[5]兵未逾岭,闽越王郢发兵距险。[6]其弟余善乃与相、宗族谋曰:[7]"王以擅发兵击南越,不请,[8]故天子兵来诛。今汉兵众强,今即幸胜之,[9]后来益多,终灭国而止。今杀王以谢天子,天子听,罢兵,固一国完;[10]不听,乃力战,不胜,即亡入海。"[11]皆曰"善"。即鏦杀王,[12]使使奉其头致大行。大行曰:"所为来者诛王。今王头至,谢罪,不战而耘,[13]利莫大焉。"乃以便宜案兵告大农军,[14]而使使奉王头驰报天子。诏罢两将兵,曰:"郢等首恶,独无诸孙繇君丑不与谋焉。"[15]乃使郎中将立丑为越繇王,[16]奉闽越先祭祀。[17]

【注释】〔1〕"南越",族名,越人的一支。亦为国名。见本书《南越列传》。〔2〕"以闻",将事情向上报告。此处指向朝廷报告。〔3〕"大行",官名,即大行令。为九卿之一,掌接待诸侯王,安排朝会、封授等仪式,秩中二千石。后改称大鸿胪。"王恢",人名。燕国(都蓟城,今北京市西南)人,初为边郡官吏。后曾献计在马邑(今山西朔县)伏击匈奴,谋泄,无功,下狱后自杀。"豫章",郡名,治所在南昌(今属江西)。〔4〕"大农",官名,即大农令。为九卿之一,掌管全国农业、手工业及商业的生产与经营,管理全国租赋收入和朝廷开支。秩中二千石。后改称大司农。"韩安国",人名。其事迹见本书《韩长孺列传》。〔5〕"为",担任。"将军",官名。西汉时期,除大将军、骠骑将军、车骑将军、卫将军外,多为临时设置的军事统帅,统兵出征,事讫即罢。如冠以楼船、伏波等名号,则称杂号将军。〔6〕"郢",人名,为当时的闽越王。"距险",据守险要的地势。〔7〕"余善",人名,郢的弟弟。"相",闽越国相,为国中百官之首,辅佐国王综理全国政务。〔8〕"请",请示。〔9〕"幸",侥幸。〔10〕"固",固然。"完",完整,保全。〔11〕"亡",逃亡。〔12〕"鏦",音 cōng,本义为小矛,引申为用矛等兵器冲刺。〔13〕"耘",锄草。此处引申为除去祸害。〔14〕"便宜",以灵活的方式处理问题。"便",音 biàn。"案兵",停止军队前进。"大农军",指韩安国的军队。〔15〕"繇君",闽越国的封号。"丑",人名。"与",参与。〔16〕"郎中将",官名。统领郎中,守护宫殿门户,属郎中令。依所统不同,分称为车将、户将、骑将。秩比千石。〔17〕"奉",奉事、侍奉。"先",祖先。

【译文】到建元六年,闽越攻打南越。南越遵守天子的约束,不敢擅自发兵还击,而是将此事向朝廷报告。皇上派遣大行令王恢率军从豫章郡出发,大农令韩安国率军从会稽郡出发,两人都担任将军。汉军尚未越过山岭,闽越王郢已发兵扼守险要的地方。他的弟弟余善就与闽越国相及宗族商议说:"我们国王擅自发兵攻打南越,未向天子请示,因此天子的军队前来讨伐。如今汉军人多势强,即使现在侥幸取胜,后面还会有更多的军队前来,直至灭亡我国为止。如今我们杀死国王,以向天子谢罪,如果天子接受,停止进兵,固然可以保全我们的国家;如果天子不理睬,我们就奋力死战,不能取胜,就逃入海中。"大家都说:"好!"于是就用矛刺死王,派使者将他的头颅送到大行令王恢军中。王恢说:"我们来的目的是诛杀闽越王,如今王的头颅已经送来,闽越人也表示谢罪,不战而除去祸害,确实是最好的事情了。"于是王恢自己作主先停止军队前进,并通知大农令韩安国的军队,又派使者携带闽越王的头颅飞报天子。天子下诏停止两位将军的军事行动,说:"闽越王郢等首先作恶,只有无诸的孙子繇君丑没有参预阴谋。"就派郎中将去立丑为越繇王,奉事对闽越祖先的祭祀。

余善已杀郢,威行于国,国民多属,窃自立为王。[1]繇王不能矫其众持正。[2]天子闻之,为余善不足复兴师,[3]曰:"余善数与郢谋乱,而后首诛郢,师得不劳。"[4]因立余善为东越王,[5]与繇王并处。

【注释】〔1〕"窃",暗中。〔2〕"矫",矫正。"众",部众。"持正",保持正道。〔3〕"不足",不值得。"兴师",出动军队。〔4〕"劳",劳苦、疲劳。〔5〕"因",于是。

【译文】余善杀死郢之后,在国中权势甚大,国中百姓多归附于他,他就暗中自立为王。繇王也不能矫正自己部众的过失,使其遵循正道。天子得知后,认为不值得为余善的事再次兴师动众,说:"余善屡次与郢策划叛乱,而后来又首先倡议杀死郢,使汉军得以免除劳苦。"于是立余善为东越王,与繇王同时并存。

至元鼎五年,[1]南越反,东越王余善上书,请以卒八千人从楼船将军击吕嘉等。[2]兵至揭扬,[3]以海风波为解,[4]不行,持两端,[5]阴使南越。[6]及汉破番禺,[7]不至。是时楼船将军杨仆使使上书,[8]愿便引兵击东越。[9]上曰士卒劳倦,[10]不许,罢兵,令诸校屯豫章梅领待命。[11]

【注释】〔1〕"元鼎",汉武帝年号,元鼎五年为公元前一一二年。 〔2〕"楼船",将军名号,统领水军。"吕嘉",人名,南越国丞相。其事迹见本书《南越列传》。 〔3〕"揭扬",亦作"揭阳",县名,今属广东省。 〔4〕"海风波",海上风浪,指风浪过大。"解",解释,借口。 〔5〕"两端",即首鼠两端之意,指迟疑不决。 〔6〕"阴使",暗中派使者与南越联系。 〔7〕"番禺",地名。当时为南越国都城,在今广东广州市。 〔8〕"杨仆",人名。其事迹见本书《酷吏列传》。 〔9〕"便",顺便。"引兵",率领军队。 〔10〕"上曰",皇上说。 〔11〕"校",军队编制单位,亦称为营。一校有兵士数百人至千余人,设校尉为长官。"梅领",地名,即梅岭,今称大庾岭,位于广东、江西两省交界处。

【译文】到元鼎五年(公元前一一二年),南越造反,东越王余善上书朝廷,请求率领八千名兵士跟随楼船将军杨仆进攻吕嘉等。军队到达揭阳,余善就以海上风浪过大为借口,停止前进,采取首鼠两端的观望态度,暗中派使者与南越联系。直到汉军攻破番禺,余善的军队也未到。这时楼船将军杨仆派使者上书朝廷,表示愿顺便进攻东越。天子说士卒已经劳累疲倦,没有允许杨仆的请求,要他停止行动,命令各营将士驻扎在豫章梅岭待命。

元鼎六年秋,余善闻楼船请诛之,[1]汉兵临境,且往,[2]乃遂反,发兵距汉道。[3]号将军驺力等为"吞汉将军",[4]入白沙、武林、梅岭,[5]杀汉三校尉。[6]是时汉使大农张成、故山州侯齿将屯,[7]弗敢击,却就便处,[8]皆坐畏懦诛。[9]

【注释】〔1〕"楼船",即楼船将军杨仆。 〔2〕"且",将要。 〔3〕"汉道",汉军将要经过的道路。〔4〕"号",加封官号。"驺力",人名。"吞汉",东越将军名号。 〔5〕"白沙",地名,在今江西南昌东北。"武林",地名,在今江西波阳东南。 〔6〕"校尉",官名。位在将军之下,统领本校兵马,其前可冠以名号。 〔7〕"使",使者。"大农",即大农令。"张成",人名。"故",原。"山州侯齿",即山州侯刘齿,他是城阳共王刘喜之子,于汉武帝元朔四年(公元前一二五年)被封为山州侯,元鼎五年,他因酎金而被免除侯爵。"将屯",率军驻屯。 〔8〕"却",退却。"就",趋向,往。"便处",方便的地方。 〔9〕"坐",由于某种罪行。"畏懦",畏惧、怯懦。

【译文】元鼎六年秋季,余善听说楼船将军请求讨伐他,而且汉军已逼近国境,将要攻过来,于是他就起来造反,发兵扼守汉军将要经由的道路。余善加给将军驺力等人"吞汉将军"的封号,派军攻入白沙、武林、梅岭,杀死汉军的三个校尉。当时汉朝派遣大农令张成和原山州侯刘齿率军驻守,他们没有敢去进攻东越军队,而退却到有利的地势,结果都因犯下怯懦畏敌之罪而被处死。

余善刻"武帝"玺自立,[1]诈其民,[2]为妄言。[3]天子遣横海将军韩说出句章,[4]浮海从东方往;楼船将军杨仆出武林;中尉王温舒出梅岭;[5]越侯为戈船、下濑将军,[6]出若邪、白沙。[7]元封元年冬,[8]咸入东越。东越素发兵距险,[9]使徇北将军守武林,[10]败楼船将军数校尉,杀长吏。[11]楼船将军率钱唐辕终古斩徇北将军,[12]为御兒侯。[13]自兵未往。

【注释】〔1〕"玺",皇帝所用印章的专称。〔2〕"诈",欺骗。 〔3〕"妄言",虚妄不实的言论。〔4〕"横海",将军名号。"韩说",人名。其事迹附见本书《卫将军骠骑列传》。"句章",县名,其治所在今浙江宁波西北。 〔5〕"中尉",官名。掌京城治安,管理国家武库,领兵戍卫京城,时或统兵出征。为九卿之一,秩中二千石。后改称"执金吾"。"王温舒",人名。其事迹见本书《酷吏列传》。 〔6〕"越侯",被封侯的南越人。"戈船",将军名号。一说是将戈置于船下,以防蛟龙及越人凿船,即以之作为将军名号。据梁廷柟《南越五主传》任戈船将军者为郑严。"下濑",将军名号。"濑",一作"厉"。任下濑将军者为田甲。 〔7〕"若邪",地名,在今浙江绍兴以南。 〔8〕"元封",汉武帝年号。元封元年为公元前一一〇年。 〔9〕"素",向来,原来。

〔10〕“徇北”，东越将军名号。 〔11〕“长吏”，地位较高的官吏。 〔12〕“率”，统领或将帅。《汉书·西南夷两粤朝鲜传》作“卒”，未详孰是。“钱唐”，县名，其治所在今浙江杭州市西南。“辕终古”，人名，姓辕，名终古。 〔13〕“御兒”，地名，在今浙江余杭东北。

【译文】余善刻好有“武帝”字样的印玺，自立为皇帝，欺骗国中百姓，散布一些诽谤天子与朝廷的虚妄不实的言论。天子派遣横海将军韩说自句章出发，渡海从东方进攻；楼船将军杨仆从武林出发；中尉王温舒从梅岭出发；以被封侯的南越人郑严、田甲为戈船、下濑将军，从若邪、白沙出发。元封元年（公元前一一〇年）冬季，各路大军都进入东越。东越原已发兵扼守险要地形，派徇北将军守卫武林，击败楼船将军属下的几个校尉，杀死地位较高的官吏。楼船将军的部将钱唐人辕终古杀死徇北将军，被封为御兒侯。楼船将军杨仆未亲自率军前往。

故越衍侯吴阳前在汉，[1]汉使归谕余善，余善弗听，及横海将军先至，越衍侯吴阳以其邑七百人反，[2]攻越军于汉阳。从建成侯敖，[3]与其率，[4]从繇王居股谋曰：“余善首恶，劫守吾属。[5]今汉兵至，众强，计杀余善，自归诸将，傥幸得脱。”[6]乃遂俱杀余善，以其众降横海将军，故封繇王居股为东成侯，[7]万户；封建成侯敖为开陵侯；[8]封越衍侯吴阳为北石侯；[9]封横海将军说为案道侯；[10]封横海校尉福为缭荌侯。[11]福者，成阳共王子，故为海常侯，[12]坐法失侯。旧从军无功，以宗室故侯。[13]诸将皆无成功，莫封。东越将多军，[14]汉兵至，弃其军降，封为无锡侯。[15]

【注释】〔1〕“故”，原。“越衍侯”，东越国所封的衍侯。“吴阳”，人名。 〔2〕“以”，率领。“邑”，封邑。 〔3〕“建成”，东越国侯爵封号。“敖”，人名。 〔4〕“率”，渠率，首领。 〔5〕“劫守”，劫持、胁迫。“吾属”，我们。 〔6〕“傥”，音 tǎng，或许。“幸”，侥幸。 〔7〕“东成”，县名，亦作东城，其治所在今安徽定远东南。 〔8〕“开陵”，地名，属临淮郡。 〔9〕“北石”，地名。一说为“外石”，属济南郡。 〔10〕“说”，即韩说。“案道”，地名。 〔11〕“横海”，校尉名号。“福”，即刘福，为成阳共王刘喜之子。“缭荌”，地名。 〔12〕“海常”，地名。一说属东莱郡（治所在今山东掖县），一说属琅邪郡（治所在今山东诸城县）。 〔13〕“故”，缘故。 〔14〕“多军”，人名。 〔15〕“无锡”，县名。在今江苏无锡市。

【译文】原东越衍侯吴阳在此之前留在汉朝，朝廷派他回去劝说余善，余善不听。到横海将军韩说的军队先攻入东越境内，越衍侯吴阳就率领自己封邑内的七百人起来反戈一击，在汉阳进攻东越军队。他与建成侯敖及属下渠率，同繇王居股商议说：“余善首先作恶，胁迫我们跟他一起造反。如今汉军已到，人多势强，不如我们设计杀死余善，自动归顺汉朝诸将，或许能侥幸免去一死。”于是他们一起杀死余善，率领属下部众投降横海将军。因此，朝廷封繇王居股为东成侯，食邑万户；封建成侯敖为开陵侯；封越衍侯吴阳为北石侯；封横海将军韩说为案道侯；封横海校尉刘福为缭荌侯。刘福是成阳共王刘喜的儿子，原先被封为海常侯，因犯法而失去侯爵的封号。他过去从军也未立下战功，因为是宗室的缘故而被封侯。其余诸将都未立战功，无人受到策封。东越将领多军，当汉军一到，就放弃所率军队，向汉军投降，因此被封为无锡侯。

于是天子曰东越狭多阻，[1]闽越悍，[2]数反覆。诏军吏皆将其民徙处江、淮间。东越地遂虚。[3]

【注释】〔1〕“东越”，指原东瓯统治区，在其内迁后，已归入闽越国境内。“狭”，狭隘。“阻”，险阻，地势险要。 〔2〕“悍”，强悍，凶悍。 〔3〕“东越地”，指整个闽越国控制区，与前述“东越”，含义不同。

【译文】于是天子说东越之地狭窄而多险阻，闽越人强悍难制，反复无常。下诏命令将领们将东越人迁徙江淮一带居住。东越地区遂空无人烟。

太史公曰：“越虽蛮夷，其先岂尝有大功德于民哉，何其久也！历数代常为君王，句践一称伯。[1]然余善至大逆，[2]灭国迁众，其先苗裔繇王居股等犹尚封为万户侯，由此知越世世为公侯矣。盖禹之余烈也。[3]

【注释】〔1〕“称伯”，称霸，成为诸侯的盟主。“伯”，音 bà，为“霸”的通假字。 〔2〕“大逆”，大逆不道，指谋反、犯上等反抗朝廷和皇帝的罪行。〔3〕“余烈”，遗留的功业。

【译文】太史公说：越人虽然是蛮夷，他们的祖先难道曾对百姓有过很大的功德，否则怎么会传袭得如此久远！经历数代，常为君王，句践还曾一度称霸天下。然而余善竟作出大逆不道的事情，导致国家灭亡，百姓被迁徙。但越人祖先的后代子孙繇王居股等还是被封为万户侯，由此可知，越人世代都有人出任公侯。这大概就是因大禹遗留下来的功业吧！

史记卷一百一十五

朝鲜列传第五十五

朝鲜王满者，[1]故燕人也。自始全燕时尝略属真番、[2]朝鲜，为置吏，筑鄣塞。秦灭燕，属辽东外徼。[3]汉兴，为其远难守，复修辽东故塞，至浿水为界，[4]属燕。燕王卢绾反，入匈奴，满亡命，聚党千余人，魋结蛮夷服而东走出塞，[5]渡浿水，居秦故空地上下鄣，[6]稍役属真番、朝鲜蛮夷及故燕、齐亡命者王之，都王险。[7]

【注释】〔1〕"朝鲜"，指汉武帝设四郡以前的古朝鲜，箕子朝鲜和卫氏朝鲜，其疆域大体在后来汉的乐浪郡一带。《汉书·地理志》乐浪郡条下应劭注曰："故朝鲜国也。"朝鲜史籍《东国文献备考》卷七中说："大率汉以王国地为四郡，而朝鲜为乐浪。""满"，姓卫氏，汉初，率移民进入朝鲜，赶走旧王箕准而称王。〔2〕"全燕"，指战国时代全盛时期的燕国，即战国时代初年，今河北、辽宁及朝鲜北部之地。"真番"，在今朝鲜黄海北道大部、黄海南道、京畿道北部地区。〔3〕"徼"，音 jiāo，建木栅做为与统治区域以外民族的交界。〔4〕"浿水"，在今朝鲜平壤之北，即今天的清川江。也有人认为是鸭绿江。〔5〕"魋结"，将头发结成椎形。"结"为髻之意。〔6〕"秦故空地"，战国时代燕国曾进攻古朝鲜(即箕子朝鲜)的西方边界，取地二千余里。后来，燕被秦击败，古朝鲜为报前仇，与秦结盟攻灭燕。秦统一后，派蒙恬到辽东修长城时，与古朝鲜确定国境，以浿水为国界，浿水以南数百里土地为两国间的中立空间地带，禁止两国人民入居。"上下鄣"，《索隐》云："《地理志》有云鄣。"据此，"上下鄣"为地名，在今朝鲜平壤南境。〔7〕"王险"，今朝鲜平壤市。

【译文】朝鲜王卫满，原是燕国人。当燕国全盛的时候，曾经占领真番、朝鲜为属地，设置官吏，修筑要塞。秦国灭了燕国以后，朝鲜属于辽东郡以外的边远地区的国家。汉朝建立以后，由于它距离太远，难以防守，又重修辽东郡过去的要塞，一直到浿水为界，把该地划归燕国。燕王卢绾造反，逃到匈奴去，朝鲜王满便聚集了他的党徒一千多人，梳着椎髻发，穿着蛮夷的衣服，向东逃出了边塞。他们渡过浿水，居住在原来秦国的空地，在上下障的地方往来活动。他逐渐地役使真番、朝鲜这些蛮夷人，以及从前燕国、齐国逃亡到这里来的人，自己称王，建都在王险。

会孝惠、高后时天下初定，辽东太守即约满为外臣，保塞外蛮夷，无使盗边；诸蛮夷君长欲入见天子，勿得禁止。以闻，上许之，以故满得兵威财物侵降其旁小邑，真番、临屯皆来服属，[1]方数千里。

【注释】〔1〕"临屯"，后在此设郡，大体在今朝鲜江原道及咸镜南道大部。

【译文】正值孝惠帝和高祖后时，天下刚刚安定，辽东太守就约定卫满做汉朝的外臣，以抵御塞外的蛮夷人，不让他们前来骚扰边界。至于这些蛮夷人的君王头目，如果要进入汉朝的边界想晋见天子，则不加禁止。这个报告呈上以后，得到皇帝的允许。因此，满能够利用他的兵威和财力、物力，去侵略和降服他周围的小城邑，真番、临屯都来臣服于他，方圆达到数千里。

传子至孙右渠，所诱汉亡人滋多，又未尝入见；真番旁众国欲上书见天子，[1]又拥阏不通。[2]元封二年，[3]汉使涉何谯谕右渠，[4]终不肯奉诏。何去至界上，临浿水，使御刺杀送何者朝鲜裨王长，[5]即渡，驰入

塞，遂归报天子曰“杀朝鲜将”。上为其名美，即不诘，拜何为辽东东部都尉。[6]朝鲜怨何，发兵袭攻杀何。

【注释】〔1〕“真番旁众国欲上书见天子”，《汉书·朝鲜传》作“真番、辰国欲上书见天子”。颜师古注：“辰谓辰韩之国也。” 〔2〕“阏”，音 è，阻塞之意。〔3〕“元封二年”，公元前一〇九年。 〔4〕“谯”，音 qiào，通“诮”，责备。 〔5〕“裨”，音 pí，为辅佐的，副的。“裨王”，地位低于朝鲜王的小王。“长”，人名。〔6〕“都尉”，汉代各郡设都尉，以代原来的郡尉，辅佐郡守主管全郡军事。据《汉书·地理志》，辽东郡属幽州，辽东东部都尉治所在辽东郡武次，在今辽宁省凤城县稍偏东。

【译文】传到他的孙子右渠时，他引诱了更多汉朝的逃亡人民。他也没有去晋见过汉天子。真番以及旁边有许多国家想上书请求晋见天子，又阻隔不通。元封二年，汉的使臣涉何来责备了右渠，而他却始终不肯接受汉朝的诏谕。涉何回去的时候，来到边界上，在浿水边，命令驾驶车马的人刺杀了来送行的朝鲜裨王长，然后，立即渡河，驶入了关塞。于是回来报告天子说：“我杀了朝鲜的将领。”皇帝因为涉何名声很好，也不再追问，任命涉何为辽东郡的东部都尉。朝鲜则怨恨涉何，派兵来进攻，杀了涉何。

天子募罪人击朝鲜。其秋，遣楼船将军杨仆从齐浮渤海；[1]兵五万人，左将军荀彘出辽东，讨右渠。右渠发兵距险。[2]左将军卒正多率辽东兵先纵，[3]败散，多还走，坐法斩。楼船将军将齐兵七千人先至王险。右渠城守，窥知楼船军少，即出城击楼船，楼船军败散走。将军杨仆失其众，遁山中十余日，稍求收散卒，复聚。左将军击朝鲜浿水西军，未能破自前。

【注释】〔1〕“楼船”，汉代南方诸郡训练的水军兵种。 〔2〕“距”，通“拒”，抵御。“距险”，在险要地方抵御。 〔3〕“卒正”，为军吏之长，是中级军官。

【译文】汉天子招募罪人去打朝鲜。当年秋天，派遣楼船将军杨仆率领军队从齐国渡过渤海，共有士兵五万人；左将军荀彘从辽东郡出兵，一齐去讨伐右渠。右渠派兵占据了险要地带进行抵抗。左将军的队长名叫多的，率领辽东兵，先去攻打。军队被打败冲散，多跑了回来，因为触犯军法被斩。楼船将军率领齐国兵七千人先到王险。右渠在城上防守，探知楼船将军的兵力很少，就出城攻打楼船将军。楼船将军的军队战败，四散逃走。楼船将军杨仆失去了他的军队，逃入山中十几天，逐渐寻找到散失的兵卒，士兵们又聚集起来。左将军攻打朝鲜浿水西边的军队，没有能攻破敌军，把军队推向前进。

天子为两将未有利，乃使卫山因兵威往谕右渠。右渠见使者顿首谢：“愿降，恐两将诈杀臣；今见信节，[1]请服降。”遣太子入谢，献马五千匹，及馈军粮。人众万余，持兵，方渡浿水，使者及左将军疑其为变，谓太子已服降，宜命人毋持兵。太子亦疑使者左将军诈杀之，遂不渡浿水，复引归。山还报天子，天子诛山。

【注释】〔1〕“信节”，即符节，古时使臣执以为凭证之物。

【译文】汉天子因为上述两位将领作战不利，于是派遣卫山利用兵威去晓谕右渠。右渠见到汉朝的使者就叩头谢罪说：“我是愿意投降的，只怕被两位将军欺骗，横遭杀害。现在看到使者所持的信节，请接受我投降。”于是，他派遣太子到汉朝去谢罪，献上五千匹马，馈赠一些军粮。他派了一共一万多士兵，都拿着兵器护送太子。当他们正要渡过浿水时，汉朝的使者和左将军怀疑他们会叛变，就说太子既然已经归降，应当命令随行的人不要携带兵器。太子也怀疑使者和左将军设计要杀害他，于是不渡浿水，又率领他的兵众回去。卫山回去把经过情况报告天子，天子诛杀了卫山。

左将军破浿水上军，乃前，至城下，围其西北。楼船亦往会，居城南。右渠遂坚守城，数月未能下。

左将军素侍中，幸，将燕代卒，[1]悍，乘胜，军多骄。楼船将齐卒，[2]入海，固已多败亡；其先与右渠战，困辱亡卒，卒皆恐，将心惭，其围右渠，常持和节。左将军急击之，朝鲜大臣乃阴间使人私约降楼船，往来言，尚未肯决。左将军数与楼船期战，楼船欲急就其约，不会；左将军亦使人求间郤降下朝鲜，朝鲜不肯，心附楼船：以故两将不相能。左将军心意楼船前有失军罪，今与朝鲜私善而又不降，疑其有反计，未敢发。天子曰将率不能，前乃使卫山谕降右渠，右渠遣太子，山使不能剸决，〔3〕与左将军计相误，卒沮约。〔4〕今两将围城，又乖异，以故久不决。使济南太守公孙遂往正之，有便宜得以从事。遂至，左将军曰："朝鲜当下久矣，不下者有状。"言楼船数期不会，具以素所意告遂，〔5〕曰："今如此不取，恐为大害，非独楼船，又且与朝鲜共灭吾军。"遂亦以为然，而以节召楼船将军入左将军营计事，即命左将军麾下执捕楼船将军，并其军，以报天子。天子诛遂。

【注释】〔1〕"代"，汉初为代国，后改为代郡，辖境在今河北省怀安、蔚县以西，山西省阳高、浑源以东的内外长城间和长城外的东洋河流域。当时治所在今河北省代县。〔2〕"齐"，战国时为七雄之一。辖境在山东的东部、北部，今山东泰山以北黄河流域及胶东半岛地区。汉初设齐国，下辖临淄、胶东、胶西、济北、博阳、城阳、琅琊共七郡。治所在今山东省淄博市东北。〔3〕"剸"，与"专"通。〔4〕"沮"，音 zǔ，败坏。此处作破坏解。〔5〕"素所意"，平日怀疑的事情。

【译文】左将军打败了浿水上的敌军，于是向前推进，到了王险城下，围住城的西北方面。楼船将军也前去会师，驻扎在城的南方。右渠坚守城池，好几个月都攻不下来。

左将军是经常在宫中侍奉天子的，很受宠爱。率领燕国和代国的士兵，很凶悍，趁着打胜仗的余威，军士们很骄傲。楼船将军率领齐国的士兵，渡海作战，士兵们本来已经遭遇到多次的失败和伤亡。起初与右渠作战，战败被困，受了不少耻辱，士兵也有不少伤亡，士兵都有些害怕，军官的心情也忐忑不安，当他们包围右渠的时候，常持和解的态势。左将军攻势却很急，朝鲜的大臣就暗地里找机会派人私下与楼船将军约好，要向楼船将军投降，往来商谈，还没有作最后决定。左将军好几次和楼船将军相约共同作战，楼船将军因为急于想和朝鲜就投降问题达成协议，所以不去和左将军的军队会合。左将军也派人要求朝鲜归降，朝鲜不肯，心里盼望归降楼船将军。所以两位将军不能很好合作。左将军心想：楼船将军前次有作战失败的罪过，现在和朝鲜背地里私自有来往，而朝鲜又不肯投降，因而怀疑他有造反的企图，只是不敢发动而已。汉天子说，你们将帅真是无能，上次派卫山去招谕右渠投降，右渠要派他的太子来晋见，卫山作为使者办事不能独自专断，与左将军的计议互相延误，使原来朝鲜投降的协议以失败告终。现在两将围城，又发生分歧，以致很久攻不下。派济南太守公孙遂去朝鲜，纠正两将的失误。公孙遂一到朝鲜，左将军说："朝鲜本来早就应该攻下来了，到现在还没攻下来，是有原因的。"就向他诉说楼船将军的军队屡次不按约会的日期会同作战，并且把他一向的想法告诉公孙遂，并且说："如果到现在这种地步还不抓他，恐怕要成大祸害。不但楼船将军要造反，恐怕还要和朝鲜的军队一起消灭我的军队。"公孙遂也同意这一看法，就用天子所颁的符节召唤楼船将军到左将军的营里来议事，当场就命左将军麾下的士兵逮捕楼船将军，同时合并了他的军队，并且上报天子。天子诛杀了公孙遂。

左将军已并两军，即急击朝鲜。朝鲜相路人、相韩阴、尼谿相参、将军王唊相与谋曰：〔1〕"始欲降楼船，楼船今执，独左将军并将，战益急，恐不能与，王又不肯降。"阴、唊、路人皆亡降汉。路人道死。元封三年夏，尼谿相参乃使人杀朝鲜王右渠来降。王险城未下，故右渠之大臣成巳又反，复攻吏。左将军使右渠子长降、相路人之子最告谕其民，诛成巳，以故遂定朝鲜，为四郡。封参为澅清侯，〔2〕阴为荻苴侯，〔3〕唊为平州侯，〔4〕长降为几侯。〔5〕最以父死颇有功，为温阳侯。〔6〕

【注释】〔1〕"相"，当时朝鲜的"相"，相当于汉朝的相国，为百官之长。"尼谿"，地名，不详所在。"唊"，音 jiá。〔2〕"澅"，音 huà。"澅清"，县名，属齐，在今山东临淄县西。〔3〕"荻"，音 dí，"苴"，音 jū。"荻苴"，县名，属渤海郡，在今山东省西北部庆云县东。〔4〕"平州"，据本书《建元以来侯者年表》，汉武帝元封三年（公元前一〇八年）始封。翌年，唊卒，无后国除。《汉书·景武昭宣元成功臣表》

注云平州在梁父，梁父当在今山东泰安县东南。据《魏书·地理志》，平州当在今山东莱芜西。〔5〕“几”，在今河北省大名县东南。〔6〕“温阳侯”，据日本泷川资言著《史记会注考证》，应为“涅阳侯”。“涅阳”，西汉所置县，属南阳郡，因位于涅水（今赵河）北岸得名，在今河南省南阳市之西南与邓县东北。

【译文】左将军兼并了两军以后，就全力进攻朝鲜。朝鲜相路人、相韩阴、尼谿相参、将军王唊共同计议说：“起初我们要向楼船将军投降，楼船将军如今被捕，只有左将军在统率两路的兵马，战争越来越紧急，我们恐怕对付不了，而我们的王又不肯投降。”韩阴、王唊、路人都跑去投降了汉朝。路人死在中途路上。元封三年夏天，尼谿相参就派人杀了朝鲜王右渠，投降汉朝。但由于王险城还没有攻下，所以右渠的大臣成巳又反叛，再度攻杀官吏。左将军派右渠的儿子长降、相路人的儿子最告谕百姓，杀死了成巳，因而终于平定了朝鲜，把它划分为四个郡。封参为澅清侯，阴为荻苴侯，唊为平州侯，长降为几侯，最因为父亲死了，很有功劳，被封为温阳侯。

左将军征至，坐争功相嫉，乖计，弃市。楼船将军亦坐兵至洌口，〔1〕当待左将军，擅先纵，失亡多，当诛，赎为庶人。〔2〕

【注释】〔1〕“洌口”，据《汉书·地理志》，乐浪郡有列口县，汉置，其地在大同江口，即今黄海南道之殷栗。大同江即古列水。〔2〕“赎为庶人”，《史记会注考证》云，入竹二万赎罪。

【译文】左将军被征召到京城，因为犯了作战时争功，互相嫉妒，计谋失当之罪，被杀，弃尸市井。楼船将军也因为犯了士兵开到洌口时，应该等待左将军兵到再行动，却擅自纵兵进攻，伤亡严重之罪，被判斩首，赎为平民。

太史公曰：右渠负固，国以绝祀。涉何诬功，为兵发首。楼船将狭，〔1〕及难离咎。〔2〕悔失番禺，〔3〕乃反见疑。荀彘争劳，与遂皆诛。两军俱辱，将率莫侯矣。

【注释】〔1〕“将狭”，《集解》引徐广云：“言其所将卒狭少。”《史记会注考证》引中井积德云：“将，犹行也。狭，谓心志狭隘。”〔2〕“离”，与“罹”通，遭遇。“咎”，祸难。〔3〕“悔失番禺”，汉武帝元鼎五年（公元前一一二年），南越相吕嘉反，杨仆与路博德等率兵攻南越。明年冬，相仆率先攻至番禺城下，放火烧城，反而把敌兵驱入路博德营中，路博德俘获敌兵有攻。此句即谓杨仆为此事而后悔。这次进攻朝鲜，杨仆想独自立功。“番禺”，南霸越都城，在今广东广州市南。

【译文】太史公说：右渠凭借地势的险固，使得国家被消灭。涉何骗取功劳，引发了汉朝与朝鲜的战端。楼船将军由于心胸狭窄，以致遇到危难而获罪。因为后悔自己在番禺的失策，反而被人怀疑要造反。左将军荀彘争功，和公孙遂一起被杀。杨、荀两军都遭受到耻辱，将帅们没有人被封侯的。

史记卷一百一十六

西南夷列传第五十六[1]

西南夷君长以什数,[2]夜郎最大;[3]其西靡莫之属以什数,[4]滇最大;[5]自滇以北君长以什数,邛都最大:[6]此皆魋结,[7]耕田,有邑聚。[8]其外西自同师以东,[9]北至楪榆,[10]名为嶲、昆明,[11]皆编发,随畜迁徙,毋常处,[12]毋君长,地方可数千里。[13]自嶲以东北,君长以什数,徙、筰都最大;[14]自筰以东北,君长以什数,冉、駹最大。[15]其俗或土箸,[16]或移徙,在蜀之西。[17]自冉、駹以东北,君长以什数,白马最大,[18]皆氐类也。[19]此皆巴、蜀西南外蛮夷也。[20]

【注释】〔1〕"西南夷列传",《史记·太史公自序》:"唐蒙使略通夜郎,而邛、筰之君请为内臣受吏,作《西南夷列传》第五十六。"汉西南夷在今四川省西部、贵州省大部及云南省全境。《会注考证》引凌稚隆云:"此传以夜郎、滇二国为首,盖汉所封也。" 〔2〕"西南夷",此处所指为与夜郎同族的南夷,"西"字衍。《考证》引中井积德云:"西字疑衍,《汉书》无。""君长",南夷各部社会发展复杂,或为原始部落,或为阶级社会。此处以君长指代南夷各部。"什",即十,数词。"数",音 shǔ,计数,动词。"以什数",意为有几十个部落。 〔3〕"夜郎",古夷国名,治所在今贵州安顺之关岭县,统治区域主要在北盘江流域,包有贵州西部、云南东南部及广西西北部的部分地区。 〔4〕"靡莫",古代云南族群名,包括滇人在内,当在今昆明及曲靖地区。 〔5〕"滇",音 diān,族名,亦为国名,在今云南昆明地区。〔6〕"邛",音 qióng,夷人部族名,古羌人后裔。"邛都",邛人聚居地,当在今四川省西昌市、凉山地区及滇西北之楚雄州、丽江地区。 〔7〕"魋结",音 zhí jì,《汉书》作"椎结",意为把头发结成椎形的髻。〔8〕"邑聚",《后汉书·西南夷列传》作"邑聚而居,能耕田"。人聚居之处称邑聚。《史记·五帝本纪》:"舜一年而所居成聚,二年成邑,三年成都。"《释名·释州国》:"邑,犹俋也,邑人聚会之称也。" 〔9〕"同师"。《汉书》作"桐师",在今云南保山、龙陵一带。〔10〕"楪",音 yè,又作"叶"。"楪榆",地名,在今云南省大理市,西汉元封二年(公元前一〇九年)立为县。 〔11〕"嶲",音 suǐ,又作嶲唐,族名。汉武帝时设为县,在今云南省保山地区。"昆明",族名,在今云南大理洱海地区,其势力向东达到楚雄、滇池地区。 〔12〕"毋常处",指没有固定的住处。司马迁所记洱海区域的生产状况,只是一部分地区的状况,根据考古资料,两汉时洱海地区已有较发达的农业生产。"毋",音 wù,"处",音 chǔ。 〔13〕"可",大约、大概、副词。 〔14〕"徙",音 sī,族名。又作"斯"、"斯榆"。《资治通鉴》卷一八汉元光五年胡三省注引颜师古云:"徙,音斯,故又号徙榆。"《史记·司马相如列传》:"司马长所便略定西夷,邛、筰、冉、駹、斯榆之君皆请为内臣。"文中"斯"即"徙",汉武帝时设徙县,在今四川天全县。"筰",音 zuó,族名。"筰都",意为筰人所居之地。汉设沈黎郡,后改为汉嘉郡,在今四川雅安地区。 〔15〕"冉駹",音 rǎn máng,族名,羌族。马长寿《氐与羌》一书认为冉駹为藏族,非羌族。西汉元鼎六年(公元前一一一年)以其地置汶山郡,地节三年(公元前六七年)并入蜀郡,为汶山县。东汉为蜀郡汶山道。《考证》云:"《汉书·张骞传》汶山作文山。钱大昭曰:《地志》无沈黎、文山二郡。沈黎省于天汉四年,文山省于地节三年,皆并蜀。"分布于今四川茂汶县至松潘县一带。 〔16〕"土箸",亦作"土著",即有固定居处的意义。"箸",音 zhuó。 〔17〕"蜀",古蜀国,治成都,其统治区域主要在川西。汉设蜀郡,范围较古蜀国缩小。 〔18〕"白马",族名,氐族。《索隐》云:

"夷邑名,即白马氐。"分布在陇右成州、武州一带。〔19〕"氐",音 dī,族名。"氐类",意为氐人的族属。〔20〕"巴、蜀",古代巴国和蜀国分别统治川东和川西地区。汉设巴郡(治江州)和蜀郡(治成都),范围与古巴、蜀相比已大为缩小。此处泛指巴、蜀地区。

【译文】南夷的君长,拿十来计算,以夜郎的势力最大。在它西面靡莫这一族的族属,拿十来计算,以滇的势力最大。在滇以北的君长,拿十来计算,以邛都的势力最大。这些夷人都是头上结着椎形的发髻,耕种田地,有小邑和村落。在他们的势力以外,西边从同师往东,北边到楪榆,称为嶲人和昆明人。他们都把头发编为发辫,跟随畜群迁徙,没有固定的住地,没有君长,活动的范围方圆大约有几千里。在嶲人的东北面,君长拿十来计算,以徙人、筰人的势力最大。在徙人的东北面,君长拿十来计算,以冉人、駹人的势力最大。他们的风俗,有的定居,有的迁徙,在蜀郡的西面。在冉人、駹人的东北面,君长拿十来计算,以白马的势力最大。他们都是氐族。这些都是巴、蜀以外的西南地区的蛮夷。

始楚威王时,〔1〕使将军庄蹻将兵循江上,〔2〕略巴、蜀、黔中以西。〔3〕庄蹻者,故楚庄王苗裔也。〔4〕蹻至滇池,〔5〕地方三百里,〔6〕旁平地,肥饶数千里,以兵威定属楚。欲归报,会秦击夺楚巴、黔中郡,〔7〕道塞不通,〔8〕因还,〔9〕以其众王滇,〔10〕变服,从其俗,以长之。〔11〕秦时常頞略通五尺道,〔12〕诸此国颇置吏焉。〔13〕十余岁,秦灭。〔14〕及汉兴,〔15〕皆弃此国而开蜀故徼。〔16〕巴、蜀民或窃出商贾,〔17〕取其筰马、僰僮、髦牛,〔18〕以此巴、蜀殷富。

【注释】〔1〕"始",意为当初。"楚威王",战国时楚国国王,公元前三三九年至前三二九年在位。关于庄蹻入滇的时间,《史记》、《汉书》皆说在楚威王时,荀悦《汉纪》说在楚庄王时。古本《华阳国志》则说在楚顷襄王时。《北堂书钞》卷一三八引《华阳国志》:"楚顷襄王遣将军庄蹻泝沅水伐夜郎,军至且兰而步战;既灭夜郎,而秦夺楚地,无路得归,遂留之,号为楚庄王。以且兰有椓舟牂牁处,乃改郡为牂牁矣。"《太平御览》卷一六六、七七一载古本《华阳国志》,关于庄蹻入滇时代的说法均与上引文同。《后汉书》写于《史记》、《汉书》、《华阳国志》之后,范晔比照各家之说,亦主张庄蹻入滇时代应在楚顷襄王时,《后汉书·西南夷列传》:"初,楚顷襄王时,遣将军庄豪从沅水伐夜郎,将军至且兰,椓船于岸而步战,既灭夜郎,因留王滇。以且兰有椓船牂牁处,乃改其名曰牂牁。"综观诸书所载,庄蹻入滇的时间,应在楚顷襄王时(公元前二九八至前二六三年)。〔2〕"循江上",江指长江支流沅水。《汉书·地理志》颜师古注及《后汉书·西南夷列传》皆认为庄蹻由沅水入夜郎。《后汉书·西南夷列传》:"初楚顷襄王时,遣将军庄豪从沅水伐夜郎"。沅水源出贵州省云雾山,上游称清水江,流入湖南省西部。自湖南省黔阳县黔阳镇以下称沅江。庄蹻应由湖南溯沅江而上,由湘西进入贵阳以东的且兰地区,进至贵阳以西的夜郎地区,再到达滇池地区。〔3〕"巴、蜀、黔中以西",《汉书·西南夷传》作"巴、黔中以西"。《考证》引王念孙曰:"'蜀'字因上文'巴、蜀'而衍,庄蹻循江上,自巴、黔中以西而至滇池,不得至蜀也。《汉书》无'蜀'字。""巴",指巴郡。"黔中",指黔中郡,战国时楚置,后入秦,治临沅(湖南常德市),辖湖南、湖北、四川、贵州交界处,为通夜郎的要道。〔4〕"楚庄王",春秋时楚国国君,曾争霸中原。公元前六一三年至前五九一年在位。〔5〕"滇池",为云南省最大的湖泊,位于昆明坝子西南部,形状似半月形,湖水流经螳螂川(下游称普渡河)汇入金沙江。滇池现有面积三百平方公里,南北长三十二公里,东西平均宽为十点五公里。秦汉时期滇池的面积比现代大。滇池名称的来历有各种说法:一、晋人常璩《华阳国志·南中志》:"滇池县,郡治,故滇国也。有泽,其周围二百里,所出深广,下流浅狭,如倒流,故曰滇池。"《后汉书》、《水经注》等皆主此说。二、认为"滇,巅也,言最高之顶",或言滇为彝语,即大坝子之意。三、认为滇池以古代滇族之族称而得名。〔6〕"地方三百里",《汉书·西南夷传》作"方三百里","地"字衍。《考证》引王念孙曰:"'池'下不当有'地'字。《索引》本及《汉书》皆无地字。"〔7〕"会秦击夺楚、巴、黔中郡","会",恰巧,适逢。《考证》引沈家本曰:"案此事楚顷襄王二十二年,上距威王末年五十二年矣。"楚顷襄王二十二年,即公元前二七九年。〔8〕"道塞不通","塞",阻塞。秦夺巴、黔中郡阻塞了庄蹻退回楚国的道路。〔9〕"因",于是。"还",退还滇池旁。〔10〕"王",音 wàng,称王,名词作动词用。"王滇",在滇称王。〔11〕"长之",为滇国之长。"长",音 zhǎng。〔12〕"常頞",秦将。"頞",音 àn。"五尺道",《史记·正义》引《括地志》云:"五尺道在

郎州。”颜师古云:“其处险厄,故道纔广五尺。”五尺道当由四川宜宾,经昭通,直达曲靖。〔13〕“诸此国”,《考证》云:“‘诸此国’,疑当作‘此诸国’,而下文‘此国间’脱‘诸’字。”“颇”,悉,皆。“置吏”,设置官吏。可见秦时在云南已经建立政区,设置官吏。〔14〕“秦灭”,公元前二〇六年秦国被推翻。〔15〕“汉兴”,公元前二〇二年,刘邦灭楚,建立汉朝。〔16〕“弃此国”,西汉初年无暇顾及西南夷的夜郎、滇、邛都等国。“弃”,舍弃。“开蜀故徼”,“徼”音jiào,边界。《考证》引王念孙曰:“开字当依《汉书》作‘关’;言秦时常于诸国置吏,及汉初,则弃此诸国,而但以蜀诸徼为关也。”颜师古曰:“西南之徼,犹北方塞也。”此句意为把蜀郡原来的边塞作为关。〔17〕“巴、蜀民或窃出商贾”,“巴”指巴郡。“蜀”指蜀郡。“或”,有的人。“商贾”,作动词用,指进行贸易。此句意为巴郡、蜀郡的老百姓,有的人暗中越过边界与西南夷进行贸易。〔18〕“筰马”,筰都的马。“僰”,音bó。僰人主要居住于犍为郡一带,“僰僮”,意为以僰人作奴婢。“髦牛”,即牦牛。“髦”,音máo。《史记·货殖列传》:“南则巴蜀。巴蜀亦沃野……南御滇僰,僰僮。西近邛笮,笮马、旄牛。”《汉书·地理志》:“巴、蜀、广汉本南夷,秦并以为郡,土地肥美,有江水沃野,山林竹木疏食果实之饶。南贾滇、僰僮,西近邛,筰马旄牛。”

【译文】当初楚威王的时候,派遣将军庄蹻带领军队顺着沅水而上,夺取了巴郡和黔中郡以西的地方。庄蹻是从前楚庄王的后裔。庄蹻到达了滇池地区,滇池方圆三百里。池旁的平地,肥沃富饶,有几千里。庄蹻凭借军队的力量将其平定,使他们归属于楚国。庄蹻想回楚国报告,刚好秦国攻占了楚国的巴郡和黔中郡,归路被秦军阻断,无法通行,因此又退回滇池地区,凭藉他的军队在滇称王。庄蹻改变了楚人的服饰,顺从滇人的习俗,来做滇人的君长。秦始皇统一以后,派遣常頞开通了五尺道。在这些国家,都设置了官吏。过了十几年,秦朝灭亡。到了汉朝建立,都舍弃了西南夷的这些国家,而把蜀郡原来的边界作为边关。巴郡、蜀郡的百姓,有的暗中越过边界进行贸易,换取筰都的马匹,僰人的僮仆,以及髦牛。因此巴郡、蜀郡殷实富裕。

建元六年,〔1〕大行王恢击东越,〔2〕东越杀王郢以报。〔3〕恢因兵威使番阳令唐蒙风指晓南越。〔4〕南越食蒙蜀枸酱,〔5〕蒙问所从来,曰:“道西北牂牁〔6〕,牂牁江广数里,出番禺城下。”〔7〕蒙归至长安,问蜀贾人,贾人曰:“独蜀出枸酱,多持窃出市夜郎。夜郎者,临牂牁江,江广百余步,足以行船。南越以财物役属夜郎,〔8〕西至同师,然亦不能臣使也”。蒙乃上书说上曰:“南越王黄屋左纛,〔9〕地东西万余里,名为外臣,〔10〕实一州主也。今以长沙、豫章往,〔11〕水道多绝,难行。窃闻夜郎所有精兵,可得十余万,浮船牂牁江,出其不意,此制越一奇也。诚以汉之强,巴蜀之饶,通夜郎道,〔12〕为置吏,〔13〕易甚。”上许之,乃拜蒙为郎中将,〔14〕将千人,〔15〕食重万余人,〔16〕从巴蜀筰关入,〔17〕遂见夜郎侯多同。〔18〕蒙厚赐,喻以威德,约为置吏,使其子为令。夜郎旁小邑皆贪汉缯帛,以为汉道险,终不能有也,乃且听蒙约。还报,乃以为犍为郡。〔19〕发巴、蜀卒治道,自僰道指牂牁江。〔20〕蜀人司马相如亦言西夷邛、筰可置郡。〔21〕使相如以郎中将往喻,〔22〕皆如南夷,为置一都尉,〔23〕十余县,属蜀。

【注释】〔1〕“建元”,汉武帝年号。“建元六年”,公元前一三五年。〔2〕“大行”,官名。秦称典客,为九卿之一。汉景帝时改称大行令,武帝以后称大鸿胪。主要执掌少数民族事务。“王恢”,任大行令,公元前一三五年受命与韩安国由豫章、会稽伐东越(事见《史记·东越列传》)。元光元年(公元前一三四年)王恢主张诱击匈奴,汉武帝以王恢为将屯将军,与李广、公孙贺、李息、韩安国等共击匈奴,谋泄,匈奴退兵,事未成。王恢以“逗桡当斩”,后自杀于狱中(事见《史记·韩长孺列传》)。“东越”,又称闽粤,秦并天下,以其地为闽中郡。汉高祖五年(公元前二〇二年),立无诸为闽粤王,王闽中故地,都东冶(在今福建福州)。〔3〕“东越杀王郢”,建元三年(公元前一三八年)闽越攻东瓯。建元六年(公元前一三五年)汉武帝遣王恢出豫章,韩安国出会稽击东越。东越王弟余善杀其王郢投降。〔4〕“番”,音pó。“番阳”,县名,治今江西波阳。“番阳令”,唐蒙当时为县令。“风”,即讽,婉言劝说。“指”,意旨,意向。“晓”,晓谕,知道。“南越”,又称南粤。秦于其地置桂林郡(治今广西桂平)、南海郡(治今广东广州)、象郡(治今广西崇左县)。秦末,龙川县(今广东龙川县)令河北真定人

赵佗兼并三郡,自立为南粤王。汉兴,刘邦封赵佗为南越王。汉武帝时,南粤相国吕嘉反。元鼎五年(公元前一一二年),汉武帝遣路博德为伏波将军,杨仆为楼船将军,平定南越,以其地置儋耳、珠崖、南海、苍梧、郁林、合蒲等九郡。〔5〕“枸酱”,以枸树的果实所作之酱。“枸”,又作“蒟”,音 jǔ。〔6〕“道西北牂牁”,《考证》引王念孙曰:“‘牂牁’下当有‘江’字。‘道’,从也,言从西北牂牁江来也。”“牂牁”,音 zāng kē。牂牁江即北盘江,发源于云南省沾益县马雄山西北麓,经云南的宣威县,流入贵州省境的威宁、六盘水、晴隆、关岭、贞丰、安隆、车亨,在望谟县南部边境的双江口与南盘江汇合,称红水河,为珠江上游。西汉初年,夜郎国雄踞于北盘江流域地区。〔7〕“番禺”,古县名,在今广东省广州市。“番”,音 pān。〔8〕“役属”,役使而臣属之。〔9〕“黄屋”,帝王车盖,以黄缯为盖里,称黄屋。汉制,唯皇帝用黄屋。“纛”,音 dào,即旗。古代帝王乘舆的装饰物,用犛牛尾或雉尾制成,设在车衡的左边,称“左纛”。“黄屋左纛”亦代表帝王。〔10〕“外臣”,即藩臣。〔11〕“长沙”,西汉封国,治临湘(今湖南长沙市)。“豫章”,郡名,治所在今江西南昌市。〔12〕“通”,义为开通。“夜郎道”,由巴、蜀通向夜郎的道路。〔13〕“为置吏”,意为设置官吏。〔14〕“郎中将”,应为中郎将。秦置。西汉时皇帝的侍卫由中郎将统领,位次于将军。〔15〕“将”,音 jiàng,率领。“将千人”,即主领士兵千人。〔16〕“食重万余人”,运送粮食辎重的有一万多人。〔17〕“巴蜀筰关”,“蜀”字衍,《汉书·西南夷传》无“蜀”字,作“巴筰关”。“筰关”,应为符关,《考证》引王念孙曰:“‘巴筰关’本作巴符关。《水经》云:‘江水东过符县,北邪东南,鳛部水从符关东北注之。’《注》云:‘是故巴夷之地,汉武帝建元六年,以唐蒙为中郎将,从万人出巴符关者也。’是符关即在符县,而县为故巴夷之地,故曰巴符关也。汉之符县,在今泸州合江县西,今合江县南有符关,仍汉旧名也。若筰地,则在蜀之西,不与巴相接,不得言巴筰关矣。《史记》作‘巴蜀筰关’,多一‘蜀’字。旧本《北堂书钞·政术部》引《汉书》作‘巴符关’。”〔18〕“多同”,夜郎国王名。《汉书》颜师古注云:“多同,其侯名也。”〔19〕“犍为郡”,汉武帝建元六年(公元前一三五年)置,初治鳖县(今四川合江),后移治僰道(今四川宜宾),辖僰道、江阳(今四川泸州)、武阳(今四川彭山)、南安(今四川乐山)、资中(今四川资阳)、符(即鳖)、牛鞞(今四川简阳)、南广(今云南盐津)、汉阳(今云南威宁)、郁鄢(今云南宣威)、朱提(今云南昭通)、堂狼(今云南巧家、会泽、东川)十二县。〔20〕“自僰道指牂牁江”,即由僰道直接通向牂牁江边的夜郎地区。“僰道”,此处有两层意思:其一指汉僰道县;其二指由僰道县通向南夷的道路,此道又称南夷道。《水经·道水注》云:“唐蒙凿石开阁,以通南中,迄于建宁,二千余里,山道广丈许,深二三丈,其錾凿之迹犹存。”《舆地记胜》云:“西汉武僰道,即汉帝遣唐蒙凿石以通南中者,今石门是也。”此道由宜宾,经昭通、曲靖,达滇池及北盘江流域的夜郎国。〔21〕“司马相如”,字长卿,蜀郡成都人,西汉著名辞赋家。汉武帝时奉命出使西南夷,曾撰《喻巴蜀檄》、《难蜀父老书》。本书有传。〔22〕“郎中将”,《史记·司马相如列传》作“中郎将”。〔23〕“都尉”,武官名,地位略低于将军。西汉景帝时改郡尉为都尉,辅佐郡守,并掌全郡军事。武帝时置属国都尉于各要地,以都尉掌管所属地区的行政和军事。元光六年(公元前一二九年),司马相如出使至西夷邛、筰,设都尉,领十余县,属蜀郡。

【译文】汉武帝建元六年,太行令王恢讨伐东越。东越人杀了他们的国王郢,并把这事报告了王恢。王恢乘汉军的声威派遣鄱阳县令唐蒙,委婉地劝说南越归降。南越人拿蜀郡出产的枸酱给唐蒙吃,唐蒙问枸酱是从什么地方来的。南越人回答说:“从西北的牂牁江来的。牂牁江宽好几里,流到番禺城下。”唐蒙从南越回来,到了长安,询问蜀郡的商人。商人说:“只有蜀郡出产枸酱;很多人偷偷地拿出去卖给夜郎,夜郎濒临牂牁江。江面宽一百多步,可以用来行船。南越凭借财物想让夜郎受臣属、役使,西面直到同师。但是也没有能够让他们像臣属那样受驱使。”唐蒙于是上书向汉武帝建议说:“南越王乘坐黄屋车,竖着左纛旗,占有的土地从东到西有一万多里,名义上是外臣,实际上是一州的最高统治者。如今若从长沙、豫章去征伐,水路大多断绝。难通行。臣私下听说夜郎国拥有的精兵,大约有十余万。乘船沿牂牁江而下,在他们料不到的情况下出兵,这是制服南越的一条奇计。果真能够凭借汉朝强大的力量,巴郡、蜀郡富饶的财力,开通通向夜郎的道路,在当地设置官吏,是很容易的事。”汉武帝依允了唐蒙的建议。于是任命唐蒙为中郎将,帅领军队一千人,运送粮食辎重的夫役一万多人,从巴郡的符关进入,就拜见了夜郎侯多同。唐蒙给多同优厚的赏赐,凭借汉朝的盛势和恩德加以晓喻,约定为他们设置官吏,让他的儿子担任相当于县令的官职。夜郎周围的小国贪图汉朝缯帛,认为汉朝到这里的道路艰险,终究不能占有这一带。于是权且接受了唐蒙的盟约。唐蒙向汉武帝报告，于是就把夜郎及附近地区设为犍为郡，征发巴郡、蜀郡的士卒修治道路，从僰道一直通到牂牁江。蜀郡人司马相如也向汉武帝上书，说西夷的邛、筰地区可以设郡。于是汉武帝派遣司马相如以中郎将的身份前往西夷，向他们晓喻朝廷的意图，都照南夷的办法。在西夷地设置了一个都尉，十余个县，隶属于蜀郡。

当是时，[1]巴蜀四郡通西南夷道，[2]戍转相饷。[3]数岁，道不通，士罢饿离湿，[4]死者甚众；西南夷又数反，[5]发兵兴击，耗费无功。上患之，使公孙弘往视问焉。[6]还对，言其不便。及弘为御史大夫，[7]是时方筑朔方以据河逐胡，[8]弘因数言西南夷害，[9]可且罢，[10]专力事匈奴。[11]上罢西夷，[12]独置南夷夜郎两县一都尉，[13]稍令犍为自葆就。[14]

【注释】〔1〕“是时”，这个时候。〔2〕“巴蜀四郡”，《集解》引徐广曰：“汉中、巴郡、广汉、蜀郡。”汉中郡，治所在今陕西汉中。广汉郡，治所在今四川金堂县。“通”，开通，开辟。〔3〕“戍”，《汉书》作“载”。〔4〕“罢饿离湿”，“罢”音 pí，通“疲”，义为疲乏。“离”，通“罹”，遭受。“湿”，《正义》作“濕”，音 wēn。言士卒历暑热气而死者众多。此句《汉书·西南夷传》作“罢饿餧，离暑湿”，义为疲乏饥饿，遭受湿热。〔5〕“数”，多次。“反”，反抗。〔6〕“公孙弘”，事载《史记·平津侯主父列传》。姓公孙，名弘，字季。齐菑川薛县人，少时为狱吏，武帝初即位，弘年六十，征以贤良为博士。出使匈奴，还朝，武帝认为弘无能，以病免。元光五年（公元前一三〇年），复征为博士，元朔元年（公元前一二六年）为御史大夫，后为丞相，封平津侯。元狩二年（公元前一二一年）卒。〔7〕“御史大夫”，官名。秦代三公之一，位为副丞相，掌监察。汉承秦制，御史大夫仍为三公之一。西汉丞相缺位，常以御史大夫递补。东汉改称大司空，职掌也发生变化。〔8〕“筑朔方”，修筑朔方城。朔方，郡名，汉武帝元朔二年（公元前一二七年）置。治朔方（今内蒙古杭锦旗北），辖境约当今河套西北部及后套地区。“河”，黄河。“胡”，匈奴。“据河逐胡”，意为凭据黄河驱逐匈奴。〔9〕“数言”，多次陈说。“西南夷害”，通西南夷带来的害处。〔10〕“且罢”，暂且停止。〔11〕“专力”，集中力量。“事”，对待，对付。〔12〕“上罢西夷”，《汉书》作“上许之，罢西夷”。罢西夷，停止通西夷的活动和设施，即取消司马相如所设郡县。〔13〕“独置”，只设置。“县一都尉”，即在南夷夜郎地区设置了两县，以一都尉统领之。据《汉书·武帝纪》：“元朔三年秋，罢西南夷城。”即指此事。〔14〕“稍令犍为自葆就”，《正义》曰：“令犍为自葆守，而渐修成其郡县也。”“稍”，逐渐。“葆”，即保。“葆就”，犹保聚。

【译文】这个时候，巴、蜀等四郡为开辟通向西南夷的道路，运送军饷的士卒不断地往来。经过几年，道路仍然没有开通，士卒疲乏饥饿遭受湿热，死亡的很多。西南夷又多次反叛。派兵征伐，消耗大而没有功效。汉武帝为这事很忧虑。派公孙弘去巡视了解。公孙弘回来报告，说经营西南夷对国家不利。等到公孙弘做了御史大夫，这时，朝廷正在修筑朔方郡城，用以凭据黄河驱逐匈奴。公孙弘乘机多次上书说经营西南夷的害处，可以暂时停止，集中力量对付匈奴。汉武帝同意他的建议，停止了对西夷的经营，只在南夷夜郎地区设置了两个县，以一个都尉统率。命令犍为郡自己保守，逐渐完善郡县建制。

及元狩元年，[1]博望侯张骞使大夏来，[2]言居大夏时见蜀布、邛竹杖，[3]使问所从来，曰：“从东南身毒国，[4]可数千里，得蜀贾人市。”[5]或闻邛西可二千里有身毒国。[6]骞因盛言大夏在汉西南，[7]慕中国，患匈奴隔其道，[8]诚通蜀，[9]身毒国道便近，有利无害。于是天子乃令王然于、柏始昌、吕越人等，使间出西夷西，[10]指求身毒国。[11]至滇，滇王尝羌乃留，[12]为求道西十余辈。[13]岁余，皆闭昆明，[14]莫能通身毒国。[15]

【注释】〔1〕“元狩”，汉武帝年号，公元前一二二年至前一一七年。〔2〕“张骞”，汉中成固（今陕西城固）人。建元二年（公元前一三九年）应募出使西域，至元朔二年（公元前一二六年）归汉。元狩四年（公元前一一九年）又奉命第二次出使西域。曾被封为博望侯。〔3〕“大夏”，今阿富汗北部。张骞建议通大夏事，又见《史记·大宛列传》。“蜀布”，蜀地出产的布。“邛竹杖”，用邛崃山（在四川中部）出产的竹子做的杖。《集解》：“此竹节高实中，可作杖。”〔4〕“身毒”，音 juān dú。又写作“天竺”、“乾

毒”、“捐毒”。古国名,在今印度和巴基斯坦一带。〔5〕“贾人”,商人。“市”,买。〔6〕“或”,有人。“邛西”,即邛都的西面。〔7〕“盛言”,义为极言。〔8〕“隔其道”,隔断了大夏通往汉的道路。〔9〕“通蜀”,通蜀不是由汉通向蜀的道路,因前文已述“开蜀故徼”,此指开通由蜀通向身毒的道路。〔10〕“使间”,派遣使者伺隙行使使命。《汉书·张骞传》云:“乃令因蜀犍为发间使,四道并出。”“西夷西”,《史记·大宛列传》:“天子欣然,以骞言为然,乃令骞因蜀、犍为发间使,四道并出,出駹、出冉、出徙、出邛、僰,皆各行一二千里。”据此,“西夷西”即指蜀、犍为以西之地。〔11〕“指”,通“旨”,义为意图。“求”,寻求。〔12〕“尝羌”,《汉书》作“当羌”,滇王名。“尝”,一作“赏”。〔13〕“为求道西十余辈”,指滇王派出了十余起人,为汉使寻求通往西方的道路。“十余辈”,十余起人。〔14〕“皆闭昆明”,《集解》引如淳曰:“为昆明所闭道。”“闭”,封闭,阻拦。〔15〕“莫”,没有人。“通”,通往,通到。

【译文】到了元狩元年,博望侯张骞出使西域,从大夏归来。上书给武帝说:他在大夏居住的时候,看到蜀郡出产的布,邛都出产的竹杖,派人询问这些东西从什么地方来的,回答说:“从东南方的身毒国来的,离此大约有几千里,从蜀地来的商人手中卖得。”又听说邛地西面大约二千里有个身毒国。张骞于是极力进言大夏国在汉朝西南方,羡慕中国,苦于被匈奴隔断了他们通往汉朝的道路,如果能够开通蜀地的道路,通往身毒国的道路就近便,这是有利无害的事。于是汉武帝就下令王然于、柏始昌、吕越人等,让他们伺隙行动,向西夷以西的地方进发,去寻找身毒国。到了滇国,滇王尝羌就留下他们,为他们派出十余批人,寻找通向西面的道路,一年多,都被昆明人阻拦,没有人能通到身毒国。

滇王与汉使者言曰:“汉孰与我大?”〔1〕及夜郎侯亦然。〔2〕以道不通故,各自以为州主,不知汉广大。使者还,因盛言滇大国,〔3〕足事亲附。〔4〕天子注意焉。〔5〕

【注释】〔1〕“汉孰与我大”,汉与我们滇国相比谁大。“孰”,谁。“我”,指滇国。〔2〕“亦然”,也是这样说。〔3〕“因”,就,副词。“盛”,赞美。“盛言”,极言。〔4〕“足事亲附”,《考证》引颜师古曰:“言可专事招来之,令其亲附。”“足”,可以。“事”,专门从事。〔5〕“注意”,留意。“注意焉”,意为留意这件事件。

【译文】滇王问汉朝使者说:“汉朝与我们滇国相比哪个大?”到了夜郎侯那里,也是这样询问。由于道路不通的缘故,他们都自认为是一州的主宰,不知道汉朝的广大。出使的人回来,就极力进言滇是大国,可以加以招徕,让他亲附汉朝。汉武帝留意于这件事情。

及至南越反,〔1〕上使驰义侯因犍为发南夷兵。〔2〕且兰君恐远行,〔3〕旁国虏其老弱,〔4〕乃与其众反,杀使者及犍为太守。〔5〕汉乃发巴、蜀罪人尝击南越者八校尉击破之,〔6〕会越已破,汉八校尉不下。即引兵还,〔7〕行诛头兰。〔8〕头兰,常隔滇道者也。已平头兰,遂平南夷为牂柯郡。〔9〕夜郎侯始倚南越,南越已灭,会还诛反者,〔10〕夜郎遂入朝。〔11〕上以为夜郎王。〔12〕

【注释】〔1〕“南越反”,汉武帝元鼎五年(公元前一一二年)南越丞相吕嘉叛乱。〔2〕“上”,指汉武帝。“驰义侯”,越人,名遗,失其姓。《考证》:“《汉书·武帝纪》作‘越驰义侯遗’,驰义侯盖越人,失其姓。”“因”,凭借,通过。“犍为”,指犍为郡。〔3〕“且兰”,“且”,音 jū。《汉书·地理志》牂牁郡领十七县,故且兰县为故且兰侯邑,是牂牁郡之中心地带。《宋书·地理志》:“牂牁郡领且兰、毋敛二县。”此二县即汉且兰县地。《华阳国志》:“名且兰为牂牁国。”其地在今贵州都匀、黄平一带。〔4〕“旁国”,邻近的国家。〔5〕“使者”,指汉派往宣诏南夷的使者。清梁玉绳曰:“此且兰所杀汉使者即驰义侯。”“太守”,官名,秦统一全国后,实行郡县制,郡为地方最高行政区划,行政长官称郡守,汉景帝时改称太守。汉制郡守俸禄为二千石,故亦称为二千石。犍为为郡,故设太守。〔6〕“发巴蜀罪人”,汉代有给罪人减刑从军徙边的制度。如《后汉书·明帝纪》载:“永平八年,募郡国中都官死罪系囚,减死一等,勿笞,诣度辽将军营,屯朔方五原之边县。”《魏书·刑罚志》载:“汉武时,启河右四郡诸疑罪而谪徙之。”发巴蜀罪人,意为给当地罪人减轻刑罚,令其从军。“尝”,《汉书》作“当”。“校尉”,汉代军职的称号,地位次于将军。西汉时有中垒、屯骑、步兵、越骑、长水、胡骑、射声、虎贲等八校尉,为当时专管特种军队的将领。〔7〕“引兵还”，汉军与巴蜀兵欲沿牂牁江支援攻南越。未行，南越已平，汉军即返回犍为。〔8〕“头兰”，《索隐》：“即且兰也。”《考证》：“《汉书》‘头兰’作‘且兰’。姚范曰：‘且兰为不发兵助汉击南粤，而头兰以常隔滇道，事不相蒙。如《史》意应以击南粤，且兰不下，乃引兵诛且兰，乃还平南夷也。《汉书》乃袭《史》文，混而为一事，疑误。愚案头兰别是一国，姚说是。’”〔9〕“牂郡柯”，汉元鼎六年（公元前一一一年）以古夜郎地置，治且兰，辖境当今贵州西部、云南东南部及广西西北部。《汉书·地理志》牂牁郡“县十七：故且兰、镡封、鳖、漏卧、平夷、同并、谈指、宛温、毋敛、夜郎、毋单、漏江、西随、都梦、谈稾、进桑、句町”。〔10〕“会”，《汉书》无此字。“反者”，指且兰、头兰之属。〔11〕“入朝”，入京朝见汉武帝，表示归附汉朝。〔12〕“上”，指汉武帝。“夜郎王”，封夜郎侯为王。

【译文】等到南越反叛，汉武帝派驰义侯通过犍为郡征调南夷的士兵。且兰君害怕自己的军队远行之后，邻国会乘机来虏掠国中剩下的老弱，便和他的部众发动叛乱，杀了汉朝的使者及犍为郡太守。于是汉朝就征发本应去进攻南越的巴郡、蜀郡的罪犯和八校尉所属的军队，平定了且兰。这时恰巧南越已经平定，汉八校尉所属的部队还来不及沿牂牁江而下，就引兵返回犍为，行兵途中顺道平定了头兰。头兰是经常阻隔汉朝通往滇国道路的国家。汉军平定了头兰，就平定了南夷各部，把这个地区改为犍为郡。夜郎侯当初依伏南越，南越灭亡以后，又碰到汉军诛灭反叛的国家，夜郎侯就晋京朝见汉武帝。汉武帝封他为夜郎王。

南越破后，及汉诛且兰、邛君，[1]并杀筰侯，[2]冉駹皆振恐，[3]请臣置吏，[4]乃以邛都为越嶲郡，[5]筰都为沈犁郡，[6]冉駹为汶山郡，[7]广汉西白马为武都郡。[8]

【注释】〔1〕“邛君”，邛都夷人的首领。〔2〕“筰侯”，筰都夷人的首领。〔3〕“振”，同“震”。“振恐”，震惊，恐慌。〔4〕“请臣”，请求臣属。“置吏”，设置官吏。〔5〕“越嶲郡”，据《汉书·武帝纪》：元鼎六年冬十月，“令驰义侯征西南夷平之，定西南夷，以为武都、牂牁、越嶲、沈黎、汶山郡”。故越嶲等郡的设置应在汉武帝元鼎六年（公元前一一一年），其中牂牁郡的设置应在建元六年（公元前一三五年）。越嶲郡，治邛都（今四川西昌），辖今四川凉山彝族自治州及云南西北部楚雄彝族自治州、丽江地区一部分。《汉书·地理志》载，越嶲郡“县十五：邛都、遂久、灵关道、台登、定筰、会无、筰秦、大筰、姑复、三降、苏示、阑、卑水、灊街、青蛉”。〔6〕“沈犁郡”，治筰都（今四川汉源县东北），辖今四川西部大渡河以北之雅安地区。天汉四年（公元前九七年）废，辖地并入蜀郡，东汉更名汉嘉县，为蜀郡属国（参见方国瑜《中国西南历史地理考释》第十四页）。〔7〕“汶山郡”，治汶山（今四川茂汶羌族自治县），宣帝地节三年（公元前六七年）省，并入蜀郡，为汶江县，东汉为蜀郡汶山道。“汶”，音 mín。〔8〕“武都郡”，西汉元鼎六年置，治武都（今甘肃西和县西南），辖今甘肃南部武都、成县、徽县、西和、两当、康县及陕西西凤县、略阳等地。《汉书·地理志》载，武都郡“县九：武都、上禄、故道、河池、平乐道、沮、嘉陵道、循成道、下辨道”。

【译文】南越平定后，又等到汉诛杀了且兰、邛的君长，并杀了筰侯，冉、駹等国都震惊恐慌，请求臣属汉朝，设置官吏。汉朝就把邛都夷人地区设置为越嶲郡，筰都夷人地区设置为沈犁郡，冉駹夷人地区设置为汶山郡，广汉西部的白马夷人地区设置为武都郡。

上使王然于以越破及诛南夷兵威风喻滇王入朝。[1]滇王者，其众数万人，其旁东北有劳浸、靡莫，[2]皆同姓相扶，[3]未肯听。劳浸、靡莫数侵犯使者吏卒。元封二年，[4]天子发巴蜀兵击灭劳浸、靡莫，以兵临滇。[5]滇王始首善，[6]以故弗诛。[7]滇王离难西南夷，举国降。[8]请置吏入朝。于是以为益州郡，[9]赐滇王印，[10]复长其民。

【注释】〔1〕“上”，指汉武帝。“王然于”，人名，汉武帝派往滇国的使臣。“风喻”，暗示，劝说。〔2〕“劳浸、靡莫”，二国皆与滇王同姓。《汉书·西南夷列传》“劳浸”作“劳深”，疑因“浸”、“深”二字形近误为“深”。“靡莫”，在今云南曲靖地区。〔3〕“同姓”，同一个族属。“相扶”，颜师古曰：“扶，犹倚也，相依为援，不听滇王入朝。”〔4〕“元封二年”，公元前一〇九年。〔5〕“临”，临近，逼近。“临滇”，军队逼近滇国。〔6〕“始首善”，颜师古曰：“言初始以来常有善意。”〔7〕“弗诛”，未加诛灭。〔8〕

“滇王离难西南夷，举国降”，《汉书·西南夷传》作“滇王离西夷，滇举国降”，《史记》衍“难”、“西”二字。“离”，即“丽”，附丽。意思是滇国附丽于西夷，举国投降汉朝。因汉朝经营西南夷地区，最先以西夷(即夜郎)为通道，置牂牁郡，故谓滇附丽西夷。〔9〕“益州郡”，郡治滇池(今云南晋宁)，辖二十四县，全部在云南境内，辖今云南大部分地区。〔10〕“滇王印”，一九五六年云南省博物馆在云南省晋宁石寨山滇王墓葬遗址发掘出金印一枚，蛇纽，上刻“滇王之印”四字，与《史记》所记完全吻合(见云南省博物馆《晋宁石寨山古墓群发掘报告》，文物出版社一九五九年版)。

【译文】汉武帝派遣王然于凭藉平定南越及诛灭南夷的兵威，劝说滇王向汉称臣。滇王的部众有几万人，滇国旁边东北面有劳浸和靡莫，都和滇国同一个族属，相依为援，不肯听从劝说。劳浸、靡莫多次侵犯汉朝的使者、官吏和士卒。元封二年，汉武帝征发巴郡、蜀郡的军队攻灭了劳浸和靡莫，让大军逼近滇国。由于滇王从开始与汉接触以来就有善意，因此未被诛灭。滇王附丽于西夷之后，举国投降，请求设置官吏，入朝称臣。于是汉朝把那里设为益州郡，赐给滇王王印，让他继续统治他的民众。

西南夷君长以百数，独夜郎、滇受王印。滇小邑，〔1〕最宠焉。

【注释】〔1〕“邑”，国。

【译文】西南夷的君长，拿百来计算，只有夜郎和滇的君长被汉朝授予了王印。滇是一个小国，却最受朝廷宠信。

太史公曰：〔1〕楚之先岂有天禄哉？〔2〕在周为文王师，封楚。〔3〕及周之衰，〔4〕地称五千里。〔5〕秦灭诸侯，唯楚苗裔尚有滇王。〔6〕汉诛西南夷，国多灭矣。唯滇复为宠王。然南夷之端，见枸酱番禺，〔7〕大夏杖、邛竹。〔8〕西夷后揃，〔9〕剽分二方，〔10〕卒为七郡。〔11〕

【注释】〔1〕“太史公”，司马迁自称。司马谈、司马迁父子先后任太史令，被称为太史公，司马迁亦用此自称。〔2〕“楚”，指先秦时期的楚国。“天禄”，上天赐给的禄位。〔3〕“在周为文王师，封楚”，《史记·楚世家》熊通云：“吾先鬻熊为文王师，成王举我先公，乃以子男田令居楚。”〔4〕“周之衰”，指平王东迁以后的春秋时期，周王室的势力日渐衰落。〔5〕“称”，号称。〔6〕“苗裔”，后裔。〔7〕“枸酱番禺”，指唐蒙在番禺见到蜀地的枸酱。〔8〕“大夏杖、邛竹”，指张骞在大夏看到用邛莱山所产竹子做的杖。〔9〕“揃”，音 jiǎn，分割。〔10〕“剽”，音 piào，意为分割。“揃”、“剽”均是被迫分割的意思。〔11〕“七郡”，即犍为、牂牁、越巂、沈黎、汶山、武都、益州等七郡。

【译文】太史公说：楚国的祖先难道有上天赐给的禄位吗？在周朝的时候，做过文王的师傅。到了周朝衰落的时候，楚国的土地号称五千里。秦国吞灭诸侯国，只有楚国的后裔滇王还在。汉朝征伐西南夷，许多国家都被消灭了，只有滇国的国王继续受到宠信。然而，南夷事件的开端，是由于唐蒙在番禺看到了枸酱，张骞在大夏国看到了邛莱山所产的竹子做的手杖。西夷以后被分割，与南夷分为二方，最终设置为七个郡。

史记卷一百一十七

司马相如列传第五十七

司马相如者，蜀郡成都人也，〔1〕字长卿。少时好读书，学击剑，故其亲名之曰犬子。〔2〕相如既学，〔3〕慕蔺相如之为人，〔4〕更名相如。以赀为郎，〔5〕事孝景帝，〔6〕为武骑常侍，〔7〕非其好也。会景帝不好辞赋，是时梁孝王来朝，〔8〕从游说之士齐人邹阳、〔9〕淮阴枚乘、〔10〕吴庄忌夫子之徒，〔11〕相如见而说之。〔12〕因病免，〔13〕客游梁。〔14〕梁孝王令与诸生同舍，〔15〕相如得与诸生游士居数岁，乃著《子虚之赋》。〔16〕

【注释】〔1〕"蜀郡"，秦置，汉因之，在今四川省中部偏西地区，治所在今成都市。〔2〕"犬子"，相如小时本名，父母之爱称，日本泷川资言《史记会注考证》云："取其捷便也。"〔3〕"既学"，学业完成后。王先谦《汉书补注》卷二十八下二《地理志第八下二》引钱坫曰："《三国志·秦宓传》云：'蜀本无学士，(蜀郡守)文翁遣相如受《七经》，还教吏民。'"似指此事。〔4〕"蔺相如"，战国时期赵国人，事奉赵惠文王为臣。时赵哀弱，秦每欲相欺，相如皆能挺身而出，针锋相对，有理有节地挫败秦国的阴谋，维护了赵国的利益和尊严。赵拜为上卿，位居赵将廉颇之上，颇心不平，常欲辱之。相如"先国家之急而后私仇"，事事相让。颇被感动，负荆请罪。将相因而和好，成为刎颈之交，共同辅佐赵王，使赵国称强于海内。详前卷八十一《廉颇蔺相如列传》。〔5〕"以赀为郎"，因家富有资财被授为郎官。《汉书·景帝纪》后元二年诏曰："人不患其不知，患其为诈也；不患其不勇，患其为暴也；不患其不富，患其亡厌也。其为廉士，寡欲易足。今訾算十以上乃得宦，廉士算不必众。有市籍者不得宦，无訾又不得宦，朕甚愍之。訾算四得宦，亡令廉士久失职，贪夫长利。"应劭曰："古者疾吏之贪，衣食足知荣辱，限訾十算乃得为吏。十算，十万也。贾人(按：指"有市籍者")有财不得为吏，廉士无訾又不得宦，故减訾四算得宦矣。"师古曰："訾，读与赀同。"赀，即资财。又，《汉书·张释之传》"以赀为骑郎"句，苏林、如淳注，以为是入赀为郎，"雇钱，若出谷也"。可备一说。"郎"，皇帝的侍从宿卫之官。有议郎、中郎、侍郎、郎中等名，初属郎中令，后属光禄勋。无定员，出身或由任子、赀选，或由文学、技艺，为当时出仕的重要途径。《汉书·景帝纪》王先谦《补注》云："姚鼐曰：'……汉之仕进，大抵郎侍及仕州郡及卿府辟召三途，郎乃宦于皇帝者也。无訾不得宦于皇帝，自可仕州郡县及卿府也。至武帝建学校、举孝廉后，则郎不必訾算而后登，而入羊入粟补郎，更甚于昔之訾算。'"〔6〕"孝景帝"，名启，孝文帝长子，汉朝第四代君主。公元前一五六至前一四一年在位，享国一十六年。他在位期间，继续执行其父"与民休息"之政策，提倡节俭，减轻赋税，平定吴、楚等七国之叛乱，巩固了中央政权，史称"文景之治"。〔7〕"武骑常侍"，官名，《索隐》引张辑曰："常侍从，格猛兽。"《考证》引沈钦韩曰："其官与李广、李蔡同，亦郎中被选者耳。"秩八百石。参见前卷一百九《李将军列传》。〔8〕"梁孝王"，名武，孝文帝次子，孝景帝弟，初封为代王，徙为淮阳王，文帝十二年徙为梁王。建都睢阳(今河南商丘)，"北界泰山，西界高阳(今河南陈留镇)，四十余城，多大县。孝王，(窦)太后少子，爱之，赏赐不可胜道"(《汉书·文三王传》)，宫室、旌旗拟于天子。招延四方豪杰，天下游士莫不至。景帝前元七年十月入朝。"以太后故，入则侍帝同辇，出则同车游猎上林中。梁之侍中、郎、谒者，著引籍出入天子殿门，与汉宦官亡异"(同前)，故相如得以相交之。〔9〕"邹阳"，齐临淄(今山东临淄县)人，西汉文辩之士。初为吴王刘濞门客，吴王"阴有邪谋"，阳上书谏之，不听，去而事梁孝王。又为梁王门下所诬下狱，乃从狱中上书自辩，梁孝王"立出之，卒为上客"。事载《汉书·贾邹枚路传》。〔10〕"枚乘"，字叔，淮阴(今江苏淮阴东南)人，西汉游辩之士、辞赋家。初为吴王郎中，

吴王欲反，上书进谏，不听，去而事梁孝王。事载《汉书·贾邹枚路传》 〔11〕"庄忌夫子"，吴(今江苏吴县)人，西汉游辩之士、辞赋家，梁孝王门客。"夫子"为其美称，故"时人以为号"(《索隐》)。后因避汉明帝刘庄名讳，《汉书·贾邹枚路传》改"庄"为"严"，因与枚乘有"枚先生、严夫子"之称。 〔12〕"说"，通"悦"，喜爱。"之"，代邹阳、枚乘、庄忌之徒。 〔13〕"因"，借故。"免"，辞职，指辞去了"武骑常侍"的官职。 〔14〕"客游梁"，旅居于梁国，做梁孝王门客。 〔15〕"诸生"，众儒生，诸位先生。"生"，先生之省称。 〔16〕"《子虚之赋》"，即《子虚赋》。

【译文】司马相如是蜀郡成都人，字长卿。少年时喜爱读书，学习击剑，因此他的父母给他取名犬子。相如学业完成之后，仰慕蔺相如的为人，因而改名相如。凭借家中的资财被授为郎官，奉事汉景帝，任武骑常侍，但这并不是他的爱好。正好景帝不喜好辞赋，而这时梁孝王来京朝见皇上，梁孝王的文学侍从齐郡人邹阳、淮阴人枚乘、吴县人庄忌先生等一类游说之士随同来京师，相如一见就喜欢上他们，借口有病辞去了官职，旅居梁国。梁孝王让他和儒生们住在一起，相如得以同许多儒生和游说之士共处数年，写下了《子虚赋》。

会梁孝王卒，相如归，而家贫，无以自业。〔1〕素与临邛令王吉相善，〔2〕吉曰："长卿久宦游不遂，〔3〕而来过我。"〔4〕于是相如往，舍都亭。〔5〕临邛令缪为恭敬，〔6〕日往朝相如。〔7〕相如初尚见之，后称病，使从者谢吉，〔8〕吉愈益谨肃。〔9〕临邛中多富人，而卓王孙家僮八百人，〔10〕程郑亦数百人，〔11〕二人乃相谓曰："令有贵客，〔12〕为具召之。"〔13〕并召令。令既至，卓氏客以百数。至日中，谒司马长卿，〔14〕长卿谢病不能往。临邛令不敢尝食，自往迎相如。相如不得已，强往，〔15〕一坐尽倾。〔16〕酒酣，临邛令前奏琴曰：〔17〕"窃闻长卿好之，愿以自娱。"〔18〕相如辞谢，为鼓一再行。〔19〕是时卓王孙有女文君新寡，好音，故相如缪与令相重，〔20〕而以琴心挑之。〔21〕相如之临邛，从车骑，雍容闲雅甚都。〔22〕及饮卓氏，弄琴，文君窃从户窥之，心悦而好之，恐不得当也。〔23〕既罢，相如乃使人重赐文君侍者通殷勤。〔24〕文君夜亡奔相如，〔25〕相如乃与驰归成都。家居徒四壁立。〔26〕卓王孙大怒曰："女至不材，〔27〕我不忍杀，不分一钱也。"人或谓王孙，王孙终不听。文君久之不乐，曰："长卿第俱如临邛，〔28〕从昆弟假贷犹足为生，〔29〕何至自苦如此！"相如与俱之临邛，尽卖其车骑，买一酒舍酤酒，〔30〕而令文君当炉。〔31〕相如身自著犊鼻裈，〔32〕与保庸杂作，〔33〕涤器于市中。卓王孙闻而耻之，为杜门不出。昆弟诸公更谓王孙曰：〔34〕"有一男两女，所不足者非财也。今文君已失身于司马长卿，长卿故倦游，虽贫，其人材足依也，且又令客，独奈何相辱如此！"卓王孙不得已，分予文君僮百人，钱百万，及其嫁时衣被财物。文君乃与相如归成都，买田宅，为富人。

【注释】〔1〕"家贫"，当时游宦为郎，皆需自"具鞍马、绛衣、玉具剑"等，家中"富给"者方堪其任(本书卷一百四《田叔列传》附褚先生补《田仁传》)；即"富给"者，若长期不得升迁，亦不堪其重负，甚或破产。如张释之与"兄仲同居，以訾为骑郎，事孝文帝，十岁不得调，无所知名。释之曰：'久宦减仲之产，不遂。'欲自免归"(本书卷一百二《张释之列传》)。张释之即属不堪重负者，而司马相如则属破产者。"自业"，自立生业。 〔2〕"临邛"，汉蜀郡县名，《汉书·地理志八上》：临邛"有铁官、盐官"。盐铁等业发达。治今四川省成都市西南之邛崃县。"令"，县令。"王吉"，生平失考。 〔3〕"遂"，达也，遂达犹言仕途贵显，《汉书·叙传》："张汤遂达，用事任职。"又成也，遂成犹言有所成就。《荀子·哀公》："大道者，所以变化遂成万物也。" 〔4〕"而"，通"尔"，你。"过"，过访；至。"过我"犹言找我，到我这里来。 〔5〕"都亭"，《汉书·高帝纪》"为泗上亭长"句颜师古注："秦法十里一亭。亭长者，主亭之吏也。亭谓停留行旅宿食之馆。"秦、汉时，乡里十里一亭，亭有亭长，管治安民事，招待旅客。而设于城厢者称"都亭"，"都者，城也"。《后汉书·皇后纪下》王美人兄斌"封都亭侯"句李贤注："凡言'都亭'者，并城内亭也。" 〔6〕"缪"，通"谬"，诈伪。"缪为"，假装，故意表现。 〔7〕"日"，日日，每天。"朝"，拜见。 〔8〕"谢"，以辞相告，婉言谢绝。〔9〕"谨肃"，谨慎恭敬。 〔10〕"卓王孙"，本战国末年赵国人。秦灭赵时被虏，放逐蜀郡之临邛。"即铁山鼓铸,运筹策,倾滇、蜀之民,富至僮千人,田池射猎之乐,拟于人君"(本书卷一百二十九《货殖列传》),为蜀郡卓氏之祖。"家僮",私家的僮仆,主要指手工业奴隶。《汉书·张汤传》附《张安世传》:"家童七百人,皆有手技作事,内治产业,累积纤微,是以能殖其货,富于大将军光。"卓王孙之富,主要是靠手工业技术工人冶铁铸器的结果;当然与他善"运筹策",远贩"滇、蜀"的经营之道亦有关系。〔11〕"程郑",不详其国别,亦从关东放逐于临邛,靠冶铁铸器致富。参见本书《货殖列传》。〔12〕"令",县令王吉。〔13〕"为具",治办酒筵。《汉书·司马相如传》颜师古注:"具,谓酒食之具。召,请也。"《礼记·内则》"佐长者视具"句郑玄注:"具,馔也。"本书卷一百七《魏其武安侯列传》:"将军昨日幸许过魏其,魏其夫妇治具,自旦至今,未敢尝食。"按:"治具"即"为具","具",此指酒食之器,代指酒食,故郑玄云:"具,馔也。"〔14〕"谒",请。《汉书·司马相如传》即作"请"。〔15〕"强",勉强。〔16〕"倾",倾倒,指为其风采所倾倒。《考证》:"倾首望其风采也。"〔17〕"奏",进献,奉上。〔18〕"自娱",自我娱乐。《考证》引周寿昌曰:"不敢云娱客,故以自娱为言。"〔19〕"鼓",弹奏。"一再行",一两个曲子。"再",二。"行",《汉书》颜师古注云:"行谓曲引也,古乐府《长歌行》、《短歌行》,此其义也。"〔20〕"相重",相敬重。〔21〕"琴心",寄寓爱慕心情的乐曲。《汉书》颜师古注:"寄心于琴声。"《索隐》引其诗曰:"凤兮凤兮归故乡,游遨四海求其皇。有一艳女在此堂,室迩人遐毒我肠。何由交接为鸳鸯?"又曰:"凤兮凤兮从皇栖,得托子尾永为妃。交情通体必和谐,中夜相从别有谁?"宋郭茂倩《乐府诗集》卷六十《琴曲歌辞四》所载司马相如《琴歌二首》文字稍异。《考证》曰:"其歌今不传,《索隐》所引,是后人之伪作。"〔22〕"雍容闲雅",从容大方。"闲",通"娴"。"都",《集解》引郭璞曰:"都,犹姣也。"《诗·郑风·有女同车》曰:"洵美且都。"《汉书》颜师古注:"美也。"〔23〕"恐不得当",担心不能相配。"当",此指身份、容貌之相配,相对等。〔24〕"通殷勤",使传达深切的情意。〔25〕"亡",逃离家中。"奔",私奔。〔26〕"家居",家中。"居",亦家也。《汉书》无"居"字。"徒",《索隐》引孔文祥曰:"徒,空也。家空无资储。"《汉书》颜师古注:"徒,空也。"《考证》云:"徒,犹唯也。"二说皆通。"四壁立",四壁植立。〔27〕"至不材",极不成材。〔28〕"第",且,暂且,见《索隐》引文颖注。又作"但"解,有"只"、"只管"之义,见《考证》张守节《正义》。"如",往。〔29〕"假贷",转借,借贷。〔30〕"酤酒",卖酒。〔31〕"当炉",主持炉前卖酒的事务,卖酒。"当","当家"、"当政"之"当",作"主持"解。"炉",或作"垆"、"卢",《集解》引韦昭曰:"以土为堕,边高似炉。"《汉书》郭璞注:"卢,酒卢。"颜师古注:"卖酒之处,累土为卢,以居酒瓮,四边隆起,其一面高,形如锻卢,故名卢耳。而俗之学者,皆谓'当卢'为对温酒火卢,失其义矣。"〔32〕"犊鼻裈",《集解》引韦昭曰:"今三尺布作形如犊鼻矣。称此者,言其无耻也。"《汉书》王先谦《补注》引《方言》曰:"无祠袴谓之襣。"又引"郭云:'袴无踦者,即今犊鼻裈。'"按:"祠",即裤腿;"踦",亦指裤腿;无裤腿之裤,故王先谦曰:"但以蔽前,反系于后,而无袴裆,即吾楚俗所称'围裙'是也。"又按:就其"无袴裆"而又形似"犊鼻"言之,故亦有"套裤"之说。"裈",音 kūn,裤。穿"犊鼻裈",行动方便,以利于劳作,然斯文尽矣。〔33〕"保庸",雇工。"庸",通"佣",雇工,受雇为人劳作。本书卷一百《季布栾布列传》:"(彭越)穷困,赁佣于人,为酒人保。"《集解》引《汉书音义》曰:"酒家作保佣也。可保信,故谓之保。"《考证》云:"保亦庸类,若奴而非真奴也。盖须人之保任而使用,故曰保也。"〔34〕"更谓",交相劝说。"更",轮番,一个接一个地。

【译文】后来适逢梁孝王去世,相如返回家中,然而这时家中已经贫穷,没有能力自立为生之业。他一向与临邛县令王吉相友好,王吉说:"长卿多年在外求官不大称心,你可到我这儿来作客。"于是相如前往临邛,居住在城内的客馆里。临邛县令故献殷勤,每天去拜访相如(用以抬高其身价)。相如开头还以礼相见,后来声称有病,便让随从拒绝王吉,王吉更加谨慎恭敬。临邛城中富人多,如卓王孙有家奴八百人,程郑也有几百人,两人共同商量说:"县令有贵宾,我们得办酒食宴请他一下。"一并邀请了县令。县令来到后,看见仅卓氏邀请来的宾客就有几百人 。到了中午,去请司马长卿,长卿托言有病不能前往;临邛县令不敢尝一尝饭食,又亲自去迎接相如。相如不得已,勉强前往,满座的人都倾慕他的风采。酒兴正浓时,临邛县令捧着琴上前说:"我私下听说长卿喜欢弹琴,希望能弹奏一曲以自娱。"相如推谢了一番后,给弹奏了一两支曲子。这时卓王孙有个女儿叫做文君,刚死了丈夫,喜爱音乐,因此相如假装与县令相敬重,(以琴声来寄寓敬慕之意),而用琴声挑逗她。相如这次到临邛来时,车马随从,举止雍雍大方而且特别漂亮;及至在卓氏家中饮酒、玩琴时,文君私自从门缝中偷

看，心中欢喜而仰慕他，担心不能配得上。宴会结束，相如便使人重赏文君侍者以此向她转达自己恳切深厚的情意。文君夜间逃出家中私奔相如，相如就与文君赶着车马急返成都。家中空空，唯有四面墙壁植立。卓王孙大怒说："女儿极不成材，我不忍心杀死她，但绝不分给她一个钱！"有人劝说王孙，王孙始终不听。过了很长时间文君也产生了不快，说道："长卿只管和我一同前往临邛，从兄弟中借贷也足以维持生活，何至于让自己困苦到这个样子！"于是相如与文君一同来到临邛，把车马统统卖掉，买了一个酒店做卖酒的生意，而让文君坐在炉前卖酒，自己亲自穿上形如牛鼻样子的围裙，和雇工们共同操作，在闹市中洗涤酒器。卓王孙听说后认为是奇耻大辱，为此闭门不出。兄弟和长辈们一个接一个地规劝王孙说："你只有一儿两女，所缺的不是钱财啊！如今文君已经委身于司马长卿，长卿本来厌倦了奔波于外的宦游生活，虽然家贫，但其人的才能是满靠得住的，况且又是县令的客人，为什么偏偏如此相辱呢！"卓王孙不得已，分给文君家奴一百人，钱一百万，以及她出嫁时的衣裳、被褥和财物。文君便与相如回到成都，置买田地房屋，成为富人。

居久之，蜀人杨得意为狗监，[1]侍上。[2]上读《子虚赋》而善之，曰："朕独不得与此人同时哉！"得意曰："臣邑人司马相如自言为此赋。"[3]上惊，乃召问相如。相如曰："有是。然此乃诸侯之事，未足观也。请为天子游猎赋，[4]赋成奏之。"上许，令尚书给笔札。[5]相如以"子虚"，[6]虚言也，为楚称；[7]"乌有先生"者，乌有此事也，为齐难；[8]"无是公"者，无是人也，明天子之义。故空借此三人为辞，[9]以推天子诸侯之苑囿。[10]其卒章归之于节俭，因以风谏。奏之天子，天子大说。其辞曰：

【注释】〔1〕"狗监"，汉朝宫苑内之官名，掌管天子猎犬之饲养等事宜。〔2〕"上"，此指汉武帝。〔3〕"邑人"，同郡县、同乡里之人，皆可称"邑人"，犹今言"同乡"、"老乡"。〔4〕"天子游猎赋"，司马迁所指，即下面所写"齐王"、"楚王"与"天子"苑囿之大、田猎之盛的一篇赋文。其前一部分写诸侯（齐王、楚王）田猎之事，且从楚使"子虚"口中讲出，故有人认为它是相如游梁时所著、汉武帝初读之《子虚赋》；后一部分写天子在上林苑田猎之盛况，故有人认为它就是这里司马迁所说的《天子游猎赋》，亦称《上林赋》。《考证》引明人柯维华之《史记考要》则认为："相如游梁时著《子虚赋》，为武帝所善（另有篇章，已佚）。此著《天子游猎赋》，复借子虚三人之辞，以明天子之义，故亦名《子虚赋》；赋中叙上林，故又名《上林赋》，其实一也。《文选》截为二篇，以前叙齐、楚者为《子虚赋》，自亡是公'听然而笑'以下叙上林者为《上林赋》，失其旨矣。"《考证》以为："《子虚》、《上林》，原是一时作，合则一，分则二。而'楚使子虚使于齐'、'独不闻天子之上林乎'，赋之名所由设也。相如使乡人奏其上篇，以求召见耳，正是才子狡狯手段，柯氏疑是篇之外别有《上林赋》（按：应作《子虚赋》），亦为相如所欺也。"今按：相如为"郎"时，"会景帝不好辞赋"；及武帝时，上其游梁时所作"子虚"所言齐、楚诸侯田猎之赋以尝试之；既见其喜好，复续作"天子游猎"之篇，并而上奏，于情理不谬。〔5〕"札"，《汉书》颜师古注："札，木简之薄小者也。时未多用纸，故给札以书。"〔6〕"子虚"，与下"乌有先生"、"无是公"，皆为赋中虚构的人物。〔7〕"为楚称"，为楚国称说其苑囿之美。〔8〕"为齐难"，替齐国诘难楚国及其使者之失义。〔9〕"空借"，《汉书》作"虚借"，虚拟假借。〔10〕"推"，铺叙出，推出。

【译文】过了好久，蜀郡人杨得意任狗监，服侍汉武帝。有一天汉武帝读《子虚赋》，认为写得好，说到："为什么偏偏我不能够和这个人同时！"得意说："我的同乡司马相如自称这赋是他作的。"武帝大惊，便召见相如询问。相如说："有这回事。然而这写的是诸侯之事，不值得一看。请允许我作天子游猎之赋，赋作好后进献给皇上。"皇上答应了他，让尚书发给他书写用的笔和木简。相如以"子虚"为空言虚语，是为了称说楚国之美；"乌有先生"为哪有这事，是为了替齐国诘难楚国；"无是公"，即没有此人，是为阐明做天子的道理。因而假借这三个人写成文章，用以推许天子诸侯的苑囿游猎，其文章结尾归结到"节俭"二字，想以此劝谏天子。进献给天子后，天子大为高兴。他的赋写道：

楚使子虚使于齐，齐王悉发境内之士，备车骑之众，与使者出田。[1]田罢，子虚过诧乌有先生，[2]而无是公在焉。[3]坐定，乌有先生问曰："今日田乐乎？"子虚曰："乐。""获多乎？"[4]曰："少。""然则何乐？"曰："仆乐齐王之欲夸仆以车骑之众,[5]而仆对以云梦之事也。"[6]曰:"可得闻乎?"

【注释】[1]"田",通"畋",打猎。 [2]"过",拜访。"诧",《集解》引郭璞曰:"诧,夸也。" [3]"而无是公在",《考证》曰:"豫为《上林》作地,杨得意奏《子虚》时,或无此六字。"今按:上林苑乃秦、汉时天子之苑囿,商、周时未曾有。本赋前一部分所写齐、楚田猎之事,似为战国时之齐、楚;而后一部分所写"天子之上林"田猎之事,应为战国后秦、汉之"天子"与"上林"。将二者捏在一起,与所谓"关公战秦琼"相类,这恐怕是司马相如始所未料及的。据此亦可看出后一部分乃司马相如所续写。 [4]"获",特指打猎所得之禽兽。《说文》:"获,猎所获也。" [5]"仆",第一人称"我"之谦称。"仆"本指供役使的人,故《说文》解为"给事者"。 [6]"云梦",楚国大沼泽地,纵横八九百里,跨长江之南北。或曰江北为云泽,江南为梦泽,合称云梦泽。

【译文】楚王派遣子虚出使齐国,齐王调遣境内所有的士卒,准备了众多的车马,与使者一同出外打猎。打猎完毕,子虚前去拜访乌有先生,并向他夸耀此事,恰巧无是公也在那里。大家落座后,乌有先生向子虚问道:"今天打猎快乐吗?"子虚说:"快乐。"(乌有先生又问道:)"猎物很多吧?"(子虚回答)说:"很少。"(乌有先生又问道:)"既然如此,那么乐从何来?"(子虚回答)说:"我高兴的是齐王本想向我夸耀他的车马众多,而我却用楚王在云梦泽打猎的盛况来回答他。"(乌有先生又)说:"可以说出来听听吗?"

子虚曰:"可。王驾车千乘,[1]选徒万骑,[2]田于海滨,列卒满泽,[3]罘网弥山,[4]掩兔辚鹿,[5]射麋脚麟。[6]骛于盐浦,[7]割鲜染轮。[8]射中获多,矜而自功。顾谓仆曰:[9]'楚亦有平原广泽、游猎之地、饶乐若此者乎?[10]楚王之猎何与寡人?'仆下车对曰:'臣,楚国之鄙人也,[11]幸得宿卫十有余年,[12]时从出游,游于后园,览于有无,[13]然犹未能遍睹也,[14]又恶足以言其外泽者乎?'[15]齐王曰:'虽然,略以子之所闻见而言之。'[16]

【注释】[1]"乘",音 shèng,量词,辆。古制:兵车一乘配甲士三人,步卒七十二人。 [2]"徒",步卒。"骑",音 jì,备有鞍辔的马,骑兵。 [3]"列卒满泽",谓士卒之众多,士卒布满草泽。"泽",水草丛杂、禽兽藏匿、鱼鳖滋生之地。《风俗通义》卷十《泽》:"水草交厝(按:通"错"),名之为泽。泽者,言其润泽万物,以阜民用也。" [4]"罘网弥山",谓捕捉野兽的网布满山丘。"罘网",捕兽的网。分言之则"罘"用以捕兽,"网"用以捉鱼。"弥",遍,满。[5]"掩兔辚鹿",此句承上,言山冈上遍布之"罘网"覆盖住了兔,士卒所乘兵车的车轮辗轧死了鹿。"掩",通"掩",覆而取之。"辚",轮;用为动词,以车轮辗轧。《集解》引郭璞曰:"辚,车轹。"按:"轹",即辗轧。 [6]"射麋脚麟",此句亦承上,言士卒射倒了麋,活捉了麟。"麋",麋鹿,俗称"四不像"。"麟",《说文》:"大牡鹿也。""牡鹿"即雄鹿。段玉裁注:"《子虚赋》'射麋脚麟'谓此。""脚",《索隐》引韦昭曰:"谓持其一脚也。"司马彪曰:"脚,掎也。"《说文》:"掎,偏引(一脚)也。"《左传》襄公十四年:戎子驹支对曰:"譬如捕鹿,晋人角之,诸戎掎之,与晋踣之。""角之"即执其角;"掎之"即执其后脚。 [7]"骛",《汉书》、《文选》皆作"骛",奔跑驰逐。"盐浦",即海滨。《集解》引郭璞曰:"海边地,多盐卤。"[8]"割鲜染轮",此承上句,言轧割野兽,血染车轮。"割",谓奔驰之车轮辗断轧裂。"鲜",此指野兽。《左传》襄公三十年:"惟君用鲜,众给而已。"杜预注:"鲜,野兽。"《尚书·益稷》:"暨益奏庶鲜食。"伪《孔传》:"鸟兽新杀曰鲜。"《考证》:滨、山、麟、轮押韵。 [9]"顾",回过头来。 [10]"饶乐",富有乐趣。 [11]"鄙人",地位低下的人。 [12]"宿卫",指在宫中值宿警卫。 [13]"览于有无",《文选》李善注:"谓或有所见,或复无也。"按:本句说的是"游于后园"时的情况,极言园大览疏,有些看到了,有些没有看到。 [14]"遍睹",全部游览。本句意谓,就是这样(然),对于"后园"也未能全部游览。 [15]"外泽","后园"之外的大泽,外园(苑)。[16]"略",大概,粗略。

【译文】子虚说:"可以。齐王驾驭千辆兵车,选拔万名步兵骑士,来到东海之滨打猎。士兵排满草泽,捕兽的罗网布满山冈,兽网罩住野兔,车辆辗死大鹿,射中了麋,抓住麟腿。纵横驰骋在海边的盐滩,宰杀鸟兽,血染车轮。射中禽兽,猎获很多,齐王便骄傲地夸耀自己的功劳。他回头看着我说:'楚国也有平原广泽,供游玩打猎,可以使人如此地富于乐趣吗?楚王游猎与我相比,谁更壮观?'我下车回答说:'小臣我只不过是楚国一个见识鄙陋的

人，侥幸在楚宫中担任了十余年的侍卫，常随楚王出游，游猎在王宫的后苑，因此顺便观赏周围的景色于有无之中，尚不能遍游后苑全部景观，又何足以谈其外泽呢？'齐王说：'即使如此，还是请大略地谈谈你的所见所闻吧！'

"仆对曰：'唯唯。〔1〕臣闻楚有七泽，尝见其一，未睹其余也。臣之所见，盖特其小小者耳，〔2〕名曰云梦。云梦者，方九百里，其中有山焉。其山则盘纡岪郁，〔3〕隆崇嵂崒，〔4〕岑岩参差，〔5〕日月蔽亏；〔6〕交错纠纷，〔7〕上干青云；〔8〕罢池陂陁，〔9〕下属江河。〔10〕其土则丹、青、赭、垩，〔11〕雌黄、白坿，〔12〕锡、碧、金、银，〔13〕众色炫耀，〔14〕照烂龙鳞。〔15〕其石则赤玉、玫瑰，〔16〕琳、瑉、琨珸，〔17〕瑊玏、玄厉，〔18〕碝石、武夫。〔19〕其东则有蕙圃、衡、兰，〔20〕芷、若、射干，〔21〕穹穷、昌蒲，〔22〕江离、麋芜，〔23〕诸蔗、猼且。〔24〕其南则有平原、广泽，〔25〕登降陁靡，〔26〕案衍坛曼，〔27〕缘以大江，〔28〕限以巫山。〔29〕其高燥则生葴、蕲、苞、荔，〔30〕薛、莎、青薠。〔31〕其卑湿则生藏莨、蒹、葭，〔32〕东蔷、雕胡，〔33〕莲藕、菰芦，〔34〕菴蔄、轩芋，〔35〕众物居之，〔36〕不可胜图。〔37〕其西则有涌泉、青池，〔38〕激水推移；〔39〕外发芙蓉、菱华，〔40〕内隐巨石、白沙。〔41〕其中则有神龟、蛟、鼍，〔42〕玳瑁、鳖、鼋。〔43〕其北则有阴林巨树，〔44〕楩、楠、豫、章，〔45〕桂、椒、木兰，蘖、离、朱杨，〔46〕樝、梸、梬、栗，〔47〕橘、柚芬芳。〔48〕其上则有赤猨、蠷蝚，〔49〕鹓雏、孔、鸾，〔50〕腾远、射干。〔51〕其下则有白虎、玄豹，〔52〕蟃蜒、貙、豻，〔53〕兕、象、野犀，〔54〕穷奇、獌狿。〔55〕

【注释】〔1〕"唯唯"，《汉书》颜师古注："恭应之辞也。"犹言"是是"。〔2〕"特"，仅仅是，只是。〔3〕"盘纡"、"岪郁"，皆形容山势曲折盘旋。"纡"，音 yū。"岪，音 fú。〔4〕"隆崇"，形容山势高耸。"嵂崒"，音 lù zú，形容山势险峻。《考证》：郁、崒押韵。〔5〕"岑岩"，形容山势高峻。"岑"，音 cén。〔6〕"日月蔽亏"，本句承上"岑岩参差"而言，意谓正因为高峻的程度不同（参差），所以日月或全部被遮蔽，或部分被挡住（亏）。"蔽"，全隐。"亏"，半缺。《考证》：差、亏押韵。〔7〕"纠纷"，亦"交错"之意。〔8〕"上干"，上触。"干"，触，插入。《考证》：纷、云押韵。〔9〕"罢池"，音 pí tuó，倾斜而下的样子。"池"，同"陁"。"陂陁"，音 pō tuó，意同"罢池"。"陁"，亦作"陀"。〔10〕"下属"，下连。"属"，音 zhǔ。《考证》：陁、河押韵。〔11〕"其土"与下"其石"，指"山"之土、石。"丹"，朱砂。"青"，青雘，即今石青、白青之属，可制颜料。"赭"，音 zhě，赤土。"垩"，音 è，白土。〔12〕"雌黄"，与"雄黄"同类稍异，又名"石黄"，即三硫化二砷，橙黄色，可制颜料。"白坿"，《集解》、《索隐》皆以为是白石英，《汉书》王先谦《补注》以为即石灰。〔13〕"锡、碧、金、银"，本句承上，言众土之色如锡之灰白、碧玉之青绿、金之橙黄、银之银白。《考证》引方廷珪曰："锡、碧、金、银，皆土之色似之，非指其物。"〔14〕"炫耀"，光彩夺目。"耀"，同"曜"。〔15〕"照烂龙鳞"，日光照耀之下，其颜色之灿烂，如同龙鳞那样五彩缤纷。《汉书》王先谦《补注》："言采色相耀，若龙鳞之间杂也。"《考证》：银、鳞押韵。〔16〕"赤玉"，赤色的玉，一名"赤瑾"。"玫瑰"，紫色的宝石，一名"石珠"。〔17〕"琳"，青碧色之玉。"瑉"，音 mín，次于玉的美石。"琨珸"，亦作"昆吾"，本山名，因出一种次于玉的美石，故用以名其石。〔18〕"瑊玏"，音 jiān lè，一种似玉的美石。"玄厉"，可以磨刀的黑石。〔19〕"碝石"，似玉的美石，《汉书》张揖注曰："白者如冰，半有赤色。""碝"，音 ruǎn。"武夫"，赤地白纹的美石。《文选》作"碔砆"。《考证》：珸、夫押韵。〔20〕"其东"，云梦泽之东部。与前"其中"相照应。"蕙圃"，长有香草的花圃。"蕙"，香草之一种。一说香草的泛称，则此句与前"其中有山焉"照应，断作"其东有蕙圃"，下列各种香草，皆为"蕙圃"中所生。"衡"，杜衡，香草名。"兰"，兰草，香草名，此指秋兰。〔21〕"芷"，白芷。"若"，杜若。"射干"，多年生草本植物，多生山上。以上皆香草。按：《汉书》与《文选》李善注本无"射干"二字。兰、干押韵。〔22〕"穹穷"，一作"芎藭"，香草名，生山谷间，叶似芹，根可入药。"昌"，一作"菖"。〔23〕"江离"，香草名。"麋芜"，香草名，即蕲茝。按："江"、"离"、"麋"，《文选》并有草字头。〔24〕"诸蔗"，甘蔗。"猼且"，音 pò jū，芭蕉；一说指蘘荷。《考证》：蒲、芜、且押韵。〔25〕"其南"，云梦泽的南部。与前"其中"、"其东"照应。〔26〕"登降"，由上而下。《汉书》颜师古注："登，上也；降，下也。""陁靡"，倾斜绵延。"陁"，这里音 yí，通"迤"。〔27〕"案衍"，地势低下。"坛曼"，平坦广阔。〔28〕"缘以大江"，以长江为边缘。〔29〕"限"，界限。"巫山"，一名云台山，在云梦泽中，当今湖北省汉阳县境内。《考证》:曼、山押韵。〔30〕“其高燥”,指“平原广泽”之高燥处;下句“其卑湿”义同。“葴”,音 zhēn,马蓝。“蔪”,音 sī,《汉书》作“析”、《文选》作“菥”,一种类似燕麦的草,生水中,花可食。“苞”,一种类似茅的草,可编席等。“荔”,一种类似蒲的草,颜师古认为即“马蔺”。〔31〕“薛”,赖蒿。“莎”,音 suō,莎草,根成块状,名香附子,可入药。“青薠”,草名,似莎而大。〔32〕“藏莨”,音 zàng làng,狼尾巴草。一说为二草名:“藏,似薍而叶大。莨,莨尾草。”(《汉书音义》)“蒹”,荻子。“葭”,芦苇。〔33〕“东蘠”,一种似蓬的野草,实如葵子,青黑色,荒年可充饥。“雕胡”,茭白,实名菰米,可食。〔34〕“菰芦”,葫芦。“菰”,一作“觚”。〔35〕“菴蕳”,音 ān lū,蒿艾一类的草,实可入药。“轩芋”,即莸草,茎似蕙而味臭,故古人常以“薰”、“莸”对举。〔36〕“居之”,生长在这里。〔37〕“图”,计。一说“画也”(郭璞)。《考证》:葭、胡、芦、芋、图押韵。〔38〕“其西”,云梦泽的西部,与前“其中”、“其东”、“其南”照应。〔39〕“激水”,激荡的水波。“推移”,不停地向前流动。《考证》:池、移押韵。〔40〕“外”,水面。“发”,开放。“芙蓉”,荷花。“菱华”,菱花。〔41〕“内”,“青池”之内。《考证》:华、沙押韵。〔42〕“蛟”,似鳄鱼一类的动物,古称蛟龙,能害人。“鼍”,即“扬子鳄”,俗称“猪婆龙”,体长四足,皮可冒鼓。〔43〕“玳瑁”,音 dài mào,形状类似于龟的爬形动物,产于海中,甲壳可制成装饰品。“鼋”一种类似于鳖的水族动物。《考证》:鼍、鼋押韵。〔44〕“其北”,云梦泽的北部,与前“其中”、“其东”、“其南”、“其西”照应。“阴林”,《集解》引郭璞曰:“林在山北阴地。”而《汉书》颜师古注则以为“其树木众而且大,常多阴也”。〔45〕“楩”,音 pián,黄楩木。“楠”,音 nán,楠木。“豫”,枕木。“章”,樟木。按:“豫”、“章”初生极相似,“二木生至七年,‘枕’、‘樟’方可区别”(《正义》),故常“豫章”并称,以致误以为一木。〔46〕“蘗”,“蘖”的俗体,音 bò,落叶乔木,茎可制黄色颜料;即黄蘖,又称黄木。“离”,“樆”的假借字,山梨。“朱杨”,即赤茎柳,又名柽河柳。〔47〕“樝”,“楂”的本字,山楂。“梸”,即梨。“梬”,音 yǐng,楔枣树,其实名楔枣,又名羊枣、黑枣,似柿而小,可食。“栗”,木名,实可食。一说“梬栗”为一木,即楔枣树。〔48〕《考证》:章、杨、芳押韵。〔49〕“其上”,“阴林巨树”之上。“猨”,猴属。“蠷蝚”,音 qú róu,猕猴,楚人称之“沐猴”。〔50〕“鹓雏”,凤凰一类的鸟。“孔”,孔雀。“鸾”,鸾鸟,凤属。〔51〕“腾远”,《索隐》引郭璞曰:“腾蛇,龙属,能兴云雾。”一说“腾远”即善于跳跃腾越的猿猴。“射干”,与前“射干”有别,此为兽类,似狐而小,能缘木,又名“野干”。“射”,音 yè。〔52〕“其下”,“阴林巨树”之下。“玄”,黑色。〔53〕“蟃蜒”,音 màn yán,巨兽名,长百寻(郭璞说),狼属似貍。“貙”,音 chū,貙虎,虎之大者;一说似貍而大的野兽。“豻”,音 àn,《说文》:“胡地野狗。”〔54〕“兕”,音 sì,雌犀,一说似犀牛的一种动物。〔55〕“穷奇”,一种身长猬毛、声如嗥狗而可吃人的恶兽。“獌狿”,巨兽,长八尺(《广韵》),似貍。按:《汉书》、《文选》皆无“兕象野犀,穷奇獌狿”八字。《考证》:干、豻(狿)押韵。曾国藩曰:“以上东、西、南、北,开下畋猎之地。”

【译文】“我回答说:‘是,是。臣听说楚国有七个大泽,我曾经见过其中的一个,其余的没见过。我所看到的这个,仅仅是七个大泽中最小的一个,名字叫作云梦。云梦泽纵横九百里,其中有山。其山盘旋曲折,高耸险要,峭拔参差,日月或完全被遮蔽,或部分被遮住;群山交错重叠,上触青云;山坡倾斜延绵,下连江河。其土有朱砂、石青、赤土、白垩,雌黄、石英,锡矿、碧玉、黄金、白银,众色炫耀,其光辉之灿烂,像龙那样五彩缤纷。其石有赤玉、玫瑰,琳、珉、琨珸,瑊玏、黑石,半白半赤的瑌石、红地白文的碔砆。其东有长满香草的花圃,生长着杜衡、兰草,白芷、杜若、射干,芎藭、菖蒲,江离、麋芜,甘蔗、芭蕉。其南有平原大泽,由高而低,倾斜绵延,低洼的土地,广阔平坦,沿着大江延伸,直到巫山为界。其高峻干燥的地方,生长着马蓝、蔪草、苞草、荔草,艾蒿、莎草以及青薠。其低湿之地,生长着狼尾巴草、芦苇,东蘠、菰米,莲藕、葫芦,菴蕳、莸草,众多花草生长在这里,数不胜数。其西则有奔涌的泉水、清澈的水池,水波激荡,向前推移;水面上怒放着荷花与菱花,水面下隐伏着巨石和白沙。水中有神龟、蛟、鼍,玳瑁、鳖、鼋。其北则有森林和巨大的树木:黄楩树、楠木、枕木、樟木,桂树、花椒、木兰,黄蘖、山梨、赤茎柳,山楂、梨树、黑枣、栗树,橘树、柚子,芳香远溢。树上有赤猿、猕猴,鹓鶵、孔雀、鸾鸟,以及善跳的猴子和射干。树下则有白虎、黑豹,蟃蜒、貙、豻,雌犀、大象、野犀,穷奇、獌狿。

“‘于是乃使专诸之伦,〔1〕手格此兽。〔2〕楚王乃驾驯驳之驷,〔3〕乘雕玉之舆,〔4〕靡鱼须之桡旃,〔5〕曳明月之珠旗,〔6〕建干将之雄戟,〔7〕左乌嗥之雕弓,〔8〕右夏服之劲箭;〔9〕阳子骖乘,〔10〕纤阿为御;〔11〕案节未舒,〔12〕

即陵狡兽，[13]轔邛邛，[14]蹵距虚，[15]轶野马而䡇騊駼，[16]乘遗风而射游骐，[17]倏眒凄浰，[18]雷动熛至，[19]星流霆击，[20]弓不虚发，中必决眦，[21]洞胸达腋，[22]绝乎心系。[23]获若雨兽，[24]揜草蔽地。[25]于是楚王乃弭节裴回，[26]翱翔容与，[27]览乎阴林，观壮士之暴怒，[28]与猛兽之恐惧，徼郄受诎，[29]殚睹众物之变态。[30]

【注释】〔1〕"专诸"，春秋时代吴国的勇士，曾为吴国的公子光(即后来的吴王阖庐)刺杀吴王僚。这里代指像专诸之类的勇士。〔2〕"手格"，《文选》吕向注："空手击之。""格"，击杀。〔3〕"驯"，驯服。"驳"，《集解》引《汉书音义》："驳，如马，白身，黑尾，一角，锯齿，食虎豹。扰(驯服)而驾之，以当驷马也。"《汉书补注》引刘奉世曰："'驯驳'止是驳马(斑马)耳，虎尝见而伏，故出猎驾之，非真驳也。""驷"，古代四匹马驾一辆车称驷，此代指马。〔4〕"雕玉之舆"，以雕刻的玉石装饰的车子。按：驷、舆押韵。〔5〕"靡"，通"麾"，音 huì，挥动。"鱼须之桡旃"，以鲸鱼之须为柔韧弯曲旗杆的旃旗。"桡"，柔韧弯曲。"旃"，赤色长旗。《集解》引郭璞曰："通帛为旃。"〔6〕"曳"，拖着；摇动。"明月之珠旗"，以明月珠装饰的旗帜。〔7〕"建"，树立。《文选》吕向注："建，立也。"指车上树立着。一说意为"高举"，则指车上人举也。"干将"，利剑名。为春秋时吴国著名剑师干将所铸，故名"干将"。此指像干将剑那样锋利。"雄戟"，三刃戟，利戟。按：旗、戟押韵。〔8〕"左"，用为动词，身体左边佩带着。下句"右"字义同。"乌嗥"，古代良弓名。"嗥"，通"号"，音 háo。此指像乌嗥弓那样强劲有力。"雕弓"，雕刻有纹饰的弓。〔9〕"夏服之劲箭"，像夏后羿箭袋中那样坚强有力的箭。"夏"，夏后羿，古之善射者，有良弓曰"繁弱"，箭亦良(《索隐》)。"服"，通"箙"，盛箭的袋子。《考证》：旃、箭押韵。〔10〕"阳子"，有二说：仙人陵阳子(服虔说)，伯乐(孙阳之字，善于相马、御马；张揖说)。"骖乘"，陪乘的人。古时乘车，尊者居左，驾者居中，右边另有一人陪乘，以防倾侧。〔11〕"纤阿"，美女姣好貌，此指为月神驾车的仙女。"御"，驾车的人。〔12〕"案节"，按顿着驾御的缰绳而有节奏地奔走。"案"，通"按"，顿。"未舒"，尚未放开缰绳而让马"尽意驱驰"(《考证》)。一说"马足未展"(司马彪说)。〔13〕"陵"，陵轹、践踏。"狡"，狡捷，狡健。〔14〕"邛邛"，音 qióng qióng，《汉书》张揖注："青兽，状如马。""日走五百里。"(《穆天子传》)〔15〕"蹵"，音 cù，足踩，践踏。"距虚"，兽名。张揖注："似骡而小。""日走五百里。"(《穆天子传》)〔16〕"轶"，突击。"野马"，如马而小。"䡇"，通"轊"，音 wèi，车轴顶端；用为动词，以车轴头撞击、冲击。"騊駼"，音 táo tú，张揖注："北海内有兽，状如马，名騊駼。"王先谦以为属"野马类也"。《考证》：御、舒、卢、駼押韵。〔17〕"遗风"，千里马。《索隐》引《古今注》云："秦始皇马名。""骐"，兽名。《索隐》引韦昭云："骐如马，一角。"〔18〕"倏眒"，迅速。"倏"即"倏然"、"倏忽"之"倏"，疾貌。"眒"即"一瞬间"之"瞬"的异文，亦疾也。"凄浰"，迅速，疾利。〔19〕"雷动熛，至"，皆比喻，意谓如雷声响动，其疾速不及掩耳；又如狂飙突至，其疾速不可预防。"熛"，通"飙"。〔20〕"星流霆击"，亦为比喻，意谓如流星飞坠，瞬息即逝；又如霹雳(迅雷)击物，无可抗拒。以上两句言其迅速及威势。〔21〕"决眦"，射裂眼眶。"决"，裂开。"眦"，音 zì，眼眶。〔22〕"洞胸"，使胸穿成洞。"达腋"，直达腋下。〔23〕"绝"，断绝。"心系"，连系心脏的血脉经络。《正义》曰："贯心死疾，肉最洁美。"〔24〕"雨"，用为动词，下雨。此亦打比方，意谓射杀禽兽之多，如雨点下落，纷纷坠地。〔25〕《考证》：骐、浰、至、眦、地押韵。〔26〕"弭节"，意同"案(按)节"，徐徐而行。"裴回"，即徘徊。〔27〕"翱翔"，鸟翼上下扇动而飞叫翱，平直不动而滑翔叫翔。后用以比喻逍遥悠闲地游乐。"容与"，不慌不忙、自由自在的样子。〔28〕"暴怒"，状写与猛兽搏斗之情状。〔29〕"徼郄"，音 yāo jù，拦截极度疲倦的野兽。"徼"，拦截。"郄"，应作"𠔖"，《说文》属"凡"部，义同"剧"、"极"。极度疲倦。"受诎"，拾取已经精疲力尽的野兽。"受"，接受，意为不费力气地去捕捉、拾取。"诎"，同"屈"，力量耗尽之意。〔30〕"殚睹"，遍观。"殚"，音 dàn，遍，尽。"变态"，非常态，指禽兽被射杀追逐之后，各种各样的异常情态。

【译文】"'于是就派专诸之类的勇士，空手击杀这些野兽。楚王乃驾御起被驯服的毛色不纯的驷马，乘坐着美玉装饰的车子，挥动着用鱼须作旒穗的曲柄旃旗，摇动缀有明月珍珠的旗帜，高举干将那样锋利的三刃之戟，左手拿着雕有花纹的乌嗥名弓，右手拿着夏后羿箭袋中那样强劲之箭。伯乐做骖乘，纤阿当御者，还在缓行尚未尽情驰骋，车马就已践踏狡健的猛兽，足踩邛邛，轮辗距虚，突击野马，轴头撞死騊駼，乘着千里马，箭射游荡之骐。楚王的车骑迅速异常，有如惊雷滚动，狂飙袭来，又像流星飞坠，雷霆轰击。弓不虚发，中必射裂禽兽的眼眶，或贯穿胸膛，直达腋下，使连着心脏的血管断裂。猎获之多像雨点飞降般纷纷而落下，覆盖了野草，遮蔽了大地。于是，楚王就按辔徘徊，自由自在地缓步而行，浏览山北的森林，观赏壮士的暴怒，以及猛兽的恐惧，拦截、捕捉那精疲力竭的野兽，遍观群兽各种不同的变态。

"'于是郑女曼姬，〔1〕被阿、锡，〔2〕揄纻缟，〔3〕杂纤罗，〔4〕垂雾縠；〔5〕襞积褰绉，〔6〕纡徐委曲，〔7〕郁桡溪谷；〔8〕衯衯裶裶，〔9〕扬袘恤削，〔10〕蜚纤垂髾；〔11〕扶与猗靡，〔12〕噏呷萃蔡，〔13〕下摩兰蕙，上拂羽盖，〔14〕错翡翠之威蕤，〔15〕缪绕玉绥；〔16〕缥乎忽忽，〔17〕若神之仿佛。〔18〕

【注释】〔1〕"郑女曼姬"，《汉书》王先谦《补注》云："曼即美也。本书《司马迁传》：'曼辞以自解。'如淳曰：'曼，美也。'郑女多美，故'郑女'为当时'美女'恒称，不必果出自郑。'郑女曼姬'，犹言'美女美姬'耳。" 〔2〕"被"，通"披"，音 pī，此指穿也。"阿"，细缯。《正义》曰："按：东阿出缯也。""锡"，通"緆"，细布。 〔3〕"揄"，音 yú，牵引，牵曳。"纻"，音 zhù，麻布。"缟"，白绸。按："纻"、"缟"，皆纹理细疏。 〔4〕"杂"，错杂，各色相配装饰。"纤罗"，细纹的罗绮。 〔5〕"雾縠"，细柔轻薄如雾般的丝织品。"縠"，音 hú，轻纱。 〔6〕"襞积"，指裙褶重叠。"襞"，音 bì。"褰绉"，缩蹙。 〔7〕"纡徐委曲"，曲折多姿。"纡徐"，疑即"纡余"，曲折延伸貌。 〔8〕"郁桡"，深曲的样子。"谷"，山谷。〔9〕"衯衯裶裶"，衣服长而美好的样子。 〔10〕"扬"，举。"袘"，音 yì，衣裙下缘。"恤削"，裁制整齐貌。 〔11〕"蜚纤"，衣带飞扬。"蜚"，通"飞"。"纤"，《汉书》、《文选》皆作"襳"，指上衣的衣带，俗称"飘带"。"垂髾"，燕尾下垂。"髾"，音 shāo，上衣下端燕尾形的装饰。《考证》引曾国藩曰："'襞积'至'溪谷'三句，'衯衯'至'垂髾'三句，皆下二句用韵。" 〔12〕"扶与猗靡"，有二说："谓郑女曼姬侍从王者，扶其车舆而猗靡"（《正义》、张揖）；"衣裳称美之貌"（《汉书补注》引刘奉世说）。今考：前言楚王猎于云梦，猎后"弭节裴回"，"览乎阴林"，是楚王在车上；下言"郑女曼姬"所穿之衣"下摩兰蕙，上拂羽盖"，则美女即不在车上，亦应是在车旁。按："扶与"，《汉书》、《文选》皆作"扶舆"，有二义：一为彷徉、徘徊，清黄生以为"扶舆"即"彷徉"之音转（《字诂·扶舆》）；二为扶病乘舆，言其身体极为病弱。如《后汉书·宋均传》："均自扶舆，诣阙谢恩。"《三国志·魏志·管宁传》："不任扶舆上路。"本书《匈奴列传》："战而扶舆死者，尽得死者家财。"这里取后一义，引申为体态柔弱。"猗靡"，婉顺娇美貌。〔13〕"噏呷萃蔡"，皆为行走时衣服磨擦所发声响的象声词。 〔14〕"羽盖"，以羽毛装饰的车盖。〔15〕"错"，交错。"翡翠"，本鸟名，大小如雀。"雄赤曰翡，雌青曰翠"（张揖说）；此指翡翠鸟之赤色与青色羽毛。"威蕤"，一曰旗名，一曰首饰，一曰盛貌。 〔16〕"缪绕"，即缭绕。"玉绥"，以玉装饰之绥。"绥"，一说挽以上车的丝线绳，一说冠缨。以上诸说的分歧主要在于是否认为"郑女曼姬"这些楚王之姬妾侍女居于车上。居于车上说者，则"威蕤"、"玉绥"等皆状其所乘车旗之美；居于车下说者，则"威蕤"、"玉绥"等皆状其服饰之美。《考证》：靡、蔡、蕙、盖、蕤、绥押韵。 〔17〕"缥"，同"飘"，飘飘然的样子。"忽忽"，恍恍忽忽的样子。 〔18〕"仿佛"，《汉书》颜师古注引郭璞曰："言其容饰奇艳，非世所见。《战国策》曰：'郑之美女粉白黛黑而立于衢，不知者谓之神(仙)也。'"《正义》云："言似神仙也。"《考证》："忽、佛，韵。"

【译文】"'于是，郑国漂亮的姑娘，肤色美好的姬妾，披着细缯细布制成的上衣，穿着麻布和白绢制做的裙子，装点着纤细的罗绮，身后垂挂着轻雾般的柔纱。裙幅褶绉重叠，纹理细密，线条曲折多姿，好似深幽的溪谷。美女们穿着修长的衣服，裙幅飘扬，裙缘整齐美观，衣上的飘带，随风飞舞，燕尾形的衣端垂挂身间。体态婀娜多姿，走路时衣裙相磨，发出噏呷萃蔡的响声。飘动的衣带下摩兰花蕙草，上拂羽饰的车盖。车上交树着翡翠羽毛做成的旗帜，缠绕着用玉装饰、挽以登车的丝绥。隐约缥缈，恍恍忽忽，就像神仙般的若有若无。

"'于是乃相与獠于蕙圃，〔1〕媻跚勃窣，〔2〕上金堤，〔3〕揜翡翠，〔4〕射鵕鸃，〔5〕微矰出，〔6〕纤缴施，〔7〕弋白鹄，〔8〕连驾鹅，〔9〕双鸧下，〔10〕玄鹤加。〔11〕怠而后发，〔12〕游于清池；浮文鹢，〔13〕扬桂枻，〔14〕张翠帷，〔15〕建羽盖，〔16〕罔玳瑁，〔17〕钓紫贝；〔18〕摐金鼓，〔19〕吹鸣籁，〔20〕榜人歌，〔21〕声流喝，〔22〕水虫骇，波鸿沸，〔23〕涌泉起，奔扬会，〔24〕礧石相击，〔25〕硠硠礚礚，〔26〕若雷霆之声，闻乎数百里之外。[27]

【注释】〔1〕“獠”，夜间狩猎，此泛指打猎。“蕙圃”，此指前文“其东有蕙圃”之“蕙圃”。〔2〕“媻跚勃窣”，俯身前行、缓慢摇摆的样子。“媻”，音pán。“窣”，音sù。〔3〕“金堤”，坚固的堤塘，“金”亦为堤之美称。〔4〕“翡翠”，此指翡翠鸟。〔5〕“鵔鸃”，音jùn yí，山鸡。〔6〕“微矰”，细小的短箭。“矰”，zēng，结缴于矢谓之矰(《周礼·夏官·司弓矢》郑玄注)。〔7〕“纤缴”，亦细箭之意。“缴”，音zhuó，本意是拴在箭上、用以保持箭飞行时平衡的生丝绳，这里指系有生丝绳的箭。“施”，放射。〔8〕“弋”，音yì，用系有丝绳的箭射。“白鹄”，白天鹅。“鹄”，音hú。〔9〕“连”，射中，带丝绳的箭连于鸟之体。“驾鹅”，野鹅。〔10〕“鸧”，音cāng，鸧鸹，形似雁，色黑。〔11〕“玄鹤”，黑鹤。“加”，箭加于身，射中。以上写射猎于“蕙圃”。《考证》：“堤、鸃、施、鹅、加，韵。”〔12〕“怠”，厌倦。“发”，出发。以下写渔游于“清池”。前文云：“其西则有涌泉清池。”〔13〕“浮”，泛舟，划船。“文”，指船上饰有云气等花纹。“鹢”，指船头画有鹢鸟的图案。按：相传鹢鸟(水鸟)不怕风浪，故《西京赋》“浮鹢首，翳云芝”句薛综(三国时吴人)注曰：“船头象鹢鸟，厌(按：厌胜之厌)水神。”使之不能兴风作浪。此以“文鹢”代船。〔14〕“扬”，举起，划动。“桂枻”，桂木制作的船桨。“桂”亦为“枻”之美称。“枻”，音yì，划船用的短桨。〔15〕“张”，张开，挂起。“翠帷”，以翠鸟之青羽装饰的围帐。此指张于船上。〔16〕“羽盖”，以羽毛装饰的船盖。《汉书》注引郭璞曰：“施之船上也。”非车盖。颜师古曰：“羽盖，以杂羽饰盖。”〔17〕“罔”，通“网”，用为动词，意为用网捕捉。〔18〕“紫贝”，紫地黑纹的贝。“贝”，水中的一种甲壳动物。以上写渔于“清池”。〔19〕“摐”，音chuāng，撞击，敲响。“金鼓”，形如鼓的一种铜制乐器，即钲。似大铃而无舌，似钟而狭长有柄，用时口朝上而手执其柄于下，以槌撞击作声。〔20〕“籁”，音lài，箫。“鸣”，亦“籁”之美称，状其声响悠美。〔21〕“榜人”，船夫。〔22〕“流”，流畅悦耳。“喝”，王先谦《汉书补注》：“‘喝’读若‘暧’，所谓‘暧乃’之声即棹歌也。‘暧乃’与‘欸乃’同……激楚含哀矣。”郭璞曰：“言悲嘶也。”指歌声抑扬而多悲凉之音。按：“喝”，一般音yè，亦指歌声之悲咽凄凉。〔23〕“波鸿沸”，波浪很大、像锅水沸腾。“鸿”，大，通“洪”。〔24〕“奔扬”，波涛。“会”，汇合在一起。〔25〕“礧石”，滚动的石头。“礧”，音lèi。或曰通“磊”，众也，亦通。〔26〕“硠硠礚礚”，音láng láng kē kē，皆为石头相击所发声音之象声词。以上写游于“清池”。〔27〕《考证》：“枻、盖、贝、籁、喝、骇、礚、外，韵。”

【译文】“‘于是楚王就和众多美女一起在蕙圃打猎，俯身前行、从容缓缓地走上坚固的水堤，用网捕取翡翠，用箭射取山鸡。射出短箭，发射细缴，射落了白鹄，击中了野鹅。鸧鸹双双落地，黑鹤身被箭穿。打猎厌倦之后，又泛舟清池之中，划着画有鹢鸟的龙船，扬起桂木制成的船桨，张挂翠羽装饰的帷幔，树起羽毛装饰的伞盖。网取玳瑁，钓取紫贝，敲打金鼓，吹起排箫。船夫唱起歌来，声调悲楚嘶哑，悦耳动听。鱼鳖为之惊骇，洪波因而沸腾。泉水涌起，与浪涛汇聚。众石相互撞击，发出硠硠礚礚的响声，就像雷霆轰鸣，声传几百里之外。

“‘将息獠者，[1]击灵鼓，[2]起烽燧，[3]车案行，[4]骑就队，[5]纚乎淫淫，[6]班乎裔裔。[7]于是楚王乃登阳云之台，[8]泊乎无为，[9]澹乎自持，[10]勺药之和具而后御之。[11]不若大王终日驰骋，而不下舆，[12]脟割轮淬，[13]自以为娱。臣窃观之，齐殆不如。’[14]于是王默然无以应仆也。”[15]

【注释】〔1〕“将息獠者”，意思是说将要停止打猎之时。“息”，止。〔2〕“灵鼓”，《文选》李善注引文颖曰：“六面鼓。”《汉书》颜师古注：“六面击之，所以警众也。”〔3〕“起”，点起。“烽燧”，示警的烽火，此指火把。白天放烟告警称烽，夜间举火告警称燧。“熢”，同“烽”。按：打猎时亦用钲鼓、烽燧为信号。〔4〕“案行”，按照行列，排成队列。〔5〕“就队”，归入队列。〔6〕“纚乎”，即纚然，连续不断的样子。“纚”，音xǐ，又音shǐ。“淫淫”，逐渐前进。〔7〕“班乎”，依次相连的样子。“班”，通“般”。“裔裔”，鱼贯而行。王先谦曰：“流水貌”。《考证》：“燧、队、裔，韵。”〔8〕“阳云之台”，又名阳台，楚国台榭名，在云梦泽中之巫山下。〔9〕“泊乎”，泊然，安静无事的样子。“无为”，泰然无事。〔10〕“澹乎”，澹然，无所思念的样子。“自持”，保持安静的心态。〔11〕“勺药之和”，指以五味调和好的佳肴。“勺药”，各种调料的总称。“和”，酸、咸、甘、辛等各种味道调配得当的佳肴。“具”，通“俱”，齐备。“御”，进用。《考证》：“台、为、持、之，韵。”〔12〕“而”，《汉书》作“曾”，竟。〔13〕“脟割”，意谓把所猎野兽之肉，一块一块地割下来。“脟”，同

“脔”，音 luán，用为动词，一块一块地切割，碎割。“淬”，《汉书》作“焠”，音 cuì，烤灼。“轮淬”，在车轮下烤而食之。〔14〕“殆”，恐怕，大概。《考证》：“舆、娱、如，韵。”〔15〕“王”，指齐王。

【译文】“‘打猎将停，敲起六面大鼓，一齐点燃火把。战车排成行列，骑兵归队而行。队伍接续不断，整整齐齐，缓慢前进。于是，楚王就登上阳云之台，显示出泰然自若、安然无事的神态，保持着安静恬适的心境，以五味调和的食物备齐之后，就献给楚王品尝。不像大王您终日奔驰，身不离车，甚至切割肉块，也在轮间烤炙而吃，而自以为乐。以我看来，齐国恐怕不如楚国吧。’于是，齐王默默无言，无话回答于我。”

乌有先生曰：“是何言之过也！足下不远千里，来况齐国，〔1〕王悉发境内之士，而备车骑之众以出田，乃欲戮力致获，〔2〕以娱左右也，何名为夸哉？〔3〕问楚地之有无者，愿闻大国之风烈，〔4〕先生之余论也。〔5〕今足下不称楚王之德厚，而盛推云梦以为高，〔6〕奢言淫乐而显侈靡，〔7〕窃为足下不取也。必若所言，固非楚国之美也。〔8〕有而言之，是章君之恶；〔9〕无而言之，是害足下之信。章君之恶而伤私义，〔10〕二者无一可，而先生行之，必且轻于齐而累于楚矣。且齐东陼巨海，〔11〕南有琅邪，〔12〕观乎成山，〔13〕射乎之罘，〔14〕浮勃澥，〔15〕游孟诸，〔16〕邪与肃慎为邻，〔17〕右以汤谷为界，〔18〕秋田乎青丘，〔19〕傍偟乎海外，〔20〕吞若云梦者八九，〔21〕其于胸中曾不蔕芥。〔22〕若乃俶傥瑰伟，〔23〕异方殊类，〔24〕珍怪鸟兽，万端鳞崒，〔25〕充仞其中者，〔26〕不可胜记，禹不能名，〔27〕契不能计。〔28〕然在诸侯之位，不敢言游戏之乐，苑囿之大；〔29〕先生又见客，〔30〕是以王辞而不复，〔31〕何为无用应哉！”〔32〕

【注释】〔1〕“况”，《尔雅·释诂》：“贶，赐也。”“况”，通“贶”，音 kuàng。“赐”谓赐惠、赐教，加惠。〔2〕“戮”，通“勠”。“戮力”，并力，合力。“致获”，猎得禽兽。“获”，此指禽兽，作名词用。〔3〕“名”，称，叫。“夸”，夸耀。〔4〕“风烈”，美好的风尚教化与光辉的功业。〔5〕“先生”，与前“足下”、“左右”，皆为对子虚的敬称。“余论”，对别人言论的敬称，犹言遗谈美论，高明的见解。〔6〕“高”，《汉书》作“骄”，意同。郭璞以“高”为“高谈”，亦通。〔7〕“奢言”，大谈，高谈阔论。〔8〕“固”，本来。〔9〕“章”，通“彰”，宣扬，暴露。〔10〕“私义”，个人的信义、名誉。〔11〕“陼”，水滨，水边；此指滨临。〔12〕“琅邪”，亦作“琅琊”，山名，在今山东省诸城县东南海边，其山三面临海。〔13〕“观”，观赏。“成山”，山名，在今山东省荣成县东北。〔14〕“之罘”，山名，在今山东省福山县东北。“罘”，音 fú。〔15〕“勃澥”，亦作“渤澥”，即今之渤海。“澥”，音 xiè，海。〔16〕“孟诸”，古代大泽名，在今河南省商丘县东北及虞城县西北，今已淤塞为平地。亦作“望诸”、“孟潴”。《考证》：邪、罘、诸押韵。〔17〕“邪”，同“斜”。“肃慎”，古代国名，亦古代民族名，居今我国东北地区之黑龙江、松花江流域。〔18〕“右”，古人多以东方为“左”，故《文选》李善注云：“言为东界，则‘右’当为‘左’之误也。”“汤谷”，亦作“旸谷”，神话传说中太阳所出之地。《汉书》颜师古注引许慎曰：“热如汤也。”〔19〕“青丘”，古代海外国名。《正义》引服虔曰：“青丘国在海东三百里。”又引郭璞曰：“青丘，山名，上有田，亦有国，出九尾狐，在海外。”则是国以山而得名也。〔20〕“傍偟”，即“彷徨”，徘徊，此指自由自在地散步。〔21〕“吞”，吞下，包举。“八九”，八九个。〔22〕“曾”，竟。“蔕芥”，指细小的梗塞之物。“蔕”，音 dì。“不蔕芥”，不感到梗塞，无梗塞之感。〔23〕“俶傥”，通“倜傥”，卓越非凡，非同寻常。“瑰伟”，卓伟，卓异。此指卓异奇珍之物。〔24〕“异方”，不同地区。“殊类”，特殊的物产，特产。〔25〕“万端鳞崒”，各种品类的奇珍异物，都像鱼鳞般的集聚在齐国。“崒”，音 cuì，聚集。〔26〕“充仞”，充满。“仞”，通“牣”，音 rèn，满。〔27〕“禹”，夏部族领袖，古代圣人。《正义》云：“禹为尧司空，辨九州土地、山川、草木、禽兽。”“名”，叫出名字来。〔28〕“契”，音 xiè，殷部族祖先，亦为儒家所尊崇的古代圣贤。《正义》云：“契为司徒，敷五谷，主四方会计。言二人犹不能名、计其数。”〔29〕《考证》：“界、外、芥、类、崒、记、计、大，韵。”〔30〕“见客”，被尊为贵客。“见”，被，被尊为，被当作。〔31〕“辞”，谦让。“复”，回答。〔32〕“无用”，无以。“无用应”，即没有什么话可以用来回答。《考证》：“曾国藩曰：‘以上乌有折子虚。’愚按：篇首至此，相如赋前半，武帝所惊叹，《文选》题曰《子虚赋》；以下召见之日(后)所记奏，《文选》题曰《上林赋》。”

【译文】乌有先生说："这话为什么说得如此过分呢？您不远千里前来赐教齐国，齐王调遣境内的全部士卒，准备了众多的车马，同您出外打猎，是想同心协力猎获禽兽，使您感到快乐，怎能称作夸耀呢？询问楚国有无游猎的平原广泽，是希望听听楚国的政治教化与光辉的功业，以及先生的美言高论。现在先生不称颂楚王丰厚的德政，却盛赞云梦泽以为高论，大谈淫游纵乐而炫耀奢侈靡费，我私下以为您不应当这样做。如果真像您所说的那样，那本来算不上是楚国的美好之事。楚国若是有这些事，您把它说出来，这就是张扬国君的丑恶；如果楚国没有这些事，您却说有，这就有损于您个人的信誉。张扬国君的丑事，损害自己的信誉，这两件事没有一样是可做的，而您却做了。这必将被齐国所轻视，而楚国的声誉也会受到牵累。况且齐国东临大海，南有琅琊山；可在成山观景，可在之罘山射猎，可在渤海泛舟，可在孟诸泽中遨游。东北斜与肃慎为邻，右边以汤谷为界；秋天在青丘打猎，自由漫步在海外。像云梦这样的大泽，纵然吞下八九个，胸中也丝毫不觉得梗塞。至于那些超凡卓异之珍物，各个地方的特产，珍奇怪异的鸟兽，万物聚集，好像鱼鳞荟萃，充满其中，不可胜记，就是大禹也辨不清它们的名字，契也不能计算它们的数目。但是齐王处在诸侯的地位，不敢陈说游猎和嬉戏的欢乐，齐国苑囿的广大，加之先生又是以贵宾之礼接待的客人，所以齐王谦让没有回答您，怎能说他是无言以对呢？"

无是公听然而笑曰：〔1〕"楚则失矣，齐亦未为得也。〔2〕夫使诸侯纳贡者，〔3〕非为财币，〔4〕所以述职也；〔5〕封疆画界者，〔6〕非为守御，〔7〕所以禁淫也。〔8〕今齐列为东藩，〔9〕而外私肃慎，〔10〕捐国逾限，〔11〕越海而田，〔12〕其于义故未可也。〔13〕且二君之论，不务明君臣之义而正诸侯之礼，〔14〕徒事争游猎之乐，〔15〕苑囿之大，欲以奢侈相胜，荒淫相越，此不可以扬名发誉，〔16〕而适足以贬君自损也。〔17〕且夫齐、楚之事，又焉足道邪！〔18〕君未睹夫巨丽也，独不闻天子之上林乎？

【注释】〔1〕"听然"，笑貌。"听"，音 yǐn。〔2〕"得"，与上句之"失"，指"对"与"错"，"正确"与"错误"。〔3〕"纳贡"，指古代的诸侯或外藩向天子交纳贡献方物(各国物产)。〔4〕"财币"，财物。〔5〕"所以述职"，用它来向天子陈述自己履行职责的情况。意思是说，进献之方物好，表示自己克尽职守，方国治理得好，因而物产丰饶，百姓安居；进献之方物坏，则说明未能尽其职守，故而地瘠物乏，百姓困顿。《孟子·梁惠王下》："诸侯朝天子曰述职；述职者，述所职也。"〔6〕"封疆画界"，晋崔豹《古今注·都邑第二》："封疆画界者，封土为台，以表识疆境也；画界者于二封之间，又为壝埒(矮墙)，以划分界域也。""封"，指聚土为台，作为二者疆界的标志(表识)。"画"，指在许多土台之间又筑上矮墙，将二者疆界划分隔离开来。按：这里泛指划分诸侯国之间的边界之意。〔7〕"守御"，保守疆土、防御别国之入侵。〔8〕"所以禁淫也"，是用它来禁止杜绝各自的放纵非礼行为的。《汉书》颜师古注引郭璞曰："天下有道，守在四夷。立疆界者，欲以禁绝淫放耳。"所谓"淫"、"淫放"，即下文所言违犯了"君臣之义"与"诸侯之礼"，"徒事争游猎之乐，苑囿之大，欲以奢侈相胜，荒淫相越"等。〔9〕"列"，位。"东藩"，东方的屏藩之国。古时天子所封的各诸侯国，对中央王朝都起屏藩作用，故云。〔10〕"私"，私自来往，私通。"肃慎"，古代民族名，亦古国名，居今黑龙江、松花江流域。〔11〕"捐国"，离开自己的封国，放弃自己的职守。"捐"，丢弃，放弃。"逾限"，越过自己的国界。"限"，界限，国界。〔12〕"越海而田"，越过东海而打猎，指上文所言"秋田乎青丘，徬徨乎海外"之事。〔13〕"义"，礼义。"故"，本来。〔14〕"务明"，尽力阐明。〔15〕"徒事"，毫无意义地去从事某件事。"徒"，徒劳、白白地。〔16〕"扬名发誉"，显扬名声，提高荣誉。〔17〕"贬君自损"，贬抑国君，自损身价。〔18〕"焉足"，何足。〔19〕"巨丽"，《汉书》颜师古注："巨，大也；丽，美也。"此指规模巨大、景观壮丽的场面。

【译文】无是公微笑着说道："楚国固然错了，齐国也不能算是正确。天子所以让诸侯交纳贡献方物，并不是为了财物，而是为了让他们到朝廷陈述其履行职务的情况；所以要划分封国的边界，并非为了守卫边境，而是为了杜绝诸侯的放纵非礼的行为。如今，齐国位列东方的藩国，却与国外的肃慎私自交往，弃离封国，越过大海而到青丘去游猎，这种作法就诸侯应遵守的礼义来说，是不允许的。况且你们二位先生的言论，都不是竭力阐明君臣之间的大义而匡正诸侯应该遵守的礼制，而只是去争论游猎的欢乐，苑囿的广大，想以奢侈争胜负、以荒淫赛高低，这样做不但不能使你们的国君显扬名望、提高声誉，却适足以贬低国君的声望，损害自己的名誉。况且齐国和楚国的事情又哪里值得称道呢！先生们恐怕还没有亲眼看到过那样浩大壮丽的场面吧，难道没有听说过天子的上林苑吗？

“左苍梧，〔1〕右西极，〔2〕丹水更其南，〔3〕紫渊径其北；〔4〕终始霸、浐，〔5〕出入泾、渭；〔6〕酆、鄗、潦、潏，〔7〕纡余委蛇，〔8〕经营乎其内。〔9〕荡荡兮八川分流，〔10〕相背而异态；〔11〕东西南北，驰骛往来。〔12〕出乎椒丘之阙，〔13〕行乎洲淤之浦，〔14〕径乎桂林之中，〔15〕过乎泱莽之野。〔16〕汩乎浑流，〔17〕顺阿而下，〔18〕赴隘陕之口。〔19〕触穹石，〔20〕激堆埼，〔21〕沸乎暴怒，〔22〕汹涌滂潰，〔23〕泮浡滵汩，〔24〕湢测泌㳿，〔25〕横流逆折，〔26〕转腾潎洌，〔27〕澎濞沆瀣，〔28〕穹隆云挠，〔29〕蜿灗胶戾，〔30〕逾波趋浥，〔31〕莅莅下濑，〔32〕批壧冲壅，〔33〕犇扬滞沛，〔34〕临坻注壑，〔35〕瀺灂賨墜，〔36〕湛湛隐隐，〔37〕砰磅訇礚，〔38〕潏潏淈淈，〔39〕湁潗鼎沸，〔40〕驰波跳沫，〔41〕汩急漂疾，〔42〕悠远长怀，〔43〕寂漻无声，〔44〕肆乎永归。〔45〕然后灏溔潢漾，〔46〕安翔徐徊，〔47〕翯乎滈滈，〔48〕东注大湖，〔49〕衍溢陂池。〔50〕于是乎蛟、龙、赤螭，〔51〕䱭鰽、蜥离，〔52〕鰅、鳙、鰬、魠，〔53〕禺禺、魼、鳎，〔54〕揵鳍擢尾，〔55〕振鳞奋翼，〔56〕潜处于深岩；鱼、鳖讙声，万物众夥，〔57〕明月、珠子，〔58〕玓瓅江靡，〔59〕蜀石、黄碝，〔60〕水玉磊砢，〔61〕磷磷烂烂，〔62〕采色澔旰，〔63〕丛积乎其中。鸿、鹔、鹄、鸨，〔64〕駕鹅、鸀玉，〔65〕䴔䴖、鹮目，〔66〕烦鹜、鷛鸈，〔67〕鸃鸱、䴋鸬，〔68〕群浮乎其上。汎淫泛滥，〔69〕随风澹淡，〔70〕与波摇荡，掩薄草渚，〔71〕唼喋菁藻，〔72〕咀嚼菱藕。〔73〕

【注释】〔1〕“左”，东方，此指上林苑的左边即东边。“苍梧”，汉代郡名，治今广西壮族自治区苍梧县。旧注皆以此为实指，高步瀛《文选李注义疏》引吴汝纶曰：“此皆上林中所为，以象苍梧、西极者，犹昆明也。旧注并非。”按：《三辅黄图》卷四《池沼》云：“汉武帝“遣使求身毒国市竹，而（道路）为昆明所闭”，天子欲伐之。“昆明国有滇池，方三百里”，故于长安西南“作昆明池以象之，以习水战，因名昆明池”。吴汝纶以为本句之“苍梧”与下句之“西极”，也是仿其形制景观而筑于上林苑东西，非实指。〔2〕“右”，西方，此亦指上林苑的西边。“西极”，《集解》引郭璞曰：“西极，邠国也，见《尔雅》。”《正义》引文颖曰：“《尔雅》云西至于豳国为极。在长安西，故言右。”“邠”、“豳”同，古国名，在今陕西省旬邑县、彬县一带。按：指出上林苑东至“苍梧”、西至“西极”以见其“巨”。或曰“西极”为水名，与“苍梧”不类，非是。〔3〕“丹水”，源出今陕西省商县西北之冢领山，东南流入河南省境内。“更”，音gēng，经过。〔4〕“紫渊”，亦名紫泽，在西安之北。“径”，通“经”，经过。《考证》：“极、北，韵。”〔5〕“终始霸、浐”，霸水、浐水始终流在上林苑内。“霸”，霸水，发源于今陕西省蓝田县，经灞桥，西北与浐水汇合注入渭水。“浐”，浐水，亦发源于蓝田县，北流与霸水汇合后注入渭水。〔6〕“出入泾、渭”，泾水、渭水从上林苑外流入，又从上林苑中流出，意即流经上林苑。“泾、渭”，皆发源于今甘肃省，二水于今西安市东北汇合后注入黄河。〔7〕“酆”，水名，发源于今陕西省宁陕县东北之秦岭，北流入渭水。“鄗”，水名，发源于陕西省长安县南，北流入渭水。今仅存上游，下游已淤塞，不通渭水。“潦”，音láo，水名，发源于陕西省户县南，北流入渭水。“潏”，音jué，水名，发源于秦岭，西北流入渭水。〔8〕“纡余”，水流曲折的样子。“委蛇”，水流宛转的样子。“蛇”，音yì。〔9〕“经营”，盘旋。《文选》刘良注：“经营，犹周旋也。”〔10〕“荡荡兮”，水势广大的样子，犹言浩浩荡荡。“八川”，八条河，指以上霸、浐、泾、渭、酆、鄗、潦、潏八水。〔11〕“相背”，有的向南流，如泾水；有的向北流，如酆水；有的向西北流，如霸水，有的向东南流，如渭水：其流向多背道而驰。“异态”，有的水流曲折、宛转，有的直流奔腾，姿态亦各不相同。〔12〕“驰骛”，纵横奔流。“往来”，此往彼来。《考证》：“渭、蛇、态、来，韵。”〔13〕“椒丘”，《集解》引郭璞曰：“椒丘，丘名。”如淳云：“丘多椒也。”“阙”，缺口。本句是说有的从椒丘之缺口深谷中流出。〔14〕“洲淤”，洲名。扬雄《方言》：“水中可居为洲，三辅（地区）谓之淤。”“浦”，水旁。本句是说有的在洲淤旁边流行。〔15〕“桂林”，《集解》引郭璞曰：“桂林，林名也，见《南海经》也。”本句是说有的从桂林中经过。按：以上“椒丘”、“洲淤”、“桂林”，也可理解为泛指，即长有椒树的山丘、水中可居人的沙洲、桂木组成的树林。〔16〕“泱莽之野”，《集解》引《汉书音义》曰：“《山海经》所谓大荒之野。”“泱莽”，音

yāng mǎng,本广阔无边的样子。"泱莽之野"也可理解为广阔的原野。〔17〕"汩",似应作"汩",音 gǔ,《汉书》颜师古注:"汩,疾貌也。""汩音于笔反。""浑流",通"混流",水势盛大。〔18〕"阿",高丘。《考证》:"浦、野、下,韵。"〔19〕"隘陕",狭隘,指两山狭窄处的河谷。"陕",《汉书》、《文选》李善注本作"狭";《文选》五臣注本作"峡",皆狭窄、峡谷之意。按:"陕",为"狭"的本字;不同于"陕西省"的"陕"。"陕窄"之"陕"从"人","陕西"之"陕"(陜)从"入"。〔20〕"触",冲撞。"穹石",大石。〔21〕"激",激荡。"堆埼",沙石壅积所形成的曲折河岸。"埼",曲折的河岸。〔22〕"沸乎",沸腾貌,此指水流涌起。"暴怒",此亦打比方,如人之暴怒。〔23〕"滂濞",音 pāng fèi,通"澎湃",波浪激荡。〔24〕"泮浡",音 bì bó,水盛溢出的样子。"滵汩",音 mì gǔ,水流迅疾的样子。〔25〕"湢测",波浪相逼。"湢",音 bì。"测",或音 zé。"泌㳌",波浪相击。音 bì jié。或曰四字皆状水浪相击所发的声音,亦通。见《洞箫赋》"咇㘉"一词李善注与胡绍煐说。〔26〕"逆折",回旋,翻腾。〔27〕"潎洌",音 piē liè,形容水浪翻转奔腾(转腾)时所发出的冲击之声。《文选·琴赋》李善注:"潎冽,声相纠激貌。"胡绍煐曰:"水声。《说文》:'潎,于水中击絮也。'今人以物击水,犹状其声为'潎洌'矣。"又:《汉书》颜师古注引孟康曰:"潎洌,相撇也。""撇"即击也,以为是水浪相冲击的样子,亦通。〔28〕"澎濞",《索隐》引郭璞曰:"鼓怒郁鲠之貌也。"又引司马彪曰:"水流声也。"按:"澎濞",通"澎湃",或形容水浪鼓怒郁梗之状,或形容水浪彭怒郁梗之声,视上下文而异。"濞",音 pí,水暴发之声。"沆瀣",音 háng xiè,指夜半露水之气,与本文意不合;《汉书》、《文选》皆作"沆溉",《史记》之《正义》、《索隐》也作"沆溉"解,可证"瀣"乃"溉"之误字。"沆溉",亦水声。〔29〕"穹隆",状波涛腾跃涌起。"云挠",状水势如云之低徊曲屈。〔30〕"蜿灗",状水流曲折盘旋。"灗",音 chàn,同"潬"。"胶戾",蜿蜒曲折的样子。〔31〕"逾波",后波越过前浪。"趋浥",流入深渊、洼处。"浥",音 yà,洼陷之地。〔32〕"莅莅",音 lì lì,水疾流之声音(郭璞说),或曰水疾流的样子(张铣说)。"濑",音 lài,急湍的流水,水从沙石间激速流过。〔33〕"批壧",冲击山崖。"壧",山崖。《汉书》、《文选》皆作"岩"。"冲壅",冲破壅塞。"壅",《考证》:"水道壅阏(按:堵塞也)之处。"〔34〕"犇扬",奔腾飞扬。"犇",同"奔"。"滞沛",水势奔腾而不可阻挡的样子。〔35〕"临坻",流过小洲。"注壑",注入沟壑。〔36〕"瀺灂",音 chán zhúo,小水声。"霣坠",坠落。"霣",通"陨"。〔37〕"湛湛",《汉书》、《文选》皆作"沉沉",通用,音 chén chén,水深的样子。"隐隐",水盛的样子。〔38〕"砰磅",音 píng páng,水流激荡的声音。"訇磕",音 hōng kē,奔腾撞击的声音。〔39〕"潏潏",音 yù yù,水从沟壑涌出的样子。"淈淈",音 gǔ gǔ,水涌出时混浊的样子。一曰沸腾貌。〔40〕"湁潗",音 chì jí,翻滚的样子。〔41〕"驰波跳沫",水流奔驰,水面白沫跳跃泛起。〔42〕"汩湓",音 gǔ xī,水势急转的样子。"漂疾",通"剽疾",水流轻扬迅疾的样子。〔43〕"悠远",河面宽广,水流放散,悠悠远流而来。"长怀",长流而来。高步瀛《文选李注义疏》云:"以下暴怒争流之势渐平,即将入湖矣。"〔44〕"寂漻",通"寂寥",平静无声。〔45〕"肆乎永归",《汉书》王先谦《补注》云:"安然而长往也。"此指不再受高山狭谷之拘束与巨石沟壑之梗激,可以敞开其水势、安然平缓地长流而去。"归",往,流去,此指流归入湖海之中。〔46〕"灏溔潢漾",水势广大无边的样子。"溔",音 yǎo,水无涯际。"潢",音 huǎng,水势深广。〔47〕"安"、"徐",安静、徐缓。"翔"、"徊",皆比喻,言其水势如鸟之滑翔、人之徘徊,自由自在、不急不忙的样子,即前"肆乎"之意的发挥。〔48〕"翯乎","翯",音 hào。犹翯然,《索隐》引郭璞曰:"水白光貌。""滈滈",通"浩浩"、"澔澔",水势浩大、水光闪耀。〔49〕"大湖",旧注皆以为是江苏之震泽湖,非是;应为当时关中之巨泽。吴汝纶以为即上林苑东之昆明池,可备一说。〔50〕"衍溢",水满溢出于外。"陂池",指"大湖"之外的沟坎池塘。"陂",音 bēi,池塘,沟池。《考证》引曾国藩曰:"以上水。《子虚赋》言水始终不外有力、自然两义:'触穹石'四句,言水之盛怒有力;'泮沸'五句,极言其有力;'穹隆'四句,言其自然;'批岩'二句,言其有力;'临坻'二句,言其自然;'沉沉'二句,言其有力;'潏潏'二句,言其自然;'驰波'十句,皆言其自然;脉络极分明也。"又曰:"湃(濞)、溉(瀣)、濑、沛、坠、磕、沸为韵,怀、归、池、徊为韵。一韵之中,上有数句,又各私自为韵,如㳌、折、洌私自为韵;戾、浥私自为韵也。"〔51〕"蛟",龙无角曰蛟。"螭",音 chī,似龙,无角。〔52〕"䱭鳢",音 gèng měng,鱼名,《集解》引郭璞注:"鲔也。"鲔即鲟鱼,体长者丈余。"螹离",亦鱼名,旧注皆谓不详其状。"螹",音 jiàn。〔53〕"鰅",音 yù,鱼名,又名斑鱼,皮有花纹,可制革。"鳙",音 yóng,鱼名,也叫黑鲢、花鲢、胖头鱼,头大,似鲢而黑。"鰬",音 qián,即大鲇鱼(王先谦说)。"魠",音 tuò,鱼名,即黄颊鱼(王念孙说),黄颊口大,能吃小鱼。〔54〕"禺

禺”，音 yú yú，鱼名，黄地黑纹，皮有毛。一说即鱼牛。“螆”，《集解》本、《考证》本皆作“鳋”，《汉书》、《文选》皆作“鲑”，音 qū，比目鱼。“魶”，音 ná，鲵鱼，俗称人鱼、娃娃鱼。〔55〕“揵”，音 qián，举起，扬起。“擢”，音 zhuó，摆动，摇动。〔56〕“奋”，扬起，振奋。《考证》：“魠、魶、翼，韵。”〔57〕“众夥”，即众多。〔58〕“明月”，明月珠，大珠；一说指海中明月。“珠子”，珍珠蚌，小珠。〔59〕“玓瓅”，音 dì lì，光彩闪耀的样子。“靡”，通“湄”，水边。《考证》：“子、靡，韵。”〔60〕“蜀石”，一种次于玉的美石。“黄碝”，一种次于玉的黄色美石。“碝”，音 ruǎn。〔61〕“水玉”，水晶石。“磊砢”，累积的样子。〔62〕“磷磷烂烂”，皆指光彩炫耀、色泽灿烂的样子。〔63〕“澔旰”，光泽交相辉映的样子。“旰”，音 hàn。《考证》：“烂、旰，韵。”〔64〕“鸿”，大雁。“鹄”，天鹅。“鹔”，音 sù，鹔鷞，长颈绿身，形似雁。“鸨”，音 bǎo，亦鸟名，似雁而无后趾。〔65〕“鴐鹅”，字亦作“驾鹅”，野鹅。“鴐”，音 jiā。“鸀鳿”，音 zhuò yù，水鸟名，似鸭而大，长颈赤目，紫绀色。〔66〕“䴔䴖”，音 jiāo jīng，水鸟名，形如凫，高脚，长喙，头上长有红毛冠。“䴌目”，水鸟名，大于鹭而尾短，羽毛呈红白色。“䴌”，音 huáng 或 xuǎn。《考证》：“鳿、目，韵。”〔67〕“烦鹜”，水鸟名，似鸭而小。或曰鸭之一种。“鷛鸈”，音 yóng qú，水鸟名，俗名水鸡，形似凫，灰色而鸡足。〔68〕“䴋鸡”，音 zhēn zī，水鸟名，似鱼虎而黑色。“鵁鸬”，即鸬鹚，俗称水老鸦、鱼鹰，颔下有喉囊，长喙，黑色，渔人常养之以捕鱼。《考证》：“鸈、鸬，韵。”〔69〕“汎淫”，随着风波，任意漂浮游荡的样子。“泛滥”，河水漫溢横流的样子。或泛游貌。〔70〕“澹淡”，漂浮的样子，此指不经意的漂浮。《考证》：“滥、淡，韵。”〔71〕“掩”，遮盖。“薄”，集聚。“草渚”，长满野草的沙洲。〔72〕“唼喋”，音 shà dié，衔食，群鸟或鱼争食。“菁藻”，皆水草名。〔73〕《考证》：“渚、藕，韵。曾国藩曰：‘以上水中之物。’”

【译文】“上林苑左边是苍梧，右边是西极，丹水流过它的南方，紫渊流经它的北方；霸水和浐水始终未流出它的边界，泾水和渭水流进来又流出去；酆水、鄗水、潦水、潏水，曲折宛转，在上林苑中回环盘旋。浩浩荡荡的八条河川，流向相背，姿态各异，东西南北，往来奔驰；从两山对峙的椒丘山谷流出，流经沙石堆积的淤洲之旁，穿过桂林之中，又流过茫茫无垠的原野。波浪翻卷着浑流，顺着山阿奔腾而下，直赴狭隘的山口。撞击着巨石，激荡着沙石形成的曲折河岸，奔腾暴怒，汹涌澎湃，水盛流疾，相追激荡，横流回旋，翻腾作响，鼓怒沆溉，腾跃低徊，蜿蜒萦绕，后浪推击着前浪而流向深渊，形成湍急的水流而冲过沙石之上。冲击着岩石障碍，奔腾飞扬，不可阻挡。流过小洲，注入沟壑，跌落于深谷之中，潭深水大，发出乒乓轰隆的响声。水波又翻滚涌出，如同鼎中热水沸腾。波涛翻腾，泛起层层白沫。水流急转，轻疾奔扬，悠悠远流而来，水面平静无声，又安然地向着远方流去。然后，无边无际的大水，迂回徐缓，银光闪闪，奔向东方，注入大湖，溢满沟坎、池塘。于是，蛟龙、赤螭，䱭䲛、螹离，鰅、鳙、鳒、魠，禺禺、螆、魶，都扬起背鳍，摇动着尾巴，振抖着鳞，奋扬起翅，潜处于深渊岩谷之中。鱼鳖欢跃喧哗，万物成群结伙。明月、珠子，在江边光彩闪烁。蜀石、黄碝，水晶积累，灿烂夺目，光彩映照，聚积于水中。大雁、天鹅、鹔鷞、鸨鸟，驾鹅、鸀鳿，䴔䴖、䴌目，烦鹜、鷛鸈，䴋鸡、鵁鸬，成群结队，浮游于水面。或任凭河水横流浮动，随风漂流，乘着波涛，自由摇荡；或成群的鸟儿聚积在野草覆盖的沙洲上，衔食着菁、藻，咀嚼着菱、藕。

“于是乎崇山巃嵸，[1]崔巍嵯峨，[2]深林巨木，[3]崭岩嵾嵳，[4]九嵕、[5]嶻嶭，[6]南山峨峨，[7]岩陁甗锜，[8]摧崣崛崎，[9]振溪通谷，[10]蹇产沟渎，[11]谽呀豁閜，[12]自陵别岛，[13]崴魂嵔瘣，[14]丘虚崛礨，[15]隐辚郁㠥，[16]登降施靡，[17]陂池貏豸，[18]沇溶淫鬻，[19]散涣夷陆，[20]亭皋千里，[21]靡不被筑。[22]掩以绿蕙，[23]被以江离，[24]糅以蘪芜，[25]杂以流夷。[26]尃结缕，[27]欑戾莎，[28]揭车、衡、兰，[29]槀本、射干，[30]茈姜、蘘荷，[31]葴、橙、若、荪，[32]鲜枝、黄砾，[33]蒋、苎、青薠，[34]布濩闳泽，[35]延曼太原，[36]丽靡广衍，[37]应风披靡，[38]吐芳扬烈，[39]郁郁斐斐，[40]众香发越，[41]肸蚃布写，[42]晻暧苾勃。[43]

【注释】〔1〕“巃嵸”，音 lóng zōng，状山势之峻拔高耸。〔2〕“崔巍”，音 cuī wéi，高峻的样子。“嵯峨”，音 cuó é，矗起特立的样子。〔3〕“巨”，大。〔4〕“崭岩”，山势险峻的样子。“崭”，音 zhǎn。“嵾嵳”，音 cēn cī，高低不齐的样子。〔5〕“九嵕”，山名，在今陕西省礼泉县东北。“嵕”，音 zōng。〔6〕“嶻嶭”，音 jié niè，又名慈峨山，在今陕西省三原、泾阳、淳化三县之间。〔7〕“南山”，即终南山，在今

陕西省长安县南,属秦岭山脉。“峨峨”,高耸特立的样子。《考证》:“巍、嵯、峨,韵。” 〔8〕“岩陁”,山势险峻倾斜。“陁”,音 yǐ,倾斜。“甗锜”,音 yǎn qí,山峰上大下小。“甗”,借为“巘”,山峰。“锜”,上大下小的三足锅,这里用以描绘山峰的形状。本句是说有的山峰,高峻倾斜欲倒;有的山峰,上大下小如悬。 〔9〕“摧崣”,音 cūi weǐ,通“崔巍”,山势高峻。“崛崎”,音 jué qí,通“崎岖”,高低不平的样子。《考证》:“锜、崎,韵。” 〔10〕“振溪”,李善注:“张揖曰:‘振,收(拔)也。水注川曰溪,注溪曰谷。’……言山石收敛溪水而不分泄。”此承上句“摧崣崛崎”而言,意谓因山势高低不平,其低下之处有的是收蓄山泉成溪水。“通谷”,此谓有的是贯通溪水的山谷。〔11〕“蹇产”,曲折的样子。“渎”,音 dú,沟渠。《考证》:“谷、渎,韵。” 〔12〕“谽呀”,音 hān xiā,亦作“谽谺”,状山谷之大而空阔。“豁闬”,音 huò xiā,空阔深邃的样子。 〔13〕“自陵”,大山丘。“自”,即“阜”字。《汉书》、《文选》皆作“阜”,土山。“别岛”,水中之山陵,“各别为岛也”(颜师古说)。 〔14〕“崴磈嵔瘣”,音 wēi kuǐ wèi guī,皆为高峻的样子。〔15〕“丘虚崛㠥”,皆层叠不平的样子。“虚”,通“墟”。“崛㠥”,《汉书》、《文选》作“掘礨”,《史记正义》本作“崫㠥”,音 jué lěi,山势不平的样子。〔16〕“隐辚郁𡾰”,皆山势堆垄不平的样子。“𡾰”,同“㠥”。《考证》:“瘣、㠥、𡾰,韵。” 〔17〕“登降”,有的地方升高,有的地方下降。“施靡”,通“陁靡”,绵延不断的样子。 〔18〕“陂池”,音 pí tuó,音义皆同前“罢池”,倾斜而下的样子。“池”,通“陁”、“陀”。“貏豸”,音 bǐ zhì,山势渐平的样子。《考证》:“靡、豸,韵。” 〔19〕“沇溶淫鬻”,皆水流缓慢的样子。“沇”,音 yǔn。“鬻”,音 yū。“淫鬻”,亦有盛多之意。 〔20〕“散涣”,泛流散布。“夷陆”,平旷的原野。 〔21〕“亭”,平。“皋”,河边之地。〔22〕“靡不”,无不。“被筑”,被捣实,被水流冲刷填平。《汉书》颜师古注:“为亭候于皋隰之中,千里相接,皆筑令平也。”《集解》引郭璞云:“贾山所谓‘隐以金椎’也。”《考证》:“鬻、陆、筑,韵。曾国藩曰:‘以上山。’” 〔23〕“掩以绿蕙”,以绿色的蕙草盖地。“蕙”,香草名。 〔24〕“被”,覆盖。“江离”,亦香草名。 〔25〕“糅”,混杂。“蘼芜”,香草名。〔26〕“杂”,混杂。“流夷”,即“留夷”,香草名。《考证》:“离、夷,韵。” 〔27〕“尃”,古“布”字,布满,铺盖。“结缕”,一种形似茅草的蔓生野草。 〔28〕“欑”,音 cuán,聚集,丛聚。“戾莎”,深绿色的莎草。“戾”,通“莀”,深绿色。 〔29〕“揭车”,香草名。“衡”,香草名,即杜衡。“兰”,即兰草,此指秋兰。〔30〕“槀本”,香草名。“槀”,音 gǎo。“射干”,此指香草名。 〔31〕“茈姜”,《索隐》:“张揖云:‘子姜也。’案:《四人月令》云:‘生姜谓之茈姜,音紫。’”“蘘荷”,即“阳藿”,多年生草本,叶尖长,类姜。〔32〕“葴”,音 zhēn,即寒浆草。“橙”,《索隐》:“郭璞云:‘橙,柚也。’姚氏以为此前后皆草,非橙也。……案:今读者亦呼为登,谓金登草也。”金登草,即灯笼草,又名山慈姑,根状如水慈姑,花状如灯笼而朱色,故名。“若”,杜若,香草名。“荪”,亦香草名。〔33〕“鲜枝”,香草名,或名橪支、焉支、燕支,可染红色。“黄砾”,香草名,其根可染黄色。“砾”,借为“药”(李慈铭说)。 〔34〕“蒋”,即孤蒲草,俗称茭白。“苎”,音 zhù,即三棱草(《集解》引《汉书音义》)。《文选》作“苧”。“青薠”,草名,似莎而大。“薠”,音 fán。 〔35〕“布濩”,遍布、普遍。“濩”,通“护”。“闳”,通“宏”,大。 〔36〕“延曼”,蔓延。“太原”,广大的原野。“太”,通“泰”、“大”,极大之意。参见《说文》段玉裁注。 〔37〕“丽靡”,相连不断。“广衍”,广泛延伸。《考证》:“兰、干、荪、薠、原、衍,韵。” 〔38〕“披靡”,倒伏的样子。 〔39〕“扬烈”,散发出浓郁的香味。 〔40〕“郁郁斐斐”,香气四散的样子。“斐斐”,亦作“菲菲”。 〔41〕“发越”,散发。 〔42〕“肸蠁”,音 xī xiǎng,香气四溢而浸人心脾。“肸”,响声四散,此指香味。“蠁”,知声虫(见《说文》)。《汉书》王先谦《补注》云:“凡言‘肸蠁’者,盖声入则此虫知之,其应最捷,故以喻灵感通微之义。”“写”,通“泻”,宣泄。 〔43〕“晻暧”,音 ǎn ài 或 yǎn ài,《汉书》、《文选》皆作“晻薆”,通用。香气浓郁散发之意。“苾勃”,意同上。“苾”,音 bì。《考证》:“烈、越、勃,韵。曾国藩曰:‘以上山上之草。’方廷珪曰:‘此段写上林苑之山溪,及山溪中所生之草木。自‘崇山’至此,通为一大段。”按:方氏著有《文选集成》。

【译文】“于是高山挺拔耸立,巍峨雄峻,林深树大,山高险峻,高低不齐。九嵕山、嶻嶭山、终南山高耸特立,有的山峰倾斜欲倒,有的山峰上大下小如悬,险峻异常,陡峭崎岖。有的地方是收蓄流水的山溪,有的地方是水流贯通的河谷,溪水曲折,流入沟渎。溪谷宽大空旷,丘陵、别岛,高高挺立,层迭不平。山势起伏,忽高忽低,连绵不绝,山坡倾叙,渐趋平缓。河水缓缓流动,溢出河面,四散于平坦的原野。水边平地,一望千里,无不被捣筑开拓。地上长满绿色的蕙草,或覆盖着江蓠,间杂着蘼芜和留夷,布满了结缕,深绿色的莎草丛生在一起,还有揭车与杜衡、兰草,藁本、射干,茈姜、蘘荷,葴、橙、若、荪,鲜枝、黄砾,芋、青蘋,遍布于广阔的大泽,蔓延于广大的平原,绵延不绝,广泛延伸,迎风倒伏,吐露芬芳,散发着浓烈的香味,郁郁菲菲,香气四溢,沁人心田,香气浓烈。

"于是乎周览泛观,〔1〕瞋盼轧沕,〔2〕芒芒恍忽,〔3〕视之无端,察之无崖。日出东沼,入于西陂。〔4〕其南则隆冬生长,〔5〕踊水跃波;兽则獑、旄、貘、牦,〔6〕沈牛、麈、麋,〔7〕赤首、圜题,〔8〕穷奇、象、犀。〔9〕其北则盛夏含冻裂地,〔10〕涉冰揭河;〔11〕兽则麒麟、角端,〔12〕騊駼、橐驼,〔13〕蛩蛩、驒騱,〔14〕駃騠、驴、骡。〔15〕

【注释】〔1〕"泛",遍,广泛。〔2〕"瞋",睁大眼睛。"盼",看,观望。"轧沕",分辨不清的样子。〔3〕"芒芒",通"茫茫",广阔的样子。"恍忽",隐隐约约,不可辨认的样子。《考证》:"沕、忽,韵。"〔4〕"日出东沼"以下二句,极言上林苑之广大。《索隐》引张揖曰:"日朝出苑之东池,暮入于苑西陂中也。""东沼",上林苑东边湖沼之水面。"西陂",《文选》李善注:"《汉宫殿簿》曰:'长安有西陂池、东陂池。'"〔5〕"其南则隆冬生长",极言其气候之暖,严冬亦生长万物。"其南",上林苑之南。下句"其北"意同。"隆冬",严寒之冬季。〔6〕"獑",yōng,即犎牛,又称犦牛,"领上肉犦肤起,高二尺许,状如橐驼(按:骆驼),肉鞍一边,健行者日三百余里"(《文选李注义疏》),即今峰牛。"旄",旄牛。"貘",音 mó,一种形状似熊的兽。"牦",音 máo,牦牛,长尾,黑色。按:旄牛大,毛黑白二色;牦牛小,毛黑色,有别。〔7〕"沈牛",水牛。"麈",音 zhǔ,麋属,角似鹿,蹄似牛,尾似驴,颈背似骆驼,俗名四不像。"麋",麋鹿。〔8〕"赤首",古兽名。《山海经·中山经》载有一种"白身赤首"名曰"蛫"的兽,与此类似。"圜题",古兽名。一说"题"即"额",以其额圆而得名(郭璞说);一说"题"为"蹄"之误。见《汉书》王先谦《补注》。他以为旧解"题"为"额",则"额"无不为圆者;《汉书·武帝纪》注"麟"曰:"麕身、牛尾、马足、黄色、圜蹄、一角。""圜蹄"即指"麟"。〔9〕"穷奇",怪兽名,状似牛,身生猬毛,鸣如狗吠,能食人。"象",大象。"犀",犀牛。《考证》:"牦、麋、题、犀,韵。"〔10〕"含冻烈地",天寒地冻,大地坼裂。《集解》引郭璞曰:"言水漫冻不解,地坼裂也。"〔11〕"涉冰揭河",足踏水上之冰,提起衣服长襟即可过河。〔12〕"麒麟",传说中的瑞兽,雄曰麒,雌曰麟。"角端",兽名,状似猪,一角,角生于头顶正中(顶端),故名端,善走。〔13〕"騊駼",音 táo tú,兽名,似马。详前注。"橐驼",即骆驼。"橐",音 tuó。〔14〕"蛩蛩",音 qióng qióng,传说中的怪兽,形状似马。"驒騱",音 tān xī,一种野马,毛青黑色,上有白鳞,纹如鼍鱼。〔15〕"駃騠",音 jué tí,良马名。《考证》:"河、驼、骡,韵。曾国藩曰:'以上总写苑中气象,点出各兽,即为下文畋猎张本。'"

【译文】"于是乎浏览四周,广泛观赏,睁大眼睛也辨识不清,只见茫茫一片,恍恍忽忽,放眼望去,没有边际;仔细察看,宽广无涯。早晨太阳从苑东的池沼升起,傍晚太阳由苑西的陂池落下。其南则严冬也依然生长草木,水浪翻腾;这里的野兽有獑、旄、貘、牦,沈牛、麈、麋,赤首、圜题,穷奇、象、犀。其北则盛夏季节也是天寒地冻,河水结冰,大地坼裂,提起衣裳,即可过河;这里的野兽有麒麟、角端,騊駼、骆驼,蛩蛩、驒騱,駃騠、驴、骡。

"于是乎离宫别馆,〔1〕弥山跨谷,〔2〕高廊四注,〔3〕重坐曲阁,〔4〕华榱璧珰,〔5〕辇道缅属,〔6〕步櫩周流,〔7〕长途中宿。〔8〕夷嵏筑堂,〔9〕累台增成,〔10〕岩突洞房,〔11〕俯杳眇而无见,〔12〕仰攀橑而扪天,〔13〕奔星更于闺闼,〔14〕宛虹拖于楯轩。〔15〕青虬蚴蟉于东箱,〔16〕象舆婉蝉于西清,〔17〕灵圄燕于闲观,〔18〕偓佺之伦暴于南荣,〔19〕醴泉涌于清室,〔20〕通川过乎中庭。〔21〕槃石裖崖,〔22〕嵚岩倚倾,〔23〕嵯峨磼礏,〔24〕刻削峥嵘,〔25〕玫瑰、碧、琳,〔26〕珊瑚丛生,〔27〕瑉玉旁唐,〔28〕玢豳文鳞,〔29〕赤瑕驳荦,〔30〕杂臿其间,〔31〕垂绥、琬琰,〔32〕和氏出焉。〔33〕

【注释】〔1〕"离宫别馆",古代皇帝正宫以外,临时居住的行宫、殿室。〔2〕"弥山跨谷",此言在上林苑的各山之上、溪谷之间到处皆有。"弥",满、遍。"跨",横跨。〔3〕"高廊",建筑壮丽、供人们行走用的长廊。"四注",四周连属。"注",属,连接。〔4〕"重坐",两层的楼房。"曲阁",曲折相连的空中阁道。〔5〕"华榱",雕绘花纹的椽子。"璧珰",璧玉装饰的瓦当。〔6〕"辇道",可以乘辇而行的阁道。"辇",皇帝所乘的车。"缅属",音 lì zhǔ,连绵不断的样子。〔7〕"步櫩",即"步檐",可以步行的长廊。"櫩",同"屋檐"之"檐",此指檐下

的走廊。“周流”，周游。〔8〕“长途中宿”，极言苑中“离宫别馆”之多，相互连接的走廊之长，以至于周游终日，尚走不到头，需要中途住宿过夜。《考证》：“谷、阁、属、宿，韵。”〔9〕“夷嵕”，削平九嵕山的山头，这里泛指削平山头。“嵕”，九嵕山，在上林苑内，详前注。〔10〕“累台”，重叠的台榭。“增成”，层层。“增”，通“层”。“成”，一层曰一成。〔11〕“岩突”，山岩的深底。“突”，音 yào，同“窔”，幽深隐暗之处，此指岩底。“洞房”，本指深邃的内室，冬暖夏凉。《集解》云：“郭璞曰：‘言在岩突底为室，潜通台上。’突音一吊反。《释名》以为突，幽也。《楚辞》云：‘冬有突夏厦屋寒。’王逸以为复室也。”《考证》：“堂、成、房，韵。”〔12〕“俯”，此指从重重的台榭上向下俯视。“杳眇”，深远的样子。“杳”，音 yǎo，遥远的样子。“无见”，无所见，此指看不见底。〔13〕“橑”，音 lǎo，房檐前的椽子。“扪天”，言手可摸着天。〔14〕“奔星”，流星。“更”，音 gēng，经过。“闺闼”，皆指“离宫别馆”中的宫门。“闼”，音 tà，宫中小门。〔15〕“宛虹”，弯曲的长虹。“拖”，曳引，垂加。“楯”，音 shǔn，栏杆。“轩”，此亦指檐前的遮栏。《考证》：“天、轩，韵。”〔16〕“青虬”，传说中无角的青龙。“虬”，音 qiú，龙之无角者(《说文》段玉裁注)。“蚴蟉”，音 yǒu qiú，通“蚴虬”，弯曲爬行的样子。“东箱”，正堂东边的侧室，东厢房。“箱”，通“厢”。本句指神仙所乘之青龙马。〔17〕“象舆”，大象驾着的车子。“婉蝉”，蜿蜒行走的样子。“蝉”，音 chàn。本句指神仙所乘之车。“西清”，西厢清静之处，言其无尘世喧杂也。《考证》：“箱、青，韵。”〔18〕“灵圄”，神仙的统称，一作“淳圄”。“燕”，闲居休息。“闲观”，清闲的楼台。“观”，音 guàn，高大的楼台。〔19〕“偓佺”，音 wò quán，仙人名字，传说他食松子，身生长毛，方眼，行走能追上快马，是个采药老父(《列仙传》)。“暴”，古“曝”字，晒太阳。“南荣”，南檐下。“荣”，屋檐两头翘起的部分，此指屋檐。〔20〕“醴泉”，甘甜的泉水。“清室”，清净闲适的房子。〔21〕“通川”，流通的河水。“中庭”，院中，庭院。〔22〕“槃石”，即磐石，巨石。“裖崖”，修整的池水边涯。“裖”，音 zhèn，整治。“崖”，通“涯”，水之边岸。本句言泉池、“通川”之岸边全用巨石修整。〔23〕“嵚岩”，深而险的样子。“倚倾”，倾斜。本句言巨石砌成之岸呈深险倾斜状。〔24〕“嵯峨磼碟”，皆状石岸之深险高大。《汉书》王先谦《补注》云：“随水之高下，以石砌之，故其低处则‘嵚岩倚倾’，其高处则‘嵯峨磼碟’也。扬雄《甘泉赋》：‘深沟嵚岩而为谷。’《文选》注‘嵚岩，深貌’也。本书《雄传》注云：‘深险貌。’”“嵯峨，高大貌。《集韵》：‘嶕碟，山貌。’亦作‘崨碟’，状石势之高也。”“磼碟”，音 zā jí，《汉书》、《文选》皆作“嶕虡”，师古以为音‘捷’、“业”。〔25〕“刻削”，言其石形奇特，如同雕刻过的一样。“峥嵘”，状石的特出高大。〔26〕“玫瑰、碧、琳”，皆美玉、宝石名，详前注。〔27〕“珊瑚”，本海洋中的腔肠动物，骨骼相连，形如树枝，故又名珊瑚树；此用以状其石之奇特形态。《考证》：“荣、庭、倾、嵘、生，韵。”〔28〕“瑉玉”，似玉的美石。“瑉”，音 mín。“旁唐”，《索隐》引郭璞云：“旁唐，言盘薄。”广大的样子。〔29〕“玢豳”，音 bīn bān，玉名。“文鳞”，鱼鳞状的花纹。〔30〕“赤瑕”，赤玉。“驳荦”，文采交错的样子。“荦”，音 luò。〔31〕“杂臿其间”，夹杂在崖石之间。“臿”，通“插”。〔32〕“垂绥、琬琰”，皆美玉名。〔33〕“和氏”，和氏璧，亦美玉名。“出焉”，出产在这里。《考证》：“鳞、间、焉，韵。曾国藩曰：‘以上宫室。’方廷珪曰：‘此段写苑中阁道台观及珍宝之多，自“离宫”至此，通为一大段。’”

【译文】“于是乎离宫别馆，布满山坡，横跨溪谷。壮丽的回廊，四周相连，两层的楼房之间，阁道曲折连属，有雕绘花纹的椽子，璧玉装饰的瓦当。辇道连绵不绝，在长廊之中周游，路程遥远，须在中途住宿。把高山削平，构筑殿堂，修起层层台榭，山岩底部建筑有深邃的洞室。俯视山下，深远而看不见底，仰视天空，攀上屋椽可以摸天。流星闪过宫门，弯曲的彩虹横挂在窗子与栏杆之间。青虬蜿蜒爬行在东厢，大象拉的车子曲折行走在清静的西厢。众神休息在清闲的楼台，偓佺之类的仙人在南檐下沐浴阳光。甘甜的泉水从清室中涌出，川流不息的河水流过院子。用巨石修整河岸，高峻险要，参差不齐。石岸巍峨高耸，峥嵘奇特，好像工匠雕刻而成。这里的玫瑰、碧、琳、珊瑚丛聚而生。瑉玉庞大，纹似鱼鳞。赤玉纹采交错，杂插其间。垂绥、琬琰、和氏璧等美玉，都在这里出产。

“于是乎卢橘夏孰，[1]黄柑、橙、楱，[2]枇杷、橪、柿，[3]梈、柰、厚朴，[4]樗枣、杨梅，[5]樱桃、蒲陶，[6]隐夫、郁棣，[7]榙樏、荔枝，[8]罗乎后宫，列乎北园，䝨丘陵，[9]下平原，[10]扬翠叶，[11]杌紫茎，[12]发红华，[13]秀朱荣，[14]煌煌扈扈，[15]照曜巨野。[16]沙棠、栎、槠，[17]华、汜、檘、栌，[18]留落、胥余，[19]仁频、并闾，[20]欃檀、木兰，[21]豫、

章、女贞，[22]长千仞，[23]大连抱，[24]夸条直畅，[25]实叶葰茂，[26]攒立丛倚，[27]连卷累佹，[28]崔错癹骫，[29]阬衡閜砢，[30]垂条扶于，[31]落英幡纚，[32]纷容萧蔘，[33]旖旎从风，[34]浏莅卉吸，[35]盖象金石之声，[36]管籥之音。[37]柴池茈虒，[38]旋环后宫，[39]杂遝累辑，[40]被山缘谷，[41]循阪下隰，[42]视之无端，究之无穷。[43]

【注释】〔1〕"卢橘"，橘之一种，秋季结实，次年二月渐变为青黑色，至夏成熟，变为黑色，故名"卢橘"。"卢"，黑色。参见《集解》所引郭璞说及《索隐》所引《伊尹书》、《广州记》。〔2〕"黄甘"，即黄柑，橘类水果。"橙"，橙子。"楱"，音 còu，橘类水果，因其皮有皱文，又名皱子。〔3〕"橪"，音 rán，酸枣。〔4〕"楟"，音 tíng，山梨。"柰"，音 nài，苹果类的水果。"厚朴"，乔木，皮厚，可入药。〔5〕"樗枣"，即软枣，又称羊枣，似柿而小。〔6〕"蒲陶"，即葡萄。〔7〕"隐夫"，未详。一说为"常棣"(高步瀛说)，一说为马夫草(何焯说)，皆无确证。"郁棣"，棠棣，郁李。〔8〕"榙㯓"，音 dà tà，水果名，形似李子。〔9〕"貤"，音 yì，通"迤"，绵延，延伸。言其从"后宫"、"北园"延伸到"丘陵"。〔10〕"下"，绵延而下。《考证》："园、原，韵。"〔11〕"扬"，飘扬。〔12〕"杌"，通"兀"，音 wù，摇动，摆动。〔13〕"发"，开放。"华"，同"花"。〔14〕"秀"，吐穗开花。"荣"，亦花。《尔雅·释草》："木谓之华，草谓之荣。"草开的花叫"荣"。〔15〕"煌煌扈扈"，光彩鲜艳的样子。〔16〕"巨野"，广阔的原野。〔17〕"沙棠"，即沙果。"栎"，音 lì，树名，子为橡实。"槠"，音 zhū，树名，其实如橡实而较圆。〔18〕"华"，桦树。"氾"，通"枫"，《汉书》、《文选》皆作"枫"，"枫"即枫树。"檘"，同"枰"，音 píng，银杏树，一名平仲木。《汉书》、《文选》皆作"枰"。"栌"，音 lú，黄栌树。〔19〕"留落"，石榴(高步瀛说)。"胥余"，椰子树(沈钦韩说)。〔20〕"仁频"，槟榔树。"并闾"，棕榈树。〔21〕"欃檀"，檀树。"欃"，音 chán。〔22〕"豫"，枕木。"章"，樟木。详前注。"女贞"，冬青树。〔23〕"长千仞"，言其高。"仞"，七或八尺为一仞。〔24〕"大连抱"，言其粗。"连抱"，合抱。〔25〕"夸"，通"荂"，即"华"、"花"。此句之"华、条"与下句之"实、叶"相应，指木之"华"、"条"、"实"、"叶"也。《考证》："贞、畅，韵。"〔26〕"葰"，通"峻"，高大，繁盛。〔27〕"攒立"，聚立，丛立。"攒"，音 cuán，聚集。按："攒"、"丛"同义。言其聚集在一起生长，各自独立向上，而又相附相依。〔28〕"连卷"，同"连蜷"，言枝条蜷曲相连。"累佹"，同"欐佹"，言枝条互相依附又互相支柱。"累"，《汉书》、《文选》皆作"欐"，声、义并从"丽"，附也。"佹"，音 guǐ，戾也，颜师古注："支柱也。""支柱"与"戾"(背戾、排斥)同义。〔29〕"崔错"，交错。"癹骫"，音 bá wěi，言枝条盘旋纠结。"骫"，古"委"字。〔30〕"阬衡"，言枝条高举横出。"阬"，借为"抗"。"閜砢"，音 kě luǒ，言枝条互相扶持。〔31〕"扶于"，即"扶疏"，言枝条盛茂四布。〔32〕"英"，花朵。"幡纚"，音 tān lí，翩翩飞舞，连续不断。"幡"，翩翩。"纚"，连属。《集解》引郭璞说"音洒"，作"洒落"、"散落"讲，亦通。《考证》："倚、佹、骫、纚，韵。"〔33〕"纷容"，繁茂硕大。"萧蔘"，通"萧森"，茂盛高大。〔34〕"旖旎"，音 yǐ nǐ，婀娜多姿。"从风"，随风飘荡。〔35〕"浏莅、卉吸"，音 liú lì、huì xì，皆象声词，风吹草木所发出之声音。"卉"，古"卉"字。〔36〕"金石"，钟磬之类。〔37〕"管籥"，笙箫之类。"籥"，音 yuè，乐器名，管状，三孔；一说即箫。《考证》："蔘、音，韵。"〔38〕"柴池"，即"差池"，参差不齐。"茈虒"，音 cǐchí，亦"差池"之义。"虒"，本音 sī，是一种似虎的兽；这里借用为"差池"的"池"。〔39〕"旋环"，环绕。〔40〕"杂遝"，杂生各处、数量众多。"辑"，集。〔41〕"被山"，遍布覆盖山野。"缘谷"，沿着溪谷生长。〔42〕"循"，顺，沿着。"阪"，音 bǎn，山坡。"隰"，音 xí，低湿之地。《考证》："辑、隰，韵。"〔43〕"究"，探求。《考证》："曾国藩曰：'以上宫中草木。'"

【译文】"于是卢橘在夏天成熟，黄柑、橙、楱，枇杷、酸枣、柿子，山梨、柰树、厚朴，羊枣、杨梅，樱桃、葡萄，常棣、郁李，榙㯓、荔枝等果树，分布于后宫，列植于北园，绵延至丘陵之上，下至于平原之间。飘动起翠绿的树叶，摇动着紫色的干茎，开放着红色的花朵，秀出了朱色的花荣，光彩鲜艳，照耀着广阔的原野。沙果，栎、槠，桦树、枫树、银杏、黄栌，石榴、椰子，槟榔、棕榈，檀树、木兰，枕木、樟木、冬青，高达千仞，其粗需合抱，花朵和枝条生长得畅达舒展，果实和叶子硕大茂密，丛生在一起，各自独立又相互为依。树枝相连而蜷曲，交叉而重叠，繁茂交错，盘纡纠结，高举横出，相依相扶，下垂的枝条四散伸展，落花飞扬；树木繁茂高大，随风摇荡，婀娜多姿；风吹草木，浏莅卉吸，有如钟磬之声，好似管籥之音。树木高低不齐，环绕着后宫，重叠累积，覆盖着山野，沿着溪谷，顺着山坡，又直下低湿之地，望去没有边际，探究没有尽头。

"于是玄猿、素雌,〔1〕蜼、玃、飞鸓,〔2〕蛭、蜩、蠼蝚,〔3〕蜥胡、縠、蛫,〔4〕栖息乎其间;长啸哀鸣,翩幡互经,〔5〕夭蟜枝格,〔6〕偃蹇杪颠。〔7〕于是乎踰绝梁,〔8〕腾殊榛,〔9〕捷垂条,〔10〕踔稀间,〔11〕牢落陆离,〔12〕烂曼远迁。〔13〕

【注释】〔1〕"玄猿",黑色的雄猿。"素雌",白色的雌猿。〔2〕"蜼",此同"狖",òu,一种仰鼻长尾的猴。"玃",音 jué,大而老的猴。"飞鸓",飞鼠。"鸓",音 lěi。〔3〕"蛭",音 zhì,一种能飞的兽,有四翼。"蜩",音 tiáo,字似应作"蛁",兽名,大如驴,状如猴,善爬树。按:据《百子全书》本东方朔《神异经·中荒经》字作"蜩"。"蠼蝚",字应作"玃猱",即猕猴。详前注。〔4〕"蜥胡",猴类,又作"㺢猢"、"貑貗",腰有白毛如带,前肢白毛尤长,腰以后黑色,头上有发。"蜥",音 jiàn。"縠",音 hú,《汉书音义》以为即"白狐子",一种"似貙而大"的野兽,腰以后黄色,又名黄腰,能食猕猴(郭璞说)。"蛫",音 guǐ,《索隐》:"姚氏按:'《山海经》"即(公)山有兽,状如龟,白身赤首,名曰蛫。"'"一说猿类之兽(《类篇》)。〔5〕"翩幡",犹翩翻,上下飞动的样子。"互经",彼来此往。〔6〕"夭蟜",《正义》引郭璞曰:"频申也","猿猴在树共戏姿态也"。此言互相频频伸其前肢抓挠以相戏也。"枝格",枝柯、枝条。〔7〕"偃蹇",状其相戏的姿态回旋灵活。"杪颠",树梢的顶端。"杪",音 miǎo,树梢。〔8〕"踰",通"逾",越过。"绝梁",断桥,无桥可通的山涧溪谷。〔9〕"腾",飞越而过。"殊榛",奇异的丛林。"榛",丛生之木。〔10〕"捷",借为"接"。此句言其腾越而后,又以前肢接持另一棵树悬垂的枝条。〔11〕"踔稀间",腾跃于稀疏的枝条之间。"踔",音 chuō,腾跃。〔12〕"牢落",状兽之奔走。"陆离",参差不齐的样子。犹言这里一个、那里一个,腾跃奔走。〔13〕"烂曼",散乱的样子,颜师古以为"聚散不恒"。"远迁",远去别处。《考证》:"间、颠、榛、间、迁,韵。"

【译文】"于是黑色的雄猿和白色的雌猴,仰鼻长尾猿、大母猴、小飞鼠,能飞的蛭、善爬的蜩、猕猴,似猴的蜥胡、似貙的縠、如猴的蛫,都栖息在林间,长啸哀鸣,上下跳跃,交相往来,在树枝间共同戏耍,在梢头宛转回旋。于是跳越断桥,跃过奇异的丛林,接持下垂的枝条,在稀疏的树枝间腾跃戏耍,或分散奔走,或杂乱相聚,时而又散乱远去。

"若此辈者,〔1〕数千百处。〔2〕嬉游往来,宫宿馆舍,〔3〕庖厨不徙,〔4〕后宫不移,百官备具。

【注释】〔1〕"此辈",此指这样一类的"离宫别馆",总上而言。〔2〕"数千百处",意谓在上林苑中就有数百上千处,非独此一处也。〔3〕"宫宿馆舍",犹言在上林苑各处之"离宫别馆"中住宿休止。"宫"、"馆",离宫、别馆。"宿"、"舍",住宿、休息。〔4〕"庖厨"以下三句,互文见义,犹言"庖厨不徙,后宫不移,百官不迁";各处之"离宫别馆"中,"庖厨具备,后宫具备,百官具备"。"后宫",指姬妾。"百官",指宫官。《考证》:"处、舍、具,韵。曾国藩曰:'以上宫中畜兽及离宫之多。'"

【译文】"像这样的地方有数千百处,可供往来嬉戏游乐,住宿在离宫,歇息在别馆,厨房不需要迁徙,后宫妃嫔也不必跟随,文武百官等全都齐备。

"于是乎背秋涉冬,〔1〕天子校猎。〔2〕乘镂象,〔3〕六玉虬,〔4〕拖蜺旌,〔5〕靡云旗,〔6〕前皮轩,〔7〕后道、游;〔8〕孙叔奉辔,〔9〕卫公骖乘,〔10〕扈从横行,〔11〕出乎四校之中。〔12〕鼓严簿,〔13〕纵猎者,〔14〕江、河为陆,〔15〕泰山为橹,〔16〕车骑靁起,〔17〕隐天动地,〔18〕先后陆离,〔19〕离散别追,〔20〕淫淫裔裔,〔21〕缘陵流泽,〔22〕云布雨施。〔23〕

【注释】〔1〕"背秋涉冬",秋季过去、进入冬季之后。"背",去。"涉",入。〔2〕"天子校猎",天子开始打猎。"校猎",先设栅栏,把野兽驱入其中,然后猎取之。"校",音 xiào,木栅栏。《考证》引凌稚隆曰:"至此始言校猎之事。"〔3〕"镂象",雕象牙以为辂饰的车子。〔4〕"玉虬","玉"指"以玉饰其镳勒"(张揖说),"虬",本指龙子,此代骏马。《集解》引郭璞云:"韩子曰'黄帝驾象车、六交龙'是也。"〔5〕"拖",曳。"霓旌",此指如虹霓般的彩旗。《正义》引张揖曰:"析羽毛,染以五彩,缀双缕为旌,有似虹霓气。""霓",主虹为虹,副虹为霓,此泛指彩虹。〔6〕"靡",通"麾",挥动。"旗",古时画有龙虎图象的称旗,军将所建(《释名·释兵》);旗旒如云者称"云旗"。又,《文选》薛综注:"为高至云,故曰云旗也。"〔7〕"前",最前面。"皮轩",蒙有虎皮的车,为前驱。〔8〕"后",前驱之"皮轩"之

后。“道”，通“导”，导车，为天子所乘之“镂象”车导路。“游”，游车，又在导车之后，护卫游走。《考证》：“虬、游，韵。” 〔9〕“孙叔”，有二说：一说指汉太仆公孙贺（《汉书音义》、《集解》、《索隐》、《文选》李善注、《汉书》颜师古注）；一说指古之善御者孙阳即伯乐（吴仁杰、胡绍煐）。二说皆通。“奉辔”，手执马缰绳驾车。“奉”，通“捧”。“辔”，缰绳。〔10〕“卫公”，亦有二说：一说指汉大将军卫青（《汉书音义》、《集解》、《索隐》、李善注、颜师古注）。《索隐》曰：“大驾出，太仆御，大将军骖乘也。”一说指卫庄公（吴仁杰、胡绍煐）。胡绍煐曰：“《春秋感精记》：黄池之会，鲁、卫骖乘。即此卫公也。”“骖乘”，古时居车右以陪乘的武士（卫士）。 〔11〕“扈从”，护从，天子的侍卫人员。“横行”，《汉书》王先谦《补注》：“横行，谓军士分校就列，天子周回按部，不由中道行而旁出。” 〔12〕“出乎四校之中”，此即“横行”之意，指天子周回巡视各部列于四校（部）之中。“四校”，王先谦曰：“校，部也。《卫青传》颜注：校者，营垒之称；故谓军之一部为一校。《百官表》：中垒、屯骑、步兵、越骑、长水、胡骑、射声、虎贲八校尉，皆武帝初置。《刑法志》：‘内增七校。’晋灼注：‘胡骑不常置，故言七’。窃谓此只是以‘四校’行猎耳。‘四校’，当即屯骑、步兵、射声、虎贲四校尉，皆天子行猎必当随从者。而掌北军之中垒校尉、掌胡（骑）、越（骑）之三校尉不与。”“出乎”，即“周回按部”，进出于各部巡视督察。《考证》：“乘、中，韵。” 〔13〕“鼓严簿”，击鼓警众于卤簿之中。“严”，古时皇帝上朝前，于夜中四刻击一鼓为一严，二刻击二鼓为二严。“严”指戒严、警众之义，以鼓声为信号，故曰“鼓严”。“簿”，卤簿，仪仗队。 〔14〕“纵獠者”，使打猎的军士纵出。“獠”，本指放火烧荒以打猎或夜间打猎，这里泛指打猎。 〔15〕“江、河”，本指长江、黄河，这里代指上林苑中的河流。“阹”，音qū，本指打猎时用以遮拦野兽的围栏（栅栏），这里有边界之意。 〔16〕“泰山”，本指东岳泰山，这里代指上林苑中的大山、高山。“橹”，瞭望楼（高台）。《考证》：“簿、者、阹、橹，韵。” 〔17〕“靁起”，状车骑出动时声音之大，如雷声四起。“靁”，古“雷”字。〔18〕“隐”，雷震之声，这里义为“震”、“惊”。 〔19〕“先后”，或先或后，争先恐后。“陆离”，分散，指队列散开。 〔20〕“别追”，分别追逐，各自追逐。〔21〕“淫淫裔裔”，皆络绎群行的样子。详前注。〔22〕“缘陵”，沿着山陵。“流泽”，顺着川泽。〔23〕“云布雨施”，状打猎军士之多，如云布满天空，如雨洒于地面，满山遍野，所在皆是。“施”，散布。《考证》：“起、地、离、追、裔、施，韵。”

【译文】“于是乎秋去冬来，天子开始校猎，乘坐着象牙雕饰的车子，驾驭六条白色的龙马，拖曳着彩虹般的旌旗，挥动着旒如云般的云旗。前面有蒙着虎皮的车子开路，接着有导、游之车护行。孙叔执辔驾车，卫公充任骖乘，为天子护驾的侍卫不循正道而行，拥卫着天子巡视于四校（各部）之中。在森严的卤簿（仪仗队）里戒严击鼓，猎手们纵出打猎，以江河为围栅，以大山为望楼。车马飞奔，其声如雷霆四起，震天动地。猎手们四散分离，各自追逐自己的目标，络绎行进，沿着山陵，顺着沼泽，（其人数之多）像乌云密布，如大雨倾注。

“生貔、豹，〔1〕搏豺、狼，〔2〕手熊、罴，〔3〕足野羊。〔4〕蒙鹖苏，〔5〕绔白虎，〔6〕被豳文，〔7〕跨野马，〔8〕陵三嵏之危，〔9〕下碛历之坻，〔10〕径陵赴险，〔11〕越壑厉水。〔12〕推蜚廉，〔13〕弄解豸，〔14〕格瑕蛤，〔15〕铤猛氏，〔16〕罥騕褭，〔17〕射封豕。〔18〕箭不苟害，〔19〕解脰陷脑；〔20〕弓不虚发，应声而倒。〔21〕于是乎乘舆弥节裴回，〔22〕翱翔往来，睨部曲之进退，〔23〕览将率之变态。〔24〕然后浸潭促节，〔25〕儵敻远去，〔26〕流离轻禽，〔27〕蹴履狡兽，〔28〕轊白鹿，〔29〕捷狡兔，〔30〕轶赤电，〔31〕遗光耀，〔32〕追怪物，〔33〕出宇宙，〔34〕弯繁弱，〔35〕满白羽，〔36〕射游枭，〔37〕栎蜚虡，〔38〕择肉后发，〔39〕先中命处，〔40〕弦矢分，艺殪仆。

【注释】〔1〕“生”，生擒，活捉。“貔”，音pí，兽名，一名执夷，有人说是白狐、白罴，有人说是熊猫。〔2〕“搏”，击。 〔3〕“手”，用手击杀。 〔4〕“足”，脚踏。《考证》：“狼、羊，韵。” 〔5〕“蒙”，此指打猎者（军士们）头上蒙着，即戴着。“鹖苏”，鹖鸟尾，此指鹖鸟尾装饰的帽子，时称“鹖冠”。“鹖”，音hé，一种似雉的鸟，性好斗，至死不退却。“苏”，尾，此指尾上长羽毛，以其饰冠，表示勇武。 〔6〕“绔”，通“袴”，裤子，此用为动词，穿着裤子。“白虎”，《索隐》引张揖曰：“着（穿）白虎文绔。”姚鼐曰：“《续汉书·舆服志》云：‘武冠：环缨无蕤，以青丝为绲，加双鹖尾。五官、左右虎贲、羽林中郎将，羽林左右监，皆冠鹖冠。虎贲将虎文绔。襄邑岁献，织成虎文。’此乃所云‘蒙鹖苏，绔白虎’也。” 〔7〕“被”，通“披”，指身上披着。“豳文”，即“斑文”，此指饰有老虎斑文的上衣。司马彪《续汉书》曰：“虎贲骑，皆虎文单衣。”《索隐》引文颖曰：“单衣，即此‘斑文’也。”

〔8〕“跨”，骑。“野马”，《汉书》王先谦《补注》：“喻所跨之骏捷。”《考证》：“虎、马，韵。” 〔9〕“陵”，登。“三嵏”，三峰并峙之山。《汉书》颜师古注：“三聚之山也。”又：三重之山。《集解》引《汉书音义》曰：“三成之山。”按：一层曰成；“三成”即三层。此言重山叠岭。“危”，高，高山。 〔10〕“碛历”，不平的样子。“碛”，音 qì。“坻”，音 dǐ，山坡。 〔11〕“径”，直往。“陖”，音 jùn，山高而陡。《汉书》、《文选》作“峻”。 〔12〕“壑”，沟壑，山谷。“厉”，连衣涉水过河。 〔13〕“推”，推开，推弄。“蜚廉”，“龙雀也，鸟身鹿头”（郭璞说）。“蜚”，同“飞”。 〔14〕“弄”，摆弄。“解豸”，同“獬豸”、“解廌”，音 xiè zhì，传说中的神兽。《索隐》引张揖曰：“似鹿一角，人君刑罚中则生于朝，主触不直者。按：故于“蜚廉”、“解豸”，不言击杀，而说“推”、“弄”。 〔15〕“格”，搏斗而杀之。“瑕蛤”，音 xiá hé，猛兽名。 〔16〕“铤”，《索隐》本及《汉书》、《文选》皆作“铤”，音 chuán，小矛，用为动词，以小矛刺杀。“猛氏”，猛兽名。郭璞以为“似熊而小”。生蜀中（《索隐》）。 〔17〕“罥”，《汉书》、《文选》皆作“羂”，音 juàn，高步瀛引“《（周礼·）翨氏》注‘置其所食之物于绢（制之罗网）中，鸟来下则掎其脚’是也。”此犹言用绢网绊系其脚而猎取之。“騕褭”，音 yǎo niǎo，“神马，日行万里”（郭璞说）。 〔18〕“封豕”，大野猪。《考证》：“危、坻、水、豸、氏、豕，韵。” 〔19〕“苟害”，苟且伤害。“苟”，有随便、随意，不按规定等意。 〔20〕“解脰”，射裂颈项。“陷脑”，射穿头脑。按：以上二句言箭射禽兽，必射其要害部位如“脰”、“脑”，使其立即死亡，并非随意射其非关紧要之处，伤害之而已。 〔21〕“应声而倒”，随着发射之弓声而倒下。《考证》：“脑，倒，韵。曾国藩曰：‘以上天子校（阅）各部将帅之猎。’” 〔22〕“乘舆”，天子所乘之车，此代指天子。“弥节”，意同“按辔”、“按节”，指调节车子的速度而缓行。“裴回”，同“徘徊”。 〔23〕“睨”，注视。“部曲”，军队的编制单位，此指各部军士。《汉书·李广传》颜师古注：“《续汉书·百官志》云：‘将军领军，皆有部曲。大将军营五部，部校尉一人；部下有曲，曲有军候一人。” 〔24〕“览”，浏览。“将率”，即将帅。“变态”，此指应变的神态。《考证》：“回、来、退、态，韵。” 〔25〕“浸潭”，亦作“浸淫”、“浸寻”。《索隐》云：“潭，音寻。”按：“浸”、“淫”、“寻”，皆“渐”即“逐渐”“渐渐”之意。“促节”，加快车行的节奏（速度）。《文选》李善注引郭璞曰：“疾驱也。”本句承上“于是乎乘舆弥节裴回”作转折，故曰“然后浸潭促节”云云。 〔26〕“儵夐”，音 shū xióng，《汉书》颜师古注：“儵然夐然，疾远貌。”《文选》李周翰注：“倏忽也。”“儵”，同“倏”，疾速之意。“夐”，通“迥”，远的意思。“儵夐”，在本句似应为“倏然”、“倏忽”，即疾速、忽然之意。 〔27〕“流离”，《文选》李善注引张揖：“放散也。”《后汉书·孝殇帝纪》：“黎民流离，困于道路。”亦流散意。《汉书》颜师古注：“困苦之也。”此乃“流离”的引申义，二说义通。“轻禽”，飞鸟，轻捷的飞禽。 〔28〕“蹴履”，践踏。“狡兽”，敏捷的野兽。 〔29〕“轊”，wèi，用车轴头撞击。详前注。〔30〕“捷”，《说文》：“猎也。”段玉裁注：“以叠韵为训，谓如逐禽而得之也。”又，通“插”，刺。 〔31〕“轶”，音 yì，超越，极言迅疾。“赤电”，红色的电光。〔32〕“遗光耀”，使电的光芒遗留在后面。 〔33〕“怪物”，奇禽怪兽，即下文所说的“游枭”、“蜚虡”等。 〔34〕“宇宙”，《说文》：“宇，屋边也。”“宙，舟舆所极覆也。”段玉裁注：“引申之，凡边谓之宇。”“覆，反也，与‘复’同。‘舟舆所极覆’者，谓舟车自此致彼，而复还如此循环然。”按：“出宇宙”指超出了人迹所能及、舟车所能至的极边远之地。一说“往古来今谓之宙，四方上下谓之宇”（《淮南子·齐俗》），则是超出了时间与空间的限制，亦可备一说。〔35〕“弯”，拉开。“繁弱”，古代良弓名。 〔36〕“满”，此指拉满弓。《正义》引文颖曰：“引弓尽箭镝为满。”“白羽”，此代指箭。文颖曰：“以白羽羽箭，故云白羽也。”按：箭分箭头（箭镝或镞）、箭杆、箭尾（箭翎）三个部分。箭翎即箭尾装有羽毛之翼，其作用类似舟船的舵、风筝的尾巴。箭翎以“白羽”制成，故用以代指箭。本书《李将军列传》写李广“出猎，见草中石，以为虎而射之，（箭）中石没镞”，是指将箭头射入石中。《吕氏春秋·季秋纪·精通》载“养由基射兕中石，矢乃饮羽”，即是说直至箭翎皆射入石中。 〔37〕“枭”，音 xiāo，郭璞以为是“枭羊”，李善引高诱《淮南子》注以为“枭羊”是“山精”，张揖则以为是“恶鸟”（按：“恶鸟”似指“鸱枭”）。《集解》引郭璞曰：“似人长唇，反踵被发，食人。”据此，王先谦《汉书补注》又以为即“狒狒”。 〔38〕“栎”，朱骏声《说文通训定声》以为“擎”之借字，击也。“蜚虡”，“鹿头龙身，神兽”（郭璞说）。 〔39〕“择肉后发”，选择肉肥者然后发射。“发”，射发也，放箭曰发。〔40〕“命处”，预想要射的部位，指名要射的部位，即前文“箭不苟害，解脰陷脑”之意。《文选》李善注：“郭璞曰：‘言必如所志也。’《广雅》曰：‘命，名也。’”〔41〕“弦矢分”，箭离弓弦，箭一射出去。 〔42〕“艺”，射中目标曰艺。“殪”，一箭射死曰殪。“仆”，倒下。《汉书》颜师古注：“文颖曰：“所射准的为蓺，一发死为殪。”《考证》：“羽、虡、处、仆，韵。”

【译文】“活捉貔、豹，搏击豺、狼，徒手杀死熊、罴，用脚踏倒野羊。猎者头戴鹖尾装饰的帽子，穿着织有虎文的裤子，披着饰有老虎斑纹的上衣，骑着野马，登上三峰并峙的山头，走下崎岖不平的山坡，直奔高陡险要的山峰，越过沟谷，连衣涉水，推开蜚廉，摆布解豸，击杀瑕蛤，矛刺猛氏，用绳索绊取騕褭，用箭射杀大野猪。箭不随意射杀野兽，射必破解颈项，穿裂头脑。弓不虚发，发皆应声而倒。于是，天子便乘着车子，按节徘徊，自由自在地往来遨游，观看士卒队伍的进退，浏览将帅应变的神态。然后，车驾由缓行而逐渐加快，疾速远去。用网捕捉轻捷飞翔的禽鸟，用脚践踏狡捷狂奔的野兽。用车轴撞击白鹿，徒步追逐捕获狡兔。其速度之快超越赤色的闪电，而把电光留在后边。追逐怪兽，逸出宇宙。拉弯繁弱良弓，张满白羽之箭，射击游动的枭羊，搏击鹿头龙身的蜚虡。选好肉肥的野兽然后发箭，命中之处正是预想的地方。弓箭分离，一箭射中目标，猎物随之倒下。

“然后扬节而上浮，〔1〕陵惊风，〔2〕历骇飙，〔3〕乘虚无，〔4〕与神俱，〔5〕辚玄鹤，〔6〕乱昆鸡，〔7〕遒孔鸾，〔8〕促鵔鸃，〔9〕拂翳鸟，〔10〕捎凤皇，〔11〕捷鸳雏，〔12〕掩焦明。〔13〕

【注释】〔1〕“扬节”，《文选》吕向注：“扬，举也；节，旌节也。”一说“节”即“鞭”。“上浮”，腾游，飞游。〔2〕“陵”，陵越。“惊风”，暴风，疾风。〔3〕“历”，历经，越过。“骇飙”，狂飙，狂风。《考证》：“风、飙，韵。”〔4〕“乘”，升入，升上。“虚无”，人际社会之上的虚空之境，众神所居的寥廓天界。〔5〕“神”，天神。“俱”，同在一起。《考证》：“无、俱，韵。”〔6〕“辚”，用车轮辗轧。详前注。“玄鹤”，黑鹤。〔7〕“乱”，《文选》李善注引郭璞曰：“乱者，言乱其行伍也。”按：此谓乱而取之。“昆鸡”，即鹍鸡。《汉书》颜师古注引张揖曰：“昆鸡似鹤，黄白色。”〔8〕“遒”，音 qiú，迫近。“孔”，孔雀。“鸾”，鸾鸟。〔9〕“促”，亦迫近之意。“鵔鸃”，山鸡。《考证》：“鸡、鸃，韵。”〔10〕“拂”，击。“翳鸟”，凤属，身有五彩。〔11〕“捎”，借为“箾”，音 shuò，《说文》：“以竿击人也。”〔12〕“捷”，详前注，猎取之意。“鸳雏”，即前文之“鹓鶵”。〔13〕“掩”，掩捕。详前注。“焦明”，凤属。《正义》：“长喙，疏翼，员尾，非幽闲不集，非珍物不食。”一说“水鸟”（《索隐》引宋衷说）。《考证》：“皇、明，韵。”

【译文】“然后，天子的车驾高举起旌节而上浮，陵越疾风，超过狂飙，升上天空，与天神同处。轮辗黑鹤，扰乱鹍鸡，追近孔雀、鸾鸟，追赶鵔鸃，击落翳鸟，用竹竿击打凤凰，追逐猎取鸳雏，用网掩捕焦明。

“道尽涂殚，〔1〕回车而还。招摇乎襄羊，〔2〕降集乎北纮，〔3〕率乎直指，〔4〕闇乎反乡。〔5〕蹷石关，〔6〕历封峦，〔7〕过鳷鹊，〔8〕望露寒，〔9〕下棠梨，〔10〕息宜春，〔11〕西驰宣曲，〔12〕濯鹢牛首，〔13〕登龙台，〔14〕掩细柳，〔15〕观士大夫之勤略，〔16〕钧獠者之所得获。〔17〕徒车之所辚轹，〔18〕乘骑之所蹂若，〔19〕人民之所蹈躤，〔20〕与其穷极倦谻，〔21〕惊惮慑伏，〔22〕不被创刃而死者，〔23〕佗佗籍籍，〔24〕填阬满谷，〔25〕掩平弥泽。〔26〕

【注释】〔1〕“道”、“涂”，皆指道路。“涂”，通“途”。“尽”、“殚”，意皆穷尽。《考证》：“殚”与下句之“还”，押韵。〔2〕“招摇”，《文选》李善注引司马彪曰：“逍遥也。”“襄羊”，《索隐》引郭璞曰：“犹仿佯。”按：“仿佯”，即“彷徨”、“傍偟”、“徘徊”之意。本句意谓逍遥自在地徘徊游走。故《文选》刘良注云：“招摇儴佯，行游貌。”〔3〕“降集”，由“上浮”而还，故云“降”，回还途中暂时降落停留，故曰“集”；“降集”，犹言“下到”、“降落在”。“北纮”，北方极远之地。《汉书》颜师古注引张揖曰：“《淮南子·墬形》云：‘九州之外曰八泽，八泽之外乃有八纮，北方之纮曰委羽。”“八纮”乃大地之极限之处，故“北纮”为大地北方极远之地。此指上林苑之最北处。〔4〕“率乎”，犹率然，毅然。“直指”，一直前往。〔5〕“闇乎”，犹言闇然，奄（晻、掩）然，奄忽，忽然。“反乡”，《文选》吕向注：“言猎罢而速还帝乡也。”按：“反乡”与前句“直指”对言，则意应为“反转方向”、由向“北”而还归“南”向的原路。“乡”，通“向”，方向。《考证》：“羊、纮、乡，韵。”〔6〕“蹷”，踏上，踏入。“石关”，原作“石阙”，汉武帝时所建甘泉苑中之观名。《史记》、《文选》李善注本、《三辅黄图》作“石阙”，《汉书》、《文选》五臣注本作“石关”。梁玉绳曰“当作关”，高涉瀛曰“两通”。按：甘泉苑在上林苑北，故返途中先经之。〔7〕“历”，经过。“封峦”，亦甘泉苑中之观名。〔8〕“鳷鹊”，亦甘泉苑观名。《三辅黄图》卷四《苑囿·甘泉苑》：“有仙人观、石阙观、封峦观、鳷鹊观。”〔9〕“寒露”，旧注皆

以为甘泉苑中观名。《三辅黄图》卷二《汉宫·甘泉宫》却说:“武帝作迎风馆于甘泉山,后加寒露、储胥二馆,皆在云阳甘泉中。”据此可知乃“离宫”中之“别馆”名。《考证》引张文虎曰:关、峦、寒押韵。〔10〕“棠梨”,《集解》引《汉书音义》曰:“宫名也,在云阳县(在今陕西省淳化县西北)东南三十里。”居甘泉苑南部。〔11〕“宜春”,宫名。《正义》引《括地志》云:“宜春宫在雍州万年县(今长安县境)西南三十里。”按:在上林苑中。〔12〕“宣曲”,宫名。《汉书音义》云:“在昆明池(按:在上林苑中)西。”〔13〕“濯鹢”,划船。“濯”,借为“棹”,音 zhào,船桨。“鹢”,代指船。详前注。“牛首”,池名,在上林苑西部,为上林苑十池(一说十五池,见《初学记·地部》)之一。〔14〕“龙台”,观名,《三辅黄图》:“龙台观在丰水西北,近渭(水)。”〔15〕“掩”,息,止(《方言》)。“细柳”,观名。《正义》引郭璞曰:“在昆明池南柳市。”《考证》:“首、柳,韵。”〔16〕“勤略”,“勤功智略也”(颜师古说)。“略”,高步瀛引《淮南子·兵略》作“获得”解,与下句义重,恐非是。〔17〕“钧”,《文选》作“均”,义同。《汉书》颜师古注引郭璞曰:“平其多少也。”〔18〕“徒车”,步卒、战车。“所辚轹”,所辗轧而死与践踏而死的。〔19〕“乘骑”,骑兵。“所蹂若”,亦践踏之意。“若”,即“踖”,践踏之意。〔20〕“蹈躤”,亦践踏之意。“躤”,借为“蹠”、“踖”,音 jí,践踏。“人民”,《文选》作“人臣”,《汉书》作“人”,此指随从等其他人员。〔21〕“穷极”,走投无路。“倦谻”,疲倦力尽。“谻”,亦作“谻”,音 jí,极疲倦。详前注。〔22〕“惊惮”,惊恐。“慑伏”,因恐惧而屈服。“慑”,音 zhé,恐惧。〔23〕“被创刃”,遭受刀剑伤害。〔24〕“佗佗”,《汉书》作“它它”,音 tuō tuō,交横错杂的样子。“籍籍”,《汉书》、《文选》五臣本作“藉藉”,杂乱众多的样子。〔25〕“阬”,同“坑”。〔26〕“揜”,同“掩”,覆盖。“平”,《汉书》颜师古注:“平原也。”“弥”,满。《考证》:“略、获、轹、若、躤、籍、泽,韵。曾国藩曰:‘以上天子还历各处,数猎者之所获。’”

【译文】“直到道路的尽头,掉转车头而回。逍遥而徜徉,降落在上林苑的极北之地。毅然直道前行,忽然间反转方向返回。踏上石关观,经过封峦观,过了鳷鹊观,望着露寒观,下抵棠梨宫,休息在宜春宫,再奔驰到昆明池西边的宣曲宫,划起饰有鹢鸟的船,在牛首池中荡漾。然后登上龙台观,到细柳观休息。观察士大夫们的勤功智略,评议猎者所捕获的猎物之多少。步卒和车驾践踏辗轧而死的,骑兵所踏死的,随从人员所踩死的,以及那走投无路、疲惫不堪、惊惧伏地、没受刀刃的创伤就死去的野兽,纵横交错,填满坑谷,覆盖平原,漫布大泽。

“于是乎游戏懈怠,置酒乎昊天之台,〔1〕张乐乎轇輵之宇;〔2〕撞千石之钟,〔3〕立万石之钜;〔4〕建翠华之旗,〔5〕树灵鼍之鼓。〔6〕奏陶唐氏之舞,〔7〕听葛天氏之歌,〔8〕千人唱,万人和,山陵为之震动,川谷为之荡波。〔9〕《巴俞》、宋、蔡,〔10〕淮南《于遮》,〔11〕文成、颠歌,〔12〕族举递奏,〔13〕金、鼓迭起,〔14〕铿鎗铛鼟,〔15〕洞心骇耳。〔16〕荆、吴、郑、卫之声,〔17〕《韶》、《濩》、《武》、《象》之乐,〔18〕阴淫案衍之音,〔19〕鄢郢缤纷,〔20〕《激楚》结风,〔21〕俳优侏儒,〔22〕狄鞮之倡,〔23〕所以娱耳目而乐心意者,丽靡烂漫于前,〔24〕靡曼美色于后。〔25〕

【注释】〔1〕“昊天之台”,言台之高,上通昊天。《三辅黄图》卷五《台榭》有“通天台”,在甘泉宫,“言此台高通于天也”。上林苑中之“昊天之台”,或类于此。“昊”,音 hào,大,元气博大,言太空之间,元气博大也。〔2〕“张乐”,陈设乐舞,奏乐。《文选》吕向注:“言游猎疲怠,乃置酒设乐于此。”“轇輵”,音 jiāo gé,《汉书》、《文选》作“胶葛”,《索隐》引郭璞曰:“言旷远深貌。”《汉书》王先谦《补注》:“犹今言寥阔也。”“宇”,又作“寓”,本指屋檐下或屋子中;此似指寥廓的空间,所谓“四方上下”之间谓之“宇”也。〔3〕“石”,古音 shí,今音 dàn。《汉书·律历志上》:“三十斤为钧,四钧为石。”即一百二十斤。“千石之钟”,即一万二千斤重的大钟。〔4〕“钜”,假借字,本字作“虡”(小篆)或“虡”(隶书),音 jù,悬挂钟的木制架子;后钟之重量增大,改木架为金属架,字遂作“鐻”(高步瀛《文选李注义疏》)。〔5〕“翠华之旗”,以翠鸟之羽装饰的旗。“华”,葆,聚五彩之羽。〔6〕“灵鼍之鼓”,鳄鱼皮冒成的六面鼓。“灵鼓”,六面鼓。详前注。《考证》:“宇、钜、鼓,韵。”〔7〕“奏”,演奏,进献。“陶唐氏”,传说中的远古部落,尧为其领袖,儒家所尊奉的古代帝王之一。颜师古引如淳曰:“舞《咸池》。”〔8〕“葛天氏”,传说中的远古部落。《吕氏春秋·古乐篇》:“葛天氏之乐,三人操牛尾,投足以歌八阕。”〔9〕《考证》:“歌、和、波,韵。”〔10〕“《巴俞》”,舞名。《集解》引郭璞曰:“巴西阆中有俞水，獠人居其上，皆刚勇好舞，汉高（祖）募取以平三秦。后使乐府习之（按：指其舞），因名《巴俞舞》也。”“宋、蔡”，古国名，此指宋国、蔡国的音乐（歌曲）。《集解》引张揖曰：“《礼（记）·乐记》曰：‘宋音宴女溺志。’蔡人讴，员三人。《楚辞》云：‘吴谣蔡讴。’”此即指“宋音”、“蔡讴”。〔11〕“淮南”，地名，亦汉代诸侯国名，约有今江苏、安徽两省长江以北、淮河以南之地。汉高帝四年，改九江郡为淮南国。“《于遮》”，歌曲名。张揖曰：“淮南鼓，员四人，《于遮曲》是其意也。”一说“《淮南》”、“《于遮》”并曲名。《文选》卷三十五张协《七命》：“渊客唱《淮南》之曲，榜人奏《采菱》之歌。”吕向注：“《淮南》、《采菱》，并曲名。”〔12〕“文成”，《索隐》引文颖曰：“文成，辽西县名，其县人善歌。”“颠”，文颖曰：“颠，益州滇县，其人能作西南夷歌。颠即滇也。”按：“此指辽西文成、益州滇地的民歌。《考证》：遮、歌押韵。〔13〕“族举”，众乐同时一起演奏。“族”，众，聚。“递奏”，依次轮番演奏。本句是说，以上诸地之歌，或同时并举，或轮番演奏。〔14〕“金”，钟。“迭起”，此谓此起彼伏。〔15〕“铿鎗”，音 kēng qiāng，《汉书》颜师古注：“铿鎗，金声也。”“铛鼛”，音 dāng tà，《集解》引郭璞曰：“鼓音。”颜师古注同。〔16〕“洞心骇耳”，犹言悦心动听。“洞”，透，彻。“骇”，动。《考证》：起、耳押韵。〔17〕“荆、吴、郑、卫”，皆古国名。“荆”，即楚国。“荆、吴、郑、卫之声”，《文选》李善注引郭璞曰：“皆淫哇也。《礼记（·乐记）》曰：‘郑、卫之音，乱世之音也。’”按：此实指当时流行于各地的民歌。〔18〕“《韶》”，舜乐。“《濩》”，音 huò，汤乐。“《武》”，周武王之乐。“《象》”，周公之乐。按：以上皆为古代圣君贤臣所作的庙堂之乐。〔19〕“阴淫案衍”，淫靡放纵。《汉书》王先谦《补注》：“淫，放滥也（《周礼·宫正》注）；衍，溢也（《诗·板》毛传）。长言之则为‘阴淫案衍’，约言之则为‘淫衍’。……谓其过而无节也。”〔20〕“鄢郢”，楚国国都名，在今湖北省宜城县西南。“缤纷”，形容舞姿飘逸。〔21〕“《激楚》”，楚国舞曲名。《集解》引郭璞注：“《激楚》，歌曲也。”《索隐》引文颖曰：“激，冲激，急风也。结风，回风。回亦急风也。楚地风气既自漂疾，然歌乐者犹复依激结之急风以为节，其乐促迅哀切也。”“结风”，形容歌声激疾哀切。〔22〕“俳优”，古代的杂戏演员。“侏儒”，此指身材矮小的杂戏演员。〔23〕“狄鞮”，西方种族名，即西戎。“鞮”，音 dī。“倡”，通“娼”，古代女乐工，乐妓。《汉书》颜师古注：“俳优、侏儒、倡乐，可狎玩者也。”《考证》：“音、风、倡，韵。”〔24〕“丽靡烂漫”，形容乐舞之赏心悦目。“丽靡”，华美奢靡。“烂漫”，所谓“烂漫靡靡之乐”（《魏书·乐志》），逸荡心志。〔25〕“靡曼”，《索隐》引张揖曰：“靡，细；曼，泽也。”形容女子皮肤的细嫩润泽。

【译文】“于是乎游乐嬉戏倦怠松懈，在上接云天的台榭上摆下酒宴，在广阔无边的寰宇演奏音乐。撞击千石重的大钟，竖起万石重的钟架，树起翠羽为饰的旗帜，设置灵鼍皮冒成的六面大鼓；奏起尧时的舞曲，聆听葛天氏的乐歌；千人同唱，万人相和；山陵被这歌声震动，河川被激起大波。《巴渝》的舞蹈，宋、蔡的歌曲，淮南的《于遮》，文成和云南的民歌，同时并举，轮番演奏。钟鼓之声此起彼伏，铿锵铛鼛，悦耳动听。荆、吴、郑、卫的歌声，《韶》、《濩》、《武》、《象》的音乐，淫靡放纵的乐曲，鄢、郢地区的飘逸舞姿，《激楚》高亢激越的楚歌，俳优侏儒的表演，西戎的乐妓，凡用来使耳目欢愉、心情快乐、美妙悦耳的音乐，皆丽靡烂漫于君王之前，皮肤细腻的美女，皆站立在君王身后。

“若夫青琴、宓妃之徒，[1]绝殊离俗，[2]姣冶娴都，[3]靓庄刻饬，[4]便嬛绰约，[5]柔桡嫚嫚，[6]妩媚姌袅；[7]抴独茧之褕袘，[8]眇阎易之戌削，[9]媥姺徶屑，[10]与世殊服；[11]芬香沤郁，[12]酷烈淑郁；[13]皓齿粲烂，[14]宜笑的皪；[15]长眉连娟，[16]微睇绵藐；[17]色授魂与，心愉于侧。[18]

【注释】〔1〕“青琴、宓妃”，皆古代神女名。“宓”，音 fú，《文选》作“宓”，通“伏”。“虙妃”，伏羲氏女，溺死于洛水，遂为洛水之神女。〔2〕“绝殊”，极不寻常。“离俗”，举世无双。〔3〕“姣冶”，《汉书》、《文选》皆作“妖冶”，义略同，美好。“娴都”，雅丽。〔4〕“靓庄”，《集解》引郭璞曰：“靓庄，粉白黛黑也。”“靓”，音 jìng，妆饰艳丽。“庄”，通“妆”。“刻饬”，《汉书》王先谦《补注》：“刻饰，以胶刷鬓，使就理如刻画然也。”按：以胶刷鬓发，使其边缘整齐熨帖，如刻画然。〔5〕“便嬛”，音 pián xuān，形容女子姿态轻盈。“绰约”，形容女子姿态柔美。〔6〕“柔桡”，形容女子身材苗条柔弱之美。“桡”，音 náo。“嫚嫚”，音 xuān xuān，《汉书》作“嬛嬛”，音 juān juān，即娟娟；《文选》作“嫚嫚”，义略同，形容女子身材轻盈修长之美。〔7〕“妩媚”，同“妩媚”，姿态柔美悦人。“姌袅”，形容女子体态轻盈纤弱之美。〔8〕“抴”，音 yè，拖，曳。“独茧”，《索隐》引郭璞曰：“独茧，一茧丝也。”此指丝色之

纯。“褕”，音 yú，襜褕，女子罩在上衣外面的直襟单衣。“袘”，音 yì，此指衣长貌；一说指衣袖。〔9〕“眇”，细看。“阎易”，《集解》引徐广曰：“衣长貌。”郭璞注同。“戌削”，徐广曰：“言如刻画作之。”郭璞注同。《汉书》、《索隐》本皆作“恤削”，与前《子虚赋》之“扬袘邮削”句之“恤削”意同，形容裁制整齐之美。〔10〕“媥姺”，音 piān xiān，即“蹁跹”，形容衣饰体态轻盈婆娑之美。“徶循”，音 bié xiè，随风飘动轻舞的样子。〔11〕“与世殊服”，《汉书》颜师古注：“言其行步安详，容服绝异也。”此极言其服饰之时髦漂亮，与世俗绝然不同。〔12〕“沤郁”，香气浓郁。〔13〕“淑郁”，香味清美浓厚。〔14〕“粲”，通“灿”。〔15〕“宜笑”，即“齱笑”，露齿而笑，指笑时露出洁白的牙齿（闻一多《楚辞校补》）。“旳皪”，音 dì lì，明亮的样子。“旳”，同“的”，明。按：本句与上句皆写其齿之美。〔16〕“连娟”，形容女子眉毛之弯曲细长。〔17〕“微睇”，微视。“绵藐”，微视貌（胡绍煐说）。按：张衡《西京赋》：“眳藐流眄，一顾倾城。”“眳藐”即“绵藐”，李善注：“眳，眉睫之间。藐，好视容也。流眄，转眼视也。”《西京赋》之“眳藐流眄”，即此“微睇绵藐”之意。又，《九歌·湘夫人》：“帝子降兮北渚，目眇眇兮愁予。”王逸注：“眇眇，好貌。”高步瀛以为“眇”与“藐”同义，“微言好矣”，分言之曰“目眇眇”，“合言之则曰‘𪾢藐’”也（《文选李注义疏》）。〔18〕“色授魂与”二句，《索隐》引张揖曰：“彼色来授我，我魂与汝接也。”吴汝纶曰：“‘愉’与‘输’通借。‘心输’与‘色授魂与’平列为文，‘于侧’与上‘丽靡烂漫于前’对文也。”《考证》：“俗、饬、约、袅、削、循、服、郁、皪、藐、侧、韵。曾国藩曰：‘以上置酒张乐。’”

【译文】“仙女青琴、宓妃之类美女，超群拔俗，艳丽高雅。她们皆面施粉黛，刻画鬓发，体态轻盈，苗条多姿，柔弱美好，妩媚婀娜，身穿纯色丝织的长长罩衣，仔细看去，那长长的衣衫，非常整齐，轻柔飘动，轻盈婆娑，与世俗的服饰绝然不同。散发着浓郁的芳香，香气清美浓厚。鲜明洁白的牙齿，微露含笑，光洁动人。眉毛修长弯曲，双目含情，流眺远视，美色诱人，神魂相与，高兴地侍立君侧。

“于是酒中乐酣，〔1〕天子芒然而思，〔2〕似若有亡。〔3〕曰：‘嗟乎，此泰奢侈！〔4〕朕以览听余闲，〔5〕无事弃日，〔6〕顺天道以杀伐，〔7〕时休息于此。〔8〕恐后世靡丽，〔9〕遂往而不反，〔10〕非所以为继嗣创业垂统也。’〔11〕于是乃解酒罢猎，〔12〕而命有司曰：〔13〕‘地可以垦辟，〔14〕悉为农郊，〔15〕以赡萌隶；〔16〕隤墙填堑，〔17〕使山泽之民得至焉。〔18〕实陂池而勿禁，〔19〕虚宫观而勿仞。〔20〕发仓廪以振贫穷，〔21〕补不足，恤鳏寡，〔22〕存孤独。〔23〕出德号，〔24〕省刑罚，〔25〕改制度，〔26〕易服色，〔27〕更正朔，〔28〕与天下为始。’〔29〕

【注释】〔1〕“酒中”，《汉书》颜师古注：“饮酒中半也。”“乐酣”，颜师古注：“奏乐洽也。”按：本句言天子饮酒饮至半酣，音乐也奏得正酣畅的时候。〔2〕“芒然”，同“茫然”，犹言“惘然”、“怅然”。〔3〕“似若有亡”，若有所失。“亡”，丧失。〔4〕“泰”，太，过甚。〔5〕“览听”，处理政事。〔6〕“无事弃日”，言闲居无事，虚弃时日。〔7〕“顺天道”，《汉书》颜师古注引郭璞曰：“因秋气也。”《文选》李善注：“《家语》孔子曰：‘启蛰不杀，则顺天道也。’”按：古人以为“惊蛰”之后，土地解冻，春雷始鸣，蛰伏之物开始出而活动，万物处于生长之期，故“启蛰不杀”为顺天之道，而以杀戮禽兽为“违天时”；秋季之时，万物悉成熟，禽兽肥壮，故因秋之肃杀之气而收敛、猎取之，此亦曰“顺天道”。“杀伐”，此指打猎。〔8〕“时”，此指定期、按季节。“此”，指上林苑的“离宫别馆”。〔9〕“后世”，后代子孙。“靡丽”，奢侈淫靡。〔10〕“遂往”，顺着奢侈之前辙走下去。此指迷恋于田猎歌舞而不知回头。〔11〕“继嗣”，继承人。“创业垂统”，这里指创立典章制度、垂训示范后世之意。〔12〕“解酒”，停止撤除酒宴。〔13〕“有司”，有关之官吏。古代设官分职，各有专司，故称官吏曰有司。此指主管上林苑的官吏。〔14〕“地”，指上林苑中的土地。“垦辟”，开垦。“辟”，开辟。〔15〕“农郊”，农田。〔16〕“赡”，供给，供养。“萌隶”，农民百姓。〔17〕“隤”，音 tuí，同“颓”，倾到，倾塌。“隤墙”，此指推倒上林苑中之围墙。“堑”，音 qiàn，此指上林苑中的壕沟。〔18〕“山泽之民”，犹言山野之民，乡野的百姓。〔19〕“实陂池”，意思是说使池沼中聚满捕虾捞蟹的百姓。〔20〕“虚宫观”，放还上林苑“离宫别馆”中的宫女、奴婢而使之空虚不用。“仞”，通“牣”，满。〔21〕“发”，打开。〔22〕“鳏”，音 guān，老而无妻。“寡”，老而无夫。〔23〕“孤”，幼而无父。“独”，老而无子。〔24〕“德号”，此指有恩德于民的诏命、号令。〔25〕“省”，减少、减轻。〔26〕“制度”，指国典、朝章、宫室、车服等方面的形制、规定等。

〔27〕“服色”,《文选》李周翰注:“改宫室壮大之度,易衣服美丽之色。” 〔28〕“正朔”,指历法。“正”指每岁之首的“正月”;“朔”指每月的初一。“正朔”,实际上就是一年的第一个月第一天的开始,即元旦日。我国古代夏、商、周各朝之“正朔”各不相同,皆改其前朝的“正朔”。 〔29〕“始”,更始,除旧布新。“为始”,进行革新,一切重新做起之意。

【译文】“于是酒兴至半酣,乐舞正狂热,天子怅然有感,似有所失,说道:‘唉呀,这太奢侈了!我只是在理政的闲暇,不愿虚度时日,顺应天道而来上林苑猎杀野兽,时时在此休息。但恐怕后代子孙奢侈淫靡,仿照着我的行为,不知休止,这不是为后人创功立业、传之于后代的行为。’于是就撤去酒宴,不再打猎,而命令主管官员说:‘凡是可以开垦的土地,都变为农田,用以供养黎民百姓。推倒围墙,填平壕沟,使乡野之民都可以来此谋生。陂池中布满捕捞者不加禁止,放还宫女使宫馆空闲不再进住。打开粮仓,赈济贫穷的百姓,补助不足,抚恤鳏寡,慰问孤儿和无子的老人。发布施行恩德给百姓的政令,减轻刑罚,改变制度,变换服色,更改历法,同天下百姓一道从头做起。

“于是历吉日以齐戒,〔1〕袭朝衣,〔2〕乘法驾,〔3〕建华旗,〔4〕鸣玉鸾,〔5〕游乎《六艺》之囿,〔6〕骛乎仁义之途,〔7〕览观《春秋》之林,〔8〕射《狸首》,〔9〕兼《驺虞》,〔10〕弋玄鹤,〔11〕建干戚,〔12〕载云罕,〔13〕揜群《雅》,〔14〕悲《伐檀》,〔15〕乐乐胥,〔16〕修容乎《礼》园,〔17〕翱翔乎《书》圃,〔18〕述《易》道,〔19〕放怪兽,〔20〕登明堂,〔21〕坐清庙,〔22〕恣群臣,〔23〕奏得失,四海之内,靡不受获。〔24〕于斯之时,天下大说,〔25〕向风而听,随流而化,喟然兴道而迁义,〔26〕刑错而不用,〔27〕德隆乎三皇,〔28〕功羡于五帝。〔29〕若此,故猎乃可喜也。〔30〕

【注释】〔1〕“历”,选择,推算。“齐戒”,即“斋戒”,沐浴更衣,戒酒素食,以示虔诚。 〔2〕“袭”,穿。“朝衣”,朝见大臣时所穿的礼服。《正义》:“朝衣,谓龙衮之服也。” 〔3〕“法驾”,天子的车驾。《正义》、《文选》司马彪注:“法驾,六马也。” 〔4〕“建华旗”,见前“建翠华之旗”句注。 〔5〕“鸣玉鸾”,《周礼·夏官·大驭》:“凡驭路仪,以鸾和为节。”郑玄注:“舒疾之法也。鸾在衡,和在轼,皆以金为铃。”《左传》桓公二年:“锡、鸾、和、铃,昭其声也。”杜预注:“锡在马额,鸾在镳,和在衡,铃在旂,动皆有鸣声。”“鸾”,鸾铃,或系于车轭(衡),或佩于马勒(镳),车马行则有声,前后相应,以为行走快慢的节奏。“玉鸾”,《离骚》“鸣玉鸾之啾啾”句王逸注:“以玉为之,著于衡。” 〔6〕“《六艺》”,即《六经》:《诗》、《书》、《礼》、《易》、《乐》、《春秋》,皆为儒家所尊奉的经典。“囿”,苑囿,此代指经书的园地。 〔7〕“骛”,驰骛,奔驰。 〔8〕“览观《春秋》之林”,《汉书》颜师古注:“如淳曰:‘《春秋》义理繁茂,故比之于林薮也。’”王先谦《补注》:“《集解》引郭璞曰:‘《春秋》所以观成败,明善恶也。’先谦按:游其囿、驰其涂、览其林,皆以射猎之地借喻也。”义含双关。〔9〕“《狸首》”,古逸诗篇名,诸侯行射礼时,奏《狸首》之乐章以为节。《汉书》颜师古注引郭璞曰:“《狸首》,逸诗篇名,诸侯以为射节。”《礼记·射义》:“古者诸侯之射也,必先行燕礼。……其节:天子以《驺虞》为节,诸侯以《狸首》为节。 〔10〕“兼”,兼射之意。“《驺虞》”,《诗·召南》篇名。郭璞曰:“《驺虞》,《召南》之卒章(按:即末篇),天子以为射节也。”按:本节文字,语多双关,所谓“射狸首,兼驺虞”,从字面上看是要射猎“狸首(狸猫)”、“驺虞(一种瑞兽)”这两种野兽,而实际上是要演奏以这两种野兽命名的两首歌诗。 〔11〕“弋玄鹤”,亦双关语,字面上是射黑鹤,为田猎之事;而实际是指奏古乐舞,为礼乐之事。《文选》李善注:“言古者舞玄鹤以为瑞,令弋取之而舞。”又引《尚书·大传》:“舜乐歌曰《和伯之乐》,舞玄鹤。”故《考证》曰:“玄鹤,疑古乐名。” 〔12〕“建”,《汉书》、《文选》皆作“舞”。“干戚”,义亦双关,字面上是指两种武器:干(盾)、戚(斧)。而实际是指一种舞蹈:干戚之舞,即武舞。按:舞干戚亦礼乐之事,此言欲以舜时的礼乐为法式。 〔13〕“云罕”,本指张设于天空中用以捕获鸟的网,故“载云罕”从字面上看是打猎之事;而实际上指天子出行时仪仗队所举的一种旗帜。“罕”,音hǎn。 〔14〕“揜群《雅》”,语含双关,从字面意思看,此联上句,是说“载云罕”,去掩捕群鸦(古“雅”、“鸦”通用);实际上是说天子亲自出行以访求群贤雅士。《集解》引《汉书音义》:群《雅》指“大雅、小雅也”。《索隐》:“揜,捕也。张揖曰:‘《诗·小雅》之材七十四人,《大雅》之材三十一人,故曰“群雅”也。言云罕载之于车,以捕群雅之士。’” 〔15〕“悲《伐檀》”,《伐檀》,《诗·魏风》篇名。《索隐》引张揖曰:“其诗刺贤者不遇明主也。”故歌而悲之。 〔16〕“乐乐胥”,《诗·小雅·桑扈》:“君子乐胥,受天之

祜。”郑玄以为：“‘胥’，有才智之名也；‘祜’，福也。王者乐臣下有才智、知文章，则贤人在位，庶官不旷，政和而民安，天予之以福禄。”按：上句悲贤者不遇明主，下句喜贤士得以在位。〔17〕“《礼》园”，《礼经》载古代礼制，故“《礼》园”指古代礼制之园囿。《文选》李善注引郭璞曰：“礼所以整威仪、自修饰也。”《礼记·经解》：“恭俭庄敬，《礼》教也。”〔18〕“《书》圃”，《书经》载上古政事，故“《书》圃”指古代政事的园圃。《礼记·经解》：“疏通知远，《书》教也。”《书经》使人可以通达于政事，上知于远古，故郭璞曰：“《尚书》所以疏通知远者，故游涉之。”〔19〕“《易》道”，《易经》明絜静精微之术，故“《易》道”即指絜静精微之道。《礼记·经解》：“絜静精微，《易》教也。”《正义》云：“《易》所以絜静微妙，上辨二仪阴阳，中知人事，下明地理也。言田猎乃射讫，又历涉《六经》之要也。”高步瀛《文选李注义疏》引朱珔曰：“上文‘游于《六艺》之囿’，故于《春秋》，曰‘览观《春秋》之林’；《乐》与《诗》总言之，‘射《狸首》’至‘乐乐胥’是也；言《礼》则曰，‘修容乎《礼》园’；言《书》则曰，‘翱翔乎《书》圃’；言《易》则曰，‘述《易》道’。时武帝崇奖儒林，立五经博士，因借作颂扬，引之于正，以申下讽谏之语。”〔20〕“放怪兽”，此指放走原来作为田猎游乐对象的上林苑中的奇禽怪兽。《正义》引张揖曰：“苑中奇怪之兽，不复猎也。”〔21〕“明堂”，古代天子朝见诸侯、宣明政教、举行大典之处。〔22〕“清庙”，此指“明堂”之“太庙”，即“明堂”之“太室”，亦听政之所，非“祭祖宗之地”之“太庙”，见高步瀛《文选李注义疏》。〔23〕“恣”，《文选》刘良注：“言任群臣奏得失之事，故海内无不受其恩泽也。”按：“恣”，听任，鼓励，指广开言路，察纳雅言。〔24〕“靡”，无，莫。“获”，义含双关：字面上是说猎获禽兽；实际上指获得恩泽。〔25〕“说”，通“悦”。〔26〕“喟然”，《汉书》、《文选》李善注本皆作“芔然”，五臣本作“卉然”。李善注引郭璞曰：“芔犹勃也。许贵切。”吕向曰：“卉，犹勃也，皆勃然兴道义也。”按：“喟”，似应作“芔”，即“歘”字的假借字，音 xū，忽然之意。胡绍煐以为是“𠁊”之假借字，省作“芔”，亦作“卉”，与“歘”音通，《说文》：“𠁊，疾也。”（参见高步瀛《文选李注义疏》）〔27〕“错”，通“措”，放置而不用。〔28〕“隆”，高。“三皇”，传说中的上古部落酋长，儒家所尊奉的上古圣君，具体说法不一，《白虎通》以为指伏羲氏、神农氏、燧人氏。〔29〕“羡”，超过。“五帝”，本书《五帝本纪》以黄帝、颛顼、帝喾、帝尧、帝舜为五帝。〔30〕此言如此这般的田猎乃是可喜之事，即猎于《诗》、《书》、《礼》、《乐》、《易》、《春秋》等《六艺》即《六经》之苑囿也。

【译文】“于是选择好日子来斋戒，穿上朝服，乘坐天子的车驾，高举翠华之旗，响起玉饰的鸾铃，游观于《六艺》的苑囿，奔驰在‘仁义’的大道；观览《春秋》之林，演奏《狸首》，兼及《驺虞》的乐章而举行射礼；射中玄鹤，舞盾和斧，车载着高张云天的罗网，掩捕群《雅》；悲叹《伐檀》的感慨，乐见《桑扈》之得，在《礼》园中修饰仪容，在《书》圃徘徊游赏，阐释《周易》的道理，放走上林苑中各种珍禽怪兽，登上明堂，坐在清庙，遍命群臣，尽奏朝政的得失，使天下黎民，无不受益。当此之时，天下百姓皆大喜悦，顺应天子的风教而听从政令，顺应时代的潮流而接受教化，勃然兴道而归于义，刑罚废置而不用。德高于三皇，功超越五帝。只有这样的游猎，才是可喜的事。

“若夫终日暴露驰骋，劳神苦形，罢车马之用，〔1〕抏士卒之精，费府库之财，而无德厚之恩，务在独乐，〔2〕不顾众庶，忘国家之政，而贪雉兔之获，则仁者不由也。〔3〕从此观之，齐、楚之事，岂不哀哉！地方不过千里，而囿居九百，是草木不得垦辟，而民无所食也。夫以诸侯之细，〔4〕而乐万乘之所侈，〔5〕仆恐百姓之被其尤也。”〔6〕

【注释】〔1〕“罢”，通“疲”，此指耗尽，竭尽。〔2〕“独乐”，此用儒家孟子之义。《孟子·梁惠王下》：“独乐乐，与人乐乐，孰乐？”又《梁惠王上》：“民欲与之偕亡，是有台池鸟兽，岂能独乐哉？”帝王之“独乐”，皆与“与民同乐”相对而言，特指只知贪图自己享受，而不顾百姓疾苦。〔3〕“由”，用，做。“不由”，犹言不用此策，不这样做。高步瀛曰：“以上设言罢猎改制，兴道迁义，以为讽谏。”〔4〕“细”，地位卑微。〔5〕“万乘”，指皇帝即天子。按周制，王畿地方千里，出兵车万乘；诸侯地方百里，出兵车千乘，故以万乘代指天子。〔6〕“被其尤”，受其祸害。

【译文】“如果整天暴露身躯驰骋在苑囿之中，精神劳累，身体辛苦，废弃车马的功用，损伤士卒的精力，浪费国库的钱财，而没有厚德大恩，只是专心个人的欢乐，不考虑众多百姓的疾苦，忘掉国家大政，而贪图野鸡兔子的猎获，这是仁爱之君不肯做的事情。由此看来，齐国和楚国的游猎之事，岂不是太可悲了吗？两国的土地纵横不过千里，而苑囿却占据九百里。这样以来，草木之野不能开垦而耕田，百姓就没有粮食可吃。以诸侯微贱的地位，却去享受天子的奢侈之乐，我担忧百姓将遭受其过错所带来的祸患。"

于是二子愀然改容，〔1〕超若自失，〔2〕逡巡避席曰：〔3〕"鄙人固陋，〔4〕不知忌讳，〔5〕乃今日见教，谨闻命矣。"〔6〕

【注释】〔1〕"二子"，楚使子虚、齐人乌有先生。"愀然"，脸色变忧貌，忧惧的样子。"愀"，音 qiǎo，忧惧。〔2〕"超若"，怊然，惆然，即"怅然"之意。"超"，通"怊"，即"惆"之假借字，惆怅失意的样子。〔3〕"逡巡"，向后退步。"避席"，离开席位。〔4〕"鄙人"，自谦之辞，犹言鄙陋之人、粗野之人。"固陋"，固塞鄙陋，即眼界狭窄（固塞）、见识浅陋（鄙陋）。〔5〕"忌讳"，顾忌。此指王者之忌、治国之大忌，如游猎等。〔6〕"乃"，才。"闻命"，受命，领命。

【译文】于是子虚和乌有两位先生都愀然改变了脸色，怅然若失，徘徊后退，离开座席，说道："鄙人浅薄无知，不知顾忌，才在今天得到了教诲，谨领教了。"

赋奏，天子以为郎。〔1〕无是公言天子上林广大，山谷、水泉、万物，及子虚言楚云梦所有甚众，侈靡过其实，且非义理所尚，故删取其要，〔2〕归正道而论之。

【注释】〔1〕"郎"，郎官。详前注。〔2〕"删取其要"二句，《索隐》曰："大颜云：'不取其夸奢靡丽之论，唯取篇终归于正道耳。'小颜云：'删要，非谓删除其辞；而说者谓此赋已经史家删剟，失之矣。'"

【译文】赋写成后进献天子，天子即任命相如为郎官。无是公称说上林苑的广大，山谷、水泉和万物，以及子虚称说云梦泽所有之物甚多，奢侈淫靡，言过其实，而且也不是礼义所崇尚的，所以删取其中的要点，归之于正道，而加以评论。

相如为郎数岁，会唐蒙使略通夜郎西僰中，〔1〕发巴、蜀吏卒千人，〔2〕郡又多为发转漕万余人，〔3〕用兴法诛其渠帅，〔4〕巴、蜀民大惊恐。上闻之，乃使相如责唐蒙，因喻告巴、蜀民以非上意。〔5〕檄曰：〔6〕

【注释】〔1〕"唐蒙"，汉武帝时曾为番阳令，上书建议开通夜郎道，被任命为中郎将，"将千人，食重（按：即辎重）万余人，从巴蜀筰关入"，以厚礼招致夜郎侯多同归汉，于其地置牂柯郡，并开辟道路两千余里，详见本书《西南夷列传》。"略"，经略。"通"，开通。"夜郎"，古西南夷国名，当今贵州省西部、北部，云南省东北部，四川省南部及广西壮族自治区西北部之部分地区，后于其地置牂柯郡。"西僰"，即"僰夷"，古夷族之一支，分布于以僰道（今四川省宜宾市）为中心的川南和滇东北一带，后置犍为郡。《考证》："'西'字疑衍，《汉书》无之。""僰"，音 bó。〔2〕"发"，征发。"巴、蜀"，二郡名，巴郡治江州（今四川省重庆市北嘉陵江北岸），蜀郡治成都，见《汉书·地理志八上》。〔3〕"转漕"，此指后勤供应等人员。车运为转，水运为漕。〔4〕"用兴法"，《汉书》作"用军兴法"，即援引战时的法令制度。"渠帅"，大帅。〔5〕"喻"，通"谕"，古时特指上对下、尊对卑的告知。"非上意"，指多征发人、用军兴法诛其渠帅诸事，都不是皇帝（上）的旨意。〔6〕"檄"，音 xí，古代应用文之一体，是官府专用以征召、晓谕或声讨的文书（文告），此用以晓谕巴、蜀二郡之吏民。

【译文】相如担任郎官数年后，适逢唐蒙受命经略和开通夜郎及其西面的僰中，征发巴、蜀二郡的官吏士卒上千人，两郡又多为他征调陆路及水上的运输人员一万多人，他又用战时法规杀了他们的大帅，巴、蜀两郡百姓大为震惊恐惧。皇上听到这种情况，就派相如前去责备唐蒙，并趁机告知巴、蜀百姓，唐蒙所为并非皇上的本意。檄文说：

告巴、蜀太守：蛮夷自擅、不讨之日久矣，〔1〕时侵犯边境，〔2〕劳士大夫。〔3〕陛下即位，〔4〕存抚天下，〔5〕辑安中国。〔6〕然后兴师出兵，北征匈奴，〔7〕单于怖骇，〔8〕交臂受事，〔9〕诎膝请和。〔10〕康居西域，〔11〕重译请朝，〔12〕稽首来享。〔13〕移师东指，〔14〕闽越相诛。右吊番禺，〔15〕太子入朝。南夷之

君，〔16〕西僰之长，常效贡职，〔17〕不敢怠堕，〔18〕延颈举踵，〔19〕喁喁然皆争归义，〔20〕欲为臣妾，〔21〕道里辽远，〔22〕山川阻深，不能自致。〔23〕夫不顺者已诛，而为善者未赏，故遣中郎将往宾之；〔24〕发巴、蜀士民各五百人，以奉币帛、卫使者不然，〔25〕靡有兵革之事，〔26〕战斗之患。今闻其乃发军兴制，〔27〕惊惧子弟，忧患长老，郡又擅为转粟运输，皆非陛下之意也。当行者或亡逃、自贼杀，〔28〕亦非人臣之节也。〔29〕

【注释】〔1〕“自擅”，自专其事，不服从朝廷的命令。“不讨”，没有加以征讨。“日”，时间，年月。〔2〕“时”，时时，经常。〔3〕“劳”，使受劳苦。“士大夫”，将士。《三国志·魏书·武帝纪》建安十二年裴注引《魏书》：“与诸将士大夫共从戎事。”《吴子·励士》：“飨士大夫。”明柯维骐《史记考要》八：“《周礼》：师帅皆中大夫，旅帅皆下大夫，卒长皆上士，两司马皆中士，而皆统于军将，故曰士大夫。”〔4〕“陛下”，此指汉武帝，公元前一四〇年至前八七年在位。〔5〕“存抚”，存恤抚养。〔6〕“辑安”，和睦安定。“中国”，指中原地区。〔7〕“匈奴”，我国古代北方的少数民族之一，汉初不断南下侵扰，汉朝基本上采取和亲防御政策；至汉武帝时，对之采取攻势，多次进军幕北，使匈奴受到很大的打击。〔8〕“单于”，匈奴的首领，汉武帝前期，匈奴“军臣单于死，其弟左谷蠡王伊稚斜自立为单于，攻败军臣单于太子於单。於单亡降汉，汉封於单为陟安侯”（《汉书·匈奴传》）。后又降其浑邪王、休屠王。〔9〕“交臂受事”，犹言拱手称臣。〔10〕“诎”，通“屈”。《汉书·匈奴传》：“是后（按：指经多次讨伐之后）匈奴远遁，而幕南无王庭。”后“单于用赵信计，遣使好辞请和亲”。伊稚斜单于死后，其子乌维单于立，此后北方曾一度相安无事。〔11〕“康居”，西域国名。“西域”，玉门关以西广大地区的总称。本句是说，康居等西域诸国。〔12〕“重译”，展转翻译。此言西域诸国使者来汉，中间经过许多国家，语言需要经过多重翻译之后，人们才能进行思想上的沟通交流。“请朝”，请求前来朝拜汉朝皇帝。〔13〕“享”，贡献方物。〔14〕“移师东指，闽越相诛”，意思是说，因为闽越王族内部兄弟间互相诛杀篡立，所以汉武帝又下令移师东向讨平了闽越之地。“闽越”，又称东越，是居住于我国东南沿海浙江南部、福建北部的少数民族，属南方越（一作“粤”）人之一支。其首领无诸于汉初被封为闽越王，都东冶（今福州市）。孝惠帝三年，又立其另一首领摇为东海王，都东瓯（今浙江永嘉县西南）。武帝初立，闽越兵围东瓯。“天子遣严助（中大夫）发会稽郡兵，浮海救之……汉兵未至，闽越引兵去”（《汉书·西南夷两粤朝鲜传》），闽越平。按：“粤”、“越”通用，“闽越”亦作“闽粤”。〔15〕“右吊番禺，太子入朝”，此指定南粤事。《汉书·西南夷两粤朝鲜传》：“至武帝建元四年，（南粤王）佗孙胡为南粤王。立三年，闽粤王郢兴兵南击边邑。粤使人上书曰：‘两粤俱为藩臣，毋擅兴兵相攻击。今东粤擅兴兵侵臣，臣不敢兴兵，唯天子诏之。’于是天子多南粤义，守职约，为兴师，遣两将军往讨闽粤。”“兵未隃岭，闽粤王郢发兵距险。其弟余善与宗族谋曰：‘王以擅发兵，不请，故天子兵来诛。汉兵众强，即幸胜之，后来益多，灭国乃止。今杀王以谢天子，天子罢兵，固国完……。’皆曰：‘善。’即鏦杀王，使使奉其头致大行。”“天子使严助往（南粤）谕意（即“右吊番禺”），南粤王胡顿首曰：‘天子乃兴兵诛闽粤，死亡以报德。’遣太子婴齐入宿卫。”“右吊”，后至；一说“吊”，慰问之意。“番禺”，即南粤都城，后为南海郡治。“太子”，指南粤王之太子婴齐。〔16〕“南夷”，指西南夷。《汉书·西南夷传》：“（西）〔南〕夷君长以十数，夜郎最大。”其西靡莫之属以十数，滇最大。自滇以北，君长以十数，邛都最大。此皆椎结（髻），耕田，有邑聚。其外，西自桐师以东，北至叶榆（属益州），名为巂、昆明，编发，随畜移徙，亡常处，亡君长，地方可数千里。自巂以东北，君长以十数，徙、莋都最大。自莋以东北，君长以十数，冉駹最大。其俗或土著，或移徙。在蜀（郡）之西。自駹以东北，君长以十数，白马最大，皆氐类也。此皆巴、蜀西南外蛮夷也。”〔17〕“效”，效纳，进献。“贡职”，方物、赋税。〔18〕“堕”，通“惰”。〔19〕“延颈”，伸长颈项。“举踵”，抬起足跟。〔20〕“喁喁然”，形容众人景仰归向的样子，如群鱼之口向上。“喁”，音 yóng，鱼口露出水面。《韩诗外传一》：“水浊则鱼喁，令刻则民乱。”〔21〕“欲为臣妾”，这里意思是说愿当大汉皇帝的臣仆。〔22〕“道里”，道路。“辽”，远。〔23〕“自致”，自至其处，亲自来到汉朝京师表达其情意。《文选》李善注引郑玄《礼记》注曰：“致之言至也。”〔24〕“中郎将”，此指唐蒙。“宾之”，以礼使之臣服。《索隐》引贾逵云：“宾，伏也。”《文选》吕延济注：“宾，服也。”〔25〕“以奉币帛、卫使者不然”，此句讲征发巴、蜀二郡各五百人的用意（作用）：一是让他们手捧赏赐给西南夷的礼物币帛，二是叫他们保卫使者的安全，使二者都不发生意外（不然）。“奉”，音 pěng，通“捧”，手捧,即携带、运输;或曰奉献,亦通。“不然”,意同“不虞”,有意料不到的事情发生。〔26〕“靡有”,没有,原本就没想到会有。〔27〕“发军兴制”,《索隐》云:“张揖曰:‘发三军之众也。兴制,谓起军法制也。’案:唐蒙为使,而用军兴法制也。”《考证》引《周礼·地官·旅师》郑氏注谓“县官(指朝廷)征物曰兴”。所谓“发军兴制”,即用征兵兴师之法,为兴众之制。〔28〕“当行者”,指应当前去应征的人。“或”,有的人。“自贼杀”,自相残杀。按:此言抗拒应征。〔29〕“人臣之节”,作臣子者应当具备的节操、品德。

【译文】告知巴、蜀太守:蛮夷自擅兵权,不服朝廷,已经有好长时间未加讨伐了,故而时常侵扰边境,使将士们前往征讨,蒙受劳苦。当今皇上即位,存恤安抚天下,使中原安宁和睦。然后调兵出征,北伐匈奴,使其单于恐怖震惊,拱手称臣,屈膝求和。康居等西域诸国,也都辗转翻译以沟通语言,请求朝见武帝,虔敬叩拜,进献方物。尔后因闽、越内部相伐,于是又移师东指;接着军救番禺,南越王派太子婴齐入朝。南夷的君主,西僰的首领,都经常进献贡物和赋税,不敢怠慢,人人伸长脖颈,高抬脚跟,景仰朝廷,争归仁义,愿做汉朝的臣仆,只是道路遥远,山河阻隔,不能亲自来向汉朝皇上致意。现在,不顺从者已被诛杀,而为善事者尚未奖赏,所以派遣中郎将前来以礼相待,使其归服。至于征发巴、蜀的士卒百姓各五百人,只是为了奉献礼品、保卫使者不发生意外,并没有想到要进行战争,造成打仗的祸患。如今,皇上听说中郎将竟然动用战时法令,使巴、蜀子弟担惊受怕,巴、蜀长老忧虑担心;巴、蜀二郡又擅自为中郎将转运粮食,这都不是皇上的本意。至于被征当行的人,有的逃跑,有的自相残杀,这也不是为人臣者应有的节操品德。

夫边郡之士,〔1〕闻烽举燧燔,〔2〕皆摄弓而驰,〔3〕荷兵而走,流汗相属,〔4〕唯恐居后;触白刃,冒流矢,义不反顾,〔5〕计不旋踵,〔6〕人怀怒心,如报私仇。彼岂乐死恶生,非编列之民,〔7〕而与巴、蜀异主哉?〔8〕计深虑远,急国家之难,而乐尽人臣之道也。故有剖符之封,〔9〕析珪而爵,〔10〕位为通侯,〔11〕居列东第;〔12〕终则遗显号于后世,〔13〕传土地于子孙。行事甚忠敬,居位甚安佚,〔14〕名声施于无穷,〔15〕功烈著而不灭。〔16〕是以贤人君子,肝脑涂中原、〔17〕膏液润野草而不辞也。〔18〕今奉币役至南夷,〔19〕即自贼杀,或亡逃抵诛,〔20〕身死无名,谥为至愚,〔21〕耻及父母,为天下笑。人之度量相越,〔22〕岂不远哉!然此非独行者之罪也,〔23〕父兄之教不先,子弟之率不谨也;〔24〕寡廉鲜耻,而俗不长厚也。〔25〕其被刑戮,不亦宜乎!

【注释】〔1〕“边郡”,边疆各郡县,边疆地区。〔2〕“烽举燧燔”,意谓一听到有烽火点燃起来的敌情警报。“烽”、“燧”为古代边防地区的警报设备。《集解》引《汉书音义》曰:“烽如覆米䉛(淘米的箩筐),悬著桔槔头,有寇则举之。燧,积薪,有寇则燔燃之。”《索隐》引韦昭曰:“烽,束草置之长木之端,如挈皋,见敌则烧举之。燧者,积薪,有难则焚之。烽主昼,燧主夜。”〔3〕“摄”,《文选》吕延济注:“摄,持也。”《汉书》颜师古注以为是“张弓注矢而持之也”。“驰”与下句之“走(跑)”,皆指奔向警报发出之地。〔4〕“相属”,一个接一个地奔向战场。“属”,音 zhǔ,连接。〔5〕“义不反顾”,“义”,指大义、道义;在道义面前勇往直前,竟不回头一顾。〔6〕“计”,指大计,事关国家、个人长远利益的大计。“旋踵”,旋转脚跟,指后退、逃跑。〔7〕“编列之民”,名字编入朝廷户籍册中的百姓,意即汉朝的(国家的)正式百姓。〔8〕“异主”,不是同一个皇帝管辖。〔9〕“剖符之封”,指重大的分封。古代天子分封诸侯或功臣,将符节剖分为二,双方各执其半,以为凭证信物。〔10〕“析珪而爵”,古时封诸侯,按其爵位之高低,分颁不同的珪玉,称为析珪。“珪”,一作“圭”,一种玉制的礼器,长方形而上尖,其形制大小,因爵位及用处不同而异。《周礼·大宗伯》:“以玉作六瑞,以等邦国:王执镇圭,公执桓圭,侯执信圭,伯执躬圭,子执谷璧,男执蒲璧。”〔11〕“通侯”,秦、汉时代二十等爵位中的最高一级,原名“彻侯”,后因避汉武帝刘彻之名讳而改。〔12〕“东第”,即甲第,“甲宅也,居帝城之东,故曰东第也”(《汉书》颜师古注)。“甲”即甲第、头第;“第”即宅第、宅院。王先谦《汉书补注》:“汉以东第为甲,西第为乙。”〔13〕“终”,此指生命终结,死后。“显号”,显贵的封号,如上述“通侯”之类是也。〔14〕“佚”,通“逸”。〔15〕“施”,音 yì,延续,流传。〔16〕“功烈”,功绩事业。“著”,昭著,卓著。“灭”,磨灭。〔17〕“中原”,原野。〔18〕“膏液”,此泛指血液、血肉。〔19〕“奉币役”,承担奉献币帛的

差役。〔20〕"亡逃抵诛",因逃亡而至于被诛。"抵",至。〔21〕"谥",音 shì,《文选》李善注:"谥,犹号也。"〔22〕"度量",胸襟、器量,引申为智慧、谋略。"越",超越,相去。〔23〕"行者",即"当行者",应被征召"奉币役至南夷"者。〔24〕"子弟之率",给子弟们所作的表率。〔25〕"长厚",淳厚。

【译文】那些边疆郡县的士卒,听到烽火高举、燧烟点燃的消息,都张弓待射,驰马进击,扛着兵器,奔向战场,人人汗流浃背,仍然紧紧相随,唯恐落后;打起仗来身触利刃,冒着流矢,也义无反顾,从没想到掉转脚跟向后逃跑,人人怀着愤怒的心情,如报私仇一般。他们难道乐意去死而讨厌生存,不是名在户籍的良民,而与巴、蜀同一个君主吗?只是他们思想深邃,虑事长远,一心想着国家的危难,而乐意去履行臣民的义务罢了。故尔有剖符的封赏,分珪而受爵,位在列侯,宅列东第。死后可将显贵的谥号流传后世,封赏的土地传给后代子孙。他们做事非常忠诚严肃,当官也特别安逸,好的名声传播到久远的后世,功业卓著而永不泯灭。因此贤人君子都能肝脑涂地中原,膏血泽润边疆野草而在所不辞。现在仅仅是承担供奉币帛的差役去到南夷,就自相杀害,或者逃跑被诛,身死而无美名,号称为"至愚",其耻辱牵连到父母,被天下人所嘲笑。由此可见人的气度和才识的差距,难道不是很远吗?但这也不只是应征之人的罪过,父兄们平素没给他很严格的教育,也没有谨慎地给子弟做出表率,以致于寡廉鲜耻,世风也就不淳厚了。因而他们被判刑杀戮,难道不是理所当然的吗!

陛下患使者有司之若彼,[1]悼不肖愚民之如此,[2]故遣信使晓喻百姓以发卒之事,[3]因数之以不忠死亡之罪,[4]让三老、孝弟以不教诲之过。[5]方今田时,[6]重烦百姓,[7]已亲见近县,[8]恐远所溪谷山泽之民不遍闻,[9]檄到,[10]亟下县道,[11]使咸知陛下之意,唯毋忽也。[12]

【注释】〔1〕"患",担心。〔2〕"悼",哀伤。〔3〕"信使",古称使者为"信"、为"使",合称"信使",这里有强调其"诚信"之义,相如自指。〔4〕"因",趁此机会。司马相如此次出使西南夷,主要任务是向当地百姓解释"发卒之事",以平息因此而引起的骚乱、特别是思想混乱,司马相如趁此次出使之机也作了下列"数"、"让"二事。"数",逐条批评、责备。"之",代指"当行者"。〔5〕"让",责备。"三老",《正义》引《百官表》曰:"十里一亭,亭有长;十亭一乡,乡有三老、有秩啬夫、游徼。三老掌教化,啬夫职听讼收赋税,游徼备盗贼。""孝弟",亦乡官名。《考证》:"《汉书》景帝诏曰:'置三老、孝弟,以导民焉。'"〔6〕"田时",耕种的季节。〔7〕"重烦",不敢轻易烦扰。《汉书》颜师古注:"重,难也,不欲召聚之也。"〔8〕"亲见近县",颜师古注:"近县之人,使者以自见而口谕之矣,故为檄文,驰以示远所也。"〔9〕"远所",边远的地区,即下文所谓"溪谷"、"山泽"也。"遍",普遍,全部。〔10〕"檄",檄文,朝廷的文告,即指本文《喻巴蜀檄》。〔11〕"亟",快。"道",颜师古注:"县有蛮夷曰道。"〔12〕"忽",怠忽,不重视。

【译文】皇上担心使者和官员们的心情已如前所讲,而哀伤不贤的愚民又如刚才所说,所以派遣信使把征发士卒的事情清清楚楚地告诉百姓,并趁这个机会责备他们不能忠于朝廷,不能为国事而死的罪过,斥责三老和孝弟等地方官员没有很好履行教诲职责的过失。现在正是农忙季节,很不想烦扰百姓,我已经亲眼见到县城附近的人,担心偏远的溪谷山间的百姓不能普遍听到,这篇檄文一到达,就要急速下发到各县道百姓那里,使他们全知道当今皇上的心意,千万不要怠忽!

相如还报。唐蒙已略通夜郎,因通西南夷道,[1]发巴、蜀、广汉卒,[2]作者数万人。[3]治道二岁,[4]道不成,士卒多物故,[5]费以巨万计。[6]蜀民及汉用事者多言其不便。[7]是时邛、筰之君长,闻南夷与汉通,[8]得赏赐多,多欲愿为内臣妾,[9]请吏,[10]比南夷。[11]天子问相如,相如曰:"邛、筰、冉、駹者近蜀,[12]道亦易通,秦时尝通为郡县,至汉兴而罢。[13]今诚复通,[14]为置郡县,愈于南夷。"[15]天子以为然,乃拜相如为中郎将,[16]建节往使。[17]副使王然于、壶充国、吕越人驰四乘之传,[18]因巴、蜀吏币物以赂西夷。[19]至蜀,蜀太守以下郊迎,[20]县令负弩矢先驱,[21]蜀人以为宠。[22]于是卓王孙、临邛诸公皆因门下献牛酒以交欢。[23]卓王孙喟然而叹,自以得使女尚司马长卿晚,[24]而厚分与其女财,与男等同。司马长卿便略定西夷,[25]邛、筰、冉、駹、斯榆之君,[26]皆请为内臣。[27]除边关,[28]关益斥,[29]西至沫、若水,[30]南至牂柯为徼,[31]通零关道,[32]桥孙水以通邛都。[33]还报天子,天子大说。[34]

【注释】〔1〕"因通西南夷道",因为要修通通往西南夷的道路。〔2〕"发",征调。"广汉",郡名,汉高祖六年,分巴、蜀二郡之地而置。治今四川省梓潼县,后迁广汉县(今四川省遂宁县),其辖区即今川北及甘、陕、川边界一带。"卒",士卒。〔3〕"作者",劳作者,即参加修路劳动的人。〔4〕"治道",修路。〔5〕"物故",死亡。〔6〕"巨万",万万,即亿。〔7〕"汉用事者",汉朝的当权者,此指丞相公孙弘,事见本书卷一百十六《西南夷列传》。"不便",不利。〔8〕"邛",音 qióng,即"邛都之夷",在今四川省西昌县东南一带。"筰",音 zuó,即"筰都夷",治今四川省汉源县东南。"筰",一作"笮"。"邛、筰",既是西夷的一支、一个部落,又是一个少数民族国家,即所谓附属国、外臣。"南夷",这里主要指夜郎,即后来的犍为、牂柯二郡。〔9〕"内臣妾",意为汉朝境内直接管辖的臣民百姓。〔10〕"请吏",请求给他们委任官吏。〔11〕"比南夷",同南夷同等待遇。〔12〕"冉",即"冉夷",音 rǎn;"駹",即"駹夷",音 máng,皆属古氐、羌族,居住于今四川省北部茂汶羌族自治县至松潘县一带。〔13〕"罢",废置。〔14〕"今诚",如今确能。〔15〕"愈于",胜过。〔16〕"中郎将",秩比二千石,有五官、左、右三将。〔17〕"建节",犹言持节。"节",节旄,符节。〔18〕"王然于"、"吕越人",生平不详。"壶充国",《索隐》云:"案:《汉书·公卿表》:太初元年为鸿胪卿也。""四乘之传",王先谦《汉书补注》:"四乘,亦急传也。六乘传,见《吴王濞传》;七乘传,见《武五子传》。"按:"传",此指驿站的专用车马,它按官员办事的轻重缓急等,分为乘传、驰传、置传等不同等级,详见《汉书·高帝纪》如淳注。"四乘之传",即"四封乘传"。〔19〕"因",借用,利用。"巴、蜀吏币物",巴、蜀二郡的官吏和财物。"赂",赠送财物,这里有笼络、收服之义。〔20〕"郊迎",前往郊界之外迎接。"郊",都城外百里为郊,这里泛指城郊之外。据《汉书·武帝纪》颜师古注引《汉旧仪》,当时乘"四封乘传"者,"到所部,郡国各遣一吏迎之界上"。〔21〕"负弩矢先驱",背着弓箭在前边开道。〔22〕"宠",光宠,荣耀之事。〔23〕"因门下",通过司马相如的门下之人。"交欢",交好,交结其欢心。〔24〕"尚",配。〔25〕"西夷",《汉书》颜师古注:"西夷,谓越嶲、益州也。"按:"越嶲",即今四川省西昌县一带。〔26〕"斯榆",一作"斯臾"、"斯都",西夷之一支,亦国名,在今西昌县境。按:此所谓"西夷",主要指四川一带的各夷族部落。〔27〕"内臣",汉朝国内的臣属,意即不愿再做外藩。〔28〕"除边关",既请求为汉朝内臣,则拆除原来的边关国界,以示融合为一。〔29〕"斥",扩大,扩展,此指汉朝的边界向西更加扩展。〔30〕"沬",沬水,即今四川境内的大渡河。"若水",即今四川之雅砻江。〔31〕"牂柯",音 zāng kē,此指牂柯江,或称牂柯水,即今贵州省境内的北盘江,一说即今都江,另有乌江、濛江诸说。"徼",音 jiǎo,边界。〔32〕"零关道",即灵关道,汉武帝时司马相如所开,是通往越嶲(即今西昌)的重要通道。〔33〕"桥孙水",在孙水上架桥。"孙水",若水(雅砻江)的支流,即今之安宁河(亦在四川境内、西昌东边)。"邛都",西夷之邛都国,司马相如通西夷后置邛都县,内属,在今西昌县东南。"桥孙水"即为"通邛都"。〔34〕"说",通"悦"。

【译文】相如回京向汉武帝汇报。唐蒙已经营开通了夜郎,并想趁机开通西南夷的道路,征发巴、蜀、广汉的士卒,参加筑路的有数万人。修了二年,没有修成,士卒多死亡,耗费的钱财要用亿来计算。蜀地民众和汉朝当权者多有反对的。这时,邛、筰的君长听说南夷已与汉朝交往,得到很多赏赐,因而大都想做汉朝的臣仆,请求汉朝给他们委任官吏,希望与南夷同等待遇。皇上向相如询问此事,相如说:"邛、筰、冉、駹靠近蜀郡,道路容易开通。秦朝时就已设置郡县,到汉朝建国时才废除。如今确能重新开通,设置为郡县,其价值超过南夷。"皇上以为相如说得对,就任命相如为中郎将,持节出使,与副使王然于、壶充国、吕越人等,乘坐驿站传车前往,欲凭借巴、蜀的官吏和财物去笼络西南夷。相如等到达蜀郡,蜀郡太守及其属官都到郊界上迎接相如,县令则背负着弓箭在前面开路,蜀人都以他为荣。于是,卓王孙、临邛诸位父老都通过相如门下进献牛酒以与相如交欢。卓王孙喟然感叹,自以为把女儿嫁给司马相如的时间太晚,便分给了文君一份丰厚的财物,使与儿子所分的均等。司马相如便平定了西夷,邛、筰、冉、駹、斯榆的君长,都请求成为汉朝的臣子。于是拆除了旧的关隘,使边关扩大,西边到达沫水和若水,南边到达牂柯为界,开通了零关道,在孙水上建桥以通邛都。相如还京报告皇上,皇上大为高兴。

相如使时，蜀长老多言通西南夷不为用，[1]唯大臣亦以为然。[2]相如欲谏，业已建之，[3]不敢，乃著书，籍以蜀父老为辞，[4]而己诘难之，以风天子，[5]且因宣其使指，[6]令百姓知天子之意。其辞曰：

【注释】〔1〕"蜀长老"，蜀郡年长之老者。"不为用"，不会为汉所用，对汉无所用。〔2〕"唯"，通"虽"，即使。"大臣"，此指公孙弘等。〔3〕"业已"，已经。"建之"，建议开通西南夷。"之"，代"通西南夷"这件事。建议乃司马相如所提出。〔4〕"籍"，通"借"，《汉书》即作"借"，通用。〔5〕"风"，通"讽"，委婉地劝告。〔6〕"且"，并。"因"，趁机。"使指"，出使西夷的旨意(意图)。"指"，通"旨"。

【译文】相如出使西南夷时，蜀郡的长老多半都说开通西南夷没有用，即使是朝廷大臣也有人以为是这样。相如也想向皇上进谏，但开通西夷建议业已由自己提出，因而不敢再进谏言，于是就写文章，假借与蜀郡父老谈话的形式，而自己来诘难对方，以此讽谏皇上，并且借此宣扬自己出使的意图，让百姓了解天子的心意。他的文章说：

汉兴七十有八载，[1]德茂存乎六世，[2]威武纷纭，[3]湛恩汪濊，[4]群生澍濡，[5]洋溢乎方外。[6]于是乃命使西征，随流而攘，[7]风之所被，[8]罔不披靡。[9]因朝冉从駹，[10]定筰存邛，[11]略斯榆，[12]举苞满，[13]结轶还辕，[14]东乡将报，[15]至于蜀都。[16]

【注释】〔1〕"七十有八载"，《集解》引徐广曰："元光六年也。"司马相如写作本文之汉武帝元光六年，即公元前一二九年，距公元前二〇六年汉朝开国，恰七十八年。〔2〕"德茂"，美德盛茂。"六世"，《正义》："高祖、惠帝、高后、孝文、孝景、孝武。"〔3〕"威武"，指武功。"纷纭"，盛多貌。〔4〕"湛恩"，深恩。"湛"，通"沉"，深厚，积久。"汪濊"，深广的样子。"濊"，音 wèi。〔5〕"群生"，众生，泛指一切生物。"澍濡"，音 shù rú，像及时雨那样被滋润。〔6〕"洋溢乎方外"，漫溢到汉王朝以外的地方。"方外"，中国之外的夷狄之地。"方"，邦国。〔7〕"攘"，音 ràng，通"让"，退却、让路。〔8〕"被"，加于其上。"所被"，所吹到之处。〔9〕"罔"，音 wǎng，无。"披靡"，指随风倒下。〔10〕"因"，因而，于是。"朝"，使……朝见。"从"，使……服从。〔11〕"定"，平定，使……安定。"存"，保存。〔12〕"略"，收取。〔13〕"举"，攻占。"苞满"，《汉书》作"苞蒲"，即"靡莫"之夷(《考证》)。〔14〕"结轶还辕"，"结轶"，谓结束行程。"轶"，《汉书》、《文选》皆作"轨"。"还辕"，掉转前行的辕头返回。〔15〕"东乡"，即东向。出使西夷，完成任务，掉转辕头，东向而归。"报"，向朝廷回报任务完成之情况。〔16〕"蜀都"，蜀郡之治所成都。

【译文】汉朝兴建已七十八年，盛大的美德已存在了六代，国势威武，皇恩浩荡，润泽万民，漫溢方外。于是皇上才下令使者西征，蛮夷随流而让，德教所施之处，无不随风臣服。因而使冉夷朝见，駹夷顺从，平定了筰，保全了邛，占领了斯榆，攻取了苞满。然后掉转车辕，将东向回京，禀报天子，结束行程，途中到达蜀郡成都。

耆老大夫荐绅先生之徒二十有七人，[1]俨然造焉。[2]辞毕，[3]因进曰："盖闻天子之于夷狄也，[4]其义羁縻勿绝而已。[5]今罢三郡之士，[6]通夜郎之涂，[7]三年于兹，[8]而功不竟，[9]士卒劳倦，万民不赡，[10]今又接以西夷，百姓力屈，[11]恐不能卒业，[12]此亦使者之累也，[13]窃为左右患之。[14]且夫邛、筰、西僰之与中国并也，[15]历年兹多，[16]不可记已。仁者不以德来，[17]强者不以力并，[18]意者其殆不可乎！[19]今割齐民以附夷狄，[20]弊所恃以事无用，[21]鄙人固陋，[22]不识所谓。"[23]

【注释】〔1〕"耆老"，年高之人。古以六十岁为耆，七十岁为老。"耆"，音 qí。"大夫"，官员。"大"，音 dài。"荐绅"，一作"缙绅"、"搢绅"，士大夫有官位者的代称。《晋书·舆服志》："所谓搢绅之士者，搢(按：意为"插")笏而垂绅带也。""绅"为腰间大带，古之仕宦者，垂绅插笏于带间，故称士大夫为"搢绅之士"、"搢绅先生"。"荐"，通"搢"。〔2〕"俨然"，庄严恭敬的样子。"造"，造访，来访问。〔3〕"辞"，《汉书》颜师古注："辞，谓初谒见之辞。"寒暄、问候之类的话。〔4〕"夷狄"，泛指边疆地区之少数民族。〔5〕"羁縻"，《索隐》："案：羁，马络头也；縻，牛缰也。《汉官仪》：'马云羁，牛云縻。'言制四夷如牛马之受羁縻也。”〔6〕“罢”,通“疲”。“三郡”,巴、蜀、广汉三郡。本句所指即前文所云“因通西南夷,发巴、蜀、广汉卒,作者数万人。治道二岁,道不成,士卒多物故,费以巨万计”。〔7〕“涂”,通“途”。〔8〕“三年于兹”,即于兹三年,至今三年了。“兹”,此,今。〔9〕“竟”,完成,结束。〔10〕“赡”,音 shàn,丰足。〔11〕“屈”,尽。〔12〕“卒业”,完全完成此事。“卒”,最后,全部。“业”,通西南夷的工程,主要指“治道”即修筑道路的工程。〔13〕“使者”,从“通夜郎(按:此指南夷)之涂,三年于兹,而功不竟”、“今又接以西夷(按:此指邛、筰等)”句看,此“使者”应兼指唐蒙与司马相如二人,这里主要指司马相如。“累”,负担,累赘。〔14〕“患”,担忧。〔15〕“并”,并列,并立。〔16〕“兹”,通“滋”,副词,甚。〔17〕“仁者”,施仁政、有仁德的帝王。“来”,招来,吸引使之来。《正义》云:“以其路远,殆不可通。”〔18〕“力并”,凭武力兼并。颜师古曰:“以其险远,理不可也。”〔19〕“意者”,想来,看来,表示主观上对某一事情的估计、猜测。“殆”,恐怕,大概。“可”,可能(实现),可以(实现)。〔20〕“割”,分割。“齐民”,即“编户齐民”,国家的正式百姓,平民、良民,此指百姓的财物。“附”,附益,增益。《汉书》王先谦《补注》:“何焯曰:‘附,附益之也。割齐民,谓赂以巴、蜀吏币物。’”〔21〕“弊所恃”,使所恃(所依靠)之编户齐民疲弊、受害。“事无用”,事奉、供应那些对国家无用的夷狄。〔22〕“鄙人”,自谦之辞,边鄙之人,犹言身居边鄙,没见过大世面之人。“固陋”,固塞浅陋。〔23〕“不识”,不知,不懂得。“所谓”,即“所谓者何”的省略。“谓”,通为。

【译文】蜀郡的耆老、大夫、荐绅先生共有二十七人,庄严恭敬地前来拜访,寒暄已毕,趁机进言道:“听说天子对于夷狄之人,原则上只是牵制他们不使断绝关系而已。而现在却使三郡的士卒疲劳不堪,去打通南夷夜郎的道路,至今三年,修路之事尚未完成,士卒劳苦疲倦,万民生活不足。如今又要接着开通西夷,百姓之力已经耗尽,恐怕不能最终完成此事;同时这也是使者的负担啊,我们私下为您忧虑。况且那邛、筰、西僰与中国并立,已经过许多年,记都记不清了。仁德之君不能以德招来,势强力大的也不能以武力兼并,想来恐怕是因其道路遥远艰险而不可行吧!如今割弃良民的财物去富足夷狄,疲敝所依赖的人民去事奉无用,鄙人见识短浅,不知所为者何!”

使者曰:〔1〕“乌谓此邪?〔2〕必若所云,则是蜀不变服而巴不化俗也。〔3〕余尚恶闻若说。〔4〕然斯事体大,〔5〕固非观者之所觏也。〔6〕余之行急,〔7〕其详不可得闻已,〔8〕请为大夫粗陈其略。〔9〕

【注释】〔1〕“使者”,相如自指。〔2〕“乌谓此”,怎么说出这样的话。“乌”,安,何,这里作疑问副词,怎么、怎样。〔3〕“变服”,改变原先服饰的款式。“化俗”,变化原先的风俗习惯。按:巴、蜀之民,原先亦椎髻、右衽,俗同夷狄,归服秦、汉之后,才逐渐改变了原来的服式、习俗。〔4〕“尚”,《文选》作“常”,平素。“恶闻若说”,不愿听这种说法。“恶”,厌恶。“若”,此。〔5〕“斯”,此。“事体”,事情。“大”,指意义重大,关系重大。〔6〕“固”,本来。“觏”,音 gòu,见,看得出。〔7〕“行急”,指行程急速。〔8〕“不可得闻已”,不可能使你们详细听了。〔9〕“略”,大略,大概。

【译文】使者说:“怎么说这样的话呢?一定像你们所说的那样,那么蜀郡的人永不得改变原来夷狄的服式,巴郡的人风俗也永远不得变化了。我平素就不愿听这种说法。但是这事情的重大意义,本来就不是旁观者所能看出来的。我行程急促,其详情不可能细说给你们听,请为大夫们粗略地陈说一番。

“盖世必有非常之人,〔1〕然后有非常之事;有非常之事,然后有非常之功。非常者,固常人之所异也。〔2〕故曰非常之原,〔3〕黎民惧焉;及臻厥成,〔4〕天下晏如也。〔5〕

【注释】〔1〕“非常”,不同于寻常,异乎寻常。〔2〕“固常人之所异”,本来就是平常之人(平凡之人)所认为奇怪的事(不合常理、常规之事)。〔3〕“原”,始,此指其开始、创始的阶段。〔4〕“臻”,至,到。“厥”,其,指非常之人与非常之事。〔5〕“晏如”,晏然,安乐太平的样子。

【译文】“社会上一定要有超越寻常的人,才会有超常的事情出现;有了超常的事情出现,才会创建异乎寻常的功业。异乎寻常,当然是常人感到奇异的。所以说超常的事情开始出现时,百姓会惊惧;待到其事成功了,天下之人也就安然太平了。

“昔者鸿水浡出,〔1〕泛滥衍溢,〔2〕民人登降移徙,〔3〕陭𨸏而不安。〔4〕夏后氏戚之,〔5〕乃堙鸿水,〔6〕决江疏河,漉沉赡灾,〔7〕东归之于海,而天下永宁。当斯之勤,〔8〕岂唯民哉!〔9〕心烦于虑而身亲其劳,〔10〕躬胝无胈,〔11〕肤不生毛。故休烈显乎无穷,〔12〕声称浃乎于兹。〔13〕

【注释】〔1〕“鸿水”,洪水。“浡”,音 bó,涌。按:“浡”,《汉书》、《文选》作“沸”,沸腾翻转的样子,状其波涛汹涌。〔2〕“衍溢”,漫延四散。〔3〕“登降移徙”,上下迁徙,逃避洪水。〔4〕“陭𨸏”,同“崎岖”,形容道路高低不平的样子;这里似指思想不安的意思。〔5〕“夏后氏”,夏禹。“戚”,忧伤。〔6〕“堙”,填塞。〔7〕“漉沉”,分散深水。“漉”,音 lù,分。“沉”,深。“赡灾”,安定灾害。“赡”,通澹、憺,安。〔8〕“斯”,此,代治理洪水之事。〔9〕“岂唯民哉”,犹言非独百姓勤苦而已。〔10〕此句以下讲“夏后氏”更加心虑、身劳。〔11〕“躬胝”,身上长满厚皮。“胝”,音 zhī,本指脚掌上的厚皮老趼。“胈”,音 bá,大腿上的毛。又《集解》引《庄子》“禹腓无胈,胫不生毛”句李颐注:“胈,白肉也。音蒲末反。”〔12〕“休烈”,美好的功业。〔13〕“声称”,声誉。“浃”,音 jiā,彻。

【译文】“从前洪水涌出,四处泛滥,百姓上下迁移,崎岖而不安宁。夏禹为此忧虑,就堵塞洪水,挖江疏河,分散洪水,稳定灾情,使洪水东流大海,让天下百姓永保安宁。承受这样的劳苦,难道只有百姓?夏禹终日思虑而又亲身参加治水的劳动,手脚生出老茧,腿上没有白肉,皮肤磨得生不出汗毛,所以他的美好功业显赫于无穷,名望传扬至今天。

“且夫贤君之践位也,岂特委琐握龊,〔1〕拘文牵俗,〔2〕循诵习传,〔3〕当世取说云尔哉!〔4〕必将崇论闳议,〔5〕创业垂统,为万世规。〔6〕故驰骛乎兼容并包,〔7〕而勤思乎参天贰地。〔8〕且《诗》不云乎:〔9〕‘普天之下,莫非王土;率土之滨,〔10〕莫非王臣。’是以六合之内,〔11〕八方之外,〔12〕浸浔衍溢,〔13〕怀生之物有不浸润于泽者,〔14〕贤君耻之。〔15〕今封疆之内,〔16〕冠带之伦,〔17〕咸获嘉祉,〔18〕靡有阙遗矣。〔19〕而夷狄殊俗之国,〔20〕辽绝异党之地,〔21〕舟舆不通,人迹罕至,政教未加,〔22〕流风犹微。〔23〕内之则犯义侵礼于边境,〔24〕外之则邪行横作,〔25〕放弑其上,〔26〕君臣易位,尊卑失序,父兄不辜,〔27〕幼孤为奴,系累号泣,〔28〕内向而怨,〔29〕曰:‘盖闻中国有至仁焉,〔30〕德洋而恩普,〔31〕物靡不得其所,〔32〕今独曷为遗己?’〔33〕举踵思慕,若枯旱之望雨。〔34〕盭夫为之垂涕,〔35〕况乎上圣,又恶能已?〔36〕故北出师以讨强胡,〔37〕南驰使以诮劲越。〔38〕四面风德,〔39〕二方之君,鳞集仰流,〔40〕愿得受号者以亿计。〔41〕故乃关沫、若,〔42〕徼牂柯,〔43〕镂零山,〔44〕梁孙原。〔45〕创道德之涂,垂仁义之统,〔46〕将博恩广施,〔47〕远抚长驾,〔48〕使疏逖不闭,〔49〕阻深暗昧,〔50〕得耀乎光明,以偃甲兵于此,〔51〕而息诛伐于彼。〔52〕遐迩一体,〔53〕中外提福,〔54〕不亦康乎?〔55〕夫拯民于沉溺,奉至尊之休德,〔56〕反衰世之陵迟,〔57〕继周氏之绝业,〔58〕斯乃天子之急务也。〔59〕百姓虽劳,又恶可以已哉?〔60〕

【注释】〔1〕“委琐”,拘于小节,注意细微琐碎之事。“握龊”,通“龌龊”,音 wò chuò,器量狭窄,谨小慎微。〔2〕“拘文牵俗”,被旧的文法条例、风俗习惯所限制。〔3〕“循诵习传”,遵循因袭旧的习俗记载。〔4〕“当世取说”,即取悦迎合当代之人。“云尔”,如此而已。〔5〕“崇论闳议”,崇高、宏大理论。〔6〕“规”,准则、榜样。〔7〕“兼容并包”,《文选》吕延济注:“兼并谓兼万国而并四夷也。”此句谓努力做到德被天下万物。〔8〕“参天贰地”,也作“参天两地”,《易·说卦》:“参天两地而倚数。”本义是讲“易卦立数之义”,后引申为人之德可与天、地相比并。《文选》李善注:“己比德于地,是‘贰地’也;地与己并天是‘三(参)’也。”《汉书》颜师古注:“(己)比德于地,是‘贰地’也;地与己并天为三,是‘参天’也。”本句是说时刻想念着使自己成为与天与地可以比德之人。〔9〕“《诗》”,此指《诗经·小雅·北山》。〔10〕“率土之滨”,沿着大地直至四方的海滨之内,即“四海之内”。“率”,沿,循。“滨”,边岸,边界。〔11〕“六合”,上下四方。“六合之内”,即全天下,宇宙之内。〔12〕“八方”,东、西、南、北四方,再加四维:东南、东北、西南、西北。

颜师古曰:“天地四方谓之六合,四方、四维谓之八方。” 〔13〕“浸浔”,音 qīn xún,也作“浸寻”,逐渐。“衍溢”,漫延,泛滥;这里是说由中国(中原地区)逐渐向外漫延扩展。《文选》李周翰注:“浸淫(按:“浔”,《文选》作“淫”)衍溢,理化远也。”“理化”即政治教化;“远”即扩展到边远地区。 〔14〕“怀生之物”,李周翰注:“怀生之物,谓动植之类也。”即凡有生命的东西。“浸润于泽”,被天子的恩泽所滋润。〔15〕“耻之”,以之为自己的耻辱。“之”,指“怀生之物有不浸润于泽者”。 〔16〕“封疆之内”,汉朝的疆界之内。 〔17〕“冠带之伦”,士大夫(文武官员)的代称;“伦”,辈。 〔18〕“嘉”,乐,欢乐。“祉”,福,幸福。 〔19〕“靡”,无,没有。“阙遗”,遗漏,缺漏。 〔20〕“殊俗”,风俗不同。 〔21〕“辽绝”,遥远隔绝。“异党”,不是同一族类。 〔22〕“政教”,此指中原地区的政治教化。“未加”,没有在那里施行,没有施加在那里。 〔23〕“流风”,天子政治教化所形成的好的风俗习惯(社会风尚),好的遗风。〔24〕“内之”,接纳他们。“内”,通“纳”。 〔25〕“外之”,排斥、疏远他们。 〔26〕“放”,放逐。“弑”,臣杀君、子杀父曰弑。“上”,此指君主;亦指长上(君长、父兄)。 〔27〕“不辜”,无罪,此指无罪而被杀戮。 〔28〕“系累”,捆缚。此句承上,言杀其父兄,捆缚掠取其子女以为奴隶。“累”,音 léi,本指绳索,这里指用绳索捆绑拘系。泷川资言引《正义》:“言为人掠获,而系累为奴,离别号泣,内向怨天子化不至也。” 〔29〕“内向”,面向汉朝。 〔30〕“至仁”,最仁爱的人,此指仁君。《文选》刘良注:“至仁,谓天子也。” 〔31〕“德洋”,美德洋溢。“恩普”,恩泽普施。 〔32〕“靡”,没有。 〔33〕“独”,偏偏。“曷为”,为何。“曷”,通“何”,什么。“遗己”,遗漏了我们自己。“己”,夷狄之“系累号泣”者,代指夷狄。〔34〕“若枯旱之望雨”,《文选》李善注:“《孟子(·滕文公下)》曰:‘汤始征葛伯,民望之若大旱之望雨。’” 〔35〕“盭夫”,凶暴之人。“盭”,音 lì,古“戾”字。此句是说,即使平时凶暴之人也为之感动而流泪。 〔36〕“恶能已”,怎能无动于衷。“已”,止,不被感动。 〔37〕“胡”,此指匈奴。详前注。 〔38〕“诮”,音 qiào,责问。派使臣驰马南下责备闽越王之事。亦详前注。 〔39〕“风德”,如沐浴于春风中那样被圣王的仁德所感化。 〔40〕“二方”,此指北胡与南越,亦指西夷与南夷。“鳞集仰流”,如游鱼聚集,仰头承流。 〔41〕“受号”,受其封号。“号”,封号,爵号。“亿”,《文选》张铣注:“亿,数之多也。” 〔42〕“关沬、若”,以沬水、若水为关塞(边界),意即收纳了沬水(大渡河)、若水(雅砻江)流域的西夷诸国。“沬、若”二水皆在川西。 〔43〕“徼牂柯”,以牂柯江(即贵州之北盘江)为边界,意即收纳北盘江流域的南夷诸国。 〔44〕“镂零山”,疏通(凿通)四川峨边县南零山之零关道。凿零关道目的是通越巂(西昌)诸夷。 〔45〕“梁孙原”,在孙水(若水即雅砻江的支流,今谓之安宁河)的源头架上桥梁。架桥孙水源头,目的是为了通越巂(西昌)及其东南的邛都之夷。 〔46〕“垂”,流传。 〔47〕“博恩广施”,广泛地施行恩泽。 〔48〕“远抚长驾”,对边远地区的百姓也要安抚驾驭。“长”,远。〔49〕“疏逖”,疏远者。“不闭”,不被闭塞隔绝。〔50〕“阻深”,隔绝至甚。“暗昧”,昏暗。按:此句指边远险阻隔绝、极为昏暗之地。 〔51〕“偃甲兵”,停止讨伐战争。“此”,《文选》张铣注:“此,国家也。” 〔52〕“息诛伐”,杜绝被诛伐。“彼”,张铣注:“彼,夷狄也。”按:以上二句是说,经过汉朝天子仁德、政教的感化,夷狄诸国不再“犯义侵礼于边境”,也不再“邪行横作,放弑其上”;如此汉朝就可“偃甲兵”、不再前去讨伐,夷狄诸国也可避免被诛伐的命运。 〔53〕“遐迩一体”,远近成为一体。 〔54〕“提”,通“禔”,音 tí,安,安宁。“福”,幸福。 〔55〕“康”,康乐,安康。 〔56〕“至尊”,天子。“休”,美。〔57〕“反”,通“返”,意同于“拯民”之“拯”。“陵迟”,衰败,衰落。 〔58〕“周氏”,周文王、周武王。〔59〕“斯”,此,以上这些事情。“急务”,急事,迫切的任务。 〔60〕“恶”,怎么。“已”,止。

【译文】“况且贤明的君主践履大位,难道只是局促委琐,谨小慎微,被成法所拘束,为世俗所牵制,因循旧习,取悦当世而已吗?肯定应当有崇高宏伟的议论主张,开创业绩,传留法统,成为万世遵行的榜样。所以要尽情努力地做到兼容并蓄,德被天下,勤于思考,把自己变成可与天地比德的人。况且《诗经》里不是说过:‘普天之下,没有哪个地方不是周王的领土;四海之内,没有哪个人不是周王的臣民。’所以天地之内,八方之外,政治教化,逐渐向外浸润漫延,如果还有哪个有生命的东西没有受到君恩的滋润,贤君将视为自己的耻辱。如今疆界以内,文武官员,都获得欢乐幸福,没有缺漏。而那些与我们风俗不同的夷狄国家,与我们遥远隔绝、族类不同的地域,车船不通,人迹罕至,因而政治教化还未达到那里,社会风气还很低下。如果接纳他们,他们将在边境上做出违犯礼义的事情;把他们排斥于外,他们就会在自己国内为非作歹,逐杀其君,颠倒君臣关系,改变尊卑次序,父兄无罪被杀,幼儿与孤儿被当做奴隶,被捆绑号泣,面向汉朝而

抱怨说：'听说中国有最仁爱的国君，美德盛大，恩泽普及，万物没有不得其所者，现在为什么偏偏遗弃了我们？'抬起脚跟，思慕不已，就像干旱之时，人们盼望雨水一样。就是凶暴之人也要为之感动流泪，更何况当今皇上贤明，又怎么可以无动于衷呢？所以出师北方，讨伐强大的匈奴，派使者急驰南方，责备强劲的闽越。四方邻国都受仁德的教化，南夷和西夷的君长，就像游鱼聚集，仰向水流，愿意得到汉朝封号的以亿计。所以才以沫水和若水为关塞，以牂柯为边界，凿通零山道，在孙水源头架起桥梁，开创了通向道德的坦途，传留下施行仁义的传统，将要广施恩德，安抚和控制边远地区的人民，使疏远者不被隔闭，偏僻不开化地区的人民得到光明，使汉朝停止征讨夷狄的战争，也使夷狄避免被大军诛伐。使远近一体，内外安定幸福，这不是康乐之事吗？把人民从水深火热中拯救出来，尊奉皇上的美德，拯救衰败的社会，继承周代已经断绝的业绩，这是天子的当务之急啊！百姓纵然有些劳苦，又怎么可以停止呢？

"且夫王事固未有不始于忧勤，[1]而终于佚乐者也。[2]然则受命之符，[3]合在于此矣。[4]方将增泰山之封，[5]加梁父之事，鸣和鸾，[6]扬乐颂，上咸五，[7]下登三。[8]观者未睹指，[9]听者未闻音，犹鹪明已翔乎寥廓，[10]而罗者犹视乎薮泽，悲夫！"[11]

【注释】〔1〕"王事"，帝王的功业。"忧勤"，《汉书》王先谦《补注》："此谓天子通西南夷，忧民勤远之事。" 〔2〕"佚"，通"逸"，《文选》李善注："《毛诗序》曰：'始于忧勤，终于逸乐。" 〔3〕"受命之符"，受天命之征兆。 〔4〕"合在于此"，应该就在于通西南夷此事。"合"，宜，应。 〔5〕"方将"以下二句，古时在泰山上筑土为坛以祭天，报天之功，此称"封"；在泰山下梁父山上辟场以祭地，报地之功，此称"禅"。秦、汉以后，历代封建王朝都把"封禅"视为国家大典。相传汉以前举行"封禅"大典者有七十二家。本句所谓"增泰山之封，加梁父 之事"，是指在"七十二家"之外，汉天子亦将举行"封禅"大典也。 〔6〕"和鸾"，车铃，在轼者称"和"，在衡者称"鸾"。详前注。 〔7〕"上咸五"，上与五帝同德。"五"，五帝，黄帝、颛顼、帝喾、帝尧、帝舜。详前注。"咸"，同。 〔8〕"下登三"，下加三王之上。"三"，三王，夏禹王、商汤王、周文周武王，即三代开国之君。"登"，加。 〔9〕"指"，旨意。 〔10〕"鹪明"，传说是一种形似凤凰的大鸟，为五方神鸟之一。"寥廓"，广阔的天空。 〔11〕"罗者"，以罗网捕鸟的人。"薮泽"，水浅草茂的沼泽之地。《文选》吕向注："罗者，喻大夫、先生等也，言君之道德已流行深远，而大夫犹视薮泽，悲夫！谓悲其不知德化也。"《考证》引杨慎曰："鹪明、罗者之喻，所以言非常，固非'常情'之所度也。"

【译文】"况且帝王之事业本来没有哪个不是从忧劳开始，而以逸乐结束的。既然如此，那么承受天命的祥瑞之兆，就应在通西夷这件事上了。如今皇上将要增泰山之封，加梁父山之禅，使车上的鸾铃鸣响，颂歌之声高扬，恩德上同五帝，下越三王。旁观者没看到事情的主旨，旁听者没听到歌曲的主音，如同鹪明已在空廓的天空飞翔，而捕鸟者还眼盯着薮泽，真是可悲啊！"

于是诸大夫芒然丧其所怀来而失厥所以进，[1]喟然并称曰：[2]"允哉汉德，[3]此鄙人之所愿闻也。百姓虽怠，请以身先之。"敞罔靡徙，[4]因迁延而辞避。[5]

【注释】〔1〕《汉书》颜师古注："初有所怀而来，欲进而陈之，今并丧失其来意也。"《文选》吕延济注："茫然，不自得之貌。言诸大夫闻天子之德，思欲陈之事皆丧失也。""厥"，其，代"诸大夫"。〔2〕"喟然"，《文选》刘良注："喟然，叹美之辞。""并称"，一齐称颂。 〔3〕"允"，颜师古注："允，信也。《小雅·车攻》之诗曰：'允矣君子。'" 〔4〕"敞罔"，通"怅惘"，失意的样子。"靡徙"，自动移步后退。〔5〕"迁延"，一本作"逡巡"，退却貌。"辞避"，告辞而去。

【译文】于是诸位大夫心情茫然，忘却了来意，也忘记了他们原来要想进谏的话，深有感慨地一同称颂道："令人信服啊，汉朝的美德！这是鄙陋之人愿意听到的。百姓虽然有些怠惰，请允许我们给他们做个表率。"大夫们惆怅不已，自动后退，因而倒退着辞别而去。

其后有人上书言相如使时受金，[1]失官。[2]居岁余，复召为郎。

【注释】〔1〕"其后"，出使西南夷之后。"使时”，出使西南夷时。〔2〕“失官”，因有人告发他“受金”而失去官职。

【译文】此后，有人上书告相如出使时接受了别人的贿赂，因而失掉了官职。他在家呆了一年多，又被召到朝廷当了郎官。

相如口吃而善著书，常有消渴疾。〔1〕与卓氏婚，饶于财。其进仕宦，未尝肯与公卿国家之事，〔2〕称病闲居，不慕官爵。常从上至长杨猎，〔3〕是时天子方好自击熊彘，〔4〕驰逐野兽，相如上疏谏之。其辞曰：

【注释】〔1〕“消渴疾”，消渴病，即今称之糖尿病。〔2〕“肯”，愿意。“与”，参与。〔3〕“长杨”，宫名，在今陕西省周至县东南三十里。《三辅黄图》卷一《宫》：“长杨宫，在今盩厔县东南三十里，本秦旧宫，至汉修饰之，以备行幸。宫中有垂杨数亩，因为宫名。门曰射熊观。秦、汉游猎之所。”〔4〕“天子”，汉武帝。

【译文】相如口吃，但却善于写作文章。他常患糖尿病。他同卓文君结婚后，很有钱。他担任官职，不曾愿意参与公卿和国家的大事，借病闲居于家中，不羡慕官职爵位。他曾经跟随皇上到长杨宫去打猎。这时，天子正喜欢亲自击杀熊猪，驰马追逐野兽，相如上疏加以劝谏。其辞曰：

臣闻物有同类而殊能者，〔1〕故力称乌获，〔2〕捷言庆忌，〔3〕勇期贲、育。〔4〕臣之愚，窃以为人诚有之，兽亦宜然。〔5〕今陛下好陵阻险，〔6〕射猛兽，卒然遇轶材之兽，〔7〕骇不存之地，〔8〕犯属车之清尘，〔9〕舆不及还辕，〔10〕人不暇施巧，〔11〕虽有乌获、逢蒙之伎，〔12〕力不得用，枯木朽株尽为害矣。是胡、越起于毂下，〔13〕而羌、夷接轸也，〔14〕岂不殆哉！〔15〕虽万全无患，〔16〕然本非天子之所宜近也。〔17〕

【注释】〔1〕“殊”，不同，特异。〔2〕“乌获”，《索隐》引张揖曰：“秦武王力士，举龙文鼎者也。”〔3〕“庆忌”，春秋时代吴王僚之子，敏捷善射。《文选》李善注：“《吕氏春秋》曰：“吴王（阖闾）欲杀王子庆忌，谓要离曰：‘吾尝以马逐之江上，而不能及。’”《吴越春秋·阖闾内传》载：“吴王曰：‘庆忌……走追奔兽，手接飞鸟。”〔4〕“期”，必。“贲、育”，战国时代之勇士孟贲、夏育。《汉书》颜师古注：“孟贲，古之勇士也，水行不避蛟龙，陆行不避豺狼，发怒吐气，声响动天。夏育，亦猛士也，能生拔牛尾。”《正义》同。二人皆事秦武王。“贲”，音 bēn。〔5〕“宜然”，应当如此。〔6〕“陵”，登。〔7〕“卒然”，即猝然，突然，仓猝之间。“轶材之兽”，特别轻捷超群、勇猛凶恶的野兽。“轶材”，有超常之材。〔8〕“骇”，马受惊，此指野兽惊骇进犯。“不存之地”，毫无戒备之处。〔9〕“属车”，随从天子出猎的车队。“清尘”，天子车驾行走时所泛起的尘土之特称。按：“属车”、“清尘”，皆代指天子的车驾。〔10〕“还辕”，掉转车辕（以回避）。〔11〕“不暇”，没有时间，来不及。“施巧”，施展刀剑之技巧（以抵御）。〔12〕“逢蒙”，古代善于射箭的人。《集解》：“《吴越春秋》曰：‘羿传射于逢蒙。’”《索隐》：“《孟子（·离娄下）》云‘逢蒙学射于羿，尽羿之道’也。”“逢”，音 páng。〔13〕“毂下”，车轮之下。〔14〕“轸”，音 zhěn，车后的横木。〔15〕“殆”，危险。〔16〕“虽”，即使（最后）。〔17〕“宜近”，应当接近。

【译文】臣我听说，万物中有族类相同而能力却大不相同的，所以说到力气就称赞乌获，谈到轻捷善射就推崇庆忌，说到勇猛必称孟贲和夏育。我很愚昧，私下以为人有这种情况，兽也应该有这种情况。现在陛下喜欢登上险阻的地方，射击猛兽，如果突然遇到轻捷超群的野兽，在你毫无戒备之时，它狂暴进犯，向着你的车驾冲来，要躲避则车驾来不及旋转车辕，要抵御则人们没机会施展技巧，纵然有乌获和逢蒙的本领，才能发挥不出来，那么枯萎的树枝和腐朽的树桩全都可以变成祸害。这就像胡人、越人突然出现在车轮下，而羌人和夷人又紧跟在车后，岂不是很危险吗！即使是绝对安全而无祸患，但这本不是天子应该接近的地方啊！

且夫清道而后行，〔1〕中路而后驰，〔2〕犹时有衔橛之变，〔3〕而况涉乎蓬蒿，〔4〕驰乎丘坟，〔5〕前有利兽之乐，〔6〕而内无存变之意，〔7〕其为祸也，不亦难矣！〔8〕夫轻万乘之重不以为安而乐，〔9〕出于万有一危之涂以为娱，〔10〕臣窃为陛下不取也。

【注释】〔1〕“清道”，古时天子出行，事先派人

清除道路，禁止行人，谓之清道。〔2〕“中路”，有二说：一指道路中央；一指半途即车马行开之后。〔3〕“衔橛之变”，“衔”，马勒，勒马口之嚼子。“橛”，马口中所衔之横木。一说铁为之。《索隐》引张揖曰：“衔，马勒衔也；橛，骓（按：亦名骖）马口长衔也。”《韩非子·奸劫弑臣》：“无捶策之威，衔橛之备，虽造父不能以服马。”《庄子·马蹄》：“前有橛饰之患，而后有鞭策之威，而马之死者已过半矣。”按：马赖“衔橛”以控制驾驭，若“衔橛”断折，马失控驭，车必覆矣，故曰“衔橛之变”。〔4〕“蓬蒿”，代指荒山野草。〔5〕“丘坟”，山丘之地。“丘”，小土山。“坟”，高地。〔6〕“利兽之乐”，以获取野兽为利益的快乐。〔7〕“存变之意”，应付意外事变的思想准备。〔8〕本句《汉书》作“其为害也不难矣”；据此可以推知，“不亦难矣”似应作“亦不难矣”为宜。〔9〕“轻”，轻视，不重视。“万乘之重”，帝王的尊位。“不以为安而乐”，即不以身居帝王之尊位为安乐。〔10〕“万有一危”，虽有万全防护准备然仍有一份危险。

【译文】况且清除道路然后行走，选择道路中央而后驶车奔驰，有时还会出现马口中衔橛断裂、车失驾驭而倾覆的事故，更何况是在蓬蒿中跋涉，在荒丘山陵上奔驰，前面有以猎获野兽为利的快乐，而内心里却没有应付突然事故的准备，出现祸患也不是很难的事啊！看轻帝王的尊贵而不以安为乐，出入在虽有万全准备而仍有一丝危险的地方而以为愉快，我私自以为陛下是不应该这样做的。

盖明者远见于未萌，而智者避危于无形，祸固多藏于隐微，而发于人之所忽者也。故鄙谚曰：[1]“家累千金，坐不垂堂。”[2]此言虽小，可以喻大。臣愿陛下之留意幸察。

【注释】〔1〕“鄙谚”，俗语，谚语。〔2〕“坐不垂堂”，《索隐》引张揖曰：“畏檐瓦堕中人。”“垂堂”，近屋檐处。颜师古则认为，“垂堂者，近堂边外，自恐（从堂阶上）坠堕耳，非畏榈（按：通“檐”）瓦也。言富人之子，则自爱深也。”

【译文】大凡明察之人，能远在事情发生之前，就预见到它的出现；而有智慧之人，能在祸害还未形成之前就避开它。祸患本来多半都隐藏在暗蔽不虞之处，发生在人们疏忽之时。所以谚语说：“家中积累千金，不坐在堂屋之檐下。”这句话虽然说的是小事，但却可以用来说明大事。我希望陛下留意明察。

上善之。还过宜春宫，[1]相如奏赋以哀二世行失也。[2]其辞曰：

【注释】〔1〕“还”，指从长杨宫打猎回来。“宜春宫”，“本秦之离宫，在长安城东南杜县东，近下杜”（《三辅黄图》卷三《甘泉宫》）。〔2〕“奏”，进献。“二世”，秦二世。本书《秦始皇本纪》：秦二世被赵高逼死，“以黔首（身份）葬二世杜南宜春苑中”。相如从汉武帝猎还，过宜春宫，见二世陵墓，心实哀之，遂作此赋以奏之。

【译文】皇上认为司马相如说得很好。回来路过宜春宫时，相如又向皇上献赋，哀悼秦二世行事的过失。赋中写道：

登陂陁之长阪兮，[1]坌入曾宫之嵯峨。[2]临曲江之隑州兮，[3]望南山之参差。岩岩深山之谾谾兮，[4]通谷豁兮谽谺。[5]汩淢噏习以永逝兮，[6]注平皋之广衍。[7]观众树之塕薆兮，[8]览竹林之榛榛。[9]东驰土山兮，北揭石濑。[10]弥节容与兮，[11]历吊二世。[12]持身不谨兮，[13]亡国失埶。[14]信谗不寤兮，[15]宗庙灭绝。呜呼哀哉！操行之不得兮，[16]坟墓芜秽而不修兮，[17]魂无归而不食。[18]敻邈绝而不齐兮，[19]弥久远而逾佅。[20]精罔阆而飞扬兮，[21]拾九天而永逝。[22]呜呼哀哉！

【注释】〔1〕“陂陁”音 pō tuó，倾斜不平貌。“陁”，同“陀”。“阪”，音 bǎn，山坡。〔2〕“坌”，音 bèn，并。“曾”，音 céng，通“层”，重叠。“嵯峨”，高峻的样子。〔3〕“曲江”，即曲江池，秦宜春宫东有宜春苑，汉称宜春下苑即建于此，以河水曲折，故名曲江，在今西安市东南。“隑”，音 qí，通“碕”，弯曲的河岸。《汉书》颜师古注：“曲岸头曰隑。‘隑’即‘碕’字耳。言临曲岸之洲，今犹谓其处曰曲江。”“州”，通“洲”。〔4〕“岩岩”，高峻貌。“谾谾”，音 hōng hōng，山谷空深貌。“谾”，又作“豅”。〔5〕“豁”，“豁”之本字，音 huò，山谷大开貌。“谽谺”，音 hān xiā，山谷空阔貌。“谺”，又作“谺”。

〔6〕“汩淢”，音 gǔ yù，水流迅疾貌。“噏习”，“状水流之疾”（王先谦《汉书补注》）。〔7〕“平皋”，平坦的水边高地。“广衍”，延伸无边。〔8〕“蓊薆”，音 wěng ài，草木茂盛荫蔽貌。〔9〕“榛榛”，草木丛杂茂盛貌。〔10〕“揭”，提起衣服涉水。“石濑”，从沙石上流过的急湍的流水。“濑”，音 lài。〔11〕“弥节”，驻节，停息。“弥”，通“弭”。“容与”，徘徊。〔12〕“历吊二世”，路经秦二世的葬地因而把他吊念。〔13〕“持身”，立身。〔14〕“埶”，通“势”，权势。〔15〕“寤”，通“悟”，醒悟。〔16〕“不得”，不合道德，不正。“得”，通“德”。〔17〕“不修”，没有人修整。〔18〕“魂无归”，魂魄无处可归。“不食”，无处享食，即无人为他祭祀。〔19〕“敻”，音 xiòng，通“迥”，远。“邈”，远。“绝”，极远、隔绝。“齐”，定限，边际。〔20〕“昧”，通“昧”，暗。〔21〕“精”，精魄。“罔阆”，同“魍魉”、“罔两”，传说中的怪物。〔22〕“拾”，通“涉”，经过。“九天”，九重天。《正义》引《太玄经》云：“九天谓：一为中天，二为羡天，三为从天，四为更天，五为睟天，六为廓天，七为减天，八为沈天，九为成天。”按：《汉书》无最后五句。

【译文】登上倾斜不平的漫长山坡啊，一同走进重重巍峨的宫殿。俯视曲江弯曲的岸边和小洲啊，遥望高低不齐的南山。山岩高耸险峻而深旷啊，通谷豁然开朗而空阔。溪水急速地远远流去啊，注入宽广低平的水边高地。欣赏各种树木之繁荣荫蔽啊，浏览竹林的丛杂茂密。驱马奔上东边的土山啊，提衣涉过沙石上的急流。我独自缓步徘徊啊，路过二世之坟而把他凭吊。自身行事不谨慎啊，使国家灭亡而权势丧尽。听信谗言又不肯醒悟啊，便得宗庙亦被灭绝。呜呼哀哉！操守品行不端正啊，坟墓荒芜而无人修整啊，魂魄无处可归而无处享食！飘逝到极远无边的地方啊，愈是久远而愈暗昧。像魍魉似的精魄升高飞扬啊，经过九重之天远远逝去吧！呜呼哀哉！

相如拜为孝文园令。〔1〕天子既美《子虚》之事，相如见上好仙道，因曰：“上林之事未足美也，尚有靡者。〔2〕臣尝为《大人赋》，未就，〔3〕请具而奏之。”〔4〕相如以为列仙之传居山泽间，〔5〕形容甚臞，〔6〕此非帝王之仙意也，〔7〕乃遂就《大人赋》。其辞曰：

【注释】〔1〕“孝文园令”，汉孝文帝刘恒陵园之令。《索隐》：“《百官志》云‘陵园令，六百石，掌案行、扫除’也。”按：“案行”即巡视、扫除即清扫，实乃文帝陵园管理员。〔2〕“尚有靡者”，还有更靡丽的。“靡”，靡丽，华美。〔3〕“就”，完成。〔4〕“具”，通“俱”，全部完成。“奏”，进献。〔5〕“传”，相传。《汉书》颜师古注以为应作“儒”（术士之称也，凡有道术皆为儒），王先谦《汉书补注》以为非是。〔6〕“形容”，形貌。“臞”，音 qú，瘦，清瘦。〔7〕“非帝王之仙意”，不像是帝王们心意中的仙人。

【译文】后相如被授为汉文帝陵园令。武帝既赞美《子虚》之事，相如又看出皇上喜欢仙道，便趁机说：“上林之事算不得最美好，还有更靡丽的。臣曾经写过《大人赋》，未完稿，请允许我写完后献给皇上。”相如认为传说中的众仙人居住在山林沼泽间，形体容貌特别清瘦，这不是帝王心意中的仙人，于是就写成了《大人赋》。赋中写道：

世有大人兮，〔1〕在于中州。〔2〕宅弥万里兮，〔3〕曾不足以少留。〔4〕悲世俗之迫隘兮，〔5〕朅轻举而远游。〔6〕垂绛幡之素霓兮，〔7〕载云气而上浮。〔8〕建格泽之长竿兮，〔9〕总光耀之采旄。〔10〕垂旬始以为幓兮，〔11〕抴彗星而为髾。〔12〕掉指桥以偃蹇兮，〔13〕又旖旎以招摇。〔14〕揽欃、枪以为旌兮，〔15〕靡屈虹而为绸。〔16〕红杳渺以眩湣兮，〔17〕猋风涌而云浮。〔18〕驾应龙象舆之蠖略逶丽兮，〔19〕骖赤螭青虬之蚴蟉蜿蜒。〔20〕低卬夭蟜、据以骄骜兮，〔21〕诎折隆穷、蠼以连卷。〔22〕沛艾赳螑、仡以佁儗兮，〔23〕放散畔岸、骧以孱颜。〔24〕跮踱輵辖、容以委丽兮，〔25〕绸缪偃蹇、怵臭以梁倚。〔26〕纠蓼叫奡、蹋以艐路兮，〔27〕蔑蒙踊跃、腾而狂趭。〔28〕莅飒卉翕、熛至电过兮，〔29〕焕然雾除，〔30〕霍然云消。〔31〕

【注释】〔1〕“大人”，《索隐》曰：“张揖云：‘喻天子。’向秀云：‘圣人在位，谓之大人。’张华云：“相如作《远游》之体，以大人赋之也。”〔2〕“中州”，中国，中土。〔3〕“弥”，遍及，布满。〔4〕“曾”，音 zēng，竟。〔5〕“迫隘”，狭窄，此特指世俗人情之险阻、困厄。〔6〕“朅”，音 qiè，离去。“轻举”，轻身飞举。〔7〕“垂”，《史记正义》本、《汉书》皆作

“乘”，形近而误为“垂”。本句是说乘着饰有赤旗的白虹。“幡”，音 fān，旗帜。“素霓”，白色的副虹。〔8〕“载”，亦乘也。〔9〕“建”，竖起。“格泽之长竿”，《集解》引《汉书音义》曰：“格泽之气如炎火状，黄白色，起地上，至天，以此气为竿。”按：“格泽”，星名，参见《史记·天官书》（言其如“炎火之状”）、《晋书·天文志》（瑞星，“四曰格泽”）。本句言建起以格泽之气做成的长竿。〔10〕“总”，（在长竿上）系上。“采旄”，彩色旄旗。“采”，通“彩”。“旄”，竿头以旄牛尾作装饰的旗。〔11〕“垂”，（旗上）垂挂着。“旬始”，星名，状如雄鸡，位于北斗星旁。“幓”，音 shān，同“缪”，古代旗帜上的装饰品飘带（旒）。〔12〕“抴”，音 yè，曳，拖。“髾”，音 shāo，旗上所垂的羽毛。〔13〕“掉”，摆动，摇动。“指桥”，随风指（披）靡。“桥”，音 jiǎo，通“矫”。张揖曰：“指矫，随风指靡。”“偃蹇”，逶迤婉转貌。〔14〕“旖旎”，音 yǐ nǐ，随风飘动、婀娜多姿貌。“招摇”，摇动貌。〔15〕“揽”，手持。“欃、枪”，类似彗星的“天欃”、“天枪”二星。《正义》引本书《天官书》云：“天欃长四丈，末锐（尖）。天枪长数丈，两头锐，其形类彗也。”按：因其有数丈长的彗尾，故持之以为旄旗。〔16〕“靡屈虹而为绸”句，旧注以为“靡”意为“顺”，“屈虹”为“断虹”，“绸”借为“韬（旗竿的套）”（张揖、颜师古说），意即使屈虹顺服地作旗杆之套子，上下句意思似不协洽。“靡”似应借为“麾（挥舞、挥动）”，“屈虹”或解为“断虹”、或解为“蜿曲之虹”（中井积德说），“绸”假为“韬”即“翿”亦即大旗，全句意为挥动屈虹以为大旗。〔17〕“红杳渺”句，《汉书》注引晋灼曰：“红，赤色貌。杳渺，深远也。玄湣，混合也。言自‘绛幡’以下，众气色盛，光采相耀，幽蔼炫乱也。”〔18〕“猋风涌”句，《汉书》颜师古注：“如猋风之涌，如云之浮，言轻举也。”“猋”，通“飙”，音 biāo，暴风。〔19〕“应龙”，有翼能飞之龙。“象”，大象。“蠖略”，行步进止，如尺蠖行走那样有尺度。“蠖”，音 huò，尺蠖，虫名，体细长，行时屈伸其体，如尺之量物，故名尺蠖。“逶丽”，行走时一进一止的样子。〔20〕“骖”，音 cān，也是“驾”的意思。“赤螭青虬”，皆传说中的龙。详前注。“螭”，音 chú。“虬”，音 qiū。“蛐蟉”，音 yōu liú，屈曲行走貌。“蜿蜒”，如蛇类曲折爬行貌。〔21〕“低卬”，即“低仰”，高低起伏。“夭蟜”，通“夭矫”，屈曲貌。“据以骄骜”，昂首腾飞，恣纵奔驰。“据”，通“倨”，直项昂首貌。“骄骜”，恣纵貌。〔22〕“诎折”，即屈折。“隆穷”，即隆穹，屈折隆起貌。“蠼以连卷”，像龙之形体那样盘桓蜷曲。“蠼”，音 jué，龙之形貌。〔23〕“沛艾”，张揖释为“驶骁”，音 pǒ ě，马摇头，此指龙摇头。“赳螑”，龙伸头低仰。“螑”，音 xiù。“仡”，音 yì，抬头。“佁儗”，音 chì yì，停滞不前貌。〔24〕“放散”，放任散漫。“畔岸”，自我放纵貌。“骧以孱颜”，高高地举起头。“骧”，头昂起。“孱颜”，通“巉岩”，高峻貌；一说不齐貌。〔25〕“跮踱”，音 dié duó，忽进忽退貌。“辐辖”，音 hè xiá，摇目吐舌。“容以委丽”，舒翼飞翔，左右相随。“容”，王先谦以为是“趋翔”之意。“委丽”，左右相随。〔26〕“绸缪”，音 chóu móu，缠绵、连绵。《汉书》作“蜩蟉”，音 tiáo liǎo，龙首摆动貌。按“绸缪偃蹇”，连绵不断、逶迤婉转，语意为顺。“怵臭”，音 chù chén，《索隐》引张揖注：“怵臭，奔走。”《集解》引《汉书音义》亦解为“走”。“梁倚”，相着，互相依靠。〔27〕“纠蓼”，即纠缭，缠绕。“叫奡”，通“叫嚣”，喧呼；一说高举貌。“奡”，音 ào，通“嚣”。“蹋以艐路”，从天空落在地上行走。“蹋”，《索隐》引《三仓》云：“踏，着地。”“艐”，古“届”字，到。〔28〕“蔑蒙”，飞扬貌。“踊跃”，跃起。“趡”，音 cuǐ，奔跑。〔29〕“莅飒”，音 lì sà，飞翔迅捷貌。“卉翕”，相互追逐貌。“熛”，音 biāo，疾风。“熛至电过”，皆为比喻，意谓像熛风突然来到，像电光一闪而过。〔30〕“焕然”，明亮貌。〔31〕“霍然”，消散貌。

【译文】世上有位大人啊，居住在中州。住宅满布万里啊，竟不足以使他稍微停留。哀伤世俗的胁迫困厄啊，毅然离去而轻举远游。乘着赤幡为饰的副虹啊，载着云气而上浮。竖起形状如烟火的云气而做成之长竿啊，系上五彩闪烁的旄旗。垂挂着旬始星做为旄旗的飘带啊，拖着彗星做为旄旗垂羽。旄旗随风披靡而逶迤婉转啊，婀娜多姿地随风摇摆。手持欃、枪做旄旗啊，挥动屈虹以为大旗。天空赤红深远而又暗淡无光啊，狂飙奔涌而云气飘浮。驾着应龙、象车屈曲有度地前行啊，以赤螭、青虬为骖马而蜿蜒行进。屈曲起伏而昂首腾飞啊，屈折隆起而又盘绕卷曲。时而摇头伸颈而举首不前啊，时而放任散慢而又高扬其头。有时忽进忽退、摇目吐舌、像趋走的鸟儿舒翼飞翔、左右相随啊，有时连绵不断、屈曲婉转、像惊兔奔走又如屋梁相依。或缠绕喧嚣、从天空降落于大地的道路之上啊，或飞扬跳跃、腾入天空而奔驰狂进。或迅捷飞翔、互相追逐、快如熛风、疾如闪电啊，突然明亮而如雾气消除，霍然消散又如密云尽去。

邪绝少阳而登太阴兮，[1]与真人乎相求。[2]互折窈窕以右转兮，[3]横厉飞泉以正

东。[4]悉征灵圉而选之兮，[5]部乘众神于瑶光。[6]使五帝先导兮，[7]反太一而从陵阳。[8]左玄冥而右含靁兮，[9]前陆离而后潏湟。[10]厮征伯侨而役羡门兮，[11]属岐伯使尚方。[12]祝融惊而跸御兮，[13]清雰气而后行。[14]屯余车其万乘兮，[15]綷云盖而树华旗。[16]使句芒其将行兮，[17]吾欲往乎南嬉。[18]

【注释】〔1〕"邪绝"，斜向度过。"邪"，通"斜"。"绝"，横度。"少阳"，东极。"太阴"，北极。〔2〕"真人"，仙人。"相求"，互相交游。〔3〕"互折"，交互曲折。"窈窕"，深远广阔。〔4〕"厉"，"渡过"。"飞泉"，传说为昆仑山西南的河谷名。〔5〕"灵圉"，众仙之号。〔6〕"部乘"，《汉书》作"部署"，安排，安置。"瑶光"，北斗星杓头之第一星。〔7〕"五帝"，此指传说中的五位天帝：东方苍帝，名灵威仰；南方赤帝，名赤熛怒；中央黄帝，名含枢纽；西方白帝，名白招拒；北方黑帝，名叶光纪(《周礼·春官·小宗伯》"兆五帝于四郊"句郑玄注)。"先导"，开路。〔8〕"反"，通"返"，使返回。"太一"，即太乙，星名，古人以为天之尊神。"从"，《汉书》作"从"，随从。"陵阳"，传说中的仙人陵阳子明。〔9〕"玄冥"，辅佐北方黑帝之神。"含靁"，即黔嬴，天上的造化之神，或曰水神。"靁"，即"雷"。〔10〕"陆离"、"潏湟"，皆神名。以上为左右前后之侍从者。〔11〕"厮"、"役"，供役使之仆役。"征伯侨"，即仙人王子侨。"羡门"，即碣石山上的仙人羡门高。〔12〕"属"，通"嘱"，嘱咐。"岐伯"，黄帝的太医名。"尚"，掌管。"方"，方药。〔13〕"祝融"，火神，南方赤帝的辅佐之神。"惊"，《汉书》作"警"，警戒。"跸"，音 bì，帝王出行时开路清道。"御"，防御、保卫。〔14〕"雰气"，恶气。〔15〕"屯"，聚集。〔16〕"綷"，音 cuì，《索隐》引如淳曰："綷，合也，合五彩云为盖也。""盖"，车盖。"云盖"，即以彩云为车盖。〔17〕"句芒"，传说为东方青帝的辅佐神。"将行"，率领众车而行。〔18〕"南嬉"，到南方戏游。"嬉"，戏。

【译文】从东极斜渡而登上北极啊，与仙人们交游。曲折深远而又右转啊，横渡飞泉而向正东。把众仙全都召来而加以挑选啊，在摇光星上部署众神。让五帝做先导啊，使太一返回而让仙人陵阳子明作侍从。左边是玄冥神而右边是含雷神啊，前有陆离神而后有潏湟神。让仙人王子侨当小厮、令仙人羡门高作差役啊，使黄帝的太医岐伯掌管方药。火神祝融担任警戒而清道防卫啊，消除恶气而后前进。集合我的车子有万乘之多啊，混合彩云做成车盖而树起华丽的旗帜。让句芒神率领众车前行啊，我要前往南方戏游。

历唐尧于崇山兮，[1]过虞舜于九疑。[2]纷湛湛其差错兮，[3]杂遝胶葛以方驰。[4]骚扰冲苁、其相纷挐兮，[5]滂濞泱轧、洒以林离。[6]钻罗列聚、丛以茏茸兮，[7]衍曼流烂、坛以陆离。[8]径入靁室之砰磷郁律兮，[9]洞出鬼谷之崫礨嵬磈。[10]遍览八纮而观四荒兮，[11]朅渡九江而越五河。[12]经营炎火而浮弱水兮，[13]杭绝浮渚而涉流沙。[14]奄息总极泛滥水嬉兮，[15]使灵娲鼓瑟而舞冯夷。[16]时若薆薆将混浊兮，[17]召屏翳诛风伯而刑雨师。[18]西望昆仑之轧沕洸忽兮，[19]直径驰乎三危。[20]排阊阖而入帝宫兮，[21]载玉女而与之归。[22]舒阆风而摇集兮，[23]亢乌腾而一止。[24]低回阴山、翔以纡曲兮，[25]吾乃今目睹西王母矐然白首。[26]载胜而穴处兮，[27]亦幸有三足乌为之使。[28]必长生若此而不死兮，[29]虽济万世不足以喜。[30]

【注释】〔1〕"历"，过。"崇山"，即狄山，传说唐尧葬其南。〔2〕"过"，拜访。"九疑"，即九嶷山，在湖南省南部，传说虞舜葬于此。〔3〕"湛湛"，音 zhàn zhàn，重重，繁多貌。"差错"，交互，交错。以上皆状车马之纷繁交错。〔4〕"杂遝"，众多杂乱貌。"遝"，通"沓"。"胶葛"，错杂貌。"方"，并。〔5〕"冲苁"，相撞。"苁"，通"扨"。王先谦《汉书补注》："《广雅·释言》：'扨，撞也。'""纷挐"，纷乱貌。〔6〕"滂濞"，音 pāng pì，通"滂沛"，水盛或雨大貌。"泱轧"，无边无际貌。"林离"，即"淋漓"。〔7〕"钻"，借为"攒"，簇聚之意。"笼茸"，聚集貌。"茸"，音 róng。〔8〕"衍曼"，即"曼衍"，连绵延续。"流烂"，散布貌。"坛"，借为"啴"，音 tān，众盛貌。"陆离"，参差分散貌。〔9〕"靁室"，雷渊，雷神出入之处。"砰磷郁律"，《汉书》颜师古注以为"深峻貌"，王先谦《补注》以为是"雷声"。〔10〕"洞出"，穿过。"洞"，通，通过。"鬼谷"，《集解》引《汉书音义》曰："鬼谷在北辰下，众鬼之所聚也。《楚辞》曰'赘鬼谷于北辰'也。""崫礨嵬碨"，音 kū lěi wéi

huái,地势不平的样子。王先谦《汉书补注》云:“入雷室、出鬼谷,出入阴阳之界也。”〔11〕“八纮”,八方极远之地。“四荒”,四方极远之地。〔12〕“朅”,音 qiè,去。“九江”,指长江诸支流。“五河”,紫、碧、绛、青、黄之五色河(颜师古说)。〔13〕“经营”,往来。“炎火”,炎火之山在昆仑之丘外(《正义》引《山海经·大荒西经》)。“弱水”,《正义》引《括地志》以为发源于昆仑山的西域水名。〔14〕“杭绝”,乘船渡过。“浮渚”,流沙河中的小洲。“流沙”,沙水俱流的河。颜师古以为只有沙流而无水(《汉书》注)。〔15〕“奄”,忽然。“息”,止息。“总极”,指葱岭山脉。“泛滥”,沉浮。“水嬉”,在水中游戏玩耍。〔16〕“灵娲”,即女娲。“冯夷”,河伯之字。此句言使女娲奏乐、河伯跳舞。〔17〕“薆薆”,音 ài ài,昏暗不明貌。“混浊”,此指天色昏暗。〔18〕“屏翳”,雷神。“风伯”,风神,字飞廉。“雨师”,雨神。以风伯刮来了云、雨师下了雨,使天色昏暗不明,故而“诛”之、“刑”之。〔19〕“轧沕洸忽”,不分明貌。“沕”,音 mì。“洸”,音 huǎng。〔20〕“三危”,神话中的仙山名,在今甘肃省鸟鼠山西。〔21〕“排”,推开。“阊阖”,天门。〔22〕“玉女”,天女、仙女。〔23〕“舒”,《汉书》作“登”。“阆风”,山名,传说在“昆仑阊阖之中”(张揖说)。“摇集”,在遥远之处停下休息。“摇”,借为“遥”,张揖云:“远也。”〔24〕“亢乌腾”,《集解》引《汉书音义》曰:“亢然高飞,如乌之腾也。”“乌”,《汉书》作“鸟”。“一止”,稍停休息。〔25〕“低回”,低徊,徘徊。“阴山”,山名,传说为西王母所居之山,在昆仑山以西二千七百里处。〔26〕“西王母”,神话传说中的女神,在《山海经》中她是一个豹尾、虎齿、蓬鬓、善啸的怪物,在《汉武内传》中却成了容貌绝世的女神。“皬然”,白貌。“白首”,满头白发。〔27〕“载”,借为“戴”。“胜”,妇女所戴的首饰,汉时称“华胜”,郭璞称为“玉胜”。“穴处”,传说西王母“皬然白首,石城金穴,居其中”(《正义》引张揖语)。〔28〕“三足乌”,三足的青鸟,“主为西王母取食”(《正义》引张揖语)。〔29〕“必长生若此”,一定如此长生。〔30〕“济万世”,活万世。“济”,渡过,过。

【译文】经过崇山见到唐尧啊,拜访虞舜于九嶷。车骑纷繁纵横交错啊,众多杂乱地奔驰向前。骚扰相撞而混乱啊,又遇到无边无际、滂沛淋漓的大雨。簇聚罗列、丛集茂盛啊,连绵散布而又参差。径直驰入响声隆隆的雷池啊,穿过崎岖不平的鬼谷。遍览八纮而远望四荒啊,渡过九江又越过五色之河。往来于炎火之山而浮过弱水啊,舟渡浮渚又涉流沙之水。忽然止息于葱岭而在河中沉浮游戏啊,使女娲奏瑟而让河伯冯夷跳舞。天色昏暗将混浊啊,召来雷师屏翳诛责风神而刑罚雨师。西望昆仑恍恍忽忽而不分明啊,径直奔驰进入三危之山。推开天门阊阖而闯进帝宫啊,载着玉女而与她同归。登上阆风山在遥远之处停下休息啊,就像鸟儿亢然高飞而后一齐停在那里。在阴山上徘徊而婉曲飞翔啊,我今天方目睹了满头白发的西王母。她头戴玉胜住在洞穴之中啊,幸而有三足乌供她驱使。一定像这样的长生不死啊,纵然能活万世也不值得高兴。

回车朅来兮,〔1〕绝道不周,〔2〕会食幽都。〔3〕呼吸沆瀣兮餐朝霞,〔4〕噍咀芝英兮叽琼华。〔5〕嬐侵浔而高纵兮,〔6〕纷鸿涌而上厉。〔7〕贯列缺之倒景兮,〔8〕涉丰隆之滂沛。〔9〕驰游道而修降兮,〔10〕骛遗雾而远逝。〔11〕迫区中之隘陕兮,〔12〕舒节出乎北垠。〔13〕遗屯骑于玄阙兮,〔14〕轶先驱于寒门。〔15〕下峥嵘而无地兮,〔16〕上寥廓而无天。〔17〕视眩眠而无见兮,〔18〕听惝恍而无闻。〔19〕乘虚无而上假兮,〔20〕超无友而独存。〔21〕

【注释】〔1〕“朅来”,归来。〔2〕“不周”,神话传说中的山名,“在昆仑东南”(《集解》)。〔3〕“幽都”,北方山名。〔4〕“沆瀣”,音 háng xiè,北方夜半之气(应劭说)。“朝霞”,日始欲出时的赤黄之气(应劭说)。〔5〕“噍咀”,音 jiào jǔ,咀嚼,含味。“芝英”,灵芝之花朵。“叽”,音 jī,小食,稍吃。“琼华”,玉英,琼树的花蕊,食之可长生不老。〔6〕“嬐”,音 yǐn,通“僸”(音 jìn),仰首,仰视。“侵浔”,渐进。〔7〕“鸿涌”,腾跃。“厉”,疾飞。〔8〕“贯”,穿。“列缺”,天闪,闪电。“倒景”,即倒影。《集解》引《汉书音义》曰:“倒景,日在下。”服虔曰:“列缺,天闪也。人在天上,下向视日月,故景(影)倒在下也。”按:本句意谓穿过因闪电而形成的日、月等的倒影。〔9〕“丰隆”,云神。“滂沛”,大雨貌。此句言涉过云神丰隆所下的大雨。〔10〕“驰游道”,使游车、导车在天空驰骋。“道”,通“导”。“修降”,循长路(长空)而下降。“修”,长。〔11〕本句是说抛开云雾、驰骛而远去。〔12〕“区中”,人世间。“陕”,“狭隘”、“狭窄”之“狭”的本字。

〔13〕“舒节”，缓缓而行。“北垠”，北极之边际。〔14〕“遗屯骑”，把随从的车骑集中起来留下。“玄阙”，北极之山名。〔15〕“轶”，超越。“先驱”，即在前面导游之车。“寒门”，天的北门。〔16〕“下”，向下看。“峥嵘而无地”，深远而看不到地。“峥嵘”，深远、深险貌。〔17〕“上”，向上看。“无天”，看不到天边。〔18〕“视”，视觉，眼睛。“眩眠”，昏花。“无见”，无所见。什么也看不见。〔19〕“惝恍”，音 chǎng huǎng，模糊不清。“无闻”，无所闻。〔20〕“假”，通“遐”，远。“上假”，上达极远。〔21〕“无友”，即“无有”。《考证》引姚鼐云：“此赋多取于《远游》(按：《远游》旧以为屈原所作)……末六句与《远游》语同。然屈子意在远去世之沉浊，故云‘至清而与太初为邻’；长卿则谓帝若果能为仙人，即居此无闻、无见、无友之地，亦胡乐乎此邪？与屈子语同而意别矣。”

【译文】回转车头而归来啊，至不周山路绝而会食在幽都。呼吸沆瀣之气啊而餐食朝霞，咀嚼灵芝之花啊而食玉之英。抬头仰望而身体渐渐高纵啊，纷然腾跃而疾飞上天。穿过那闪电的倒影啊，涉过云神丰隆所降的滂沛大雨。驰骋游车、导车自长空而下降啊，抛开云雾而疾驰远去。迫于人世社会太狭隘啊，缓缓走出北极的边界。把随从的车骑集中起来遗留在北极的玄阙之山啊，在天北的寒门而超越先驱。下视深远而看不到地啊，上望空阔而看不到天边。视线模糊而无所见啊，听觉恍忽而无所闻。腾空而至于极远处啊，超越无有而独自长存。

相如既奏《大人之颂》，〔1〕天子大说，〔2〕飘飘有凌云之气，〔3〕似游天地之间意。〔4〕

【注释】〔1〕“《大人之颂》”，即本文《大人赋》。〔2〕“说”，悦。〔3〕“飘飘”，飘飘然，得意的样子。“气”，气势。〔4〕本句是说好像满有已经遨游于天地之间的意味。

【译文】相如献上《大人之颂》后，天子特别高兴，飘飘然有凌驾云霄的气势，心情好似有遨游于天地之间的意味。

相如既病免，家居茂陵。〔1〕天子曰：“司马相如病甚，可往从悉取其书；〔2〕若不然，后失之矣。”使所忠往，〔3〕而相如已死，家无书。问其妻，对曰：“长卿固未尝有书也。时时著书，人又取去，即空居。长卿未死时，为一卷书，曰有使者来求书，奏之。无他书。”其遗札书言封禅事，〔4〕奏所忠。忠奏其书，天子异之。〔5〕其书曰：

【注释】〔1〕“茂陵”，汉县名。汉武帝建元二年(公元前一三九年)，在槐里(今陕西省兴平县东南)之茂乡筑茂陵，并于此地置茂陵县。汉武帝死后即葬于茂陵。〔2〕“从”，中华书局点校本作“后”，我们怀疑是排印错误，其他各本皆作“从”。〔3〕“所忠”，武帝使者姓名。〔4〕“札书”，在小木简上所作的书。“札”，古时无纸，此指写字著书用的小木片(小木简)。“封禅事”，指劝汉武帝在泰山、梁父举行祭祀天地典礼之事。〔5〕“异”，惊异。

【译文】相如因病免官后，家居于茂陵。天子说：“司马相如病得很厉害，可派人去把他的书全部取回来；如果不这样做，以后就散失了。”于是就派所忠前往茂陵，而相如已经死去，家中没有书。询问相如之妻，她回答说：“长卿本来不曾有书。他时时写书，别人就时时取走，因而家中总是空空的。长卿还没死的时候，写过一卷书，他说如有使者来取书，就把它献上。再没有别的书了。”他留下来的书上写的是有关封禅的事，进献给所忠。所忠把书献给天子，天子看后而惊异之。那书上写道：

伊上古之初肇，〔1〕自昊穹兮生民，〔2〕历撰列辟，〔3〕以迄于秦。〔4〕率迩者踵武，〔5〕逖听者风声。〔6〕纷纶葳蕤，〔7〕堙灭而不称者，〔8〕不可胜数也。续《昭》、《夏》，〔9〕崇号谥，〔10〕略可道者七十有二君。〔11〕罔若淑而不昌，〔12〕畴逆失而能存？〔13〕

【注释】〔1〕“伊”，发语辞。“初肇”，初始，开始。〔2〕“昊穹”，音 hào qióng，上天。〔3〕“历撰”，《汉书》、《文选》皆作“历选”，即历数。“列辟”，各代之诸位君主。“辟”，音 bì，君主。〔4〕“迄”，至。〔5〕“率”，循，沿。“迩”，近。“踵武”，足迹。〔6〕“逖听”，聆听远古。“逖”，远。“风声”，遗风名声。〔7〕“纷纶葳蕤”，众多纷乱貌。“蕤”，音 ruí。〔8〕“堙灭”，埋没。“不称”，不被世人称道。〔9〕

"续",继承。"《昭》",即《韶》,舜乐名,此代舜。"《夏》",禹乐名,此代禹。〔10〕"崇",崇尚。"号谥",此指尊号美谥。〔11〕"略可道",其事迹大略还可称道的。《集解》引《汉书音义》曰:"相继封于泰山者七十有二人。"《索隐》云:"七十有二君,《韩诗外传》及《封禅书》皆然。"〔12〕"罔",通"无",无定指代词,没有谁。"若",顺。"淑",善。此句意谓没有谁顺从善道而不昌盛。〔13〕"畴",谁。"逆失",逆善失道。

【译文】从上古之开始,自天降生万民,经历各代君王,一直到达于秦。沿着近代君王的足迹加以考察,聆听远古君王的遗风美名,繁多而纷乱,名声和事迹被堙灭而不被人们称道者,数也数不尽。而能够继承舜、禹,有崇号美谥,其事迹大略可以称道者只有七十二君。没有谁顺从善道行事而不昌盛,没有谁违理失德而能生存?

轩辕之前,〔1〕遐哉邈乎,〔2〕其详不可得闻也。五、三、《六经》,载籍之传,〔3〕维见可观也。《书》曰"元首明哉,〔4〕股肱良哉"。〔5〕因斯以谈,〔6〕君莫盛于唐尧,〔7〕臣莫贤于后稷。〔8〕后稷创业于唐,公刘发迹于西戎,〔9〕文王改制,〔10〕爰周郅隆,〔11〕大行越成,〔12〕而后陵夷衰微,千载无声,〔13〕岂不善始善终哉!然无异端,〔14〕慎所由于前,〔15〕谨遗教于后耳。〔16〕故轨迹夷易,〔17〕易遵也;湛恩濛涌,〔18〕易丰也;〔19〕宪度著明,〔20〕易则也;〔21〕垂统理顺,〔22〕易继也。是以业隆于襁褓而崇冠于二后。〔23〕揆厥所元,〔24〕终都攸卒,〔25〕未有殊尤绝迹可考于今者也。〔26〕然犹蹑梁父,〔27〕登泰山,建显号,施尊名。〔28〕大汉之德,逢涌原泉,〔29〕沕潏漫衍,〔30〕旁魄四塞,〔31〕云専雾散,〔32〕上畅九垓,〔33〕下溯八埏。〔34〕怀生之类沾濡浸润,〔35〕协气横流,〔36〕武节飘逝,〔37〕迩陕游原,〔38〕迥阔泳沫,〔39〕首恶湮没,〔40〕暗昧昭晳,〔41〕昆虫凯泽,〔42〕回首面内。〔43〕然后囿驺虞之珍群,〔44〕徼麋鹿之怪兽,〔45〕導一茎六穗于庖,〔46〕牺双觡共抵之兽,〔47〕获周余珍、收龟于岐,〔48〕招翠黄乘龙于沼。〔49〕鬼神接灵圉,〔50〕宾于闲馆。奇物谲诡,〔51〕俶傥穷变。〔52〕钦哉,〔53〕符瑞臻兹,〔54〕犹以为薄,〔55〕不敢道封禅!〔56〕盖周跃鱼陨杭,〔57〕休之以燎,〔58〕微夫斯之为符也,〔59〕以登介丘,〔60〕不亦恧乎!〔61〕进让之道,〔62〕其何爽与?〔63〕

【注释】〔1〕"轩辕",轩辕氏,即黄帝。〔2〕"遐",远。"邈",久远,或渺茫。〔3〕"五、三",五帝、三王。详前注。《六经》,儒家的六部经典,详前注。"载籍",书籍。〔4〕"《书》",《六经》之一的《书经》,以下引文见其《益稷篇》。"元首",君主。"明",英明,圣明。〔5〕"股肱",大腿、手臂,比喻君主左右得力的大臣。"良",杰出。〔6〕"因",根据。"斯",此,指《书经》的这种记载。〔7〕"唐尧",古帝名。姓伊耆,名放勋,帝喾之子。初封于陶,又封于唐,因号陶唐氏,史称唐尧。以其子丹朱不肖,禅位于虞舜。后世以"尧天舜日"比喻太平盛世或称颂帝王之辞。〔8〕"后稷",周族之始祖,曾任唐尧、虞舜的农官,教民耕种,使周族的农业生产得以发展,故下句称其"创业于唐"。〔9〕"公刘",后稷的曾孙。《六经》之一的《诗经·公刘》记载,他曾于夏朝末年,率领周部族自邰迁移至戎人居住的豳地,相地建屋,开垦荒地,发展水利,奠定了周部族兴盛的基业,故曰"发迹于西戎"。〔10〕"文王",商朝末年的周部族领袖,姓姬名昌,周武王之父。《集解》引《汉书音义》云:"文王始开王业,改正朔,易服色,太平之道于是成矣。"〔11〕"爰",于是。"郅",至。"隆",兴隆。此指经过后稷、公刘、文王等周部族几代领袖的经营之后,周族及其建立的王业发展到了最兴盛的时期。〔12〕"大行",大道,治理天下的"太平之道"。"越",于是。〔13〕"无声",《集解》引徐广曰:"周之王四海,千载之后声教乃绝。"《汉书》颜师古注:"虽后嗣衰微,政教颓替,犹经千载而无恶声。"〔14〕"异端",特殊的原因。〔15〕"所由",通"所猷",所考虑、规划之事。"猷",音 yóu,谋划。〔16〕"遗教",垂教。《文选》李善注:"言周之先王创制垂业,既慎其规模,又谨其遗教也。"刘良注:"言周所以无恶者,亦更无异端,盖谨守先王之遗教。"〔17〕"夷易",平易。〔18〕"湛",音 chén,深。"濛涌",《汉书》作"厖洪"、《文选》作"厖鸿",皆"广大"之意。〔19〕"丰",富,备。〔20〕"宪度",法度。〔21〕"则",效法。〔22〕"垂统",指将帝王的基业、法统传给后代子孙,王位的继承。"理顺",顺乎情理。〔23〕"襁褓",音 qiǎng bǎo。"襁",布幅,用以络负;"褓",小儿之被,用以裹覆。"襁褓"代指小儿,这里指周成王。

史载周武王死后，其子成王年幼，周公辅佐成王创建了兴隆的王业。“业隆于襁褓”，在成王时创建了兴隆的王业。“冠崇”，超过，高于。“二后”，周文王、周武王。《考证》引方苞曰：“二后，谓夏、商。”〔24〕“揆”，音 kuí，测度，估量。“厥”，其，代周王朝。“元”，开始。〔25〕“都”，《集解》引《汉书音义》：“都，于。”“攸”，所。“卒”，亡。以上二句是说：考察测度周王朝的开始，直到最后它所灭亡。〔26〕“殊尤”，特别优异。“绝迹”，卓绝的业绩。“考”，校，比较。本句意谓周王朝也没有什么特殊功业可比于今天的汉王朝。〔27〕“蹑”，登。〔28〕“施”，加。〔29〕“逢涌原泉”，如源泉那样涌流。“逢”，大，盛。“原”，同“源”。〔30〕“沕潏”，音 wù yù，涌流貌。“漫衍”，水势大而四溢漫延。〔31〕“旁魄”，通“滂薄”，广被、广布。“四塞”，四方边塞之地。〔32〕“尃”，音 fū，同“敷”，散布。这句是打比方：如云布于周天，雾散于宇宙。〔33〕“九垓”，九重天。“垓”，音 gāi，层，重。〔34〕“溯”，音 sù，流，流向。“八埏”，八方极远之地。“埏”，yán，大地的边际。〔35〕“怀生之类”，有生命的万物，一切生物。详前注。〔36〕“协气”，和气。“横流”，广泛流布。〔37〕“武节”，武威。“飘逝”，《汉书》、《文选》作“猋逝”（一本“猋”作“焱”），“猋”，暴风。或解为如风飘远布，或解为如暴风疾布。颜师古解为“威武如焱之盛”，则是从另本作“焱”字矣。“焱”，音 yán，火光，火花。〔38〕“迩陜”，即“迩狭”，近者，指靠近天子者。“游原”，打比方：如同畅游于恩泽的源头。〔39〕“迥阔”，远者。“泳”，通“末”。《汉书》颜师古注引孟康曰：“泳，浮也。恩德比之于水，近者游其原，远者浮其末也。”也是打比方。〔40〕“首恶湮没”，《集解》引《汉书音义》曰：“始为恶者皆湮灭。”〔41〕“暗昧”，喻夷狄。“昭”，音 zhé，光明。“昭晢”，光亮，明白。〔42〕“昆虫”，此指各种动物。“昆”，众。“凯泽”，借为“闿怿”，和乐喜悦。〔43〕“面内”，面向中土，指汉王朝。〔44〕“囿”，音 yòu，畜养禽兽的园地，这里用作动词，在园囿中畜养。“驺虞”，传说中的义兽、瑞兽，其身白质黑纹，不食生物，只出现于太平盛世。“驺”，音 zōu。按：以下写武帝时众祥瑞的出现。〔45〕“徼”，通“邀”，阻拦，拦截，此指关入栅栏。“麋鹿”，亦称“四不像”，麋鹿般的奇兽，此指白麟（《集解》引《汉书音义》、《文选》李善注）。〔46〕“导”，音 dǎo，选择。“一茎六穗”，谓嘉禾也。嘉禾之出现，亦祥瑞也，选之送于庖厨以供祭祀（《汉书音义》）。〔47〕“牺”，牺牲，古代祭祀用的牲畜。这里用为动词，以……为牺牲（以祭神）。“双觡共抵”，共同的一个角根上生出两个角，即分枝叉的角。“觡”，音 gé，角。“抵”，通“柢”，根，此指角根。〔48〕“获周余珍”，谓得到了周朝的宝鼎。《汉书音义》：“余珍，得周鼎也。”王先谦云：“周沦九鼎，汉得其一，故曰‘余珍’也。”“收龟于岐”，《汉书》颜师古注引文颖曰：“周放畜余龟于池沼之中，至汉得之于岐山之旁。龟能吐故纳新，千岁不死也。”〔49〕“翠黄”，即乘黄，《集解》引《汉书音义》云：“翠黄，乘黄也，龙翼马身，黄帝乘之而登仙。言见乘黄而招呼之。”“乘龙”，《索隐》云：“即乘黄也。”又，《汉书》颜师古注引张揖曰：“乘龙，四龙也。”〔50〕“灵圉”，神仙名。详前注。〔51〕“谲诡”，怪异，变化奇特。〔52〕“俶傥”，同“倜傥”，音 tì tǎng，洒脱不拘束，卓异有风度。“穷变”，穷极其变，变化无穷。〔53〕“钦”，敬佩。〔54〕“符瑞”，概指以上奇物异兽等符兆祥瑞。“臻”，至。“兹”，此，此时，指汉武帝时。〔55〕“犹”，还，尚且。“薄”，指德薄，《汉书》、《文选》皆作“德薄”。〔56〕“道”，讲。“道封禅”，讲自己举行封禅之事。〔57〕“跃鱼陨杭”，《索隐》：“杭，舟也。胡广云：‘武王渡河，白鱼入于王舟，俯取以燎。陨，坠（落）之于舟中也。’”又本书卷四《周本纪》：“武王渡河，中流，白鱼跃入王舟中，武王俯取以祭。”“燎”、“祭”义同，详下注。〔58〕“休之”，美之。“之”，代指白鱼跃入武王舟中之事。周以此事为祥瑞之兆，故而美之。“燎”，古代的一种祭祀名称，其特点是焚柴以祭天地山川。〔59〕“微夫斯之为符也”，主谓倒置，突出强调谓语“微夫”。正常语序为：“斯之为符也微夫！”“斯”，此，代“白鱼跃入武王舟中”一事。“为符”，作为符瑞来说。“微夫”，太微小了。〔60〕“以”，因此。“介”，大。“丘”，山。“介丘”，指泰山。本句意谓，然而周朝却因为有此符瑞而登上了泰山举行封禅大典。〔61〕“恧”，音 nǜ，惭愧。〔62〕“进让之道”，进与让的标准原则。“进”，指周未可封禅而封禅；“让”，指汉可封禅而谦让不封禅。〔63〕“何”，何其，多么。“爽”，差异，差别。

【译文】轩辕以前，时间久远，事迹邈茫，其详细情况不得而知。五帝三皇与《六经》中的事迹，其他载籍（即书籍）的传述，则可以看到大概的情况。《书经》上说：“君王圣明啊，大臣杰出啊。”根据这些记载，可以说君王的圣明没有超过唐尧的，大臣的贤良没有比得上后稷的。后稷在唐尧时创建了功业，公刘在西戎之地发迹，文王改革制度，使周隆盛，太平之道于是形成。其后世子孙，虽政绩衰微，但千年以来并无恶声，这难道不是善始善终吗？但

是周王朝所以能够这样，没有别的原因，只是前代先王能谨慎地从事他们所考虑和规划的事情，又能够严谨地垂教于后世子孙罢了。所以它的轨迹平易，容易遵守；深恩广被，容易丰足；法度显明，容易效法；传续法统顺乎情理，容易继承。所以周公的业绩隆盛于成王时代，而且功德之高又超越文王和武王。但是揆度其所始，考虑其所终，并无特别优异卓绝的业绩可与当今汉朝相比。然而，周人尚且走上梁父山，登上泰山，建立显贵的封号，施加尊崇的美名。大汉的恩德，如源泉奔涌而出，涌流扩散，广布四方；又如云雾散布，上通九天，下至八方极远之地；一切生灵，皆受恩泽滋润，和畅之气，广泛散布，威武之节，又如暴风远袭。近者如同畅游于恩泽的源头，远者好似浮游在恩惠的末流；领头作恶的被湮没，暗昧之人得光明；即使各种动物都欢畅喜悦，皆掉转头来，面向中土朝廷。然后，驺虞之类的珍兽聚于苑囿，白麟一类的怪兽进入栅栏，在庖厨中选择一茎六穗的嘉禾以供祭祀，以角生枝叉的珍兽做牺牲，在岐山获得了周朝遗留的宝鼎和蓄养的神龟，从沼泽里招来了黄帝升仙时骑的神马乘黄。至德能与鬼神相接，如神仙灵圉，在闲馆中待以宾客之礼。珍奇之物奇异超凡，变化无穷。令人钦敬啊，祥瑞的征兆都显现在这里，还认为自己的功德微薄，不敢称道封禅之事。从前周武王渡河时，白鱼跳到船中，武王认为是美好的祥瑞，就用这白鱼燎祭上天。其实这种符兆十分微小，但却因此登上泰山，不是也太惭愧了吗？周朝不该封禅而封禅，汉朝应该封禅却不封禅，进与让的原则，相差何其远啊！

于是大司马进曰：[1]“陛下仁育群生，义征不憓，[2]诸夏乐贡，百蛮执贽，[3]德侔往初，[4]功无与二，休烈浃洽，[5]符瑞众变，[6]期应绍至，[7]不特创见。[8]意者泰山、梁父设坛场望幸，[9]盖号以况荣，[10]上帝垂恩储祉，[11]将以荐成，[12]陛下谦让而弗发也。挈三神之欢，[13]缺王道之仪，[14]群臣恧焉。或谓且天为质暗，[15]珍符固不可辞；[16]若然辞之，是泰山靡记而梁父靡几也。[17]亦各并时而荣，[18]咸济世而屈，[19]说者尚何称于后，[20]而云七十二君乎？夫修德以锡符，[21]奉符以行事，不为进越。[22]故圣王弗替，[23]而修礼地祇，[24]谒款天神，[25]勒功中岳，[26]以彰至尊，[27]舒盛德，[28]发号荣，[29]受厚福，以浸黎民也。[30]皇皇哉斯事！[31]天下之壮观，王者之丕业，[32]不可贬也。[33]愿陛下全之。[34]而后因杂荐绅先生之略术，[35]使获耀日月之末光绝炎，以展采错事，[36]犹兼正列其义，[37]校饬厥文，[38]作《春秋》一艺，[39]将袭旧六为七，[40]摅之无穷，[41]俾万世得激清流，[42]，扬微波，蜚英声，[43]腾茂实。前圣之所以永保鸿名而常为称首者用此，[44]宜命掌故悉奏其义而览焉。”[45]

【注释】〔1〕“大司马”，官名。《集解》引《汉书音义》曰：“大司马，上公也，故先进议。”《文选》吕向注：“大司马，官号也，相如假立之以发后辞”。〔2〕“憓”，顺，顺服。“〔3〕“执贽”，手执礼品(朝拜天子)。〔4〕“侔”，相等，比并。“往初”，古昔(之圣君)。〔5〕“休烈”，美政功业。“浃洽”，音 jiā qià，普遍。〔6〕“符瑞众变”，指吉兆祥瑞的表现形式多种多样。〔7〕“绍”，继续。〔8〕“特”，仅，只。“创见”，初次呈现。〔9〕“意者”以下五句，是据上而作的测度、判断，意思是：吉兆祥瑞为什么频频出现呢？想来大概是(意者)泰山、梁父祭祀天地所设的坛场希望皇帝您临幸，以加封其尊号，比况往昔的光荣，上帝储垂恩福，将以其成功荐告于天地，而陛下您却一再谦让不肯前去啊！〔10〕“盖”，加。“况”，比。〔11〕“储祉”，积福。〔12〕“荐”，进献祭品以祭神灵。“成”，告其成功于天地。〔13〕“挈”，音 qiè，借为“契”，断绝。“三神”，指上帝、泰山、梁父。〔14〕“仪”，礼仪、典礼。〔15〕“质暗”，质实暗昧，此言天之本身特点质实暗昧，不像人那样能活动会讲话等，它是靠符瑞而显示其意志的。《汉书》颜师古注：“言天道质昧，以符瑞见意，不可辞让也。”〔16〕“辞”，拒绝。〔17〕“靡”，无。“记”，刻石立碑以纪功颂德的标记。“几”，希望，被祭祀的希望。〔18〕“亦各”以下四句大意是说：如果以往各代的圣君都拒绝天意符瑞，不刻石纪功、进行封禅，那各个时代的君主也只能各在自己的时代显示其事业功德的荣耀，其功德皆毕世而绝，论者、史官们还有什么可称道于后世，而讲“七十二君”的事迹呢？〔19〕“济世”，毕世。“屈”，绝。〔20〕“说者”，论者，这里主要指史官。〔21〕“锡符”，天赐予符瑞。“锡”，通“赐”。〔22〕“进越”，苟进越礼。《文选》吕向注：“言天子修德则天赐以瑞应也，天子乃奉瑞应以行封禅之事，不为苟进以逾礼也。”〔23〕“弗替”，不废(封禅之事)。

〔24〕"修礼地祇"，意谓祭祀地神。〔25〕"谒款"，诚恳地谒告。"款"，诚。〔26〕"勒功"，刻石纪功。"勒"，刻。"中岳"，嵩山。《文选》吕向注："将有事于泰山，必先礼中岳，以其处中土而尊也。"〔27〕"彰"，明。"至尊"，《文选》吕延济注："至尊，天子也。"〔28〕"舒"，舒扬，宣扬。〔29〕"号荣"，尊号、荣耀。〔30〕"浸"，浸润。〔31〕"皇皇"，美盛貌，犹言盛大、伟大。〔32〕"丕"，大。〔33〕"贬"，贬低、轻视。〔34〕"全"，《汉书》颜师古注引张揖曰："愿以封禅全其终也。"按：全，成全。〔35〕"杂"，综合。"荐绅先生"，即缙绅先生，《文选》张铣注："搢绅先生，谓经儒之人也。""略术"，王先谦《汉书补注》："略术，犹言道术。"按：指经生儒士们关于经国济民的学说主张。〔36〕"使获耀"以下二句，《集解》引《汉书音义》曰："采，官也。使诸儒纪功著业，得睹日月末光殊绝之用，以展其官职，设厝其事业者也。"王先谦《汉书补注》云："言诸瞻仰帝德，譬犹日月高敻，仅得曜其余光远焰而已。"《考证》云："耀者，受照也。"本句大意是说：使诸儒者能受照于日月之末光绝焰(意即能得到天子的少许恩惠)，展其官司，致其事业。"采"，本为古代卿大夫受封的采邑，这里指代其官职。"错"，通"措"，施行，办理。〔37〕"犹兼正列其义"以下三句，言令其著汉之《春秋》即汉史也。"正列"，《集解》引《汉书音义》曰："《春秋》者，正天时，列人事。诸儒既得展事业，因兼正天时，列人事，叙述大义为一经。""犹"，因。"正列其义"，在"正天时，列人事"的记述中体现"善善恶恶"之大义。〔38〕"校"，《集解》引徐广曰："校，一作'祓'，祓犹拂也，音废也。"《汉书》颜师古注："祓，除也；祓除者，言除去旧事，更饰新文也。"今按：杜预《春秋经传集解序》曰："仲尼因鲁史策书成文，考其真伪，而志其典礼，上以尊周公之遗制，下以明将来之法；其教之所存，文之所害，则刊而正之，以示劝戒；其余则皆即用旧史。"古代国史的编写皆依史官旧文。编写者的任务一是要"考其真伪"，以"正天时，列人事"，二是"校饰文字"，即"教之所存，文之所害，则刊而正之，以示劝戒"。"校饰"，校正修饰。"厥文"，史官旧记之文。〔39〕"作《春秋》一艺"，写成(著成)汉代《春秋》一经。"艺"，《六艺》之艺，经也。〔40〕"袭"，继(《文选》李周翰注)。"旧六"，原来的《六艺》即《六经》。"七"，增汉之《春秋》。〔41〕"摅"，《正义》、颜师古注皆曰："布也。"布即传布、流传。〔42〕"俾万世得激清流"以下三句，《文选》刘良注："言使万世之后，激扬大汉之余波，传茂实之德也。""激清流"，一说激发忠义之士。〔43〕"蜚"，同"飞"。"英声"，英名，美名。〔44〕"称首"，第一、杰出，此指杰出的圣君、明主。〔45〕"掌故"，官名，《文选》吕向注："掌故，谓掌礼乐之故事者也。"

【译文】于是大司马进言说："陛下以仁德而抚育天下百姓，凭借道义征伐不肯顺服者，华夏诸侯愿意进贡，蛮夷之人也手持礼物前来朝拜，美德与往初的圣君相等，功业也无二致，美好的功绩普遍融洽，符瑞的征兆变化众多，应验的时期相继而来，不仅仅是初次呈现。我想大概泰山、梁父山的祭坛，希望天子早日幸临，加封尊号而与前代圣君比荣。上帝降恩积福，是为了让陛下荐祭神灵、告其成功于上天，陛下却谦让而不去封禅，是断绝了上帝、泰山、梁父山的欢心，使王道的礼仪缺而不全，群臣对此感到惭愧。有人说那天道本是质朴暗昧的，(而是以符瑞显示其意志，)因此珍奇的符兆本来是不能拒绝的。如果这样拒绝它，则是使泰山没有刻石纪功之表记，而梁父山也没希望祭祀了。如果古代帝王都是荣耀一时，毕世而绝，那么论者还有什么可以向后世陈述，而讲什么七十二君封禅的事呢？修明道德，则天赐祥瑞；顺应祥瑞以行封禅之事，不能算做越礼。所以圣明的君王不废除封禅之礼，而是修礼于地神，诚告天神，在嵩山刻石纪功，以表彰它最尊贵的地位，宣扬盛明的德行，显示尊号与荣耀，接受厚福，以沾溉百姓。封禅之事，多么堂皇伟大啊！它是天下的壮观，王者的大业，不能贬低，希望陛下成全它。然后综合荐绅先生们的道术，使他们获得日月余光远炎的照耀，以施展其官职才能，专心办好政事；并正天时、叙人事，阐述大义，校订润色史官的旧文，作成像《春秋》一样的经书，继原有的六经，而增为七经，并传布无穷，使万世之后仍能激发忠义之士，扬起隐微之波，飞扬英华之名，腾驰茂盛的果实。前代圣贤所以永保伟大名声而被列为杰出的圣君明主，就在于行封禅之礼。应当命令掌故之官把封禅大义的资料全部奏报陛下，以备观览。"

于是天子沛然改容，[1]曰："愉乎，[2]朕其试哉！"乃迁思回虑，总公卿之议，[3]询封禅之事，诗大泽之博，[4]广符瑞之富。[5]乃作颂曰：

【注释】〔1〕"沛然"，《汉书》颜师古注："沛然，感动之意也。"〔2〕"愉"，《汉书》、《文选》作"俞"，《文选》张铣注："俞，然也。"然，表示同意。〔3〕

"总",归纳。〔4〕"诗",歌颂,指下四章之颂也。一说,"诗者志也,志者记也,谓作此颂以记大泽之溥博"(王先谦说)。"大泽之博",《集解》引《汉书音义》云:"谓'自我天覆,云之油油'。"〔5〕"广符瑞之富",《汉书音义》云:"谓'斑斑之兽'以下三章,言符瑞广大富饶也。"

【译文】于是天子有所感动而改变了神色,说:"好啊,我就试试看吧!"天子改变了原来的主意,归纳公卿们的议论,询问封禅的情况,记述恩泽的博大,广收符瑞的富饶。于是写颂歌说:

自我天覆,[1]云之油油。[2]甘露时雨,[3]厥壤可游。[4]滋液渗漉,[5]何生不育;[6]嘉谷六穗,我穑曷蓄![7]

【注释】〔1〕"覆",覆盖大地万物。〔2〕"油油",云行貌。〔3〕"甘露",甜美的露水。古人以为天下太平,则天降甘露,为符瑞之一兆。〔4〕"厥壤",下土,大地。"游",遨游。又,《文选》吕延济注:"壤,土也;游,作也。谓风雨时,可行其农作也。"〔5〕"滋液",甘露的液汁。"渗漉",滋润下渗。〔6〕"生",生物。〔7〕"穑",收获谷物。"曷",何不,怎么能不。

【译文】自我苍天覆盖,云朵油然飘荡。普降甘露时雨,其地可以遨游。液汁滋润渗透,万物无不长育。嘉谷一茎六穗,我获怎不蓄积!

非唯雨之,又润泽之;非唯濡之,[1]泛尃濩之。[2]万物熙熙,[3]怀而慕思。[4]名山显位,[5]望君之来。君乎君乎,侯不迈哉![6]

【注释】〔1〕"濡",音 rú,即"润泽"之意。〔2〕"氾泛",音 fàn,普遍,广泛。"尃濩",散布,遍布。〔3〕"熙熙",和乐貌。〔4〕"思",《汉书》作"之"。〔5〕"名山",此指嵩山、泰山等大山。"显位",显赫的地位,此指封禅之事。〔6〕"侯",何。"迈",行,往,此指去封禅也。

【译文】不但下降雨水,又把我来滋润;不但沾我一人,且又广泛散布。万物熙熙和乐,既怀恋又敬慕。名山应有显位,盼望圣君到来。君王啊君王啊,何不前去封禅!

般般之兽,[1]乐我君囿;[2]白质黑章,[3]其仪可喜;[4]旼旼睦睦,[5]君子之能。[6]盖闻其声,[7]今观其来。厥涂靡踪,[8]天瑞之征。兹亦于舜,[9]虞氏以兴。[10]

【注释】〔1〕"般般",《汉书》作"肦肦",颜师古曰:"谓驺虞也。'肦'字与'斑'同耳,从'丹青'之'丹'。"按:"般般",同"肦肦"、"斑斑",毛色杂也,即下文之"白质黑章"。"兽",此指瑞兽驺虞。〔2〕"乐我君囿",即喜欢游于我君的苑囿之中。〔3〕"白质黑章",白底黑纹。《文选》李周翰注:"般般,杂色貌。乐,游也。是时有瑞兽见(现),名曰驺虞,身被白黑文也。章,文也。"〔4〕"仪",仪表。〔5〕"旼旼",音 mín mín,和也。"睦睦",《汉书》、《文选》作"穆穆",通用。〔6〕"能",《汉书》、《文选》作"态",通用。〔7〕"声",此指瑞兽的好名声。〔8〕"厥涂靡踪"以下二句意谓:"其来之道何从乎?此乃天瑞之应也。"(颜师古《汉书》注引文颖说)"厥涂",其所来之路途。"靡踪",没有踪迹。其之所以来途无踪,乃是因为它是天降符瑞的征兆。〔9〕"兹亦于舜",《索隐》引文颖曰:"舜百兽率舞,则驺虞亦在其中者已。""兹",此,指"般般之兽",即驺虞,言此兽也在舜时出现过。〔10〕"虞氏",即有虞氏,指舜。此句言有虞氏以此而兴盛了起来。

【译文】文采斑斓瑞兽,喜欢我君苑囿;白地黑色花纹,仪表令人喜爱。和和而又睦睦,宛如君子之态。从前闻你美声,如今目睹降临。路途没留踪迹,乃是天现瑞兆。此兽舜时亦出,有虞因此而盛。

濯濯之麟,[1]游彼灵畤。[2]孟冬十月,[3]君徂郊祀。[4]驰我君舆,[5]帝以享祉。[6]三代之前,[7]盖未尝有。[8]

【注释】〔1〕"濯濯",嬉游貌;一说肥貌。"麟",白麟,亦瑞兽。〔2〕"灵畤",神畤。"畤",音 zhì,是皇帝祭祀天地、五帝之处,秦、汉时右扶风有五畤。《集解》引《汉书音义》云:"武帝祠五畤,获白麟,故言游灵畤。"又颜师古《汉书》注引文颖曰:"武帝冬幸雍,祠五畤,获白麟也。"〔3〕"孟冬",冬季的第一个月为孟冬，即十月也。〔4〕“俎”，《汉书》、《文选》皆作“徂”，往。“郊祀”，古时在郊外祭祀天地曰郊祀。〔5〕“驰我君舆”，意为白麟奔驰到我君之车驾前。〔6〕“帝以享祉”，《文选》刘良注：“武帝元狩元年十月，往五畤祭祀，有白麟见(现)，驰于帝车之侧，此乃上帝享君福也”。又，李善以为是“白麟驰我君车之前，因取燎祭于天，天用歆享之，答以祉福也”。“祉”，音 zhǐ，福。〔7〕“三代”，夏、商、周。〔8〕“未尝”，未曾，不曾。

【译文】嬉戏奔驰白麟，游乐来至五畤。正是孟冬十月，皇上前往郊祀。奔到君王车前，上帝享君福祉。夏商周代以前，不曾有此奇事。

宛宛黄龙，〔1〕兴德而升。〔2〕采色炫耀，〔3〕熿炳煇煌。〔4〕正阳显见，〔5〕觉寤黎烝。〔6〕于传载之，〔7〕云受命所乘。〔8〕

【注释】〔1〕“宛宛”，一屈一伸貌。〔2〕“兴德而升”，《汉书》颜师古注引文颖曰：“起至德而见(现)也。”〔3〕“炫耀”，光彩夺目。〔4〕“熿炳”，明亮。“熿”，音 huǎng，同“晃”。〔5〕“正阳”，喻帝王。《索隐》引文颖曰：“阳，明也，谓南面而受朝也。”本句意谓为圣王而显现。〔6〕“觉寤”，同“觉悟”。“黎烝”，百姓。〔7〕“传”，音 zhuàn，此指《易经》。〔8〕《汉书》颜师古注：“谓《易》云‘时乘六龙以御天也’。”意思是说龙是受命天子所乘的神马。引文见《易经·乾卦·彖传》。

【译文】黄龙宛曲伸展，因遇圣德升天。色彩闪耀夺目，明亮光辉灿烂。它为圣君而显，觉悟天下众民。《易经》曾有记载，受命天子所乘。

厥有之章，〔1〕不必谆谆。〔2〕依类托寓，〔3〕谕以封峦。〔4〕

【注释】〔1〕“厥有之章”，意为上天已有符瑞而章明其意。〔2〕“谆谆”，教诲不倦貌。《索隐》引《汉书音义》曰：“天之所命，表以符瑞，章明其德，不必谆谆然有语言也。”〔3〕“托寓”，寄托。此句言依事类托寄。〔4〕“封峦”，封禅泰山、梁父。“峦”，山，此指泰山、梁父等山。

【译文】天降符瑞章明，不必谆谆告戒。依事类而寄托，谕君王以封禅。

披艺观之，〔1〕天人之际已交，〔2〕上下相发允答。〔3〕圣王之德，〔4〕兢兢翼翼也，故曰“兴必虑衰，安必思危”。是以汤、武至尊严，不失肃祗；〔5〕舜在假典，〔6〕顾省厥遗：〔7〕此之谓也。

【注释】〔1〕“披”，披览，翻开。“艺”，《六艺》即《六经》，亦泛指一切图书。〔2〕“天人之际已交”，《文选》吕向注曰：“天意、人事已相交会。”按：“天”，天意，指符瑞频降；“人”，人事，指“万物熙熙”、“公卿之议”。“交”，二者意志相一致、相交会。〔3〕“上下”，天意、人事，上天、下民。“允答”，即“允洽”，和协一致。〔4〕“圣主之德”以下二句，言愈是如上所述，圣王愈是兢兢业业、小心翼翼也。“兢兢”言其“惧”，“翼翼”言其“恭”(《文选》张铣说)。〔5〕“肃祗”，恭敬。“祗”，音 zhī，敬。〔6〕“假典”，大典。《文选》吕延济注云：“假，大也。大典，谓重位也。言舜居重位，常自顾省察，恐政治有所阙遗，言武帝亦然也。”李善注引徐广曰：“祭天是不忘敬也，不封禅是遗失也。”〔7〕“省”，省察，检讨。“厥遗”，其遗漏，其不足。

【译文】翻开典籍可以看到，天意和人事已相交会，两者相发和谐。圣明君王的美德，更加兢兢业业，小心翼翼，所以说“在兴旺时要考虑到衰微，在太平安乐之时要想到危难”。因此，商汤、周武王虽然位居至尊，却仍然保持严肃恭敬；虞舜身在大典，仍然省察缺点和失误，所说的就是这个道理。

司马相如既卒五岁，〔1〕天子始祭后土。〔2〕八年而遂先礼中岳，〔3〕封于泰山，〔4〕至梁父禅肃然。〔5〕

【注释】〔1〕“司马相如既卒五岁”，司马相如死于汉武帝元狩五年(公元前一一八年)(《集解》引徐广注)，“既卒五岁”即卒后五岁，乃元鼎四年(公元前一一三年)。〔2〕“后土”，土地神。〔3〕“遂”，终于。“先礼”，先修祭祀之礼。“中岳”，嵩山。〔4〕“太山”，即泰山。〔5〕“肃然”，山名，在泰山下东北方。

【译文】司马相如已死五年之后，天子才开始

祭祀土地神。到他死后八年,天子终于先祭中岳,然后又封泰山,再到梁父山,禅肃然山。

相如他所著,〔1〕若《遗平陵侯书》、〔2〕《与五公子相难》、《草木书》篇不采,〔3〕采其尤著公卿者云。

【注释】〔1〕"他",其他。"著",著述。 〔2〕"平陵侯",《集解》引徐广曰:"苏建也。"按:苏建,苏武之父。"平陵",汉县名,在今河北省大城县东北一百五十里。 〔3〕"采",收。

【译文】相如其他著作,如《遗平陵侯书》、《与五公子相难》、《草木书》篇没有收录,只收录他在公卿中特别著名的作品。

太史公曰:《春秋》推见至隐,〔1〕《易》本隐之以显,〔2〕《大雅》言王公大人而德逮黎庶,〔3〕《小雅》讥小己之得失,其流及上。〔4〕所以言虽外殊,〔5〕其合德一也。〔6〕相如虽多虚辞滥说,然其要归引之节俭,〔7〕此与《诗》之风谏何异!〔8〕杨雄以为靡丽之赋,〔9〕劝百风一,〔10〕犹驰骋郑、卫之声,〔11〕曲终而奏雅,〔12〕不已亏乎?〔13〕余采其语可论者著于篇。〔14〕

【注释】〔1〕"《春秋》推见至隐",言孔子所修之《春秋》一书的特点是:"由人事之见著者,推而至于天道之隐微。"(《考证》引何焯说) 〔2〕"《易》本隐之以显",言《易经》的特点是:"《易》本阴阳之微妙,出为人事,乃更昭著也。"(《索隐》引韦昭说)又引虞喜《志林》曰:"《春秋》以人事通天道,是推见以至隐也;《易》以天道接人事,是本隐以之明显也。" 〔3〕"《大雅》",指《诗经》中的《大雅》三十一篇诗歌,多是西周王室贵族的作品,主要为歌颂周族从后稷到武王业绩的史诗。"逮",及。 〔4〕"《小雅》",指《诗经》中的《小雅》七十四篇诗歌,大都产生于西周后和东周初期,多是反映下层贵族失意和不满时政的政治讽刺诗。"讥",非难,指责。"小己",地位卑下的人,指诗人自己。"及上",涉及并影响到王公大人。《集解》引韦昭曰:"先道己之忧苦,其流乃及上政之得失者。" 〔5〕"言虽外殊",外在的言辞表现虽然不同。 〔6〕"合德",符合于道德教化。〔7〕"要",主旨。"归引",归结、导引。"之",于。〔8〕"《诗》之风谏",即《诗经》中所表现的"下以风刺上,主文而谲谏"(《诗大序》)和"刺过讥失,所以匡救其恶"(郑玄《诗谱序》)的作用。 〔9〕"杨雄"以下六句,《考证》引梁玉绳曰:"扬雄以下二十八字当删。"又引王应麟《困学纪闻》曰:"雄后于迁甚久,迁得引雄辞何哉?盖后人以《汉书(·司马迁传)赞》附益之。""靡丽",华丽。 〔10〕"劝百风一",鼓励奢靡的言辞多,劝谏俭约的言辞少。"风",通"讽"。〔11〕"郑、卫之声",淫奢之乐的代称。 〔12〕"雅",雅乐,用于郊庙朝会的正乐。 〔13〕"亏",贬低,减损。 〔14〕"著",著录。"篇",这篇传记中。

【译文】太史公说:《春秋》由昭著推究到事理之隐微,《易经》原本隐微能表现为浅显,《大雅》讲的是王公大人却德及黎民百姓,《小雅》作者卑微,讥刺得失而其流言却能影响王公大人。所以言辞的外在表现虽然不同,但其符合于道德教化,作用却是一致的。相如的文章虽然多华靡的言词和夸张的说法,但其主旨却归结导引于节俭,这同《诗经》讽谏之旨有何不同?杨雄认为相如的华丽辞赋,鼓励奢侈的言词为一百,而劝导节俭的言辞仅仅是一,它就如同大量演奏郑、卫的淫靡之音以后,而在曲终之时演奏点缀一点雅乐一样,这不是贬低了相如辞赋的价值吗?我收录了他的一些可以论述的文字,写在这篇文章中。

史记卷一百一十八

淮南衡山列传第五十八

淮南厉王长者,高祖少子也,其母故赵王张敖美人。[1]高祖八年,[2]从东垣过赵,[3]赵王献之美人。厉王母得幸焉,有身。[4]赵王敖弗敢内宫,[5]为筑外宫而舍之。及贯高等谋反柏人事发觉,[6]并逮治王,尽收捕王母兄弟美人,系之河内。[7]厉王母亦系,告吏曰:"得幸上,有身。"[8]吏以闻上,上方怒赵王,未理厉王母。厉王母弟赵兼因辟阳侯言吕后,[9]吕后妒,弗肯白,辟阳侯不彊争。及厉王母已生厉王,恚,[10]即自杀。吏奉厉王诣上,上悔,令吕后母之,而葬厉王母真定。[11]真定,厉王母之家在焉,父世县也。

【注释】〔1〕"赵王张敖",赵王张耳之子,汉五年继位为王。汉九年,因赵相贯高等谋刺高祖,废为宣平侯。其妻即高祖长女鲁元公主,其子张偃于吕后元年封为鲁王。吕后七年张敖卒,赐谥为鲁元王。"美人",汉代嫔妃的一种称号。〔2〕"高祖八年",公元前一九九年。〔3〕"东垣",县名,治所在今河北石家庄市东。"赵",汉代诸侯王国,都邯郸(今河北邯郸市),辖境约相当于今河北泜河以南,滏阳河上游和河南内黄、浚县,山东冠县西部地区。〔4〕"有身",怀孕。〔5〕"内",通"纳"。〔6〕"贯高等谋反柏人事",贯高乃赵相,刚直重义气。汉七年,高祖自平城过赵,张敖执子婿礼甚恭,高祖慢易之,贯高等大怒,欲杀高祖。汉八年,高祖从东垣还,过赵,贯高于柏人埋伏刺客行刺,因高祖不宿而去,未遂。汉九年,其事被揭发,高祖系捕赵王、贯高等。贯高受尽酷刑,独任其罪,力辩赵王不反。高祖赦赵王,贯高乃自绝咽喉而死。事详本书《张耳陈余列传》。"柏人",县名,治所在今河北隆尧西。〔7〕"河内",郡名,治所怀县(今河南武陟西南),辖境约相当于今河南黄河以北、京广铁路(包括汲县)以西地区。〔8〕"有身",《汉书·淮南衡山济北王传》作"有子"。案高祖从东垣过赵在八年冬,系捕赵王、贯高等在九年十二月,当从《汉书》作"有子"。〔9〕"赵兼",厉王舅父,孝文帝元年封周阳侯(治所周阳在今山西绛县西南)。"辟阳侯",即审食其,沛县(今江苏沛县)人,以舍人侍奉吕后,得吕后宠信。后随高祖破项羽,于汉六年封为辟阳侯(治所辟阳在今河北冀县东南)。吕后临朝称制,审食其官至左丞相,权势很大。孝文帝三年为淮南王刘长所杀。"食其",音 yì jī。〔10〕"恚",音 huì,怨恨。〔11〕"真定",县名,即东垣,高祖十一年更名真定。

【译文】淮南厉王刘长,是高祖的小儿子,其母原是赵王张敖的美人。高祖八年,从东垣经过赵国,赵王把美人献给高祖。厉王的母亲得幸而有了身孕。赵王不敢再把她留在王宫里,为她在外面修建宫室居住。等到贯高等在柏人谋反的事被发觉,汉廷一并逮捕赵王治罪,把赵王的母亲、兄弟、美人也都收捕起来,关在河内郡。厉王母亲也被关了起来,她告诉法吏说:"我得幸于皇上,已有身孕。"法吏把厉王母亲的话禀报高祖,高祖正在恼怒赵王,没有理睬厉王母亲。厉王母亲的弟弟赵兼通过辟阳侯向吕后进言请她说情,吕后心怀嫉妒,不肯去说,辟阳侯也没有力争。厉王母亲生下厉王后,怨恨不已,便自杀身亡。法吏捧着厉王送到高祖面前,高祖很后悔,就让吕后抚养厉王,而把厉王母亲葬在真定。真定,厉王母亲的娘家在那里,是她父亲世代居住的县份。

高祖十一年七月，淮南王黥布反，[1]立子长为淮南王，王黥布故地，凡四郡。[2]上自将兵击灭布，厉王遂即位。厉王蚤失母，[3]常附吕后，孝惠、吕后时以故得幸无患害，而常心怨辟阳侯，弗敢发。及孝文帝初即位，淮南王自以为最亲，骄蹇，[4]数不奉法。上以亲故，常宽赦之。三年，入朝。甚横。[5]从上入苑囿猎，与上同车，常谓上"大兄"。厉王有材力，[6]力能扛鼎，乃往请辟阳侯。[7]辟阳侯出见之，即自袖铁椎椎辟阳侯，令从者魏敬刭之。厉王乃驰走阙下，[8]肉袒谢曰：[9]"臣母不当坐赵事，[10]其时辟阳侯力能得之吕后，弗争，罪一也。赵王如意子母无罪，[11]吕后杀之，辟阳侯弗争，罪二也。吕后王诸吕，[12]欲以危刘氏，辟阳侯弗争，罪三也。臣谨为天下诛贼臣辟阳侯，报母之仇，谨伏阙下请罪。"孝文伤其志，为亲故，弗治，赦厉王。当是时，薄太后及太子诸大臣皆惮厉王，[13]厉王以此归国益骄恣，不用汉法，出入称警跸，[14]称制，[15]自为法令，拟于天子。

【注释】〔1〕"淮南王黥布"，即英布，六县（今安徽六安市东北）人，因受过黥刑，故又称黥布。秦末响应陈胜起兵，依附项梁，屡建战功，善以少胜多，项羽封为九江王。后归汉，封淮南王。详见本书《黥布列传》。"黥"，音 qíng，古代一种肉刑，用刀刺刻面颊，再涂上墨。〔2〕"四郡"，指九江、庐江、衡山、豫章四郡。辖境约相当于今安徽、河南淮河以南，湖北黄冈以东及江西全省。〔3〕"蚤"，通"早"。〔4〕"骄蹇"，傲慢不顺。〔5〕"横"，音 hèng，放纵专横，恃势妄为。〔6〕"材力"，膂力。〔7〕"请"，求见。〔8〕"阙下"，宫阙之下，指帝王所居之处。"阙"，音 què，宫门前的高建筑物，通常左右各一，因二阙间有空缺，故名阙。〔9〕"肉袒"，脱去上衣，裸露肢体，以示有罪而惶惧之情。"谢"，认罪。〔10〕"坐"，获罪。〔11〕"赵王如意子母无罪，吕后杀之"，赵王如意乃高祖之子，汉九年立为赵王。孝惠帝元年，为吕后酖杀。其母戚夫人，有宠于高祖，高祖多次欲以赵王代太子。吕后最怨戚夫人，高祖去世后，吕后囚禁戚夫人，断其手足，置于厕中，命曰"人彘"，恣意摧残，终将其害死。事详本书《吕太后本纪》。〔12〕"吕后王诸吕"，吕后临朝称制，立兄子吕台为吕王。吕台去世，先立吕嘉（吕台子）、后立吕产（吕台弟）为吕王。吕产后徙为梁王。又立吕禄（吕后次兄之子）为赵王，吕通（吕台子）为燕王。〔13〕"薄太后"，高祖之姬，生子刘恒为代王。吕后去世，代王为帝，即孝文帝，故薄姬称薄太后。景帝二年去世。详见本书《外戚世家》。〔14〕"警跸"，警谓左右侍卫警戒，跸谓禁止行人以清道。汉代天子出入方称警跸。"跸"，音 bì。〔15〕"称制"，自秦始皇以后，只有天子的命令才能称为制。

【译文】高祖十一年七月，淮南王黥布反叛，高祖封立其子刘长为淮南王，统治黥布故地，总共四郡。高祖亲自领兵击灭黥布，厉王于是即位为王。厉王早年失母，一直依附吕后，在孝惠帝、吕后当政时因此得以幸运地没有遭受祸害，而他心里常常怨恨辟阳侯，但不敢表露出来。到了孝文帝初即位的时候，淮南王自以为和皇上最亲，傲慢不驯，多次不遵汉法。文帝因为他是至亲，常常宽赦他。文帝三年，淮南王入朝，态度极为骄横。他跟随文帝进苑囿狩猎，和文帝同车，常称文帝为"大兄"。厉王有膂力，力能扛鼎，他去请见辟阳侯。辟阳侯出来见他，他随即用自己藏在袖子里的铁椎击杀辟阳侯，命从者魏敬上去割下辟阳侯的头。然后厉王坐车赶到皇宫，肉袒谢罪，说道："臣母不当因赵国之事获罪，其时辟阳侯按能力可以说服吕后，却不力争，这是其罪之一。赵王如意母子无罪，吕后杀了他们，辟阳侯又不力争，这是其罪之二。吕后封诸吕为王，企图危害刘氏，辟阳侯仍不力争，这是其罪之三。臣谨为天下诛杀贼臣辟阳侯，报母之仇，谨伏于宫阙之下请求治罪。"他这种报仇的苦心引起了文帝的哀伤同情，因为是至亲的缘故，对他未加惩处，赦免了厉王。在这个时候，薄太后和太子以及诸大臣都畏惧厉王，厉王因此归国以后更加骄横放肆，不遵用汉廷法令，出入称警跸，王命称制，自订法令，把自己和天子相比。

六年，令男子但等七十人与棘蒲侯柴武太子奇谋，[1]以辇车四十乘反谷口，[2]令人使闽越、匈奴。[3]事觉，治之，使使召淮南王。淮南王至长安。[4]

【注释】〔1〕"但"，人名，姓氏不详。《史记》仅见此《传》。"棘蒲侯柴武"，一作"陈武"，高祖六年封侯。棘蒲在今河北魏县。〔2〕"辇车"，用马驾的大车。“輂”,音jú。“谷口”,县名,治所在今陕西礼泉东北。〔3〕“闽越”,汉初国名。汉五年,高祖封无诸为闽越王,都东冶(今福建福州市)。“匈奴”,我国古代北方民族之一,散居于大漠南北,游牧为生,善骑射。〔4〕“长安”,西汉国都,故地在今陕西西安市西北。

【译文】文帝六年,淮南王命男子但等七十人和棘蒲侯柴武的太子柴奇密谋,集中四十辆大车在谷口反叛,还派人出使闽越、匈奴联络。事情被发觉,受到惩治,天子派使臣召淮南王。淮南王应召到了长安。

“丞相臣张仓、〔1〕典客臣冯敬行御史大夫事、〔2〕宗正臣逸、〔3〕廷尉臣贺、〔4〕备盗贼中尉臣福昧死言:〔5〕淮南王长废先帝法,不听天子诏,居处无度,为黄屋盖乘舆,〔6〕出入拟于天子,擅为法令,不用汉法。及所置吏,以其郎中春为丞相,〔7〕聚收汉诸侯人及有罪亡者,〔8〕匿与居,为治家室,赐其财物爵禄田宅,爵或至关内侯,〔9〕奉以二千石,〔10〕所不当得,欲以有为。大夫但、〔11〕士五开章等七十人与棘蒲侯太子奇谋反,〔12〕欲以危宗庙社稷。〔13〕使开章阴告长,与谋使闽越及匈奴发其兵。开章之淮南见长,长数与坐语饮食,为家室娶妇,以二千石俸奉之。开章使人告但,已言之王。春使使报但等。吏觉知,使长安尉奇等往捕开章。〔14〕长匿不予,与故中尉蕑忌谋,〔15〕杀以闭口。为棺椁衣衾,〔16〕葬之肥陵邑,〔17〕谩吏曰‘不知安在’。〔18〕又详聚土,〔19〕树表其上,〔20〕曰‘开章死,埋此下’。及长身自贼杀无罪者一人;〔21〕令吏论杀无罪者六人;〔22〕为亡命弃市罪诈捕命者以除罪;〔23〕擅罪人,罪人无告劾,〔24〕系治城旦舂以上十四人;〔25〕赦免罪人,死罪十八人,城旦舂以下五十八人;赐人爵关内侯以下九十四人。前日长病,陛下忧苦之,使使者赐书、枣脯。长不欲受赐,不肯见拜使者。南海民处庐江界中者反,〔26〕淮南吏卒击之。陛下以淮南民贫苦,遣使者赐长帛五千匹,以赐吏卒劳苦者。长不欲受赐,谩言曰‘无劳苦者’。南海民王织上书献璧皇帝,〔27〕忌擅燔其书,不以闻。吏请召治忌,长不遣,谩言曰‘忌病’。春又请长,愿入见,长怒曰‘女欲离我自附汉’。长当弃市,臣请论如法。”

【注释】〔1〕“丞相”,汉代中央政府辅佐皇帝,总领百官,综理全国政务的最高行政长官。“张仓”,《汉书·淮南衡山济北王传》作“张苍”,阳武(今河南原阳东南)人,秦时为御史,后从沛公,为常山守,任赵相,并两度相代。汉六年,封北平侯,迁为计相,以列侯居相府,主持郡国上计。后为淮南国相。吕后八年,迁为御史大夫。文帝四年,为丞相,改定律历。景帝前元五年卒。详见本书《张丞相列传》。〔2〕“典客”,汉代中央政府九卿之一,掌管诸侯及少数民族来朝等事。“冯敬”,文帝三年为典客,后迁御史大夫。“行”,官缺未补,暂由他官代理,称作“行”。“御史大夫”,汉代中央政府辅佐丞相综理国政的高级行政长官,主管监察、执法,兼掌重要文书图籍。〔3〕“宗正”,汉代中央政府九卿之一,掌管皇室亲族事务。“逸”,宗正之名,余不详,《史记》仅见此《传》。〔4〕“廷尉”,汉代中央政府九卿之一,掌刑狱,为最高司法长官。“贺”,廷尉之名,余不详,《史记》仅见此《传》。〔5〕“中尉”,官名,掌管京师治安。“福”,中尉之名,余不详,《史记》仅见此《传》。“昧死”,冒死,不避死罪。臣下奏疏多用此语,以表示对皇帝的敬畏。〔6〕“黄屋盖”,以黄缯为盖里的车盖。汉制,唯皇帝得用黄屋。“乘舆”,皇帝、诸侯所坐的车子。“乘”,音shèng。〔7〕“郎中”,淮南国郎中令的属官,掌守宫殿门户,出充车骑。“春”,郎中之名,余不详,《史记》仅见此《传》。“丞相”,此指淮南国丞相。掌统众官,为诸侯王国的最高行政长官,当由天子任命。〔8〕“汉诸侯人”,汉郡县及诸侯国之人。〔9〕“关内侯”,汉代第十九级爵位,有侯号而无封邑,地位仅次于列侯。〔10〕“二千石”,指官员俸禄,月俸一百二十斛谷。受此月俸的官员亦概称二千石。〔11〕“大夫”,汉代第五级爵位。一说此指官名。〔12〕“士五”,《汉书·淮南衡山济北王传》作“士伍”,指被夺削官爵,令与士卒为伍之人。“开章”,士五之名,余不详,《史记》仅见此《传》。〔13〕“宗庙”,帝王祭祀祖宗的处所,是统治的象征,所以把宗庙作为国家的代称。“社稷”,帝王祭奉的土神和谷神。土地和粮食是立国的根本,所以社稷也成为了国家的代称。〔14〕“尉”,此指县尉,掌治盗贼。“奇”,长安尉之名,余不详,《史记》仅见此《传》。

〔15〕“蔺忌”，姓蔺名忌，故淮南国中尉，余不详，《史记》仅见此《传》。“蔺”，音 jiān。〔16〕“椁”，音 guǒ，棺外的套棺。古代棺木有两重，内曰棺，外曰椁。“衾”，音 qīn，覆盖尸体的单被。〔17〕“肥陵邑”，邑名，故地在今安徽寿县南。〔18〕“谩”，音 mán，欺骗。〔19〕“详”，音 yáng，通“佯”，假装，假意。〔20〕“表”，标帜，标记。此指竖在坟上的木柱。〔21〕“贼”，杀害。〔22〕“论”，定罪。〔23〕“为”，通“伪”，假造。“亡命”，脱离名籍逃亡在外。“弃市”，在市集上执行死刑，陈尸街头，取与众人共弃之意，故称“弃市”。〔24〕“告劾”，控告揭发。〔25〕“城旦舂”，汉代刑罚名。发配边塞筑城伺寇虏为“城旦”，妇人受罚舂米为“舂”，皆为四岁之刑。〔26〕“南海”，郡名，治所番禺(今广东广州市)，辖境约相当于今广东北部、东部和珠江三角洲地区。“庐江”，郡名，治所舒(今安徽庐江县西南)，辖境约相当于今安徽巢县、舒城、霍山以南，长江以北地区。《汉书·严助传》记淮南王刘安上书曰：“前时南海王反，陛下先臣使将军间忌将兵击之，以其军降，处之上淦。后复反，会天暑多雨，楼船卒水居击櫂，未战而疾死者过半。亲老涕泣，孤子谑号，破家散业，迎尸千里之外，裹骸骨而归。”当即此文所记“南海民处庐江界中者反，淮南吏卒击之”一事。〔27〕“南海民王织”，《史记》仅见此《传》。《汉书·淮南衡山济北王传》作“南海王织”，《高帝纪》高帝十二年诏曰：“南武侯织亦粤之世也，立以为南海王。”即此人。

【译文】“丞相臣张仓、典客臣冯敬行御史大夫事、宗正臣逸、廷尉臣贺、备盗贼中尉臣福昧死奏言：淮南王长废弃先帝之法，不听天子诏令，居处毫无节度，制作黄屋车盖乘舆，出入自比于天子，擅订法令，不用汉法。他还设置官员，把郎中春提拔为丞相，并收聚汉郡县、诸侯国之人及有罪逃亡者，把他们藏匿起来，提供住处，为他们建立家室，赐给他们财物、爵禄、田宅，爵位有的竟至关内侯，还送上二千石官员的俸禄。这是他们所不应得到的，淮南王这样做，心中有所图谋。大夫但、士五开章等七十人与棘蒲侯太子奇谋反，企图危害刘氏宗庙社稷。他们派开章暗中报告刘长，和他密谋使闽越和匈奴发兵。开章到淮南国进见刘长，刘长多次和他同坐谈话，留他吃饭，为他娶妻安家，送上二千石官员的俸禄。开章派人告诉但，说自己已经对淮南王说了。丞相春也派使者答覆但等。此事被汉廷官员发觉，派长安尉奇等到淮南国逮捕开章。刘长藏匿不交，和原中尉蔺忌密谋，杀掉开章灭口。给他置办了棺椁衣衾，葬在肥陵邑，欺骗汉廷官员说：‘不知道开章在哪里。’又聚土造了假坟，在上面立了一个标帜，写着‘开章死，埋此下’。此外刘长还亲自杀害无罪者一人；命令下属官员定罪杀害无罪者六人；亡命之人，罪当弃市，淮南王却假造罪名逮捕那些并非亡命之人来顶罪而开脱真正的罪人，欺上瞒下；他擅自给人定罪，其实并无人揭发控告，却被逮捕判决城旦舂以上的有十四人；他擅自赦免罪人，其中死罪者十八人，城旦舂以下者五十八人；他赐人爵位，关内侯以下者九十四人。前些日子刘长生病，陛下为之忧愁苦闷，派使者赐给书信与枣脯。刘长不愿受赐，不肯见拜使者。迁居庐江郡的南海人反叛，淮南国官兵前去攻打。陛下觉得淮南百姓贫苦，派使者赐给刘长帛五千匹，以转赐给劳苦的官兵。刘长不愿受赐，欺骗说：‘没有劳苦之人。’南海人王织上书，献璧给皇帝，蔺忌擅自将其上书烧毁，不把此事上报天子。汉廷官员请求召来蔺忌惩治，刘长不放他走，欺骗说：‘蔺忌病了。’春又请示刘长，愿意入京见官，刘长发怒说：‘你想离开我去依附汉廷！’刘长罪当弃市，臣请如法定罪。”

制曰：“朕不忍致法于王，其与列侯二千石议。”〔1〕

【注释】〔1〕“列侯”，汉代第二十级爵位，原名彻侯，为避汉武帝刘彻讳，改称通侯，又称列侯。

【译文】天子的制书说：“朕不忍对诸侯王执法，还是和列侯及二千石官员等再去商议。”

“臣仓、臣敬、臣逸、臣福、臣贺昧死言：臣谨与列侯吏二千石臣婴等四十三人议，〔1〕皆曰‘长不奉法度，不听天子诏，乃阴聚徒党及谋反者，厚养亡命，欲以有为’。臣等议论如法。”

【注释】〔1〕“婴”，一说谓即汝阴侯夏侯婴。

【译文】“臣仓、臣敬、臣逸、臣福、臣贺昧死奏言：臣谨与列侯及二千石官员臣婴等四十三人商议，都认为：‘刘长拒不奉行汉廷法度，不听天子诏令，竟暗中聚集徒党及谋反者，优待亡命之徒，想以此图谋不轨。’臣等商议应当如法定罪。”

制曰："朕不忍致法于王，其赦长死罪，废勿王。"

"臣仓等昧死言：长有大死罪，陛下不忍致法，幸赦，废勿王。臣请处蜀郡严道邛邮，[1]遣其子母从居，[2]县为筑盖家室，皆廪食给薪菜盐豉炊食器席蓐。[3]臣等昧死请，请布告天下。"

【注释】〔1〕"蜀郡"，郡名，治所成都(今属四川)，辖境约相当于今四川中部地区。"严道"，县名，治所在今四川荥经。"邛"，邛崃山，在今荥经西。"邮"，指邮置，传递文书的驿馆。〔2〕"子母"，指有子的姬妾。〔3〕"廪食"，官府供给粮食。"蓐"，音 rù，草垫。

【译文】制书说："朕不忍对诸侯王执法，还是宽赦刘长的死罪，废黜他，不再为王。"

"臣仓等昧死奏言：刘长有重大死罪，陛下不忍执法，希望宽赦他，只是废黜他的王位。臣等请求把他发配到蜀郡严道邛崃邮置，派那些有子的姬妾随他同住，县里为他们筑盖房屋，由官府供给粮食及柴薪、蔬菜、盐豉、炊食器具、席蓐等。臣等昧死上请，请将此事布告天下。"

制曰："计食长给肉日五斤，酒二斗。令故美人才人得幸者十人从居。[1]他可。"

【注释】〔1〕"才人"，汉代皇帝及诸侯王嫔妃的一种称号。

【译文】制书说："每日计供给肉五斤，酒二斗，给刘长食用。命过去得幸的美人、才人共十人随从同住。其余诸项依议施行。"

尽诛所与谋者。于是乃遣淮南王，载以辎车，[1]令县以次传。是时袁盎谏上曰：[2]"上素骄淮南王，弗为置严傅相，[3]以故至此。且淮南王为人刚，今暴摧折之，[4]臣恐卒逢雾露病死，[5]陛下为有杀弟之名，奈何！"上曰："吾特苦之耳，[6]今复之。"县传淮南王者皆不敢发车封。淮南王乃谓侍者曰："谁谓乃公勇者？[7]吾安能勇！吾以骄故不闻吾过至此。人生一世间，安能邑邑如此！"[8]乃不食死。至雍，[9]雍令发封，[10]以死闻。上哭甚悲，谓袁盎曰："吾不听公言，卒亡淮南王。"盎曰："不可奈何，愿陛下自宽。"上曰："为之奈何？"盎曰："独斩丞相、御史以谢天下乃可。"上即令丞相、御史逮考诸县传送淮南王不发封馈侍者，皆弃市。乃以列侯葬淮南王于雍，守冢三十户。

【注释】〔1〕"辎车"，有帷盖可坐卧载物的车子。〔2〕"袁盎"，楚地人，其父徙居安陵(今陕西咸阳市东北)。袁盎字丝，文帝时为中郎，迁中郎将(淮南王迁蜀时正居此职)，敢直谏。调陇西都尉，又迁为齐相，徙吴相，后告归。吴楚反叛时他借机劝景帝诛杀晁错。吴楚乱平，袁盎为楚相。后病免居家，为梁王刺客所杀。详见本书《袁盎晁错列传》。〔3〕"傅"，诸侯王的太傅，职在辅王，如诸侯王不法，当谏诤或举奏于朝。〔4〕"摧折"，打击。〔5〕"卒"，音 cù，通"猝"，突然，出其不意。〔6〕"特"，只是。〔7〕"乃"，第二人称代词。"乃公"是刘长傲慢的自称。〔8〕"邑邑"，通"悒悒"，忧郁不乐貌。〔9〕"雍"，县名，治所在今陕西凤翔南。〔10〕"雍令"，雍县县令，掌治其县。一般说来，万户以上的县称令，万户以下的县称长。

【译文】朝廷把和刘长一起密谋的人尽数诛杀。于是发配淮南王，把他装在辎车里，令各县用邮传依次载送。这时袁盎向天子劝谏道："陛下平素放纵骄惯淮南王，不为他置立严于督教的师傅丞相，因此到了这一地步。再说淮南王为人刚烈，如今猛地加以打击，臣恐他突然之间遇上雾露而染病致死，陛下将会因此而背上杀弟之名，这又如何是好！"文帝说："我只不过是让他受点苦而已，马上就要追还赦免他的。"各县载送淮南王的人都不敢打开车封。淮南王便对侍者说道："谁说你老子是勇者？我怎么能称勇！我因为骄傲，所以听不到我的过错而到了这一地步。人生一世，怎能抑郁如此！"便不食而死。辎车到雍县，县令打开车封，把淮南王的死讯禀报天子。天子哭得十分悲伤，对袁盎说："我没有听你的话，最终害死了淮南王。"袁盎说："事已无可奈何，愿陛下自己宽解。"天子说："现在怎么办？"袁盎说："只是杀掉丞相、御史以向天下谢罪也就可以了。"天子立即命令丞相、御史逮捕拷问各县邮传载送淮南王而不发车封馈送食物侍候的人，全都处以弃市之刑。于是以列侯的规格把淮南王葬在雍县，拨给守陵人员三十户。

孝文八年，上怜淮南王，淮南王有子四人，皆七八岁，乃封子安为阜陵侯，[1]子勃为安阳侯，[2]子赐为阳周侯，[3]子良为东成侯。[4]

【注释】〔1〕“阜陵侯”，阜陵，县名，治所在今安徽和县西南。〔2〕“安阳侯”，安阳，县名，治所在今河南正阳西南。〔3〕“阳周侯”，侯国今地不详。〔4〕“东成侯”，《汉书·淮南衡山济北王传》作“东城侯”，此传下文亦作“东城侯”。东城，县名，治所在今安徽定远东南。

【译文】孝文帝八年，天子哀怜淮南王，淮南王有子四人，都只有七八岁，便封其子刘安为阜陵侯，刘勃为安阳侯，刘赐为阳周侯，刘良为东成侯。

孝文十二年，民有作歌歌淮南厉王曰：“一尺布，尚可缝；一斗粟，尚可舂。兄弟二人不能相容。”上闻之，乃叹曰：“尧舜放逐骨肉，[1]周公杀管蔡，[2]天下称圣。何者？不以私害公。天下岂以我为贪淮南王地邪？”乃徙城阳王王淮南故地，[3]而追尊谥淮南王为厉王，置园复如诸侯仪。

【注释】〔1〕“尧”，传说中父系氏族社会后期部落联盟的领袖，氏曰陶唐，名放勋，史称唐尧，后禅位于舜。“舜”，也是传说中氏族社会后期部落联盟的领袖，氏曰有虞，名重华，史称虞舜，后禅位于禹。“放逐骨肉”，《史记正义》引《帝系》，谓指尧舜放逐四凶（共工、三苗、伯鲧、驩兜）于四裔。四凶皆尧舜之同姓，故云骨肉。一说谓骨肉乃指尧子丹朱、舜弟象。《史记·邹阳列传》邹阳狱中上梁王书曰：“不合，则骨肉出逐不收，朱、象、管、蔡是矣。”是古有此说，唯不详其事。《史记·五帝本纪》记丹朱与象皆为诸侯，未言放逐。〔2〕“周公”，即姬旦，周武王之弟，因采邑在周（今陕西岐山县东北），故称周公。他辅佐武王灭商，建立周王朝，被封于鲁。武王死，成王年幼，周公摄政，平定纣子武庚、管叔、蔡叔及东方夷族的反抗，营建了成周雒邑。周代的礼乐制度相传也是周公所订。详见本书《鲁周公世家》。“管”，即管叔鲜，周武王之弟。武王灭商后，封于管（今河南郑州市），以监视纣子武庚，治殷遗民。武王去世，周公摄政，管叔和蔡叔乘机与武庚一起叛乱。周公东征平叛，杀管叔。“蔡”，即蔡叔度，周武王之弟，封于蔡（今河南上蔡），后被周公流放。详见本书《管蔡世家》。〔3〕“城阳王”，指城阳共王刘喜，城阳景王刘章之子，公元前一七六年至前一四四年在位。城阳国都莒县（今属山东省），辖境约相当于今山东莒县、沂南和蒙阴东部地。

【译文】孝文帝十二年，百姓有作歌唱说淮南厉王的，歌词道：“一尺布，还可以缝；一斗粟，还可以舂；兄弟二人却不能相容。”天子听说后，感叹道：“尧舜放逐骨肉，周公杀了管蔡，天下仍称他们为圣人。这是什么原因呢？因为他们不因私而害公。天下人难道以为我是贪图淮南王的封地吗？”于是把城阳王刘喜改封在淮南王故地，而追尊淮南王，赐谥为厉王，并按照诸侯王的礼仪为他设置陵园。

孝文十六年，徙淮南王喜复故城阳。上怜淮南厉王废法不轨，自使失国蚤死，乃立其三子：阜陵侯安为淮南王，[1]安阳侯勃为衡山王，[2]阳周侯赐为庐江王，[3]皆复得厉王时地，参分之。东城侯良前薨，无后也。

【注释】〔1〕“淮南王”，淮南国都寿春（今安徽寿县），辖境约相当于今安徽淮河以南、瓦埠湖流域以东、巢湖以北地区。〔2〕“衡山王”，衡山国都邾（今湖北黄冈县西北），辖境约相当于今河南信阳市、湖北红安、黄冈以东，安徽霍山、怀宁以西，南至长江，北至淮河地区。〔3〕“庐江王”，庐江国都舒（今安徽庐江县西南），辖境约相当于今安徽巢县、舒城、霍山以南，长江以北地区。

【译文】孝文帝十六年，把淮南王刘喜又改封回原先的城阳国。天子哀怜淮南王废弃汉法，图谋不轨，自作其孽，致使失国早死，于是封立他的三个儿子：阜陵侯刘安为淮南王，安阳侯刘勃为衡山王，阳周侯刘赐为庐江王，他们都又得到了厉王时的封地，按三份分封。东城侯刘良在此之前已经去世，没有后嗣。

孝景三年，吴楚七国反，[1]吴使者至淮南，淮南王欲发兵应之。其相曰：“大王必欲发兵应吴，臣愿为将。”王乃属相兵。淮南相已将兵，因城守，不听王而为汉；汉亦使曲城侯将兵救淮南：[2]淮南以故得完。吴使者至庐江，庐江王弗应，而往来使越。[3]吴使者至衡山，衡山王坚守无二心。孝景四年，吴楚已破，衡山王朝，上以为贞信，乃劳苦之曰：〔4〕“南方卑湿。”徙衡山王王济北，〔5〕所以褒之。及薨，遂赐谥为贞王。庐江王边越，数使使相交，故徙为衡山王，王江北。淮南王如故。

【注释】〔1〕“吴楚七国”，指吴、楚、赵、济南、菑川、胶西、胶东七个诸侯王国。吴王濞为高帝兄刘仲之子，在位四十二年（公元前一九五年至前一五四年）；楚王戊为楚夷王刘郢之子，在位二十一年（公元前一七四年至前一五四年）；赵王遂为赵幽王刘友之子，在位二十六年（公元前一七九年至前一五四年）；济南王辟光、菑川王贤、胶西王卬、胶东王雄渠皆齐悼惠王刘肥之子，皆在位十一年（公元前一六四年至前一五四年）。〔2〕“曲城侯”，即蛊捷（《汉书》作“虫捷”）。曲城在今山东掖县东北。〔3〕“越”，指越东海王摇，都东瓯（今浙江温州市）。吴王濞反时，东瓯从吴。〔4〕“劳苦”，慰劳。“劳”，音 lào。〔5〕“济北”，济北国都卢县（今山东长清西南），辖境约相当于今山东北部地区。

【译文】孝景帝三年，吴楚七国反叛，吴国使者来到淮南，淮南王准备发兵响应。淮南国相说：“大王如果要发兵应吴，臣愿为将。”淮南王便把军队交给国相。淮南国相统领军队后，据城而守，不听淮南王而站在汉廷一边；汉廷也派了曲城侯率军救援淮南：淮南因此得以保全。吴国使者来到庐江，庐江王没有响应，却派遣使者和东越往来。吴国使者来到衡山，衡山王坚守封国无二心。孝景帝四年，吴楚已被击破，衡山王入朝，天子认为他坚贞诚信，慰劳他说：“南方太低湿了。”把他改封在济北为王，用以褒奖他。等到他去世，便赐谥为贞王。庐江王封国和越交界，多次派使者来往，所以改封为衡山王，让他在江北地区为王。淮南王封国如旧。

淮南王安为人好读书鼓琴，不喜弋猎狗马驰骋，〔1〕亦欲以行阴德拊循百姓，〔2〕流誉天下。时时怨望厉王死，〔3〕时欲畔逆，〔4〕未有因也。及建元二年，〔5〕淮南王入朝。素善武安侯，〔6〕武安侯时为太尉，〔7〕乃逆王霸上，〔8〕与王语曰：“方今上无太子，大王亲高皇帝孙，〔9〕行仁义，天下莫不闻。即宫车一日晏驾，〔10〕非大王当谁立者！”淮南王大喜，厚遗武安侯金财物。阴结宾客，拊循百姓，为畔逆事。建元六年，彗星见，淮南王心怪之。或说王曰：“先吴军起时，彗星出长数尺，然尚流血千里。今彗星长竟天，〔11〕天下兵当大起。”王心以为上无太子，天下有变，诸侯并争，愈益治器械攻战具，积金钱赂遗郡国诸侯游士奇材。〔12〕诸辨士为方略者，〔13〕妄作妖言，谄谀王，王喜，多赐金钱，而谋反滋甚。

【注释】〔1〕“弋”，音 yì，用带有绳子的箭射。〔2〕“阴德”，暗中做的好事。“拊循”，安抚，抚慰。“拊”，音 fǔ。〔3〕“怨望”，怨恨责怪。〔4〕“畔”，通“叛”。〔5〕“建元”，汉武帝年号，公元前一四〇年至前一三五年。〔6〕“武安侯”，即田蚡，长陵（今陕西咸阳市东北）人，景帝王皇后之同母弟。景帝时为太中大夫。景帝后元三年，武帝即位，封田蚡为武安侯。建元元年为太尉，推崇儒术，为窦太后所贬斥。建元六年任丞相，骄横专断。元光四年卒。详见本书《魏其武安侯列传》。武安在今河北武安西南。〔7〕“太尉”，汉代中央政府掌管军事的最高长官。〔8〕“逆”，迎接。“霸上”，地名，在今陕西西安市东。〔9〕“高皇帝”，刘邦死后群臣所上的尊号。群臣认为，“高祖起微细，拨乱世反之正，平定天下，为汉太祖，功最高。”上尊号为高皇帝。〔10〕“即”，如果。“宫车”，宫中之车，帝王所乘。“一日”，一旦。“晏驾”，驾而晚出。“宫车晏驾”是帝王死亡的讳辞。〔11〕“竟天”，尽天，横贯天空。〔12〕“游士”，从事游说活动的人。〔13〕“辨士”，能言善辩的人。“辨”，通“辩”。“方略”，计划策略。

【译文】淮南王安为人爱好读书鼓琴，不喜牵狗走马、驰骋弋猎，他也想通过暗中施德来安抚百姓，以流布美誉于天下。他时时因厉王之死而怨恨责怪汉廷，常想叛逆，但没有借口。到了武帝建元二年，淮南王入朝。他平素和武安侯田蚡关系很好，武安侯当时官居太尉，在霸上迎接淮南王，对淮南王说：“如今天子没有太子，大王是高皇帝的亲孙子，广行仁义，天下无人不知。如果天子一旦去世，不是大王又该是谁来嗣立呢！”淮南王听后大喜，十分丰厚地给武安侯送了一笔黄金和财物。淮南王暗中结交宾客，安抚百姓，准备叛逆之事。建元六

年，彗星出现，淮南王感到奇怪。有人鼓动淮南王说："早先吴军起事时，彗星出现过，只有几尺长，然而尚且流血千里。现在彗星的长度简直要贯穿整个天空，天下该要大动干戈了。"淮南王内心以为天子没有太子，天下一旦有变，诸侯就会纷纷争斗，因此加紧准备器械和攻战用具，积储金钱来贿赂郡国诸侯及游士奇材。那些擅长口辩和出谋画策的人，胡乱制造些怪诞不经的邪说，奉承讨好淮南王，淮南王一高兴，就多多地赏赐他们金钱，而谋反的活动也就更加起劲了。

淮南王有女陵，慧，有口辩。王爱陵，常多予金钱，为中诇长安，[1]约结上左右。元朔三年，上赐淮南王几杖，[2]不朝。淮南王王后荼，王爱幸之。王后生太子迁，迁取王皇太后外孙修成君女为妃。[3]王谋为反具，[4]畏太子妃知而内泄事，乃与太子谋，令诈弗爱，三月不同席。王乃详为怒太子，闭太子使与妃同内三月，太子终不近妃。妃求去，王乃上书谢归去之。王后荼、太子迁及女陵得爱幸王，擅国权，侵夺民田宅，妄致系人。[5]

【注释】〔1〕"诇"，音 xiòng，侦察，刺探。"中诇"，在京城刺探。〔2〕"几杖"，几案和手杖，老年人所用。居则以几靠身，行则拄杖扶持。赐几杖是敬老之礼。〔3〕"王皇太后"，武帝之母，始嫁金王孙，生一女，即此修成君。〔4〕"反具"，谋反的器械。〔5〕"致系"，拘囚。

【译文】淮南王有个女儿名陵，很聪明，口才好。淮南王很喜欢她，常常给她很多金钱，让她在长安刺探情况，结交天子左右之人。元朔三年，天子赏赐淮南王几杖，恩准其不必入京朝见。淮南王王后名荼，淮南王很宠爱她。王后生太子迁，迁娶王皇太后外孙也就是修成君的女儿为妃了。淮南王密谋准备叛逆器具，害怕太子的妃子知道后从内部泄露此事，便与太子谋划，让太子假意不爱妃子，三个月不同席。淮南王于是装做对太子十分生气的样子，不许太子外出，让他和妃子同居内室三个月，太子始终不去接近妃子。妃子只好自己请求离去，淮南王于是上书天子谢罪，把妃子送回娘家。王后荼、太子迁和女儿陵得到王的宠爱，专权当政，侵夺百姓田宅，胡乱拘囚人。

元朔五年，[1]太子学用剑，自以为人莫及，闻郎中雷被巧，乃召与戏。被一再辞让，误中太子。太子怒，被恐。此时有欲从军者辄诣京师，被即愿奋击匈奴。太子迁数恶被于王，王使郎中令斥免，[2]欲以禁后，被遂亡至长安，上书自明。诏下其事廷尉、河南。[3]河南治，逮淮南太子，王、王后计欲无遣太子，遂发兵反，计犹豫，十余日未定。会有诏，即讯太子。[4]当是时，淮南相怒寿春丞留太子逮不遣，[5]劾不敬。王以请相，相弗听。王使人上书告相，事下廷尉治。踪迹连王，王使人候伺汉公卿，公卿请逮捕治王。王恐事发，太子迁谋曰："汉使即逮王，王令人衣卫士衣，持戟居庭中，王旁有非是，则刺杀之，臣亦使人刺杀淮南中尉，乃举兵，未晚。"是时上不许公卿请，而遣汉中尉宏即讯验王。[6]王闻汉使来，即如太子谋计。汉中尉至，王视其颜色和，讯王以斥雷被事耳，王自度无何，[7]不发。中尉还，以闻。公卿治者曰："淮南王安拥阏奋击匈奴者雷被等，[8]废格明诏，[9]当弃市。"诏弗许。公卿请废勿王，诏弗许。公卿请削五县，诏削二县。使中尉宏赦淮南王罪，罚以削地。中尉入淮南界，宣言赦王。王初闻汉公卿请诛之，未知得削地，闻汉使来，恐其捕之，乃与太子谋刺之如前计。及中尉至，即贺王，王以故不发。其后自伤曰："吾行仁义见削，甚耻之。"然淮南王削地之后，其为反谋益甚。诸使道从长安来，[10]为妄妖言，言上无男，汉不治，即喜；即言汉廷治，有男，王怒，以为妄言，非也。

【注释】〔1〕"元朔"，汉武帝年号，公元前一二八年至前一二三年。〔2〕"郎中令"，此为淮南王属官，掌管守卫宫殿掖门户，为王之侍卫近臣。郎中即由其直接管辖。〔3〕"河南"，郡名，治所雒阳（今河南洛阳市东北），辖境约相当于今河南省黄河以南洛水、伊水下游，双洎河、贾鲁河上游地区及黄河以北原阳。〔4〕"即讯"，就地审问，意谓不再拘捕太子到河南郡。〔5〕"寿春"，县名，治所在今安徽寿县。其时乃淮南国都所在地。"丞"，县令的佐吏，主管文书、仓、狱。〔6〕"宏"，《汉书·百官公卿表》载元朔五年中尉为殷容。〔7〕“无何”，没有什么，意谓没有什么大罪。〔8〕“拥阏”，壅塞，阻碍。“阏”，音 è。〔9〕“废格”，破坏阻碍。〔10〕“道”，从，由。《史记索隐》引此句作“道长安来”，又引姚承云：“道，或作‘从’。”王念孙《读书杂志》称，“今本《史记》作‘道从长安来’者，一本作‘道’，一本作‘从’，而后人误合之耳。”《汉书》亦作“道长安来”。

【译文】元朔五年，太子学用剑，自以为无人能及，听说郎中雷被剑术巧妙，就召来比试。在比试中雷被一再相让，不料一失手刺中了太子。太子发怒，雷被很恐慌。这时凡有愿意从军的每每到京师投效，雷被就表示自愿去奋击匈奴。太子迁多次在淮南王面前中伤雷被，王让郎中令把雷被免官除名，想使后人不敢效尤。雷被便逃到长安，上书汉廷为自己辩明此事。诏令将其事交廷尉及河南郡。河南郡进行查处，要逮捕淮南太子。淮南王和王后商议，想不放太子走，乘机起兵反叛，但犹豫不决，十几天还没决定下来。正好又来了新诏令，让在淮南就地审讯太子。这时，淮南国相对寿春县丞不遵令逮捕太子送交河南郡一事非常生气，告发他不敬朝廷之命。淮南王为寿春丞说情，相不听。淮南王便派人上书控告相，天子将此事交廷尉查处。循线索追查而牵连到了淮南王，王派人侦察汉廷公卿的动向，了解到公卿请求逮捕淮南王惩处。淮南王担心事情败露，太子迁出主意道：“汉廷使臣如果逮捕王，王命人穿上卫士服装，持戟居于庭中，王的身旁一旦有麻烦，就刺杀汉使，我也派人刺杀淮南国中尉，然后起兵，这也不晚。”这时天子没有同意公卿的请求，而派遣汉中尉宏到淮南就地对王审问调查。淮南王听说汉使到来，就按太子的计谋进行安排。汉中尉到达后，王看他颜色平和，只问了王斥免雷被的事而已，王自己估计不会有什么大罪，就没有起事。中尉回长安后，上报天子。公卿中主张惩处的说：“淮南王刘安阻挠自愿奋击匈奴的雷被等，破坏诏令施行，罪当弃市。”诏令不准。公卿又请求废黜刘安，不让他为王，诏令仍不准许。公卿请求削去淮南王五个县的封地，诏令准削二县。天子派中尉宏去赦免淮南王的罪，执罚削地。中尉进入淮南国界，就宣告赦免王罪。淮南王当初听说汉廷公卿请求诛杀他，不知道只得到削地的处罚，听说汉使到来，怕是来逮捕自己，就和太子商议，像上次谋划的那样行刺。不料中尉一到，立即向王道贺，淮南王因此没有动手。事后他自己伤心地说：“我施行仁义而被削地，实在感到太耻辱了。”但淮南王被削地之后，密谋反叛却日甚一日。那些从长安来的使臣，如果胡言乱语，说天子没有儿子，汉廷政治混乱，他就高兴；如果说汉廷政治清明，天子有儿子，他就发怒，以为是胡说，不是事实。

王日夜与伍被、〔1〕左吴等案舆地图，〔2〕部署兵所从入。王曰：“上无太子，宫车即晏驾，廷臣必征胶东王，〔3〕不即常山王，〔4〕诸侯并争，吾可以无备乎！且吾高祖孙，亲行仁义，陛下遇我厚，吾能忍之；万世之后，吾宁能北面臣事竖子乎！”〔5〕

【注释】〔1〕“伍被”，楚人，才能出众，为淮南国中郎，曾谏止淮南王谋反，淮南王不听，伍被乃为之策划，事败被杀。〔2〕“左吴”，淮南王谋士，《史记》仅见此《传》。“舆地图”，古人认为天地有覆载之德，谓天为盖，谓地为舆（车箱），故称地图为舆地图。〔3〕“胶东王”，即刘寄，景帝之子，景帝中元二年为王，在位二十八年（公元前一四八年至前一二一年）。胶东国都即墨（今山东平度东南），辖境约相当于今山东平度、莱阳、莱西等县及迤南一带。详见本书《五宗世家》。〔4〕“不”，否则。“常山王”，即刘舜，景帝之子，景帝中元五年为王，在位三十二年（公元前一四五年至前一一四年）。常山国都元氏（今县西北），辖境约相当于今河北泜河以北，唐河以南，曲阳、赵县以西地区。详见本书《五宗世家》。〔5〕“竖子”，犹言“小子”，是对人的一种鄙贱称谓。

【译文】淮南王日夜与伍被、左吴等查考地图，部署进军路线。淮南王说：“天子没有太子，一旦去世，廷臣必征胶东王为帝，不然就是常山王，那时诸侯纷起争斗，我能没有准备吗！再说我是高祖之孙，亲行仁义，陛下优厚待我，所以我能忍受；陛下去世后，我难道能北面称臣，去侍奉那个继位的小子吗！”

王坐东宫，召伍被与谋，曰：“将军上。”〔1〕被怅然曰：〔2〕“上宽赦大王，王复安得此亡国之语乎！臣闻子胥谏吴王，〔3〕吴王不用，乃曰‘臣今见麋鹿游姑苏之台也’。〔4〕今臣亦见宫中生荆棘，露沾衣也。”王怒，系伍被父母，囚之三月。复召曰：“将军许寡人乎？”〔5〕被曰：“不，直来为大王画耳。〔6〕臣闻聪者听于无声，明者见于未形，

故圣人万举万全。昔文王一动而功显于千世,[7]列为三代,[8]此所谓因天心以动作者也,[9]故海内不期而随。此千岁之可见者。夫百年之秦,近世之吴楚,亦足以喻国家之存亡矣。臣不敢避子胥之诛,愿大王毋为吴王之听。昔秦绝圣人之道,杀术士,[10]燔《诗》《书》,弃礼义,尚诈力,任刑罚,转负海之粟致之西河。[11]当是之时,男子疾耕不足于糟糠,[12]女子纺绩不足于盖形。遣蒙恬筑长城,[13]东西数千里,暴兵露师常数十万,死者不可胜数,僵尸千里,流血顷亩,百姓力竭,欲为乱者十家而五。又使徐福入海求神异物,[14]还为伪辞曰:'臣见海中大神,言曰:"汝西皇之使邪?"[15]臣答曰:"然。""汝何求?"曰:"愿请延年益寿药。"神曰:"汝秦王之礼薄,得观而不得取。"即从臣东南至蓬莱山,见芝成宫阙,[16]有使者铜色而龙形,光上照天。于是臣再拜问曰:"宜何资以献?"海神曰:"以令名男子若振女与百工之事,[17]即得之矣。"'秦皇帝大说,[18]遣振男女三千人,资之五谷种种百工而行。[19]徐福得平原广泽,止王不来。于是百姓悲痛相思,欲为乱者十家而六。又使尉佗踰五岭攻百越。[20]尉佗知中国劳极,止王不来,使人上书,求女无夫家者三万人,以为士卒衣补。秦皇帝可其万五千人。于是百姓离心瓦解,欲为乱者十家而七。客谓高皇帝曰:'时可矣。'高皇帝曰:'待之,圣人当起东南间。'不一年,陈胜吴广发矣。[21]高皇始于丰沛,[22]一倡天下不期而响应者不可胜数也。此所谓蹈瑕候间,[23]因秦之亡而动者也。百姓愿之,若旱之望雨,故起于行陈之中而立为天子,[24]功高三王,[25]德传无穷。今大王见高皇帝得天下之易也,独不观近世之吴楚乎?夫吴王赐号为刘氏祭酒,[26]复不朝,[27]王四郡之众,[28]地方数千里,内铸消铜以为钱,[29]东煮海水以为盐,上取江陵木以为船,[30]一船之载当中国数十两车,国富民众。行珠玉金帛赂诸侯宗室大臣,独窦氏不与。[31]计定谋成,举兵而西。破于大梁,[32]败于狐父,[33]奔走而东,至于丹徒,[34]越人禽之,[35]身死绝祀,为天下笑。夫以吴越之众不能成功者何?诚逆天道而不知时也。方今大王之兵众不能十分吴楚之一,天下安宁有万倍于秦之时,愿大王从臣之计。大王不从臣之计,今见大王事必不成而语先泄也。臣闻微子过故国而悲,[36]于是作《麦秀之歌》,[37]是痛纣之不用王子比干也。[38]故《孟子》曰'纣贵为天子,死曾不若匹夫'。[39]是纣先自绝于天下久矣,非死之日而天下去之。今臣亦窃悲大王弃千乘之君,[40]必且赐绝命之书,为群臣先,死于东宫也。"于是气怨结而不扬,涕满匡而横流,[41]即起,历阶而去。

【注释】〔1〕"将军",诸侯王用兵时往往设将军之号。伍被为淮南国中郎,此称将军,预示淮南王将有兴兵之举,故伍被以为此乃亡国之语。〔2〕"怅然",因失望而心情不快之貌。〔3〕"子胥",即伍员,字子胥。其父伍奢、兄伍尚被楚平王杀害,子胥逃奔吴国,帮助阖闾刺杀吴王僚,夺取王位。又与孙武共佐阖闾攻破楚国,占领郢都。吴王夫差时,子胥劝谏吴王拒绝越国求和并停止伐齐,渐被疏远。由于太宰嚭进谗,吴王赐剑命其自杀。详见本书《伍子胥列传》。"吴王",指吴王夫差,春秋末年吴国国君,吴王阖闾之子,公元前四九五年至前四七三年在位。他曾大败越国,迫使越王勾践臣服。又北伐齐,嗣后在黄池和诸侯会盟,与晋争霸。越乘虚攻吴,夫差兵败自杀。详见本书《吴太伯世家》。〔4〕"姑苏之台",故址在今江苏苏州市西南姑苏山上,吴王阖闾所筑。〔5〕"寡人",寡德之人。此为君主自称的谦辞。〔6〕"直",只是。"画",筹划。〔7〕"文王",即周文王姬昌,商末周族领袖,商纣时为西伯。在他统治期间,周的势力日盛,自岐下迁都于丰。其子武王姬发起兵灭商,建立周王朝。〔8〕"三代",指夏、商、周三个朝代。三代的开国君主古称圣主。〔9〕"天心",犹言天意。"动作",行动起来。〔10〕"术士",有道术之士。此指儒生。秦始皇"杀术士,燔《诗》、《书》"事详见本书《秦始皇本纪》。〔11〕"负海",靠近大海。此指东方沿海地区。"西河",指陕西东部黄河西岸地区。〔12〕"糟糠",酒渣、糠皮,指穷人用以充饥的粗劣食物。〔13〕"蒙恬",秦国大将。其祖先本齐国人,自祖父蒙骜起,世代为秦名将。秦统一六国后,蒙恬率兵三十万击退匈奴贵族,收河南

(今内蒙古河套一带),并修筑长城,西起临洮,东至辽东,匈奴不敢进犯。秦始皇死后,蒙恬为赵高所谗,被逼自杀。详见本书《蒙恬列传》。〔14〕"徐福",秦方士,为迎合秦始皇企图长生不死的欲望,于始皇二十八年上书说海上有蓬莱、方文、瀛州三座神山,仙人居之。始皇派他率童男童女数千人,入海求仙药。费以巨万,数岁无功,遂一去不返。参见本书《秦始皇本纪》。"徐福"一作"徐市"。〔15〕"西皇",徐福入东海,故东海之神称秦始皇为西皇。〔16〕"芝",一种菌类植物,古人以为瑞草,服之可以成仙,又名灵芝。〔17〕"令名男子",良家男子。"令名",指有好的名声。"若",和,与。"振女",童女。"百工",各种工匠。〔18〕"说",通"悦",喜悦。〔19〕"五谷种种",《汉书·伍被传》作"五种",颜师古注曰:"五谷之种也。"疑此文衍一"种"字。〔20〕"尉佗",即赵佗。"佗",一作"他"。真定(今河北正定南)人,秦时为南海郡龙川县令。南海尉任嚣死,赵佗行南海尉事,故又称"尉佗"。秦灭,尉佗又占领桂林、象郡之地,自立为南越武王。汉十一年,高祖派陆贾出使南越,立尉佗为南越王。吕后时,自称南越武帝。文帝元年,陆贾再次出使南越,令其去帝号。景帝时,尉佗称臣附汉。武帝建元四年卒。详见本书《南越列传》。案尉佗据南越为王,在陈胜起义之后,此言尉佗先王,与史实不合,故《汉书·伍被传》颜师古注曰:"此盖伍被一时对辞,不究其实也。""五岭",即位湘、赣和粤、桂等省区边界上的越城、都庞、萌渚、骑田、大庾五岭的总称。"百越",此指居住在两广地区的越族。因部落众多,故称"百越"。〔21〕"陈胜",字涉,阳城(今河南登封东南)人,秦末农民起义领袖。秦二世元年(公元前二〇九年)七月,与吴广在蕲县大泽乡(今安徽宿州市东南)率领戍卒九百人起义,占领陈县(今河南淮阳),自立为王,号为张楚,四方闻风响应。秦二世二年被害。详见本书《陈涉世家》。"吴广",字叔,阳夏(今河南太康)人,起义后被封为假王,率诸将西征,围攻荥阳,后为部将田臧矫王令杀害。事详本书《陈涉世家》。〔22〕"丰沛",沛县之丰邑。汉高祖刘邦即丰邑人。沛县在今江苏沛县,丰邑在今江苏丰县。〔23〕"蹈瑕候间",利用可乘之机。"间",音 jiàn。〔24〕"行陈",军队行列。"行",音 háng,行列,古代军制二十五人为行。"陈",音 zhèn,通"阵",交战时的队列。〔25〕"三王",指夏禹、商汤、周文王(一说包括周武王),为三代的开国君主。〔26〕"祭酒",古代祭祀或飨宴时必先由尊长者一人举酒祭祀神祇或祖先,故以祭酒为尊者或年长者之称号。吴王刘濞乃高祖兄刘仲之子,汉十二年即已封王,于高祖子侄辈中年长位尊,故获祭酒之号。〔27〕"复不朝",汉代诸侯王有定期入朝天子的制度。孝文帝时,赐吴王几杖,准其不朝。〔28〕"王四郡之众",案本书《吴王濞列传》及《汉书·荆燕吴传》,高祖立濞为吴王,王三郡五十三城,则此"四"当作"三",三郡指吴郡、东阳郡及彰郡。〔29〕"内铸消铜以为钱",本书《吴王濞列传》称"吴有豫章郡铜山,濞则招致天下亡命者盗铸钱"。〔30〕"江陵",县名,治所在今湖北江陵县。〔31〕"窦氏",指窦婴。孝文帝时,窦婴曾为吴相。吴楚反,景帝察宗室、诸窦中无如窦婴贤者,乃拜婴为大将军,率军平乱。乱平,封婴为魏其侯。〔32〕"大梁",指梁国,都睢阳(今河南商丘市南)。吴楚反,先渡淮击梁,梁孝王坚守睢阳,吴楚不敢过而西。梁国大将军韩安国、张羽多次击败吴兵。〔33〕"狐父",邑名,在今安徽砀山县南。〔34〕"丹徒",今属江苏省。〔35〕"越人禽之",东越东瓯王从吴谋反,吴王兵败,企图退保东瓯。东瓯受汉廷收买,刺杀吴王。事详本书《吴王濞列传》及《东越列传》。东瓯王都东瓯,在今浙江温州市。〔36〕"微子",商纣的庶兄,名启(一作"开"),封于微(今山东梁山县西北)。商纣淫乱,微子数谏不听,乃去国。武王灭商,微子降周。周公旦攻灭武庚后,封微子于宋,以奉殷祀,为周代宋国的始祖。详见本书《宋微子世家》。〔37〕"于是作《麦秀之歌》",案本书《宋微子世家》言作《麦秀之歌》者乃箕子,《汉书·伍被传》记伍被之语亦作"臣闻箕子过故国而悲,作《麦秀之歌》"。然《尚书大传》又谓乃微子所作。盖传闻不一,俟考。《宋微子世家》记其事曰:"其后箕子朝周,过故殷墟,感宫室毁坏,生禾黍,箕子伤之,欲哭则不可,欲泣为其近妇人,乃作《麦秀之诗》以歌咏之。其诗曰:'麦秀渐渐兮,禾黍油油。彼狡僮兮,不与我好兮!'所谓狡童者,纣也。殷民闻之,皆为流涕。"〔38〕"王子比干",商纣的亲戚,对纣直言强谏,被剖心而死,事详本书《殷本纪》及《宋微子世家》。〔39〕"曾",音 zēng,乃。"匹夫",指平民中的男子。案:今本《孟子》未见此文。〔40〕"千乘之君",古诸侯国地方百里,出车千乘,故称诸侯国君为千乘之君。"乘",音 shèng,古以一车四马为乘。〔41〕"匡",通"眶"。

【译文】王坐在东宫,召伍被前来计议,说道:"将军上前来。"伍被怅然说道:"天子宽赦大王,大王怎么能再说出这样的亡国之语呢!我听说伍子胥劝谏吴王,吴王不采纳,他就说道:'臣眼看着麋鹿就要在姑苏之台上行走了。'现在我也就要看见

大王宫中生长荆棘,露水打湿衣裳了。”淮南王发怒,逮捕伍被父母,关了三个月。又把伍被召来,问道:“将军答应寡人吗?”伍被说:“不,我只是来为大王筹划的。我听说听力好的人能在无声之中有所闻知,眼力好的人能在未成形时有所觉察,所以圣人不论做什么事都能万无一失。昔日文王一动而功绩显扬于千世,列为三代,这就是所谓顺应天意而行动啊,所以海内之人不约而同都来追随他。这是千年之前可以借鉴的事例。至于说到百年前的秦朝,近年来的吴楚,也都足以说明国家存亡的道理了。我不敢逃避子胥被诛的命运,只愿大王不要学吴王的拒谏。昔日秦朝废绝圣人之道,杀戮儒士,焚毁《诗》、《书》,抛弃礼义,崇尚欺诈暴力,滥用刑罚,把海滨的粟米转运到遥远的西河地区。在那个时候,男子尽力耕作却连糟糠都吃不饱,女子纺纱织布却连蔽体的衣服都穿不上。又派蒙恬修筑长城,东西数千里,数十万军队终年在外蒙受风霜雨露,死者不可胜数,僵卧的尸体遍及千里,鲜血流淌在大片土地上,百姓力竭,想起来造反的,十家里就有五家。秦皇又派徐福入海寻求神异之物,徐福回来编了一套谎话说:‘我见到了海里的大神,他问我:“你是西皇的使者吗?”我答道:“是的。”“你来求取何物?”我说:“希望求得延年益寿的仙药。”大神说:“你们秦王的礼物太薄,你只能来看看,不能取走。”他就让我跟着往东南方向去,到了蓬莱山,见到长满灵芝仙草的宫阙,有一位使者颜色如铜而形体如龙,身上放光,上照天穹。于是我再拜问道:“我应该献上什么样的物品呢?”海神说:“你献上良家男子和童女及各类工匠,就能得到你寻求的东西了。”’秦皇帝大为高兴,派了童男童女三千人,提供五谷之种及各类工匠让他带去。徐福找到了一片平原大泽,留在那里称王,不回来了。这时百姓悲痛,思念亲人,想起来造反的,十家里倒有六家了。秦皇又派尉佗过五岭攻百越,尉佗知道中原地区已疲劳至极,也留在那里称王,不回来了,还派人上书,要求得到没有丈夫的女子三万人,作为士卒的补衣妇。秦皇帝同意给他一万五千人。这时百姓离心瓦解,想起来造反的,十家里已有七家了。有人对高皇帝说:‘时机可以了。’高皇帝说:‘等一等,当有圣人从东南地区产生。’不到一年,陈胜、吴广就发难了。高皇帝始起于丰沛,一声倡导,天下之人不用相约而来响应的不可胜数。这就是所谓利用时机,依据秦朝败亡的趋势而采取行动啊。百姓盼望他,就像大旱之时盼望甘雨,所以高皇帝起于军队之中而最终立为天子,其功绩高过三王,其德泽流传无穷。如今大王只见到高皇帝得天下容易,独独没有观察一下近世的吴楚吗?那吴王赐号为刘氏祭酒,又准其不必入京朝见,他统治了四郡的百姓,土地广袤数千里,在国内他销铜铸钱,在东边他煮海水为盐,又到上游伐取江陵之木造船,一船的容量相当于中原地区的几十辆车子,国富民众。他赠送珠玉金帛来贿赂诸侯、宗室和大臣,只有窦氏不送。计策确定,谋划已成,便举兵西进。结果在大梁被击破,在狐父遭惨败,向东奔逃,到达丹徒,被越人所擒,人死了,连奉祀之人也没有,被天下耻笑。以吴越这样众多的军队尚且不能成功,原因何在呢?实在是因为他违背天道而不识时机。如今大王的军队人数还不足吴楚的十分之一,而天下安宁则比秦朝之时要胜过万倍,我希望大王听从我的计议。大王不听我的计议,我眼看着大王的事必定不会成功而你们的密谋事先就泄露出去了。我听说微子经过殷墟故都时十分悲伤,于是作了《麦秀之歌》,这是为商纣不采纳王子比干的忠告而感到痛惜。所以《孟子》说:‘纣贵为天子,死的情形竟还不如一个匹夫。’这是因为纣早就先行自绝于天下很久了,并不是死的时候天下人才背离他的。现在我私下也为大王感到悲伤,大王抛弃千乘之君位,必将被天子赐予绝命之书,在群臣之先,死于东宫了。”说到这里,伍被哽咽气塞,涕泪横流,立即起身,急速下阶而去。

王有孽子不害,〔1〕最长,王弗爱,王、王后、太子皆不以为子兄数。〔2〕不害有子建,材高有气,〔3〕常怨望太子不省其父;〔4〕又怨时诸侯皆得分子弟为侯,〔5〕而淮南独二子,一为太子,建父独不得为侯。建阴结交,欲告败太子,以其父代之。太子知之,数捕系而榜笞建。建具知太子之谋欲杀汉中尉,即使所善寿春庄芷以元朔六年上书于天子曰:〔6〕“毒药苦于口利于病,忠言逆于耳利于行。今淮南王孙建,材能高,淮南王王后荼、荼子太子迁常疾害建。〔7〕建父不害无罪,擅数捕系,欲杀之。今建在,可征问,具知淮南阴事。”书闻,上以其事下廷尉,廷尉下河南治。是时故辟阳侯孙审卿善丞相公孙弘,〔8〕怨淮南厉王杀其大父,〔9〕乃深购淮南事于弘,〔10〕弘乃疑淮南有畔逆计谋,深穷治其狱。河南治建,辞引淮南太子及党与。〔11〕淮南王患之,欲发,问伍被曰:“汉廷治乱?”伍被曰:“天下治。”王意不说,谓伍被曰："公何以言天下治也？"被曰："被窃观朝廷之政，君臣之义，父子之亲，夫妇之别，长幼之序，[12]皆得其理，上之举错遵古之道，[13]风俗纪纲未有所缺也。[14]重装富贾，[15]周流天下，道无不通，故交易之道行。南越宾服，[16]羌僰入献，[17]东瓯入降，[18]广长榆，[19]开朔方，[20]匈奴折翅伤翼，失援不振。虽未及古太平之时，然犹为治也。"王怒，被谢死罪。王又谓被曰："山东即有兵，[21]汉必使大将军将而制山东，[22]公以为大将军何如人也？"被曰："被所善者黄义，从大将军击匈奴，还，告被曰：'大将军遇士大夫有礼，于士卒有恩，众皆乐为之用。骑上下山若蜚，[23]材干绝人。'被以为材能如此，数将习兵，未易当也。及谒者曹梁使长安来，[24]言大将军号令明，当敌勇敢，常为士卒先。休舍，穿井未通，须士卒尽得水，[25]乃敢饮。军罢，卒尽已度河，乃度。皇太后所赐金帛，尽以赐军吏。虽古名将弗过也。"王默然。

【注释】〔1〕"孽子"，指姬妾所生之子。〔2〕"不以为子兄数"，犹言王后不把他算作儿子，太子不把他算作兄长。〔3〕"有气"，气盛，情绪强烈。〔4〕"不省其父"，犹言不把他父亲放在眼里。〔5〕"时诸侯皆得分子弟为侯"，元朔二年，武帝采纳主父偃的建议，制诏御史："诸侯王或欲推私恩分子弟邑者，令各条上，朕且临定其号名。"据本书《建元以来王子侯者年表》，自元朔二年至元朔五年，诸侯王子封侯者一百二十人。〔6〕"庄芷"，《汉书·淮南衡山济北王传》作"严正"。王先谦《汉书补注》引周寿昌曰："班氏以明帝讳改'庄'为'严'，'芷'、'正'则字近而讹也。"庄芷于《史记》仅见此《传》，余不详。〔7〕"疾"，嫉妒。〔8〕"公孙弘"，薛县（今山东滕县南）人。少时曾为薛狱吏。年四十余，乃学《春秋》杂说。武帝建元元年，弘年六十，征为博士。元朔三年拜御史大夫，元朔五年为丞相，封平津侯。元狩二年卒。详见本书《平津侯主父列传》。〔9〕"大父"，祖父。〔10〕"购"，《汉书》作"搆"，挑拨怂恿，使淮南王罪名成立。〔11〕"辞"，指供辞。"党与"，朋党，同党。〔12〕"君臣之义，父子之亲，夫妇之别，长幼之序"，古代以此为人伦的主要内容。《孟子·滕文公上》："使契为司徒，教以人伦：父子有亲，君臣有义，夫妇有别，长幼有序，朋友有信。"意谓父子之间有骨肉之亲，君臣相处有一定的礼义，夫妇相处有内外之别，长幼相处有尊卑之序，朋友相处有诚信之道。〔13〕"举错"，措施。"错"，通"措"。〔14〕"纪纲"，指法制伦常。〔15〕"重装"，装载着大量货物。〔16〕"南越宾服"，指建元六年南越王胡遣太子婴齐入长安宿卫事。详本书《南越列传》。"宾服"，诸侯或边远部族入贡朝见天子。〔17〕"羌僰入献"，其事未详。"羌"，古族名，居于今甘肃、青海、四川一带，部落众多。"僰"，音bó，古族名，居于今四川南部、云南东部一带。〔18〕"东瓯入降"，建元三年，闽越发兵围东瓯，东瓯告急，汉廷发会稽郡兵渡海救援。闽越退兵，东瓯王率众四万余人来降，处庐江郡。事详本书《东越列传》及《汉兴以来将相名臣年表》。〔19〕"长榆"，边塞名，在今内蒙古托克托县至陕西榆林县北一带。汉时于塞上多种榆树，故名。〔20〕"朔方"，郡名。元朔二年，卫青、李息率军击退匈奴，置朔方郡，辖境约相当于今内蒙古河套西北部及后套地区。郡治朔方，在今内蒙古杭锦旗北。〔21〕"山东"，汉代对崤山（在今河南省西部）或华山（在今陕西省东部）以东地区的通称。〔22〕"大将军"，指卫青。平阳（今山西临汾市西南）人，武帝皇后卫子夫之弟。武帝时为太中大夫，元光五年为车骑将军，元朔五年拜为大将军，曾先后七次出击匈奴，解除了西汉初年以来匈奴对汉王朝的威胁。元封五年卒。详见本书《卫将军骠骑列传》。〔23〕"蜚"，通"飞"。〔24〕"谒者"，郎中令的属官，掌宾赞受事。"曹梁"，《史记》仅见此《传》，余不详。〔25〕"须"，等待。

【译文】淮南王有个庶子名不害，年纪最大，但王并不喜欢他，王和王后不把他看作儿子，太子也不把他看作兄长。不害有个儿子名建，才高气盛，常常怨恨太子不把他父亲放在眼里；又埋怨当时诸侯王都能分封子弟为侯，而淮南王只有两个儿子，一个是太子，刘建的父亲却独独不能为侯。刘建就暗中和人结交，想告发搞垮太子，让他父亲取而代之。太子知道后，多次拘囚拷打他。刘建详细了解太子准备刺杀汉中尉的阴谋，就派和他私交很好的寿春人庄芷在元朔六年上书给天子说："毒药苦口利于病，忠言逆耳利于行。今有淮南王之孙刘建，才能高，淮南王王后荼、荼子太子迁常常嫉妒伤害他。刘建之父不害无罪，他们多次擅自拘囚，想要杀害他。如今刘建在，可以召来讯问，他详细知道淮南王那些见不得人的事。"庄芷的上书禀报给

了天子,天子将此事交廷尉,廷尉交河南郡查处。这时原辟阳侯审食其之孙审卿和丞相公孙弘关系密切,他怨恨淮南厉王杀死了他的祖父,便在公孙弘面前加意撺掇追查淮南王的事,公孙弘于是怀疑淮南王有叛逆的计谋,对此案件深入查究。河南郡审讯刘建,口供牵连到淮南王太子及其同党。淮南王十分担心,想要起事,问伍被道:"汉廷政治是安定还是混乱?"伍被说:"天下安定。"淮南王心里不高兴,问伍被道:"你根据什么说天下安定呢?"伍被说:"我私下观察朝廷的政治,君臣之义,父子之亲,夫妇之别,长幼之序,都合乎纲常伦理,天子的各项措施都遵循着古代的正道,风俗纪纲无所缺失。带着大量货物的富商在各地到处行走,道路无不畅通,所以商业活动毫无阻碍。南越归顺臣服,羌僰入献方物,东瓯举国来降,扩展了长榆要塞,新开了朔方之郡,匈奴受到沉重打击,失去援助,振作不起来。现在虽然还不及往古太平盛世,但也可以称作清明安定了。"淮南王大怒,伍被急忙自认死罪。王又对伍被说:"山东如果发生战争,汉廷必派大将军卫青率军控制这一地区,你以为大将军是怎么样的一个人呢?"伍被说:"和我私交很好的黄义,曾跟随大将军出击匈奴,回来后告诉我说:'大将军对待士大夫有礼,对士卒有恩,大家都乐意为他效力。他骑马上下山,奔驰若飞,才能远远超出一般人。'我认为他的才能如此,又多次统兵,熟悉军事,很不容易抵当。后来又有谒者曹梁从长安出使归来,说大将军号令严明,对敌勇敢,常常身先士卒。休息扎营,井还没打通,他总要等士卒都喝上水了,自己才敢喝。军队回撤时,士卒都已过河了,自己才过河。皇太后所赏赐的金帛,他都拿来转赐军吏。即使是古代的名将也不能超过他的了。"淮南王听后默默地不说一句话。

淮南王见建已征治,恐国阴事且觉,欲发,被又以为难,乃复问被曰:"公以为吴兴兵是邪非也?"被曰:"以为非也。吴王至富贵也,举事不当,身死丹徒,头足异处,子孙无遗类。〔1〕臣闻吴王悔之甚。愿王孰虑之,〔2〕无为吴王之所悔。"王曰:"男子之所死者一言耳。〔3〕且吴何知反,汉将一日过成皋者四十余人。〔4〕今我令楼缓先要成皋之口,〔5〕周被下颍川兵塞轘辕、伊阙之道,〔6〕陈定发南阳兵守武关。〔7〕河南太守独有雒阳耳,〔8〕何足忧。然此北尚有临晋关、河东、上党与河内、赵国。〔9〕人言曰'绝成皋之口,天下不通'。据三川之险,〔10〕招山东之兵,举事如此,公以为何如?"被曰:"臣见其祸,未见其福也。"王曰:"左吴、赵贤、朱骄如皆以为有福,什事九成,公独以为有祸无福,何也?"被曰:"大王之群臣近幸素能使众者,皆前系诏狱,〔11〕余无可用者。"王曰:"陈胜、吴广无立锥之地,千人之聚,起于大泽,奋臂大呼而天下响应,西至于戏而兵百二十万。〔12〕今吾国虽小,然而胜兵者可得十余万,〔13〕非直適戍之众,〔14〕钒凿棘矜也,〔15〕公何以言有祸无福?"被曰:"往者秦为无道,残贼天下。兴万乘之驾,作阿房之宫,〔16〕收太半之赋,发闾左之戍,〔17〕父不宁子,兄不便弟,政苛刑峻,天下熬然若焦,〔18〕民皆引领而望,倾耳而听,悲号仰天,叩心而怨上,〔19〕故陈胜大呼,天下响应。当今陛下临制天下,〔20〕一齐海内,汎爱蒸庶,〔21〕布德施惠。口虽未言,声疾雷霆,令虽未出,化驰如神,〔22〕心有所怀,威动万里,下之应上,犹影响也。〔23〕而大将军材能不特章邯、杨熊也。〔24〕大王以陈胜、吴广谕之,被以为过矣。"王曰:"苟如公言,不可徼幸邪?"〔25〕被曰;"被有愚计。"王曰:"奈何?"被曰:"当今诸侯无异心,百姓无怨气。朔方之郡田地广,水草美,民徙者不足以实其地。臣之愚计,可伪为丞相御史请书,〔26〕徙郡国豪桀任侠及有耐罪以上,〔27〕赦令除其罪,产五十万以上者,皆徙其家属朔方之郡,益发甲卒,〔28〕急其会日。〔29〕又伪为左右都司空上林中都官诏狱书,〔30〕逮诸侯太子幸臣。如此则民怨,诸侯惧,即使辩武随而说之,〔31〕倘可徼幸什得一乎?"〔32〕王曰:"此可也。虽然,吾以为不至若此。"于是王乃令官奴入宫,〔33〕作皇帝玺,丞相、御史、〔34〕大将军、军吏、中二千石、〔35〕都官令、丞印,〔36〕及旁近郡太守、都尉印,〔37〕汉使节法冠,〔38〕欲如伍被计。使人伪得罪而西,事大将军、丞相;一日发兵,〔39〕使人即刺杀大将军青,而说丞相下之,〔40〕如发蒙耳。〔41〕

【注释】〔1〕“子孙无遗类”，子孙皆死，无一存者。案此与他《传》所记不合。本书《吴王濞列传》及《东越列传》言吴王死后，其子子华、子驹亡走闽越。〔2〕“孰”，通“熟”，周密，仔细。〔3〕“男子之所死者一言耳”，《史记集解》及《汉书》颜师古《注》对此句解释颇有分歧，当是大丈夫决定造反，一言既出，死而无悔之意。〔4〕“成皋”，县名，治所在今河南荥阳县汜水镇。〔5〕“楼缓”，与下文之周被、陈定、左吴、赵贤、朱骄如皆淮南王之武将谋臣，《史记》仅见此《传》。“要”，音 yāo，拦截。〔6〕“颍川”，郡名，治所阳翟(今河南禹县)，辖境约相当于今河南登封、宝丰以东，鄢陵、郾城以西，密县以南，叶县、舞阳以北地区。“轘辕”，山名，在河南偃师东南，形势险阻，山路有十二曲，盘旋往还，故名轘辕。“轘”，音 huán。“伊阙”，山名，在河南洛阳市南，两山对峙如阙门，伊水流经其间。〔7〕“南阳”，郡名，治所宛县(今河南南阳市)，辖境约相当于今河南熊耳山以南叶县、内乡间及湖北大洪山以北应山、郧县间地区。“武关”，关名，在今陕西丹凤东南。〔8〕“太守”，景帝中二年改郡守为太守，乃一郡之最高长官，综领全郡民政、财政、司法、教育、选举及兵事等。“雒阳”，当时河南郡治所，在今河南洛阳市白马寺东洛水北岸。〔9〕“临晋关”，关名，在今山西大荔东朝邑旧县东南之黄河西岸。“河东”，郡名，治所安邑(今山西夏县西北)，辖境约相当于今山西沁水以西、霍山以南地区。“上党”，郡名，治所长子(今山西长子西)，辖境约相当于今山西和顺、榆社以南、沁水以东地区。“赵国”，当时诸侯王国，都邯郸(今河北邯郸市)。其时赵王为刘彭祖。案：此句《汉书·伍被传》作“然此北尚有临晋关、河东、上党与河内、赵国界者通谷数行”，如淳曰：“言此北尚险阻，其谿谷可得通行者有数处。”文义较《史记》显豁。〔10〕“三川”，郡名，战国韩宣王置，秦沿置，汉二年改为河南郡。此处乃沿用旧称。成皋、轘辕、伊阙均在此郡。〔11〕“诏狱”，奉诏查办的案件。〔12〕“戏”，音 xī，地名，在今陕西临潼东。〔13〕“胜兵”，战斗力强的军队。〔14〕“適戍”，因有罪而被遣送到远方戍守。“適”，音 zhé，通“谪”。〔15〕“钒”，音 jī，又音 ái，大镰刀。“棘矜”，戟柄。“棘”，音 jí，通“戟”，古代的一种兵器。“矜”，音 qín，戟柄。《汉书·徐乐传》颜师古注曰：“时秦销兵器，故但有戟之把耳。”〔16〕“阿房之宫”，故址在今陕西西安市西阿房村。宫的前殿筑于秦始皇三十五年，全部工程至秦亡时尚未完成。项羽灭秦，阿房宫毁于战火。“阿房”，音 ē páng。〔17〕“闾左”，秦代居于里门左侧的贫民。〔18〕“熬然”，受熬煎之貌。〔19〕“叩心”，捶心，怨愤之状。〔20〕“临制”，君临统治。〔21〕“蒸庶”，庶民百姓。“蒸”，通“烝”，众多。〔22〕“化”，政教风化。〔23〕“影响”，如影之随形，响之应声，言反应极快。〔24〕“特”，只是，仅仅。“章邯”，秦将领，曾率军镇压陈胜、项梁领导的起义，后在钜鹿(今河北平乡西南)被项羽所败，投降，封为雍王。项羽入关，分封诸侯王，他被封在咸阳以西秦之故地，都废丘(今陕西兴平东南)。汉高祖还定三秦，章邯兵败自杀。事详本书《秦始皇本纪》、《项羽本纪》、《高祖本纪》。“杨熊”，秦将领，秦二世三年，在曲遇(今河南中牟东)为高祖所败，退守荥阳，秦二世遣使者斩之。事详本书《高祖本纪》。〔25〕“徼幸”，由于偶然的原因获得成功。“徼”，同“侥”。〔26〕“请书”，请求天子采取某种措施的奏疏。〔27〕“耐罪”，汉代一种较轻的罪，当处以剃去颊毛的刑罚，但可留下头发。〔28〕“甲卒”，披甲的士卒，全副武装的士兵。〔29〕“会日”，集合日期。〔30〕“左右都司空”，案《汉书·百官公卿表》，汉代少府属官有左右司空令、丞，宗正属官有都司空令、丞，颜师古《注》引如淳曰：“律，司空主水及罪人。贾谊曰‘输之司空，编之徒官’。”都司空令、丞当为专主宗室之犯法者。“上林”，苑名，故址在今陕西西安市西至周至、户县界，《汉旧仪》称其“广长三百里”，元朔年间上林苑属少府管辖。“中都官”，原泛指京师诸官府，然据此文所记，则上林中都官当与司法有关。武帝征和四年所置司隶校尉，“从中都官徒千二百人，捕巫蛊，督大奸猾”，疑与此相类。〔31〕“辩武”，能言善辩之士。据《淮南子·览冥》高诱《注》，“江淮间谓士曰武”。“说”，音 shuì，游说。〔32〕“倘”，或者。〔33〕“官奴”，没入官府的奴隶，其中有专司制作器物的工奴。〔34〕“御史”，《汉书·淮南王传》作“御史大夫”，是。〔35〕“中二千石”，指月俸一百八十斛谷的官员，如太常、郎中令、卫尉、太仆、廷尉、大行令、宗正、大农令、少府、中尉。〔36〕“都官令丞”，京师诸官府的令丞，乃诸卿属官。丞又为令之佐吏。〔37〕“都尉”，官名，是郡太守在军事方面的主要助手。〔38〕“使节”，使臣的信节。“法冠”，本为楚王之冠，汉使臣、御史也戴此冠。〔39〕“一日”，一旦。〔40〕“下之”，指归顺淮南王。〔41〕“发蒙”，揭去蒙在物上的巾子，比喻轻而易举。

【译文】淮南王见刘建已被召去审问，恐怕国内的秘密将被发觉，想要起事，伍被却又以为难以成功，便又一次问伍被道：“你认为吴国兴兵是对呢

还是不对?”伍被说:“我认为是不对的。吴王富贵极品,却行事不当,结果身死丹徒,头足分离,子孙无一幸存。我听说吴王后悔极了。愿大王深思熟虑,不要做吴王所后悔的事。”淮南王说:“大丈夫一言既出,死不足悔。再说吴王哪里懂造反,汉将一天之内经过成皋的竟有四十余人。现在我让楼缓先行拦截成皋隘口,周被下颍川之兵阻塞轘辕、伊阙要道,陈定出动南阳兵马把守住武关。这样河南郡太守只剩下一个雒阳而已,何足忧虑。然而在此之北尚有临晋关、河东、上党与河内、赵国(等地几处险阻)。常言道:‘阻绝成皋隘口,天下不通。’我占据三川险阻,招集山东兵马,如此行事,你以为如何?”伍被说:“臣只见其祸,未见其福。”淮南王说:“左吴、赵贤、朱骄如都认为有福,成功有十分之九的可能,你独独认为有祸无福,这是什么缘故?”伍被说:“大王的群臣和身边受宠信的人中那些平素能号召调动百姓的,都在前些时候的诏狱中被捕,其余的人就无可任用了。”淮南王说:“陈胜、吴广无立锥之地,聚众千人,于大泽发难,奋臂大呼而天下响应,西进到戏,军队就扩充到一百二十万。现在我淮南国虽小,然而精锐的军队可得十余万人,已不只是些受罚戍边之人和镰刀、凿子、矛柄之类的武器,你为什么说有祸无福呢?”伍被说:“当初秦朝暴虐无道,残害天下。发动上万辆车子,修筑阿房之宫,收取的赋税竟达百姓收入的大半,又征发闾左贫民戍边,父不能使子安宁,兄不能使弟安适,政令苛刻,刑罚严酷,天下百姓受尽煎熬,如处水火,他们都伸颈远望,侧耳细听,悲痛得仰天痛哭,捶心顿足,怨恨秦皇,所以陈胜大呼,天下响应。当今陛下制驭天下,一统海内,对百姓普施仁爱,广布德惠。他口里虽还没说,声音的传播竟比雷霆还快;号令虽还没发,教化流布之速,如同有神明佐助。他心里只要想到什么,威严就能振动万里,下面对上面的应和,如影之随形,如响之应声。而大将军的才能又不只是章邯、杨熊那种状况了。大王用陈胜、吴广来作比,我以为是不当的。”淮南王说:“如果像你所说,难道就没有侥幸成功的可能吗?”伍被说:“臣有一愚计。”王说:“怎么样?”伍被说:“当今诸侯没有异心,百姓没有怨气。朔方之郡田地广大,水草肥美,迁去的百姓还不足以充实其地。臣的愚计是,可以伪造丞相、御史请求徙民实边的奏书,把郡国的豪杰之士、负气行侠之人及犯有耐罪以上的百姓都迁去,发布赦令免除其罪,把家产五十万以上者,连其家属一起迁到朔方郡去,增派武装士卒催逼,把集合日期规定得很急促。此外再伪造左右司空、都司空及上林中都官的诏狱文书,逮捕各国诸侯、太子宠信的臣子。这样可使民怨沸腾,诸侯恐惧。再立即派出能言善辩之士随而游说鼓动,或者可有十分之一侥幸成功的可能吧?”淮南王说:“这一计策是可行的。不过,我认为还不至于到这一地步。”于是淮南王便命令官奴入宫,制作皇帝玺印,丞相、御史、大将军、军吏、中二千石、都官令、丞印,及附近郡太守、都尉的官印,还有汉廷使臣的信节、法冠,准备按伍被所谋划的那样起事。又派人假装获罪西逃,去侍奉大将军、丞相;一旦淮南国发兵,派人立即刺杀大将军卫青,而劝说丞相投降,估计这是很容易的。

王欲发国中兵,恐其相、二千石不听。〔1〕王乃与伍被谋,先杀相、二千石;伪失火宫中,相、二千石救火,至即杀之。计未决,又欲令人衣求盗衣,〔2〕持羽檄,〔3〕从东方来,呼曰“南越兵入界”,欲因以发兵。乃使人至庐江、会稽为求盗,〔4〕未发。王问伍被曰:“吾举兵西乡,〔5〕诸侯必有应我者;即无应,奈何?”被曰:“南收衡山以击庐江,有寻阳之船,〔6〕守下雉之城,〔7〕结九江之浦,〔8〕绝豫章之口,〔9〕彊弩临江而守,以禁南郡之下,〔10〕东收江都、会稽,〔11〕南通劲越,〔12〕屈强江淮间,〔13〕犹可得延岁月之寿。”王曰:“善,无以易此。急则走越耳。”

【注释】〔1〕“二千石”,据下文知指淮南国的内史及中尉。内史治国民,中尉掌武职,秩皆二千石。〔2〕“求盗”,汉代亭长属下的小吏,掌逐捕盗贼。〔3〕“羽檄”,汉代的一种官方文书,上插鸟羽,以示情况紧急,当飞速传送。〔4〕“会稽”,郡名,治所吴县(今江苏苏州市),辖境约相当于今江苏省长江以南、茅山以东,浙江省大部分及福建省。〔5〕“乡”,通“向”。〔6〕“寻阳”,县名,治所在今湖北黄梅西南。〔7〕“下雉”,县名,治所在今湖北阳新东南。〔8〕“九江”,指在寻阳附近汇入长江的众多支流。〔9〕“豫章”,郡名,治所南昌(今江西南昌市),辖境约相当于今江西省。“豫章之口”,《史记正义》谓“即彭蠡湖口”。彭蠡湖原在长江北岸,寻阳之东,西汉以后,逐渐南移。豫章郡北滨彭蠡。〔10〕“南郡”,郡名,治所江陵(今湖北江陵),辖境约相当于今湖北粉青河及襄樊市以南,荆门、洪湖以西,长江和清江流域以北,西至四川巫山。〔11〕“江都”,诸侯王国名,都广陵(今江苏扬州市西

北)，辖境约相当于今江苏省长江以北，射阳湖西南，仪征以东地区。〔12〕“劲越”，强有力的越国。〔13〕“屈强”，通“倔强”，不顺从。“屈”，音 jué。“强”，音 jiàng。

【译文】淮南王想要征发国内兵马，恐怕淮南国相和二千石不听。王便与伍被商议，要先杀掉相和二千石；准备假装宫中失火，相和二千石救火，来了就杀掉他们。计议未决，又打算派人穿上求盗的衣服，手持羽檄，从东方来，大呼“南越兵入界”，想乘机起兵。于是派人到庐江、会稽去当求盗，只是尚未发动。王问伍被道：“我举兵西进，诸侯必有响应我的；如果无人响应，怎么办？”伍被说：“向南攻取衡山以进击庐江，占据寻阳的船只，守住下雉城，连结九江诸水，阻绝豫章湖口，设置强弩临江而守，制止南郡兵马东下，向东则攻取江都、会稽，再南与劲越联络，在江淮之间称雄自立，这样就还可以拖延些时间。”淮南王说：“好，再好不过了。一旦危急，南奔越国就是。”

于是廷尉以王孙建辞连淮南王太子迁闻。上遣廷尉监因拜淮南中尉，〔1〕逮捕太子。至淮南，淮南王闻，与太子谋召相、二千石，欲杀而发兵。召相，相至；内史以出为解。〔2〕中尉曰：“臣受诏使，不得见王。”王念独杀相而内史中尉不来，无益也，即罢相。〔3〕王犹豫，计未决。太子念所坐者谋刺汉中尉，所与谋者已死，以为口绝，〔4〕乃谓王曰：“群臣可用者皆前系，今无足与举事者。王以非时发，恐无功，臣愿会逮。”〔5〕王亦偷欲休，〔6〕即许太子。太子即自刭，不殊。〔7〕伍被自诣吏，因告与淮南王谋反，反踪迹具如此。

【注释】〔1〕“廷尉监”，廷尉的属官，分廷尉左监与廷尉右监，统称廷尉监，掌逮捕罪犯。〔2〕“以出为解”，借口出门不在而不应召。〔3〕“罢”，放走。〔4〕“口绝”，没有人证。〔5〕“会逮”，接受逮捕。〔6〕“偷”，苟且，得过且过。〔7〕“不殊”，自刎而身首未断离，亦即未死。

【译文】这时廷尉把淮南王孙刘建的供辞牵连到淮南王太子迁之事上奏天子。天子派廷尉监乘着任命为淮南国中尉的机会，逮捕太子。廷尉监到达淮南，淮南王听到消息，与太子密谋召相和二千石来，想杀掉他们而发兵起事。召相，相来了；内史则以出门为借口而不应召。中尉说：“臣受诏命派遣，不能见王。”淮南王想，只杀掉相而内史、中尉不来，是没有用的，就释放了相。淮南王犹豫不定，计议未决。太子想，自己获罪是因为谋刺汉廷中尉，现在和我密谋过的那些人已经死了，认为人证断绝，便对王说道：“群臣中可用之人都在前些时候被捕，如今没有足以共同举事之人。王在时机不适宜时起事，恐怕徒劳无功，臣愿接受逮捕。”淮南王也得过且过，想暂不起事，就同意了太子。太子即刎颈自尽，不料未死。伍被自己投案，坦白了与淮南王谋反之事，谋反的踪迹俱如上文所云。

吏因捕太子、王后，围王宫，尽求捕王所与谋反宾客在国中者，索得反具以闻。上下公卿治，所连引与淮南王谋反列侯二千石豪杰数千人，皆以罪轻重受诛。衡山王赐，淮南王弟也，当坐收，有司请逮捕衡山王。天子曰：“诸侯各以其国为本，不当相坐。与诸侯王列侯会肄丞相诸侯议。”〔1〕赵王彭祖、列侯臣让等四十三人议，〔2〕皆曰：“淮南王安甚大逆无道，谋反明白，当伏诛。”胶西王臣端议曰：〔3〕“淮南王安废法行邪，怀诈伪心，以乱天下，荧惑百姓，〔4〕倍畔宗庙，〔5〕妄作妖言。《春秋》曰‘臣无将，将而诛’。〔6〕安罪重于将，谋反形已定。臣端所见其书节印图及他逆无道事验明白，〔7〕甚大逆无道，当伏其法。而论国吏二百石以上及比者，〔8〕宗室近幸臣不在法中者，〔9〕不能相教，当皆免官削爵为士伍，毋得宦为吏。〔10〕其非吏，他赎死金二斤八两。〔11〕以章臣安之罪，〔12〕使天下明知臣子之道，毋敢复有邪僻倍畔之意。”丞相弘、廷尉汤等以闻，〔13〕天子使宗正以符节治王。〔14〕未至，淮南王安自刭杀。王后荼、太子迁诸所与谋反者皆族。〔15〕天子以伍被雅辞多引汉之美，〔16〕欲勿诛。廷尉汤曰：“被首为王画反谋，被罪无赦。”遂诛被。国除为九江郡。

【注释】〔1〕此句之“诸侯”与“诸侯王列侯”重复，疑是衍文。《史记集解》引徐广曰：“诣都座就丞相共议也。”〔2〕“赵王彭祖”，景帝之子，景帝二年

立为广川王,五年徙封赵王,武帝征和元年卒,详见本书《五宗世家》。“让”,姓氏及事迹不详,《史记》仅见此《传》。或谓疑当作“襄”,曹参之玄孙,其时袭封为平阳侯。〔3〕“胶西王臣端”,景帝之子,景帝三年受封为王,在位四十七年(公元前一五四年至前一〇八年),详见本书《五宗世家》。胶西国都高密(今山东高密西南),辖境约相当于今山东胶河以西,高密以北一带。〔4〕“荧惑”,迷惑。〔5〕“倍畔”,通“背叛”。〔6〕“臣无将,将而诛”,这是阐释《春秋》经义的一句话,《公羊传》庄公三十二年曰:“君亲无将,将而诛焉。”又见昭公元年。《汉书·叔孙通传》、《王莽传》中亦见此语。《汉书注》颜师古曰:“将有其意。”此言人臣不应有造反的念头,否则就要被诛杀。〔7〕“验”,证据。〔8〕“二百石”,月俸三十斛谷的官员。“比”,类似。〔9〕“不在法中”,言未参与谋反,故不以谋反罪论处。〔10〕“宦”,作官。〔11〕“斤”,汉代一斤约等于今天的二百五十八克。十六两为斤。〔12〕“章”,彰明。〔13〕“汤”,张汤,杜县(今陕西西安市东南)人,曾为长安小吏,武帝时为御史,迁太中大夫,元朔三年为廷尉,元狩二年为御史大夫,元鼎二年有罪自杀,详见本书《酷吏列传》。〔14〕“符节”,朝廷用作凭证的两种信物。符以竹、木或金属制成,上书文字,剖而为二,各执其一,用时以相合为验。节如竿状,上饰旄尾。〔15〕“族”,诛杀整个家族。〔16〕“雅辞”,平素的言辞。

【译文】法吏于是逮捕太子、王后,包围王宫,搜捕还在淮南国的和淮南王一起谋反的宾客,要一网打尽,并搜索出谋反的实物上报天子。天子将此事交公卿审处,受到牵连的和淮南王密谋造反的列侯、二千石官员及豪杰等有几千人,都根据他们罪行的轻重受到惩办。衡山王赐,乃淮南王之弟,连坐应予拘捕,有司请求逮捕衡山王。天子说:“诸侯各以其封国为本,不应牵连获罪。你们与诸侯王、列侯会同丞相评议。”赵王彭祖、列侯臣让等四十三人评议后都认为:“淮南王安极其大逆无道,谋反之事明明白白,应当处死。”胶西王臣端评议说:“淮南王安废弃法度,专行邪僻,心怀欺诈,扰乱天下,迷惑百姓,背叛宗庙,乱造妖言。《春秋》义说云:‘人臣不要有造反的念头,有这样的念头就该受诛杀。’刘安的罪比仅有念头要重,他谋反的事实已经确定。我所见到的他的书信、符节、玺印、地图及其他大逆无道之事证据清清楚楚,他极为大逆不道,应当伏法受诛。对于俸禄二百石以上的淮南国官吏及与此相类者,对于宗室亲属及淮南王身边受宠信臣子中那些虽然没有直接参与谋反的人,因为他们未能对淮南王有所劝谏,都应问罪,对他们应免官削爵为士伍,不能再当官吏。那些不是官吏的,用金二斤八两赎死。以此来彰明刘安的罪行,使天下之人明白知道作臣子的应当如何做,不敢再有邪僻背叛的念头。”丞相公孙弘、廷尉张汤等将此评议上报天子,天子派宗正带着符节去惩治淮南王。宗正还没到达,淮南王安自刎而死。那些和王后荼、太子迁一起谋反的人都被处以灭族之刑。天子认为伍被平素的言辞中常常赞扬汉廷的善政,想不杀他。廷尉张汤说:“伍被为首替淮南王策划造反计谋,他的罪行不能赦免。”于是杀了伍被。淮南国被废除,成了汉的九江郡。

衡山王赐,王后乘舒生子三人,长男爽为太子,次男孝,次女无采。又姬徐来生子男女四人,美人厥姬生子二人。衡山王、淮南王兄弟相责望礼节,[1]间不相能。[2]衡山王闻淮南王作为畔逆反具,亦心结宾客以应之,恐为所并。

【注释】〔1〕“责望”,责怪抱怨。〔2〕“间”,音 jiàn,有隔阂,有嫌隙。“能”,亲善,和睦。

【译文】衡山王刘赐,王后名乘舒,生子女三人,长子爽为太子,次子名孝,次女名无采。衡山王姬徐来生子共男女四人,美人厥姬生子二人。衡山王、淮南王兄弟因在礼节上相互责怪埋怨,有了隔阂,不能和睦相处。衡王山听说淮南王正在准备叛逆器具,也想结交宾客来应付,担心被他吞并。

元光六年,[1]衡山王入朝,其谒者卫庆有方术,[2]欲上书事天子,王怒,故劾庆死罪,强榜服之。[3]衡山内史以为非是,却其狱。[4]王使人上书告内史,内史治,言王不直。王又数侵夺人田,坏人冢以为田。有司请逮治衡山王。[5]天子不许,为置吏二百石以上。衡山王以此恚,与奚慈、张广昌谋,[6]求能为兵法候星气者,[7]日夜从容王密谋反事。[8]

【注释】〔1〕“元光”,汉武帝年号,公元前一三四年至前一二九年。〔2〕“卫庆”,其余事迹不详,

《史记》仅见此《传》。“方术”，古代对医、卜、星、相等术的统称。卫庆所擅何术，文中未具体指明。〔3〕“强”，音 qiǎng，强逼。“榜”，音 péng，棰击，打。〔4〕“却”，退回，驳回。 〔5〕“有司”，古时设官分职，事各有专司，故称官吏为有司。 〔6〕“奚慈、张广昌”，衡山王谋士，其余事迹不详，《史记》仅见此《传》。 〔7〕“候星气”，占星望气以卜事情吉凶。〔8〕“从容”，音 sǒng yǒng，通“怂恿”，鼓动别人去做。

【译文】元光六年，衡山王入朝，其谒者卫庆有方术，想上书去侍奉天子。衡山王发怒，故意控告陷害他，要定以死罪，对他横加鞭笞，强迫他服罪。衡山国内史认为不是事实而把这案子退了回去。王派人上书控告内史，内史受到查处，说是衡山王不对。衡山王又多次侵夺别人的田地，还毁坏别人的坟墓，辟为自己的田地。有司请求逮捕衡山王惩治，天子不准许，只是规定衡山国俸禄二百石以上的官员今后由天子任免。衡山王因此心怀愤恨，与奚慈、张广昌密谋，寻找会行兵布阵、懂得占星望气之术的人，这些人日夜怂恿衡山王，密谋反叛之事。

王后乘舒死，立徐来为王后。厥姬俱幸。两人相妒，厥姬乃恶王后徐来于太子曰：“徐来使婢蛊道杀太子母。”〔1〕太子心怨徐来。徐来兄至衡山，太子与饮，以刃刺伤王后兄。王后怨怒，数毁恶太子于王。〔2〕太子女弟无采，嫁弃归，与奴奸，又与客奸。太子数让无采，〔3〕无采怒，不与太子通。王后闻之，即善遇无采。无采及中兄孝少失母，附王后，王后以计爱之，与共毁太子，王以故数击笞太子。元朔四年中，人有贼伤王后假母者，〔4〕王疑太子使人伤之，笞太子。后王病，太子时称病不侍。孝、王后、无采恶太子：“太子实不病，自言病，有喜色。”王大怒，欲废太子，立其弟孝。王后知王决废太子，又欲并废孝。王后有侍者，善舞，王幸之，王后欲令侍者与孝乱以汙之，欲并废兄弟而立其子广代太子。太子爽知之，念后数恶己无已时，欲与乱以止其口。王后饮，太子前为寿，〔5〕因据王后股，〔6〕求与王后卧。王后怒，以告王。王乃召，欲缚而笞之。太子知王常欲废己立其弟孝，乃谓王曰：“孝与王御者奸，无采与奴奸，王强食，〔7〕请上书。”即倍王去。王使人止之，莫能禁，乃自驾追捕太子。太子妄恶言，王械系太子宫中。孝日益亲幸。王奇孝材能，乃佩之王印，号曰将军，令居外宅，多给金钱，招致宾客。宾客来者，微知淮南、衡山有逆计，〔8〕日夜从容劝之。王乃使孝客江都人救赫、陈喜作輣车鏃矢，〔9〕刻天子玺，将相军吏印。王日夜求壮士如周丘等，〔10〕数称引吴楚反时计画，以约束。〔11〕衡山王非敢效淮南王求即天子位，畏淮南起并其国，以为淮南已西，发兵定江淮之间而有之，望如是。

【注释】〔1〕“蛊道”，用诅咒等邪术加害于人的一种迷信活动。“蛊”，音 gǔ。 〔2〕“数”，音 shuò，屡次。 〔3〕“让”，责备。 〔4〕“假母”，继母。一说为庶母。 〔5〕“寿”，祝人健康长寿。 〔6〕“据”，靠坐。“股”，大腿。 〔7〕“强食”，犹言努力加餐。 〔8〕“逆计”，反叛的阴谋。 〔9〕“救赫、陈喜”，刘孝的门客，其余事迹不详，《史记》仅见此《传》。“輣车”，一种战车。“鏃矢”，箭头由金属制成的箭，锋利而疾捷。 〔10〕“周丘”，下邳（今江苏睢宁西北）人，吴王刘濞的门客。吴王反，周丘自请持吴王汉节，驰入下邳，招降之，并率下邳兵北略城邑，至城阳，聚兵十余万。吴王兵败，周丘归下邳，病死道中。事详本书《吴王濞列传》。 〔11〕“约束”，进行部署。

【译文】王后乘舒死后，立徐来为王后，厥姬也同时受到宠信。这两个人相互妒嫉，厥姬就在太子面前说王后徐来的坏话道：“徐来派婢女行巫术杀死了太子的母亲。”太子心怨徐来。徐来的兄长到衡山的时候，太子与他饮酒，用利刃刺伤了他。王后怨怒，屡屡在衡山王面前诽谤太子。太子之妹无采，出嫁之后被遗弃回到衡山国，和奴仆通奸，又和宾客通奸。太子屡次责备无采，无采生气了，不和太子来往。王后听说后，就待无采特别好。无采及其二哥刘孝少年时母亲亡故，依附于王后徐来，王后用计对他们加意爱抚，和他们一起来诽谤太子，衡山王因此屡次痛打太子。元朔四年中，有人杀伤了王后的继母，衡山王怀疑是太子指使人杀伤她的，又打太子。后来衡山王生病，太子常常假称自己有病不去侍候。刘孝、王后、无采又说太子的坏话：“太子实际上没有生病，他自称生病，却面有

喜色。”衡山王大怒，想废掉太子，立其弟刘孝。王后得知衡山王决意废掉太子，就又想连孝一起废掉。王后有个侍女，善舞，得到衡山王的御幸，王后想让侍女与刘孝发生淫乱来败坏刘孝，企图把刘爽、刘孝兄弟二人一并废掉而把她自己的儿子刘广代立为太子。太子爽知道后，想到王后屡次说自己的坏话，没有完结的时候，就想和她发生淫乱来让她住口。一次王后饮酒，太子上前祝寿，乘机靠坐在王后大腿上，要求与王后卧宿。王后大怒，告诉了衡山王。王便召来太子，想把他捆绑起来痛打。太子知道王常想废掉自己而立弟孝为太子，便对王说：“孝与王御幸的人通奸，无采与奴仆通奸，您努力加餐吧，请让我上书天子。”说毕转身离去。王派人止住他，但无人能止得住，便亲自驾车追捕太子。太子乱说乱道，话十分难听，衡山王把太子加上镣铐关在宫里。刘孝日益受到王的亲幸。衡山王认为刘孝才能不凡，便让他身佩王印，号曰将军，命他住在宫外，多给他金钱，用以招致宾客。前来投奔的宾客，探听到淮南、衡山王有叛逆的计划，就日夜怂恿撺掇他。衡山王便派刘孝的宾客江都人救赫、陈喜制作辎车镞矢，还刻了天子的玉玺和将相军吏的官印。衡山王日夜寻求像周丘那样的壮士，并多次引用吴楚反叛时的计划以进行部署。衡山王并非敢仿效淮南王谋求即天子之位，只是担忧淮南王起兵后吞并他的国家，认为淮南王西进之后，他就可以发兵平定江淮之间而占据下来，他所希望的就是这样。

元朔五年秋，衡山王当朝，过淮南，淮南王乃昆弟语，[1]除前郤，[2]约束反具。衡山王即上书谢病，上赐书不朝。

【注释】〔1〕“昆弟语”，兄弟间的亲密交谈。〔2〕“郤”，音 xì，通“隙”，嫌隙，因猜疑或不满而产生的恶感。

【译文】元朔五年秋，衡山王应当入朝，经过淮南国，淮南王和他亲密交谈，除却前嫌，部署造反器具。衡山王就向天子上书，推说有病，天子赐书让他不必入朝。

元朔六年中，衡山王使人上书请废太子爽，立孝为太子。爽闻，即使所善白嬴之长安上书，[1]言孝作辎车镞矢，与王御者奸，欲以败孝。白嬴至长安，未及上书，吏捕嬴，以淮南事系。王闻爽使白嬴上书，恐言国阴事，即上书反告太子爽所为不道弃市罪事。事下沛郡治。[2]元狩元年冬，[3]有司公卿下沛郡求捕所与淮南谋反者未得，得陈喜于衡山王子孝家。吏劾孝首匿喜。[4]孝以为陈喜雅数与王计谋反，恐其发之，闻律先自告除其罪，又疑太子使白嬴上书发其事，即先自告，告所与谋反者救赫、陈喜等。廷尉治验，公卿请逮捕衡山王治之。天子曰：“勿捕。”遣中尉安、大行息即问王，[5]王具以情实对。吏皆围王宫而守之。中尉、大行还，以闻，公卿请遣宗正、大行与沛郡杂治王。王闻，即自刭杀。孝先自告反，除其罪；坐与王御婢奸，弃市。王后徐来亦坐蛊杀前王后乘舒，及太子爽坐王告不孝，皆弃市。诸与衡山王谋反者皆族。国除为衡山郡。

【注释】〔1〕“白嬴”，其余事迹不详，《史记》仅见此《传》。“之”，到。〔2〕“沛郡”，郡名，治所相县（今安徽濉溪县西北），辖境约相当于今安徽淮河以北、西肥河以东，河南夏邑、永城及江苏沛、丰等县地。〔3〕“元狩”，汉武帝年号，公元前一二二年至前一一七年。〔4〕“首匿”，为首窝藏。〔5〕“安”，司马安，少曾为太子洗马，元狩元年任中尉。他执法严刻，官四至九卿，又曾为淮阳太守，以河南太守卒。事详本书《汲郑列传》、《酷吏列传》。“大行”，即大行令，汉代中央政府九卿之一，掌接待诸侯及少数民族入京的迎送、朝会事务。“息”，李息，郁郅（今甘肃庆阳）人，曾三为将军，出击匈奴。元狩元年任大行令。事详本书《卫将军骠骑列传》。

【译文】元朔六年中，衡山王派人上书请求废去太子爽，立孝为太子。爽听说后，就派和他私交很好的白嬴到长安上书，告发刘孝制作辎车镞矢，和王所御幸的人通奸，想以此搞垮刘孝。白嬴到长安，还来不及上书，法吏就逮捕了他，因牵连进淮南国的事而被拘囚起来。衡山王听说刘爽派白嬴上书，怕他揭发国内那些密谋之事，立即上书反告太子爽所做的那些大逆不道、罪当弃市之事。天子将此事交沛郡查处。元狩元年冬，有司公卿责成沛郡，要求其搜捕与淮南王谋反之人，未有所得，而在衡山王子刘孝家捕到了陈喜。法吏控告刘孝为首窝藏陈喜。刘孝认为陈喜平素多次与王策划反叛，怕他暴露此事，又听说律令规定先行自首者可免其罪,还怀疑太子派白嬴上书揭发了谋反之事,便先行自首,告发了参与谋反的救赫、陈喜等人。廷尉审讯,证据确凿,公卿请求逮捕衡山王惩处。天子说:"不要逮捕。"派中尉安、大行息前去就地审问衡山王,衡山王据实一一回答。法吏把王宫团团包围看守起来。中尉、大行回长安,上报天子,公卿请求派宗正、大行和沛郡共同惩治衡山王。衡山王听说后,便自刎而死。刘孝先行自首谋反之事,免除其罪;但他与王所御幸的婢女通奸,获罪仍当弃市。王后徐来也因行巫术杀害前王后乘舒而获罪,太子爽因王所告不孝事获罪,皆弃市。那些与衡山王一起谋反的都被灭族。衡山国被废除,成了汉的衡山郡。

太史公曰:《诗》之所谓"戎狄是膺,荆舒是惩",〔1〕信哉是言也。淮南、衡山亲为骨肉,疆土千里,列为诸侯,不务遵蕃臣职以承辅天子,〔2〕而专挟邪僻之计,谋为畔逆,仍父子再亡国,〔3〕各不终其身,为天下笑。此非独王过也,亦其俗薄,臣下渐靡使然也。〔4〕夫荆楚僄勇轻悍,〔5〕好作乱,乃自古记之矣。

【注释】〔1〕"戎",古代对我国西部少数民族的泛称。"狄",对北部少数民族的泛称。"膺",击。"荆",楚国的别称,西周时楚立国于荆山(今湖北南漳西)一带,故名。"舒",指周代的群舒,包括舒庸、舒蓼、舒鸠等,在今安徽舒城、庐江县一带。"惩",惩罚。"戎狄是膺,荆舒是惩",见《诗经·鲁颂·闷宫》。〔2〕"蕃臣",藩屏王室之臣。"蕃",通"藩",藩屏,保卫。"承辅",辅佐。〔3〕"仍",乃,于是。〔4〕"渐",音 jiān,浸润。"靡",音 mó,通"摩",接触。"渐靡",指因长期接触而逐渐受到影响。〔5〕"僄",音 piào,轻捷。"轻",轻浮。"悍",凶狠,蛮横。

【译文】太史公说:《诗经》中所说的"戎狄是膺,荆舒是惩",这句话说得对极了。淮南、衡山王与天子为骨肉之亲,疆土千里,列为诸侯王,不尽力遵循藩臣之职以辅助天子,却心怀邪僻之计,谋为叛逆,于是父子两代再次亡国,各各不能善终其身,为天下所笑。这不仅仅是淮南、衡山王的过错,也因当地风俗浇薄,在臣下的影响熏染之下使他们变成这样。荆楚之民轻捷勇悍,喜好作乱,这是自古以来就有记载的了。

史记卷一百一十九

循吏列传第五十九

太史公曰：法令所以导民也，刑罚所以禁奸也。〔1〕文武不备，良民惧然身修者，〔2〕官未曾乱也。奉职循理，〔3〕亦可以为治，何必威严哉？

【注释】〔1〕"奸"，邪恶不正。此与上句之"民"对举，是指为非作歹的人。〔2〕"修"，整饬，端正。"身修"谓行为端正。〔3〕"理"，此指法理。"循理"，谓遵守法纪。

【译文】太史公说：法令是用来引导人民向善的，刑罚是用来禁止恶人为非作歹的。虽然文德不备、武功不扬，而国内的良民百姓仍能有所戒惧，行为端正，循规蹈矩，这是因为官吏尽职，不违法乱纪的缘故。官吏只要忠于自己的职守，依法办事，也可以把国家或地方治理得很好，又何必凭借威权，使用严厉的手段呢？

孙叔敖者，楚之处士也。〔1〕虞丘相进之于楚庄王，〔2〕以自代也。三月为楚相，施教导民，上下和合，世俗盛美，政缓禁止，〔3〕吏无奸邪，盗贼不起。秋冬则劝民山采，〔4〕春夏以水，〔5〕各得其所便，民皆乐其生。

【注释】〔1〕"楚"，诸侯国名，西周初成王封熊绎于楚，春秋时楚国领有今长江、淮河一带的广大地域，国势强盛；都郢，故址在今湖北江陵。"处士"，居于民间，不肯或尚未出任官职的士人。〔2〕"虞丘"，邑名。春秋时楚有大夫封于此，其地今已不可确考。"相"，官名，一国之相是辅佐国君处理政务的最高官职。此云"虞丘相"，当指为虞丘封君处理政务的地方行政长官。"楚庄王"，名旅，一说名吕，或作侣，春秋时楚国国君，公元前六一三年至前五九一年在位，曾多次用兵，扩大楚国势力范围，又大败晋军，称雄一时，为春秋"五霸"之一。〔3〕"禁止"，有禁即止，指法令严明。〔4〕"劝"，劝勉，勉励。〔5〕"春夏以水"，据裴骃《集解》所引徐广说，这一句意谓乘春夏多水把山中的竹木运送出去。

【译文】孙叔敖是楚国民间的一个士人。虞丘地方的相把他推荐给楚庄王，让他来接替自己的官职。三个月以后，孙叔敖被楚庄王任命为楚国的相，他推行教化，引导人民，楚国上下和睦，融洽相处，民间风俗淳厚美好，政令宽和，法禁严明，官吏中没有邪恶不正的人，国内盗贼绝迹。每到秋冬，就勉励百姓进山去采伐竹木，到了春夏时节就乘溪河水量丰富把竹木运送出去。百姓们的生计各得其便，人人都生活得很愉快。

庄王以为币轻，〔1〕更以小为大，百姓不便，皆去其业。市令言之相曰：〔2〕"市乱，民莫安其处，次行不定。〔3〕"相曰："如此几何顷乎？"〔4〕市令曰："三月顷。"相曰："罢，吾今令之复矣。"后五日，朝，相言之王曰："前日更币，以为轻。今市令来言曰'市乱，民莫安其处，次行之不定'。臣请遂令复如故。"王许之，下令三日而市复如故。

【注释】〔1〕"币"，钱币。"币轻"谓钱币分量过轻，易于盗铸。〔2〕"市令"，管理市场的官员。〔3〕"次"，留止。〔4〕"顷"，较短的时间。

【译文】楚庄王认为通行的钱币分量过轻，（便于不法之徒盗铸伪造，）就改小钱为大钱，百姓们使用不方便，纷纷都丢开了原先从事的本业。管理市场的官员向孙叔敖报告说："市场上一片混乱，百姓们都不能安居乐业，（人心惶惶，）去留不定。"孙叔敖问："发生这种情况已有多长时间了？"管理市场的官员回答："有三个来月了。"孙叔敖说："不必慌张，我这就让市场恢复原状。"过了五天，孙叔敖朝见楚王，对王说："前些日子改换钱币，是认为原先通行的钱币分量太轻。现在管理市场的官员来说'市场上一片混乱，百姓们都不能安居乐业，（人心惶惶，）去留不定'。我请求下令复行原来的币制。"庄王应允了，下令后三天，市场稳定，恢复了原状。

楚民俗好庳车，〔1〕王以为庳车不便马，欲下令使高之。相曰："令数下，〔2〕民不知所从，不可。王必欲高车，臣请教闾里使高其梱。〔3〕乘车者皆君子，〔4〕君子不能数下车。"王许之。居半岁，民悉自高其车。

【注释】〔1〕"庳"，音 bēi，低矮。〔2〕"数"，音 shuò，屡次。〔3〕"闾里"，古二十五家为一闾或一里，闾里有门。后因以"闾里"泛指里巷。"闾"，音 lǘ。"梱"，音 kǔn，通"阃"，门槛。〔4〕"君子"，此用作贵族男子的通称。

【译文】楚国民间习惯喜欢使用一种低矮的车子，楚王认为这种低矮的车子不便驾马，想下令让国内的车子都加高。孙叔敖说："行政命令下得太多，老百姓就会不知所从，不能用下命令的办法。如果大王一定要使国内的车子都加高，我请下令让把里巷的门槛加高。乘车的都是有身份的贵族，有身份的贵族不能老是遇到里巷的门槛就下车。"楚王同意这样办，过了半年，楚国的百姓都自动把车子加高了。

此不教而民从其化，〔1〕近者视而效之，远者四面望而法之。故三得相而不喜，知其材自得之也；三去相而不悔，知非己之罪也。〔2〕

【注释】〔1〕"化"，教化。〔2〕此言孙叔敖三得相、三去相，《庄子·田子方》及《吕氏春秋·知分》亦有孙叔敖三为令尹（楚称相为令尹）、三去令尹的记载，《论语·公冶长》则言"令尹子文三仕为令尹，无喜色；三已之，无愠色"。一云孙叔敖，一云子文，传闻异辞，事难确考。

【译文】这都是不设教令而百姓们（自然而然地）遵从他，被他所感化。近处的人看着他，以他的举动为榜样；远方的人也从四面遥望，遵照效法。所以孙叔敖三次被任命为相而并不兴高采烈，因为他知道凭自己的才能自应得到这个位置；三次被免职也并不懊悔，因为他知道那不是自己的罪过。

子产者，〔1〕郑之列大夫也。〔2〕郑昭君之时，〔3〕以所爱徐挚为相，国乱，上下不亲，父子不和。大宫子期言之君，〔4〕以子产为相。为相一年，竖子不戏狎，〔5〕斑白不提挈，〔6〕僮子不犂畔。〔7〕二年，市不豫贾。〔8〕三年，门不夜关，道不拾遗。四年，田器不归。〔9〕五年，士无尺籍，〔10〕丧期不令而治。〔11〕治郑二十六年而死，〔12〕丁壮号哭，老人儿啼，曰："子产去我死乎！民将安归？"

【注释】〔1〕"子产"，郑穆公之孙（本书《郑世家》说为文公少子，则为穆公曾孙，实误），名侨，字子产，曾任郑相三十余年，表现出内政、外交等方面的卓越才能，是当时的一个杰出的政治家。其事迹可参看本书《郑世家》的有关记载。〔2〕"郑"，诸侯国名。西周时宣王封少子友于郑。国原在畿内，西周灭亡，随周室东迁。春秋时郑国在今河南中部偏北，都新郑，即今河南新郑。"列大夫"，谓在大夫之列。春秋时官员职位最高的称卿，次于卿的称大夫，次于大夫的称士。〔3〕"郑昭君"，春秋时郑国国君，名忽。案：子产相郑专国政始于郑简公二十三年，即公元前五四三年，而昭公在位于公元前六九六年至前六九五年，此言子产在昭公时为相，时代相差一百多年，所记有误。〔4〕"大宫子期"，其人事迹不详，当是郑国宗室贵族。〔5〕"竖子"，儿童。"狎"，音 xiá，轻侮。〔6〕"斑白"，头发花白的老年人。"斑白不提挈"，谓民间尊重老人成为风俗，老人在路上提挈重物，年轻人见了就会上前代劳。《孟子·梁惠王上》"谨庠序（学校）之教，申之以孝悌之义，颁（通"斑"）白者不负戴于道路矣"，《礼记·王制》"道路轻任（行李）并，重任分，斑白不提挈"，是此语所本。〔7〕"僮子"，奴仆。"畔"，田

界。“不犂畔”谓不侵耕他家相邻的土地。〔8〕“豫”，诳，欺诈。“贾”，“价”的本字。“市不豫贾”谓市场上没有抬高物价进行诈骗的现象。〔9〕“田器”，农具。〔10〕“籍”，指军籍。军队的名籍记于一尺长的竹木牍上，所以称“尺籍”。“士无尺籍”，指干戈不兴，国家不再设常备军。〔11〕“丧期”，服丧的日期。古制人死后其亲属及臣仆等要穿丧服以示哀悼，服丧期间停止娱乐。丧服的种类及服丧时间的长短，视与死者关系亲疏不等而有区别。这种丧服制度是礼制的重要组成部分。“治”，此指等第分明。〔12〕“治郑二十六年而死”，据《左传》，子产于鲁襄公十九年（即郑简公十二年，公元前五五四年）为郑卿，鲁襄公三十年（即郑简公二十三年，公元前五四三年）相郑主国政，至鲁昭公二十年（即郑定公八年，公元前五二二年）去世，则子产相郑共二十二年。本书《郑世家》及《十二诸侯年表》记子产死于郑声公五年（公元前四九六年），则子产为相长达四十七年之久，显然有误。此言子产治郑二十六年，又与《郑世家》及《十二诸侯年表》矛盾，不知何据。

【译文】子产是郑国的一个大夫。郑昭公在位时，任用自己宠爱的徐挚为相，结果国中局势混乱，贵族和人民关系紧张，父子之间也争吵不和。大宫子期向国君建议任命子产为相。子产为相一年，国内儿童之间不轻佻地戏耍作弄，开无礼的玩笑，老人们不用在道路上自己提着东西，（自有年轻人代为服务，）耕作的僮仆也不犁掉田界，侵占别家的土地。为相二年，市场上没有人报虚价进行欺诈。为相三年，郑国的人晚上睡觉就不用关门，东西遗失在路上也没人有拾取。为相四年，农具可以留在田中不带回家。为相五年，不再设置军籍，士人不用再服兵役，人们都能自觉地按礼制要求的期限服丧，不用政府下令规定。子产治理郑国二十六年后去世。他死的时候，郑国青壮年都痛哭呼号，老人像小孩一样啼哭，都说：“子产离开我们死去了啊！这叫我们老百姓跟谁走啊！”

公仪休者，〔1〕鲁博士也。〔2〕以高弟为鲁相。〔3〕奉法循理，无所变更，百官自正。使食禄者不得与下民争利，〔4〕受大者不得取小。

【注释】〔1〕“公仪”，复姓。〔2〕“鲁”，诸侯国名。西周初武王封弟周公旦于鲁，春秋时鲁国在今山东西南部，都曲阜，即今山东曲阜。“博士”，官名，掌通熟文献，以备国君顾问。〔3〕“高弟”，才学卓异，品第高等。“弟”，通“第”。〔4〕“食禄者”，指领受俸禄的官吏和自有食邑禄田的贵族。

【译文】公仪休是鲁国的博士，因为才学俱优而被任命为鲁国的相。他奉公守法，依法办事，不更换一个官员，而所有的官吏自然而然都端正了自己的行为。他（主持国政，）使贵族和官吏不得同小百姓争利，已经得到大利的人不得再谋取小利。

客有遗相鱼者，〔1〕相不受。客曰：“闻君嗜鱼，遗君鱼，何故不受也？”相曰：“以嗜鱼，故不受也。今为相，能自给鱼；今受鱼而免，〔2〕谁复给我鱼者？吾故不受也。”

【注释】〔1〕“遗”，音 wèi，赠送。〔2〕“免”，指免官。受人鱼则不廉，不廉则可能被免官。

【译文】有个客人用鱼馈赠公仪休，公仪休不肯收下。客人问：“听说您很爱吃鱼，我送您鱼，为什么不收？”公仪休说：“正因为爱吃鱼，所以不收。现在我当相，有能力供自己吃鱼；如果收下你的鱼，我因而被免去职位，那还有谁能供给我鱼吃？我因此不收你的鱼。”

食茹而美，〔1〕拔其园葵而弃之。〔2〕见其家织布好，而疾出其家妇，〔3〕燔其机，〔4〕云“欲令农士工女安所雠其货乎”？〔5〕

【注释】〔1〕“茹”，蔬菜的通称。〔2〕“葵”，即冬葵，一种蔬菜。〔3〕“出”，此谓休弃。〔4〕“燔”，音 fán，焚烧。〔5〕“雠”，偿价，出售。

【译文】公仪休一次吃自己园中种出的蔬菜，觉得味道很好，就把园中的菜全拔出扔掉。一次看到自己家中织的布质量很好，就赶紧休弃了家中的妻子，烧掉了织机，说：“难道想使精通农、士、工等人家的妇女没有地方去出售他们织出的布匹吗？”

石奢者，楚昭王相也。〔1〕坚直廉正，无所阿避。〔2〕行县，〔3〕道有杀人者，相追之，乃其父也。纵其父而还自系焉。〔4〕使人言之

王曰："杀人者，臣之父也。夫以父立政，[5]不孝也；废法纵罪，非忠也；臣罪当死。"[6]王曰："追而不及，不当伏罪，子其治事矣。"石奢曰："不私其父，非孝子也；不奉主法，非忠臣也。王赦其罪，上惠也；伏诛而死，臣职也。"遂不受令，自刎而死。

【注释】〔1〕"楚昭王"，名珍（熊姓），春秋时楚国国君，公元前五一五年至前四八九年在位。〔2〕"阿"，音 ē，迎合，奉承。〔3〕"行"，巡行视察。〔4〕"系"，拘囚。〔5〕"立政"，推行政令。〔6〕"当"，判断，判罪。

【译文】石奢是楚庄王的相，他为人刚正廉洁，对任何权贵都不逢迎，不避忌。一次巡视各县，路上有人杀人，石奢追上一看，杀人的是自己的父亲。他把父亲放走，回来就把自己捆绑起来，派人给楚王传话："杀人的是我的父亲。如果用自己的父亲来（表示自己执法严明，）树立政令的权威，那就是不孝；而不顾法律放走罪犯，则是不忠。我有罪应该死。"楚王说："你追捕罪犯而没有追上，不该认罪伏法，你还是去处理公务吧。"石奢说："不徇私庇护自己的父亲，就不是孝子；不遵奉主上制定的法令，就不是忠臣。大王赦免我的罪过，是您的恩惠；伏罪而死，是我的职分。"于是不接受楚王的命令，自刎而死。

李离者，晋文公之理也。[1]过听杀人，[2]自拘当死。文公曰："官有贵贱，罚有轻重。下吏有过，非子之罪也。"李离曰："臣居官为长，不与吏让位；受禄为多，不与下分利。今过听杀人，傅其罪下吏，[3]非所闻也。"辞不受令。文公曰："子则自以为有罪，寡人亦有罪邪？"[4]李离曰："理有法，失刑则刑，失死则死。公以臣能听微决疑，[5]故使为理。今过听杀人，罪当死。"遂不受令，伏剑而死。

【注释】〔1〕"晋文公"，名重耳（姬姓），春秋时晋国（领有今山西大部、河北西南部、河南北部及陕西一角之地；都绛，故地在今山西翼城东南）国君，公元前六三六年至前六二八年在位。曾平定周王室内乱，以"尊王"为号召，对抗北向争霸的楚国，在城濮大败楚军，会盟诸侯，成为霸主，为春秋"五霸"之一。"理"，掌管刑狱的官员，法官。〔2〕"过听"，误听。〔3〕"傅"，附，硬加在……之上。〔4〕"寡人"，意谓寡德之人，古代国君用以自称，表示谦虚。这两句的意思是：你自以为是长官，所以要为下级担负罪责，那么寡人作为一国之君是不是也有罪责？〔5〕"听微"，审讯时能听察细微隐晦的情由。"决疑"，判决疑案。

【译文】李离是晋文公时司法部门的长官。一次他误听人言，批准处死了一个无辜者，知道真相后，就把自己拘禁起来，判自己死刑。文公说："官吏有贵有贱，处罚有轻有重。这是下级官吏的过错，不是你的罪。"李离说："我身为司法部门的长官，并没有把官位让给属下的官吏；我领受的俸禄数量最多，又没有分给属下的官吏；我现在误听人言错杀了人，却把罪责推在下属身上，这种做法我可没听说过。"拒绝了文公的命令。文公又说："你自以为有罪，那么，是不是寡人我也有罪呢？"李离说："司法工作本身也有法律：错判人什么刑自己就该受什么刑，错判人死刑自己也该受死刑。您因为我能够觉察隐情判决疑案，所以让我担任司法官员。现在我误听人言错杀了人，罪该处死。"于是他不接受文公的命令，用剑自刎而死。

太史公曰：孙叔敖出一言，郢市复。[1]子产病死，郑民号哭。公仪子见好布而家妇逐。石奢纵父而死，楚昭名立。李离过杀而伏剑，晋文以正国法。

【注释】〔1〕"郢"，古都邑名，春秋楚国国都所在，故址在今湖北江陵。

【译文】太史公说：孙叔敖说一句话，郢都的市场就恢复了安定。子产得病而死，郑国的百姓就痛哭呼号。公仪子看到家里织出好布，他的妻子就被休弃了。石奢放走父亲而自杀，楚昭王因而树立美名。李离因误听人言错杀了人而用剑自刎，晋文公从而整饬了国法。

史记卷一百二十

汲郑列传第六十

汲黯字长孺，濮阳人也。[1]其先有宠于古之卫君。[2]至黯七世，[3]世为卿大夫。黯以父任，[4]孝景时为太子洗马，[5]以庄见惮。[6]孝景帝崩，太子即位，[7]黯为谒者。[8]东越相攻，[9]上使黯往视之。不至，至吴而还，[10]报曰："越人相攻，固其俗然，不足以辱天子之使。"河内失火，[11]延烧千余家，上使黯往视之。还报曰："家人失火，屋比[12]延烧，不足忧也。臣过河南，[13]河南贫人伤水旱万余家，或父子相食，臣谨以便宜，[14]持节发河南仓粟以振贫民。[15]臣请归节，伏矫制之罪。"[16]上贤而释之，迁为荥阳令。[17]黯耻为令，病归田里。上闻，乃召拜为中大夫。[18]以数切谏，[19]不得久留内，[20]迁为东海太守。[21]黯学黄老之言，[22]治官理民，好清静，择丞史而任之。[23]其治，责大指而已，[24]不苛小。黯多病，卧闺阁内不出。[25]岁余，东海大治。称之。上闻，召以为主爵都尉，[26]列于九卿。[27]治务在无为而已，[28]弘大体，[29]不拘文法。[30]

【注释】〔1〕"濮阳"，郡名，治所在今河南省濮阳县西南。〔2〕"古之卫君"，指战国时期卫国的君主。战国时卫已沦为赵国的附庸，先贬号为"侯"，后更贬号为"君"，仅据有濮阳一地。〔3〕"七世"，《汉书》作"十世"。古隶"七"字中画略短，与"十"字相似，后人常常混淆。〔4〕"黯以父任"，汲黯由父亲保举而作了郎官。汉代"任子令"规定：凡职位在二千石以上的官吏，服务满三年的，都可以保举自己的同胞兄弟或自己的儿子一人为郎。〔5〕"太子洗马"，官名，太子宫中的属员，秩六百石。在太子外出时，骑马担任先导。"洗"，读为"先"，不作"洗涤"讲，《汉书·百官公卿表》即作"先马"。〔6〕"庄"，庄重，严肃。"见"，表示被动，相当于"被"。"惮"，畏惧，音 dàn。〔7〕"太子"，即武帝刘彻，景帝七年（公元前一五〇年），被立为皇太子。公元前一四一年即位。〔8〕"谒者"，郎中令属官，掌接待宾客，通报传达之事。〔9〕"东越相攻"，居住在今福建和浙江东南的闽越和东瓯，于武帝建元三年（公元前一三八年）发生战争。事详本书《东越列传》。〔10〕"吴"，古地名，此指当时会稽郡的吴县，故地在今江苏省吴县。〔11〕"河内"，河内郡，辖境相当于今河南省黄河以北及京汉铁路以西（包括汲县）地区，郡治在怀县（今武陟西南）。〔12〕"屋比"，房屋毗连。"比"，挨着，并列。〔13〕"河南"，河南郡，辖境相当于今河南省黄河以南的洛水、伊水下游，双洎河、贾鲁河上游及黄河以北的原阳县，郡治在雒阳（今洛阳市东北）。〔14〕"便宜"，指方便灵活的办法，不经请示而见机行事。"便"，音 biàn。〔15〕"节"，符节，用以作为凭证的东西。"振"，通"赈"，救济。〔16〕"矫制"，汉律罪名之一，即伪造皇帝的命令，是很严重的罪行，依法要处以死刑。但是对于像收捕谋叛等不容先请示因而矫制的特殊情形，有变通的处理。"制"，皇帝的命令。〔17〕"荥阳令"，荥阳县令。荥阳县，故地在今河南省荥阳县东北，汉属河南郡。〔18〕"中大夫"，官名，属郎中令，掌论议。武帝太初元年（公元前一〇四年）改为光禄大夫。〔19〕"数"，多次，屡次。音 shuò。"切谏"，直率而击中要害的劝谏。〔20〕"不得久留内"，不能长久地在中央机构里做官。"内"，皇宫，此指京官，与地方官相对。〔21〕"东海"，汉郡名，秦时薛郡地，后称郯郡，汉初改为东海郡，辖境相当于今山东费县、临沂、江苏赣榆以南，山东枣庄、江苏邳县以东和江苏宿迁、灌南以北地区，郡治在郯（今山东省郯城北）。〔22〕"黄老"，黄帝、老子，道家以黄、老为始祖，因此道家学说称之为"黄老之言"。〔23〕"丞史"，丞和史都是太守的助理官吏，此处是泛指太守属下各级官员。汉律规定，太守下置内史、史各一人，卒、史书佐各十人。〔24〕“大指”，即主旨、要旨，主要的意图。〔25〕“闺閤”，内室。“闺”本指一种小门；“閤”是旁门。〔26〕“主爵都尉”，原称主爵中尉，掌列侯。景帝中六年（公元前一四四年）改为主爵都尉，武帝太初元年（公元前一〇四年）更名右扶风，治内史右地，与左冯翊，京兆尹合为三辅。汲黯作主爵都尉时，尚未改为右扶风。〔27〕“列于九卿”，汉初以奉常（后改太常）、郎中令、卫尉、太仆、廷尉（后改大理）、典客（后改大行）、宗正、治粟内史（后改大司农）、少府为正九卿，中尉（后改执金吾）、主爵都尉、内史准照九卿待遇，故云“列于九卿”。〔28〕“无为”，顺应自然，不加人为的干扰。这是道家思想的主旨，《老子》：“为无为，则无不治。”〔29〕“弘大体”，《汉书》及本书《袁盎传》皆作“引大体”，意思是抓大的主导的方面。“引”，引导，率领。〔30〕“文法”，法令条文。

【译文】汲黯，字长孺，是濮阳地方人氏。他的先祖受到战国时候的卫国国君的宠信。到汲黯已是第七代了，世代都做卿、大夫一类的官。汲黯由于父亲的保举，孝景帝时做了太子洗马。他为人庄重严肃，大家都因此而敬畏他。孝景帝逝世，太子继位，汲黯做了谒者。（有一年，）东越一带越人内部相互攻打，皇帝派汲黯前往视察。汲黯并没有到达那里，只到了吴地就返回了。他报告说：“越人之间相互攻打厮杀，原本是那里的习俗，不配烦扰天子的使者去过问。”（又有一次，）河内郡失火，因为房屋毗连，火势蔓延，烧了一千多家，皇帝派汲黯前去视察。汲黯回来报告说：“是普通人家失火，因为房子紧相连接，火势便蔓延开了，这件事不值得忧虑。倒是我经过河南郡，看到河南郡的穷人深受水灾、旱灾之苦，一万余户人家生活没有着落，甚至有父亲杀了孩子来吃的事情。我就利用奉令出使的方便作了灵活的处理，凭着出使所持的符节，发放了河南郡仓库储存的粟米，来赈济穷人。现在，请允许我交还使者的符节，等候皇上您惩处我假托皇帝命令的罪过。”皇上认为他做得不错，便没有追究他，还提升他做荥阳县令。汲黯却觉得仅仅只当个县令不光彩，托病退归故乡。皇上听说后，就召回汲黯，拜他做中大夫。但因为他常常直言进谏，不留情面，所以皇上不愿让他久留在朝内做官，调他出去做了东海郡的太守。汲黯学的是黄、老学说，管理官吏，治理百姓，喜欢清静无为，选择好手下的官吏，把工作交给他们去办。他治理郡政，对官吏只要求大的基本的方面，不苛求细枝末节。汲黯体弱多病，常高卧家中不出门。一年多以后，东海郡被治理得井井有条。他的政绩被人广为称颂。皇上听到后，把他召回朝廷，让他当主爵都尉，地位差不多相当于九卿了。他主管工作还是贯彻“无为而治”，引导主流，发扬光大，而不拘泥于咬文嚼字抠法律条文。

黯为人性倨，少礼，面折，〔1〕不能容人之过。合己者善待之，不合己者不能忍见，士亦以此不附焉。然好学，游侠，〔2〕任气节，内行修絜，好直谏，数犯主之颜色，常慕傅柏、袁盎之为人也。〔3〕善灌夫、郑当时及宗正刘弃。〔4〕亦以数直谏，不得久居位。

【注释】〔1〕“面折”，当面指摘、批评别人。“折”，驳斥，使人屈服。〔2〕“好学，游侠”，《汉书》作“好游侠”。按汲黯无“好学”事迹，下文武帝又以“人不可以无学”评论之，是应从《汉书》解读为“好游侠”。意即喜欢行侠，见义勇为，打抱不平。〔3〕“傅柏”，梁（故地在今河南商丘、安徽砀山一带）人，为梁孝王将。“袁盎”，楚人，曾为吴王濞相，事迹详本书本传。当时，傅、袁二人都以刚直而闻名。〔4〕“灌夫”，颍阴（今河南许昌）人，在平定吴楚之乱中，以勇敢善战闻名，“为人刚直使酒，不好面谀”。事迹详本书《魏其武安侯列传》。“宗正”，九卿之一，职掌皇族宗室事务。“刘弃”，《汉书·汲黯传》又作“刘弃疾”，《百官公卿表》仍作“刘弃”，元朔四年至六年（公元前一二五年至前一二三年）为宗正。

【译文】汲黯为人，秉性倨傲，很少注意通常的礼数，往往爱当面指摘批评别人，不能宽容人家的过失。与自己合得来就对人家很好；与自己合不来，就连见也不愿见人家。为此一些士人也不大愿意依附到他的门下。然而，汲黯喜欢行侠，见义勇为，打抱不平，他品行端正廉洁，喜好率直地谏议，多次不留情面地冒犯皇上；常常钦佩傅柏、袁盎的为人。汲黯同灌夫、郑当时和担任宗正职务的刘弃关系好，他们也都因为常常直言进谏，不能够长久地居于官位。

当是时，太后弟武安侯蚡为丞相，〔1〕中二千石来拜谒，〔2〕蚡不为礼。然黯见蚡未尝拜，〔3〕常揖之。天子方招文学儒者，上曰吾欲云云，〔4〕黯对曰：“陛下内多欲而外施

仁义，奈何欲效唐虞之治乎！”上默然，怒，变色而罢朝。公卿皆为黯惧。上退，谓左右曰：“甚矣，汲黯之戆也！”[5]群臣或数黯，[6]黯曰：“天子置公卿辅弼之臣，[7]宁令从谀承意，[8]陷主于不义乎？且已在其位，纵爱身，[9]奈辱朝廷何！”

【注释】〔1〕“武安侯蚡”，即田蚡，武帝母王太后的同母异父弟，建元六年（公元前一三五年）出任丞相，事迹详本书《魏其武安侯列传》。“武安”，属魏郡，故地在今河北省武安县。〔2〕“中二千石”，汉代官吏俸禄的等级。汉制，中二千石者，月俸一百八十斛，全年二千一百六十石；二千石者，月俸一百二十斛，全年一千四百四十斛；比二千石者，月俸一百斛，全年一千二百石。中二千石是九卿的俸禄。此处以俸禄代指官阶。〔3〕“然黯见蚡未尝拜”，汲黯官主爵都尉，俸禄为二千石，较中二千石官略低，但见田蚡不拜。〔4〕“上曰吾欲云云”，荀悦《汉纪》卷十记此事云：“帝问汲黯曰：‘吾欲兴政治，法尧舜，何如？’黯曰：‘陛下内多欲而外施仁义，如何欲效尧舜之治乎！’上大怒。”可为参考。〔5〕“戆”，愚而直。音 zhuàng。〔6〕“数”，责怪，埋怨。音 shǔ。〔7〕“辅弼”，帮助，纠正。〔8〕“从谀”，纵容谄谀。“从”，音 zhòng。〔9〕“爱身”，爱惜自己的身体。意思是，如果冒犯了皇上，降罪受刑，身体就要吃苦受难。

【译文】当时，太后的弟弟武安侯田蚡为丞相，中二千石级别的官员去见他行跪拜之礼，田蚡都不予回礼。然而汲黯见了田蚡，却从不下拜，常常只作揖为礼。这个时期天子正在招揽文学家和儒家学者，皇上说我是想要如此这般等等，汲黯却对他说：“陛下内心欲望很多，表面上又做出施行仁义的样子，哪能指望达到像唐虞治理天下的成就呢！”皇上不说话了，很是生气，满脸怒色地退了朝。大臣们都替汲黯担心。皇上退朝回去，对左右侍从说：“真是太过份了！汲黯这家伙憨头憨脑笨透了！”大臣中也有人数落汲黯，汲黯说：“天子任命三公九卿等大臣，就是要他们协助自己的，难道可以一味阿谀奉承，使主上陷于错误的境地吗？况且已经身居高位了，纵使想爱惜身家性命，也不能够去玷污国家的荣誉啊！”

黯多病，病且满三月，上常赐告者数，[1]终不愈。最后病，庄助为请告。[2]上曰：“汲黯何如人哉？”助曰：“使黯任职居官，无以逾人。[3]然至其辅少主，守城深坚，招之不来，麾之不去，[4]虽自谓贲育亦不能夺之矣。”[5]上曰：“然。古有社稷之臣，[6]至如黯，近之矣。”

【注释】〔1〕“病且满三月，上常赐告者数”，汉制，病休三月当免职，而皇上特地赐给病假，可以不免官而休假养病。“告”，休假。〔2〕“庄助”，吴人，郡中举为贤良，参加对策，为武帝赏识，擢为中大夫，后出任会稽太守，复召回留侍中。因与淮南王刘安私交论议，连坐受诛。《汉书》有传，作“严助”，系史家避汉明帝刘庄讳，改“庄”为“严”。“请告”，请假。〔3〕“守城深坚”，《汉书》作“守成”，指保守成业，《史记》作“城”，可能是后人误改。“深坚”，长久而牢固。〔4〕“麾”，通“挥”。〔5〕“贲、育”，古代的勇士孟贲和夏育。〔6〕“社稷之臣”，与国家同患难，共存亡的忠臣。“社”是土地神，“稷”是谷神，“社稷”就代表国家。

【译文】汲黯常常生病，一病往往就要超过三个月，（按规定病休三个月就应当免官，可是，）皇帝屡次赐给他假期让他继续养病，终于还是不能痊愈。最后，庄助去替他请假。皇上问道：“汲黯究竟是怎样一个人？”庄助说：“如果任用汲黯一般地做官办事，也没有什么超越别人的地方。然而，让他去辅佐年少的主上，守护国家已有的功业与成就，却能立场坚定，矢志不移，无论谁也不能引诱他而去，也不可能驱赶他而走，虽然有人自以为有古代勇士孟贲、夏育那样的勇力，也不能迫使他改变自己的志节。”皇上说：“唔，古代每每有保国安邦的大臣，像汲黯，差不多就是这种人了！”

大将军青侍中，[1]上踞厕而视之。[2]丞相弘燕见，[3]上或时不冠。[4]至如黯见，上不冠不见也。上尝坐武帐中，[5]黯前奏事，上不冠，望见黯，避帐中，使人可其奏。[6]其见敬礼如此。

【注释】〔1〕“大将军青”，即卫青，字仲卿，平阳（今山西临汾西南）人，武帝卫皇后的同母异父弟，以征伐匈奴有功，官拜大将军。事迹详本书本传。〔2〕“踞厕而视之”，蹲坐在厕所中接见他。

一说,“厕”通“侧”,指床的边侧。钱钟书《管锥编》说:“踞厕接见大臣,亦西方帝皇旧习,蒙田所谓据厕牏为宝座,处理机要;并有人厕面君特许状,颁与重臣,俾于溷圊得便宜如宣室之觐。” 〔3〕“丞相弘”,即公孙弘,字季,薛县(今山东省滕县东南)人。武帝初为博士,后免归。元光五年(公元前一三〇年)以文学对策第一复拜博士,迁左内史,御史大夫,元朔中为丞相,封为平津侯,年八十而终。事迹详本书本传。“燕见”,非正式的朝会和礼仪场合的会见。 〔4〕“冠”,戴帽子。音 guàn。 〔5〕“武帐”,天子宫殿中的帷帐,内有矛、戟、钺、楯(音 dùn)、弓矢五种兵器陈列,以示勇武、威严。 〔6〕“可”,同意,允许。

【译文】大将军卫青在宫中值勤侍奉,皇上蹲坐在厕所里接见他。丞相公孙弘平时去见皇上,皇上有时候随便得连帽子都不戴。但如果是汲黯来觐见,皇上不戴好帽子是不敢接见的。有一次,皇上坐在武帐中,恰巧碰到汲黯前来禀奏事务,皇上因为没有戴帽子,望见汲黯来了,赶紧躲进帐子当中,派人传诏出来,对他禀奏的事表示同意。汲黯受到皇上的敬重和礼遇,由此可见一斑。

张汤方以更定律令为廷尉,〔1〕黯数质责汤于上前,曰:“公为正卿,上不能褒先帝之功业,〔2〕下不能抑天下之邪心,安国富民,使囹圄空虚,〔3〕二者无一焉。非苦就行,放析就功,〔4〕何乃取高皇帝约束纷更之为?〔5〕公以此无种矣。”〔6〕黯时与汤论议,汤辩常在文深小苛,〔7〕黯伉厉守高不能屈,〔8〕忿发骂曰:“天下谓刀笔吏不可以为公卿,〔9〕果然。必汤也,令天下重足而立,侧目而视矣!”〔10〕

【注释】〔1〕“张汤”,杜(后改为杜陵,故地在今陕西省长安县东南)人。为著名的酷吏,与赵禹共同更定诸律令,后官至廷尉,御史大夫,以积怨甚多,为朱买臣等所陷,自杀。事迹详本书《酷吏列传》。“廷尉”,九卿之一,掌刑狱,是最高司法官。〔2〕“褒”,发扬。 〔3〕“囹圄”,监狱。音 líng yǔ。〔4〕“非苦就行,放析就功”,靠折磨人,使人受苦,而迫人就范;靠打破、搞乱原有的法令制度,而成就功业。 〔5〕“高皇帝约束”,刘邦率军入咸阳,与关中父老“约法三章”,“余悉除去秦法”。后萧何作律九章,当时刑法仍较简省。至张汤更定律令,“律令凡三百五十九章,大辟(死刑)四百九条,千八百八十二事,死罪决事比万三千四百七十二事。文书盈于几阁,典者不能徧睹。”(《汉书·刑法志》)“纷”,杂乱。“更”,更改。“为”,句末语助词,与“何”字搭配,表示疑问。 〔6〕“无种”,没有后代,犹言断子绝孙。 〔7〕“文深小苛”,指法律条文的文字的意义,及细小繁琐之处。 〔8〕“伉厉”,刚直峻厉。“守高”,指笃守正理。 〔9〕“刀笔吏”,指办理文案的官吏。刀和笔皆为书写工具,刀用以削治简牍,笔用以书写,文吏必随身携带。 〔10〕“重足而立,侧目而视”,双足重叠而立,侧着眼睛偷看,形容极度恐惧。

【译文】张汤这时由于改定律令,被任命为廷尉。汲黯曾多次在皇上面前质问和责备张汤。汲黯说:“你是身居高位的大臣,然而,你对上不能发扬光大先帝的伟大业绩;对下又不能遏制天下人萌生邪恶之心。或者能安定国家,富裕人民,或者能消灭犯罪,使监狱空虚,两条之中你是一条也做不到。你却不惜采用极端的手段让百姓罹受痛苦,使人就范于你的一意孤行;你不顾搞乱国家制度来成就你个人的‘功业’,你究竟为什么把高祖皇帝制定的章程乱改一通呢?你将因此落个灭门灭族,断子绝孙的下场。”汲黯常常与张汤发生争论,张汤进行辩论往往咬文嚼字,在条文细琐之处纠缠不休;汲黯刚直而严肃,坚持原则,高屋建瓴,但也不能将张汤的诡辩驳倒。汲黯每每大发雷霆痛骂道:“天下人都说舞文弄墨办案子的小官吏不能做国家重臣,果然真是这样。如果一定要把张汤的苛法严刑推行开去,将使天下没有人敢迈步走路,正眼看人了。”

是时,汉方征匈奴,招怀四夷。〔1〕黯务少事,乘上间,常言与胡和亲,无起兵。上方向儒术,尊公孙弘。及事益多,吏民巧弄。〔2〕上分别文法,〔3〕汤等数奏决谳〔4〕以幸。而黯常毁儒,面触弘等徒怀诈饰智以阿人主取容,而刀笔吏专深文巧诋,〔5〕陷人于罪,使不得反其真,〔6〕以胜为功。上愈益贵弘、汤,弘、汤深心疾黯,唯天子亦不说也,〔7〕欲诛之以事。〔8〕弘为丞相,乃言上曰:“右内史界部中多贵人宗室,〔9〕难治,非素重臣不能任,请徙黯为右内史。”为右内史数

岁，官事不废。

【注释】〔1〕“招怀四夷”，招徕、安抚四方的少数民族，如东越、南越、西南夷、西域、朝鲜等。“招”，招徕，使之亲附。“怀”，怀柔，使之归化。〔2〕“吏民巧弄”，《汉书》作“吏民巧”。“巧”、“弄”，皆指虚浮不实，欺瞒伪诈。〔3〕“分别文法”，张汤、赵禹更定法令，从原有法律条文中分列出许多新的规定，“作见知故纵（看见或知道他人犯法不检举者）、监临部主（互相监视，有罪连坐）之法，缓深故之罪（对官吏判罪过重或故意致人刑狱者从宽处理），急纵出之诛（官吏若有意开释、放走犯人，立即诛杀）”，“转相比况，禁罔（网）浸（渐）密”（《汉书·刑法志》）。〔4〕“汤等数奏决谳以幸”，汉代的奏谳制度规定，凡疑而不决的案子必须逐级上报，议定罪名，最后由廷尉报奏皇帝，由皇帝亲自裁决。典型案例，要通报全国，作为地方断狱的样板。“谳”，议罪。音 yàn。以上两句是说，武帝要制定新的法律条文来惩治奸吏刁民，张汤等就选取合适的案例奏上，让武帝裁断定案，以此讨得武帝的欢心。〔5〕“刀笔吏专深文巧诋”，“刀笔吏”指张汤等人；“深文巧诋”，指玩弄法律条文，巧妙地陷害他人。《汉书·张汤传》作“舞文巧诋”。〔6〕“不得反其真”，不能恢复真实的面貌。〔7〕“说”，通“悦”。〔8〕“诛之以事”，即“以事诛之”，找件事做借口把他杀掉。〔9〕“右内史”，“内史”本是京都地区的行政长官，景帝二年（公元前一五五年）分置左、右内史。武帝太初元年（公元前一〇四年）将右内史更名京兆尹，左内史更名左冯（音 píng）翊（音 yì），主爵都尉更名右扶风，成为京都三辅。

【译文】这个时候，汉朝正在征伐匈奴，同时招徕、安抚四境的少数民族。汲黯是个希望太平无事的人，趁着可以向皇上进言的机会，常常劝说皇上应当与匈奴和亲，不要起兵征伐。可是皇上正崇尚儒术，对公孙弘特别器重。碰上这一时期发生的事情也特别多，官吏百姓取巧耍滑，钻法律的空子，皇上要把法律条文分细分精，张汤等就乘机把相应的案例奏上，让皇上裁定，以迎合取信。而汲黯则经常抨击儒生，当面揭露公孙弘等人心怀诡诈，却貌似智慧，以顺从讨好皇上来稳固自己的地位，掌管司法的官吏们专门歪曲法律条文，巧妙地去罗织罪名，使人陷于刑狱无法昭雪，他们都把压迫、制服百姓作为自己的功绩。皇上越来越器重公孙弘和张汤，而公孙弘和张汤内心里非常痛恨汲黯，就连皇上也不高兴汲黯了，想要找点儿事为借口杀掉他。公孙弘既是丞相，便向皇帝进言道：“右内史所管辖的京师地方中，达官贵人，皇亲国戚很多，最难治理，不是平素声望显著的大臣不能胜任，请调汲黯担任右内史。”汲黯做了好几年右内史，没有什么纰漏可以挑剔，也就无法罢他的官。

大将军青既益尊，姊为皇后，然黯与亢礼。〔1〕人或说黯曰：“自天子欲群臣下大将军，〔2〕大将军尊重益贵，君不可以不拜。”黯曰：“夫以大将军有揖客，〔3〕反不重邪？”大将军闻，愈贤黯，数请问国家朝廷所疑，遇黯过于平生。〔4〕

【注释】〔1〕“亢礼”，以对等的礼节相见。“亢”，通“抗”。〔2〕“自天下欲群臣下大将军”，《汉书》作“自天子欲令群臣下大将军”。〔3〕“揖客”，行长揖之礼而不跪拜的客人。〔4〕“平生”，《汉书》作“平日”，意较顺畅。

【译文】大将军卫青这时地位越来越显赫，他的姐姐就是卫皇后，但是汲黯却不管这些，见面时仍然只行平等之礼，揖而不拜。有人对汲黯说：“天子的意图就是要让大将军的地位超越群臣之上，大将军受皇上尊敬、器重，越来越显赫，您不能见面不拜。”汲黯说：“大将军有尊贵的地位而又能平等地接待只揖不拜的客人，岂不是更显得他品行高尚吗？”大将军听说了这话，愈加认为汲黯很有见地，经常向他请教国家朝廷的疑难之事，对待汲黯超过了平常交往的所有的人。

淮南王谋反，〔1〕惮黯，曰：“好直谏，守节死义，难惑以非。至如说丞相弘，如发蒙振落耳。”〔2〕

【注释】〔1〕“淮南王”，即淮南王刘安，厉王刘长之子，刘邦之庶孙，有《淮南子》一书传世。于武帝元狩元年（公元前一二二年）谋反，事败自杀。“淮南国”，治所在寿春，即今安徽省寿县。〔2〕“发蒙”，揭开蒙盖着的东西。“振落”，摇动树木使枯叶飘落。

【译文】淮南王刘安图谋反叛，最畏惧的就是汲黯，他说：“汲黯喜欢直言进谏，坚守节操，勇于为正义献身，难以用歪门邪道欺骗他。至于要游说丞相公孙弘，那真容易得像揭开一个蒙着东西的遮盖，摇落几片枯叶一样！”

天子既数征匈奴有功，黯之言益不用。

始黯列为九卿，而公孙弘、张汤为小吏。及弘、汤稍益贵，与黯同位，黯又非毁弘、汤等。已而弘至丞相，封为侯；汤至御史大夫；故黯时丞相史皆与黯同列，〔1〕或尊用过之。黯褊心，〔2〕不能无少望，见上，前言曰：“陛下用群臣如积薪耳，〔3〕后来者居上。”上默然。有间黯罢，上曰：“人果不可以无学，观黯之言也日益甚。”

【注释】〔1〕“丞相史”，《汉书》作“丞史”，“相”是衍文。前言“择丞史而任之”，此即承上而言。〔2〕“褊心”，心地狭窄。“褊”，本义是衣服狭小，意biǎn。这一节明是对汲黯的批评，实则暗寓对武帝的褒贬。〔3〕“如积薪耳，后来居上”，《汉书·汲黯传》颜师古注云语出曾子，今传世曾子言论中未见。《汉书补注》引沈钦韩说语出《文子·上德篇》：“譬若积薪燎，后来处上。”《淮南子·缪称训》同，应是当时的熟语。

【译文】天子征伐匈奴屡获成功，所以对汲黯的话就更加不予理睬了。

当初，汲黯已升任相当于九卿的高官时，公孙弘和张汤才不过是个小官吏。等到公孙弘和张汤逐渐提升上来，与汲黯地位相同了，汲黯又抨击公孙弘和张汤等。后来，公孙弘当了丞相，封为侯；张汤当了御史大夫，以前汲黯属下的丞史等官吏也都与他官位相同了，有的甚至得到重用，地位还超过了他。汲黯心胸狭小，不能做到毫无怨恨，见到皇上，他就上前对皇上说：“陛下提拔大臣就好像堆积柴草那样，后来的都放在上面了。”皇上默不做声。过了一会儿，汲黯退了出去，皇上说：“一个人真是不能不学习，看看汲黯说的那些话越来越不像样子了。”

居无何，匈奴浑邪王率众来降，〔1〕汉发车二万乘。县官无钱，从民贳马。〔2〕民或匿马，马不具。〔3〕上怒，欲斩长安令。〔4〕黯曰：“长安令无罪，独斩黯，民乃肯出马。且匈奴畔其主而降汉，〔5〕汉徐以县次传之，〔6〕何至令天下骚动，罢弊中国而以事夷狄之人乎！”上默然。及浑邪至，贾人与市者，坐当死者五百余人。〔7〕黯请间，见高门，〔8〕曰：“夫匈奴攻当路塞，〔9〕绝和亲，中国兴兵诛之，死伤者不可胜计，而费以巨万百数。〔10〕臣愚以为陛下得胡人，皆以为奴婢以赐从军死事者家；所卤获，因予之，以谢天下之苦，塞百姓之心。〔11〕今纵不能，浑邪率数万之众来降，虚府库赏赐，发良民侍养，譬若奉骄子。愚民安知市买长安中物而文吏绳以为阑出财物于边关乎？〔12〕陛下纵不能得匈奴之资以谢天下，又以微文杀无知者五百余人，〔13〕是所谓‘庇其叶而伤其枝’者也，臣窃为陛下不取也。”上默然，不许，曰：“吾久不闻汲黯之言，今又复妄发矣。”后数月，黯坐小法，会赦免官。于是黯隐于田园。

【注释】〔1〕“匈奴浑邪王率众来降”，武帝元狩二年（公元前一二一年）匈奴浑邪王杀休屠王，合并两部共四万余人降汉。浑邪王与休屠王皆匈奴西部的部族首领，因屡被汉军击败，单于欲召而诛之。浑邪王与休屠王同谋降汉，休屠王后悔，浑邪王杀休屠王降汉，受封为漯阴侯，事详本书《匈奴列传》等。“浑邪”，或作“浑耶”、“昆邪”。〔2〕“贳”，赊借。音shì。〔3〕“具”，齐备，完备。此处指马的数目未凑齐。〔4〕“长安令”，长安县令。长安属右内史所辖，故与汲黯有关。〔5〕“畔”，通“叛”。〔6〕“传之”，用驿站的车辆运送他们。“传”，驿站的车辆。音zhuàn。〔7〕“贾人与市，坐当死者五百余人”，当时汉与匈奴交战，律令规定对匈奴封锁关市，严禁与匈奴交易及携带财物出关，违禁者处以重刑。而这次商人在长安与匈奴降人交易，没有想到竟然也算犯法。〔8〕“高门”，宫殿名，在未央宫内。〔9〕“当路塞”，指地处匈奴入侵中国之路的边境要塞。〔10〕“巨万百数”，犹言数百个巨万。“巨万”，万万，极言其多。〔11〕“塞”，满足。〔12〕“阑出财物于边关”，未经官方批准，私自将财物运出边塞。“阑”，指没有官方颁发的通行证出入关卡。〔13〕“微文”，指律令条文含义不很清楚。“微”，隐晦，不显明。

【译文】不久，匈奴浑邪王率领部属来投降，汉朝征发两万辆马车去迎接。县一级的政府因为没有这笔款项，只好向民间借马。有的百姓把马匹

藏起来,使得政府征不够预定的马匹数目。皇上很生气,想把长安县令斩首问罪(惩戒办事不力的人)。汲黯说:"长安县令没有罪,只要把我右内史斩首,百姓们就肯献出马匹了。说起来,浑邪王背叛单于而来归降汉朝,我汉朝布置沿途各县慢慢地挨次传送这批匈奴降众也就可以了,何至于要使天下惊扰,竭尽了全国的力量来服侍这帮蛮子呢?"皇上默不作声。等浑邪王率众到了京师,商人和他们做买卖,结果有五百多商人被执法官判定有罪,要处以死刑。汲黯请求皇上抽空接见。皇上在未央宫高门殿接见汲黯,汲黯说:"匈奴侵犯我国边境要塞,破坏同我国和亲友好的关系,我国兴兵讨伐,死伤的人员不计其数,耗费的钱财数百亿之钜。以臣子我的愚见,陛下俘获到匈奴,应当统统把他们充做奴婢赐给那些服兵役而死于战争的人的家庭;破敌后缴获的财物,也都分给他们。这样做,算是向天下受战争之苦的人有所表示,安慰了百姓的心。现在即使做不到这些,浑邪王率领数万人来投降,难道还要亏空了国库的储藏赏赐他们,打发许多百姓去侍候他们,就象是娇惯宠儿一样吗?无知的百姓把长安当地的货物卖给来降的匈奴,哪里会想到执法的官吏们却援引私自运输货物越境同匈奴做走私生意的法律来制裁他们呢?陛下既不能从匈奴那里得到好处来补偿天下人,又拿同实际情形并不切合的法律条文杀掉无知的百姓五百余人,这真可以说是'保护好树叶,折断掉树枝'。(本末倒置。)我私下认为陛下该不会这样做的。"皇上默不作声,不答应汲黯的请求,说:"我好久没有听到汲黯讲话了,今天汲黯又在楞头楞脑地乱发议论了。"数月之后,汲黯为小事触犯了法律,本当坐罪,恰逢大赦,只给予免去官职的处分。于是,汲黯就此隐居田园。

居数年,会更五铢钱,〔1〕民多盗铸钱,楚地尤甚。上以为淮阳,〔2〕楚地之郊,〔3〕乃召拜黯为淮阳太守。黯伏谢不受印,诏数强予,〔4〕然后奉诏。诏召见黯,黯为上泣曰:"臣自以为填沟壑,〔5〕不复见陛下,不意陛下复收用之。臣常有狗马病,〔6〕力不能任郡事,臣愿为中郎,〔7〕出入禁闼,〔8〕补过拾遗,臣之愿也。"上曰:"君薄淮阳邪?吾今召君矣。〔9〕顾淮阳吏民不相得,〔10〕吾徒得君之重,〔11〕卧而治之。"黯既辞行,过大行李息,〔12〕曰:"黯弃居郡,不得与朝廷议也。然御史大夫张汤智足以拒谏,诈足以饰非,务巧佞之语,辩数之辞,〔13〕非肯正为天下言,专阿主意。主意所不欲,因而毁之;主意所欲,因而誉之。好兴事,舞文法,〔14〕内怀诈以御主心,〔15〕外挟贼吏以为威重。〔16〕公列九卿,不早言之,公与之俱受其僇矣。"〔17〕息畏汤,终不敢言。黯居郡如故治,淮阳政清。后张汤果败,上闻黯与息言,抵息罪。〔18〕令黯以诸侯相秩居淮阳。〔19〕七岁而卒。

【注释】〔1〕"会更五铢钱",武帝元狩五年(公元前一一八年),废半两钱,改用五铢钱。"铢",重量名称,一铢为二十四分之一两。〔2〕"淮阳",汉初置淮阳国,以后有时为郡,有时为国,反复更易八九次。汲黯出任太守时,淮阳为郡,治所在陈县,故地在今河南省淮阳县。〔3〕"楚地之郊",此"楚"指战国时代的楚国,其故地沿袭而称为"楚地","郊",通"交",指交通要冲。〔4〕"诏数强予",武帝屡次下诏,强制地将太守印信给汲黯。"数",音shuò。〔5〕"填沟壑",卑辞,指死掉。意思是人死了,尸骨扔进沟壑中。"壑",山谷。音hè。〔6〕"狗马病",卑辞,以狗马自况。《汉书·汲黯传》此数句作:"臣常有狗马之心,今病,力不能胜郡事。"文义不同。"狗马病",犹言"犬马之疾"。〔7〕"中郎",郎官之一,掌守宫廷门户,出任车骑,秩比六百石,为郎中令属官。汲黯之意是愿做皇帝近侍官员。〔8〕"禁闼",宫廷的门户。"闼",门,又特指宫中小门。音tà。〔9〕"吾今召君矣",我很快即召你回来。"今",立即。〔10〕"顾",顾念,考虑到。〔11〕"徒",仅,只。〔12〕"大行",职官名,原名"典客",景帝中六年(公元前一四四年),更名"大行令",武帝太初元年(公元前一〇四年)更名"大鸿胪",为九卿之一,职掌内附的少数民族事务(当时叫"归义蛮夷")。"李息",郁郅(北地郡属县,今甘肃省庆阳县)人。武帝时三次任将军,参与征伐匈奴,皆无功而还。事迹附见本书《卫将军骠骑列传》。〔13〕"巧佞",伪诈而动听。"辩数","辩"是诡辩、狡辩;"数"是责难、数落。〔14〕"舞",玩弄。〔15〕"御",逢迎。〔16〕"挟",携同,伙同。音xié。〔17〕"僇",同"戮",斩,杀,此泛指刑罚。〔18〕"抵息罪",使李息抵偿应负的责任。"抵",抵偿。李息在元鼎二年(公元前一一五年)张汤自杀后,被免去大行令职务。〔19〕"以诸侯相秩居淮阳",诸侯王相秩真二千石(即中二千石),郡守秩二千石,官阶相当,俸禄不同。折钱计算,真二千石月二万钱,二千石月万六千钱。这是说武帝提高了汲黯的薪俸待遇。

【译文】过了几年，遇到（政府更改币制，废除半两钱，）改用五铢钱，许多百姓偷偷地铸造五铢钱，这种情形在楚地尤为严重。皇上认为淮阳正好处于楚地的交通要道上，就任命汲黯为淮阳太守。汲黯再三推辞，不肯领受官印。皇上几次下诏，强制性地将太守印信给他，他才接受了任命。皇上诏令召见汲黯，汲黯流着泪对皇上说："我自以为很快要老死乡间，尸骸扔进山沟，没想到陛下再次起用我。臣子我贱体有犬马之病，要我主管一个郡的事务力已不能胜任。我愿意做一名中郎，追随陛下于宫廷之中，为陛下拾遗补阙，这就是我的一点心愿。"皇上说："你是不是嫌淮阳太守官职太小？我很快就会召你回来的。眼下是考虑到淮阳地方官民不能融洽相处，我要借重你的威信，你只须高枕而卧就能够治理淮阳了。"汲黯只好辞行赴任，行前到大行令李息那里，对他说："我汲黯给撇到郡县去了，不能参与朝廷的计议了。可御史大夫张汤，他的智谋足以使他抵制别人的批评；他的狡诈足以使他掩饰自己的错误，他擅长乖巧讨好的言语，诡辩刻薄的辞令，不肯正直地替天下人讲话，专门迎合皇上的意图。对于皇上所不喜欢的，顺从皇上的意图诋毁它；对于皇上所喜欢的，依从皇上的意图吹捧它。善于兴风作浪，舞文弄法，他内心怀藏奸诈来逢迎皇上的心意，在外又利用一帮酷吏抬高自己的地位，显示自己的威严。你身为朝廷九卿之一，如果不及早揭发他，那你将会同他一道受到惩罚。"李息畏惧张汤，一直都不敢说张汤的不是。汲黯在淮阳，如同当年治理东海郡等地一样（实行"无为而治"），结果淮阳地方政治清明，太平安定。后来，张汤果然垮台了，皇上听说汲黯曾跟李息讲过那么一番话，追究了李息不言之罪。皇上诏令汲黯以诸侯国相的俸禄（年俸二千一百六十石）继续担任淮阳太守。汲黯于七年后去世。

卒后，上以黯故，官其弟汲仁至九卿，子汲偃至诸侯相。黯姑姊子司马安亦少与黯为太子洗马。安文深巧善宦，[1]官四至九卿，以河南太守卒。昆弟以安故，同时至二千石者十人。濮阳段宏始事盖侯信，[2]信任宏，宏亦再至九卿。然卫人仕者皆严惮汲黯，出其下。[3]

【注释】〔1〕"文深巧善宦"，擅长玩弄法律条文，罗织罪状，善于做官。"文深巧"与前"深文巧诋"意近。〔2〕"盖侯信"，武帝母王太后之兄王信，槐里（今陕西省兴平县东南）人，亦是武安侯田蚡之同母异父兄。景帝末，封为盖侯。"盖县"，在泰山郡，故地在今山东省沂水县西北。〔3〕"出其下"，出于汲黯门下，意谓濮阳籍的官吏都敬畏汲黯，认汲黯作前辈。

【译文】汲黯死后，皇上因为汲黯的缘故，起用他的弟弟汲仁做官，官至九卿。他的儿子汲偃官至诸侯国相。汲黯的姑妈的儿子司马安年轻的时候与汲黯一起做过太子洗马的官。司马安工于心计，善于做官，四次担任九卿一级的官职，死在河南太守任上。司马安的兄弟们由于他的关系，官位同时做到二千石级的就有十人之多。濮阳人段宏，开始做官时追随盖侯王信，王信保举段宏，段宏也两次担任九卿一级的职务。然而，卫地出来做官的人最敬畏的还是汲黯，尊他为前辈。

郑当时者，字庄，陈人也。[1]其先郑君尝为项籍将；[2]籍死，已而属汉。高祖令诸故项籍臣名籍，[3]郑君独不奉诏。诏尽拜名籍者为大夫，而逐郑君。[4]郑君死孝文时。

【注释】〔1〕"陈"，陈县为淮阳郡郡治所在，故地在今河南省淮阳县。〔2〕"其先郑君"，"先"指先辈，《集解》引《汉书音义》说，此指郑当时之父。《唐书·宰相世系表》说"郑君"名"荣"。〔3〕"高祖令诸故项籍臣名籍"，古人称呼他人，称字表示尊敬，直呼其名者不敬，项羽名籍，因此高祖让项羽的旧属直呼项羽的名字，不得尊称其字。〔4〕"诏尽拜名籍者为大夫，而逐郑君"，下诏把那些肯遵命直呼项籍名讳的都拜为大夫，而将不肯奉诏的郑君驱逐了。

【译文】郑当时，字庄，陈县人。他的先辈郑君曾经做过项籍的将领。项籍死后，归降了汉朝。高祖下令，凡是项籍的旧臣，在提到项籍时都要直呼其名称"项籍"，独独这郑君不肯遵令。高祖下诏拜那些肯直呼"项籍"之名的人都作了大夫，而驱逐了郑君。郑君在孝文帝时去世。

郑庄以任侠自喜，脱张羽于厄，[1]声闻

梁楚之间。孝景时,为太子舍人。[2]每五日洗沐,[3]常置驿马长安诸郊,存诸故人,[4]请谢宾客,夜以继日,至其明旦,常恐不遍。[5]庄好黄老之言,其慕长者如恐不见。年少官薄,然其游知交皆其大父行,[6]天下有名之士也。武帝立,庄稍迁为鲁中尉、济南太守、江都相,[7]至九卿为右内史。以武安侯、魏其时议,[8]贬秩为詹事,[9]迁为大农令。[10]

【注释】〔1〕"张羽",为梁孝王将军。其兄张尚为楚相,吴楚谋乱,张尚谏阻不听,被杀。张羽与韩安国率军拒吴,由此闻名。"厄",危难。〔2〕"太子舍人",太子太傅的属官,为太子的侍从人员。〔3〕"洗沐",汉制,官吏每五日得休假一日,休息以洗沐,又称"休沐"。"洗"指洗澡,"沐"指洗头发。〔4〕"存",看望,问候。〔5〕"遍",遍及。〔6〕"大父行",祖父一辈的人。"行",行辈,音 háng。〔7〕"鲁中尉",鲁国的中尉。"鲁"是诸侯王国,都鲁县,故地在今山东省曲阜县。"中尉",是负责治安的军事长官。"济南",郡名,郡治在东平陵县,故地在今山东省章邱县西。"江都",诸侯王国,都广陵,故地在今江苏省扬州市。元狩二年(公元前一二一年),江都王谋反自杀,武帝以其地封子刘胥为广陵国。〔8〕"以武安侯、魏其时议",元光四年(公元前一三一年)武安侯田蚡与魏其侯窦婴为灌夫案廷辩,相互攻讦,武帝问朝臣孰是,汲黯支持窦婴,郑当时起初支持窦婴,而后不敢坚持,受到武帝的训斥。事详本书《魏其武安侯列传》。窦婴,是景帝母窦太后的堂侄,字王孙,因平定吴楚之乱封侯。"魏其",故地在今山东省临沂县东南。〔9〕"詹事",职官名,掌皇后、太子宫中事务,常以所在宫殿名称呼,如"长信詹事"等。〔10〕"大农令",职掌谷物、盐铁生产与租税赋役事务。原名"治粟内史",为九卿之一。景帝后元年(公元前一四三年)更名大农令,武帝太初元年(公元前一〇四年)更名大司农。

【译文】郑庄以仗义助人为乐。他曾经把梁孝王的将领张羽从危难中解救出来,因而在梁、楚等地很有声望。孝景帝时,他任太子舍人之职,每到五天一次的休假日,常常安排驿马到长安郊外,在那里会见或慰问老友,邀约答谢宾客,夜以继日,通宵达旦,唯恐不够周全。郑庄喜好黄老之言,他钦慕德高望重的前辈,常常急急忙忙地拜访,好像是唯恐见不到他们的样子。郑庄年纪轻,官位低,然而与他交往的知己好友,论辈分都是他祖父一辈的人,尽是天下知名的人士。武帝即位,郑庄逐渐得到提升,先后任鲁国的中尉,济南太守,江都国相,一直做到九卿,担任右内史。武安侯田蚡与魏其侯窦婴曾在朝廷举行辩论,(郑庄起初支持窦婴,后不敢坚持,皇上很生气,)郑庄被降职为詹事,以后又升为大农令。

庄为太史,[1]诫门下:"客至,无贵贱无留门者。"[2]执宾主之礼,以其贵下人。[3]庄廉,又不治其产业,仰奉赐以给诸公。[4]然其馈遗人,不过算器食。[5]每朝,候上之间,说未尝不言天下之长者。其推毂士及官属丞史,[6]诚有味其言之也,[7]常引以为贤于己。未尝名吏,与官属言,若恐伤之。闻人之善言,进之上,唯恐后。山东士诸公以此翕然称郑庄。[8]

【注释】〔1〕"太史",此处有讹误,《汉书·汲郑传》作"大史",意即大官,而"太史"只是太常的下属,地位并不高,与下文不合。张文虎认为"太史"是"内史"之讹,亦通。〔2〕"无留门",毋使人滞留于门口。〔3〕"以其贵下人",指屈尊接待、礼遇客人。〔4〕"诸公",指宾客。〔5〕"算器食",一竹编食盒的食物。"算",通"筭",一种装食物的竹器,与筥近似(参吴恂说)。〔6〕"推毂",推车轮帮助车子前行,比喻推荐人才。"毂",车轮中心安装辐条的构件,此指车轮。〔7〕"诚有味其言之也",指郑当时举荐人才语言生动而有内容,是真心诚意地推荐。〔8〕"翕然",一致的样子。"翕",音 xī。

【译文】郑庄虽然身居高位,却告诫门下管事的人,说:"有客人到来,不论贵贱要立即通报,不得让客人在门上久久等候。"他对客人都按来宾之礼恭恭敬敬地予以接待,自己的地位虽然高贵,却能谦逊地平等待人。郑庄为官廉洁,又不经营产业,他供应接待宾客,全靠自己的俸禄。不过,他馈赠别人的东西,也就是一个竹制食盒的食物而已。每次上朝,遇到皇上有空闲,他向皇上进言,总是称颂天下的贤人。他推举各方人士和自己属下的官吏,都说得那么亲切有味,常常称道他们的德行胜过了自己。他从不对属下的官吏直呼其名,同各级官员谈话,无不小心翼翼,好像是怕伤害了他们似的。

他听到了人家有好的建议,立即推荐给皇上,唯恐落后耽误了。东方人士因此都异口同声地称赞郑庄。

郑庄使视决河,[1]自请治行五日。[2]上曰:“吾闻‘郑庄行,千里不赍粮’,[3]请治行者何也?”然郑庄在朝,常趋和承意,不敢甚引当否。及晚节,[4]汉征匈奴,招四夷,天下费多,财用益匮。庄任人宾客为大农僦人,多逋负。[5]司马安为淮阳太守,发其事,庄以此陷罪,赎为庶人。顷之,守长史。[6]上以为老,以庄为汝南太守。[7]数岁,以官卒。

【注释】〔1〕“郑庄使视决河”,郑庄被任为使节视察黄河决口处。武帝元光三年(公元前一三二年)黄河于瓠子(瓠子河口,故地在今河南省濮阳县西南)决口,东南流,经钜野泽,注入淮水、泗水。事详本书《河渠书》。〔2〕“治行”,整理行装。〔3〕“千里不赍粮”,行千里之远而不必自带食粮,意即交遊广,人缘好。“赍”,携带。音 jī。〔4〕“晚节”,晚年。〔5〕“为大农僦人”,作为大农令雇用的服役及搞运输的人。“僦人”,雇佣载运之人。“逋负”,亏欠款项或物资。“逋”,音 bū。郑庄自己是大农令,任用的熟人在手下负责运输事务,亏欠了款项或物资,自然难辞其咎。〔6〕“守长史”,代理丞相长史。“守”,暂时代理官职。〔7〕“汝南”,郡名,高祖四年(公元前二〇三年)置,郡治在上蔡县,故地在今河南省上蔡县西南。

【译文】郑庄奉命出使巡视黄河决口处,请求皇上给假五天准备行装。皇上说:“我听说有这样一句话:‘郑庄郑庄,出门千里,不用带粮。’可你还要请假准备行装,这是为什么呀?”不过,郑庄在朝廷,常常迎合别人,附和他人的意见,不敢明确地就是非问题表态。到了晚年,汉朝征伐匈奴,安抚四方的少数民族,国家花费极大,财政支出日益匮乏。郑庄所保举的人和宾客有受雇于大农令属下负责运输事务的,财务上多有亏空。司马安为淮阳太守,揭发了这件事,郑庄因此受到牵连,陷入法网,靠花钱赎罪,被免官成了普通百姓。不久,曾暂时代理了丞相长史的职务。皇上认为他年纪大了,委任郑庄为汝南太守。数年后,死于任上。

郑庄、汲黯始列为九卿,廉,内行修絜。此两人中废,[1]家贫,宾客益落。[2]及居郡,卒后家无余赀财。[3]庄兄弟子孙以庄故,至二千石六七人焉。

【注释】〔1〕“中废”,中途被罢官。“废”,黜免,罢官。〔2〕“落”,零落,离散。〔3〕“赀”,钱财。

【译文】郑庄、汲黯当初都做到相当于九卿的大官,为官廉洁,品行高尚。但这两个人在仕途中半道上就被罢了官,家里穷困,宾客也都四散了。待到他们到郡国任职,死了以后家里都没有多余的钱财。郑庄的兄弟子孙,因郑庄的缘故,官位做到二千石级别的有六七人。

太史公曰:夫以汲、郑之贤,有势则宾客十倍,无势则否,况众人乎!下邽翟公有言,[1]始翟公为廷尉,宾客阗门;[2]及废,门外可设雀罗。[3]翟公复为廷尉,宾客欲往,翟公乃大署其门曰:[4]“一死一生,乃知交情。一贫一富,乃知交态。一贵一贱,交情乃见。”汲、郑亦云,悲夫!

【注释】〔1〕“下邽”,县名,属京兆尹,故地在今陕西省渭南东北。“邽”,音 guī。或说“下邽”一作“下邳”。“翟公”,《汉书·百官公卿表》记元光五年(公元前一三〇年)为廷尉,事迹不详。〔2〕“阗”,充塞。音 tián。〔3〕“雀罗”,捕雀的罗网。〔4〕“署”,题字。以下六句是韵文,“生”、“情”押韵(上古音耕部韵),“富”、“态”押韵(之部韵),“贱”、“见”押韵(元部韵)。

【译文】太史公说:就连汲黯、郑庄那样的贤人也是如此,身为高官则宾客盈门,一旦罢官就情形全然不同,何况是普通的人呢!下邽翟公曾经说过,当初翟公为廷尉的时候,宾客往来拥挤不堪,等到被罢了官,大门之外空空荡荡可以张起罗网捕鸟雀。后来翟公再次出任廷尉,宾客们又想到他家去了,翟公便在门上用大字书写道:“看看生前怎样,看看死后怎样,才知交情真相。看看穷时怎样,看看富时怎样,才知交情真相。看看当官怎样,看看罢官怎样,才知交情真相。”汲黯和郑庄的际遇,也可以用这几句话来概括,真可悲啊!

史记卷一百二十一

儒林列传第六十一

太史公曰：余读功令，[1]至于广厉学官之路，[2]未尝不废书而叹也。曰：嗟乎！夫周室衰而《关雎》作，[3]幽厉微而礼乐坏，[4]诸侯恣行，政由强国。故孔子闵王路废而邪道兴，[5]于是论次《诗》《书》，[6]修起礼乐。适齐闻《韶》，[7]三月不知肉味。自卫返鲁，[8]然后乐正，《雅》《颂》各得其所。[9]世以混浊莫能用，是以仲尼干七十余君无所遇，[10]曰"苟有用我者，期月而已矣"。[11]西狩获麟，[12]曰"吾道穷矣"。故因史记作《春秋》，[13]以当王法，以辞微而指博，[14]后世学者多录焉。

【注释】〔1〕"功令"，此指有关教育制度、学校功课以及学官考选等方面的法令。 〔2〕"厉"，通"励"，激励，振奋。 〔3〕"《关雎》"，《诗经》的第一篇，属《周南》。这是一首君子思得淑女的情诗，后儒治《毛诗》者，或以为是颂后妃之德，或以为是以淑女喻贤才。司马迁早年曾从孔安国问《诗》，孔治《鲁诗》；此言《关雎》是周王朝有了衰微的迹象，诗人见机而作的刺诗，当本《鲁诗》说。 〔4〕"幽"，周幽王姬宫涅，西周最后一个王，公元前七八一年至前七七〇年在位。"厉"，周厉王姬胡，幽王的祖父，在位期间约在公元前九世纪中叶。幽厉都是西周末年昏庸暴虐的统治者，在他们在位期间，西周国势迅速衰微。"礼乐"，礼指礼法制度，乐指音乐制度。古代天子、诸侯、卿、大夫、士等不同等级的人礼乐不同，所以礼乐制度实际上是一种统治秩序。〔5〕"王路"，大路，正道。 〔6〕"论次"，讨论编次。"《诗》"，我国最早的一部诗歌总集，共辑录自西周初期到春秋中期的诗歌三百零五篇，其中既有民间歌谣，又有朝堂宗庙宴飨祭祀时用的配乐歌诗。据说曾经孔子删订，为儒家经典之一，又称"《诗经》"。"《书》"，即《尚书》，我国最早的一部文献汇编，其中保存了商周时期的一些重要历史文件和原始资料。据说曾经孔子删订，为儒家经典之一，又称"《书经》"。 〔7〕"齐"，诸侯国名，西周初武王封吕尚于齐。孔子在世时，齐为大国之一，领有今山东大部及河北东南一小部地区，都临菑（今山东淄博市东）。"《韶》"，传说是舜时的乐曲。《论语·述而》："子在齐闻《韶》，三月不知肉味。" 〔8〕"卫"，诸侯国名。西周初周公封武王同母少弟康叔封于卫。春秋时卫国在今河南省黄河以北。都屡迁，孔子在世时卫都为楚丘（今河南滑县东）。"鲁"，诸侯国名。西周初武王封弟周公旦于鲁。春秋时鲁国在今山东西南部，都曲阜（今山东曲阜）。当时鲁国保存西周礼乐制度最多。孔子是鲁国人，所以这里说"返鲁"。 〔9〕"《雅》《颂》"，《诗》依音乐和内容分为《风》、《雅》、《颂》三部分，其中《雅》又分《大雅》、《小雅》。孔子自卫返鲁，整理《诗》之《雅》、《颂》，据《左传》记载，事在鲁哀公十一年（公元前四八四年）〔10〕"仲尼"，孔子字。"干"，干谒，指求见统治者，希望得到任用。孔子曾周游列国，以求得到任用，实现自己的政治理想。此言"干七十余君"，本《庄子·天运》之说，数字夸张不实。 〔11〕"苟有用我者，期月而已矣"，语见《论语·子路》。"矣"，《论语》原文作"可也"。"期"，音jī。"期月"，周月，谓遍历一年之十二月，即一整年。 〔12〕"西狩获麟"，事见《春秋》哀公十四年。《公羊传》："西狩获麟，孔子曰：'吾道穷矣。'""狩"，冬季行猎。"麟"，麒麟，传说中的一种仁兽。麒麟出现是圣王临世的祥瑞，而当时并无圣王，所以孔子听说鲁哀公西狩获麟，就感伤祥瑞没有效应，周道难以复兴，有"吾道穷矣"之叹。 〔13〕"《春秋》"，鲁国的一部编年体史书。所记起自鲁隐公元年（公元前七二二年），终于鲁哀公十四年（公元前四八一年），相传是孔子据鲁国的史籍修订而成，为儒家经典之一。 〔14〕"指"，通"旨"，意旨，相当于现在所说的思想内容。

【译文】太史公说：我读国家关于考选学官、兴办教育事业的法令，读到广泛地开辟学官的进身之路以鼓励士子的规定时，总是放下书册而感叹。唉！周朝一开始走下坡路，诗人就创作了《关雎》这首诗，到幽王、厉王时王室衰微，礼乐制度也就崩坏了。以后诸侯横行无忌，（天子形同虚设，）天下大政都由强国作主。孔子哀伤王道废弃邪道盛行，于是就删定编次《诗》《书》，修订振兴礼乐，他去齐国听见演奏《韶》乐，（被那高雅典丽的意境所陶醉，）三个月之中，食肉不辨肉味。他从卫国返回鲁国后，就使鲁国的音乐回到了正确的方向，《雅》和《颂》各自得到了适当的位置。而当时的世道混乱不堪，没有谁肯任用孔子，所以孔子以他的理想游说了七十多个国君，未能遇上一个能赏识他的。他说："如果有肯任用我的，只要一年的时间我就能把兴礼作乐的事办得差不多了。"后来鲁人在西郊狩猎，捕捉到一头麒麟，孔子说道："我的路走到尽头了。"所以他依据历史记载而作了一部《春秋》，（用它来褒贬善恶，）以担当代替古代圣王之法。这部书语辞精微，意旨博大，后世的学者多有传抄。

自孔子卒后，七十子之徒散游诸侯，〔1〕大者为师傅卿相，小者友教士大夫，或隐而不见。〔2〕故子路居卫，〔3〕子张居陈，〔4〕澹台子羽居楚，〔5〕子夏居西河，〔6〕子贡终于齐。〔7〕如田子方、段干木、吴起、禽滑釐之属，〔8〕皆受业于子夏之伦，为王者师。是时独魏文侯好学。〔9〕后陵迟以至于始皇，〔10〕天下并争于战国，儒术既绌焉，然齐鲁之间，学者独不废也。于威、宣之际，〔11〕孟子、荀卿之列，〔12〕咸遵夫子之业而润色之，〔13〕以学显于当世。

【注释】〔1〕"七十子"，据说孔子有学生三千人，其中优秀的，《孟子·公孙丑上》说有七十人，本书《孔子世家》说有七十二人，《仲尼弟子列传》则记七十七人。此言"七十子"，是举其约数。 〔2〕"见"，音 xiàn，同"现"，显露。 〔3〕"子路"，孔子弟子，春秋时鲁国卞（今山东泗水东）人，姓仲名由，字子路，一字季路。刚直勇敢，长于政事，长期追随孔子，后任卫大夫孔悝（音 kuī）封地的邑宰，在卫国的一次内乱中被杀。详见本书《仲尼弟子列传》。〔4〕"子张"，孔子弟子，春秋时陈国人，姓颛孙，名师，字子张。曾随孔子周游列国，后归居于陈，不仕。"陈"，诸侯国名，西周初武王封舜后妫满于陈，国在今河南淮阳和安徽亳县一带，都陈（今河南淮阳）。 〔5〕"澹台子羽"，孔子弟子，春秋时鲁国武城（今山东费县西南）人，姓澹台，名灭明，字子羽。因貌丑不为孔子所重，后南游楚地，有学生三百多人，名闻诸侯。"楚"，诸侯国名，西周初成王封熊绎于楚。春秋时楚国领有今长江、淮河一带的广大地域，国势强盛，都郢（今湖北江陵）。 〔6〕"子夏"，孔子弟子，春秋时卫国人，姓卜名商，字子夏。长于文献之学，战国初为魏文侯师，讲学西河。"西河"，战国魏地，在今山西、陕西间黄河两岸，一说在今河南安阳及其附近地区。 〔7〕"子贡"，孔子弟子，春秋时卫国人，姓端木，名赐，字子贡。长于言辞，善于经商。战国初游说诸侯，曾任鲁国和卫国的相，最后居齐而死。 〔8〕"田子方"，战国初魏国人，名无择，子方是其字，是当时著名的文士，曾为魏文侯师。"段干木"，战国初魏国人，与田子方齐名，隐居不仕，得到魏文侯的敬重和礼遇。"吴起"，战国时卫国人，曾师事孔子弟子曾参。后先后任鲁将、魏将，胜敌有名。仕魏为西河守，被魏相所忌，出奔楚国，楚悼王用为令尹。在楚变法图强，得罪宗室大臣，悼王死后，即被楚贵族杀害。详见本书《孙子吴起列传》。"禽滑釐"，战国初人，曾师事孔子弟子子夏，后为墨子弟子。 〔9〕"魏文侯"，战国初魏国的国君，名都（一说名斯）。周贞定王二十四年（公元前四四五年）继位，在位五十年（一说三十八年），曾尊子夏、段干木、田子方为师，以好学尊贤著称。又任用李悝、吴起、西门豹等锐意改革，使魏国成为当时最富强的国家之一。 〔10〕"陵迟"，衰落。〔11〕"威"，指齐威王田因齐。战国时齐国首先称王的国君，桓公午之子，公元前三七八年至前三四三年在位。"宣"，指威王子齐宣王田辟疆，公元前三四二年至前三二四年在位。 〔12〕"荀卿"，即荀子。孟子名轲，荀子名况，都是战国时期儒家的大师，他们的事迹可参看本书《孟子荀卿列传》。〔13〕"润色"，此谓修饰、阐发。

【译文】孔子去世以后，他的那些被后人称为"七十子"的学生们就分散各地，游说诸侯，成就大的当上了诸侯的师傅卿相，成就小的也能做士大夫的老师、朋友。也有人隐居起来，不显露自己。那时子路在卫国，子张在陈国，澹台子羽在楚国，子夏在西河，而子贡终老于齐国。像田子方、段干木、吴起、禽滑釐之类，都是子夏等人的学生，而当上了王者之师。当时的诸侯只有魏文侯最为好学。后来尊重学者的风气逐渐衰败，一直到秦始皇的时代，

天下分为战国，以武力相争，儒家的学术被扔在一边，然而在齐鲁地方，学者们仍不废弃儒家学说。齐国在威王、宣王统治时期，孟子、荀卿这样的儒家大师，都遵奉孔子的学说而又有所发挥润色，他们都凭借自己的学识扬名当世，取得尊荣的地位。

及至秦之季世，[1]焚《诗》《书》，阬术士，[2]《六艺》从此缺焉。[3]陈涉之王也，[4]而鲁诸儒持孔氏之礼器往归陈王。[5]于是孔甲为陈涉博士，[6]卒与涉俱死。陈涉起匹夫，[7]驱瓦合適戍，[8]旬月以王楚，不满半岁竟灭亡，其事至微浅，然而缙绅先生之徒负孔子礼器往委质为臣者，[9]何也？以秦焚其业，积怨而发愤于陈王也。

【注释】〔1〕“季世”，末世，衰世。 〔2〕“阬”，此用作动词，坑陷，活埋。“术士”，此指儒生。秦始皇焚书坑儒事，详见本书《秦始皇本纪》。 〔3〕“《六艺》”，此指儒家的六部经典：《诗》、《书》、《礼》、《乐》、《易》、《春秋》。 〔4〕“王”，音 wàng，用作动词，称王。 〔5〕“礼器”，祭器。儒家重视对祖先的祭祀，孔氏世传的礼器具有象征儒家正统的意义。〔6〕“孔甲”，孔子八世孙，名鲋（音 fù），字甲。“博士”，官名，战国时即已设置，秦汉相承，由通熟文献或精于技艺者充任，备国君顾问差遣。 〔7〕“匹夫”，此指平民。 〔8〕“瓦合”，指未经训练的临时聚集的乌合之众。“適”，音 zhé，通“谪”，责罚，流放。“適戍”，此指因罪遣送边地担任守卫的戍卒。〔9〕“缙”，通“搢”，插。“绅”，束腰的大带。古代士大夫上朝秉笏，插笏于带。后因称士大夫为“缙绅”。此言“缙绅先生之徒”是指儒生。“委质”，“质”谓形质，即身体，“委质”谓屈膝而委体于地，也就是归顺的意思。

【译文】等到秦朝末年，焚烧《诗》《书》，活埋儒生术士，儒家的六部经典从此就残缺了。陈涉称王，鲁地的儒生们带着孔氏的礼器前往投奔归顺陈王。那时孔甲担任了陈涉的博士，最终和陈涉一起死难。陈涉本是一个平民百姓，率领一批因罪被罚去防守边境的乌合之众，不过十来天个把月的时间就据有楚地而称王，不到半年又终于败亡。他的出身、事迹都微不足道，可是那些儒家的缙绅先生们却背负着孔子遗留下来的礼器，前去归顺称臣，这是什么原因呢？是因为秦朝焚毁了他们安身立命的老家底，胸中积满对秦朝的怨愤，要通过陈王把怒气发泄出来。

及高皇帝诛项籍，[1]举兵围鲁，鲁中诸儒尚讲诵习礼乐，弦歌之音不绝，岂非圣人之遗化，好礼乐之国哉？故孔子在陈，曰“归与归与！吾党之小子狂简，[2]斐然成章，[3]不知所以裁之”。[4]夫齐鲁之间于文学，[5]自古以来，其天性也。故汉兴，然后诸儒始得修其经艺，讲习大射乡饮之礼。[6]叔孙通作汉礼仪，[7]因为太常，[8]诸生弟子共定者，咸为选首，[9]于是喟然叹，兴于学。[10]然尚有干戈，平定四海，亦未暇遑庠序之事也。[11]孝惠、吕后时，公卿皆武力有功之臣。孝文时颇征用，然孝文帝本好刑名之言。[12]及至孝景，不任儒者，而窦太后又好黄老之术，[13]故诸博士具官待问，未有进者。

【注释】〔1〕“项籍”，即项羽。项羽名籍，羽是其字。 〔2〕“狂简”，志向远大而疏于事理。 〔3〕“斐然”，文彩焕发的样子。 〔4〕“裁”，此谓节制，指导。案：上引孔子之语见《论语·公冶长》。 〔5〕“文学”，文献经典之学，与现代专指文艺创作的“文学”概念不同。 〔6〕“大射”，古代射礼的一种，在祭祀以前，由诸侯率群臣按一定的仪范赛射。儒家经典《仪礼》中有《大射》一篇，专讲此礼。“乡饮”，古代乡里中按一定仪范定期举行的以敬老为中心的酒会。《仪礼》中有《乡饮酒礼》一篇，专讲此礼。〔7〕“叔孙通”，薛（今山东滕县南）人，秦时儒生，曾为博士，后归顺汉高祖，先后任博士、奉常、太子太傅，惠帝时又复任奉常，汉代的礼仪制度有许多是由他主持制定的。详见本书《刘敬叔孙通列传》。〔8〕“太常”，官名。秦设奉常以掌礼乐祭祀之事，汉因之，秩中二千石，为九卿之一。至景帝中元六年（公元前一四四年）改称太常。叔孙通在汉初所任为奉常，此称太常，是司马迁用后来的官名追记前事。 〔9〕“选首”，此指选官时优先受到任命的人。叔孙通定朝仪以后，汉高祖应他的请求，把追随他的儒生弟子全部任为郎官，事见本书《刘敬叔孙通列传》。 〔10〕“喟”，音 kuì，叹息的声音。 〔11〕“遑”，义同“暇”。“暇”、“遑”义复，疑衍一字，《汉书·儒林传》于此无“暇”字。“庠序”，据说殷代的学校称“庠”，周代的学校称“序”，后因以“庠序”作为学校的代称。 〔12〕“刑名之言”，此称战国法家中以申不害为代表的主刑名一派的学说。其要旨是强调循名责实,强化上下关系,以利于国君控制全局,进行统治。〔13〕"窦太后",汉景帝的母亲。本清河观津(今河北武邑东南)人,少时入宫侍吕后,吕后以宫女赐诸王,窦氏归代王刘恒,在代国生子有宠。后代王被汉大臣迎立为帝(即汉文帝),窦氏成为皇后。景帝即位后,尊为皇太后。"黄老之术",指道家学说。"黄"指黄帝,为传说中上古的圣帝;"老"指老子,即老聃(音 dān),春秋战国时人,《道德经》的作者。后世的道家尊黄帝、老子为祖,其书亦多托名黄帝、老子。

【译文】到高皇帝消灭了项羽,发兵围困鲁地,鲁地的儒生们尚且还在讲习讽诵儒家经典,演习礼乐,音乐歌唱的声音不绝于耳,这难道不是圣人遗留的教化,爱好礼乐之邦吗?所以当初孔子在陈国,曾说:"回去吧!回去吧!我们那里年轻的学生们志向远大,眼界很高而疏略于具体事务,一个个才气纵横,斐然可观,我不知道怎样去成就他们。"齐鲁一带的士人对于古代典章文献之学的爱好,自古以来就存在了,这是那里人们的天性。汉朝兴起得了天下,然后儒生们才能研究他们的经典,请求演习大射、乡饮等礼仪。叔孙通制定了汉朝的各种礼仪制度,从而被任命为太常,跟随他的儒生弟子参与此事的也都在选官时被优先任用。于是人们都出声称叹,振奋起来立志向学。但当时还有征战之事,需要用武力去平定天下,所以也来不及顾及兴办学校的事。孝惠帝和吕太后时期,朝廷的公卿都是武将出身的功臣。孝文帝时,征召任用了相当多的文学之士,但孝文帝原本所欣赏的还是法家刑名之学。到了孝景帝,就不再任用儒者,而那时窦太后又喜爱道家黄老的那一套学术,所以那些博士官只是摆在那个位置上等待皇上顾问,没有能进身受重用的。

及今上即位,〔1〕赵绾、王臧之属明儒学,而上亦乡之,〔2〕于是招方正贤良文学之士。自是之后,言《诗》于鲁则申培公,〔3〕于齐则辕固生,〔4〕于燕则韩太傅。〔5〕言《尚书》自济南伏生。〔6〕言《礼》自鲁高堂生。〔7〕言《易》自菑川田生。〔8〕言《春秋》于齐鲁自胡毋生,〔9〕于赵自董仲舒。〔10〕及窦太后崩,〔11〕武安侯田蚡为丞相,〔12〕绌黄老、刑名百家之言,延文学儒者数百人,而公孙弘以《春秋》白衣为天子三公,〔13〕封以平津侯。〔14〕天下之学士靡然乡风矣。〔15〕

【注释】〔1〕"今上",汉武帝。〔2〕"乡",音 xiàng,通"向",趋向,向往。〔3〕"鲁",此指以曲阜为中心的春秋战国时期鲁国的故地,汉武帝时其地为鲁郡。"申培公",即后文的"申公",其人姓申名培,"公"为尊称。〔4〕"齐",此指以临菑为中心的春秋战国时期齐国的故地,亦即汉武帝时诸侯王国齐国及其邻近诸郡国在地理上的统称。"辕固生",其人姓辕名固,"生"是儒生的通称。〔5〕"燕",此指以蓟(今北京市城区西南)为中心的春秋战国时期燕国的故地,亦即汉武帝时诸侯王国燕国及其邻近诸郡在地理上的统称。"韩太傅",名婴,即下文的韩生。韩婴曾为常山王太傅。〔6〕"济南",汉郡名,治所在东平陵(今山东章丘西),辖境约相当于今山东济南市及章丘、济阳、邹平等地。"伏生",名胜。〔7〕"《礼》",指古《礼经》,儒家经典之一,为春秋战国时期朝会宴飨、婚冠丧祭等方面的礼仪制度的汇编。汉儒附会为西周初周公所制订。后世称之为《仪礼》。"高堂",复姓。〔8〕"《易》",指《周易》,古代的一部卜筮之书,主要内容西周时已形成,其中包括不少原始资料。汉儒附会为周文王所作,尊为经典。"菑川",当时的一个诸侯王国,都剧(今山东寿光南),辖境约相当于今山东淄博市及附近寿光、益都等县部分地区。〔9〕"胡毋",复姓。据《汉书·儒林传》,胡毋生字子都。〔10〕"赵",此指以邯郸(今河北邯郸市)为中心的战国时赵国故地,亦即汉武帝时诸侯王国赵国及其邻近诸郡国在地理上的统称。〔11〕"窦太后崩",事在武帝建元六年(公元前一三五年)。"崩",帝后死称崩。〔12〕"武安侯田蚡",汉武帝母王太后同母弟,武帝即位之初封武安侯,建元六年(公元前一三五年)起任丞相,权倾一时,元光四年(公元前一三一年)病死。详见本书《魏其武安侯列传》。"武安",汉县名,属魏郡,故治在今河北武安西南。"蚡",音 fén。〔13〕"公孙弘",字季,薛(今山东滕县南)人,少时曾为狱吏,后学《春秋》杂说。武帝初为博士,因故免归。元光五年(公元前一三〇年)以文学征,对策第一,拜博士。元朔五年(公元前一二四年)由御史大夫升任丞相,封平津侯。元狩二年(公元前一二一年)病死。详见本书《平津侯主父列传》。"白衣",古未仕者服白色布衣,因以"白衣"代称没有官职的平民。"三公",朝廷中辅佐皇帝处理政务的三个最高级的官员,当时以丞相、太尉、御史

大夫为三公,秩皆万石。〔14〕“平津”,汉邑名,属勃海郡高成县,故地在今河北盐山南。〔15〕“靡然乡风”,随风倾倒。此指习儒之事,风靡一时。

【译文】到当今皇上即位后,赵绾、王臧这些人深明儒学,而皇上对儒学也很向往,于是就招纳任用方正、贤良、文学之士。从此以后,讲说《诗经》的,在鲁地有申培公,在齐地有辕固生,在燕地有韩太傅。讲说《尚书》的,都源自济南的伏生。讲说《礼经》的,都源自鲁地的高堂生。讲说《易经》的都源自菑川的田生。讲说《春秋》的在齐鲁一带都源自胡毋生,在赵地则源自董仲舒。等到窦太后崩逝以后,武安侯田蚡任丞相,废斥道家黄老法家刑名等各种学派的学说,请来了通晓文献经典的儒生几百人,而公孙弘以《春秋》一经起家,从平民做到天子的三公,被封为平津侯。天下的学子也就随风一边倒,全都归向儒家了。

公孙弘为学官,悼道之郁滞,[1]乃请曰:“丞相、御史言:[2]制曰:[3]‘盖闻导民以礼,风之以乐。[4]婚姻者,居室之大伦也。[5]今礼废乐崩,朕甚愍焉。[6]故详延天下方正博闻之士,[7]咸登诸朝。其令礼官劝学讲议,洽闻兴礼,以为天下先。太常议,与博士弟子,[8]崇乡里之化,以广贤材焉。’谨与太常臧、[9]博士平等议曰[10]:闻三代之道,[11]乡里有教,夏曰校,殷曰序,周曰庠。其劝善也,显之朝廷;其惩恶也,加之刑罚。故教化之行也,建首善自京师始,由内及外。今陛下昭至德,开大明,配天地,本人伦,劝学修礼,崇化厉贤,以风四方,太平之原也。古者政教未洽,不备其礼,请因旧官而兴焉。为博士官置弟子五十人,复其身。[12]太常择民年十八已上,仪状端正者,补博士弟子。郡国县道邑有好文学,[13]敬长上,肃政教,顺乡里,出入不悖所闻者,令相长丞上属所二千石,[14]二千石谨察可者,当与计偕,[15]诣太常,得受业如弟子。一岁皆辄试,能通一艺以上,[16]补文学掌故缺;[17]其高弟可以为郎中者,[18]太常籍奏。[19]即有秀才异等,辄以名闻。其不事学若下材及不能通一艺,辄罢之,而请诸不称者罚。[20]臣谨案诏书律令下者,明天人分际,[21]通古今之义,文章尔雅,[22]训辞深厚,恩施甚美。小吏浅闻,不能究宣,无以明布谕下。治礼次治掌故,[23]以文学礼义为官,迁留滞。[24]请选择其秩比二百石以上,[25]及吏百石通一艺以上,[26]补左右内史、[27]大行卒史;[28]比百石已下,[29]补郡太守卒史:[30]皆各二人,边郡一人。先用诵多者,若不足,乃择掌故补中二千石属,[31]文学掌故补郡属,备员。请著功令。佗如律令。[32]”制曰:“可。”自此以来,则公卿大夫士吏斌斌多文学之士矣。[33]

【注释】〔1〕“道”,此指儒家的学说、理想。“郁滞”,阻塞不通。〔2〕“御史”,官名,此指御史大夫,为朝廷三公之一,掌言论纠察之事,秩万石。当时的御史大夫是番系(番音 pān)。公孙弘与番系联名上此奏,是元朔五年(公元前一二四年)六月的事。〔3〕“制”,皇帝的诏命。〔4〕“风”,音 fèng,通“讽”(今读 fěng),委婉地劝导。〔5〕“居室”,指夫妇同居。“婚姻者,居室之大伦”,语本《孟子·万章上》“男女居室,人之大伦也”。〔6〕“朕”,音 zhèn,第一人称代词,上古本人人可用,从秦始皇起,规定只有皇帝才能自称“朕”。“愍”,音 mǐn,忧伤。〔7〕“详”,周备地,广泛地。“延”,请,引进。〔8〕“与”,通“予”,给予,这里是为之配备的意思。〔9〕“太常臧”,当时的太常孔臧。其人为孔子后裔,父孔丛(音 cōng)初以功封蓼侯,孔臧于文帝前九年(公元前一七一年)袭爵,武帝元朔二年(公元前一二七年)为太常,元朔五年因罪免官。〔10〕“博士平”,史失其姓,本书仅此一见。〔11〕“三代”,指夏、商(殷)、周三代。〔12〕“复”,免除赋税劳役。〔13〕“郡国县道邑”,汉代地方行政区划主要是郡、县两级。郡直属于朝廷,下辖县。国指诸侯王国,与郡平行。道与县同级,在少数民族聚居处设置。邑是居民点的统称,此指列侯、公主等的封邑。〔14〕“令相长丞”,指县或与县同级的行政单位的长官。汉制万户以上的大县设县令一人,秩六百石至千石,万户以下的县设县长一人,秩三百石至五百石。丞指县丞,为县令或县长的副职,秩二百石至四百石。相指侯国相,汉列侯所封的侯国,相当一个县,由侯国相施政治民,侯国相的地位与县令、县长同。“二千石”,此指郡守或诸侯王国的相,汉制这种郡国长官的秩禄都是二千石(月得俸谷一百二十斛)。〔15〕“计偕”,此谓与上计吏一起到京师来。汉制每年年终各郡国要派遣官吏携带这一年度地方上人口、钱粮、盗贼、狱讼等方面的统计资料去京师向朝廷报告,称为"上计"。〔16〕"一艺",指儒家《诗》、《书》、《礼》、《乐》、《易》、《春秋》六种经典之一。〔17〕"文学掌故",一种低级的学官,此官熟悉某种文献和国家礼乐制度的旧例。〔18〕"高弟",品第高,此谓学业优秀。"弟",通"第"。"郎中",汉代郎官的一种,秩比三百石,为皇帝近侍,属郎中令(光禄勋)。〔19〕"籍",名籍。"籍奏",开列名单上奏。〔20〕"诸不称者",指谬加荐举的地方官、选拔不当的太常和教育失职的博士等。〔21〕"天人分际",指天道与人事之间的关系。认为天道与人事有关,是古代的一种迷信。〔22〕"尔雅",雅正。〔23〕"治礼次治掌故",一本作"次治礼学掌故"(见裴骃《集解》引徐广曰),义较明豁。"次治",排比研究。〔24〕"迁",徙官,此专言升职。〔25〕"比二百石",汉代官吏秩禄等级的一种,月得俸谷二十七斛。〔26〕"百石",汉代官吏秩禄等级中最低的一种,月得俸谷十六斛。〔27〕"左右内史",官名。秦代称首都行政长官为内史,汉因之。景帝中二年(公元前一四八年),又分置左右内史,秩皆二千石。武帝太初元年(公元前一〇四年)右内史改称京兆尹,左内史改称左冯翊(音 píng yì)。〔28〕"大行",官名,即大行令,掌管朝觐典礼,接待宾客,秩中二千石,为九卿之一。本承秦制称典客,景帝中六年(公元前一四四年)改名大行令,后至武帝太初元年(公元前一〇四年)又改称大鸿胪。"卒史",高级官员的一种属吏。当时朝廷九卿和左右内史属下的卒史秩二百石(月得俸谷三十斛)。〔29〕"百石以下",汉代正式规定的官吏俸禄最低一级为百石,不足百石的称"斗食小吏",计日论俸,日得俸谷一斗。〔30〕"郡太守",汉地方行政区划为郡县二级,郡的最高行政长官称郡守,秩二千石。景帝中二年(公元前一四八年)以后改称太守,亦称郡太守。郡太守属下的卒史秩为百石。〔31〕"掌故",此为官名,性质与文学掌故类似而级别稍高。"中二千石",汉代官吏秩禄等级的一种,月得俸谷一百八十斛。朝廷九卿以及列卿中的中尉都是中二千石级的。〔32〕"佗",音 tuó,通"他",其他。〔33〕"斌斌",同"彬彬",此指外露的文辞礼容和内涵的品质修养相辅相成,配合得很好。

【译文】公孙弘主管选拔学官的事,他哀伤儒者的进身之路仍不通畅,就上书奏请:"丞相和御史大夫上言:皇上有诏书说道:'听说为政者应该用礼仪来引导百姓,用音乐来感化他们。婚姻,是男女居家最重要的一种伦常。而今礼乐制度废弃崩坏,朕为此很是忧伤。现命令礼官要勉励人们努力向学,讲习讨论,广博见闻,以振兴礼制,作为天下的榜样。命令太常讨论商议,要为博士配备弟子,提倡在乡里推行教化,这样来广泛地造就贤才。'臣等恭敬奉命,同太常臧、博士平等商议,议定的意见如下:听说三代治国之道,在乡里都设有教育机构,夏代称作校,殷代称作序,周代称作庠。那时鼓励善人,就把他推荐给朝廷,使他扬名显贵,惩办恶人,就使他身受刑罚。所以教化的推行,应该先把京师建成最好的模范地区,再由内及外。现今陛下明白地宣示了最重要的德业,施展大智大明,与天地相配,以人伦为本,鼓励学者修订礼制,崇尚教化,激励贤人,使天下四方都受到感化,这是太平的根源啊!古时候政治和教育未能很好地协调,有关学校的礼制并不完备,现在请准许利用原有的官职机构来兴办教育事业。建议为博士官配置弟子五十人,免除他们的劳役和赋税。由太常选择百姓中年龄十八岁以上,容貌端正的人作为博士弟子。各郡、国、县、道、邑,如果有爱好文献之学,尊敬长上,能严肃地尊奉政教法令,同乡里的人们和睦相处,言行同所学的道理不相违背的,各地的县令、侯国相、县长、县丞等要向自己的上级郡太守或王国相推荐,郡太守、王国相要认真地考察,的确是不错的,应当让他们同上计吏一起进京,到太常那里,允许他们像博士弟子一样受业学习。一年后,在博士门下受业的都要考试,能通晓一种经典的,可任为文学掌故,其中的高材生可以担任郎中,由太常开具名单上奏。如有成绩优异才能突出的,随时把姓名报告给皇上。不努力学习或才具低下,不能通晓一种经典的,就罢斥遣还,并请示皇上给那些举荐不当的官员以惩罚。臣认为皇上所颁布的诏书律令,辨明了天道人事之间的微妙关系,贯通着古今的大义,文章雅正,所作的训辞用意深厚,所施予的恩德十分完美。但下面各地方的小吏见识浅陋,不能深刻领会并宣扬其中的深义,无法把皇上的意图明白地传谕到民间去。而研究礼法、掌故之学的人,凭藉通晓文献和礼仪当官,升职往往很不顺利。现请选择其中秩禄比二百石以上或者虽然秩禄只有一百石却通晓一种以上经 典的小吏,任命为左右内史或大行属下的卒史,秩禄为比一百石以下的,任命为郡太守属下的卒史:每郡各二人,边郡一人。先任用能较多地背诵经文的,如人数不够,就选择掌故担任中二千石级官员的属吏,选择文学掌故担任郡太守的属吏,都要使编制满员。请皇上将此定为法规,予以著录。其他则照原有的法令执行。"皇上下诏批准,说:"可以。"从此以后,公卿大夫以至

士子小吏有许多都是文质彬彬通熟经典的人士。

申公者,鲁人也。高祖过鲁,申公以弟子从师入见高祖于鲁南宫。[1]吕太后时,申公游学长安,与刘郢同师。[2]已而郢为楚王,[3]令申公傅其太子戊。[4]戊不好学,疾申公。[5]及王郢卒,戊立为楚王,胥靡申公。[6]申公耻之,归鲁,退居家教,终身不出门,复谢绝宾客,独王命召之乃往。[7]弟子自远方至受业者百余人。申公独以《诗经》为训以教,[8]无传,[9]疑者则阙不传。[10]

【注释】〔1〕"以弟子从师",据《汉书·儒林传》,申公之师是齐人浮丘伯。 〔2〕"刘郢",《汉书》作"刘郢客",刘邦弟楚元王刘交之子,文帝前二年(公元前一七八年)继位为楚王,文帝前五年卒,谥夷王。时刘郢为王子,亦从浮丘伯学《诗》。〔3〕"楚",当时的一个诸侯王国,辖境约当今江苏北部,山东南部以及安徽东北部一小部分地区;都彭城,即今江苏徐州市。 〔4〕"太子戊",刘郢子,于文帝前五年(公元前一七五年)继位为楚王,至景帝前三年(公元前一五四年)与吴王刘濞(音 pì)等共同发动叛乱,兵败自杀。 〔5〕"疾",憎恨。 〔6〕"胥靡",用绳索拘缚并迫使服劳役。 〔7〕"王命召之",此王不是楚王刘戊,而是鲁王刘余。景帝前二年(公元前一五五年)分楚国北部地设鲁国,都曲阜(今山东曲阜),辖境约相当于今山东曲阜、滕县、泗水等地,徙淮阳王刘余(景帝子)为鲁王。 〔8〕"为训以教",《汉书·儒林传》作"为训故以教"。"训",训故,指解释古书文义。 〔9〕"传",音 zhuàn,解释经义的著作。 〔10〕"阙",同"缺"。"传",传授,与上句"无传"的"传"音义有别。

【译文】申公是鲁人。高祖经过鲁地,申公曾作为弟子跟随他的老师进入鲁南宫去谒见高祖。吕太后当政时期,申公到长安游学,与楚元王的儿子刘郢同出一个老师门下。后来刘郢继位当上了楚王,就让申公做他的太子刘戊的师傅。刘戊不好学,恼恨申公。等到刘郢去世,刘戊被立为楚王,他就强迫申公拖着绳索刑具服劳役,申公感到耻辱,就退归鲁地,隐居起来在家教授学生,终身不出家门,又谢绝宾客往来,只有鲁王有命召见才去。从远方来从学受业的弟子有一百多人。申公只是解释《诗经》的文义作口头传授,而不撰写传注,遇到疑难问题一时难以解答的,就搁置一边,不妄加解释。

兰陵王臧既受《诗》,[1]以事孝景帝为太子少傅,[2]免去。今上初即位,臧乃上书宿卫上,累迁,一岁中为郎中令。[3]及代赵绾亦尝受《诗》申公,[4]绾为御史大夫。绾、臧请天子,欲立明堂以朝诸侯,[5]不能就其事,乃言师申公。于是天子使使束帛加璧安车驷马迎申公,[6]弟子二人乘轺传从。[7]至,见天子。天子问治乱之事,申公时已八十余,老,对曰:"为治者不在多言,顾力行何如耳。"是时天子方好文词,见申公对,默然。然已招致,则以为太中大夫,[8]舍鲁邸,[9]议明堂事。太皇窦太后好老子言,不说儒术,[10]得赵绾、王臧之过以让上,上因废明堂事,尽下赵绾、王臧吏,后皆自杀。申公亦疾免以归,数年卒。

【注释】〔1〕"兰陵",汉县名,属东海郡,故治在今山东苍山西南。 〔2〕"太子少傅",官名,掌辅导太子,为太子太傅的副职,秩二千石。 〔3〕郎中令",官名,掌管宫殿禁卫,为九卿之一,秩中二千石。武帝太初元年(公元前一〇四年)以后改称光禄勋。 〔4〕"代",汉郡名,治所在代(今河北蔚县西南),辖境约相当于今河北怀安、蔚县以西,山西阳高、浑源以东的内外长城间地以及长城外的东洋河流域。 〔5〕"明堂",据文献记载,明堂是西周天子宣明政教的地方,凡祭祀祖先、朝会庆赏、选士命官,乃至教学、养老等典礼都在此举行。其制久已失传,众说不一。汉代儒家十分推崇明堂制度,把立明堂作为一种政治理想。 〔6〕"束帛加璧",束帛之上又加玉璧,这是国君征聘贤士时用的最高贵的礼物。"安车",一种小型的马车,可以坐乘(古代一般的马车都是立乘)。"驷马",指用四匹马驾车。安车驾一马,礼尊者驾四马。"安车驷马"是对征聘对象的特殊的礼遇。 〔7〕"轺传",使者所乘的车,驾二马。"轺",音 yáo。 〔8〕"太中大夫",官名,掌议论应对之事,并执行皇帝临时指派的任务,秩千石。 〔9〕"邸",音 dǐ,王侯府第。汉代诸侯王都在长安设邸,以备朝觐时居住。"鲁邸",鲁王在长安的的府第。 〔10〕"说",音 yuè,通"悦"。

【译文】兰陵人王臧从申公那里得到了《诗》

学的传授，凭藉这方面的学识事奉孝景帝，当上了太子少傅，后来因故免官离开长安。当今皇上刚刚即位，王臧就上书请求担任宿卫之事，（皇上起用他，）他多次升迁官职，一年之中就做到郎中令。又有代人赵绾也曾经跟申公学习《诗经》，当时官任御史大夫。赵绾、王臧向天子建议，要设立明堂朝见诸侯，而他们（对明堂的制度不很清楚，）不能完成这件事，就进言推荐他们的老师申公。于是天子派遣使者用束帛加璧、安车驷马隆重地迎请申公，申公的两个弟子也得以乘坐使者用的轺车一路传送，跟随申公。申公到长安见了天子，天子问他天下或治或乱的道理，申公当时八十多岁了，年事已老，回答说："治理好天下不在于多说些什么，而是要看努力实行的情况怎样。"当时天子正喜欢用文词张扬治绩，听了申公的回答，（心中不高兴，）默然不语。然而既然已经把申公请来了，（总得有个安排，）就任命他为太中大夫，住在鲁王在京师的府邸中，商议设立明堂的事情。窦太皇太后爱好老子的学说，不喜欢儒家的那一套，她寻求到赵绾、王臧的过错责备皇上，皇上因而取消了议立明堂之事，把赵绾、王臧都送交法司定罪，二人后来都自杀了。申公也因病免官回家，几年以后去世。

弟子为博士者十余人：孔安国至临淮太守，[1]周霸至胶西内史，[2]夏宽至城阳内史，[3]砀鲁赐至东海太守，[4]兰陵缪生至长沙内史，[5]徐偃为胶西中尉，[6]邹人阙门庆忌为胶东内史。[7]其治官民皆有廉节，称其好学。学官弟子行虽不备，而至于大夫、郎中、掌故以百数。言《诗》虽殊，多本于申公。

【注释】〔1〕"孔安国"，字子国，为孔子十二世孙。"临淮"，汉郡名，治所在徐（今江苏泗洪南），辖境约相当于今江苏长江以北，睢宁、宿迁、涟水以南地区（不包括扬州市、高宝湖附近和泗水）以及安徽嘉山、天长。〔2〕"胶西"，当时的一个诸侯王国，都高密（今山东高密西南），辖境约相当于今山东胶河以西，高密以北地区。"内史"，官名，此谓诸侯王国的内史。汉于各诸侯王国设内史以理民政，秩二千石，成帝后废置，其职权归并于王国相。〔3〕"城阳"，当时的一个诸侯王国，都莒（今山东莒县），辖境约相当于今山东莒县、沂南及蒙阴东部地。〔4〕"砀"，汉县名，属梁国，故治在今河南永城东北。"东海"，汉郡名，治所在郯（今山东郯城北），辖境约相当于今山东费县、临沂、江苏赣榆以南，山东枣庄市、江苏邳县以东，江苏宿迁、灌南以北地区。〔5〕"长沙"，当时的一个诸侯王国，都临湘（今湖南长沙市），辖境约相当于今湖南华容、沅江、汉寿以西，邵阳市、衡阳市、酃县以北，以及江西莲花、湖北通城地。"缪"，通"穆"。〔6〕"中尉"，官名，汉于诸侯王国设中尉，掌治安及军事，相当于郡的都尉，秩比二千石。〔7〕"邹"，当是"驺"字之误。春秋邾国，战国时为驺，汉于其地置驺县，属鲁国，故治在今山东邹县东南。"驺"，唐以后始改为"邹"。"阙门"，复姓。"胶东"，当时的一个诸侯王国，都即墨（今山东平度东南），辖境约相当于今山东平度、莱阳、莱西等县及其迤南一带。

【译文】申公的弟子担任过博士的有十几个人，其中孔安国官至临淮太守，周霸官至胶西内史，夏宽官至城阳内史，砀人鲁赐官至东海太守，兰陵人缪生官至长沙内史，徐偃官至胶西中尉，邹人阙门庆忌官至胶东内史。他们治理官吏百姓都廉洁而有节操，能与他们好学的作风相称。申公那些担任博士的弟子们教出来的学生，德行虽然不够完备，而官至大夫、郎中、掌故的，数以百计。他们讲说《诗经》虽然并不一致，推其本源，大多出自申公。

清河王太傅辕固生者，[1]齐人也。以治《诗》，孝景时为博士。与黄生争论景帝前。黄生曰："汤武非受命，[2]乃弑也。"[3]辕固生曰："不然。夫桀纣虐乱，[4]天下之心皆归汤武，汤武与天下之心而诛桀纣，[5]桀纣之民不为之使而归汤武，汤武不得已而立，非受命为何？"黄生曰："冠虽敝，必加于首；履虽新，必关于足。[6]何者，上下之分也。今桀纣虽失道，然君上也；汤武虽圣，臣下也。夫主有失行，臣下不能正言匡过以尊天子，反因过而诛之，代立践南面，[7]非弑而何也？"辕固生曰："必若所云，是高帝代秦即天子之位，非邪？"于是景帝曰："食肉不食马肝，[8]不为不知味；言学者无言汤武受命，不为愚。"遂罢。是后学者莫敢明受命放杀者。

【注释】〔1〕"清河王"，此指景帝子清河哀王刘嘉。当时清河国辖境约当今河北清河及枣强、南宫各一部分，山东临清、武城及高唐、平原各一部分地；都清阳，在今清河东南。"太傅"，官名。王国太

傅负责辅导诸侯王，秩二千石。〔2〕“汤武”，汤是商代的开国之君；武即周武王，是周代的开国之君。在儒者的心目中，汤武是古代的圣君，如《易·革》所言，他们夺取政权，建立新的王朝，是“顺乎天而应乎人”。“命”，天命，即天的意志。古代开基创业的君主托神权以自重，往往自称禀受天命。〔3〕“弑”，音 shì，此指以臣杀君。〔4〕“桀”，即帝履癸，夏代最后一个王。夏代灭亡，桀被汤放逐于南巢（今安徽巢县）。“纣”，即帝辛，商代最后一个王。周武王伐商，纣兵败自焚。桀纣是历史上著名的暴君。〔5〕“与”，顺应，随从。〔6〕“关”，音 guàn，通“贯”，此谓穿着。〔7〕“践”，登上。“南面”，古代以坐北面南的位置为最尊，天子接见诸侯群臣，必南面而坐，后因以“南面”代称君位。〔8〕“食肉不食马肝”，古人误认马肝气热有毒，吃了会去杀人，所以有不食马肝的禁忌。

【译文】清河王太傅辕固生是齐人。因为对《诗经》素有研究，孝景帝时当了博士。他曾同黄生在景帝前争论。黄生说：“商汤和周武王不是承受天命取得天下，而是弑君篡位。”辕固生说：“不对。夏桀和商纣残暴昏乱，那时天下的人心都归向商汤和周武王。商汤和周武王顺应天下的人心诛讨夏桀和商纣，夏桀、商纣的百姓不肯为自己的王出力而倒向商汤和周武王，商汤和周武王不得已而代立称王，这不是承受天命又是什么？”黄生说：“帽子虽然破旧，一定用来戴在头上；鞋子虽然崭新，一定用来穿在脚下。为什么是这样呢？因为有上下之分。夏桀商纣虽然无道，但他们毕竟是君上；商汤、周武王虽然是圣人，但他们毕竟是臣下。主上的行为有所缺失，当臣下的不能用正直的言论进谏补救，以使天子继续保持尊位，反而利用主上的过失而杀了他，即位代立，南面称王，这不是弑君篡位又是什么？”辕固生说：“一定依照你的理论，那么高祖皇帝代替秦朝即位为天子，难道也错了？”于是景帝说：“吃肉不吃马肝，不能说不懂得享受美味；探讨学问不谈商汤、周武王承受天命的事情，不能说是愚昧无知。”这才结束了这场争辩。这以后的学者没有人再敢去说明商汤、周武王承受天命放逐夏桀、诛杀商纣的事。

窦太后好《老子》书，召辕固生问《老子》书。固曰：“此是家人言耳。”[1]太后怒曰：“安得司空城旦书乎？”[2]乃使固入圈刺豕。[3]景帝知太后怒而固直言无罪，乃假固利兵，[4]下圈刺豕，正中其心，一刺，豕应手而倒。太后默然，无以复罪，罢之。居顷之，景帝以固为廉直，拜为清河王太傅。久之，病免。

【注释】〔1〕“家人”，此指奴仆。〔2〕“司空”，官名。汉代宗正属官有都司空令、丞，少府属官有左右司空，职责都是管理服劳役的囚徒。“城旦”，汉代的一种刑罚，刑期四年，服筑城戍边的劳役。“司空城旦书”本指法律文书，窦太后信奉道家学说，主张清静无为，认为儒家求治过急，在这里把儒家学说比作“司空城旦书”。〔3〕“圈”，兽栏。“豕”，此指野猪。〔4〕“假”，给予。

【译文】窦太后喜欢读《老子》，召见辕固生问有关《老子》这部书的问题。辕固生说：“这只不过是奴仆的言论而已。”窦太后发怒，说：“难道还有刑徒罪犯的书吗？”于是就让辕固生下兽栏去与野猪搏斗。景帝知道太后恼怒辕固生而辕固生只是说话直来直去并无罪过，就借给辕固生锋利的兵器。辕固生下栏刺野猪，一下正刺中野猪的心脏，野猪应手倒毙。太后见了无话可说，没有理由再惩办他，只好作罢。不久以后，景帝认为辕固生廉洁正直，就任命他为清河王太傅。过了相当长的一段时间，辕固生因病免官。

今上初即位，复以贤良征固。诸谀儒多疾毁固，曰“固老”，罢归之。时固已九十余矣。固之征也，薛人公孙弘亦征，[1]侧目而视固。固曰：“公孙子，务正学以言，无曲学以阿世！”自是之后，齐言《诗》皆本辕固生也。诸齐人以《诗》显贵，皆固之弟子也。

【注释】〔1〕“薛”，汉县名，属鲁国，故地在今山东滕县南。本书《平津侯主父列传》称公孙弘为“菑川薛人”，以薛县属菑川国，疑有误。

【译文】当今皇上即位不久，又以贤良的名义征召辕固生。那些谄媚求宠的儒生大多嫉恨他，在皇上面前诋毁他，说“辕固生已太老了”，于是皇上不再召用辕固生，让他回家。当时辕固生已经九十多岁了。当辕固生被征召入京时，薛人公孙弘同时也被征召，他斜着眼睛注视辕固生。辕固生对他说：“公孙先生，你进言时要致力于阐明儒学正统，不要歪曲自己的所学去逢迎世俗!"从此以后,齐地讲说《诗经》的都以辕固生的说法为依据。那些因为通晓《诗经》而显贵起来的齐人,都是辕固生的弟子。

韩生者,燕人也。孝文帝时为博士,景帝时为常山王太傅。[1]韩生推《诗》之意而为《内外传》数万言,[2]其语颇与齐鲁间殊,然其归一也。淮南贲生受之。[3]自是之后,而燕赵间言《诗》者由韩生。韩生孙商为今上博士。

【注释】〔1〕"常山王",指景帝子常山宪王刘舜。常山原名恒山,避文帝刘恒讳改常山。常山国辖境约当今河北唐河以南,曲阳、行唐、栾城、赵县、高邑、临城以西,内丘以北地区;都元氏,在今元氏西北。〔2〕"《内外传》",据《汉书·艺文志》,韩婴撰有《内传》四卷,《外传》六卷。《内传》阐述经义,在两宋之间亡佚。今存《韩诗外传》十卷,卷数与《汉书·艺文志》所载不同,当非原书之旧。从内容看,《外传》与《诗》义无关,只是讲述若干故事,一一引《诗》为证。〔3〕"淮南",当时的一个诸侯王国,都寿春(今安徽寿县),辖境约相当于今安徽淮河以南,巢湖、肥西以北,塘河以东,凤阳、滁县以西地区。"贲",音 féi,一说音 bēn,姓。

【译文】韩生是燕人,孝文帝时担任博士,景帝时当上了常山王太傅。韩生推广《诗经》的意旨而为《诗经》作《内传》、《外传》共几万字,其中的说法与齐鲁地方对《诗经》的解释很不一样,但总的归向是一致的。淮南的贲生从韩生那里接受了《诗》学的传授。从此以后,燕赵地方讲说《诗经》的都源自韩生。韩生的孙子韩商是当今皇上的博士。

伏生者,济南人也。故为秦博士。孝文帝时,欲求能治《尚书》者,天下无有,乃闻伏生能治,欲召之。是时伏生年九十余,老,不能行,于是乃诏太常使掌故朝错往受之。[1]秦时焚书,伏生壁藏之。其后兵大起,流亡,汉定,伏生求其书,亡数十篇,独得二十九篇,即以教于齐鲁之间。学者由是颇能言《尚书》,诸山东大师无不涉《尚书》以教矣。[2]

【注释】〔1〕"朝错",即晁错,颍川(今河南中部)人,早年曾习法家刑名之学,后于景帝初任御史大夫,创议削减诸侯王封地以加强中央政权,改变因诸侯王势力过大而造成的尾大不掉的局面。景帝前三年(公元前一五四年)吴楚等七国以诛晁错为名起兵反,景帝为暂时安抚吴楚等诸侯王,斩晁错于长安东市。详见本书《袁盎晁错列传》。〔2〕"山东",战国秦汉时期对崤山(在今河南洛宁北)或华山(在今陕西华阴南)以东广大地区的称呼。

【译文】伏生是济南人,原先当过秦朝的博士。孝文帝时,征求对《尚书》素有研究的人,找遍天下,没有这种人材。后来听说伏生能研究《尚书》,想把他召到长安来。当时伏生已经九十多岁了,年老不能上路。于是皇上下诏太常,派遣掌故晁错到伏生那里去接受《尚书》的传授。秦朝焚书,伏生把儒家经典隐藏在夹墙里。后来战事大起,伏生流亡在外,到汉朝平定了天下,伏生归家寻求藏在夹墙中的经书,已经亡佚了几十篇,只找到二十九篇。伏生就拿这二十九篇在齐鲁一带教授学生。学者也因此而对《尚书》有了相当的了解,能够讲说。山东地区的儒学大师没有不涉猎《尚书》并用来教授学生的。

伏生教济南张生及欧阳生,[1]欧阳生教千乘兒宽。[2]兒宽既通《尚书》,以文学应郡举,诣博士受业,受业孔安国。兒宽贫,无资用,常为弟子都养,[3]及时时间行佣赁,[4]以给衣食。行常带经,止息则诵习之。以试第次,补廷尉史。[5]是时张汤方乡学,[6]以为奏谳掾,[7]以古法议决疑大狱,而爱幸宽。宽为人温良,有廉智,自持,而善著书、书奏,敏于文,口不能发明也。汤以为长者,数称誉之。及汤为御史大夫,以兒宽为掾,荐之天子。天子见问,[8]说之。张汤死后六年,兒宽位至御史大夫。[9]九年而以官卒。[10]宽在三公位,以和良承意从容得久,[11]然无有所匡谏;于官,官属易之,不为尽力。张生亦为博士。而伏生孙以治《尚书》征,不能明也。

【注释】〔1〕"欧阳生",据《汉书·儒林传》,其人字伯和,千乘人。〔2〕"千乘",汉郡名,治所在

千乘(今山东高青东北),辖境约当今山东博兴、高青、滨县等地。"兒",音 ní,姓,后世作"倪"。〔3〕"都养",谓为众人治炊做饭。〔4〕"间",音 jiàn,暗中。"佣赁",受雇为人劳作以取酬。〔5〕"廷尉史",廷尉属下的一种低级官员。廷尉为九卿之一,掌刑狱之事。当时的廷尉是张汤。〔6〕"张汤",杜陵(今陕西西安市东南)人,由小吏起家,武帝时官至御史大夫。用法严峻,摧抑权贵富商兼并之家,为武帝所宠信。后于元鼎二年(公元前一一五年),被朱买臣等人陷害,得罪自杀。详见本书《酷吏列传》。〔7〕"谳",音 yàn,议罪。"掾",音 yuàn,长官属吏的通称。〔8〕"见问",垂问,赐问。"见"是表示他人的行为下及于己的敬词。〔9〕"张汤死后六年,兒宽位至御史大夫",时为元封元年(公元前一一〇年)。〔10〕"九年而以官卒",《汉书·百官公卿表》记兒宽任御史大夫八年,卒于太初三年(公元前一〇二年)。〔11〕"从容",安闲随和。"从",音 cōng。

【译文】伏生教授了济南的张生和欧阳生,欧阳生又教给千乘的兒宽。兒宽既已通晓《尚书》,以文学的身份应千乘郡的察举,被送往京师博士那里去学习,受业于孔安国。兒宽家境贫困,缺乏衣食之资,经常给其他博士弟子做饭,又时时暗中外出出卖劳力,这样来供给自己的衣食费用。他出门总是带着经书,休息时就诵读复习。他考试时得到较高的名次,因而被任命为廷尉史。那时的廷尉张汤正心向儒学,就让他当奏谳掾。兒宽用古法来审议判决重大的疑难案件,张汤喜爱并宠信他。兒宽为人温和良善,有廉洁的操守,又有智巧,能够控制约束自己。他还擅长著书和草拟奏章,文思敏捷,但不能在口头加以发挥。张汤认为他是个忠厚长者,屡屡称赞他。等张汤当上了御史大夫,就用兒宽为属吏,并把他推荐给天子。天子召见询问他,听了他的对答很是喜欢。张汤死后六年,兒宽官做到御史大夫,九年后在御史大夫任上病故。兒宽身居三公之位,因为性情温和良善,总是顺从主上的意旨,所以能安逸宽缓地长期任职,然而他对天子的缺失不能补救劝谏;任官办事,他的部属都轻视他,不肯为他尽力。张生也当上了博士。伏生的孙子因为能研究《尚书》而被征召,却不能明了《尚书》的真义。

自此之后,鲁周霸、孔安国,雒阳贾嘉,[1]颇能言《尚书》事。孔氏有古文《尚书》,[2]而安国以今文读之,[3]因以起其家,[4]逸《书》得十余篇,盖《尚书》滋多于是矣。

【注释】〔1〕"雒阳",即洛阳,汉县名,当时是河南郡治所,故地在今河南洛阳市东北。"贾嘉",据《汉书·儒林传》颜师古《注》,其人是文帝时政论家、文学家贾谊的孙子。〔2〕"古文《尚书》",景帝时鲁共王刘余毁坏孔子故居扩建自己的宫殿,在孔宅的夹墙中发现了一批古书。这批古书是秦始皇下焚书令后孔子后人偷偷藏起来的儒家经典,其中包括《尚书》。新发现的《尚书》内容同伏生所传的二十九篇相比,多出了十六篇。由于它是用科斗文(先秦古文字)书写的,所以被称为古文《尚书》。相对而言,原先由伏生口授,儒生用当时通行的文字记录下来的《尚书》则被称为今文《尚书》。〔3〕"今文",指汉代通行的隶字。〔4〕"起其家",清代学者何焯认为此谓别起一家,成为传授《尚书》的一个新的学派。其说可从。

【译文】从此以后,鲁人周霸、孔安国,洛阳人贾嘉,都对《尚书》有相当深的研究。孔氏藏有用古文字书写的《尚书》,孔安国能用当今的文字把它读通,以此另成一家之言,创立了研究《尚书》的一个新学派。先前亡佚的《尚书》从而又得到了十几篇,《尚书》的篇数就此增多了。

诸学者多言《礼》,而鲁高堂生最本。《礼》固自孔子时而其经不具,及至秦焚书,书散亡益多,于今独有《士礼》,[1]高堂生能言之。

【注释】〔1〕"《士礼》",《仪礼》的别称。

【译文】许多学者都讲说《礼经》,而鲁人高堂生最能得其本旨。古《礼经》本来在孔子的时代就已不全,等到秦朝焚书,书籍经典散失亡佚的更多,到现在就只存下《士礼》这一部分了,高堂生能够讲读它。

而鲁徐生善为容。[1]孝文帝时,徐生以容为礼官大夫。[2]传子至孙徐延、徐襄。襄,其天姿善为容,不能通《礼经》;延颇能,未善也。襄以容为汉礼官大夫,至广陵内

史。[3]延及徐氏弟子公户满意、[4]桓生、单次，[5]皆尝为汉礼官大夫。而瑕丘萧奋以《礼》为淮阳太守。[6]是后能言《礼》为容者，由徐氏焉。

【注释】〔1〕“容”，仪容，威仪。此指进退揖让，皆有法度。 〔2〕“礼官大夫”，官名，职责为掌礼仪，备顾问。 〔3〕“广陵”，当时的一个诸侯王国，都广陵（今江苏扬州市），辖境约相当于今江苏长江以北，射阳湖西南，仪征以东地区。原称江都国，元狩二年（公元前一二一年）改为广陵郡，元狩五年以其地置广陵国。 〔4〕“公户”，复姓。 〔5〕“单”，音 shàn。 〔6〕“瑕丘”，汉县名，属山阳郡，故治在今山东兖州市东北。“淮阳”，汉郡名，治所在陈（今河南淮阳），辖境约相当于今河南扶沟、太康、柘城、鹿邑、淮阳等地。

【译文】鲁人徐生擅长于掌握仪节的法度，孝文帝时，他因为有这种擅长当上了礼官大夫。他把自己的所学传给儿子，一直传到孙子徐延、徐襄。徐襄天生的资质善于掌握礼节仪式，却不能通晓《礼经》。徐延对《礼经》颇有了解，但也没有达到尽善尽美的程度。徐襄因为熟悉礼仪形式而当上了朝廷的礼官大夫，后来官职做到广陵内史。徐延以及徐氏的弟子公户满意、桓生、单次等，都曾经当过朝廷的礼官大夫，而瑕丘人萧奋因为通晓礼学，官任淮阳太守。这以后能讲说《礼经》、善于掌握仪节的，都出自徐氏门下。

自鲁商瞿受《易》孔子，[1]孔子卒，商瞿传《易》，六世至齐人田何，[2]字子庄，而汉兴。田何传东武人王同子仲，[3]子仲传菑川人杨何。何以《易》，元光元年征，[4]官至中大夫。[5]齐人即墨成以《易》至城阳相。[6]广川人孟但以《易》为太子门大夫。[7]鲁人周霸，莒人衡胡，[8]临菑人主父偃，[9]皆以《易》至二千石。然要言《易》者本于杨何之家。

【注释】〔1〕“商瞿”，孔子弟子，鲁人，字子木。〔2〕“六世至齐人田何”，据本书《仲尼弟子列传》，孔子传《易》于商瞿，瞿传楚人馯臂子弘，弘传江东人矫子庸疵，疵传燕人周子家竖，竖传淳于人光子乘羽，羽传齐人田子庄何。自商瞿至田何为六世。《汉书·儒林传》则谓瞿授鲁桥庇子庸，子庸授江东馯臂子弓，子弓授燕周丑子家，子家授东武孙虞子乘，子乘授齐田何子装。 〔3〕“东武”，汉县名，为琅邪郡治所，故地即今山东诸城。 〔4〕“元光”，武帝年号。元光元年为公元前一三四年。 〔5〕“中大夫”，官名，为皇帝侍从，备顾问应对，太初元年（公元前一〇四年）后改称光禄大夫，秩比二千石。〔6〕“即墨”，复姓。 〔7〕“广川”，当时有广川国，又有广川县。广川国辖境约当今河北武邑、景县以南，南宫、故城以北，滏阳河以东及山东德州市地；都信都，即今河北冀县。广川县属广川国，故治在今河北景县西南。“太子门大夫”，官名，为太子僚属，秩六百石。 〔8〕“莒”，汉县名，属城阳国，故治即今山东莒县。 〔9〕“临菑”，汉县名，属齐国，故治在今山东淄博市东。“主父偃”，其人初习纵横家术，又通《易》、《春秋》，元光年间上书求用，得到武帝的赏识。曾建议削弱诸侯王势力，抑制豪强贵族兼并土地，设置朔方郡以防御匈奴，所言都被武帝采纳，一年之中四次升官。元朔二年（公元前一二七年）任齐相，掌握了齐王刘次昌与其姊通奸的隐私。刘次昌惧罪自杀，主父偃也因胁迫亲王致死而得罪族诛。详见本书《平津侯主父列传》。“主父”，复姓。

【译文】自从鲁人商瞿从孔子那里接受了《易》学的传授，孔子去世以后，商瞿就教授《易经》，传了六世，传到齐地姓田名何字子庄这一个人时，正好汉朝兴起，统一了天下。田何传给东武人王同子仲，子仲传给菑川人杨何。杨何凭借通晓《易经》，在元光元年被朝廷征召，官职做到中大夫。齐人即墨成凭借通晓《易经》做到城阳相。广川人孟但凭借通晓《易经》当上了太子门大夫。鲁人周霸、莒人衡胡、临菑人主父偃都凭借通晓《易经》做到秩禄二千石的官职。不过总的说来，讲说《易经》的学者，他们的所学都是从杨何家中传出来的。

董仲舒，广川人也。以治《春秋》，孝景时为博士。下帷讲诵，弟子传以久次相受业，[1]或莫见其面，盖三年董仲舒不观于舍园，其精如此。进退容止，非礼不行，学士皆师尊之。今上即位，为江都相。[2]以《春秋》灾异之变推阴阳所以错行，[3]故求雨闭诸阳，纵诸阴，其止雨反是。[4]行之一国，未尝不得所欲。中废为中大夫，居舍，著《灾异之记》。是时辽东高庙灾，[5]主父偃疾之，取

其书奏之天子。天子召诸生示其书,有刺讥。董仲舒弟子吕步舒不知其师书,以为下愚。于是下董仲舒吏,当死,[6]诏赦之。于是董仲舒竟不敢复言灾异。

【注释】〔1〕"弟子传以久次相受业",谓弟子以从学时间长短先后递相传受,即让先来从学的弟子教授后来的弟子。〔2〕"江都",当时的一个诸侯王国,都广陵(今江苏扬州市),辖境约相当于今江苏长江以北,射阳湖西南,仪征以东地区。元狩二年(公元前一二一年)江都王刘建因罪自杀,国废为广陵郡,后又改为广陵国。〔3〕"以《春秋》灾异之变推阴阳所以错行",案:董仲舒发挥阴阳五行的学说,宣扬天人感应,认为天道与人事密切相关,之所以有天灾和怪异的自然现象发生,是因为人世的政治伦理有所缺失,致使阴阳失调,而上帝即以天变灾异作为警告。他即用这套理论来推验《春秋》所记的各种灾异,解释一些自然现象。〔4〕"故求雨闭诸阳,纵诸阴,其止雨反是",董仲舒认为久旱不雨是因为阳气太盛,久雨不晴是因为阴气太盛,求雨或止雨除了应修明政治外,还要用祈禳的办法。在他所撰的《春秋繁露》中专门立有《求雨》、《止雨》之章。"闭",幽闭。"闭诸阳"指闭南门(南属阳)、禁举火(火属阳)、丈夫欲藏匿(丈夫谓男子,男属阳)之类。"纵",放纵。"纵诸阴"指开北门(北属阴)、水洒人(水属阴)、女子欲和且乐(女属阴)之类。〔5〕"辽东",汉郡名,治所在襄平(今辽宁辽阳市),辖境约相当于今辽宁大凌河以东地区。"高庙",祭祀汉高祖的庙。汉时各郡国都有高庙。"灾",此指火灾。辽东高庙灾是建元六年(公元前一三五年)的事。〔6〕"当",判罪。

【译文】董仲舒是广川人。因为对《春秋》素有研究,孝景帝时当上了博士。他放下室内悬挂的帷幕讲读经典,弟子们依照入学时间的先后长短,递相传授,后来的弟子有的竟从未见过他的面。有三年时间董仲舒没有去观赏屋旁庭园中的景色,专心致志研究学问到了这种程度。他的举止行动,容色态度,不符合礼的决不去做,学士们都把他当作老师那样敬重。当今皇上即位后,董仲舒被任命为江都相。他凭借《春秋》记载的灾异天变来推验阴阳错乱造成灾祸的道理,所以主张久旱求雨要幽闭属于阳性的种种事物,而放纵属于阴性的种种事物;久雨求晴,则与此相反。这套理论和办法在一个诸侯王国范围内推行,没有不应验的。他在仕宦中途因故被贬为中大夫,在家闲居,撰写了《灾异之记》这部书。当时辽东地方的高庙发生了火灾,主父偃嫉恨董仲舒,就把他撰写的书上奏给天子。天子召来儒生们,给他们看这部书,书中有讥刺朝廷的话。董仲舒的弟子吕步舒不知道这是他老师写的,认为是下愚之作。于是董仲舒被送到狱吏那里拘禁起来,论罪被判死刑,天子下诏赦免了他。从此董仲舒再也不敢议论灾异之事了。

董仲舒为人廉直。是时方外攘四夷,[1]公孙弘治《春秋》不如董仲舒,而弘希世用事,[2]位至公卿。董仲舒以弘为从谀。[3]弘疾之,乃言上曰:"独董仲舒可使相胶西王。"[4]胶西王素闻董仲舒有行,亦善待之。董仲舒恐久获罪,疾免居家。至卒,终不治产业,以修学著书为事。故汉兴至于五世之间,[5]唯董仲舒名为明于《春秋》,其传公羊氏也。[6]

【注释】〔1〕"攘",音 ráng,排斥,抵御。"外攘四夷"指武帝时征伐匈奴、南越、闽越、朝鲜、西南夷的各次战争。〔2〕"希世",迎合世俗。〔3〕"从谀",怂恿奉承。"从",音 sǒng,通"怂"。〔4〕"胶西王",指景帝子胶西于王刘端。据本书《五宗世家》,刘端为人阴险狠毒,朝廷派到胶西去任相的官员,往往被他设计陷害或下毒谋杀。公孙弘推荐董仲舒任胶西相,是想置之于死地。〔5〕"五世",自高祖以下,经惠帝、文帝、景帝至当时在位的皇帝(后谥武帝),为五世。〔6〕"公羊氏",公羊是复姓,此指公羊高。其人相传是战国齐人,曾为《春秋》作传,世称《春秋公羊传》,所传多发明微言大义,又涉谶纬之说,汉代武帝、宣帝时由于董仲舒等人的鼓吹倡导,公羊之学曾盛行一时。

【译文】董仲舒为人廉洁正直。当时正用兵外出征伐四夷,公孙弘研究《春秋》,其成就不如董仲舒,但他迎合世俗,受到重用,当上了公卿。董仲舒认为公孙弘是阿谀奉承之徒。公孙弘忌恨他,就对皇上说:"只有董仲舒可以去当胶西王的相。"(于是董仲舒被任命为胶西相,)胶西王一向听说董仲舒有高尚的操行,也就待他很好。董仲舒恐怕在胶西待久了终究会获罪,就告病辞官,归家闲居。直到去世,他始终不经营私家的产业,只是从事于研究学问,进行撰述。因此,从汉朝兴起到现在,五世之中唯独董仲舒以精通《春秋》而著名,他所传授的是公羊氏的《春秋》学。

胡毋生,齐人也。孝景时为博士,以老归教授。齐之言《春秋》者多受胡毋生,公孙弘亦颇受焉。

瑕丘江生为谷梁《春秋》。[1]自公孙弘得用,尝集比其义,卒用董仲舒。

【注释】〔1〕"谷梁《春秋》",谷梁是复姓,此指谷梁赤。其人相传是战国鲁人,曾为《春秋》作传,世称《春秋谷梁传》。所传以解释《春秋》体例为主。《公羊传》、《谷梁传》、《左传》合称《春秋三传》。

【译文】胡毋生是齐人。孝景帝时担任博士,因为年老而归家教授弟子。齐地讲说《春秋》的人大多是出自胡毋生的传授,公孙弘也从胡毋生那里学到不少有关《春秋》的知识。

瑕丘江生研究谷梁氏的《春秋》学。公孙弘被重用以后,曾经把谷梁氏和公羊氏两家对《春秋》的解释放在一起比较其优劣,最后采用了董仲舒的公羊学。

仲舒弟子遂者:[1]兰陵褚大,广川殷忠,温吕步舒。[2]褚大至梁相。[3]步舒至长史,[4]持节使决淮南狱,[5]于诸侯擅专断,不报,以《春秋》之义正之,天子皆以为是。弟子通者,[6]至于命大夫;[7]为郎、谒者、掌故者以百数。[8]而董仲舒子及孙皆以学至大官。

【注释】〔1〕"遂",登进,此指功成名就。〔2〕"温",汉县名,属河南郡,故治在今河南温县西。〔3〕"梁",当时的一个诸侯王国,都睢阳(今河南商丘南),辖境约相当于今河南商丘市和商丘、虞城、民权及安徽砀山地。〔4〕"长史",官名。汉制丞相、太尉等高级官府设有长史,秩千石,负责督率其他属官。"长",音 zhǎng。〔5〕"节",符节,古代用以表示使者身份的一种凭证。"淮南狱",指淮南王刘安谋反的案件。刘安为高祖子淮南厉王刘长之子,文帝前十六年(公元前一六四年)继位,景帝时即广纳宾客,多蓄攻战兵械,积极准备发动叛乱,至武帝元狩元年(公元前一二二年)事败自杀。这一案件牵连颇广,其他诸侯王如衡山王刘赐、江都王刘非、胶东王刘寄等也都受到追究。〔6〕"通",通显,仕宦顺利。〔7〕"命大夫",受有各种称号的大夫,如太中大夫、中大夫(光禄大夫)、谏大夫等,秩八百石至比二千石不等。〔8〕"郎",皇帝的侍从官员,分侍郎、中郎、郎中等,隶属于郎中令(光禄勋),平时轮流宿卫宫廷,皇帝出行则扈从警卫。又有议郎,备顾问应对。郎官秩位不高,仅为比三百石至比六百石,却是晋升其他较高级官员的一个阶梯。"谒者",官名,掌管朝会赞礼,引见宾客,隶属于郎中令(光禄勋),秩比三百石至比六百石不等。

【译文】董仲舒的弟子中得志成名的,有兰陵人褚大、广川人殷忠、温人吕步舒等。褚大官做到梁相。吕步舒官做到长史,曾奉命手持符节出使去审决淮南王谋反的案件,对诸侯王敢于自行判罪断案,事先不向皇上请示报告,就用《春秋》大义作为依据来定案,天子认为他所做的都很正确。董仲舒弟子中致身通达,官做到命大夫或者担任郎官、谒者、掌故的,数以百计。而董仲舒自己的儿子以及孙子,也都因为深通儒学而做到大官。

史记卷一百二十二

酷吏列传第六十二

孔子曰:“导之以政,齐之以刑,[1]民免而无耻。[2]导之以德,齐之以礼,有耻且格。”[3]老氏称:[4]“上德不德,是以有德;下德不失德,是以无德。[5]法令滋章,盗贼多有。”[6]太史公曰:信哉是言也!法令者治之具,而非制治清浊之源也。昔天下之网尝密矣,[7]然奸伪萌起,[8]其极也,上下相遁,[9]至于不振。[10]当是之时,吏治若救火扬沸,[11]非武健严酷,恶能胜其任而愉快乎![12]言道德者,溺其职矣。[13]故曰“听讼,吾犹人也,必也使无讼乎”。[14]“下士闻道大笑之”。[15]非虚言也。汉兴,破觚而为圜,[16]斫雕而为朴,[17]网漏于吞舟之鱼,[18]而吏治烝烝,[19]不至于奸,黎民艾安。[20]由是观之,在彼不在此。[21]

【注释】〔1〕“齐”,使之整齐有序。也就是加以整顿的意思。〔2〕“免”,此指幸免于罪,苟免。〔3〕“格”,纠正。此谓纠正错误,走上正道。一说“格”,就是“来”,指前来归顺。案:上引孔子的话见《论语·为政》。〔4〕“老氏”,即老子(老聃、李耳),春秋(一说战国)楚人,道家学派的创始人,著有《老子》一书。〔5〕“上德不德,是以有德;下德不失德,是以无德”,此四句见《老子》第三十八章。〔6〕“法令滋章,盗贼多有”,此二句见《老子》第五十七章。“章”,通“彰”,显明;这里是完备、严密的意思。〔7〕“网”,法网。〔8〕“奸”,邪恶不正。〔9〕“遁”,欺骗。〔10〕“振”,援救,救正。〔11〕“扬沸”,谓播扬开水,以止其沸腾。〔12〕“恶”,音wū,疑问代词,相当于“怎么”。〔13〕“溺其职矣”,谓失职。〔14〕“听讼,吾犹人也,必也使无讼乎”,语见《论语·颜渊》,这是孔子说的话。〔15〕“下士闻道大笑之”,这句话引自《老子》第四十一章。〔16〕“觚”,方形或多棱形的竹木简。一说即借指方形。“圜”,通“圆”。〔17〕“斫”,音zhuó,同“斲”,砍削。“雕”,指刻镂雕琢之类。“斫雕为朴”,意谓去掉繁缛浮华的装饰,使之归于质朴。〔18〕“吞舟之鱼”,鱼可吞舟,喻其极大。语出《庄子·庚桑楚》。〔19〕“烝烝”,淳厚的样子。〔20〕“艾安”,安定,太平无事。〔21〕“在彼不在此”,“彼”指“导之以德,齐之以礼”,“此”指“导之以政,齐之以刑”。

【译文】孔子说:“用政令来引导他们,用刑法来整顿他们的行为,老百姓只求侥幸地免于犯罪而没有羞耻之心。用道德来引导他们,用礼制来整顿他们的行为,老百姓就有羞耻之心而且能自动地走上正道。”老子声称:“上德之人,根本不考虑什么是德,所以他实为有德;下德之人总想着不能失去了德,所以他实为无德。国家的法律越是森严,盗贼也就越来越多。”太史公说:这些话讲得真对啊!法律是治理国家的一种工具,但不是决定国家政治是清明还是浊乱的本源。从前秦朝的法网是很严密的,然而奸恶欺诈的事情还是不断发生,发展到极点,从上到下都互相欺蒙,以至于国势衰弱不可救药。在这种时候,官吏行使职权进行治理就像救火和播扬开水使之停止沸腾一样紧急,如果不是勇武刚健、严峻冷酷的人,怎么能胜任愉快呢!主张道德教育的人,就会失职。所以孔子说:“审理诉讼之事,我同别人差不多,一定要使诉讼这种事不要发生才好。”(老子)说:“下士听人说‘道’,哈哈大笑。”讲的都不是骗人的空话。汉朝兴起,就像除去方觚的棱角把它改为圆形,砍掉浮华的雕刻使之归于质朴一样,(废除秦朝法律繁琐严酷的条款,使法令趋向简易,)法网宽大,从中可以逃漏一口能吞下一条船的大鱼,然而官吏行使职权进行治理却淳厚忠实,不至于有奸恶欺诈的行为,老百姓的生活也太平无事。从这一点看来,治国之道还是在于提倡道德,而不在于推行严酷的法律。

高后时，酷吏独有侯封，刻轹宗室，[1]侵辱功臣。吕氏已败，遂夷侯封之家。[2]孝景时，晁错以刻深颇用术辅其资，[3]而七国之乱，[4]发怒于错，错卒以被戮。其后有郅都、[5]宁成之属。

【注释】〔1〕“刻”，指严酷苛刻地对待。“轹”，音 lì，原义为车轮辗压，此指践踏、欺凌。“宗室”，与皇帝同宗的皇室贵族。〔2〕“夷”，夷灭，指杀尽消灭。〔3〕“晁错”，颍川(今河南中部)人，汉景帝时任御史大夫，创议削减诸侯王封地以加强中央政权，改变因诸侯王势力过大而造成的尾大不掉的局面。景帝前三年(公元前一五四年)吴楚等七国以诛晁错为名起兵反，景帝为暂时安抚吴楚等国，斩晁错于长安东市。详见本书《袁盎晁错列传》。“刻深”，刻薄深险。〔4〕“七国之乱”，指景帝前三年由吴王刘濞(音 pì)、楚王刘戊约连胶东王刘熊渠、胶西王刘卬、淄川王刘贤、济南王刘辟光、赵王刘遂等起兵反抗中央政权的一次叛乱，由于发难起事的共有七个诸侯王国，史称“七国之乱”。这次叛乱后被汉将周亚夫等讨平。其事详见本书《孝景本纪》、《绛侯周勃世家》及《袁盎晁错列传》的有关记载。〔5〕“郅”，音 zhì。

【译文】高后执政时，酷吏只有侯封。侯封压制践踏宗室，侵害欺凌功臣。吕氏败灭以后，侯封也就被抄家灭族了。孝景帝在位时，晁错生性刻薄严苛，又很会使用一些手段来加强自己的才具，而吴楚七国发动叛乱，也正以痛恨晁错作为借口，晁错最终也因此被杀。他以后的酷吏有郅都、宁成这一类人。

郅都者，杨人也。[1]以郎事孝文帝。[2]孝景时，都为中郎将，[3]敢直谏，面折大臣于朝。[4]尝从入上林，[5]贾姬如厕，[6]野彘卒入厕。[7]上目都，[8]都不行。上欲自持兵救贾姬，[9]都伏上前曰：“亡一姬复一姬进，天下所少宁贾姬等乎？陛下纵自轻，奈宗庙太后何！”[10]上还，彘亦去。太后闻之，赐都金百斤。[11]由此重郅都。

【注释】〔1〕“杨”，汉县名，属河东郡，故治在今山西洪洞东南。〔2〕“郎”，郎官，分侍郎、中郎、郎中等，为皇帝的侍从官员，隶属于郎中令(武帝太初元年后改称光禄勋)，平时轮流宿卫宫廷，皇帝出行则扈从警卫。又有议郎，掌顾问应对。郎官秩禄不高，仅为比三百石至比六百石，却是晋升较高级官职的一个阶梯。〔3〕“中郎将”，官名，掌管统率中郎(郎官的一种)，侍卫皇帝，秩比二千石，位次于将军。〔4〕“面折”，当面斥责他人的过失。〔5〕“上林”，秦汉时的皇家苑囿，故地在今陕西长安、周至(盩厔)、户(鄠)县一带，占地广大，内有宫殿，并畜禽兽供皇帝行猎。〔6〕“贾姬”，汉景帝宠姬，生赵王彭祖。〔7〕“野彘”，野猪。“彘”，音 zhì。“卒”，音 cù，通“猝”，突然。〔8〕“目”，用作动词，谓以目示意。〔9〕“兵”，兵器。〔10〕“宗庙”，天子、诸侯供奉祖先灵位并进行祭礼的地方。“太后”，景帝母窦太后。〔11〕“金百斤”，汉制一斤约等于今二百五十八克。

【译文】郅都是杨县人，曾经以郎的身份侍奉孝文帝。孝景帝时，他担任中郎将，敢于直言不讳地劝谏皇帝，在朝廷上当面斥责大臣的过失。他曾随从景帝到上林苑，景帝宠爱的贾姬上厕所，一头野猪突然也闯进了厕所。景帝用眼色示意郅都去救贾姬，郅都不动。景帝想亲自拿了武器去救，郅都跪伏在景帝面前说：“失去一个美人，又会有另一个美人进奉，天下难道会缺少贾姬这样的美人吗？陛下纵使不爱惜自己的生命，怎么能不为宗庙和太后着想啊！”景帝听了就往回走，而野猪也离开了厕所。太后听说了这件事，赐给郅都一百斤金子。景帝从此看重郅都。

济南瞯氏宗人三百余家，[1]豪猾，二千石莫能制，[2]于是景帝乃拜都为济南太守。[3]至则族灭瞯氏首恶，余皆股栗。[4]居岁余，郡中不拾遗。旁十余郡守畏都如大府。[5]

【注释】〔1〕“济南”，汉郡名。汉初设置，文帝时改为诸侯王国，景帝时济南王刘辟光谋反国除，又改为郡。治所在东平陵(今山东章丘西)，辖境约相当于今山东济南市及章丘、济阳、邹平等县地。“瞯”，音 xián。〔2〕“二千石”，汉代官吏的一种秩禄等级，每月可得俸谷一百二十斛。郡的行政长官郡守(太守)及诸侯王国的相就是二千石级的官员。此处即用“二千石”代指郡守。〔3〕“景帝乃拜都为济南太守”，事在景帝前七年(公元前一五〇年)。案：景帝中二年(公元前一四八年)始下诏改郡守为

太守,此司马迁用后来的官称记前事。〔4〕“栗”,战栗,发抖。〔5〕“大府”,高级官府。

【译文】济南地方的瞯氏,宗族有三百多家,强横狡猾,没有一任郡守能够制止这一宗族的不法行为,于是景帝就任命郅都为济南太守。郅都到任后就族灭了瞯氏的首恶,其余的人全都害怕得两腿发抖。过了一年多,济南郡中没人敢拾取路上别人丢失的东西。附近十几个郡的郡守畏惧郅都,就像他是高级长官一样。

都为人勇,有气力,公廉,不发私书,〔1〕问遗无所受,〔2〕请寄无所听。〔3〕常自称曰:“已倍亲而仕,〔4〕身固当奉职死节官下,〔5〕终不顾妻子矣。”〔6〕

【注释】〔1〕“发”,打开,拆看。〔2〕“问遗”,此指赠送的礼品。“遗”,音 wèi。〔3〕“请寄”,请托。〔4〕“倍”,通“背”,背离。“亲”,指双亲,父母。〔5〕“死节”,死义,为某种原则而死。〔6〕“妻子”,妻和子女。

【译文】郅都为人勇敢,很有力气,公正廉明,不拆看讲私事的信件,从不接受礼物,从不听从请托。他曾经自称:“自己既然已经背离父母出来做官,本来就应该忠诚尽职,不惜以身为殉,终究顾不得妻子儿女了。”

郅都迁为中尉。〔1〕丞相条侯至贵倨也,〔2〕而都揖丞相。是时民朴,畏罪自重,〔3〕而都独先严酷,致行法不避贵戚,列侯宗室见都侧目而视,〔4〕号曰“苍鹰”。〔5〕

【注释】〔1〕“迁”,改官,此指升职。“中尉”,官名,掌管长安地区的治安,秩中二千石,为列卿之一。〔2〕“条侯”,指周亚夫。周亚夫是汉初功臣周勃之子,封条侯,景帝时为太尉,率军平定吴楚七国之乱,后任丞相,因事得罪景帝,辞官家居,景帝后元年(公元前一四三年)因其子私买御物而被牵连下狱,在狱中绝食呕血而死。详见本书《绛侯周勃世家》。“条”,又作“蓨”、“脩”,汉县名,属勃海郡,故治在今河北景县南。〔3〕“自重”,自爱,自惜。〔4〕“列侯”,秦爵二十等,彻侯为最尊,得食邑某县若干户,以为封国,汉因之,用以封异姓功臣或外戚(同姓封侯称诸侯),后避武帝讳改称通侯,又称列侯。此司马迁用后来的爵称追记前事。〔5〕“苍鹰”,此用猛禽来比喻郅都威猛凶狠。

【译文】郅都升任中尉。丞相条侯自以为身份尊贵极其傲慢,而郅都见了丞相只是一揖而已。当时民风淳朴,百姓们都害怕刑罚,能够自爱,(不触犯法律,)而郅都偏偏把采用严酷的手段当作第一措施,他执法不回避贵族外戚,那些列侯宗室见了郅都都不敢用正眼去瞧他,给他起了个外号,称之为“苍鹰”。

临江王征诣中尉府对簿,〔1〕临江王欲得刀笔为书谢上,〔2〕而都禁吏不予。魏其侯使人以间与临江王。〔3〕临江王既为书谢上,因自杀。窦太后闻之,怒,以危法中都,〔4〕都免归家。孝景帝乃使使持节拜都为雁门太守,〔5〕而便道之官,〔6〕得以便宜从事。匈奴素闻郅都节,居边,为引兵去,竟郅都死不近雁门。匈奴至为偶人象郅都,令骑驰射莫能中,见惮如此。匈奴患之。窦太后乃竟中都以汉法。景帝曰:“都忠臣。”欲释之。窦太后曰:“临江王独非忠臣邪?”于是遂斩郅都。

【注释】〔1〕“临江王”,景帝的长子刘荣。刘荣于景帝前四年(公元前一五三年)被立为太子,至景帝前七年冬,因其母栗姬得罪景帝而被废为临江王。临江,景帝时设置的诸侯王国,都江陵(今湖北江陵),辖境约相当于今湖北粉青河及襄樊市以南,荆门、洪湖以西,长江及清河以北,四川巫山以东地区。景帝中三年(公元前一四七年),刘荣因侵占江陵文帝庙外矮墙所在空地扩建自己的宫殿而获罪,被召入都。“对簿”,接受审问。“簿”指狱辞文书,即起诉状。审问时需据簿核对事实,故称“对簿”。〔2〕“刀笔”,书写工具。其时纸尚未普遍使用,文书信件等多用笔写在竹木简上,如写错了字,就用刀刮去重写。〔3〕“魏其侯”,即窦婴。婴为景帝母窦太后从兄之子,因平吴楚七国之乱有功,封魏其侯。刘荣当太子时,窦婴是太子傅。武帝时窦婴以列侯家居,因与王太后同母弟丞相田蚡失和,于元光四年(公元前一三一年)被搆陷处死。详见本书《魏其武安侯列传》。“魏其”,汉县名,属琅邪郡,故治在今山东临沂南。“间”,暗中,偷偷地。〔4〕

"危法",凶险的、可据以判处重罪的法律条款。"中",音 zhòng,击中,中伤,此谓搆陷成罪。〔5〕"节",符节,古代使者用以表明身份的信物。"雁门",汉郡名,治所在善无(今山西左云西),辖境约相当于今山西偏关、宁武等县及馒头山以北,恒山以西和内蒙古黄旗海、岱海以南地区。雁门为当时边郡之一,北与匈奴控制的区域相接。〔6〕"便道之官",谓由近路就便上任,不必先到长安面见皇帝接受指示。

【译文】临江王被征召进京,受命到中尉府去质对文书上记录的罪状。临江王要求得到刀笔等书写用具给皇上写信谢罪,而郅都给手下的狱吏下了禁令,不给他。魏其侯派人等到机会偷偷把刀笔给了临江王。临江王在写信向皇上谢罪以后,就自杀了。窦太后听说了这件事,动了怒气,就用法律中凶险的条款中伤郅都,(构成他的罪案,)于是郅都被免去官职,回家居住。而孝景帝又派遣使者拿着符节任命郅都为雁门太守,让他由近路赴任,(不必到长安谢恩请示,)还允许他根据事势的需要,可以对一些重大事情从便处理,不必事先上奏。匈奴早就听说郅都很有气节,现在郅都来到边地当官,匈奴为此自动退兵离去,一直到郅都死,始终不靠近雁门。匈奴甚至照郅都的模样做了一个木偶,(当作箭靶子,)让驰马射箭,却没有一个人能够射中。郅都被匈奴所畏惧就到这种地步。匈奴把郅都当作是自己的忧患。(后来)窦太后终于用汉朝的法律把郅都构陷成罪。景帝说:"郅都是忠臣。"想放了他。窦太后说:"临江王难道就不是忠臣?"于是就把郅都斩首处死。

宁成者,穰人也。[1]以郎谒者事景帝。[2]好气,为人小吏,必陵其长吏;[3]为人上,操下如束湿薪。[4]滑贼任威。[5]稍迁至济南都尉,[6]而郅都为守。始前数都尉皆步入府,因吏谒守如县令,[7]其畏郅都如此。及成往,直陵都出其上。都素闻其声,于是善遇,与结欢。[8]久之,郅都死,后长安左右宗室多暴犯法,[9]于是上召宁成为中尉。其治效郅都,其廉弗如,然宗室豪桀皆人人惴恐。[10]

【注释】〔1〕"穰",音 rǎng,汉县名,属南阳郡,故治即今河南邓县。〔2〕"谒者",官名,掌管朝会赞礼、引见宾客,隶属于郎中令,秩禄自比三百石至比六百石不等。〔3〕"陵",通"凌",欺压。"长吏",此处泛指上级官长。〔4〕"操",持。"操下",指对待下属。"如束湿薪",湿薪容易紧捆,此喻宁成待下严急,毫不宽假。〔5〕"滑贼",狡猾凶残。〔6〕"都尉",汉代郡设都尉,掌管一郡军事及治安,地位仅次于郡守,秩禄为比二千石。〔7〕"县令",汉制万户以上的县设令一人,万户以下的县设长一人,主管一县政事。县令的秩禄为六百至一千石。〔8〕"结欢",结交,交好。〔9〕"长安左右",《汉书·酷吏传》以为即"京邑之中"。汉代长安城中以未央宫为界,分为东西两部分,习惯上称为"长安左右"。〔10〕"豪桀",豪门雄杰。指宗族强大、恃势逞强的人。"桀",通"杰"。

【译文】宁成是穰县人。以郎官、谒者的身份事奉景帝。他喜欢使气逞强,在别人手下当小吏,一定要欺压他的长官;当别人的上级,对付下属如同紧捆湿柴一般,(严加管束,毫不放松。)为人奸猾兇险,任意行使威权。宁成官职逐渐上升,当上了济南都尉,当时正是郅都担任太守。这以前的几任都尉都步行进入太守的府署,通过府吏传达才进去谒见太守,就像县令晋见一样,他们畏惧郅都就到这种地步。等到宁成当济南都尉,他去见太守,简直就要凌驾郅都之上。郅都一向听说他的名声,就很好地对待他,与他结交,相处很愉快。过了很久,郅都死了,这以后长安城中宗室恃强犯法的事情很多,于是景帝就把宁成召来,任命他为中尉。宁成的政绩可以同郅都相比,在廉洁方面则不如郅都,那些宗室豪强都惴惴不安,人人自危。

武帝即位,[1]徙为内史。[2]外戚多毁成之短,[3]抵罪髡钳。[4]是时九卿罪死即死,[5]少被刑,而成极刑,[6]自以为不复收,[7]于是解脱,诈刻传出关归家。[8]称曰:"仕不至二千石,贾不至千万,[9]安可比人乎!"乃贳贷买陂田千余顷,[10]假贫民,[11]役使数千家。数年,会赦。致产数千金,[12]为任侠,持吏长短,[13]出从数十骑,[14]其使民威重于郡守。

【注释】〔1〕"武帝",按:武帝是死后才有的谥号,司马迁之死早于武帝,作《史记》时不得知有"武帝"之谥,此二字当是后人追改,原文可能是"今

上”。〔2〕“内史”，官名。本秦置，为首都所在地区的行政长官，汉初因之，秩禄为二千石。景帝前二年（公元前一五五年）分置左内史、右内史，武帝太初元年（公元前一〇四年）右内史改称京兆尹，左内史改称左冯翊（音 píng yì）。〔3〕“外戚”，帝王的母族和妻族，即后妃的父亲及伯叔兄弟等。〔4〕“髡钳”，汉代的一种刑罚。“髡”，音 kūn，剃光头发。“钳”，用铁圈束颈，罚为徒隶（服劳役的罪犯）。〔5〕“九卿”，中央政府九个高级官吏的合称。汉以奉常（后改称太常）、郎中令（后改称光禄勋）、卫尉、太仆、廷尉、典客（后改称大行令、大鸿胪）、宗正、治粟内史（后改称大司农）、少府为九卿。宁成官内史，地位与九卿相当。“罪死即死”，此谓有罪多自杀而不肯受刑罚，表示国之大臣，义不受辱。〔6〕“极刑”，受重刑。〔7〕“收”，收容起用。〔8〕“传”，音 zhuàn，通行证。据晋崔豹《古今注》所记，传皆刻木为之，长约五寸，上书符信，外覆一木板，用封泥封好，封泥上印有官府印章。“关”，指函谷关（故地在今河南灵宝东南），关内为畿辅地区，关外则是地方郡国。〔9〕“贾”，音 gǔ，经商。〔10〕“贳”，音 shì，赊欠。“贷”，借贷。“陂田”，靠近水塘便于灌溉的良田。〔11〕“假”，借给，租给。〔12〕“数千金”，《汉书·酷吏传》作“数千万”，正与上文“贾不至千万”相应。疑此“数千金”是“数千万”之误。〔13〕“长短”，是非得失，此处偏指隐私过失。〔14〕“骑”，音 jì，一人一马为一骑。

【译文】武帝即位后，宁成调任内史。外戚们抓住宁成的短处，经常在武帝面前诋毁他，终于使他抵了罪，受了剃光头发、用铁圈束颈的刑罚。当时九卿大官如果有罪，往往就自杀，很少有受刑的，而宁成承受了重刑，自以为不会再被起用，于是就私自解脱了束颈的铁圈，伪刻了出关的符信，逃出函谷关回到家乡。他自称说：“当官当不到二千石，做生意赚不到一千万，怎么能同别人相比啊！”就赊欠借贷，买下靠近池塘便于灌溉的良田一千多顷，出租给贫民，被他奴役使唤的有好几千家。过了几年，遇上大赦，（不用担心会被追捕了。）他弄到手的财产有数千金之多。（在家乡）他行侠仗义，利用所掌握的隐私挟制官吏，每次外出，后面都有几十人骑马随从。他役使百姓，威权比郡守还重。

周阳由者，其父赵兼以淮南王舅父侯周阳，[1]故因姓周阳氏。由以宗家任为郎，[2]事孝文及景帝。景帝时，由为郡守。武帝即位，吏治尚循谨甚，然由居二千石中，最为暴酷骄恣。所爱者，挠法活之；[3]所憎者，曲法诛灭之。所居郡，必夷其豪。为守，视都尉如令。为都尉，必陵太守，夺之治。与汲黯俱为忮，[4]司马安之文恶，[5]俱在二千石列，同车未尝敢均茵伏。[6]

【注释】〔1〕“淮南王”，指刘邦子淮南厉王刘长。“周阳”，汉城邑名，属河东郡闻喜县，故地在今山西闻喜东。案：赵兼于文帝元年（公元前一七九年）被封为周阳侯，文帝六年因罪削爵，国除。〔2〕“宗家”，此指同宗亲王外戚之家。〔3〕“挠”，音 náo，曲。〔4〕“汲黯”，字长孺，濮阳（今河南濮阳）人，武帝时先后官东海太守、主爵都尉、右内史、淮阳太守，以为人刚直，敢于直谏闻名于世，卒于元鼎五年（公元前一一二年）。详见本书《汲郑列传》。“忮”，音 zhì，固执。〔5〕“司马安”，汲黯的外甥，武帝时先后四次官至九卿，最后死于河南太守任上。“文恶”，深文周纳，陷人于罪。〔6〕“茵”，车上的坐垫。“伏”，此处指车轼，即车箱前用以凭靠的横木。“未尝敢均茵伏”，谓同车时不敢与之平等抗礼。

【译文】周阳由这个人，因为他父亲赵兼以淮南王舅父的身份被封为周阳侯，所以改姓为周阳氏。周阳由是亲王的外戚，因此当上了郎官，事奉孝文帝和景帝。景帝时他官居郡守。武帝即位之初，官吏施政办事尚且十分守法谨慎，而周阳由在二千石级的官吏中，最为残暴严酷，骄横恣纵。所爱的人犯了死罪，他就曲解法律使之免受死刑，对所恨的人，他就不顾法律一定要置之于死地。他到哪一个郡为官，一定要消灭郡中的豪强。当郡太守，看待郡都尉如同下属县令一般。当郡都尉，又一定要欺压太守。他同汲黯一样固执，同司马安一样善于玩弄法律，构陷别人的罪状。汲黯、司马安二人虽然也都是二千石级的官员，与他同乘一车时，或坐或立，从来不敢平等抗礼。

由后为河东都尉，[1]时与其守胜屠公争权，[2]相告言罪。胜屠公当抵罪，义不受刑，自杀，而由弃市。[3]

【注释】〔1〕“河东”，汉郡名，治所在安邑（今山西夏县西北），辖境约相当于今山西沁水以西、霍山以南地区。〔2〕“胜屠”,复姓,或作“申屠”。〔3〕“弃市”,古代在闹市执行死刑,并陈尸示众,表示与众共弃的意思,称为“弃市”。

【译文】周阳由后来担任郡都尉,时常同郡太守胜屠公争权,互相告发对方的罪状。胜屠公按法应当抵罪,但他认为自己没有忍辱受刑的道理,就自杀了。而周阳由则被处死并陈尸街头示众。

自宁成、周阳由之后,事益多,民巧法,大抵吏之治类多成、由等矣。

赵禹者,斄人。[1]以佐史补中都官,[2]用廉为令史,[3]事太尉亚夫。[4]亚夫为丞相,禹为丞相史,[5]府中皆称其廉平。然亚夫弗任,曰:“极知禹无害,[6]然文深,[7]不可以居大府。”今上时,[8]禹以刀笔吏积劳,[9]稍迁为御史。[10]上以为能,至太中大夫。[11]与张汤论定诸律令,作见知,[12]吏传得相监司。[13]用法益刻,盖自此始。

【注释】〔1〕“斄”,音tái,汉县名,属右扶风,故地在今陕西武功境。〔2〕“佐史”,汉代的一种月俸仅八斛的小吏,是地方行政机构中的低级办事人员。“中都官”,京都官府中的吏员。〔3〕“令史”,高级官员的一种属吏,掌管文书案牍,年俸一百石。〔4〕“太尉”,官名,掌管全国军政,当时与丞相、御史大夫合称“三公”,都是秩禄为万石的最高级官员。“亚夫”,周亚夫,即上文的“条侯”。〔5〕“丞相史”,丞相的一种属官。〔6〕“无害”,无比,没人比得上。〔7〕“文深”,指通晓法律但用法深险苛刻。〔8〕“今上”,指汉武帝。〔9〕“刀笔吏”,刀笔是当时的书写工具,所以从事文牍工作的吏员被称为刀笔吏。〔10〕“御史”,官名,掌管纠察弹劾,并审理皇帝指定的案件,秩六百石。〔11〕“太中大夫”,官名,掌议论应对,并执行皇帝临时指派的任务,秩千石。〔12〕“见知”,据《汉书·刑法志》,赵禹和张汤制定的法令中有“见知故纵”的条款,规定知道有人犯罪而不告发,就算故意放走罪犯,与犯同罪。〔13〕“吏传得相监司”,“吏传”不大好懂,《汉书·酷吏传》此句作“吏传相监司以法”,王先谦以为“传”与“转”通,“转相”就是互相。“司”,通“伺”。“监司”,谓监督伺察。

【译文】从宁成、周阳由以后,刑狱之事越来越多,老百姓用种种巧妙的办法来躲避法律,大致说来,官吏们施政办事,同宁成、周阳由等也就颇多相似之处了。

赵禹是斄县人,由地方上的小吏补任京都官府中的吏员,因为廉洁,又被任命为处理文书事务的令史,在太尉周亚夫手下办事。周亚夫当丞相后,赵禹担任丞相史,丞相府中的办事人员都称赞他廉洁公正。然而周亚夫却不肯重用他,说道:“我完全知道赵禹的能干没人比得上,但他用法苛刻深险,不能让他久居丞相府。”当今皇上即位后,赵禹由于多年作吏,办理文书案牍,用力辛勤,积有劳绩,逐渐升任御史。皇上认为他能力很强,一直提拔他做到太中大夫。赵禹与张汤一起讨论制定各种法令,创立知情不举一体同罪的条款,官吏们得以互相监督,伺察过失。朝廷上下用法越来越苛刻,就是从此而始的。

张汤者,杜人也。[1]其父为长安丞,[2]出,汤为儿守舍。还而鼠盗肉,其父怒,笞汤。[3]汤掘窟得盗鼠及余肉,劾鼠掠治,[4]传爰书,[5]讯鞫论报,[6]并取鼠与肉,具狱磔堂下。[7]其父见之,视其文辞如老狱吏,大惊,遂使书狱。[8]父死后,汤为长安吏,久之。

【注释】〔1〕“杜”,汉县名,属京兆尹,故治在今陕西西安市东南。〔2〕“长安丞”,京兆尹的属官,秩六百石。〔3〕“笞”,音chī,用鞭、杖或竹板抽打。〔4〕“劾”,揭发,起诉。“掠治”,拷打审讯。〔5〕“爰书”,指包括犯人的供辞在内的审讯记录。汉代制度,对重要罪犯的口供要由另一名官员再次审讯核实,才能据以定罪。初审官员把记录罪犯口供的文书移交给复审官员,就是“传爰书”。〔6〕“鞫”,音jū,审讯,查问。“论报”,定罪判决。〔7〕“具狱”,案卷齐备,完成了全部法律手续。“磔”,音zhé,分裂肢体,这是一种残酷的处死方法。〔8〕“书狱”,这里指学习法律。

【译文】张汤是杜县人。他的父亲担任长安丞,一次外出,张汤其时还是个儿童,留下看家。老鼠偷走了家中的肉,父亲回来(以为是张汤偷吃的,)发怒鞭打了他。张汤挖掘老鼠的洞穴,抓住老鼠并找到了老鼠吃剩的肉,就起诉拷问老鼠,把问得的“口供”记录为文书传送给有关“官署”,再审讯得实,依法判决。把老鼠和作为罪证的肉放在一

起，罪案具备，在堂下杀了老鼠。他父亲看到了，发现他写的起诉状、审讯记录、判决书等文辞老练，好像是出自一个老法官之手，大吃一惊，就让他学习法律。父亲死后，张汤有很长的一段时期，一直在长安作吏。

周阳侯始为诸卿时，[1]尝系长安，[2]汤倾身为之。[3]及出为侯，大与汤交，遍见汤贵人。[4]汤给事内史，[5]为宁成掾，[6]以汤为无害，言大府，调为茂陵尉，[7]治方中。[8]

【注释】〔1〕“周阳侯”，此周阳侯不是周阳由的父亲赵兼，而是武帝母王太后的同母弟田胜。赵兼在文帝六年因罪削爵，而田胜在武帝即位之初受封。“诸卿”，即列卿，汉以中尉(后改称执金吾)、将作少府(后改称将作大匠)、典属国等为列卿，都是中央政府中级别较高的官员。田胜为列卿，当是景帝末年事。〔2〕“系”，拘捕囚禁。〔3〕“倾身”，竭尽全力。〔4〕“见”，音 xiàn，这里是引见介绍的意思。〔5〕“给事”，供职。“给”，音 jǐ。〔6〕“掾”，音 yuàn，长官属吏的通称。〔7〕“茂陵”，汉武帝的陵墓。汉制，皇帝即位之初，就开始为自己修造陵墓，并在陵墓所在地设县，迁富户入籍。汉茂陵县属右扶风，故地在今陕西兴平境。“尉”，即县尉，官名，掌管缉捕县中盗贼事，秩二百至四百石。但张汤担任茂陵尉，当时的主要任务是管理筑陵的刑徒工役。〔8〕“方中”，帝陵的墓穴。据《汉书·张汤传》如淳注所引《汉注》，“陵方中用地一顷，深十二丈”。

【译文】周阳侯起初当诸卿的时候，曾经因事被拘捕，张汤尽力照应他，为他奔走。等到周阳侯出狱被封为列侯，就与张汤订下深交，把张汤广泛地介绍给贵人。张汤在内史宁成手下做事，当他的属吏，宁成认为张汤的才能在吏员中没人比得上，就禀告高级官府，调张汤担任茂陵县尉，主管修筑皇陵。

武安侯为丞相，[1]征汤为史，时荐言之天子，补御史，使案事。治陈皇后蛊狱，[2]深竟党与。于是上以为能，稍迁至太中大夫。与赵禹共定诸律令，务在深文，[3]拘守职之吏。[4]已而赵禹迁为中尉，徙为少府，[5]而张汤为廷尉，[6]两人交欢，而兄事禹。禹为人廉倨。为吏以来，舍毋食客。[7]公卿相造请禹，[8]禹终不报谢，务在绝知友宾客之请，孤立行一意而已。[9]见文法辄取，[10]亦不覆案，求官属阴罪。汤为人多诈，舞智以御人。[11]始为小吏，干没，[12]与长安富贾田甲、鱼翁叔之属交私。及列九卿，收接天下名士大夫，己心内虽不合，然阳浮慕之。[13]

【注释】〔1〕“武安侯”，即田胜之兄田蚡(音 fén)。田蚡在武帝即位之初因是王太后的同母弟而被封为武安侯，建元六年(公元前一三九年)为丞相，权倾一时，元光四年(公元前一三一年)春病死。详见本书《魏其武安侯列传》。“武安”，汉县名，属魏郡，故治在今河北武安西南。〔2〕“陈皇后”，汉武帝的第一个皇后，其父为堂邑侯陈午，母为景帝姊长公主嫖。陈皇后生性骄贵，为求子并诅咒武帝诸宠姬而信用女巫楚服等行巫蛊祠祭，元光五年(公元前一三〇年)事发被废。“蛊”，音 gǔ，古人的一种迷信行为，即把代表怨家仇人的木偶埋在地下，予以诅咒，使之得病受灾。陈皇后蛊狱详见本书《外戚世家》和《汉书·外戚传》。据《汉书》记载，此狱有三百多人被株连处死。〔3〕“深文”，指利用苛刻的法律条文来罗织罪状。〔4〕“拘”，这里是约束钳制的意思。〔5〕“少府”，官名，为九卿之一，掌管山海地泽的税收，供皇帝私人享用，秩中二千石。〔6〕“廷尉”，官名，为九卿之一，掌管刑狱，秩中二千石。〔7〕“毋”，通“无”。〔8〕“造请”，往见。〔9〕“孤立”，这里是独立不群的意思。〔10〕“文法”，法律条文，此指深通法律条文的人。“取”，选用，采用。〔11〕“舞智”，卖弄智巧。“御”，制御，控制。〔12〕“干没”，不给别人好处而白白地从别人那里分利。〔13〕“阳”，表面上。“浮慕”，虚假地表示钦慕。

【译文】武安侯当了丞相，征召张汤作丞相史。经常在天子面前推荐张汤，天子就委任张汤为御史，让他审查追究一些事件。张汤负责审理陈皇后巫蛊诅咒一案，深究同党，无一漏网。于是皇上认为他很能干，他的官职也逐渐上升到太中大夫。张汤与赵禹共同制定各种法令，一意苛刻严酷，约束钳制那些奉公守法的官吏。不久以后，赵禹升任中尉，又调任少府，而张汤也被任命为廷尉。二人交好，张汤把赵禹当作自己兄长那样看待。赵禹为人廉洁傲慢，当官以来，家中没有食客。公卿丞相登门拜访,赵禹始终不去回访答谢,务必使自己能够完全杜绝好友和宾客的请托,独立地凭自己的意志执法行事。他见到属官中有用法严苛的人,就收用提拔,也不去搜求查究属官暗地里的犯法之事。张汤则为人狡猾虚伪,往往运用智巧来控制属官。一开始当小吏的时候,就想侥幸得利,与长安富商田甲、鱼翁叔这一类人私下结交。等到官居九卿之列,又收容接待天下有名的士大夫,自己心中虽然同人意见不合,但在表面上总是装出倾慕的样子。

是时上方乡文学,〔1〕汤决大狱,欲傅古义,〔2〕乃请博士弟子治《尚书》、《春秋》补廷尉史,〔3〕亭疑法。〔4〕奏谳疑事,〔5〕必豫先为上分别其原,上所是,受而著谳决法廷尉絜令,〔6〕扬主之明。奏事即谴,汤应谢,乡上意所便,必引正、监、掾史贤者,〔7〕曰:"固为臣议,如上责臣,臣弗用,愚抵于此。"罪常释。间即奏事,上善之,曰:"臣非知为此奏,乃正、监、掾史某为之。"其欲荐吏,扬人之善蔽人之过如此。所治即上意所欲罪,予监史深祸者;即上意所欲释,与监史轻平者。所治即豪,必舞文巧诋;即下户羸弱,〔8〕时口言,虽文致法,上财察。〔9〕于是往往释汤所言。汤至于大吏,内行脩也。〔10〕通宾客饮食。于故人子弟为吏及贫昆弟,〔11〕调护之尤厚。其造请诸公,不避寒暑。是以汤虽文深意忌不专平,〔12〕然得此声誉。而刻深吏多为爪牙用者,依于文学之士。丞相弘数称其美。〔13〕及治淮南、衡山、江都反狱,〔14〕皆穷根本。严助及伍被,〔15〕上欲释之。汤争曰:"伍被本画反谋,而助亲幸出入禁闼爪牙臣,〔16〕乃交私诸侯如此,弗诛,后不可治。"于是上可论之。其治狱所排大臣自为功,多此类。于是汤益尊任,迁为御史大夫。〔17〕

【注释】〔1〕"乡",通"向",向往,归向。"文学",指文献经典。 〔2〕"傅",附会,比附。"古义",古经典之义。 〔3〕"博士弟子",秦汉时设博士官,掌通古今以备皇帝顾问。汉武帝时命博士置弟子五十人,由郡国选送,称博士弟子。博士弟子学业有成,可选授低级官职。"廷尉史",廷尉的属吏,秩二百石。 〔4〕"亭",均平。 〔5〕"谳",音 yàn,议定罪名。 〔6〕"絜",音 qì,通"契",木板。"絜令",指写在木板上的法令。 〔7〕"正、监、掾史",汉制廷尉属官有廷尉正及左右监,秩皆千石;掾史则是较低级属员的通称。 〔8〕"下户",贫户。"羸",音 léi,瘦弱。此指贫民孤弱无依者。 〔9〕"财",通"裁"。"裁察"谓裁断审察。 〔10〕"内行",私德,平时的操行。"脩",同"修",整治。 〔11〕"昆弟",兄弟。 〔12〕"专平",此指执法纯正公平。 〔13〕"丞相弘",即公孙弘。弘字季,薛(今山东滕县)人,少时曾为狱吏,后学《春秋》杂说,武帝初任博士,因故免归。元光五年(公元前一三三年)以文学征,对策第一,再拜博士。元朔五年(公元前一二七年)由御史大夫升任丞相,封平津侯。弘精熟吏事,喜用儒家经义解释法令,为人外宽内深,能结交宾客。元狩二年(公元前一二一年)病死。详见本书《平津侯主父列传》。"数",音 shuò,屡次。 〔14〕"淮南",指淮南王刘安。刘安为淮南厉王刘长(高祖子)之子,文帝十六年(公元前一七九年)嗣位,景帝时即广纳宾客,多蓄攻战兵械,有意谋反夺取帝位,至武帝元狩元年(公元前一二二年)事败自杀。"衡山",指衡山王刘赐。刘赐为刘安之弟,初封庐江王,景帝前四年(公元前一五三年)徙封衡山。刘安谋反时,刘赐恐为所并,也自行备战,后两人又通谋联结。刘安事败后,朝廷追究劾治,刘赐也被迫自杀。"江都",指江都王刘建。刘建为江都易王刘非(景帝子)之子,武帝元朔元年(公元前一二八年)嗣位。刘安、刘赐谋反,刘建亦与闻其谋,元狩二年(公元前一二一年)服罪自杀。淮南王谋反一案详本书《淮南衡山列传》。又据本书《平准书》记载,受此案株连而被处死的人达数万之多。 〔15〕"严助",即庄助,东汉时避明帝讳,改"庄"为"严"。庄助,会稽吴(今江苏苏州市)人,举贤良对策,为武帝所赏识,先后官中大夫、会稽太守等。曾出使南越,奉命发会稽兵击闽越以救东瓯。又出使淮南,因与淮南王刘安结交。后刘安来朝,庄助受其厚赂,私下往来,密商议论。"伍被",淮南王刘安的宾客谋士,善辞赋。刘安谋反之初,伍被曾加劝阻,但后来又参与其事,为之出谋画策。汉使到淮南追究谋反之事,伍被又出首检举。 〔16〕"闼",音 tà,宫中小门。"禁闼",指宫禁之中。"爪牙臣",此指得力的亲信之臣。 〔17〕"御史大夫",官名,汉时为三公之一,掌言论及纠察之事,秩万石。

【译文】当时皇上正爱好向往经典文献之学。张汤判决重大案件,想附会经义,从中寻得根据,就请求委派研究《尚书》、《春秋》的博士弟子担任廷尉

史，让他们去评议执法时遇到的疑难问题。每次奏报审罪定案的情况，张汤总是预先为皇上分别讲清有关事件的原委，皇上认为处理得正确，他领受旨意后就用廷尉的法令正式定案，并把皇上的意见写进定罪的判辞，颂扬主上的圣明。如果奏事时受到皇上的谴责，张汤马上应声谢罪，顺着皇上的意向，举出廷尉正、监、掾史等属官中贤者的姓名，说："某某本来就向我表示过异议，就象皇上您所指责我的那样，我没有采用他的意见，正因为我的愚昧，才把事情办糟了，弄到这种地步。"这样他的过错往往被皇上原谅。如果平时奏事，皇上认为他的意见很好，他就说："不是我自己知道应该这样奏对，这是我的属官某某教我的。"他要推荐属官，就这样表扬别人的长处，掩盖别人的过失。他处理案件，如果案犯是皇上意欲严办的，就交给属官中用法苛刻严酷的人去办，如果案犯是皇上想要开释的，就交给属官中用法轻平宽大的人去办。所审处的人如果是有势力的豪强，一定要玩弄法律条文巧妙地进行诋毁，(务必把他法办)如果是无依无靠的贫民，虽然根据法律条文应予判罪，也总是口头向皇上报告，请皇上审察裁定。于是皇上往往就根据张汤的口头报告予以宽释。张汤当上了大官，而他的私德很好。结交宾客，饮食不分彼此，对待在他手下当小吏的老相识的子弟和贫穷的同宗兄弟，照料保护尤其周到。他拜访问候公卿贵族，不因严寒酷暑而疏忽怠慢。所以张汤虽然用法严刻，多忌恨之心，不很公平，但也能得到良好的声誉。而那些被他当作爪牙使用的执法苛刻严酷的官吏，又都依附于通熟经典文献的儒士。丞相公孙弘曾屡次赞扬张汤。后来张汤负责审理淮南王、衡山王、江都王谋反的案件，都追根究底，不使一人漏网。庄助和伍被二人，皇上想宽释他们，张汤争辩说："伍被原本就替淮南王策划谋反，而庄助原是出入宫中被皇上您所亲信的人，却私下勾结诸侯王作这种事情，这两个人不杀，今后就无法治理国家了。"于是皇上同意了他的看法，把伍、庄二人论罪处决。他审理案件时排斥别的大臣的意见，为自己图功，有很多这一类的事情。这以后张汤更被皇上所宠任，升为御史大夫。

会浑邪等降，[1]汉大兴兵伐匈奴，山东水旱，[2]贫民流徙，皆仰给县官，[3]县官空虚。于是丞上指，[4]请造白金及五铢钱，[5]笼天下盐铁，[6]排富商大贾，[7]出告缗令，[8]锄豪强并兼之家，[9]舞文巧诋以辅法。[10]汤每朝奏事，语国家用，日晏，天子忘食。丞相取充位，[11]天下事皆决于汤。百姓不安其生，骚动，县官所兴，未获其利，奸吏并侵渔，[12]于是痛绳以罪。[13]则自公卿以下，至于庶人，咸指汤。[14]汤尝病，天子至自视病，其隆贵如此。

【注释】〔1〕"浑邪"，匈奴王号。武帝元狩二年(公元前一二一年)匈奴浑邪王杀休屠王率众四万余人降汉。武帝遣骠骑将军霍去病往迎，以其地置武威、酒泉二郡，封浑邪王为漯阴侯，食邑万户。"浑邪"，《汉书》作"昆邪"。〔2〕"山东"，战国秦汉时对崤山(在河南洛宁北)或华山(在陕西华阴南)以东广大地区的通称。〔3〕"县官"，此指朝廷，不是指某一县的行政长官。本书《平准书》记载，元狩三年(公元前一二〇年)，山东大水，武帝下诏尽发郡国仓库赈济灾民，不足，又募借于富人，犹不足，不得已徙贫民于关西及河套地区，"七十余万口，衣食仰给县官"。〔4〕"丞"，通"承"，奉迎。"指"，通"旨"，意向。〔5〕"白金"，元狩四年(公元前一一九年)冬，武帝因国用不足，用银锡合金铸成钱币，号称"白金"。分为三等：其一重八两，圆形，以龙为图案，值三千钱；其二重六两，方形，以马为图案，值五百钱；其三重四两，椭圆形，以龟为图案，值三百钱。由于质轻值重，盗铸者不可胜数，在民间又不能按其面值通行，到元鼎三年(公元前一一四年)，朝廷不得不下令废止。"五铢钱"，汉初沿秦制，铸半两钱为通货(秦半两每枚重十二铢)，其重量不断递减，文帝五年(公元前一七五年)时所铸半两钱重仅四铢。武帝建元元年(公元前一四〇年)一度改铸钱文与实重相符的三铢钱，至元狩五年(公元前一一八年)，因三铢钱分量过轻，易于盗铸，乃下令以大小、重量稳定的五铢钱为通行货币。五铢钱圆形方孔，即以"五铢"二字为钱文，直径约合今二点三厘米，重约三点五克。自此以后一直到隋代，所铸的钱币都以五铢钱为主。〔6〕"笼"，包笼，包举。武帝元狩四年(公元前一一九年)以东郭咸阳、孔仅为大农丞，领盐铁事，又在产盐产铁的地方陆续设置盐官、铁官，规定盐铁只能由官府经营，私铸铁器和煮盐的要处以重刑。所谓"笼天下盐铁"，就是指实行这种盐铁专卖政策，由国家垄断盐铁之利。〔7〕"排"，排斥，压迫。〔8〕"告缗令"，武帝元狩四年，朝廷颁布算缗、告缗令，规定向商人、高利贷者征收财产税，让他们自报财产总额，凡田地、住宅、奴婢、舟车、牛马等一律折成钱数，每三千钱征税一百二十钱,为一算(经营手工业者每四千钱税一算)。如隐瞒财产,以多报少,允许他人检举揭发,查实后罚戍边,并没收其全部财产,而所没收财产之半赏给告发者。颁布告缗令的目的在于增加国家财政收入并打击富商大贾。据《汉书·食货志》记载实行告缗令以后,中产以上的商贾大抵破家。“缗”,音 mín,穿钱的绳子,引申为钱财、财产。〔9〕“锄”,剪灭,除去。“并兼”,并吞,侵占他人的土地财产。〔10〕“舞文巧诋”,玩弄法律条文巧妙地进行诋毁。〔11〕“取充位”,谓只是居位充数而已。当时的丞相是李蔡、庄青翟。〔12〕“并”,音 bàng,通“旁”。“侵渔”,侵夺吞没。“并侵渔”,谓在旁侵吞,从中取利。〔13〕“绳”,纠正,约束,制裁。〔14〕“指”,这里是指责、痛恨的意思。

【译文】后来碰上匈奴的浑邪王等率众归降,汉朝大规模地征发军队出击匈奴之事,而山东地区遭受水旱灾荒,贫民流离失所,都依靠官府的救济维持生命,(由于大量财物用于兵费和救灾,)官府仓库的储存都用光了。于是张汤承奉皇上的意旨,建议铸造白金币和五铢钱,由官府垄断盐铁两业的经营,排挤打击富有的大商人,颁布告缗令,剪除那些仗势侵吞他人田地财产的豪强之家,玩弄法律条文,巧妙地进行诋毁,用这种手段来配合有关法令,(务必把那些人罗织入罪。)张汤每次朝见奏事,讲国家的财政问题,讲到太阳偏西,皇上听着都忘掉了吃饭。当时的丞相不过居位充数而已,天下大事都由张汤决策。百姓们不能安居乐业,纷纷骚动,朝廷新采取的一些增加些财政收入的办法,国家没有从中得到好处,而贪官污吏却乘机从旁侵吞渔利,于是张汤就对他们狠狠地加以惩罚。这样一来,从公卿以下,直到平民百姓,都指责并痛恨张汤。张汤曾经得病,天子甚至亲自到他家去探视病情,他的尊荣显贵到达了这种地步。

匈奴来请和亲,〔1〕群臣议上前。博士狄山曰:“和亲便。”上问其便,山曰:“兵者凶器,未易数动。高帝欲伐匈奴,大困平城,〔2〕乃遂结和亲。〔3〕孝惠、高后时,天下安乐。及孝文帝欲事匈奴,北边萧然苦兵矣。〔4〕孝景时,吴楚七国反,景帝往来两宫间,〔5〕寒心者数月。吴楚已破,竟景帝不言兵,天下富实。今自陛下举兵击匈奴,中国以空虚,边民大困贫。由此观之,不如和亲。”上问汤,汤曰:“此愚儒,无知。”狄山曰:“臣固愚忠,若御史大夫汤乃诈忠。若汤之治淮南、江都,以深文痛诋诸侯,别疏骨肉,使蕃臣不自安。〔6〕臣固知汤之为诈忠。”于是上作色曰:“吾使生居一郡,〔7〕能无使虏人盗乎?〔8〕”曰:“不能。”曰:“居一县?”对曰:“不能。”复曰:“居一障间?”〔9〕山自度辩穷且下吏,〔10〕曰:“能。”于是上遣山乘鄣。〔11〕至月余,匈奴斩山头而去。自是以后,群臣震慴。〔12〕

【注释】〔1〕“和亲”,把皇族女子嫁给外族君长,通过婚姻关系约和通好。〔2〕“平城”,汉县名,属雁门郡,故城在今山西大同市西北。汉七年(公元前二〇〇年),韩王信反,与匈奴勾结,谋内攻。高祖率军二十余万往击,中匈奴诱兵之计,在平城东北的白登山被围七昼夜。事见本书《高祖本纪》、《刘敬叔孙通列传》及《匈奴列传》。〔3〕“乃遂结和亲”,平城之役后,高祖接受刘敬的建议,与匈奴和亲,以后宫女子冒充长公主嫁给匈奴冒顿单于。事见本书《刘敬叔孙通列传》。〔4〕“萧然”,骚动不安的样子。〔5〕“两宫”,指未央宫和长乐宫。汉自惠帝以后,皇帝居未央宫,太后居长乐宫。“往来两宫间”,谓吴楚七国反时,景帝常从未央宫去长乐宫同窦太后商议对策。〔6〕“蕃臣”,指诸侯王,“蕃”,音 fān,通“藩”。诸侯王国被认为是皇室藩篱,所以称诸侯王为蕃臣。〔7〕“生”,秦汉时儒者的专称。〔8〕“虏”,原义为奴仆,引申为对敌方的蔑称。〔9〕“障”,亭障,边境地区的堡垒要塞。〔10〕“度”,音 duó,忖度,揣测。“下吏”,交给法司治罪。〔11〕“乘鄣”,登鄣守御。“鄣”,通“障”。〔12〕“慴”,音 zhé,通“慑”,恐惧。

【译文】匈奴派使者来请求与汉朝和亲,百官群臣在皇上面前商议此事。博士狄山说:“同意和亲对国家有好处。”皇上问他和亲有什么好处,狄山说:“军事行动是不吉利的东西,不能屡屡动用。当年高帝要讨伐匈奴,结果在平城被围,大受困窘,于是就同匈奴和亲。孝惠、高后时天下不动刀兵,百姓安居乐业。后来孝文帝想对匈奴采取行动,北方边境又骚乱起来,受用兵之苦。孝景时,吴楚七国谋反,景帝往来于未央宫和长乐宫之间,与太后商议对策,好几个月心中惊恐不安。吴楚被击破以后,景帝终生不再提用兵的事,天下富裕充实。现今从陛下发兵攻击匈奴以来,国中财力物力消耗一

空，边境人民深受其害，贫困不堪。从这一点看来，不如与匈奴和亲为好。”皇上询问张汤的意见，张汤说：“这是个迂腐的儒生，十分无知。”狄山说：“我本来就是愚忠，像御史大夫张汤，却是假装出来的忠心。张汤审理淮南王、江都王案件，用苛刻严酷的手段玩弄法律条文对诸侯大加诬蔑，离间皇上的骨肉之亲，使作为皇室藩篱之臣的诸侯人人自危。我本来就知道张汤的忠心是假装的。”于是皇上变了脸色，对狄山说：“我让你担任边地一郡的郡守，你能做到不让敌寇入境劫掠吗？”狄山回答：“不能。”皇上再问：“担任一个县的长官怎么样？”狄山又回答：“不能。”皇上又问：“让你守一个堡寨怎么样？”狄山自己思忖再说“不能”，要被追得哑口无言，将会被交给法司治罪，就说：“能。”于是皇上就派遣狄山到边境去守堡寨。狄山到边境一个多月，匈奴就攻进堡寨砍下了狄山的头，然后退走。从此以后群臣都心惊胆战，(不敢再同张汤作对。)

汤之客田甲，虽贾人，有贤操。始汤为小吏时，与钱通，[1]及汤为大吏，甲所以责汤行义过失，亦有烈士风。

【注释】〔1〕“钱通”，以利交往。

【译文】张汤的门客田甲，虽然是个商人，却有很好的操守。当初张汤做小吏的时候，田甲同他因钱财之事而交往，等到张汤当上了大官，田甲总是督促要求张汤多做好事，并指责他的过失，有义烈之士的作风。

汤为御史大夫七岁，[1]败。

【注释】〔1〕“汤为御史大夫七岁”，时为元鼎二年(公元前一一五年)。

【译文】张汤担任御史大夫七年之后，(终于在政治斗争的战场上)败灭了。

河东人李文尝与汤有卻，[1]已而为御史中丞，[2]恚，数从中文书事有可以伤汤者，不能为地。[3]汤有所爱史鲁谒居，知汤不平，使人上蜚变告文奸事，[4]事下汤，汤治论杀文，而汤心知谒居为之。上问曰：“言变事纵迹安起？”汤详惊曰：[5]“此殆文故人怨之。”谒居病卧闾里主人，[6]汤自往视疾，为谒居摩足。赵国以冶铸为业，[7]王数讼铁官事，[8]汤常排赵王。赵王求汤阴事。谒居尝案赵王，赵王怨之，并上书告：“汤，大臣也，史谒居有病，汤至为摩足，疑与为大奸。”事下廷尉。谒居病死，事连其弟，弟系导官。[9]汤亦治他囚导官，见谒居弟，欲阴为之，而详不省。谒居弟弗知，怨汤，使人上书告汤与谒居谋，共变告李文。事下减宣。[10]宣尝与汤有卻，及得此事，穷竟其事，未奏也。会人有盗发孝文园瘗钱，[11]丞相青翟朝，[12]与汤约俱谢，至前，汤念独丞相以四时行园，[13]当谢，汤无与也，[14]不谢。丞相谢，上使御史案其事。汤欲致其文丞相见知，[15]丞相患之。三长史皆害汤，[16]欲陷之。

【注释】〔1〕“卻”，音 xī，通“隙”，间隙，嫌隙。〔2〕“御史中丞”，御史大夫的高级属官，秩千石，掌管图籍秘书，外督部刺史，内领侍御史十五人，受公卿奏事，纠察不法。其权颇重。〔3〕“地”，指代人疏通，以留余地。〔4〕“蜚”，通“飞”。〔5〕“详”，通“佯”，假装。〔6〕“闾里”，乡里。〔7〕“赵国”，当时的一个诸侯王国，都邯郸(今河北邯郸市西南)，辖境约相当于今河北邯郸、邢台、沙河等市县和永年、隆尧二县西部地。〔8〕“王”，指当时的赵王刘彭祖。刘彭祖为景帝子、武帝兄，公元前一五二年至前九一年为赵王，为人阴险，朝廷派往赵国的官员多被其陷害。“铁官”，管铁的官。汉在实行盐铁国家专卖政策后，在全国产铁处设置三十八铁官，不产铁的郡也设小铁官以主管用废铁冶铸铁器之事。〔9〕“导官”，少府属官，掌管御用和祭祀用的食米、乾饭等，秩六百石。此指导官衙署。可能当时由于监狱已满，因而临时把导官衙署用作拘押人犯的场所。〔10〕“减宣”，人名，当时为御史中丞，其事迹见后文。〔11〕“孝文园”，汉文帝的陵园，故地在今陕西西安市东北。“瘗钱”，埋在陵园地下用以殉葬的钱。“瘗”，音 yì。〔12〕“丞相青翟”，指庄青翟。庄青翟为汉初功臣庄不识曾孙，文帝后二年(公元前一六二年)袭爵武彊侯，武帝元狩五年(公元前一一八年)四月起任丞相，至元鼎二年(公元前一一五年)十一月因张汤事自杀。“翟”，音 dí。〔13〕“行”，巡行，视察。〔14〕“与”，音 yù，参预。“无与”谓不相干。〔15〕“致其文”，用法律条文罗致罪状。"见知","见知故纵"的省语,谓知道罪犯是谁而故意放过他。按照汉代法律,这当与罪犯同罪。〔16〕"长史",官名。汉制丞相属官有两长史,秩皆千石。此云"三长史",其一当为额外增设。"长",音 zhǎng。

【译文】河东人李文曾经与张汤有嫌怨,不久以后担任了御史中丞,他憎恨张汤,屡次(利用职权)翻检殿中兰台收藏的文书档案,从中寻找可以中伤张汤的材料,不肯为张汤掩饰过失、留有余地。张汤有个喜爱的属吏鲁谒居,知道张汤对李文的作为气愤不平,就派人以紧急事变上告,揭发李文所干的一些违法的事。这一案件交给张汤审理,张汤判处李文死罪,把他杀了,而张汤心里明白是鲁谒居派人上告的。皇上问他:"说李文谋变,这事的纵迹从何而起?"张汤假装吃惊,说:"这大概是李文的老相识怨恨他,(才来告发的吧!)"鲁谒居有病躺在闾里中他所寄居的一户人家家里,张汤亲自前往探视病情,为鲁谒居按摩足部。当时赵国把冶铁并铸造铁器当作重要的生业,赵王(与朝廷派去的铁官有矛盾,)屡次控告铁官所作的事,而张汤处理时经常排斥压抑赵王。赵王就寻求张汤的隐私。鲁谒居曾经追究审查过赵王,赵王也很怨恨他。赵王于是就上书一并告发二人:"张汤,是国家的大臣,属下的小吏鲁谒居有病,张汤竟至于亲自为他按摩足部,我怀疑二人勾结在一起有大阴谋。"这件事被交给廷尉处理。鲁谒居此时已病死,事情牵连到他的弟弟,他的弟弟被拘禁在导官衙署里。张汤到导官衙署去审理其他囚犯,看到了鲁谒居的弟弟,打算暗中设法解救他,而表面上装作不予理睬。鲁谒居的弟弟不知道张汤的用意,怨恨张汤,就派人上书告发张汤同鲁谒居合谋,一起设计诬告李文谋变。这件事情交由减宣审处。减宣曾经同张汤有嫌怨,等到抓住了这么一件事,就追根究底,把事情彻底查清,但还没有来得及把案情上奏给皇上。这时有人偷掘了埋在孝文帝陵园中的用以送葬的钱,丞相庄青翟上朝,同张汤约好两人一起向皇上谢罪,到了皇上跟前,张汤心里想只有丞相一年四季每一季度都按规定的时间巡视陵园,(现在陵园中送葬的钱被盗,)应当引咎谢罪,这与我张汤没有什么相干,就不谢罪。丞相谢罪后,皇上派遣御史追查此事。张汤想把知情不报故意放走罪犯的法律条款套用到丞相头上,丞相很是担忧。丞相手下的三个长史都认为张汤是个祸患,想陷害他。

始长史朱买臣,〔1〕会稽人也。〔2〕读《春秋》。庄助使人言买臣,买臣以《楚辞》与助俱幸,侍中,〔3〕为太中大夫,用事;而汤乃为小吏,跪伏使买臣等前。已而汤为廷尉,治淮南狱,排挤庄助,买臣固心望。〔4〕及汤为御史大夫,买臣以会稽守为主爵都尉,〔5〕列于九卿。数年,坐法废,守长史,见汤,汤坐床上,〔6〕丞史遇买臣弗为礼。买臣楚士,〔7〕深怨,常欲死之。王朝,齐人也。以术至右内史。〔8〕边通,学长短,〔9〕刚暴强人也,官再至济南相。〔10〕故皆居汤右,〔11〕已而失官,守长史,诎体于汤。〔12〕汤数行丞相事,〔13〕知此三长史素贵,常凌折之。〔14〕以故三长史合谋曰:〔15〕"始汤约与君谢,已而卖君;今欲劾君以宗庙事,此欲代君耳。吾知汤阴事。"使吏捕案汤左田信等,〔16〕曰汤且欲奏请,信辄先知之,居物致富,与汤分之,及他奸事。事辞颇闻。上问汤曰:"吾所为,贾人辄先知之,益居其物,是类有以吾谋告之者。"汤不谢。汤又详惊曰:"固宜有。"减宣亦奏谒居等事。天子果以汤怀诈面欺,使使八辈簿责汤。〔17〕汤具自道无此,不服。于是上使赵禹责汤。禹至,让汤曰:〔18〕"君何不知分也。君所治夷灭者几何人矣?今人言君皆有状,〔19〕天子重致君狱,〔20〕欲令君自为计,〔21〕何多以对簿为?"汤乃为书谢曰:"汤无尺寸功,〔22〕起刀笔吏,陛下幸致为三公,〔23〕无以塞责,〔24〕然谋陷汤罪者,三长史也。"遂自杀。

【注释】〔1〕"朱买臣",字翁子,会稽吴(今江苏苏州市)人。《汉书》本传记其事较详,可参看。〔2〕"会稽",汉郡名,辖境约相当于今江苏长江以南地区及浙江(西北部一小角除外)、福建二省;治吴,即今江苏苏州市。〔3〕"侍中",此谓在宫中侍从皇帝左右。〔4〕"望",怨恨。〔5〕"主爵都尉",秦设主爵中尉掌管彻侯之事,汉因之,至景帝中六年(公元前一四四年)改称主爵都尉。武帝太初元年(公元前一〇四年)又改称右扶风,与京兆尹、左冯翊合称"三辅",分治关中地区。汉九卿不包括主爵都尉,此云"列于九卿",是指其地位与九卿相当。〔6〕"床",坐卧之具,此指坐榻。〔7〕"楚士",朱买臣会稽吴人,其地战国时属楚,所以这里说他是"楚士"。吴地民俗,本书《货殖列传》说为"清刻,矜己

诺”,《汉书·地理志》说为“轻死易发”,所以这里说到朱买臣深恨张汤,“常欲死之”时,特别强调他是“楚士”。〔8〕“右内史”,秦设内史作为首都地区的行政长官,汉因之。景帝前二年(公元前一五五年)分置左右内史,秩皆二千石。至武帝太初元年(公元前一〇四年),右内史改称京兆尹,左内史改称左冯翊,与右扶风合称“三辅”。〔9〕“长短”,指战国纵横家的那一套说长论短、纵横捭阖的权术。〔10〕“济南相”,汉初各诸侯王国都有相国,惠帝后改称丞相。景帝平定吴楚七国之乱后,下令去“丞”字,只称“相”。济南王国自济南王刘辟光谋反被诛后,已于景帝前三年(公元前一五四年)撤销,地改为郡,只设郡守不再置相。此云“再至济南相”,疑有误。〔11〕“右”,古以右为尊,“居汤右”谓地位在张汤之上。〔12〕“诎体”,谓拜跪行礼。“诎”,通“屈”。〔13〕“行”,这里是摄行、代理的意思。〔14〕“凌折”,欺凌折辱。〔15〕“合谋”,谓合谋于丞相之前,一起给丞相出主意。〔16〕“左”,通“佐”,指佐吏僚属。〔17〕“簿责”,据簿书记录的罪状事由一一诘责核实。〔18〕“让”,责备。〔19〕“状”,情状。“有状”,谓事实清楚。〔20〕“重”,难。指对做某件事感到为难,不肯轻易下手。〔21〕“欲令君自为计”,这话是暗示张汤应该自杀。〔22〕“尺寸”,喻小、少、细、微。〔23〕“三公”,朝廷中辅佐皇帝处理政务的三个最高级官员。当时以丞相、太尉、御史大夫为三公,秩皆万石。张汤任御史大夫,正是三公之一。〔24〕“塞”,报答。“责”,责望,要求和期望。

【译文】长史朱买臣本是会稽人,学《春秋》。庄助让人向皇上推荐朱买臣,朱买臣因为通熟《楚辞》,而与庄助一起被皇上所宠信,在宫中侍从左右,担任太中大夫,当政掌权;而这时张汤只是个小吏,在朱买臣等面前跪伏受命,听从使唤。后来张汤当上了廷尉,查处淮南王谋反一案,倾陷打击庄助,朱买臣为此本已怨恨张汤。等张汤担任了御史大夫,朱买臣由会稽太守改任主爵都尉,官居九卿之列。几年后因犯法而罢官,暂任丞相的长史,一次去见张汤,张汤(傲慢地)坐在床上,他的下属对待朱买臣又都不讲礼貌。朱买臣是楚地的士人,(不能忍受屈辱,)对张汤怀有深恨,常想报复,如能陷害张汤,不惜一死。王朝是齐人,凭藉玩弄权术,官职做到右内史。边通学习纵横家那一套说长论短的本领,是个刚强暴烈的人,做官两次做到济南相。二人过去的地位都居张汤之上,后来失去了官职,暂任丞相府的长史,见到张汤都得拜跪行礼。张汤有好几次代理丞相的职务,知道丞相府中这三个长史过去一向身份高贵,就经常故意欺凌折辱他们。因此三长史合谋后对丞相说:“起初张汤约好同您一起向皇上谢罪,不一会儿却把您给出卖了。现今他想用牵涉到宗庙的事情来弹劾您,这是意图取代您的位置。我们知道张汤的阴私,(不如先下手为强。)”于是就派人逮捕审查张汤亲信的属吏田信等,说是张汤每次将要向皇上奏请采取新的理财措施,田信总能事先知道内容,就储存囤积有关物品,以此致富,同张汤分享得到的赢利。另外还涉及其他违法行为。事情和有关的一些说法都传到了皇上的耳中。皇上问张汤:“我所采取的措施,商人总能事先知道,从而变本加厉地囤积货物,这很像是有人把我的计谋告诉了他们。”张汤听了,并不引咎谢罪,又假装吃惊,说:“的确象是有人泄密了。”减宣也向皇上奏报有关鲁谒居等人的案情。皇上果然认为张汤内心奸诈当面欺骗,派遣使者八人拿着记录所控罪状的簿书,一一诘责张汤。张汤自辩,全部予以否认,不服罪。于是皇上派赵禹去审问张汤。赵禹到后,责备张汤说:“你怎么这样不知本分?你办案毁灭了多少人家?现在别人控告你都有清楚的事实,天子不轻易地把你绳之以法,是想让你自己作个打算,(了结此事,)你又何必多次受审为自己辩护呢?”张汤于是写信向皇上谢罪说:“我一点功劳也没有,从一个从事案牍工作的小吏起家,很荣幸地被陛下提拔到三公的位置,未能很好地尽职,报答皇上的期望。然而阴谋陷害我,置我于死地的,是丞相府的三个长史。”接着就自杀了。

汤死,家产直不过五百金,〔1〕皆所得奉赐,〔2〕无他业。昆弟诸子欲厚葬汤,汤母曰:“汤为天子大臣,被汙恶言而死,何厚葬乎!”载以牛车,〔3〕有棺无椁。〔4〕天子闻之,曰:“非此母不能生此子。”乃尽案诛三长史。丞相青翟自杀。出田信。上惜汤,稍迁其子安世。〔5〕

【注释】〔1〕“直”,通“值”,价值。〔2〕“奉”,通“俸”,俸禄。〔3〕“牛车”,汉代只有贫民或政治地位低下的人(如商人)才用牛车载丧。〔4〕“椁”,音 guǒ,古代身份较高的人所用的棺木有两重,里面一重称棺,外面一重称椁。〔5〕“安世”,张汤之子张安世。安世字子孺,少以大臣子任为郎官,奉职谨慎,为武帝所赏识,张汤死后,逐渐被提拔为尚书令、光禄大夫。昭帝时与霍光、金日磾(音 mì dī)共辅政,封富平侯。昭帝死后,又与霍光等定策废昌邑王,立宣帝,以功拜大司马,领尚书事。元康四年(公元前六二年)去世,谥敬侯。详见《汉书·张安世传》。

【译文】张汤死后,遗留的家产不过只值五百金,都是生前所得的官俸和皇上的赏赐,没有其他产业。兄弟子侄想厚葬张汤,张汤的母亲说:"张汤是天子的大臣,蒙受恶言的污蔑而死,为什么要厚葬他!"就用牛车出丧,棺材不用外椁。天子听说这件事,说:"不是这样的母亲,不能生出这样的儿子。"于是把三个长史都治罪处死。丞相庄青翟自杀。又释放了田信。皇上怜惜张汤,就逐渐提拔他的儿子张安世的官职。

赵禹中废,已而为廷尉。始条侯以为禹贼深,〔1〕弗任。及禹为少府,比九卿。禹酷急,至晚节,事益多,吏务为严峻,而禹治加缓,而名为平。王温舒等后起,治酷于禹。禹以老,徙为燕相。〔2〕数岁,乱悖有罪,免归。后汤十余年,以寿卒于家。

【注释】〔1〕"贼深",指用法狠毒严苛。 〔2〕"燕",当时的一个诸侯王国,都蓟(今北京城区西南部),辖境约相当于今北京市城区、昌平南部、大兴及河北固安地。其时燕王为武帝之子刘旦。

【译文】赵禹(在太中大夫任上)曾中途免官,废置不用,但不久以后就担任了廷尉。起初条侯以为他用法过于狠毒苛刻,不肯重用他。到后来赵禹当上了少府,与九卿并列。赵禹为政严酷急迫,到了晚年,刑狱之事越来越多,一般官吏都致力于用严刑峻法进行治理,而赵禹施政却越来越宽缓,有执法平正的名声。王温舒等后起之辈,治理的手段比赵禹严酷得多。后来赵禹因为年老,改任燕相。几年后,由于做了违背法纪和常理的事,被免去官职,回到家乡。他晚于张汤十多年,享受天年后在家中去世。

义纵者,河东人也。为少年时,尝与张次公俱攻剽为群盗。〔1〕纵有姊姁,〔2〕以医幸王太后。王太后问:"有子兄弟为官者乎?"姊曰:"有弟无行,不可。"太后乃告上,拜义姁弟纵为中郎,〔3〕补上党郡中令。〔4〕治敢行,少蕴藉,〔5〕县无逋事,〔6〕举为第一。〔7〕迁为长陵及长安令,〔8〕直法行治,不避贵戚。以捕案太后外孙脩成君子仲,〔9〕上以为能,迁为河内都尉。〔10〕至则族灭其豪穰氏之属,河内道不拾遗。而张次公亦为郎,以勇悍从军,敢深入,有功,为岸头侯。〔11〕

【注释】〔1〕"攻剽",劫掠。"剽",音 piào。 〔2〕"姁",音 xū。 〔3〕"中郎",郎官的一种,担任宫中禁卫、侍从之事,隶属于郎中令。 〔4〕"上党郡",汉郡名,治所在长子(今山西长子西),辖境约相当于今山西榆社、和顺以南,沁水以东地区。"上党郡中令",谓上党郡所属某县的县令。 〔5〕"蕴藉",此指含蓄宽容。 〔6〕"逋事",指逃避、拖欠赋税之事。"逋",音 bū。 〔7〕"举",此指考察治绩,推举上报。 〔8〕"长陵",汉县名,属左冯翊,故地在今陕西咸阳市东北。汉制于帝陵建县,高祖葬长陵,因设长陵县。"长安",汉首都所在,亦设县置令。汉长安城在今陕西西安市西北。 〔9〕"脩成君",武帝同母异父的姐姐。武帝母王太后早年曾嫁长陵金氏,生一女。武帝即位后得知此事,亲自把金氏姐姐接入宫中与王太后母女团圆,并封她为脩成君。"仲",脩成君之子,史失其姓。据本书《外戚列传》褚少孙补,其人自恃是太后外孙,在长安横行不法。 〔10〕"河内",汉郡名,治所在怀(今河南武陟西南),辖境约相当于今河南黄河以北,京汉铁路以西(包括汲县)地区。 〔11〕"岸头",汉城邑名,在河东郡皮氏县(故治在今山西河津西)境。张次公于元朔二年(公元前一二七年)以都尉从车骑将军卫青击匈奴有功,封岸头侯,食邑二千户。至元狩元年(公元前一二二年)因与淮南王女陵通奸并受财物削爵。

【译文】义纵是河东人。年轻时曾与张次公一起干抢劫财物之类的事情,当过强盗。义纵有个姐姐名姁,因为通医术而被王太后所宠信。王太后问义姁:"你的子侄兄弟有可以当官的吗?"义姁回答:"有个弟弟,但他品行不好,不能当官。"太后就嘱咐皇上(加以提拔,)皇上任命义姁的弟弟义纵为中郎,后来义纵升任上党郡某县的县令。他施政敢作敢为,缺少宽缓从容的气度,县中没有谁敢逃避拖欠赋税,官员考绩时,他被推举为第一。又升任长陵及长安县令,凭自己的意志径直执法治理,不回避权贵外戚。因为他敢于把太后的外孙修成君

之子仲逮捕法办，皇上认为他很能干，提升他为河内都尉。到任后就把那里的豪强穰氏等族灭了。而张次公也担任了郎官，凭藉自己的勇敢强悍投入军队，在作战时勇于冒险深入，立了功勋，被封为岸头侯。

宁成家居，上欲以为郡守。御史大夫弘曰："臣居山东为小吏时，宁成为济南都尉，其治如狼牧羊。成不可使治民。"上乃拜成为关都尉。〔1〕岁余，关东吏隶郡国出入关者，〔2〕号曰"宁见乳虎，无值宁成之怒"。义纵自河内迁为南阳太守，〔3〕闻宁成家居南阳，及纵至关，宁成侧行送迎，然纵气盛，弗为礼。至郡，遂案宁氏，尽破碎其家。成坐有罪，及孔、暴之属皆奔亡，〔4〕南阳吏民重足一迹。〔5〕而平氏朱彊、杜衍、杜周为纵牙爪之吏，〔6〕任用，迁为廷史。〔7〕军数出定襄，〔8〕定襄吏民乱败，于是徙纵为定襄太守。纵至，掩定襄狱中重罪轻系二百余人，〔9〕及宾客昆弟私入相视亦二百余人。纵一捕鞠，〔10〕曰"为死罪解脱"。是日皆报杀四百余人。其后郡中不寒而栗，猾民佐吏为治。

【注释】〔1〕"关都尉"，关指函谷关，汉制出入函谷关要查验符传（通行证），关都尉是负责守关并稽查出入人员的官员，秩同郡都尉。〔2〕"关东"，秦、汉时称函谷关以东的广大地区为关东。〔3〕"南阳"，汉郡名，治所在宛（今河南南阳市），辖境约相当于今河南熊耳山以南叶县、内乡间及湖北大洪山以北应山、郧县间地。〔4〕"暴"，姓。孔、暴二姓为当时南阳豪强。〔5〕"重足"，叠足而立，不敢稍有移动。"一迹"，踩着前人的脚印走，不敢稍有偏离。"重足一迹"，形容战战兢兢，畏惧恐慌的样子。〔6〕"平氏"，汉县名，属南阳郡，故治在今河南唐河东南。"杜衍"，亦南阳郡属县，故治在今河南南阳市西南。〔7〕"廷史"，廷尉史的简称。廷尉史为廷尉属吏。〔8〕"定襄"，汉郡名，治所在成乐（今内蒙古和林格尔西北土城子），辖境约相当于今内蒙古长城以北的卓资、和林格尔、清水河一带。定襄是边郡之一，武帝时出击匈奴的汉军曾多次经定襄向北进军。〔9〕"掩"，这里指乘其不备，突然搜捕。〔10〕"鞠"，通"鞫"，审讯，查问。

【译文】宁成家居（遇赦）以后，皇上又想用他为郡守。御史大夫公孙弘说："我在山东当小吏的时候，宁成任济南都尉，他施政凶残，就象是狼牧群羊一般。宁成这个人不能让他去治理百姓。"于是皇上就任命宁成为关都尉，过了一年多，关东地区各郡国进出函谷关的官吏隶卒，编出歌谣声称："宁愿碰见母老虎，不要遇上宁成在发怒。"义纵从河内都尉升任南阳太守，听说宁成的家就居住在南阳，等他经过函谷关时，宁成侧着身子行走迎送，而义纵盛气凌人，不答一礼。到了南阳郡，义纵查办宁氏，把宁成的家彻底毁灭。宁成因为有罪，与（南阳其他两家豪强）孔氏、暴氏都奔逃流亡，南阳一郡的官吏和百姓都畏惧万分，战战兢兢，不敢乱说乱动。平氏人朱彊、杜衍、杜周等当义纵的爪牙，受到任用，后来都担任了廷尉的属吏。当时征讨匈奴的大军多次经由定襄郡向北出击，定襄官吏百姓的生活失去安定，混乱败坏，于是皇上改任义纵为定襄太守。义纵到任后，乘人不备突然到监狱中查获没有按规定戴上刑具严密看管的重罪犯二百多人，这些罪犯的宾客兄弟和私自入狱探视的，也抓到二百多人。义纵逮捕他们后稍加审讯，就说他们替死犯解开了刑具，当天就把这四百多人论罪杀死。从此以后，定襄郡中的人对义纵怕得发抖，而一些奸诈之徒则作官吏的帮手，一起统治百姓。

是时赵禹、张汤以深刻为九卿矣，然其治尚宽，辅法而行，而纵以鹰击毛挚为治。〔1〕后会五铢钱白金起，民为奸，京师尤甚，乃以纵为右内史，王温舒为中尉。温舒至恶，其所为不先言纵，纵必以气凌之，败坏其功。其治，所诛杀甚多，然取为小治，〔2〕奸益不胜，直指始出矣。〔3〕吏之治以斩杀缚束为务，阎奉以恶用矣。〔4〕纵廉，其治放郅都。〔5〕上幸鼎湖，〔6〕病久，已而卒起幸甘泉，〔7〕道多不治。上怒曰："纵以我为不复行此道乎？"嗛之。〔8〕至冬，杨可方受告缗，〔9〕纵以为此乱民，部吏捕其为可使者。天子闻，使杜式治，以为废格沮事，〔10〕弃纵市。后一岁，张汤亦死。

【注释】〔1〕"毛挚"，挚有攫取之义，鹰要攫取猎物，必先张开羽毛，展扑翅膀。"鹰击毛挚"比喻为政严苛凶猛。〔2〕"取"，音 cù，通"趣"，在这里是暂时、短时间的意思。〔3〕"直指"，即直指使者，武帝时设置的由皇帝直接派往某地处理特别事务的使者。〔4〕“阎奉”，其人于元封元年(公元前一一〇年)起任水衡都尉，掌管皇家苑囿，兼管铸造钱币，以贪酷著称。〔5〕“放”，通“仿”，效法。〔6〕“鼎湖”，汉宫名，据《三辅黄图》记载，在蓝田县(即今陕西蓝田)境内。〔7〕“已”，指病愈。“卒”，音 cù，通“猝”，突然。“甘泉”，汉宫名，故址在今陕西淳化境甘泉山下。〔8〕“嗛”，音 xián，怀恨。〔9〕“杨可”，当时受武帝任用主持告缗之事的官员。〔10〕“废格”，谓搁置不行皇帝诏书公布的政令。“沮事”，谓败坏已成之事，即破坏告缗令的实施。

【译文】这时赵禹、张汤都已经因为用法严酷苛刻而当上了九卿，但是他们施政还算宽缓，用行政手段辅助法律进行治理。而义纵却像鹰隼扑击翅膀攫取猎物一样，一味地用兇狠残暴的方法施政。后来朝廷改革币制，使用五铢钱和白金，民间很多人都铸造伪币，京师地区这种情况尤其严重。于是朝廷又调任义纵为右内史，又任王温舒为中尉。王温舒为人极其凶恶，他做事情不先告诉义纵，而义纵也一定负气欺辱他，败坏他的事情，不让他成功。义纵施政，杀人很多，但只能在短时间内得到很小的收效，民间违法之事越来越多，防不胜防，这样，由皇上特派查办某一事件的直指使者就出现了。官吏施政专门致力于杀人、抓人。阎奉这种人就因为凶恶而被任用。义纵为官廉洁，他治理的方法仿效郅都。(元狩五年)皇上驾幸鼎湖宫，病了很长一段日子，病愈后突然起来驾幸甘泉宫，发现道路有好些地段没有整治好。皇上发怒说：“义纵以为我(要病死)不能再经行这条道路了吗?”对义纵怀恨在心。到了冬天，杨可正受命负责告缗令的实施，义纵认为告缗这种办法扰乱百姓，部署布置手下的吏卒逮捕了杨可派去的人。天子听说了此事，派杜式追究处理，定为故意搁置朝廷的法令，败坏朝廷推行的大事，把义纵判了死刑，在市场上处决了。过了一年以后，张汤也死了。

王温舒者，阳陵人也。[1]少时椎埋为奸。[2]已而试补县亭长，[3]数废。为吏，以治狱至廷史。事张汤，迁为御史。督盗贼，[4]杀伤甚多，稍迁至广平都尉。[5]择郡中豪敢任吏十余人，以为爪牙，皆把其阴重罪，而纵使督盗贼，快其意所欲得。此人虽有百罪，弗法；即有避，因其事夷之，亦灭宗。以其故齐赵之郊盗贼不敢近广平，[6]广平声为道不拾遗。上闻，迁为河内太守。

【注释】〔1〕“阳陵”，汉县名，属左冯翊，故治在今陕西高陵西南。本秦弋阳县，汉景帝在其地筑阳陵，死即葬此，因改称阳陵。〔2〕“椎埋”，盗掘坟墓。一说谓用椎杀人而埋之。〔3〕“亭长”，亭为县以下的一级行政单位。秦汉时每十里设一亭，亭设亭长一人，掌管缉捕盗贼、调处诉讼等事。〔4〕“督”，监察。“督盗贼”谓负责监察缉捕盗贼。所谓“盗贼”，其实多是被迫起义反抗的农民。〔5〕“广平”，汉郡名，治所在广平(今河北鸡泽东南)，辖境约相当于今河北任县、南和、鸡泽、曲周、永年及平乡西北、肥乡东北部分地区。〔6〕“齐赵之郊盗贼不敢近广平”，广平郡西与赵国接境，东又与齐地相近，此以齐、赵代表与广平邻近的郡国。“郊”，距都城百里称郊，此泛指野外。

【译文】王温舒是阳陵人，年轻时盗掘坟墓，为非作歹。后来被试用为县里的亭长，多次被免职。担任吏员，因为善于处理刑狱之事而一直当上了廷尉史。事奉张汤，(受到信任，)升为御史。他负责监察捕捉盗贼，所杀伤的人很多，官职逐渐升到广平都尉。(在广平，)他挑选了郡中豪强果敢勇于任事的吏员十几个人，当作自己的爪牙，他都掌握了他们私下所犯的重罪，于是放手让他们去监察捕捉盗贼。如果能很好地满足自己的意愿，抓住自己想抓住的盗贼，这个人即使以前犯下一百件罪行，也不把他置之于法；如果有所避忌，不肯尽力，就依据从前所犯的重罪把这个人处死，并且夷灭他的宗族。因此(广平盗贼绝迹，)齐赵之地郊野的盗贼都不敢接近广平，广平有道不拾遗的名声。这种情况被朝廷所知道，就调升王温舒为河内太守。

素居广平时，皆知河内豪奸之家，及往，九月而至。令郡具私马五十匹，为驿自河内至长安，部吏如居广平时方略，[1]捕郡中豪猾，郡中豪猾相连坐千余家。上书请，大者至族，小者乃死，家尽没入偿臧。[2]奏行不过二三日，得可事。[3]论报，至流血十余里。河内皆怪其奏，以为神速。尽十二月，郡中毋声，毋敢夜行，野无犬吠之盗。其颇不得，失之旁郡国，黎来，[4]会春，[5]温舒顿足叹曰：“嗟乎，令冬月益展一月，足吾事矣!”其好杀伐行威不爱人如此。天子闻之，以为

能,迁为中尉。其治复放河内,[6]徙诸名祸猾吏与从事,[7]河内则杨皆、麻戊,关中杨赣、成信等。义纵为内史,惮,未敢恣治。及纵死,张汤败后,徙为廷尉,而尹齐为中尉。

【注释】〔1〕"部",督率,部署。〔2〕"臧",通"赃"。〔3〕"可事",指天子准行其事的批复。〔4〕"黎",比,等到。〔5〕"会春",汉制于秋冬处决死犯,立春后停止执行死刑。〔6〕"放",音 fǎng,通"仿",仿效。〔7〕"徙诸",司马贞《索隐》本作"徒请"。"名祸猾吏",以善于祸害别人著称的奸猾的吏员。

【译文】王温舒往常在广平时,就已全部掌握了河内豪强及为非作歹之徒的姓名,他去上任,是九月间到河内的。他下令郡中准备好私马五十匹,在河内到长安的路上自行设置驿站,统率控制吏员就采用像在广平时的那一套办法,逮捕法办郡中的豪强恶棍,相互牵连而获罪的有一千多家。王温舒上书朝廷请求批准治他们的罪,严重的甚至灭族,情节较轻的也处以死刑,家产全部没收以抵偿他们非法所得的赃物。每次上奏朝廷报告不过发出两三天,就得到允许照办的批复,于是就对罪犯定罪判决,杀人之多,甚至流血十几里。河内人对他上奏能这么快得到批复都很惊讶,认为这种速度真有点神奇。到十二月过完,郡中没有人敢随便说话,没有人敢夜间行路,郊野空旷之地也没盗贼出现,引起狗叫。郡中追捕未得的盗贼,就移文到邻近的郡国通缉,等到抓获后押解到河内,如已过了立春,暂停行刑,王温舒就顿脚叹息:"唉!可惜啊!如能让冬季延长一个月,就足以了结我要办的事了!"他喜好用屠杀的手段树立自己的威信,不爱惜人命就到这种地步。天子听说了他的治绩,认为他很能干,提升他任中尉。当中尉后他治理的手段又仿效在河内的那一套,把一些以善于陷害别人著称的恶徒及奸诈的吏员迁调来为他办事,其中有河内的杨皆、麻戊,关中的杨赣、成信等。当时义纵正任内史,王温舒对义纵还有所忌惮,未能放开手脚按自己的意愿进行治理。等到义纵已死,张汤也败灭以后,王温舒调任廷尉,而尹齐被任命为中尉。

尹齐者,东郡茌平人。[1]以刀笔稍迁至御史。事张汤,张汤数称以为廉武,使督盗贼,所斩伐不避贵戚。迁为关内都尉,声甚于宁成。上以为能,迁为中尉,吏民益凋敝。尹齐木强少文,[2]豪恶吏伏匿而善吏不能为治,以故事多废,抵罪。上复徙温舒为中尉,而杨仆以严酷为主爵都尉。

【注释】〔1〕"东郡",汉郡名,治所在濮阳(今河南濮阳西南),辖境约相当于今山东东阿、梁山以西,山东郓城、东明、河南范县、长垣以北,河南延津以东,山东茌平、冠县、河南清丰、濮阳、滑县以南地区。"茌平",东郡属县,故治在今山东茌平西南。"茌",音 chí。〔2〕"木强",为人质朴倔强。"少文",指缺乏外露的才能。

【译文】尹齐是东郡茌平人,因擅长文书案牍之事,逐渐升职,直到担任御史。他在张汤手下办事,张汤多次称赞他廉洁刚强,让他负责监察捕捉盗贼,他(勇于任事,)所狠狠打击的对象,即使是显贵的外戚也不回避。后来尹齐升任关内都尉,名声超出宁成。皇上认为他很能干,升他任中尉,(在他的治理之下,)吏员和百姓的生计就更加衰敝困苦了。尹齐为人质朴倔强,没有什么外露的才能,(他当中尉,)那些强横凶恶的吏员销声匿迹,而心地良善的吏员又不能协助他把地方治理好,因此许多政事都废弛未办,尹齐也被依法治罪。皇上就又调王温舒任中尉,而杨仆因为执法严酷而被任命为主爵都尉。

杨仆者,宜阳人也。[1]以千夫为吏。[2]河南守案举以为能,[3]迁为御史,使督盗贼关东。治放尹齐,以为敢挚行。[4]稍迁至主爵都尉,列九卿。天子以为能。南越反,[5]拜为楼船将军,[6]有功,封将梁侯。[7]为荀彘所缚。[8]居久之,病死。

【注释】〔1〕"宜阳",汉县名,属弘农郡,故治在今河南宜阳西北。〔2〕"千夫",汉武帝时设立十一等武功爵,千夫是其中第七等,地位相当于旧制二十等军功爵中的第九等五大夫。当时军用不足,这等武功爵也可用钱谷购买。〔3〕"案举",考察,荐举。〔4〕"敢挚",果敢凶猛。〔5〕"南越",秦末南海龙川(故治在今广东龙川西)令赵佗兼并桂林、南海、象三郡(约当今广东、广西一带及越南北部部分地区)地,自立为南越武王。汉初,南越是个割据政权。赵佗死后,三传至其五世孙赵兴为王,汉武帝想直接统治南越地区,于元鼎四年(公元前一一三年)派安国少季、终军出使南越,招抚赵兴及其母王太后樛氏入朝。赵兴及樛氏都同意归附内属,但丞相吕嘉坚决反对,起兵杀死南越王、王太后和汉使。武帝乃于元鼎五年秋派卫尉路博德为伏波将军、主爵都尉杨仆为楼船将军,率军十万,前往讨伐。于次年冬俘获吕嘉,平定南越全境,在其地分设儋耳、珠崖、南海、苍梧、郁林、合浦、交趾、九真、日南九郡。〔6〕“楼船”,有叠层的大型战船。攻打南越需训练并动用水军,因设楼船将军统率之。〔7〕“将梁”,汉县名,属涿郡,后并入广望,故治在今河北高阳西。〔8〕“荀彘”,太原广武(今山西代县西南)人,曾为校尉,多次从卫青出击匈奴,后任左将军。元封二年(公元前一〇九年),朝鲜王攻杀汉辽东都尉,荀彘受命与楼船将军杨仆一起率军往讨。二将争功不和,荀彘认为杨仆与朝鲜有私约,以计诱捕杨仆,并其军。明年夏,朝鲜降。二将归国后,荀彘因争功相嫉被武帝处死,杨仆也因擅自先发动攻击,兵败多有失亡,而被削除爵位,判处死刑,依律赎为庶人。

【译文】杨仆是宜阳人,以千夫的身份被任命为吏。河南太守推荐属吏,认为他很能干,他就升为御史,被委派在关东地方督察盗贼。他施政仿效尹齐,以果敢、凶猛的手段进行治理。后逐渐升职为主爵都尉,与九卿并列。天子认为他很能干。南越反叛,杨仆被任命为楼船将军,(率军前往讨伐,)立了功,被封为将梁侯。后来(在征讨朝鲜时,同另一将领荀彘不和,)被荀彘所捆辱。还朝后过了很久,得病而死。

而温舒复为中尉。为人少文,居廷惛惛不辩,〔1〕至于中尉则心开。督盗贼,素习关中俗,知豪恶吏,豪恶吏尽复为用,为方略。吏苛察,盗贼恶少年投缿购告言奸,〔2〕置伯格长以牧司奸盗贼。〔3〕温舒为人睸,〔4〕善事有埶者;〔5〕即无埶者,视之如奴。有埶家,虽有奸如山,弗犯;无埶者,贵戚必侵辱。舞文巧诋下户之猾,以焄大豪。〔6〕其治中尉如此。奸猾穷治,大抵尽靡烂狱中,〔7〕行论无出者。其爪牙吏虎而冠。〔8〕于是中尉部中中猾以下皆伏,有势者为游声誉,称治。治数岁。其吏多以权富。

【注释】〔1〕“惛惛”,迷糊昏蒙。“惛”,音 hūn。“辩”,通“辨”。〔2〕“缿”,音 xiàng,收受书信的器具。“购”,悬赏。〔3〕“伯”,通“陌”,谓街陌,街巷。“格”,通“落”,谓村落。“牧司”,检举,监督。“司”,通“伺”。〔4〕“睸”,音 chǎn,通“谄”。〔5〕“埶”,通“势”。〔6〕“焄”,音 xūn,同“熏”,引申为以气焰进行威胁。〔7〕“靡烂”,此指破碎毁灭。“靡”,通“糜”。〔8〕“虎而冠”,谓其人虽着衣冠而凶残如虎。

【译文】王温舒再次担任中尉,他为人质朴,不善言辞,在朝廷上论事总是糊里糊涂,不能把原委辨析清楚,到了中尉衙署,就心地明白。他监察盗贼,平时一向熟悉关中的风俗,了解那些强横凶恶的吏员,这班强横凶恶的吏员全都被他所利用。他设计了一套治理的方法:吏员要严格而苛刻地监视百姓,设置接受书信的器具,悬赏让盗贼恶少年投书告发违法行为,街道村落都设专人负责,互相监督检举盗贼及各种违法之事。王温舒为人又很谄媚,对有权有势的人奉承讨好,如果是无权无势的人,对待他们如同奴仆一样。有势力的人家,即使为非作歹罪案堆积如山,他也不敢去触及;如果是失势的人,即使是显贵的外戚,他也一定去欺压凌辱。他玩弄法律条文巧妙地诋毁下等人户中的奸诈之徒,以此传出信息,来威胁驱逐大户豪强。他治理中尉辖区的情况就是如此。对奸恶狡猾的犯人严厉查办,彻底追究,这些人大抵都被残酷地整死在监狱之中,定罪判决没有被释放的。他的爪牙都是象猛虎一样凶残的人。(经他治理,)中尉辖区中中等以下的恶棍都被整得服服帖帖,而有势力的人又为他游说,替他传播好名声,中尉辖区号称大治。他施政几年,手下的吏员大多凭仗权势发了财。

温舒击东越还,〔1〕议有不中意者,坐小法抵罪免。是时天子方欲作通天台而未有人,〔2〕温舒请覆中尉脱卒,〔3〕得数万人作。上说,〔4〕拜为少府。徙为右内史,治如其故,奸邪少禁。坐法失官。复为右辅,〔5〕行中尉事,如故操。

【注释】〔1〕“东越”,越人的一支,相传是春秋末越王勾践的后裔,秦、汉时居于会稽、闽中(约当今浙江、福建一带)地。汉初分为二部,一为闽越,一为东瓯。后汉武帝封闽越贵族余善为东越王。南越吕嘉反汉,余善曾与通谋,元鼎六年(公元前一

一一年）又起兵攻杀汉三校尉，自称“武帝”。汉武帝派遣横海将军韩说（音 yuè）、楼船将军杨仆、中尉王温舒等率军往讨。元封元年（公元前一一〇年）冬，东越贵族杀余善请降，事平。〔2〕“通天台”，在甘泉宫，据《三辅旧事》记载，高达五十丈。〔3〕“覆”，谓覆查校核。“脱卒”，已退役的士卒。〔4〕“说”，音 yuè，通“悦”。〔5〕“右辅”，即右内史。

【译文】王温舒攻破东越后回到京师，一次议事不合天子的意向，就因有轻微的违法行为而抵罪免职。这时天子正想在甘泉宫修建通天台，而没有从事这项工程的人手。王温舒提议核实中尉属下退役士卒的人数，得到几万人充当劳动力。皇上对此很高兴，任命他为少府。后又调任右内史，他的治理办法同以前任中尉时一样，辖区中各种奸诈邪恶的行为受到禁止，稍微减少了一些。王温舒后来又犯法失去官职，但后来又重新被起用，再次任右内史，并暂时代理中尉的职务，所作所为一如往常。

岁余，会宛军发，〔1〕诏征豪吏，温舒匿其吏华成，及人有变告温舒受员骑钱，〔2〕他奸利事，罪至族，自杀。其时两弟及两婚家亦各自坐他罪而族。光禄徐自为曰：〔3〕“悲夫，夫古有三族，〔4〕而王温舒罪至同时而五族乎！”

【注释】〔1〕“宛”，指大宛，当时西域的一个国家，故地在今新疆以西前苏联中亚细亚境，盛产良马。太初元年（公元前一〇四年）汉武帝派遣使者去大宛用黄金、金马等物交换大宛贰师城中的名马，大宛不予，汉使怒骂，大宛贵族派人在归途劫杀汉使。武帝大怒，以李广利为贰师将军，统兵万里远征，攻打大宛，先后往返两次，损失了大量人力物力，至太初四年才迫使大宛求和献马。详见本书《大宛列传》。〔2〕“员骑”，列于正式编制的皇帝侍从骑兵。“员”，正员。“骑”，音 jì。〔3〕“光禄”，官名，光禄大夫的省称，亦即中大夫，为光禄勋属官，秩比二千石，备皇帝顾问，无具体职守。〔4〕“三族”，历来说法不一，或以为指父、子、孙三代直系亲属，或以为指父辈、平辈及子辈的同族宗亲，或以为指父族、母族、妻族。下句言合两弟及两婚家为五族，可见此处所谓“三族”并不包括兄弟在内。

【译文】过了一年多，遇上征伐大宛的战事发动，天子下诏征发各地办事得力的吏员从军，王温舒却把自己的属吏华成隐藏起来，又有人以紧急事变告发王温舒接受皇上侍从骑兵的贿赂以及其他违法牟利的事，依法当判处族灭的罪，王温舒就自杀了。当时他的两个弟弟和两家亲家也都各自犯了其他的罪行而被族灭。光禄大夫徐自为感叹说：“真是可悲啊！古代有灭三族的事情，而王温舒的罪竟至于同时而灭五族！”

温舒死，家直累千金。后数岁，尹齐亦以淮阳都尉病死，家直不满五十金。所诛灭淮阳甚多，及死，仇家欲烧其尸，尸亡去归葬。〔1〕

【注释】〔1〕“尸亡去归葬”，“尸”字《汉书·酷吏传》作“妻”，文义较顺。谓其妻屏人耳目，潜行归葬。

【译文】王温舒死后，家产价值合计达到千金。几年以后，尹齐在淮阳使许多人家破人亡，他死后，仇家想烧掉他的尸体，他妻子偷偷地离开淮阳，把尸体带回故乡落葬。

自温舒等以恶为治，而郡守、都尉、诸侯二千石欲为治者，〔1〕其治大抵尽放温舒，而吏民益轻犯法，盗贼滋起。南阳有梅免、白政，楚有殷中、杜少，齐有徐勃，燕赵之间有坚卢、范生之属。大群至数千人，擅自号，攻城邑，取库兵，释死罪，缚辱郡太守、都尉，杀二千石，为檄告县趣具食；〔2〕小群以百数，掠卤乡里者，〔3〕不可胜数也。于是天子始使御史中丞、丞相长史督之。犹弗能禁也，乃使光禄大夫范昆、诸辅都尉及故九卿张德等衣绣衣，〔4〕持节，虎符发兵以兴击，〔5〕斩首大部或至万余级，及以法诛通饮食，〔6〕坐连诸郡，甚者数千人。数岁，乃颇得其渠率。〔7〕散卒失亡，复聚党阻山川者，往往而群居，无可奈何。于是作“沈命法”，〔8〕曰群盗起不发觉，发觉而捕弗满品者，〔9〕二千石以下至小吏主者皆死。其后小吏畏诛，虽有盗不敢发，恐不能得，坐课累府，〔10〕府亦使其不言。故盗贼浸多，〔11〕上下相为匿，以文辞避法焉。

【注释】〔1〕“诸侯二千石”，指诸侯王国的相。〔2〕“檄”，音 xí，写在木简上的用于征召、晓谕或申讨的文书。“趣”，音 cù，催促。〔3〕“卤”，通“掳”。〔4〕“诸辅都尉”，即三辅都尉。汉以京兆尹、左冯翊、右扶风为三辅，武帝元鼎四年（公元前一一三年）置设三辅都尉各一人，隶属于中尉，负责三辅地区的治安。“衣绣衣”，上一“衣”字用作动词，音 yì，穿衣。〔5〕“虎符”，古代用以调遣军队的信物，铜铸，虎形，背有铭文，分为两半，一留在君主身边，一授予统兵的长官。调兵时由君主派使者持半符到军中，与军中的半符验合，军队才遵命奉调。〔6〕“通饮食”，指供给“盗贼”饮食。〔7〕“渠率”，即渠帅，指首领，头目。〔8〕“沈”，没，引申为隐蔽，藏匿。“命”，亡命，指因罪逃亡的人。“沈命法”是用以惩罚隐藏逃犯的人的法令。〔9〕“品”，规定的数额。〔10〕“课”，考核。“府”，郡府，此指郡府的长官，亦即太守。〔11〕“浸”，音 jìn，逐渐。

【译文】自从王温舒等把凶残严酷当作治理手段，各地的郡守、都尉、诸侯国相，想把管辖的地区治理好，大致都仿效王温舒的办法。可是吏员百姓更是轻于犯法，盗贼越来越多。如南阳有梅免、白政，楚地有殷中、杜少，齐地有徐勃，燕赵之间有坚卢、范生这些人。（一伙伙的盗贼，）大群多到几千人，擅自建立名号，攻打城邑，抢走仓库中的兵器，释放监狱中的死囚，捆绑侮辱郡太守及都尉，甚至杀死郡的长官，发布檄文传告郡属各县，要各县赶紧替他们准备好饭食；小群也有几百人，聚众劫掠乡里的，数也数不清。于是天子方始派遣御史中丞、丞相长史负责监察捕捉盗贼，但仍然不能禁绝，就委任光禄大夫范昆、三辅地区的都尉以及前任九卿张德等，穿上刺绣的衣服，拿着表示天子使者身分的符节，用虎符发兵征讨，所砍下的首级属大群盗贼的，有的竟多达一万多个，又依法处死供给盗贼饮食的人，所株连的人分布在好几个郡，多的达到几千人。几年以后，才把盗贼的头目大多捕获。而逃兵又结党占据山川险要之处，往往一群群地聚合在一起，朝廷拿他们毫无办法。于是就制定了“沉命法”，规定：凡是地方上出了盗贼而不发觉，或者发觉后不能捕获一定的人数，郡守以下至于小吏，各级负主要责任的官吏都要处死。这以后县中的小吏怕被处死，虽然管区内出现了盗贼也不敢上报，恐怕报告后不能捕获，要被追究责任并连累郡府长官，郡府长官也让下面不要报告发觉盗贼的事。因此盗贼越来越多，而地方官更上下互相遮掩，凭借玩弄法律文辞的办法，巧妙地躲避惩罚。

减宣者，杨人也。以佐史无害给事河东守府。卫将军青使买马河东，[1]见宣无害，言上，征为大厩丞。[2]官事辨，稍迁至御史及中丞。使治主父偃及治淮南反狱，[3]所以微文深诋，[4]杀者甚众，称为敢决疑。数废数起，为御史及中丞者几二十岁。王温舒免中尉，而宣为左内史。其治米盐，[5]事大小皆关其手，自部署县名曹实物，[6]官吏令丞不得擅摇，痛以重法绳之。居官数年，一切郡中为小治辨，[7]然独宣以小致大，能因力行之，难以为经。[8]中废。为右扶风，坐怨成信，[9]信亡藏上林中，宣使郿令格杀信，[10]吏卒格信时，射中上林苑门，宣下吏诋罪，[11]以为大逆，当族，自杀。而杜周任用。

【注释】〔1〕“卫将军青”，字仲卿，河东平阳（今山西临汾）人，汉武帝皇后卫子夫的同母弟，自元朔二年（公元前一二七年）至元狩四年（公元前一一九年）曾七次作为主将率军出击匈奴，官至车骑将军、大将军，以功封长平侯，元封五年（公元前一〇六年）病卒。详见本书《卫将军骠骑列传》。〔2〕“大厩丞”，官名。汉太仆属官有大厩令，负责管理皇家的主要马厩。大厩丞是大厩令的副职。〔3〕“主父偃”，临菑（今山东淄博市）人。初习纵横家术，又通《易》、《春秋》。元光间上书求用，得到武帝的赏识。曾建议削弱诸侯王势力，抑制豪强贵族兼并土地，设置朔方郡以防御匈奴，所言都被武帝采纳，一年之中四次升官。元朔二年（公元前一二七年）任齐相，掌握了齐王刘次昌与其姊通奸的隐私。刘次昌惧罪自杀，主父偃也因胁迫亲王致死而得罪族诛。详见本书《平津侯主父列传》。“主父”，复姓。〔4〕“微文”，隐约含蓄、别有用意的文辞。〔5〕“米盐”，喻细小琐碎。〔6〕“名”，指记下名称，登录在簿。“曹”，此指左内史及所属各县中分职治事的办公单位。〔7〕“辨”，通“办”。〔8〕“经”，常法。〔9〕“坐”，因触犯某条刑律而获罪。“成信”，据《汉书·酷吏传》，此人是减宣的一个属吏。〔10〕“郿”，汉县名，属右扶风，故治在今陕西眉县东。“格”，相拒。“格杀”，谓击杀拒捕的罪犯。〔11〕“诋”，通“抵”。

【译文】减宣是杨县人，担任佐史，才能出众，在河东郡守府中办事。卫将军青充任使者到河东

买马，发现减宣处理公务的才能在当地吏员中没人比得上，回京后向皇上谈起，减宣就被征召入京，任大厩丞。任职期间，公事件件办得很好，逐渐升为御史、御史中丞。减宣受命审理主父偃一案及淮南王谋反一案，他用隐晦阴险的文辞大加诋毁，被陷害至死的人很多，他却得到了能果断地审决疑案的名声。以后几次被罢官，又几次被起用，担任御史及御史中丞几乎有二十年。王温舒被免去中尉的官职时，减宣正任左内史，他施政治理不避琐碎，事情不管大小，都要亲手处理，他亲自布置发放并登录手下各部门及属县衙署中的公物，各部门官吏及县令县丞等都不得自作主张予以变动，否则就用可定重罪的法律条文严加惩罚。担任左内史几年，当时所有的郡只能做到公事稍能完办、小有治绩，唯独减宣能由小及大，(任何事情都办得很好。)但他那一套办法只能凭借威力推行，难以作为常规。这以后减宣一度被废置不用，后又出任右扶风，因为怨恨属吏成信，而成信逃亡躲藏在上林苑中，减宣就让郿县县令去逮捕成信，在成信拒捕时把他杀死，郿县的吏卒在同成信格斗时，射中了上林苑的苑门，减宣(作为主使人)被送到法司抵罪，法司认为他犯了大逆之罪，依法判处族灭，减宣就自杀了。这以后杜周受到任用。

杜周者，南阳杜衍人。义纵为南阳守，以为爪牙，举为廷尉史。事张汤，汤数言其无害，至御史。使案边失亡，〔1〕所论杀甚众。奏事中上意，任用，与减宣相编，〔2〕更为中丞十余岁。

【注释】〔1〕“案”，巡视。“案边失亡”，指巡视边地，查核因匈奴侵袭而损失的人畜财物，并确定有关官员的罪责。〔2〕“相编”，错互交织，引申为互相替代。

【译文】杜周是南阳杜衍人。义纵任南阳郡守时，用杜周为自己的爪牙，推荐他当上了廷尉史。杜周在张汤手下办事，张汤多次称赞他的才能在同事中没人比得上，提拔他直到担任御史。他奉命巡视边境核实由于匈奴入侵造成的各种损失并确定罪责，被他定罪处死的人很多。他上奏时论事符合皇上的心思，受到任用，与减宣互相替代，轮流担任御史中丞达十几年。

其治与宣相放，然重迟，〔1〕外宽，内深次骨。〔2〕宣为左内史，周为廷尉，其治大放张汤而善候伺。〔3〕上所欲挤者，因而陷之；上所欲释者，久系待问而微见其冤状。〔4〕客有让周曰：“君为天子决平，不循三尺法，〔5〕专以人主意指为狱。狱者固如是乎?”周曰：“三尺安出哉？前主所是著为律，后主所是疏为令，〔6〕当时为是，何古之法乎！”

【注释】〔1〕“重迟”，稳重迟缓。此指为人持重。〔2〕“次”，至。“内深次骨”谓其内心用法苛深，陷人入罪的意愿深入骨髓。〔3〕“候伺”，此指察颜观色，侦伺人主的意图。〔4〕“见”，音 xiàn，通“现”，显露。〔5〕“三尺法”，古代把法律条文写在三尺长的竹简上，所以称法律为“三尺法”，又简称为“三尺”。〔6〕“律”，指法律条文，“令”，指疏解、变通法律条文的法令。

【译文】他的施政手段与减宣相仿，然而为人持重，外表宽缓，内心阴险，害人之意深入骨髓。减宣任左内史时，杜周任廷尉，他的施政方针在很大程度上是仿效张汤而比张汤更善于察颜辨色，揣摹皇上的意图。对皇上所要排斥打击的囚犯，他就顺着皇上的意愿加以陷害，对皇上心想开释的囚犯，他长时间地拘禁不立即审讯而找机会在皇上面前隐隐约约地透露一些该人含屈蒙冤的情况。宾客中有人责备杜周说：“您为天子公平地执法，不遵循法律条令，却专门以主上的意旨作为处理案件的根据。执法审案难道真的应该这样吗?”杜周回答说：“法律条文是从哪里来的？从前的君主认为正确的，公布出来就是法律，后世的君主认为正确的，一经解释就成为补充法律的条令。所谓法令，都是当时的君主认为正确的，哪里有什么不变的古法！”

至周为廷尉，诏狱亦益多矣。〔1〕二千石系者新故相因，〔2〕不减百余人。郡吏大府举之廷尉，〔3〕一岁至千余章。〔4〕章大者连逮证案数百，〔5〕小者数十人；远者数千，近者数百里。会狱，吏因责如章告劾，不服，以笞掠定之。于是闻有逮皆亡匿。狱久者至更数赦十有余岁而相告言，大抵尽诋以不道以上。〔6〕廷尉及中都官诏狱逮至六七万人，〔7〕吏所增加十万余人。〔8〕

【注释】〔1〕“诏狱”，皇帝诏令交办的案件。亦指关押此类案件案犯的监狱。〔2〕“相因”，相叠，相加。〔3〕“举”，皆。此言谓诸郡国及丞相、御史等高级官府都把重要案件送交廷尉审理。〔4〕“章”，此指移送案犯的文书。〔5〕“证案”，案件的证人。〔6〕“不道”，无道，汉以来也是刑律的一种名目，如杀一家三人以上，肢解活人，投毒杀人等都是犯“不道”之罪，当判死刑。〔7〕“中都官”，指首都长安各官府衙署。〔8〕“吏所增加”，谓审案的官吏又进一步株连，增加在押人数。

【译文】到杜周当廷尉时，由皇上诏令交办的案件比以前更多了。二千石级的官吏被拘禁关押的，新旧相加，不下一百多人。郡国的官吏以及朝廷高级官府的官员都把重要案件移送廷尉审理，一年之中多达一千多起。案件大的，牵连逮捕的证人有几百人，小的案件也要牵连几十人。这些被连累的人到京候审，远的要走几千里，近的也要走几百里。到会集受审的时候，官吏往往逼迫案犯按文书所告发的罪状认罪，如果不服，就靠鞭打用刑来定案。于是与案件有牵连的人听到要被逮捕的风声，就都躲藏起来。久未结案的，经过几次大赦，到十多年后仍然受到控告，大抵都被诬加“不道”以上的罪名。当时廷尉以及京都其他官署奉皇上诏令逮捕关押的案犯，多达六七万人，在此之外，下面官吏罗织成罪的，又增加十多万人。

周中废，后为执金吾，〔1〕逐盗，捕治桑弘羊、〔2〕卫皇后昆弟子刻深，〔3〕天子以为尽力无私，迁为御史大夫。〔4〕家两子，〔5〕夹河为守。其治暴酷皆甚于王温舒等矣。杜周初征为廷史，有一马，且不全；及身久任事，至三公列，子孙尊官，家訾累数巨万矣。

【注释】〔1〕“执金吾”，官名，即中尉。武帝太初元年（公元前一〇四年）改中尉为执金吾。〔2〕“桑弘羊”，洛阳人，出身商家，武帝时的理财专家。元封元年（公元前一一〇年）任治粟都尉，领大司农，负责推行盐铁酒类等由国家专卖的政策。后任御史大夫，与霍光、金日磾、上官桀等同受武帝遗诏辅少主昭帝。昭帝元凤元年（公元前八〇年），与上官桀等合谋废昭帝，立燕王刘旦，以夺霍光之权，事败被杀。〔3〕“卫皇后”，名子夫，本是平阳公主家的歌女，武帝一见爱之，入宫后生下武帝长子刘据。陈皇后废后，卫子夫于元朔元年（公元前一二八年）被立为皇后，其子刘据为太子。后色衰爱弛，至征和二年（公元前九一年）巫蛊事起，太子刘据逃亡自杀，卫皇后也在宫中自尽。〔4〕“迁为御史大夫”，此天汉三年（公元前九八年）事。〔5〕“两子”，据《新唐书·宰相世系表》，杜周长子名延寿，次子名延考。据本书《田叔列传》褚少孙补，杜周此二子一官河南太守，一官河内太守，故下云“夹河为守”。“河”，黄河。又：杜周幼子名延年，后在昭、宣时官九卿、郡太守、御史大夫，封建平侯。

【译文】杜周在任职中途被罢官，后来重新出仕，担任执金吾，他追捕盗贼，拘禁并法办桑弘羊及卫皇后的侄子，用法严酷苛刻，天子认为他尽力奉职，没有私心，就升任他为御史大夫。他家两个儿子，分别在大河两岸担任郡守，施政的暴虐都比王温舒等人还要厉害。杜周初被征用担任廷尉史，只有一匹马，而且还带着残疾，等他为官日久，进入了三公的行列，子孙也都有了尊贵的官职，他家累积的财产就有好几万了。

太史公曰：自郅都、杜周十人者，此皆以酷烈为声。然郅都伉直，〔1〕引是非，争天下大体。张汤以知阴阳人主，〔2〕与俱上下，时数辩当否，国家赖其便。赵禹时据法守正。杜周从谀，以少言为重。自张汤死后，网密，多诋严，官事浸以秏废。〔3〕九卿碌碌奉其官，救过不赡，何暇论绳墨之外乎！〔4〕然此十人中，其廉者足以为仪表，其污者足以为戒，方略教导，禁奸止邪，一切亦皆彬彬质有其文武焉。〔5〕虽惨酷，斯称其位矣。至若蜀守冯当暴挫，〔6〕广汉李贞擅磔人，〔7〕东郡弥仆锯项，天水骆璧推咸，〔8〕河东褚广妄杀，京兆无忌、冯翊殷周蝮鸷，〔9〕水衡阎奉朴击卖请，〔10〕何足数哉！何足数哉！

【注释】〔1〕“伉直”，刚直。“伉”，音 kàng。〔2〕“知阴阳人主”，此谓懂得观察人主容色的喜怒变化以承意顺旨。《汉书·酷吏传》于此作“知阿色（阿谀）人主”，可参。〔3〕“秏废”，損耗，荒废。“秏”，音 hào，“耗”的本字。〔4〕“绳墨”，原指木匠用以打直线的绳线和墨斗，后多用以比喻规矩法度。〔5〕“彬彬”，不同事物配合得很好的样子。语出《论语·雍也》“文质彬彬，然后君子”。“文武”，此指晓喻及用法两种手段，亦即上文之“方略教导”

和"禁奸止邪"。〔6〕"蜀",汉郡名,治所在成都(今四川成都市),辖境约相当于今四川松潘以南,北川、彭县、洪雅以西,峨边、石棉以北,邛崃山、大渡河以东以及大渡河与鸦砻江之间康定以南、冕宁以北地区。"暴挫",暴烈地折断别人的肢体。〔7〕"广汉",汉郡名,治所在乘乡(今四川金堂东),辖境约相当于今甘肃文县、陕西宁强以南,四川旺苍、剑阁、蓬溪以西,潼南、遂宁、新都以北,什邡、北川以东地区。"磔",音 zhé,分裂肢体以处死,即车裂,古代一种酷刑。〔8〕"天水",汉郡名,治所在平襄(今甘肃通渭西北),辖境约相当于今甘肃通渭、静宁、秦安、定西、清水、庄浪、甘谷、张家川等县及天水市西北部、陇西东部、榆中北部地区。"推咸","推",音 zhuī,通"椎";"咸"一作"成",以作"成"为是。"椎成"意谓用椎击人,逼供成狱。〔9〕"京兆",汉首都行政区称京兆,辖境约当今陕西秦岭以北,西安市以东,渭河以南地区,治所设在长安城内。"冯翊",音 píng yì,即左冯翊,汉首都附近的一个郡级行政区,辖境约当今陕西韩城、黄龙以南,白水、蒲城以东,渭河以北地区;治所设在长安城内。"蝮",音 fù,毒蛇。"鸷"谓猛禽。"蝮鸷"喻其狠毒凶猛。〔10〕"朴",音 pù,通"扑",用鞭子、棍子等打人。"卖请",谓收受贿赂,卖法行私。

【译文】太史公说:自郅都到杜周这十个人,都是以施政严酷猛烈著称的。然而郅都为人刚直,能引据大是大非的道理,来争国家的大礼。张汤因为懂得迎合皇上的意向,一切顺应皇上,得到皇上的信任,所以在适当时候能再三地辩论政事的妥当与否,国家也靠他得到了好处。赵禹也能时常依据法律,遵守正道。杜周一味对主上阿谀奉承,把沉默寡言当作持重。自从张汤死后,法网更加严密,办案的官吏多用诋毁之词,陷人入罪,行施严刑峻法,而国家的政事也就渐渐荒废败坏了。朝廷中的九卿只知道庸庸碌碌地奉职行事,连补救自己的过失都来不及,哪里有空去讨论常规以外的事情呢?不过在这上述的十个人之中,廉洁的足可成后世官吏的榜样,卑污的也可以作为鉴戒,他们用以教育并引导百姓的方法,禁止打击为非作歹之徒的手段,这一切也可以说都是配合得很出色的了。虽然施政残酷猛烈,这也同他们的官职相称。至于像蜀郡太守冯当凶暴地折断犯人的肢体,广汉太守李贞擅自把人车裂,东郡太守弥仆锯断犯人的头颈,天水太守骆璧用椎击人,逼供定案,河东太守褚广妄杀无辜,京兆尹无忌、左冯翊殷周狠如毒蛇,凶比猛禽,水衡都尉阎奉鞭打胁迫,然后收取贿赂卖法徇私,这些人哪里值得一提啊!这些人哪里值得一提啊!

史记卷一百二十三

大宛列传第六十三

大宛之迹,[1]见自张骞。张骞,汉中人。[2]建元中为郎。[3]是时天子问匈奴降者,[4]皆言匈奴破月氏王,[5]以其头为饮器,[6]月氏遁逃而常怨仇匈奴,无与共击之。汉方欲事灭胡,[7]闻此言,因欲通使。道必更匈奴中,[8]乃募能使者。骞以郎应募,使月氏,与堂邑氏胡奴甘父俱出陇西。[9]经匈奴,匈奴得之,传诣单于。[10]单于留之,曰:"月氏在吾北,[11]汉何以得往使?吾欲使越,[12]汉肯听我乎?"留骞十余岁,与妻,有子,然骞持汉节不失。[13]

【注释】〔1〕"大宛",中亚古国名,位于前苏联费尔干纳(Ferghana)盆地。原始居民似以塞种(Sakas)为主。 〔2〕"汉中",郡名,治西城,在今陕西省安康县西。 〔3〕"建元",汉武帝刘彻年号。从公元前一四〇年至前一三五年。"郎",皇帝侍从官的通称。汉初属郎中令,后改属光禄勋,无定员,多至千人。有郎中、中郎等称号。职责是护卫、扈从,亦备顾问,司谏议政事得失。 〔4〕"匈奴",游牧部族名,事迹详见本书《匈奴列传》,张骞西使前夕,匈奴势力强盛,南面占有河套,威胁河西走廊,西向占有准噶尔盆地,并控制了塔里木盆地诸绿洲小国。 〔5〕"月氏",游牧部族名。原来居住在今河套北部直至阿尔泰山东端的广大地区,但随着匈奴势力的崛起和扩张逐步向西收缩,终于在公元前一七七年或前一七六年,因再次被匈奴打败,放弃故地,西迁伊犁河、楚河流域。约在公元前一三〇年左右,西迁的月氏人又被受匈奴支持的乌孙人打败,放弃伊犁河、楚河流域,西迁阿母河流域,征服了位于今阿富汗北部的大夏国。史称西迁的月氏人为"大月氏",留在故地、后来投靠羌人的月氏人为"小月氏"。 〔6〕"饮器",指饮水器。当时活跃于欧亚草原上的游牧部族斯基泰(Scythians)有一种特殊的风俗:把敌人首级眉毛以下锯去,弄干净,外部包上生牛皮,里面镀金,用作杯子。这种风俗可能直接或间接地影响了匈奴。 〔7〕"胡",指匈奴。"匈奴"应即 Huna 的音译,"胡"是 Hun 的音译,"匈奴"的略译。 〔8〕"更",音 gēng,经过。 〔9〕"堂邑氏",指堂邑侯,见本书《高祖功臣侯者年表》。匈奴人甘父是堂邑侯的奴隶,故以其主人姓为己姓。下文"堂邑父"是"堂邑甘父"的略称。"陇西",郡名,治狄道,今甘肃省临洮县南。 〔10〕"单于",匈奴最高首领的称号,详见本书《匈奴列传》。又,此单于为军臣单于(公元前一六一年至前一二六年在位)。 〔11〕"月氏在吾北",此时月氏在伊犁河、楚河流域,因此"北"其实是西北。 〔12〕"越",国名,即南越,位于汉朝南方。参见本书《南越列传》。〔13〕"节",出使外国时所持凭证。守而勿失,为不辱君命。

【译文】大宛的事迹,从张骞开始了解。张骞是汉中人,建元年间选为郎官。那时天子询问投降过来的匈奴人,他们都说:匈奴打败了月氏王,用他的髑髅做成饮水器,月氏人逃走,一直怨恨、仇视匈奴,没有人能和他们一起打击匈奴。汉正想消灭匈奴,听到这些话后,便打算和月氏通使。然而出使的道路必定要经过匈奴的领土,于是招募能充当使者的人。张骞以郎官的身份应募,出使月氏,和堂邑侯家一个当奴隶的匈奴人名叫甘父的一起从陇西出发。他们途经匈奴时,被匈奴俘获,传送到单于那里。单于把他们扣留起来,说:"月氏在我的北面,汉怎么能派使者去呢?我想派使者去越国,汉肯答应我吗?"扣留张骞共十多年,给他娶妻,并生了儿子,然而张骞坚守汉的使节。

居匈奴中,益宽,骞因与其属亡乡月氏,[1]西走数十日至大宛。大宛闻汉之饶财,欲通不得,见骞,喜,问曰:"若欲何之?"

骞曰："为汉使月氏，而为匈奴所闭道。今亡，唯王使人导送我。诚得至，反汉，汉之赂遗王财物不可胜言。"[2]大宛以为然，遣骞，为发导绎，[3]抵康居，[4]康居传致大月氏。大月氏王已为胡所杀，立其太子为王。既臣大夏而居，[5]地肥饶，少寇，志安乐，又自以远汉，殊无报胡之心。骞从月氏至大夏，竟不能得月氏要领。[6]

【注释】〔1〕"乡"，同向。〔2〕"赂遗"，音 lù wèi。〔3〕"导绎"，向导和翻译。"绎"，同译。〔4〕"康居"，游牧部族名，可能也是塞种之一支。当时活动于锡尔河中下游地区，中心在河北，河南是它的属土，张骞所到达的"康居"应为康居的属土。〔5〕"大夏"，古国名，主要领土在阿姆河以南。该地原为希腊人所占，史称希腊巴克特里亚王国。约公元前一四〇年左右，该王国被来自锡尔河北岸的塞种所灭，中国史籍称这个在希腊巴克特里亚王国的废墟上建立起来的塞种国家为"大夏"。〔6〕"要领"，譬喻要旨、要契。原指衣腰和衣领。"要"，同腰。

【译文】在匈奴中，监视日益宽松，张骞便和他的部属一起朝着月氏的方向逃走。他们往西奔走了几十天，到达大宛国。大宛国王听说汉富有财宝，想通使而办不到，见到张骞，很是高兴，就问："你想去哪里？"张骞说："我为汉出使月氏，中途被匈奴阻拦。现在逃到这里，请大王派向导送我前往，果真到达月氏，回到汉朝后，汉赠送大王的财物，将无法用言语形容。"大宛王认为他的话很对，就打发张骞动身，为他派出向导和译员，送他到康居国，康居人又把他传送到大月氏国。大月氏王被匈奴杀死了，大月氏人拥立太子为王，已经征服了大夏国，定居下来。那里土地肥沃，盗寇很少，大月氏人向往安乐，又认为自己离汉太远，竟没有向匈奴报复的念头了。张骞从大月氏跑到大夏，始终没有抓住大月氏的要领。

留岁余，还，并南山，[1]欲从羌中归，[2]复为匈奴所得。留岁余，单于死，[3]左谷蠡王攻其太子自立，[4]国内乱，骞与胡妻及堂邑父俱亡归汉。汉拜骞为太中大夫，[5]堂邑父为奉使君。[6]

【注释】〔1〕"并"，音 bàng，同傍。"南山"，指喀喇昆仑山、昆仑山、阿尔金山。〔2〕"羌"，居住在我国西部的古老民族，散居在甘肃、青海、新疆南部和西藏东北部等地，游牧为生。〔3〕"单于"，指军臣单于。〔4〕"左谷蠡王攻其太子自立"，时在公元前一二六年，事详本书《匈奴列传》。"谷蠡"，音 lù lǐ。〔5〕"太中大夫"，郎中令的属官，掌议论政事。〔6〕"奉使君"，官号，具体情况不明。

【译文】张骞逗留了一年多，才动身回来。他沿着南山走，想通过羌人居住的地方归国，又被匈奴人抓住，扣留了一年多，直到单于死了，左谷蠡王出兵攻打单于的太子，自立为单于，国内混乱，张骞才和他的匈奴人妻子和堂邑甘父一起逃回汉。汉授予张骞太中大夫、堂邑父奉使君之职。

骞为人强力，宽大信人，蛮夷爱之。[1]堂邑父故胡人，善射，穷急射禽兽给食。[2]初，骞行时百余人，去十三岁，[3]唯二人得还。

【注释】〔1〕"蛮夷"，古人对周边各族的泛称。〔2〕"给"，音 jǐ，供给。〔3〕"去十三岁"，张骞第一次出使西域启程于建元二年（公元前一三九年），途中被匈奴拘留十多年（约公元前一三九年至前一二九年），到达大月氏为公元前一二九年，滞留一年多，踏上归途为公元前一二八年，再被匈奴拘留一年多，至元朔三年即公元前一二六年才归汉。

【译文】张骞这个人坚强有毅力，宽厚，对人诚实，蛮夷都喜爱他。堂邑父原来是匈奴人，擅长射箭，没有办法的时候就射禽兽吃。当初，张骞出发时有一百多人，离开汉十三年，只有二个人活着回来。

骞身所至者大宛、大月氏、大夏、康居，而传闻其旁大国五六，[1]具为天子言之，曰：

【注释】〔1〕"传闻其旁大国五六"，指乌孙、奄蔡、安息、条枝、黎轩、身毒。

【译文】张骞亲临的国家有大宛、大月氏、大夏、康居，还听说在这些国家的近旁还有五六个大

国,都向天子作了汇报。他说:

大宛在匈奴西南,在汉正西,去汉可万里。〔1〕其俗土著,耕田,田稻麦。有蒲陶酒。〔2〕多善马,马汗血,其先天马子也。有城郭屋室。其属邑大小七十余城,众可数十万。其兵弓矛骑射。其北则康居,西则大月氏,西南则大夏,东北则乌孙,〔3〕东则扜罙、于窴。〔4〕于窴之西,则水皆西流,注西海;〔5〕其东水东流,注盐泽。〔6〕盐泽潜行地下,其南则河源出焉。〔7〕多玉石,河注中国。而楼兰、姑师邑有城郭,〔8〕临盐泽。盐泽去长安可五千里。匈奴右方居盐泽以东,至陇西长城,南接羌,鬲汉道焉。〔9〕

【注释】〔1〕“去汉可万里”,指大宛王治到汉都长安的大致距离。下文所标国与国之距离均是王治与王治之距离。〔2〕“蒲陶”,即葡萄,下文作“蒲萄”,同。伊朗语 budawa 的音译。〔3〕“乌孙”,游牧部族名。最初驻牧于今哈密一带。约在公元前一七七年或前一七六年匈奴攻击月氏时,亡于匈奴。后来复国,服属匈奴。约公元前一三〇年左右,在匈奴支持下逐走伊犁河、楚河流域的大月氏人,开始逐步摆脱匈奴的控制,成为一大强国。〔4〕“扜罙”,音 wū mí,昆仑山北麓的绿洲小国,今新疆策勒县北。“于窴”,昆仑山北麓的绿洲小国,今新疆和田县一带。“窴”,同阗。〔5〕“西海”,此处指咸海,锡尔河、阿姆河自东向西注入此海。〔6〕“盐泽”,今罗布泊。〔7〕“盐泽潜行地下,其南则河源出矣”,“河”指黄河。这是古人囿于当时的自然地理知识,对黄河源头所作猜测。〔8〕“楼兰”,绿洲小国,在今罗布泊西北岸。“姑师”,绿洲小国,在今新疆吐鲁番西北。〔9〕“鬲”,同隔。

【译文】大宛在匈奴西南面,在汉正西方,离开汉大约一万里。他们过定居生活,耕田,种稻麦,有蒲陶酒。良马很多,马流的汗象血,它们的祖先是天马之子。那里有城廓、房屋住宅。从属于大宛的城邑有七十多个,民众大约有几十万。使用的武器有弓和矛,能骑马、射箭。它的北面是康居,西面是大月氏,西南面是大夏,东北面是乌孙,东面是扜罙、于窴。于窴以西,河水都向西流,注入西海;于窴以东,河水都向东流,注入盐泽。盐泽潜入地下,黄河的源头就在它的南面。玉石很多,黄河流注中国。楼兰、姑师都有市邑城廓,靠近盐泽。盐泽离开长安约五千里。匈奴的右翼占据盐泽以东直到陇西的长城一带,南面和羌邻接,阻挡住汉西去的道路。

乌孙在大宛东北可二千里,行国,随畜,与匈奴同俗。控弦者数万,敢战。故服匈奴,及盛,取其羁属,〔1〕不肯往朝会焉。

【注释】〔1〕“羁属”,笼络使归属,引申为名义上的隶属。“羁”,原意是马笼头。

【译文】乌孙在大宛东北面约二千里,游牧为生,随牲畜迁移,风俗和匈奴相同,射手有几万人,骁勇善战。原来归服匈奴,后来强大了,只保持名义上的隶属关系,不肯去朝贡会盟了。

康居在大宛西北可二千里,行国,与月氏大同俗。控弦者八九万人。与大宛邻国。国小,〔1〕南羁事月氏,东羁事匈奴。

【注释】〔1〕“国小”,指康居人口较月氏、匈奴为少,非指领土面积大小。

【译文】康居在大宛西北面约二千里,游牧为生,风俗和大月氏非常相同,射手有八九万人。和大宛国邻接。国家小,南面受月氏控制,东面受匈奴控制。

奄蔡在康居西北可二千里,〔1〕行国,与康居大同俗。控弦者十余万。临大泽,无崖,〔2〕盖乃北海云。〔3〕

【注释】〔1〕“奄蔡”,游牧部族名,活动于咸海、里海以北。〔2〕“崖”,同涯。〔3〕“北海”,指咸海或里海。

【译文】奄蔡在康居西北面约二千里,游牧为生,风俗和康居非常相同。射手有十万多人。靠近大泽,无边无际,大概就是所谓北海吧。

大月氏在大宛西可二三千里,居妫水北。〔1〕其南则大夏,西则安息,〔2〕北则康居。

行国也，随畜移徙，与匈奴同俗。控弦者可一二十万。故时强，轻匈奴，及冒顿立，[3]攻破月氏，[4]至匈奴老上单于，[5]杀月氏王，以其头为饮器。[6]始月氏居敦煌、祁连间，[7]及为匈奴所败，乃远去，[8]过宛，西击大夏而臣之，遂都妫水北，为王庭。[9]其余小众不能去者，保南山羌，[10]号小月氏。

【注释】〔1〕“妫水”，即今阿姆河。〔2〕“安息”，指帕提亚(Parthia)朝波斯帝国。“安息”即王室姓 Arsaks 之音译。〔3〕“冒顿”，音 mò dú，匈奴单于，公元前某年至前一七四年在位。〔4〕冒顿于公元前三世纪末和公元前一七七年(或前一七六年)曾两次大败月氏，第二次迫使月氏放弃故地，西迁伊犁河、楚河流域。〔5〕“老上单于”，匈奴单于，公元前一七四年至前一六一年在位。〔6〕老上单于所杀月氏王，应是西迁伊犁河、楚河流域的大月氏王。〔7〕“敦煌”，一般认为指今敦煌一带。“祁连”，一说即今祁连山，一说即今天山。前说似误。〔8〕大月氏王虽为老上单于所杀，但大月氏人并未因此放弃伊犁河、楚河流域，直到军臣单于支持乌孙进攻大月氏，大月氏才远徙妫水流域。〔9〕大月氏王庭应在铁门以南、妫水之北。因为铁门以北已非大夏之地。上文说大月氏“臣大夏而居”，可知大月氏人占领的主要是所谓吐火罗斯坦(Tuharestan)。〔10〕“保”，依恃某物而求自安。

【译文】大月氏在大宛西面约二三千里，妫水的北岸。它的南面是大夏，西面是安息，北面是康居。游牧为生，随牲畜迁移，风俗和匈奴相同。射手约有一二十万人。原来很强大，轻视匈奴。到冒顿即位，才打败月氏，在老上单于时，又杀死月氏王，用月氏王的髑髅做成饮水器。月氏最初居住在敦煌、祁连之间，被匈奴打败之后，才远远离开故地，经由大宛，西向攻击大夏，使大夏臣服，于是建都于妫水北岸，设置王庭。剩下小股不能离开故地的，投靠南山的羌人，被称为小月氏。

安息在大月氏西可数千里。其俗土著，耕田，田稻麦，蒲陶酒。城邑如大宛。其属小大数百城，地方数千里，最为大国。临妫水，[1]有市，民商贾用车及船，[2]行旁国或数千里。以银为钱，钱如其王面，王死辄更钱，效王面焉。画革旁行以为书记。其西则条枝，[3]北有奄蔡、黎轩。[4]

【注释】〔1〕安息东界在木鹿城(Merv)附近，故所谓“临妫水”，是濒临妫水中段。〔2〕“贾”，音gǔ，指坐商。〔3〕“条枝”，指塞琉古朝叙利亚王国，首都安条克(Antiochia)。〔4〕“黎轩”，指托勒密朝埃及王国，首都亚历山大(Alexandria)。传文称该国在安息之北，当系传闻之误。

【译文】安息在大月氏西面约几千里。人民定居，耕田，种稻麦，有葡萄酒。城邑和大宛相似。隶属它的有大小几百座城。国土方圆几千里，是最大的国家。国土濒临妫水，有市邑，百姓经商用车和船，有的通行邻国远达几千里。用银铸钱，币面印有国王肖像，国王去世，就重铸新币，模仿新王的面容。书信、记录用皮革，文字横写。它的西面是条枝，北面有奄蔡、黎轩。

条枝在安息西数千里，临西海。[1]暑湿。耕田，田稻。有大鸟，卵如瓮。[2]人众甚多，往往有小君长，而安息役属之，以为外国。[3]国善眩。安息长老传闻条枝有弱水、西王母，[4]而未尝见。

【注释】〔1〕“西海”，此处指地中海。〔2〕“卵”，可能是鸵鸟卵。〔3〕张骞西使前夕，安息势力臻于极盛，其王密司立对提一世(Mithridates I，公元前一七一年至前一三八年在位)曾俘虏入侵的条枝国王德米特里乌斯二世(Demetrios Ⅱ，公元前一四五至前一四〇年、公元前一二九年至前一二五年在位)。此后弗拉特二世(Fraates Ⅱ，公元前一三八年至前一二八年在位)又大败入侵的条枝军队，杀死其王安条克斯七世(Antiochos Ⅶ，公元前一四〇年至前一二九年在位)。这可能就是条枝役属于安息，成为安息藩国的背景。〔4〕“弱水”，古代传说中的一种地理现象，基于对中亚内陆河流的传闻性了解。所谓“弱”是指这种水散涣无力，连鸿毛也不能负载。“西王母”，传说中的神名、国名(或部族名)。作为前者，有时是半人半兽的山精，有时是掌握不死药的女仙。作为后者，位于西方极远之地。这里显然是因为条枝是当时所知西方最远的国家，才把它和西王母联系在一起的。

【译文】条枝在安息西面几千里，国土面临西海。炎热湿润。耕田，种稻。有大鸟，鸟卵大得像瓮。民众很多，往往有小君主。受安息役使，安息以条枝为蕃国。国人擅长幻术。安息老人传说条枝有弱水，西王母，但从未见过。

大夏在大宛西南二千余里妫水南。[1]其俗土著，有城屋，与大宛同俗。无大君长，往往城邑置小长。其兵弱，畏战。善贾市。及大月氏西徙，攻败之，皆臣畜大夏。大夏民多，可百余万。其都曰蓝市城，[2]有市贩贾诸物。其东南有身毒国。[3]

【注释】〔1〕大夏的领土主要是后来的吐火罗斯坦，跨有妫水两岸，主要部分在南岸。〔2〕"蓝市城"，即原来希腊巴克特里亚王国的都城 Bactra，今巴尔赫附近。〔3〕"身毒"，即印度，得名于 Sindhu 河，指今印度半岛西北部。

【译文】大夏在大宛西南面二千多里，妫水南面。人民定居，有城市房屋，风俗和大宛相同。没有大君主，城邑往往设小君主。兵力薄弱，害怕打仗。擅长经商。大月氏人西迁时，打败大夏，使大夏臣服。大夏民众很多，约一百多万。它的都城是蓝市城，有市场贩卖各种货物。它的东南面有身毒国。

骞曰："臣在大夏时，见邛竹杖、蜀布。[1]问曰：'安得此？'大夏国人曰：'吾贾人往市之身毒。身毒在大夏东南可数千里。其俗土著，大与大夏同，而卑湿暑热云。其人民乘象以战。其国临大水焉。'[2]以骞度之，大夏去汉万二千里，居汉西南。今身毒国又居大夏东南数千里，有蜀物，此其去蜀不远矣。今使大夏，从羌中，险，羌人恶之；[3]少北，则为匈奴所得；从蜀宜径，[4]又无寇。"天子既闻大宛及大夏、安息之属皆大国，多奇物，土著，颇与中国同业，而兵弱，贵汉财物；其北有大月氏、康居之属，兵强，可以赂遗设利朝也。且诚得而以义属之，则广地万里，重九译，[5]致殊俗，威德遍于四海。天子欣然，以骞言为然，乃令骞因蜀犍为发间使，[6]四道并出，出駹，[7]出冄，[8]出徙，[9]出邛、僰，[10]皆各行一二千里。其北方闭氐、筰，[11]南方闭嶲、昆明。[12]昆明之属无君长，善寇盗，辄杀略汉使，终莫得通。然闻其西可千余里有乘象国，名曰滇越，[13]而蜀贾奸出物者或至焉，[14]于是汉以求大夏道始通滇国。初，汉欲通西南夷，[15]费多，道不通，罢之。[16]及张骞言可以通大夏，乃复事西南夷。

【注释】〔1〕"邛竹杖"，"邛"，音 qióng，山名，今四川西部邛崃山。山竹可以作杖。"蜀"，郡名，治成都，今四川省成都市附近，所产细布质美，称"蜀布"。〔2〕"大水"，指印度河。〔3〕"恶"，音 wù，厌恶。〔4〕"径"，直；引申为捷径。〔5〕"九"，表示多数。〔6〕"间使"，密使。"间"，音 jiàn，偷偷地。〔7〕"駹"，音 máng，西南夷之一种，在今四川省茂汶县一带。〔8〕"冄"，西南夷之一种，在今四川省茂汶县一带。有时冄駹联称。〔9〕"徙"，西南夷之一种，在今四川省汉源一带。〔10〕"邛"，西南夷之一种，在今四川西昌一带和云南丽江、楚雄北部，亦称邛都。"僰"，音 bó，西南夷之一种，在今四川南部和云南东北部。〔11〕"氐"，西部地区的古老民族，与羌族关系密切，常"氐羌"联称。居住在今甘肃东南、陕西西南、四川西北地区。"筰"，音 zuó，西南夷之一种，在今四川汉源一带，亦称筰都。〔12〕"嶲"，音 xī，西南夷之一种，在今四川省西昌一带。"昆明"，西南夷之一种，在今四川西南、云南西部和北部。〔13〕"滇越"，即下文"滇国"，西南夷中一个较大的部族，在今云南昆明滇池地区。〔14〕"奸出"，私出。〔15〕汉朝对西南夷的经营始于武帝建元六年（公元前一三五年）。〔16〕时在武帝元朔三年（公元前一二六年）。

【译文】张骞说："我在大夏的时候，见到邛竹杖和蜀布。问：'这是从哪里得到的？大夏国人说：'我们的商人到身毒去买来的。身毒在大夏东面约几千里，人民定居，风俗和大夏非常相同，地势低平，潮湿炎热。那里的人骑着象打仗，国土靠近大河。'据我推测，大夏离开汉一万二千里，位于汉西南面。现在身毒国又在大夏东南几千里，有蜀地的货物，这说明它离开蜀地不远了。目前出使大夏，从羌人居地出发，很艰难，羌人对此很厌恶。稍微靠北走，就要被匈奴俘获。从蜀地出发应该是捷径，又没有盗寇。"天子已经听说大宛、大夏和安息等都是大国，奇珍异物很多，人民定居，所操生计和中国很是相同，而兵力薄弱，很重视汉的财物，在它

们北面的大月氏、康居等国,兵力强大,可以通过馈赠利诱使它们来朝。果真能用符合道义的方式使它们归属,就会拓地万里,经由多重翻译,招致不同习俗的国家,使威德遍传四海。天子很高兴,认为张骞说的话是对的,就命令张骞从蜀、犍为派出密使,分四路同时出发:一路由駹出发,一路由冉出发,一路由徙出发,一路由邛僰出发,都走了一二千里。北面受阻于氐、筰,南面受阻于巂、昆明。昆明等没有君主,擅长盗寇,每次都杀死、劫掠汉使者,终于没有能够通过。然而听说昆明的西面约一千多里有一个骑象的国家,名叫滇越,蜀地商人私下外出做买卖时到过那里,于是汉因为寻求去大夏的道路开始和滇国交通。当初,汉想和西南夷交往,因费用多,道路不通而作罢。等到张骞说可以通往大夏,于是又开始经营西南夷。

骞以校尉从大将军击匈奴,[1]知水草处,军得以不乏,乃封骞为博望侯。[2]是岁元朔六年也。[3]其明年,[4]骞为卫尉,[5]与李将军俱出右北平击匈奴。[6]匈奴围李将军,军失亡多;而骞后期当斩,赎为庶人。是岁汉遣骠骑破匈奴西域数万人,[7]至祁连山。[8]其明年,[9]浑邪王率其民降汉,[10]而金城、河西西并南山至盐泽空无匈奴。[11]匈奴时有候者到,而希矣。[12]其后二年,[13]汉击走单于于幕北。[14]

【注释】〔1〕"校尉",武官名,掌京师卫戍,也率兵作战。"大将军",官号。此处指卫青。武帝元朔五年(公元前一二四年)卫青大破匈奴,拜为大将军,统率诸军。元狩四年(公元前一一九年)又拜为大司马大将军。卫青事迹详见本书《卫将军骠骑列传》。〔2〕"博望",县名,属南阳郡,在今河南省南阳市东北。"博望侯",因地名而得的封号。〔3〕"元朔",武帝年号。六年为公元前一二三年。〔4〕"其明年",其实应为元狩二年(公元前一二一年)。〔5〕"卫尉",官号,掌宫禁守卫。〔6〕"李将军",即李广,抗击匈奴名将,事迹详见本书《李将军列传》。"右北平",郡名,治平刚,在今辽宁省义县西。〔7〕"匈奴西域",指匈奴右翼,浑邪王所辖地。"骠骑",即骠骑将军,官号,此处指霍去病,元狩四年(公元前一一九年)拜为大司马骠骑大将军。事迹详见本书《卫将军骠骑列传》。〔8〕"祁连山",应指今天山。〔9〕"其明年",其实骠骑兵进祁连山和浑邪王降汉在同一年,即元狩二年(公元前一二一年)。〔10〕"浑邪王",匈奴王号,统率右翼。〔11〕"金城",郡名,治允吾,在今甘肃永靖西北。〔12〕"希",同稀。〔13〕"其后二年",应为元狩四年(公元前一一九年)。〔14〕"幕",同漠。"幕北",大沙漠以北。

【译文】张骞以校尉的身份跟随大将军攻打匈奴,由于他知道水草的所在,大军才得以不困乏,因此封张骞为博望侯。这一年是元朔六年。第二年,张骞任卫尉,和李将军一起从右北平出发攻打匈奴。匈奴围攻李将军,军队损失死亡很多。张骞误期迟到,应当斩首,他用钱赎免为庶人。这一年汉派遣骠骑将军打败了匈奴西域的几万人,直抵祁连山。第二年浑邪王率领他的部民降汉,金城、河西西部沿南山直到盐泽一带,从此见不到匈奴的踪迹。匈奴时而派探子到那里,然而很稀少了。又过了二年,汉在漠北打跑了单于。

是后天子数问骞大夏之属。骞既失侯,因言曰:"臣居匈奴中,闻乌孙王号昆莫,[1]昆莫之父,匈奴西边小国也。匈奴攻杀其父,而昆莫生弃于野。乌嗛肉蜚其上,[2]狼往乳之。单于怪以为神,而收长之。及壮,使将兵,数有功,单于复以其父之民予昆莫,令长守于西域。[3]昆莫收养其民,攻旁小邑,控弦数万,习攻战。单于死,[4]昆莫乃率其众远徙,中立,不肯朝会匈奴。匈奴遣奇兵击,不胜,以为神而远之,因羁属之,不大攻。今单于新困于汉,而故浑邪地空无人。[5]蛮夷俗贪汉财物,今诚以此时而厚币赂乌孙,招以益东,居故浑邪之地,与汉结昆弟,其势宜听,听则是断匈奴右臂也。既连乌孙,自其西大夏之属皆可招来而为外臣。"天子以为然,拜骞为中郎将,[6]将三百人,马各二匹,牛羊以万数,赍金币帛直数千巨万,[7]多持节副使,道可使,使遗之他旁国。

【注释】〔1〕"昆莫",乌孙最高统治者的称号。本传用作专名,指猎骄靡。〔2〕"嗛",同衔。"蜚",同飞。〔3〕"西域",指匈奴西域。〔4〕此单于指军臣单于。〔5〕"浑邪地",指前文所说"金城、河西西并南山至盐泽"一带。〔6〕"中郎将",

官号。中郎之长。〔7〕“赍”，携带。“直”，同值。按骞使乌孙在元鼎二年。

【译文】这以后天子几次询问张骞大夏等国的情况。张骞已经失去了侯爵，因而说：“我在匈奴人中间的时候，听说乌孙王号称昆莫，昆莫的父亲是匈奴西方一个小国的国君。匈奴攻击、杀死了昆莫的父亲，昆莫被活活地抛弃在旷野，乌鸦衔着肉在他的上面飞翔，狼跑去哺乳，单于很奇怪，以为是神，就收养他长大成人。到了壮年，又让他领兵，几次立功后，单于又把他父亲的部民给昆莫，命令他长久保卫西域。昆莫收养他的部众，攻打近傍的小国，拥有几万名射手，训练攻守作战。单于死后，昆莫就率领他的部众远徙，中立，不肯去朝见匈奴。匈奴派骑兵攻击，打不赢，认为是神，便远远地避开它，因而设法笼络使它保持隶属关系，不大进攻。现在单于刚被汉困住，原来浑邪王的驻地空虚无人。蛮夷的风气是贪得汉的财物，假如乘这个时机用重金馈赠乌孙，招他们日益东迁，占领原来浑邪王的驻地，和汉结为兄弟，从形势来看当会听从，听从就是斩断了匈奴的右臂。只要联合了乌孙，乌孙以西大夏等国都可以招来作为藩臣。”天子认为很对，就授予张骞中郎将之职，率领三百人，每人二匹马，牛羊数以万计，带着金币、丝绸，价值成千上万，还有许多持节的副使，中途只要可以派遣，就派他们去其它相邻的国家。

骞既至乌孙，乌孙王昆莫见汉使如单于礼，骞大惭，[1]知蛮夷贪，乃曰：“天子致赐，王不拜则还赐。”昆莫起拜赐，其他如故。骞谕使指，[2]曰：“乌孙能东居浑邪地，则汉遣翁主为昆莫夫人。”乌孙国分，王老，而远汉，未知其大小，素服属匈奴日久矣，且又近之，其大臣皆畏胡，不欲移徙，王不能专制。骞不得其要领。昆莫有十余子，其中子曰大禄，[3]强，善将众，将众别居万余骑。大禄兄为太子，太子有子曰岑娶，[4]而太子蚤死。[5]临死谓其父昆莫曰：“必以岑娶为太子，无令他人代之。”昆莫哀而许之，卒以岑娶为太子。大禄怒其不得代太子也，乃收其诸昆弟，将其众畔，谋攻岑娶及昆莫。昆莫老，常恐大禄杀岑娶，予岑娶万余骑别居，而昆莫有万余骑自备，国众分为三，而其大总取羁属昆莫，昆莫亦以此不敢专约于骞。

【注释】〔1〕“惭”，惭愧，引以为耻。〔2〕“指”，同旨。〔3〕“大禄”，乌孙官号，此处误为人名。〔4〕“岑娶”，乌孙官号，此处误为人名。“娶”，音 zōu。〔5〕“蚤”，同早。

【译文】张骞到达乌孙后，乌孙王昆莫接见汉使的礼节和单于的相同。张骞很羞愧，他知道蛮夷贪婪，就说：“天子给与赏赐，大王不下拜就退还所赐之物。”昆莫这才起来拜谢赏赐，其它还是照旧。张骞说明出使的旨趣说：“乌孙如果能东迁到浑邪的驻地，汉就派送公主作昆莫的夫人。”乌孙国家分裂，国王年老，又远离汉，不知道汉的大小，一向服属匈奴，为时已久，且靠近匈奴，大臣们都害怕匈奴，不想迁移，国王不能独自作主。张骞抓不住乌孙的要领。昆莫有十多个儿子，次子大禄，强悍，善于率领部众，统辖部众居住在别处，有一万多骑兵。大禄的哥哥是太子，太子有一个儿子叫岑娶。太子死得很早，临死对他的父亲昆莫说：“一定立岑娶为太子，不要让别人取代他。”昆莫很悲哀，就允许了，终于立岑娶为太子。大禄因为不能代立为太子，大怒，把他的弟弟们都收押起来，率领他的部众叛乱，谋划进攻岑娶和昆莫。昆莫年老，常常耽心大禄会杀掉岑娶，就给岑娶一万多骑兵让他住在别处，而昆莫留一万多骑兵自卫，一国部众，一分为三，大体上对昆莫表示服从，昆莫也因此不敢独自和张骞订约。

骞因分遣副使使大宛、康居、大月氏、大夏、安息、身毒、于寘、扜罙及诸旁国。乌孙发导译送骞还，骞与乌孙遣使数十人，马数十匹报谢，因令窥汉，知其广大。

骞还到，[1]拜为大行，[2]列于九卿。[3]岁余，卒。[4]

【注释】〔1〕时在元鼎二年（公元前一一五年），同年拜为大行。〔2〕“大行”，即大行令，掌外交及国内少数族来朝等事务。〔3〕“九卿”，指秩中二千石以上的大官。〔4〕“卒”，时在元鼎三年（公元前一一四年）。

【译文】张骞于是分遣副使出使大宛、康居、大月氏、大夏、安息、身毒、于寘、扜罙和邻近各国。乌孙派出向导、译员送张骞归国，张骞带着乌孙所派的几十位使者、几十匹马回国答谢，乘机让他们

窥测汉，了解它的广大。

张骞归国，被授予大行之职，位列九卿。一年多以后，就去世了。

乌孙使既见汉人众富厚，归报其国，其国乃益重汉。其后岁余，骞所遣使通大夏之属者皆颇与其人俱来，于是西北国始通于汉矣。然张骞凿空，其后使往者皆称博望侯，以为质于外国，[1]外国由此信之。

【注释】[1]“质”，信。

【译文】乌孙使者见到汉人口众多、物产富饶，回国报告，乌孙国就更加重视汉了。这以后一年多，张骞所派出使大夏等地的副使大多和那些地方的人一同归来，于是西北各国开始和汉交往。由于张骞第一个开辟这条通道，以后出使的人都自称博望侯，以取信于外国，外国也因此信任这些汉使。

自博望侯骞死后，匈奴闻汉通乌孙，怒，欲击之。及汉使乌孙，若出其南，[1]抵大宛、大月氏相属，乌孙乃恐，使使献马，愿得尚汉女翁主为昆弟。[2]天子问群臣议计，皆曰“必先纳聘，然后乃遣女。”初，天子发书易，[3]云“神马当从西北来。”得乌孙马好，名曰“天马”。及得大宛汗血马，益壮，更名乌孙马曰“西极”，名大宛马曰“天马”云。而汉始筑令居以西，[4]初置酒泉郡以通西北国。[5]因益发使抵安息、奄蔡、黎轩、条枝、身毒国。而天子好宛马，使者相望于道。诸使外国一辈大者数百，少者百余人，人所赍操大放博望侯时。[6]其后益习而衰少焉。汉率一岁中使多者十余，少者五六辈，远者八九岁，近者数岁而反。

【注释】[1]“若”，及。 [2]“女翁主”，即公主。 [3]“发书易”，一说“易”指《易经》；一说“易”是动词，意为占卜。 [4]“令居”，县名，在今甘肃省永登县西北。 [5]“酒泉”，郡名，治禄福，在今甘肃省酒泉县。 [6]“放”，通仿。

【译文】自从博望侯张骞死后，匈奴听到汉和乌孙交通，很愤怒，想攻击乌孙。等到汉使者到达乌孙，并从乌孙的南部出发，接连到达大宛、大月氏等国，乌孙才恐慌起来，派使者贡献良马，表示愿意娶汉的公主，和汉结为兄弟。天子询问群臣的意见，都说“一定要先纳聘，然后派送公主。”当初，天子打开书占卜，卜辞说：“神马当从西北来。”后来得到的乌孙马很出色，就命名为“天马”。等到获得大宛的汗血马，更加雄壮，就改称乌孙马为“西极”，命名大宛马为“天马”。汉开始修筑令居以西的长城，设置酒泉郡以便和西北各国交往。从而更多地派遣使者到达安息、奄蔡、黎轩、条枝、身毒国。天子喜爱大宛马，使者在道路上络绎不绝彼此相望。这些出使外国的使者每批多的有几百人，少的一百多人，每人所携带的都和博望侯很相同。后来日益熟悉，人数也就减少了。汉一般每年派出使者多到十余批，少到五六批，远的八九年，近的几年之后回来。

是时汉既灭越，[1]而蜀、西南夷皆震，请吏入朝。于是置益州、越巂、牂柯、沈黎、汶山郡，[2]欲地接以前通大夏。乃遣使柏始昌、吕越人等岁十余辈，出此初郡抵大夏，皆复闭昆明，为所杀，夺币财，终莫能通至大夏焉。于是汉发三辅罪人，[3]因巴蜀士数万人，[4]遣两将军郭昌、卫广等往击昆明之遮汉使者，斩首虏数万人而去。[5]其后遣使，昆明复为寇，竟莫能得通。而北道酒泉抵大夏，使者既多，而外国益厌汉币，不贵其物。

【注释】[1]时在武帝元鼎六年(公元前一一一年)。 [2]“益州”，郡名，治滇池，在今云南晋宁东。“越巂”，郡名，治邛都，在今四川西昌东南；“巂”，音 xī。“牂柯”，郡名，治故且兰，在今贵州贵阳附近，“牂”，音 zāng。“沈黎”，郡名，治今四川汉源东北。“汶山”，郡名，治今四川茂汶羌族自治县。 [3]“三辅”，职官名。武帝时称治理京师长安的右扶风、京兆尹、左冯翊为“三辅”。此处指三辅所辖地区，即京师及其附近。 [4]“巴”，郡名，治江州，在今四川重庆市北。 [5]事在武帝元封三年(公元前一〇八年)。

【译文】这时汉已灭掉南越，蜀和西南夷都受到震动，入朝请求派官吏去治理，于是设置了益州、越巂、牂柯、沈黎、汶山郡，企图使地界连接向前直

至大夏。每年派遣使者如柏始昌、吕越人等十多批，从这些新设置的郡出发去大夏，但又被昆明人阻挡住，使者被杀，钱财被夺，到底没有能到达大夏。汉于是征发三辅的囚犯，加上巴蜀士兵几万人，派郭昌、卫广两将军等前往攻击阻挡汉使的昆明人，斩杀、俘虏几万人才离开。这以后派出使者，昆明人还是劫掠，毕竟没有通过。而从北面的道路经酒泉到大夏，使者多了，外国日益厌足了汉的钱币，不再珍视汉朝的物品。

自博望侯开外国道以尊贵，其后从吏卒皆争上书言外国奇怪利害，求使。天子为其绝远，非人所乐往，听其言，予节，募吏民毋问所从来，为具备人众遣之，以广其道。来还不能毋侵盗币物，及使失指，天子为其习之，辄覆案致重罪，以激怒令赎，复求使。使端无穷，而轻犯法。其吏卒亦辄复盛推外国所有，言大者予节，言小者为副，故妄言无行之徒皆争效之。其使皆贫人子，私县官赍物，[1]欲贱市以私其利外国。外国亦厌汉使人人有言轻重，度汉兵远不能至，而禁其食物以苦汉使。汉使乏绝积怨，至相攻击。而楼兰、姑师小国耳，当空道，[2]攻劫汉使王恢等尤甚。而匈奴奇兵时时遮击使西国者。使者争遍言外国灾害，皆有城邑，兵弱易击。于是天子以故遣从骠侯破奴将属国骑及郡兵数万，[3]至匈河水，[4]欲以击胡，胡皆去。其明年，[5]击姑师，破奴与轻骑七百余先至，虏楼兰王，遂破姑师。因举兵威以困乌孙、大宛之属。还，封破奴为浞野侯。[6]王恢数使，为楼兰所苦，言天子，天子发兵令恢佐破奴击破之，封恢为浩侯。[7]于是酒泉列亭鄣至玉门矣。[8]

【注释】〔1〕“县官”，指天子。〔2〕“空道”，即孔道，交通要道。〔3〕“以故遣从骠侯破奴”，衍“遣”字。“破奴”即赵破奴，因追随骠骑将军霍去病征匈奴有功，得封为侯。时因故已失侯爵，因此传文称“故从骠侯”。“属国”，指归附而内迁的少数族居住的地区。〔4〕“匈河水”，今蒙古人民共和国拜达里格河。〔5〕赵破奴至匈河水击胡事在武帝元鼎六年（公元前一一一年），而击姑师、虏楼兰王事在元封三年（公元前一〇八年），故此处纪年有误。〔6〕事在元封三年。〔7〕事在元封三年。〔8〕“亭鄣”，边境险要处所筑鄣塞、亭楼，防守性军事建筑。“玉门”，指玉门关，在今甘肃敦煌西北。

【译文】自从博望侯靠着开辟去外国的道路而尊荣富贵起来，后来跟随去的官吏、士兵都争着上书说外国的奇闻异事、利弊得失，请求充当使者。天子因为外国极远，不是一般人所乐意去的，就听从他们的话，给予使节，招募官吏百姓时也不问他们的出身来历，为他们准备随从派遣他们，广开出使外国的门路。使者往返难免有侵占盗用钱币财物，以及背离出使宗旨的事，天子因为他们熟习外国事情，每次都覆核按察判成重罪，刺激鼓励他们立功赎罪，再次要求出使。出使的事端无穷无尽，使者动不动就犯法。他们的官吏士卒也都竭力推崇外国的事物，话说得大的给予使节，说得小一点的当副使，因此胡言乱语、没有品行的人都争相效法。这些使者都是穷人子弟，私占所带天子的东西，又想在外国低价买进货物谋求私利。外国也厌恶汉使所说人人轻重不一，料汉兵不能远道而来，禁止供应食物刁难汉使。汉使因食物缺少断绝而积怨，以至互相攻击。楼兰、姑师不过是些小国，因为地处交通要道，攻击、劫掠汉使王恢等尤其厉害，匈奴的骑兵也时时遮拦袭击出使西方各国的人。使者争着谈遍了外国的灾祸，虽说都有城邑，但兵力薄弱，容易受攻击。于是天子派原从骠侯赵破奴率领属国骑兵和郡兵几万人，到匈河水，想攻击匈奴，匈奴人都逃走了。第二年，攻击姑师，赵破奴和轻骑兵七百名先到，俘虏了楼兰王，又攻破姑师。乘机用兵胁迫乌孙、大宛等国。回军后，封赵破奴为浞野侯。王恢多次出使，都吃了楼兰的苦头，告诉天子，天子发兵命令王恢辅佐赵破奴攻破楼兰，封王恢为浩侯。于是亭障一直从酒泉列置到玉门关。

乌孙以千匹马聘汉女，汉遣宗室女江都翁主往妻乌孙，[1]乌孙王昆莫以为右夫人。匈奴亦遣女妻昆莫，昆莫以为左夫人。昆莫曰“我老”，乃令其孙岑娶妻翁主。乌孙多马，其富人至有四五千匹马。

【注释】〔1〕“江都翁主”，江都王刘建之女，名细君。

【译文】乌孙用一千匹马为聘，求娶汉的公

主。汉派宗室女子江都公主去作乌孙王的妻子，乌孙王昆莫封江都公主为右夫人。匈奴也派公主去作昆莫的妻子，昆莫封匈奴公主为左夫人。昆莫说“我老了”，就让他的孙子岑娶娶江都公主。乌孙国马多，富人多的甚至有四五千匹马。

初，汉使至安息，〔1〕安息王令将二万骑迎于东界。〔2〕东界去王都数千里。〔3〕行比至，过数十城，人民相属甚多。汉使还，而后发使随汉使来观汉广大，以大鸟卵及黎轩善眩人献于汉。及宛西小国驩潜、大益，〔4〕宛东姑师、扜罙、苏薤之属，〔5〕皆随汉使献见天子。天子大悦。

【注释】〔1〕汉使第一次到达安息应为张骞使乌孙时所遣副使，时在元鼎二年(公元前一一五年)。〔2〕汉使首次到达安息时，正值安息王密司立对提二世(Mithridates Ⅱ，公元前一二四年或前一二三年至前八七年在位)征讨入侵的塞人即将奏功之际，大军云集东境。故所谓“将二万骑迎于东界”当系事实。〔3〕东界在木鹿(今 Merv)附近，王都是和椟城(Hekatompylos)。〔4〕“驩潜”，小国名，位于阿姆河下游，后世称为花剌子模(Kwarizm)。“大益”，小国名，位于阿姆河下游，可能就是西史所载Dae。〔5〕“苏薤”，小国名，位于锡尔河与阿姆河之间的索格底亚那(Sogdiana)，传文说在“宛东”可能是传闻有误。“薤”，音 xiè。

【译文】当初，汉使到达安息，安息王下令率领二万名骑兵在东界迎接。东界离开王都有几千里。快要到王都时，已经经过了几十座城市，人民很多，络绎不断。汉使回国，安息王随后派使者跟着来参观汉的广大，献给汉大鸟的卵和黎轩的幻术师。大宛西面的小国驩潜、大益、大宛东面的姑师、扜罙、苏薤等国都随同汉使来朝见天子。天子非常高兴。

而汉使穷河源，河源出于窴，其山多玉石，采来，天子案古图书，名河所出山曰昆仑云。〔1〕

【注释】〔1〕“昆仑”，传说中的山名，黄河由此发源。张骞西使后，认为“河源出于窴”，因此指于窴南山为昆仑。

【译文】汉使穷尽了黄河的源头，知道黄河源出于窴，那里的山玉石很多，采集归来，天子查考古代图书，命名黄河发源的那座山为昆仑。

是时上方数巡狩海上，〔1〕乃悉从外国客，大都多人则过之，散财帛以赏赐，厚具以饶给之，〔2〕以览示汉富厚焉。于是大觳抵，〔3〕出奇戏诸怪物，多聚观者，行赏赐，酒池肉林，令外国客遍观各仓库府藏之积，见汉之广大，倾骇之。及加其眩者之工，而觳抵奇戏岁增变，甚盛益兴，自此始。

【注释】〔1〕“巡狩”，帝王巡行视察。〔2〕“具”，设食，引申为酒肴。〔3〕“觳”，同角。

【译文】这时候，皇上多次沿海视察，于是让外国客人全部跟着同去，只要是大城市、人口多就经过，散发财物、丝绸赏赐他们，准备丰厚的酒肴款待他们，以显示汉的富饶。举行摔角比赛，搬出奇妙的游戏和各种怪物，招聚很多人来观看，颁行赏赐，酒流成池，肉多如林，让外国客人看遍大仓库和储藏财宝的地方，显示汉的广大，使他们倾慕惊骇。至于幻术师技巧的增加，摔跤、奇妙的游戏年年品种增加、花样翻新。越来越兴旺，都是从这时候开始的。

西北外国使，更来更去。宛以西，皆自以远，尚骄恣晏然，未可诎以礼羁縻而使也。〔1〕自乌孙以西至安息，以近匈奴，匈奴困月氏也，匈奴使持单于一信，则国国传送食，不敢留苦；及至汉使，非出币帛不得食，不市畜不得骑用。所以然者，远汉，而汉多财物，故必市乃得所欲，然以畏匈奴于汉使焉。宛左右以蒲陶为酒，富人藏酒至万余石，久者数十岁不败。俗嗜酒，马嗜苜蓿。〔2〕汉使取其实来，于是天子始种苜蓿、蒲陶肥饶地。及天马多，外国使来众，则离宫别观旁尽种蒲萄、苜蓿极望。自大宛以西至安息，国虽颇异言，然大同俗，相知言。其人皆深眼，多鬚髯，〔3〕善市贾，争分铢。俗贵女子，女子所言而丈夫乃决正。其地皆无丝漆，不知铸钱器。及汉使亡卒降，教铸作他兵器。得汉黄白金，辄以为器，不用为币。

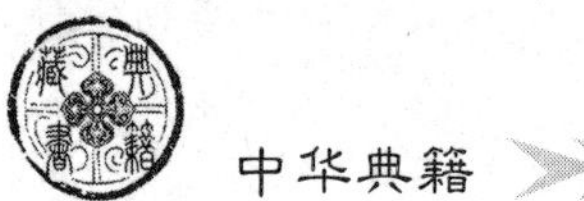

【注释】〔1〕“羁縻”，笼络，牵制。“縻”，原意是牛纼子。〔2〕“苜蓿”，伊朗语 buksuk 的音译。〔3〕这说明“大宛以西至安息”都是欧罗巴人种。

【译文】西北各外国的使者，来来去去。大宛以西，都自以为离汉远，还是骄傲、放肆，满不在乎，不能用礼使他们折服、通过笼络来利用他们。从乌孙以西到安息，因为靠近匈奴，匈奴曾经胁迫月氏，因此只要匈奴使者拿着单于一封信，就一国国依次供应食物，不敢留难。至于汉使，不拿出钱币、丝绸来便得不到食物，不买牲畜就没有坐骑使用。之所以这样，是因为离开汉远。而且汉财物多，所以一定要购买才能得到想要的东西。这样是因为他们害怕匈奴甚于汉使。大宛国左右都用葡萄酿酒，富人藏酒多达一万多石，久藏几十年不腐败。习俗嗜酒，马爱吃苜蓿。汉使把苜蓿和葡萄的种子带回来，天子从此开始在肥沃的土地上种植苜蓿、葡萄，等到天马多了，外国使者来得多了，那离宫别观旁边都种满了苜蓿、葡萄，一望无际。从大宛往西到安息，各国的语言虽然颇不相同，风俗却非常相同。彼此听得懂说的话。那一带的人眼睛深陷，胡须很多，擅长经商，铢锱必较。习俗尊重女子，男子都按照女子所说的决断。那地方没有丝和漆，不知道铸钱器，直到汉使逃亡的士卒投降过去，才教会他们铸造其它兵器和器皿。得到汉的黄金白银，都用来造器皿，不用来铸钱币。

而汉使者往既多，其少从率多进熟于天子，〔1〕言曰：“宛有善马在贰师城，〔2〕匿不肯与汉使。”天子既好宛马，闻之甘心，使壮士车令等持千金及金马以请宛王贰师城善马。宛国饶汉物，相与谋曰：“汉去我远，而盐水中数败，〔3〕出其北有胡寇，出其南乏水草，又且往往而绝邑，乏食者多。汉使数百人为辈来，而常乏食，死者过半，是安能致大军乎？无奈我何。且贰师马，宛宝马也。”遂不肯予汉使。汉使怒，妄言，椎金马而去。宛贵人怒曰：“汉使至轻我！”遣汉使去，令其东边郁成遮攻杀汉使，〔4〕取其财物。于是天子大怒。诸尝使宛姚定汉等言宛兵弱，诚以汉兵不过三千人，强弩射之，即尽虏破宛矣。天子已尝使浞野侯攻楼兰，以七百骑先至，虏其王，以定汉等言为然，而欲侯宠姬李氏，〔5〕拜李广利为贰师将军，发属国六千骑，及郡国恶少年数万人，以往伐宛。期至贰师城取善马，故号“贰师将军”。赵始成为军正，〔6〕故浩侯王恢使导军，〔7〕而李哆为校尉，〔8〕制军事。是岁太初元年也。〔9〕而关东蝗大起，〔10〕蜚西至敦煌。

【注释】〔1〕“进熟”，因进见而熟悉。〔2〕“贰师城”，在前苏联乌勒图白（Ura－tube）。〔3〕“盐水”，即盐泽。〔4〕“郁成”，小国名，一说是乌什（Ush），一说即乌兹根特（Uzgent），均在前苏联境内。〔5〕“李氏”，李广利之妹，生昌邑哀王。〔6〕“军正”，将军幕府的属官。〔7〕“导军”，军队的向导。当时王恢因犯法失去侯爵，因此称“故浩侯”。〔8〕“哆”，音 chǐ。〔9〕“太初”，汉武帝年号，其元年为公元前一〇四年。〔10〕“关东”，指函谷关以东。

【译文】汉使去得多了，那些年轻的随从一般都进见、熟悉了天子，他们说：“大宛国有良马在贰师城，藏起来不肯给汉使。”天子本来就喜爱大宛马，听到这些话后很满意，就派壮士车令带去千金和金马，请求大宛王给予贰师城的良马。大宛国多的是汉的财物，他们相互商量说：“汉离开我国很远，在盐水中又屡次遭到失败，取道盐水以北会碰到匈奴强盗，取道盐水以南则缺乏水草，往往人烟断绝，大多缺少食物。汉使几百人一批而来，由于缺少食物，尚且死亡超过半数，怎么能派遣大军来呢？奈何我们不得的。再说贰师城的马，是大宛的宝马啊。”于是不肯给汉使。汉使发怒，破口大骂，用椎击毁金马而去。大宛的贵人们发怒说：“汉使轻视我们到了极点。”打发汉使离开后，下令在它东边的小国郁成遮拦攻击汉使，将汉使杀掉，夺取了他的财物。这样一来天子大怒。那些曾经出使大宛国的使者如姚定汉等说，大宛兵力薄弱，果真出动汉兵，不过三千人，用强弩射击，就能完全掳掠、攻破大宛了。天子因为曾经派浞野侯进攻楼兰，浞野侯率领七百名骑兵先到，就俘虏了他的国王，因此认为定汉等人所说不错，又想封宠姬李氏的哥哥为侯，就拜李广利为贰师将军，征发属国骑兵六千和郡国品行恶劣的青年几万人，前去讨伐大宛，以期到贰师城夺取良马，因此号称“贰师将军”。赵始成任军正，原浩侯王浩为行军向导，李哆任校尉，节制军事。这一年是太初元年。关东蝗虫大起，一直向西飞到敦煌。

贰师将军军既西过盐水，当道小国恐，各坚城守，不肯给食，攻之不能下。下者得食，不下者数日则去。比至郁成，士至者不过数千，皆饥罢。[1]攻郁成，郁成大破之，所杀伤甚众。贰师将军与哆、始成等计："至郁成尚不能举，况至其王都乎？"[2]引兵而还。往来二岁。还至敦煌，士不过什一二。使使上书言："道远多乏食；且士卒不患战，患饥。人少，不足以拔宛。愿且罢兵，益发而复往。"天子闻之，大怒，而使使遮玉门，曰军有敢入者辄斩之！贰师恐，因留敦煌。

【注释】〔1〕"罢"，同疲。〔2〕"王都"，名贵山城，在前苏联境内俱战提(Khojend)附近。

【译文】贰师将军西行经过盐水后，沿途小国感到恐惧，各自加强城廓的守御，不肯供应汉军食物，进攻又不能攻克。能攻克就能取得食物，不能攻克只能几天就离开。到达郁成时，士兵剩下的不过几千人，而且都是又饥饿又疲乏。进攻郁成，被郁成打得大败，被杀死被打伤的人很多。贰师将军和李哆、赵始成等商量："到郁成尚且不能攻下，何况到他们的王都呢？"就领兵回来。一往一来，花了二年时间。回到敦煌时，乘下的士卒不过十分之一二。派使者上书说："道路遥远，大多缺乏食物，士卒不是怕打仗，怕的是饥饿。人数太少，不足以攻克大宛。但愿暂且撤军，增派士卒后再去。"天子听了，大怒，派使者遮拦玉门，说军队有敢于进来的就斩首。贰师将军害怕了，就留驻敦煌。

其夏，[1]汉亡浞野之兵二万余于匈奴。[2]公卿及议者皆愿罢击宛军，[3]专力攻胡。天子已业诛宛，宛小国而不能下，则大夏之属轻汉，而宛善马绝不来，乌孙、仑头易苦汉使矣，[4]为外国笑。乃案言伐宛尤不便者邓光等，赦囚徒材官，[5]益发恶少年及边骑，岁余而出敦煌者六万人，负私从者不与。牛十万，马三万余匹，驴骡橐它以万数。[6]多赍粮，兵弩甚设，[7]天下骚动，传相奉伐宛，凡五十余校尉。宛王城中无井，皆汲城外流水，于是乃遣水工徙其城下水空以空其城。[8]益发戍甲卒十八万，酒泉、张掖北，[9]置居延、休屠以卫酒泉，[10]而发天下七科適，[11]及载糒给贰师。[12]转车人徒相连属至敦煌。而拜习马者二人为执、驱校尉，[13]备破宛择取善马云。

【注释】〔1〕"夏"，一说应作"秋"。〔2〕太初二年(公元前一〇三年)浞野侯赵破奴为浚稽将军，率二万骑击匈奴，全军覆没。〔3〕"公卿"，泛指朝中大官。〔4〕"仑头"，小国名，位于今新疆轮台县东南。〔5〕"赦囚徒材官"，赦免囚徒作材官。"材官"，步兵。〔6〕"橐它"，骆驼。〔7〕"设"，完备。〔8〕"徙其城下水空以空其城"，第一个"空"即穴字，指引水入城之渠道；第二个"空"字乃空乏、穷困之意。〔9〕"张掖"，郡名，治觻得，在今甘肃省张掖县西北。〔10〕"居延"，县名，在今内蒙古额济纳旗黑城东北。"休屠"，县名，在今甘肃武威县北。〔11〕"七科適"，武帝太初三年(公元前一〇二年)发天下有罪的官吏、逃亡的犯人、赘婿、商人、曾经有市籍的(商人)、父母和祖父母有市籍的，凡七科(类)人，適出朔方当兵。"適"，同谪，贬谪，流放。〔12〕"糒"，音 bèi，干粮。〔13〕"执、驱校尉"，执马校尉和驱马校尉。

【译文】这一年夏天，汉在和匈奴作战中损失了 浞野侯的军队二万多人。公卿和议论政事的官员都主张撤回进攻大宛的军队，集中力量攻打匈奴。天子认为，既然已经出兵诛伐大宛，如果连大宛这样的小国都不能攻克，那么大夏等国都会轻视汉，大宛的良马也就断绝不来，乌孙、仑头动不动刁难汉使，被外国耻笑。于是查办说讨伐大宛非常不妥的邓光等人，赦免囚犯作步兵，征发品行恶劣的青年和边郡骑兵，花了一年多时间，从敦煌出发的有六万人，负载私人装备的随从人员还不在其内。牛有十万头，马有三万多匹，驴、骡、骆驼也有好几万头，携带了很多粮食，兵器、弓弩一应俱全，整个天下都骚动不安，相互转告奉命前往讨伐大宛，校尉共有五十多位。大宛都城中没有水井，都是汲取城外流水，于是派遣水工引开城下的流水，使城中没有水喝。又征发边防驻军十八万人到酒泉、张掖以北，设置居延、休屠两县拱卫酒泉。谪发天下七种人，并载运干粮供应贰师将军。转运的车辆、人员络绎不断，直达敦煌。还授予二个熟悉马的人执、驱校尉之职，准备攻破大宛后选取良马。

于是贰师后复行，兵多，而所至小国莫不迎，出食给军。至仑头，仑头不下，攻数

日，屠之。自此而西，平行至宛城，汉兵到者三万人。宛兵迎击汉兵，汉兵射败之，宛走入葆乘其城。[1]贰师兵欲行攻郁成，恐留行而令宛益生诈，乃先至宛，决其水源，移之，则宛固已忧困。围其城，攻之四十余日，其外城坏，虏宛贵人勇将煎靡。宛大恐，走入中城。宛贵人相与谋曰："汉所为攻宛，以王毋寡匿善马而杀汉使。今杀王毋寡而出善马，汉兵宜解；即不解，乃力战而死，未晚也。"宛贵人皆以为然，共杀其王毋寡，持其头遣贵人使贰师，约曰："汉毋攻我。我尽出善马，恣所取，而给汉军食。即不听，我尽杀善马，而康居之救且至。至，我居内，康居居外，与汉军战。汉军熟计之，何从？"是时康居候视汉兵，汉兵尚盛，不敢进。贰师与赵始成、李哆等计："闻宛城中新得秦人，[2]知穿井，而其内食尚多。所为来，诛首恶者毋寡。毋寡头已至，如此而不许解兵，则坚守，而康居候汉罢而来救宛，破汉军必矣。"军吏皆以为然，许宛之约。宛乃出其善马，令汉自择之，而多出食食给汉军。汉军取其善马数十匹，中马以下牡牝三千余匹，而立宛贵人之故待遇汉使善者名昧蔡以为宛王，[3]与盟而罢兵。终不得入中城。乃罢而引归。

【注释】〔1〕"葆"，同保，见前注。"乘"，守。〔2〕"秦人"，当时北亚和中亚人对中国人的称呼。〔3〕"昧"，音 mèi。

【译文】这以后贰师将军再次率军出发，军队多，所到之处小国无不出来迎接，拿出粮食供应军队。到仑头，仑头不降，攻打几天后，把它屠杀一空。从仑头向西，畅行无阻直达宛城，汉兵到达的有三万人。宛兵迎击汉兵，汉兵射箭把他们打败，宛兵逃进城去，凭藉城墙自保。贰师的军队打算攻打郁成，又担心滞留不进使大宛增添诡诈，就先到宛城，挖开水源，移向别处，这样一来大宛当然窘迫担忧。汉兵围困宛城，攻打了四十多天，外城被破坏，俘虏了大宛贵人勇将煎靡。大宛人很害怕，逃进中城。大宛贵人们相互商量说："汉之所以进攻大宛，是因为大王毋寡把良马藏起来，又杀害了汉使。现在如果杀死大王毋寡，献出良马，汉兵就会解围。假如不解围，我们再力战而死，也为时不晚。"大宛贵人们都认为很对，就一起杀死了他们的国王毋寡，派贵人拿着毋寡的头到贰师将军那里，相约说："汉兵不要再攻打我们。我们把良马全部献出，随便你们选取，并供应汉军食物。如果不同意，我们就把良马全部杀掉。康居的救兵也快到了，一旦救兵来到，我们在城里，康居在城外，一起和汉军作战。望汉军深思熟虑，何去何从？"这时康居正在侦察汉军动静，见汉兵还很强盛，不敢前进。贰师将军和赵始成、李哆等人商量："听说城中刚得到秦人，懂得掘井，城内食物也还很多。到这里来的目的，是诛杀罪魁祸首毋寡，毋寡的头已经送来，假如不答应解围撤兵，大宛人就会坚守，而康居侦察到汉军疲乏时就会来救助大宛，那么打败汉军就是必然的了。"军官们都认为很对，就答应和大宛人订约。大宛就献出他们的好马，让汉军自己选择。又拿出许多食物供应汉军。汉军选取了良马几十匹，中马以下雌雄共三千多匹，并扶立原来对待汉使很友好的大宛贵人昧蔡为大宛王，和他订立盟约后撤兵。最终没有进入中城，就班师回国了。

初，贰师起敦煌西，以为人多，道上国不能食，乃分为数军，从南北道。[1]校尉王申生、故鸿胪壶充国等千余人，[2]别到郁成。郁成城守，不肯给食其军。王申生去大军二百里，偩而轻之，[3]责郁成。郁成食不肯出，窥知申生军日少，晨用三千人攻，戮杀申生等，军破，数人脱亡，走贰师。贰师令搜粟都尉上官桀往攻破郁成。[4]郁成王亡走康居，桀追至康居。康居闻汉已破宛，乃出郁成王予桀，桀令四骑士缚守诣大将军。[5]四人相谓曰："郁成王汉国所毒，今生将去，卒失大事。"欲杀，莫敢先击。上邽骑士赵弟最少，[6]拔剑击之，斩郁成王，赍头。弟、桀等逐及大将军。

【注释】〔1〕"南北道"，指汉代西域南北道。"南道"西出玉门关或阳关，沿昆仑山北麓西行，大抵经楼兰，且末、精绝、扜罙、于阗、皮山、莎车，至疏勒，自此越葱岭可通往大宛、大夏和安息。"北道"出玉门关或阳关后，沿天山南麓西行。大抵经楼兰、渠犁、乌垒、仑头、龟兹、姑墨、温宿、尉头，至疏勒，由此越葱岭可通往大宛、康居、奄蔡。〔2〕"鸿胪"，即大鸿胪。掌礼宾事务等，秦代名典客，汉景帝中元六年（公元前一四四年）改名大行令，武帝太

初元年改名大鸿胪。〔3〕“偩”，同负，靠，恃。〔4〕“搜粟都尉”，即治粟都尉，属大司农，掌农业和财政。〔5〕“大将军”，指贰师将军李广利。〔6〕“上邽”，地名，在今甘肃省天水市西南。“邽”，音guī。

【译文】当初，贰师将军从敦煌西部出发，认为人太多，沿途小国不能供应食物，就分成几路军队，沿南北两道前进。校尉王申生、原大鸿胪壶充国等一千多人，经另一条路到达郁成。郁成据城防守，不肯供应汉军食物。王申生离开大军二百里，自恃有大军为后盾，轻视郁成，责问郁成。郁成不肯拿出食物，而且刺探到申生的军队越来越少，便在清晨出动三千人进攻，杀死了申生等人，汉军被打败，只有几个人逃脱，跑到了贰师将军那里。贰师将军就命令搜粟都尉上官桀领兵前往攻克郁成。郁成王逃亡康居，上官桀追到康居。康居听说汉已攻破大宛，就把郁成王交给上官桀。上官桀命令四位骑士将郁成王捆起来，押送到大将军那里去。四人相互商量说：“郁成王是汉痛恨的人，现在活着送去，最终会误了大事。”想把郁成王杀掉，但没有人敢先下手。上邽骑士赵弟年龄最小，首先拔剑击中郁成王，砍死了郁成王，把头带走。赵弟、上官桀等人都赶上了大将军。

初，贰师后行，天子使使告乌孙，大发兵并力击宛，乌孙发二千骑往，持两端，不肯前。贰师将军之东，诸所过小国闻宛破，皆使其子弟从军入献，见天子，因以为质焉。贰师之伐宛也，而军正赵始成力战，功最多，及上官桀敢深入，李哆为谋计，军入玉门者万余人，军马千余匹。贰师后行，军非乏食，战死不能多，而将吏贪，多不爱士卒，侵牟之，以此物故众。天子为万里而伐宛，不录过，封广利为海西侯。[1]又封身斩郁成王者骑士赵弟为新畤侯。[2]军正赵始成为光禄大夫，[3]上官桀为少府，[4]李哆为上党太守。[5]军官吏为九卿者三人，诸侯相、郡守、二千石者百余人，[6]千石以下千余人。奋行者官过其望，以适过行者皆绌其劳。士卒赐直四万金。[7]伐宛再反，凡四岁而得罢焉。[8]

【注释】〔1〕“海西”，县名，属东海郡（治今山东省郯城）。〔2〕“新畤”，当为地名，今地不详。新畤侯食邑在齐地。〔3〕“光禄大夫”，官号，属光禄勋，掌应对顾问。〔4〕“少府”，官号，掌山海池泽的税收，即帝室财政，亦管理宫廷手工业制造等。〔5〕“上党”，郡名，治长子，在今山西省长子县西。“太守”，即郡守。〔6〕“诸侯相”，诸侯王国中的最高行政长官，一般由天子代置。“二千石”，指年俸。〔7〕“四万金”，指四万钱，赏赐每个士卒的数目。〔8〕李广利初征大宛，在太初元年秋，败归在第二年秋季。再出敦煌在第三年秋，破宛得马在这一年冬季，太初四年春凯旋。

【译文】当初，贰师将军第二次西征，天子派使者告知乌孙，要它派遣大军合力攻打大宛，乌孙派了二千名骑兵前往，徘徊观望，不肯向前。贰师将军东归，所经过的各小国听说大宛已被攻破，都派自己的子弟随军入朝贡献、进见天子，因而被留下作人质。贰师将军征伐大宛期间，军正赵始成竭力作战，功劳最多；上官桀敢于深入，李哆出谋划策，军队进入玉门的有一万多人，军马一千多匹。贰师将军第二次西征，军队不缺少食物，战死的为数不多，然而将军和军官贪婪，大多不爱惜士卒，侵吞士卒粮饷，因此死亡的还是很多。天子考虑到这是远征万里以外的大宛，就不记过失，封李广利为海西侯，封亲手杀死郁成王的骑士赵弟为新畤侯。任军正赵始成为光禄大夫，上官桀为少府，李哆为上党太守。军官中位列九卿的有三人，当上诸侯相、郡守，年俸达二千石的有一百多人、一千石以下的有一千多人。自告奋勇参军的所封官职都超过了本人的指望，因有罪征召去的都以功抵过，赏赐士卒共四万金。攻伐大宛往返二次，前后共四年才罢兵。

汉已伐宛，立昧蔡为宛王而去。岁余，宛贵人以为昧蔡善谀，使我国遇屠，乃相与杀昧蔡，立毋寡昆弟曰蝉封为宛王，而遣其子入质于汉。汉因使使赂赐以镇抚之。

而汉发使十余辈至宛西诸外国，求奇物，因风览以伐宛之威德。而敦煌置酒泉都尉；[1]西至盐水，往往有亭。而仑头有田卒数百人，因置使者护田积粟，[2]以给使外国者。

【注释】〔1〕“置”字当在“泉”字之下。〔2〕

“使者”,指使者校尉,职责是保护往来的使臣和商旅。在仑头等地进行屯垦始于昭帝始元年间(公元前八六年至前八〇年)。

【译文】汉军攻伐大宛后,扶立昧蔡为大宛王以后才离开。一年多以后,大宛贵人们认为,由于昧蔡善于谄媚,才使大宛遭到汉军的屠戮,就一起把昧蔡杀掉,立毋寡的兄弟蝉封为大宛王,并派蝉封之子到汉作人质。汉于是派使者赠送礼物镇抚大宛。

汉派出使者十多批到大宛以西各国,寻求奇珍异物,顺便宣扬、炫示伐大宛的威德。在敦煌、酒泉置都尉;西面直到盐水,大都修筑了亭鄣。仑头一带有屯田士卒几百人,设置使者守护田地储积米粟,以供应出使外国的人。

太史公曰:《禹本纪》言:〔1〕“河出昆仑。昆仑其高二千五百余里,日月所相避隐为光明也。其上有醴泉、瑶池。”〔2〕今自张骞使大夏之后也,穷河源,恶睹《本纪》所谓昆仑者乎?故言九州山川,〔3〕《尚书》近之矣。〔4〕至《禹本纪》、《山海经》所有怪物,〔5〕余不敢言之也。

【注释】〔1〕“《禹本纪》”,书名,已佚。 〔2〕“醴泉”、“瑶池”,传说中的地名。“醴”,甘美的酒。“瑶”,美玉。 〔3〕“九州”,冀、兖、青、徐、扬、荆、豫、梁、雍。见《尚书·禹贡》。“州”是我国历史传说时代的行政区划。 〔4〕“《尚书》”,又称《书经》,我国古代经典之一。这里所指,可能是其中的一篇《禹贡》。《禹贡》是一篇综合性的地理志,一般认为是战国时代的作品。 〔5〕“《山海经》”,我国最古的地理书,有浓厚的传说色彩。

【译文】太史公说:《禹本纪》说:“黄河发源于昆仑山,昆仑山高二千五百里,在那里太阳和月亮递相回避隐蔽和发出光明。山上有醴泉、瑶池。”自从张骞出使大夏后,穷尽了河源,哪里见到《本纪》所说的昆仑呢?所以谈论九州山川,《尚书》比较接近事实。至于《禹本纪》和《山海经》所记载的怪物,我是不敢相信的。

史记卷一百二十四

游侠列传第六十四

韩子曰:[1]“儒以文乱法,而侠以武犯禁。”二者皆讥,而学士多称于世云。至如以术取宰相卿大夫,[2]辅翼其世主,功名俱著于春秋,[3]固无可言者。及若季次、原宪,[4]闾巷人也,[5]读书怀独行君子之德,义不苟合当世,当世亦笑之。故季次、原宪终身空室蓬户,褐衣疏食不厌。死而已四百余年,而弟子志之不倦。今游侠,其行虽不轨于正义,然其言必信,其行必果,已诺必诚,不爱其躯,赴士之阸困,[6]既已存亡死生矣,而不矜其能,羞伐其德,[7]盖亦有足多者焉。

【注释】[1]“韩子”,即韩非,战国时著名哲学家。他的著作《韩非子》是集先秦法家学说大成的代表作。这里所引的两句话,出自《韩非子·五蠹》。[2]“宰相”,即相邦(入汉后,因避刘邦讳,改称相国)或丞相,辅佐君主治理国家的最高行政长官。相邦一职开始出现在战国初期,秦汉两代沿袭未改。因为古代群吏之长叫“宰”,所以自战国晚期开始,相邦又称宰相。“卿”,官名。汉代以太常、光禄勋、卫尉、太仆、廷尉、大鸿胪、宗正、大司农、少府为九卿,都是中央政府的高级官吏。“大夫”,官名。汉代的御史大夫,地位仅次于丞相。“宰相卿大夫”泛指高官。 [3]“春秋”,本指编年体史书,此处泛指一般史书。 [4]“季次”,即公皙哀,孔子弟子,生平未尝出仕。“原宪”,字子思,又名原思,孔子弟子,生活贫困。 [5]“闾巷”,“闾”,里门。“巷”,里中道路。里是古代平民居住的地方,故“闾巷”可引申为“小人物”之意。 [6]“阸”,音 è,同“厄”,困苦。 [7]“伐”,功劳,夸耀自己的功劳也称“伐”。

【译文】韩非子说:“儒生用文章扰乱法治,而游侠因为武力触犯禁令。”虽然这两者都被他讥讽,但是只有儒生被世人所称道。至于用权术取得宰相、卿、大夫地位,辅助他的君主,功名著于史册的人,自然不必多说。就是像季次、原宪这样的小人物,他们饱读经典而且坚持高尚的道德,不用自己的信念去附合当时的潮流,当时的人也讥笑他们,所以他们一生只能居住在简陋的房屋里,穿着破旧的衣衫,连粗劣的饭菜都吃不饱,但是在他们死了四百多年之后,他们的信徒仍然在不断地纪念他们。说到游侠,他们的行为虽然不合于大道理,可是他们言必信,行必果,忠诚地履行自己的诺言,不惜自己的身躯去解救别人的苦难,等到出生入死救助了别人,反而不显示自己的能力,不夸耀自己的恩德,这些是应该大大地称赞的啊!

且缓急,人之所时有也。太史公曰:昔者虞舜窘于井廪,[1]伊尹负于鼎俎,[2]傅说匿于傅险,[3]吕尚困于棘津,[4]夷吾桎梏,[5]百里饭牛,[6]仲尼畏匡,菜色陈、蔡。[7]此皆学士所谓有道仁人也,犹然遭此灾,况以中材而涉乱世之末流乎?其遇害何可胜道哉!

【注释】[1]“虞舜窘于井廪”,舜是传说中的五帝之一,传说姓虞,故又称虞舜。舜的父亲瞽叟因为宠爱后妻的儿子象,打算杀死舜。在舜修治仓廪屋顶的时候,瞽叟放火烧廪,打算烧死舜;在舜打井的时候,瞽叟和象用土填实井口,打算将舜活埋在里面。但舜都设法得脱。 [2]“伊尹负于鼎俎”,伊尹是商代汤时的大臣,微贱时曾经做过汤妃有莘氏的厨师。鼎是古代的烹饪器,俎是割牲肉用的砧板,“鼎俎”泛指烹调器具。 [3]“傅说匿于傅险”,商代国王武丁曾经梦见一个叫说的圣人,后来果然在傅险找到了他。当时说是一个筑路的奴隶,武丁把他封为相,因为是在傅险找到他的,所以把

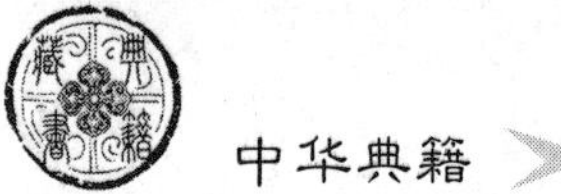

他叫做傅说。傅险在今山西平陆县东。〔4〕"吕尚困于棘津","吕尚"即姜尚,因其先封于吕,故又称吕尚,即俗所谓姜太公。吕尚曾在棘津卖过饮食,周西伯出猎时遇到他,封为师。后来辅助周文王、武王灭掉商朝。棘津在今河南延津县东北。〔5〕"夷吾桎梏",管仲字夷吾,春秋时齐国大臣。公元前七世纪晚期,齐襄公无道,诛杀不当。他的弟弟纠跑到鲁国避难,另一个弟弟小白跑到莒国避难。公元前六八五年,襄公被人杀死,纠和小白同时发兵回齐,夺取政权。小白先入齐国,得以执政,即齐桓公。纠被杀死。管仲因曾辅佐纠,所以被上刑囚禁。后来齐桓公释放了管仲,并任以国政,齐国因之富强。"桎梏",木制的脚镣手铐。〔6〕"百里饭牛",百里奚,春秋时期虞国人,晋灭虞后,逃至宛。他听说秦缪公贤明,就自己卖到秦国当奴隶,给主人喂牛。后来秦缪公发现了他,委以重任,使秦国得以称霸。古书中关于百里奚的记载互有不同,此处用本书《商君列传》的说法。〔7〕"仲尼畏匡,菜色陈、蔡",公元前四九五年,孔子离开卫国去陈国,行经匡地。鲁国的阳虎过去曾经残害过匡地,孔子的相貌和阳虎相似,匡地人就把孔子拘禁起来,孔子因而蒙难。"畏",有难。匡在春秋时属卫国,在今河南睢县西。公元前四八九年,吴国攻打陈国,楚国发兵助陈,驻军城父。当时孔子正住在蔡国,楚人想把他聘往楚国。陈、蔡两国的贵族怕孔子在楚国任职对他们不利,就派人把孔子围困在陈、蔡两国之间的旷野中,孔子因而断粮。"菜色",饥饿的面容。春秋时陈国建都宛丘(今河南淮阳县),领地包括今河南东部和安徽一部。蔡国的国都和领地在春秋时几经变化,当时正建都新蔡(今河南新蔡县)。

【译文】况且急难的事是人们经常遇到的。太史公说:当年虞舜在穿井、修廪的时候遇到过灾难,伊尹曾经当过厨师,傅说在傅险时默默无闻,吕尚在棘津时毫不得意,管夷吾被上过刑,百里奚喂过牛,仲尼在匡地受过困,在陈、蔡两地断过粮:这些都是儒生们所谓高尚的仁人,但是仍然要遭到那样的灾难,何况一个普通的人而又遇到极为混乱的乱世呢?那他遇到的灾难还能说得完吗?

鄙人有言曰:[1]"何知仁义,已飨其利者为有德。"[2]故伯夷丑周,饿死首阳山,[3]而文武不以其故贬王;跖、蹻暴戾,[4]其徒诵义无穷。由此观之,"窃钩者诛,[5]窃国者侯,侯之门仁义存",非虚言也。

【注释】〔1〕"鄙人",粗俗的人。〔2〕"飨",同"享"。〔3〕"伯夷丑周,饿死首阳山",伯夷和叔齐是商代孤竹君的两个儿子,因不愿继承父位,相继逃到周国。武王伐纣时,他二人叩马谏阻,说武王不孝不仁。武王灭商后,他们因不愿接受周朝的俸禄,隐居首阳山,采野菜充饥。后都饿死。首阳山在今山西永济县南。〔4〕"跖、蹻暴戾","跖"是春秋时人,曾聚众起义。先秦古书称他为"盗",并说他残暴异常。"蹻"即庄蹻,楚威王时农民起义领袖。《吕氏春秋·介立》说他曾"暴郢"(攻破楚国都城郢)。汉代人常以伯夷、叔齐为有节操的人的代表,以跖、蹻连称,为凶残人物的代表,又常以二者连用并举,作为对照。〔5〕"窃钩者诛",以下数句出自《庄子·胠箧》。

【译文】俗话说:"谁知道什么是仁义,自己受过恩惠的人就是有道德的人。"所以伯夷因为诋毁周朝而饿死首阳山,周文王、周武王都没有因此贬去王号;盗跖、庄蹻残暴凶狠,他们的信徒至今仍一直称道他们的仁义。由此看来,"盗窃带钩的该杀头,盗窃国家的成诸侯,诸侯府第自有仁义",并非是没根据的瞎说。

今拘学或抱咫尺之义,久孤于世,岂若卑论侪俗,与世沉浮而取荣名哉!而布衣之徒,[1]设取予然诺,[2]千里诵义,为死不顾世,[3]此亦有所长,非苟而已也。故士穷窘而得委命,此岂非人之所谓贤豪间者邪?[4]诚使乡曲之侠,予季次、原宪比权量力,效功于当世,不同日而论矣。要以功见言信,侠客之义又曷可少哉!

【注释】〔1〕"布衣",古代贵族着丝绸锦绣衣服,平民着布衣,故以"布衣"指代平民。〔2〕"设",安排。"取予",偏义复词,指予,即许诺。"然诺",诺言。〔3〕"顾",回顾。"为死",干有死亡危险的事情。〔4〕"豪杰间者",豪杰中间的人。

【译文】那些拘谨的儒生,与其固守微不足道的道理,长久地孤立于世俗之外,还不如放弃高论,随同流俗,与世沉浮去博取显赫的名声呢!而那些没有官爵的百姓,以承诺帮助别人的义务,使千里

之内都称道他们的仁义；他们甘冒死亡的危险，毫不留恋世上的生活，这也是他们的长处，不是什么轻率的行动。所以处于困境的人们要靠他们保护自己的生命，他们难道不就是人们常说的豪杰英雄吗？如果叫乡里的游侠和季次、原宪等儒生比较一下自己的权势和力量，看谁对当世的贡献大，那二者是无法相提并论的。以行必果、言必信的观点来看，侠客式的仁义又哪里可以缺少呢？

古布衣之侠，靡得而闻已。近世延陵、孟尝、春申、平原、信陵之徒，[1]皆因王者亲属，借于有土卿相之富厚，招天下贤者，显名诸侯，不可谓不贤者矣。比如顺风而呼，声非加疾，其埶激也。至如闾巷之侠，修行砥名，声施于天下，莫不称贤，是为难耳。然儒、墨皆排摈不载。自秦以前，匹夫之侠，湮灭不见，余甚恨之。以余所闻，汉兴有朱家、田仲、王公、剧孟、郭解之徒，虽时扞当世之文罔，[2]然其私义廉絜退让，有足称者。名不虚立，士不虚附。至如朋党宗强比周，[3]设财役贫，豪暴侵凌孤弱，恣欲自快，游侠亦丑之。余悲世俗不察其意，而猥以朱家、郭解等令与暴豪之徒同类而共笑之也。

【注释】〔1〕“近世延陵、孟尝、春申、平原、信陵之徒”，“延陵”，春秋时吴王寿梦的季子（小儿子）吴季札因封于延陵，所以又称延陵季子。公元前五四四年，他出使中原各国时，路过徐国。徐国国君看中了他的剑，他因为出使时要用，所以尽管他心中已经同意，但嘴上没有答应。等到他返回吴国再路过徐国时，徐国国君已死。吴季札就把剑挂到了徐国国君墓地的树上，并且说：“我不能因为他死去就违背了我心中的诺言。”因为吴季札的这种做法和游侠的重诺精神一致，所以司马迁把他列在游侠之首。“孟尝”，即孟尝君。本名田文，封薛公，曾为齐相、魏相，孟尝君是他的封号。他以好客著称，门下食客多至数千人。“春申”，即春申君。本名黄歇，曾为楚国令尹。春申君是他的封号。他以养士著称，有食客三千多人。“平原”，即平原君，本名赵胜，是赵惠文王的弟弟，曾三任赵相，有食客三千人。“信陵”，即信陵君，本名魏无忌，是魏安釐王的异母弟，曾为魏国上将军，信陵君是他的封号。他以养士著称，有食客三千人。孟尝君、春申君、平原君、信陵君是战国时有名的“四大公子”，他们豪爽有作为，而且所养的食客中有不少游侠式的人物，所以司马迁把他们列入游侠之中。〔2〕“扞”，音hàn，触犯。“罔”，同“网”。〔3〕“朋党”，一些人相互勾结称“朋党”。“宗强”，以宗族势力而强大。“比周”，结党营私。“朋党比周”，是战国秦汉人指称结党营私的常用语。

【译文】古代民间游侠的事迹，已经无法知道了。近代延陵季札、孟尝君、春申君、平原君、信陵君等人，都是以国王的亲属，靠着有封地和做卿相高官所得的大量财富，来招揽天下的贤士，扬名列国，不能说不是贤人。这比如顺风呼喊，呼喊的声音本身并没有加快，而风势却使它传得很远。至于那些身为普通百姓的游侠，要用自己的行动来磨炼出自己的名声，并使它名闻天下，使天下人都称赞自己的贤德，这才是很难的啊！可是儒、墨两家都摈弃他们，不予记载。秦代以前民间游侠的事迹，已经湮没无闻，这使我非常遗憾。就我所知，汉代以来的朱家、田仲、王公、剧孟、郭解等人，虽然经常触犯当时的法网，但是他们的个人品质廉洁谦逊，却有足以称道的地方。游侠的名声不是凭空建立的，人们也不是凭空去依附他们的。至于像靠着强大的宗族势力集团结党营私、用财富来奴役穷人、专横粗暴地欺凌孤独弱小，为了快活无所顾忌地满足自己的私欲等等，游侠也是鄙视的。令我感到痛心的是，世俗之人不了解这种情况，反而侮辱朱家、郭解等人，把他们看作粗暴专横之徒的同类，一起加以讥笑。

鲁朱家者，[1]与高祖同时。鲁人皆以儒教，而朱家用侠闻。所藏活豪士以百数，其余庸人不可胜言。然终不伐其能，歆其德，[2]诸所尝施，唯恐见之。振人不赡，先从贫贱始。家无余财，衣不完采，食不重味，乘不过軥牛。专趋人之急，甚己之私。既阴脱季布将军之阸，[3]及布尊贵，终身不见也。自关以东，[4]莫不延颈愿交焉。[5]

【注释】〔1〕“鲁”，此处指泰山以南的汶、泗、沂、沭水流域的鲁国旧地。〔2〕“歆”，同“欣”。“歆其德”，指以自己的道德自喜。〔3〕“既阴脱季布将军之阸”，季布曾为项羽部将，率兵围困过刘邦。汉朝建立后，刘邦悬赏缉捕季布。季布经人介绍到朱家家当奴隶，用来逃避缉捕。朱家亲自替季布活动，使刘邦赦免了季布，并任为郎中。季布后来曾任中郎将、河东太守等高官，所以称“季布将军”。〔4〕“关”，秦汉人往往把函谷关简称为“关”。汉代的函谷关在今河南新安县东。〔5〕“延颈”，伸长颈项远望，形容殷切盼望。

【译文】鲁地的朱家，是高祖同时的人。鲁地的人大都传授儒家的学说，但是朱家却以游侠闻名于世。经他窝藏救活的豪杰之士就有好几百人，一般的人更多到说不完。可是他始终不宣扬自己的能力，不沾沾自喜于自己的品德，对于受过恩惠的人，则唯恐再见到他们。他赈济别人，尤其优先赈济那些贫贱的人。他没有多余的财产，衣服朴素，饮食简单，出入乘坐的不过是小牛车。他专门救助别人的急难，把它看作比自己的私事还重要。他曾经秘密地解救过季布将军的灾难，及至季布有了很高的地位，他终生不再去见季布。关东的人，没有不渴望和他结交的。

楚田仲以侠闻，〔1〕喜剑，父事朱家，自以为行弗及。田仲已死，而雒阳有剧孟。〔2〕周人以商贾为资，〔3〕而剧孟以任侠显诸侯。吴楚反时，〔4〕条侯为太尉，〔5〕乘传车将至河南，〔6〕得剧孟，喜曰：“吴楚举大事而不求孟，〔7〕吾知其无能为已矣。”天下骚动，宰相得之若得一敌国云。剧孟行大类朱家，而好博，多少年之戏。然剧孟母死，自远方送丧盖千乘。〔8〕及剧孟死，家无余十金之财。〔9〕而符离人王孟亦以侠称江淮之间。〔10〕

【注释】〔1〕“楚田仲以侠闻”，汉代的“楚”，有多种内容，此处的“楚”，与诸侯国“楚”接近。〔2〕“雒阳”，即洛阳，汉代的洛阳在今河南洛阳市东北。〔3〕“周”，汉代人称今河南洛阳市一带，战国时周天子直接管辖的地区为“周”。〔4〕“吴楚”，吴是汉初同姓诸侯国，治东阳郡、鄣郡、吴郡，约当今江苏中南部、安徽东南部及浙江大部，吴楚反时，都广陵(今江苏扬州市东北)。楚也是汉初同姓诸侯国，治薛郡、东海郡、彭城郡，约当今江苏北部、山东南部及安徽东北部，都彭城(今江苏铜山县)。“吴楚反时”，指公元前一五四年吴王刘濞、楚王刘戊等七个同姓诸侯国所发动的反对中央政权削弱他们的叛乱。〔5〕“条侯”，即周亚夫。“太尉”，汉代最高的军事长宫。〔6〕“传车”，驿车。“河南”，汉郡名，辖今河南黄河以南洛水、伊水下游，双洎河、贾鲁河上游地区及黄河以北原阳县。治所在雒阳。〔7〕“举大事”，古代称发动政变，夺取权位为“举大事”。〔8〕“乘”，音 shèng，车辆。此处指乘车的人。〔9〕“金”，货币重量单位，汉代以一斤为一金。“十金之财”，指十斤重的铜钱，汉代人用以指称微薄的积蓄。〔10〕“符离”，汉县名，在今安徽宿县东北。

【译文】楚地的田仲以游侠闻名于世，喜欢剑术，像对待父亲一样地尊重朱家，认为自己的行为不及朱家。田仲死后，在雒阳又有剧孟。周地的人靠经营商业积累财富，但是剧孟却以游侠受到世人的重视。吴、楚两国造反之时，条侯作太尉，乘坐传车将至河南郡时，即把剧孟罗致到了帐下，大喜说：“吴、楚两国起兵夺取天下而不罗致剧孟，我知道他们不能有所作为了。”天下骚动之时，宰相罗致到了他就和争取过来一个敌国一样。剧孟的行为非常类似朱家，但是好赌博，喜欢青年人的游戏。剧孟母亲死的时候，自远方来送葬的多至一千余人。及至剧孟死时，家里连十金的财产都没有。当时符离人王孟也以游侠闻名于江淮之间。

是时济南瞯氏、〔1〕陈周庸亦以豪闻，〔2〕景帝闻之，使使尽诛此属。其后代诸白、〔3〕梁韩无辟、〔4〕阳翟薛兄、〔5〕陕韩孺纷纷复出焉。〔6〕

【注释】〔1〕“济南”，汉郡名，辖今山东济南市、章丘、济阴、邹平等县，治所在东平陵(今章丘县西)。“瞯”，音 xián。〔2〕“陈”，汉县名，在今河南淮阳县。〔3〕“代”，汉郡名，辖今河北怀安县、蔚县以西，山西阳高县、洋源县以东的内外长城间地，和长城外东洋河流域。治所在代县(今蔚县西南)。〔4〕“梁韩无辟”，“梁”，西汉同姓诸侯国，辖今河南商丘市和商丘、虞城、民权等县和安徽砀山县等地。治所在睢阳(今商丘县南)。〔5〕“阳翟”，汉县名，在今河南禹县。〔6〕“陕”，疑当作“郏”，汉县名，在今河南郏县。

【译文】当时，济南的瞯某、陈地的周庸也以豪杰之名闻于世，景帝听到了他们的情况，派使者全部杀了他们。但此后，代地的白姓诸人、梁地的韩无辟、阳翟的薛兄、陕地的韩孺，又纷纷出现在各地。

郭解，轵人也，〔1〕字翁伯，善相人者许负外孙也。解父以任侠，孝文时诛死。解为人短小精悍，不饮酒。少时阴贼，慨不快意，〔2〕身所杀甚众。以躯借交报仇，藏命作奸剽攻，休乃铸钱掘冢，固不可胜数。适有天幸，窘急常得脱，若遇赦。及解年长，更折节为俭，以德报怨，厚施而薄望。然其自喜为侠益甚。既已振人之命，不矜其功。其阴贼著于心，卒发于睚眦如故云。〔3〕而少年慕其行，亦辄为报仇，不使知也。解姊子负解之势，与人饮，使之嚼。〔4〕非其任，强必灌之。人怒，拔刀刺杀解姊子，亡去。解姊怒曰："以翁伯之义，人杀吾子，贼不得？"弃其尸于道，弗葬，欲以辱解。解使人微知贼处。贼窘自归，具以实告解。解曰："公杀之固当，吾儿不直。"遂去其贼，罪其姊子，乃收而葬之。诸公闻之，皆多解之义，益附焉。

【注释】〔1〕"轵"，汉县名，在今河南济源县南。〔2〕"慨"，原指叹息，此处指心绪不佳。"不快意"，不痛快。"慨"、"不快意"连用，加重语气。〔3〕"睚眦"，音 yá zì，怒目而指，引申指小忿小怒。〔4〕"嚼"，饮酒干杯。

【译文】郭解是轵县人，字翁伯，是善于相面的许负的外孙。他父亲因为行侠义之事，在孝文帝时被杀。郭解为人短小精悍，不喝酒。少年时内心残忍，不痛快发脾气时亲自杀死过很多人。为朋友报仇不惜性命，窝藏亡命，违法犯禁，四出劫掠，以及无事时铸钱盗墓等事，更是不可胜数。他有天生的好运气，遇到危难常常得以摆脱，或遇上大赦。到他长大以后，改变了作风，约束自己，用恩德去酬答别人的怨恨，多施恩惠而很少希望别人报答。可是，乐于行侠义之事更甚于从前。救了别人的性命，而不显示自己的功德。然而，内心的残忍会因一点小事而突然发作，仍然和过去一样。青年们仰慕他的行为，也经常替他报仇，但不使他知道。郭解姐姐的儿子仗着郭解的势力，和人饮酒时，叫那人干杯。那人没有这样的酒量，他就强行灌那人。那人大怒，拔出刀来杀死了他，逃亡而去。郭解姐姐大怒说："凭着翁伯的义气，人家杀了我的儿子，凶手能抓不着？"她把儿子的尸首抛弃在大道上，不埋葬，打算用这样的办法来侮辱郭解。郭解派人侦察到了凶手的住处。凶手害怕了，自己回来，把实情都告诉了郭解。郭解说："您杀他是应该的，我们的孩子没道理。"于是放了凶手，归罪于自己姐姐的儿子，就把他收敛起来埋葬了。大家听到这件事，都称赞郭解的义气，更加归附于他。

解出入，人皆避之。有一人独箕倨视之，〔1〕解遣人问其名姓。客欲杀之。解曰："居邑屋至不见敬，是吾德不修也，彼何罪！"乃阴属尉史曰：〔2〕"是人，吾所急也，〔3〕至践更时脱之。"〔4〕每至践更，数过，吏弗求。怪之，问其故，乃解使脱之。箕踞者乃肉袒谢罪。〔5〕少年闻之，愈益慕解之行。

【注释】〔1〕"箕倨"，古代无椅子之类的坐具，所以席地而坐，坐时两腿向后(在现代日本电影中仍能看到这种姿式)。如果两腿向前，左右分开，同时两手据膝，就认为是对别人的不尊重。因为这种姿式像簸箕，所以叫"箕倨"。"倨"，通"踞"。〔2〕"尉"，指县尉，汉代负责一县治安的官吏。"史"，通"吏"。"尉史"，县尉的属吏。〔3〕"急"，急需。〔4〕"至践更时脱之"，汉代二十三岁至五十六岁的男子要轮番到边境上去服兵役，叫做更。不能服兵役的人出钱给官府，由官府雇人去服兵役，叫做更赋。贫苦居民受雇代人服兵役叫做践更。从《史记》的这段记载看，汉代穷人受雇践更系由尉吏分派，有一定的强迫性。〔5〕"肉袒"，裸露上体，古代谢罪或祭祀时要袒露上体，以表示悔过或虔敬。

【译文】郭解出入之时，大家都回避他。唯独有一个人箕踞而坐着看他，他派人去问那人姓名。宾客们打算杀掉那人。郭解说："在自己的乡里中以至于不被人尊敬，是我的道德不完善，他有什么罪！"于是私下对县尉属吏说："这个人，是我所急需的，到践更的时候免掉他。"以后，每到践更之时，好几次官吏都没有找这个人。这个人感到奇怪，一问原因，原来是郭解使他免掉差役。这个原来箕踞而坐的人于是就袒裸着上身去谢罪。青年们知道了这件事，更加仰慕郭解的作为。

雒阳人有相仇者，邑中贤豪居间者以十数，终不听。客乃见郭解。解夜见仇家，仇家曲听解。解乃谓仇家曰："吾闻雒阳诸公在此间，多不听者。今子幸而听解，解奈何乃从他县夺人邑中贤大夫权乎！"乃夜去，不使人知，曰："且无用，待我去，令雒阳豪居其间，乃听之。"

解执恭敬，不敢乘车入其县廷。之旁郡国，为人请求事，事可出，出之；不可者，各厌其意。然后乃敢尝酒食。诸公以故严重之，争为用。邑中少年及旁近县贤豪，夜半过门常十余车，请得解客舍养之。

及徙豪富茂陵也，[1]解家贫，不中訾，[2]吏恐，不敢不徙。卫将军为言：[3]"郭解家贫不中徙。"上曰："布衣权至使将军为言，此其家不贫。"解家遂徙。诸公送者出千余万。轵人杨季主子为县掾，[4]举徙解。解兄子断杨掾头。由此杨氏与郭氏为仇。

【注释】〔1〕"及徙豪富茂陵也"，汉武帝在建元二年（公元前一三九年）在槐里县茂乡设茂陵县，给自己营造陵园，其地在今陕西兴平县东北。元朔二年（公元前一二七年），他接受主父偃的建议，把各地有势力的人物及家产在三百万钱以上的富民强行迁往茂陵附近居住，以打击地方上的豪强势力。〔2〕"中"，符合。"訾"，同"资"，此处引申为资产标准。〔3〕"卫将军"，即卫青，汉武帝皇后卫子夫的同母弟，曾率兵七次出击匈奴，屡立战功，元朔五年（公元前一二四年）封大将军。〔4〕"县掾"，汉代县令（或长）的助手，人选由令（长）自选，不由朝廷任命。

【译文】雒阳有彼此相仇的两家，当地十多个贤人豪杰都从中调停过，但始终没有说服双方。有人就来找郭解。郭解夜间去见这两个仇家，他们勉强接受了他的调停。郭解就对他们说："我听说雒阳有好几个名人调停过这件事，但大都没有效果。现在你们幸而接受了我的调停，我怎么能从邻县夺取当地贤德而有地位的人的权势呢！"于是在夜间离去，不叫别人知道，说："这里已经用不着我，等我走后，让雒阳的豪杰居中调停，自然有效。"

郭解态度恭敬，从不敢乘车进入轵县县衙。到旁的郡国替人请托事情，可以解脱的，设法解脱；不可以解脱的，尽可能满足他们的要求。然后才敢吃饭。因此大家非常尊敬他，争相为他效劳。县里的青年和邻近县里的贤人豪杰，常常半夜里到他家，用十几辆车把郭解的门客接到自己家里供养。

到往茂陵迁徙豪富的时候，郭解家贫，不够迁徙的资产标准，官吏感到棘手，但又不敢不迁徙他。卫将军替他说话："郭解家贫不够迁徙的标准。"皇上说："一个普通百姓的权势大到使将军替他说话，这说明他的家不贫。"郭解家就这样被迁徙了。大家出钱一千多万给他送行。轵县人杨季主的儿子做县掾，检举迁徙郭解。郭解哥哥的儿子杀了杨掾的头。由此以后，杨家与郭家就成了仇敌。

解入关，关中贤豪知与不知，[1]闻其声，争交欢解。解为人短小，不饮酒，出未尝有骑。已又杀杨季主。杨季主家上书，人又杀之阙下。[2]上闻，乃下吏捕解。解亡，置其母家室夏阳，[3]身至临晋。[4]临晋籍少公素不知解，解冒，因求出关。籍少公已出解，解转入太原。[5]所过辄告主人家。吏逐之，迹至籍少公。少公自杀，口绝。久之，乃得解。穷治所犯，为解所杀，皆在赦前。轵有儒生侍使者坐，客誉郭解，生曰："郭解专以奸犯公法，何谓贤！"解客闻，杀此生，断其舌。吏以此责解，解实不知杀者。杀者亦竟绝，莫知为谁。吏奏解无罪。御史大夫公孙弘议曰："解布衣为任侠行权，以睚眦杀人，解虽弗知此，罪甚于解杀之。当大逆无道。"[6]遂族郭解翁伯。[7]

【注释】〔1〕"关中"，指函谷关以西地区，约当今陕西中部。〔2〕"阙下"，汉代宫、庙、陵墓门前左右各有一方形高大砖石建筑，上有飞檐斗拱，叫做阙。此处用"阙下"指宫门。〔3〕"夏阳"，汉县名，在今陕西韩城县南。〔4〕"临晋"，汉县名，在今陕西大荔县东朝邑旧县东南。〔5〕"太原"，汉郡名，约当今山西五台山和管涔山以南、霍山以北地区。治所在晋阳（今太原市西南）。〔6〕"大逆无道"，又称"大逆不道"，多指犯上谋反。〔7〕"族"，诛杀犯罪者的父母、兄弟、妻子。

【译文】郭解入关后，关中的贤人豪杰，不论认识他的或不认识他的，听到他的名声，都争着和他结交。郭解为人矮小，不喝酒，外出时从不骑马。后来杨季主又被杀。杨季主家里人上书，又有人把上书的人杀在阙下。皇上听到了这件事，就命令官吏逮捕郭解。郭解逃亡了，他把自己的母亲和家室安置在夏阳，只身跑到了临晋。临晋人籍少公过去并不认识郭解，郭解冒充他人，请求帮助他出关。籍少公帮助郭解出了关，郭解转入太原。郭解逃亡

时,常常把自己的去向告诉接待他的主人。官吏追捕他,跟踪到了籍少公。籍少公自杀,线索中断。此后很久,才抓到郭解。深入究治他所犯的罪,被杀死那些人,都在赦免令以前。轵县有个儒生在陪着使者闲坐时,见有人称颂郭解,便说:"郭解专门以奸邪触犯国家的法律,哪里称得上贤德!"郭解的门客听到了这件事,杀了这个儒生,割了他的舌头。官吏要求郭解对这件事负责,而郭解实在不知道杀人的人是谁。杀人的人也就再无踪迹,无法知道他是谁。官吏上奏郭解无罪。御史大夫公孙弘议论说:"郭解以一个普通百姓,行侠义,弄权势,因为一点小事就杀人,他虽然不知道这件事,但他的罪行比亲自杀人还要大。应当拟以大逆不道罪。"于是将郭解一家灭门。

自是之后,为侠者极众,敖而无足数者。然关中长安樊仲子、槐里赵王孙、[1]长陵高公子、[2]西河郭公仲、[3]太原卤公孺、临淮兒长卿、[4]东阳田君孺,[5]虽为侠而逡逡有退让君子之风。至若北道姚氏,西道诸杜,南道仇景,东道赵他、羽公子,南阳赵调之徒,[6]此盗跖居民间者耳,曷足道哉!此乃乡者朱家之羞也。

【注释】〔1〕"槐里",汉县名,在今陕西兴平县东南。〔2〕"长陵",汉县名,在今陕西咸阳市东北,汉高祖刘邦墓在此。〔3〕"西河",汉郡名,辖今内蒙古伊克昭盟东部、山西吕梁山、芦茅山以西、石楼县以北以及陕西宜川县以北黄河沿岸一带。治所在平定(今内蒙古东胜县境)。〔4〕"临淮",汉郡名,武帝元狩元年(公元前一二二年)分沛郡、东郡阳置,辖今江苏中南部及安徽东北部一带。治所在徐县(今江苏泗洪县东南)。〔5〕"东阳",汉县名,在今山东武城县东北。〔6〕"南阳",汉郡名,辖今河南熊耳山以南叶县、内乡县间和湖北大洪山以北应山县、郧县间地。治所在宛县(在今河南南阳市)。

【译文】从此以后,行侠的人很多,但都傲慢不值一提。但是,关中长安的樊仲子、槐里的赵王孙、长陵的高公子、西河的郭公仲、太原的卤公孺、临淮的兒长卿、东阳的田君孺,虽然行侠而待人恭顺,有退让君子的风度。至于像北路的姚某,西路的杜姓诸人,南路的仇景,东路的赵他、羽公子,南阳的赵调等人,不过是老百姓中的盗跖罢了,哪里值得称道!他们是过去朱家的耻辱。

太史公曰:吾视郭解,状貌不及中人,言语不足采者。然天下无贤与不肖,知与不知,皆慕其声,言侠者皆引以为名。谚曰:"人貌荣名,岂有既乎!"[1]於戏,惜哉!

【注释】〔1〕"岂",通"其",此处与选择连词"或",意近。"既",终了。

【译文】太史公说:我看郭解,相貌不及一般人,言谈也没有可取之处。然而天下无论好人或坏人,也不论认识他的或不认识他的,都仰慕他的名声,行侠的人都引以为荣。俗话说:"相貌名声,哪个短命!"哎呀,可惜啊!

史记卷一百二十五

佞幸列传第六十五

谚曰“力田不如逢年,[1]善仕不如遇合”,[2]固无虚言。[3]非独女以色媚,[4]而士宦亦有之。

【注释】〔1〕“力田”,致力耕田。“逢年”,遇到好年景。〔2〕“善仕”,善于做官。“遇合”,遇到性格相投的人。〔3〕“虚言”,空话。〔4〕“媚”,谄媚,讨好。“色媚”,用美色讨好别人。

【译文】俗话说“努力耕田不如遇上好年景,善于做官不如遇上性情相投的君主”,确实不是空话。不只是女人可以用美色能得到宠幸,而且士宦之中也有这种人。

昔以色幸者多矣。[1]至汉兴,高祖至暴抗也,[2]然籍孺以佞幸;[3]孝惠时有闳孺。[4]此两人非有材能,徒以婉佞贵幸,[5]与上卧起,公卿皆因关说。[6]故孝惠时郎侍中皆冠鵕鸃,[7]贝带,[8]傅脂粉,[9]化闳、籍之属也。[10]两人徙家安陵。[11]

【注释】〔1〕“幸”,宠幸。〔2〕“高祖”,即汉高祖刘邦。沛县(今江苏沛县)人。西汉王朝开国皇帝。公元前二〇二年至前一九五年在位。初为泗水亭长。秦二世元年(公元前二〇九年)陈胜起义,他起兵响应,称沛公。初属项梁,后与项羽共同反秦。公元前二〇六年,率军攻占咸阳,推翻秦朝统治。同年十二月,项羽入关,大封诸侯王,他被封为汉王。占有巴蜀、汉中之地。不久,即与项羽展开了长达五年的争夺王位的战争。公元前二〇二年,他战胜了项羽,即皇帝位,建立了汉朝。在位期间,继承秦制,实行中央集权制度,重农抑商。死后庙号太祖高皇帝,简称“高帝”、“高祖”。事详本书《高祖本纪》。“暴抗”,暴猛伉直。“抗”通“伉”,刚直。〔3〕“籍孺”,汉高祖男宠。姓失考,名籍。“孺”,幼小。“佞幸”,以献媚取宠。“佞”,音 nìng。〔4〕“孝惠”,即汉惠帝刘盈。高祖之子,吕后所生。高祖二年(公元前二〇五年)立为太子,十二年即帝位。在位期间吕太后执掌实权。在位七年卒。谥惠。事详《汉书·惠帝纪》。“闳孺”,汉惠帝男宠。姓失考,名闳。善婉媚,巧修饰。一说姓闳,名籍,故又作“闳籍孺”。〔5〕“婉佞”,柔顺谄媚。“贵幸”,显贵宠幸。〔6〕“关说”,犹禀告。〔7〕“郎”,官名。古代君王侍从官之通称。“郎”即“廊”,因任职于宫廷廊庑之中,故称。“侍中”,官名。秦始置。为丞相属吏,于殿内东厢管理奏事,故称侍中。西汉时沿置,但只作为加官。得此加官,可入侍天子,出入禁中,分掌天子乘舆服物,或顾问应对,谏议政事。“鵕鸃”,鸟名。音 jùn yí。这里指用鵕鸃(今谓之锦鸡)羽毛装饰的帽子。〔8〕“贝带”,用海贝壳为装饰的腰带。〔9〕“傅”,涂。〔10〕“化”,改变。这里是效法的意思。〔11〕“安陵”,汉惠帝陵名,在今陕西咸阳东北白庙村南。

【译文】从前靠美色得到宠幸的人很多。到汉朝建立,高祖虽然暴猛伉直,然而籍孺靠献媚得到宠幸,孝惠帝时闳孺也是如此。这两个人并没有什么才能,只是靠柔顺谄媚而得到显贵和宠幸,与皇帝同起居,公卿们有事都要通过他们去禀告。所以,孝惠帝时郎侍中等官员都戴着用锦鸡羽毛装饰的帽子,系着用贝壳装饰的腰带,脸上涂脂抹粉,效仿闳孺、籍孺之流。后来,闳孺、籍孺二人把家迁到安陵。

孝文时中宠臣,[1]士人则邓通,[2]宦者则赵同、[3]北宫伯子。[4]北宫伯子以爱人长者;[5]而赵同以星气幸,[6]常为文帝参乘;[7]邓通无伎能。[8]邓通,蜀郡南安人

也,[9]以濯船为黄头郎。[10]孝文帝梦欲上天,不能,有一黄头郎从后推之上天,顾见其衣裻带后穿。[11]觉而之渐台,[12]以梦中阴目求推者郎,[13]即见邓通,其衣后穿,梦中所见也。召问其名姓,姓邓氏,名通,文帝说焉,[14]尊幸之日异。[15]通亦愿谨,[16]不好外交,虽赐洗沐,[17]不欲出。于是文帝赏赐通巨万以十数,[18]官至上大夫。文帝时时如邓通家游戏。[19]然邓通无他能,不能有所荐士,[20]独自谨其身以媚上而已。上使善相者相通,[21]曰"当贫饿死"。文帝曰:"能富通者在我也。何谓贫乎?"于是赐邓通蜀严道铜山,[22]得自铸钱,"邓氏钱"布天下。[23]其富如此。

【注释】〔1〕"孝文",即汉文帝刘恒。高祖之子。高祖十一年(公元前一九六年)立为代王。高后八年(公元前一八〇年)迎立为帝。即位后,继续执行汉初制定的与民休息政策,重农抑商。逐步削弱王国势力,加强北部边境的防御力量,以抗击匈奴。在位二十三年,社会经济发展迅速,国内安宁。旧史家把他与景帝统治时期并举,称为"文景之治"。谥文,庙号太宗。事详本书《孝文本纪》。"中",这里指宫中。 〔2〕"士人",古代指读书或习武的人。"邓通",蜀郡南安(今四川乐山)人。以佞媚著称。文帝时,初为黄头郎,后得宠幸,官至上大夫,先后赏赐数十万钱,又赐与蜀郡严道铜山,许其自铸钱币,流通全国,号称"邓氏钱"。景帝时失宠免官,家产没收官府,最后贫困而死。 〔3〕"宦者",也称"宦官"、"内官"等。古代宫廷内侍奉皇帝及其家族的特殊官员。秦汉时属少府,由阉人充任。"赵同",《汉书》作赵谈。司马迁避父名改"谈"为"同"。文帝时宦官,受宠于文帝,常与帝出入同车。他曾谗害袁盎,盎乘他与文帝同车外出时,俯伏车前曰:"今汉虽乏人,陛下独奈何与刀锯余人(指受阉割之人)载!"他被迫哭泣下车。 〔4〕"北宫伯子",汉文帝时宦官,深得文帝宠幸。《正义》云"姓北宫,名伯子",或云"伯子,名。北宫之宦者也"。 〔5〕"长者",指恭谨厚道的人。"长",音zhǎng。 〔6〕"星气",指观星望气推测凶吉的方术。〔7〕"参乘",亦作"骖乘",陪乘。古代乘车居车右之人。古代乘车,尊者居左,御者居中,随从人员居右。 〔8〕"伎",通"技"。"伎能"即"技能"。 〔9〕"蜀郡",郡名。战国秦置。治所在成都(今四川成都)。西汉时辖境相当今四川松潘以南,北川、彭县、洪雅以西,峨边、石棉以北,邛崃山、大渡河以东,以及大渡河与雅砻江之间康定以南、冕宁以北地。"南安",今四川乐山。 〔10〕"濯船",划船。"濯"通"棹",划船的工具,这里用作动词。"濯",音zhào。"黄头郎",即船夫,因头戴黄色帽,故名。黄为土色,按古代五行之说,土能克水。戴黄帽即取此义。 〔11〕"顾",回头。"衣裻",衣服背后缝。"裻",音dū。"穿",孔。 〔12〕"觉",睡觉醒来。"之",至,到。"渐台",台名。因台修建在池中,被水所浸,故称渐台。文帝所到渐台在汉代长安城西南部未央宫西苍池中。 〔13〕"阴目",暗暗地看。〔14〕"说",通"悦"。音yuè。 〔15〕"之",代词,他。这里指邓通。"日异",一天和一天不一样。这里指一天比一天好。 〔16〕"愿谨",诚实谨慎。 〔17〕"洗沐",汉制,官吏五日一休假而沐浴称为洗沐。也称"休沐"。 〔18〕"上大夫",官名。大夫中居于上位者。《汉书·百官公卿表上》云:"大夫,掌论议。"有进荐人才之责。 〔19〕"如",动词,去,往。〔20〕"荐士",推荐人才。 〔21〕"相者",古代以观察人的相貌来推测人的命运、凶吉、祸福、贵贱等为业的人。 〔22〕"蜀",指蜀郡,见前注。"严道",古道(相当县级行政区划)名。故治在今四川荥经县。秦置,汉因之。因县境有蛮夷,故称"道"。《正义》引《括地志》云:"雅州荥经县北三里有铜山,即邓通得赐铜山铸钱者。" 〔23〕"邓氏钱",《正义》引《钱谱》云:"文字称两,同汉四铢文。"

【译文】孝文帝时宫中受宠幸的臣子,士人中有邓通,宦者中有赵同和北宫伯子。北宫伯子靠爱护别人、恭谨厚道得宠。而赵同是靠观星望气的方术得宠,经常陪同文帝乘车出行。邓通没有什么才能。邓通是蜀郡安南人,因为会划船成为黄头郎。孝文帝梦见自己想上天却上不去,有一个黄头郎从后面推他上了天,回头看见那个人衣服缝带后有个洞。文帝醒来后就到了渐台,按照梦中所见暗暗地寻找推他上天的那个人,就见了邓通,他的衣服后面有个洞,正是梦中所见到的那个人。于是把他召来询问其姓名,姓邓名通,文帝很喜欢他,并尊宠他,对他一天比一天好。邓通也忠厚谨慎,不喜欢与外人交往,虽然皇帝赐给他假期,他也不想出去。于是文帝赏赐给邓通亿万钱竟达十几次,官位提升到上大夫。文帝经常到邓通家游玩。然而邓通没有其它能耐,也未能推荐士人,只是自身谨小慎微来讨好皇帝而已。皇帝派了一个懂相术的人给邓通看相,说:"他当会因贫穷而饿死。"文帝说:"能使邓通富贵的就在于我，怎么说他会贫穷呢？”于是又赏赐给邓通蜀郡严道的铜山，并允许他自铸钱币，因此“邓氏钱”遍布全国。他的富足就是如此。

文帝尝病痈，[1]邓通常为帝唶吮之。[2]文帝不乐，从容问通曰：“天下谁最爱我者乎？”通曰：“宜莫如太子。”太子入问病，文帝使唶痈，[3]唶痈而色难之。[4]已而闻邓通常为帝唶吮之，心惭，由此怨通矣。及文帝崩，景帝立，[5]邓通免，家居。居无何，[6]人有告邓通盗出徼外铸钱。[7]下吏验问，[8]颇有之，遂竟案，[9]尽没入邓通家，尚负责数巨万。[10]长公主赐邓通，[11]吏辄随没入之，一簪不得著身。[12]于是长公主乃令假衣食。[13]竟不得名一钱，[14]寄死人家。

【注释】〔1〕“病”，动词，得病。“痈”，病名。一种毒疮。按中医云，疮面深而恶者为疽，疮面浅而大者为痈。是血气被毒邪所困阻而发于肌肉筋骨间的疮肿。〔2〕“唶吮”，吮吸。音 zé shǔn。“之”，指毒疮。〔3〕“唶痈”，吮吸毒疮的脓血。〔4〕“色难”，面有难色。〔5〕“景帝”，文帝之子刘启。文帝后元七年（公元前一五七年）即位。在位十七年。在位期间，继续推行汉初休养生息政策，重农抑商，兴修水利，使社会经济进一步恢复发展，社会相对安定，府库充实，与文帝统治时期并称“文景之治”。景帝三年（公元前一五四年），平定吴楚七国之乱，削弱了王国势力，进一步加强了中央集权制度。谥景。事详本书《孝景本纪》。〔6〕“无何”，没有多久。〔7〕“徼外”，界外。“徼”，边界。音 jiào。〔8〕“验问”，查问，拷问。〔9〕“竟案”，最终定案。〔10〕“责”，通“债”。〔11〕“长公主”，汉代皇帝姐妹的尊称。《汉书·昭帝纪》颜师古注云：“帝之姐妹则称长公主，仪比诸王。”长公主有皇帝所赐汤沐邑，并置有官属家臣。这里指汉文帝长女刘嫖，景帝姐。封馆陶公主。“长”，音 zhǎng。〔12〕“簪”，古人用来插定发髻或帽子的一种长针，后来专指妇女插髻的首饰。“簪”，音 zān。“著”，附着。音 zhuó。〔13〕“假”，借给。〔14〕“名”，事物的称号。这里用作动词，指称为某某。此前，邓通铸钱称“邓氏钱”。

【译文】文帝曾得过痈疽病，邓通经常为文帝吮吸脓水。文帝不乐，从容地问邓通说：“天下谁最爱我呢？”邓通说：“应当没有如太子的。”太子进来看望文帝的病情，文帝让他吮吸脓水，太子虽然吮吸了脓水，但他面有难色。后来太子听说邓通经常为文帝吮吸脓水，内心感到惭愧，但也因此而怨恨邓通。到了文帝逝世，景帝即位后，邓通被免官，闲居家中，过了不久，有人告发邓通偷偷到界外铸钱。于是皇帝把他交给法官查问，确实有很多这样的事，因此结案，把邓通家的财产全部没收入官，还欠债数百万。长公主赏赐给邓通财物，官吏随后就没收入官，一只簪子也不得着身。于是长公主又派人借给他衣食，竟没有一个钱是“邓氏钱”，最后死在别人家里。

孝景帝时，中无宠臣，然独郎中令周文仁，[1]仁宠最过庸，[2]乃不甚笃。[3]

【注释】〔1〕“郎中令”，官名，秦汉时九卿之一。秩中二千石，总管宫殿内一切事务。汉时各诸侯王国亦仿中央设置此官。汉武帝时更名“光禄勋”，但王国仍名郎中令。“周文仁”，名仁，字文。任城（今山东济宁）人。文帝时为太子（景帝）之舍人，后迁太中大夫。景帝即位，拜为郎中令。他为人少言持重，从不言人之过，颇受景帝宠幸。所赐甚多，但常辞让不受。平日生活简朴，不修边幅。武帝即位后，以先帝臣而颇受器重。后称病辞官，以二千石禄养老。事详本书《万石张叔列传》。〔2〕“过庸”，超过一般人。“庸”，常，一般。〔3〕“笃”，深厚。

【译文】孝景帝时，宫中没有宠臣，只有郎中令周仁，周仁受宠超过一般人，但仍然不很深厚。

今天子中宠臣，[1]士人则韩王孙嫣，[2]宦者则李延年。[3]嫣者，弓高侯孽孙也。[4]今上为胶东王时，[5]嫣与上学书相爱。及上为太子，愈益亲嫣。嫣善骑射，善佞。上即位，欲事伐匈奴，[6]而嫣先习胡兵，[7]以故益尊贵，官至上大夫，赏赐拟于邓通。[8]时嫣常与上卧起。江都王入朝，[9]有诏得从入猎上林中。[10]天子车驾跸道未行，[11]而先使嫣乘副车，[12]从数十百骑，骛驰视兽。[13]江都王望见，以为天子，辟从者，伏谒道傍。[14]嫣驱不见。既过，江都王怒，为皇太后泣曰：“请得归国入宿卫，[15]比韩

嫣。”〔16〕太后由此嗛嫣。〔17〕嫣侍上，出入永巷不禁，〔18〕以奸闻皇太后。皇太后怒，使使赐嫣死。〔19〕上为谢，〔20〕终不能得，嫣遂死。而案道侯韩说，〔21〕其弟也，亦佞幸。

【注释】〔1〕“今天子”，指汉武帝刘彻。景帝之子。七岁立为皇太子。景帝后元三年（公元前一四一年）即位。在位期间，对内致力加强皇权，削弱地方割据势力；改革货币；把冶铁、煮盐、铸钱收归官营，实行均输法和平准法；罢黜百家，独尊儒术；移民边境屯田，发展农业生产，加强与西域各国联系，开展经济文化交流；进击匈奴贵族，解除匈奴威胁等。在位五十四年，将西汉推向全盛时期。其统治后期，因兵役、徭役繁重，致使大批农民流亡，各地不断发生农民起义。晚年迷信昏庸，在京师大兴“巫蛊”之狱等。面对社会危机，被迫颁布罪己诏。转而提倡禁苛暴，止擅赋，力本农，实行息民政策，使社会复趋安定。事详本书《孝武本纪》。〔2〕“韩王孙嫣”，姓韩，名嫣，字王孙。他是韩王信子弓高侯韩颓当之孙。韩嫣善骑射，武帝为胶东王和太子时，以亲佞得宠。武帝即位后，官至上大夫，常与武帝同住，自由出入禁宫。后因淫乱罪被皇太后赐死。〔3〕“李延年”，中山（今河北定县）人，汉将李广利之弟。初掌犬监，以其妹李夫人得宠武帝而贵重，官侍中。善歌，为协律都尉。后渐与中人乱，出入骄恣，及李夫人卒，被诛。〔4〕“弓高侯”，韩颓当。韩王信子。曾任匈奴王相国。文帝十四年（公元前一六六年）与其侄韩婴率众降汉。十六年，封弓高侯，食千二百三十七户。景帝三年（公元前一五四年），率军平吴楚七国之乱，劝降胶西王刘卬，功冠诸侯。“弓高”，王先谦《汉书补注》说即河间国弓高县（故治在今河北阜城南）。“孽孙”，庶孙，媵妾所生之孙。〔5〕“胶东”，诸侯王国名。汉初为郡，文帝十六年（公元前一六四年）置胶东国。武帝四岁时封为胶东王。辖境相当今平度、莱阳、莱西等县及以南一带。都即墨（今山东平度南）。〔6〕“匈奴”，古代民族名。我国古代北方游牧民族。由商周以来鬼方、猃狁、戎、狄等族经过长期融合而成。生产以畜牧业为主。秦汉之际，冒顿单于统一各部，建立奴隶制国家政权。疆域东尽辽河、南界长城、西至葱岭、北达贝加尔湖，并不断南下攻扰。汉初对其采取防御政策。武帝时曾多次进攻漠北获胜，匈奴势渐衰。详见本书《匈奴列传》。〔7〕“习胡兵”，熟习匈奴的兵器和战略战术。〔8〕“拟”，比照，类似。〔9〕“江都”，诸侯王国名。汉景帝置以封其子刘非。辖境相当今江苏淮河故道以南地区和长江以南的江苏茅山以西，浙江新安江流域以北，安徽黟县、歙县、宣城、芜湖以东地区。汉武帝元狩二年（公元前一二一年）国除。“江都王”，指景帝之子刘非，武帝异母兄。〔10〕“从”，随从。“上林”，即“上林苑”。古宫苑名。故址在今陕西西安市西及户县、周至界。秦置，汉初荒废。武帝时又收为宫苑囿。苑内放养禽兽，并建有离宫、观、馆数十处。为皇帝射猎、游乐之所。〔11〕“跸道”，帝王出行时，先清除道路、禁止行人叫跸道。“跸”，音bì。〔12〕“副车”，古代帝王外出时的随从车。亦称“属车”。《索隐》引《汉官仪》云：“天子属车三十六乘。属车即副车，而奉车郎御而从后。”〔13〕“骛”，急。音wù。〔14〕“谒”，拜见。“傍”通“旁”。〔15〕“归国”，归还封国。“宿卫”，宫禁中的警卫。〔16〕“比”，并列，同等。〔17〕“嗛”，或作“衔”，音xián。指怨恨衔在内心。〔18〕“永巷”，本指宫中之长巷，亦引申指后宫。〔19〕“使使”，派遣使者。前“使”字为动词，派遣。后“使”字为名词，使者。〔20〕“谢”，谢罪。〔21〕“案道侯韩说”，西汉将军。韩王信后裔。初以校尉从大将军卫青击匈奴，以功封为龙頟侯。元鼎五年（公元前一一二年）坐酎金免侯。次年，以横海将军击东越，又以战功复封案道侯。太初三年（公元前一〇二年）任游击将军，屯军于五原郡外列城。征和二年（公元前九一年）与巫蛊祸牵连，被卫太子刘据所杀。“案道”，《汉书·高惠高后文功臣表》注云在“齐”，《史记志疑》谓案道是号，盖取《周书·小明武解》“案道攻巷，无袭门户”之意。今地无考。

【译文】如今，天子宫中的宠臣，士人有韩嫣，宦官有李延年。韩嫣是弓高侯韩颓当的庶孙。当今皇帝做胶东王时，韩嫣与皇帝一起学习书法，非常相爱。到了皇帝做太子时，更加亲近韩嫣。韩嫣善于骑马射箭，也善于献媚取宠。皇帝即位以后，打算进攻匈奴，而韩嫣率先熟习匈奴的兵器和战略战术，因此更加尊贵，被提升为上大夫官，皇帝赏赐时也比照着邓通。当时韩嫣经常和皇帝一起起居。江都王刘非进京朝见皇帝，皇帝下诏让他随从到上林苑中打猎。天子车驾清道警戒的人还未出行，就先派韩嫣乘坐副车，带着数十百骑士，急驰去观察野兽。江都王望见后以为是天子出行，于是避开随从，伏在路旁拜见。韩嫣驱车前进没有给他打招呼。韩嫣过去以后，江都王非常生气，对皇太后哭诉：“请求归还封国，回宫宿卫，和韩嫣一样。”太后因此也怨恨韩嫣。韩嫣侍奉皇上，出入永巷都不受限制，因为奸情被皇太后听到。皇太后很生气，于是派遣使者令他自杀。皇帝为他谢罪，最终也没有得免，韩嫣就自杀了。而案道侯韩说是韩嫣的弟弟，也因谄媚而得到宠幸。

李延年，中山人也。〔1〕父母及身兄弟及女，皆故倡也。〔2〕延年坐法腐，〔3〕给事狗中。〔4〕而平阳公主言延年女弟善舞，上见，〔5〕心说之，及入永巷，而召贵延年。延年善歌，为变新声，而上方兴天地祠，欲造乐诗歌弦之。〔6〕延年善承意，弦次初诗。〔7〕其女弟亦幸，有子男。〔8〕延年佩二千石印，〔9〕号协声律。〔10〕与上卧起，甚贵幸，埒如韩嫣也。〔11〕久之，浸与中人乱，〔12〕出入骄恣。〔13〕及其女弟李夫人卒后，爱弛，〔14〕则禽诛延年昆弟也。〔15〕

【注释】〔1〕“中山”，古县名，故址在今河北定县。〔2〕“倡”，古代指歌舞艺人等。〔3〕“坐法”，犯法获罪。“腐”，即腐刑，亦称“胥靡”、“宫刑”，古代破坏人的生殖机能的一种酷刑。〔4〕“给事”，供事。“狗中”，在宫中养狗。〔5〕“平阳公主”，景帝王皇后长女，武帝姊。初封信阳长公主，因嫁平阳夷侯曹时，所以称平阳公主，亦称平阳主、平阳长公主。她曾向武帝荐李延年。又武帝卫夫人原为其家唱歌者，亦因其引荐，得幸于武帝。曹时卒，寡居，由武帝下诏嫁于大将军卫青。“女弟”，妹妹。〔6〕“乐诗”，可以合乐的诗。“歌弦”，配着乐器演唱。〔7〕“次”，《汉书·佞幸传》及《索隐》均作“歌”，疑此“次”为错字。〔8〕“子男”，儿子。〔9〕“二千石”，秩俸名。指俸禄为二千石级的官吏。秦汉时中央列卿和地方郡守一级高级官吏的秩禄均为二千石。月得谷一百二十斛。“印”，印章，指代表二千石官吏的印信。〔10〕“协声律”，《汉书·佞幸传》作“协律都尉”。官名。汉武帝时始置。掌管音乐，调和律吕，监试宫廷乐人典课。〔11〕“埒”，等同，相等。音 liè。〔12〕“浸”，渐渐。“中人”，宫中女人。“乱”，淫乱。《集解》引徐广云：“一云坐弟季与中人乱。”延年已受腐刑，徐广所云近是。〔13〕“骄恣”，骄傲放纵。〔14〕“弛”，废弛破坏。音 chí。这里指疏远。〔15〕“禽”，通“擒”，捕捉。

【译文】李延年是中山国人。父母以及他自身、兄弟、姐妹，都是原来的歌舞艺人。李延年因犯法受到了宫刑，在宫中养狗。而平阳公主说李延年的妹妹善于歌舞，皇上见到后，心中很喜欢她，等到她进入后宫后，皇帝就召见了延年，并使他显贵起来。李延年善于唱歌，会创作新的乐曲，而皇上正在建造天地祠，准备创作些乐诗来歌颂这件事。李延年很善于逢迎皇上的心意，在器乐伴奏下演唱了新歌词。他的妹妹也很受宠幸，并生了一个儿子。李延年身佩二千石官吏的印信，并任协律都尉。和皇帝同起居，非常宠幸显贵，就像韩嫣一样。过了好久，渐渐和宫女淫乱起来，出入皇宫时也很骄横。等到她的妹妹李夫人死后，皇帝对他的宠爱也渐渐减弱，并捕捉杀死了李延年的兄弟们。

自是之后，内宠嬖臣大底外戚之家，〔1〕然不足数也。〔2〕卫青、霍去病亦以外戚贵幸，〔3〕然颇用材能自进。

【注释】〔1〕“嬖臣”，宠幸的臣子。“大底”，大概，大都。“外戚”，外家的亲属。特指帝王的母族和妻族的亲属。〔2〕“数”，称道。〔3〕“卫青”，西汉名将。字仲卿，河东平阳（今山西临汾西南）人。其父郑季与平阳侯曹寿妾卫媪私通所生，遂从母姓。善牧骑。建元二年（公元前一三九年）其姊卫子夫入宫为皇后，他也被武帝重用，历任太中大夫、车骑将军，官至大将军，封长平侯。在多次出击匈奴中，战功卓著，为安定北部边境作出重大贡献。谥烈。事详本书《卫将军骠骑列传》。“霍去病”，西汉名将。河东平阳（今山西临汾西南）人。年十八任侍中，善骑射，迁骠骑校尉。从大将军卫青击匈奴有功，封冠军侯。先后六次出击匈奴，战功卓著。年二十四病卒，谥景桓。事详本书《卫将军骠骑列传》。

【译文】从此以后，宫内的宠臣大多是外戚家的人，然而不足称道。卫青、霍去病也因是外戚而显贵受宠，但是他们主要是靠自己的才能受到提拔的。

太史公曰：甚哉爱憎之时！弥子瑕之行，〔1〕足以观后人佞幸矣。虽百世可知也。

【注释】〔1〕“弥子瑕”，春秋时卫国人。卫灵公之嬖臣。初受宠于灵公，虽曾伪托君命驾君车回

家、又以吃剩之桃奉君，但灵公仍谓其贤。后失宠，便以矫驾君车、供食剩桃之事追罪之。

【译文】太史公说：受到宠爱和憎恨的时候都是很可怕的，从弥子瑕的情况就足可以看到以后靠谄媚得到宠幸的人的结果，即使是百世以后也是可以预知的。

史记卷一百二十六

滑稽列传第六十六〔1〕

孔子曰："《六艺》于治一也。〔2〕《礼》以节人，〔3〕《乐》以发和，〔4〕《书》以道事，〔5〕《诗》以达意，〔6〕《易》以神化，〔7〕《春秋》以义。"〔8〕太史公曰：天道恢恢，〔9〕岂不大哉！谈言微中，〔10〕亦可以解纷。〔11〕

【注释】〔1〕这是专记滑稽人物的类传。滑稽，摇转注酒器，使酒流不已。引申为出口成章，是思维敏捷，言辞流利，没有滞竭之意。"滑"，音 gǔ。滑稽人物多是矮子，在乐伎中扮演丑角。他们机智诙谐，善于反语讽谏，其言谈笑语往往能使君主明白是非，接受正确意见，起到执政大臣起不到的作用。 〔2〕"六艺"，汉以前指礼、乐、射、御、书、数六种科目，汉以后指儒家的六经，包括《礼》、《乐》、《书》、《诗》、《易》、《春秋》。今文家说《乐》本无经，附于诗中，古文家说有《乐经》，秦焚书后亡。 〔3〕"节人"，节制人们的言行。 〔4〕"发和"，促进和谐融洽。 〔5〕"道事"，记述古代的事迹与典章制度。〔6〕"达意"，表达前代圣贤的思想。 〔7〕"神化"，使统治者治国理民的方略神秘化。 〔8〕"以义"，用礼义使人明是非善恶。 〔9〕"恢恢"，宽广无边。〔10〕"谈言微中"，在谈笑中微妙地说中至理。〔11〕"解纷"，解除纠纷。

【译文】孔子说："六经对于治国安邦来说，作用是相同的。《礼经》用来节制人的言行使生活规范，《乐经》用来发扬和气促使人们的生活融洽，《书经》用来记叙往古的事迹与典章制度，供人们仿效、借鉴，《诗经》用来传扬前代圣贤的心意，引起共鸣，《易经》用来使治理方法神秘化，《春秋》用正义来衡量是非曲直。"太史公说：宇宙的范围无比广阔，难道不宏大么！在谈笑中含蓄微妙地切中事理，也可以排难解纷。

淳于髡者，〔1〕齐之赘婿也。〔2〕长不满七尺，滑稽多辩，数使诸侯，〔3〕未尝屈辱。齐威王之时喜隐，〔4〕好为淫乐长夜之饮，〔5〕沉湎不治，〔6〕委政卿大夫。百官荒乱，诸侯并侵，〔7〕国且危亡，〔8〕在于旦暮。〔9〕左右莫敢谏。〔10〕淳于髡说之以隐曰：〔11〕"国中有大鸟，止王之庭，三年不蜚又不鸣，〔12〕王知此鸟何也？"王曰："此鸟不飞则已，〔13〕一飞冲天；不鸣则已，一鸣惊人。"于是乃朝诸县令长七十二人，〔14〕赏一人，诛一人，〔15〕奋兵而出。〔16〕诸侯振惊，〔17〕皆还齐侵地。威行三十六年。语在《田完世家》中。〔18〕

【注释】〔1〕"淳于髡"，人名。姓淳于，名髡。"髡"，音 kūn。 〔2〕"齐"，国名。西周、春秋时姜姓诸侯国，战国时为田（陈）氏所取代，是为田齐，七雄之一。位于今山东省北部和东部，国都在临淄（今淄博市东北）。"赘婿"，入赘于女方家里的女婿。"赘"，音 zhuì。 〔3〕"数"，多次。 〔4〕"齐威王"，田因齐。公元前三五六年至前三二〇年在位。曾命田忌、孙膑率兵，在桂陵之战和马陵之战中两次大败魏国。"隐"，隐语，即谜语。 〔5〕"淫"，过分。"淫乐"，过分地追求享乐。 〔6〕"沉湎"，沉溺，多指嗜酒无度。"湎"，音 miǎn。"不治"，不理国事。〔7〕"并侵"，皆来侵犯。 〔8〕"且"，将要。 〔9〕"旦暮"，早晨和晚上。 〔10〕"莫"，不。 〔11〕"说"，音 shuì，劝说，说服。"说之以隐"，用隐语来游说齐威王。 〔12〕"蜚"，音 fēi，同"飞"。 〔13〕"已"，表示感叹。 〔14〕"朝"，朝见；朝拜。"县"，

战国时代的地方行政机构。县令是一县之长，下设丞、尉，丞主管民政，尉主管军事。〔15〕“即墨”，今山东平度东南。“阿”，今山东阳谷东北。即墨、阿，都是齐国的县邑。〔16〕“奋兵”，举兵。〔17〕“振”，通“震”。〔18〕“田完”，田敬仲完，本姓陈，是陈厉公陈佗之了，名完，敬仲是他的谥号。齐桓公用陈完为工正，食采邑于田，改姓田。田完下传第九代孙田和，共十代，得为诸侯。

【译文】淳于髡是齐国的一个倒插门女婿。身高不足七尺，为人滑稽，能言擅辩，多次出使各诸侯国，没有受过屈辱。齐威王在位时，喜爱说谜语，又好荒淫作乐，彻夜宴饮，陶醉在饮酒之中，不问政事，把国家大事托付给卿大夫们。文武百官放浪淫乱，各国都来侵犯，国家危险，早晚将要灭亡。身边近臣不敢规劝。淳于髡用隐语去劝他说：“国内有一只大鸟，落在大王的庭院里，三年不飞又不叫，大王知道这只鸟是怎么一回事吗？”齐威王说：“这只鸟不飞就罢了，一飞就会直冲云霄；不叫就罢了，一叫就会使人惊异。”于是他马上接见七十二个县令长，奖励一人，杀死一人；又整顿军队，打击来犯的敌人。各诸侯国吃惊不小，皆把侵占的土地归还齐国。齐国的声威一直持续三十六年。这些话在《田完世家》里有记载。

威王八年，〔1〕楚大发兵加齐。〔2〕齐王使淳于髡之赵请救兵，〔3〕赍金百斤，〔4〕车马十驷。〔5〕淳于髡仰天大笑，冠缨索绝。〔6〕王曰：“先生少之乎？”〔7〕髡曰：“何敢！”王曰：“笑岂有说乎？”髡曰：“今者臣从东方来，见道傍有禳田者，〔8〕操一豚蹄，〔9〕酒一盂，祝曰：‘瓯窭满篝，〔10〕污邪满车，〔11〕五谷蕃熟，〔12〕穰穰满家。’〔13〕臣见其所持者狭而所欲者奢，〔14〕故笑之。”于是齐威王乃益赍黄金千溢，〔15〕白璧十双，〔16〕车马百驷。髡辞而行，至赵。赵王与之精兵十万，〔17〕革车千乘。〔18〕楚闻之，夜引兵而去。〔19〕

【注释】〔1〕“威王八年”，公元前三五六年。〔2〕“楚”，国名。战国七雄之一。国君姓芈。在七国中疆域最大，包括今湖北、湖南、安徽三省之全部及贵州、陕西、河南、山东、江苏等省之一部。国都在鄢（今湖北宜城县）、郢（今湖北江陵县城北约五公里处）。顷襄王时迁都于陈（今河南淮阳）。考烈王时又东徙寿春（在今安徽寿县西南），命曰郢。“加齐”，侵犯齐境。“加”，陵压，覆盖。〔3〕“之”，往，到。“赵”，战国七雄之一。国君姓赵。位于今陕西省东北角、山西省中北部、河北省西南部。赵在襄子时都晋阳（今山西太原市南）、献侯即位迁于中牟（今河南鹤壁西），敬侯时迁于邯郸（今河北邯郸市西南）。〔4〕“赍”，音 jī，携带。〔5〕“驷”，古代一辆车驾四匹马叫一驷。〔6〕“冠缨索绝”，系帽用的带子尽都迸断。“冠缨”，帽带。“索”，尽。“绝”，断。〔7〕“先生”，年长有学问的人。〔8〕“傍”，通“旁”。“禳田者”，祭田神求丰收的人。“禳”，音 rāng，古代以祭祷求消灾的迷信活动。〔9〕“豚蹄”，小猪蹄。“豚”，音 tún。〔10〕“瓯窭满篝”，高地上生产的谷物盛满篝笼。“瓯窭”，音 ōu lōu，高地狭小之处。“篝”，竹笼。〔11〕“污邪”，低洼易涝田地。〔12〕“蕃熟”，茂盛丰熟。〔13〕“穰穰”，丰盛、众多的样子。〔14〕“狭”，窄，引申为少。“奢”，过分的，引申为多。〔15〕“溢”，通“镒”。古代的重量单位。二十两为一镒（一说二十四两为一镒）。〔16〕“璧”，古代的一种玉器，扁平，圆形，中间有孔。〔17〕“赵王”，指赵成侯赵种。公元前三七四年至前三五〇年在位。〔18〕“革车”，裹有皮革的重战车。“乘”，音 shèng，一车四马为一乘。〔19〕“引兵”，退兵。

【译文】齐威王八年（公元前三七一年），楚国大规模出兵攻打齐国。齐威王派淳于髡出使赵国请求救兵，让他携带礼物黄金一百斤，驷马车十辆。淳于髡仰天大笑，把帽带子都全部迸断了。威王说：“先生嫌礼物不多么？”淳于髡说：“哪里敢！”威王说：“那你笑难道有什么道理？”淳于髡说：“现在我从东方来，看见路旁有个向田神祈祷求丰收的人，拿着一个猪蹄，一杯酒，祈祷说：‘高地上谷物盛满筐笼，低田里的庄稼装满车辆；稻、黍、稷、麦、豆丰登，满屋满仓。’我见他拿着一点点祭品，却有那么高的祈求，所以笑他。”于是齐威王就把礼物增加到黄金一千镒，白璧十双，驷马车一百辆。淳于髡告辞起行，到了赵国。赵王给了他十万精兵，一千辆裹有皮革的战车。楚国听到这个消息，连夜退兵离开。

威王大说，置酒后宫，〔1〕召髡赐之酒，问曰：“先生能饮几何而醉？”对曰：“臣饮一斗亦醉，一石亦醉。”〔2〕威王曰：“先生饮一斗而醉，恶能饮一石哉！〔3〕其说可得闻乎？”

髡曰："赐酒大王之前，执法在傍，[4]御史在后，[5]髡恐惧俯伏而饮，不过一斗径醉矣。[6]若亲有严客，[7]髡帣韝鞠䠊，[8]侍酒于前，时赐余沥，[9]奉觞上寿，[10]数起，饮不过二斗径醉矣。若朋友交游，久不相见，卒然相睹，[11]欢然道故，[12]私情相语，[13]饮可五六斗径醉矣。[14]若乃州闾之会，[15]男女杂坐，行酒稽留，[16]六博投壶，[17]相引为曹，[18]握手无罚，[19]目眙不禁，[20]前有堕珥，[21]后有遗簪，[22]髡窃乐此，[23]饮可八斗而醉二参。[24]日暮酒阑，[25]合尊促坐，[26]男女同席，履舄交错，[27]杯盘狼藉，[28]堂上烛灭，主人留髡而送客，罗襦襟解，[29]微闻芗泽，[30]当此之时，髡心最欢，能饮一石。故曰酒极则乱，乐极则悲；万事尽然，言不可极，极之而衰。"以讽谏焉。[31]齐王曰："善。"乃罢长夜之饮，以髡为诸侯主客。[32]宗室置酒，[33]髡尝在侧。[34]

【注释】〔1〕"后宫"，嫔妃居住的地方。〔2〕"斗"、"石"，都指饮器容量。斗是石的十分之一。〔3〕"恶"，音 wū，如何，怎样。〔4〕"执法"，执行法令的官吏。〔5〕"御史"，官名。在君主左右掌管文书档案和记事。〔6〕"径"，直，就。〔7〕"亲"，父母，这里指父亲。"严客"，尊客，贵客。"严"，尊严，敬重。〔8〕"帣韝"，音 juàn gōu，敛袖子。"帣"，通"絭"，束扎；"韝"，指皮制的套袖，射箭或操作时用。"鞠䠊"，弯腰跪着。"䠊"，音 jì，同"跽"。即长跪，两膝着地，上身挺直。〔9〕"余沥"，剩余的酒。"沥"，液体的点滴。〔10〕"奉"，恭敬地捧着。"觞"，音 shāng，盛酒器。"上寿"，敬酒祝福。〔11〕"卒"，音 cù，通"猝"。"卒然"，突然；出乎意外。〔12〕"道故"，亲友间谈论旧时的情谊，叙旧。〔13〕"私情相语"，彼此倾吐私人的交情。〔14〕"可"，大约，差不多。〔15〕"若乃"，至于。"州闾"，乡里；本乡本土。〔16〕"行酒"，给在座的人依次斟酒并劝饮。"稽留"，停留，拖延。〔17〕"六博"，古代的一种博戏。此种娱乐，春秋晚期已经流行。棋盘上有行棋的曲道，棋盘两端各排列有六个棋子，其中一个叫"枭"，五个叫"散"，以"枭"为贵。棋盘中间放有六粒骰子。骰子上刻有"彩"，以掷得"五"、"白"两彩为贵。两人对着时，先用骰子掷彩，再根据掷得的彩行棋。掷彩时，往往要喝彩，行棋时，以杀"枭"为胜。"投壶"，古代宴会的游戏，宾主依次往一种特制壶投矢，以投中多少决胜负。〔18〕"曹"，侪辈。这里犹伙伴。〔19〕"握手无罚"，古时闺媛之礼很严，男女授受不亲，但乡里宴会饮酒，男女可以互相握手，不会受到处罚。〔20〕"眙"，音 chì，直视，瞪着眼看。〔21〕"堕珥"，掉在地上的耳环。〔22〕"遗笄"，丢掉的发笄。〔23〕"窃"，私下，暗自。"乐"，喜欢。〔24〕"醉二参"，二三分醉意。"参"，音 sān，通"三"。〔25〕"阑"，尽。〔26〕"合尊"，把剩余下来的酒合盛一樽。"尊"，即"樽"。高体的大型或中型的容酒器。金文中称礼器为尊彝，其中尊象以手奉酉形。"促坐"，坐得很近。〔27〕"履舄交错"，男女的鞋子错杂地放在一起。"履"，鞋子。"舄"，音 xì，木底鞋。〔28〕"狼藉"，形容杂乱无章。"藉"，音 jí。〔29〕"罗襦"，薄罗短衣或短袄。"罗"，有花纹而轻薄的丝织物。"襦"，音 rú。〔30〕"芗泽"，浓浓的香味。"芗"，通"香"。〔31〕"讽谏"，用委婉曲折的话来劝诫别人。〔32〕"诸侯主客"，接待各诸侯国宾客的交际官。〔33〕"宗室"，帝王的宗族。〔34〕"尝"，通"常"。

【译文】齐威王十分高兴，在后宫摆设酒肴，召见淳于髡，赏赐给他酒，问道："先生能喝多少酒才醉呢？"淳于髡回答说："我喝一斗也会醉，一石也会醉。"齐威王说："先生喝一斗就醉了，怎么能喝一石呢！这个道理能说给我听听吗？"淳于髡说："在大王面前承蒙赏酒，执法官在旁边，御史在背后，我畏怯心惊，低头俯地地喝，不超过一斗就醉了。倘若双亲有尊敬的贵客，我挽起袖子曲躬小跪，在前面侍候饮酒，时常赏我残酒，举杯祝酒，敬祝长寿，屡次起身应酬，喝不过两斗就醉了。假如朋友交游，好久没有会面，突然相见，高兴地讲述往事，倾吐衷肠，大约喝五六斗就醉了。至于乡井的聚会，男女在一块坐，慢慢地依次饮酒，对弈玩棋，比赛投壶，呼朋唤友，相邀成伙伴，握手言欢也不受处罚，瞪着眼瞧也没有禁忌，前面地上有掉下的耳环，后面地上有失落的发簪，我内心里喜欢如此，喝上八斗却只有两三分醉意。天黑了，酒也快完了，把剩下来的酒倒在一起，大家促膝而坐，男女同席，鞋子木屐乱放，杯盘弄得乱糟糟，堂上的火烛已经熄灭，主人留下我而去送客，那穿绫罗短袄的衣襟已经解开，令人略微闻到阵阵香味，在这时候，我最高兴，能喝一石酒。所以说酒喝得过多就容易出乱子，快乐到了极点就会发生悲哀的事。一切事情都是如此。这说的是什么事情都不要走上极端，如果到了极端，就必然走向反面转为衰亡。"淳于髡用这样的

话婉转劝告齐威王。齐威王说:“好。”就停止了通宵的宴饮,任命淳于髡做接待各诸侯国宾客的交际官。齐王宗室举行宴会,淳于髡常常在场作陪。

其后百余年,楚有优孟。[1]优孟,故楚之乐人也。[2]长八尺,多辩,常以谈笑讽谏。楚庄王之时,[3]有所爱马,衣以文绣,[4]置之华屋之下,[5]席以露床,[6]啖以枣脯。[7]马病肥死,使群臣丧之,[8]欲以棺椁大夫礼葬之。[9]左右争之,[10]以为不可。王下令曰:“有敢以马谏者,罪至死。”优孟闻之,入殿门,仰天大哭。王惊而问其故。优孟曰:“马者王之所爱也,以楚国堂堂之大,何求不得,而以大夫礼葬之,[11]薄,请以人君礼葬之。”王曰:“何如?”对曰:“臣请以雕玉为棺,文梓为椁,[12]楩枫豫章为题凑,[13]发甲卒为穿圹,[14]老弱负土,[15]齐、赵陪位于前,[16]韩、魏翼卫其后,[17]庙食太牢,[18]奉以万户之邑。[19]诸侯闻之,皆知大王贱人而贵马也。”王曰:“寡人之过一至此乎![20]为之奈何?”优孟曰:“请为大王六畜葬之。[21]以垅灶为椁,[22]铜历为棺,[23]赍以姜枣,[24]荐以木兰,[25]祭以粮稻,衣以火光,[26]葬之于人腹肠。”于是王乃使以马属太官,[27]无令天下久闻也。

【注释】〔1〕“优孟”,优者名孟。“优”,古代的歌舞、戏谑演员。〔2〕“故”,过去。“乐人”,能歌善舞的艺人。〔3〕“楚庄王”,熊侣,春秋五霸之一,公元前六一三年至前五九一年在位。他曾经观兵周疆,问鼎之大小轻重,饮马黄河雄视北方,在邲之战中战胜晋国。〔4〕“衣”,穿。“文绣”,华美的锦绣。〔5〕“华屋”,华丽的宫室。〔6〕“露床”,没有帐幔的床。〔7〕“啖”,喂。〔8〕“丧”,治丧、服丧。〔9〕“棺椁”,古代富贵人家的棺材常有多层,内层叫棺,套在外面的叫椁。棺椁多为木质的,往往要髹漆彩绘。也有铜质的、玉质的。〔10〕“争”,谏诤,劝阻。〔11〕“大夫”,古代官职,位于卿之下、士之上。〔12〕“文梓”,纹理细致的梓木。〔13〕“楩枫豫章”,都是贵重之木名。“章”,通“樟”。“题凑”,用木累在棺上,好像四面有檐的屋子,用以护棺,木的头都向内,所以叫题凑。“题”,头。“凑”,聚。〔14〕“穿圹”,穿凿墓洞。〔15〕“负土”,背土。〔16〕“陪位”,陪席,此处意为从祭。〔17〕“翼卫”,护卫。《集解》认为楚庄王时,未有赵、韩、魏三国。〔18〕“庙食太牢”,为死马建立祠庙,并用太牢祭祀。“太牢”,牛、羊、猪三牲俱全。后来也专指祭祀用的牛。〔19〕“奉”,供奉祭祀。〔20〕“一至此乎”,竟到这种地步吗!“一”,乃,竟。〔21〕“六畜葬之”,当畜生来送葬它。“六畜”,指马、牛、羊、鸡、犬、猪。〔22〕“垅灶”,像垅一样的灶。〔23〕“铜历”,铜锅。“历”,通“鬲”。古代炊器。圆口,三空心足。新石器时代晚期开始出现,陶制,商周除陶制外,兼用青铜制。〔24〕“赍”,通“剂”。调配。《索隐》云古时食肉用姜、枣。〔25〕“荐”,加进。“木兰”,香料。为乔木,花大,外紫内白,果实弯曲,长圆形。〔26〕“衣”,给人穿衣。〔27〕“属”,交付。“太官”,官名。有太官令、丞,掌管国君膳食、宴会。

【译文】在这以后一百多年,楚国出了个优孟。优孟原先是楚国的歌舞艺人。身高八尺,富有辩才,常常用谈笑方式婉转进行规劝。楚庄王的时候,他有一匹被喜爱的马,给它穿上华美锦绣做的衣服,把它安置在雕梁画栋的房子里,用没有帷帐的床给它做卧席,用蜜饯的枣干喂养它。马因得了肥胖病死了,要臣子们给马治丧,想用棺椁盛殓,依照安葬大夫的礼仪安葬它。周围近臣劝止他,以为不能这样做。庄王下令说:“有谁敢于因葬马的事谏诤,就杀死他。”优孟听到这件事,走进殿门,仰天放声大哭。庄王很吃惊,问他哭的原因。优孟说:“马是大王所珍爱的,凭力量巨大的楚国,有什么得不到的,却按照大夫的礼仪安葬它,太微薄了,请用安葬君主的礼仪安葬它。”庄王说:“为什么?”优孟回答说:“我请求用雕刻花纹的美玉做内棺,有花纹的梓木做外椁,楩、枫、豫、樟各色上等木材做护棺的题凑,发动战士给它挖掘墓穴,以至年迈体弱的人背土筑坟,齐国、赵国的代表在前头陪祭,韩国、魏国的代表在后面守卫,盖一座庙宇用牛羊猪祭祀,拨个万户的大县供奉。各国听到这件事,都知道大王轻视人而重视马呢。”庄王说:“我的过失竟然到了这个地步吗!这该怎么办呢?”优孟说:“让我替大王用对待六畜的办法来安葬它。筑个土灶做外椁,用口铜鬲当棺材,用姜枣来调味,用木兰来解腥,用稻米作祭品,用火光作衣裳,把它安葬在人们的胃肠里。”当时庄王就派人把死马交给主管宫中膳食的太官,别让天下人长久传布这件事。

楚相孙叔敖知其贤人也,[1]善待之。病且死,[2]属其子曰:"我死,汝必贫困。若往见优孟,[3]言我孙叔敖之子也。"居数年,[4]其子穷困负薪,[5]逢优孟,与言曰:"我,孙叔敖子也。父且死时,属我贫困往见优孟。"[6]优孟曰:"若无远有所之。"[7]即为孙叔敖衣冠,抵掌谈语。[8]岁余,像孙叔敖,楚王及左右不能别也。庄王置酒,优孟前为寿。[9]庄王大惊,以为孙叔敖复生也,欲以为相。优孟曰:"请归与妇计之,[10]三日而为相。"庄王许之。三日后,优孟复来。王曰:"妇言谓何?"孟曰:"妇言慎无为,[11]楚相不足为也。如孙叔敖之为楚相,尽忠为廉以治楚,楚王得以霸。今死,其子无立锥之地,[12]贫困负薪以自饮食。[13]必如孙叔敖,不如自杀。"因歌曰:"山居耕田苦,难以得食。起而为吏,[14]身贪鄙者余财,不顾耻辱。身死家室富,又恐受赇枉法,[15]为奸触大罪,身死而家灭。贪吏安可为也![16]念为廉吏,奉法守职,竟死不敢为非。[17]廉吏安可为也!楚相孙叔敖持廉至死,[18]方今妻子穷困负薪而食,不足为也!"[19]于是庄王谢优孟,[20]乃召孙叔敖子,封之寝丘四百户,[21]以奉其祀。后十世不绝。此知可以言时矣。[22]

【注释】〔1〕"孙叔敖",楚庄王的贤相。辅佐庄王成就霸业。〔2〕"且死",将死,临终。〔3〕"属",音 zhǔ,通"嘱"。吩咐。〔4〕"若",你。〔5〕"居",表示相隔一段时间。"居数年",即过了几年。〔6〕"负薪",背柴出卖。〔7〕"若无远有所之",你不要远往他处。"无",通"毋",不要。〔8〕"抵掌",击掌。"抵",拍,击。〔9〕"前",上前。"为寿",敬酒祝寿。〔10〕"请归与妇计之",请让我回家跟妻子商议这件事。"计",盘算,谋划。〔11〕"慎无为",千万不要干。"慎",告诫,如今语"千万"。〔12〕"无立锥之地",没有可以插一个铁锥尖端那么大的地方,极言赤贫。〔13〕"自饮食",自己给自己吃喝。意为自谋生路。〔14〕"起",出去,出来。〔15〕"赇",音 qiú,贿赂。〔16〕"安",怎么,哪。〔17〕"竟死",到死。"竟",从头到尾。〔18〕"持洁",坚持廉洁的操守。〔19〕"不足为",不值得干。"足",配,值得。〔20〕"谢",表示歉意。〔21〕"寝丘",楚邑名。在今河南省临泉县。〔22〕"知可以言时",其智可以说正合时宜。"知",通"智"。智慧。"时",及时,恰中时机。

【译文】楚国相国孙叔敖知道优孟是个贤人,待他很好。孙叔敖病危将死,嘱咐他的儿子道:"我死后,你一定会穷困。到那时,你去拜见优孟,说你是孙叔敖的儿子。"过了几年,他的儿子穷困到背柴出卖,路上遇到优孟,对优孟说:"我是孙叔敖的儿子。父亲弥留之际,嘱咐我贫困了就去找优孟。"优孟说:"你不要远往他处。"优孟回到家里,就缝制了孙叔敖的衣服和帽子穿戴起来,模仿孙叔敖的行止举动、音容笑貌。过了一年多,模仿得活像孙叔敖,连楚庄王和亲近大臣都分别不出来。楚庄王举行酒宴,优孟上前为庄王敬酒祝福,楚庄王大惊,以为是孙叔敖复活了,想请他做相国。优孟说:"请让我回去和妻子商量此事,三天以后再来就任相国。"楚庄王允许了。三天以后,优孟又来见庄王。庄王说:"你妻子怎么说的?"优孟说:"我妻子说千万不要干,楚国的相国不值得做。像孙叔敖那样做楚国的相国,忠正廉洁治理楚国,楚王才得以称霸。如今死了,他的儿子连插下锥子的土地也没有,穷困到靠背柴出卖来维持生活。一定要像孙叔敖那样,倒不如自杀。"接着唱道:"住在山野耕田受苦,难以得到温饱。出外做官,本身贪赃卑鄙的,不顾耻辱,积了钱财。自己死后家室虽然富足,但又恐怕受贿枉法,为非作歹,犯下大罪,自己被处死,家室也遭诛灭。贪官哪能做呢!想做个清官,奉公守法,尽忠职守,到死不敢做坏事。清官又哪能做呢!楚国相国孙叔敖坚持廉洁的操守到死,现在妻子儿子穷困到靠背柴卖糊口,清官也不值得做呢!"于是庄王在优孟面前表示了歉意,就召见孙叔敖的儿子,把寝丘这个四百户之邑封给他,用来供奉孙叔敖的祭祀。后来传到十代没有断绝。优孟的这种智慧,可以说是能够抓住时机了。

其后二百余年,秦有优旃。[1]优旃者,秦倡侏儒也。[2]善为笑言,然合于大道。秦始皇时,[3]置酒而天雨,陛楯者皆沾寒。[4]优旃见而哀之。[5]谓之曰:"汝欲休乎?"陛楯者皆曰:"幸甚。"优旃曰:"我即呼汝,[6]汝疾应曰诺。"[7]居有顷,殿上上寿呼万岁。优旃临槛大呼曰:[8]"陛楯郎!"[9]郎曰:"诺。"优旃曰:"汝虽长,何益,幸雨立。我虽短也，幸休居。”于是始皇使陛楯者得半相代。[10]

【注释】〔1〕“优旃”，名旃的优人。“旃”，音zhān。〔2〕“秦”，朝代名。中国历史上第一个统一的多民族的封建专制主义中央集权国家。公元前二二一年秦始皇嬴政所建立，建都咸阳(今陕西省咸阳市东北)。疆域东、南至海，西至今甘肃、四川，西南至今云南、广西，北至阴山，东北迤至辽东。公元前二〇六年亡，共历三主，统治十五年，是一个短暂而重要的王朝，对后世产生了深刻的影响。“侏儒”，身材特别矮低的人。〔3〕“秦始皇”，姓嬴名政。公元前二五九年出生，前二一〇年去世。前二四六年至前二一〇年在位。他是战国时秦国国君，秦王朝的建立者。他亲政后，平定嫪毐叛乱，放逐吕不韦。好韩非之学，信用李斯、尉缭等客卿，派王翦等率兵攻灭六国，完成统一大业，结束长期纷争割据局面，建立中国历史上第一个封建专制主义中央集权国家。接着，废分封，推行郡县制。统一法令、度量衡、货币及文字，拆除壁垒，修筑驰道和直道。派兵北击匈奴，收复河南地(今内蒙古河套以南)，修筑长城，以御匈奴。又派兵南定百越、戍五岭，凿灵渠(今广西兴安境内)，沟通湘水和漓水。上述措施有利于巩固国家统一和经济、文化的发展。但他严刑苛法，穷侈极欲，大兴土木，加重赋役，使人民苦不堪言。在他死后不久，即爆发了全国性的农民大起义。〔4〕“陛楯者”，在殿陛下执楯站岗的武士。“陛”，台阶。这里指宫殿的台阶。“楯”，通“盾”。这里指武器。“沾寒”，受凉。〔5〕“哀”，怜悯，同情。〔6〕“即”，如果，假如。〔7〕“疾”，快速。〔8〕“槛”，殿阶上面的栏杆。〔9〕“郎”，泛指郎官。〔10〕“半相代”，一半人值班，一半人休息，轮番接替。

【译文】在优孟以后两百多年，秦朝出了个优旃。优旃是秦朝的歌舞艺人而且身材短小。他善于说笑话，然而都合于大道理。秦始皇时，有次宫中摆酒宴而天下着雨，殿阶下的执盾站岗卫士都被雨淋湿，受风着寒。优旃见了十分怜悯他们，对他们说：“你们想休息吗？殿阶下的执盾卫士都说：“非常希望。”优旃说：“等会我如果喊你们，你们要很快答应说‘唉’。”过了一会，宫殿上向秦始皇祝酒高呼万岁。优旃走近栏杆大声喊道：“陛下的执盾卫士们！”卫士们说：“唉。”优旃说：“你们虽然长得高大，有什么益处，只有幸在露天淋雨。我虽然生得矮，却有幸在这里休息。”于是始皇让侍卫士减半值班，轮番接替。

始皇尝议欲大苑囿，[1]东至函谷关，[2]西至雍、陈仓。[3]优旃曰：“善。多纵禽兽于其中，寇从东方来，令麋鹿触之足矣。”[4]始皇以故辍止。[5]

【注释】〔1〕“大”，扩大。“苑囿”，种植林木、豢养禽兽的地方，多指帝王的风景园林。这里指上林苑，旧址在今陕西省西安市及周至、户县界。方三百里，是秦及西汉皇家苑囿。〔2〕“函谷关”，关名。旧址在今河南省灵宝县东北。〔3〕“雍”，县名。在今陕西省凤翔县南。“陈仓”，县名。在今陕西省宝鸡市东。〔4〕“麋”，大鹿。“触”，角触。〔5〕“辍”，中止。

【译文】秦始皇曾经计划要扩大皇家园林，东面到函谷关，西面到雍县和陈仓。优旃说：“好。多养些禽兽在那里面，敌人从东方来侵犯，让麋鹿用角去抵触他们足够啦。”始皇因此便停止了扩大皇家园林的计划。

二世立，[1]又欲漆其城。[2]优旃曰：“善。主上虽无言，臣固将请之。[3]漆城虽于百姓愁费，[4]然佳哉！漆城荡荡，[5]寇来不能上。即欲就之，易为漆耳，顾难为荫室。”[6]于是二世笑之，以其故止。居无何，[7]二世杀死，[8]优旃归汉，[9]数年而卒。

【注释】〔1〕“二世”，指秦二世嬴胡亥，秦始皇少子。公元前二一〇年至前二〇七年在位。〔2〕“漆其城”，用漆涂饰城墙。〔3〕“固”，本来。〔4〕“愁费”，愁怨耗损。〔5〕“荡荡”，漂亮，阔气。〔6〕“顾”，但是。“荫室”，遮蔽太阳，阴干漆器的房间。〔7〕“居无何”，过了不久。〔8〕“杀死”，被杀身死。〔9〕“汉”，朝代名。公元前二〇六年刘邦所建立，定都长安(今陕西省西安市西北)，疆域东南至海，西到巴尔喀什湖、费尔干纳盆地、葱岭，西南到云南、广西以及越南北、中部，北到大漠。公元八年被王莽所建新朝取代。历史上称为前汉或西汉。

【译文】秦二世皇帝即位，又想用漆涂饰城

墙。优旃说："好。皇上即使不说，我本来也要请您这样做的。漆城墙虽然给百姓造成愁苦和耗费，可是很美呀！涂了漆的城墙光光亮亮的，敌人来了爬也爬不上。要想成就这件事，涂漆倒也容易，但难办的是要找一所给漆过的城墙遮蔽太阳，阴干涂漆的大房子。"于是二世笑了，因这个缘故停止了漆城计划。不久，二世被杀死，优旃归顺了汉朝，几年以后就死了。

太史公曰：淳于髡仰天大笑，齐威王横行。〔1〕优孟摇头而歌，负薪者以封。〔2〕优旃临槛疾呼，陛楯得以半更。〔3〕岂不亦伟哉！

【注释】〔1〕"横行"，谓得志于诸侯。〔2〕"以封"，因此得到封邑。〔3〕"半更"，一半替代。

【译文】太史公说：淳于髡仰天大笑，齐威王因而得志于诸侯，优孟摇头歌唱，靠背柴卖为生的人因而受到封赏。优旃靠近栏杆大叫一声，阶下侍卫士减半值班，轮番接替。这些人所起的作用，难道不也伟大而可颂扬的吗！

褚先生曰：〔1〕臣幸得以经术为郎，〔2〕而好读外家传语。〔3〕窃不逊让，〔4〕复作故事滑稽之语六章，编之于左。〔5〕可以览观扬意，〔6〕以示后世好事者读之，〔7〕以游心骇耳，〔8〕以附益上方太史公之三章。

【注释】〔1〕"褚先生"，褚少孙。西汉元帝、成帝时博士，补缀司马迁《史记》缺文。今本《史记》中标明"褚先生曰"以下文字，即其补作。但其中也有另外的人伪托的。三国魏张晏认为《武帝本纪》、《三王世家》、《龟策列传》、《日者列传》等篇，皆为其补作，可备一说。明人辑有《褚先生集》。〔2〕"经术"，即儒术。"郎"，凡指郎官。帝王的侍从官员，秦有郎中。汉依职责不同，有议郎、中郎、侍郎、郎中等名称。无定员，西汉时多至千余人，东汉晚期更达二千余人。其秩自三百石至六百石不等。主管者为郎中令。其来源有任子、赀选、军功、入赀等。其职责为护卫陪从、随时建议、备顾问和差遣等。〔3〕"外家传语"，当时以《六经》为正经，其他一切史传杂说都被称为"外家传语"。〔4〕"窃"，谦词。"逊让"，谦逊退让。〔5〕"编之于左"，古人写字皆为直行，由右向左，故左为后边或下首。〔6〕"览观扬意"，看了可以扩大些见闻。〔7〕"好事者"，喜欢多事的人。〔8〕"游心骇耳"，舒畅心怀，耸动听闻。

【译文】褚少孙先生说：我有幸能因通晓经学而做了郎官，而且喜欢读史传杂说一类的著作。不自量力，又写了六章滑稽故事，把它们编在太史公原著的后面。看了可以扩大些见闻，把它们留给后世喜欢多事的人读了，以舒畅心胸，警醒听闻，特把它增附在以上太史公的三则滑稽故事的后面。

武帝时，〔1〕有所幸倡郭舍人者，〔2〕发言陈辞虽不合大道，然令人主和说。〔3〕武帝少时，东武侯母常养帝，〔4〕帝壮时，号之曰"大乳母"。率一月再朝。〔5〕朝奏入，〔6〕有诏使幸臣马游卿以帛五十匹赐乳母，又奉饮糒飧养乳母。〔7〕乳母上书曰："某所有公田，愿得假倩之。"〔8〕帝曰："乳母欲得之乎？"以赐乳母。乳母所言，未尝不听。有诏得令乳母乘车行驰道中。〔9〕当此之时，公卿大臣皆敬重乳母。乳母家子孙奴从者横暴长安中，〔10〕当道掣顿人车马，〔11〕夺人衣服。闻于中，〔12〕不忍致之法。〔13〕有司请徙乳母家室，〔14〕处之于边。奏可。〔15〕乳母当入至前，面见辞。乳母先见郭舍人，为下泣。舍人曰："即入见辞去，疾步数还顾。"〔16〕乳母如其言，谢去，疾步数还顾。郭舍人疾言骂之曰："咄！老女子！何不疾行！陛下已壮矣，宁尚须汝乳而活邪？〔17〕尚何还顾！"于是人主怜焉悲之，〔18〕乃下诏止无徙乳母，罚谪谮之者。〔19〕

【注释】〔1〕"武帝"，汉武帝刘彻。公元前一五六年出生，前八七年去世。前一四一年至前八七年在位。雄才大略，加强中央集权，不拘一格录用人才。令卫青、霍去病击败匈奴，命张骞通西域。又征服闽越、东瓯和南越，经营西南夷。改革币制，实行盐铁官营、均输平准等制度。颁布算缗、告缗令。治理黄河。建立察举制度。表彰儒术，兴建太学。但迷信神仙，挥霍无度。晚年阶级矛盾激化，爆发农民起义。前八九年，下诏悔征伐之事。庙号世宗。〔2〕"幸"，宠爱。"舍人"，当时对具有某种技艺的人的称呼。〔3〕"和说"，即"和悦"。〔4〕

“东武侯母”,有两说:一东武县(在今山东诸城县)的侯大妈;二、东武侯郭他的母亲。“常”,通“尝”。曾经。〔5〕“率”,大概,一般。“再朝”,入朝两次。〔6〕“朝奏”,申奏皇帝的报告。这里指请求接见的名刺(即后来的名帖,西汉时称“谒”,东汉时称“刺”)。〔7〕“饮”,酒等饮料。“糒”,音 bèi,干粮。“飧”,音 sūn,熟食。〔8〕“假倩”,借用,其实是讨要。“假”,借。“倩”,请。〔9〕“驰道”,专供帝王车马行走的道路。臣民不得骑乘车马行驶道中,如经皇帝特许,也只能行驶驰道两旁。地方修治驰道,须先报告,否则依法治罪。〔10〕“奴从者”,随从的奴仆。〔11〕“掔顿”,牵扯,拦阻。〔12〕“闻于中”,风声传到皇帝那里。“中”,指内廷。〔13〕“致之法”,把他们交给司法部门处理。〔14〕“有司”,有关官吏。〔15〕“奏可”,奏章得到许可。〔16〕“还顾”,回头看。〔17〕“宁”,难道。“尚”,还。“须”,等待。〔18〕“悲”,怜悯;眷念。〔19〕“谪”,谴责。此处指惩罚。“谮”,说坏话诬陷别人。

【译文】汉武帝时,有个受宠爱的歌舞艺人叫郭舍人,他发言说话虽不合大道理,然而使皇上听了心情和悦。武帝童年时,东武侯的妈妈曾经乳养过武帝,武帝壮年后,称她为“大乳母”。大约一月入朝两次。上朝的通报送进去,一定有诏令派亲信的侍臣马游卿用五十匹绸绢赏赐给乳母,并备饮食供养乳母。乳母上书说:“某处有块公田,希望拨借给我使用。”武帝说:“乳母打算得到它吗?”便把公田赏赐给了乳母。凡属乳母所说的话,没有不认可的。还下了诏令,让乳母乘坐的车子可以在御道上通行。在这时候,三公九卿大臣都敬重乳母。乳母家里的子孙随从奴仆等人在长安城中横行霸道,当路牵拉拦截人家的车马,抢夺别人的衣服。信息传到皇上那里,皇上不忍心法办他们。主管官吏报请把乳母的全家迁走,把他们安置到边陲。报告得到了认可。乳母理当进宫到武帝跟前当面辞行。乳母先会见了郭舍人,为这事流了泪。郭舍人说:“马上进去面见辞行,快步退出,多次转身回头望皇上。”乳母按照他的话做,向武帝当面辞行,快步退出,屡屡转过身来回头看武帝。郭舍人神情发怒,说话急躁,骂她道:“咄!老婆子!为什么不快走!皇上已经壮年了,难道还需要等你喂奶才能活命么?还转身看什么!”于时皇上怜悯她,并且悲伤起来,就下诏令制止,不准迁徙乳母了,反而贬谪处罚了说乳母坏话的人。

武帝时,齐人有东方生名朔,[1]以好古传书,爱经术,多所博观外家之语。[2]朔初入长安,至公车上书,[3]凡用三千奏牍。[4]公车令两人共持举其书,[5]仅然能胜之。[6]人主从上方读之,[7]止,辄乙其处,[8]读之二月乃尽。诏拜以为郎,[9]常在侧侍中。[10]数召至前谈语,人主未尝不说也。时诏赐之食于前。[11]饭已,尽怀其余肉持去,衣尽污。数赐缣帛,[12]檐揭而去。[13]徒用所赐钱帛,取少妇于长安中好女。[14]率取妇一岁所者即弃去,[15]更取妇。所赐钱财尽索之于女子。[16]人主左右诸郎半呼之“狂人”。人主闻之,曰:“令朔在事无为是行者,[17]若等安能及之哉!”[18]朔任其子为郎,又为侍谒者,[19]常持节出使。[20]朔行殿中,郎谓之曰:“人皆以先生为狂。”朔曰:“如朔等,所谓避世于朝廷间者也。[21]古之人,乃避世于深山中。”时坐席中,酒酣,据地歌曰:[22]“陆沉于俗,[23]避世金马门。[24]宫殿中可以避世全身,何必深山之中,蒿庐之下。”[25]金马门者,宦者署门也,[26]门傍有铜马,故谓之曰“金马门”。

【注释】〔1〕“东方生”,东方先生,即东方朔。“东方”,复姓。东方朔字曼倩。武帝初上书自荐,待诏金马门。后为常侍郎、太中大夫。性滑稽,有急智。辞赋以《答客难》、《非有先生论》较有名。是西汉著名的文学家,《汉书》有传。〔2〕“外家之语”,即外家传语。〔3〕“公车”,官署名。由公车司马令主之,属卫尉。凡吏民上书言事和朝廷征召等事都由它管理。汉时常用官府之车先送皇帝征召之人,日公车征召;应征之人于公车署等待皇帝任命,日待诏公车。〔4〕“凡”,总共。“奏牍”,上奏言事所用的木片。“牍”,写字用的木片。〔5〕“持举”,扛抬。〔6〕“仅然”,恰恰,刚好。〔7〕“上方”,官署名。即尚方,居少府,主管制造皇家所用的器物。〔8〕“乙”,这里是作划断的记号,并非甲乙之“乙”。〔9〕“拜”,任命官职或授予爵位。〔10〕“侍中”,此指在内廷承值。〔11〕“时”,时常。〔12〕“缣帛”,绸绢的通称。〔13〕“檐揭”,扛抬。“檐”,通“担”。“揭”,高举。〔14〕“徒”,单,独。“取”,通“娶”。〔15〕“所”,约计之词,犹“左右”。〔16〕“索”,竭,尽。〔17〕“令”,假使。“无为是行”，没有这种行为。〔18〕“若等”，你们这些人。〔19〕“侍谒者”，官名。共三十余人，秩四百石，皆着绸帻大冠、白绢单衣。掌报章奏事及丧吊祭享。以郎中秩满岁称给事，未满岁称灌谒者。〔20〕“节”，使者所持的信物，用竹、木制成。上有旄。〔21〕“避世”，隐居。〔22〕“据地”，趴在地上。〔23〕“陆沉”，陆地无水而下沉。喻沦落。〔24〕“金马门”，汉代宫门名。在未央宫内，其名来由，诸说不一。其中《三辅黄图》卷三称：汉武帝得大宛马，以铜铸像，立于宦者署门，因以为名。汉时应朝廷征召者如公孙弘、东方朔等人，均“待诏金马门”。〔25〕“蒿庐”，茅屋草舍。〔26〕“宦者署”，官署名。管理宦官，属少府。

【译文】汉武帝时，齐国故地人有个东方先生名朔，因爱好古代流传的书籍和儒家经学，广泛地阅览了许多诸子百家的书。东方朔刚到长安时，到公车府那里上书给皇帝，共用了三千枚木简。公车府派两个人一起抬他的奏章，仅只抬得起。皇上到尚方署读那些奏章，看到哪里要停止了，便在哪里划个休止记号，读了两个月才读完。下诏令任命东方朔作郎官，经常在皇上身边侍奉。多次叫到跟前谈话，皇上没有不欣喜的。时常下诏令赐东方朔御前吃饭。饭罢，东方朔把吃剩的肉全部揣在怀里拿回去，衣服都是油污。皇上多次赐给他绸绢，他肩挑扛抬着就走。专用所得赏赐的钱财绸绢，娶长安城中年轻美貌的女子为妻。大多娶过来一年光景就抛弃了，重娶一个。所得赏赐的钱财都完全花在女子身上。皇上身边的侍从官有半数喊东方朔做“疯狂的人”。皇上听到这个称呼，说道：“假使东方朔当官行事没有这种行为的话，你们哪能赶得上他呢！”东方朔保举自己的儿子做郎官，又升为侍中的谒者，常常奉命持节出使。有一次，东方朔在殿中经过，郎官对他说：“人们都把先生当疯狂的人。”东方朔说：“像我这类人，就是所谓在朝廷里隐居的人。古代的人，却隐居在深山里。”他时常坐在酒席上，酒喝得畅快时，趴在地上唱道：“沦落尘俗中，避世金马门。宫殿中可以隐居起来，保全身躯，何必隐居到深山中间，草屋里面！”金马门是宦官衙署的大门，大门旁边立有铜马，所以称它做“金马门”。

时会聚宫下博士诸先生与论议，〔1〕共难之曰：〔2〕“苏秦、张仪一当万乘之主，〔3〕而都卿相之位，〔4〕泽及后世。今子大夫修先王之术，〔5〕慕圣人之义，讽诵《诗》、《书》百家之言，〔6〕不可胜数。著于竹帛，〔7〕自以为海内无双，即可谓博闻辩智矣。〔8〕然悉力尽忠以事圣帝，〔9〕旷日持久，积数十年，官不过侍郎，〔10〕位不过执戟，〔11〕意者尚有遗行邪？〔12〕其故何也？”东方生曰：“是固非子所能备也。〔13〕彼一时也，此一时也，岂可同哉！〔14〕夫张仪、苏秦之时，周室大坏，诸侯不朝，力政争权，〔15〕相禽以兵，〔16〕并为十二国，〔17〕未有雌雄，〔18〕得士者强，失士者亡。故说听行通，〔19〕身处尊位，泽及后世，子孙长荣。今非然也。〔20〕圣帝在上，德流天下，诸侯宾服，〔21〕威振四夷，连四海之外以为席，〔22〕安于覆盂，〔23〕天下平均，合为一家，动发举事，犹如运之掌中。贤与不肖，何以异哉？方今以天下之大，士民之众，竭精驰说，并进辐凑者，〔24〕不可胜数。悉力慕义，困于衣食，或失门户。〔25〕使张仪、苏秦与仆并生于今之世，曾不能得掌故，〔26〕安敢望常侍侍郎乎！〔27〕传曰：〔28〕‘天下无害灾，虽有圣人，无所施其才；上下和同，虽有贤者，无所立功。’故曰‘时异则事异’。虽然，安可以不务修身乎？《诗》曰：‘鼓钟于宫，声闻于外。’〔29〕‘鹤鸣九皋，声闻于天。’〔30〕苟能修身，何患不荣！太公躬行仁义七十二年，〔31〕逢文王，〔32〕得行其说，封于齐，〔33〕七百岁而不绝。此士之所以日夜孜孜，〔34〕修学行道，不敢止也。今世之处士，〔35〕时虽不用，崛然独立，〔36〕块然独处，〔37〕上观许由，〔38〕下察接舆，〔39〕策同范蠡，〔40〕忠合子胥，〔41〕天下和平，与义相扶，〔42〕寡偶少徒，〔43〕固其常也。子何疑于余哉！”于是诸先生默然无以应也。

【注释】〔1〕“博士诸先生”，在官的学者们。博士，秦置，汉因之。人数依时增减。其秩，初为比四百石，后增至比六百五，皆隶属太常。西汉设博士仆射一人领之。东汉改仆射为祭酒。汉代博士或由君主征拜和大臣荐举，或来自贤良、文学、明经和郎中升迁，但均须经过太常考试，其职掌主要为教授经学和典礼事宜。秦及西汉博士还须参与议政。西汉博士又多兼给事中而入侍宫禁，备皇帝顾问。此外还经常作为皇帝使者巡行郡国，视察灾

情，赈济流民。博士秩卑而职尊，其高第者可为尚书。〔2〕"难"，辩难，驳问。〔3〕"苏秦、张仪"，战国时纵横家代表人物。苏秦倡合纵，鼓吹六国联合以事秦。张仪则反是，主张连横，分散六国以事秦。这二人的长处是熟悉各国情况，在政治上策略上有一些主意和办法。缺点是毫无信义，朝秦暮楚。"当"，遇，碰到。"万乘"，万辆兵车，当指大国。〔4〕"都"，居。〔5〕"子"，对人的敬称。"大夫"，官位。"子大夫"，是博士诸先生对东方朔的敬称。〔6〕"讽诵"，背诵，熟习。〔7〕"竹帛"，古代书写用具，指竹简与白绢。已发现的竹简有战国简、秦简、汉简、晋简。已发现的帛书有战国帛书、汉帛书。都是研究古代历史和文化的珍贵资料。〔8〕"即"，则。〔9〕"悉力"，竭力。"圣帝"，圣明的皇帝。〔10〕"侍郎"，官员。侍从官员，属于光禄勋。任职者或以军功，或以儒术学问侍奉皇帝。秩比四百石，无员数。东汉因之。五官、左、右、虎贲中郎将下属及尚书台均有侍郎。〔11〕"执戟"，指郎官。因执戟侍卫是郎官的职责。〔12〕"意者"，猜测，猜想。"遗行"，有失检点的行为。〔13〕"备"，完备，齐全。这里是完全了解的意思。〔14〕"岂可同哉"，怎么可以相提并论。〔15〕"力政"，用武力征伐。"政"，通"征"。〔16〕"禽"，通"擒"。捕捉。〔17〕"并"，兼并。"十二国"，指秦、楚、齐、燕、韩、赵、魏、宋、卫、中山、鲁、郑。前七国是所谓"七雄"，并峙争强，后五国为中小国家，已逐渐沦为强国的附庸。〔18〕"雌雄"，喻胜负。〔19〕"说听行通"，意见被采纳，所行亦顺畅。〔20〕"然"，如此。〔21〕"宾服"，指诸侯按时进贡，以示服从。〔22〕"连四海之外以为席"，极言所辖地域之广。"席"，坐垫。〔23〕"覆盂"，覆置的盂。盂口大脚小，倒覆过来，稳定不致倾倒。以此喻稳固。〔24〕"辐凑"，车轮上每根辐条凑集到中心的车毂上面。比喻从四面八方集中一处。〔25〕"或"，有人，有的。"门户"，指进身做官的门路。〔26〕"掌故"，指掌管礼乐制度等故事的官吏。〔27〕"常侍侍郎"，官名。即常侍郎，经常在宫内侍奉皇帝。〔28〕"传"，解释经义的文字，泛指古书。〔29〕"鼓钟于宫，声闻于外"，语出《诗·小雅·白华》。〔30〕"鹤鸣九皋，声闻于天"，语出《诗·小雅·鹤鸣》。"九皋"，幽深遥远的沼泽淤地。〔31〕"太公"，指齐太公吕尚。西周的开国元勋。协助周武王在牧野之战中大胜商纣的军队，推翻商朝的统治。〔32〕"文王"，指周文王，姬昌。周朝的奠基者。他对一些敌对的部落和国家发动了一系列的战争，并征服了他们。后来又攻下了商的友邦崇（今陕西省户县）。接着迁都丰邑（今陕西省沣水西岸），以便继续向东发展。文王晚年，周的势力发展到今山西省西南部和河南省西部，对商都朝歌（今河南省安阳县）形成了进逼的压力。〔33〕"齐"，国名，周初分封的诸侯国，姜姓。战国初年政权为田氏取代，是为田齐。〔34〕"孜孜"，勤奋不倦的样子。〔35〕"处士"，指隐士。〔36〕"崛然"，高起、突出的样子。〔37〕"块然"，孤独而安定的样子。〔38〕"许由"，唐尧时隐士。传说唐尧曾想让位于他，他逃脱不受，且以为玷污了他的耳朵。〔39〕"接舆"，春秋时楚国的隐士，曾唱着《凤兮歌》嘲笑孔丘。〔40〕"范蠡"，春秋末期越国的谋臣，曾辅佐句践灭吴称霸，官拜上将军，后弃官经商，成为自由商人的代表人物之一。"蠡"，音 lí。〔41〕"子胥"，伍子胥。春秋末期吴国的忠臣，曾作为谋主，辅佐吴王阖庐，大举攻楚，五战五胜，进驻楚都，使楚几乎亡国。后又规劝吴王夫差灭越除患，结果由于夫差听信谗言反被杀害。〔42〕"与义相扶"，即修身自持。"义"，正义，原则。"扶"，持。〔43〕"偶"，犹"辈"。指同等级或同类别的人。"徒"，犹"类"。其义亦犹"偶"。

【译文】当时恰逢朝廷召集学宫里的博士先生们参与讨论国事，大家共同诘难东方朔说："苏秦、张仪偶然遇到大国的君主，就能居卿相的地位，恩泽留传到了后代。现在您先生研究先王治国驭臣的方术，仰慕圣人立身处世的道理，诵读《诗经》、《书经》和百家的言论，不能一一列举。又有文章著作，自己认为天下无双，那么可以说见闻广博，聪明才辩了。然而您全力尽忠侍奉圣明的皇帝，旷日持久，累积长达几十年，官衔不过是个侍郎，职位不过是个卫士，看来您还有不检点的行为吧？这是什么缘故呢？"东方先生说："这本来不是你们所能完全理解的。时间不同，情况也不一样了，怎么可以相提并论呢！张仪、苏秦所处的时代，周朝非常衰败，诸侯们不去朝见周天子，以武力相征伐争权夺利，相互俘捕以兵戎相见，天下兼并为十二个诸侯国家，没有决出胜负，此时得到士人的就强盛，失去士人的就败亡，所以言听计从，身居尊位，恩泽传到了后代，子孙长享荣华富贵。现在不是这样了。圣明的皇帝在朝廷掌政，恩德遍及天下，诸侯朝贡服从，声威震慑四方少数民族，将四海之外的疆土连接成像坐席那样的一片乐土，比倒置的盘盂还要安稳。天下统一，融为一体，凡有所行动行事，都容易得好像在手掌中转动一样。贤与不贤，凭什么来辨别他们的差别呢？现在因天下辽阔广大，士民很多，竭

尽精力，奔走游说，同时向朝廷进献计谋，像辐条凑集到车毂轴上一样的人，多得数不清。尽管竭力仰慕道义，仍然往往被衣食所困，有的竟连进身的门路也找不到。假使张仪、苏秦与我同生在现代，他们恐怕连一个掌管历史上的制度、文化沿革等的小吏也不能得到，怎么敢奢望当常侍侍郎呢！古书上说：'天下没有灾害，即使有圣人，也没有地方施展他的才华；君臣上下和睦同心，即使有贤人，也没有地方建立他的功业。'所以说时代变了，那么事情也随之而有所变化。尽管如此，怎么可以不努力自身的修养呢？《诗经》上说："鼓呀钟呀屋里敲，声音外传闹嘈嘈。""鹤儿鸣在弯湾里，声音飘扬到天际。"假如能够修养自身，还担忧什么不能获得荣誉！齐太公亲行仁义七十二年，遇上周文王，才得以实行他的主张，封在齐国。传国七百年没有断绝。这就是士人所以要日日夜夜，勤奋不倦，研究学问，推行自己的主张，不敢停止的原因。当今世上的隐士，一时虽不被任用，但他能超然独立，孑然独处，远观许由，近看接舆，智谋犹如范蠡，忠诚可比伍子胥，天下和平，修身自持，寡朋少侣，本来是很平常的事情。您们对我有什么疑虑呢！"于时那些先生们一声不响，无话答复了。

建章宫后阁重栎中有物出焉，〔1〕其状似麋。以闻，武帝往临视之。问左右群臣习事通经术者，莫能知。诏东方朔视之。朔曰："臣知之，愿赐美酒粱饭大飨臣，〔2〕臣乃言。"诏曰："可。"已，〔3〕又曰："某所有公田鱼池蒲苇数顷，陛下以赐臣，臣朔乃言。"诏曰："可。"于是朔乃肯言，曰："所谓驺牙者也。〔4〕远方当来归义，而驺牙先见。〔5〕其齿前后若一，齐等无牙，〔6〕故谓之驺牙。"其后一岁所，匈奴混邪王果将十万众来降汉。〔7〕乃复赐东方生钱财甚多。

【注释】〔1〕"建章宫"，西汉宫名。武帝太初元年（公元前一〇四年）建。宫内千门万户，有凤阙，据称高七十丈（一说五十丈），当时蔚为奇观。旧址在今陕西省西安市西北郊。"重栎"，双重栏杆。"焉"，于是。〔2〕"粱饭"，好米饭。"大飨臣"，丰盛地宴请我。〔3〕"已"，止，完了。〔4〕"驺牙"，兽名。也叫驺吾或驺虞。古代传说的义兽。它的出现象征统治者最有信义。"驺"，音 zōu。〔5〕"见"，音 xiàn，通"现"。〔6〕"齐等无牙"，谓该兽中前后都一样生得是门牙，而无臼齿。〔7〕"混邪王"，即浑邪王。匈奴右地的王。居河西走廊一带，他多次被霍去病打败，单于恼怒，想要惩办他，他杀休屠王，并其众共四万余人降汉。"邪"，音 yé。

【译文】建章宫后阁的双重栏杆中，有一只动物跑出来，它的形状像麋鹿。消息传到宫中，武帝亲自到那里观看，问身边群臣中熟悉各种事物并通晓经学的人，没有一个人能知道它是什么动物。下诏叫东方朔来看它。东方朔说："我知道这个东西，希望皇上赏赐美酒好米饭，丰盛地宴请我，我才说。"武帝下诏说："可以。"吃过酒饭，东方朔又说："某处有几顷公田、鱼池和蒲苇塘，陛下把它赐给我，我东方朔才说。"武帝下诏说："可以。"于时东方朔才肯讲，说道："这是叫驺牙的动物。远方会有前来投诚的事，驺牙便先出现。它的牙齿前后一样是门牙，没有臼齿，所以叫它做驺牙。"这以后过了一年左右，匈奴浑邪王果然带着十万人来归降汉朝。武帝又再赏赐东方朔许多钱财。

至老，朔且死时，谏曰："《诗》云：〔1〕'营营青蝇，〔2〕止于蕃。〔3〕恺悌君子，〔4〕无信谗言。谗言罔极，〔5〕交乱四国。'〔6〕愿陛下远巧佞，退谗言。"帝曰："今顾东方朔多善言？"〔7〕怪之。居无几何，朔果病死。传曰：〔8〕"鸟之将死，其鸣也哀；人之将死，其言也善。"此之谓也。〔9〕

【注释】〔1〕引诗出于《诗·小雅·青蝇》。〔2〕"营营"，蝇往来飞行之声。〔3〕"蕃"，通"藩"。篱笆。〔4〕"恺悌"，和乐平易。〔5〕"罔极"，阴险变幻，无所底极。〔6〕"交乱四国"，构成四方国家与华夏的战乱。"交"，构。〔7〕"顾"，反而。〔8〕引语出自《论语·泰伯篇》。〔9〕"此之谓也"，说的就是这个意思吧。

【译文】到年纪老了，东方朔将死时，进谏武帝说："《诗经》上说：'苍蝇飞，嗡嗡响，歇在篱笆上。和易的人儿，莫上谣言当。造谣的不止，惑乱到四方。'希望陛下远离奸诈谄媚的小人，屏退他们的谗言。"武帝说："现在东方朔反而多说好话了么？"对此感到奇怪。过了不多久，东方朔果然病死了。古书上说："鸟将要死的时候，它的叫声悲哀；人将要死的时候，他讲的话善良。"说的就是这种情况呢。

武帝时，大将军卫青者，〔1〕卫后兄也，〔2〕封为长平侯。从军击匈奴，至余吾水上而还，〔3〕斩首捕虏，有功来归，诏赐金千斤。将军出宫门，齐人东郭先生以方士待诏公车，〔4〕当道遮卫将军车，〔5〕拜谒曰："愿白事。"〔6〕将军止车，前东郭先生。〔7〕旁车言曰：〔8〕"王夫人新得幸于上，〔9〕家贫。今将军得金千斤，诚以其半赐王夫人之亲，〔10〕人主闻之必喜。此所谓奇策便计也。"〔11〕卫将军谢之曰："先生幸告之以便计，〔12〕请奉教。"于是卫将军乃以五百金为王夫人之亲寿。〔13〕王夫人以闻武帝。帝曰："大将军不知为此。"问之安所受计策，〔14〕对曰："受之待诏者东郭先生。"诏召东郭先生，拜以为郡都尉。〔15〕东郭先生久待诏公车，贫困饥寒，衣敝，〔16〕履不完。〔17〕行雪中，履有上无下，足尽践地。道中人笑之，东郭先生应之曰："谁能履行雪中，〔18〕令人视之，其上履也，其履下处乃似人足者乎？"及其拜为二千石，佩青䯄出宫门，〔19〕行谢主人。〔20〕故所以同官待诏者，等比祖道于都门外。〔21〕荣华道路，立名当世。此所谓衣褐怀宝者也。〔22〕当其贫困时，人莫省视；〔23〕至其贵也，乃争附之。谚曰："相马失之瘦，〔24〕相士失之贫。"其此之谓邪？

【注释】〔1〕"大将军"，武官名。但文臣亦得居此位，如霍光。为将军的最尊称号。地位常有变化，但总的看是崇高的，比三公，职掌统兵征战。汉代大将军之府称幕府，并置长史、司马。另置掾属分管诸事。行军时分五部，部设校尉一人，军司马一人，部下有曲、屯等。"卫青"，西汉名将，多次统帅大军出征匈奴，以战功封大将军、大司马。〔2〕"卫后"，卫子夫，西汉河东平阳（今山西临汾西南）人，汉武帝皇后，后出身微贱，原为平阳侯家歌者。武帝见而悦之，召入宫中。元朔元年（公元前一二八年），生男据，遂立为皇后。其弟卫青、姊子霍去病均以军功任大司马。卫氏侯者五人。元狩元年（公元前一二二年），据立为皇太子。后因巫蛊事起，与太子起兵诛江充，兵败被迫自杀。卫青系其弟，不是兄。〔3〕"余吾水"，水名。在今蒙古人民共和国北部。〔4〕"东郭"，复姓。"方士"，即方术之士。指求仙、炼丹，并自言能长生不死的人。"待诏"，等待诏旨任用。即候差。〔5〕"遮"，拦住。〔6〕"白事"，有事禀告。〔7〕"前"，前进。使动用法。〔8〕"旁"，通"傍"。接近，挨着。〔9〕"王夫人"，汉武帝的宠姬，生子刘闳。"得幸"，得到皇帝的宠爱。〔10〕"诚"，如果。"亲"，指双亲，父母。〔11〕"奇策便计"，奇巧而方便的计谋。〔12〕"幸"，幸亏。〔13〕"寿"，祝寿，敬酒祝福或馈赠财物。〔14〕"安所"，何处，哪里。〔15〕"郡都尉"，官名。协助郡太守，执掌武事，备盗贼。秩比二千石。有丞，秩六百石。或兼行太守事。〔16〕"敝"，坏，破旧。〔17〕"不完"，破烂，不完整。〔18〕"履行"，穿着鞋子行走。〔19〕"青䯄"，青紫色的系印绶带。"䯄"，音 guā。〔20〕"谢"，辞谢。"主人"，指房东。〔21〕"等比"，依次，排列。"祖道"，为出行者祭祀路神，并设宴饯行。〔22〕"衣褐怀宝"，比喻贫寒而实有才华的人。"褐"，粗布短衣，贫贱之人穿的衣服。〔23〕"人莫省视"，大家不理睬他。"省视"，理睬。"省"，音 xǐng。〔24〕"失"，漏失，看错。

【译文】汉武帝时，大将军卫青是卫皇后的兄长，被封为长平侯。他带领军队出击匈奴，追到余吾水边才返回。斩杀大量敌兵，捕获许多俘虏，立了功勋回来，武帝下诏赏赐黄金千斤。卫将军从宫门出来，齐地人东郭先生以江湖术士的身份，在公车府候差，拦路挡住卫将军的车马，谒见说："希望禀告一件事。"卫将军停下车，叫东郭先生走上前来，他靠在车边说道："王夫人新近受到皇上的宠爱，家里贫困。当今将军得到黄金千斤，如果拿出其中的一半赐给王夫人的双亲，皇上知道了这件事必定喜欢。这就是平时所说的巧妙而便捷的计策。"卫将军感谢他说："幸亏先生把这便捷的计策告诉我，一定遵照指教。"于是卫将军就拿出五百斤黄金，作为给王夫人的双亲的赠礼。王夫人把这事告诉了武帝。武帝说："大将军不会知道这样作。"问卫青哪里得到的计策，回答说："从候差的东郭先生那里得到的。"武帝就下诏召见东郭先生，任命他任某郡的都尉。东郭先生久在公车府候差，贫穷困苦，饥寒交迫，衣服破旧，鞋子不完好。行走在雪中，鞋子有面无底，脚全部踏在地上。过路人讥笑他，东郭先生回答他们说："谁能穿着鞋子在雪中行走，叫人看去，脚上面是鞋子，鞋子下面竟然好像是人脚的么？"等到他受任为俸禄二千石的官，佩着青绶带印从宫门出来，去向房东告辞，旧时所有同他一起候差的人，一批批在都门外为他饯行。一路光荣显耀，在当代扬名。这就是平常所说的身穿粗布短衣，怀里揣着珍宝的人吧。当他穷困的时候，大家都不理睬他，到他尊贵了，就争着依附他。谚语说："观察马因外表消瘦而漏掉良马，观察士因外貌朴陋而漏掉人才。"大概就是说的这种情况吧？

王夫人病甚，人主至自往问之曰："子当为王，欲安所置之？"〔1〕对曰："愿居洛阳。"〔2〕人主曰："不可。洛阳有武库、敖仓，〔3〕当关口，〔4〕天下咽喉。自先帝以来，传不为置王。〔5〕然关东国莫大于齐，可以为齐王。"王夫人以手击头，〔6〕呼"幸甚"。王夫人死，号曰"齐王太后薨"。〔7〕

【注释】〔1〕"置"，安置。〔2〕"洛阳"，都邑名。在今河南省洛阳市东北。是西汉时的大城市。〔3〕"敖仓"，秦汉粮仓名。故址在今河南省荥阳北敖山上。积聚关东漕粮，经黄河转输关中和西北边塞，为当时最重要的粮仓，亦为兵家必争之地。〔4〕"当关口"，谓由长安出函谷关东行，洛阳首当其冲。〔5〕"传"，相沿，历来。〔6〕"以手击头"，因病倒在床，不能起身叩谢，故以此示意。〔7〕"号曰齐王太后薨"，此时齐王刘闳还未受封，葬礼就这样称呼，说明她很受宠幸，"薨"，音 hōng。古时称诸侯或大官死。

【译文】王夫人病入膏肓，皇上亲自探望，问她道："你的儿子应当封王，你打算安置他到哪里？"回答说："希望在洛阳。"皇上说："不行。洛阳有武库，敖仓，又位于交通关口，是天下的咽喉要道。自从先帝以来，相沿不在这个地方封王。然而关东地区的封国，没有比齐国更大的，可以封他为齐王。"王夫人用手拍头，口呼"太幸运了"。王夫人死后，就称为"齐王太后逝世"。

昔者，齐王使淳于髡献鹄于楚。〔1〕出邑门，〔2〕道飞其鹄，徒揭空笼，〔3〕造诈成辞，〔4〕往见楚王曰："齐王使臣来献鹄，过于水上，不忍鹄之渴，出而饮之，〔5〕去我飞亡。〔6〕吾欲刺腹绞颈而死，恐人之议吾王以鸟兽之故令士自伤杀也。〔7〕鹄，毛物，〔8〕多相类者，吾欲买而代之，是不信而欺吾王也。〔9〕欲赴佗国奔亡，〔10〕痛吾两主使不通。故来服过，叩头受罪大王。"〔11〕楚王曰："善，齐王有信士若此哉！"〔12〕厚赐之，财倍鹄在也。

【注释】〔1〕"齐王"，指齐宣王。"淳于髡"，齐国稷下学士，被赐列第为上大夫，不治而议论，著书立说，成家成派，对战国时的思想、文化有一定贡献。"鹄"，音 hú，鸟名，即天鹅。〔2〕"邑门"，都城门。这里指齐国临淄的城门。〔3〕"徒揭空笼"，只举着空的鸟笼。"徒"，只。〔4〕"造诈成辞"，编造一套欺骗的话头。〔5〕"饮之"，给它喝水。"饮"，音 yìn。〔6〕"去"，离开。"亡"，逃失。〔7〕"议"，议论，讥笑。〔8〕"毛物"，生羽毛的动物。〔9〕"信"，忠信。〔10〕"佗"，音 tuō，通"他"。〔11〕"受罪"，领受惩罚。〔12〕"信士"，诚实的人。

【译文】从前，齐王派淳于髡到楚国进献天鹅。出了都门，半路上那只天鹅飞走了，只好提着空笼子，编造了一篇假话，前去拜见楚王说："齐王派我来送天鹅，在水上经过，不忍心天鹅的干渴，放出让它喝水，不料离开我飞走了。我想要刺腹或勒脖子而死，担心人家议论大王因为鸟兽的缘故，让士人自己杀伤。天鹅是长羽毛的东西，多有相像的，我打算要买一只顶替它，这是不诚实而且欺骗了大王。想要逃奔到别国去，又痛心我们两国君主间的这次通使半途而废了。所以前来认罪，向大王叩头，领受惩罚。"楚王说："好。齐王竟有这样诚实的贤士啊！"优厚地赏赐了淳于髡，赏赐的钱财比进献天鹅还加一倍。

武帝时，征北海太守诣行在所。〔1〕有文学卒史王先生者，〔2〕自请与太守俱："〔3〕吾有益于君。"君许之。诸府掾功曹白云：〔4〕"王先生嗜酒，多言少实，〔5〕恐不可与俱。"太守曰："先生意欲行，不可逆。"遂与俱。行至宫下，待诏宫府门。王先生徒怀钱沽酒，〔6〕与卫卒仆射饮，〔7〕日醉，不视其太守。太守入跪拜。王先生谓户郎曰：〔8〕"幸为我呼吾君至门内遥语。"〔9〕户郎为呼太守。太守来，望见王先生。王先生曰："天子即问君何以治北海，令无盗贼，君对曰何哉？"对曰："选择贤才，各任之以其能，赏异等，〔10〕罚不肖。"〔11〕王先生曰："对如是，是自誉自伐功，〔12〕不可也。愿君对言：'非臣之力，尽陛下神灵威武所变化也。'"太守曰："诺。"召入，至于殿下，有诏问之曰："何于治北海，令

盗贼不起?”叩头对言:“非臣之力,尽陛下神灵威武之所变化也。”武帝大笑,曰:“於呼!安得长者之语而称之![13]安所受之?”对曰:“受之文学卒史。”帝曰:“今安在?”对曰:“在宫府门外。”有诏召拜王先生为水衡丞,[14]以北海太守为水衡都尉。[15]传曰:“美言可以市,尊行可以加人。[16]君子相送以言,小人相送以财。”[17]

【注释】〔1〕“征”,召。“北海”,郡名。位于今山东省中部,治所在营陵(今潍坊市西南)。“行在所”,简称行在。是皇帝临时驻在的地方。按:武帝时无征北海太守诣行在所事,系褚先生误记。事在宣帝时,《汉书·循吏传》载其事。〔2〕“文学卒史”,掌管教育的小吏。〔3〕“俱”,同行。〔4〕“府掾功曹”,均为太守府中的属吏。〔5〕“多言少实”,即言过其实。〔6〕“沽”,买。〔7〕“卫卒仆射”,卫兵之长。“仆射”,官名。汉承秦制。侍中、尚书、博士、郎皆有,各以职事为称。如侍中之长称侍中仆射。卫卒仆射是卫卒之长。〔8〕“户郎”,看守宫门的郎官。〔9〕“遥语”,远距离对话。〔10〕“异等”,超乎寻常的特等人。〔11〕“不肖”,品行不好。〔12〕“誉”,称赞。“伐”,夸耀。〔13〕“长者”,厚道、有修养的人。〔14〕“水衡丞”,官名。水衡都尉的助手。〔15〕“水衡都尉”,官名。汉武帝元鼎二年(公元前一一五年)始置,秩二千石。原以水衡主盐铁,后掌管上林苑。因禁郡国铸钱,专令上林三官铸,水衡遂掌铸钱。又兼管皇室财物。有五丞,属官有上林、均输、御羞、禁圃、辑濯、钟官、技巧、六厩、辩铜九官令丞,及衡官、水司空、都水、农仓、甘泉、上林、都水七官长丞。成帝建始二年(公元前三一年)省技巧、六厩官。〔16〕“美言可以市,尊行可以加人”,引语出自《老子》。“市”,出卖。“加人”,高出别人。〔17〕“君子相送以言,小人相送以财”,引语本《晏子春秋》“君子赠人以言,庶人赠人以财”。

【译文】汉武帝时,征召北海郡太守到皇帝行宫。有个掌管文书的府吏叫王先生的,自己请求跟随太守同行:“我会对您有益处。”太守答应了他。太守府中的许多属吏功曹禀告说:“王先生爱好喝酒,闲话多,务实少,恐怕不宜跟他同去。”太守说:“王先生心里打算去,不好违背他的意思。”终于跟他同行。他们来到宫门外,在宫府门等待皇上的诏命。王先生只顾揣着钱买酒,同卫队长官叙饮,整天醉醺醺的,不去看望他的太守。太守进宫跪拜皇上。王先生对守门郎官说:“请替我呼唤我们太守到宫门内,跟他远远地讲几句话。”守门郎官替他去呼唤太守。太守出来,看见了王先生。王先生说:“天子如果问您凭什么治理北海郡,使得那里没有盗贼,您对答些什么呢?”太守回答说:“选择有才能的,并按他们的能力分别任用,奖赏才能超群的,惩罚不图上进的。”王先生说:“如此回答,是自己称赞自己,自己夸耀自己的功劳,不可以啊。希望您回答说:‘不是我的力量,全是陛下神明威武所造成的变化呢。’”太守说:“好吧。”太守被召入宫中,走到殿堂下面,武帝下诏问太守道:“你用什么方法治理北海郡,使盗贼不出现?”太守叩头回答说:“不是我的力量,全是陛下神明威武发生的作用。”武帝大笑,说道:“呀!哪里学得忠厚老实人的话而称颂起来!你是从哪里听来的?”太守回答说:“是从掌管文书的小吏那里听来的。”武帝说:“现在他在哪里?”太守回答说:“在宫府门外。”武帝下诏召见,任命王先生做水衡丞,北海太守做水衡都尉。解释经义的古书上说:“美好的言辞可以出卖,高尚的品行可以高出众人之上。君子用美言相送,小人用钱财相送。”

魏文侯时,[1]西门豹为邺令。[2]豹往到邺,会长老,问之民所疾苦。[3]长老曰:“苦为河伯娶妇,[4]以故贫。”豹问其故,对曰:“邺三老、廷掾常岁赋敛百姓,[5]收取其钱得数百万,用其二三十万为河伯娶妇,与祝巫共分其余钱持归。[6]当其时,巫行视小家女好者,[7]云是当为河伯妇,即娉取。[8]洗沐之,为治新缯绮縠衣,[9]闲居斋戒;[10]为治斋宫河上,[11]张缇绛帷,[12]女居其中。为具牛酒饭食,[13]十余日。共粉饰之,[14]如嫁女床席,[15]令女居其上,浮之河中。始浮,行数十里乃没。其人家有好女者,恐大巫祝为河伯取之,以故多持女远逃亡。以故城中益空无人,又困贫,[16]所从来久远矣。民人俗语曰‘即不为河伯娶妇,[17]水来漂没,溺其人民’云。”[18]西门豹曰:“至为河伯娶妇时,愿三老、巫祝、父老送女河上,幸来告语之,[19]吾亦往送女。”皆曰:“诺。”

【注释】〔1〕“魏文侯”,魏斯。战国时魏国国君。公元前四二四年至前三八七年在位。他是一个有作为的国君，延揽各地人才，任用李悝变法，使魏国成为战国初期最强盛的国家。〔2〕“西门豹”，姓西门，名豹。无神论者。他很重视水利，在他的主持下，开渠引漳河水灌溉邺田，使这一带农业生产大为提高。“邺”，魏邑名。在今河北省临漳县西南、磁县东南。〔3〕“所疾苦”，所痛苦的事。〔4〕“河伯”，黄河水神。河伯之貌，或称“人面”，或称“人面鱼身”，或称“白面长人鱼身”。自殷商而降，至于周末，为人所奉祀，位望隆崇。河伯有“娶妇”之传说。〔5〕“三老”，官名。魏国的三老，设于战国初年。秦之三老，还不知始于何时。既然汉承秦制，那么秦国在乡官中设立三老必有悠久的历史。乡官中以三老最尊，作恶亦以三老最甚。以魏国为例，三老在一乡，借迷信敛财，牺牲人民，与豪长朋分，可称十足的恶霸。“廷掾”，县吏。“常岁”，每年。“赋敛”，定额收费。〔6〕“祝巫”，古代以祭祀鬼神、消解灾祸为职业的人。“祝”，庙祝。“巫”，女巫。〔7〕“行视”，巡视。“小家”，平民之家。“好”，美丽。〔8〕“娉取”，下聘娶走。“娉”，通“聘”，定婚。“取”，通“娶”。〔9〕“治”，缝制。“缯”，古代对丝织品的统称。“绮”，音 qǐ，有花纹或图案的丝织品。“縠”，音 hú，有绉纹的纱。〔10〕“闲居”，单独居住。“斋戒”，古人在祭祀以前，沐浴更衣，素食，以示诚敬，称为“斋戒”。〔11〕“治”，建造。“斋宫”，斋戒的住屋。“河”，黄河。〔12〕“张”，张挂。“缇”，音 tí，橘红色的丝织品；厚缯。“绛”，深红色。“帷”，帐子。〔13〕“具”，准备办理。〔14〕“粉饰”，用化妆品装饰，打扮，掩盖缺点。〔15〕“床席”，床帐枕席之类。〔16〕“益”，更加。“又”，更加。〔17〕“即”，假使。〔18〕“溺其人民”，要淹死那些不肯为河伯娶妇的老百姓。“云”，那么说。〔19〕“幸”，希望。

【译文】魏文侯的时候，西门豹任邺县令。西门豹去到邺县，召集年高而有名望的人，询问他们人民感痛苦的事情。那些人说：“苦于给河神娶妻，因这个缘故人民穷困。”西门豹问这个事情的原因，回答说：“邺县的三老、廷掾常年向老百姓征收捐税，收取他们的钱达几百万，用其中二三十万替河神娶妻，跟庙祝、巫婆瓜分那些剩余的钱，拿回家去。当那时，巫婆四出巡查，见到贫苦人家的女儿长得俊俏的，说这应该做河神的妻，立刻留下聘礼娶走。为她洗澡洗头，替她缝制新的绸绢衣服，单独住下来清心静养以示虔诚。替她在河边建造斋戒的房子，张挂着大红厚缯的帐子，让女孩住在里面。替她备办牛酒饭食，折腾十多天。到那天，大家来装点乘浮之具，像出嫁女儿那样的床帐枕席，让这女孩坐在上面，放在河中漂行。起初浮在水面上，漂流几十里就沉没了。那些有美貌女儿的人家，担心大巫婆替河神娶他们的女儿，因此大多带着女儿远远逃亡。所以城里逐渐空虚，居民越来越少，更加穷困了，这样的情况已经很久了。民间俗话说‘如果不给河神娶妻，河水冲来淹没田地村庄，淹死那里的老百姓’。”西门豹说：“等到给河神娶妻时，希望三老、巫婆、父老都到河边去送女子，也希望来告诉我，我也要去送女子。”大家说：“是。”

至其时，西门豹往会之河上。三老、官属、豪长者、里父老皆会，〔1〕以人民往观之者三二千人。〔2〕其巫，老女子也，已年七十。从弟子女十人所，〔3〕皆衣缯单衣，〔4〕立大巫后。西门豹曰：“呼河伯妇来，视其好丑。”即将女出帷中，来至前。豹视之，顾谓三老、巫祝、父老曰：“是女子不好，〔5〕烦大巫妪为入报河伯，〔6〕得更求好女，后日送之。”即使吏卒共抱大巫妪投之河中。有顷，曰：“巫妪何久也？弟子趣之！”〔7〕复以弟子一人投河中。有顷，曰：“弟子何久也？复使一人趣之！”复投一弟子河中。凡投三弟子。〔8〕西门豹曰：“巫妪弟子是女子也，不能白事，〔9〕烦三老为入白之。”复投三老河中。西门豹簪笔磬折，〔10〕向河立待良久。长老、吏傍观者皆惊恐。西门豹顾曰：“巫妪、三老不来还，奈之何？”欲复使廷掾与豪长者一人入趣之。皆叩头，叩头且破，额血流地，色如死灰。西门豹曰：“诺，且留待之须臾。”〔11〕须臾，豹曰：“廷掾起矣。状河伯留客之久，〔12〕若皆罢去归矣。”〔13〕邺吏民大惊恐，从是以后，不敢复言为河伯娶妇。

【注释】〔1〕“官属”，指廷掾。“豪长者”，豪绅。“里父老”，被选中女子的同里父老们。〔2〕“以”，与，及。〔3〕“从弟子女十人所”，随从的女弟子约有十来个人。“所”，许。〔4〕“衣”，穿。“缯单衣”，绢制的单衣。〔5〕“是”，此，这。〔6〕“妪”，音 yù，年老的女人。〔7〕“趣”，通“促”。催促。〔8〕“凡”，总共。〔9〕“不能白事”，不会把事情传达清楚。〔10〕“簪笔磬折”，帽子上插着类似毛笔的簪子，像石磬那样弯着腰，作出毕恭毕敬

的样子。〔11〕“且”，姑且。“须臾”，片刻，一会儿。〔12〕“状”，推测之辞，犹今语“看样子”、“看情况”。〔13〕“若”，汝，你，你们。

【译文】到了那天，西门豹到河边和大家相会。三老、官吏、豪绅以及乡间的父老们都聚集在一起，与前来观看的百姓共两三千人。那个大巫是个老太婆，年纪已经七十岁。随从女徒弟约有十来个人，都穿着绸子单衣，站在大巫婆后面。西门豹说：“唤河神的媳妇来，让我看看她长得美丽还是丑陋。”巫婆们就把女子从帐子里扶出，来到西门豹跟前。西门豹看了看她，回头对三老、庙祝、巫婆、父老们说：“这个女子不美丽，相烦大巫婆替我进去报告河神，应该再找一个美丽女子，后天把她送来。”立即让官吏士兵一道抱起大巫婆扔进河里。不久，说道：“巫婆怎么一去这么久还不回来呢？徒弟去催她一下！”再把一个徒弟扔进河里。过了一会，说道：“徒弟怎么一去这么久呢？再派一个去摧她们一下！”又把一个徒弟扔进河里。一共扔了三个徒弟。西门豹说：“巫婆、徒弟是女人，不会禀告事情，相烦三老替我进去禀告一下。”又把三老扔进河里。西门豹把毛笔似的簪子插在头发上，腰弯得像石磬似的，面对着河水站着等了很久。长老、官吏和旁观者都惊慌惧怕。西门豹回过头来说：“巫婆、三老不回来，怎么办呢？”要再派廷掾和一个豪绅进去催她们。廷掾和那个豪绅都叩头求饶，头皮都碰破了，额上的鲜血一直流到地上，脸色像冷却的灰烬一样苍白。西门豹说：“好吧，暂且等待一会儿。”过了片刻，西门豹说：“廷掾起来吧。看样子河神要把客人久留些时候，你们都离开这里回家休息吧。”邺县的官吏和百姓十分惊慌害怕，从此以后，不敢再说替河神娶妻了。

西门豹即发民凿十二渠，〔1〕引河水灌民田，田皆溉。〔2〕当其时，民治渠少烦苦，〔3〕不欲也。豹曰：“民可以乐成，〔4〕不可与虑始。〔5〕今父老子弟虽患苦我，〔6〕然百岁后期令父老子孙思我言。”〔7〕至今皆得水利，民人以给足富。〔8〕十二渠经绝驰道，〔9〕到汉之立，而长吏以为十二渠桥绝驰道，〔10〕相比近，〔11〕不可。欲合渠水，且至驰道合三渠为一桥。邺民人父老不肯听长吏，以为西门君所为也，贤君之法式不可更也。〔12〕长吏终听置之。〔13〕故西门豹为邺令，名闻天下，泽流后世，无绝已时，〔14〕几可谓非贤大夫哉！〔15〕

【注释】〔1〕“发民”，征发庶民。〔2〕“溉”，得到灌溉。〔3〕“少”，通“稍”。略微。〔4〕“以”，与。“乐成”，乐于成功，共享成果。〔5〕“虑始”，筹划商量新事物的开创。〔6〕“患苦”，厌恶，憎恨。〔7〕“期”，希望。〔8〕“给足”，供给丰足。〔9〕“经绝”，横断，截断。〔10〕“长吏”，指县级地位较高的官吏（令、长、丞、尉）。〔11〕“比近”，靠近，挨及。“比”，邻近。〔12〕“法式”，法度，法则。〔13〕“置”，搁置，放弃。〔14〕“无绝已时”，没有断绝终了的时候。“已”，完了。〔15〕“几”，通“岂”。难道。

【译文】西门豹立即征发老百姓开凿了十二条渠道，引漳河水灌溉人民的农田，农田全部得到了灌溉。在开渠的那个时候，人民对开渠稍嫌烦扰劳苦，不想干。西门豹说：“人民可以跟他们安享现成事物，不可跟他们商量新事物的创造。现在父老子弟虽然埋怨我给他们带来辛苦，但是百年以后，一定要使得父老的子孙们想想我所说的话。”直到现在，那里都得到河水的利益，人民因丰收而富足。十二条河渠横穿御道，到汉朝建立，地方官吏认为十二渠上的桥梁截断了御道，彼此又相距很近，不行。打算把一些渠道合并，而且把流经御道那段渠道三条合成一条，只架一座桥。邺县百姓父老都不肯听从地方官吏的意见，认为那是西门先生规划开凿的，贤良长官的制度规范不能更改。地方官吏终于接受了大家的意见，把合渠的事搁置了。所以西门豹做邺县的县令，名声传遍天下，恩泽流传后代，没有终了的时候，难道可以说他不是一位有才能的大夫吗！

传曰：“子产治郑，〔1〕民不能欺；子贱治单父，〔2〕民不忍欺；西门豹治邺，民不敢欺。”三子之才能谁最贤哉？辨治者当能别之。〔3〕

【注释】〔1〕“子产”，姓公孙，名侨，字子产。春秋后期政治家，郑国执政。他治国特别注意策略，其改革成效显著，他的政绩受到人们的普遍歌颂。“郑”，先秦姬姓诸侯国。原在今陕西华县东，后迁至今河南荥阳、新郑一带。建都新郑（今新郑县），公元前三七五年被韩吞灭。〔2〕“子贱”，姓宓，名子齐，字子贱。春秋末鲁国人。曾任单父宰

(县长)。他施政清静而爱人,政绩很好。“单父”,鲁邑名。在今山东省单县。〔3〕“辨治者”,分辨治迹的人。

【译文】古书上说:“子产治理郑国,人民不能欺骗他;子贱治理单父,人民不忍欺骗他;西门豹治理邺县,人民不敢欺骗他。”他们三个人的才能谁最杰出呢?政治评论家当会分辨出来。

史记卷一百二十七

日者列传第六十七[1]

自古受命而王,[2]王者之兴何尝不以卜筮决于天命哉![3]其于周尤甚,[4]及秦可见。[5]代王之入,[6]任于卜者。[7]太卜之起,[8]由汉兴而有。[9]

【注释】〔1〕“日者”,古代占卜人之称谓。《墨子》曰:“墨子北之齐,遇日者。日者曰:帝以今日杀黑龙于北方,而先生之色黑,不可以北。墨子不听,遂北至淄水。墨子不遂而反焉。日者曰:我谓先生不可以北。”根据以上“今日”不宜北行的意思来看,“日者”之称可能由此而得名。估计这类占卜之人,以占卜近期吉凶祸福为主。〔2〕“受”,承受。“命”,天命。“受命”,古代人认为,有人之所以为帝王,是承受上天的意志,也就是说上天主宰人们的命运。〔3〕“卜筮”,古代人用来预测吉凶祸福的一种迷信习俗。“卜”,形如甲骨被烧灼后的裂纹。古代人根据甲骨裂纹来预测吉凶。“筮”,用蓍草占卦,即根据蓍草的排列情况来预测祸福。卜与筮有所不同,因此《礼记·曲礼上》曰:“龟为卜,策为筮。”《史记·龟策列传》也说:“参以卜筮,断以蓍龟。”〔4〕“周”,古部族、朝代名。周族姬姓,原居住在陕西武功、彬县一带,后定居于周(今陕西岐山县东北)。公元前十一世纪,周武王灭商,建立周朝,都镐(今长安县沣河以东)。周平工时,迁都洛邑(今河南洛阳),因此又有“西周”与“东周”之称。公元前二五六年,被秦所灭,历时八百余年。〔5〕“秦”,朝代名。秦部族相传是伯益的后代,嬴姓,善养马。秦襄公因护送周平王东迁洛阳有功,被封为诸侯。秦穆公时,攻灭十二国,称霸西戎。秦孝公时,任用商鞅变法,成为战国七雄之一。公元前二二一年,秦始皇统一六国,建立秦朝。十五年后,被农民起义军所推翻。〔6〕“代王”,西汉诸侯王刘恒(公元前二〇二年至前一五七年)。汉高祖十一年(公元前一九六年),破灭陈豨叛乱,平定代地,立其子刘恒为代王。代王在位十七年时,吕后死。周勃等平定诸吕之乱,迎立代王刘桓为帝,是为孝文帝。他与景帝实行“与民休息”、“轻徭薄赋”政策,社会经济得到很大发展,史称“文景之治”。“入”,指入朝称帝。〔7〕“任于卜者”,听任于占卜人的话。当周勃等人派使者迎代王为帝时,代王犹豫不决,请卜者预测吉凶。卜者以龟甲占卜,得卜兆“大横”。占文曰“大横庚庚,余为天王”,天王即指天子。于是代王入朝,是为孝文帝。〔8〕“太卜”,为帝王职掌占卜的官名。在《周礼》中已有“太卜”之官。《史记·龟策列传》“至高祖时,因秦太卜官”,说明秦朝设有“太卜”之官,汉初因袭不变。〔9〕“汉兴而有”,意即“太卜”之官,随着汉朝的兴起而有所起色,受到重视。

【译文】自古以来承受天命的人才能成为帝王,而帝王的兴起又何尝不是通过卜筮来取决于天命呢!这种情况在周朝尤其突出,到秦朝仍然可以见到。代王刘恒入朝为帝,事先就听任于卜者。太卜这一官职之所以有起色,是随着汉朝的兴起才开始有的。

司马季主者,[1]楚人也。[2]卜于长安东市。[3]

【注释】〔1〕“司马季主”,人名。复姓司马,名季主,是本传的主人公“日者”。〔2〕“楚人”,楚国人。楚国的开国君主为鬻熊,楚庄王时曾一度称霸,后为战国七雄之一。公元前二二三年秦灭楚。汉初,汉高祖刘邦封韩信为楚王。韩信贬为淮阴侯后,汉高祖封其弟刘交为楚王。汉景帝时,楚王刘戊与吴王刘濞合谋叛乱。汉平定吴楚七国之乱后,改立刘礼为楚文王。到宣帝地节二年(公元前六八年),有人上书告发楚王刘纯谋反。楚王自杀,废楚国为彭城郡。〔3〕“长安”,西汉国都。汉高祖七年(公元前二〇〇年)定都于此。“东市”,据《三辅黄图》记载,长安有九市,六市在道西,三市在道东。市有旗楼,设官吏管理商贾买卖贸易之事。东市是对西市而言,是九市中的大市。汉景帝吴楚七国之乱时,晁错因得罪于诸侯王被斩于东市。长安除东、西市外,还有直市、柳市等。

【译文】司马季主是楚国人。他卖卜于长安东市。

宋忠为中大夫,〔1〕贾谊为博士,〔2〕同日俱出洗沐,〔3〕相从论议,诵易先王圣人之道术,〔4〕究遍人情,相视而叹。贾谊曰:“吾闻古之圣人,不居朝廷,必在卜医之中。今吾已见三公九卿朝士大夫,〔5〕皆可知矣。试之卜数中以观采。”二人即同舆而之市,〔6〕游于卜肆中。〔7〕天新雨,道少人,司马季主闲坐,弟子三四人侍,方辩天地之道、日月之运、阴阳吉凶之本。〔8〕二大夫再拜谒。司马季主视其状貌,如类有知者,〔9〕即礼之,使弟子延之坐。〔10〕坐定,司马季主复理前语,分别天地之终始,〔11〕日月星辰之纪,〔12〕差次仁义之际,〔13〕列吉凶之符,〔14〕语数千言,莫不顺理。

【注释】〔1〕“中大夫”,大夫,职掌议论。有太中大夫、中大夫、谏大夫之别。汉武帝太初元年(公元前一〇四年),更名中大夫为光禄大夫,秩比二千石。〔2〕“贾谊”,西汉政论家、文学家。文帝时,任博士、太中大夫,后为大臣排挤,贬为长沙王太傅、梁怀王太傅。著有《过秦论》、《治安策》、《论积贮疏》等。“博士”,战国末,齐、魏、秦始置博士官。由于博士博学强志,通古达今,因此充当君主的参谋或顾问。汉武帝时设立五经博士,以后博士员数不断增多。博士官具有议政、制礼、教授、试策、出使等职能。〔3〕“洗”,清洗。“沐”,沐浴,洗澡。“洗沐”,汉代官吏,一般利用休假日洗沐,因此洗沐成为休假日的名称。《初学记》引《汉律》曰“吏五日得一休沐”,就是官吏每隔五天休息一天,以便处理各种家务之事。〔4〕“先王”,先代帝王。一般指尧、舜、禹、汤、周文王、周武王等。“圣人”,学问智能和道德修养极高之人。一般称孔子为圣人。“道术”,这里的“道”,是指道理、理论;“术”,指方术、方法。“道术”,即指治理天下的理论与方法。〔5〕“三公”,唐宋以前,朝廷中最高的官职。周代的三公是司徒、司马、司空,一说以太师、太傅、太保为三公。秦汉以丞相、太尉、御史大夫为三公,一度曾改为大司徒、大司马、大司空。唐宋以后,三公为虚衔,没有实权。“九卿”,王朝各行政机构的总称。秦汉以奉常(太常)、郎中令(光禄勋)、卫尉、太仆、廷尉、典客(大鸿胪)、宗正、治粟内史(大司农)、少府为九卿,分别管理宗庙、司法、钱粮、警卫、车马等事务。各卿之下,设有属员,组成一个办事机构。“朝士大夫”,一般官员的泛称。〔6〕“舆”,车。〔7〕“肆”,店铺。〔8〕“道”,法则、规律。“运”,运行。“本”,根本,本源。〔9〕“如类”,类似,好像。“有知者”,“知”,知道,懂得,了解。“有知者”,即指懂得卜筮的人。〔10〕“延”,引进,迎请。〔11〕“分别”,分辨,分析。〔12〕“纪”,日月星辰循环一次为一纪。古时一纪为十二年。〔13〕“差”,差别;“次”,次序。“差次”,按差别排列次序。〔14〕“符”,符记。以符记预测吉凶祸福之朕兆。

【译文】宋忠任中大夫,贾谊任博士,二人同日休假外出,一边相互跟从一边议论,交谈先王圣人治理天下的理论与方法,广泛探究世道人情,相视慨叹。贾谊说:“我听说古代的圣人,如不在朝廷做官,就必在卜筮、医师行业之中。现在,我已见识过在朝的三公九卿以及朝士大夫,都已熟知。不妨试着到卜筮行业中去观察采访一下。”二人就同车到了市区,在卜者店铺中游逛。此时天刚下过雨,路上行人稀少,司马季主闲坐在店铺里,三四个弟子侍候在两旁,正在讲解天地的法则、日月的运行、阴阳吉凶的本源。两位大夫进门拜揖了两下。司马季主看了看二人的形状相貌,好像是懂得卜筮行业的人,当即还礼作答,叫弟子迎请进来就坐。二人坐定以后,司马季主重新论理前面讲的话题,分析天地的来龙去脉和日月星辰的循环法则,区分仁义的差别关系,排列预测吉凶的符记,讲了数千言,无不顺理成章。

宋忠、贾谊瞿然而悟,〔1〕猎缨正襟危坐,〔2〕曰:“吾望先生之状,〔3〕听先生之辞,〔4〕小子窃观于世,〔5〕未尝见也。今何居

之卑，[6]何行之污？”[7]

【注释】〔1〕“瞿”，即“惧”，恐惧，惊惧。“惧然”，惊惧的样子。“悟”，醒悟，理解。〔2〕“猎”，猎取。此处与“捋”同义，即用手捋齐、捋正。“缨”，古代系在帽子上的带子，称为冠缨。猎缨，即整理好帽子，以示恭敬。“正襟”，正一正衣襟。“危”，危险。“危坐”，坐在椅子的一角或一小部分，若不端正地坐着，就有跌倒的危险。“危坐”是对对方的尊敬。〔3〕“状”，形状，样子。〔4〕“辞”，言辞，言论。〔5〕“小子”，小辈，晚辈，是一种自谦之称。“窃”，私下，暗中。“观”，观察，观看。“窃观”，不敢明目张胆地观察，表示对对方的恭敬态度。〔6〕“居”，居住，居位，此指地位，身份。“卑”，卑下，低下。“居之卑”，即地位低下。〔7〕“行”，行为，行业，行事；“污”，污浊。“行之污”，即从事的行业被人瞧不起。

【译文】宋忠、贾谊听了后十分惊异，顿时有所醒悟，于是捋齐了冠带，整理了衣襟，端正地坐着，说：“我看先生的形状，听先生的言论，晚辈私下观看当今之世，未曾见到过。可是现在您为什么处于如此卑下的地位，为什么干如此污浊的行业呢？”

司马季主捧腹大笑，曰：“观大夫类有道术者，今何言之陋也！[1]何辞之野也！[2]今夫子所贤者何也？[3]所高者谁也？[4]今何以卑污长者？”[5]

【注释】〔1〕“陋”，浅陋，浅薄。〔2〕“野”，粗野，粗俗。〔3〕“贤者”，有道德、才能的人。此贤者是针对“行之污”而言的。〔4〕“高者”，高尚的人。此高者是针对“居之卑”而言的。〔5〕“长者”，年纪或辈分高的人。此长者是司马季主自称。

【译文】司马季主捧腹大笑说：“看你们二位大夫好像是有道术的人，现在为什么竟然说出这种浅陋的话！为什么措辞竟如此粗野！今天你们所说的贤者是什么人呢？所说的高尚人是谁呢？你们凭什么把长者视为卑下污浊的人呢？”

二君曰：“尊官厚禄，世之所高也，贤才处之。[1]今所处非其地，[2]故谓之卑。言不信，[3]行不验，[4]取不当，[5]故谓之污。夫卜筮者，世俗之所贱简也。[6]世皆言曰：‘夫卜者多言夸严以得人情，[7]虚高人禄命以说人志，[8]擅言祸灾以伤人心，[9]矫言鬼神以尽人财，[10]厚求拜谢以私于己。’[11]此吾之所耻，[12]故谓之卑污也。”

【注释】〔1〕“处之”，居处、置身其间。意即贤才占处尊官厚禄的地位。〔2〕“非其地”，不是尊官厚禄的地位。〔3〕“言不信”，说话不能使人相信，意即说话不真实。〔4〕“行不验”，“行”，实行，做；“验”，应验，效应，意即按照卜者的话去做，得不到应验。〔5〕“取不当”，“取”，索取；“当”，恰当。意即索取报酬不恰当。〔6〕“贱简”，“贱”，低贱，下贱；“简”，简单，不复杂。意即卜筮是个低贱而又简单的职业。〔7〕“夸严”，夸诞。夸大其辞，荒诞不经。〔8〕“虚高”，“虚”，虚假；“高”，抬高。意即假意抬高。“禄命”，“禄”，当官的俸禄；“命”，寿命，命运。禄命是关于预测官禄多少、人寿短长的一种迷信说法。“说”，即“悦”，意即取悦，讨好。“志”，心志，意志。〔9〕“擅言”，随便胡说。〔10〕“矫”，假托，编造。“矫言”，即编造假话。〔11〕“拜谢”，谢金，报酬。〔12〕“耻”，可耻，耻辱。

【译文】宋忠与贾谊二人答道：“高官厚禄，这是世上所崇尚的，只有贤能的人享受这种地位。而你现在所处的，不是这种地位，所以说是卑下的。卜者讲话不能令人相信，按照所说的去做得不到应验，而又索取不恰当的报酬，所以说是污浊的。所谓卜筮这一行业，是世俗视为低贱而又简单的职业。世人都说：‘卜者以夸大其辞、荒诞不经的话来迎合人情，假意抬高人的禄命来取悦人意，胡乱编造祸灾来刺伤人心，假托鬼神以骗尽人财，谋求丰厚的谢金以私利于己。’这都是我们认为可耻的行为，所以说是卑下污浊的。”

司马季主曰：“公且安坐。[1]公见夫被发童子乎？[2]日月照之则行，[3]不照则止，[4]问之日月疵瑕吉凶，[5]则不能理。由是观之，能知别贤与不肖者寡矣！[6]

【注释】〔1〕“公”，对别人的尊称。〔2〕“夫”，这个，那个。“被发童子”，“被”即“披”。“被发”，披散着头发。古代男孩二十岁成年，要举行“冠礼”仪式。披发无冠表示不是成年男子，故又称

"童子"。〔3〕"照",依照,按照。"日月照之则行",依照日月的指示办事,说行则行。〔4〕"不照则止",日月的指示不要人依照去做,则停止行动。"止",停止。〔5〕"疵",毛病,缺点。"瑕",玉上面的斑点。"日月疵瑕吉凶",古代迷信的人认为,日月也有缺陷、毛病,如日食、月食等。根据日食月食所指示的天象,来推测人事的吉凶。〔6〕"不肖",与贤相对而言,指品行、才能低下的人。

【译文】司马季主说:"二位暂且坐好。你们见到那个披发童子吧?日月的指示叫他去做,他就照着做;日月的指示不叫照着做,他就停止不做,但是问他日食月食为什么关系到人事吉凶,就不能答理。由此可见,能识别贤与不肖的人,实在太少了!

"贤之行也,直道以正谏,[1]三谏不听则退;其誉人也不望其报,[2]恶人也不顾其怨,[3]以便国家利众为务。[4]故官非其任不处也;[5]禄非其功不受也;[6]见人不正,虽贵不敬也;见人有污,虽尊不下也;[7]得不为喜,[8]去不为恨;[9]非其罪也,虽累辱而不愧也。[10]

【注释】〔1〕"直道","直",正直;"道",言论,说话。直道意即不说违心话,有什么说什么。"谏",劝谏,规劝。〔2〕"誉人",赞誉人,夸奖人。"不望其报",不希望别人报答。〔3〕"恶",恶行,罪恶。"恶人",指出别人的恶行或罪恶。"不顾其怨","顾",顾及;"怨",怨恨。此谓不顾及别人的怨恨。〔4〕"务",任务,职务。〔5〕"官非其任","任",胜任。此句意即做官的不能胜任其职务。"不处","处",居。意即不居其位。〔6〕"功",功劳。"禄非其功",所取的俸禄与功劳不相符合。〔7〕"不下",不居其下,不下而等之,表示不卑谦。〔8〕"得",得到。这里指得到高官厚禄。〔9〕"去",失去。这里指失去高官厚禄。〔10〕"累",即"缧",捆绑。"辱",侮辱。"累辱",这里指被捆绑下狱受侮辱。

【译文】"贤者的德行,要以正直的言论来规劝君王,三次规劝不听就弃官引退;赞誉别人不希图其回报,指出别人的恶行也不顾及其怨恨,以对国家和百姓的利益为己任。所以做官如不能胜任其职就不居其位,所取的俸禄与功劳不相符合的就不能接受;见人不正派,虽其显贵也不恭敬他;见人有污点,虽其尊荣也不卑谦他;得到高官厚禄心里不必高兴,失去高官厚禄心里也不必怨恨;不是他的罪过,虽捆绑下狱受辱也不感到惭愧。

"今公所谓贤者,皆可为羞矣。卑疵而前,[1]孅趋而言;[2]相引以势,[3]相导以利;[4]比周宾正,[5]以求尊誉,以受公奉;[6]事私利,[7]枉主法,[8]猎农民;[9]以官为威,[10]以法为机,[11]求利逆暴:[12]譬无异于操白刃劫人者也。[13]初试官时,[14]倍力为巧诈,[15]饰虚功,执空文,以誷主上,[16]用居上为右;[17]试官不让贤,[18]陈功,[19]见伪增实,[20]以无为有,以少为多,以求便势尊位;[21]食饮驱驰,[22]从姬歌儿,[23]不顾于亲,[24]犯法害民,虚公家:[25]此夫为盗不操矛弧者也,[26]攻而不用弦刃者也,[27]欺父母未有罪而弑君未伐者也。[28]何以为高、贤才乎?

【注释】〔1〕"卑疵而前",在上级面前做出一副卑下和惶惧不安的样子。"卑",卑下。"疵",有缺点、毛病,因而惶惧不安。〔2〕"孅",细小纤微。"趋",迎合,趋向。"孅趋",意即对细小无足轻重的事情也不断迎合。〔3〕"相引以势",以权势互相引进。〔4〕"相导以利",以金钱互相诱导。"利",利益,利润,此作金钱解。〔5〕"比",朋比,结党。"周",周围,圈子。"宾",摈弃,排挤。"正",正直,正人君子。"比周宾正",意谓勾结周围小圈子里的人,结成私党,排挤正直的君子。〔6〕"奉",俸禄。"奉"即"俸"。〔7〕"事",从事,谋求。〔8〕"枉",歪曲,曲解。〔9〕"猎",猎取,掠夺。〔10〕"威",威胁,威逼。〔11〕"机",机器,工具。〔12〕"逆",逆行,倒行逆施;"暴",凶暴,残暴。"逆暴",逆行残暴之义。〔13〕"譬",譬如,打比喻。"操",持,拿着。"白刃",雪白发亮的刀,快刀。"操白刃",拿着利刀。"劫",抢劫、劫夺。〔14〕"初试官",刚当上官。"试",试用。〔15〕"倍力",加倍努力。此处应解释为拼力、竭力。〔16〕"誷",欺罔,欺骗。"主上",臣下对君王的称呼。"誷主上",欺骗君王。〔17〕"用居上为右",用以达到最尊贵的地位。"居",地位;"上",居人之上。"右",古代人尚右,右比左职位高。〔18〕"试官",司马季主认为这些贪官污吏不是真正的官吏,因此用"试官"

称之。〔19〕"陈功",陈述自己的功劳。〔20〕"见伪增实",见到伪假的,便添油加醋弄成真实的。"增",添加。〔21〕"便",便便,肥大的样子。"便势",即肥势,大势,形容权势肥大。〔22〕"食饮驱驰",美食饮宴,驱车驰马。〔23〕"从姬歌儿",侍从美姬,歌儿舞女。〔24〕"不顾于亲",不顾父母亲人死活,六亲不认。〔25〕"虚公家",虚耗公家的财富。〔26〕"矛",长矛。"弧",木弓。古代的两种武器。〔27〕"弦",弓上发箭的弦绳,指箭。"刃",刀。〔28〕"欺",欺凌。"罪",判罪,意即杀死。"弑",专用于以下犯上的情况,如臣杀其君,子杀其父,都必须用"弑"字。"伐",讨伐,兴师问罪。

【译文】"现在你们所说的贤者,都是一些可以为他们感到羞愧的人了。他们在主子面前装出一副卑下的样子,用一些细小的事情来说些百般迎合的话;以权势互相引进,以金钱互相诱导;结党营私,排挤正人君子,以求取尊荣美誉,以享受公家俸禄;谋求私人的利益,歪曲君主的法律,掠夺农民的财产;以官势相威胁,以法律作工具,追求私利,逆行凶暴:所有这一切,与手拿雪亮利刀进行抢劫的人没有什么区别。他们刚当上官时,拼命玩弄巧诈伎俩,粉饰虚假的功劳,拿着空洞的文书去欺骗君王,以便爬上高位;当官不肯让贤,吹嘘自己的功劳,把假的弄成真的,把无说成有,把少改成多,以求取权势尊位;他们美食宴饮,驱车驰马,侍从美姬,歌儿舞女,不管父母亲人死活,犯国法,害人民,虚耗公家财产。所有这一切,其实他们是一批做强盗而不拿弓矛、攻击他人而不用刀箭、欺凌父母而未被判罪、杀害国君而未被讨伐的人。请问,凭什么认为他们是高尚、贤能者呢?

"盗贼发不能禁,夷貊不服不能摄,〔1〕奸邪起不能塞,官秏乱不能治,〔2〕四时不和不能调,〔3〕岁谷不孰不能适。〔4〕才贤不为,〔5〕是不忠也;才不贤而托官位,〔6〕利上奉,〔7〕妨贤者处,〔8〕是窃位也;有人者进,〔9〕有财者礼,〔10〕是伪也。子独不见鸱枭之与凤皇翔乎?〔11〕兰芷芎䓖弃于广野,〔12〕蒿萧成林,〔13〕使君子退而不显众,〔14〕公等是也。

【注释】〔1〕"夷",古代东南部地区的少数民族。"貊",古代东北部地区的少数民族。"夷貊",这里泛指少数民族。"摄",威慑,慑服。〔2〕"秏",耗费,消耗。"乱",胡作非为。"官秏乱",意即贪赃枉法。〔3〕"四时",即春夏秋冬四季。"不和",不调和,不正常。"四时不和",意即四季天气不正常而引起各种灾害。"调",调和,调节。〔4〕"岁谷",一年的粮食。"不孰",欠收。"孰"即"熟","岁谷不孰",即年景不好,谷物欠收。"不能适",无所适从,无能为力。〔5〕"不为",无所作为。〔6〕"托",寄托,依赖。〔7〕"利上奉",贪图皇上给的俸禄。〔8〕"妨贤者处",妨碍贤者做官。"处",居处,地位,即做官。〔9〕"有人者进",有后台或自己的亲戚,则引进来当官。〔10〕"有财者礼",见到有钱财的人,则尊敬礼遇。〔11〕"鸱枭",二种凶猛的飞鸟。"鸱",猫头鹰一类的鸟。古代人认为鸱枭都属夜间飞行的不祥之鸟。"凤皇",又作"凤凰",为百鸟之王。〔12〕"兰芷芎䓖",即兰草、白芷、川芎。泛指香草,比喻君子、贤人。〔13〕"蒿萧",即青蒿、艾蒿。泛指蒿类植物,比喻小人、蠢才。〔14〕"不显众",不能显露才能于大庭广众。

【译文】"出了盗贼而不能禁止,夷貊不服却不能威慑,起了奸邪则不能遏止,官吏胡作非为又不能惩治,四时不和不能调节,五谷不登则无所适从。有才能却无所作为,这就是不忠;没才能而又寄居高官,贪图皇上给的俸禄,妨碍贤者进朝为官,这就是窃居官位;有后台或自己的亲戚则引进来当官,有钱财的则得到尊敬礼遇,这就是虚伪。你们难道没有见到鸱枭也与凤凰一同飞翔吗?兰芷芎䓖被遗弃在旷野里,而蒿萧却长得茂密成林,使正人君子隐退而不能显露其才能于大庭广众,就是你们这批人造成的。

"述而不作,〔1〕君子义也。〔2〕今夫卜者,必法天地,〔3〕象四时,〔4〕顺于仁义,分策定卦,〔5〕旋式正棋,〔6〕然后言天地之利害、事之成败。昔先王之定国家,必先龟策日月,而后乃敢代;〔7〕正时日,〔8〕乃后入;〔9〕家产子必先占吉凶,〔10〕后乃有之。〔11〕自伏羲作八卦,〔12〕周文王演三百八十四爻而天下治。〔13〕越王句践放文王八卦以破敌国,〔14〕霸天下。由是言之,卜筮有何负哉!〔15〕

【注释】〔1〕"述而不作",语出《论语·述而》。孔子著《春秋》,称自己是"述而不作"。意即传述客

观事物而不带主观的创作。这里是司马季主借此语说明卜者只根据卜象陈述而不弄虚作假。〔2〕“义”,道理,道德。〔3〕“法”,效法。〔4〕“象”,象征。〔5〕“分策”,《礼记·曲礼上》曰:“龟为卜,策为筮。”“策”,即占卜用的蓍草。“分策”,即分辨蓍草的排列情况,预测吉凶祸福。“定卦”,判定卜卦的符号。卦有八卦,即乾(☰)、坤(☷)、震(☳)、巽(☴)、坎(☵)、离(☲)、艮(☶)、兑(☱)。八卦相互排列,又组成六十四卦。以占卦的符号来判定祸福吉凶,称为定卦。〔6〕“旋式”,旋转栻盘。“式”即“栻”,占卜工具。其形状上圆象天,下方法地,上圆下方。具体用法,以天为纲,加以旋转,称为“转天纲”。旋转后再加上天纲所指的时辰,即“地之辰”,由此作出卜卦的吉凶。“旋式”,因需“转天纲”而得名。“正棋”,占卜作卦。“棋”,棋盘,指蓍草排列之形状。〔7〕“代”,代天治理国家。〔8〕“正时日”,选正吉日时辰。〔9〕“乃后入”,然后入朝为帝王,如代王刘恒入朝为孝文帝。〔10〕“家产子”,家里生了儿子。〔11〕“有”,保有,养育之意。“后乃有之”,然后决定是否养育。与上句相连,意即家里生了儿子,必定要先占卜问吉凶,然后决定是否养育。〔12〕“伏羲”,中国古代神话传说中人类的始祖。相传他与女娲相婚产生了人类。伏羲又称皇羲、牺皇、宓羲、包牺、伏戏等。〔13〕“周文王”,商末周族首领,姓姬名昌。商纣王时封为西伯,后因国势强盛,被商纣王囚禁于羑里(今河南汤阴县北)。在狱中,文王推演《周易》,预测吉凶。“演三百八十四爻”,爻,指构成卦的基本符号,即阳爻(—)与阴爻(--)。一卦由三爻组成,如乾卦由三个阳爻组成(☰);坤卦由三个阴爻组成(☷)。根据阴阳爻的不同排列,可得八卦。八卦相互组合排列,又组成六十四卦。由于六十四卦中的每一卦,由六爻组成,因此六十四卦共有三百八十四爻。每爻有爻题、爻辞。〔14〕“越王句践”,春秋末越国国君。吴越交战,越军大败,句践用大臣范蠡计,向吴乞和。句践入吴,为吴王夫差洗马。夫差病,句践尝其粪探察病情。句践回国后卧薪尝胆,不忘其耻,发愤图强,任贤使能,最后一举灭吴,称霸于诸侯。“句”,音读为勾。“放”,通“仿”。“放文王”,仿效周文王。周文王在商灭之前,曾被商纣王囚禁于羑里,推演八卦。越王句践在灭吴之前,也曾囚禁于吴国。两人遭遇相同,因而说句践仿效周文王。〔15〕“负”,负疚,意即不光彩。“有何负哉”,有什么不光彩呢。

【译文】“根据卜象客观陈述而不弄虚作假,这是君子做人的道理。如今卜者占卜,必定效法天地,用卦爻象征四时变化,顺应仁义的原则,分辨蓍草的排列情况,判定卜卦的符号,旋转栻盘,占卜作卦,然后解说天地的利害关系和人事的成败。过去先王建立国家,必定先要用龟策占卜日月,然后才敢代天治理国家;选正吉日时辰,然后入朝为帝;家中生子必定先要占卜吉凶,然后才敢养育。自从伏羲始作八卦,周文王推演三百八十四爻而天下大治。越王句践仿效周文王在羑里推演八卦而破灭敌国,称霸天下。由此说来,卜筮有什么不光彩的呢!

“且夫卜筮者,[1]埽除设坐,[2]正其冠带,[3]然后乃言事,此有礼也。言而鬼神或以飨,[4]忠臣以事其上,[5]孝子以养其亲,[6]慈父以畜其子,[7]此有德者也。而以义置数十百钱,[8]病者或以愈,[9]且死或以生,患或以免,[10]事或以成,嫁子娶妇或以养生,此之为德,岂直数十百钱哉![11]此夫老子所谓‘上德不德,是以有德’。[12]今夫卜筮者利大而谢少,[13]老子之云岂异于是乎?[14]

【注释】〔1〕“且”,况且。“夫”,用作语助,起语气作用。〔2〕“埽”,扫。“设坐”,设置座位。〔3〕“正”,整理,端正。〔4〕“飨”,享,供鬼神的祭品。〔5〕“事其上”,奉事皇上。〔6〕“养”,赡养。〔7〕“畜”,畜养,抚养。〔8〕“以义置数十百钱”,求卜者出于义务给卜者数十上百个钱。“置”,放置,给予。〔9〕“或以”,或许。〔10〕“患”,祸患。〔11〕“直”,值。〔12〕“老子”,春秋末思想家,道家始祖。老子一说姓李,名耳,字伯阳;一说老氏,名聃。相传他是楚国苦县(今河南鹿邑)人,任周朝守藏室之史,后又为柱下史。晚年隐退沛(今江苏沛县),论道讲学。后西入关中,客死于秦。他的语录经环渊整理,成《道德经》上下篇,即今本《老子》。“上德不德,是以有德”,具有大德的人,并不以有德自居,这才是有德。此语出于《老子》第三十八章。〔13〕“利大”,得利多。“谢少”,谢金少。〔14〕“老子之云岂异于是乎”,老子所说的与卜者的作为有何不同?“云”,说话。“异”,不同。

【译文】“况且卜筮者,扫除清洁后设座问卜,端正冠带后谈论吉凶人事,这是有礼貌的行为。卜

筮者的言论，使鬼神因而享用祭品，忠臣因而奉事他的国君，孝子因而赡养他的父母，慈父因而养育他的孩子，这是有道德的行为。求卜者出于义务给卜筮者数十百钱，生病的人或许因而痊愈，将要死掉的人或许因而获生，有了祸患或许因而避免，要办的事情或许因而成功，子女嫁娶或许因而生儿育女，这些功德，难道仅值数十百个钱吗！这就是老子所说的：'具有大德的人，并不以有德自居，这才是有德。'如今卜筮者给求卜者得利多，而求卜者给卜筮者谢金少，老子所说的难道与卜筮者的作为有什么不同吗？

"庄子曰：'君子内无饥寒之患，外无劫夺之忧，〔1〕居上而敬，〔2〕居下不为害，〔3〕君子之道也。'今夫卜筮者之为业也，积之无委聚，〔4〕藏之不用府库，〔5〕徙之不用辎车，〔6〕负装之不重，〔7〕止而用之无尽索之时。〔8〕持不尽索之物，〔9〕游于无穷之世，虽庄氏之行未能增于是也。〔10〕子何故而云不可卜哉？天不足西北，〔11〕星辰西北移；地不足东南，以海为池；日中必移，〔12〕月满必亏。〔13〕先王之道，乍存乍亡，〔14〕公责卜者言必信，〔15〕不亦惑乎！〔16〕

【注释】〔1〕"庄子"，又名庄周，战国时思想家。宋国蒙(今河南商丘东北)人。做过漆园(今涡河北岸)小吏，曾向监河侯借米度日。楚庄王用厚币聘以为相，庄子不从。著有《庄子》一书。〔2〕"居上而敬"，位高而又敬慎小心。居上，位居别人之上，意即地位高。〔3〕"居下不为害"，地位低下而不为祸害。意即不犯上作乱。〔4〕"委聚"，聚集成堆。〔5〕"府库"，放财物的仓库。〔6〕"辎车"，古代一种有帷子的车，一般用作搬运财物。〔7〕"负装"，背负行装。〔8〕"止"，停留，居住。"无尽索"，没有索取完。"尽"，完。"索"，索取。〔9〕"不尽索之物"，取用不尽之物，指栻盘等物。〔10〕"增于是"，增益于此，意即比这更好。〔11〕"天不足"，天有缺陷。"不足"，不补足、有缺陷。以下三句，出自《淮南子·天文训》。相传古代共工与颛顼争帝位，不胜，怒触不周之山，天柱被折断，于是天向西北倾斜，日月星辰也为之转移；而地不满东南，水流所归，成为河海。〔12〕"日中必移"，太阳过了中午，接着必然向西移落。〔13〕"月满必亏"，当月亮圆满以后，接着必然有所亏损。〔14〕"乍存乍亡"，忽存忽亡，一会儿存在，一会儿消亡。〔15〕"责"，责备，要求。〔16〕"不亦惑乎"，不也是令人迷惑不解。意即责备卜筮者的言论必须使人相信，这种要求令人迷惑不解。

【译文】"庄子说：'君子内无饥寒的忧患，外无劫夺的顾虑，位高而又敬慎，位低而不为祸害，这就是君子之道。'如今卜筮者所从事的行业，积蓄不能成堆，储藏无须府库，迁徙不用辎车，背负行装又不很沉重，停居下来也不感到有用尽的时候。拿着取用不尽的东西，游览于无穷无尽的世界，即使庄子的德行也不会比这更好。你为什么说不可以从事卜筮的行业呢？天有缺陷于西北，因而星辰移向西北方；地不满东南，因而东南为河海；太阳过了中午接着必然向西移落，月亮圆满以后接着必然有所亏损(不圆)。先王之道，尚且忽存忽亡，而你们责备卜筮者说话必定信实，这种要求实在令人迷惑不解啊！

"公见夫谈士辩人乎？〔1〕虑事定计，必是人也。然不能以一言说人主意，〔2〕故言必称先王，语必道上古。虑事定计，饰先王之成功，语其败害，〔3〕以恐喜人主之志，〔4〕以求其欲。〔5〕多言夸严，〔6〕莫大于此矣。然欲强国成功，尽忠于上，非此不立。今夫卜者，导惑教愚也。〔7〕夫愚惑之人，岂能以一言而知之哉！〔8〕言不厌多。〔9〕

【注释】〔1〕"谈士辩人"，能言善辩之士。〔2〕"说"，悦，喜欢。〔3〕"语其败害"，指出它的失败与祸害。〔4〕"恐"，害怕，恐惧。"喜"，欢喜，高兴。〔5〕"欲"，欲望、目的。〔6〕"多言夸严"，宋忠、贾谊在前面说"卜者多言夸严以得人情"，此处司马季主认为"多言夸严"的不是卜者，而是能言善辩之士。〔7〕"导惑教愚"，开导迷惑，教育愚昧。〔8〕"知"，通"智"，聪敏。〔9〕"言不厌多"，说话不厌其多。此句针对"多言夸严"而发。

【译文】"你们见到过能言善辩之士吧？考虑事情，决定计策，必定是这种人。然而他们不能以一言片语来取悦人主的心意，所以讲话必定托称先王，发言必定论说上古。考虑事情，决定计策，先要夸饰先王事业的成功，指出失败祸害的原因，以恐惧与欣喜来影响人主的志意，从而求取其私利的目的。多言虚夸，荒诞不经，没有比这更厉害的了。然而想要使国家强盛，事业成功，能够尽忠于皇上，非这样做不可。现在卜筮者，开导迷惑，教育愚昧。但对愚惑之人，怎能用一言片语而使他们聪敏起来呢？因此，对愚惑者来说，说话不厌其多。

“故骐骥不能与罢驴为驷，[1]而凤皇不与燕雀为群，[2]而贤者亦不与不肖者同列。故君子处卑隐以辟众，[3]自匿以辟伦，[4]微见德顺以除群害，[5]以明天性，[6]助上养下，[7]多其功利，不求尊誉。公之等喁喁者也，[8]何知长者之道乎！”

【注释】〔1〕“骐骥”，骏马。“罢驴”，劣驴。“罢”，疲沓。“驷”，四匹马同驾一辆车。〔2〕“燕雀”，燕子、麻雀一类的小鸟。〔3〕“卑隐”，处于卑下地位把自己隐蔽起来。“辟”，避，躲避。〔4〕“伦”，伦常。指人与人之间的道德关系，如君臣、父子、夫妻、兄弟、朋友等。〔5〕“微见”，暗中察看。“德”，道德，德行。“顺”，顺应规律。“德顺”，指世间道德顺应的情况。〔6〕“天性”，天之本性。〔7〕“上”，上天。“下”，百姓。“助上养下”，意谓帮助上天养育百姓。〔8〕“喁喁”，形容低声说话，戚戚私语。

【译文】“所以骏马与疲驴不能同驾一车，凤凰不能与燕雀同群，而贤者不与不肖者为伍。故而君子自处于卑下地位把自己隐蔽起来，以避开大众，自我隐匿以避开世俗伦常，暗中察看世间道德顺应的情况，以消除各种祸害，以表明天之本性，帮助上天养育百姓，功多利大而不求尊贵荣誉。你们这些先生是戚戚私语的小人，怎么会知道长者的道理呢！”

宋忠、贾谊忽而自失，[1]芒乎无色，[2]怅然噤口不能言。[3]于是摄衣而起，[4]再拜而辞。行洋洋也，[5]出市门仅能自上车，伏轼低头，[6]卒不能出气。[7]

【注释】〔1〕“忽”，恍忽。“自失”，若有所失。〔2〕“芒乎”，茫然。“无色”，面无人色。〔3〕“怅然”，惆怅、失意的样子。“噤口”，哑口无言。〔4〕“摄”，提取。“摄衣”意即提起衣服。〔5〕“行洋洋”，懒洋洋地行走。〔6〕“轼”，古代车上用作扶手的横木。〔7〕“卒”，始终，最终。“出气”，吐气，舒气。

【译文】宋忠和贾谊听了后恍恍忽忽若有所失，茫然而面无人色，神情惆怅，哑口无言。于是二人提衣而起，向司马季主拜辞离去。二人懒洋洋地行走，出市门只能自己上车，低头趴伏在车厢栏杆上，始终不能舒气。

居三日，宋忠见贾谊于殿门外，乃相引屏语相谓自叹曰：[1]“道高益安，势高益危。居赫赫之势，[2]失身且有日矣。[3]夫卜而有不审，[4]不见夺糈；[5]为人主计而不审，身无所处。[6]此相去远矣，犹天冠地履也。[7]此老子之所谓‘无名者万物之始’也。[8]天地旷旷，[9]物之熙熙，[10]或安或危，莫知居之。[11]我与若，[12]何足预彼哉！[13]彼久而愈安，虽曾氏之义未有以异也。”[14]

【注释】〔1〕“相引”，互相招引。“屏语”，避开众人讲话。“屏”，排除，屏退。〔2〕“赫赫”，形容显赫地位。〔3〕“失身”，丧身。“有日”，指日可待。〔4〕“不审”，不详审，失误。〔5〕“不见”，不见得，不会被。“夺糈”，夺去糈米。意即夺去谢金，古代有时用粮食作为占卜用的谢金。〔6〕“身无所处”，身体无所居处，意即性命不保。〔7〕“天冠地履”，顶天的帽子，着地的鞋子。“履”，鞋子。此句比喻天差地别，不能相比。〔8〕“无名者万物之始”，《老子》第一章原文为：“无名，天地之始。”老子主张“无为”，以“无”为“道”，而“道”是产生天地万物的根源。此句意即身居“无名”之地，反而能安然自得，这符合老子所说的“道”。〔9〕“旷旷”，空旷无边的样子。〔10〕“熙熙”，旺盛生长的样子。〔11〕“莫知居之”，不知身居何处为好。〔12〕“若”，你。〔13〕“何足预彼哉”，怎么能预测别人的事呢。“预”，预测，预料。“彼”，别人。〔14〕“曾氏”，即庄子。《史记集解》引徐广曰：“曾，一作庄。”

【译文】过了三天，宋忠在殿门外见到贾谊，便相互招引，避开众人在一起谈论此事，各自慨叹地说：“道德越高越安稳，权势越高越危险。处在显赫地位，丧身将指日可待了。卜筮者即使有不详审，也不见得会被夺去谢金；替君王出谋划策如果

有失误，就会性命不保。这二者实在相差太远了，好比顶天的帽子与着地的鞋子那样，不能相比。这就是老子所说的‘无名是天地万物之本源’。天地空旷无边，万物兴旺生长，有的平安，有的危险，不知如何是好。我和你，怎么能预测别人的事呢！这些‘无名’的人日子愈久就越安稳，这与庄子的主张也没有什么不同。”

久之，[1]宋忠使匈奴，[2]不至而还，[3]抵罪。[4]而贾谊为梁怀王傅，[5]王堕马薨，[6]谊不食，毒恨而死。[7]此务华绝根者也。[8]

【注释】[1]“久之”，过了很长时间。[2]“使”，出使。[3]“不至”，没有到达。[4]“抵罪”，根据罪行受到惩罚。[5]“梁怀王”，刘揖(一名胜)。汉文帝少子。“傅”，太傅。周代已设，与太师、太保合称三公。汉初又置，帝王辅政之官。[6]“堕马薨”，从马上摔下来死去。古代侯王的死，称作“薨”。[7]“毒恨”，痛恨。[8]“务华绝根”，追求浮华而丧失性命。“绝根”，断绝根本，意即丧命。

【译文】过了很久，宋忠出使匈奴，没有到达目的地而返回来了，因而被判了罪。贾谊后来做了梁怀王的太傅，梁怀王骑马不慎从马上摔下来死去，贾谊引咎自责而不食，痛恨而死。这都是为了追求浮华而断绝性命的事例啊。

太史公曰：古者卜人所以不载者，[1]多不见于篇。[2]及至司马季主，余志而著之。[3]

【注释】[1]“不载”，不被记载。[2]“篇”，篇章，文献。[3]“余”，我。“著”，写作。

【译文】太史公说：古时候卜人之所以不被记载的原因，是由于他们的事迹多不见于文献。待到司马季主，我便将其言行著作下来。

褚先生曰：臣为郎时，[1]游观长安中，见卜筮之贤大夫，观其起居行步、坐起自动，誓正其衣冠而当乡人也，[2]有君子之风。见性好解妇来卜，[3]对之颜色严振，[4]未尝见齿而笑也。[5]从古以来，贤者避世，有居止舞泽者，[6]有居民间闭口不言，有隐居卜筮间以全身者。[7]夫司马季主者，楚贤大夫，游学长安，通《易经》，[8]术黄帝、老子，[9]博闻远见。观其对二大夫贵人之谈言，称引古明王圣人道，固非浅闻小数之能。[10]及卜筮立名声千里者，各往往而在。[11]

【注释】[1]“郎”，皇帝的侍从官，隶属郎中令管辖。掌守宫殿门户，出充车骑等事。[2]“誓”，发誓，誓必。“当”，当面，意即看见，见到。[3]“性好解妇”，性情随和而又善解人意的妇女。[4]“严振”，严肃。[5]“见齿而笑”，笑的时候露出牙齿。[6]“舞泽”，荒芜大泽。“舞”，通“芜”。[7]“全身”，保全性命。[8]“通《易经》”，精通《易经》。《易经》简称《易》，又称《周易》，儒家重要经典之一，内容包括“经”、“传”两部分。[9]“术黄帝、老子”，学习黄老之术。战国、汉初，黄老学派兴起，主张“清静无为”。黄帝与老子同尊为道家的创始人。[10]“小数”，小方术。[11]“往往”，常常。

【译文】褚先生说：我做郎官时，曾游览于长安市中，见过从事卜筮的贤士大夫，观察他们的起居行走、坐起行动，即使见到乡野之民也誓必整理好衣服冠帽，有一种君子之风。见到性情随和、善解人意的妇女来问卜，他们脸色严肃，不曾露齿而笑。从古以来，贤者为了逃避世俗，有的居住在荒芜大泽，有的居住在民间而闭口不谈世事，有的隐居在卜筮者中间以保全其身。司马季主是楚国的贤士大夫，游学长安，精通《易经》，学习黄帝、老子之术，博闻远见。看他对宋忠、贾谊二位大夫贵人的言谈，引述古代明王圣人的道理，确实不是孤陋寡闻、玩弄小方术的无能之辈。至于以卜筮为业扬名千里之外的，往往到处都有。

传曰：[1]“富为上，贵次之；既贵，各各学一伎能立其身。”[2]黄直，大夫也；陈君夫，妇人也，以相马立名天下。齐张仲、曲成侯以善击刺学用剑，[3]立名天下。留长孺以相彘立名。[4]荥阳褚氏以相牛立名。[5]能以伎能立名者甚多，皆有高世绝人之风，[6]何可胜言。故曰：“非其地，树之不生；[7]非其意,教之不成。”夫家之教子孙,当视其所以好,好含苟生活之道,[8]因而成之。[9]故曰:“制宅命子,[10]足以观士,[11]子有处所,[12]可谓贤人。”

【注释】〔1〕“传”,古书。为褚少孙当时所见,今不详其书。 〔2〕“伎”,技能。 〔3〕“齐”,齐地。〔4〕“彘”,猪。 〔5〕“荥阳”,地名,今河南荥阳县东北。 〔6〕“绝人”,超出常人。 〔7〕“树之”,种树,种植。 〔8〕“好含苟生活之道”,爱好如果符合生活之道。“好”,爱好。“含”,包含,意即符合。“苟”,如果。 〔9〕“因”,因势利导。 〔10〕“制宅命子”,建造住宅,为子取名。 〔11〕“足以观士”,足以看出士大夫的为人志趣。 〔12〕“处所”,安身之所,意即职业。

【译文】古书上说:“富为最上,贵次一等;既已显贵,各自还须学会一技之长以能立身于社会。”黄直是位大夫,陈君夫是个妇女,但都以擅长相马而名扬天下。齐地的张仲和曲成侯以善于用剑击刺而名扬天下。留长孺以相猪而出名。荥阳褚氏以相牛而立名。能够因技能而出名的人很多,都有高于世俗和超过常人的风度,不胜尽言。所以说:“不是可种之地,种植什么也不会生长;不合他的意愿,教什么也不会成功。”大凡家庭教育子孙,应当看他们喜好什么,如果爱好符合生活之道,就应因势利导使之成才。所以说:“建造什么住宅,为儿子取什么名,此足以看出士大夫的志趣所在,儿子有了一技之长的职业,可以称得上是贤人了。”

臣为郎时,与太卜待诏为郎者同署,[1]言曰:“孝武帝时,聚会占家问之,[2]某日可取妇乎?[3]五行家曰可,[4]堪舆家曰不可,[5]建除家曰不吉,[6]丛辰家曰大凶,[7]历家曰小凶,[8]天人家曰小吉,[9]太一家曰大吉。[10]辩讼不决,以状闻。[11]制曰:[12]‘避诸死忌,[13]以五行为主。’”人取于五行者也。

【注释】〔1〕“待诏”,以一技之长待候皇帝之命。汉初,用以征召非正官而有各项专长之人,称为待诏。唐玄宗时,待诏始有正官。“署”,官署,衙门。 〔2〕“聚会占家”,召集从事占卜的各类专家。〔3〕“取”,通“娶”。 〔4〕“五行家”,以五行相生相克的道理,以从事“择日”、“星相”、“风水”等迷信活动为业的人。五行指木、火、土、金、水五种物质。〔5〕“堪舆家”,以察堪住宅、坟地风水为业的人。〔6〕“建除家”,以十二地支来判定这一天吉凶的迷信职业者。《淮南子·天文训》:“寅为建,卯为除。”建除之名,由此而得。 〔7〕“丛辰家”,以分辨十二辰(子丑寅卯辰巳午未申酉戌亥)所随属为善神或恶煞的日者。 〔8〕“历家”,研究天时历法与人事吉凶祸福关系的术数家。 〔9〕“天人家”,研究“天人合一”及天人关系的术数家。 〔10〕“太一家”,道家别名。《吕氏春秋·大乐》曰:“太一生两仪,两仪生阴阳。”可能太一家以阴阳变化来预测未来的术数家。 〔11〕“以状闻”,把有关状况奏闻皇上。〔12〕“制”,皇上的命令。 〔13〕“避诸死忌”,避开死凶忌讳。

【译文】我做郎官的时候,与太卜待诏为郎官的同在一个衙署里办事,他们说:“孝武帝的时候,召集从事占卜的各类专家来询问,某日可以娶儿媳吗?五行家说可以,堪舆家说不可,建除家说不吉,丛辰家说大凶,历家说小凶,天人家说小吉,太一家说大吉。各家争讼不决,把情况向皇上报告,皇上下令说:‘避开死凶忌讳,应以五行家的意见为主要依据。’”看来人们认为五行家是可取的。

史记卷一百二十八

龟策列传第六十八[1]

太史公曰：自古圣王将建国受命，兴动事业，何尝不宝卜筮以助善。[2]唐、虞以上，[3]不可记已。[4]自三代之兴，[5]各据祯祥。[6]涂山之兆从而夏启世，[7]飞燕之卜顺故殷兴，[8]百谷之筮吉故周王。[9]王者决定诸疑，参以卜筮，断以蓍龟，[10]不易之道也。[11]

【注释】〔1〕“龟策列传”，一般认为此篇不是司马迁所作，出自褚少孙之手。《正义》云：“《史记》至元、成间十篇有录无书，而褚少孙补《景》、《武纪》、《将相年表》、《礼书》、《乐书》、《律书》、《三王世家》、《蒯成侯》、《日者》、《龟策列传》。《日者》、《龟策》言辞最鄙陋，非太史公之本意也。”但也有学者认为《龟策列传》不是褚少孙所撰，李桢就说：“观其寄意微妙，夫岂少孙所能？”说详《畹兰斋文集》卷一。按此篇从首句至“岂不信哉”一句，当是司马迁手笔，“褚先生曰”以下文字乃褚少孙所作。〔2〕“卜筮”，古人认为乌龟、蓍草为灵物，因而人们用来预测事物的吉凶。烧灼龟甲，龟甲出现裂纹，根据裂纹判断吉凶，称之为“卜”。而排列蓍草，观察所呈状况，称之为“筮”。殷、周时期，盛行卜筮。〔3〕“唐虞”，指远古部落陶唐氏和有虞氏，前者部落首领为尧，后者部落首领为舜。〔4〕“已”，语气词，用法同“矣”，有时还可“已矣”连用，加重语气。〔5〕“三代”，夏、商、周。〔6〕“祯祥”，吉祥。〔7〕“涂山”，涂山氏所居地。因系传说，“涂山”之地已无法指实。或谓在今浙江绍兴西北，或谓在今安徽蚌埠市之西，或谓在今四川重庆之东，均不可信。相传禹娶涂山氏女为妻。“从”，顺吉。“启”，禹与涂山氏女所生。“世”，承继。〔8〕“飞燕”，本书《殷本纪》记载，帝喾次妃有娀氏之女简狄，与人行浴，见到燕子卵，吞了下去，孕育了契。契长大后佐禹治水有功，担任司徒，封于商，成为商的始祖。〔9〕“百谷”，泛指多种谷物。据本书《周本纪》记载，帝喾的元妃姜嫄在野外踏上了巨人脚迹，孕育了弃。弃小时就喜欢种植麻、谷子。长大后，帝尧举弃为农师，有功天下，被封于邰，号后稷，成为周的始祖。“王”，用作动词，音 wàng，称王。〔10〕“蓍”，一种多年生草，高二三尺，叶互生，细长，呈羽状，秋季开白或淡红花，占筮只用其茎。〔11〕“易”，改变，变易。

【译文】太史公说：自古以来的圣王将要建立国家，承受天命，兴举事业，何尝不重视卜筮，用来助成好事。唐尧、虞舜以前，不能记述了。自从夏、商、周三代兴起，都是各有吉祥之兆作为依据的：大禹娶涂山氏之女，卜兆吉利，而夏启世袭君位；简狄吞飞燕之卵，卜兆吉利，所以殷族兴起；后稷善于种植百谷，卜兆吉利，所以周室称王天下。称王的人决断各种疑难，参验卜筮，用蓍草、龟甲进行判断，是不可改变的规律。

蛮夷氐羌虽无君臣之序，[1]亦有决疑之卜。或以金石，或以草木，[2]国不同俗。然皆可以战伐攻击，推兵求胜，[3]各信其神，以知来事。

【注释】〔1〕“蛮夷氐羌”，指周边各少数民族。“蛮”分布在我国南方，“夷”分布在东方、南方和西南方，“氐”、“羌”均分布在西方。〔2〕“草”，《集解》引徐广曰：“一作‘革’。”〔3〕“推兵求胜”，意谓使军队向前推进，求得胜利。

【译文】蛮夷氐羌虽然没有君臣的秩序，但也有决断疑惑的占卜习俗。有的用金石占卜，有的用草木占卜，各国习俗不同。然而都可以用来指导战争的攻击，进军取胜，各自相信卜筮的神灵，用以预知未来的事情。

略闻夏、殷欲卜者，乃取蓍龟，已则弃去之，以为龟藏则不灵，蓍久则不神。至周室之卜官，常宝藏蓍龟。又其大小先后，[1]各有所尚，要其归等耳。[2]或以为圣王遭事无不定，决疑无不见，[3]其设稽神求问之道者，[4]以为后世衰微，愚不师智，[5]人各自安，化分为百室，[6]道散而无垠，[7]故推归之至微，[8]要絜于精神也。[9]或以为昆虫之所长，[10]圣人不能与争。其处吉凶，别然否，多中于人。[11]

【注释】〔1〕"大小先后"，郭嵩焘《史记札记》云："按《左氏传》'蓍短龟长'，即'大小'之义。《礼记》'先卜后筮'，即'先后'之义。" 〔2〕"要"，概括，归结。"归"，归旨，目的。"等"，同样，相同。 〔3〕"见"，通"现"，出现。 〔4〕"稽"，叩首。"稽神"，叩拜神灵。 〔5〕"师"，效法。"愚不师智"，愚笨的人不效法聪明的人。 〔6〕"百室"，犹言百家。 〔7〕"垠"，边际，界限。 〔8〕"至微"，极精微要妙。"推归之至微"，意谓把事情推演归结到极为精深奥妙的境界。 〔9〕"絜"，音 xié，衡量，度量。如贾谊《过秦论》云："试使山东之国与陈涉度长絜大，比权量力，则不可同年而语矣。"义与此相同。 〔10〕"昆虫"，此处专指龟。 〔11〕"中"，音 zhòng，符合。

【译文】我大略听说，夏、殷时期想要占卜的人就取蓍草、龟甲，占卜完就丢弃它们，认为龟甲收藏就不灵，蓍草久存则无神。到周朝，卜官经常珍藏蓍草和龟甲。另外，对龟甲和蓍草何者为大，何者为小，占卜时哪个在前，哪个在后，历朝各有所尚，但概括他们的目的却是相同的。有人认为圣王碰到的事没有不是早就注定的，要决断的疑惑没有不是事先出现迹象的。他们之所以要搞一套拜神求卜的方法，是考虑到后世衰微，愚蠢的人不效法聪明的人，人们各自安于常态，分化为百家，(门户众多，)真理散乱得没个止境，所以才把事情的道理推演归纳到最精微深奥的地步，规范于"精神"。还有的人认为灵龟的特长，圣人是赶不上的。它判别吉凶，区分是非，多能符合人事。

至高祖时，因秦太卜官。[1]天下始定，兵革未息。及孝惠享国日少，[2]吕后女主，[3]孝文、孝景因袭掌故，[4]未遑讲试。[5]虽父子畴官，[6]世世相传，其精微深妙，多所遗失。至今上即位，[6]博开艺能之路，悉延百端之学，[7]通一伎之士咸得自效，[8]绝伦超奇者为右，[9]无所阿私，[10]数年之间，太卜大集。会上欲击匈奴，[11]西攘大宛，[12]南收百越，[13]卜筮至预见表象，[14]先图其利。及猛将推锋执节，[15]获胜于彼，而蓍龟时日亦有力于此。上尤加意，赏赐至或数千万。如丘子明之属，[16]富溢贵宠，倾于朝廷。至以卜筮射蛊道、巫蛊时或颇中。[17]素有眦睚不快，[18]因公行诛，[19]恣意所伤，以破族灭门者，不可胜数。百僚荡恐，皆曰龟策能言。后事觉奸穷，亦诛三族。[20]

【注释】〔1〕"因"，因袭。"太卜"，商朝已有卜官，周朝时太卜为卜筮官之长。秦朝袭置此官，汉又沿袭秦制，称太卜令，隶属奉常。奉常于景帝时改名太常。 〔2〕"享国日少"，在位时间短促。汉高祖刘邦去世后，嫡长子刘盈继位，继位时间起于公元前一九四年，止于公元前一八八年，年数不多，而实权又落到其母吕后手中。 〔3〕"吕后"，汉高祖刘邦之妻，名雉，字娥姁。为人果毅，有智谋，曾帮助刘邦平定天下。杀韩信，诛彭越，皆为其谋。惠帝时，控制朝政。惠帝死后，临朝称制，君临天下，为一代"女主"，所以司马迁为她撰写《吕太后本纪》，详载其事。 〔4〕"孝文"，文帝刘恒，公元前一八〇年至前一五七年在位。"孝景"，景帝刘启，公元前一五七年至前一四一年在位。文、景二帝时，承袭高祖刘邦的旧制，与民休息，轻徭薄赋，政治、经济等方面不过多更张改易，所以说"因袭掌故"。"掌故"，泛指典章制度。 〔5〕"遑"，闲暇，空暇。〔6〕"畴官"，负责天文历算的官员。卜官掌卜筮，畴官与卜官有所不同。郭嵩焘《史记札记》云："史公以占候、推测皆出一源，故颇混'日者'、'龟策'为一术。" 〔6〕"今上"，当今皇上。司马迁撰写《史记》时值武帝在位，所以"今上"系指武帝。 〔7〕"百端之学"，犹言百家之学。武帝在思想文化领域独尊儒术，罢黜百家，但其他学说并不是一概摈弃。他用人多是既熟习儒术，又深谙刑法。他幻想长生不死，因此，特别尊崇方士，笃信鬼神，卜筮之事在武帝时受到重视，出现了下文所说的种种盛况。〔8〕"伎"，与"技"字通，技能。"效"，效力。 〔9〕

“为右”，为上。古人尚右，以右为尊。〔10〕“阿”，音 ē。“阿私”，绚私，袒护己私。〔11〕“会”，适逢，遇上。“欲击匈奴”，武帝出击匈奴，始于元光二年（公元前一三三年），马邑人聂翁壹出塞引诱匈奴进占马邑，汉军企图以伏兵全歼匈奴主力。匈奴发现汉的诱兵之计，中途退归。此后，汉发动了三次有影响的攻打匈奴的战役。一为元朔二年（公元前一二七年），卫青出击匈奴；二为元狩二年（公元前一二一年），霍去病远征匈奴；三为元狩四年卫青、霍去病两路出击匈奴。〔12〕“攘”，音 rǎng，攻夺。“大宛”，古代西域国名，原始居民以塞种为主，辖域在今中亚费尔干纳盆地，王治贵山城（今中亚卡散赛）。其地产汗血马，出葡萄、苜蓿。武帝太初三年（公元前一〇二年），汉击大宛，大宛投降。事详本书《大宛列传》。“宛”，音 yuān。〔13〕“百越”，古代散居于长江中下游以南地区的少数族。武帝建元三年（公元前一三八年），闽越发兵围攻东瓯，汉救东瓯，徙其民于江、淮间。六年，汉攻闽越，封多人为王为侯。武帝元鼎五年（公元前一一二年），路博德、杨仆等率军攻入南越，次年消灭南越，汉把南越、西瓯及其相邻之地设立儋耳、珠崖、南海等九郡。六年（公元前一一一年），汉攻入东越，把越人徙处江、淮之间。此所云“南收百越”，即谓此。详见本书《南越列传》、《东越列传》。〔14〕“表象”，犹今言现象。〔15〕“推锋”，即“摧锋”，及锋而试，无坚不摧。“执节”，掌握节制。〔16〕“丘子明”，武帝时的善卜者。〔17〕“射”，猜测。“蛊道”，诱惑欺骗之道，如方士鼓吹的鬼神迷信。“蛊”，音 gǔ。“巫蛊”，用巫术诅咒，或把木偶人掩埋地下，用以害人。武帝晚年多病，怀疑身边人行巫蛊术。元光五年（公元前一三〇年），陈皇后被废，捕杀行巫蛊者，株连三百多人。征和元年（公元前九二年），丞相公孙贺被人告发利用巫术诅咒，在驰道埋木偶人，死于狱中。次年，江充诬告太子刘据宫中埋木偶人，太子惶惧，杀江充及胡巫。武帝发兵追捕，太子以兵相抗，激战五日，死者数万，太子兵败自杀，成为武帝朝导致政治震荡最大的一次巫蛊之祸。“时或”，有时。“中”，音 zhòng，言中。〔18〕“眦”，音 zì，眼眶。“睚”，音 yá，眼角。“眦睚”，即“睚眦”，瞪眼睛，怒目而视。引申为细微的怨忿。〔19〕“因”，借助，凭借。〔20〕“诛三族”，是一种极重的刑罚。受此刑罚者，诛灭父族、母族、妻族。

【译文】到高祖时期，沿袭秦朝的太卜官制。天下刚刚平定，战争没有停止。到了孝惠皇帝，在位时间短暂，吕后又是女主，孝文、孝景因袭旧制，没有来得及研究试行。虽然有的父子担任掌管天文历算卜筮的畴官，世代相传，但卜筮的精微奥妙，多所遗失。及至当今皇上在位，广开艺能之路，尽招百家之学，通晓一技之士都得以效力，技艺精妙超群出众的受得尊礼，无所偏私，几年之间，太卜官署聚集了很多人才。恰逢皇上想要出击匈奴，西攻大宛，南收百越，卜筮能做到预测事情的迹象，事先谋划出有利的方面。至于猛将摧毁敌锋，控制进退，在那疆场上获胜，占卜时日也曾对此大有帮助。皇上对卜官特别器重，赏赐有时多到几千万钱。如丘子明一类人，财富盈溢，深受恩宠，压倒朝廷公卿大臣。至于使用卜筮来猜测谁为蛊术，谁搞巫蛊，有时也颇能猜中。平常对他们有点细微怨忿的人，他们便公报私仇，肆意伤害他人，因此而遭破族灭家的，不计其数。百官惶惶不安，都说龟甲蓍草能够说话。后来卜官诬害人的事情败露，阴谋用尽，也诛灭了他们的三族。

夫揲策定数，〔1〕灼龟观兆，〔2〕变化无穷，是以择贤而用占焉，可谓圣人重事者乎！周公卜三龟，〔3〕而武王有瘳。〔4〕纣为暴虐，〔5〕而元龟不占。〔6〕晋文将定襄王之位，〔7〕卜得黄帝之兆，〔8〕卒受彤弓之命。〔9〕献公贪骊姬之色，〔10〕卜而兆有口象，〔11〕其祸竟流五世。〔12〕楚灵将背周室，〔13〕卜而龟逆，〔14〕终被乾溪之败。〔14〕兆应信诚于内，而时人明察见之于外，可不谓两合者哉！君子谓夫轻卜筮，无神明者，悖；〔15〕背人道，信祯祥者，鬼神不得其正。故《书》建稽疑，〔16〕五谋而卜筮居其二，〔17〕五占从其多，〔18〕明有而不专之道也。

【注释】〔1〕“揲”，音 féng，执持。“策”，占卜用的蓍草。“揲策”，两手分蓍。“定数”，确定蓍草的阴阳数目，以占吉凶。〔2〕“兆”，在龟甲上钻刻，再用火烧灼，即出现裂纹，这就是“兆”。观察兆纹便可推知吉凶。〔3〕“周公”，周武王之弟姬旦，本书《鲁周公世家》《集解》引谯周曰：“以太王所居周地为其采邑，故谓周公。”“周”在今陕西岐山县北。本书《鲁周公世家》详载周公事迹。“卜三龟”，据《尚书·金縢》记载，周武王伐纣后第二年病重，周公祈求太王、王季、文王在天之灵，保佑武王，自己替代武王去死。祷告后，周公在三王祭坛前各置一龟，三次占卜，均为吉兆。次日，武王病愈。〔4〕

"有瘳",为之病愈。"瘳",音 chōu。〔5〕"纣为暴虐",纣是商朝的最后一个君主,以暴虐著称。百姓不满,诸侯背叛,纣乃加重刑罚,为炮烙之刑,醢九侯,脯鄂侯,囚文王,剖比干,囚箕子,多为不善,残暴无道。〔6〕"元龟",大龟。古人认为,龟越大,占卜越灵验。"不占",没有出现吉兆。《尚书·西伯戡黎》记载,周文王打败黎国后,纣王大臣祖伊恐惧地禀报纣王:"天子!天既讫我殷命。格人元龟,罔敢知吉。"意思是说:"天子,上天恐怕要灭亡我们殷商了,贤人和大龟都觉察不出吉兆。"又见本书《殷本纪》。〔7〕"晋文",晋文公,名重耳,献公诡诸之子,公元前六三六年至前六二八年在位,为一代霸主。"襄王",周襄王,名郑,周惠王之太子,公元前六五二年至前六一九年在位。据《左传》记载,鲁僖公二十四年(公元前六三六年),周室内乱,王子带引狄人攻入王城,周襄王逃往郑国。鲁僖公二十五年,晋文公发兵救周,三月,右翼部队围温,抓获王子带,左翼部队迎接周襄王,四月,襄王进入王城。〔8〕"卜得黄帝之兆",据《左传》僖公二十五年,晋文公出兵救助周襄王,是采纳狐偃的建议。出兵之前,晋文公让狐偃占卜,狐偃说:"吉,遇黄帝战于阪泉之兆。"晋文公说:"我担当不起啊。"狐偃说:"周室的礼制没有改变,现在的王,就是古代的帝。"又占筮,也得吉兆,遂决定出兵救周。《大戴礼·五帝德》记载,黄帝与赤帝战于阪泉之野,三战而胜。本书《五帝本纪》记载,黄帝与炎帝战于阪泉,三战,打败炎帝。黄帝与蚩尤战于涿鹿之野,杀死蚩尤。"阪泉",在今河北涿县东。〔9〕"彤弓",朱红色的弓。古代诸侯有大功,天子赏赐弓矢,赋予征伐大权。〔10〕"献公",晋献公,名诡诸,晋武公之子,公元前六七六至前六五一年在位。"骊姬",献公五年(公元前六七二年),伐骊戎(在今陕西临潼一带),获骊姬,立为夫人,深受宠幸。〔11〕"口象",齿牙为祸之象。《国语·晋语一》记载:"献公卜伐骊戎,史苏占之,曰:'胜而不吉。'公曰:'何谓也?'对曰:'遇兆,挟以衔骨,齿牙为猾,戎、夏交捽。交捽,是交胜也,臣故云。且惧有口,携民,国移心焉。'"兆端左右裂缝有似齿牙,而且中有纵画。卜官史苏的意思是说祸在口中,谗言为害。〔12〕"其祸竟流五世",骊姬以色媚事献公,谗害死太子申生,欲立她的亲生子奚齐为君。献公死,荀息遵循献公遗嘱,拥立奚齐。里克杀死奚齐。荀息又立骊姬妹妹之子、奚齐之弟悼子为君,里克又杀死悼子。秦、齐两国又拥立献公之子夷吾为晋君,这就是惠公。惠公时,内外交困,曾与秦战,被俘,后放归。惠公卒,太子圉继位,这就是怀公。惠公卒于九月,十一月下葬,十二月,晋国大夫呼应于内,秦国援助于外,献公之子重耳返归晋国,立为晋君,这就是文公。文公立,怀公出奔高梁,被杀害。至此,晋国局势才稳定下来。从献公始,历经奚齐、悼子、惠公、怀公,共五君,所以说祸流"五世"。〔13〕"楚灵",楚灵王,名围,楚共王审之子,楚康王招之弟,公元前五四〇年至前五二九年在位。"将背周室",将要背叛周天子。详下条注。〔14〕"龟逆",龟兆不吉利。《左传》昭公十三年记载:"初,灵王卜曰:'余尚得天下!'不吉。投龟,诟天而呼曰:'是区区者而不余畀,余必自取之。'民患王之无厌也,故从乱如归。"意思是说:"起初,灵王占卜说:'我差不多该得到天下了!'占卜不吉利。灵王把龟甲扔在地上,责骂上天,大叫:'这么一点点都不给我,我一定自己去拿到它。'百姓忧虑灵王的欲望不能满足,所以参加暴乱的如同回家一样。"〔14〕"终被乾溪之败",终于遭到乾溪的失败。"乾",音 gān,"乾溪",地名,在今安徽亳县东南。本书《楚世家》记载,楚灵王十二年(公元前五二九年),楚灵王在乾溪乐而忘返,百姓苦于差役。公子比、公子弃疾、公子子皙乘机谋反,杀死灵王太子禄,公子比立为王,公子子皙为令尹,公子弃疾为司马。灵王众叛亲离,彷徨山中,几乎饿死。芋尹申无宇之子申亥把他救回家,死在申亥家中。〔15〕"悖",音 bèi,糊涂,不合情理。〔16〕"《书》",《尚书》。儒家经典之一,相传由孔子删定,主要内容为商、周两代帝王的讲话、命令的记录和春秋战国时根据传说记载的夏、商史事,是现存我国最早的历史文献汇编。"建稽疑",建立稽考疑难的方法。《尚书·洪范》记载:周文王十三年,武王向箕子询问治国之道。箕子回答了九条治国的根本方法,第七条为"明用稽疑"。对"稽疑"之法,《洪范》还作了具体的阐述。〔17〕"五谋而卜筮居其二",《尚书·洪范》说:"汝则有大疑,谋及乃心,谋及卿士,谋及庶人,谋及卜、筮。"意思是说,你有重大疑难,先要自己考虑,再与卿士商量,与庶民商量,最后进行卜、筮。"五谋"中龟卜和蓍筮占了两个。《洪范》还具体阐述了龟卜和蓍筮在"五谋"中的地位。〔18〕"五占从其多",五人占卜,意见不一,就信从多数人的意见。《尚书·洪范》说:"七稽疑,择建立卜筮人,乃命卜筮。曰雨,曰霁,曰蒙,曰驿,曰克,曰贞,曰悔,凡七。卜五,占用二,衍忒。立时人作卜筮。三人占,则从二人之言。""从其多",当即《洪范》的"三人占,则从二人之言"。

【译文】两手分蓍,占问吉凶,灼烧龟甲,观察兆纹,变化无穷,所以必须选择贤人进行占卜,这可

以说是圣人慎重从事吧！周公用三块龟版占卜三次，而武王为之病愈。商纣王暴虐无道，而大龟甲没有占出吉兆。晋文公将要稳定周襄王的王位，占卜时出现“黄帝战于阪泉”的吉兆，终于获得天子赐予的红色之弓。晋献公贪恋骊姬的美色，攻打骊戎时卜得“齿牙为祸”的兆象，其祸竟然流延五代君主。楚灵王将要背叛周王室，占卜不吉利，终于遭受乾溪之败。兆应显示真实于内，而当时人也明白地觉察于外，能不说这是两相吻合吗！君子认为那些轻视卜筮、无视神明的人，是荒谬糊涂的；背离人事常规，只信吉祥兆应的人，鬼神也得不到正确的对待。所以，《尚书》确定了解决疑难的原则，有五种商量的途径，而龟卜、蓍筮占了其中的两种；五人占卜，应该采纳多数人的判断，这表明，虽设卜官，却不只信卜筮。

余至江南，观其行事，问其长老，〔1〕云龟千岁乃游莲叶之上，蓍百茎共一根。〔2〕又其所生，兽无虎狼，〔3〕草无毒螫。〔4〕江傍家人常畜龟饮食之，〔5〕以为能导引致气，〔6〕有益于助衰养老，岂不信哉！

【注释】〔1〕“长老”，年高德劭者。〔2〕“蓍百茎共一根”，《集解》引徐广云：“刘向云龟千岁而灵，蓍百年而一本生百茎。”〔3〕“兽无虎狼”，没有虎狼一类野兽。〔4〕“草无毒螫”，草丛中没有毒虫。“螫”，音 zhē，毒害。〔5〕“饮食之”，饮龟血，吃龟肉。〔6〕“导引致气”，运用导引获取元气。导引是中国古代的一种养生术，运用调整呼吸，俯仰屈伸，舒筋活血，祛病健身。

【译文】我到江南地区，了解那里百姓有关卜筮方面的所作所为，询问当地的老人，他们说龟活到一千年才在莲叶上游动，蓍草长到一百枝茎还是共有一条根。另外，千岁之龟、百茎蓍草所生长的地方，没有虎狼一类凶兽，也没有毒草。江边百姓常常养龟，饮其血，食其肉，认为这样能够调节呼吸，舒筋活血，增补元气，有益于抗衰养老，这难道不是可信的吗！

褚先生曰：〔1〕臣以通经术，〔2〕受业博士，〔3〕治《春秋》，〔4〕以高第为郎，〔5〕幸得宿卫，出入宫殿中十有余年。窃好《太史公传》。〔6〕太史公之《传》曰：“三王不同龟，〔7〕四夷各异卜，然各以决吉凶。略窥其要，故作《龟策列传》。”臣往来长安中，〔8〕求《龟策列传》不能得，故之大卜官，〔9〕问掌故文学长老习事者，〔10〕写取龟策卜事，编于下方。

【注释】〔1〕“褚先生”，名少孙，颍川（今河南禹县）人。曾受业于西汉名儒王式，元帝、成帝时为博士，曾补作《史记》，《史记》中“褚先生曰”均是他的补作文字。学者大多批评他的补作。〔2〕“臣”，对于君，可自称“臣”；对于一般人，亦可自称“臣”，以示谦卑。“经术”，儒家经学。〔3〕“受业博士”，跟随博士学习。“博士”，学官名，秦始皇时即有博士七十人。汉承秦制，初期诸子百家皆有博士。汉武帝罢黜百家，独尊儒术，废除传记博士，设立五经博士。最初，博士通古今，以备皇帝顾问，又熟悉《诗》、《书》、百家语，教授弟子。武帝时，博士专掌儒家经典的教授。〔4〕“治”，研习。“《春秋》”，儒家经典之一。孔子据鲁国史书《鲁春秋》修订成书，记事起于鲁隐公元年（公元前七二二年），止于鲁哀公十四年（公元前四八一年），内容以鲁国历史为主，同时也记载了春秋时期其他各国的历史。〔5〕“以高第为郎”，以成绩名列高等作了郎官。本书《袁盎晁错列传》《索隐》引《汉旧仪》云：“太常博士弟子试射策，中甲科补郎，中乙科补掌故。”“郎”，汉初有郎中、中郎，以后有侍郎和议郎，郎是其总称，也称郎官。郎平时宿卫殿门、殿廊，大朝会则站立在殿阶两侧，皇帝出行，则充车骑扈从。诸郎中只有议郎不担任宿卫，主要负责谏议政事得失。郎统属于郎中令，武帝太初元年（公元前一〇四年），郎中令更名光禄勋。〔6〕“《太史公传》”，《史记》最初之名，又名《太史公书》。〔7〕“三王”，指夏禹、商汤、周文王和武王。此四人为三代开国之君。“不同龟”，不同的占卜方法。〔8〕“长安”，西汉都城，汉高祖七年（公元前二〇〇年）定都于此，取“长治久安”之意。故址在今陕西西安市西北。〔9〕“大卜”，即太卜。〔10〕“掌故”，官名，职掌礼乐制度等故事，秩百石，隶属太常。晁错即以文学为太常掌故。“文学”，汉代郡国学官。郡国学官皆有文学掾、文学史，文学掾相当于今天的校长，文学史又称文学师，是文学掾的助手。文学掾、文学史统称“文学”，负责管理学校，教授生徒，参与郡国礼仪、教化之事。

【译文】褚先生说：因为我通晓经典学术，受业于博士，研究《春秋》，以优等成绩担任郎官，有幸得到宿卫机会，出入宫殿十余年。私自喜好《太史公传》。太史公的《传》说："夏、商、周三代君王龟卜方法不同，四方蛮夷卜筮的方法各异，但各自都用来决断吉凶。我大略观察主要之点，因而撰写了《龟策列传》。"我往来长安城中，寻找《龟策列传》，没有得到。所以，我前往太卜官那里，询问掌故、文学中年长熟悉典故的人，记录下龟策占卜的事情，编撰于下。

闻古五帝、三王发动举事，〔1〕必先决蓍龟。传曰：〔2〕"下有伏灵，〔3〕上有兔丝；〔4〕上有捣蓍，〔5〕下有神龟。"所谓伏灵者，在兔丝之下，状似飞鸟之形。新雨已，天清静无风，以夜捎兔丝去之，〔6〕即以篝烛此地烛之，〔7〕火灭，即记其处，以新布四丈环置之，〔8〕明即掘取之，入四尺至七尺，得矣，过七尺不可得。伏灵者，千岁松根也，〔9〕食之不死。闻蓍生满百茎者，其下必有神龟守之，其上常有青云覆之。传曰："天下和平，王道得，〔10〕而蓍茎长丈，其丛生满百茎。"方今世取蓍者，不能中古法度，不能得满百茎、长丈者，取八十茎已上，〔11〕蓍长八尺，即难得也。人民好用卦者，取满六十茎已上，长满六尺者，即可用矣。记曰：〔12〕"能得名龟者，财物归之，家必大富至千万。"一曰"北斗龟"，二曰"南辰龟"，三曰"五星龟"，四曰"八风龟"，五曰"二十八宿龟"，六曰"日月龟"，七曰"九州龟"，八曰"玉龟"，凡八名龟。龟图各有文在腹下，文云云者，此某之龟也。略记其大指，不写其图。取此龟不必满尺二寸，民人得长七八寸，可宝矣。今夫珠玉宝器，虽有所深藏，必见其光，〔13〕必出其神明，其此之谓乎！故玉处于山而木润，渊生珠而岸不枯者，润泽之所加也。明月之珠出于江海，藏于蚌中，蚗龙伏之。〔14〕王者得之，长有天下，四夷宾服。能得百茎蓍，并得其下龟以卜者，百言百当，〔15〕足以决吉凶。

【注释】〔1〕"五帝"，应劭《风俗通义·皇霸》云："《易传》、《礼记》、《春秋国语》、《太史公记》：黄帝、颛顼、帝喾、帝尧、帝舜是五帝也。"此说之外，关于五帝之说，汉代人还有几种说法，《礼记·月令》、《淮南子·天文训》、《汉书·魏相传》魏相奏议认为太皞、炎帝、黄帝、颛顼为五帝；孔安国《尚书序》以少皞、颛顼、高辛、唐尧、虞舜为五帝；郑玄注《中侯敕省图》认为德合五帝座星者称帝，以黄帝、金天氏、高阳氏、高辛氏、陶唐氏、有虞氏为五帝。六人而称五帝，以其德合五帝座星。〔2〕"传"，古代占卜成说。《索隐》说："此传即太卜所得古占龟之说也。"〔3〕"伏灵"，即茯苓，寄生在千年松根上的块球状菌，可入药。而《淮南子·说山训》高诱注说："茯苓，千岁松脂也。"〔4〕"兔丝"，即菟丝子，又名女萝，蔓生，茎细长，常缠绕于其他植物上，结子，可入药。〔5〕"捣"，通"稠"。"捣蓍"，丛生的蓍草。《淮南子·说山训》云："千年之松，下有茯苓，上有兔丝；上有丛蓍，下有伏龟。圣人从外知内，以见知隐也。"〔6〕"捎"，割除。〔7〕"篝"，与"篝"字通。"篝火"，燃火而笼罩其上。〔8〕"四丈"，据一九六八年河北满城陵山二号汉墓出土错金铁尺，汉代一尺合二十三点二厘米，四丈则为九百二十八厘米。〔9〕"根"，当作"脂"。〔10〕"王道"，以仁义治理天下，三王夏禹、商汤、周文王、周武王的治国方法，都属于"王道"。〔11〕"已"，与"以"字通。〔12〕"记"，与上文"传"均属同一类文字记载。〔13〕"见"，与"现"字通。〔14〕"蚗"，与"蛟"字通。"蚗龙"，相传其形似龙，能发洪水。也有人解释为母龙，无角。〔15〕"当"，得当。

【译文】听说古代五帝、三王出发行动，兴举事业，一定先要蓍占龟卜。古代占卜书上说："下面有茯苓，上面有菟丝；上面有丛蓍，下面有神龟。"所说的茯苓这种东西，生长在菟丝之下，形状好像飞鸟的样子。第一场春雨停止以后，如果天气清静无风，就可在夜里割除菟丝，用灯笼在原地照着茯苓，火灭了，便记下这个地方，用新布四丈把这个地方围起来，天亮后挖取茯苓，挖入地四尺至七尺，就可得到，下挖超过七尺就不能得到了。茯苓是千年老松树根，吃了它可以长生不死。据说蓍草长满一百枝茎的，它的下面一定有神龟守护着，它的上面常常有青云笼罩着。古代占卜书上说："天下和平，王道实现，则蓍草枝茎长度一丈，一丛长满一百根枝茎。"当今获取蓍草的人，不能符合古代的法度，不能得到满百茎、长一丈的蓍草；获得八十枝茎以上、长八尺的，就算是难得的了。百姓喜好占卦的，获得满六十枝茎以上、长满六尺的，就可以使用了。古书上记载说："能够得到名龟的人，财物便归属他，家中一定富有千万钱。"名龟中第一叫"北斗龟"，第二叫"南辰龟"，第三叫"五星龟"，第四叫"八

风龟”，第五叫“二十八宿龟”，第六叫“日月龟”，第七叫“九州龟”，第八叫“玉龟”，总共八种名龟。古书所绘龟图各有文字写在龟腹下方，文字说的是，此为某某龟。我这里简略记述大概的意思，不画龟图。获取这类名龟，不一定要达到一尺二寸，百姓能得到身长七八寸的，可以当作宝贝了。现今那些珠玉宝器，虽然秘加收藏，也一定会出现光芒，一定会显露神灵，大概说的就是这个意思。所以，美玉在山而树木润泽，深潭生珠而岸边不会干燥，这是因为受到了珠玉的润泽。美如明月的珍珠出于江海，藏于蚌中，蛟龙趴在上面。为王的人得到它，就会长有天下，四夷归服。能够获得一百枝茎的蓍草，并得到它下面的神龟，用来占卜的，就会百言百中，足以决断吉凶。

神龟出于江水中，庐江郡常岁时生龟长尺二寸者二十枚输太卜官，〔1〕太卜官因以吉日剔取其腹下甲。龟千岁乃满尺二寸。王者发军行将，必钻龟庙堂之上，〔2〕以决吉凶。今高庙中有龟室，〔3〕藏内以为神宝。〔4〕

【注释】〔1〕“庐江郡”，因庐江水而得名。汉初郡境包括今江西北部濒江之地和安徽长江以南西部部分地区。郡治在番阳(今江西波阳东北)。武帝元狩二年，调整郡境，辖有今安徽长江以北，湖北广济、罗田以东，河南商城、大别山及安徽霍山、舒城、巢县以南地区。郡治在舒县(今安徽庐江县西南)。“输”，缴纳。〔2〕“庙堂”，太庙、明堂，是皇帝举行祭礼、议政等大典的处所。〔3〕“高庙”，汉高祖之庙。〔4〕“内”，与“纳”字通，收藏。

【译文】神龟出在长江水中，庐江郡常常每年按时向太卜官缴纳一尺二寸长的活龟二十只，太卜官便在吉祥日子剔取龟腹下的甲版。龟活一千年能身满一尺二寸。君王调兵遣将，一定在太庙之上钻龟占卜，以定吉凶。现在高祖庙中有一间龟室，藏着这种龟甲，当作神灵宝物。

传曰：“取前足臑骨穿佩之，〔1〕取龟置室西北隅悬之，以入深山大林中，不惑。”臣为郎时，见《万毕石朱方》，〔2〕传曰：〔3〕“有神龟在江南嘉林中。嘉林者，兽无虎狼，鸟无鸱枭，〔4〕草无毒螫，野火不及，斧斤不至，〔5〕是为嘉林。龟在其中，常巢于芳莲之上。左胁书文曰：〔6〕‘甲子重光，〔7〕得我者匹夫为人君，有土正，〔8〕诸侯得我为帝王。’求之于白蛇蟠杅林中者，〔9〕斋戒以待，譺然，〔10〕状如有人来告之，因以醮酒佗发，〔11〕求之三宿而得。”由是观之，岂不伟哉！故龟可不敬与？〔12〕

【注释】〔1〕“臑”，音 nào，牲畜的前肢。更确切地说，肩下谓之臂，臂下谓之臑。〔2〕“《万毕石朱方》”，“万毕”为方术之士。《索隐》云：“《万毕术》中有《石朱方》。”据此，《石朱方》为万毕书中的一部分。〔3〕“传”，指《石朱方》。〔4〕“鸱”，音 chī，鹞鹰。“枭”，音 xiāo，通“鸮”，与鹞鹰相近似的一种鸟。鸱枭在古人意识中，均为凶恶不祥之鸟。〔5〕“斤”，斧子一类的木工工具。〔6〕“胁”，胸部的两侧。〔7〕“甲子”，指甲子这一日或甲子这一年。〔8〕“有土正”，占有土地的官长。〔9〕“白蛇蟠杅林”，《索隐》云：“林名白蛇蟠杅林，龟藏其中。杅音乌。谓白蛇尝蟠杅此林中也。”“蟠杅”，盘曲而居。〔10〕“譺然”，恭敬而虔诚的样子。“譺”，音 yí。〔11〕“醮酒”，祭祀时洒酒于地。“醮”，音 jiào。“佗”，借为“拕”，拖曳。《说文》：“拕，曳也。”“佗发”，披散头发。〔12〕“与”，与“欤”字通，语气词，用于句末表示疑问或感叹。

【译文】古代占卜书说：“拿龟的前足臑骨穿孔佩带在身上，拿龟在室内西北角悬挂起来，这样，进入深山老林中，不会迷路。”我做郎官时，看过《万毕石朱方》，书中说：“有神龟生活在江南秀美的森林里。所谓秀美的森林，林中没有虎狼一类猛兽，没有鸱枭一类恶鸟，没有毒草，野火烧不到，斧斤砍不着，这就是秀美的森林。龟在那里面，常常在芳莲上筑巢。左胁下写着字，说：‘甲子重光，得到我的人，平民百姓可以做长官，诸侯得到我的，可以成为帝王。’在白蛇蟠杅林中寻找神龟的人，斋戒后等待着，态度恭敬虔诚，那样子似乎在等待着有人来报告他信息，并且洒酒在地行祭，披散着头发，乞求三宿就可以得到龟。”由此看来，这寻龟仪式难道不是很了不起吗！所以对龟能不敬重吗？

南方老人用龟支床足，行二十余岁，〔1〕老人死，移床，龟尚生不死。龟能行气导引。问者曰：“龟至神若此，然太卜官得生龟，何为辄杀取其甲乎？”近世江上人有得名龟，畜置之，家因大富。与人议，欲遣去。人教杀之勿遣，遣之破人家。龟见梦曰：[2]“送我水中，无杀吾也。”其家终杀之。杀之后，身死，家不利。人民与君王者异道。人民得名龟，其状类不宜杀也。[3]以往古故事言之，古明王圣主皆杀而用之。

【注释】〔1〕“行”，经过。〔2〕“见”，通“现”。“见梦”，犹言托梦。〔3〕“状”，情状，状况。“类”，好像，似乎。

【译文】有一位南方老人用龟支床腿，经过二十多年，老人死了，移动床腿，发现龟还没有死。因为龟能调节呼吸。有人问：“龟神明到这种程度，然而太卜官得到活龟，为什么总是杀死后剔取它的甲版呢？”不久前长江边上有人得到一只名龟，养着它，家中因此发了大财。他跟人说，想把龟放掉。别人教他杀死龟，不要放掉，说是放掉龟，便会家破人亡。龟给他托梦说：“把我送回水中，不要杀害我。”那个人家最后还是把龟杀掉了。杀死龟后，主人死了，家里也不顺利。百姓与君王有不同的道理。百姓得到名龟，看来好像不应该杀害。拿古代的旧事来说，古代贤明的帝王、圣德的君主，得到龟都是杀了后用以占卜。

宋元王时得龟，[1]亦杀而用之。谨连其事于左方，[2]令好事者观择其中焉。

【注释】〔1〕“宋元王”，《庄子·外物篇》作“宋元君”，即宋元公，宋平公之子，名佐，公元前五三一年至前五一七年在位。而《淮南子·说山训》、《论衡·讲瑞篇》均作“元王”。宋称王始自偃，所以有的学者认为“宋元王”当指宋王偃。《战国策·宋策》、《墨子·所染篇》、《吕氏春秋·当染篇》皆称偃为宋康王。宋王偃为宋亡国之君，公元前二八六年灭于齐、魏、楚，在位四十七年。详见本书《宋微子世家》。〔2〕“左方”，犹今言“下方”。旧时行文竖写，由右向左，所以，“左方”则为下方。

【译文】宋元王时得到一只龟，也是杀死后用它占卜。谨把他的事情编写连缀于下，让那些喜好趣闻逸事的人在这里面阅读选择吧。

宋元王二年，江使神龟使于河，[1]至于泉阳，[2]渔者豫且举网得而囚之，[3]置之笼中。夜半，龟来见梦于宋元王曰：“我为江使于河，而幕网当吾路。[4]泉阳豫且得我，我不能去。身在患中，莫可告语。王有德义，故来告诉。”元王惕然而悟。[5]乃召博士卫平而问之曰：“今寡人梦见一丈夫，[6]延颈而长头，衣玄绣之衣而乘辎车，[7]来见梦于寡人曰：‘我为江使于河，而幕网当吾路。泉阳豫且得我，我不能去。身在患中，莫可告语。王有德义，故来告诉。’是何物也？”卫平乃援式而起，[8]仰天而视月之光，观斗所指，[9]定日处乡。[10]规矩为辅，[11]副以权衡。[12]四维已定，[13]八卦相望。[14]视其吉凶，介虫先见。[15]乃对元王曰：“今昔壬子，[16]宿在牵牛。[17]河水大会，鬼神相谋。汉正南北，[18]江河固期，[19]南风新至，江使先来。白云壅汉，[20]万物尽留。斗柄指日，使者当囚。[21]玄服而乘辎车，其名为龟。王急使人问而求之。”王曰：“善。”

【注释】〔1〕“使”，出使。“河”，黄河。〔2〕“泉阳”，今地已不可确考，其地当在长江、黄河之间。〔3〕“豫且”，人名。《庄子·外物篇》、《水经注》作“余且”。“且”，音jū。〔4〕“幕网”，鱼网。“当”，挡住。〔5〕“惕然”，害怕的样子。“惕”，音tì。“悟”，与“寤”字通，睡醒。〔6〕“丈夫”，谓成年男子。〔7〕“衣”，用如动词，穿着。“玄绣之衣”，黑色绣衣。“辎车”，一种加有帷盖的大车，用以载物，也可乘人，卧息其中。〔8〕“援”，拿起。“式”，即栻。本书《日者列传》《索隐》云：“栻之形上圆象天，下方法地，用之则转天纲加地之辰。”可见式是一种卜具。〔9〕“斗”，北斗七星。其中三星像杓，四星似斗。“斗所指”，即北斗七星斗柄（杓）所指向的方向。古人根据斗柄的运转推定季节、月份。如《鹖冠子·环流》说：“斗柄东指，天下皆春；斗柄南指，天下皆夏；斗柄西指，天下皆秋；斗柄北指，天下皆冬。”〔10〕“乡”，与“向”字通。“定日处乡”，判断太阳所在的空中位置。〔11〕“规矩”，圆规和矩尺。〔12〕“权衡”，秤锤和秤杆。〔13〕“四维”，东西南北称四方，四方之隅称“四维”，即指东南、东北、西南、西北。〔14〕“八卦”，用阳爻（—）和阴爻（--）组成的八种符号：☰（乾）、☷（坤）、☳（震）、☴（巽）、☵（坎）、☲（离）、☶（艮）、☱（兑），用以占卜。八卦互相组合，形成六十四卦，而每卦都有特定的

自然或社会现象与之相应。〔15〕“介虫”，有甲壳的虫类，这里指龟。〔16〕“昔”，与“夕”字通。“今昔”，《索隐》云：“犹昨夜也。以今日言之，谓昨夜为今昔。”“壬子”，谓壬子日。〔17〕“宿在牵牛”，太阳处在牛宿。为了观测日、月在天空的运行，古人把太阳所经天区的恒星分为东西南北四组，每组七宿，共二十八宿。牵牛（即牛宿）在北方七宿之中。〔18〕“汉”，天河。《史记会注考证》引张文虎曰：“汉正南北者，夜半时箕斗在子，天汉正当南北也。”〔19〕“江河”，谓长江之神和黄河之神。“固期”，原本相约会。〔20〕“壅”，壅塞，堵塞。〔21〕“使者当囚”，意思是说江神的使者神龟该被囚困。日本泷川资言《史记会注考证》云：“钱大昕曰：‘奇门之式，古人谓之遁甲。即《易》八卦方位，加以中央，与乾凿度太一下行九宫之法相合。《史记·龟策传》：卫平乃援式而起，仰天而视月之光，观斗所指云云，乃对曰：今昔壬子，宿在牵牛云云，此遁甲式也。日在牵牛，冬至之侯。盖冬至后壬子日，庚子时。阳遁弟一局，甲午为句首，在巽宫，杜门为直使，时加子，子为玄武，故云介虫先见也。规矩权衡，谓坎离震兑四正之位。《汉书·魏相传》：东方之神，执规司春；南方之神，执衡司夏；西方之神，执矩司秋；北方之神，执权司冬，是其义也。加以四维，故云八卦相望也。’张文虎曰：‘援式而起，谓地盘也。仰天而视月之光者，定时也。观斗所指者，正月令也。定日处乡者，正日躔也。规矩权衡四维八卦者，左规右矩，前衡后权，谓天盘所加十二辰之位也。义见《淮南·天文训》及《汉书·律历志》。介虫先见者，谓初传玄武发用也。今昔壬子者，日辰也。宿在牵牛者，日宿在丑也。河水大会者，仲冬水王，又日时干支皆水也。汉正南北者，夜半时箕斗在子，天汉正当南北也。南风新至者，冬至一阳生也。斗柄指日者，月建在壬位也。使者当囚者，白虎乘子加壬，又玄武乘功曹也。钱氏《十驾斋养新录》以为奇门之式，未然。’”诠释多有歧异，可供参考。

【译文】宋元王二年，长江之神派遣神龟出使黄河，行至泉阳，打鱼人豫且撒网把它抓到了，关在笼子里。半夜里，神龟托梦给宋元王，说：“我奉长江神之命出使黄河，而鱼网挡住我的去路。泉阳的豫且捉住了我，我不能离去。身处灾难，无处诉说。大王兼有德义，所以前来相告。”元王惕然而醒。于是召来博士卫平，问他说：“刚才我梦见一位男子，伸着脖子，长长的脑袋，穿着黑色绣衣，乘着辎车，前来向我托梦，说：‘我为长江神出使黄河，而鱼网挡住了我的去路。泉阳的豫且捉住了我，我不能离去。身处灾难，无人可告。大王兼有德义，所以我来相告。’这托梦的是什么东西呢？”卫平便拿着栻站起来，仰面向天察看月色，观察北斗星斗柄所指的方向，推定太阳在天空所处的位置。用圆规、矩尺作为辅助手段，又加上秤锤、秤杆帮助测算。东南、西北、西南、东北四维已经定位，乾、坤、震、巽、坎、离、艮、兑八卦也已排列就序。考察元王梦的吉凶，先出现了龟的形象。于是，就对元王说：“昨夜是壬子日，太阳居于牵牛宿。当时河水汇聚，鬼神相谋。天河正是南北走向，长江神与黄河神原本有约，南风乍到，长江神的使者先来黄河。白云壅蔽了天河，所有的一切都被滞留。北斗星的斗柄指向太阳，长江神的使者该当被囚。穿着黑色绣衣而又乘着辎车，它的名字叫龟。大王迅速派人前去打听寻求它。”元王说：“好。”

于是王乃使人驰而往问泉阳令曰：〔1〕“渔者几何家？名谁为豫且？豫且得龟，见梦于王，王故使我求之。”泉阳令乃使吏案籍视图，〔2〕水上渔者五十五家，上流之庐，名为豫且。泉阳令曰：“诺。”〔3〕乃与使者驰而问豫且曰：“今昔汝渔何得？”〔4〕豫且曰：“夜半时举网得龟。”使者曰：“今龟安在？”曰：“在笼中。”使者曰：“王知子得龟，〔5〕故使我求之。”豫且曰：“诺。”即系龟而出之笼中，献使者。

【注释】〔1〕“令”，县令。汉制，一县人口万户以上的大县，最高行政长官称“令”，不足万户的小县称“长”。〔2〕“案”，查看，查阅。“籍”，户籍簿。户籍上记有姓名、性别、口数等，是汉代政府掌握天下口数、征收口赋等方面的主要依据。“图”，地图。此指居民分布图。〔3〕“诺”，犹今言“好”、“可以”。〔4〕“汝”，第二人称代词，你。〔5〕“子”，您。称对方为“子”，是含有尊敬之意的美称。

【译文】于是，宋元王便派人乘车马驰奔泉阳，问泉阳令说：“这县打鱼的有多少家？谁的名字叫豫且？豫且得到一只龟，龟托梦给君王，所以君王派我来寻找它。”泉阳令就派县吏查阅户籍簿，观看居民分布图，发现水上打鱼的有五十五家，上游一处房子主人名字叫豫且。泉阳令说：“好吧。”就和使者赶到豫且家里，问道：“昨夜你打鱼捕到了什么？”豫且说：“半夜时撒网捕到一只龟。”使者说：

“现在龟在哪里？”豫且说：“在笼子里。”使者说：“君王知道您捕到这只龟，所以派我来寻找它。”豫且说：“好。”就用绳拴住龟，从笼子里提出来，献给了使者。

使者载行，出于泉阳之门。正昼无见，〔1〕风雨晦冥。云盖其上，五采青黄，〔2〕雷雨并起，风将而行。〔3〕入于端门，〔4〕见于东箱。〔5〕身如流水，润泽有光。望见元王，延颈而前，三步而止，缩颈而却，复其故处。元王见而怪之，问卫平曰：“龟见寡人，延颈而前，以何望也？〔6〕缩颈而复，是何当也？”卫平对曰：“龟在患中，而终昔囚，王有德义，使人活之。今延颈而前，以当谢也，缩颈而却，欲亟去也。”〔7〕元王曰：“善哉！神至如此乎？不可久留，趣驾送龟，〔8〕勿令失期。”〔9〕

【注释】〔1〕“正昼”，大白天。〔2〕“采”，彩色。“五采”，五种颜色，指青、黄、赤、白、黑。这里是说色彩斑斓。〔3〕“将”，送。〔4〕“端门”，宫殿南面正门。〔5〕“箱”，与“厢”字通。厢房。这里指宫内的配殿。〔6〕“以”，犹“是”，与下文“是何当也”句之“是”为互文。〔7〕“亟”，音 jí，赶快，急迫地。“去”，离去。〔8〕“趣”，音 cù，与“促”字通，赶快，急忙。“驾”，驾车。〔9〕“失期”，误期，未按约定时间。

【译文】使者用车拉着龟向前走，出了泉阳城门。大白天什么也看不见，风雨交加，一片昏暗。云朵笼罩着上方，那云朵青黄五彩，雷雨并作，风吹送着车子前行。进了国都宫殿的正门，在东配殿进见元王。那龟身宛如流水，润泽有光。望见元王，伸长脖子往前爬，爬了三步后停下，缩着脖子向后退，又退回到原处。元王见了奇怪，问卫平说：“这龟看见我，伸着脖子往前爬，为什么朝上看呢？缩着脖子退回到原处，这是表示什么意思呢？”卫平回答说：“龟在患难中，整夜被囚，大王有德有义，派人救出了它。现在它伸着脖子往前爬，这是表示对大王的感谢，缩着脖子退回去，是想赶快离去。”元王说：“好啊！神灵到这种程度？不能长时间扣留，赶快驾车送龟，别让它耽误了出使期限。”

卫平对曰：“龟者是天下之宝也，先得此龟者为天子，且十言十当，十战十胜。生于深渊，长于黄土。知天之道，明于上古。游三千岁，不出其域。安平静正，动不用力。寿蔽天地，〔1〕莫知其极。〔2〕与物变化，四时变色。居而自匿，伏而不食。春仓夏黄，〔3〕秋白冬黑。明于阴阳，〔4〕审于刑德。〔5〕先知利害，察于祸福。以言而当，以战而胜，王能宝之，诸侯尽服。王勿遣也，以安社稷。”〔6〕

【注释】〔1〕“蔽”，遮盖。〔2〕“极”，极限，尽头。〔3〕“仓”，与“苍”字通，青色。〔4〕“阴阳”，最初的含义是指背日处和向日处。后来古代思想家用来表示自然界两种对立和相互消长的物质力量和相应现象。阴阳被视为宇宙最基本的法则。战国时期的阴阳家等学派，认为阴阳构成万物，两者对立和相互作用，促成事物的运动变化。〔5〕“审”，明察。“刑德”，刑罚和仁德。“刑”和“德”是互相对立的两种治理社会的措施，前者重法重刑，后者重视仁德。〔6〕“社”，土地神。“稷”，谷神。古代中国以农为主，为君王者，自然极为重视农业，土地、五谷是国家赖以存在的基础。所以，君王无一例外地祭祀土地神和谷神。因此之故，“社稷”便成了国家的代称。

【译文】卫平回答说：“龟是天下之宝，先得到这只龟的为天子，而且十言十准，十战十胜。它生于深渊，长于黄土，懂得上天的变化法则，明白远古的事情。漫游三千年，不出它生存的地域。安详平稳，静默端正，行动起来，不用力气。寿盖天地，没有知道它寿命极限的。与万物一起变化，四季改变体色。平时居处自藏其身，趴在那里不吃食物。春天青色，夏天黄色，秋天白色，冬天黑色。懂得阴阳，明察刑德，预知利害，察晓祸福。用它占卜，言则必中，战则必胜，大王能够把它视作珍宝，诸侯都得归服。大王不要送走它，用它来安定国家。”

元王曰：“龟甚神灵，降于上天，〔1〕陷于深渊。在患难中，以我为贤，德厚而忠信，故来告寡人。寡人若不遣也，是渔者也。渔者利其肉，〔2〕寡人贪其力，〔3〕下为不仁，上为无德。君臣无礼，何从有福？寡人不忍，奈何勿遣！”〔4〕

【注释】〔1〕“降于上天”，从上天降下。〔2〕

"利其肉",以龟肉为利。〔3〕"贪其力",贪图龟的神力。〔4〕"奈何",如何,怎么。

【译文】元王说:"这龟极为神灵,从天而降,身陷深渊,在患难中,认为我贤明,道德深厚而讲忠信,所以前来告诉我。我如果不放走它,我也是个渔人了。渔者以其肉为利,我贪图它的神力,下层的人为不仁,上层的人为无德。君臣无礼,福从哪儿来?我不忍心做这种事,怎么能不放走它!"

卫平对曰:"不然。臣闻盛德不报,〔1〕重寄不归;〔2〕天与不受,〔3〕天夺之宝。〔4〕今龟周流天下,〔5〕还复其所,上至苍天,下薄泥涂,〔6〕还遍九州,〔7〕未尝愧辱,无所稽留。〔8〕今至泉阳,渔者辱而囚之。王虽遣之,江河必怒,务求报仇。自以为侵,〔9〕因神与谋。〔10〕淫雨不霁,〔11〕水不可治。若为枯旱,风而扬埃,蝗虫暴生,〔12〕百姓失时。〔13〕王行仁义,其罚必来。此无佗故,〔14〕其祟在龟。〔15〕后虽悔之,岂有及哉!〔16〕王勿遣也。"

【注释】〔1〕"盛德",大德。"不报",不报答。对方的恩德过于盛大,没有办法回报,所以不去报答。〔2〕"重寄",贵重的寄存物。"不归",不归还。〔3〕"与",授给。"受",接受,收取。〔4〕"天夺之宝",上天给予你,你不接受,上天就要收回你的宝物了。以上四句是卫平引据过去人们的经常性说法。〔5〕"周流",周游。〔6〕"薄",逼近,靠近。"泥涂",泥地。〔7〕"还",与"环"字通,环绕。"九州",中国古代的行政区划。西汉前学者认为是禹治水后所划分,实际上其说出于春秋、战国时期。各家九州所指有异,以《书·禹贡》九州说最有影响。《禹贡》九州为冀州、兖州、青州、徐州、扬州、荆州、豫州、梁州、雍州。《周礼·职方》有幽、并二州,没有徐、梁二州,《吕氏春秋·有始览》有幽州,无梁州。〔8〕"稽",停留,留滞。〔9〕"自以为侵",自己进行侵伐。"自",指龟。"侵",攻伐。〔10〕"因",依靠。〔11〕"淫雨",雨水过多。"霁",音 jì,雨雪停止,云雾散去,天气放晴。〔12〕"暴",急速,猛然。〔13〕"失时",丧失时机,错过时期。百姓的大事在于务农,农业有严格的时间性,因而古人强调不违农时。"失时"便是有违农时。〔14〕"佗",与"他"字通,其他,别的。〔15〕"祟",音 suì,鬼怪害人。〔16〕"岂有及哉",怎么能来得及啊。

【译文】卫平回答说:"不是这样。我听说大恩大德不必报答,贵重的寄存物不必归还;上天所赐你不接受,上天会夺去了你的宝物。现在这龟周游天下,又回到它的旧地,上至苍天,下至大地,走遍九州,未曾遭受羞辱,没有被阻拦而滞留。而现在到了泉阳,打鱼的人侮辱而又囚禁了它。大王虽然放走了它,而长江神和黄河神一定会愤怒,必定想办法报仇。它自己会来进攻,凭借神灵来算计我们。那时,雨水连绵,天不放晴,大水泛滥得无法救治;或者制造干旱,大风刮得尘土飞扬,蝗虫暴生,百姓误了农时。大王对这只龟实行仁义,它对我们的惩罚必定降临。这没有别的缘故,妖怪就在这只龟的身上。大王以后即使懊悔,怎么能来得及呢!大王不要放走这只龟。"

元王慨然而叹曰:〔1〕"夫逆人之使,〔2〕绝人之谋,〔3〕是不暴乎?取人之有,以自为宝,〔4〕是不强乎?〔5〕寡人闻之,暴得者必暴亡,强取者必后无功。桀、纣暴强,〔6〕身死国亡。今我听子,是无仁义之名,而有暴强之道。江河为汤、武,〔7〕我为桀、纣。未见其利,恐离其咎。〔8〕寡人狐疑,〔9〕安事此宝,〔10〕趣驾送龟,勿令久留。"

【注释】〔1〕"慨然",感慨的样子。〔2〕"逆",阻挡,拦阻。〔3〕"绝",断绝,毁绝。〔4〕"以自为宝",把别人的东西当作自己的宝贝。〔5〕"强",强暴,暴横。〔6〕"桀",夏朝最后一个君王,名履癸,帝发之子。为政暴虐,荒淫无度,百姓不堪其苦。商汤与夏战于鸣条(今河南封丘东)之野,夏朝兵败,桀出奔南巢(今安徽巢县东南)而死。桀与纣为中国历史上齐名的两大暴君。〔7〕"汤",卜辞中作"唐",名履、天乙、太乙,消灭夏桀后,又称"武汤"、"成汤"、"殷汤"。在伊尹辅佐下,他统辖的商部落势力日渐强大,终于消灭夏桀,建立商朝。在位期间,重视生产,关心民众,减轻征敛,社会比较安定,远方氐、羌部落前来入贡臣服。与周文王、周武王为齐名的贤君。〔8〕"离",与"罹"字通,遭受。"咎",灾祸,祸害。〔9〕"狐疑",狐性多疑,所以,疑惑不决,犹豫不定,用"狐疑"来形容。〔10〕"安",怎么。"事",事奉,侍奉。

【译文】元王慨然长叹说:“拦阻别人的使者,破坏别人的计划,这不是凶暴吗?夺取别人的东西,把它作为自己的宝物,这不是强横吗?我听说,依靠凶暴获得的东西,必定突然丧失,强横夺取来的东西,后来必定一无所获。桀、纣暴戾强横,身死国亡。现在我听从您的主意,这就会没有仁义名声,而有暴戾强横之道。长江神和黄河神成了商汤和周武王,我成了桀、纣。没看到其中有什么好处,恐怕要遭殃。我犹豫不决,怎么能奉事这个宝物,赶快驾车把龟送走,不要让它在此久留。”

卫平对曰:“不然,王其无患。[1]天地之间,累石为山,高而不坏,地得为安。故云物或危而顾安,[2]或轻而不可迁;人或忠信而不如诞谩,[3]或丑恶而宜大官,或美好佳丽而为众人患。非神圣人,莫能尽言。春秋冬夏,或暑或寒。寒暑不和,贼气相奸。[4]同岁异节,其时使然。故令春生夏长,秋收冬藏。[5]或为仁义,或为暴强。暴强有乡,[6]仁义有时。万物尽然,不可胜治。[7]大王听臣,臣请悉言之。[8]天出五色,以辨白黑。地生五谷,以知善恶。人民莫知辨也,与禽兽相若。[9]谷居而穴处,不知田作。天下祸乱,阴阳相错。[10]匆匆疾疾,[11]通而不相择。[12]妖孽数见,[13]传为单薄。[14]圣人别其生,使无相获。[15]禽兽有牝牡,[16]置之山原;鸟有雌雄,布之林泽;有介之虫,置之溪谷。[17]故牧人民,[18]为之城郭,[19]内经闾术,[20]外为阡陌。[21]夫妻男女,赋之田宅,[22]列其室屋。为之图籍,[23]别其名族。[24]立官置吏,劝以爵禄。[25]衣以桑麻,[26]养以五谷。耕之耰之,[27]锄之耨之。[28]口得所嗜,目得所美,身受其利。以是观之,非强不至。[29]故曰田者不强,囷仓不盈;[30]商贾不强,[31]不得其赢;妇女不强,布帛不精;[32]官御不强,[33]其势不成;大将不强,卒不使令;侯王不强,没世无名。[34]故云强者,事之始也,分之理也,[35]物之纪也。[36]所求于强,无不有也。王以为不然。王独不闻玉椟只雉,[37]出于昆山;[38]明月之珠,出于四海;镌石拌蚌,[39]传卖于市。[40]圣人得之,以为大宝。大宝所在,乃为天子。今王自以为暴,不如拌蚌于海也;自以为强,不过镌石于昆山也。取者无咎,宝者无患。今龟使来抵网,[41]而遭渔者得之,[42]见梦自言,是国之宝也,王何忧焉!”

【注释】〔1〕“其”,这里是命令副词,口语中没有同义词。“无”,与“毋”字通,不要。〔2〕“顾”,反而。“顾安”,反倒安全。〔3〕“诞谩”,亦作“僈僈”,荒诞,欺诈。〔4〕“贼气”,奸邪之气。“奸”,干扰。〔5〕“春生夏长,秋收冬藏”,古人认为这是上天的自然法则。司马谈《论六家要指》即说:“夫春生夏长,秋收冬藏,此天道之大经也。”〔6〕“乡”,处所。也有人认为此处“乡”字通“向”,于义亦通。〔7〕“胜”,尽。“治”,研讨,研究。“胜治”,彻底研讨清楚。〔8〕“悉”,详悉,详尽。〔9〕“相若”,相类似。〔10〕“相错”,互相错乱,互相颠倒。〔11〕“匆匆”,急急忙忙,匆匆忙忙。〔12〕“通”,男女相交媾。“不相择”,不互相选择。“与禽兽相若”句以下,列举了许多具体情况,说明人类蒙昧时期无异于禽兽。这里说“通而不相择”,是指在蒙昧期,人们没有固定的对偶婚,而是处于乱婚状态。〔13〕“妖孽”,灾异。《正义》引《说文》云:“衣服歌谣草木之怪谓之妖,禽兽虫蝗之怪谓之孽。”“孽”,与“孼”字通。“见”,读作“现”,二字通。〔14〕“传为单薄”,意谓由于生产条件和自然环境恶劣,加上人类的乱婚,因而传宗繁衍的能力薄弱。〔15〕“相获”,互相掠取。〔16〕“牝”,音 pìn,鸟兽的雌性。“牡”,鸟兽的雄性。“牝牡”,与下文“雌雄”同义。〔17〕“溪”,小河沟。〔18〕“牧”,牧养。“牧人民”,治理百姓。〔19〕“城郭”,城墙。细为分别,内城为“城”,外城为“郭”。〔20〕“经”,经划,划分。“闾”,古代居民行政单位,二十五家为闾。这里指闾里,住所。“术”,道路,有的学者认为“术”亦为行政单位,《史记会注考证》引冈白驹云:“百家为里,里十为术。”〔21〕“阡陌”,音 qiān mò,田间的小路。本书《秦本纪》《索隐》引《风俗通义》云:“南北曰阡,东西曰陌。河东以东西为阡,南北为陌。”阡陌具有田间界限的作用。〔22〕“赋”,授予。“赋之田宅”,国家分配给土地和房屋,这是土地国有,国家实行授田制。〔23〕“为之图籍”,把百姓登记在户籍上。〔24〕“别”,区分,分别。“名”,名字。“族”,族属,家族。〔25〕“劝”,鼓励,劝奖。“爵”,爵位,秩次。“禄”,俸禄。〔26〕“衣”,动词,穿。“桑麻”,指丝织品和麻织品,前者富人服用,后者为

穷人所穿。〔27〕"耰"，音 yōu，农具，形似锄头，可击碎土块，平整土地。"耰之"，播种后用耰平土，掩盖种子。〔28〕"耨"，音 nòu，本是一种小手锄，用来锄草。这里义为除草。〔29〕"非强不至"，这是针对上文元王反对"强取"而发的议论，意思是说不使用强大的力量达不到目的。〔30〕"囷仓"，储藏粮食的谷仓。细为分别，圆形的为"囷"，方形的为"仓"。"囷"，音 qūn。〔31〕"商贾"，从事商业的人。行商叫"商"，坐商叫"贾"。〔32〕"布"，麻、苎、葛织物的通称。"帛"，丝织物总称。〔33〕"官御"，为官掌权。"御"，控制，驾御。〔34〕"没世"，终生。《淮南子·修务训》云："是故田者不强，囷仓不盈；官御不厉，心意不精；将相不强，功烈不成；侯王懈惰，后世无名。"《文子·精诚篇》也有类似之语。可见卫平所说"田者不强"至""没世无名"诸语，乃是古人的常见思想。〔35〕"分之理也"，符合名分的道理。"分"，音 fèn。〔36〕"纪"，纲纪，法则。"物之纪也"，事物的法则。〔37〕"玉椟"，玉匣子。"椟"，音 dú。"只"，《集解》引徐广云："一作'双'。""雉"，音 zhì，野鸡，山鸡。〔38〕"昆山"，即今昆仑山，位于新疆维吾尔自治区和西藏自治区之间，向东延伸于青海境内，海拔六千米左右。由于昆仑远处西方，人迹罕至，古人对昆仑山的认识带有神秘色彩。〔39〕"镌"，音 juān，凿，刻。"拌"，与"判"字通，分割，剖开。"镌石拌蚌"，凿石取玉，剥蚌取珠。〔40〕"传卖"，递相贩卖。〔41〕"抵网"，触落网中。〔42〕"遭"，遭遇，碰到。

【译文】卫平回答说："不是这样，大王不要担忧。天地之间，积石为山，高大而不倾毁，大地得以平安。所以说物体中有的看起来似乎危险反而安全，有的看起来似乎很轻却不能移动；人群中有的忠厚诚实却不如欺诈荒诞，有的丑恶却适合做大官，有的俊美秀丽却祸害众人。如果不是神圣之人，便不能讲清楚。春夏秋冬，或暑或寒。寒暑失调，阴贼之气互相冲突。一年之中，有不同的节气，是各自所处的时间造成那样。所以使春天生育，夏天成长，秋天收获，冬天储藏。有人行为仁义，有人行为强暴。强暴有它的目标，仁义有自身的时机。万物都是这样，道理不能彻底弄清。大王如果听信我的见解，就请允许我详尽地谈谈。上天出现五种颜色，用来辨别白天黑夜；大地生产五谷，据此知道善恶。人民不知道分辨，与禽兽相似。住在山谷洞穴里，不懂得种田。天下出现祸乱，阴阳颠倒。匆匆忙忙，男女交合也不互相选择。妖怪灾害屡屡出现，人类繁衍能力十分薄弱。圣人辨别万物的生存特点，让他们不再互相攻掠。禽兽有公母，把它安置在山间和原野；鸟类有雌雄，把它分布在森林和水泽；甲壳昆虫，把它安放在溪谷。所以，圣人治理人民，为他们修筑城郭，城内设置街巷，城外田间修建南北田界。夫妻男女，授予耕田和房屋，把他们的家室房宅排列起来。编造户口簿，区别他们的姓名和家族。设置官吏，用爵位和俸禄予以鼓励。以桑麻为衣，用五谷养育。耕田整土，锄地除草。嘴里得到所喜爱的食物，眼睛看到好看的东西，身受其利。由此看来，不用强力就达不到目的。所以说农民不强，谷仓不满；商人不强，不能获得盈余；妇女不强，织出的布帛不精细；做官统治力不强，就不能形成权威；大将不强，士兵就不服从命令；王侯不强，终生没有名气。所以说强而有力，是事业的开端，是合乎名分的道理，是万物的法则。人们求助于强力的，随处皆是。大王却不以为然。难道大王没听说过玉匣野雉，出于昆山；明月之珠，出于四海；凿石得到的宝玉和剖蚌得到的珍珠，在市上递相贩卖。圣人得到了这些东西，就当作特大的宝贝。特大的宝贝在谁手，谁就成为天子。现在大王认为留龟不放是暴戾之行，其实还赶不上剖蚌取珠于海；自己认为强横，其实还赶不上凿石于昆山。取宝的人没有罪过，藏宝的人没有灾祸。现在龟出使而自来落网，被打鱼人得到了，又托梦自陈，它是国家之宝，大王担忧什么呢！"

元王曰："不然。寡人闻之，谏者福也，谀者贼也。[1]人主听谀，是愚惑也。虽然，祸不妄至，[2]福不徒来。[3]天地合气，以生百财。阴阳有分，[4]不离四时，十有二月，[5]日至为期。[6]圣人彻焉，[7]身乃无灾。明王用之，人莫敢欺。故云福之至也，人自生之；祸之至也，人自成之。祸与福同，刑与德双。圣人察之，以知吉凶。桀、纣之时，与天争功，拥遏鬼神，[8]使不得通。是固已无道矣，谀臣有众。[9]桀有谀臣，名曰赵梁。教为无道，劝以贪狼。[10]系汤夏台，[11]杀关龙逢。[12]左右恐死，偷谀于傍。[13]国危于累卵，[14]皆曰无伤。称乐万岁，或曰未央。[15]蔽其耳目，与之诈狂。汤卒伐桀，身死国亡。听其谀臣，身独受殃。《春秋》著之，至今不忘。纣有谀臣，名为左强。夸而目巧，[16]教为象郎。[17]将至于天，[18]又有玉床。犀玉之器，象箸而羹。[19]圣人剖其心，[20]壮士斩其胻。[21]箕子恐死,[22]被发佯狂。[23]杀周太子历,[24]囚文王昌。[25]投之石室,将以昔至明。[26]阴兢活之,[27]与之俱亡。[28]入于周地,得太公望。[29]兴卒聚兵,与纣相攻。文王病死,载尸以行。[30]太子发代将,[31]号为武王。战于牧野,[32]破之华山之阳。[33]纣不胜,败而还走,[34]围之象郎。自杀宣室,[35]身死不葬。头悬车轸,[36]四马曳行。[37]寡人念其如此,肠如涫汤。[38]是人皆富有天下而贵至天子,然而大傲,[39]欲无猒时,[40]举事而喜高,贪很而骄。[41]不用忠信,听其谀臣,而为天下笑。今寡人之邦,居诸侯之间,曾不如秋毫。[42]举事不当,又安亡逃!"

【注释】〔1〕"贼",祸害。〔2〕"妄至",妄自降临,随意来临。〔3〕"徒",白白地。"徒来",空来,白白地来到。〔4〕"分",区分,划分。〔5〕"有",音 yòu,通"又"。〔6〕"日至",日期到了,满了时间。"期",音 jī,一周年,一周月。"日至为期",日期到了便为一周期。〔7〕"彻",透彻。〔8〕"拥",与"壅"通,拥塞。"遏",阻遏,阻止。〔9〕"有众",又众多。〔10〕"贪狼",贪婪凶戾。〔11〕"系汤夏台",本书《夏本纪》载:"自孔甲以来而诸侯多畔夏,桀不务德而武伤百姓,百姓弗堪。乃召汤而囚之夏台,已而释之。""夏台",《索隐》云是狱名,"夏曰均台"。按当是台名,囚系汤于此。《淮南子·本经训》:汤"伐桀于南巢,放之夏台"。高诱注:"夏台,大台。"台在今河南禹县南。"均台"亦作"钧台"。〔12〕"关龙逄",姓关龙,名逄(音 páng),或作"关龙逢"。"逄"乃"逢"的本字。相传为尧、舜时豢龙氏后裔。夏桀昏暴淫乱,为酒池,可行舟,令男女杂处,三旬不朝。关龙逄极力劝谏,触怒夏桀,囚而杀之。又相传夏桀在瑶台观看炮烙之刑,关龙逄进谏,夏桀遂用炮烙之刑杀之。〔13〕"偷",苟且。〔14〕"累卵",把蛋垒起来。用来比喻极危险的情况。〔15〕"央",尽。"未央",未已,未尽。〔16〕"夸",夸夸其谈。"目巧",目光灵巧。古人建筑宫室主张依靠规矩,反对仅凭巧目、巧手。如《管子·法法篇》云:"规矩者,方圆之正也。虽有巧目利手,不如拙规矩之正方圆也。""夸而目巧",是说纣谀臣左强夸夸其谈,废弃规矩,仅凭灵巧之目,教纣构筑"象郎"。〔17〕"象郎",即"象廊"。《淮南子·本经训》:"帝有桀、纣,为琁室、瑶台、象廊、玉床。"高诱注"象廊"云:"用象牙饰廊殿。"也有人认为"象郎"是绘画的廊殿。〔18〕"将至于天",宫殿高大,上达于天。〔19〕"象箸",象牙制成的筷子。本书《宋微子世家》:"纣始为象箸,箕子叹曰:'彼为象箸,必为玉杯;为杯,则必思远方珍怪之物而御之矣。'""羹",带汤的菜食。这里用作动词,食羹的意思。〔20〕"圣人",指比干。"剖其心",本书《殷本纪》载:"纣愈淫乱不止。微子数谏不听,乃与大师、少师谋,遂去。比干曰:'为人臣者,不得不以死争。'乃强谏纣。纣怒曰:'吾闻圣人心有七窍。'剖比干,观其心。"〔21〕"胻",音 héng,脚胫。"壮士斩其胻",壮士于冬天涉水,不畏寒冷,纣让人砍断壮士的脚胫,查看其髓是否充盈。《尚书·泰誓下》云:"今商王受(即纣)……斫朝涉之胫,剖贤人之心。"〔22〕"箕子",纣的叔叔,曾任太师,封于箕(在今山东太谷东北)。本书《殷本纪》记载,纣杀比干,箕子惧祸,便假装狂人为奴,纣王还是把他囚禁起来。周武王灭纣,释放了箕子。又据《周本纪》,周武王灭纣后二年,询问箕子殷朝亡国的原因。《尚书·洪范》还记载,周武王释放箕子后,把他带了回去,武王向他询问治国方略,箕子根据《洛书》,陈进了九种根本大法。〔23〕"被",通"披",披散。"佯",伪装,假装。〔24〕"杀周太子历",《索隐》云:"'杀周太子历'文在'囚文王昌'之上,则近是季历。季历不被纣诛,则其言近妄,无容周更别有太子名历也。"《史记会注考证》引陈仁锡之说,认为"'历'字衍文。太子,谓伯邑考也"。〔25〕"囚文王昌",本书《殷本纪》记载,纣以西伯昌(即周文王)、九侯、鄂侯为三公,纣先杀九侯,又杀鄂侯。西伯昌知道后暗自叹息。崇侯虎报告给纣,纣把西伯昌囚禁在羑(音 yǒu)里(在今河南汤阴县北)。〔26〕"昔",通"夕"。〔27〕"阴兢",《集解》引徐广曰:"'兢',一作'竟'。"《索隐》:"阴,姓。兢,名。"阴兢跟随周文王昌逃入周地,任大夫。有人认为阴兢逃入周地,食邑于阴,因以为氏。〔28〕"亡",逃亡。〔29〕"得太公望",太公望即吕尚。本书《齐太公世家》记载:"吕尚盖尝穷困,年老矣,以渔钓奸周西伯。西伯将出猎,卜之,曰:'所获非龙非彲,非虎非罴,所获霸王之辅。'于是周西伯猎,果遇太公于渭之阳,与语大说(通"悦"),曰:'自吾先君太公曰'当有圣人适周,周以兴'。子真是邪?吾太公望子久矣。故号之曰'太公望',载与俱归,立为师。"后来辅佐周武王灭商有功,封于齐,为齐开国之祖。〔30〕"尸",神主,木主。《楚辞·天问》:"载尸集战何所急。"所说"尸"也是指木主。周武王即位九年,率军东进,宣扬武威,到达盟津。他把文王木主载于

车中。事见本书《周本纪》。〔31〕“代将”，代替文王统率部队。〔32〕“牧野”，或作“坶野”，古地名，在今河南淇县西南。《淮南子·本经训》高诱注：“牧野，南郊地名，在朝歌城外。”朝歌为殷都。〔33〕“华山”，恐非陕西华阴县南五岳之一的华山，上文既然说“战于牧野”，此华山当离牧野不远。“阳”，山南为阳，山北为阴。〔34〕“还”，返还，回来。“走”，跑。〔35〕“宣室”，殷宫室名。《淮南子·本经训》：“武王甲卒三千，破纣牧野，杀之于宣室。”高诱注：“宣室，殷宫名。一曰宣室，狱也。”〔36〕“轸”，音zhěn，车箱底部四面的横木。此为车的代称。据本书《殷本纪》、《周本纪》记载，武王与纣在牧野决战，纣败，逃入宫中，登鹿台之上，赴火而死。武王斩纣头，悬挂在纯白色的旗帜上。〔37〕“曳”，音yè，拉着。〔38〕“涫”，音guàn，沸滚。“汤”，开水。〔39〕“大”，通“太”。〔40〕“猒”，音yàn，同“餍”，满足，饱足。“欲无猒时”，欲望没有满足的时候。〔41〕“很”，通“狠”。〔42〕“秋毫”，秋天鸟兽长出的新毛。一般用来比喻极纤小之物。

【译文】元王说：“不对。我听说，劝谏是幸福，阿谀是祸害。君主听信阿谀之言，那就是愚蠢糊涂。但是，灾难不无缘无故降临，幸福不白白到来。上天与大地气息融合，才能生出各种财富。阴阳有别，不离四时，十二个月，日子到了，便为一个周期。圣人透彻地了解这个道理，自身才无灾难。贤明的君主运用这个道理，人们没有敢欺侮的。所以说，幸福的到来，是人们自己创造的，灾难的降临，是人们自己酿成的。灾难与幸福同时并存，刑罚与恩德成双成对。圣人洞察这一道理，了解吉凶。夏桀、商纣的时候，跟上天争功，阻难鬼神，使它们不能沟通。这本来已经残暴无道了，而谄谀臣属又很多。桀有个谄谀大臣，名叫赵梁，教唆桀去干暴虐无道的事，劝诱桀贪婪凶狠，把汤囚禁在夏台，杀害关龙逄。桀身边的人怕被杀死，便在他旁边苟且敷衍，阿谀奉迎。国势危如累卵，大家却都说无伤大局。歌功颂德，寻欢作乐，高呼万岁，或者说国祚无穷无尽。蒙蔽他的耳目，同他一起欺诈狂暴。汤终于讨伐桀，桀身死国亡。他听信谄谀奸臣，一人独受其祸。《春秋》记录了这段史实，人们至今不会忘记。纣有个谄谀大臣，名叫左强。他夸夸其谈，眼睛灵活得能够目测，教唆纣建造装饰有象牙的宫殿。宫殿高大得直上云天，宫内又有玉床。纣使用犀角和美玉制成的器物，吃饭喝汤使用象牙筷子。剖开圣人比干的心，砍掉壮士的小腿。箕子怕被杀死，便披头散发装疯。纣杀死了周太子历，囚禁了文王昌。把文王昌投入石室，从早到晚囚禁。阴兢救出文王，和他一起逃走。进入周的疆域，文王得到了太公望。他聚兵兴师，与纣相攻。

文王患病死了，部下载着他的木主行进。太子发代替文王统率军队，号称武王，与纣交战牧野，在华山南面打败了纣的军队。纣没有取胜，败逃回去，武王把他围困在装饰着象牙的廊屋里。纣在宣室自杀，死后没有埋葬，脑袋被悬挂在车子上面，四匹马拉着车子走。我想到这种情景，肠子里如同开水沸腾。桀、纣都富有天下而贵为天子，然而太傲慢，欲望没有满足的时候，办事好高骛远，贪毒而又骄淫。不任用忠诚之臣，而听信谄谀之臣，被天下所耻笑。现在我这个国家，处在诸侯之间，连秋毫都不如。如果办事不妥当，又怎能逃脱灾难！”

卫平对曰：“不然。河虽神贤，不如昆仑之山；江之源理，〔1〕不如四海。而人尚夺取其宝，诸侯争之，兵革为起。小国见亡，大国危殆，杀人父兄，虏人妻子，残国灭庙，〔2〕以争此宝。战攻分争，是暴强也。故云取之以暴强而治以文理，〔3〕无逆四时，必亲贤士；与阴阳化，〔4〕鬼神为使；通于天地，与之为友。诸侯宾服，〔5〕民众殷喜。〔6〕邦家安宁，与世更始。〔7〕汤、武行之，乃取天子。《春秋》著之，以为经纪。〔8〕王不自称汤、武，而自比桀、纣。桀、纣为暴强也，固以为常。桀为瓦室，〔9〕纣为象郎。征丝灼之，务以费氓。〔10〕赋敛无度，杀戮无方。〔11〕杀人六畜，〔12〕以韦为囊。〔13〕囊盛其血，与人县而射之，〔14〕与天帝争强。逆乱四时，先百鬼尝。〔15〕谏者辄死，谀者在傍。圣人伏匿，百姓莫行。天数枯旱，国多妖祥。〔16〕螟虫岁生，〔17〕五谷不成。民不安其处，鬼神不享。飘风日起，〔18〕正昼晦冥。日月并蚀，灭息无光。列星奔乱，皆绝纪纲。以是观之，安得久长。虽无汤、武，时固当亡。故汤伐桀，武王克纣，其时使然。乃为天子，子孙续世，终身无咎，后世称之，至今不已。是皆当时而行，见事而强，乃能成其帝王。今龟，大宝也，为圣人使，传之贤王。〔19〕不用手足，雷电将之，〔20〕风雨送之，流水行之。侯王有德，乃得当之。今王有德而当此宝，恐不敢受；王若遣之，宋必有咎。后虽悔之，亦无及

已。”〔21〕

【注释】〔1〕“源理”，源流治理，水道畅达。〔2〕“庙”，宗庙。宗庙是供祀先祖的地方，神灵所在。如果宗庙被毁，几同灭族。〔3〕“文理”，古人治国，主张文、武兼用，“文理”即指与“武”相对的“文”。“治以文理”，就是以教化和行政手段进行统治。〔4〕“化”，融化，融合。〔5〕“宾”，服从，归顺。“宾服”，归服，归从。〔6〕“殷”，富裕。〔7〕“更始”，重新开始，除旧布新。〔8〕“经纪”，规范，准则。〔9〕“瓦室”，覆盖有瓦的宫室。桀时一般民众以草为屋顶，瓦是奢侈之物。〔10〕“氓”，下层民众。旧刻本误作“民”。〔11〕“无方”，没有道理。〔12〕“六畜”，指马、牛、羊、鸡、犬、豕。〔13〕“韦”，经过加工而成的熟皮。〔14〕“县”，与“悬”字通。本书《殷本纪》记载：“帝武乙无道，……为革囊，盛血，卬（同“仰”）而射之，命曰‘射天’。”帝武乙乃纣的曾祖父。《殷本纪》不言纣革囊盛血而射之之事。卫平所言，恐不足为据。〔15〕“百鬼”，泛指已故的先人。人死谓鬼。古人尊崇先祖，敬事鬼神，各季时鲜，应先奉祭鬼神，然后人们才能享用。“先百鬼尝”是“逆乱”行为。〔16〕“妖”，妖异。“祥”，预兆。〔17〕“螟”，一种害虫，蛀食稻心。“岁生”，年年生长。〔18〕“飘风”，狂暴之风。〔19〕“贤王”，指宋元王。〔20〕“将”，送行。〔21〕“已”，句末语气词，与“矣”用法相同。

【译文】卫平回答说：“不是这样。黄河虽然神灵贤明，却赶不上昆仑山；长江水源畅通，却不如四海。而人们还夺取昆仑和四海的珍宝，诸侯争抢，战争由此发生。小国被消灭，大国危殆，杀人父兄，虏人妻子，摧残国土，毁灭宗庙，来争夺这种宝物。攻战争夺，这就是强暴。所以说，使用强暴来夺取，利用教化和行政手段来统治，不违背四季之序，一定亲近贤明人士；与阴阳融合，鬼神为其役使；沟通天地，与天地为友。诸侯归服，民众富裕欢乐。国家安宁，与社会一起开创新局面。商汤和周武推行此道，就得到了天子之位。《春秋》记载了这些事，作为典范。大王不自称汤、武，而自比于桀、纣。桀、纣施行强暴，本来自认为是常事。桀修瓦屋，纣造象廊。他们征收丝絮焚烧，一心耗费百姓。税敛没有限度，杀人毫无道理。杀死人们的六畜，用熟皮做成皮囊。皮囊里装着牲畜血，与别人一起悬挂起来用箭射，和天帝争高低。违背和搅乱四时之序，在祭祀众鬼以前便尝用四时新鲜产品。进谏的人被杀死，阿谀奉承的人围在身边。圣人隐藏起来，百姓无路可走。天气频频干旱，国家多有妖异的征兆。虫害年年发生，五谷没有好收成。百姓不安其居，鬼神不享祭品。狂风天天大作，白天天昏地暗。日月并蚀，熄灭无光。群星乱窜，全然失去了规律。由此看来，怎么能长久？虽然没有汤、武进行讨伐，当时本该灭亡。所以，汤讨伐桀，武王战胜纣，是当时形势所使然。他们成为天子，子孙一代又一代地继承，终身无灾，后代赞扬他们，到现在没有停止。这都是适应当时形势而行动，遇到事情的机缘而强盛起来，因而能成其帝王之业。现在这只神龟，是个大宝，被圣人所驱使，传给贤明的君王。它不使用手和脚，雷电带着它，风雨护送它。侯王中有道德的，才能遇到它。现在大王有德而遇到这个宝贝，却恐惧得不敢接受。大王如果把它放了，宋国一定有灾难。日后即使后悔，也来不及了。”

元王大悦而喜。于是元王向日而谢，再拜而受。〔1〕择日斋戒，甲乙最良。〔2〕乃刑白雉，〔3〕及与骊羊；〔4〕以血灌龟，于坛中央。以刀剥之，身全不伤。脯酒礼之，〔5〕横其腹肠。荆支卜之，〔6〕必制其创。〔7〕理达于理，〔8〕文相错迎。〔9〕使工占之，〔10〕所言尽当。邦福重宝，〔11〕闻于傍乡。〔12〕杀牛取革，被郑之桐。〔13〕草木毕分，化为甲兵。〔14〕战胜攻取，莫如元王。元王之时，卫平相宋，宋国最强，龟之力也。

【注释】〔1〕“再拜”，古代的一种常见的比较隆重的礼节，连续拜两次。〔2〕“甲乙”，甲日、乙日。古代记日或用天干、地支，或只用天干。此处记日即只用天干。〔3〕“刑”，杀。〔4〕“骊”，音lí，本指纯黑色的马。此谓纯黑色。〔5〕“脯”，音fǔ，干肉。〔6〕“支”，与“枝”字通。〔7〕“制其创”，谓在龟壳上灼出裂痕。〔8〕“理达于理”，此句字有讹误。《史记会注考证》引王念孙曰：“‘理达于理’，文不成义。‘理达’当为‘程达’。‘程’、‘理’右半相似，又涉下‘理’字而误也。‘程’与‘呈’古字通。灼龟为兆，其理纵横，呈达于外，故曰‘程达于理，文相错迎’也。《太平御览·方术部》引此正作‘程达于理’。”〔9〕“文”，指烧灼龟壳后出现的线条状纹理。“错迎”，交错。〔10〕“工”，卜官。〔11〕“福”，《集解》引徐广曰：“福，音副，藏也。”

〔12〕“傍乡”，相邻的地域。〔13〕“被”，加在，蒙在。“郑之桐”，郑国产的桐木。桐木材质轻松而又致密，适合于制作琴瑟等乐器和箱箧。这里是说利用牛皮和郑国桐木制鼓。〔14〕“甲兵”，分言之，“甲”指甲胄，“兵”指兵器。合言之，“甲兵”谓武器。

【译文】宋元王听了，十分高兴。于是，元王向着太阳拜谢上天，拜了两次，接受了龟。选择日子斋戒，甲日、乙日最为吉利。于是，杀了白雉和黑羊，在祭坛的中央，用它们的血灌龟。用刀解剖龟，龟身完好无伤。用酒和肉礼遇它，它的肚肠便被剔了出来。用荆木枝烧灼龟壳来占卜，直到烤炙出兆纹。兆纹显现，纵横交错。让卜官用龟占卜，所说的全都灵验。国家藏有贵重宝物，名声传于邻近的邦国。杀牛取皮，蒙在郑国桐木上作成战鼓。把草木全部分别开来，变成甲胄兵器。战无不胜，攻无不取，谁也比不上宋元王。元王时期，卫平作宋国的相，宋国最为强大，是依靠龟的力量。

故云神至能见梦于元王，而不能自出渔者之笼。身能十言尽当，〔1〕不能通使于河，还报于江。贤能令人战胜攻取，不能自解于刀锋，〔2〕免剥刺之患。圣能先知亟见，〔3〕而不能令卫平无言。言事百全，〔4〕至身而挛；〔5〕当时不利，又焉事贤？贤者有恒常，〔6〕士有适然。〔7〕是故明有所不见，听有所不闻；人虽贤，不能左画方，右画圆；日月之明，而时蔽于浮云。羿名善射，〔8〕不如雄渠、蠭门；〔9〕禹名为辩智，〔10〕而不能胜鬼神。地柱折，〔11〕天故毋椽，〔12〕又奈何责人于全？孔子闻之曰：“神龟知吉凶，而骨直空枯。〔13〕日为德而君于天下，辱于三足之乌。〔14〕月为刑而相佐，〔15〕见食于虾蟆。〔16〕猬辱于鹊，〔17〕腾蛇之神而殆于即且。〔18〕竹外有节理，中直空虚；松柏为百木长，而守门闾。〔19〕日辰不全，故有孤虚。〔20〕黄金有疵，白玉有瑕。事有所疾，亦有所徐。物有所拘，〔21〕亦有所据。〔22〕罔有所数，〔23〕亦有所疏。人有所贵，亦有所不如。何可而适乎？〔24〕物安可全乎？天尚不全，故世为屋，不成三瓦而陈之，〔25〕以应之天。天下有阶，〔26〕物不全乃生也。”〔27〕

【注释】〔1〕“十言”，言其多，犹言“百言”。〔2〕“解”，解脱，摆脱。《庄子·外物篇》云：“仲尼曰：‘神龟能见梦于元君，而不能避余且之网；知能七十二钻而无遗策，不能避刳肠之患。’”此为《史记》所本。〔3〕“亟”，敏疾，迅速。“亟见”，迅速地预见。〔4〕“百全”，周全而无一失。〔5〕“挛”，卷曲不能伸直。〔6〕“恒常”，张文虎《校刊史记集解索隐正义札记》云：“‘恒’、‘常’字当衍其一，盖汉世讳‘恒’为‘常’，后人两存之。”〔7〕“适然”，合于常规，合乎情理。〔8〕“羿”，音 yì，又称后羿、夷羿，相传为有穷氏部落首领，善射。夏启死后，推翻夏代统治，夺取王位，启子太康和仲康流亡而死。羿自恃善射，不理民事，委政寒浞，被寒浞杀死。〔9〕“雄渠”，又称雄渠子，据说是春秋楚国人，箭术高明。《集解》引《新序》云：“楚雄渠子夜行，见伏石当道，以为虎而射之，应弦没羽。”“蠭门”，又作“逢蒙”，传说中的善射者。据说他向羿学习射术，尽得其艺。刘歆《七略》著录有《蠭门射法》，虽是后人托名之作，但也可看出蠭门射术为世人所重。“蠭”，音 páng。〔10〕“禹”，又称大禹、夏禹、戎禹，原为夏部落领袖，奉舜命治水有功，成为舜的继承人，担任部落联盟领袖。事详本书《夏本纪》。“辩”，口才好。〔11〕“地柱折”，在古人的观念中，天是由地柱支撑的。《淮南子·天文训》即云：“昔者共工与颛顼争为帝，怒而触不周之山，天柱折，地维绝，天倾西北，故日月星辰移焉。地不满东南，故水潦尘埃归焉。”〔12〕“椽”，音 chuán，安放在房梁上支架屋顶的木条。〔13〕“骨直空枯”，《正义》：“凡龟其骨空中而枯也。‘直’，语发声也，今河东亦然。”〔14〕“三足之乌”，神话传说中认为太阳内有三足乌。《淮南子·精神训》载：“日中有踆乌。”高诱注：“踆，犹蹲也。谓三足乌。”〔15〕“月为刑”，在古人意识中，日为阳，阳与仁德相应。月为阴，与刑罚相应。“相佐”，谓月之阴刑，与日之阳德相辅。〔16〕“见食于虾蟆”，被虾蟆吃掉。《淮南子·说林训》：“月照天下，蚀于詹诸。”“虾蟆”即詹诸（蟾蜍）。〔17〕“猬”，刺猬。“猬辱于鹊”，《集解》引郭璞云：“猬能制虎，见鹊仰地。”又引《淮南万毕》云：“鹊令猬反腹者，猬憎其意而心恶之也。”〔18〕“腾蛇”，据说是一种能飞走的蛇。《集解》引郭璞云：“腾蛇，龙属也。”“即且”，或作“蝍蛆”，蜈蚣。古人还有另种解释，如《集解》引郭璞云：“蝍蛆，似蝗，大腹，食蛇脑也。”《淮南子·说林训》高诱注又云：“蝍蛆，蟋蟀。《尔疋》谓之蜻蛚之大腹也。上蛇，蛇不敢动。”〔19〕“闾”，里巷大门。〔20〕“日辰不全，故有孤虚”，天干叫“日”，地支叫“辰”。十天干与十二地支不重复地依次组合,从甲子到癸亥正好为六十个组合,每一个组合代表一天,十天叫一旬,六十个组合为六旬。甲子旬从甲子开始,到癸酉结束,十二地支中余下戌、亥,移入下一旬,即甲戌旬,戌、亥称为“孤”。戊辰、己巳两天在这一旬中缺少相对的日子,因此谓之“虚”。其他各旬中孤、虚可以类推。《集解》云:“《六甲孤虚法》:甲子旬中无戌亥,戌亥即为孤,辰巳即为虚。甲戌旬中无申酉,申酉为孤,寅卯为虚。甲申旬中无午未,午未为孤,子丑为虚。甲午旬中无辰巳,辰巳为孤,戌亥即为虚。甲辰旬中无寅卯,寅卯为孤,申酉为虚。甲寅旬中无子丑,子丑为孤,午未即为虚。”岁、月、日、时均有孤虚,规律相同。〔21〕“拘”,局限。〔22〕“据”,其义应与“拘”相反,可理解为所据有的特长。〔23〕“罔”,同“网”。“数”,音 cù,细密。网眼细密,为的是能捕小鱼。〔24〕“适”,适中,恰到好处。〔25〕“陈”,《索隐》引刘氏云:“陈犹居也。”“不成三瓦而陈之”,《集解》引徐广云:“一云为屋成,欠三瓦而栋之也。”〔26〕“阶”,比喻高低不同。〔27〕“物不全乃生也”,《正义》云:“言万物及日月天地皆不能全,喻龟之不全也。”

【译文】所以说龟神明到能够托梦宋元王,却不能自己脱身于渔人的笼子。自己所说的都能够灵验,却不能通使黄河,还报长江。本领能让人战无不胜,攻无不取,却不能自脱于刀锋,免除被宰割的灾难。超凡智慧能够做到先知先觉,迅速预见未来,却不能让卫平不说那些损害自己的话。预言事情百言百中,到自己身上却被拘系得不能伸展。在紧要的时候不能趋利避害,又怎能事奉贤明的人?贤明的人有一定的常规,文化人有合乎情理的言行。因此,眼睛明亮而有看不见的地方,耳朵灵敏却有听不到的方面;人虽然贤明,不能同时左手画方,右手画圆;日月明亮,却有时被浮云遮蔽。羿号称善射,赶不上雄渠、蠭门;禹号称善辩多智,却不能胜过鬼神。地柱折断过,天本来没有椽子,又怎能对人求全责备?孔子听到神龟的事情以后说:“神龟能察知吉凶祸福,而骨头却空虚枯干。太阳普施恩德而君临天下,却受辱于三足乌鸦。月亮使用刑罚辅佐太阳,却被蛤蟆吞食。刺猬受辱于喜鹊,有神通的腾蛇,却被蜈蚣所困殆。竹子表面一节一节的,腹中却又直又空。松柏是百木的首领,却被栽在大门旁,守护大门。日辰不齐全,所以有孤有虚。黄金有疵,白玉有瑕。事情有时迅疾,也有时徐缓。事物有局限,也有其立足的特长。鱼网有细密的,也有粗疏的。人有尊贵的地方,也有赶不上其他东西的地方。怎么能恰到好处呢?事物哪能尽善尽美呢?天尚且不完整,所以世人盖房,少放三块瓦来居住,以便与天的缺陷相适应。天下事物有高有低,万物不完备才能生存。”

褚先生曰:渔者举网而得神龟,龟自见梦宋元王,〔1〕元王召博士卫平告以梦龟状。〔2〕平运式,定日月,〔3〕分衡度,〔4〕视吉凶,占龟与物色同,〔5〕平谏王留神龟以为国重宝,美矣。古者筮必称龟者,以其令名,〔6〕所从来久矣。余述而为传。〔7〕

【注释】〔1〕“见”,通“现”。〔2〕“博士”,古代由文化人担任的学官,秦始皇时六艺、诸子、诗赋、术数、方伎、占梦都设博士,汉代诸子百家均立博士。博士当始于战国。宋元王当春秋时,其时尚未有博士,此云“博士卫平”,失实。〔3〕“定日月”,测定日月所在的位置。〔4〕“分”,分析,分辨。“衡”,测量天体的一种仪器,呈长管状。“度”,标志长度的标准。”衡度”在这里指星象的位置。〔5〕“物色”,形貌颜色。〔6〕“令”,美好。“令名”,美好的名声。〔7〕“余述而为传”,褚少孙写的这篇传记,前人没有一处肯定之辞,批评颇多。如梁玉绳在《史记志疑》中说:“‘余至江南’以下尤义支辞弱,但衍《庄子·外物篇》宋元君得龟事,二千八百余言皆用韵语,奇恣自喜,亦必当时旧文,而褚进之。惟语多悖谩,不可以训。如宋元公何曾僭王,其时亦无博士之官,而称宋元王(《吕氏春秋·君守》有“鲁鄙人遗宋元王闭”一事。)召博士卫平。《史》不言王季之死,《吕氏春秋·首时》谓季历困而死,《竹书》及《晋书·束皙传》俱谓文丁杀季历。即以为真,是王季不得正其终矣。而此作纣杀太子历,岂天下之恶皆归欤?且季历不应称太子,若以太子为伯邑考,又不应名历。(《索隐》亦疑之。)文王之出羑里,纣赦之也,而云与阴兢亡人于周。武王载木主伐纣,示不敢专耳,而云文王攻纣病死,载尸以行,武王代将破纣,其说与《淮南·齐俗》同妄。太白之悬本诬,此又云头悬车轸,四马曳行。射天乃武乙事,此以为桀、纣。日辱于三足之乌,月食于虾蟆,孔子宁有斯语?其诞不辨自明。”可见,褚少孙这篇传记,多与史实乖戾。

【译文】褚先生说:打鱼的人撒网捕获了神龟,神龟自己托梦给宋元王。元王召见博士卫平,把梦见神龟的情形告诉他。卫平运用卜栻,测定日

月的位置，分辨星辰的动向，观察吉凶，经过占卜，龟与元王所梦之物的形状和颜色相同。卫平劝说元王留下神龟作为国家的贵重宝物。这件事真好啊！古代占卜一定称赞龟，是因为龟有好名声，这由来很久了。我记述下来写成这篇传记。

三月 二月 正月[1] 十二月 十一月 中关内高外下[2] 四月 首仰[3] 足开 肣开[4] 首俯大[5]
五月 横吉 首俯大[6]
六月 七月 八月 九月
十月[7]

【注释】〔1〕“正月”，《正义》云：“言正月、二月、三月右转周环终十二月者，日月之龟，腹下十二黑点为十二月，若二十八宿龟也。”“日月之龟”腹下有十二黑点，代表十二个月份。据推测，灼龟占卜时，兆纹总会靠近某一黑点，这样便可确定所卜事物的时间。〔2〕“中关内高外下”，谓中关之兆的形状是内里高，外面低下。此句和下文“首仰”、“足开”、“肣开”、“首俯大”，说的都是卜兆的形状。〔3〕“首仰”，《正义》云：“谓兆首仰起。”〔4〕“肣”，音qīn，收敛。“肣”与“开”义相反，疑有误。张文虎《校刊史记集解索隐正义札记》认为“当作‘足肣’”。〔5〕“首俯大”，兆纹的首端下俯而又较大。〔6〕“首俯大”，此三字当是衍文。〔7〕“十月”，张文虎《校刊史记集解索隐正义札记》云：“‘正月’下《正义》云‘言正月、二月、三月右转周环十二月者，日月之龟’，疑旧式本依日躔之次，从亥位起，正月右旋十二辰，列于上辰者，日月所会，故名日月龟矣。其卜兆别在下方。传写错乱，致不可解。今依《正义》寻之，尚可得其仿佛，别写如左：
四月 三月 二月 正月 中关内高外下
五月 十二月 首仰 首俯大
六月 十一月 足开 足肣 横吉
七月 八月 九月 十月

【译文】三月 二月 正月 十二月
十一月 中关内高外下 四月
首仰 足开 肣开 首俛大
五月 横吉 首俯大 六月
七月 八月 九月 十月

卜禁曰：[1]子、亥、戌不可以卜及杀龟。[2]日中如食已卜。[3]暮昏，[4]龟之徼也，[5]不可以卜。庚、辛可以杀，及以钻之。常以月旦祓龟，[6]先以清水澡之，[7]以卵祓之，[8]乃持龟而遂之，[9]若常以为祖。[10]人若已卜不中，皆祓之以卵，东向立，灼以荆若刚木，[11]土卵指之者三，[12]持龟以卵周环之，祝曰：[13]“今日吉，谨以粱卵焍黄祓去玉灵之不祥。”[14]玉灵必信以诚，[15]知万事之情，辩兆皆可占。[16]不信不诚，则烧玉灵，扬其灰，以征后龟。[17]其卜必北向，龟甲必尺二寸。

【注释】〔1〕“卜禁”，占卜的禁忌。〔2〕“子、亥、戌”，古代以地支表示时辰，子时相当于夜间十一时至凌晨一时，亥时相当于夜间九时至十一时，戌时相当于晚七时至九时。〔3〕“食”，日食。“已卜”，停止占卜。〔4〕“暮昏”，黄昏。〔5〕“徼”，假借为“缴”。《索隐》：“音叫。谓徼绕不明也。”白天日食或黄昏时，光线昏暗，龟缴绕不明，明晰度大大降低。〔6〕“月旦”，犹月朔，每月初一。“祓”，音fú，为除灾去邪而举行的一种仪式。下文便叙述了“祓龟”的仪式。〔7〕“澡”，洗。〔8〕“以卵祓之”，《正义》云：“以鸡卵摩而祝之。”即用鸡卵摩龟，同时口中向龟祝告。〔9〕“遂之”，过去人们怀疑此处文有脱误。按：“遂”，假借为“揣”，“决”的意思。谓用清水洗龟，再用鸡卵摩龟祝告后，便可以拿龟占卜决疑。〔10〕“若常以为祖”，《索隐》云：“‘祖’，法也。言以为常法。”郭嵩焘《史记札记》云：“按《说文》：‘祖，始庙也。’《广韵》：‘祖，始也。’周、秦间多训‘祖’为‘始’。《汉书·食货志》‘帝命后稷以黎民祖饥’，孟康注：‘谓始饥也。’‘若常以为祖’，言常以月旦祓龟，见曰有事于卜，必用此为始也。《索隐》误。”可备一说。〔11〕“灼以荆若刚木”，《索隐》云：“古之灼龟，取生荆条及生坚木烧之，斩断以灼龟。”“若”，或者。〔12〕“土卵指之者三”，如果占卜不灵验，用土做成卵，用土卵指龟三次，绕龟三周，来消除不祥。〔13〕“祝”，祝告，祷告。〔14〕“粱”，米。“卵”，鸡卵。“焍”，音dì，灼龟的木条。“黄”，裹粱米和鸡卵来祓龟的黄绢。“玉灵”，对龟的敬称，犹言“玉龟”、“神龟”。〔15〕“以”，而。〔16〕“辩”，通“辨”，分辨，辨别。〔17〕“征”，通“惩”，惩戒。《太平御览》卷七二五引作“惩”。

【译文】占卜的禁忌规定：子时、亥时、戌时不可以占卜和杀龟。白天如果日食，停止占卜。黄昏时，龟缴绕不明，不能占卜。庚日、辛日可以杀龟，或在龟甲上钻凿。常在每月初一祓除龟的不祥，方法是先用清水洗龟，再用鸡蛋摩擦龟并祝告，接着就拿龟占卜决疑，这是通常的方法。人们如果已经占卜而不灵验，都用鸡蛋祓除不祥，面朝东站着，用荆枝或硬木枝灼龟，利用土捏成的卵指龟三次，拿龟用卵环绕起来，祷告说："今天吉利，谨以粱米、鸡卵、焍木、黄绢祓除玉龟的不祥。"玉龟必须守信而诚实，预知万事的情况，辨认兆纹都可以占卜明白。不信不诚，就烧掉玉龟，扬弃其灰，以警告此后使用的龟。占卜时必须面朝北，龟甲壳必须一尺二寸长。

卜先以造灼钻，〔1〕钻中已，又灼龟首，各三；又复灼所钻中曰"正身"，灼首曰"正足"，〔2〕各三。即以造三周龟，祝曰："假之玉灵夫子。〔3〕夫子玉灵，荆灼而心，〔4〕令而先知。而上行于天，下行于渊，诸灵数箣，〔5〕莫如汝信。今日良日，〔6〕行一良贞。〔7〕某欲卜某，即得而喜，〔8〕不得而悔。即得，发乡我身长大，〔9〕首足收入皆上偶。〔10〕不得，发乡我身挫折，〔11〕中外不相应，首足灭去。"

【注释】〔1〕"造"，《索隐》云："'造'，音灶，'造'谓烧荆之处。"此处"造"，可理解为烧荆枝的地方，下文"即以造三周龟"一句的"造"字，当指燃烧的荆枝。〔2〕"灼首"，张文虎《校刊史记集解索隐正义札记》云："'灼首'下疑脱'曰正首，灼足'五字。"从上下文义来看，张文虎的见解可能是正确的。〔3〕"夫子"，犹如今天说的"先生"，是尊称。〔4〕"而"，尔，你。〔5〕"诸灵数箣"，谓各种神灵，众多的蓍草。与下文"五巫（当作"筮"）五灵"意思相类。"箣"，当作"莿"。《史记》景祐本、黄善夫本并作"莿"。王念孙《读书杂志》云："《集解》徐广曰：'音策。'《索隐》本作'莿'，注曰：'莿，音近策，或莿是策之别名。此卜筮之书，其字亦无可核。'念孙按：《说文》、《玉篇》无'箣'、'莿'二字，此皆'莿'之误也。《说文》：'莿，朿也，从艸刺声。《玉篇》音刺，刺与策声相近。故《索隐》曰：'莿，音近策。'莿字又有策音，故徐广音策。《集韵》：'策，蓍也。或作莿。'即本于徐广。"〔6〕"良日"，美好的日子。〔7〕"良贞"，美好的占卜。〔8〕"即"，如果，假如。"得"，获得吉兆。〔9〕"发"，显现出来。"乡"，通"向"。"身长大"，兆文本身又长又大。〔10〕"首"，《史记》景祐本、黄善夫本、殿本等皆作"手"。《史记会注考证》云："张文虎曰：'首，当作手。下"手足灭去"同。'"按《史记会注考证》误引张文虎的说法，张文虎在《校刊史记集解索隐正义札记》中说："首足收，'首'误'手'，今改。下'首足灭去'同。"张文虎认为"手"是误字。"上偶"，成对向上。〔11〕"挫折"，弯曲不得伸展。

【译文】进行占卜，先要在燃烧荆枝的地方对龟灼炙和钻凿，钻凿完了中部，又灼炙龟首，每个部位三次。又灼炙所钻凿的中部，叫做"正身"，灼炙龟首，叫做"正足"，各三次。接着就拿燃烧的荆枝绕龟三周，祝祷说："借助玉龟先生的神力。玉龟先生，我用荆枝灼炙您的心，让您先知先觉。您上行于天，下行于渊，各种灵物蓍草，谁也没有您可信。今天是个好日子，进行一次美妙的占卜。某某人想卜问某某事，如果获得吉兆就会高高兴兴，没有获得吉兆就会懊恼。如果我所求之事能够成功，您向我显示的兆身又长又大，首足收敛，兆纹成对上扬。如果所求之事不能成功，您向我显示的兆身曲屈不直，中间和外围的兆纹不相对应，首足的兆纹消失。"

灵龟卜，祝曰：〔1〕"假之灵龟，五巫五灵，不如神龟之灵，〔2〕知人死，知人生。某身良贞，某欲求某物。即得也，头见足发，〔3〕内外相应。即不得也，头仰足肣，内外自垂。"可得占。

【注释】〔1〕"灵龟卜"，使用灵龟来占卜。张文虎《校刊史记集解索隐正义札记》云："'灵龟'二字疑衍。"〔2〕"五巫五灵"，众多的筮蓍，众多的灵物。义与上文"诸灵数箣"相同。"五"，言其多。"巫"，当作"筮"，《史记会注考证》本作"筮"。〔3〕"头"，兆纹的头部。"见"，通"现"，表现，出现。"足"，兆纹的足部。"头见足发"，兆纹出现头部，足部也显现出来。

【译文】用灵龟占卜，祝祷说："借助灵龟神力。众多的筮蓍和灵物，不如神龟神灵，了解人的死，了解人的生。某某亲自进行这次美妙的占卜，某某想得到某某东西。如果能够得到，兆身的头部

和足部都显露出来，兆内外相应。如果不能得到，兆身的头部仰起，足部收敛，兆纹内外下垂。”这样就可以占卜了。

卜占病者，〔1〕祝曰：“今某病困。死，首上开，〔2〕内外交骇，〔3〕身节折。〔4〕不死，首仰足肣。”

【注释】〔1〕“占”，张文虎《校刊史记集解索隐正义札记》云：“‘占’字疑衍。” 〔2〕“首上开”，张文虎《校刊史记集解索隐正义札记》云：“中统本‘上’作‘止’，疑‘足’之坏文，而上脱‘仰’字。”王叔岷《史记斠证》云：“‘首上开’，盖本作‘首足开’。‘足’坏为‘止’，复误为‘上’耳。‘足’上似未脱‘仰’字。下文亦有‘首足开’之语，张氏谓‘首下脱仰字’。以此文验之，未必脱‘仰’字也。上文言‘首足收入’，与‘首足开’文意相反。” 〔3〕“骇”，改变，不同。《史记会注考证》引冈白驹云：“‘骇’当作‘驳’，交驳不同也。”王叔岷不赞同冈白驹的见解。他在《史记斠证》中说：“《庄子·大宗师篇》：‘且彼有骇形而无损心。’《淮南子·精神篇》‘骇’作‘戒’，高注：‘戒或作革，革，改也。’‘骇’，字亦作‘駴’，与‘戒’、‘革’古并通用。‘内外交骇’，犹言‘内外相革’，即‘内外不同’之意。‘骇’不当作驳’。” 〔4〕“身节”，兆身的关节部位。

【译文】为生病的人占卜，祝祷说：“现在某某人病情危险。如果将会死去，兆身的首部向上张开，兆纹内外不同，兆身节屈折。如果不会死去，兆身首部仰起，足部收敛。”

卜病者祟，〔1〕曰：“今病有祟，无呈；〔2〕无祟，有呈。兆有中祟，〔3〕有内；〔4〕外祟，有外。”

【注释】〔1〕“祟”，鬼神作怪，为害于人。〔2〕“呈”，呈现。郭嵩焘《史记札记》云：“按《玉篇》：‘呈，赤也，见也。’《周礼》太卜作龟之八命，‘八曰瘳’，郑注：‘瘳，谓疾瘳不也。’其占皆有常、有祟，则其兆不见，故曰‘无呈’。” 〔3〕“中祟”，家内的妖邪作怪。与下文“外祟”相对而言。“外祟”即外面的妖邪为害。 〔4〕“有内”，有在内的兆纹。与下文“有外”相对为言。“有外”即谓有在外的兆纹。

【译文】为生病的人占卜有无邪祟，祝祷说：“现在病人如果有妖祟为害，不要显露兆纹；如果没有妖祟为害，则显露出兆纹来。如果家中有妖邪作祟，则有在内的兆纹；如果家外有妖邪作祟，则有在外的兆纹。”

卜系者出不出。〔1〕不出，横吉安；〔2〕若出，足开首仰有外。

【注释】〔1〕“系者”，被拘系囚禁的犯人。“出不出”，能不能从牢狱中释放出来。 〔2〕“横吉安”，是一个有特定内涵的兆象名。这里说，如果不能出狱，兆象为“横吉安”。据下文，兆得“横吉安”，犯有重罪的不能出狱，轻罪可很快出狱。

【译文】卜问被拘押的人能出狱还是不能出狱。如果不能出狱，兆横吉安；如果能够出狱，兆纹足部分开，兆纹首部仰起，有兆外。

卜求财物，其所当得。〔1〕得，首仰足开，内外相应；即不得，呈兆首仰足肣。

【注释】〔1〕“其所当得”，他所应该得到的。

【译文】卜问谋求财物，他能否得到。如果能得到，兆首仰足开，内外相应；如果不能得到，兆首仰足敛。

卜有卖若买臣妾马牛。〔1〕得之，首仰足开，内外相应；不得，〔2〕首仰足肣，呈兆若横吉安。

【注释】〔1〕“若”，或者。“臣”，男性奴隶。“妾”，女性奴隶。“臣妾”地位极为低下，在《云梦秦简》中有大量关于臣妾的记载。 〔2〕“不得”，这里说不得的兆象为“横吉安”，可是从下文来看，卜问求财物、买臣妾牛马，兆得“横吉安”，一日可得，过了一日才不可得。

【译文】卜问卖或买男女奴隶及牛马的情况。如果成功，兆首仰足开，内外相应；如果不能成功，兆首仰足敛，呈兆如横吉安。

卜击盗聚若干人在某所，今某将卒若干人往击之。[1]当胜，首仰足开身正，内自桥，[2]外下；不胜，足肣首仰，身首内下外高。

【注释】〔1〕“将”，音 jiàng，率领，统辖。〔2〕“桥”，高起如桥。

【译文】卜问攻打强盗，强盗在某地聚集了若干人，现在某某率领若干士兵前去攻打。如果能取胜，兆首仰足开身正，兆内自己高起来，外部低下去；如果不能取胜，兆足敛首仰，身首内低外高。

卜求当行不行。[1]行，首足开；不行，足肣首仰；若横吉安，安不行。

【注释】〔1〕“行”，行路，出外。

【译文】卜问该出行还是不该出行。该出行，兆首足张开；不该出行，足敛首仰；如横吉安，安则不该出行。

卜往击盗，当见不见。[1]见，首仰足肣有外；不见，足开首仰。

【注释】〔1〕“当见不见”，能够碰见还是不能碰见。

【译文】卜问前去攻打强盗，能够碰见强盗还是碰不见强盗。能见到，兆首仰足敛有外；不能见到，兆足开首仰。

卜往候盗，[1]见不见。见，首仰足肣，肣胜有外；[2]不见，足开首仰。

【注释】〔1〕“候”，侦察，窥伺。〔2〕“肣胜”，张文虎《校刊史记集解索隐正义札记》云：“‘肣’字疑衍，而‘胜’又‘肣’之讹衍。”

【译文】卜问前往侦察强盗，能够见到强盗还是见不到强盗。能见到，兆首仰足敛，敛胜有外；见不到，兆足开首仰。

卜闻盗来不来。来，外高内下，足肣首仰；不来，足开首仰；若横吉安，期之自次。[1]

【注释】〔1〕“期之自次”，意谓盗贼在该来的日期以后才来。

【译文】卜问听说有强盗，强盗来还是不来。强盗来的话，兆外高内低，足敛首仰；不来的话，兆足开首仰；如横吉安，强盗将在该来的日期以后来。

卜迁徙去官不去。[1]去，足开有肣外首仰；[2]不去，自去，[3]即足肣，呈兆若横吉安。

【注释】〔1〕“去官”，离开官位，丢掉官位。〔2〕“肣”，张文虎《校刊史记集解索隐正义札记》云：“疑衍。”〔3〕“自去”，张文虎云：“二字疑衍。”“不去”和“自去”是两种不同的情况，“不去”是不丢掉官职，“自去”是自己主动辞职。“自去”二字不是衍文。

【译文】卜问调动职务会丢官还是不会丢官。如果丢官，兆足开有外首仰；如果不会丢官，或需自己辞职，则足敛，呈兆如横吉安。

卜居官尚吉不。吉，呈兆身正，若横吉安；不吉，身节折，首仰足开。

卜居室家吉不吉。吉，呈兆身正，若横吉安；不吉，身节折，首仰足开。

卜岁中禾稼孰不孰。[1]孰，首仰足开，内外自桥外自垂；不孰，足肣首仰有外。

【注释】〔1〕“岁中”，今岁，今年。“孰”，同“熟”。

【译文】卜问当官是否仍然吉利。如果吉利，呈兆身正，如横吉安；如果不吉利，兆身关节折屈，首仰足开。

卜问在家中居住吉利还是不吉利。如果吉利，呈兆身正，如横吉安；如果不吉利，兆身关节折屈，首仰足开。

卜问今年庄稼丰收还是不丰收。如果丰收，兆首仰足开，内外高起，外自垂；如果不能丰收，兆足敛首仰有外。

卜岁中民疫不疫。疫，首仰足肣，身节有强外；[1]不疫，身正首仰足开。

【注释】〔1〕“有强”，张文虎《校刊史记集解索隐正义札记》云：“疑倒。”根据张文虎的看法，此句应作“身节强有外”。按“有”，当解为“又”，“有强”二字不误。

【译文】卜问今年百姓遭受瘟疫还是不遭受瘟疫。如果遭受瘟疫，兆纹首仰足敛，身节有强外；如果不遭受瘟疫，兆身正首仰足开。

卜岁中有兵无兵。[1]无兵，呈兆若横吉安；有兵，首仰足开，身作外强情。[2]

【注释】〔1〕“兵”，兵事，战争。〔2〕“身作外强情”，张文虎《校刊史记集解索隐正义札记》云：“有脱误。”

【译文】卜问今年有战乱还是没有战乱。如果没有战乱，呈兆如横吉安；如果有战乱，兆首仰足开，兆身作外强状态。

卜见贵人吉不吉。吉，足开首仰，身正，内自桥；不吉，首仰，身节折，足肣有外，若无渔。[1]

【注释】〔1〕“无渔”，《史记会注考证》云：“二字有讹脱。”按疑“渔”下脱“人”字。据下文，兆得“渔人”，“见贵人吉”。这里“卜见贵人吉不吉”，因为“无渔人”（没有出现“渔人”这一兆象），当然“不吉”。而郭嵩焘《史记札记》解释说：“按外起而中陷，若虚无物然，故曰‘无渔’。渔者举网而得鱼，凡侵取所有者皆谓之渔也。下文‘命曰渔人’，亦此义。”

【译文】卜问见到贵人吉利，还是不吉利。如果吉利，兆足开首仰，身正，内自高起；如果不吉利，兆首仰，身节折屈，足敛有外，如同打鱼无所获。

卜请谒于人得不得。得，首仰足开，内自桥；不得，首仰足肣有外。

卜追亡人当得不得。得，首仰足肣，内外相应；不得，首仰足开，若横吉安。

卜渔猎得不得。得，首仰足开，内外相应；不得，足肣首仰，若横吉安。

卜行遇盗不遇。遇，首仰足开，身节折，外高内下；不遇，呈兆。[1]

【注释】〔1〕“呈兆”，张文虎《校刊史记集解索隐正义札记》云：“疑下有脱文。”按此二字不误。“呈兆”是一特定的兆象名称，与上文的“横吉安”、下文的“柱彻”均属兆名。

【译文】卜问求见他人有收获还是没有收获。如果有收获，兆首仰足开，内自高起；如果没有收获，兆首仰足敛有外。

卜问追捕逃亡的人，能抓到还是不能抓到。如果抓得到，兆首仰足敛，内外相应；如果抓不到，兆首仰足开，如横吉安。

卜问捕鱼打猎有收获还是没有收获。如果有收获，兆纹首仰足开，内外相应；如果没有收获，兆足敛首仰，如横吉安。

卜问出行能碰上强盗还是碰不上强盗。如果能碰上强盗，兆首仰足开，身节折屈，外高内低；如果碰不上强盗，则显现“呈兆”这一兆象。

卜天雨不雨。雨，首仰有外，外高内下；不雨，首仰足开，若横吉安。

卜天雨霁不霁。[1]霁，呈兆足开首仰；不霁，横吉。[2]

【注释】〔1〕“霁”，雨止，雪停，雾散，天气放晴，均可谓“霁”。〔2〕“横吉”，即“横吉安”。根据下文，兆为“横吉安”，“不霁”。

【译文】卜问天下雨还是不下雨。如果下雨，兆首仰有外，外高内低；如果不下雨，兆首仰足开，如横吉安。

卜问天下雨，能否雨停放晴。如果雨停天晴，呈兆足开首仰；如果不能雨停天晴，兆象横吉安。

命曰横吉安。[1]以占病，病甚者一日不

死;不甚者卜日瘳,[2]不死。系者重罪不出,轻罪环出;[3]过一日不出,久毋伤也。[4]求财物、买臣妾马牛,一日环得,过一日不得。行者不行。[5]来者环至;过食时不至,不来。击盗不行,行不遇。闻盗不来。徙官不徙。居官家室皆吉。岁稼不孰。民疾疫无疾。岁中无兵。见人行,不行不喜。请谒人不行不得。追亡人、渔猎不得。行不遇盗。雨不雨。霁不霁。

【注释】〔1〕"命",取名。"命曰横吉安",取名叫"横吉安"。"横吉安"与下文"呈兆"、"柱彻"等,都是占卜职业者为某一特定的兆象拟定的名称。以下是叙述得兆"横吉安"时,所卜问各种事情的结果。〔2〕"瘳",音 chōu,疾病痊愈。〔3〕"环",假借为"旋"。"环出",旋即出狱。〔4〕"久毋伤",长久囚禁也没有伤害。"毋",通"无"。〔5〕"行者不行",上文也说:"卜求当行不行……若横吉安,安不行。"

【译文】这一兆象取名叫"横吉安"。用横吉安卜问生病的情况,重病者一日之内不会死亡;不重者在占卜当天就会痊愈,不会死亡。卜问被拘押者的情况,结论是重罪者不能获释,轻罪者很快获释;过了一天没有释放出来,即使被拘押很长时间也没有什么妨害。卜问获取财物、买奴隶牛马的情况,结论是一天内可以很快得到;过了一天不能得到。卜问出行的情况,结论是不宜出行。卜问要来的人是否能来,结论是要来的人很快便到;过了吃饭时间还没有到,就不会来了。卜问前去攻打强盗的情况,结论是不宜前去,去了也碰不到强盗。卜问听说强盗要来,究竟来不来,结论是不来。卜问调动官职的情况,结论是不会调动。卜问在官任上或在家中的情况,结论是全都吉利。卜问今年庄稼收成情况,结论是不会丰收。卜问百姓瘟疫情况,结论是没有瘟疫。卜问今年有无战乱,结论是没有战乱。卜问去不去求见他人,结论是应该去,不去就不欢喜。卜问请谒于人的情况,结论是不去就会一无所得。卜问追捕逃亡者和捕鱼打猎的情况,结论是没有收获。卜问出行情况,结论是不会遇见强盗。卜问天会不会下雨,结论是不会下雨。卜问天是否放晴,结论是不会放晴。

命曰呈兆。病者不死。系者出。行者行。来者来。市买得。追亡人得,过一日不得。问行者不到。

命曰柱彻。卜病不死。系者出。行者行。来者来。市买不得。忧者毋忧。追亡人不得。

命曰首仰足肣有内无外。占病,病甚不死。系者解。[1]求财物、买臣妾马牛不得。行者闻言不行。来者不来。闻盗不来。闻言不至。徙官闻言不徙。居官有忧。居家多灾。岁稼中孰。民疾疫多病。岁中有兵,闻言不开。[2]见贵人吉。请谒不行,行不得善言。追亡人不得。渔猎不得。行不遇盗。雨不雨甚。霁不霁。故其莫字皆为首备。[3]问之,曰:"备者仰也。"[4]故定以为仰。此私记也。[5]

【注释】〔1〕"系者",应理解成"占系者"。上文"占病"之"占",贯穿每一所卜项目。所以,笔者在译文中,每一所卜项目都译出"占"字。"解",解脱。〔2〕"开",张文虎《校刊史记集解索隐正义札记》云:"疑当作'来'。"〔3〕"其莫字",张文虎云:"疑'莫'即'其'字讹衍。"郭嵩焘《史记札记》云:"按'莫'同'幕'。《释名》:'幕,络也,谓络缀成文。'《汉书·西域传》'钱幕',韦昭曰:'幕,钱背也。'龟兆之坼文,视其背,故亦谓之'幕'。"《史记会注考证》云:"'其莫字',不可解。"又引冈白驹云:"其莫字,龟纹理也。"按诸家之说,郭说较为可取。"莫",通"幕",龟的背部。"首备",据下文,当解为首部仰起。古代卜书不但有阐述卜术的文字,还有与文字相应的图。这里的"莫",即指图上的龟背。龟背图上原来有兆名"首备足肣有内无外",褚少孙不懂"首备"二字的意思,所以他问占卜者,占卜的人告诉他"备者,仰也"。褚少孙便把龟图上的兆名中的"首备"二字均改定为"首仰"二字。〔4〕"备",张文虎云:"'备'无仰义,疑'俨'之误。《说文》:'俨,昂头也。'"不可信。〔5〕"私记",私自记叙。上文"故其莫字皆为首备"云云是私自记叙的内容。

【译文】这一兆象取名叫"呈兆"。占得这一兆,结论是患病者不会死亡。被拘押者可以出狱。想外出者可以行动。要来者能够来。上市买东西可以买得到。要追捕逃亡者可以抓获,过一天就追捕不到了。卜问出行的人能否到达,结论是不会到达。

这一兆象取名叫"柱彻"。占得这一兆,卜问患

病情况,结论是患者不会死亡。卜问囚禁者情况,结论是可以获释。卜问出行者情况,结论是可以出行。卜问来者情况,结论是会来的。卜问上市买东西,结论是买不到。卜问忧愁者的情况,结论是没有可忧愁的事情。卜问追捕逃亡者的情况,结论是追捕不到。

这一兆象取名叫“首仰足肣有内无外”。用这一兆卜问病情,结论是病得很厉害,但不会死亡。卜问被拘押者情况,结论是会被释放。卜问求取财物和购买奴隶马牛的情况,结论是不能得到。卜问出行者的情况,结论是听到了别人的话,不出行。卜问前来者的情况,结论是不来了。卜问听说有强盗要来,还来不来,结论是不来。卜问听说有人要到来,是否到来,结论是不会到来。卜问听说要调动官职,情况如何,结论是不会调动。卜问居官情况,结论是有忧愁的事情。卜问在家情况,结论是多灾多难。卜问今年庄稼收成,结论是中等收成。卜问百姓疾疫状况,结论是百姓多病。年内有战乱,听到某种说法就不会发生了。卜问求见贵人情况,结论是吉利。卜问请求谒见的情况,结论是不要成行,去了得不到好话。卜问追捕逃亡者的情况,结论是追捕不到。卜问捕鱼打猎情况,结论是得不到什么。卜问出行情况,结论是不会遇到强盗。卜问下雨情况,结论是雨下得不大。卜问雨后是否转晴,结论是不转晴。所以占卜书上的“莫”字都写成“首备”。询问占卜人,回答说:“‘备’,是‘仰’的意思。”因此,把“备”字确定为“仰”。这是我私人的记述,(不是占卜书上的话。)

命曰首仰足肣有内无外。〔1〕占病,病甚不死。系者不出。求财、买臣妾不得。行者不行。来者不来。击盗不见。闻盗来,内自惊,不来。徙官不徙。居官家室吉。岁稼不孰。民疾疫有病甚。岁中无兵。见贵人吉。请谒、追亡人不得。亡财物,〔2〕财物不出,得。渔猎不得。行不遇盗。雨不雨。霁不霁。凶。

【注释】〔1〕“命曰首仰足肣有内无外”,此兆名与上完全相同。据上文,得此兆“系者解”,“岁稼中孰”,“岁中有兵”。而在这一兆下,“系者不出”,“岁稼不孰”,“岁中无兵”。卜得的结果显然不同。由此可以断定,此兆名肯定有讹误。〔2〕“亡”,亡失,丢失。

【译文】这一兆象取名叫“首仰足肣有内无外”。卜问病情,结论是病情严重,但不会死亡。卜问被拘押者的情况,结论是不能获释。卜问求取财物和购买奴隶,结论是得不到。卜问外出走路者的情况,结论是不宜出行。卜问来的人是否还来,结论是不来了。卜问攻打强盗的情况,结论是没有遇见强盗。卜问听说强盗要来,内自惊恐,强盗究竟来不来,结论是不来。卜问是否调动官职,结论是不调动。卜问居官和在家情况,结论是吉利。卜问当年庄稼收成,结论是年成不好。卜问百姓疾疫情况,结论是病患严重。年内没有战乱。卜问求见贵人的情况,结论是吉利。卜问求请谒见他人和追捕逃亡者的情况,结论是无所获。卜问丢失财物的情况,结论是财物没有被运走,能找回来。卜问捕鱼打猎,结论是没有收获。卜问出行情况,结论是不会碰上强盗。卜问是否下雨,结论是不下雨。卜问雨后是否放晴,结论是不放晴。凶。

命曰呈兆首仰足肣。以占病不死。系者未出。求财物、买臣妾马牛不得。行不行。来不来。击盗不相见。闻盗来,不来。徙官不徙。居官久多忧。居家室不吉。岁稼不孰。民病疫。岁中毋兵。见贵人不吉。请谒不得。渔猎得少。行不遇盗。雨不雨。霁不霁。不吉。

命曰呈兆首仰足开。以占病,病笃死。〔1〕系囚出。求财物、买臣妾马牛不得。行者行。来者来。击盗不见盗。闻盗来,不来。徙官徙。居官不久。居家室不吉。岁稼不孰。民疾疫有而少。岁中毋兵。见贵人,不见吉。请谒、追亡人、渔猎不得。行遇盗。雨不雨。〔2〕霁。小吉。

【注释】〔1〕“病笃”,病情沉重。〔2〕“霁”,张文虎《校刊史记集解索隐正义札记》云:“‘霁’下疑有脱文。”

【译文】这一兆象取名叫“呈兆首仰足肣”。用这一兆来卜问病情,结论是不会死去。卜问被拘系者的情况,结论是不能获释。卜问求取财物和购买奴隶牛马的情况,结论是无所获。卜问能否出行,结论是不宜出行。卜问来的人是否还来,结论是不来了。卜问出击强盗的情况,结论是见不到强盗。卜问听说强盗要来,是否还来,结论是不来了。

卜问调任官职的情况,结论是不变动。卜问居官情况,结论是做官时间长了,有很多忧愁。卜问在家情况,结论是不吉利。卜问岁中庄稼情况,结论是收成不好。百姓中发生疾疫。年内没有战乱。卜问求见贵人的情况,结论是不吉利。卜问谒请的情况,结论是无所得。卜问捕鱼打猎情况,结论是获得的很少。卜问出行情况,结论是不会遇到强盗。卜问是否下雨,结论是不会下雨。卜问天气是否转晴,结论是不会转晴。不吉。

这一兆象取名叫"呈兆首仰足开"。用这一兆来卜问病情,结论是病情加重致死。卜问被拘系的囚犯情况,结论是能够获释。卜问求取财物和购买奴隶牛马的情况,结论是没有得到什么。卜问出行者的情况,结论是可以出行。卜问来者的情况,结论是人要来。卜问出击强盗的情况,结论是没有碰见强盗。卜问听说强盗要来,是否还来,结论是不来。卜问调动官职的情况,结论是发生调动。卜问居官情况,结论是做官时间不长。卜问在家情况,结论是不吉利。卜问当年庄稼情况,结论是年成不好。卜问百姓病疫情况,结论是有疾疫,但患病人少。当年没有战乱。卜问去见贵人的情况,结论是不见吉利。卜问谒请、追捕逃亡者、捕鱼打猎的情况,都无所得。卜问出行情况,结论是碰见强盗。卜问是否有雨,结论是不会下雨。天气转晴。小吉。

命曰首仰足肣。以占病不死。系者久毋伤也。求财物、买臣妾马牛不得。行者不行。击盗不行。来者来。闻盗,来。徙官,闻言,不徙。居家室不吉。岁稼不孰。民疾疫少。岁中毋兵。见贵人得见。请谒、追亡人、渔猎不得。行遇盗。雨不雨。霁不霁。吉。

命曰首仰足开有内。以占病者死。系者出。求财物、买臣妾马牛不得。行者行。来者来。击盗行不见盗。闻盗来,不来。徙官徙。居官不久。居家室不吉。岁孰。民疾疫有而少。岁中毋兵。见贵人不吉。请谒、追亡人、渔猎不得。行不遇盗。雨霁。霁,小吉。不霁,吉。

命曰横吉内外自桥。以占病卜日毋瘳死。[1]系者毋罪出。求财物、买臣妾马牛得。行者行。来者来。击盗合交等。[2]闻盗来来。徙官徙。居家室吉。岁孰。民疫无疾。[3]岁中无兵。见贵人、请谒、追亡人、渔猎得。行遇盗。雨霁,雨霁大吉。[4]

【注释】〔1〕"卜日",《史记会注考证》云:"'卜日'二字,'者'字坏文。" 〔2〕"合",此指与强盗相会合,相遭遇。"交",交兵,交锋。"等",相等,等同,这里指与强盗交锋不分胜负。 〔3〕"民疫无疾",意谓卜问百姓有无瘟疫,结论是百姓没有疾病。张文虎《校刊史记集解索隐正义札记》云:"'疫'字衍,或在'无'下。"可备一说。 〔4〕"雨霁,雨霁大吉",意谓雨后天晴,雨后天晴大吉。张文虎云:"疑当作'雨雨,霁霁'。"可备一说。

【译文】这一兆象取名叫"首仰足肣"。用这一兆来卜问病情,结论是患者不会死去。卜问被拘押者的情况,结论是时间很长,但不会有伤害。卜问求取财物、购买奴隶牛马的情况,结论是没有收获。卜问出行者的情况,结论是不宜出行。卜问攻打强盗的情况,结论是不能前往。卜问来人的情况,结论是会来。卜问听说强盗要来,究竟来不来,结论是要来。卜问听说要调动职务,情况如何,结论是不会调动。卜问在家情况,结论是不吉利。卜问年内庄稼情况,结论是收成不好。卜问百姓疾病情况,结论是患病的很少。年内没有战乱。卜问去见贵人的情况,结论是能够见到。卜问谒请、追捕逃亡者、捕鱼打猎情况,结论是没有收获。卜问出行情况,结论是碰上强盗。卜问是否下雨,结论是不会下雨。卜问是否转晴,结论是不会转晴。吉利。

这一兆象取名叫"首仰足开有内"。用来卜问病人情况,结论是死亡。卜问被囚系者的情况,结论是能够获释。卜问求取财物、购买奴隶牛马的情况,结论是得不到什么。卜问出行者的情况,结论是可以出行。卜问来人情况,结论是会来的。卜问出击强盗情况,结论是见不到强盗。卜问听说强盗要来,究竟来不来,结论是不来。卜问调动官职情况,结论是要调迁。卜问居官情况,结论是当官时间不长。卜问在家情况,结论是不吉利。庄稼丰收。卜问百姓疾病情况,结论是有瘟疫,但染病者较少。年内没有战乱。卜问去见贵人情况,结论是不吉利。卜问谒请、追捕逃亡者、捕鱼打猎情况,结论是一无所获。卜问出行情况,结论是不会遇到强盗。雨后会转晴。转晴,小吉。不转晴,吉利。

这一兆象取名叫"横吉内外自桥"。用来卜问病情,结论是占卜当天不愈而死。卜问被拘系者的

情况,结论是无罪获释。卜问求取财物、购买奴隶牛马的情况,结论是可以得到。卜问出行者的情况,结论是能够出行。卜问来人的情况,结论是会来的。卜问出击强盗的情况,结论是与强盗相遭遇,双方交锋,不分胜负。卜问听说强盗要来,究竟来不来,结论是要来。卜问调动官职情况,结论是调迁。卜问在家情况,结论是吉利。当年庄稼丰收。卜问百姓疾疫情况,结论是没有瘟疫。年内没有战乱。卜问求见贵人、谒请、追捕逃亡者、捕鱼打猎,结论是均有所得。卜问出行情况,结论是要遇上强盗。雨后转晴,雨后转晴大吉。

命曰横吉内外自吉。[1]以占病,病者死。系不出。求财物、买臣妾马牛、追亡人、渔猎不得。行者不来。[2]击盗不相见。闻盗,不来。徙官徙。居官有忧。居家室、见贵人、请谒不吉。岁稼不孰。民疾疫。岁中无兵。行不遇盗。雨不雨。霁不霁。不吉。

【注释】〔1〕“自吉”,张文虎《校刊史记集解索隐正义札记》云:“‘吉’字疑误。” 〔2〕“行者不来”,上文云:“行者行,来者来。”所卜为“行者”和“来者”的情况。下文“首仰足肣内高外下”兆下云:“行不行,来者来。”根据上下文例可以断定,此处字有脱漏,当作“行者行,来者不来”,或作“行者不行,来者不来”。

【译文】这一兆象取名叫“横吉内外自吉”。用来卜问病情,结论是病患者死亡。卜问被拘系者的情况,结论是不能获释。卜问求取财物、购买奴隶牛马、追捕逃亡者、捕鱼打猎的情况,结论是不能得到。卜问出行者情况,结论是不来。卜问攻打强盗情况,结论是不能见到。卜问听说有强盗,究竟来不来,结论是不会来。卜问调动官职情况,结论是要调动。卜问居官情况,结论是有忧愁的事。卜问在家、求见贵人、谒请情况,结论是不吉利。卜问当年庄稼收成,结论是收成不好。百姓流行病疫。年内没有战乱。卜问出行情况,结论是不会碰上强盗。卜问是否下雨,结论是不下雨。卜问是否天晴,结论是天不晴。不吉。

命曰渔人。以占病者,病者甚,不死。系者出。求财物、买臣妾马牛、击盗、请谒、追亡人、渔猎得。行者行。来。[1]闻盗来,不来。徙官不徙。居家室吉。岁稼不孰。民疾疫。岁中毋兵。见贵人吉。行不遇盗。雨不雨。霁不霁。吉。

【注释】〔1〕“来”,《史记会注考证》云:“‘来’下疑脱‘者来’二字。”

【译文】这一兆象取名叫“渔人”。用来卜问患病人的情况,结论是病得很厉害,但不会死亡。卜问在押者的情况,结论是能够获释。卜问求取财物、购买奴隶牛马、攻打强盗、谒请、追捕逃亡者、捕鱼打猎的情况,结论是均有所得。卜问出行者情况,结论是可以出行。要来的人会来。卜问听说强盗要来,是否会来,结论是不会来。卜问是否调动官职,结论是不会调动。卜问在家情况,结论是吉利。卜问当年庄稼情况,结论是收成不好。百姓患有疾病。年内没有战乱。卜问去见贵人的情况,结论是吉利。卜问出行情况,结论是不会遇到强盗。卜问是否有雨,结论是不下雨。卜问是否天晴,结论是天不晴。吉利。

命曰首仰足肣内高外下。以占病,病者甚,不死。系者不出。求财物、买臣妾马牛、追亡人、渔猎得。行不行。来者来。击盗胜。徙官不徙。居官有忧,无伤也。居家室多忧病。岁大孰。民疾疫。岁中有兵不至。见贵人、请谒不吉。行遇盗。雨不雨。霁不霁。吉。

命曰横吉上有仰下有柱。病久不死。[1]系者不出。求财物、买臣妾马牛、追亡人、渔猎不得。行不行。来不来。击盗不行,行不见。闻盗来,不来。徙官不徙。居家室、见贵人吉。岁大孰。民疾疫。岁中毋兵。行不遇盗。雨不雨。霁不霁。大吉。

【注释】〔1〕“病久不死”,据上下文,此句上脱“以占”二字。

【译文】这一兆象取名叫“首仰足肣内高外下”。用来卜问病情,病人病情严重,但不会死亡。卜问拘押者的情况,结论是不会获释。卜问求取财物、购买奴隶牛马、追捕逃亡者、捕鱼打猎的情况,结论是能有收获。卜问出行情况,结论是不宜出行。卜问来人情况,结论是会来。卜向出击强盗情况,结论是获胜。卜问调动官职情况,结论是不会调动。卜问居官情况,结论是有忧愁的事情,但没有什么损害。卜问在家情况,结论是多忧多病。当年庄稼大丰收。百姓流行瘟疫。年内有战乱,但不会蔓延到本地。卜问去见贵人、谒请情况,结论是不吉利。卜问出行情况,结论是遇见强盗。卜问是否下雨,结论是不下雨。卜问天气是否放晴,结论是不放晴。吉利。

这一兆象取名叫“横吉上有仰下有柱”。用此兆卜问病情,结论是患病很久,但不会死亡。卜问被拘系者情况,结论是不能获释。卜问求取财物、购买奴隶牛马、追捕逃亡者、捕鱼打猎情况,结论是没有收获。卜问出行情况,结论是不宜出行。卜问来人情况,结论是不来了。卜问攻打强盗情况,结论是不宜前往,前往也不会看见。卜问听说强盗要来,究竟来不来,结论是不会来。卜问调动官职情况,结论是不会调动。卜问在家、去见贵人情况,结论是吉利。当年庄稼大丰收。百姓染有疾病。年内没有战乱。卜问出行情况,结论是不会遇上强盗。卜问是否下雨,结论是不下雨。卜问是否天气转晴,结论是不转晴。大吉。

命曰横吉榆仰。以占病不死。系者不出。求财物、买臣妾马牛至不得。行不行。来不来。击盗不行,行不见。闻盗来不来。徙官不徙。居官、家室、见贵人吉。岁孰。岁中有疾疫。毋兵。请谒、追亡人不得。渔猎至不得。行不得。[1]行不遇盗。雨。霁不霁。小吉。

【注释】〔1〕“行不得”,郭嵩焘《史记札记》云:“‘行不得’三字义无所系,疑是衍文。”

【译文】这一兆象取名叫“横吉榆仰”。用来卜问病情,患者不会死亡。卜问被拘押者情况,结论是不会获释。卜问求取财物、购买奴隶牛马情况,结论是到达了目的地也得不到什么。卜问出行情况,结论是不宜出行。卜问来人情况,结论是不会来。卜问攻打强盗情况,结论是不宜前往,去了也见不到。卜问听说强盗要来,究竟来不来,结论是不来。卜问调动官职情况,结论是不会调动。卜问居官、在家、去见贵人情况,结论是吉利。当年庄稼丰收。年内有瘟疫发生。没有战乱。卜问谒请、追捕逃亡者的情况,结论是无所获。卜问捕鱼打猎情况,结论是到达捕鱼打猎的地方,没有收获。卜问出行情况,结论是无所得。卜问外出行动情况,结论是不会遇上强盗。天下雨。卜问是否转晴,结论是不会转晴。小吉。

命曰横吉下有柱。以占病,病甚不环有瘳,无死。系者出。求财物、买臣妾马牛、请谒、追亡人、渔猎不得。行。[1]来不来。击盗不合。闻盗来来。徙官、居官吉,不久。居家室不吉。岁不孰。民毋疾疫。岁中毋兵。见贵人吉。行不遇盗。雨不雨。霁。小吉。

【注释】〔1〕“行”,据上下文文例,此应作“行不行”,或作“行者行”。

【译文】这一兆取名叫“横吉下有柱”。用此兆卜问病情,结论是如果病势严重,不能迅速痊愈,但不会死亡。卜问被囚系者情况,结论是能出狱。卜问求取财物、购买奴隶牛马、谒请、追捕逃亡者、捕鱼打猎情况,结论是没有收获。出行。卜问来人情况,结论是不会来。卜问攻打强盗情况,结论是不能相互遭遇。卜问听说强盗要来,还来不来,结论是会来。卜问调动官职、在任当官情况,结论是吉利,但不会长久。卜问在家情况,结论是不吉利。年内庄稼收成不好。百姓没有流行瘟疫。年内没有战乱。卜问去见贵人情况,结论是吉利。卜问出行情况,结论是不会碰上强盗。卜问是否下雨,结论是不下雨。天气放晴。小吉。

命曰载所。以占病,环有瘳,无死。系者出。求财物、买臣妾马牛、请谒、追亡人、渔猎得。行者行。来者来。击盗相见不相合。闻盗来来。徙官徙。居家室忧。见贵人吉。岁孰。民毋疾疫。岁中毋兵。行不遇盗。雨不雨。霁霁。吉。

命曰根格。以占病者不死。系久毋伤。求财物、买臣妾马牛、请谒、追亡人、渔猎不得。行不行。来不来。击盗,盗行不合。闻盗不来。徙官不徙。居家室吉。岁稼中。民疾疫无死。见贵人不得见。行不遇盗。雨不雨。大吉。

命曰首仰足肣外高内下。卜有忧,无伤

也。行者不来。[1]病久死。求财物不得。见贵人者吉。

【注释】〔1〕“行者不来”，据上下文文例，此是言“行者”和“来者”。应作“行不行，来者不来”，或作“行者行，来者不来”。

【译文】这一兆象取名叫“载所”。用来卜问病情，结论是很快痊愈，不会死亡。卜问拘系者情况，结论是能够获释。卜问求取财物、购买奴隶牛马、谒请、追捕逃亡者、捕鱼打猎情况，结论是均有所得。卜问出行者情况，结论是可以出行。卜问来人情况，结论是会来。卜问出击强盗情况，结论是彼此相见，但没有交锋。卜问听说强盗要来，究竟来不来，结论是要来。卜问调动官职情况，结论是会调动。卜问在家情况，结论是有忧愁的事情。卜问去见贵人的情况，结论是吉利。当年庄稼丰收。百姓不会流行瘟疫。年内没有战乱。卜问出行情况，结论是不会遇到强盗。卜问是否下雨，结论是不下雨。卜问天气是否放晴，结论是放晴。吉利。

这一兆象取名叫“根格”。用来卜问病人情况，结论是不会死亡。卜问被拘系者情况，结论是长期囚禁，但不会被伤害。卜问求取财物、购买奴隶牛马、谒请、追捕逃亡者、捕鱼打猎的情况，结论是不会有所得。卜问出行情况，结论是不宜出行。卜问来人情况，结论是不会来。卜问出击强盗的情况，结论是强盗走掉了，没有交锋。卜问听说强盗要来，究竟来不来，结论是不来。卜问调动官职情况，结论是不会调动。卜问在家情况，结论是吉利。当年庄稼中等收成。百姓疾病流行，但没有人死亡。卜问求见贵人情况，结论是不能见到。卜问出行情况，结论是不会遇到强盗。卜问是否下雨，结论是不下雨。大吉。

这一兆象取名叫“首仰足肣外高内下”。卜得此兆，是有忧愁事，但没有妨碍。卜问出行者情况，结论是不会来。卜问病情，结论是时间长了，就会死去。卜问求取财物情况，结论是不会得到什么。卜问见贵人情况，结论是吉利。

命曰外高内下。卜病不死，有祟。市买不得。居官、家室不吉。行者不行。来者不来。系者久毋伤。吉。

命曰头见足发有内外相应。以占病者起。系者出。行者行。来者来。求财物得。吉。

命曰呈兆首仰足开。以占病，病甚死。系者出，有忧。求财物、买臣妾马牛、请谒、追亡人、渔猎不得。行不行。来不来。击盗不合。闻盗来来。徙官、居官、家室不吉。岁恶。民疾疫无死。岁中毋兵。见贵人不吉。行不遇盗。雨不雨。霁。不吉。

命曰呈兆首仰足开外高内下。以占病不死，有外祟。系者出，有忧。求财物、买臣妾马牛，相见不会。行行。来闻言不来。击盗胜。闻盗来不来。徙官、居官、家室、见贵人不吉。岁中。民疾疫。有兵。请谒、追亡人、渔猎不得。闻盗遇盗。[1]雨不雨。霁。凶。

【注释】〔1〕“闻盗遇盗”，此句有讹误。从上下其他兆来看，此当云“行遇盗”，或云“行不遇盗”。

【译文】这一兆象取名叫“外高内下”。用来卜问病情，结论是不会死亡，有妖祟作怪。卜问上市买东西的情况，结论是没有收获。卜问居官、在家情况，结论是不吉利。卜问出行者情况，结论是不宜出行。卜问来人情况，结论是不会来。卜问被囚系者的情况，结论是在押很久，但并无伤害。吉利。

这一兆象取名叫“头见足发有内外相应”。用此兆来卜问病人情况，结论是痊愈而起。卜问被拘系者情况，结论是能够获释。卜问出行者情况，结论是可以出行。卜问来人情况，结论是会来。卜问求取财物情况，结论是能够得到。吉利。

这一兆象取名叫“呈兆首仰足开”。用此兆来卜问病情，结论是病情恶化致死。卜问被拘禁者情况，结论是能够出狱，但有忧愁事。卜问求取财物、购买奴隶牛马、谒请、追捕逃亡者、捕鱼打猎情况，结论是没有收获。卜问出行情况，结论是不宜出行。卜问来人情况，结论是不会来。卜问出击强盗情况，结论是没有交锋。卜问听说强盗要来，是否还来，结论是会来。卜问调迁官职、在任当官、居家生活情况，结论是不吉利。年成很坏。百姓闹病，但不会死亡。年内没有战乱。卜问求见贵人情况，结论是不吉利。卜问出行情况，结论是不会碰上强盗。卜问是否下雨，结论是不下雨。天晴。不吉利。

这一兆象取名叫“呈兆首仰足开外高内下”。用来卜问病情，结论是患者不会死亡，有外来妖祟作怪而致病。卜问被拘系者情况，结论是能够获释，有忧愁事情发生。卜问求取财物、购买奴隶牛马情况，结论是可以见到，但没有成功。卜问出行情况，结论是宜于出行。卜问听说要来，是否还来，结论是不会来。卜问攻打强盗情况，结论是能够胜利。卜问听说强盗要来，还来不来，结论是不会来。卜问调动官职、在任当官、居家生活、去见贵人情况，结论是不吉利。当年庄稼中等收成。百姓染有疾病。有战乱。卜问谒请、追捕逃亡者、捕鱼打猎情况，结论是无所得。听说有强盗，遇上强盗。卜问是否下雨，结论是不下雨。天气转晴。凶。

命曰首仰足肣身折内外相应。以占病，病甚不死。系者久不出。求财物、买臣妾马牛、渔猎不得。行不行。来不来。击盗有用胜。[1]闻盗来来。徙官不徙。居官、家室不吉。岁不孰。民疾疫。岁中。[2]有兵，不至。见贵人喜。请谒、追亡人不得。遇盗。凶。

【注释】〔1〕"有用胜"，犹言"有以胜之"，意谓有可用的方法战胜强盗。〔2〕"岁中"，当年庄稼中等收成。上文已说"岁不孰"，这里不应又言"岁中"，此二字疑衍。据其他兆文例，卜问庄稼收成均在卜问百姓疾疫之前。

【译文】这一兆象取名叫"首仰足肣身折内外相应"。用来卜问病情，结论是病情加重，但不会死亡。卜问被囚禁者情况，结论是时间长久，不能获释。卜问求取财物、购买奴隶牛马、捕鱼打猎情况，结论是无所得。卜问出行情况，结论是不宜出行。卜问来人情况，结论是不会来。卜问攻打强盗的情况，结论是有办法取胜。卜问听说强盗要来，究竟来不来，结论是会来。卜问调动官职情况，结论是不会调动。卜问居官、在家情况，结论是不吉利。当年收成不好。百姓闹瘟疫。当年庄稼中等收成。有战乱，不会蔓延到本地。卜问去见贵人情况，结论是令人高兴。卜问谒请、追捕逃亡者情况，结论是没有收获。出行遇见强盗。凶。

命曰内格外垂。行者不行。来者不来。病者死。系者不出。求财物不得。见人不见。大吉。

命曰横吉内外相应自桥榆仰上柱足肣。以占病，病甚不死。系久，不抵罪。[1]求财物、买臣妾马牛、请谒、追亡人、渔猎不得。行不行。来不来。居官、家室、见贵人吉。徙官不徙。岁不大孰。民疾疫。有兵，有兵不会。[2]行遇盗。闻言不见。[3]雨不雨。霁霁。大吉。

【注释】〔1〕"不抵罪"，所受刑罚与所犯罪不相应。〔2〕"不会"，不能遇到。〔3〕"闻言不见"，此有脱误。卜问具体内容不明确，所以译文只好译为"只是听说，没有见到"。

【译文】这一兆象取名叫"内格外垂"。用来卜问出行者情况，结论是不宜出行。卜问来人情况，结论是不会来。卜问病人情况，结论是要死去。卜问被拘押者情况，结论是不能获释。卜问求取财物情况，结论是无所得。卜问求见人情况，结果是见不到。大吉。

这一兆象取名叫"横吉内外相应自桥榆仰上柱足肣"。用来卜问病情，结论是病情严重，但不会死亡。囚禁很长时间，罚不抵罪。卜问求取财物、购买奴隶牛马、谒请、追捕逃亡者、捕鱼打猎情况，结论是无所得。卜问出行情况，结论是不宜出行。卜问来人情况，结论是不会来。卜问居官、在家、见贵人情况，结论是吉利。卜问调动官职情况，结论是不会调动。当年不是大丰收。百姓患有疾病。有战乱，虽然有战乱，但不会遇上。卜问出行情况，结论是碰上强盗。只是听说，没有见到。卜问是否下雨，结论是不下雨。卜问是否天转晴，结论是天转晴。大吉。

命曰头仰足肣内外自垂。卜忧病者甚，不死。居官不得居。行者行。来者不来。求财物不得。求人不得。吉。

命曰横吉下有柱。[1]卜来者来。卜日即不至，未来。卜病者过一日毋瘳死。行者不行。求财物不得。系者出。

【注释】〔1〕"命曰横吉下有柱"，下文已有此兆名。此兆下云："卜来者来。"上文同一兆下云："来不来。"占得的结果不同，所以，前后出现的两处同一兆名，肯定有一处字有讹误。

【译文】这一兆象取名叫"头仰足肣内外自

垂”。用此兆来卜问忧愁患病者情况，结论是很严重，但不会死亡。卜问居官情况，结论是当不成官。卜问出行者情况，结论是宜于出行。卜问来人情况，结论是不会来。卜问求取财物情况，结论是无所得。卜问求人情况，结论是没有收获。吉利。

这一兆象取名叫“横吉下有柱”。用来卜问来人情况，结论是会来。占卜那天如果没来到，就不来了。卜问患病者情况，结论是过一天不痊愈，就会死去。卜问出行者情况，结论是不应出行。卜问求取财物情况，结论是得不到什么。卜问求人情况，结论是无所获。卜问被囚禁者情况，结论是能够获释。

命曰横吉内外自举。以占病者久不死。系者久不出。求财物得而少。行者不行。来者不来。见贵人见。吉。

命曰内高外下疾轻足发。求财物不得。行者行。病者有瘳。系者不出。来者来。见贵人不见。吉。

命曰外格。求财物不得。行者不行。来者不来。系者不出。不吉。病者死。求财物不得。见贵人见。吉。

命曰内自举外来正足发。行者行。来者来。求财物得。病者久不死。系者不出。见贵人见。吉。

此横吉上柱外内自举足肣。以卜有求得。病不死。系者毋伤，未出。行不行。来不来。见人不见。百事尽吉。

此横吉上柱外内自举柱足以作。[1]以卜有求得。病死环起。系留毋伤，环出。行不行。来不来。见人不见。百事吉。可以举兵。

【注释】〔1〕“作”，张文虎《校刊史记集解索隐正义札记》云：“疑‘诈’字之讹。”

【译文】这一兆象取名叫“横吉内外自举”。用来卜问病人情况，结论是患病时间很长，但不会死亡。卜问被拘押者情况，结论是囚禁很久，不能获释。卜问求取财物情况，结论是能够得到，但很少。卜问出行者情况，结论是不宜出行。卜问来人情况，结论是不会来。卜问见贵人情况，结论是可以见到。吉利。

这一兆象取名叫“内高外下疾轻足发”。用此兆卜问求取财物，结论是无所得。卜问出行者情况，结论是可以出行。卜问病人情况，结论是能够痊愈。卜问被拘系者情况，结论是不能获释。卜问来人情况，结论是会来。卜问求见贵人情况，结论是不会见到。吉利。

这一兆象取名叫“外格”。用此兆卜问求取财物情况，结论是无所得。卜问出行者情况，结论是不宜出行。卜问来人情况，结论是不会来。卜问被囚押者情况，结论是不能获释。不吉利。卜问病人情况，结论是死亡。卜问求取财物情况，结论是没有收获。卜问求见贵人情况，结论是能够见到。吉利。

这一兆象取名叫“内自举外来正足发”。卜问出行者情况，结论是可以出行。卜问来人情况，结论是会来。卜问求取财物情况，结论是能够得到。卜问病人情况，结论是得病很久，但不会死亡。卜问被拘押者情况，结论是不会获释。卜问见贵人情况，结论是能够见到。吉利。

这一兆名叫“横吉上柱外内自举足肣”。用此兆卜问所求情况如何，结论是可以得到。卜问病情，结论是不会死亡。卜问被拘禁者情况，结论是不会被伤害，还不能获释。卜问出行情况，结论是不宜出行。卜问来人情况，结论是不会来。卜问见人情况，结论是不会见到。各种事情都吉利。

这一兆名叫“横吉上柱外内自举柱足以作”。用来卜问有所求，情况如何，结论是能够得到。卜问病情，结论是临死又很快好转起来。卜问被囚禁的情况，结论是继续拘留，没有妨害，很快获释。卜问出行情况，结论是不宜出行。卜问来人情况，结论是不会来。卜问见人情况，结论是不会见到。各种事情都吉利。可以发兵。

此挺诈有外。以卜有求不得。病不死，数起。[1]系祸罪。闻言毋伤。行不行。来不来。

【注释】〔1〕“数”，音 shuò，多次，数次。“数起”，多次好转。

【译文】这一兆名叫“挺诈有外”。用来卜问所求情况如何，结论是无所得。卜问病情，结论是不会死亡，多次好转。卜问被拘押者情况，结论是有灾祸，要抵罪。听到传言，但不会有妨害。卜问出行情况，结论是不宜出行。卜问来人情况，结论是不会来。

此挺诈有内。以卜有求不得。病不死，数起。系留祸罪，无伤，出。行不行。来者不来。见人不见。

此挺诈内外自举。以卜有求得。病不死。系毋罪。行行。来来。田贾市、渔猎尽喜。〔1〕

【注释】〔1〕"田"，种庄稼。"贾"，音 gǔ，作买卖。"市"，市场交易。

【译文】这一兆名叫"挺诈有内"。用来卜问所求情况如何，结论是无所得。卜问病情，结论是不会死亡，多次好转。卜问被拘押者情况，结论是继续拘留，有灾祸，要抵罪，但不会有妨害，会获释。卜问出行情况，结论是不宜出行。卜问来人情况，结论是不会来。卜问见人情况，结论是不会见到。

这一兆名叫"挺诈内外自举"。用来卜问所求情况如何，结论是可以得到。卜问病情，结论是不会死亡。卜问被拘押者情况，结论是不会抵罪。卜问出行情况，结论是可以出行。卜问来人情况，结论是会来。种庄稼、作买卖、捕鱼打猎都令人喜悦。

此狐狢。以卜有求不得。病死难起。系留毋罪难出。可居宅。可娶妇嫁女。行不行。来不来。见人不见。有忧不忧。

此狐彻。以卜有求不得。病者死。系留有抵罪。行不行。来不来。见人不见。言语定。百事尽不吉。

此首俯足肣身节折。以卜有求不得。病者死。系留有罪。望行者不来。行行。来不来。见人不见。

此挺内外自垂。以卜有求不晦。〔1〕病不死，难起。系留毋罪，难出。行不行。来不来。见人不见。不吉。

【注释】〔1〕"晦"，晦暗不明。张文虎《校刊史记集解索隐正义札记》云："疑误。"

【译文】这一兆名叫"狐狢"。用来卜问所求情况，结论是没有收获。卜问病情，结论是要死亡，很难恢复。卜问被拘系情况，结论是继续囚禁，虽然不会抵罪，但也难得获释。可以在家居住。可以娶媳妇、嫁女儿。卜问出行情况，结论是不宜出行。卜问来人情况，结论是不会来。卜问见人情况，结论是不会见到。卜问是否有忧愁事，结论是没有。

这一兆名叫"狐彻"。用来卜问所求情况，结论是得不到。卜问病人情况，结论是要死亡。卜问被拘押情况，结论是继续囚禁，要抵罪。卜问出行情况，结论是不宜出行。卜问来人情况，结论是不会来。卜问见人情况，结论是不会见到。卜问所说的事情，结论是将被确定下来。卜问各种事情，结论是全都不吉利。

这一兆名叫"首俯足肣身节折"。用来卜问所求情况，结论是得不到什么。卜问病人情况，结论是会死。卜问拘押情况，结论是留在狱中，要抵罪。卜问被盼望着的出行者的情况，结论是不会回来。卜问出行情况，结论是宜于出行。卜问来人情况，结论是不会来。卜问见人情况，结论是不会见到。不吉利。

这一兆名叫"挺内外自垂"。用来卜问所求情况，结论是不会隐晦不明。卜问病情，结论是不会死亡，也难于好起来。卜问拘系情况，结论是拘留狱中，不会抵罪，但难得获释。卜问出行情况，结论是不宜出行。卜问来人情况，结论是不会来。卜问见人情况，结论是不会见到。不吉利。

此横吉榆仰首俯。以卜有求难得。病难起，不死。系难出，毋伤也。可居家室。以娶妇嫁女。

此横吉上柱载正身节折内外自举。以卜病者，卜日不死，其一日乃死。

此横吉上柱足肣内自举外自垂。以卜病者，卜日不死，其一日乃死。

首俯足诈有外无内。病者占龟未已，〔1〕急死。卜轻失大，一日不死。

【注释】〔1〕"已"，停止，结束。

【译文】这一兆名叫"横吉榆仰首俯"。用来卜问所求情况，结论是很难有所获。卜问病情，结论是很难好起来，但不会死去。卜问拘押情况，结论是很难获释，但也没有妨害。可以居住在家中。可以娶媳妇、嫁闺女。

这一兆名叫"横吉上柱载正身节折内外自举"。用来卜问病人，占卜这一天不会死亡，过一天便会

死去。

这一兆名叫“横吉上柱足肣内自举外自垂”。用来卜问病人情况，结论是占卜这一天不会死亡，过一天就会死去。

兆名叫“首俯足诈有外无内”。病人用龟占卜还没有完毕，就很快死去了。所卜者轻，所失者大，一天内不会死亡。

首仰足肣。以卜有求不得。以系有罪。人言语恐之毋伤。行不行。见人不见。

大论曰：[1]外者人也，[2]内者自我也。外者女也，内者男也。首俯者忧。[3]大者身也，小者枝也。大法：[4]病者，足肣者生，足开者死。行者，[5]足开至，足肣者不至。行者，足肣不行，足开行。有求，足开得，足肣者不得。系者，足肣不出，开出。其卜病也，足开而死者，内高而外下也。

【注释】〔1〕“大论曰”，大体论述说。上面褚少孙记录了占卜书上的兆辞，下面是他的总结文字。《索隐》云：“褚先生所取太卜杂占卦体及命兆之辞，义芜，辞重沓，殆无足采，凡此六十七条别是也。”〔2〕“人”，与下句“自我”对言，当谓别人、他人。〔3〕“首俯者忧”，上下文均为对偶句，此句上或此句下应有“首仰”云云四字句。〔4〕“大法”，根据兆象进行占卜的大体方法。〔5〕“行”，下文已言“行者”，此不应复云“行者”。张文虎《校刊史记集解索隐正义札记》云：“疑当作‘来’。”

【译文】兆名叫“首仰足肣”。用来卜问所求情况，结论是没有收获。用来卜问拘系情况，结论是抵罪。卜问有人用话来恐吓他，结果如何，结论是没有妨害。卜问出行情况，结论是不宜出行。卜问见人情况，结论是不会见到。

大体上可以论断说：兆辞中的“外”是指他人，“内”是指自己。“外”是指女性，“内”是指男性。“首俯”是有忧愁。“大”是指兆象的身躯，“小”是指兆象的细枝。大体上判断方法是：卜问病人情况，“足肣”能够生存，“足开”便会死亡。卜问来人情况，“足开”就会来到，“足肣”则不来。卜问出行者情况，“足肣”不宜出行，“足开”可以出行。卜问所求情况，“足开”便可得到，“足肣”则无所获。卜问拘押者情况，“足肣”不能获释，“足开”可以获释。占卜病情，“足开”而死亡的，兆象是内高而外下。

史记卷一百二十九

货殖列传第六十九[1]

《老子》曰[2]:“至治之极,邻国相望,鸡狗之声相闻,民各甘其食,美其服,安其俗,乐其业,至老死不相往来。”[3]必用此为务,輓近世塗民耳目,[4]则几无行矣。[5]

【注释】〔1〕“货殖”,居积并经营财货以增值生利,也就是经商的意思。 〔2〕“《老子》”,春秋(一说战国)时哲学家、道家学说创始人老子所著书,又称《道德经》。 〔3〕以上引文见《老子》第八十章。今传本《老子》文字与此小有出入,作“甘其食,美其服,安其居,乐其俗。邻国相望,鸡犬之声相闻,民至老死不相往来”。 〔4〕“輓”,通“晚”。“輓近世”即近世、近代。“塗”,堵塞。 〔5〕“几”,音 jī,近于。

【译文】《老子》中有段话说:“大治之世的最高标准,(是国小民少,)邻国的百姓能相互望见,鸡鸣狗叫的声音也相互传闻,人们各自认为所吃的食物是美味,所穿的衣服极美观,本地的风俗最适宜,自己的工作很快乐,直至老死,互不来往。”一定照这种说法去做,在近代除非先去堵塞了人们的耳目,否则简直就是无法办到的。

太史公曰:夫神农以前,[1]吾不知已。至若《诗》《书》所述虞夏以来,[2]耳目欲极声色之好,[3]口欲穷刍豢之味,[4]身安逸乐,而心夸矜势能之荣。[5]使俗之渐民久矣,[6]虽户说以眇论,[7]终不能化。故善者因之,其次利道之,[8]其次教诲之,其次整齐之,[9]最下者与之争。

【注释】〔1〕“神农”,传说中的古帝,时在伏羲之后、黄帝之前。古史中又称之为炎帝、烈山氏。据说神农始教民制作农具,从事农业,又尝百草、为医药,以治民疾病。 〔2〕“《诗》”,我国最早的一部诗歌总集,共辑录西周初期至春秋中期的诗歌三百零五篇,分为《风》、《小雅》、《大雅》、《颂》四部分,其中既有民间歌谣,也有朝堂宗庙宴飨祭祀时用的配乐歌诗。据说曾经孔子删订,为儒家经典之一,又称《诗经》。“《书》”,即《尚书》,我国现存最早的一部上古典章文献汇编,其中保存了商、周时期的一些重要历史文件和原始资料。据说曾经孔子删订,为儒家经典之一,又称《书经》。“虞”,指帝舜。传说帝舜原是古部落有虞氏的首领,后受尧禅让有天下。“夏”,有夏氏首领禹开创的朝代。据传禹治水有功,帝舜禅位给他。禹死后,其子启继位并称王,开“家天下”之始。夏代是我国历史上第一个王朝。案,《尚书》中有《虞书》、《夏书》各若干篇,所记为虞、夏时事,但据近人考证,其实是春秋、战国时人的作品。今传《诗经》中亦无虞、夏之诗。 〔3〕“声色”,音乐和女色。 〔4〕“刍豢”,供食用的家畜。“刍”指食草的牛羊之类,“豢”,指食谷的犬豕之类。〔5〕“夸矜”,夸耀。“势能”,权势。 〔6〕“渐”,音 jiān,渐染,浸润。 〔7〕“户说”,挨户劝说。“说”,音 shuì。“眇论”,精妙的言论。“眇”,通“妙”。〔8〕“道”,通“导”。 〔9〕“整齐”,整顿而使之齐一。

【译文】太史公说:神农氏以前的历史,我是不了解的。至于像《诗》、《书》中提到的虞夏以来的情况,(统治者们的)耳目要极尽音乐女色的享受,口要尝尽各种肉食的美味,身体安于闲逸享乐,而心意用在夸耀权势地位的尊荣。这种(追求物质享受的)风气影响百姓,积久成习,即使用精妙的理论去挨户劝说,也不能感化改变了。所以最好的办法是顺应这种趋势,其次是掌握好时机加以引导,再其次是教诲他们,再其次是进行整顿,统一步调,最不好的办法是与民争利。

夫山西饶材、竹、榖、纑、旄、玉石;〔1〕山东多鱼、盐、漆、丝、声色;〔2〕江南出枏、梓、姜、桂、金、锡、连、丹沙、犀、瑇瑁、珠玑、齿革;〔3〕龙门、碣石北多马、牛、羊、旃裘、筋角;〔4〕铜、铁则千里往往山出棊置:〔5〕此其大较也。〔6〕皆中国人民所喜好,〔7〕谣俗被服饮食奉生送死之具也。〔8〕故待农而食之,虞而出之,〔9〕工而成之,商而通之。此宁有政教发征期会哉?〔10〕人各任其能,竭其力,以得所欲。故物贱之征贵,贵之征贱,〔11〕各劝其业,〔12〕乐其事,若水之趋下,日夜无休时,不召而自来,不求而民出之。岂非道之所符,而自然之验邪?

【注释】〔1〕"山西",战国秦汉时称崤山(在今河南洛宁北)或华山(在今陕西华阴南)以西地区为山西。"材",木料。"榖",音 gǔ,一种乔木,树皮可用来造纸。"纑",音 lú,麻类作物,其干茎纤维可用来织布。"旄",牦牛。〔2〕"山东",战国秦汉时称崤山或华山以东广大地区为山东。〔3〕"江南",此指长江以南直至南海的广大区域,比现在所说的"江南"范围要广。"枏",音 nán,同"楠",一种材质坚密而带芳香的名贵乔木。"梓",音 zǐ,一种材质较较,可用来制作乐器和建筑木材的乔木。"连",通"链",铅矿石。"丹沙",即朱砂,一种红色矿物,是汞和硫黄的天然化合物,可用来提炼水银(汞),也可用作染料和药物。"瑇瑁",或作"玳瑁",音 dài mào,一种海龟,其甲壳可用作装饰品。"玑",音 jī,形状不圆或颗粒较小的珍珠。"齿革",象牙及各种野兽的皮革。〔4〕"龙门",指龙门山,在今山西河津西北和陕西韩城东北的黄河两岸,夹河耸立,形似阙门。"碣石",指碣石山,在今河北昌黎北。"旃",音 zhān,通"毡",厚重的毛织物。"筋角",动物的筋可用作弓弦,角可用作弓上的装饰品或其他日用品。〔5〕"棊",同"棋"。"棊置",如同棋子布置在棋盘上。〔6〕"大较",大略。〔7〕"中国",此与"四夷"相对而言,指华夏民族所居的区域。〔8〕"奉生",奉养父母于生时。"送死",办理父母丧葬之事。〔9〕"虞",本指掌管山泽的官吏,此处指在山泽中以采伐渔猎为生的人。〔10〕"政教",刑赏等政事和教化。"发征期会",征发货物,限期会集。〔11〕"征",求。"物贱之征贵,贵之征贱",谓某地物贱,当求物贵之地往销;某地物贵,当求物贱之地购取。〔12〕"劝",致力于。

【译文】山西地方出产很多的木材、竹子、榖树、麻类,旄牛、玉石等;山东地方则多鱼、盐、漆、丝和乐工美女;江南地方出产楠木、梓木、姜、桂、金、锡、铅矿石、朱砂、犀牛、玳瑁、各种珍珠以及象牙兽革等;龙门和碣石以北的地方多产马、牛、羊、毡毛制成的衣服以及各种动物的筋角等;铜和铁则是不出千里就有矿山出产,如同在棋盘上放置棋子一样。以上所说的,是物产的大概情形。这些东西都是中国人民所喜爱的,俗话所说的用于穿着饮食,奉养生者,葬送死者的物品。所以人们都有待于农人种出粮食然后得食,有待于管理山泽的虞人把各种原料开发出来,有待于工匠把各种原料制为成品,有待于商人把各种物品贸易流通。这难道需要依靠下政令、行教化等手段来征发收集,限期会聚吗?人人各尽其能,各尽其力,用以满足自己的欲望。所以某一地方物价低贱,就有人寻求物价高昂的地方把东西转运过去;某一地方的物价高昂,就有人寻求物价低廉的地方把东西转运过来,大家各自致力于自己的生业,乐于从事自己的工作,就像水往低处流,日日夜夜不会停息,物品会不招自来,不去搜求而百姓们自会拿出来贸易。这难道不是遵循事物发展的规律,任其自然的效验吗?

《周书》曰:〔1〕"农不出则乏其食,工不出则乏其事,〔2〕商不出则三宝绝,〔3〕虞不出则财匮少。"财匮少而山泽不辟矣。〔4〕此四者,民所衣食之原也。〔5〕原大则饶,原小则鲜。上则富国,下则富家。贫富之道,莫之夺予,而巧者有余,拙者不足。故太公望封于营丘,〔6〕地潟卤,〔7〕人民寡,于是太公劝其女功,〔8〕极技巧,通鱼盐,则人物归之,繦至而辐凑。〔9〕故齐冠带衣履天下,〔10〕海岱之间敛袂而往朝焉。〔11〕其后齐中衰,管子修之,〔12〕设轻重九府,〔13〕则桓公以霸,〔14〕九合诸侯,〔15〕一匡天下;〔16〕而管氏亦有三归,〔17〕位在陪臣,〔18〕富于列国之君。是以齐富强至于威、宣也。〔19〕

【注释】〔1〕"《周书》",《尚书》中所收周代文献的总称。案,下引《周书》之文不见于今传本《尚书》,当是佚文。〔2〕"事",此指用以从事工作、方便生活的各种工具、用具。〔3〕“三宝”，三种可宝贵的事物。此处指上下文提到的“食”、“事”、“财”三项。〔4〕“辟”，开辟。〔5〕“原”，本源，根本。〔6〕“太公望”，周初人，姓姜，其氏为吕，名尚。原居东海之滨，后归附周文王，文王说“吾太公望子久矣”，因号为太公望。武王即位，尊之为师，称师尚父。其人在灭商的斗争中，起了很大的作用，周初分封诸侯，他被封于齐，是齐国的始祖。详见本书《齐太公世家》。“营丘”，古邑名，因营丘山得名，故地在今山东淄博市临淄北。〔7〕“潟卤”，盐碱地。“潟”，音 xì。〔8〕“劝”，勉励。“女功”，妇女的工作，如纺织、刺绣、缝纫之类。〔9〕“繦”，音 qiǎng，通“襁”，背婴儿用的宽带。“繦负”，谓用宽带包裹小儿负之于背。“辐凑”，车轮的辐条集中于车轴，用以比喻人物或财货归聚一处。〔10〕“冠带衣履”，四字皆用作动词。“冠带衣履天下”意谓齐地出产的冠带衣履被天下人所穿戴使用。〔11〕“海”，东海。“岱”，泰山。“敛袂”，整理衣袖，这是一种恭敬的表示。“袂”，音 mèi。〔12〕“管子”，春秋时期的政治家。名仲，字夷吾，任齐桓公相，重视工商，主张通货积财，富国强兵，并以尊奉周天子，抵御外夷为号召，辅佐齐桓公完成霸业，使齐国成为中原各国的盟主。详见本书《管晏列传》。〔13〕“轻重”，指轻重不等、币值各异的钱币。“九府”，九种掌管财货钱币的官，即大府、王府、内府、外府、泉府、天府、职内、职金、职币。在《周礼》中都是天官冢宰的属官。〔14〕“桓公”，指齐桓公，是春秋时期姜氏齐国的一代国君，为庄公孙、襄公弟，名小白，公元前六八五年即位。他任管仲为相，实行富国强兵政策，以武力为后盾，联合中原各诸侯国，遏制外夷的势力，成为春秋时期第一个霸主。管仲死后，他信用佞人，怠于政事，至公元前六四四年去世。〔15〕“九合诸侯”，“合”，指聚合会盟。“九”，形容次数之多，不是实指九次。据《春秋谷梁传》，齐桓公与诸侯会盟达十一次之多。〔16〕“匡”，匡正，纠正。〔17〕“三归”，《论语·八佾》首先提到“管氏有三归”，历来对此有不同的解释。一种意见以为女子出嫁曰归，管仲同国君一样，娶三姓之女，所以说“有三归”。另一种说法以为三归是管仲所筑的一座台的名称。第三种观点据《管子·山至数》云“则民之三有归于上矣”，指出“三归”当指官府对市场上商人所征收的常例租税。另外，还有把“三归”解释为贮藏钱币的府库或管仲采邑的名称的。其中第三种观点有《管子》书为证，似较可信。〔18〕“陪臣”，臣之臣。齐桓公是诸侯，他对周天子来说，是臣；管仲为齐桓公相，是诸侯的臣，他对周天子来说，就是陪臣。〔19〕“威”，指齐威王，战国时期田氏齐国的国君，名因齐，公元前三七八年至前三四三年在位。“宣”，名辟疆，威王之子，公元前三四三年至前三二四年在位。

【译文】《周书》中说：“农人不拿出自己的产品，人们就会缺乏食粮；工人不拿出自己的产品，人们就会缺乏用具；商人不进行贸易，那么粮食、用具、财货这三种最可宝贵的东西就会断绝来源；（管理山泽的）虞人不拿出所产的物品，人们就会财货空乏。”财货空乏，山泽就不能开发了。这四方面，是人们衣食的本源。本源广大，物用就充裕；本源狭小，物用就缺少。（懂得这一道理，）上可以富国，下可以富家。贫富的法则，（天然存在，）不是谁能夺走或给予的，而智巧的人财物总是有余，笨拙的人财物总是不足。太公望被封于营丘，建立齐国，那里都是盐碱地，人民稀少，于是太公就勉励封地内的妇女从事纺织、缝纫、编结、刺绣等工作，这些女红制品技术高超，极其精巧，太公又利用当地出产的鱼、盐进行贸易，结果别处的人民都背负着婴儿归附齐国，货物也往那里集中，就像车辐归聚于车轴一样。所以天下人都使用齐国出产的衣服鞋帽，东海到泰山之间的人们都恭恭敬敬地整理好衣袖前去朝见，（表示归服。）后来齐国一度衰落，管仲重新整顿治理，设置掌管财物货币的九种官员，齐桓公因此得以称霸，多次纠合诸侯，主持盟会，把天下纳入正道。而管仲本人也能收取占货值十分之三的市场税归为己有，虽然居于陪臣的地位，却比各国的诸侯还富。齐国也因而保持富强直至后世威王、宣王的时代。

故曰：“仓廪实而知礼节，衣食足而知荣辱。”〔1〕礼生于有而废于无。〔2〕故君子富，好行其德；小人富，以适其力。〔3〕渊深而鱼生之，山深而兽往之，人富而仁义附焉。富者得势益彰，失势则客无所之，以而不乐。夷狄益甚。〔4〕谚曰：“千金之子，不死于市。”〔5〕此非空言也。故曰：“天下熙熙，〔6〕皆为利来；天下壤壤，〔7〕皆为利往。”夫千乘之王，〔8〕万家之侯，百室之君，尚犹患贫，而况匹夫编户之民乎！〔9〕

【注释】〔1〕“仓廪实而知礼节，衣食足而知荣辱”，这两句话见于《管子·牧民》，本书《管晏列传》

中亦曾引用。〔2〕“有”，指拥有财富。“无”，指没有财富。〔3〕“适”，安适，安逸。〔4〕“夷狄”，“夷”本指东方地区少数民族，“狄”本指北方地区少数民族。此处“夷狄”用作对少数民族的通称。〔5〕“千金”，黄金千斤。汉制每斤约合今二百五十八克。“千金之子”，泛指富人之子。“市”，市场。古代死刑多在市场上执行。“不死于市”，不会被处死。谓可以贿免死，以钱赎罪。〔6〕“熙熙”，喧嚷嘈杂的样子。〔7〕“壤壤”，往来纷乱的样子。“壤”，通“攘”。〔8〕“乘”，音 shèng，指用四匹马拉的兵车。春秋时期作战以车战为主，国家的大小强弱往往用拥用兵车的数量来表示。此“千乘之王”，是指能出动兵车一千辆的中等诸侯国的君主。到战国时，“千乘之王”则是小国之君。〔9〕“匹夫”，平民百姓。“编户”，编入户籍要负担租税徭役的一般平民之家。

【译文】所以说：“粮食充实了，人们就会懂得行为要符合礼节；生活用品丰富，吃穿不愁了，人们就会懂得什么是光荣，什么是耻辱。”礼是随着财富充裕而产生的，一旦财富消失，也就不再有什么礼了。所以说君子富了，爱凭借财产广施恩德；小人富了，就能过安逸舒适的生活，不必再辛辛苦苦地劳作。水深自然产鱼，山深自然会有野兽前往繁殖生息，人富了，所谓的仁义自然就会归属于他。富人得了势，名声地位就更加显赫，一旦失势，再没有宾客上门，就会闷闷不乐。这类情况，在夷狄之区表现得尤其明显。俗话说：“只要家产有千金，儿子不会判死刑。”这并非空话。所以说：“天下人吵闹喧嚷，都是来求财；天下人奔走纷乱，都是去谋利。”那些拥有兵车千辆的国君，食邑万户的列侯，受封百家的封君，尚且都为钱财不够使用而担忧，何况编入户籍，要负担租税徭役的平民百姓呢！

昔者越王句践困于会稽之上，〔1〕乃用范蠡、计然。〔2〕计然曰：“知斗则修备，〔3〕时用则知物，〔4〕二者形则万货之情可得而观已。〔5〕故岁在金，穰；〔6〕水，毁；〔7〕木，饥；〔8〕火，旱。〔9〕旱则资舟，水则资车，〔10〕物之理也。六岁穰，六岁旱，十二岁一大饥。夫粜，二十病农，九十病末。〔11〕末病则财不出，农病则草不辟矣。上不过八十，下不减三十，则农末俱利。平粜齐物，〔12〕关市不乏，〔13〕治国之道也。积著之理，〔14〕务完物，无息币。〔15〕以物相贸，易腐败而食之货勿留，〔16〕无敢居贵。〔17〕论其有余不足，则知贵贱。贵上极则反贱，贱下极则反贵。贵出如粪土，贱取如珠玉。财币欲其行如流水。”修之十年，国富，厚赂战士，士赴矢石，如渴得饮，遂报强吴，〔18〕观兵中国，〔19〕称号“五霸”。〔20〕

【注释】〔1〕“越王句践”，春秋末年越国的君主，越王允常之子，公元前四九七年至前四六五年在位。越国与吴国境土相接，且为世仇，互相攻打。公元前四九四年，句践为吴王夫差所败，屈膝求和。后来在大夫文种、范蠡等的辅佐下，卧薪尝胆，发愤图强，经过十年生聚，十年教训，终于复兴越国，在公元前四七三年灭吴雪耻，又北上与诸侯会盟，成为春秋时期的最后一个霸主。详见本书《越王句践世家》。“句”，音 gōu，后世亦写作“勾”。“会稽”，山名，在今浙江绍兴、嵊县、诸暨、东阳间。句践当初为吴所败，曾率众退保于此。当时越国的都城在会稽山下，亦名“会稽”，故地即今绍兴市。“会”，音 guì。〔2〕“范蠡”，楚宛（今河南南阳市）人，字少伯，后仕越为大夫。越败于吴，范蠡辅佐越王句践忍辱发愤，设计图吴，终于消灭了吴国。他认为句践可以同患难，不能同安乐，功成不居，离开越国变易姓名经商，三致千金。其事迹可参见本书《越王句践世家》。“计然”，本晋国公室之后，姓辛，字文，一字研，葵丘濮上（在今山东淄博市境内）人。博学无所不通，尤善于计算，《吴越春秋》称之为“计然”，范蠡曾经师事他。一说“计然”，是范蠡所著书名。〔3〕“斗”，这里是指战争。“修备”，谓军备修整。〔4〕“时用”，指符合时世的需求。〔5〕“形”，显露，表现。〔6〕“岁”，此指太岁，古代天文学中假设的星名，与岁星对应。岁星即木星，大致十二年一周天，其运行方向是自西向东。太岁被假设为自东向西运行，其在黄道上的轨迹分为十二等分，以每年太岁所在之区纪年。“金”，金星。“岁在金”，指太岁运行到金星所在之区。“穰”，音 ráng，丰收。〔7〕“水”，水星。“毁”，毁坏，不能成事。〔8〕“木”，木星。“饥”，饥荒。〔9〕“火”，火星。案，古人迷信，以为星象与人事有关，所以有上述说法。本书《天官书》亦谓“必察太岁所在。在金，穰；水，毁；木，饥；火，旱”，可参看。〔10〕“资”，预蓄。“旱则资舟，水则资车”，谓大旱之后必多水，大水之后必有旱，所以久旱不雨时要准备好船，久雨多水时要准备好车。〔11〕“粜”，音 tiào，出售粮食。“二十”、“九十”，都是指一斗米所值的钱数。“病”，

伤害。"末",从事工商业的人。古代以农业为本业,以工商业为末业。〔12〕"平粜齐物",官府在荒年出售存粮以平抑物价。〔13〕"关",稽查行人货物的关卡。"市",市场。"关市"指人员物资聚集交易之地。〔14〕"积著",居积。"著",通"贮"。〔15〕"无息币",不使货币停息积压,也就是使资金周转不息,即下文"财币欲其行如流水"的意思。〔16〕"食",通"蚀",损耗。〔17〕"居贵",囤积货物,以求高价出售。〔18〕"报",报复。"强吴",吴王夫差败越后又大败齐兵,北上与晋争霸,国势强盛,所以称之为"强吴"。〔19〕"观兵",检阅军队,炫耀武力。〔20〕"五霸",春秋时期势力强大、曾经称霸一时的五个诸侯。一般认为是齐桓公、晋文公、秦穆公、宋襄王、楚庄王五人,句践不在其列。但本书《越王句践世家》记句践灭吴后率军北上,与齐、晋等国诸侯会盟徐州,周元王命之为伯(诸侯之长),诸侯毕贺,号称霸王。《荀子·王霸》称"齐桓、晋文、楚庄、吴阖闾、越句践"为威动天下的"五伯"("伯"通"霸"),则此处说句践"号称五霸",并非没有根据。

【译文】从前越王句践兵败困守在会稽山上,于是就任用了范蠡和计然。计然说:"懂得战争的人平时就得整治军备,要使货物赶上时令和风尚,被世人所用,平时就得了解货物。如果时世的需求和货物的特点,二者都明确地显露于世,那么世上成千上万货物生产和供应的规律也都能看出并掌握了。每逢太岁与金星运行到同一星次,这一年必是丰年,太岁与水星运行到同一星次,这一年必有水灾;太岁与木星运行到同一星次,这一年必有饥荒;太岁与火星运行到同一星次,这一年必有旱灾。大旱之后必多水,所以在旱年就得准备好船只,大水之后必有旱,所以在多水之年就得准备好车辆,这是事物变化的规律。(一般说来),农业生产六年丰收,六年干旱歉收,每十二年就有一次大饥荒。出售粮食,每斗价格跌到二十钱,就会伤害农民,每斗涨到九十钱,就会伤害手工业者和商人。手工业者和商人受到伤害,财货就不能流通,农民受到伤害,土地就不能开垦。粮价每斗上不超过八十钱,下不低于三十钱,那么农民和手工业者、商人双方都能得利。官府以平价出售粮食,控制住物价,使通过关卡、进入市场的货物源源不断,这就是治理国家的方法。至于囤积货物,居奇求利的道理,则务必求取完好坚固容易贮藏的货物,并且不要久藏,使资金周转不息。如果以货换货,进行贸易,容易腐败损耗的货物切勿久留,不要囤积居奇,以求高价。能够判断某种货物是供过于求还是求大于供,就能看出价格是要上涨还是要下跌。涨价涨到一定的极限,就会下跌,跌价跌到一定的极限,就会上涨。上涨到一定的极限,就要把货物看作粪土一样毫不可惜地抛售出去,下跌到一定极限时就要把货物看作珠宝一样毫不犹豫地收购进来。钱财货币要让它们象流水一样不停地周转流动。"句践采用计然的策略,施行了十年,越国财力富裕,能够优厚地犒赏战士,战士们冒着敌人的飞箭投石,奋勇前进,就像渴极了的人想得到饮水一样,于是终于报仇雪恨,消灭了强大的吴国。句践率军北上,在中原地区检阅军队,显示兵威,名列"五霸"之一。

范蠡既雪会稽之耻,乃喟然而叹曰:〔1〕"计然之策七,〔2〕越用其五而得意。既已施于国,吾欲用之家。"乃乘扁舟浮于江湖,〔3〕变名易姓,适齐为鸱夷子皮,〔4〕之陶为朱公。〔5〕朱公以为陶天下之中,诸侯四通,货物所交易也。乃治产积居,与时逐而不责于人。〔6〕故善治生者,〔7〕能择人而任时。十九年之中三致千金,再分散与贫交疏昆弟。〔8〕此所谓富好行其德者也。后年衰老而听子孙,子孙脩业而息之,遂至巨万。〔9〕故言富者皆称陶朱公。

【注释】〔1〕"喟",音 kuì,叹气的声音。〔2〕"计然之策七","七",《汉书·货殖传》作"十"。案"七"字古作"十",与"十"形近易混,当从《汉书》作"十"为是。〔3〕"扁舟",小船,"扁",音 piān。〔4〕"鸱夷",原指盛酒的皮囊。皮囊多所容纳,又可卷而藏之,范蠡自号"鸱夷子皮",有与时张弛、进退自如的意思。〔5〕"陶",古邑名,即陶丘,本曹国都城,春秋末属宋,战国属齐,是当时著名的商业城市,故址在今山东定陶西北。〔6〕"与时逐",与天时竞逐以求取利润。"责",要求,督促。"不责于人",谓范蠡知人善任,他所选择的人无需督责,自能尽心尽力为他经营。〔7〕"治生",经营家业。〔8〕"昆弟",兄弟。〔9〕"巨万",万万。

【译文】范蠡洗雪了在会稽向吴军屈膝求和的国耻之后,长叹道:"计然的计策有十条,越国只用了其中五条就能消灭吴国,扬眉吐气。那些计策施用于国家已经成功,我要用来经营自己的家业了。"于是就乘坐小船飘游江湖,改名换姓,到了齐

国，就自称“鸱夷子皮”，到了陶，就自称“朱公”。朱公认为陶这个地方位居天下之中，与各诸侯国四通八达，是进行货物交易的重要场所。于是就在那里经营产业，囤积货物，投机谋利。他善于掌握天时追逐利润而并不苛求所任用的人。所以说擅长经营的人，必定能选择信用靠得住的人并能得心应手地把握好时机。他在十九年之中曾三次得到千金之财，又先后两次把财产分散给贫穷的朋友和远房的同族兄弟。这就是所谓喜好凭借财产广施恩德的君子啊！后来他年老力衰，就听凭子孙去经营。他的子孙继承了产业，又不断增殖生息，以至他们的家产竟达到万万之多。因而后世人们谈到富人，都要提起陶朱公。

子赣既学于仲尼，〔1〕退而仕于卫，〔2〕废著鬻财于曹、鲁之间，〔3〕七十子之徒，〔4〕赐最为饶益。原宪不厌糟糠，〔5〕匿于穷巷。〔6〕子贡结驷连骑，〔7〕束帛之币以聘享诸侯，〔8〕所至，国君无不分庭与之抗礼。〔9〕夫使孔子名布扬于天下者，子贡先后之也。〔10〕此所谓得势而益彰者乎？

【注释】〔1〕“子赣”，孔子弟子，姓端木，名赐，字子贡，亦作子赣，春秋卫人。长于言辞，善于经商。后游说诸侯，在春秋末曾任鲁国和卫国的相，最后居齐而死。其事迹可参看本书《仲尼弟子列传》。〔2〕“卫”，诸侯国名，在今河南北部，当时都于濮阳(今河南濮阳西南)。〔3〕“废著”，也作“废居”、“废举”，囤积居奇，贱买贵卖。《汉书·货殖传》作“发贮”，字通义同。“鬻财”，转运倒卖货物。“曹”，诸侯国名，在今山东西南部，都陶丘(今山东定陶西北)，春秋末为宋所灭。“鲁”，诸侯国名，在今山东中部，都曲阜(今山东曲阜)。〔4〕“七十子”，据说孔子有学生三千人，其中优秀的，《孟子·公孙丑上》说有七十人，本书《孔子世家》说有七十二人，《仲尼弟子列传》则记七十七人。此言“七十子”，当是举其约数。〔5〕“原宪”，孔子弟子，字子思，春秋鲁人(一说宋人)，家贫，据说他好学不倦，蓬户褐衣蔬食而不减其乐。“厌”，饱，“餍”的古字。“糟糠”，酒渣和谷皮，此用以泛指粗劣的食物。〔6〕“穷巷”，陋巷。〔7〕“驷”，四匹马拉的车子。“骑”，音 jì，鞍辔齐备供人乘坐的马。“结驷连骑”，谓出行时排场很大，车马成队，接连不断。〔8〕“束帛之币”，“币”本指缯帛，帛五匹为一束。古每以束帛作为使者聘问或朋友馈赠的礼物，称“束帛之币”。“聘”，诸侯之间互相遣使通问修好。“享”，诸侯向天子进献贡品。此言“聘享诸侯”，则专指作为使者聘问诸侯。〔9〕“分庭与之抗礼”，谓以平等的礼节与他相见。古礼主人接待客人，如身份对等，就在庭院中相对施礼，主人在东，客人在西。“抗”，相敌，对等。〔10〕“先后”，此指凭借力量，左右其事。

【译文】子赣既已从孔子那里完成了学业，就回到卫国做官，他又囤积货物，在曹、鲁一带转运倒卖，孔门弟子学业优秀的有七十人，其中数他最富有了。原宪穷得连酒糟谷皮都不能填饱肚子，藏身于陋巷之中。子赣则车马成群，以束帛为进见的礼物，出使各诸侯国通问修好，所到之处，各国的国君都与他分宾主，行平等的礼节。使孔子的名声能够传遍天下，就是靠子赣作出安排，起着支配作用。这不就是所谓富人得了势，名声地位就更加显赫吗？

白圭，周人也。〔1〕当魏文侯时，〔2〕李克务尽地力，〔3〕而白圭乐观时变，故人弃我取，人取我与。夫岁孰取谷，〔4〕予之丝漆；茧出取帛絮，予之食。太阴在卯，〔5〕穰；明岁衰恶。至午，旱；明岁美。至酉，穰；明岁衰恶。至子，大旱；明岁美，有水。至卯，积著率岁倍。〔6〕欲长钱，取下谷；长石斗，〔7〕取上种。能薄饮食，忍嗜欲，节衣服，与用事僮仆同苦乐，〔8〕趋时若猛兽挚鸟之发。〔9〕故曰：“吾治生产，犹伊尹、吕尚之谋，〔10〕孙吴用兵，〔11〕商鞅行法是也。〔12〕是故其智不足与权变，勇不足以决断，仁不能以取予，彊不能有所守，虽欲学吾术，终不告之矣。”盖天下言治生祖白圭。白圭其有所试矣，能试有所长，非苟而已也。

【注释】〔1〕“周”，战国时周天子统治的地域只限于王都成周(今河南洛阳市东)及其附近一小片地方。这里的“周”，即指成周。〔2〕“魏文侯”，战国初魏国的国君。名都(一说名斯)，公元前四四五年即位，在位五十年(一说三十八年)。曾尊子夏、段干木、田子方为师，以好学尊贤著称，又任用李悝(音 kuī)、吴起、西门豹等，锐意改革，使魏国成为当时最富强的国家。〔3〕“李克”，即李悝，战国初魏国人，曾任魏文侯相，在魏国实行改革，废除了贵族的世卿世禄制度，提倡勤奋耕作，发展农业，以尽地力，又编《法经》六篇，推行法治，是当时的一个杰出的政治家。关于李悝“务尽地力”的主张，可参看《汉书·食货志》的有关记载。〔4〕“孰”，“熟”的古字。〔5〕“太阴”，太岁的别称。太岁是古代天文学中假设的与岁星（木星）背道而驰的星，见前注。古有以太岁纪年的方法，即把黄道附近的一周天分为十二等分，每等分为一个星次，并由东向西配以子丑寅卯等十二支，又假设太岁即依此方向逐年运行周天的十二分之一，与十二星次相应。“太阴在卯”，指太岁运行到了属卯那个星次的一年。下文“至午”、“至酉”、“至子”，也是指太岁运行的方位。〔6〕“率”，音 shuài，大概。〔7〕“石”、“斗”，都是用来计算粮食数量的容器，此处即以“石斗”为粮食的代称。〔8〕“僮仆”，奴仆。〔9〕“挚”，通“鸷”。〔10〕“伊尹”，商汤的谋臣，名挚。曾辅佐汤灭夏，被尊为阿衡（相当后世的相）。汤死后，伊尹专国政。汤孙太甲为王，暴虐乱法，伊尹把他放逐到桐宫，自立三年（一说七年），摄政称王。后太甲改过向善，伊尹又归政太甲。据本书《殷本纪》，伊尹死于太甲之子沃丁继位为王以后，但也有一种说法认为太甲复辟后即杀死了伊尹。“吕尚”，即前文提到过的“太公望”。〔11〕“孙吴”，孙武和吴起，都是著名的军事家。孙武，春秋齐人，曾为吴王阖庐（即阖闾）之将，大破楚兵，并使齐、晋等中原大国受其威迫。所著《孙子》一书，是我国现存最早的一部军事学著作。吴起，战国卫人，曾师事孔子弟子曾参，先后为鲁将、魏将，胜敌有名。后仕魏为西河守，被魏相所忌，乃出奔楚国，楚悼王用为令尹（相）。吴起在楚变法图强，得罪了宗室贵族。悼王死后，吴起被楚国贵族杀害。孙、吴二人的事迹详见本书《孙子吴起列传》。〔12〕“商鞅”，战国卫人，本卫国公族，以公孙为氏，名鞅。后入秦，为秦孝公相，在秦国厉行变法，开阡陌，废井田，推行法治，执法严明，奖励耕战，使秦国迅速富强起来。因其被封于商，所以也称“商鞅”、“商君”。公元前三三八年孝公死后，商鞅即被其政敌陷害，车裂而死。详见本书《商君列传》。案，白圭“当魏文侯时”，而商鞅相秦，事在魏文侯死后三十多年，此言白圭以商鞅行法为喻，年代上显然矛盾不合。

【译文】白圭是成周人。正当魏文侯在位时，李克在魏国推行尽力开发土地资源、奖励农业的政策，而白圭却乐于观察估量时尚世情的变化，别人低价抛售的货物，他就收进，别人高价求取的货物，他就出售。在谷物成熟的时候，他收购粮食，出售丝、漆；在蚕茧收成时则收购缯帛和丝绵，出售粮食。每逢太岁在卯之年，农业丰收，但明年必定有灾荒。到了太岁在午之年，必遇旱灾，但明年会有好收成。到了太岁在酉之年，又是丰收，但明年又是灾荒。到了太岁在子之年，会遇到大旱，但明年收成较好，雨水偏多。这样，又回到太岁在卯之年。他囤积货物，大致每年能使财产增加一倍。想要增长拥有的货币的数目，他就收购下等的谷子；想要增长拥有的粮食的数目，他就收购上等的谷种。他生活刻苦，不讲究饮食，能抑制享受的欲望，没有嗜好，穿衣服也很节约，常年与为他经营劳作的奴仆同甘共苦，但抓紧赚钱的时机就像猛兽猛禽看到猎物突然猛扑过去似地迅猛果断。因此他曾这样说：“我经营产业，就像伊尹、吕尚施行计谋，孙武、吴起用兵作战，商鞅执行法令那样。所以一个人如果他的智慧不足以随机应变，他的勇气不足以果断的作出决定，他的仁爱之心不能使他只是收取应该取得的东西而又肯付出应该付出的东西，他的意志不能使他坚持自己应有的操守，即使想学习我致富的本领，我终究不会告诉他。”（他说这番话，）是由于天下讲经营产业的人都说自己效法白圭。白圭他是试验过自己的经营之术的，能经过试验以施展自己的特长，这说明他不是随随便便就取得成功的啊！

猗顿用盬盐起。〔1〕而邯郸郭纵以铁冶成业，〔2〕与王者埒富。〔3〕

【注释】〔1〕“猗顿”，据说本是鲁国的贫士，名顿，曾经向陶朱公（范蠡）求教致富之术，后去河东猗氏（今山西临猗南）盐池煮盐，成为大富，因以“猗”为氏，称“猗顿”。“猗”，音 yī。“盬”，音 gǔ，未经煎炼的盐，一说“盬盐”专指河东猗氏盐池所产的盐。〔2〕“邯郸”，当时赵国的都城，故地在今河北邯郸市西南。〔3〕“埒”，音 liè，等同。

【译文】猗顿靠掘池晒盐发家，邯郸郭氏靠开矿冶铁致富，他们的财富都可与一国之君相比。

乌氏倮畜牧，〔1〕及众，斥卖，求奇缯物，〔2〕间献遗戎王。〔3〕戎王什倍其偿，与之畜，畜至用谷量马牛。秦始皇帝令倮比封君，〔4〕以时与列臣朝请。〔5〕而巴寡妇清，〔6〕其先得丹穴，〔7〕而擅其利数世，家亦不訾。〔8〕清，寡妇也，能守其业，用财自卫，不

见侵犯。秦皇帝以为贞妇而客之,[9]为筑女怀清台。夫倮鄙人牧长,[10]清穷乡寡妇,礼抗万乘,[11]名显天下,岂非以富邪?

【注释】〔1〕“乌氏”,古县名,亦作“乌友”、“阏氏”、“马氏”,本乌氏戎地,战国秦惠王置县,故治在今甘肃平凉西北。“氏”,音 zhī。“倮”,音 luǒ,人名。〔2〕“缯物”,彩色的绣品。〔3〕“间”,音 jiàn,乘间,暗地里。“遗”,音 wèi,赠送。“戎王”,指西北地区少数民族的君长。与戎王交通是违反禁令的,所以要私下赠送。〔4〕“封君”,领受封邑,食其租税的贵族。〔5〕“朝请”,诸侯封君春季朝见君主叫“朝”,秋季朝见叫“请”。〔6〕“巴”,本古国名,在今四川东部,战国时被秦惠文王所灭,后秦即于其地置巴郡,汉因之;治江州,故地在今重庆市北。〔7〕“丹”,朱砂。“丹穴”指出产朱砂的矿穴。〔8〕“訾”,音 zhī,通“赀”,计量。〔9〕“秦皇帝”,指秦始皇。〔10〕“鄙”,边远地区的小邑。“鄙人”,指居于边鄙地区的人。〔11〕“万乘”,指天子。“乘”,音 shèng,兵车一辆为一乘。周制天子地方千里,可出动兵车万乘,后因以“万乘”作为天子的代称。

【译文】乌氏的倮经营畜牧业,牲畜繁殖多了就变卖成钱,然后求购华美珍奇的彩绣等物,偷偷地献赠戎王,戎王则用十倍于原价的牲畜回赠给他,作为补偿。致使他拥有的牛马等牲畜多得要用山谷作单位来计量。秦始皇下令让倮比照封君的待遇,春秋二季可以按时同贵族们一起进宫谒见皇帝。巴郡有个名清的寡妇,她的祖先找到了出产朱砂的矿穴,一连几代独得其利,财富多得无法计算。清,不过是一个寡妇,能够守住祖先留下的产业,靠财产来保护自己,使自己不受人欺侮侵犯。秦始皇认为她是个有节操的贞妇而尊敬她,待她如同宾客,并为她修筑了一座女怀清台。那倮是边远地区牧民的首领,清是穷乡僻壤的寡妇,却能受到天子的礼遇,名扬天下,不就都是依靠自己的财富吗?

汉兴,海内为一,开关梁,[1]弛山泽之禁,[2]是以富商大贾周流天下,[3]交易之物莫不通,得其所欲,而徙豪杰诸侯强族于京师。[4]

【注释】〔1〕“关”,关隘的城门。“梁”,津梁(桥梁)。古每于水陆要会之地的城门及桥头设卡稽查行人和货物。〔2〕“山泽之禁”,古以山泽为国君私产,专设官吏管理经营,其收入供国君私用,禁止一般人民进入山泽从事采伐渔猎等生产活动。〔3〕“贾”,音 gǔ,商人。“商”本指贩运转售的商人,“贾”本指坐铺经营的商人,后来“商贾”,作为商人的通称,不再有区别。〔4〕“徙豪杰诸侯强族于京师”,高祖九年(公元前一九八年)刘邦听从刘敬“强本弱末”的建议,强行迁徙战国时齐、楚、燕、赵、魏、韩等国王族子孙及地方豪强大族十余万口至关中地区。其事详见本书《高祖本纪》及《刘敬叔孙通列传》。

【译文】大汉兴起,四海之内归于统一,不再在城门桥头设卡,开放了各个地区之间的封锁,解除了开发山泽的禁令,因此财力雄厚的商人们得以走遍天下,用来交易的货物到处流通,供需双方都能满足,(朝廷又决策)把地方上的领袖人物、战国时六国王族子孙和豪强大族迁徙到京师一带来。

关中自汧、雍以东至河、华,[1]膏壤沃野千里,自虞夏之贡以为上田,[2]而公刘适邠,[3]大王、王季在岐,[4]文王作丰,[5]武王治镐,[6]故其民犹有先王之遗风,好稼穑,[7]殖五谷,地重,[8]重为邪。[9]及秦文、德、缪居雍,[10]隙陇蜀之货物而多贾。[11]献公徙栎邑,[12]栎邑北却戎翟,[13]东通三晋,[14]亦多大贾。孝、昭治咸阳,[15]因以汉都,[16]长安诸陵,[17]四方辐凑并至而会,地小人众,故其民益玩巧而事末也。[18]南则巴蜀。[19]巴蜀亦沃野,地饶卮、[20]姜、丹沙、石、铜、铁、竹、木之器。南御滇僰,[21]僰僮。西近邛笮,[22]笮马、旄牛。然四塞,栈道千里,[23]无所不通,唯褒斜绾毂其口,[24]以所多易所鲜。[25]天水、陇西、北地、上郡与关中同俗,[26]然西有羌中之利,[27]北有戎翟之畜,畜牧为天下饶。然地亦穷险,唯京师要其道。[28]故关中之地,于天下三分之一,而人众不过什三;然量其富,什居其六。

【注释】〔1〕“关中”,此指函谷关(故址在今河南灵宝东北)以西以长安为中心的畿辅地区。“汧”,音 qiān,汉县名,故治在今陕西陇县南。

"雍",汉县名,故治在今陕西凤翔南。"河",黄河。"华",华山,在今陕西华阴南。〔2〕"虞夏之贡以为上田",《尚书·虞夏书·禹贡》记雍州(约当今陕西大部以及甘肃东部地区,包括秦汉时的关中在内)"厥田为上上",意谓土质最好,在九州中属第一等。〔3〕"公刘",古代周部族的首领,相传是周人始祖后稷的曾孙。名刘,"公"是尊称。他继承后稷的传统,组织周人努力耕作。夏末遭乱,周部族在公刘的率领下由邰(音 tái,故地在今陕西武功境)迁居于豳。"邠",音 bīn,同"豳",古国名,故地在今陕西旬邑(郇邑)、彬县(邠县)一带。〔4〕"大王","大"同"太",太王即周文王的祖父古公亶父,为公刘九世孙。相传古公亶父为了避开狄人的侵扰,率领周人由豳迁居于岐,积德行善,修造城郭,设置官吏,发展农业,周部族因而强大起来。武王时,古公亶父被追尊为"太王"。"王季",古公亶父的少子,名季历。其兄太伯、虞仲知道古公亶父有意把周部族首领的位置传给季历,就外出逃亡,表示决不争位。季历继位后遵循古公亶父的遗教,并联络其他部族,进一步扩大了周部族的势力。武王时,季历被追尊为"王季"。"岐",音 qí,岐山下的一片的原野,故地在今陕西岐山北。〔5〕"文王",即季历之子姬昌,是历史上著名的圣王。商代末期,曾为西方诸侯之长。在他的领导下,周人的势力迅速扩充,为后来武王灭商奠定了基础。"丰",邑名,故地在今陕西西安市西南沣水西岸,本是崇国领地,文王消灭崇国后迁都于此,并加以扩建。〔6〕"武王",周文王之子姬发。他完成了灭商的事业,开创了周王朝,也是历史上著名的圣王。"镐",音 hào,邑名,故地在今陕西西安市西南沣水东岸。周武王灭商后,建都于此。"镐"、"丰"二城隔沣水相望,同为西周国都。〔7〕"稼穑",下种曰稼,收获曰穑,后因以稼穑泛指农业劳动。"穑",音 sè。〔8〕"地",此指质地,秉性。〔9〕"重",这里是不轻易去做某事的意思。〔10〕"秦文",指秦文公,春秋初秦国的国君,襄公之子,公元前七六五年至前七一六年在位。"德",指秦德公,文公之孙,公元前六七七年至前六七六年在位。"缪",同"穆",指秦穆公,名任好,德公之子,公元前六五九年至前六二一年在位,为春秋"五霸"之一。"雍",邑名,故地在今陕西凤翔南,后即秦汉雍县治所所在。〔11〕"隙",孔隙。"隙陇蜀之货物",谓地处陇蜀两地货物流通的孔道。"陇",指今甘肃南部地区。"蜀",指今四川境内以成都为中心的古蜀国领地。〔12〕"献公",指秦献公,名师隰,战国时秦国的国君,灵公之子,公元前三八四年至前三六二年在位。"栎邑",即栎阳,邑名,故地在今陕西临潼北渭水北岸。秦献公二年自雍迁都于此。"栎",音 yuè。〔13〕"戎翟","戎",指西方地区少数民族。"翟",音 dí,通"狄"。〔14〕"三晋",春秋末晋国的疆土被韩、赵、魏三卿瓜分,到战国时成为韩、赵、魏三国,后世称之为"三晋",其地域大致包括今山西全省及河南、河北的部分地区。〔15〕"孝",指秦孝公,名渠梁,战国时秦国的国君,献公之子,公元前三六一年至前三三八年在位。他任用商鞅为相,实行变法,秦国得以迅速富强起来。"昭",指秦昭王(本书《秦本纪》称之为昭襄王),名则,一名稷,孝公之孙,公元前三〇六年至前二五一年在位。"咸阳",邑名,故地在今陕西咸阳市东北,秦孝公十二年(公元前三五〇年)迁都于此。〔16〕"汉都",指长安,故址在今陕西西安市西北。〔17〕"长安诸陵",指长安附近的汉初帝后陵墓,包括高祖长陵(在今陕西咸阳市东北)、薄后南陵(在今陕西西安市东)、文帝霸陵(在今西安市东北)、景帝阳陵(在今陕西高陵西南)等。"咸阳"、"汉都"、"长安诸陵",都在关中范围之内。〔18〕"玩巧",玩弄巧诈,不淳朴。〔19〕"蜀",古国名,有今四川成都市及温江地区大部分地,战国时为秦惠文王所灭,秦即于其地置蜀郡,治成都(即今成都市),汉因之。〔20〕"卮",音 zhī,一种野生植物,花红紫色,可用以提制胭脂。〔21〕"滇",古国名,在今云南东部滇池附近地区,战国时楚将庄跻据其地称王,汉武帝元狩二年(公元前一一九年)滇王降汉入朝,汉于其地置益州郡,治滇池,故城在今晋宁东。"僰",音 bó,古代西南地区的少数民族之一,居住在以僰道(在今四川宜宾境)为中心的四川南部、云南东部地区。〔22〕"邛",音 qióng,指邛都夷,古代西南地区少数民族之一,居住在今四川西昌市一带,汉于其地置邛都县。"筰",音 zuó,通"笮",指笮都夷,也是古代西南地区的少数民族之一,居住在今四川汉源一带,汉于其地置沈黎郡。〔23〕"栈道",在峭崖陡壁上凿孔,然后架木铺板连成的道路。〔24〕"褒斜",古道路口,因取道褒水、斜水两河谷得名。褒水谷口在今陕西汉中市西,斜水谷口在今陕西眉县(郿县)西南。地险道狭,是当时关中地区通向巴蜀的交通要道。"斜",音 yé,"绾",音 wǎn,联结,控制。"毂",音 gǔ,车轮中间承受车辐、贯入车轴的空心圆木。此喻众多道路会聚并合之处。"绾毂"意谓控扼道口。〔25〕"鲜",音 xiǎn,少。〔26〕"天水",汉郡名,治所在平襄(今甘肃通渭西北),辖境约相当于今甘肃通渭、静宁、秦安、定西、清水、庄浪、甘谷、张家川等县及陇西东部、榆中东北部、天水市西北部地。"陇西",汉郡

名,治所在狄道(今甘肃临洮南),辖境约相当于今甘肃广河、临洮、渭源、漳县、卓尼、岷县、舟曲、宕昌等县以及武山南部、陇西西部、天水市东部地区。“北地”,汉郡名,治所在马岭(今甘肃庆阳西北),辖境约相当于今宁夏贺兰山、青铜峡、山水河以东及甘肃环江、马莲河流域。“上郡”,汉郡名,治所在肤施(今陕西榆林东南),辖境约相当于今陕西北部及内蒙古乌审旗等地。〔27〕“羌中”,指羌人聚居区域,约相当于今甘肃西部、青海东部一带。〔28〕“要”,音 yāo,约束,控制。

【译文】关中地区从汧县、雍县以东直到黄河、华山,平川千里,一片沃壤,自虞、夏以来,就把那里的土地列为九州之内最好的,而征收第一等的贡赋。(当初)公刘率领周人来到邠地,太王、王季又迁徙到岐山之下,文王修建了丰邑,武王又营治镐京,所以那里的人民至今还保存着先王遗留下来的风尚,乐于经营农业、种植五谷,秉性稳重厚道,不肯轻易地去做违法的事。到后来秦文公、秦德公、秦缪公定都居雍,那地方正当陇、蜀货物交流的必经之路,因而产生了许多商人。秦献公迁都栎邑,栎邑(作为国家重心所在,)挡回了北方戎狄的侵扰,向东又与三晋之地相通,也集中了许多大商人。秦孝公、秦昭公都于咸阳,加上后来的汉都长安也在那一带,附近又有(汉代开国以来)历代帝后的陵墓,关中地区成了天下四方人员物资的会聚之处,地方狭小而人口众多,因此那里的人民更加习惯于玩弄智巧,去从事工商业。关中的南面是巴蜀。巴蜀地方也是肥沃的原野,出产很多的卮草、姜、朱砂,以及用石、铜、铁、竹、木等制成的器具,南面控制着滇、僰两个国族,僰地出产奴隶;西面靠近邛都夷和笮都夷,笮都夷居地出产马和牦牛。但其地四面都被群山包围阻塞,幸而筑有千里栈道,可以四通八达,只有汉中的褒斜控扼着巴蜀通往关中的各条通路的道口,(通过褒斜输出或输入货物),就能用本地多余的产品换来所缺乏的东西。天水、陇西、北地和上郡与关中风俗相同,但西有羌中的利源,北有戎狄的牲畜,畜牧业的繁荣可数天下第一。不过地方偏远险阻,外出的通路被京师长安所控扼。所以关中地方面积只占天下的三分之一,人口不到十分之三,但衡量那里的财富,却占十分之六之多。

昔唐人都河东,〔1〕殷人都河内,〔2〕周人都河南。〔3〕夫三河在天下之中,〔4〕若鼎足,王者所更居也,建国各数百千岁,土地小狭,民人众,都国诸侯所聚会,故其俗纤俭习事。〔5〕杨、平阳陈西贾秦、翟,〔6〕北贾种、代。〔7〕种、代,石北也,〔8〕地边胡,〔9〕数被寇。〔10〕人民矜懻忮,〔11〕好气,任侠为奸,〔12〕不事农商。然迫近北夷,师旅亟往,〔13〕中国委输时有奇羡。〔14〕其民羯羠不均,〔15〕自全晋之时固已患其慓悍,〔16〕而武灵王益厉之,〔17〕其谣俗犹有赵之风也。〔18〕故杨、平阳陈掾其间,〔19〕得所欲。温、轵西贾上党,〔20〕北贾赵、中山。〔21〕中山地薄人众,犹有沙丘纣淫地余民,〔22〕民俗懁急,〔23〕仰机利而食。〔24〕丈夫相聚游戏,〔25〕悲歌忼慨,起则相随椎剽,〔26〕休则掘冢作巧奸冶,〔27〕多美物,〔28〕为倡优。〔29〕女子则鼓鸣瑟,跕屣,〔30〕游媚贵富,入后宫,遍诸侯。

【注释】〔1〕“唐人”,指帝尧的部众。据说帝尧初居于陶,后封于唐,为唐侯,所以称陶唐氏,又称唐尧。“河东”,战国时地理上的一个习惯称呼,大致指今山西省西南部地区,因黄河经此作北南流向,这一地区正在黄河以东。后秦于其地置河东郡,汉因之。本书《五帝本纪》司马贞《索隐》引《帝王纪》言尧都平阳,故地在今山西临汾西南,正在河东范围之内。〔2〕“河内”,战国时地理上的一个习惯称呼,大致指今河南省境内黄河以北,安阳市、汤阴、淇县、汲县、新乡市以西地区。秦于其地置河内郡,汉因之。殷代自盘庚以后所都之地,在今河南安阳市,正在河内范围之内。〔3〕“河南”,战国时地理上的一个习惯称呼,大致指今河南省境内黄河以南,中牟以东,新郑、密县、登封、临汝、汝阳以北地区,也包括黄河以北的原阳在内。秦于其地置三川郡,汉改为河南郡。西周成王时营建洛邑为第二首都,称成周,平王东迁后即以之为都,故地在今河南洛阳市东郊,正在河南范围之内。〔4〕“三河”,即河东、河内、河南。〔5〕“纤俭”,琐屑吝啬。〔6〕“杨”,汉县名,属河东郡,故治在今山西洪洞东南。“平阳”,即传说中尧都所在,汉为县,属河南郡,与杨县相邻。“陈”,司马贞《索隐》原无此字,系涉下“杨、平阳陈掾其间”而衍。“秦”,指关中地区,其地在春秋战国时属秦国。“翟”,指今陕西北部、内蒙古南部及甘肃、宁夏一带,当时是翟人部落散居区域。〔7〕“种”,指今河北西北部地区。“代”,指今山西北部地区。〔8〕“石”,裴骃《集解》、司马贞《索隐》、张守节《正义》皆以为指常山郡石邑县，故治在今河北石家庄市西南。〔9〕“胡”，北方边地及西域地区少数民族的泛称，此指匈奴。〔10〕“数”，音 shuò，屡次。〔11〕“懻忮”，音 jì zhì，强直刚愎。〔12〕“奸”，指违法之事。〔13〕“亟”，音 qì，屡次。〔14〕“委输”，运送货物。“委”指置物于舟车之上，“输”指把货物转运至他处交卸。“奇羡”，赢余、积存的货物。“奇”，音 jī。〔15〕“羯羠”，音 jié yí，本皆指阉过的羊，阉羊体健，此处因用以表示健壮强悍。〔16〕“全晋之时”，指韩、赵、魏三家分晋以前，亦即春秋时期。“僄悍”，轻捷勇猛。“僄”，音 piào。〔17〕“武灵王”，战国时赵国的国君，赵肃侯之子，名雍，公元前三二五年至前二九九年在位。他不顾保守势力的反对，放弃传统的宽袍大袖的服装，提倡改用胡服，学习骑射，训练骑兵作战，使赵国的军事力量迅速强大起来。后传位其子，自称主父，公元前二九五年在内乱中被围饿死。“厉”，振奋激厉。〔18〕“谣俗”，风俗。“赵”，指战国时的赵国。种、代之地在战国时都属于赵国。〔19〕“陈掾”，经营。“掾”，音 yuàn。〔20〕“温”，汉县名，属河内郡，故治在今河南温县西。“轵”，音 zhǐ，汉县名，属河内郡，故治在今河南济源东。“上党”，汉郡名，治所在长子（今山西长子西），辖境约相当于今山西和顺、榆社以南，泗水以东地。〔21〕“赵”，指今河北南部及山西中部地区，其地战国时属赵国，汉代习惯上仍把“赵”作为这一地区地理上的统称。“中山”，指今河北中部地区，其地战国时属中山国。汉代在这一地区置有郡国，亦名中山，辖境约相当于今狼牙山以南，保定市、安国以西，唐县、新乐以东和滹沱河以北地区，比战国中山之地略小。〔22〕“沙丘”，古地名，故址在今河北广宗西北大平台。“纣”，即帝辛，商代最后一个王，是历史上著名的暴君。相传他曾在沙丘筑台，畜养禽兽，淫乐不已。〔23〕“憬急”，急躁。“憬”，音 juàn。〔24〕“机利”，以智巧谋利。〔25〕“丈夫”，此泛指成年男子。〔26〕“椎剽”，以椎杀人，抢劫财物。“剽”，音 piào。〔27〕“奸冶”，指盗铸货币。〔28〕“美”，一本作“弄”，义长。《汉书·食货志》亦作“弄”。“弄物”，玩物。〔29〕“倡优”，表演歌舞杂戏以娱乐统治者的艺人。〔30〕“跕屣”，谓走路用足尖轻轻着地。“跕”，音 tiē。

【译文】从前唐尧建都于河东，殷代建都于河内，周代建都于河南。这三河地区位居天下中央，就像鼎的三足，是古代开基创业得天下而称王的君主轮流建都之处，所建立的王朝各传几百年或上千年，那里土地狭小，人口众多，是各诸侯国都邑大城所聚集的地方，所以民间的风俗琐屑而吝啬，居民气度较小，但熟悉各种事务世故。杨和平阳二地向西可与关中和狄人居地通商，向北可与种、代地区贸易。种、代在石邑以北，与匈奴接壤，经常受到侵扰劫掠。那里的人民崇尚刚直，秉性强横，喜好意气用事，以行侠为名做犯法的事情，既不从事农耕，也不经营商业。但由于地方紧靠匈奴，出征的大军屡次经此开赴前敌，中原运去的军需物资也时常有剩余而流散民间。人民体格建壮，生性好斗，不肯安宁，春秋时尚未分裂的晋国本就因为那里民风强悍难以管理而感到忧虑，到了战国，赵武灵王又进一步激厉尚武的精神，所以那地方直到现在还遗留着当年赵国的风俗。所以杨和平阳的商人经营其间，都能满足自己的欲望。温、轵二地向西可与上党通商，向北可与赵和中山贸易。中山地方土地瘠薄而人口稠密，还留存着沙丘这种殷纣淫乐之地的居民的后裔，民风急躁，依靠智巧谋利为生。男子相聚游戏，慷慨激昂地唱着悲壮的歌曲，外出则成群结伙地用椎杀人，抢劫财物，事罢回来，又偷掘坟墓，制作奇巧之物，私铸钱币，拥有许多玩物，并充任以表演歌舞杂戏为业的倡优。女子则弹弄琴瑟等乐器，跕着脚轻轻地走路，（作出柔美的样子，）周游各地，向权贵富豪献媚，又进入王者后宫，遍及所有的诸侯国。

然邯郸亦漳、河之间一都会也。〔1〕北通燕、涿，〔2〕南有郑、卫。〔3〕郑、卫俗与赵相类，然近梁、鲁，〔4〕微重而矜节。〔5〕濮上之邑徙野王，〔6〕野王好气任侠，卫之风也。

【注释】〔1〕“漳”，漳水，流经邯郸附近。“河”，黄河。“都会”，大城市。〔2〕“燕”，指今河北北部，北京市及辽宁西部地区。其地战国时属燕国，汉代习惯上仍把“燕”作为这一地区地理上的统称。“涿”，汉郡名，治所在涿（今河北涿县），辖境约相当于今北京房山以南，河北易县、清苑以东，安平、河间以北，霸县、任丘以西地区。〔3〕“郑卫”，指今河南北部地区。其地春秋战国时曾属郑、卫二国，汉代习惯上仍把“郑卫”当作这一地区地理上的统称。〔4〕“梁”，指今河南中部、东部地区。其地战国时属魏国，魏国亦称梁国，汉代习惯上仍把“梁”作为这一地区地理上的统称。“鲁”，指今山东中南部地区。其地春秋战国时属鲁国，汉代习惯上仍把“鲁”作为这一地区地理上的统称。〔5〕

"重",厚重朴实。"节",气节。〔6〕"濮上",濮水之滨。"濮上之邑",指战国时卫国的都城濮阳(在今河南濮阳南)。"野王",邑名,故址在今河南沁阳。秦王政六年(公元前二四一年),秦迫迁卫君及其宗族于野王。

【译文】赵都邯郸也正是漳水、黄河之间的一个大都市,北通燕、涿,南有郑、卫。郑、卫二地的风俗与赵地相仿,但因为靠近梁、鲁,人民稍为庄重而崇尚气节。(战国末)卫国的都城从濮水之滨的濮阳迁到野王,野王民间(至今)喜好逞意气、行侠义,这是卫国的遗风。

夫燕亦勃、碣之间一都会也。〔1〕南通齐、赵,东北边胡。〔2〕上谷至辽东,〔3〕地踔远,〔4〕人民希,〔5〕数被寇,大与赵、代俗相类,而民雕捍少虑,〔6〕有鱼盐枣栗之饶。北邻乌桓、夫余,〔7〕东绾秽貉、朝鲜、真番之利。〔8〕

【注释】〔1〕"燕",此指战国时燕国的都城蓟,亦即当时诸侯王国燕国所都,故地在今北京城区西南。"勃","渤"的本字,指渤海。"碣",指碣石山,见前注。〔2〕"胡",此指下文提到的乌桓、夫余、秽貉等少数民族。〔3〕"上谷",汉郡名,治所在沮阳(今河北怀来东南),辖境约相当于今河北张家口市、小五台山以东,赤城及北京延庆以西,内长城及北京昌平以北地区。"辽东",汉郡名,治所在襄平(今辽宁辽阳市),辖境约相当于今辽宁大凌河以东地区。〔4〕"踔远",辽远。"踔",音 zhuō。〔5〕"希",通"稀"。〔6〕"雕捍",谓迅猛凶悍如鹰雕。"捍",通"悍"。〔7〕"乌桓",古民族名,为东胡别支,当时在今河北、辽宁以北的内蒙古自治区境内游牧。"夫余",古国名,在今松花江流域。〔8〕"绾",此谓贯联收聚。"秽貉",即"涉貊",古代北方的一个少数民族,依涉水(在今辽宁凤城东)而居。"真番",本战国时朝鲜半岛上的一个小国,汉初属燕王卢绾,汉武帝时于其地置真番郡,辖境约相当于今朝鲜黄海北道大部,黄海南道及京畿道北部;治霅(音 sà),故地在今礼成江、汉江之间。"番",音 pān。

【译文】那燕都蓟也正是渤海、碣石之间的一个大都市,南通齐、赵,东西和北面则与胡人的地域邻接。从上谷到辽东,地方偏远,人民稀少,经常受到(胡人的)侵扰劫掠,情况同赵、代非常相似,而那里的人民象猛禽一样敏捷强悍,但头脑比较简单,不善于思考问题。论出产,则鱼、盐、枣、栗等都很丰富。这一地区北面与乌桓、夫余相邻,东面又可收聚控制秽貉、朝鲜、真番的利源。

洛阳东贾齐、鲁,〔1〕南贾梁、楚。〔2〕故泰山之阳则鲁,其阴则齐。〔3〕

【注释】〔1〕"洛阳",西汉洛阳为河南郡治所,故城在今河南洛阳市东北。〔2〕"楚",指今长江中下游一带,其地战国时属楚国,汉时习惯上仍把"楚"作为这一地区地理上的统称。〔3〕"泰山之阳则鲁,其阴则齐",山南麓为阳,北麓为阴。

【译文】洛阳向东可与齐、鲁通商,向南可与梁、楚贸易。泰山的南面是鲁,泰山的北面就是齐。

齐带山海,膏壤千里,宜桑麻,人民多文彩布帛鱼盐。临菑亦海岱之间一都会也。〔1〕其俗宽缓阔达,〔2〕而足智,好议论,地重,难动摇,怯于众斗,勇于持刺,故多劫人者,大国之风也。其中具五民。〔3〕

【注释】〔1〕"临菑",亦作"临淄",战国时齐国都城,西汉时先后为诸侯王国齐国都城和齐郡治所,故城即今山东淄博市东北旧临淄。〔2〕"阔达",疏阔豁达,不拘小节。〔3〕"五民",指士、农、工、商、贾。古者"商"、"贾"有别,见前注。一说"五民"指东、南、西、北、中五方之民。

【译文】齐地以泰山和东海为边境,沃土千里,适合种植桑麻,人民拥有许多彩色的丝绸以及布帛鱼盐等物品。临菑也正是东海、泰山之间的一个大都市,那里的民俗开阔舒展,豁达而不拘小节,人民富于智慧,喜好议论,秉性稳重,意志坚定,难以动摇,成群结队地对阵时显得胆怯,却勇于独自拿着兵器去行刺,所以有不少靠抢劫谋生的人,这也正是大国的气派。临菑城中各色人等统统具备。

而邹、鲁滨洙、泗,〔1〕犹有周公遗风,〔2〕俗好儒,备于礼,故其民龊龊。〔3〕颇有桑麻之业,无林泽之饶。地小人众,俭啬,畏罪远邪。及其衰，好贾趋利，甚于周人。

【注释】〔1〕“邹”，今山东费县、邹县、金乡及济宁市一带，春秋时属邹国，汉时习惯上仍把“邹”作为这一地区地理上的统称。“洙”，水名。古洙水源出今山东新泰东北，西流至泰安东南折向西南，在泗水县西北与泗水合流，至曲阜城北又从泗水分出，至济宁市折南复入泗水。“泗”，水名。古泗水源出今山东泗水县东蒙山南麓，西流至曲阜、兖州，折南经鱼台入江苏境，穿沛县、徐州市，在淮阴市西南注入淮水。洙、泗二水流经鲁都曲阜，洙水在北，泗水在南，洙、泗之间正是孔子聚徒讲学的地方。〔2〕“周公”，姓姬名旦，周文王子，周武王弟。武王死后子成王继位，成王年幼，周公摄行王政，平定内乱，制礼作乐，对巩固西周王朝的统治起了很大的作用，被后世儒者尊为圣人。鲁国第一代国君伯禽就是周公之子，所以鲁国保存西周的文物和礼乐制度最多。邹国紧邻鲁国，受鲁国影响较深。〔3〕“龊龊”，通“娖娖”，拘谨的样子。

【译文】邹、鲁两地正在洙水和泗水之滨，还保存着周公遗留下来的风尚，习俗爱好儒学，礼仪制度完备，所以那里的人民比较拘谨。种桑植麻耕织之业相当发达，但没有山林湖泽的丰富出产。地方小，人口多，民风俭朴吝啬，害怕犯罪，远避邪恶。到后世衰败以后，则热衷经商，追求财利，比周人更厉害。

夫自鸿沟以东，〔1〕芒、砀以北，〔2〕属巨野，〔3〕此梁、宋也。〔4〕陶、睢阳亦一都会也。〔5〕昔尧作于成阳，〔6〕舜渔于雷泽，〔7〕汤止于亳。〔8〕其俗犹有先王遗风，重厚多君子，好稼穑，虽无山川之饶，能恶衣食，致其蓄藏。

【注释】〔1〕“鸿沟”，古代的一条运河，约在战国魏惠王十年（公元前三六〇年）开凿，一端在荥阳（今河南荥阳）北通黄河，一端在项县（今河南沈丘）通颍水，联接济、濮、汴、睢、涡、汝、泗、菏等河道，在秦汉时对发展山东南部诸郡的经济起了很大的作用。〔2〕“芒、砀”，皆山名，在今河南永城东北，二山相邻，芒山在砀山北八里。“砀”，音 dàng。〔3〕“巨野”，古湖泊名，即大野泽，在今山东巨野北，周围数百里，与济水、泗水相接。〔4〕“宋”，巨野泽以南，今安徽、江苏、山东交界处战国时属宋国，汉时习惯上仍把“宋”作为这一地区地理上的统称。〔5〕“陶”，即前文提到的范蠡前往治产经商的“陶”，其地汉时称定陶，是济阴郡的治所。“睢阳”，古都邑名，在今河南商丘南，战国时为宋国都城，工商业都很繁荣，汉时为诸侯王国梁国都城。〔6〕“成阳”，古邑名，在今山东菏泽东北，相传帝尧和他的母亲庆都都葬在这里。〔7〕“雷泽”，古湖泊名，即雷夏泽，在成阳西。〔8〕“亳”，音 bó，此指南亳，古都邑名，在今河南商丘东南，相传商汤在灭夏前居于此。

【译文】从鸿沟以东，芒山和砀山以北，属于巨野泽水系的范围，这就是梁、宋之地。定陶、睢阳也正是这一地区的大都市。当年帝尧在成阳兴起，大舜即位前在雷泽打鱼，商汤定都于亳，（都在这一区域。）那里的民俗还保留着先王遗留下来的风尚，稳重忠厚，有许多君子。人们喜好农业，虽然没有山川提供的财富，但能忍受粗劣的物质生活，依靠节衣缩食来使自己有储蓄收藏。

越、楚则有三俗。〔1〕夫自淮北，沛、陈、汝南、南郡，此西楚也。〔2〕其俗剽轻，〔3〕易发怒，地薄，〔4〕寡于积聚。江陵故郢都，〔5〕西通巫、巴，〔6〕东有云梦之饶。〔7〕陈在楚夏之交，〔8〕通鱼盐之货，其民多贾。徐、僮、取虑，〔9〕则清刻，〔10〕矜已诺。

【注释】〔1〕“越”，今浙江钱塘江以南地春秋时属越国，汉时习惯上仍把“越”作为这一地区地理上的统称。〔2〕“沛”，汉郡名，治所在相（今安徽濉溪西北），辖境约相当于今安徽淮河以北，西肥河以东，河南夏邑、永城及江苏沛县、丰县地。“陈”，秦郡名，汉改称淮阳，治所在陈（今河南淮阳），辖境约相当于今河南淮阳、太康、西华、鹿邑、柘城等地。“汝南”，汉郡名，治所在上蔡（今河南上蔡西南），辖境约相当于今河南颍河、淮河之间，京广铁路西侧一线以东，安徽茨河、西肥河以西地。“南郡”，汉郡名，治所在江陵（今湖北江陵），辖境约相当于今湖北粉青河及襄樊市以南，荆门、洪湖以西，长江和清江流域以北，四川巫山以东地区。〔3〕“剽轻”，强悍轻率。〔4〕“地薄”，谓秉性刻薄寡情。〔5〕“江陵”，即湖北江陵，当时是南郡治所。在春秋战国时名郢（音 yǐng），是楚国的都城。〔6〕“巫”，汉县名，当南郡西境，故治在今四川巫山西北。“巴”，

指巴郡。〔7〕“云梦”，古泽薮名，为大片湖泊沼泽地的总称，其范围大致包括今湖北江陵以东，武汉市以西，安陆以南，湖南华容、湘阴以北的长江两岸地区。〔8〕“夏”，后文云“颍川、南阳，夏人之居也”，此“夏”当即指颍川、南阳一带。参见后注。〔9〕“徐”，汉县名，为临淮郡治所，故治在今江苏泗洪南。“僮”，汉县名，属临淮郡，故治在今江苏泗洪西北。“取虑”，汉县名，属临淮郡，故治在今江苏睢宁西南。“取”，音 qū。〔10〕“清刻”，清廉而苛刻。

【译文】越、楚地方三个区域有三种风俗。自淮水以北，沛郡、陈、汝南、南郡，这是西楚。那里的风俗勇悍轻率，人们容易发怒，秉性刻薄，很少积聚财富。江陵本是楚国郢都，西南可通巫县、巴郡，东面又有富饶的云梦。陈在楚、夏交会之处，可以转运鱼盐之类的货物，居民中有很多人从事商业。徐、僮、取虑等县的人民，则清廉刻薄，但都以实现自己的诺言为荣。

彭城以东，〔1〕东海、吴、广陵，〔2〕此东楚也。其俗类徐、僮。朐、缯以北，〔3〕俗则齐。浙江南则越。〔4〕夫吴自阖庐、春申、王濞三人招致天下之喜游子弟，〔5〕东有海盐之饶，章山之铜，〔6〕三江、五湖之利，〔7〕亦江东一都会也。〔8〕

【注释】〔1〕“彭城”，汉县名，是诸侯王国楚国的都城，故治在今江苏徐州市。〔2〕“东海”，汉郡名，治所在郯（音 tán，今山东郯城北），辖境约相当于今山东费县、临沂和江苏赣榆以南，山东枣庄市和江苏邳县以东，江苏宿迁、灌南以北地区。“吴”，指今江苏南部及浙江钱塘江以北太湖流域一带，其地春秋时属吴国，汉初是诸侯王国吴国的一部份。“广陵”，当时的一个诸侯王国，都广陵（今江苏扬州市），辖境约相当于今江苏长江以北，射阳湖西南，仪征以东地区。〔3〕“朐”，音 qú，汉县名，属东海郡，故治在今江苏连云港市西南。“缯”，音 zēng，汉县名，属东海郡，故治在今山东枣庄市东。〔4〕“浙江”，水名，即今钱塘江。〔5〕“吴”，此指吴县，春秋时为吴国都城，战国时曾为楚春申君封邑，汉初为诸侯王国吴国都城，后为会稽郡治所，故地即今江苏苏州市。“阖庐”，本名光，春秋后期吴国的公子，公元前五一四年杀吴王僚自立为王，屡败楚兵，曾率军攻入楚都郢，公元前四九六年在与越军交战时兵败伤指而死。详见本书《吴太伯世家》。“阖”，音 hé。“春申”，指春申君，战国时楚宗室，名黄歇，考烈王时为楚相，封春申君，以淮北十二县为封邑，后改封江东之地。好客养士，名重当世，曾救赵却秦，攻灭鲁国。公元前二三八年考烈王死，春申君被王后兄李园谋杀。详见本书《春申君列传》。“王濞”，指汉初的诸侯王吴王刘濞。濞是刘邦次兄刘仲之子，高祖十一年（公元前一九六年）封沛侯，十二年立为吴王，在位四十三年，至景帝前三年（公元前一五四年）联结楚、赵、胶东、胶西、菑川、济南等六国诸侯王起兵叛乱，以武力反抗朝廷为巩固中央政权而推行的削藩政策，史称“吴楚七国之乱”，后被汉将周亚夫等讨平，刘濞兵败自杀。详见本书《吴王濞列传》。“濞”，音 pì。〔6〕“章山”，“章”通“鄣”，秦汉之际有鄣郡，辖今江苏、浙江、安徽三省交界地区，汉初属诸侯王国吴国，后改为丹阳郡。章山意谓章郡之山，既言其山产铜，当指今安徽铜陵市境内的铜官山。〔7〕“三江”，其说不一，据《汉书·地理志》，今吴淞江和芜湖、宜兴间由长江通太湖一水，并长江下游为南、中、北三江。《吴越春秋》以浙江、浦江（今浦阳江）、剡江（今曹娥江）为三江。韦昭《国语注》以松江（今吴淞江）、浙江、浦江为三江。另外还有多种说法。何者为是，已难确考。近人或以为“三江”是泛指今苏南及浙江地区的众多水道。“五湖”，亦有多种说法，一说是太湖别名，一说是太湖东岸的五个与太湖相通的湖泊，一说是太湖附近的五个湖。近人或以为“五湖”是泛指太湖水系的众多湖泊。〔8〕“江东”，指今芜湖、南京以下的长江南岸地区。

【译文】彭城以东，东海、吴、广陵，这是东楚。那里的风俗与徐、僮类似。朐、缯二县以北，风俗则与齐地相同。浙江以南就是越地。吴县自从吴王阖庐、春申君和吴王濞三人招引来天下各地爱外出闯荡的好事少年以后，东面收取了海盐带来的财富，又有章山出产的铜，以及三江、五湖的利源，也成了江东地区的一个大都市。

衡山、九江、江南、豫章、长沙，〔1〕是南楚也，其俗大类西楚。郢之后徙寿春，〔2〕亦一都会也。而合肥受南北潮，〔3〕皮革、鲍、木输会也。〔4〕与闽中、干越杂俗，〔5〕故南楚好辞，巧说少信。江南卑湿，丈夫早夭。多竹木。豫章出黄金，长沙出连、锡，然堇堇。〔6〕物之所有，取之不足以更费。〔7〕九疑、苍梧以南至儋耳者，〔8〕与江南大同俗，而杨越多焉。[9]番禺亦其一都会也,[10]珠玑、犀、玳瑁、果、布之凑。

【注释】〔1〕"衡山",汉郡名,治所在邾(今湖北黄冈西北),辖境约相当于今河南信阳市和湖北红安、黄冈以东,安徽霍山、怀宁以西,长江以北,淮河以南地区。"九江",汉郡名,治所在寿春(今安徽寿县),辖境约相当于今安徽淮河以南,瓦埠湖流域以东,巢湖以北地区。"豫章",汉郡名,治所在南昌(今江西南昌市),辖境约相当于今江西全省。"长沙",当时的一个诸侯王国,都临湘(今湖南长沙市),辖境约相当于今湖南东部、南部和广西全州、广东连县、阳山等地。 〔2〕"郢之后徙寿春",春秋战国时楚国都郢(今湖北江陵),到战国后期,在秦国军事力量的逼迫下,楚国被迫多次迁都,楚考烈王二十二年(公元前二四一年)迁至寿春(今安徽寿县),即以故都之名,称寿春为"郢"。汉时寿春为九江郡治所。 〔3〕"合肥",城邑名,汉时属九江郡,是合肥县治所,故地即今安徽合肥市。"受南北潮",指合肥在长江、淮河之间,南北都可通航。〔4〕"鲍",咸鱼。钱坫认为"鲍"当作"鞄",指制革工人。 〔5〕"闽中",秦郡名,治所在冶(今福建福州市),辖境约相当于福建全省及浙江宁海、天台以南灵江、瓯江、飞云江流域,汉时其地并入会稽郡。"干越",吴越之地。"干"即"邗",音 hán,本古国名,在今江苏扬州市附近,春秋末为吴国所灭,吴即于其地筑城,又自邗而北开凿邗沟沟通江淮。古籍中"干越"并称,即指吴越,亦即今江苏中部、南部及浙江北部、中部地区。 〔6〕"堇堇",少。"堇",音 jǐn,通"仅"。 〔7〕"更",偿。 〔8〕"九疑",一作"九嶷",山名,在今湖南宁远南。"苍梧",汉郡名,在九疑山南,治所在广信(今广西梧州市),辖境约相当于今广西都庞岭、大瑶山以东,广东肇庆、罗定以西,湖南江永、江华以南,广西藤县、广东信宜以北地区。"儋耳",汉郡名,治所在儋耳(今广东海南岛儋县西北),辖境约相当于今海南岛西部地区。儋耳郡仅存于武帝元封元年(公元前一一〇年)至昭帝始元五年(公元前八二年)之间,后并入朱崖郡。〔9〕"杨越","杨"通"扬",指扬州,为《尚书·禹贡》所述古九州之一,约当今长江、淮河下游及浙江、福建之地。越地正属扬州,所以又称"杨越"。 〔10〕"番禺",汉县名,为南海郡治所,即今广东广州市。"番",音 pān。

【译文】衡山、九江和江南的豫章、长沙,则是南楚,那里的风俗与西楚十分相似。楚国的郢都后来迁到寿春,寿春也成了一个大都市。合肥南北可同江、淮通航,是皮革、腌鱼、木材集中并发运的地方。由于杂有闽中、吴越的风俗,所以南楚人民喜好卖弄口才,花言巧语,很少讲实话。江南地势低洼潮湿,男子往往短命,竹木很多。豫章出产黄金,长沙出产铅和锡,但数量有限。所储藏的矿物,开采所得不足以抵偿所需的费用。九疑、苍梧以南直至儋耳,风俗与江南大体相同,与杨越类似之处最多。番禺也正是这一区域的大都市,各种珍珠、犀角、玳瑁、水果、杂布就在那里集散。

颍川、南阳,[1]夏人之居也。[2]夏人政尚忠朴,犹有先王之遗风。颍川敦愿。[3]秦末世,迁不轨之民于南阳。南阳西通武关、郧关,[4]东南受汉、江、淮。宛亦一都会也。[5]俗杂好事,业多贾。其任侠,交通颍川,故至今谓之"夏人"。

【注释】〔1〕"颍川",汉郡名,治所在阳翟(dí,今河南禹县),辖境约相当于今河南登封、宝丰以东,尉氏、郾城以西,密县以南,叶县、舞阳以北地区。"南阳",汉郡名,治所在宛(今河南南阳市),辖境约相当于河南熊耳山以南叶县、内乡间和湖北大洪山以北应山、郧县间地。 〔2〕"夏人之居也",传说夏王朝曾都于阳城(今河南登封东南),颍川、南阳二郡历史上本是夏人聚居之地。 〔3〕"敦愿",忠厚淳朴,心地善良。 〔4〕"武关",古关隘名,故址在今陕西商南南。"郧关",古关隘名,故址即今湖北郧县城关。"郧",音 yún。 〔5〕"宛",汉县名,为南阳郡治所,即今河南南阳市。宛在战国时就是一个著名的工商业都市,汉在其地置有工官、铁官。

【译文】颍川、南阳,是夏人聚居的地方。夏人的政治崇尚忠诚朴实,仍保留着先王遗留下来的风尚。颍川一带的人民也都忠厚淳朴,心地善良。秦朝末期,把不肯安分守己的百姓迁徙到南阳。南阳西面与武关、郧关相通,东南面又有汉水、江水、淮水流经,宛也正是那里的一个大都市。民俗喜欢做各种杂事,经营商业的人很多,又好作侠义之事,与颍川声气相通,所以直到现在还被叫做"夏人"。

夫天下物所鲜所多,人民谣俗,山东食海盐,山西食盐卤,[1]领南、沙北固往往出

盐，[2]大体如此矣。

【注释】〔1〕“盐卤”，此指碱地出产的池盐、岩盐等。 〔2〕“领南”，“领”通“岭”，指南岭。“沙北”，指沙漠之北。

【译文】天下各地的物产有它缺少的，也有它多余的，人们的习俗也因而有所不同，山东地方吃海盐，山西地方吃池盐，五岭以南，沙漠以北，原本也往往有地方出产盐，情况大体就是这样。

总之，楚越之地，地广人希，饭稻羹鱼，或火耕而水耨，果隋蠃蛤，[1]不待贾而足，地势饶食，无饥馑之患，[2]以故呰窳偷生，[3]无积聚而多贫。是故江淮以南，无冻饿之人，亦无千金之家。沂、泗水以北，[4]宜五谷桑麻六畜，[5]地小人众，数被水旱之害，民好畜藏，故秦、夏、梁、鲁好农而重民。三河、宛、陈亦然，加以商贾。齐、赵设智巧，仰机利。燕、代田畜而事蚕。

【注释】〔1〕“果”，指木本植物的果实。“隋”，通“蓏”，指瓜类及其它草木植物的果实。“蠃”，音luó，通“螺”。“蛤”，音gé，一种有介壳的软体动物。 〔2〕“饥馑”，谷不熟为饥，蔬不熟为馑，后因以“饥馑”泛指灾荒年景。“馑”，音jǐn。 〔3〕“呰窳”，音zǐ yǔ，懒惰，苟且度日，得过且过。 〔4〕“沂”，音yí，水名，源出今山东沂源鲁山，南流至今江苏沛县西南与泗水合流。 〔5〕“五谷”，五种谷物，指麻、菽、麦、稷、黍。或以为当有稻而无麻。后多以“五谷”泛指各种粮食作物。“六畜”，六种家畜，指牛、马、羊、豕、鸡、犬。

【译文】总而言之，楚、越地方地广人稀，人们把稻谷和鱼类当作食物，放火烧草，然后耕种，灌水耨地，除去杂草，各种瓜果螺蚌到处都有出产，不必通过与外地贸易就能自给自足，地理条件决定那里有丰富的食物，不必忧虑会发生饥荒，正因为如此，人们也就得过且过，偷懒混日子，没有积蓄贮藏，大多贫穷。所以江水、淮水以南，既没有挨冻受饿的人家，也没有家资千金的富户。沂水、泗水以北，土地适宜于五谷桑麻六畜的生长，地少人多，经常遭受水灾、旱灾的祸害，人民习惯于贮藏东西，所以秦、夏、梁、鲁等地的习俗爱好经营农业，尊重农民。三河、陈、宛也是这样，但同时还经营商业。齐、赵一带的人民会布置巧妙的计谋，依靠聪明机智来经商谋利。燕、代地区的人民则耕田畜牧又养蚕。

由此观之，贤人深谋于廊庙，[1]论议朝廷，守信死节隐居岩穴之士设为名高者安归乎？归于富厚也。是以廉吏久，久更富，廉贾归富。富者，人之情性，所不学而俱欲者也。故壮士在军，攻城先登，陷阵却敌，斩将搴旗，[2]前蒙矢石，不避汤火之难者，[3]为重赏使也。其在闾巷少年，攻剽椎埋，[4]劫人作奸，掘冢铸币，任侠并兼，借交报仇，[5]篡逐幽隐，[6]不避法禁，走死地如骛者，[7]其实皆为财用耳。今夫赵女郑姬，设形容，揳鸣琴，[8]揄长袂，[9]蹑利屣，[10]目挑心招，出不远千里，不择老少者，奔富厚也。游闲公子，饰冠剑，连车骑，亦为富贵容也。弋射渔猎，[11]犯晨夜，[12]冒霜雪，驰坑谷，不避猛兽之害，为得味也。博戏驰逐，斗鸡走狗，作色相矜，必争胜者，重失负也。医方诸食技术之人，[13]焦神极能，为重糈也。[14]吏士舞文弄法，刻章伪书，不避刀锯之诛者，[15]没于赂遗也。农工商贾畜长，固求富益货也。此有知尽能索耳，[16]终不余力而让财矣。

【注释】〔1〕“廊庙”，“廊”指殿堂四周的廊，“庙”指太庙，都是古代帝王和大臣议政的地方，后因以“廊庙”为朝廷的代称。 〔2〕“搴”，音qiān，拔取。 〔3〕“汤”，热水，开水。 〔4〕“椎埋”，以椎杀人，然后埋掉灭迹。 〔5〕“借交报仇”，以身许友，不惜牺牲生命替人报仇。 〔6〕“篡”，通“窜”。“篡逐”，谓做了犯法的事以后逃窜躲藏。 〔7〕“骛”，音wù，奔驰。 〔8〕“揳”，音jiá，通“戛”，击打。 〔9〕“揄”，音yú，挥扬。“袂”，音mèi，衣袖。 〔10〕“蹑”，音niè，拖着鞋走路。犯〔传帝尧和他的母亲庆都都葬在这里。 〔7〕“雷泽”，古湖泊名，即雷夏泽，在成”，冒着。 〔13〕“医方”，医生和方士。 〔14〕“糈”，音xǔ。“重糈”指优厚的报酬。 〔15〕“刀锯”，古有残害身体的肉刑，刀锯都是执行肉刑时用的刑具。“刀锯之诛”，即指重刑惩罚。 〔16〕“索”，尽。

【译文】由此看来，贤人们在朝廷用尽心思地出谋画策，立论建议；那些恪守信义，不惜为维护节操而献身的隐居山中的高士们自命清高，他们到底把什么当作自的归宿呢？都是为了财富啊！所以廉洁的官吏当官时间长，当官时间一长就更富了。不贪婪的商人(得到顾客的信任)，最终也能富起来。追求财富是人的本性，不用学习就都有这种欲望。因此壮士在军中，攻城时冒险先登，野战时冲入敌阵，迫使敌军退却，斩杀敌人的将领，夺取敌人的军旗，冒着飞箭飞石，赴汤蹈火，不避危难，为的是得到重赏。乡里市井的不法少年，杀人灭尸，抢劫财富，盗掘坟墓，私铸钱币，以行侠为名恃强凌弱，兼并他人的土地财产，代朋友杀人报仇，然后逃到偏远的地方躲藏起来，这样地不顾法律禁令，像快马奔驰一样迅速地走向死亡的深渊，其实也都是为了财利。现在赵、郑等地的女郎，精心打扮自己，弹着琴，扬起长长的舞袖，拖着尖头的舞鞋，眉目传情，心存挑逗之意，外出献艺，不远千里，伺候客人不问老少，她们都是奔着钱财而去的啊！那些游手好闲的公子哥儿，戴的帽，佩的剑，都装饰得漂漂亮亮，出门时车马成群结队，也都是为了炫耀富贵而讲究排场。打鱼射猎的人，不管清晨黑夜，冒着霜雪，奔驰在深坑边、山谷中，顾不得被野兽伤害的危险，为的是得到可以用来换钱的野味。在赌博场上竞争取乐，斗鸡赛狗，变色争吵，互相夸耀，一定要夺取胜利，就是怕输钱啊！医生、方士等各种靠技艺为生的人，之所以用尽心思，竭力发挥自己的技能，是为了得到丰厚的报酬。官府中的吏士玩弄法律条文，私刻公章，伪造文书，不怕遭受严刑的惩罚，这是因为接受了贿赂，财迷心窍。而从事农、工、商、畜牧等业的人，本来就以追求财富，增加货物为目的，这些人只有在才尽力竭的情况下才会无可奈何地退出竞争，始终不会留有余力而把发财的机会让给别人。

谚曰："百里不贩樵，千里不贩籴。"〔1〕居之一岁，种之以谷；十岁，树之以木；百岁，来之以德。德者，人物之谓也。今有无秩禄之奉，爵邑之人，而乐与之比者，命曰"素封"。〔2〕封者食租税，岁率户二百。千户之君则二十万，朝觐聘享出其中。〔3〕庶民农工商贾，率亦岁万息二千，百万之家则二十万，而更徭租赋出其中。〔4〕衣食之欲，恣所好美矣。故曰陆地牧马二百蹄，〔5〕牛蹄角千，〔6〕千足羊，〔7〕泽中千足彘，〔8〕水居千石鱼陂，〔9〕山居千章之材。〔10〕安邑千树枣；〔11〕燕、秦千树栗；蜀、汉、江陵千树橘；〔12〕淮北常山已南，〔13〕河济之间千树萩；〔14〕陈、夏千亩漆；齐、鲁千亩桑麻；渭川千亩竹；〔15〕及名国万家之城带郭千亩亩钟之田，〔16〕若千亩卮茜，〔17〕千畦姜韭：〔18〕此其人皆与千户侯等。然是富给之资也，不窥市井，不行异邑，坐而待收，身有处士之义而取给焉。〔19〕若至家贫亲老，妻子软弱，岁时无以祭祀进醵，〔20〕饮食被服不足以自通，如此不惭耻，则无所比矣。是以无财作力，少有斗智，既饶争时，此其大经也。今治生不待危身取给，则贤人勉焉。是故本富为上，末富次之，奸富最下。〔21〕无岩处奇士之行，而长贫贱，好语仁义，亦足羞也。

【注释】〔1〕"百里不贩樵，千里不贩籴"，到百里以外的地方去贩柴，到千里以外的地方去贩粮，都是得不偿失的事，所以这样说。"籴"，音 dí，买入谷物。〔2〕"素"，空。"素封"，谓无官爵封邑之空名而有其实利。〔3〕"朝觐"，古时诸侯定期朝见天子，春朝曰"朝"，秋朝曰"觐"。"觐"，音 jìn。〔4〕"更徭租赋"，汉制男子从二十三岁到五十六岁，要轮番服兵役二年，一年在本郡，一年戍边或守卫京师，称为"更"。"徭"，指无偿力役。汉制男子从二十三岁到五十六岁，每人每年服徭役一个月(文帝后改为每三年服徭役一个月)。"更"、"徭"都可依每月二千钱的标准交钱入官，由官府雇人代役。"租"，土地税，依产额而定，汉初十五税一，景帝后改为三十税一。"赋"，人口税，包括算赋和口赋。汉初规定人民从十五岁到五十六岁，每年纳算赋一百二十钱，其中六十三钱上缴朝廷，其余由郡国掌握。武帝时又加征口赋，规定年三岁至十四岁，每年也要纳二十三钱。〔5〕"马二百蹄"，一马四蹄，二百蹄即五十匹。〔6〕"牛蹄角千"，一牛二角四蹄，蹄角千约一百六十七头。〔7〕"千足羊"，一羊四足，千足即二百五十头。〔8〕"泽"，此指低洼多草之地。"彘"，猪。一彘四足，千足亦二百五十头。古民间养猪是牧养，而非圈养，所以宜在"泽中"。〔9〕"石"，汉制一百二十斤为一石，约合今三十点九六公斤。"陂"，音 bēi，池塘。〔10〕"章"，大材。一本作"楸"，楸是一种乔木，材质致密，用途颇广。〔11〕"安邑"，汉县名，为河东郡治所，故城在今山西夏邑西北。此处"安邑"似泛指河东之地。〔12〕

“汉”，汉中之地。当时汉中郡治所在西城（今陕西安康西北），辖境约相当于今陕西秦岭以南，留坝、勉县以东，乾祐河流域以西和湖北郧县、保康以西，粉青河、珍珠岭以北地区。 〔13〕“常山”，汉郡国名，治所在元氏（今河北元氏西北），辖境约相当于今河北唐河以南，曲阳、行唐、栾城、赵县、高邑、临城以西，内丘以北地区。 〔14〕“河”，黄河。当时黄河自今河南武陟以下折向东北，经滑县、濮阳、清丰、南乐、山东冠县、高唐、平原、德州市及河北东光、南皮、沧州市，在黄骅入海。“济”，水名，汉时自今河南荥阳北分黄河东出，至山东定陶西折向东北入巨野泽，又从泽北出，至东阿折向东北，自此以下至济南市北泺口，略同今黄河河道，自泺口以下至海，略同今小清河河道。当时东郡、济阴、平原三郡以及陈留、济南、千乘三郡北部，渤海郡南部，正在“河济之间”。“萩”，音 qiū，通“楸”。 〔15〕“渭川”，指今陕西渭河平原一带。 〔16〕“郭”，外城。“带郭”，谓外城附近。“钟”，量器，也是容积单位，用以计算粮食。汉制钟为六斛四斗，约合今一百二十八点六四升。“亩钟之田”谓亩产一钟粮食的良田。汉制一亩约合今四百五十六平方米。 〔17〕“茜”，草名，即红蓝草，其根可用作染料。 〔18〕“畦”，音 qí，田垄。汉制每亩四十畦，千畦即二十五亩。一说此指大畦，每亩二十畦，则千畦为五十亩。〔19〕“处士”，不外出做官的士人。 〔20〕“进”，谓以食物、衣服等进奉父母长亲。“醵”，音 jù，乡里亲友凑钱聚饮。 〔21〕“本富”，古以农为本，以工商为末，“本富”，指务农致富，“末富”，指从事工商业致富，“奸富”，则指以不正当手段致富。

【译文】俗话说：“百里之外不贩柴，千里之外不贩粮。”在某地要住上一年，就种植谷物，住上十年，就要种植树木，住上一百年，就要积德行善，招徕远方之人。所谓德，就是能吸引招致别处的人和物来到身边。现在那些没有官职俸禄的供奉，没有爵位封邑的收入，而生活上的享乐可以同大官贵族相比的富人，可以称之为“素封”。有封邑的人享用百姓缴纳的租税，每年每户二百钱。食邑一千户的封君每年就有二十万钱，朝见天子，进献土产，派遣使者与诸侯通问修好，所需的费用都出自其中。而平民经营农、工、商等业，每年一万钱能得利息二千钱，有百万之产的人家每年可收入二十万，而缴纳租税和雇人代服兵役徭役的费用都出自其中。除此之外，在衣食等方面尽量享受美好生活的欲望，都能得到满足。所以说在陆地牧马十五匹，或养牛一百六十七头，养羊二百五十头，在水边养猪二百五十头，居住在靠水的地方，拥有能养一千石鱼的池塘，居住在山中，拥有一千棵成材的大树；在安邑有一千棵枣树；在燕、秦有一千棵栗树；在蜀、汉、江陵有一千棵橘树；在淮北、常山以南，河水、济水之间有一千棵楸树；在陈、夏有一千亩漆树，在齐、鲁有一千亩桑或麻；在渭川有一千亩竹园；以及在居民万户以上的名都大城的近郊有一千亩亩产一钟粮食的良田，或者有一千亩卮草、茜草，一千畦姜、韭；这种人的收入都与千户侯相同。而这些都是富足生活所凭借的资本，用不着亲自去市场交易，也用不着远出去外地的城镇经营，坐在家中，就可收取赢利，虽然没有官爵，挂着“处士”的名义，却可获得丰富的享受。至于家境贫困，父母年老，妻儿弱小，逢年过节无力置办祭祀用品，也凑不出乡里会餐的份子钱，吃的喝的穿的盖的都难以维持生活的需要，到了这种地步还不惭愧、不羞耻，那就没有什么可比拟的了。所以没有财产的要靠劳力为生，有财产但是不多，就靠智力去争胜夺利，如财力雄厚则可抢先掌握不同的时机赚取大量的利润，这是谋财求利的通常情况。现在经营产业不用危害自身的安全，就能获得财富用于生活享受，那么即便是贤人也会为之努力。因此依靠经营农业致富是最上一等，依靠经营工商业致富是次一等，依靠不正当的手段致富是最下等。一个人如果没有隐居深山的奇士的清高的品行，始终贫穷卑贱，偏偏喜欢高谈阔论，讲什么仁义道德，也真是可羞可耻。

凡编户之民，富相什则卑下之，〔1〕伯则畏惮之，〔2〕千则役，万则仆，物之理也。夫用贫求富，农不如工，工不如商，刺绣文不如倚市门，〔3〕此言末业贫者之资也。通邑大都，〔4〕酤一岁千酿，〔5〕醯酱千瓨，〔6〕浆千甔，〔7〕屠牛羊彘千皮，贩谷粜千钟，薪稿千车，〔8〕船长千丈，〔9〕木千章，竹竿万个，其轺车百乘，〔10〕牛车千两，〔11〕木器髤者千枚，〔12〕铜器千钧，〔13〕素木铁器若卮茜千石，马蹄躈千，〔14〕牛千足，羊彘千双，僮手指千，〔15〕筋角丹沙千斤，其帛絮细布千钧，〔16〕文采千匹，〔17〕榻布皮革千石，〔18〕漆千斗，〔19〕糵麴盐豉千荅，〔20〕鲐鮆千斤，〔21〕鲰千石，〔22〕鲍千钧，〔23〕枣栗千石者三之，狐鼦裘千皮，〔24〕羔羊裘千石，旃席千具，佗果菜千钟，〔25〕子贷金钱千贯，〔26〕节驵会，〔27〕贪贾三之，廉贾五之，〔28〕此亦比千乘之家，〔29〕

其大率也。佗杂业不中什二,[30]则非吾财也。[31]

【注释】[1]"相什",相差十倍。 [2]"伯",通"佰"、"百"。 [3]"倚市门",指妓女卖笑。 [4]"通邑大都",四通八达的都市。 [5]"酤",音gū,酒。"千酿",指酿酒千瓮。 [6]"醯酱",醋。"醯",音xī。"坻",音gāng,通"缸"。 [7]"浆",淡酒。"甔",音dān,一种口小腹大的陶制容器。 [8]"稿",音gǎo,禾秆。 [9]"船长千丈",此指若干船总长千丈。汉制一丈约合今二点三二米。 [10]"轺车",一马驾行的轻便马车。"轺",音yáo。 [11]"两","辆"的古字。 [12]"髹",音xiū,通"髤",上漆。 [13]"钧",重量单位,三十斤为一钧。汉制一钧约合今七点七四公斤。 [14]"蹶",音qiào,肛门。一说当从《汉书·货殖传》作"噭";噭即口。一马四蹄一蹶,蹄蹶千为二百匹。或以为"蹶"通"窍",一马有眼、耳、鼻、口、肛门、尿口等九窍,合四蹄为十三,则蹄蹶千当是七十七匹。 [15]"僮",奴婢。一人十指,手指千为一百人。 [16]"絮",丝绵。 [17]"文采",有美丽图案的彩色丝织品。 [18]"榻布",粗厚的布。 [19]"斗",作为容积单位,汉制一斗约合今二点〇一升。 [20]"糵麹",音niè qū,酿酒或制酱时用的起发酵作用的块状物,即酒曲。"盐豉",豆豉,古代用作调味品。"荅",王引之认为当是"苔"之讹。"苔"通"瓿",瓦器,容一斗六升。 [21]"鲐",音tái,一种海鱼。"鮆",音zī,即刀鱼。 [22]"鲰",音zōu,小杂鱼。 [23]"鲍",盐渍鱼。 [24]"鼦",同"貂"。 [25]"佗",同"他"。 [26]"子贷金",放债所得的利息。 [27]"节",谓调节、操纵市场。"驵会",音zǎng kuǎi,市场经纪人,操纵交易的居间人。 [28]"贪贾三之,廉贾五之","三之",谓三分取一。"五之",谓五分取一。 [29]"千乘",当是"千户"之讹。"千户之家"指食邑千户的列侯封君。 [30]"不中什二",谓以本求利,不能得十分之二。"中",音zhòng。 [31]"非吾财也",谓不值得投资经营以求财。

【译文】凡是编入户籍的普通百姓人家,对财产比自己多十倍的富户,就会对他卑躬屈膝,对财产比自己多一百倍的,就会对他心存畏惧,对财产比自己多一千倍的,就会被他使役,对财产比自己多一万倍的,就会当他的奴仆,这也是事物的常理。在贫穷的基础上追求财富,从事农业不如从事工业,从事工业不如从事商业,就像女子在丝织品上刺绣出美丽的花纹图案,以此为生,收入不如在市场上倚门卖笑的娼妓。这是说从事工商业,是穷人由贫变富的凭借。在四通八达的大都市中,一年之内酿酒一千瓮或醋一千缸,淡酒一千瓶,屠宰牛、羊、猪一千头,贩卖谷物一千钟或柴草一千车,有船只总长一千丈,有成材的大树一千株或竹竿一万棵,有小型马车一百辆或牛车一千辆,有上漆的木器一千件或铜器总重一千钧,未上漆的木器以及铁器卮草茜草等总重一千石,有马七十七匹或牛二百五十头、猪羊二千头,有奴仆一百人,有筋角朱砂一千斤,有丝帛绵絮及各种绸布总重一千钧或带图案花纹的彩色丝织品一千匹,有粗布皮革总重一千石,有漆一千斗,有酒曲豆豉一千罐,有鲐鱼刀鱼一千斤,有小杂鱼一千石,有腌鱼一千钧,有枣子、栗子三千石,有狐皮貂皮一千张,有羔羊皮总重一千石,有毡或席一千具,有其他杂果干菜总重一千钧,有放债取息的本钱一千贯,在市场上居间当掮客,贪婪的商人得利三分之一,规矩的商人得利五分之一。符合上述条件的人家,富裕程度都能同中等的诸侯相比,这是大致的情况。从事其他各种杂业,如果得不到十分之二的利润,其中就谈不上有什么值得去经营追求的财富了。

请略道当世千里之中,贤人所以富者,令后世得以观择焉。

蜀卓氏之先,赵人也,用铁冶富。秦破赵,迁卓氏。卓氏见虏略,[1]独夫妻推辇,[2]行诣迁处。诸迁虏少有余财,争与吏,求近处,处葭萌。[3]唯卓氏曰:"此地狭薄。吾闻汶山之下,[4]沃野,下有蹲鸱,[5]至死不饥。民工于市,易贾。"乃求远迁。致之临邛,[6]大喜,即铁山鼓铸,[7]运筹策,[8]倾滇蜀之民,富至僮千人。田池射猎之乐,拟于人君。

【注释】[1]"见",被。"虏略",掳掠。 [2]"辇",音niǎn,用人力推挽的车。 [3]"葭萌",汉县名,属广汉郡,治所在今四川广元市西南。 [4]"汶山",即岷山,在今四川松潘北,绵亘四川、甘肃二省边境,其南支为峨嵋山,东支为巴山。"汶",读若"岷"。 [5]"蹲鸱",一种大芋,可充粮食。 [6]"临邛",汉县名,属蜀郡,治所即今四川邛崃。"邛",音qióng。 [7]"鼓铸",鼓风煽火冶炼铜铁等

金属,以铸造钱币或各种器具。〔8〕"筹策",古代的计算用具。"运筹策",谓谋画计算。

【译文】下面且简单地说一说现今世上千里见方的范围内,那些聪明有才干的人用以致富的办法,使后世求富的人可以观摩并有所选择。

蜀郡卓氏的祖先本是赵国人,靠冶铁成为富豪。秦军攻破赵国,强迫卓氏离开故土,流迁他乡。卓氏被掳掠,只有夫妻二人推着车步行,前往被流放的地方。那些同时被流迁的沦为俘虏的人稍微剩下一点钱财,就争着用来贿赂带队的秦国官吏,请求安排在较近的地点,都在葭萌定居。单单卓氏说:"这里土地狭小瘠薄。我听说汶山之下有大片肥沃的田野,地里出产大芋头,能充粮食,不管发生什么情况,到死都不会挨饿。那里的居民有很多在市镇上做工,便于经商。"于是就要求迁往远处。结果被安排在临邛,卓氏心中大喜,就前往出铁的山上开采矿石,开炉鼓风,冶铸铁器钱币,巧妙地运用人力财力,苦心经营,滇蜀二地的百姓都被他所用,富裕的程度达到家有奴仆千人,在自家的田园池林中射猎游戏,这种享乐可以同国君比拟。

程郑,山东迁虏也,亦冶铸,贾椎髻之民,〔1〕富埒卓氏,俱居临邛。

【注释】〔1〕"椎髻",椎状的发髻。梳椎髻是当时西南夷及南越等地少数民族的习俗。

【译文】程郑也是山东地区迁来的俘虏,也从事冶铁业,产品远销到西南夷和南越地区,同那里的梳着椎型发髻的人民贸易。他的财富与卓氏相等,都住在临邛。

宛孔氏之先,梁人也,用铁冶为业。秦伐魏,迁孔氏南阳。大鼓铸,规陂池,连车骑,游诸侯,因通商贾之利,有游闲公子之赐与名。〔1〕然其赢得过当,愈于纤啬,〔2〕家致富数千金,故南阳行贾尽法孔氏之雍容。〔3〕

【注释】〔1〕"游闲",谓生活优裕,多闲暇而以游荡为事。"赐与",与下"纤啬"对言,谓出手慷慨,以财物赠人。〔2〕"纤啬",琐屑,吝啬。〔3〕"雍容",容仪温文,举止大方。

【译文】宛地孔氏的祖先是梁人,以冶铁为业。秦军攻伐魏国,把孔氏迁到南阳。他大规模地开炉鼓风,冶铸铁器钱币,(获得大量的财富,)规划开掘水池(以供自己游乐),车马相连,成群结队,外出与诸侯结交,从而得到通商贸易,赚取厚利的方便,(作为游闲公子,)赠人礼品,赐人财物,有出手阔绰的名声。但他所得的赢利比送出去的东西更多,反而胜过那些斤斤计较吝啬成性的商人。家中的财产达到数千金之多,所以南阳人经商都效法孔氏的温文优雅的仪容和慷慨大方的气度。

鲁人俗俭啬,而曹邴氏尤甚,以铁冶起,富至巨万。然家自父兄子孙约,俛有拾,〔1〕仰有取,贳贷行贾遍郡国。邹、鲁以其故多去文学而趋利者,〔2〕以曹邴氏也。

【注释】〔1〕"俛",同"俯"。〔2〕"文学",文献经典之学。与今天所说的"文学"意义有别。

【译文】鲁人风俗俭朴吝啬,曹地的邴氏尤其是这样,邴氏靠冶铁起家,财富有万万钱之多。但他们家中父子兄弟订下规约,一举一动都贯彻爱惜物力的原则,要收集拾取任何还有一点使用价值的东西,他们外出放债或贸易走遍了天下所有的郡国。邹、鲁地方之所以有许多人放弃了文献学术方面的研究而去经商谋利,就是因为受曹地邴氏的影响。

齐俗贱奴虏,而刀间独爱贵之。〔1〕桀黠奴,〔2〕人之所患也,唯刀间收取,使之逐渔盐商贾之利,或连车骑,交守相,然愈益任之。终得其力,起富数千万。故曰"宁爵毋刀",〔3〕言其能使豪奴自饶而尽其力。

【注释】〔1〕"刀",音 diāo,姓,后世作"刁"。〔2〕"桀黠",凶暴狡诈。〔3〕"宁爵毋刀",吴汝纶认为这是民间相语,意谓"宁遇有爵之人,不遇刀氏之奴",因为刀氏之奴结交官府,盘剥平民以取重利,凶狠而又阴险。

【译文】齐地的风俗以奴仆为低贱,唯独刀间爱惜并看重他们。桀傲不驯生性狡诈的奴仆,是主人们头痛的,只有刀间收取并使用他们,派他们出去为自己经营渔盐等业或从事商业活动,追求利润。刀家的奴仆有的甚至车马成群地与郡守、国相结交，刀间对这些人更是信任重用，终究得力于他们而起家致富，财产有数千万之多。所以民间谚语说“宁愿遇见大官府，不要碰上刀家奴”。这说明刀间能使唤利用手下的豪奴尽力为他谋利从而使自己富裕起来。

周人既纤，而师史尤甚，转毂以百数，〔1〕贾郡国，无所不至。洛阳街居在齐秦楚赵之中，〔2〕贫人学事富家，相矜以久贾，数过邑不入门，设任此等，〔3〕故师史能致七千万。

【注释】〔1〕“转毂”，运货的车辆。 〔2〕“洛阳街居在齐秦楚赵之中”，谓洛阳像四通八达的街衢一样居于天下之中。 〔3〕“设任”，设职分任。

【译文】周人琐碎吝啬，师史更是如此。他拥有运货车数百辆，去天下各郡国贸易，没有不曾去过的地方。洛阳市街通向齐、秦、楚、赵，正在天下的中央，那里的穷人效法富家，互相把长久地在外经商当作夸耀的资本，许多人屡次经过家乡里邑，也不入门，师史分派职务，任用这样的人，所以能积聚财产达七千万。

宣曲任氏之先，〔1〕为督道仓吏。〔2〕秦之败也，豪杰皆争取金玉，而任氏独窖仓粟。楚汉相距荥阳也，〔3〕民不得耕种，米石至万，而豪杰金玉尽归任氏，任氏以此起富。富人争奢侈，而任氏折节为俭，〔4〕力田畜。田畜人争取贱贾，任氏独取贵善。富者数世。然任公家约，非田畜所出弗衣食，公事不毕则身不得饮酒食肉。以此为闾里率，故富而主上重之。

【注释】〔1〕“宣曲”，地名，在长安城外昆明池西。 〔2〕“督道”，韦昭认为是秦时的一个边县，具体地点不详。 〔3〕“荥阳”，县名，治所在今河南荥阳东北。楚汉战争期间，刘邦、项羽双方的军队曾在此相持。“荥”，音 xíng。 〔4〕“折节”，屈己下人，降低身份。

【译文】宣曲任氏的祖先，本是督道地方管粮仓的小吏。秦朝败亡的时候，乘机起事的豪杰们都去抢夺金玉珍宝，只有任氏把仓库中的粮食藏在地窖里。楚汉双方的军队在荥阳相持对抗，附近的百姓无法耕种，米的价钱长到一万钱一石，那些豪杰所得的金玉珍宝（都用来购买粮食，）最终归任氏所有，任氏靠此发财致富。富人都争相过奢侈的生活，任氏却降低身份，放下架子，崇尚节俭，亲自致力于农田和畜牧之事。土地牲畜，一般人都抢购价格低廉的，唯独任氏只求质地优良，不惜高价收买。他们家接连几代都是大富。但任氏的那位祖先任公订下家规：不是自己种田或畜牧所得的东西，不吃不穿，公家的税赋徭役等事没有办完，不得饮酒吃肉。他家以此作为乡里的表率，所以身为富民而又得到皇上的器重。

塞之斥也，〔1〕唯桥姚已致马千匹，牛倍之，羊万头，粟以万钟计。吴楚七国兵起时，〔2〕长安中列侯封君行从军旅，〔3〕赍贷子钱，〔4〕子钱家以为侯邑国在关东，〔5〕关东成败未决，莫肯与。唯无盐氏出捐千金贷，〔6〕其息什之。〔7〕三月，吴楚平。一岁之中，则无盐氏之息什倍，用此富埒关中。

【注释】〔1〕“斥”，开拓，开辟。 〔2〕“吴楚七国兵起时”，景帝前三年（公元前一五四年），朝廷采纳晁错的建议，削减诸侯王封地以强本弱枝、巩固中央政权。吴王刘濞（音 pì）、楚王刘戊约连胶东王刘熊渠、胶西王刘卬、菑川王刘贤、济南王刘辟光、赵王刘遂等起兵对抗，史称“吴楚七国之乱”。后被汉将周亚夫等讨平。其事详见本书《孝景本纪》、《绛侯周勃世家》及《袁盎晁错列传》的有关记载。〔3〕“列侯”，秦爵分二十等，以彻侯为最尊，得食邑某地若干户以为封国。汉因之，用以封功臣外戚（同姓宗室封侯称诸侯），后避武帝讳改称通侯，又称列侯。此司马迁用后来的爵称追记前事。“封君”，此指列侯以外领受封邑的贵族。 〔4〕“赍贷”，借贷。“赍”，音 jī。“子钱”，出借以求利息的钱。下文“子钱家”，即以放钱取息为业的高利贷者。 〔5〕“关东”，与“关中”对言，指函谷关以东之地。 〔6〕“无盐”，汉县名，故治在今山东东平东。此“无盐氏”似用作氏姓。 〔7〕“其息什之”，比平常的利息高出十倍。一说利息比本金高出十倍。

【译文】边塞向外开拓以后，桥姚已经拥有马一千匹，牛二千头，羊一万头，粟米多得要用万钟来

计算。吴、楚七国起兵作乱的时候，长安城中的列侯封君都要从军出征，（为了准备好兵器行装和路上的开销，）纷纷借贷，放债的人认为这些列侯封君的封邑封国都在关东，而关东二军未分胜败，（结果难以预料，）都不肯把钱借给他们。只有无盐氏拿出一千金放贷，利息比平常高出十倍。三个月以后，吴楚七国之乱平定了。一年之中，无盐氏所得的利息比本金多十倍，因此他的财富同关中出名的富豪相等。

关中富商大贾，大抵尽诸田，田啬、田兰。韦家栗氏，〔1〕安陵、杜杜氏，〔2〕亦巨万。

【注释】〔1〕“韦家”，地名，当在长安附近，具体地点不详。〔2〕“安陵”，汉县名，属左冯翊，本西周程邑，汉惠帝在此筑安陵，并置县，死后葬此；故治在今陕西咸阳市东北。“杜”，汉县名，属京兆尹，故治在今陕西西安市东南。

【译文】关中富有的大商人，大致都是田家的，如田啬、田兰等。此外韦家地方的栗氏，安陵及杜县的杜氏，家财也值万万。

此其章章尤异者也。〔1〕皆非有爵邑奉禄弄法犯奸而富，尽椎埋去就，〔2〕与时俯仰，获其赢利，以末致财，用本守之，以武一切，〔3〕用文持之，〔4〕变化有概，〔5〕故足术也。若至力农畜，工虞商贾，为权利以成富，〔6〕大者倾郡，〔7〕中者倾县，下者倾乡里者，不可胜数。〔8〕

【注释】〔1〕“章章”，通“彰彰”，明白显著的样子。〔2〕“椎埋”，一本作“推理”。梁玉绳等以为“椎埋”乃“推理”之形讹，当以“推理”为是，谓推测物理，估量形势。〔3〕“武”，此谓果敢、强横的手段。“一切”，《淮南子·泰族》称商鞅、韩非、苏秦、张仪等的权术为“一切之术”，此“一切”亦当指权宜之计。〔4〕“文”，此谓遵守并依靠法令。〔5〕“概”，节。“变化有概”，谓其变化有一定的方式和范围。〔6〕“为”，音 wèi。“权利”，势力和财货。〔7〕“倾”，震动，倾覆。〔8〕“胜”，音 shēng，尽。

【译文】上面所举是最明显突出的例子，这些人都不是有爵位封邑俸禄收入的人，也不靠非法的手段致富，都是能推测货物流通的规律，正确估量形势，决定投资的方向，以顺应时世的需要，得到赢利。他们凭借经营工商业得到财富，又靠经营农业守住财富，把果敢强横的作法当作起家敛财的权宜之计，又把遵循并依靠法令当作保护家业的措施，手段的变化有章可循，能适应不同的情况，所以值得效法。至于那些努力从事农耕畜牧、开发山林、经营工商等业，仗财弄权从而成为富豪的人，财富大的可以倾覆一郡，中等的可以倾覆一县，下等的可以倾覆一乡一里，那就难以数计了。

夫纤啬筋力，治生之正道也，而富者必用奇胜。〔1〕田农，掘业，〔2〕而秦扬以盖一州。〔3〕掘冢，奸事也，而田叔以起。〔4〕博戏，恶业也，而桓发用富。〔5〕行贾，丈夫贱行也，而雍乐成以饶。〔6〕贩脂，辱处也，而雍伯千金。〔7〕卖浆，小业也，而张氏千万。洒削，〔8〕薄技也，而郅氏鼎食。〔9〕胃脯，〔10〕简微耳，浊氏连骑。马医，浅方，张里击钟。〔11〕此皆诚壹之所致。〔12〕

【注释】〔1〕“奇”，此与“正”相对，指与众不同、出人意料的手段。〔2〕“掘”，通“拙”。〔3〕“秦扬”，人名，本书仅此一见，事迹不详。“州”，古有分全国为“九州”或“十二州”的说法，都是传说中的行政区划。〔4〕“田叔”，人名。一本作“曲叔”，与《汉书·货殖传》同。汉初有一田叔，曾为赵王张敖郎中，后任鲁相。其人本书有传，而未言掘冢之事，与此“田叔”或非一人。〔5〕“桓发”，人名，《汉书·货殖传》作“稽发”。本书仅此一见，事迹不详。〔6〕“雍乐成”，人名，本书仅此一见，事迹不详。或以为“雍乐成”谓“雍县之乐成”，观前后举秦扬、田叔、桓发、雍伯等皆不冠地名，则此“雍”亦当为姓氏。〔7〕“雍伯”，人名。一本作“翁伯”，与《汉书·货殖传》同。本书仅此一见，事迹不详。〔8〕“洒削”，洒水磨砺刀剑。〔9〕“郅氏”，《汉书·货殖传》作“质氏”，本书仅此一见，事迹不详。“郅”，音 zhì。“鼎食”，列鼎而食，这是大贵族的排场。〔10〕“脯”，音 fǔ，肉干。“胃脯”，一种熟食，把羊胃煮熟，调以五味，晒干而成。汉时以为美味。〔11〕“张里”，人名，本书仅此一见，事迹不详。“钟”，一种乐器。“击钟”，谓家中养有乐人，食时击钟奏乐，这也是大贵族的排场。〔12〕“诚壹”，心志专一。

【译文】生活尽量节俭，劳动不怕艰苦，这是兴家立业的正道，但富人必然用与众不同的手段出奇制胜。耕田务农，是最笨拙的经营方法了，而秦扬靠此成了一州的首富。盗掘坟墓，是犯法的事情，而田叔靠此起家。赌博是恶劣的行业，而桓发靠此发财。外出叫卖货物，是为男子汉不屑的低贱职业，而雍乐成靠此富裕起来。贩卖动物的油脂，是使人感到耻辱的事情，而雍伯靠此得到千金赢利。贩卖薄酒不过是一种小生意，而张氏靠此却有家财千万。磨治刀剑，是一种普通的技艺，而郅氏靠此能象大贵族一样过列鼎而食的生活。卖熟羊肚，既简单又不起眼，而独氏靠此出门能带上一个马队。当马医，只要有浅薄的医术，而张里靠此却有钟鸣而食的大排场。这些人都是因为精神专一，才获得了各自事业上的成功。

由是观之，富无经业，〔1〕则货无常主，能者辐凑，不肖者瓦解。〔2〕千金之家比一都之君，巨万者乃与王者同乐。岂所谓“素封”者邪？非也？

【注释】〔1〕“经业”，固定的行业。〔2〕“不肖”，不才。

【译文】由此看来，致富并不是只有从事某些一定的行业才能办到，财富本来没有固定不变的主人，能干的人能使财富归向自己，无能的人则会使财富顷刻散失。家有千金，就可同一城的封君相比，家产万万，就可同王者一样享乐。这不就是所谓“素封”吗？事情难道不正是这样？

史记卷一百三十

太史公自序第七十

昔在颛顼，命南正重以司天，〔1〕北正黎以司地。〔2〕唐虞之际，〔3〕绍重黎之后，使复典之，至于夏商，故重黎氏世序天地。其在周，程伯休甫其后也。〔4〕当周宣王时，失其守而为司马氏。司马氏世典周史。〔5〕惠襄之间，司马氏去周适晋。晋中军随会奔秦，〔6〕而司马氏入少梁。〔7〕

【注释】〔1〕"南正"，传说中的官名。掌管天事。〔2〕"北正"，一作"火正"，传说中的官名。《国语》有"黎为火正"之说。掌管民事。〔3〕"唐"，即陶唐氏，传说中远古部落之名，居于平阳（今山西临汾西南），其首领是尧。"虞"，即有虞氏，传说中远古部落之名。居于蒲坂（今山西永济西蒲州镇），其首领是舜。〔4〕"程伯休甫"，程，国名。伯，爵名。休甫，人名，传说是黎的后裔，封为程伯。〔5〕"司马氏世典周史"，此说不可信。司马氏祖先当是掌军事，而不可能典史职。这是司马谈迁父子为太史令后，美化祖先的说法。〔6〕"中军"，春秋时大国军队分为上、中、下三军，其中以中军的地位较高。"随会"，人名。也称士会。他由晋奔秦。〔7〕"少梁"，古邑名。故地在今陕西韩城南。本西周梁国，春秋时为秦所灭，称少梁邑。后属晋，继又属魏，后入于秦。秦惠文王十一年（公元前三二七年）改名夏阳。

【译文】往昔颛顼帝命南正重掌管天事，北正黎掌管民事。唐虞时代，重黎的后嗣仍然担任这种职务，直到夏商二代，所以重黎氏世代主管天地。在周代，程伯休甫是重黎氏的后裔。当周宣王时，重黎的后裔失去主管天地的职守，而为司马氏。司马氏世代职掌周史。周惠王、襄王的时候，司马氏离开周朝到了晋国。晋中军隋会逃奔秦国，而司马氏转入少梁。

自司马氏去周适晋，分散，或在卫，或在赵，或在秦。其在卫者，相中山。〔1〕在赵者，以传剑论显，蒯聩其后也。在秦者名错，与张仪争论，于是惠王使错将伐蜀，〔2〕遂拔，因而守之。〔3〕错孙靳，事武安君白起。而少梁更名曰夏阳。靳与武安君坑赵长平军，〔4〕还而与之俱赐死杜邮，〔5〕葬于华池。〔6〕靳孙昌，昌为秦主铁官，〔7〕当始皇之时。蒯聩玄孙卬为武信君将而徇朝歌。〔8〕诸侯之相王，〔9〕王卬于殷。〔10〕汉之伐楚，卬归汉，〔11〕以其地为河内郡。〔12〕昌生无泽，〔13〕无泽为汉市长。〔14〕无泽生喜，喜为五大夫，〔15〕卒，皆葬高门。〔16〕喜生谈，谈为太史公。〔17〕

【注释】〔1〕"中山"，古国名，春秋末年鲜虞人所建，都于顾（今河北定县）。公元前二九六年为赵所灭。〔2〕"蜀"，古国名。建都于成都（今四川成都）。公元前三一六年被秦将司马错所灭。〔3〕"守"，郡守。〔4〕"坑赵长平军"，公元前二六二年，秦军包围韩的上党，上党郡守冯亭以地献于赵，引起秦赵在长平（今山西高平西北）大战。公元前二六〇年赵王以不晓军事的赵括代老将廉颇为将，赵括盲目出击。秦将白起在正面诈败后退，另设两支奇兵袭击赵军后方。结果赵军被围困四十六日，内无粮草，外无救兵，赵括被射死，赵军四十万人被俘坑死。事见本书《白起列传》、《廉颇蔺相如列传》。〔5〕"杜邮"，古地名，故地在今陕西咸阳市东。〔6〕"华池"，故地在今陕西韩城西南。〔7〕"铁官"，官名。秦代始置，汉代沿置。掌铸造和买卖铁器。〔8〕"蒯聩玄孙卬"，据《索隐》引《司马氏系本》云："蒯聩生昭豫，昭豫生宪，宪生卬。""卬"，音 áng。"武信君"，指武臣，秦末起义军首领之一。自号武信君，称王于赵，都邯郸，后被叛将李良所杀。事见本书《张耳陈余列传》。“朝歌”,古卫国都城,汉置县。故地在今河南淇县。〔9〕“诸侯之相王”,指项羽分封诸侯。〔10〕“王卬于殷”,公元前二〇六年项羽分封诸侯,因司马卬定河内有功,封其为殷王,王河内,都于朝歌。事见本书《项羽本纪》。〔11〕“卬归汉”,本书《高祖本纪》记载,汉二年(公元前二〇五年)三月汉军攻下河内,“虏殷王”,与此所谓“卬归汉”者略异。〔12〕“河内郡”,治所在怀县(今河南武陟西南)。〔13〕“无泽”,《汉书·司马迁传》作“毋怿”。〔14〕“市长”,官名。汉代长安四市有四长,左冯翊的属官。参见《汉书·百官公卿表》。〔15〕“五大夫”,秦汉爵名。为二十爵中的第九爵。〔16〕“高门”,高门原。故地在今陕西韩城西南。〔17〕“太史公”,汉有太史令,秩六百石,太常的属官。汉称太史令其人为太史公。

【译文】自从司马氏一族离开周朝到了晋国,就分散了,有的在卫国,有的在赵国,有的在秦国。在卫国的一支,做过中山国的相。在赵国的一支,因传剑术理论而显名,蒯聩是这支的后嗣。在秦国的名叫司马错,同张仪争论,于是秦惠王命他为将伐蜀,攻下之后,就做了蜀郡守。司马错的孙子司马靳,随事武安君白起。少梁这时已改名为夏阳。司马靳和武安君坑杀赵国在长平的士兵,回国来和武安君都被赐死在杜邮,葬在华池。司马靳的孙子名叫昌,做过秦的铁官,正当秦始皇的时候,蒯聩的玄孙司马卬,做过武信君的部将而巡察朝歌。诸侯分封为王的时候,司马卬被封为殷王。汉伐楚的时候,司马卬归顺于汉,将他的封地改置为河内郡。司马昌生无泽,无泽为汉长安市长。无泽生喜,喜为五大夫,死后,都葬在高门。喜生谈,谈为太史公。

太史公学天官于唐都,〔1〕受《易》于杨何,〔2〕习道论于黄子。〔3〕太史公仕于建元元封之间,〔4〕愍学者之不达其意而师悖,〔5〕乃论六家之要指曰:〔6〕

【注释】〔1〕“天官”,古时天文学。“唐都”,人名。汉代天文学家,曾参加制订《太初历》。〔2〕“杨何”,人名。字叔元,汉菑川(故城在今山东寿光县)人。武帝时以《易》被征,官至中大夫。〔3〕“道论”,道家学说。“黄子”,汉人。亦称黄生,史失其名。曾与辕固生辩论汤武受命问题。事见本书《儒林列传》。〔4〕“建元、元封”,皆是汉武帝年号。建元共六年(公元前一四〇年至前一三五年),元封亦六年(公元前一一〇年至前一〇五年)。〔5〕“愍”,音 mǐn,忧虑。“师悖”,谓以悖为师。固执谬论之意。〔6〕“六家”,指阴阳、儒、墨、名、法、道等六家。

【译文】太史公从唐都学天文学,从杨何受《易》学,从黄子研究道家学说。太史公在建元至元封年间做官,担心学者不了解学术宗旨而固执谬论,于是论六家的要旨说:

《易·大传》:〔1〕“天下一致而百虑,同归而殊涂。”夫阴阳、儒、墨、名、法、道德,此务为治者也,直所从言之异路,有省不省耳。〔2〕尝窃观阴阳之术,大祥而众忌讳,〔3〕使人拘而多所畏;然其序四时之大顺,不可失也。儒者博而寡要,劳而少功,是以其事难尽从;然其序君臣父子之礼,列夫妇长幼之别,不可易也。墨者俭而难遵,是以其事不可遍循;然其彊本节用,不可废也。法家严而少恩;然其正君臣上下之分,不可改矣。名家使人俭而善失真;〔4〕然其正名实,不可不察也。道家使人精神专一,动合无形,〔5〕赡足万物。其为术也,因阴阳之大顺,采儒墨之善,撮名法之要,与时迁移,应物变化,立俗施事,无所不宜,指约而易操,事少而功多。儒者则不然。以为人主天下之仪表也,主倡而臣和,主先而臣随。如此则主劳而臣逸。至于大道之要,去健羡,〔6〕绌聪明,〔7〕释此而任术。夫神大用则竭,形大劳则敝。形神骚动,欲与天地长久,非所闻也。

【注释】〔1〕“《易·大传》”,即《易·系辞》。〔2〕“省”,明白。〔3〕“大祥”,夸大灾祥。〔4〕“俭”,当作“检”,拘束。〔5〕“无形”,指道,客观规律。〔6〕“去健羡”,意谓去掉刚强与贪欲,而以柔弱与知足自守。〔7〕“绌聪明”,意谓不要花招、不滑头滑脑。

【译文】《易·系辞》:“天下一致而百虑,同归而殊涂。”阴阳、儒、墨、名、法、道德等六家,都是为了治世,只不过各家说法不同,有明白和不明白的

地方罢了。我曾观察阴阳家的方术,夸大灾祥而忌讳众多,使人拘束而多畏惧;但他们论述四时变化的大顺,是不可差错的。儒家的学说广博而缺纲要,烦劳而少功效,因此他们说的难以全部信从;但他们制定君臣父子关系的礼节,明确夫妇长幼之间的等差,是不可改的。墨家俭啬而难遵循,因此他们所说的不能完全照办;但他们务实节用的办法,是不可废弃的。

法家严酷而少恩情,但他们确定的君臣上下的秩序,是不可改变的。名家使人拘束而丧失真实;但他们确定名实关系,是不可不考查的。

道家使人精神专一,行动符合客观规律,使万事万物得到满足。他们的学术,本着阴阳家的大顺,采集儒家、墨家的长处,摄取名家、法家的要点,随着时代转移,顺应事物变化,处世办事,无所不宜,宗旨简要而容易把握,事情虽少而功效甚多。儒家就不同。他们以为君主是天下的表率,君主倡导而臣下附和,君主在先而臣下随后。这样就君主劳苦而臣下安逸。再说大道的要点是,去掉刚强和贪欲,不要花招和滑头,舍弃这些而任用道术。过于劳神就会疲倦,过于劳力就会病倒。身心过于劳累,却要想和天地共存,这是不可能的。

夫阴阳四时、八位、十二度、二十四节各有教令,[1]顺之者昌,逆之者不死则亡。未必然也,故曰"使人拘而多畏。"夫春生夏长,秋收冬藏,此天道之大经也,[2]弗顺则无以为天下纲纪,故曰"四时之大顺,不可失也"。

【注释】〔1〕"四时",春、夏、秋、冬。"八位",八卦位,即八方。"十二度",星宿所居的十二躔次(即日月星辰运行的轨迹)。"二十四节",即立春,雨水,惊蛰,春分,清明,谷雨,立夏,小满,芒种,夏至,小暑,大暑,立秋,处暑,白露,秋分,寒露,霜降,立冬,小雪,大雪,冬至,小寒,大寒等二十四节气。"教令",指带有迷信色彩的条规禁忌。〔2〕"大经",重要法则。

【译文】阴阳家以为四时、八位、十二度、二十四节各有条规禁忌,顺着它就吉利,违反它不死就亡。未必是这样,所以说"使人拘束而多畏惧"。可是阴阳家论述的春天萌生,夏天成长,秋天收获,冬天储藏,这是自然界的重要法则,不遵循就没有什么做天下的纲纪。所以说"四时变化的大顺,是不可差错的"。

夫儒者以《六艺》为法。[1]《六艺》经传以千万数,累世不能通其学,当年不能究其礼,[2]故曰"博而寡要,劳而少功"。若夫列君臣父子之礼,序夫妇长幼之别,虽百家弗能易也。

【注释】〔1〕"《六艺》",指《诗》、《书》、《易》、《礼》、《乐》、《春秋》等六种儒家典籍。〔2〕"当年",犹言毕生。或谓壮年。

【译文】儒家以《六艺》为准则。《六艺》的经传以千万计,学者世世代代不能通晓其学术,毕生精力不能究明其礼制,所以说"广博而缺纲要,烦劳而少功效"。可是明确君臣父子关系的礼节,制定夫妇长幼之间的等差,哪一家都不能更改。

墨者亦尚尧舜道,言其德行曰:"堂高三尺,土阶三等,茅茨不剪,[1]采椽不刮。食土簋,[2]啜土刑,[3]粝粱之食,[4]藜藿之羹。[5]夏日葛衣,冬日鹿裘。"[6]其送死,桐棺三寸,举音不尽其哀。教丧礼,必以此为万民之率。使天下法若此,则尊卑无别也。夫世异时移,事业不必同,故曰"俭而难遵"。要曰彊本节用,则人给家足之道也。此墨子之所长,虽百家弗能废也。

【注释】〔1〕"茨",用茅草苫屋。〔2〕"土簋",古时盛食物的圆口陶器。"簋",音 guǐ。〔3〕"啜",音 chuò,喝。"土刑",古时盛羹的陶器。〔4〕"粝粱",当作"粝粢"。粗劣的食物。"粝",音 lì,粗米;粱,细粮,故粝、粱二字不当连用。"粢",音 zī,粗粮。〔5〕"藜藿",泛指野菜。"藜",一年生草本植物。俗称灰菜,嫩叶可食。"藿",豆叶。〔6〕以上引自《韩非子·五蠹篇》。

【译文】墨家也崇尚尧舜之道,说尧舜的德行是:"堂只高三尺,土阶只有三级,用茅草苫屋而不修剪,采树木做椽而不刮削。用土簋盛饭吃,用陶器盛汤喝,粗粮做的饭,野菜做的汤。夏天穿葛衣,冬天穿鹿裘。"他们送葬死者,桐木棺材只厚三寸,哭丧不过于哀恸。丧礼的要求,必定是这样为众人的表率。使天下的人都这么办,就尊卑没有差别了。时代转变了,事业自然不会一样,所以说"俭啬而难遵循”。总的说来,务实节用,确是人给家足的办法。这是墨家的长处,哪一家都不能废弃。

法家不别亲疏,不殊贵贱,一断于法,则亲亲尊尊之恩绝矣。可以行一时之计,而不可长用也,故曰“严而少恩”。若尊主卑臣,明分职不得相踰越,虽百家弗能改也。

名家苛察缴绕,[1]使人不得反其意,专决于名而失人情,故曰“使人俭而善失真”。若夫控名责实,[2]参伍不失,[3]此不可不察也。

【注释】〔1〕“苛察”,苛细考察。“缴绕”,纠缠,烦琐。谓不识大体。〔2〕“控名责实”,由名以求实,使名与实相符。〔3〕“参”,三。“伍”,五。“参伍”,谓错综比较,以为验证。

【译文】法家不分亲疏,不别贵贱,一概取决于法令,这就将亲爱亲属、尊敬长上的伦理道德断送了。只可以临时应付一下,而不可永远施行,所以说“严酷而少恩情”。像尊崇君长,鄙薄臣下,分清职责而不得相互超越,哪一家都不能更改。

名家苛细考察,不识大体,使人不得反省真实内容,一切取决于名而违背人情,所以说“使人拘束而丧失真实”。至于由名以求实,错综比较,以验证结论,这是不可不考查的。

道家无为,[1]又曰无不为,[2]其实易行,其辞难知。其术以虚无为本,以因循为用。[3]无成埶,[4]无常形,[5]故能究万物之情。不为物先,不为物后,故能为万物主。有法无法,因时为业;有度无度,因物与合。故曰“圣人不朽,[6]时变是守。[7]虚者道之常也,因者君之纲”也。[8]群臣并至,使各自明也。其实中其声者谓之端,[9]实不中其声者谓之窾。[10]窾言不听,奸乃不生,贤不肖自分,白黑乃形。在所欲用耳,何事不成。乃合大道,混混冥冥。[11]光耀天下,复反无名。凡人所生者神也,所托者形也。神大用则竭,形大劳则敝,形神离则死。死者不可复生,离者不可复反,故圣人重之。由是观之,神者生之本也,形者生之具也。[12]不先定其神〔形〕,而曰“我有以治天下”,何由哉?

【注释】〔1〕“无为”,道家言不先物为。〔2〕“无不为”,道家言因物之所为。旨在顺应自然。〔3〕“因循”,顺应自然。〔4〕“成埶”,一成不变之势。“埶”,音 shì,通“势”。〔5〕“常形”,固定不变之形。〔6〕“不朽”,《汉书》为“不巧”,谓无机巧之心。〔7〕“时变”,顺时变化。〔8〕《索隐》言“圣人不朽”等四句,出于《鬼谷子》;今本无此文。〔9〕“声”,名声,名。“端”,正。〔10〕“窾”,音 kuǎn,空。〔11〕“混混冥冥”,混沌状态。〔12〕“具”,物质。

【译文】道家主张无为,又说无不为,做起来容易实行,说的话难以明白。他们的道术以虚无为根本,以因循为手段,没有一成不变之势,没有固定不变之形,所以能探究万物之情。不抢在事物之先,也不落在事物之后,所以能成为万物的主宰。用法不用法,随时而定;限度不限度,随物而合。所以说“圣人无机巧之心,牢牢守着顺时变化的原则。虚无是道的伦常,因循是君的总纲”。群臣就位,各尽其才,实和名相符叫做端,实和名不相称叫做窾。空话不听,奸邪就不发生,贤和不肖自然区分,白和黑就会露形。全在于应用了,什么事都可办成。这就符合大道,混混沌沌,光耀天下,而又无名。人的生存是精神,精神寄托于形体。精神过度使用就会竭尽,身体过于劳累就会病倒,形体和精神脱离必然死亡。人死不能复生,离去了不能再来,所以圣人对此非常重视。由此看来,精神是生命的根本,形体是生命的物质。如果不先安定精神,而说“我有办法治理天下”,怎能办到呢?

太史公既掌天官,不治民。有子曰迁。

迁生龙门,[1]耕牧河山之阳。[2]年十岁则诵古文。[3]二十而南游江、淮,上会稽,[4]探禹穴,[5]窥九疑,[6]浮于沅、湘;[7]北涉汶、泗,[8]讲业齐、鲁之都,[9]观孔子之遗风,乡射邹峄;[10]戹困鄱、薛、彭城,[11]过梁、楚以归。[12]于是迁仕为郎中,[13]奉使西征巴、蜀以南,[14]南略邛、筰、昆明,[15]还报命。

【注释】〔1〕“龙门”,山名,在今陕西韩城市东北。相传为禹所凿之龙门。〔2〕“河山之阳”,河之北,山之南。〔3〕“古文”,指用先秦篆文传抄的古书,如《尚书》、《左传》、《国语》等。〔4〕“会稽”,

山名。在今浙江省中部绍兴、嵊县、诸暨、东阳间。钱塘江支流浦阳江与曹娥江的分水岭。相传夏禹至此大会诸侯，计功封爵，始命会稽。〔5〕“禹穴”，相传会稽山上有孔，名曰禹穴。〔6〕“九疑”，山名。在今湖南宁远县南。相传虞舜葬于此。〔7〕“沅、湘”，二水名。都在今湖南省境内，流入洞庭湖。〔8〕“汶、泗”，二水名。古汶水在今山东省境内，流入济水。古泗水源出山东泗水县东蒙山南麓，东南流至今江苏清江市西南，注入淮河。〔9〕“齐、鲁之都”，齐都临淄，故地在今山东临淄北。鲁都曲阜，故地在今山东曲阜。〔10〕“乡射”，古代的射礼。乡射有两种：一指州长于春、秋两季会集士大夫，习射于州序(州的学校)；一指乡老和乡大夫贡士之后举行的乡射之礼。“邹”，汉县名，治所在今山东邹县东南。“峄”，峄山，在今山东邹县东南。〔11〕“鄱”，同“蕃”，汉县名，治所在今山东滕县。“薛”，汉县名，治所在今山东滕县南。“彭城”，西汉楚王国的都城，故地在今江苏徐州市。〔12〕“梁”，汉诸侯王国之一。都于睢阳(在今河南省商丘南)。“楚”，汉诸侯王国之一。都于彭城(在今江苏徐州市)。〔13〕“郎中”，皇帝的侍从官，隶属于郎中令(光禄勋)。〔14〕“巴”，汉郡名。治所在江州(在今重庆市北)。“蜀”，汉郡名。治所在成都(今属四川)。辖境相当今松潘以南，北川、彭县、洪雅以西，峨边、石棉以北，邛崃山、大渡河以东。以及大渡河与雅砻江之间康定以南、冕宁以北之地。〔15〕“邛”，邛都，汉越巂郡治所在地，在今四川西昌东。“筰”，筰都，汉沈黎郡治所在地，在今四川汉源东北。“昆明”，古地区名。故地在今云南下关市地区。

【译文】太史公掌管天官的职务，不理民政。有个儿子名迁。

迁生在龙门，在河的北面、山的南面一个耕牧之家生活，十岁就诵读古籍。二十岁往南方游历长江、淮河一带，上会稽山，寻访禹穴，视察九疑山，渡过沅水、湘水；再往北方渡过汶水、泗水，在齐国、鲁国的都城讲学，参观孔子的故迹，在邹县峄山参加乡射；在鄱县、薛县、彭城遇到困难，经过梁国、楚国返回。返回后，迁做了郎中，奉汉朝使命往西征讨巴、蜀以南地区，向南经略邛、筰、昆明等地，才回京汇报。

是岁天子始建汉家之封，[1]而太史公留滞周南，[2]不得与从事，故发愤且卒。而子迁适使反，见父于河洛之间。[3]太史公执迁手而泣曰：“余先周室之太史也。自上世尝显功名于虞夏，典天官事。后世中衰，绝于予乎？汝复为太史，[4]则续吾祖矣。今天子接千岁之统，[5]封泰山，而余不得从行，是命也夫，命也夫！余死，汝必为太史；为太史，无忘吾所欲论著矣。且夫孝始于事亲，中于事君，终于立身。扬名于后世，以显父母，此孝之大者。夫天下称诵周公，言其能论歌文武之德，宣周邵之风，达太王王季之思虑，爰及公刘，以尊后稷也。幽厉之后，王道缺，礼乐衰，孔子脩旧起废，论《诗》《书》，作《春秋》，则学者至今则之。自获麟以来四百有余岁，[6]而诸侯相兼，史记放绝。[7]今汉兴，海内一统，明主贤君忠臣死义之士，余为太史而弗论载，废天下之史文，余甚惧焉，汝其念哉！”迁俯首流涕曰：“小子不敏，请悉论先人所次旧闻，[8]弗敢阙。”

【注释】〔1〕“是岁”，指元封元年(公元前一一〇年)。“封”，封禅。帝王祭天地的典礼。在泰山上祭天称封；在泰山下梁父山上祭地称禅。〔2〕“周南”，指今洛阳一带。西周成王时，周公与召公分陕(在今河南三门峡市)而治，陕以西称召南，陕以东称周南。〔3〕“河、洛”，二水名。河，河水，今黄河；洛，洛水。〔4〕“太史”，太史令。〔5〕“接千岁之统”，指汉武帝继周成王绪业而封禅。据本书《封禅书》云，西周成王曾登封泰山，秦始皇也到泰山封禅。汉朝统治者囿于对秦朝的偏见，不承认汉继于秦，而以为汉继于周。自周成王至汉武帝封禅约九百余年，故称汉武帝封禅“接千岁之统”。〔6〕“获麟”，指鲁哀公十四年(公元前四八一年)西狩获麟。“四百有余岁”，自获麟至元封元年(公元前一一〇年)，凡三百七十二年；言“四百有余岁”，计算有误。〔7〕“史记”，泛指历史记载。〔8〕“论”，引述和编撰之意。“次”，顺序记事之意。“旧闻”，指历史材料。

【译文】这一年皇帝开始搞汉朝的封禅大典，而太史公停留在洛阳，不能参加这件事，所以发愤将死。他的儿子迁恰好完成使命返回，在河、洛地区拜见了父亲。太史公握着迁手低声哭道：“我们的祖先是周朝的太史。追溯远古在虞夏之世曾功名显赫，掌管天官的事。后世中途衰微，完结在我身上吗？你如果能做太史，就可以继承祖业了。现在皇帝承千年以来的大统，到泰山封禅，而我不能随行，是命运吧，命中注定吧！我死了，你必定做太史；做了太史，不要忘记我所打算的著作啊。况且所谓孝道，从侍奉双亲开始，其次是臣事君主，最终是树立声名。扬名于后世，使父母分享光荣，这是孝道中最重要的方面。天下人都颂扬周公，说他能发扬文王、武王的道德，宣扬周公、邵公的风教，表现太王、王季的思想，再上承公刘，这样尊崇始祖后稷。幽王、厉王之后，王道丧失了，礼乐衰微了，而孔子修复旧业，整理《诗》《书》，著作《春秋》，使学者到现在还视为榜样。从鲁哀公十四年获麟以来四百多年，诸侯互相兼并，战事不休，历史记载无人过问。现在汉朝兴起，天下统一，明主贤君忠臣死义之士辈出，我做太史而不予以记载，断绝了天下的历史文献，我很惶恐不安，你多加考虑吧！"迁低头流泪，说："小儿虽然不才，情愿全力编撰先人所记的历史材料，不敢缺略。"

卒三岁而迁为太史令，〔1〕细史记石室金匮之书。〔2〕五年而当太初元年，〔3〕十一月甲子朔旦冬至，天历始改，〔4〕建于明堂，〔5〕诸神受纪。〔6〕

【注释】〔1〕"卒三岁"，指司马谈死了三年。司马谈死于元封元年，"卒三岁"则为元封三年（公元前一〇八年）。司马迁于是年为太史令。《索隐》引《博物志》云："太史令茂陵显武里大夫司马〔迁〕，年二十八，三年六月乙卯除，六百石。"据此推算，司马迁当生于汉武帝建元六年（公元前一三五年）。〔2〕"细"，音 chōu，抽引；引申为研究。"史记"，历史记载，并包括档案文件。"石室、金匮"，都是国家藏书的地方。〔3〕"太初元年"，公元前一〇四年。《正义》云："案：迁年四十二岁。"据此推算，司马迁生于汉景帝中五年（公元前一四五年）。按：《正义》和《索隐》所说司马迁年龄，相差十岁。这是近代学者考证司马迁生年，产生不同说法之两个不同材料来源。〔4〕"天历始改"，谓汉朝不再用《秦历》，而改用《太初历》（即《夏历》，以一月为正月）。〔5〕"明堂"，古代帝王宣明政教的地方。关于古代明堂之说，历来学者所言不一，其实难以推究明白。〔6〕"诸神"，指诸侯。"受纪"，谓遵照新历法。

【译文】太史公（谈）死了三年，司马迁就做了太史令，开始研究国家的藏书和档案。过了五年就是太初元年，十一月初一日冬至，汉朝修改了历法，在明堂宣布，诸侯遵照新的太初历。

太史公曰：〔1〕"先人有言：〔2〕'自周公卒五百岁而有孔子。孔子卒后至于今五百岁，〔3〕有能绍明世，正《易传》，继《春秋》，本《诗》《书》《礼》《乐》之际？'意在斯乎！意在斯乎！小子何敢让焉。"〔4〕

【注释】〔1〕"太史公"，司马迁自称。下同。〔2〕"先人"，指司马谈。〔3〕"五百岁"，自周公卒至孔子，约五百余岁；自孔子卒（公元前四七九年）至太初元年（公元前一〇四年），只有三百七十五年。所言"五百岁"，非确指年数，而是引为祖述之意。〔4〕"小子"，子弟晚辈对父兄尊长的自称。此是司马迁自称。

【译文】太史公（迁）说："先父说过：'从周公去世五百年后而有孔子。孔子去世后到现在又是五百年了，有人能继承往昔圣世的事业，整理《易传》，上接《春秋》，吸取《诗》、《书》、《礼》、《乐》的精华吗？'用意在此吧！用意在此吧！我怎敢推让这个历史重任呢。"

上大夫壶遂曰：〔1〕"昔孔子何为而作《春秋》哉？"太史公曰："余闻董生曰：〔2〕'周道衰废，孔子为鲁司寇，诸侯害之，大夫壅之。孔子知言之不用，道之不行也，是非二百四十二年之中，〔3〕以为天下仪表，贬天子，退诸侯，讨大夫，以达王事而已矣。'子曰：'我欲载之空言，〔4〕不如见之于行事之深切著明也。'〔5〕夫《春秋》，上明三王之道，〔6〕下辨人事之纪，别嫌疑，明是非，定犹豫，善善恶恶，贤贤贱不肖，存亡国，继绝世，补敝起废，王道之大者也。《易》著天地阴阳四时五行，故长于变；《礼》经纪人伦，故长于行；《书》记先王之事，故长于政；《诗》记山川溪谷禽兽草木牝牡雌雄，〔7〕故长于风；《乐》乐所以立，故长于和；《春秋》辩是非，故长于治人。是故《礼》以节人，《乐》以发和，《书》以道事，《诗》以达意，《易》以道化，〔8〕《春秋》以道义。拨乱世反之正，莫近于《春秋》。

《春秋》文成数万，[9]其指数千。[10]万物之散聚皆在《春秋》。[11]《春秋》之中，弑君三十六，亡国五十二，[12]诸侯奔走不得保其社稷者不可胜数。察其所以，皆失其本已。故《易》曰‘失之豪厘，差以千里’。[13]故曰‘臣弑君，子弑父，非一旦一夕之故也，其渐久矣’。[14]故有国者不可以不知《春秋》，前有谗而弗见，后有贼而不知。为人臣者不可以不知《春秋》，守经事而不知其宜，[15]遭变事而不知其权。[16]为人君父而不通于《春秋》之义者，必蒙首恶之名。为人臣子而不通于《春秋》之义者，必陷篡弑之诛，死罪之名。其实皆以为善，为之不知其义，被之空言而不敢辞。[17]夫不通礼义之旨，至于君不君，臣不臣，父不父，子不子。夫君不君则犯，[18]臣不臣则诛，父不父则无道，子不子则不孝。此四行者，天下之大过也。以天下之大过予之，则受而弗敢辞。故《春秋》者，礼义之大宗也。夫礼禁未然之前，法施已然之后；法之所为用者易见，而礼之所为禁者难知。”

【注释】〔1〕“上大夫”，官名。《索隐》云：“遂为詹事，秩二千石，故为上大夫也。”此言“上大夫”是指官秩。案：汉人多有上大夫之称，或官至上大夫之说，如“上大夫董仲舒”（见本书《十二诸侯年表》），“邓通官至上大夫”，“韩嫣官至上大夫”（见本书《佞幸列传》）等，可见上大夫有可能是官名。“壶遂”，人名。曾和司马迁一同参与制订《太初历》。〔2〕“董生”，指董仲舒。〔3〕“二百四十二年”，指《春秋》。《春秋》记事，上起鲁隐公元年（公元前七二二年），下讫鲁哀公十四年（公元前四八一年），共记了二百四十二年的史事。〔4〕“空言”，指只是义理的说教。〔5〕“行事”，指已发生的具体史事。〔6〕“三王”，指夏禹、商汤、周文王武王。〔7〕“牝牡”，雌雄两性。“牝”，音 pìn，雌性。〔8〕“道化”，阐述客观世界发展变化之理。〔9〕“《春秋》文成数万”，谓《春秋》文字之多；流传至今的《春秋》只有一万六千五百余字。〔10〕“指”，意旨。〔11〕“万物”，宇宙间一切事物。“散聚”，综合诸事之意。〔12〕“弑君三十六，亡国五十二”，此和《春秋繁露·灭国篇》、《汉书·楚元王传》所言相同。梁玉绳《史记志疑》云：“通经传而数之，弑君者三十七，亡国止四十一。”〔13〕“失之豪厘，差以千里”，今本《易经》无此语；今本《易纬·通卦验》有之。〔14〕“臣弑君”等四句，引自《易·坤文言》。〔15〕“经事”，经常之事。〔16〕“权”，随机应变。〔17〕“被之空言”，受到舆论谴责。〔18〕“犯”，谓为臣下所干犯。

【译文】上大夫壶遂问：“以前孔子为什么作《春秋》的呀？”太史公答：“我听董仲舒先生说过：‘周朝统治衰落以后，孔子做鲁国的司寇，被诸侯所忌恨，被大夫所排挤。孔子知道自己的言论不被采用，道术无法实行，就在《春秋》中评论历史是非，为天下定出标准，批评帝王，指斥诸侯，诛讨大夫，目的在达成王道而已。’孔子说：‘我如果只是作义理的说教，还不如通过讲述历史事实更能深刻地表达观点。’《春秋》一书，从思想高度来说，表明了三王之道，就一般内容而言，分辨了人事的纪纲，分别嫌疑，明确是非，排除犹豫，奖善惩恶，尊贤退不才，保存已经灭亡的国家，继续已经绝世的后嗣，补救偏弊，振作废业，这些都是王道最重要的内容。《易》著天地阴阳四时五行，所以长于变化的道理；《礼》整顿人伦，所以长于行为的规范；《书》记载先王事实，所以长于政治的宣传；《诗》记述山川溪谷禽兽草木雌雄，所以长于讽喻的内容；《乐》在于自立其乐，所以长于和乐的主题；《春秋》明辨是非，所以长于处理人事的原则。因此可以说，《礼》用来节制人的行为，《乐》用来启发人的和乐，《书》用来记述政事，《诗》用来表达情意，《易》用来阐明变化，《春秋》用来发挥道义。拨乱世归于大治，只有依赖《春秋》最合适。《春秋》文字只几万，要旨有几千。一切事物都综合于《春秋》。《春秋》之中，被弑的君主三十六人，被灭亡的国家有五十二个，诸侯流亡不能保有其国家的很多很多。分析他们成败的原因，都在于抛弃了根本。所以《易》说‘有一点过失，就会产生巨大的差错’。所以说‘臣弑君，子弑父，不是一朝一夕的事，是长久地酝酿发展起来的’。所以国家的君主不可以不知《春秋》，如果不知，站在前面的谗邪小人就不能看清，跟在后面的乱臣贼子就不能察觉。做臣下的不可以不知《春秋》，如果不知，就会遇到常事不能适当处理，遇到事变不能随机应变。做君主的做父亲的如果不通晓《春秋》大义，一定蒙受罪魁的恶名。做臣下的做儿子的如果不通晓大义，一定落入篡弑的法网，蒙受死罪的声名。实际上都以为做得很对，做了又不知是不是符合大义，受到舆论谴责便咎无可辞。不通晓礼义的要旨，就会产生君不像君、臣不像臣、父不像父、子不像子的情况。君不像君就会有人犯上，臣不像臣就会身遭诛杀，父不像父就没有恩情，子不像子就忤逆不孝。这四种行为，是天下最大的过错。拿天下最大的过错戴在头上，只能承受而没法推辞。所以《春秋》这部经典，确是礼义的大宗。礼可以预先禁止事故发生，法是施行于事情发生之后；以法制裁的事情容易看到，以礼禁止的事故不易察觉。"

壶遂曰："孔子之时，上无明君，下不得任用，故作《春秋》，垂空文以断礼义，当一王之法。〔1〕今夫子上遇明天子，〔2〕下得守职，万事既具，咸各序其宜，夫子所论，〔3〕欲以何明？"

【注释】〔1〕"当一王之法"，汉代公羊学家以为，孔子有帝王之德而未居其位，虽不在其位，但起着王者的作用，故言《春秋》当一王之法。〔2〕"明天子"，对当代皇帝的敬称，指汉武帝。〔3〕"夫子"，对师长或学者的尊称。

【译文】壶遂再问："孔子的时代，在上没有圣明的君主，他自己又不被任用，所以作《春秋》，流传史文以判断礼义，当作王者的法典。现在先生上面有了明君，您自己又在朝廷供职，国家万事俱备，上下各得其所，先生所论述的，打算说明什么？"

太史公曰："唯唯，〔1〕否否，〔2〕不然。余闻之先人曰：'伏羲至纯厚，〔3〕作《易》八卦。尧舜之盛，《尚书》载之，礼乐作焉。汤武之隆，诗人歌之。《春秋》采善贬恶，推三代之德，褒周室，非独刺讥而已也。'汉兴以来，至明天子，获符瑞，封禅，改正朔，易服色，受命于穆清，〔4〕泽流罔极，〔5〕海外殊俗，重译款塞，〔6〕请来献见者，不可胜道。臣下百官力诵圣德，犹不能宣尽其意。且士贤能而不用，有国者之耻；主上明圣而德不布闻，有司之过也。〔7〕且余尝掌其官，废明圣盛德不载，灭功臣世家贤大夫之业不述，堕先人所言，罪莫大焉。余所谓述故事，整齐其世传，非所谓作也，而君比之于《春秋》，谬矣。"

【注释】〔1〕"唯唯"，应答辞，顺应而不表示可否。〔2〕"否否"，不，不然。〔3〕"伏羲"，神话传说中人类的始祖。相传他教民结网，从事渔猎畜牧。又传说他制作八卦。〔4〕"穆清"，指天。〔5〕"罔极"，无边无际。〔6〕"重译"，经过几重翻译。"款塞"，在边塞上叩关而来朝贡。"款"，叩。〔7〕"有司"，官吏。古代设官分职，各有专司，因称官吏为有司。

【译文】太史公回答："很对，但我也有自己的想法。我听先人说过：'伏羲最纯正厚重，作《易》八卦。尧舜的盛德，《尚书》予以记载，后世制礼作乐予以表扬。汤王、武王的丰功，诗人予以歌颂。《春秋》褒善贬恶，推考三代的美德，赞扬周代，不仅专事讽刺讥弹而已。'汉朝建国以来，到了当今圣明的皇帝，获得祥瑞的征兆，进行封禅大典，修改历法，更换服饰的颜色，承受天命，恩德无边无际，海外不同风俗的国家经过几重翻译叩关前来朝贡的，多得无法说清楚。臣下百官尽力颂扬皇帝的大德，总是不能完全表达出来。况且贤能之士而不被任用，这是掌国家权力者的耻辱；主上英明圣智而大德没有广泛宣传，这是主管官吏的过错。何况我是个太史令，抛开明圣盛德不进行记载，埋没功臣世家贤大夫的功业不进行传述，忘却先人的遗嘱，罪责再大不过了。我只是所谓叙述故事，整理世代的传授，并不是所谓创作，而您拿来比做《春秋》，就错了。"

于是论次其文。七年而太史公遭李陵之祸，〔1〕幽于缧绁。〔2〕乃喟然而叹曰："是余之罪也夫！是余之罪也夫！身毁不用矣。"退而深惟曰："夫《诗》《书》隐约者，〔3〕欲遂其志之思也。昔西伯拘羑里，〔4〕演《周易》；孔子厄陈蔡，作《春秋》；屈原放逐，著《离骚》；左丘失明，厥有《国语》；孙子膑脚，〔5〕而论兵法；〔6〕不韦迁蜀，世传《吕览》；韩非囚秦，《说难》、《孤愤》；〔7〕《诗》三百篇，大抵贤圣发愤之所为作也。此人皆意有所郁结，不得通其道也，故述往事，思来者。"于是卒述陶唐以来，〔8〕至于麟止，〔9〕自黄帝始。

【注释】〔1〕"七年"，指自太初元年写史起的第七年，即天汉三年（公元前九八年）。"遭李陵之祸"，天汉二年（公元前九九年）李陵征匈奴兵败投降，司马迁为李陵辩说，因触怒武帝，而受宫刑。事见《汉书·司马迁传》。〔2〕"缧绁"，音 léi xiè，拘禁犯人的绳索，引申为牢狱。〔3〕"隐约"，义深言

简。〔4〕“西伯”，指周文王。“羑里”，古地名，故址在今河南汤阴北。西伯拘于羑里，事具本书《周本纪》。〔5〕“孙子”，指孙膑。〔6〕“兵法”，指《孙膑兵法》。今山东临沂银雀山汉墓出土《孙膑兵法》残简。〔7〕“《说难》、《孤愤》”，两篇名。韩非作。载于《韩非子》。〔8〕“陶唐”，指尧。〔9〕“麟止”，众说不一。张晏以为，汉武帝元狩元年获麟，司马迁以为述事之端，上记黄帝，下至麟止，犹《春秋》止于获麟。（见《集解》）服虔以为，汉武帝太始二年获白麟，铸金作麟足形，司马迁作《史记》止于此。（见《索隐》）王先谦以为，“《史记》之作，不为感麟。迁仰希圣经，取义绝笔。”意谓“麟止”取义于孔子绝笔。（见《汉书补注》）王说较为可取。

【译文】于是开始撰写史文。过了七年，太史公遭到李陵之祸，被关进了监牢。叹息着说：“是我的罪孽啊！是我的罪孽啊！身体毁坏而不可用了。”又冷静地深思，说：“《诗》《书》言简义深，是想表达它们一定的思想。从前西伯被囚在羑里，推衍《周易》；孔子厄困于陈蔡，作了《春秋》；屈原被放逐于外，著了《离骚》；左丘眼睛失明，编了《国语》；孙子受了膑刑，写了兵书；吕不韦流放蜀地，传下了《吕氏春秋》；韩非囚禁于秦国，写有《说难》、《孤愤》；《诗》三百篇，大抵是先圣先贤发愤创作的结晶。这些人都是内心积愤无处发泄，所以才叙述往事，启示未来的人。”于是就叙述唐尧以来，直到麟止；实际上从黄帝写起。

维昔黄帝，〔1〕法天则地，四圣遵序，〔2〕各成法度；唐尧逊位，虞舜不台；〔3〕厥美帝功，万世载之。作《五帝本纪》第一。

【注释】〔1〕“维”，通“惟”，思念。〔2〕“四圣”，指颛顼、帝喾、尧、舜。〔3〕“台”，音 yí，通“怡”，悦。

【译文】缅怀往昔黄帝，取法天地以为纲纪，颛顼、帝喾、尧、舜四位圣人遵守统序，各自立了法度；唐尧让位，虞舜也不自居；赞美帝功，流传于万世。作《五帝本纪》第一。

维禹之功，九州攸同，〔1〕光唐虞际，德流苗裔；夏桀淫骄，乃放鸣条。〔2〕作《夏本纪》第二。

【注释】〔1〕“九州”，传说中的我国中原上古行政区划。西汉以前，都认为禹治水以后，划分九州。九州之名，众说不一。《尚书·禹贡》作冀、兖、青、徐、扬、荆、豫、梁、雍等九州。〔2〕“鸣条”，古地名。商汤打败夏桀之地。具体地点难以确指。

【译文】禹的大功，使九州安宁，光宠于唐虞之世，德流布到后世子孙；夏桀荒淫骄横，被放逐于鸣条。作《夏本纪》第二。

维契作商，爰及成汤；太甲居桐，德盛阿衡；〔1〕武丁得说，乃称高宗；帝辛湛湎，〔2〕诸侯不享。〔3〕作《殷本纪》第三。

【注释】〔1〕“阿衡”，指伊尹。名伊，尹是官名。商初大臣。相传伊尹曾为阿衡之官。〔2〕“湛湎”，谓沉溺于酒色。〔3〕“不享”，诸侯不来朝。

【译文】商始于契，到了成汤立国；太甲曾居于桐，盛德归于伊尹；武丁得到傅说为相，称为高宗；纣王沉溺于酒色，诸侯就不来朝。作《殷本纪》第三。

维弃作稷，德盛西伯；武王牧野，实抚天下；幽厉昏乱，既丧酆镐；陵迟至赧，〔1〕洛邑不祀。作《周本纪》第四。

【注释】〔1〕“陵迟”，衰落。

【译文】弃善于种植粮谷，德业最盛是西伯；武王在牧野一战，就安抚天下；幽王、厉王昏乱，丧失了酆镐；日益衰微到了赧王，宗祀断绝。作《周本纪》第四。

维秦之先，伯翳佐禹；〔1〕穆公思义，悼豪之旅；〔2〕以人为殉，诗歌《黄鸟》；昭襄业帝。作《秦本纪》第五。

【注释】〔1〕“伯翳”，一作伯益。古代嬴姓各族的祖先。相传他善于畜牧和狩猎，被舜、禹所任用。〔2〕“豪”，借为“崤”，指秦晋崤（在今河南陕县东）之战。

【译文】秦的先人,伯翳曾辅佐大禹;穆公思义,哀悼崤之役中的牺牲将士;用人殉葬,诗人作《黄鸟》一章表示哀伤;昭襄王奠定了帝业。作《秦本纪》第五。

始皇既立,并兼六国,〔1〕销锋铸鐻,〔2〕维偃干革,尊号称帝,矜武任力;二世受运,子婴降虏。作《始皇本纪》第六。

【注释】〔1〕"六国",指战国时期齐、楚、燕、赵、韩、魏六国。〔2〕"鐻",音 jù,乐器名。形似钟。

【译文】始皇即位后,并吞了六国,销毁兵器铸成钟鐻,希望停息战争,号称始皇帝,倚仗武力逞强;二世命运不长,子婴成了降虏。作《始皇本纪》第六。

秦失其道,豪桀并扰;项梁业之,子羽接之;〔1〕杀庆救赵,〔2〕诸侯立之;诛婴背怀,〔3〕天下非之。作《项羽本纪》第七。

【注释】〔1〕"子羽",项羽。名籍,字羽。〔2〕"庆",指号称庆子冠军的宋义。〔3〕"婴",秦王子婴。"怀",指项梁等人拥立的楚怀王。

【译文】秦朝无道,豪杰纷纷起义;项梁用兵,项羽继续;杀庆子冠军,援救赵国,得到诸侯拥护;诛杀子婴,背叛怀王,遭到天下人反对。作《项羽本纪》第七。

子羽暴虐,汉行功德;愤发蜀汉,〔1〕还定三秦;〔2〕诛籍业帝,天下惟宁,改制易俗。作《高祖本纪》第八。

【注释】〔1〕"蜀、汉",秦汉的蜀郡、汉中郡。蜀郡治成都(在今四川成都)。汉中郡治南郑(在今陕西汉中)。〔2〕"三秦",秦亡之后,项羽将关中分封给三个秦降将:章邯为雍王,领有今陕西中部咸阳以西及甘肃东部地区;司马欣为塞王,领有今陕西咸阳以东地区;董翳为翟王,领有今陕西北部地区,合称三秦。

【译文】项羽暴虐,汉王建功立德,从蜀汉愤发向东,还定三秦;诛灭项籍,奠定帝业,天下安宁,改制易俗。作《高祖本纪》第八。

惠之早霣,〔1〕诸吕不台;〔2〕崇彊禄、产,诸侯谋之;杀隐幽友,〔3〕大臣洞疑,〔4〕遂及宗祸。作《吕太后本纪》第九。

【注释】〔1〕"霣",音 yǔn,通"殒",死亡。〔2〕"台",音 yí,通"怡",喜悦。〔3〕"隐",指赵隐王刘如意。"幽",指赵幽王刘友。〔4〕"洞疑",惶恐。"洞",为"恫"的假借字。

【译文】惠帝早殒,诸吕不得民心;加强吕禄、吕产的权力,使得诸侯谋虑;杀了赵隐王如意、赵幽王友,使得大臣惶恐,终于发生诸吕之祸。作《吕太后本纪》第九。

汉既初兴,继嗣不明,迎王践祚,天下归心;蠲除肉刑,〔1〕开通关梁,广恩博施,厥称太宗。作《孝文本纪》第十。

【注释】〔1〕"蠲除",免除。"蠲",音 juān,通"捐",减免。

【译文】汉朝开国之初,由谁继位不明,迎代王即帝位,天下心悦诚服;废除肉刑,开通关梁,广施恩德,称为太宗。作《孝文本纪》第十。

诸侯骄恣,吴首为乱,〔1〕京师行诛,〔2〕七国伏辜,〔3〕天下翕然,〔4〕大安殷富。作《孝景本纪》第十一。

【注释】〔1〕"吴",吴王国,汉诸侯王国之一。吴楚七国之乱的祸首。〔2〕"京师",指朝廷。〔3〕"七国",指汉景帝前三年(公元前一五四年)参加七国之乱的吴、楚、赵、胶东、胶西、济南、淄川等七个诸侯王国。"伏辜",服罪。〔4〕"翕然",安然。"翕",音 xī。敛息。

【译文】诸侯骄横,吴王率先作乱,朝廷发兵诛讨,七国服罪,于是天下安定,太平富足。作《孝景本纪》第十一。

汉兴五世，[1]隆在建元，外攘夷狄，内修法度，封禅，改正朔，易服色。作《今上本纪》第十二。

【注释】〔1〕“五世”，指汉高祖、惠帝、文帝、景帝、武帝等五代。

【译文】汉兴以来第五代，建元年间最为隆盛，对外排斥夷狄，对内修正法度，举行封禅大典，修改历法，更换服色。作《今上本纪》第十二。

维三代尚矣，[1]年纪不可考，[2]盖取之谱牒旧闻，本于兹，于是略推，作《三代世表》第一。

【注释】〔1〕“三代”，指夏代、商代、周代。〔2〕“年纪”，年数。

【译文】三代久远了，年数不可考，只能根据谱牒和古代文献，大略地推算，作《三代世表》第一。

幽厉之后，周室衰微，诸侯专政，[1]《春秋》有所不纪；而谱牒经略，[2]五霸更盛衰，欲睹周世相先后之意，作《十二诸侯年表》第二。

【注释】〔1〕“专政”，擅自为政。〔2〕“经略”，概要。

【译文】周幽王、厉王以后，周朝衰微，诸侯擅自为政，《春秋》记载不全；而谱牒只是概要，五霸更替盛衰。为了解周代诸侯始末情况，作《十二诸侯年表》第二。

春秋之后，陪臣秉政，[1]彊国相王；以至于秦，卒并诸夏，[2]灭封地，擅其号。作《六国年表》第三。

【注释】〔1〕“陪臣”，诸侯的大夫对天子自称陪臣。也指大夫的家臣。“秉政”，执掌政权。〔2〕“诸夏”，指周代分封的诸侯国。

【译文】春秋之后，诸侯国的陪臣执掌政权，强大的诸侯国僭号称王；直到了秦，终于并吞中原的诸侯，收取了六国的封地，自号称帝。作《六国年表》第三。

秦既暴虐，楚人发难，项氏遂乱，汉乃扶义征伐；八年之间，[1]天下三嬗，[2]事繁变众，故详著《秦楚之际月表》第四。

【注释】〔1〕“八年”，指秦二世元年至汉高帝五年。〔2〕“三嬗”，三次变更。指由陈王陈涉，而楚霸王项羽，而汉高祖刘邦。“嬗”，音 shàn，变更。

【译文】秦朝暴虐，楚人起义，项氏又乱，汉乃仗义征伐；八年之内，号令天下者变更了三次，事情繁乱，变故众多，所以详著《秦楚之际月表》第四。

汉兴已来，至于太初百年，诸侯废立分削，谱纪不明，有司靡踵，彊弱之原云以世。[1]作《汉兴已来诸侯年表》第五。

【注释】〔1〕“云”，作语助，无义。“以世”，以世相代。

【译文】自汉朝兴建以来，直到太初一百年间，诸侯的新立、废黜、分封子弟、削减封地，当时的谱纪不大清楚，主管的官吏又没有接续记载，它们世代强弱的原因也许可以窥探。作《汉兴以来诸侯年表》第五。

维高祖元功，辅臣股肱，[1]剖符而爵，[2]泽流苗裔，忘其昭穆，[3]或杀身陨国。作《高祖功臣侯者年表》第六。

【注释】〔1〕“股肱”，比喻帝王左右辅佐得力之臣。“股”，大腿。“肱”，音 gōng，手臂从肘到腕的部分。〔2〕“剖符”，帝王分封诸侯及功臣，把符剖分为二，双方各执其半，作为信物，叫做剖符。〔3〕“昭穆”，古代一种区分辈分、亲疏的宗法制度。宗庙、祭祀、墓地的排列，都以始祖居中，二、四、六世居左，称昭；三、五、七世居右，称穆。

【译文】高祖创业时的开国元勋，辅佐得力，剖符分封；子孙世袭，已分不清嫡庶，有的被杀、被废而失爵绝祀。作《高祖功臣侯者年表》第六。

惠景之间，维申功臣宗属爵邑，作《惠景间侯者年表》第七。

北讨彊胡，〔1〕南诛劲越，〔2〕征伐夷蛮，武功爰列。作《建元以来侯者年表》第八。

【注释】〔1〕“胡”，指匈奴。〔2〕“越”，古族名。秦汉以前已广泛分布于长江以南地区，部落众多，故有百越之称。有断发文身的习俗。秦汉时，越族与汉族有一定的关系。

【译文】惠帝、景帝期间，对功臣和宗室子弟封赐爵邑，作《惠景间侯者年表》第七。

在北方讨击强大的匈奴，在南方征诛劲悍的越人，因为征伐蛮夷，以军功封侯者多了起来。作《建元以来侯者年表》第八。

诸侯既彊，七国为从，子弟众多，无爵封邑，推恩行义，〔1〕其埶销弱，德归京师。作《王子侯者年表》第九。

【注释】〔1〕“推恩”，汉武帝颁行“推恩令”，使诸侯王可以分封子弟为侯，因此各个王国分为若干小封邑，诸侯势力不断削弱。

【译文】诸侯强大了，曾发生七国合纵的事；众多的诸侯子弟没有爵位封邑，汉朝就对他们推恩分封，既削弱了诸侯势力，又使恩德归于京师。作《王子侯者年表》第九。

国有贤相良将，民之师表也。维见汉兴以来将相名臣年表，贤者记其治，不贤者彰其事。作《汉兴以来将相名臣年表》第十。

维三代之礼，所损益各殊务，然要以近性情，通王道，故礼因人质为之节文，〔1〕略协古今之变。作《礼书》第一。

【注释】〔1〕“人质”，人情。“节文”，节制修饰。

【译文】国家的贤相良将，是民众的师表。根据汉朝兴建以来的将相名臣年表，对贤者记载他们的政绩，对不贤者列出他们的行事。作《汉兴以来将相名臣年表》第十。

推究三代以来的礼制，各代都因情况不同而有所减少和增加，但总的看来是以近人情、通王道为原则，所以礼根据人情加以节制修饰，又和古今世变协调一致。作《礼书》第一。

乐者，所以移风易俗也。自《雅》、《颂》声兴，〔1〕则已好《郑》、《卫》之音，〔2〕《郑》、《卫》之音所从来久矣。人情之所感，远俗则怀。〔3〕比《乐书》以述来古，〔4〕作《乐书》第二。

【注释】〔1〕“《雅》《颂》”，《诗》内容分类的名称，也是乐曲分类的名称。《雅》指宫廷乐曲，《颂》指宗庙祭祀乐曲。〔2〕“《郑》《卫》之音”，原指春秋战国时郑、卫等国的民间音乐。因它活泼清新，表现力强，与《雅乐》不同，故受儒家贬斥。〔3〕“远俗”，指远方殊俗之人。“怀”，怀柔向化。〔4〕“来古”，自古以来。

【译文】音乐其事，在于移风易俗。自《雅》《颂》之乐兴起之后，人们已喜好《郑》《卫》之音，《郑》《卫》之音已传世很久了。人情受音乐的感染，远方殊俗的人也会怀柔向化。比拟《乐书》历述自古以来音乐的兴衰，作《乐书》第二。

非兵不彊，非德不昌，黄帝、汤、武以兴，桀、纣、二世以崩，可不慎欤？《司马法》所从来尚矣，〔1〕太公、孙、吴、王子能绍而明之，〔2〕切近世，极人变。作《律书》第三。

【注释】〔1〕“《司马法》”，古兵书名。一卷。《汉书·艺文志》经之礼类，有《军礼·司马法》百五十五篇。“尚”，久远。〔2〕“太公”，指吕尚。“孙”，指孙武。“吴”，指吴起。“王子”，《集解》引徐广曰“王子成甫”。

【译文】不用兵不能强大，不施德不能昌盛，黄帝、汤王、武王因此而兴，桀王、纣王、二世终于灭亡，用兵能不慎重吗？《司马法》传世长久了，太公望、孙武、吴起、王子成甫能继承和发扬，切合近世需要，深明人事变化。作《律书》第三。

律居阴而治阳，历居阳而治阴，律历更相治，间不容翲忽。[1]五家之文怫异，[2]维太初之元论。作《历书》第四。

【注释】〔1〕“间不容翲忽”，不容许轻忽之意。“翲忽”，轻微。〔2〕“五家”，《正义》云：“五家谓黄帝、颛顼、夏、殷、周之历。”“怫异”，悖异。“怫”，音bèi，通“悖”。违反，悖逆。

【译文】律处于阴而制约阳，历处于阳而制约阴，律和历紧密联系互相制约，不容许轻忽。黄帝、颛顼、夏、商、周五家的历法各不相同。只有太初颁行的历法较为正确。作《历书》第四。

星气之书，[1]多杂禨祥，[2]不经；推其文，考其应，不殊。比集论其行事，验于轨度以次，[3]作《天官书》第五。

【注释】〔1〕“星气”，古代占星望气之术。〔2〕“禨祥”，吉凶、祸福。〔3〕“轨度”，天体运行的轨道和度数。“次”，论述。

【译文】占星望气的书，多夹杂吉凶祸福的内容，不是常道；推求它的文字，考究它的应验，没有差异。综合历来的史实，检验天体运行的轨道和度数而加以论述，作《天官书》第五。

受命而王，封禅之符罕用，用则万灵罔不禋祀。[1]追本诸神名山大川礼，作《封禅书》第六。

【注释】〔1〕“万灵”，众神。“罔”，无；没有。“禋祀”，泛指祭祀。

【译文】承受天命而为帝王的，很少讲符应而行封禅；如果封禅，那末群神无不奉祀。探讨对诸神名山大川的祀典，作《封禅书》第六。

维禹浚川，九州攸宁；爰及宣防，[1]决渎通沟。作《河渠书》第七。

【注释】〔1〕“宣防”，即“宣房”，宫名。汉元光中，河决于瓠子。过了二十多年，汉武帝命堵塞决口，筑宫其上，名宣房宫。故址在今河南濮阳县西南。

【译文】大禹疏通河川，九州都得安宁；到了汉武帝筑宣防宫，开通沟渠。作《河渠书》第七。

维币之行，[1]以通农商；其极则玩巧，[2]并兼兹殖，争于机利，[3]去本趋末。[4]作《平准书》以观事变，第八。

【注释】〔1〕“币”，货币。〔2〕“玩巧”，玩弄巧诈。〔3〕“机利”，投机取巧以争利。〔4〕“本”，指务农。“末”，指商贾。

【译文】货币的发行，为了促使农商之间交易；但物极必反，发生了玩弄巧诈，兼并膨胀投机争利的事，以至于放弃农桑而趋务商贾。作《平准书》以观察时事变化，第八。

太伯避历，江蛮是适；[1]文武攸兴，古公王迹。阖庐弑僚，宾服荆楚；[2]夫差克齐，子胥鸱夷；[3]信嚭亲越，吴国既灭。嘉伯之让，[4]作《吴世家》第一。

【注释】〔1〕“江”，指江水（今长江）。〔2〕“荆楚”，即楚国。“荆”，古代楚国的别称，因其初建都于荆山一带，故名。〔3〕“鸱夷”，革囊。〔4〕“嘉”，称许；表扬。

【译文】太伯避让季历，逃到南方蛮夷地区，文王、武王兴起，继承了古公的王业。阖庐杀王僚而自立，使得楚国宾服；夫差战胜齐国而骄狂害贤，杀伍子胥用革囊裹尸抛在江中；听信伯嚭而亲近越国，吴国终于灭亡。称许太伯谦让的高风，作《吴世家》第一。

申、吕肖矣，[1]尚父侧微，[2]卒归西伯，文武是师；功冠群公，缪权于幽；[3]番番黄发，[4]爰飨营丘。[5]不背柯盟，[6]桓公以昌，九合诸侯，霸功显彰。田阚争宠，[7]姜姓解亡。嘉父之谋，作《齐太公世家》第二。

【注释】〔1〕“申”，地名。传说吕尚之祖封于申。"吕",吕尚。"肖",通"消",衰微。〔2〕"尚父",即吕尚。〔3〕"缪",音 móu,绸缪,深奥之意。"权",权谋,韬略。"幽",幽昧不显。〔4〕"番番",勇武的样子。"番",音 bō。"黄发",言老人发白而更黄。〔5〕"营丘",古邑名。在今山东临淄北。吕尚受封于齐,在营丘建都。后改名临淄。〔6〕"柯",春秋时地名,在今山东谷县东北。〔7〕"田、阚",田常、阚止(即监止)。

【译文】原先封于申的吕氏衰微了,所以尚父起初微贱,后来投靠西伯,被文王、武王尊为国师;在群公中功勋第一,韬略深奥莫测;年高发黄时,受封于营丘。不违背柯之盟,桓公因此兴起,成了诸侯的盟主,霸业显赫。田常、阚止争宠,姜姓逐渐灭亡。称许尚父的谋略,作《齐太公世家》第二。

依之违之,周公绥之;愤发文德,[1]天下和之;辅翼成王,诸侯宗周。隐桓之际,是独何哉?三桓争彊,[2]鲁乃不昌。嘉旦《金縢》,作《周公世家》第三。

【注释】〔1〕"文德",指礼乐教化。〔2〕"三桓",指鲁桓公的后嗣孟孙氏、叔孙氏、季孙氏等三家贵族。〔3〕"旦",周公旦。"《金縢》",《尚书》篇名。

【译文】诸侯或依或违,周公安抚天下;致力于礼乐教化,使天下和乐生活;辅佐成王,使诸侯尊宠周室。隐公、桓公之际的争权夺位,是什么风气呀?三桓内争逞强,鲁国于是衰败了。称许周公旦作《金縢》篇的高尚品格,作《周公世家》第三。

武王克纣,天下未协而崩。成王既幼,管蔡疑之,淮夷叛之,于是召公率德,安集王室,以宁东土。燕哙之禅,乃成祸乱。嘉《甘棠》之诗,[1]作《燕世家》第四。

【注释】〔1〕"《甘棠》之诗",《诗·召南》有《甘棠篇》。

【译文】武王灭纣之后,天下没有安定就死了。成王幼小,管叔、蔡叔怀疑,淮夷反叛,于是召公遵守大义,安抚了皇室,使得东方安宁。燕王哙的禅位,造成了祸乱,称许《甘棠》之诗的思想内容,作《燕世家》第四。

管蔡相武庚,将宁旧商;及旦摄政,二叔不飨;杀鲜放度,周公为盟;大任十子,[1]周以宗彊。嘉仲悔过,[2]作《管蔡世家》第五。

【注释】〔1〕"大任",当作太姒。据本书《周本纪》,大任(即太任)乃周文王之母。据本书《管蔡世家》,太姒乃文王正妃,生十子。"十子",据本书《管蔡世家》,太姒所生十子是:伯邑考、武王发、管叔鲜、周公旦、蔡叔度、曹叔振铎、成叔武、霍叔处、康叔封、冉季载。〔2〕"仲",蔡叔度之子蔡仲。

【译文】管叔、蔡叔监视武庚,是要安抚商代遗民;等到周公旦摄政,管蔡二叔作乱而不能再享爵禄;杀了管叔鲜、放逐蔡叔度,都由周公主持;大任所生十子,周朝赖以保宗卫国。称许蔡仲能够悔过,作《管蔡世家》第五。

王后不绝,舜禹是说;维德休明,苗裔蒙烈。百世享祀,爰周陈杞,楚实灭之。齐田既起,[1]舜何人哉?作《陈杞世家》第六。

【注释】〔1〕"齐田",齐国田氏。春秋时陈厉公之子完,由陈奔齐,以陈氏为田氏。

【译文】圣王后嗣不会绝灭,舜禹就是这样;由于德行美盛,后裔也沾了光。历代享有祀典,到了周朝封舜禹的后裔为陈杞二国,被楚所灭。后来田氏又在齐国夺了权,舜是何等圣明啊!作《陈杞世家》第六。

收殷余民,叔封始邑,[1]申以商乱,[2]《酒》《材》是告,[3]及朔之生,[4]卫顷不宁;[5]南子恶蒯聩,[6]子父易名。周德卑微,战国既彊,卫以小弱,角独后亡。[7]嘉彼《康诰》,[8]作《卫世家》第七。

【注释】〔1〕"叔",指康叔。周代卫国的始祖。名封。初封于康,故名康叔。周公旦镇压武庚之后,将殷民七族和商故都周围地区封给他,国号卫。〔2〕"申",一再。〔3〕"《酒》《材》",《酒诰》、《梓材》两篇文告。载于《尚书》。〔4〕"朔",春秋时,卫宣

公之子朔，谗杀太子伋，立为惠公。〔5〕“顷”，音qīng，“倾”的本字。倾危。〔6〕“南子”，春秋时卫灵公夫人。“蒯聩”，卫灵公的太子。〔7〕“角”，战国末年卫元君之子角。后被秦二世废为庶人。〔8〕“《唐诰》”，周公分封时告诫康叔的文告。载于《尚书》。

【译文】收集殷的遗民，康叔受封才有卫国，商人一再变乱，有《酒诰》、《梓材》予以警告，到了朔出世，卫国倾危不宁；南子讨厌蒯聩而酿成祸乱，父子之间丧失名分。周室日益微弱，战国七雄逞强，卫国因为小弱，角反而最后一个灭亡。称许那《康诰》的思想价值，作《卫世家》第七。

嗟箕子乎！嗟箕子乎！正言不用，乃反为奴。武庚既死，周封微子。襄公伤于泓，君子孰称。景公谦德，荧惑退行。[1]剔成暴虐，[2]宋乃灭亡。嘉微子问太师，[3]作《宋世家》第八。

【注释】〔1〕“荧惑”，即火星。因它荧荧似火，时隐时现；在天空运行，又觉得时而从东往西，时而从西往东，令人迷惑，故古人称它为荧惑。〔2〕“剔成暴虐”，暴虐而亡者乃宋王偃，而非剔成。疑“剔成”乃“王偃”之讹。〔3〕“微子问太师”，《尚书·微子》载有微子和太师、少师问答之辞。

【译文】箕子啊！箕子啊！正言没有被人采用，反而自身成了奴仆。武庚死后，周朝封了微子。襄公在泓受了伤，得到君子的称赞。景公谦逊的美德，感动荧惑退行。剔成暴虐，宋国由此灭亡。称许微子问太师之辞，作《宋世家》第八。

武王既崩，叔虞邑唐。君子讥名，[1]卒灭武公。骊姬之爱，乱者五世；重耳不得意，乃能成霸。六卿专权，[2]晋国以秏。嘉文公锡珪鬯，作《晋世家》第九。

【注释】〔1〕“君子讥名”，晋穆侯娶齐女姜氏为夫人，生太子，取名仇；生少子，取名成师。晋人师服以为晋侯取名不当，晋国必将内乱。〔2〕“六卿”，指晋国的智伯、范、中行、韩、赵、魏等六家贵族。

【译文】武王死后，叔虞受封于唐。君子讥刺晋侯取名不当，后来果然被曲沃武公所灭。骊姬受宠，酿成祸乱延了五代；重耳不得意而发愤振作，才能建立霸业。六卿专权，晋国从此衰亡。称许文公勤王而得到天子赏赐珪玉鬯酒，作《晋世家》第九。

重黎业之，[1]吴回接之；[2]殷之季世，粥子牒之。[3]周用熊绎，熊渠是续。庄王之贤，乃复国陈；[4]既赦郑伯，[5]班师华元。[6]怀王客死，兰咎屈原；[7]好谀信谗，楚并于秦。嘉庄王之义，作《楚世家》第十。

【注释】〔1〕“重黎”，传说为颛顼后嗣，帝喾时为火正。〔2〕“吴回”，传说为重黎之弟，复为帝喾时火正。〔3〕“粥子”，即鬻熊。〔4〕“复国陈”，楚庄王攻克陈国，以申叔之谏而恢复之。〔5〕“赦郑伯”，楚庄王攻克郑国，因郑伯表示投降，乃赦郑伯而退军。〔6〕“班师华元”，楚庄王以楚兵围攻宋国，历时五个月，宋城中食尽，易子而食，折骨而炊。宋华元出告此情。楚庄王遂罢兵而去。〔7〕“兰”，子兰。楚怀王之子。秦昭王约楚怀王会于武关，楚王患之。屈原、昭睢谏王勿去，而子兰劝王前往。楚怀王前去，被秦扣留。

【译文】重黎创业，吴回接续；到了殷末，粥熊始入谱牒。周朝用了熊绎，接着是熊渠。庄王贤能，恢复已攻克的陈国；伐郑胜利时赦免郑伯，因华元说情而从宋国退兵。怀王客死于秦，子兰仇恨屈原；因为喜欢阿谀而听信谗言，楚国终于被秦国并吞。称许庄王的义气，作《楚世家》第十。

少康之子，实宾南海，文身断发，鼋鳝与处，[1]既守封禺，[2]奉禹之祀。句践困彼，乃用种、蠡。嘉句践夷蛮能修其德，灭彊吴以尊周室，作《越王句践》世家第十一。

【注释】〔1〕“鼋”，音yuán，大鳖，俗称癞头鼋。“鳝”，音tuó，一种爬行动物。同“鼍”。〔2〕“封禺”，二山名。在今浙江省武康县东。

【译文】少康的儿子，封在南海，身上涂着花纹，头发全都剪掉，和鼋鼍在一起，世代守着封禺山，奉祀大禹。句践困守在那里，才重用文种、范蠡。称许句践本是蛮夷而能修德，灭了强大的吴国以尊崇周室,作《越王句践世家》第十一。

桓公之东,太史是庸。[1]及侵周禾,王人是议。祭仲要盟,[2]郑久不昌。子产之仁,绍世称贤。三晋侵伐,[3]郑纳于韩。嘉厉公纳惠王,作《郑世家》第十二。

【注释】〔1〕“庸”,功劳。〔2〕“祭仲要盟”,春秋时郑国权臣祭仲,初立太子忽,是为昭公。不久,因宋国要挟,与宋订盟,而立昭公忽之弟突,是为厉公。由是引起郑国内乱。〔3〕“三晋”,指韩、赵、魏三国。

【译文】桓公到了东方,是太史建议之功。等到侵周取禾,王朝的人颇有非议。权臣祭仲被宋国要挟而乱立国君,引起郑国长期内乱。子产有仁义之名,世代被称为贤者。三晋前来侵伐,郑就亡于韩国。称许厉公纳惠王于周,作《郑世家》第十二。

维骥騄耳,[1]乃章造父。赵夙事献,衰续厥绪。佐文尊王,卒为晋辅。襄子困辱,乃禽智伯。主父生缚,[2]饿死探爵。[3]王迁辟淫,[4]良将是斥。嘉鞅讨周乱,作《赵世家》第十三。

【注释】〔1〕“骥”,千里马。“騄耳”,良马名。〔2〕“主父”,赵武灵王自号主父。〔3〕“爵”,音què,通“雀”。〔4〕“辟淫”,辟邪、淫佚。

【译文】有了骥和騄耳,才显出造父的本领。赵夙奉事晋献公,赵衰继承其业。协助晋文公尊奉王室,终于成了晋国辅佐。襄子受了困辱,才灭了智伯。主父亲身受围挨饿,取雀充饥,终于饿死。赵王迁荒淫,不用良将李牧。称许赵鞅讨平周乱,作《赵世家》第十三。

毕万爵魏,卜人知之。及绛戮干,戎翟和之。文侯慕义,子夏师之。惠王自矜,齐秦攻之。既疑信陵,诸侯罢之。卒亡大梁,王假厮之。[1]嘉武佐晋文申霸道,作《魏世家》第十四。

【注释】〔1〕“厮”,奴隶或仆役。

【译文】毕万受封于魏,卜人早就知道了。到了魏绛杀扬干的御者以申军法,戎翟前来求和。文侯尊崇学术,以子夏为师。惠王自恃,被齐秦攻伐。信陵君被魏王怀疑,诸侯便不协助魏国。终于亡了大梁,魏王假成了奴仆。称许魏武子协助晋文公成就霸道,作《魏世家》第十四。

韩厥阴德,赵武攸兴。绍绝立废,晋人宗之。昭侯显列,申子庸之。[1]疑非不信,秦人袭之。嘉厥辅晋匡周天子之赋,作《韩世家》第十五。

【注释】〔1〕“庸”,任用。

【译文】韩厥的阴德,是保护孤儿赵武,使他复兴赵氏。因他继绝立废,得到晋人的敬仰。昭侯显名于诸侯,因为任用了申不害。怀疑韩非而不信用,被秦国袭灭。称许韩厥辅佐晋国,匡正周室之赋,作《韩世家》第十五。

完子避难,适齐为援,阴施五世,齐人歌之。成子得政,田和为侯。王建动心,乃迁于共。嘉威、宣能拨浊世而独宗周,作《田敬仲完世家》第十六。

周室既衰,诸侯恣行。仲尼悼礼废乐崩,追修经术,以达王道,匡乱世反之于正,见其文辞,为天下制仪法,垂《六艺》之统纪于后世。作《孔子世家》第十七。

桀、纣失其道而汤、武作,周失其道而《春秋》作。秦失其政,而陈涉发迹,诸侯作难,风起云蒸,卒亡秦族。天下之端,自涉发难。作《陈涉世家》第十八。

成皋之台,薄氏始基。诎意适代,[1]厥崇诸窦。栗姬偩贵,[2]王氏乃遂。陈后太骄,卒尊子夫。嘉夫德若斯,[3]作《外戚世家》第十九。

【注释】〔1〕“诎意”,曲意。〔2〕“偩”,音fù,同“负”。倚恃。〔3〕“夫”,卫子夫。

【译文】完子逃避陈国之难,到了齐国,施善积德五代,得到齐人的歌颂。成子掌了大权,田和

成了齐侯。王建思想动摇，被秦迁徙于共。称许威王、宣王能挽救乱世而独尊周室，作《田敬仲完世家》第十六。

周室衰微了，诸侯更加放纵。仲尼痛感礼废乐崩，便努力研究经学，以建设王道，挽救乱世重返于治世，在他的著述中，为天下制定法则，使六艺的纲纪永垂于后世。作《孔子世家》第十七。

桀、纣无道，而汤、武革命；周室无道，而《春秋》写作；秦朝暴虐，而陈涉起义，诸侯响应，犹如风起云涌，终于消灭了秦。天下的新生，首先是陈涉发难。作《陈涉世家》第十八。

汉王坐成皋台，薄姬才得幸。窦姬曲意到了代地，使诸窦显贵。栗姬仗势骄横，反使王氏得以立为皇后。陈后骄贵失宠，终于另立卫子夫为皇后。称许卫子夫女德如此，作《外戚世家》第十九。

汉既谲谋，〔1〕禽信于陈；越荆剽轻，乃封弟交为楚王，爰都彭城，以彊淮泗，为汉宗藩。戊溺于邪，礼复绍之。嘉游辅祖，〔2〕作《楚元王世家》第二十。

【注释】〔1〕“谲谋”，诈谋。“谲”，音 jué，欺诈。〔2〕“游”，楚元王刘交之字。“祖”，汉高祖。

【译文】汉用了诈谋，在陈擒回韩信；因为越楚地区百姓剽悍轻捷，高祖便封少弟刘交为楚王，建都彭城，以加强淮泗一带，成为汉朝的宗藩。刘戊因邪谋败露而自杀，刘礼又继为楚王。称许楚王刘交辅助高祖，作《楚元王世家》第二十。

维祖师旅，刘贾是与；为布所袭，丧其荆、吴。营陵激吕，〔1〕乃王琅邪；怵午信齐，〔2〕往而不归，遂西入关，遭立孝文，获复王燕。天下未集，贾、泽以族，为汉藩辅。作《荆燕世家》第二十一。

【注释】〔1〕“营陵”，指营陵侯刘泽。“吕”，吕后。〔2〕“怵”，音 chù，受了诱惑。“午”，祝午。

【译文】高祖起兵，刘贾参与；被黥布袭击，丧失了封地。营陵侯刘泽以言语激动吕太后，得封为琅邪王；受了祝午诱惑而轻信齐王，往而不能返回，于是脱身西行入关，遇上拥立文帝的时机，又获封为燕王。天下未定的时候，刘贾、刘泽因为是宗室，作了汉朝的属藩辅佐。作《荆燕世家》第二十一。

天下已平，亲属既寡；悼惠先壮，实镇东土。哀王擅兴，发怒诸吕，驷钧暴戾，京师弗许。厉之内淫，祸成主父。嘉肥股肱，作《齐悼惠王世家》第二十二。

楚人围我荥阳，相守三年；萧何填抚山西，〔1〕推计踵兵，〔2〕给粮食不绝，使百姓爱汉，不乐为楚。作《萧相国世家》第二十三。

【注释】〔1〕“填抚”，即镇抚。“填”，音 zhèn，通“镇”。安定。“山西”，谓太行山之西。〔2〕“推计”，推算；计算。

【译文】天下已经平定，刘氏亲属寡少；刘肥先壮，被封为齐王，镇守东方。哀王擅自兴兵，发怒想杀诸吕，因外家驷钧暴虐，朝廷大臣不拥立哀王为帝。厉王和姊私通，因主父偃勘问而酿成王畏罪自杀之祸。称许刘肥为高祖的助手，作《齐悼惠王世家》第二十二。

楚兵围汉王于荥阳，相峙三年；萧何这时镇抚山西，推算着不断地向前方输送兵员和粮饷，使百姓爱汉，而不乐意为楚卖力。作《萧相国世家》第二十三。

与信定魏，破赵拔齐，遂弱楚人。续何相国，不变不革，黎庶攸宁。〔1〕嘉参不伐功矜能，作《曹相国世家》第二十四。

【注释】〔1〕“黎庶”，犹“黎民”。老百姓。

【译文】和韩信一起定魏地，击破赵军，攻克齐城，于是削弱了楚的势力。接续萧何为相国，一切都不变革，百姓得以安宁。称许曹参不夸功矜能，作《曹相国世家》第二十四。

运筹帷幄之中，〔1〕制胜于无形，子房计谋其事，无知名，无勇功，图难于易，为大于细。作《留侯世家》第二十五。

【注释】〔1〕“帷幄”，军中的帐幕。

【译文】在营幕里用计，无形中制胜敌人，子房计谋军事，不知出了什么主意，没有勇敢杀敌的战功，办难事于容易处下手，做大事于细微处完成。作《留侯世家》第二十五。

六奇既用，诸侯宾从于汉；吕氏之事，平为本谋，终安宗庙，定社稷。作《陈丞相世家》第二十六。

诸吕为从，[1]谋弱京师，而勃反经合于权；[2]吴楚之兵，亚夫驻于昌邑，以厄齐赵，而出委以梁。[3]作《绛侯世家》第二十七。

【注释】〔1〕“从”，音 zōng，通“纵”。合纵。〔2〕“反经”，反常；与往常不同。〔3〕“出委”，放弃。

【译文】用了六个奇计，使得诸侯服从汉朝；铲除了诸吕，陈平是主谋，终于安定宗庙，保住社稷。作《陈丞相世家》第二十六。

诸吕合纵，阴谋削弱京师，而周勃异常地深通权变；吴楚谋反，周亚夫驻守于昌邑，以控制齐赵，而放弃梁以牵制吴楚。作《绛侯世家》第二十七。

七国叛逆，蕃屏京师，唯梁为扞；[1]偩爱矜功，几获于祸。嘉其能距吴楚，[2]作《梁孝王世家》第二十八。

【注释】〔1〕“扞”，音 hàn，捍卫。〔2〕“距”，通“拒”，抗拒。

【译文】七国叛逆，为京师屏障的，只有梁为捍卫；梁王恃宠夸功，几乎遭到大祸。称许他能抵抗吴楚，作《梁孝王世家》第二十八。

五宗既王，亲属洽和，诸侯大小为藩，爰得其宜，僭拟之事稍衰贬矣。[1]作《五宗世家》第二十九。

【注释】〔1〕“僭拟”，超越本分。自比于居上位者。

【译文】五宗都封了王，亲属之间相处和洽，大小诸侯都是京师的屏藩，各得其所，超越本分的事情就减少了。作《五宗世家》第二十九。

三子之王，文辞可观。作《三王世家》第三十。

末世争利，维彼奔义；让国饿死，天下称之。作《伯夷列传》第一。

晏子俭矣，夷吾则奢；齐桓以霸，景公以治。作《管晏列传》第二。

李耳无为自化，清净自正；韩非揣事情，[1]循埶理。[2]作《老子韩非列传》第三。

【注释】〔1〕“揣”，音 chuǎi，忖度。〔2〕“埶理”，客观规律。

【译文】武帝的儿子封王，有关的文件洋洋可观。作《三王世家》第三十。

末世争利，只有他追求正义；让出君位而自己饿死，得到天下人的称赞。作《伯夷列传》第一。

晏子俭朴，夷吾奢侈；齐桓公因有管仲而称霸，齐景公因有晏子而国治。作《管晏列传》第二。

李耳主张无为、清净，任其自然；韩非忖度人情物理，遵循客观规律。作《老子韩非列传》第三。

自古王者而有《司马法》，穰苴能申明之。作《司马穰苴列传》第四。

非信廉仁勇不能传兵论剑，与道同符，内可以治身，外可以应变，君子比德焉。作《孙子吴起列传》第五。

维建遇谗，爰及子奢，尚既匡父，伍员奔吴。作《伍子胥列传》第六。

孔氏述文，弟子兴业，咸为师傅，崇仁厉义。作《仲尼弟子列传》第七。

鞅去卫适秦，能明其术，彊霸孝公，后世遵其法。作《商君列传》第八。

天下患衡秦毋餍，[1]而苏子能存诸侯，约从以抑贪彊。作《苏秦列传》第九。

【注释】〔1〕“衡”，通“横”。连横。“餍”，音 yàn，饱。引申为满足。

【译文】自古以来王者掌握《司马法》，穰苴能加以发扬光大。作《司马穰苴列传》第四。

没有信、廉、仁、勇四项品格，不能传习兵法、讨论剑术，更不能符合军事的客观要求；如果俱备，对己可以修身，处世可以应变，君子以为这就是兵家

的道德了。作《孙子吴起列传》第五。

楚平王的太子建遭到谗言，连累到伍奢被囚，伍奢的长子伍尚去救父亲，次子伍员逃奔吴国。作《伍子胥列传》第六。

孔子传述文献，三千弟子受业，后来都做了师傅，崇尚仁道，激励节义。作《仲尼弟子列传》第七。

商鞅从卫国到了秦国，实行他的法术，使秦孝公强大称霸，后世还奉行其法。作《商君列传》第八。

天下诸侯都担忧贪狠的秦国连衡；而苏秦能保存诸侯，用合纵以抑制贪强的秦国。作《苏秦列传》第九。

六国既从亲，而张仪能明其说，复散解诸侯。作《张仪列传》第十。

秦所以东攘雄诸侯，樗里、甘茂之策。作《樗里甘茂列传》第十一。

苞河山，[1]围大梁，使诸侯敛手而事秦者，[2]魏冉之功。作《穰侯列传》第十二。

【注释】〔1〕"苞"，通"包"。控制之意。〔2〕"敛手"，缩手，表示不敢有所作为。

【译文】六国已经合纵一致，而张仪能申明他的说法，又瓦解了诸侯的合纵。作《张仪列传》第十。

秦国所以能向东方扩张称雄诸侯，是由于樗里、甘茂的策划。作《樗里甘茂列传》第十一。

控制河山，围攻大梁，使诸侯束手而臣服秦王的，是魏冉的功绩。作《穰侯列传》第十二。

南拔鄢郢，北摧长平，遂围邯郸，武安为率；破荆灭赵，王翦之计。作《白起王翦列传》第十三。

猎儒墨之遗文，[1]明礼义之统纪，[2]绝惠王利端，列往世兴衰。作《孟子荀卿列传》第十四。

【注释】〔1〕"猎"，涉猎。谓博览群书。〔2〕"统纪"，纲纪。

【译文】在南方攻下楚的鄢郢，在北方摧毁赵的长平军，包围赵都邯郸，是由武安君白起为统帅；击破楚国，灭了赵国，是王翦的计谋。作《白起王翦列传》第十三。

涉猎儒家、墨家的著作，通晓礼义的纲纪，制止梁惠王求利的思想，论列历史上兴衰的原委。作《孟子荀卿列传》第十四。

好客喜士，士归于薛，为齐扞楚魏。作《孟尝君列传》第十五。

争冯亭以权，如楚以救邯郸之围，使其君复称于诸侯。作《平原君虞卿列传》第十六。

能以富贵下贫贱，贤能诎于不肖，[1]唯信陵君为能行之。作《魏公子列传》第十七。

【注释】〔1〕"诎"，音 qū，通"屈"。屈辱。

【译文】喜欢接待宾客贤士，士人来到了薛地，为齐国抵御楚魏。作《孟尝君列传》第十五。

听信冯亭游说而争一时之利，赴楚请求救兵解除邯郸的围困，使赵王仍旧名列于诸侯。作《平原君虞卿列传》第十六。

能以富贵者的身份尊重贫贱者，贤能者屈于不肖者，只有信陵君能够做到。作《魏公子列传》第十七。

以身徇君，[1]遂脱彊秦，使驰说之士南乡走楚者，[2]黄歇之义。作《春申君列传》第十八。

【注释】〔1〕"徇"，音 xùn，通"殉"。为某事物而不惜身。〔2〕"乡"，音 xiàng，通"向"。面向。

【译文】冒着生命危险，让君主终于脱离强秦，使游说之士向南方投奔楚国的，是由于黄歇的义气。作《春申君列传》第十八。

能忍诟于魏齐，[1]而信威于彊秦，[2]推贤让位，二子有之。作《范睢蔡泽列传》第十九。

【注释】〔1〕"诟"，音 gòu，同"垢"。辱。〔2〕"信"，音 shēn，通"伸"。

【译文】能忍受魏齐的侮辱，而在强秦大显威风，让出相位给贤士，范蔡二人都是这样。作《范雎蔡泽列传》第十九。

率行其谋，[1]连五国兵，为弱燕报彊齐之雠，雪其先君之耻。作《乐毅列传》第二十。

【注释】〔1〕“率”，领先。

【译文】领先实行他的计谋，联合五国的军队，替弱小的燕国报了强大的齐国之仇，洗雪了燕先君的耻辱。作《乐毅列传》第二十。

能信意彊秦，而屈体廉子，用徇其君，俱重于诸侯。作《廉颇蔺相如列传》第二十一。

湣王既失临淄而奔莒，唯田单用即墨破走骑劫，遂存齐社稷。作《田单列传》第二十二。

能设诡说解患于围城，轻爵禄，乐肆志。[1]作《鲁仲连邹阳列传》第二十三。

【注释】〔1〕“肆志”，任意。

【译文】能在强横的秦王面前得意，而委屈自己对廉颇十分尊重，二人为了国家而不计个人得失，都在各国享有很高威望。作《廉颇蔺相如列传》第二十一。

齐湣王丧失临淄逃到了莒城，只有田单以即墨为据点击退燕将骑劫，终于保卫了齐国。作《田单列传》第二十二。

能用诡辩解除邯郸被围之患，轻视爵禄，喜欢任意行为。作《鲁仲连邹阳列传》第二十三。

作辞以讽谏，连类以争义，《离骚》有之。作《屈原贾生列传》第二十四。

结子楚亲，使诸侯之士斐然争入事秦。[1]作《吕不韦列传》第二十五。

【注释】〔1〕“斐然”，本义是色彩纷呈；这是踊跃之意。

【译文】用文辞向国君讽谏，用比喻以表彰正义，《离骚》是这种主题思想。作《屈原贾生列传》第二十四。

为子楚结欢华阳夫人而得以立嗣继位，使列国各种人士争入秦国效力。作《吕不韦列传》第二十五。

曹子匕首，鲁获其田，齐明其信；豫让义不为二心。作《刺客列传》第二十六。

能明其画，因时推秦，遂得意于海内，斯为谋首。作《李斯列传》第二十七。

为秦开地益众，北靡匈奴，据河为塞，因山为固，建榆中。作《蒙恬列传》第二十八。

填赵塞常山以广河内，弱楚权，明汉王之信于天下。作《张耳陈余列传》第二十九。

收西河、上党之兵，从至彭城；越之侵掠梁地以苦项羽。作《魏豹彭越列传》第三十。

以淮南叛楚归汉，汉用得大司马殷，卒破子羽于垓下。作《黥布列传》第三十一。

楚人迫我京索，而信拔魏赵，定燕齐，使汉三分天下有其二，以灭项籍。作《淮阴侯列传》第三十二。

楚汉相距巩洛，而韩信为填颍川，卢绾绝籍粮饷。作《韩信卢绾列传》第三十三。

诸侯畔项王，唯齐连子羽城阳，汉得以间遂入彭城。作《田儋列传》第三十四。

攻城野战，获功归报，哙、商有力焉，非独鞭策，又与之脱难。作《樊郦列传》第三十五。

汉既初定，文理未明，苍为主计，[1]整齐度量，序律历。作《张丞相列传》第三十六。

【注释】〔1〕“主计”，官名。主管国家财政，计算出入，故名。

【译文】曹沫用匕首威胁齐桓公，使鲁国收回失地，齐国做到守信；豫让一心为智伯报仇而无二心。作《刺客列传》第二十六。

能订出重大的计划，抓住时机促使秦国进一步发展，终于统一天下建立帝国，李斯是主谋。作《李斯列传》第二十七。

替秦朝开拓疆域，在北方击败匈奴，沿着黄河、阳山修筑长城，巩固边防，建置榆中。作《蒙恬列

传》第二十八。

守赵地、保常山以广拓河内,削弱楚国的势力,在天下树立了汉王的威信。作《张耳陈余列传》第二十九。

魏豹收集西河、上党的军队,跟从汉王到了彭城;彭越在梁地扰乱楚军后方,使项羽陷于困境。作《魏豹彭越列传》第三十。

黥布据淮南一带叛楚投汉,汉用他劝说大司马周殷前来投降,终于在垓下击破了项羽。作《黥布列传》第三十一。

楚军逼迫我方的京索,而韩信攻下魏、赵,平定燕、齐,使汉三分天下占有二分,因而灭了项籍。作《淮阴侯列传》第三十二。

楚汉两军在巩洛对峙,而韩信为汉王镇守颍川,卢绾断绝项籍的粮饷。作《韩信卢绾列传》第三十三。

诸侯背叛项王,齐军牵制项羽于城阳,汉王才得以乘机进入彭城。作《田儋列传》第三十四。

攻城野战,获功回报,樊哙、郦商出力了,不但随侍汉王,还替他解脱过危难。作《樊郦列传》第三十五。

汉朝初定天下的时候,文治还没有办到,张苍做主计,统一度量,编定律历。作《张丞相列传》第三十六。

结言通使,约怀诸侯;诸侯咸亲,归汉为藩辅。作《郦生陆贾列传》第三十七。

欲详知秦楚之事,维周緤常从高祖,平定诸侯。作《傅靳蒯成列传》第三十八。

徙彊族,都关中,和约匈奴;明朝廷礼,次宗庙仪法。作《刘敬叔孙通列传》第三十九。

能摧刚作柔,卒为列臣;栾公不劫于埶而倍死。〔1〕作《季布栾布列传》第四十。

【注释】〔1〕"劫",威逼;胁迫。"倍",通"背"。"倍死",怕死。

【译文】通使结盟,联络诸侯,使诸侯都来亲附,做汉室的屏藩辅佐。作《郦生陆贾列传》第三十七。

能详细知道秦楚间的事情,只有常常随从高祖平定诸侯的周緤。作《傅靳蒯成列传》第三十八。

迁徙豪族,定都关中,同匈奴订立和约;制定朝廷礼仪,订立宗庙仪法。作《刘敬叔孙通列传》第三十九。

季布能化刚强为柔和,终于做了汉臣;栾公不因受到权势威胁而怕死。作《季布栾布列传》第四十。

敢犯颜色以达主义,不顾其身,为国家树长画。作《袁盎朝错列传》第四十一。

守法不失大理,言古贤人,增主之明。作《张释之冯唐列传》第四十二。

敦厚慈孝,讷于言,〔1〕敏于行,务在鞠躬,〔2〕君子长者。作《万石张叔列传》第四十三。

【注释】〔1〕"讷",音 nè,出言迟钝。 〔2〕"鞠躬",恭敬、谨慎的样子。

【译文】敢犯颜直谏,使君主行动合乎道义;不顾自身安危,为国家建树长远的大计。作《袁盎朝错列传》第四十一。

遵循法度,不失大体,称说古时贤人,使主上越加英明。作《张释之冯唐列传》第四十二。

为人诚朴宽厚、仁慈孝顺,出言迟钝,行动敏捷,一生谨慎,是忠厚长者之风。作《万石张叔列传》第四十三。

守节切直,义足以言廉,行足以厉贤,任重权不可以非理挠。作《田叔列传》第四十四。

扁鹊言医,为方者宗,〔1〕守数精明;〔2〕后世循序,弗能易也,而仓公可谓近之矣。作《扁鹊仓公列传》第四十五。

【注释】〔1〕"方者",医家。医以方剂治疾,故称。 〔2〕"数",数术,方术。

【译文】守节耿直,义气足以称得上清廉,行为足以激励向贤,担任重要职务时不徇私舞弊。作《田叔列传》第四十四。

扁鹊行医,是医家大宗,技术精明,后世继承下来,没有改变,仓公的医术可以说是和扁鹊差不多。作《扁鹊仓公列传》第四十五。

维仲之省，[1]厥濞王吴，遭汉初定，以填抚江淮之间。作《吴王濞列传》第四十六。

【注释】〔1〕“省”，音 shěng，减省。引申为降低。“仲之省”，刘仲因罪从代王降封为郃阳侯。

【译文】刘仲贬低封爵，刘濞被封为吴王，遇上汉室初定天下的时机，得以镇抚江淮一带。作《吴王濞列传》第四十六。

吴楚为乱，宗属唯婴贤而喜士，士乡之，率师抗山东荥阳。作《魏其武安列传》第四十七。

智足以应近世之变，宽足用得人。作《韩长孺列传》第四十八。

勇于当敌，仁爱士卒，号令不烦，师徒乡之。作《李将军列传》第四十九。

自三代以来，匈奴常为中国患害；欲知彊弱之时，设备征讨，作《匈奴列传》第五十。

直曲塞，广河南，破祁连，通西国，靡北胡。作《卫将军骠骑列传》第五十一。

大臣宗室以侈靡相高，唯弘用节衣食为百吏先。作《平津侯列传》第五十二。

汉既平中国，而佗能集杨越以保南藩，纳贡职。作《南越列传》第五十三。

吴之叛逆，瓯人斩濞，葆守封禺为臣。[1]作《东越列传》第五十四。

【注释】〔1〕“葆”，通“保”。“葆守”，保守。

【译文】吴楚作乱的时候，窦氏宗族中只有窦婴贤能而好交游，士人投奔他，他带领大军守荥阳以抗拒山东诸侯。作《魏其武安列传》第四十七。

智谋可以应付近世的事变，宽厚可以争取人们的好感。作《韩长孺列传》第四十八。

对敌人勇敢，待士兵仁爱，号令简易，军士衷心服从他。作《李将军列传》第四十九。

从三代以来，匈奴常为中原的祸患；要掌握它强和弱的情况，设备防御，或出兵征讨，作《匈奴列传》第五十。

出兵边塞外，收复河南地，攻破祁连山，开通了西域，摧败了匈奴。作《卫将军骠骑列传》第五十一。

大臣和刘氏宗室竞相奢侈糜烂，只有公孙弘以节约衣食作为百官的首务。作《平津侯列传》第五十二。

汉朝平定中原以后，南越王赵佗能安抚杨越，保守南方的屏障，向汉朝称臣纳贡。作《南越列传》第五十三。

吴王叛乱的时候，东瓯人杀了刘濞，保守封禺山，为汉朝的臣民。作《东越列传》第五十四。

燕丹散乱辽间，满收其亡民，厥聚海东，以集真藩，葆塞为外臣。作《朝鲜列传》第五十五。

唐蒙使略通夜郎，而邛笮之君请为内臣受吏。作《西南夷列传》第五十六。

《子虚》之事，《大人》赋说，靡丽多夸，然其指风谏，归于无为。作《司马相如列传》第五十七。

黥布叛逆，子长国之，以填江淮之南，安剽楚庶民。[1]作《淮南衡山列传》第五十八。

【注释】〔1〕“安”，安抚。“剽”，音 piào，剽悍。

【译文】燕丹的旧部逃散在辽东，朝鲜王满收容了这些逃亡者，屯聚海东，安抚真藩，保守边塞，为汉朝的外臣。作《朝鲜列传》第五十五。

唐蒙奉使经略西南，通使夜郎，邛、笮的君长请求内服为臣吏。作《西南夷列传》第五十六。

《子虚赋》中的事，《大人赋》中的话，华丽浮夸，但它的宗旨是风谏，倾向于无为。作《司马相如列传》第五十七。

黥布反叛，高祖封少子长为淮南王，镇守江淮以南，安抚剽悍的楚地百姓。作《淮南衡山列传》第五十八。

奉法循理之吏，不伐功矜能，百姓无称，亦无过行。作《循吏列传》第五十九。

正衣冠立于朝廷，而群臣莫敢言浮说，长孺矜焉；[1]好荐人，称长者，壮有溉。[2]作《汲郑列传》第六十。

【注释】〔1〕“矜”，庄重。〔2〕“壮”，“庄”字之

误。庄,郑当时之字。"溉",清,清正。

【译文】遵循法令的官吏,不夸功逞能,百姓未曾称道,也没有过失。作《循吏列传》第五十九。

衣冠端正立在朝廷,群臣没人敢虚言浮夸,汲长孺确实庄重;喜欢推荐人,被称为长者,郑庄享有清名。作《汲郑列传》第六十。

自孔子卒,京师莫崇庠序,[1]唯建元元狩之间,文辞粲如也。[2]作《儒林列传》第六十一。

【注释】〔1〕"庠序",泛指学校。 〔2〕"粲如",华丽;兴盛。

【译文】自孔子死后,京师不重视学校教育,只有建元、元狩之间,文风兴盛。作《儒林列传》第六十一。

民倍本多巧,[1]奸轨弄法,善人不能化,唯一切严削为能齐之。[2]作《酷吏列传》第六十二。

【注释】〔1〕"倍本",不务农桑之业。 〔2〕"一切",一律。"齐",整治。

【译文】百姓多不务农桑而投机取巧,作奸犯科,老好人没法去感化,只有一律严刑重罚才能整治他们。作《酷吏列传》第六十二。

汉既通使大夏,而西极远蛮,引领内乡,欲观中国。作《大宛列传》第六十三。

救人于厄,振人不赡,[1]仁者有乎;不既信,[2]不倍言,义者有取焉。作《游侠列传》第六十四。

【注释】〔1〕"振","赈"的本字。救济。 〔2〕"既信",失信。

【译文】汉朝已和大夏通使往来,而西方极远的蛮族,伸长脖子向内望着,想瞻仰中国。作《大宛列传》第六十三。

别人危难愿去救援,别人穷困乐意救济,有仁人的风格;不失信,不背弃诺言,有可取的侠义行为。作《游侠列传》第六十四。

夫事人君能说主耳目,和主颜色,而获亲近,非独色爱,能亦各有所长。作《佞幸列传》第六十五。

不流世俗,不争埶利,上下无所凝滞,[1]人莫之害,以道之用。[2]作《滑稽列传》第六十六。

【注释】〔1〕"凝滞",拘牵。 〔2〕"道",因循自然。

【译文】事奉君主能使其耳目喜悦,颜色温和,而得到宠幸,不仅是他们容色可爱,本领也各有所长。作《佞幸列传》第六十五。

不在世俗中随波逐流,不和别人家争权夺利,上下都没有拘牵而能与时推移,别人不会加害,是由于因循自然。作《滑稽列传》第六十六。

齐、楚、秦、赵为日者,各有俗所用。[1]欲循观其大旨,[2]作《日者列传》第六十七。

【注释】〔1〕"俗",风俗。 〔2〕"循观",总观。

【译文】齐、楚、秦、赵的日者,根据不同的风俗而施展技能。要总观他们的宗旨,作《日者列传》第六十七。

三王不同龟,四夷各异卜,然各以决吉凶。略闚其要,[1]作《龟策列传》第六十八。

【注释】〔1〕"闚",音 kuī,同"窥"。探测。

【译文】三王用龟不同,四夷卜法各异,但各家都用来判断吉凶。大略地探测其要点,作《龟策列传》第六十八。

布衣匹夫之人,不害于政,不妨百姓,取与以时而息财富,[1]智者有采焉。作《货殖列传》第六十九。

【注释】〔1〕“息”，蕃息；生息。

【译文】一个普普通通的人，不触犯国家政法，不妨害百姓大众，选择时机做买卖而赚点钱，聪明的人也以为有可取的地方。作《货殖列传》第六十九。

维我汉继五帝末流，接三代绝业。〔1〕周道废，秦拨去古文，〔2〕焚灭《诗》《书》，故明堂石室金匮玉版图籍散乱。〔3〕于是汉兴，萧何次律令，韩信申军法，张苍为章程，〔4〕叔孙通定礼仪，则文学彬彬稍进，〔5〕《诗》《书》往往间出矣。自曹参荐盖公言黄老，而贾生、晁错明申、商，公孙弘以儒显，百年之间，天下遗文古事靡不毕集太史公。太史公仍父子相续纂其职。〔6〕曰：“於戏！〔7〕余维先人尝掌斯事，显于唐虞，至于周，复典之，故司马氏世主天官。至于余乎，钦念哉！〔8〕钦念哉！”罔罗天下放失旧闻，王迹所兴，〔9〕原始察终，见盛观衰，论考之行事，略推三代，录秦汉，上记轩辕，下至于兹，著十二本纪，既科条之矣。〔10〕并时异世，年差不明，作十表。礼乐损益，律历改易，兵权山川鬼神，〔11〕天人之际，〔12〕承敝通变，〔13〕作八书。二十八宿环北辰，〔14〕三十辐共一毂，〔15〕运行无穷，辅拂股肱之臣配焉，〔16〕忠信行道，以奉主上，作三十世家。扶义俶傥，〔17〕不令己失时，立功名于天下，作七十列传。凡百三十篇，五十二万六千五百字，为《太史公书》。〔18〕序略，〔19〕以拾遗补艺，〔20〕成一家之言，厥协《六经》异传，〔21〕整齐百家杂语，藏之名山，〔22〕副在京师，俟后世圣人君子。第七十。

【注释】〔1〕“绝业”，中断的事业。〔2〕“拨去”，抛弃。〔3〕“玉版”，指刻有文字的玉版。〔4〕“章程”，泛指各种规章制度。〔5〕“文学”，指文学之士。“彬彬”，文质兼备貌。〔6〕“纂”，继承。〔7〕“於戏”，感叹词。同“呜呼”。〔8〕“钦念”，敬慎地思念着。〔9〕“王迹”，王者的业绩。〔10〕“科条”，科分条列，系统性的纲目。〔11〕“兵权”，指《律书》。上句已有“律”字，此似复出，当为衍文。“山川”，指《河渠书》。“鬼神”，指《封禅书》。〔12〕“天人之际”，指《天官书》。〔13〕“承敝通变”，指《平准书》。〔14〕“二十八宿”，古代天文学家把黄道（日月所经天区）的恒星分成二十八个星座，称为二十八宿，四方各有七宿，东方：角、亢、氐、房、心、尾、箕；北方：斗、牛、女、虚、危、室、壁；西方：奎、娄、胃、昴、毕、觜、参；南方：井、鬼、柳、星、张、翼、轸。“北辰”，指北极星。〔15〕“辐”，音 fú，车轮中连接轴心和轮圈的直木。“共”，音 gǒng，通“拱”。拱卫。“毂”，音 gǔ，车轮中心插轴的圆木。〔16〕“辅拂”，辅弼。“拂”，同“弼”。扶佐。〔17〕“俶傥”，音 tī tǎng，卓异不凡。〔18〕“《太史公书》”，司马迁自称其著作之名。自东汉之后才称《史记》。〔19〕“序略”，编述大略。〔20〕“补艺”，弥补阙漏之意。〔21〕“协”，协调。“《六经》异传”，《六经》的不同传述。〔22〕“名山”，古代帝王藏书策的地方。

【译文】我大汉承继五帝的遗绪，接续三代中断的事业。周道衰微之后，秦代抛弃古文，烧毁《诗》、《书》，所以明堂石室金匮玉版等处的图书都散失了。汉朝兴起之后，萧何整理律令，韩信著述兵法，张苍拟定规章制度，叔孙通制订礼仪，于是文质兼备的文学之士逐渐进用，《诗》、《书》等古籍不断地有所发现了。从曹参推荐专讲黄老之术的盖公之后，贾谊、晁错发扬申商之学，公孙弘因懂得儒术得以显贵，这一百年之间，天下已发现的遗文古事无不集中在太史府。太史公照常父子相继这个职位。慨叹道：“唉！我想到先人曾掌管这事，显名于唐虞时代，到了周朝又主管这个职事，所以说司马氏世代主持天官。一直轮到了我，敬慎地思念着！敬慎地思念着！”汇集天下散失的文献，王者的业绩所以兴盛，要考察自始至终的全部过程，要了解盛衰转变的内在联系，论评帝王的实践活动，略推三代，详录秦汉，从古代黄帝记起，一直记到现在，作十二篇本纪，具备系统性的纲目了。同一时期而不同世系，年代先后不大明白，作十篇表。礼乐的减增，律历的改变，兵家的权谋，山川的改造，鬼神的迷信，天人的关系，承敝而通变，作八篇书。二十八个星座环绕北极星，三十条辐同集中于一个毂，始终地运转，辅弼之臣忠信不渝，坚守臣道，以侍奉君主，犹如星辰、辐毂的关系一样，作三十篇世家。扶持正义，卓异不凡，抓住时机，建功立业，名载史册，作七十篇列传。共一百三十篇，五十二万六千五百字，称为《太史公书》。编述大略，借以收集散佚，弥补阙漏，成一家之言，协调《六经》的不同

传述,整齐百家不同的说法,正本藏在名山,副本留传京师,等待后世圣人君子。第七十。

太史公曰:余述历黄帝以来至太初而讫,百三十篇。

【译文】太史公说:我撰述自黄帝以来,到太初讫止,一百三十篇。